Strategic Management

An Integrated Approach

Theory & Cases

14e

Charles W. L. Hill
University of Washington – Foster School of Business

Melissa A. Schilling
New York University – Stern School of Business

Cengage

Strategic Management: Theory & Cases, 14th Edition

Charles W. L. Hill
Melissa A. Schilling

Original edition © 2024 South Western, a part of Cengage Learning.
Strategic Management: Theory & Cases ,14th Edition
by Charles W. L. Hill and Melissa A. Schilling
ISBN: 99780357716625

ISBN-13: 979-11-6858-199-9

Cengage Learning Korea Ltd.
14F YTN Newsquare 76 Sangamsan-ro
Mapo-gu Seoul 03926 Korea
Tel: (82) 1533 7053
Fax: (82) 2 330 7001

Printed in Korea
Print Number: 01 Print Year: 2024

Strategic Management

An Integrated Approach

Theory & Cases

경영전략 14e

Charles W. L. Hill | Melissa A. Schilling 지음

김장훈 류성민 박준병 박현준 신진교 최원용 옮김

정독 DEEP READING

Cengage

Australia • Brazil • Canada • Mexico • Singapore • United Kingdom • United States

역자소개

김장훈
- 현 충남대학교 경영학부 교수
- 서울대 경영학 박사(Ph.D.)
- 한국기술혁신학회 부회장

류성민
- 현 경기대학교 경영학부 교수
- 서울대 경영학 박사(Ph.D.)
- 현 한국기업경영학회 회장

박준병
- 현 국립한밭대학교 융합경영학과 교수
- 연세대 경영학 박사(Ph.D)
- 한국창업학회 회장 역임

박현준
- 현 인천대학교 경영학과 교수
- 서울대 경영학 박사(Ph.D.)
- 인천대학교 경영학과 학부장

신진교
- 현 계명대학교 경영학과 교수
- 연세대 경영학 박사(Ph.D.)
- 한국중소기업학회장 역임

최원용
- 현 상명대학교 글로벌경영학과 교수
- 서울대 경영학박사(PhD)
- 현 한국전략경영학회 이사

경영전략

Strategic Management, 14판

14판 발행 2024년 2월 29일

지은이 Charles W. L. Hill, Melissa A. Schilling
옮긴이 김장훈, 류성민, 박준병, 박현준, 신진교, 최원용
펴낸이 김중용
편 집 심성보
펴낸곳 도서출판 정독
경기도 고양시 일산서구 하이파크로 113, 102-204
등록 제406-2014-000093호

전 화 031)924-7203 **팩 스** 02)718-8554
홈페이지 www.jeongdok.co.kr **이메일** admin@jeongdok.co.kr
ISBN 979-11-6858-199-9 93320

정 가 36,000원

역자 서문

오늘날 많은 경영자들은 산업환경은 물론 기술혁신, 무역분쟁 등 거시환경의 변화 등 점점 증가하는 불확실한 기업환경에 노출되면서, 어떤 방향으로 기업의 자원을 투자할 것인지를 망설이고 있다. 자원의 유무가 중요한 것이 아니라 올바른 전략적 방향 선택이 더욱 중요해지고 있기 때문이다.

경영전략은 올바른 전략방향을 선정하고 전략을 실행하는 주제를 다루고 있다. 이러한 이유로 경영전략은 국내 대부분의 경영대학에서 중요한 전공과목으로 자리매김하고 있다 대학에서뿐 아니라 현업에 종사하고 있는 사람들에게도 경영전략 교과서에 대한 수요가 다른 경영 교과서보다 더 큰 것으로 알려져 있다.

경영전략에 관한 좋은 교재가 갖추어야 할 조건은 다음과 같다고 볼 수 있다. (1) 경영전략에 대한 기존 핵심 이론을 빠짐없이 소개하면서, 어떤 누구도(타 전공사, 대학생, 현업 종사자 등) 쉽게 이해할 수 있어야 하고, (2) 풍부한 사례를 수록하여 이론이 실제 실무와 어떻게 연결되는지를 보여주며, (3) 경영전략에 대한 최신 이슈들을 제시하여 독자들이 더욱 생각나도록 만들 수 있어야 한다. 힐 교수(Charles, W. L. Hill) 등의 전략경영(Strategic Management) 14판은 앞에서 지적한 좋은 교재가 갖추어야 할 조건을 모두 구비하고 있다. 이러한 이유로 이들 저자들이 집필한 책은 현재 미국에서 인기리에 판매되고 있는 경영전략 교과서로 명성을 쌓아 가고 있다. 대학에서뿐 아니라 직장인들, 심지어 현업의 전략수립 담당자까지 폭넓은 독자층이 형성되어 있다.

현재 대학 강당에서 경영전략 과목을 가르치고 있는 교수들인 6명의 역자들은 이 책이 경영전략에 관한 중요 메시지를 학생들에게 가장 잘 전달할 수 있는 교재라는 데 주저없이 동의하고 있다. 이 책은 이론과 실제가 스토리 형식으로 엮여져 있어, 배우는 학생 입장에서 경영전략의 본질을 쉽게 이해할 수 있도록 만들어진

점이 매우 인상적이다. 특히, 매 장마다 개념과 연계하여 첫머리 사례, 집중분석, 전략실행 사례, 마무리 사례 등의 다양한 사례와 문제를 제시하고 있는 것이 이 책의 가치를 높이고 있다. 이 책에서 다루는 사례는 외국 사례이기는 하나 우리에게 잘 알려진 글로벌 기업들이어서 전혀 생소하지 않기 때문에 사례를 이해하는 데 별 문제가 없다고 생각된다.

이 책은 4개 Part로 구성되어 있다. Part 1은 경영전략 수립과정을 설명하고, Part 2는 경쟁우위의 개념과 형성과정을 설명하고 있으며, Part 3은 사업수준 및 기업수준의 다양한 전략들을 설명하고 있고, Part 4는 전략실행의 이슈들을 다루고 있다. 그리고 총 13장으로 구성되어 있어 한 학기 경영전략 수업을 진행하는 데 적격이라고 볼 수 있다.

마지막으로 역자들이 좋은 책을 번역할 수 있도록 많은 도움을 준 도서출판 정독의 김중용 대표님과 출판사 관계자 분들의 노력에 대하여 깊이 감사드리며, 이 책을 접하는 모든 분들이 전략적 사고를 통하여 가치를 창출하는 데 도움이 되는 의미있는 책이 되기를 바란다.

2024년 2월
역자 일동

Pierre-Yves Babelon/Shutterstock.com

저자 서문

전략 및 경영 세계에서 일어나는 변화에 대하여 가장 최근의 내용을 학생들에게 제공한다는 사명에 따라 우리는 '경영전략: 통합 접근 방식'의 본 저서를 새로운 개념 내용, 각 장의 예제 및 사례를 지속적으로 업데이트하였다.

지난 세 번의 수정판의 추세를 이어가면서 이번 판에서도 상당한 수정이 있었다. 우리는 본문의 구성과 흐름을 변경하여 기능 수준 전략에 대한 장 앞에 사업 수준 전략에 대한 장을 배치하였다. 우리는 또한 사업 수준 전략이 기능 수준에서의 전략적 투자를 통해(그리고 조직을 통해－12장에서 다루어짐) 구현된다는 점을 강조하기 위해 기능 수준 전략에 대한 장을 재작업하였다. 이것이 더 나은 내용의 흐름을 나타낸다고 믿는다.

또한 본문 내용을 업데이트하고 최근 연구 및 추세를 통합하기 위해 중요한 새로운 내용을 추가했다. 예를 들어, 10장에는 "탈다각화(De-Diversification): 매각(Sell-Offs), 분사(Spinoffs), 분할(Carve-Outs) 및 분할설립(Split-Offs)"에 대한 섹션이 포함되어 있다. 이 주제는 전략 책에서 종종 간과되었으며, 기존의 전략 책에서 다각화에 전략적 비중을 많이 둔 것에 대한 균형적 접근이다. 11장에는 환경, 사회 및 지배구조(ESG) 투자의 부상에 대해 논의하는 섹션도 포함되어 있다.

각 장에 포함된 많은 예제와 사례가 수정되었다. 모든 장에는 새로운 첫머리 사례와 마무리 사례가 있고, 많은 새로운 전략 실행 사례가 추가 보완되었다. 또한 본문에 사용된 사례도 상당히 업데이트하여 보다 현대적, 세계적 대표 내용이 되도록 했다. 이러한 변화를 추구하는 우리의 목표는 2020년대에 이 책을 읽는 학생들에게 현실적인 내용을 제공하는 것에 있다.

저자에 대해서

찰스 W. L. 힐(Charles W. L. Hill)

찰스 W.L. 힐은 시애틀 워싱턴대학교 포스터경영대학원(the Foster School of Business)의 전략 및 국제경영 분야 명예교수이다. 그는 포스터경영대학원에서 매년 한 학기씩 전략경영을 가르치고 있다. 그는 영국 맨체스터대학교 과학기술원(UMIST)에서 박사 학위를 받았다. 1988년 워싱턴 대학교에 합류하기 전에는 UMIST, 텍사스A&M대학교, 미시간주립대학교에서 재직했다. 힐 교수는 최고 수준의 학술 저널에 많은 논문을 발표했으며, 그의 논문은 널리 인용되고 있다. Hill 교수는 전략경영, 미시경제학 및 국제경영에 대하여 강의하였으며, 탁월한 교육 분야에서 수많은 상을 수상하였다. 학업 외에도 그는 개인적으로 Alaska Airlines, Boeing, Microsoft, Swedish Health Services, Thompson Financial Services 및 Wizards of the Coast를 비롯한 많은 조직에서 일했다. 특히 Microsoft에서 20년 이상 근무했으며, 힐 교수는 민간 단체와 함께 전략 개발을 위해 계속 노력하고 있다.

멜리사 A. 실링(Melissa A. Schilling)

멜리사 A. 실링은 뉴욕대학교 스턴경영대학원(Stern School of Business)의 존 헤르조그(John Herzog) 경영학 석좌교수이다. 그녀는 워싱턴대학교에서 전략경영 박사학위를 받았다. 그녀의 연구는 스마트폰, 비디오게임, 제약, 생명공학, 전기자동차 및 재생에너지와 같은 첨단 기술 산업의 혁신과 전략에 중점을 두었으며, 2022년 수만트라 고샬 상(Sumantra Ghoshal Award), 국립 과학 재단의 CAREER 상, 2007년 경영과학 및 조직과학부문 최우수 논문상 등의 상을 받았다. 실링 교수는 기술 및 혁신관리, 전략경영, 기업전략 및 사회선교기반 조직을 위한 전략 과정을 강의한다. 그녀는 또한 The Motley Fool, Zeta Energy, Bloomberg Corporation,

IBM, Siemens, Standard & Poor's, Warner Chilcott, White & Case, PayPal, Facebook, Skullcandy, Behr Paints, The Kauffman Foundation, National Academy of Sciences, American Antitrust Institute 등과 같은 조직과 워크숍을 진행하고 컨설팅을 수행했다. 또한 Wall Street Journal, Fortune, Forbes, Inc., Financial Times, Thomson Reuters, CNBC, CNN Money, Bloomberg Business Week, NPR의 Marketplace, NPR의 Tech Nation, Machine Design, The Brian Lehrer Show, The Huffington Post, Scientific American 등의 기사에 인용되거나 이들과 인터뷰하였다.

aragami12345s/Shutterstock.com

감사의 글

이 책은 저자와 더불어 많은 사람들의 산물입니다. 선임 포트폴리오 제품 관리자인 Mike Worls, 수석 학습 디자이너, Courtney Wolstoncroft, 수석 콘텐츠 관리자, Meaghan Tomaso, 그리고 우리의 제품 마케팅 관리자인 John Carey는 책을 개발하고 홍보하는데 도움을 주고 교수와 리뷰어로부터 시기적절한 피드백과 정보를 제공하여 의도한 시장의 요구 사항을 충족하도록 책을 구성할 수 있도록 역할을 잘 해주었습니다. 이들에게 감사드립니다. 우리는 또한 이 책이 쓰여질 수 있는 환경과 분위기를 제공한 워싱턴 대학교와 뉴욕 대학교의 경영학과, 그리고 우리의 많은 아이디어에 반응하고 의견을 제공한 이들 대학의 학생들에게도 감사를 표하고 싶습니다. 또한, 이번 개정판과 이전 판에 대하여 아래의 검토자들은 원고를 원래 버전에서 현재 형태로 개선하도록 귀중한 제안을 해 주었습니다.

Andac Arikan, *Florida Atlantic University*
Ken Armstrong, *Anderson University*
Richard Babcock, *University of San Francisco*
Kunal Banerji, *West Virginia University*
Kevin Banning, *Auburn University–Montgomery*
Glenn Bassett, *University of Bridgeport*
Thomas H. Berliner, *The University of Texas at Dallas*
Bonnie Bollinger, *Ivy Technical Community College*
Richard G. Brandenburg, *University of Vermont*
Steven Braund, *University of Hull*
Philip Bromiley, *University of Minnesota*
Geoffrey Brooks, *Western Oregon State College*

Jill Brown, *Lehigh University*
Amanda Budde, *University of Hawaii*
Lowell Busenitz, *University of Houston*
Sam Cappel, *Southeastern Louisiana University*
Charles J. Capps III, *Sam Houston State University*
Don Caruth, *Texas A&M Commerce*
Gene R. Conaster, *Golden State University*
Steven W. Congden, *University of Hartford*
Catherine M. Daily, *Ohio State University*
Robert DeFillippi, *Suffolk University Sawyer School of Management*
Helen Deresky, *SUNY — Plattsburgh*
Fred J. Dorn, *University of Mississippi*
Gerald E. Evans, *The University of Montana*
John Fahy, *Trinity College, Dublin*
Patricia Feltes, *Southwest Missouri State University*
Bruce Fern, *New York University*
Mark Fiegener, *Oregon State University*
Chuck Foley, *Columbus State Community College*
Isaac Fox, *Washington State University*
Craig Galbraith, *University of North Carolina at Wilmington*
Scott R. Gallagher, *Rutgers University*
Eliezer Geisler, *Northeastern Illinois University*
Gretchen Gemeinhardt, *University of Houston*
Lynn Godkin, *Lamar University*
Sanjay Goel, *University of Minnesota — Duluth*
Robert L. Goldberg, *Northeastern University*
James Grinnell, *Merrimack College*
Russ Hagberg, *Northern Illinois University*
Allen Harmon, *University of Minnesota — Duluth*
Ramon Henson, *Rutgers University*
David Hoopes, *California State University — Dominguez Hills*
Todd Hostager, *University of Wisconsin — Eau Claire*
David Hover, *San Jose State University*
Graham L. *Hubbard, University of Minnesota*
Miriam Huddleston, *Harford Community College*
Tammy G. Hunt, *University of North Carolina at Wilmington*
James Gaius Ibe, *Morris College*
W. Grahm Irwin, *Miami University*
Homer Johnson, *Loyola University — Chicago*

Jonathan L. Johnson, *University of Arkansas Walton College of Business Administration*
Marios Katsioloudes, *St. Joseph's University*
Robert Keating, *University of North Carolina at Wilmington*
Geoffrey King, *California State University — Fullerton*
Rico Lam, *University of Oregon*
Robert J. Litschert, *Virginia Polytechnic Institute and State University*
Franz T. Lohrke, *Louisiana State University*
Paul Mallette, *Colorado State University*
Daniel Marrone, *SUNY Farmingdale*
Lance A. Masters, *California State University — San Bernardino*
Robert N. McGrath, *Embry-Riddle Aeronautical University*
Charles Mercer, *Drury College*
Van Miller, *University of Dayton*
Debi Mishra, *Binghamton University*
Tom Morris, *University of San Diego*
Joanna Mulholland, *West Chester University of Pennsylvania*
James Muraski, *Marquette University*
John Nebeck, *Viterbo University*
Jeryl L. Nelson, Wayne State College
Louise Nemanich, *Arizona State University*
Francine Newth, *Providence College*
Don Okhomina, *Fayetteville State University*
Phaedon P. Papadopoulos, *Houston Baptist University*
John Pappalardo, *Keen State College*
Paul R. Reed, *Sam Houston State University*
Rhonda K. Reger, *Arizona State University*
Malika Richards, *Indiana University*
Simon Rodan, *San Jose State*
Stuart Rosenberg, *Dowling College*
Douglas Ross, *Towson University*
Ronald Sanchez, *University of Illinois*
Joseph A. Schenk, *University of Dayton*
Brian Shaffer, *University of Kentucky*
Leonard Sholtis, *Eastern Michigan University*
Pradip K. Shukla, *Chapman University*
Mel Sillmon, *University of Michigan — Dearborn*
Dennis L. Smart, *University of Nebraska at Omaha*
Barbara Spencer, *Clemson University*

Lawrence Steenberg, *University of Evansville*
Kim A. Stewart, *University of Denver*
Ted Takamura, *Warner Pacific College*
Scott Taylor, *Florida Metropolitan University*
Thuhang Tran, *Middle Tennessee University*
Bobby Vaught, *Southwest Missouri State*
Robert P. Vichas, *Florida Atlantic University*
John Vitton, *University of North Dakota*
Edward Ward, *St. Cloud State University*
Kenneth Wendeln, *Indiana University*
Daniel L. White, *Drexel University*
Edgar L. Williams, *Jr., Norfolk State University*
Donald Wilson, *Rochester Institute of Technology*
Jun Zhao, *Governors State University*

Charles W. L. Hill
Melissa A. Schilling

StevanZZ/Shutterstock.com

간추린 목차

StevanZZ/Shutterstock.com

목차

Chapter 6 사업수준 전략과 산업환경 / 200

Part 4 전략 실행하기

Chapter 11 기업지배구조, 사회적 책임, 윤리 / 414

Chapter 12 산업에서 경쟁하는 기업들의 전략 실행 / 462

사례연구 분석

Pavel Nesvadba/Shutterstock.com

Dedication

나의 아이들인 Elizabeth, Charlotte, 그리고 Michelle에게 이 책을 드립니다.

— Charles W. L. Hill

나의 아이들, Julia와 Conor에게 이 책을 드립니다.

— Melissa A. Schilling

imagIN.gr photography/Shutterstock.com

Part 1 경영전략 소개

Chapter 1

전략적 리더십: 경쟁우위를 확보하기 위한 전략수립 과정의 관리

Chapter 1

전략적 리더십: 경쟁우위를 확보하기 위한 전략수립 과정의 관리

학습목표

1.1 전략적 리더십을 정의한다.
1.2 리더십과 탁월한 성과 간의 관계에 대해 논의한다.
1.3 경쟁우위가 무엇을 의미하는지 설명한다.
1.4 조직계층의 수준별로 경영자의 전략적 역할을 논의한다.
1.5 전략적 계획수립 과정의 주요 단계에 대해서 알아본다.
1.6 전략적 계획수립 과정에 대한 비판을 검토한다.
1.7 전략적 계획수립의 실행에 대해 검토한다.
1.8 전략적 의사결정을 설명하고, 잘못된 전략적 의사결정을 야기할 수 있는 인지적 오류에 대해서 알아본다.
1.9 전략적 리더의 특성에 대해 논의한다.

첫머리 사례

펠로톤(Peloton)

펠로톤은 660만 명 이상의 회원으로 구성된 커뮤니티에 서비스를 제공하는 세계 최대의 대화형 피트니스 플랫폼(interactive fitness platform)으로 자리매김하였다. 기술과 디자인을 사용하여 전 세계 피트니스 사용자를 연결하고, 사용자들이 언제 어디서나 최고의 자신의 몸매를 유지할 수 있도록 하는 것이 이 회사의 미션이다. 펠로톤은 인터넷을 통해 전문 강사가 라이브로 진행하는 수업에서 사용하는 자전거와 러닝머신을 실시간 주문 판매한다.

펠로톤은 도서 판매 기업인 반스앤노블(Barnes & Noble)의 전자상거래 사장이었던 존 폴리(John Foley)가 2012년에 창업하였다. 피트니스 애호가인 폴리는 오랜 시간 작업해야 하는 자신의 직업과 가족과의 다양한 약속 등으로 인해 체육관에서 진행하는 본인이 좋아하는 피트니스 스핀(spin) 수업에 참석하는 데 시간적 한계를 느꼈다. 그는 원치 않았지만 자기 집에 있는 자전거를 타는 것으로 아쉬움을 달랬다. 그리고 자신과 같은 문제에 직면한 사람이 많다는 것을 알게 되면서, 자신의 문제가 곧 새로운 비즈니스 기회가 된다고 생각하였다. 그는 인터넷을 통해 사이클 수업을 스트리밍할 수 있는 모니터가 부착된 실내자전거에 대한 비전을 스케치했고, 벤처 투자자들로부터 투자를 받아 펠로톤이 탄생하였다. 이 회사의 비전은 소울사이클(SoulCycle) 및 프리휠(Freewheel) 같은 기업에서 제공하는 부티크 피트니스 수업의 흥분과 커뮤니티를 집으로 가져오는 것이었다.

펠로톤은 비전을 실행하기 위한 명확한 전략이 있었는데 그것은 터치스크린 모니터를 부착한 멋지게 디자인된 고급 고정식 자전거를 만드는 것이었다. 목표 고객은 시간이 없어 체육관 수업에 참석하기 힘든 바쁜 상류층 피트니스 애호가를 대상으로 하였으며, 이들에게 매력적인 강사가 이끄는 라이브 수업과 사전 녹음된 수업의 흥미로운 조합을 제공하였다. 그리고 추가로 최고의 음악을 제공하고, 또한 참여자들의 이름과 점수가 적힌 순위표를 제공하여 참여자들이 서로 비교하고 경쟁하고 하이파이브를 할 수 있는 환경을 만들어 주고, 다른 라이더를 팔로우할 수 있는 기능도 제공하고, 자세한 성과 통계 자료를 제공하는 등 보완적인 서비스도 제공하였다. 비즈니스모델은 장비 판매(2019년 자전거는 한 대당 2,245달러)와 가입자에게 스트리밍된 운동 세션에 액세스할 수 있는 월 사용료 39달러로 돈을 버는 것이었다.

2019년 중반, 상장되기 직전에 펠로톤은 시장의 주목을 받고 있었다. 펠로톤은 체육관에 월 사용료를 지불하는 전 세계 1억 8천만 명 이상의 사용자를 대상으로 사업을 진행하였으며, 세계에서 가장 큰 피트니스 시장을 가진 미국, 캐나다, 영국, 독일 4개국에 초점을 맞추었다.

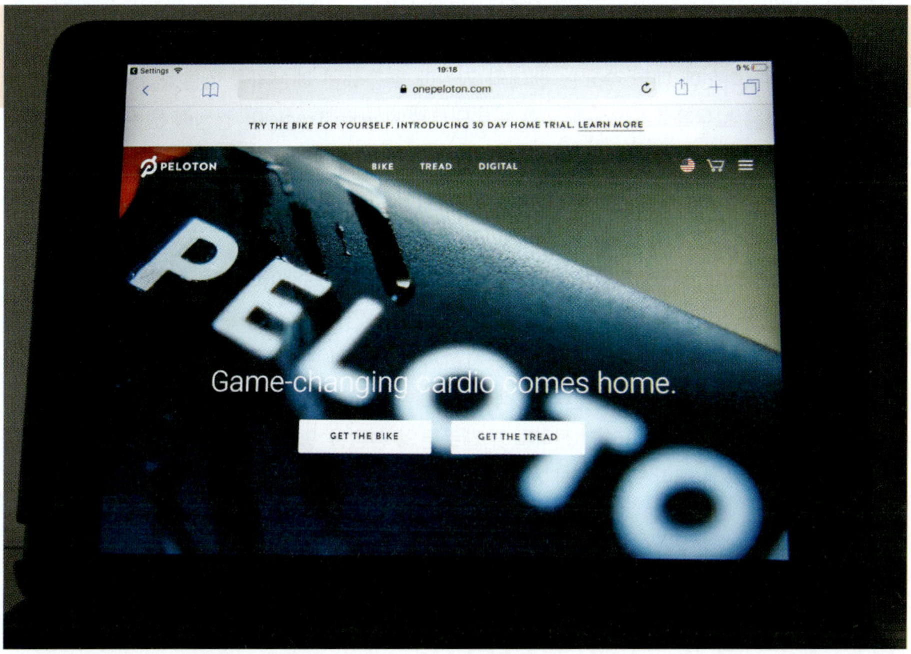

Karol Cieslukt/Shutterstock.com

출처: Staff reporter, "Peloton Covets Recurring Revenue," *The Economist*, September 5, 2019; N. Trentmann, "How Peloton Plans to Keep Growing after the Pandemic Ends," *Wall Street Journal*, October 23, 2020; S. Terlep, "Inside a Year at Peloton: From Pandemic Winner to HBO Punchline," *Wall Street Journal*, December 31, 2021; Staff reporter, "The Peloton Business Model—How Does Peloton Work?" *Productmint*, February 8, 2022; S. Terlep, "A Peloton Bike and Subscription for One Monthly Fee?" *Wall Street Journal*, March 10, 2022.

2019년 6월 펠로톤은 5십만 명 이상의 실사용 가입자와 9억 1,500만 달러의 연간 매출을 실현하였다. 전 축구선수 데이비드 베컴(David Beckham)과 버락 오바마(Barack Obama) 전 미국대통령 같은 유명 인사도 고객 명단에 포함되었다. 제품의 품질이 매우 뛰어나고, 매력적인 디자인이 강점일 뿐 아니라, 목표로 하는 시장 규모가 매우 커서 펠로톤은 하드웨어 판매에서만 43%의 마진을 보았는데 이는 애플(Apple)보다 높은 수준이다. 하드웨어 판매가 매출의 대부분을 차지했지만 2019년에는 매출의 약 20%가 콘텐츠 구독에서 발생했으며 그 비중은 지속적으로 증가하였다. 또한 연간 이탈률은 약 10%로 소프트웨어를 서비스하는 회사의 평균 이탈률 22%보다 훨씬 낮았다. 펠로톤의 고객 충성도는 매우 높았다. 사실, 회사는 이익을 내지 못했다. 2019 회계연도에 1억 9,600만 달러의 손실을 입었지만 그것도 전략의 일부였다. 펠로톤은 향후 더 큰 수익 창출을 목표로 시장점유율 확대에 필요한 자금을 조달하기 위해 현재의 수익성을 희생하고 있었다.

2020년 초, 코로나(COVID-19) 전염병이 전 세계를 강타하였다. 펠로톤에게 이러한 상황은 게임체인저 역할을 해 주었다. 체육관은 몇 달 동안 문을 닫았고, 펠로톤 자전거에 대한 수요는 급증하였다. 그것은 복합적인 축복이었다. 수요 증가는 펠로톤의 자전거 공급 능력을 빠르게 앞질렀고, 생산 능력이 부족한 상황에 직면했다. 팬데믹 상황에서 공급망 문제가 생겨 핵심 부품을 얻기 위해 고군분투하였다. 자전거는 몇 개월분의 선주문을 받았다. 펠로톤은 2020년 말까지 공급망 문제를 해결해야 했다. 이러한 노력에 대한 보상으로 2020년 말에 300만 명 이상의 회원이 확보되었고, 처음으로 분기 이익을 달성하였다. 향후에 발생할 생산 및 공급망 제약을 방지하기 위해 2020년 12월 펠로톤은 현금 4억 2천만 달러로 프리코(Precor)를 인수한다고 발표했다. 프리코는 세계에서 가장 큰 피트니스 장비 제조업체 중 하나이다.

2021년에 펠로톤은 2019년보다 네 배 증가한 40억 달러 이상의 매출을 기록했지만 여전히 1억 9천만 달러의 손실을 입었다. 또한 2021년 말과 2022년 초에는 몇 가지 새로운 전략적 도전과제가 발생했다. COVID-19 팬데믹이 진정되는 것처럼 보이자 체육관들이 문을 열었고 펠로톤의 자전거와 러닝머신에 대한 수요는 팬데믹 기간에 추정했던 예상치를 밑돌았다. 문제를 더 복잡하게 만든 것은 보우플렉스(Bowflex)와 노르딕트랙(Nordic Track)이 경쟁력 있는 가격의 유사한 자전거로 시장에 진입한 것이다. 펠로톤은 자전거 가격을 인하하여 1,495달러에 더 저렴한 모델을 제공했지만 펠로톤의 투자자들은 더딘 수익성 향상에 불만을 나타냈다. 2022년 2월, 존 폴리는 CEO직에서 물러났고, 넷플릭스(Netflix)와 스포티파이(Spotify)에서 CFO로 근무한 배리 매카시(Barry McCarthy)로 교체되었다. 매카시는 취임 후 (1) 하드웨어에 대한 자본 지출 축소, (2) 보다 단순하고 저렴한 자전거와 러닝머신 생산, (3) 조직 인원 20% 감축, (4) 디지털 인터페이스 및 콘텐츠 옵션 개선에 비용 지출 확대, (5) 자전거와 온라인 콘텐츠 모두 포함되는 단일 월 사용료 옵션 외의 다양한 가격 옵션(만약 고객이 펠로톤을 취소할 경우 자전거 무료 회수) 시도 등 전략적 변화를 추구하였다. 이러한 전략들이 펠로톤의 성장을 활성화시키고 수익성을 높이는 데 효과가 있을 것인가에 대한 답은 단지 시간이 말해 줄 것이다.

1.1 전략적 리더십을 정의한다.

1.1 전략과 전략적 리더십

어떤 기업은 성공하는데 왜 다른 기업은 실패할까? 항공산업에서 유나이티드항공사와 같은 경쟁기업들이 파산을 막기 위해 안간힘을 쓸 때, 사우스웨스트항공사는 사업 환경이 좋을 때나 그렇지 않을 때에도 지속적으로 매출과 수익을 증가시키고 있었는데 왜 그럴까? 현재 미국에서 가장 규모가 큰 철강회사인 뉴코스틸(Nucor Steel)은 한때 더 규모가 컸던 많은 철강회사가 파산으로 사라지는 동안에도 지속적으로 성장과 수익을 실현할 수 있었는데 이를 무엇으로 설명할 수 있는가? 마이크로소프트가 급속한 기술 변화가 특징인 산업 환경에서 경쟁자들이 변화에 실패하여 사라짐에도 불구하고 어떻게 지배적인 기업으로 지속적으로 생존할 수 있었을까? 가정용 운동기구 시장의 수요 변화와 신규 경쟁자의 진입에도 불구하고 첫머리 사례에서의 펠로톤은 어떻게 그렇게 급속하게, 지속적으로 성장할 수 있었을까?

이 책에서 저자들은 경쟁기업 간에 성과 차이가 발생하는 주된 이유를 경영자가 추구하는 전략으로 설명하고 있다. **전략**(strategy)이란 경영자가 목표를 달성하기 위해 행하는 일련의 활동(actions)을 말한다. 대체로 기업은 경쟁자보다 탁월한 재무적 성과를 달성하는 것을 주된 목표로 삼는다. 전략을 통해 탁월한 성과가 달성

전략
경영자가 기업의 성과를 올리기 위해 행하는 일련의 활동

된다면 경쟁우위를 가지고 있다고 말한다.

펠로톤의 경우, 경쟁우위를 추구하는 것이 아직도 진행형의 작업이다. 명료한 전략을 추진함으로써 펠로톤의 구독자가 증가하고 수익이 성장하고는 있으나, COVID-19 대유행으로 인해 아직 수익이 낮으며 수요 증가율이 지속적으로 감소하고 있다. 더욱 복잡한 것은 경쟁자들이 출현하고 있다는 것이다. 보우플렉스와 노르딕트랙은 경쟁력 있는 가격으로 유사한 자전거를 시장에 출시하였다. 이에 대응하여 펠로톤은 전략을 수정하여 가격을 낮추고 다양한 가격 옵션을 제시하고 있다. 과연 펠로톤은 장기적으로 성공할 것인가? 그 답은 기업이 추구하는 전략과 그 전략을 얼마나 잘 실행하는가에 달려 있다.

이 책은 기업이 탁월한 성과를 달성하고 경쟁우위를 점하기 위해 경영자가 추구해야 하는 전략에 대해 설명한다. 이 책의 주된 목적 중 하나는 당신에게 전략을 수립하고 성공적으로 실행하는 데 필요한 분석 기법과 기술을 철저하게 이해시키는 데 있다. 이러한 목적을 달성하기 위한 첫 번째 단계는 탁월한 성과와 경쟁우위가 의미하는 것이 무엇인지를 좀 더 세부적으로 알아보고, 전략결정 과정을 경영자가 주도할 때 수행하는 중심적 역할에 대해 설명하는 것이다.

전략적 리더십(strategic leadership)이란 기업이 경쟁우위를 창출하기 위해 전략결정 과정을 가장 효과적으로 관리하는 것을 말한다. 전략결정 과정(strategy-making process)이란 경영자가 경쟁우위를 확보할 목적으로 일련의 전략을 선정하고 실행하는 과정을 말한다. **전략수립**(strategy formulation)은 전략을 선정하는 업무를 말하고, **전략실행**(strategy implementation)은 선정된 전략을 행동으로 옮기는 업무로서, 제품을 설계하고 공급하고 지원하는 활동, 생산 효율성과 효과성을 향상시키는 활동, 그리고 기업의 조직구조, 통제시스템 및 문화를 설계하는 활동 등을 포함한다. 펠로톤의 초기 전략은 설립자인 존 폴리의 리더십하에 성공적으로 진행되었다. 이는 그의 팀이 실행 가능한 전략을 잘 수립했을 뿐 아니라 성공적으로 실행했기 때문이다.

전략적 리더십
전략결정 과정을 효과적으로 관리함으로써 기업이 경쟁우위를 창출할 수 있도록 하는 것

전략수립
조직의 외부 환경과 내부 환경을 분석한 후 전략을 선정하는 것

전략실행
전략을 행동으로 옮기는 것

이 장을 마치게 될 때, 전략을 수립하고 실행하는 과정인 전략결정 과정을 전략적 리더가 어떻게 관리하여 기업의 경쟁우위를 확보하며 탁월한 성과를 달성할 수 있는지, 전략결정 과정이 어떤 이유로 인해 잘못되는지, 어떤 유형의 경영자가 이 과정을 더욱 효과적으로 발전시킬 수 있는지 알게 될 것이다.

1.2 전략적 리더십과 탁월한 성과

1.2 리더십과 탁월한 성과 간의 관계에 대해 논의한다.

전략적 리더십이란 기업의 성과를 향상시키기 위해 경영자가 전략결정 과정을 효과적으로 관리하는 것을 말하며, 결국 이를 통해 기업주와 주주의 기업가치를 높여 주

그림 1.1 주주가치 결정 요인

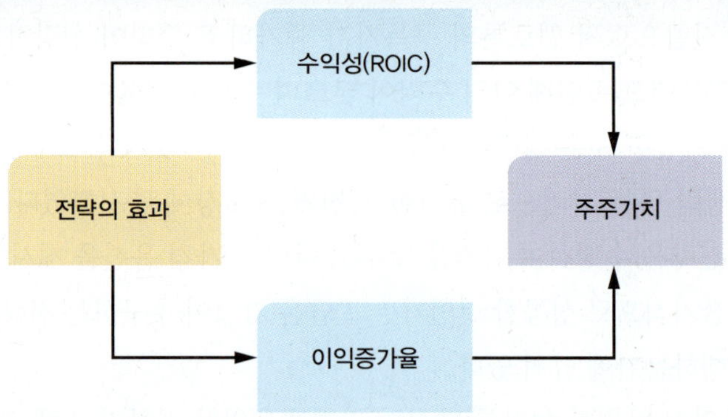

게 된다. [그림 1.1]에서 보여 주는 바와 같이 경영자는 전략을 효과적으로 수행하여 기업의 수익성을 향상시키고, 궁극적으로 주주가치를 증대시키게 된다(더 자세한 내용은 이 장의 부록 참조). 그러기 위해서 기업은 경쟁자를 능가해야 하며 경쟁우위를 가져야만 한다.

1.2a 탁월한 성과

주주가치
주주가 기업의 주식을 구매함으로 인해 얻게 되는 대가

주주가치(shareholder value)란 특정 기업의 주식을 구매함으로써 주주가 얻게 되는 대가를 말하며, (a) 보유 주식의 가격 상승으로 얻게 되는 이익과 (b) 배당금의 두 가지 형태로 구성된다. 예를 들면, 2021년 P&G의 주가는 137.99달러에서 163.58달러로 증가했고, 한 주당 3.4달러의 배당금을 지급했다. 따라서 P&G 주주는 주식 가격 상승으로 18.54%의 수익을 얻고 배당금으로 2.46%의 수익을 얻어 2021년 한 해 동안 21%의 수익을 얻게 되었다.

주주가치를 극대화하는 것은 수익을 창출하는 기업의 궁극적 목표이다. 이는 두 가지 이유 때문이다. 첫째, 주주는 경영자가 제품과 서비스를 생산하고 판매하는 데 필요한 자원을 구매할 수 있도록 위험자본을 기업에 제공한다. 여기서 **위험자본**(risk capital)이란 기업이 실패하여 파산했을 때 되돌려 받을 수 없는 자본을 말한다. 자신들의 자본투자금에 대해 기대하는 성과를 창출하기 위하여 경영자가 적절한 전략을 수행하지 않는다고 믿게 된다면 이들은 위험자본을 제공하지 않을 것이다. 둘째, 주주는 보유주식만큼 회사의 법적인 주인이므로 수익이 발생할 경우 회사에 수익을 요구할 권리를 가진다. 그러므로 경영자는 벌어들인 수익을 기업 성장을 위해 투자하거나, 배당이나 자사주 취득 등을 통해 주주가치를 극대화하기 위하여 지속적으로 노력해야 할 의무를 가지게 된다.[1] 물론 이 책의 후반부에 설명된 것과 같이 경영자는 주주가치를 극대화하는 과정에 법적, 윤리적, 사회적 책임을 지는

위험자본
주주가 자신의 투자 원금을 돌려받거나 혹은 고수익을 결코 보장받을 수 없는 자기자본을 말함

자세로 행동해야 한다(11장 참조).

[그림 1.1]에서 설명하고 있듯이 주주가치를 증가시키려면 기업의 수익성을 높일 수 있고, 더 높은 이익증가율을 실현할 수 있는 효과적인 전략이 필요하다. 기업의 **수익성**(profitability)을 측정하는 한 가지 방법은 기업에 투자된 자본으로 얼마나 많은 이익을 창출하는지 측정하는 것이다.[2] **투하자본순이익률**(return on invested capital, ROIC)은 기업에 투자된 자본 대비 순이익(이익/투자자본)의 비율로 정의된다. 여기서 순이익은 세금을 낸 후의 세후순이익을 말한다. 자본은 회사에 투자된 자금의 합을 말한다. 즉, 주주의 지분과 부채는 채권자에게 빚을 지고 있는 것이다. *수익성은 경영자가 고객의 욕구를 만족시키기 위해 제품과 서비스 생산에 자본을 얼마나 효율적이고 효과적으로 사용하는가에 따른 결과이다.* 자본을 효율적이고 효과적으로 사용하는 회사는 '+' 투하자본순이익률을 달성한다. 투자서비스기업 모닝스타(Morningstar)에서 계산한 P&G의 2021년 투하자본순이익률은 18.11%였다. 모닝스타가 계산한 자본비용이 8%였으므로 결국 P&G가 실제로 얻은 경제적 성과는 10.11%이다.

수익성
기업에 투자된 자본으로 창출된 이익

투하자본순이익률(ROIC)
순이익을 기업에 투자된 자본으로 나눈 값

기업의 **이익증가율**(profit growth)은 특정 기간의 순이익 증가로 측정할 수 있다. 급속히 성장하는 시장에서 제품을 판매하고, 경쟁자의 시장점유율을 빼앗고, 기존 고객을 대상으로 판매량을 증가시키고, 수출이 확대되고, 신규사업 라인으로 인해 수익이 다변화된다면 기업의 수익은 증가하게 된다. 예를 들면, 2017년에서 2021년 기간 동안 지속적인 영업활동을 통해 P&G의 순이익은 101.9억 달러에서 143.5억 달러로 증가하였다. 이러한 순이익의 증가는 제품 개발과 마케팅을 통해 기존 소비자 브랜드를 강조하는 전략을 추진하면서 수익성이 낮은 제품 판매를 중단하는 전략을 추진한 것에 기인한다. 이러한 이익증가율은 동일 기간의 P&G의 주가가 84.17달러에서 163.58달러로 증가하는 데 기여하였다.

이익증가율
특정 기간의 순이익 증가

수익성과 이익증가율은 주주가치를 증가시키는 기본이 되는 두 축이다(자세한 내용은 이 장의 부록 참조). *수익성과 이익증가율 모두 지속적으로 증가시키려면 경쟁자보다 비교우위를 가질 수 있도록 전략을 수립하고 실행하는 경영자의 노력이 필수적이다.* 펠로톤의 경우 아직 경쟁우위를 가지지는 못했지만 설립자인 존 폴리와 후임자인 배리 매카시는 경쟁우위를 확보하기 위해 지속적으로 이러한 노력을 경주하고 있다.

경영자는 수익성을 높이면서 이익을 증대시켜야 하는 핵심적인 도전과제에 직면하게 된다. 수익성은 높으나 이익이 증가하지 않는 기업은 주주들에게 수익성이 높고 이익증가율이 높은 회사와 같이 높은 가치를 부여받지 못한다. 마찬가지로 기업 이익은 증가하나 수익성이 감소한다면 주주들로부터 제대로 평가받지 못할 것이라는 사실을 경영자는 알아야 한다. 주주들이 진정으로 원하는 것, 그리고 경영자가 전략적 리더십을 발휘하여 제공해야 하는 것은 수익성과 성장성을 모두 갖춘 *내실성장(profitable growth)*을 이루는 것이다. 다시 말해 높은 수익성과 지속적인 이익증가율을 실현하는 것이다. 이것을 실현하는 것이 쉬운 일은 아니지만 같은 시대를 살아가는 여러 기업들—애플, 구글, 마이크로소프트, P&G 등—이 성공적으로 실행하였다.

주주가치를 극대화하는 것이 수익을 추구하는 기업의 주된 목표이지만, 경영자는 수익을 추구하는 동안 항상 합법적이고, 윤리적이며, 사회적 책임을 다해야 한다는 것을 반드시 명심해야 한다. 더구나 주주가치를 증가시키는 가장 좋은 방법 중 하나는 고객을 위해 가치를 창출하고, 종업원을 잘 대우하고, 기업이 속한 지역사회의 니즈를 존중하는 것이다. 고객을 중시하지 않거나, 종업원을 착취하거나, 또는 지역사회에 해악을 주는 기업은 장기적으로 자신들의 주주가치를 창출하기 어렵게 된다는 것을 주지해야 한다.[3] 고객의 니즈를 만족시키고, 종업원이 잘 대우받아 생산성에 기여하고, 지역기업으로서 좋은 평판을 받게 되면 재무적 성과가 향상되고 이를 통해 주주에게 장기적으로 큰 혜택이 돌아가지만, 반대로 고객 니즈를 무시하고, 불공정하게 종업원을 대우하고, 지역의 니즈를 가볍게 여기면 단기적으로는 주주의 이익에 도움이 될지언정 장기적으로는 기업의 생존능력에 해를 끼치게 되어 궁극적으로 주주가치가 하락하게 된다.

1.3 경쟁우위가 무엇을 의미하는지 설명한다.

1.3 경쟁우위와 기업의 비즈니스모델

경쟁이 없는 상황에서 경영자는 전략적 의사결정을 할 수 없다. 자신의 기업이 동일한 고객을 두고 다른 기업들과 경쟁을 하고 있는 것이다. 경쟁은 가장 효율적이고 효과적인 기업만이 승리할 수 있는 무모한 과정이다. 이 과정은 끝이 없는 경주와 같다. 주주의 가치를 극대화하기 위해 경영자는 전략을 만들고 실행하여 경쟁자를 이길 수 있는 경쟁우위를 만들어야 한다. 동일한 고객을 대상으로 경쟁하고 있는 기업의 수익성과 이익증가율이 다른 기업의 평균보다 높을 때 우리는 그 기업이 경쟁자에 대해 **경쟁우위**(competitive advantage)를 가지고 있다고 말한다. 경쟁자보다 수익성과 이익증가율이 상대적으로 높을 때 경쟁우위는 더 크다. 특정 기업이 여러 해에 걸쳐 산업 내 평균 수익성과 이익증가율을 초과하는 상황을 지속적으로 유지하는 전략을 실행하고 있을 때 **지속적 경쟁우위**(sustained competitive advantage)를 가지게 된다.

경쟁우위
기업의 수익성이 산업 내 평균 수익성보다 클 때 경쟁자에 대해 가지게 되는 우위

지속적 경쟁우위
기업의 전략을 통해 여러 해에 걸쳐서 산업 내 평균 이상의 수익성을 유지하는 것

경영자가 일정 기간 동안 경쟁자와 다른 전략을 추구하여 기업의 독자적 위상을 구축하거나 경쟁자와 차별화시킬 수 있는 활동을 수행하고 이를 통해 지속적으로

경쟁자보다 우수한 성과를 확보할 수 있는 이유가 무엇인지 파악하면 경쟁우위를 쉽게 이해할 수 있다. **비즈니스모델**(business model)이란 기업이 추구하는 여러 전략을 조화롭게 실행하여 경쟁우위를 유지하면서 탁월한 수익성과 이익증가율을 실현할 수 있도록 하는 경영자의 구상을 말한다. 원래 비즈니스모델이란 기업의 여러 전략과 기업의 자본투자를 조화롭게 결합하여 평균 이상의 수익성과 이익증가율을 창출하는 일종의 관념적인 모형 혹은 형태를 말한다. 비즈니스모델은 아래 항목을 종합적으로 포함한다.

비즈니스모델
기업이 경쟁우위를 가질 수 있도록 여러 전략을 어떻게 하면 조화롭게 상호작용하도록 만들 것인가 하는 구상

- 고객을 선정한다.
- 제품을 정의하고 차별화한다.
- 자신의 고객에 대한 가치를 창출한다.
- 고객을 확보하고 유지한다.
- 제품과 서비스를 생산한다.
- 생산성을 높이고 원가를 절감한다.
- 제품과 서비스를 시장에 제공한다.
- 기업 내의 활동들을 결합한다.
- 필요한 자원을 구체화한다.
- 높은 수익성을 달성하고 유지한다.
- 비즈니스를 지속적으로 성장시킨다.

예를 들어 월마트(Walmart) 같은 할인점의 경우에는 모든 서비스를 제공하는 기존의 소매점 형태의 판매 방법을 고객의 셀프서비스 형태로 바꾸고, 자체 가구와 집기를 최소화하여 매장을 넓게 사용하여 다양한 많은 제품을 구비함으로써 원가를 절감하는 아이디어에 기반하여 비즈니스모델을 구성하였다. 이와 같이 절감된 원가로 인해 고객에게 낮은 가격으로 제품을 제공할 수 있었으며, 이로 인해 다시 매출이 증가하고 규모의 경제가 발생하여 원가절감이 더욱 가속화되었다. 시간이 지남에 따라 이 비즈니스모델은 모든 서비스를 제공하는 소규모 가족경영 점포의 비즈니스모델이나 시어스(Sears)백화점 같은 전통적인 고급 서비스를 제공하는 비즈니스모델보다 탁월하다는 것이 입증되었다. 셀프서비스 슈퍼마켓 비즈니스모델로 알려진 이러한 비즈니스모델은 1950년대에 식료품 소매점에서 처음 개발되어 나중에 월마트와 같은 잡화점에 의해 구체화되고 개선되었으며, 최근에는 장난감 매장(Toys 'R' Us), 문구(Staples, Office Depot), 가정용 집기(Home Depot, Lowe's)에도 적용되었다.

1.3a 성과의 산업별 차이

기업의 성과는 비즈니스모델 및 관련된 전략에 의해 영향을 받을 뿐 아니라, 기업이 경쟁하고 있는 산업의 특성에 의해서도 결정된다는 사실을 인식하는 것이 중요하다. 산업이 다르면 경쟁 조건도 다르다. 어떤 산업은 수요가 급속하게 증가하는 데 비해 어떤 산업은 수요가 감소하며, 어떤 산업은 초과 공급과 지속적 가격경쟁으로 몸살을 앓는 데 비해 어떤 산업은 구매력이 높아 가격이 증가하기도 한다. 어떤 산업은 기술 변화가 경쟁의 구조를 바꿔 놓은 데 비해 어떤 산업은 안정된 기술로 특징되기도 한다. 어떤 산업에서는 기존 기업의 높은 수익성으로 인해 신규 기업을 유인하게 되고 이러한 신규 진입자가 지속적으로 가격을 인하시켜 이익을 감소시키는 데 비해 어떤 산업에서는 신규 진입자가 어려움을 겪게 될까봐 진입을 하지 않아서 높은 수익성이 유지되는 기간이 상당 기간 지속되기도 한다. 그러므로 산업에 따라 다른 경쟁 조건은 수익성과 이익증가율에 있어서 차이를 나타내게 된다. 예를 들면, 경쟁 조건이 산업에 따라 다르기 때문에 어떤 산업에서는 평균 수익성이 높고 다른 산업에서는 낮을 수도 있다. 산업별 차이는 2장에서 구체적으로 살펴보고, 여기서는 기업의 수익성과 이익증가율의 결정에는 *해당 산업 내에서 경쟁사 대비 상대적으로 얼마나 성공하는가와 다른 산업과 비교할 때 해당 산업의 전반적인 성과가 어떠한지가 영향을 준다*는 것을 기억하는 것이 중요하다.[4)]

1.3b 비영리기관의 성과

여기서는 비영리기관의 탁월한 성과 개념에 대해 살펴보고자 한다. 정부, 대학, 자선단체와 같은 비영리기관은 수익을 창출하기 위해 사업을 하지는 않는다. 그럼에도 불구하고 이들 비영리기관은 보유 자원을 효율적으로 사용하고 효과적으로 운영하도록 요구받고, 경영자는 기관의 성과를 측정하기 위해 목표를 설정한다. 경영대학의 성과목표는 교육프로그램 평가에서 전국에서 최고 순위를 받는 것일지도 모른다. 게이츠재단(Gates Foundation)과 같은 자선단체의 성과목표는 말라리아를 퇴치하는 것일지도 모른다(자세한 내용은 [전략 실행 사례 1.1] 참조). 정부당국의 성과목표는 예산을 증가시키지 않고 서비스를 개선하는 것일지도 모른다. 비영리기관의 경영자는 이러한 목표를 실행하기 위해서 전략을 수립할 필요가 있다. 그들은 또한 비영리기관도 기업과 같이 희소자원에 대해 다른 기관과 경쟁한다는 사실을 이해할 필요가 있다. 예를 들어 자선기관은 희소한 기부금을 유치하기 위해 경쟁하며, 경영자는 성과를 높이기 위해 계획을 세우고 전략을 개발하고, 성과목표를 충족시키고 있다는 기록을 남겨야 한다. 성공적인 전략은 잠재 기부자에게 왜 그들이 추가적으로 기부해야 하는지에 대한 메시지를 주게 된다. 그러므로 전략적으로 계획하고 생각한다는 것은 이익을 추구하는 기업 경영자와 마찬가지로 비영리기관의 경영자에게도 중요하다.

전략 실행 사례 1.1

게이츠재단—말라리아 퇴치

마이크로소프트 창업자 빌 게이츠(Bill Gates)와 그의 부인 멜린다(Melinda)가 설립한 자선재단인 게이트재단(Bill & Melinda Gates Foundation)은 2007년에 야심찬 장기 목표를 발표했다. 이 재단이 발표한 목표는 지난 수십 년 동안 추진해 온 말라리아를 통제하는 정책이 아니라 전 세계에서 말라리아를 완전히 박멸하는 것이었다. 사람들은 그 목표가 과도하게 야심찬 목표라고 생각했다. 1950년대 후반, 말라리아를 퇴치하려는 시도는 실패했다. 매년 백만 명 이상의 어린이가 말라리아로 사망하고 있고, 사하라사막 이남의 아프리카에서 말라리아로 인한 사망자는 말라리아 기생충이 기존 약물에 내성을 갖게 되고 질병을 옮기는 모기가 살충제에 내성을 갖게 됨에 따라 지난 20년 동안 두 배로 증가하였다. 새로운 도전이 필요한 시기에 게이츠재단으로 도움을 요청하는 전화가 걸려 왔다. 이러한 도움 요청에 대해 게이츠재단은 말라리아 프로그램에 8억 6,000만 달러를 투자하고 에이즈, 결핵, 말라리아 퇴치를 위한 글로벌 기금을 지원하기 위해 6억 5,000만 달러를 추가로 지원하겠다고 약속하였다.

명확하고 장기적인 목표를 설정한 게이트재단은 이 목표를 달성하기 위한 일련의 전략을 개발해야 했다. 재단은 단순히 문제해결에 돈을 쏟아붓는 것만으로는 해결책이 되지 않는다는 것을 너무나 잘 알고 있었다. 게다가 세계에서 가장 큰 민간 자선단체인 게이츠재단과 같은 단체조차도 자원이 제한되어 있으며 많은 다양한 자금 지원을 요청받는다. 재단은 말라리아와의 전쟁에서 최대한 효과적으로 승리하기 위해 제한된 자원을 어떻게 할당하면 효과를 극대화할 것인가에 대해 매우 명확한 선택기준이 필요했다. 그래서 다양한 자금지원 요청을 평가하기 위해 과학자와 공중보건 전문가들을 고용하였다.

이후 몇 년 동안 투자가 진행되면서 재단의 전략은 몇 가지 요소를 강조하였다. 첫째, 펀드의 자금을 유망한 말라리아 백신 개발 노력에 투입하였다. 둘째, 많은 말라리아 보균자가 무증상이라는 것을 깨닫고, 재단은 보균자를 식별하고 치료할 수 있도록 가난한 지역에서 신속하고 효율적으로 사용할 수 있는 더 나은 진단 검사 방법을 개발하는 노력에 자금을 지원하였다. 셋째, 말라리아에 걸린 사람들을 치료하기 위한 새로운 약의 개발 노력에 자금을 지원하였다. 이 약들은 약물에 내성이 있는 말라리아 기생충의 증가에 대응하기 위한 노력으로 나타났다. 넷째, 살충제 처리된 모기장, 실내의 벽이나 기타 표면에의 살충제 살포 등 보다 효과적인 전염 방지 도구 개발에 자금을 지원하고자 하였다. 마지막으로, 해당 국가의 정부와 다국적기관의 지원과 협력으로 훨씬 더 많은 것을 할 수 있다는 사실을 인지하고, 해당 지역 국가의 정부와 적극적으로 협력하여 그들이 더 효과적인 정책을 개발할 수 있도록 지원하였다.

재단은 말라리아 퇴치에 얼마나 발전적 공헌을 했을까? 2016년에는 429,000명이 말라리아로 사망하였다. 사망자 수치는 여전히 높지만 2000년대 초 질병의 정점을 기준으로 할 때 50%가 감소하였다. 게이츠재단의 말라리아 전략은 진화하고 있다. 빌 게이츠는 그들의 목표 중 일부가 너무 야심적이었다는 것을 인정한다. 지금쯤이면 말라리아 백신이 개발되었을 것으로 당초 생각했지만 유망한 백신은 아직도 개발 중에 있기 때문이다. 또한 주목할 만한 점은, 살충제 처리된 모기장을 무료로 배포하거나 건물의 벽과 지붕 사이의 환기 통로에 모기 덫을 설치하는 것과 같은 저급 기술과 비용이 적게 드는 전략이 매우 성공적인 것으로 입증되었다는 것이다.

출처: D. G. Blankinship, "Gates Foundation Looks to Fight Malaria," *Associated Press*, October 17, 2007; B. Gates, "Mosquito Wars," *gatesnotes*, August 15, 2017; Bill & Melinda Gates Foundation, "Malaria: Strategy Overview," April 2011; N. Kirsch, "Philanthropy King: Bill Gates Gives Away $4.6 Billion, Unveils New Campaign to Combat Malaria," *Forbes*, August 15, 2017.

1.4 조직계층의 수준별로 경영자의 전략적 역할을 논의한다.

1.4 전략적 경영자

경영자는 전략결정 과정에서 핵심적인 중심인물이다. 경쟁우위를 확보하기 위해 전략을 수립하고 실행할 책임을 지는 사람이 개별 경영자이며, 이들이 전략결정 과정을 리드해야 한다. 펠로톤의 성장을 가져온 전략은 '회사'로 알려진 추상적인 실체에 의해 선택된 것이 아니고 회사의 설립자이자 CEO인 존 폴리와 그가 고용한 관리자들에 의해 선택되었다. 이 장의 마지막 부분에서 우리는 전략적 리더십, 즉 경영자가 전략결정 과정을 얼마나 효과적으로 리드하는가에 대해 논의할 것이다.

대부분의 기업에는 총괄경영자와 기능경영자라는 두 가지 경영자 유형이 있다. **총괄경영자(general manager)**는 기업의 전반적인 성과에 대해 책임을 지거나 혹은 독자적으로 운영되는 중요한 사업부나 제품라인의 전반적인 성과를 책임지는 경영자를 말하며, **기능경영자(functional manager)**는 특정 기능을 관리하는, 즉 회계, 마케팅, 연구개발, 정보기술 혹은 물류 등과 같은 기능의 과업, 활동, 운영을 책임지는 경영자를 말한다. 달리 말하면 총괄경영자는 제품, 사업 혹은 기업 전체의 이익과 손실에 대해 책임을 진다.

총괄경영자
기업의 전반적인 성과에 대해 책임을 지거나 혹은 독자적으로 운영되는 중요한 사업부나 조직의 전반적인 성과를 책임지는 경영자

기능경영자
특정 기능을 관리하는, 즉 회계, 마케팅, 연구개발, 정보기술 혹은 물류 등과 같은 기능의 과업, 활동, 운영을 책임지는 경영자

기업은 특정 제품이나 서비스를 시장에 공급하기 위해 함께 일하는 여러 기능이나 혹은 여러 부서의 집합체이다. 만약 기업이 여러 다른 종류의 제품이나 서비스를 공급한다면, 각각의 다른 제품이나 서비스를 관리하기 위해 독자적으로 운영되는 사업부(각 사업부는 독자적으로 기능들을 보유하고 있음)를 만들기도 한다. 이러한 사업부의 총괄경영자는 자신의 특정 제품라인에 대해서만 책임지게 되므로 그의 가장 중요한 관심사는 기업의 성공 혹은 자신의 책임하에 있는 사업부의 성공이다. 그들은 자신의 통제 아래 있는 자원과 자본을 가지고 어떻게 하면 경쟁우위를 창출하고 높은 수익성을 달성할 수 있는지 의사결정을 해야 하는 책임을 지게 된다. [그림 1.2]는 복수사업부 기업의 조직을 설명하고 있다. **복수사업부 기업(multidivisional company)**이란 여러 다른 사업에서 경쟁하며, 각각의 사업을 관리할 독자적인 사업부를 만들어서 운영하는 기업을 말한다. 그림에서 보는 바와 같이 주요 경영수준은 기업수준, 사업수준, 기능수준 세 가지가 있다. 총괄경영자는 처음 두 수준에서 발견된다. 그러나 그들의 전략적 역할은 자신들의 책임 영역에 따라서 다르다.

복수사업부 기업
여러 가지 사업에서 경쟁하기 때문에, 각각의 사업을 관리할 독자적인 사업부를 만들어서 운영하는 기업

1.4a 기업수준 경영자

기업수준 경영자는 CEO, 이사, 그리고 기업수준의 스태프로 구성된다. 이들은 조직 내에서 의사결정의 최고점에 있다. CEO는 주요 총괄경영자이다. 기업수준 경영자의 역할은 다른 이사진과 상의하면서 전체 조직에 대한 전략개발과정을 감독

그림 1.2 전략적 경영의 수준

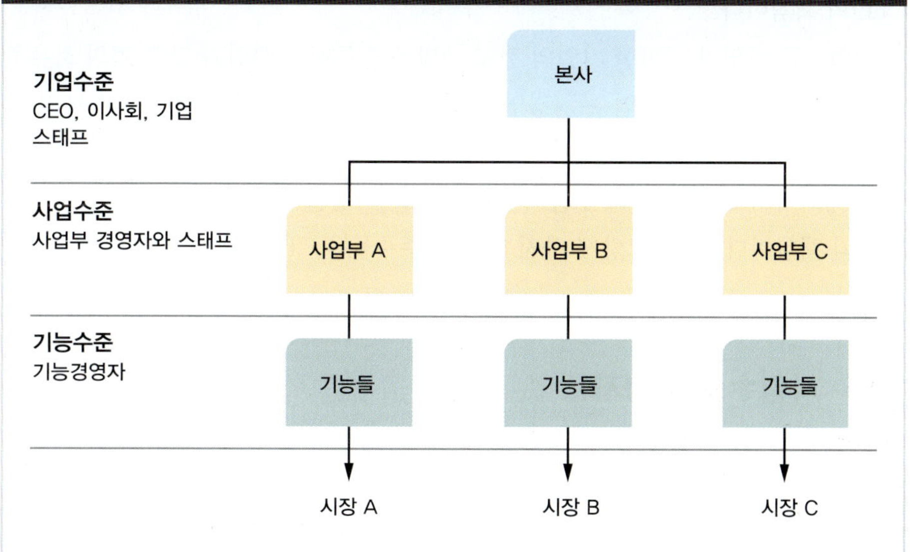

하는 것이다. 이들의 역할은 조직의 목표를 설정하고, 무슨 사업에 진입해야 하는지 결정하고, 여러 사업을 대상으로 자원을 배분하고, 전략을 수립하고 실행하며, 전체 조직을 대상으로 리더십을 발휘하는 것이다.

3M을 예로 들어 보자. 미국에서 가장 유서 깊은 기업 중 하나인 3M은 안전 장비(예: 의료용 마스크, 보호안경, 귀마개), 산업재, 전자제품, 도로표지용 반사필름, 헬스케어용품, 정수시스템, 연마재, DIY제품, 사무용품, 청소용품, 소비자 의료용품을 포함하는 광범위한 비즈니스에서 활발히 활동하고 있다. CEO의 주된 전략적 책임은 전반적인 전략 목표를 설정하고, 여러 사업 분야에 자원을 배분하고, 기업이 철수해야 할 사업을 결정하고, 새롭게 진입해야 할 사업을 선정하는 것이다. 달리 말하면 개별 사업의 범위를 정하는 전략을 개발하는 것은 전적으로 CEO의 결정에 달려 있다. 그의 관심은 기업의 수익성을 최대로 하기 위해 3M의 기업 비즈니스 포트폴리오를 구성하고 관리하는 것이다.

헬스케어용품, 마스킹테이프, 포스트잇 또는 수질정화시스템과 같은 개별 비즈니스 영역에서 경쟁하기 위해 전략을 개발하는 것은 CEO에게 부여된 책임이 아니다. 개별 사업부의 전략을 개발하는 것은 해당 사업 분야의 총괄경영자, 혹은 사업수준 경영자의 책임이다. 그러나 사업수준 경영자가 3M의 장기 수익성을 극대화하기 위해 강한 비즈니스모델과 전략을 추진하고 있다는 것을 확신하기 위해 사업수준 경영자의 전략적 생각을 철저히 조사하는 것은 CEO의 책임이다. 또한 그는 사업수준 경영자를 코치하고 동기부여해야 하며, 그들이 목표를 설정하고 목표를 달성할 때는 보상해 주고, 성과가 나쁠 경우에는 책임을 묻는다. 이러한 모든 일이 CEO의 책임이다.

기업수준 경영자는 또한 기업의 전략 개발을 감독하는 사람과 그 기업의 소유주(주주)를 연결시킨다. 기업수준 경영자, 특히 CEO는 주주의 대리인처럼 보일 수 있다. 기업이 추진하는 기업전략과 사업전략이 지속적으로 수익성과 이익증가율을 극대화하기 위해 일관되게 움직이고 있다는 사실을 주주에게 확신시키는 것도 그들의 책임이다. 만약 그렇게 하지 않으면 주주들은 CEO에게 책임을 묻게 될 것이다.

1.4b 사업수준 경영자

사업단위
특정 시장에 제품이나 서비스를 공급하는 독자적으로 운영되는 사업부

사업단위(business unit)란 특정 시장에 제품이나 서비스를 공급하는 독자적으로 운영되는 사업부(재무, 구매, 생산, 마케팅 부서 등 독자적 기능을 갖춤)를 말한다. 사업수준에서 주요 총괄경영자 혹은 사업수준 경영자는 사업부의 책임자이다. 이러한 경영자의 전략적 역할은 기업수준에서 내려오는 총괄적인 방향이나 내용을 개별 사업의 구체적인 전략으로 변경하는 것이다. 기업수준의 총괄경영자가 어떠한 사업을 할 것인지 개별 사업의 범위를 결정하는 전략과 관련이 있다면, 사업수준의 총괄경영자는 특정 사업에 특화된 전략과 관련되어 있다. 3M의 경우, 신제품에서 높은 비율의 수익을 창출하는 것이 오랫동안 추구해 온 주된 기업목표였다. 각 사업부의 총괄경영자는 회사가 추구하는 이러한 목표와 일관된 전략으로 사업을 수행하게 된다.

1.4c 기능수준 경영자

기능수준 경영자는 기업을 구성하는 기능이나 운영 활동(인적자원, 구매, 제품개발, 고객서비스 등) 혹은 개별 사업부를 구성하는 기능이나 운영 활동 중 특정한 기능이나 운영 활동에 대해 책임을 진다. 따라서 기능경영자의 책임 영역은 일반적으로 개별 조직의 활동에 국한되는 데 반해 총괄경영자는 기업 전체의 운영을 감독하거나 개별 사업부의 운영을 감독한다. 조직의 전반적인 성과에는 책임을 지지 않지만 그럼에도 불구하고 기능경영자는 주요한 전략적 역할, 즉 사업수준 경영자와 기업수준 경영자에 의해 정해진 전략적 목적을 충족시키기 위해 자신의 기능 영역에서 기능적 전략을 개발하는 역할을 하게 된다.

예컨대 3M의 안전장비 사업의 경우 생산 및 구매 경영자는 사업부 및 기업의 목적에 맞게 전략을 개발할 책임을 지게 된다. 게다가 기능경영자는 사업수준, 기업수준 총괄경영자가 실질적이며 수용 가능한 전략을 수립할 수 있도록 많은 정보를 제공한다. 사실 기능경영자가 총괄경영자에 비해 고객에 더욱 가까이 다가가 있기

때문에 기능경영자는 중요한 아이디어를 스스로 찾아내게 되며 이는 기업의 중요한 전략이 된다. 총괄경영자는 기능경영자의 아이디어에 귀 기울여야 한다. 운영수준에서 경영자에게 부여되는 책임은 전략을 실행하는 것이다. 즉, 기업수준, 사업수준 계획을 실행하는 것이다.

1.5 전략적 계획수립 과정

1.5 전략적 계획수립 과정의 주요 단계에 대해서 알아본다.

이제 경영자가 전략을 수립하고 실행하는 과정에 대해 살펴보고자 한다. 많은 저자들은 전략이란 공식적 계획수립 과정의 결과물이며, 최고경영자가 이 과정에서 가장 중요한 역할을 수행한다고 강조하였다.[5] 이러한 견해가 실제로 어느 정도 기본이 될지라도 전체는 아니다. 이 장의 후반부에서 알게 되겠지만 가끔 가치를 지닌 전략이 사전 계획수립 과정 없이 조직 내의 깊은 곳에서 나타나기도 한다. 그럼에도 불구하고 공식적, 합리적 계획수립 과정을 검토하는 것이 전략이라는 세계를 여행하는 데 있어서 유용한 출발점이다. 따라서 우리는 전형적이고 공식적인 전략적 계획수립 모델에 대해 살펴보고자 한다.

1.5a 전략적 계획수립 과정의 모형

공식적인 전략적 계획수립 과정은 다섯 단계를 밟게 된다.

1. 기업의 미션과 주요 목표를 선정한다.
2. 사업기회와 위협을 파악하기 위해 조직의 외부 경쟁 환경을 분석한다.
3. 조직의 강점과 약점을 파악하기 위해 조직의 내부 운영 환경을 분석한다.
4. 외부환경의 기회를 이용하고 위협 요인에 대항하기 위해 조직의 강점을 강화하고 약점을 보완하는 전략을 선정한다. 이러한 전략은 조직의 미션과 주요 목표와 일관성이 있어야 한다. 전략은 적합해야 하며, 실행 가능한 비즈니스 모델을 구성해야 한다.
5. 전략을 실행한다.

전략수립은 조직의 외부환경과 내부환경을 분석하고 적합한 전략을 선정하는 과업을 통해 이루어진다. 전략실행은 수립된 전략(또는 계획)을 실행에 옮기는 것을 말하며, 기업수준, 사업수준, 기능수준에서 선택한 각 전략들과 일관되게 진행하고, 경영자 사이에 역할과 책임을 할당(조직구조 설계를 통해)하며, 자원을 배분(자본과 현금 포함)하고, 단기적 목적을 설정하고, 조직의 통제 및 보상시스템을 설계하는 일들을 포함한다. 이러한 단계는 [그림 1.3]에서 설명하고 있다.

[그림 1.3]의 각 단계는 전략적 계획수립 과정의 순차적인 단계로 구성되어 있다. 첫 번째 단계에서 전략적 계획수립 과정은 기업이 추구하는 미션문과 주요 목

그림 1.3 전략적 계획수립 과정의 주요 구성요소

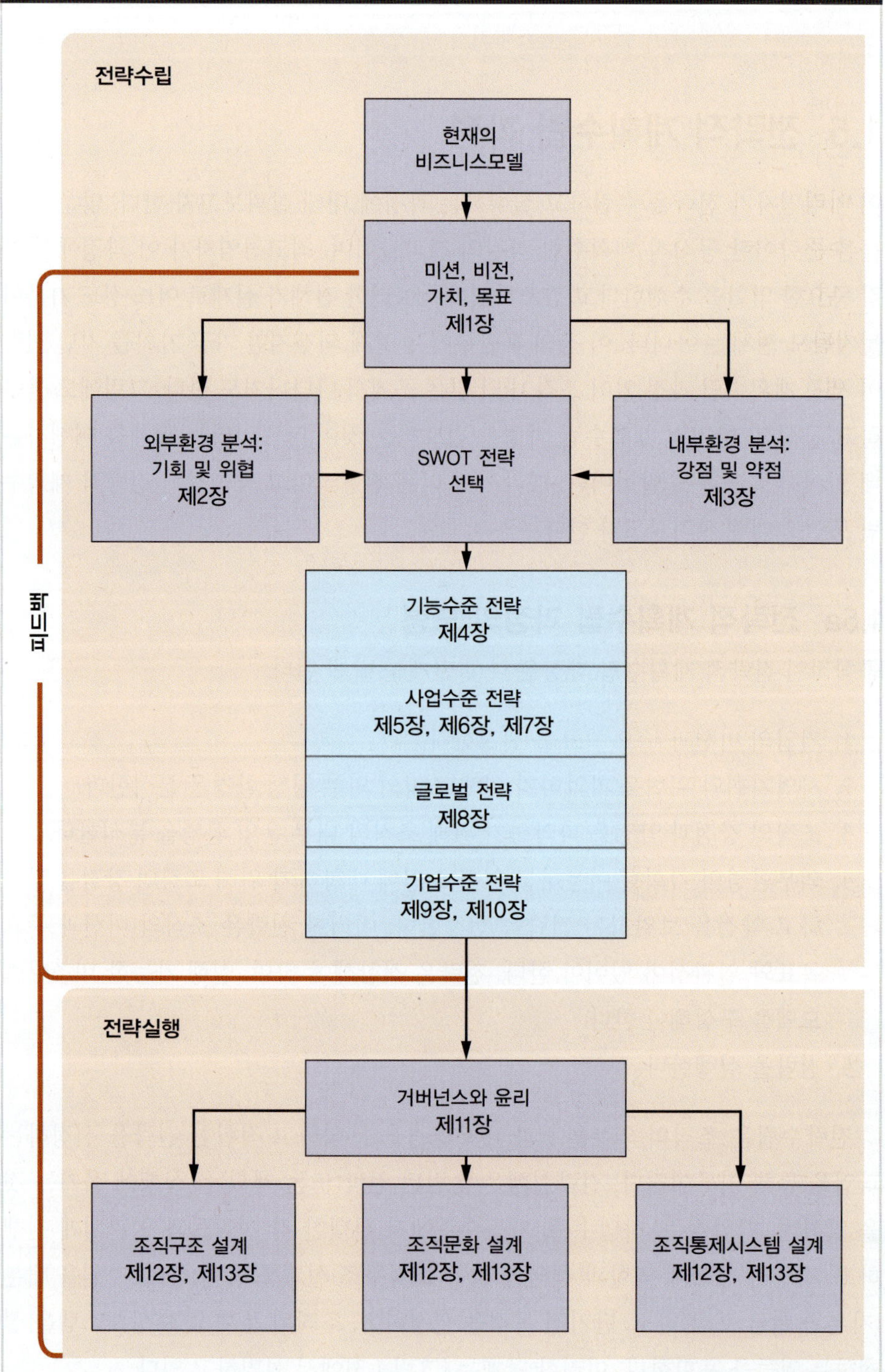

표에서부터 시작된다. 그리고 미션문 다음에는 외부환경 분석, 내부환경 분석, 전략적 선택과 같은 전략적 사고의 기반이 자리 잡는다. 전략결정 과정은 조직이 선택한 전략을 실행하는 데 필요한 조직구조, 조직문화, 통제시스템을 설계하는 것으로 마무리된다. 이 장에서는 기업의 미션과 주요 목표가 어떻게 선정되는지 논의하고, 전략적 계획수립의 나머지 과정은 [그림 1.3]에 제시되어 있는 것처럼 이후 장들에서 다루게 된다.

어떤 조직은 매년 전략적 계획수립 과정의 주기를 새롭게 시작한다. 이것은 경영자가 매년 새로운 전략을 선택한다는 것을 의미하지는 않는다. 여러 사례에서 보면 이러한 과정은 결과적으로 기존 전략이나 구조를 단순히 수정하거나 재확인하는 수준에 머문다. 계획수립 과정을 거쳐서 만든 전략적 계획은 일반적으로 1년에서 5년 기간을 대상으로 계획되며 그 계획은 매년 업데이트되거나 혹은 수정 없이 진행된다. 대부분의 조직에서 전략적 계획수립을 조직 내의 자원 배분에 활용하므로, 연간 전략적 계획수립 과정의 결과는 차년도 예산편성 과정에 투입자료로 사용된다.

1.5b 미션문

전략적 계획수립 과정의 첫 번째 구성요소는 조직의 미션문(mission statement)을 만드는 것이다. 전략수립은 미션문의 토대 혹은 배경 하에서 이루어지게 된다. 미션문은 다음 네 가지 요소, 즉 기업 혹은 조직의 존재 이유(일반적으로 *미션*이라고 한다), 갈망하는 미래의 상태(*비전*이라고 한다), 조직이 몰입하게 되는 핵심 *가치*, 주요 목표로 구성된다.

> **미션**
> 기업의 목적, 혹은 기업이 무엇을 하려고 노력하는지 설명하는 것

미션 **미션**(mission)이란 기업이 무엇을 할 것인가에 대해 설명한다. 예를 들어 구글(Google)의 미션은 *세계의 모든 정보를 체계적으로 정리하여 전 세계 어디서나 인터넷에 접속하여 사용할 수 있게 만드는 것이다.* 구글의 검색엔진은 세계의 정보를 체계적으로 정리하여 접근 가능하게 하고 유용하게 활용할 수 있도록 하는 방법이다. 여기서 정보란 단지 웹사이트에 올려놓은 문장만이 아니라 이미지, 비디오, 지도, 제품, 책, 블로그, 그리고 그 이상의 것을 지칭한다고 구글 창업자인 래리 페이지(Larry Page)와 세르게이 브린(Sergey Brin)은 말한다. 구글의 검색엔진을 이용하면 이와 같은 모든 정보의 원천을 통해 검색할 수 있다.

저명한 경영학자인 피터 드러커(Peter Drucker)는 미션 설정의 중요한 첫 번째 단계는 회사의 비즈니스를 정의하는 것이라고 했다. 비즈니스가 정의되면 다음 질문에 답할 수 있다. "우리의 비즈니스가 무엇인가? 비즈니스가 어떻게 될 것인가? 비즈니스가 어떻게 되어야 하는가?"[6] 이러한 질문에 대한 응답을 통해 우리는 미

그림 1.4 비즈니스 정의

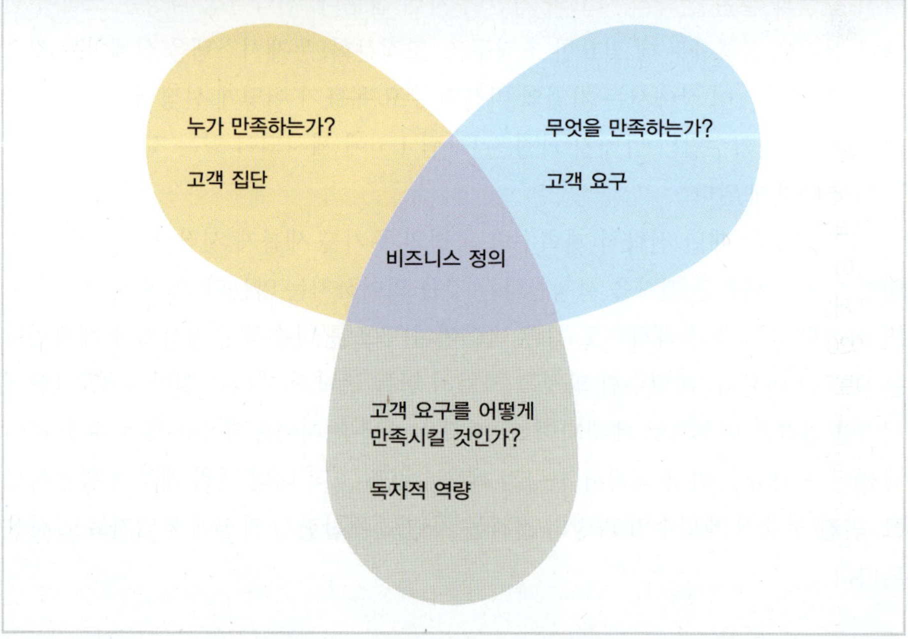

션을 설정할 수 있다. "우리의 비즈니스가 무엇인가?"에 대답하기 위해 기업은 누가 만족하는가?(고객 집단), 무엇이 만족되어야 하는가?(고객 요구), 고객의 요구를 어떻게 만족시킬 것인가?(방법, 지식, 혹은 독자적 역량)라는 세 가지 차원에서 비스니스를 정의해야 한다.[7] [그림 1.4]는 이러한 차원을 보여 준다.

드러커의 접근방법은 *제품지향적*이 아닌 *고객지향적*으로 비즈니스를 정의하도록 강조하고 있다. 제품지향적으로 비즈니스를 정의한다는 것은 제품을 사용하는 고객의 요구에 기초하지 않고 판매되는 제품의 특성에 초점을 맞추는 것을 말하며, 이러한 접근은 기업의 미션을 모호하게 만든다. 왜냐하면 제품이란 특정 고객집단의 특정 요구를 만족시키기 위해 어떤 특정 기술을 적용하는 물리적인 명세 혹은 서비스 명세에 불과하기 때문이다. 실제로 고객의 요구는 다양한 다른 방법으로 충족될지도 모른다. 그리고 폭넓은 고객중심 비즈니스 정의를 통해 이러한 방법들을 구체화하면, 제품중심 정의로 인해 기업이 수요의 주된 변화를 인식하지 못하게 되는 잘못을 방지할 수 있다.

구글의 미션문은 고객지향적이다. 구글의 제품은 검색엔진이다. 이 회사의 생산기술은 복잡한 검색 알고리즘 개발과 함께 정보를 보관할 대형 데이터베이스를 개발하는 것을 포함한다. 그러나 구글은 스스로를 검색엔진 회사로 제품지향적 비즈니스 정의를 하는 대신, 고객이 쉽게 액세스하여 유용하게 사용할 수 있도록 정보를 조직화하여 제공하는 회사로 정의하고 있다.

전략 실행 사례 1.2

뉴욕타임스의 디지털 전환

21세기는 신문 산업에 있어 어려운 시기였다. 인터넷에서 뉴스 콘텐츠의 성장은 전통적인 신문의 구독 및 광고 수익을 급격히 감소시켜서, 한때 높은 수익을 내던 수많은 신문사들이 폐간하는 최악의 상황을 맞이하였다. 1990년에 미국에서는 매일 약 6,200만 부의 신문이 인쇄, 판매되었으나, 2020년에는 2,400만 부로 감소했으며 그중 상당부분이 디지털판 신문 구독이었다. 업계 광고 수익은 2006년에 490억 달러로 정점을 찍은 후 2020년에는 100억 달러 미만으로 감소했다. 구독 수익은 2003년 이후 100억 달러에서 110억 달러 사이로 큰 변화가 없었다. 수익은 큰 변화가 없었지만 수익 구조에서는 종이신문의 구독이 급감하고 디지털 구독이 급증하였다.

신문 산업에서 일어나고 있는 변화를 헤쳐 나갈 수 있었던 한 회사는 뉴욕타임스였다. 뉴욕타임스의 경영진은 디지털화가 불가피한 시기이며 이것이 회사에 위협이자 기회가 될 것이라는 사실을 인식하였다. 경영진은 디지털화에 전념하고 비용을 지불할 가치가 있는 저널리즘을 중심으로 디지털 우선, 구독 우선 비즈니스를 구축하기로 결정했다. 본질적으로 뉴욕타임스는 약 110만에 달하는 종이신문 일일 구독자의 구독 수익원이 줄어들 것이고, 결과적으로 광고 수익이 감소할 것이라고 생각했다. 경영진은 디지털에 올인하는 것 외에 다른 대안이 없다고 생각하고 디지털화를 적극 추진하였다.

회사의 디지털 전환의 이정표는 2011년에 디지털 내용 일부를 유료화하는 페이월(paywall) 시스템의 도입 결정으로 시작되었다. 독자는 한 달에 세 개의 무료 기사를 읽을 수 있었으며, 더 많은 기사를 읽으려면 구독을 구매해야 했다. 이러한 전환을 더 쉽게 하기 위해 뉴욕타임스는 기본 구독(뉴스), 전체 구독(뉴스와 NYT 십자말풀이 및 NYT 요리 포함), 디지털 전체 구독 및 종이신문 구독 등으로 다양한 구독 계층 형태를 제공했다. 뉴욕타임스는 또한 독자들이 이들을 사용해 보도록 유도하기 위해 첫해에는 낮은 구독료를 책정했고, 그다음 해부터는 구독료를 더 많이 내도록 하기 위해 콘텐츠를 매력적으로 만드는 작업에 매진하였다.

이 전략에 따라 회사는 사실기반 저널리즘의 전통을 유지하기 위해 매우 노력했으며 뉴스룸과 기자에 대한 투자를 계속했다. 신뢰할 수 없고 깊이 없는 출판물들로 가득 찬 디지털 환경에서 최고의 저널리즘에 대한 지속적인 투자가 뒷받침된다면 뉴욕타임스의 강력한 브랜드가 두드러지기 시작할 것이라고 경영진은 믿고 있었다. 동시에 회사는 자신의 약점을 인식하여 디지털 제작에 대한 전문지식을 갖춘 더 많은 직원을 고용하여 최고의 온라인 제품을 제작하고 점점 더 인기 있는 뉴스 소스가 된 NYT Daily Podcast와 같은 보완 제품을 개발하는 데 도움을 주었다.

뉴욕타임스는 또한 전 세계의 잠재 고객이 미국 고객보다 훨씬 더 많다는 것을 깨달았다. 자체 연구조사 결과, 전 세계적으로 1억 3,500만여 명의 성인이 영어 뉴스 및 오피니언, 스포츠 저널리즘, 퍼즐, 레시피, 전문가 쇼핑 조언, 또는 팟캐스트에 대해 하나 이상의 구독료를 지불하고 있거나 지불할 의향이 있다고 파악하였다. 뉴욕타임스는 이러한 전 세계의 수요층을 호기심 많은 독자, 평생 학습자, 독립적인 사색가로 특징지었는데, 이들은 다른 문화와 관점, 그리고 경험에 관심이 많았다. 뉴욕타임스는 이들을 목표 독자층으로 하고 사업을 추진했는데, 회사의 비전은 *세상을 이해하고 참여하고자 하는 모든 호기심 많은, 영어를 구사하는 사람들에게 필수적인 디지털 구독 매체가 되는 것*이었다.

뉴욕타임스가 디지털 페이월을 만든 지 10년이 지난 지금 이 전략은 분명히 효과가 있다. 2022년 초, 회사는 한때 불가능해 보였던 이정표를 통과했다. 1,000만 건 이상의 디지털 구독은 2018년 300만 건에서 출발하여 증가한 수치이다[가장 가까운 디지털 라이벌인 워싱턴포스트(Washington Post)의 두 배 이상]. 한편 종이신문 구독은 10년 전 100만 명 이상에서 2022년에는 30만 명으로 감소했다. 디지털 제품의 가입자당 수익은 낮지만 생산 및 유통 비용도 매우 저렴하다. 그 결과 2021년 뉴욕타임스는 매출이 2016년의 15억 6,000만 달러에서 처음으로 20억 달러를 넘어섰으며, 영업이익은 1억 2,000만 달러에서 2억 7,000만 달러로 증가하였다. 이제 회사의 목표는 2027년 말까지 디지털 구독자 기반을 1,500만 명으로 늘리는 것이다.

출처: Howard Tiersky, "The New York Times Is Winning at Digital," *CIO.com*, June 8, 2017; "Newspapers Fact Sheet," *Pew Research Center*, June 29, 2001; "Our Strategy," *New York Times*, March 24, 2022; D. Mastrangelo, "New York Times Adds 455K Subscriptions in Latest Quarter," *The Hill*, November 3, 2021.

비즈니스를 정의할 때 고객지향적 관점을 가져야 한다는 필요성이 가끔 무시되어 왔다. 한때는 거대 기업이었지만 비즈니스를 정의하지 않았거나 혹은 잘못 정의하여 결국 쇠퇴하고 만 기업들은 역사의 뒤편으로 사라졌다. 1950년대와 1960년대, 스미스코로나(Smith Corona)와 언더우드(Underwood)와 같은 사무용 기기를 생산하던 많은 기업이 자신들의 비즈니스를 타자기를 생산, 공급하는 것이라고 정의하였다. 이와 같이 제품지향적으로 비즈니스를 정의함으로써 이들은 자신들이 고객의 정보처리 요구를 만족시키는 비즈니스를 하고 있다는 사실을 무시하였다. 정보를 처리하고자 하는 고객의 니즈를 더 잘 충족시켜 주는 PC가 출현하자 타자기 수요는 급감했고 타자기는 PC에 의해 시장에서 대체되었다. 결국 1996년 대표적인 타자기 기업인 스미스코로나는 PC 워드프로세서가 성공적으로 자리매김하자 파산하였다.

대조적으로 뉴욕타임스(New York Times)는 향후 비즈니스가 어떻게 전개될 것인가에 대해 정확하게 인지하고 있었다([전략 실행 사례 1.2] 참조). 뉴욕타임스는 1990년대에 100만 명의 구독자를 가진 고품격 오프라인 신문사였다. 그러나 이 회사는 신문을 비즈니스로 인식하지 않고, *진실을 추구하고 사람들에게 세계를 이해시킨다*는 미션을 가지고 뉴스를 제공하는 것을 비즈니스로 정의하였다. 이러한 고객중심의 미션은 이 회사를 미국에서 대규모 구독자 기반 디지털 뉴스 매체로 변신시켰다. 2022년 초에는 디지털 구독자 수가 1,000만 명에 이르렀다.[8)]

비전
기업이 소망하는 성과와 바라는 미래 상태를 표현한 것

비전 기업의 **비전**(vision)은 소망하는 미래의 상태를 말하며, 기업이 향후 달성하고 싶어 하는 것을 나타낸다. 마이크로소프트는 창업 초기에 *모든 사무실 책상과 가정에 컴퓨터를 보급*한다는 매우 강한 비전을 가지고 기업을 운영하였다. 이 비전을 실제로 실현하기 위해 마이크로소프트는 사업가와 소비자에게 값싸고 유용한 컴퓨터 소프트웨어를 생산하는 데 집중했다. 다음으로 윈도우와 오피스 같은 강력하고 저렴한 소프트웨어를 개발하여 개인용 컴퓨터가 가정과 사무실에 급속하게 파급될 수 있게 도왔다. 마찬가지로, 디지털 시대에 뉴욕타임스의 비전은 *호기심 많고 영어를 구사하는 모든 사람이 세상을 이해하고 세상에 참여하기 위해 필수적인 인터넷 구독 매체가 되는 것*이었다([전략 실행 사례 1.2] 참조).

가치
기업의 미션을 달성하기 위해 종업원이 어떻게 행동하고 어떻게 사업을 수행해야 하는지 기술한 것

가치 기업의 **가치**(value)는 미션을 달성하기 위해 경영자와 종업원이 어떻게 행동해야 하며, 그들이 어떻게 비즈니스를 해야 하고, 그리고 어떤 종류의 조직을 만들어야 하는지 설명한다. 가치가 회사 내에서 수행해야 할 행동을 유도하고 형성하는 데 도움이 되는 한, 가치는 일반적으로 회사 내 조직문화의 근간이 된다. 즉, 종업원이 회사의 사명과 목표를 달성하기 위해 어떻게 일해야 하는지 관리하는 일련의 가치, 규범, 표준 등으로 구성되는 조직문화의 근간이 된다. 조직의 문화는

일반적으로 기업에 있어서 경쟁우위의 중요한 원천으로 간주된다.[9] 조직문화에 대해서는 12장에서 깊이 있게 논의할 것이다. 예컨대 뉴코스틸은 세계에서 가장 생산성과 수익성이 높은 철강기업 중 하나인데 이 기업이 경쟁우위를 유지할 수 있었던 이유는 부분적으로 작업자의 높은 생산성 때문이기도 하지만 근본적으로는 종업원의 처우를 결정짓는 조직의 문화적 가치에 기인한다. 이러한 가치는 다음과 같다.

- "경영자는 기업의 생산성이 증대되어야 종업원이 돈을 더 많이 벌 수 있는 기회가 생긴다는 철학으로 뉴코스틸을 경영할 의무를 가진다."
- "종업원이 그들에게 주어진 현재 업무를 잘 수행한다면 내일도 일할 수 있다는 확신을 느낄 수 있어야 한다."
- "종업원은 공정한 처우를 받을 권리가 있으며 미래에도 그럴 것이라고 믿어야 한다."
- "종업원이 불공정한 처우를 받고 있다고 생각될 때 항의할 수 있는 통로가 있어야 한다."[10]

성과에 대한 보상, 직장 안정성, 그리고 공정한 처우 보장을 강조하는 뉴코스틸사의 기업가치는 종업원의 높은 생산성을 견인할 수 있는 조직 내 분위기를 조성하는 데 도움이 되었고, 그 결과 동종 업계에서 가장 낮은 원가구조를 가진 기업으로, 가격경쟁이 치열한 사업 분야에서 수익성을 높일 수 있었다.

조직의 가치에 대한 연구에 따르면, 조직의 가치와 조직의 성과는 상관관계가 매우 높다. 즉, 조직의 가치는 종업원의 행동에 영향을 주어 높은 재무적 성과를 달성하게 하는 데 도움이 된다는 것이다.[11] 이러한 가치에는 회사에 대해 직접적인 이해관계가 있는 개인이나 집단 등 이해관계자의 이익을 존중하는 것이 포함된다.[12] 여기서 이해관계자란 주주, 채권자, 종업원, 고객, 지역사회, 일반 대중 모두를 포함한다. 또한 이 연구는 고객, 종업원, 공급자, 그리고 주주에 대한 존중이 클수록 성과가 높음을 발견했다. 중간 경영자와 하위 경영자의 리더십과 기업가적 행동을 격려하는 것과 조직 내에서 변화하려는 노력을 지원하려는 의지 또한 기업 성과에 크게 기여하는 것으로 나타났다. 같은 연구에서 성과가 나쁜 기업의 특징도 식별했는데 이러한 특징에는 (1) 오만한 태도(특히 기업 외부에서 온 아이디어에 대한), (2) 주요 이해관계자에 대한 존중 부족, (3) 변화 노력에 대한 저항과 '과한 리더십'을 보인 중간 경영자 및 하위 경영자를 '벌하는' 역사가 포함되었다. 예상대로 이들 기업의 미션문에는 기업 가치가 명시되어 있지 않았다.

1.5c 주요 목표

미션, 비전, 그리고 핵심 가치에 대해 살펴보았으므로 전략적 경영자는 미션문 작성의 다음 단계인 주요 목표(major goals)를 설정하는 단계를 수행한다. 목표란 정확하고 측정 가능해야 하며, 미래에 기업이 달성하고자 하는 상태를 말한다. 목표를 설정하는 목적은 기업이 미션과 비전을 달성했을 때 달성하게 되는 것이 무엇인지 정확하고 구체적으로 나타내는 것이다.

잘 설정된 목표는 다음과 같은 네 가지 주된 특징이 있다.[13)]

- 목표는 정확하고 측정 가능하다. 측정 가능한 목표는 경영자가 성과를 판단할 수 있는 기준이나 표준을 제공한다.
- 목표는 결정적인 이슈를 담아야 한다. 경영자는 초점을 맞추어 기업의 성과를 평가하기 위해 제한된 수의 주요 목표를 선택해야 하며, 선택된 목표는 결정적이고 중요한 것이어야 한다.
- 목표는 도전적, 현실적이어야 한다. 목표는 모든 종업원이 조직 운영상의 개선방법을 찾게 하기 위해 인센티브를 제공한다. 만약 목표가 도전하기에 비현실적이라면 종업원들은 포기할 것이고, 목표가 너무 쉽다면 경영자와 다른 종업원들을 동기부여하는 데 실패하고 말 것이다.[14)]
- 목표가 타당하다면 목표 달성 기간을 구체화한다. 기간 제한은 주어진 기간 내에 목표를 달성해야 성공이라는 사실을 종업원에게 일깨워 주며, 목표를 달성하는 데 긴장감을 더할 수 있다. 그러나 모든 목표에 기간 제한이 필요한 것은 아니다.

잘 만들어진 목표는 경영자의 성과를 평가하는 수단이 되기도 한다.

앞에서 언급한 바와 같이 대다수 기업이 다양한 목표를 사용하지만 가장 주된 목표는 주주의 이익을 극대화하는 것이다. 이를 위해 대다수의 기업은 수익성을 높이고 이익증가율을 지속적으로 유지하는 것에 목표를 둔다. 그러나 최고경영자가 현재의 수익성만을 너무 강조하여 장기적인 수익성과 이익증가율에 손해를 끼치게 되는 실수를 하지 않는 것이 중요하다.[15)] 단기 투하자본순이익률(ROIC)을 극대화하기 위해 현재의 수익성을 높이는 데 집중하게 되면 연구개발비, 마케팅비, 신규자본투자와 같이 단기적으로 시급하지 않은 비용을 삭감해 버리는 잘못된 경영 행위를 부추기게 된다. 현재 시급하지 않은 비용을 삭감하게 되면 현재의 수익성을 높일 수는 있지만 투자 축소, 혁신활동 감소, 마케팅 축소로 인해 장기적으로 볼 때 수익성과 이익증가율을 위태롭게 할 수 있다.

단기적 의사결정의 문제를 해결하려면 경영자는 기업의 장기적인 성과와 경쟁력을 증가시킬 수 있는 목표를 채택하고 있다는 것을 확신할 필요가 있다. 장기적인 목표는 제품개발, 고객만족, 그리고 효율성 문제와 관련되어 있으며, 이들 목표는 종업원과 자본 생산성, 제품 품질, 혁신, 고객만족, 고객서비스 같은 세부 내용에 대한 구체적인 목적이나 타깃을 강조한다.

1.5d 외부환경 분석

전략적 계획수립 과정의 두 번째 구성요소는 조직의 외부 운영 환경을 분석하는 것이다. 외부환경을 분석하는 본질적인 목적은 기업의 미션을 달성하기 위해 사업의 기회와 위협을 파악하는 것이다. 외부환경에서 사업의 기회와 위협을 분석한 후 전략의 변화가 어떻게 일어나는지 뉴욕타임스의 사례([전략 실행 사례 1.2])에서 잘 설명하고 있다.

외부환경을 분석할 때는 상호 연관된 세 가지 환경—기업이 사업을 하는 산업 환경, 국가 환경, 그리고 더 광범위한 사회경제적 혹은 거시적 환경—을 검토해야 한다. 산업 환경을 분석하려면 기업의 경쟁 포지션과 주요 경쟁자를 포함하여 기업이 속한 산업의 경쟁구조를 평가해야 한다. 또한 산업의 성격, 단계, 역동성, 그리고 산업의 역사도 분석해야 한다. 대다수의 시장이 이제는 글로벌 시장이기 때문에 산업 환경을 분석할 때도 글로벌화가 산업 내 경쟁에 미치는 영향을 평가해야 한다. 이러한 분석을 통해 생산시설 중 일부를 다른 나라로 옮겨야 한다는 사실을 알게 되고, 인도 같은 신규 시장에는 공격적으로 시장을 확장해야 하고, 신흥 국가의 신규 경쟁자를 조심해야 한다는 사실을 알게 된다. 거시적 환경 분석은 기업과 산업에 영향을 주는 거시경제 요인, 사회적 요인, 정부 요인, 법적 요인, 국제화 요인, 기술적 요인 등을 검토하는 것으로 구성된다. 외부환경 분석에 대해서는 2장에서 살펴본다.

1.5e 내부환경 분석

전략적 계획수립 과정의 세 번째 구성요소인 내부환경 분석은 기업이 보유하고 있는 자원, 능력, 역량을 검토하는 것에 초점을 맞춘다. 내부환경 분석의 목적은 기업의 강점과 약점을 파악하는 데 있다. 예컨대 [전략 실행 사례 1.2]의 뉴욕타임스의 경우 잘 알려진 강한 브랜드를 가지고 있지만(강점), 디지털 기술이 부족하여 어려움을 겪고 있다(약점). 이러한 약점을 보완하기 위해서 뉴욕타임스는 이 분야의 전문가를 고용했다. 우리는 3장에서 내부환경 분석을 공부할 것이다.

1.5f SWOT 분석과 비즈니스모델

전략적 사고의 다음 구성요소는 기업 내부의 강점과 약점, 외부의 사업기회와 위협이 파악된 상황에서 일련의 전략적 대안을 만들고 추진할 미래 전략을 선택하는 것이다. 강점(strength), 약점(weakness), 기회(opportunity), 위협(threat)을 비교하는 것을 보통 **SWOT 분석**이라고 한다.[16] 이 분석의 중요한 목적은 외부 기회를 활용하고 위협에 대항하며, 기업의 강점을 구축하고 보호하며 약점은 제거하는 것이다.

SWOT 분석
강점과 약점, 기회와 위협을 비교한다.

[전략 실행 사례 1.2]에서 뉴욕타임스의 경영진은 SWOT 분석을 실시하였다. 그들은 디지털화의 대두를 사업기회와 위협으로 인식했고, 디지털화가 기회이자 위협이라는 것을 이해했으며, 미국뿐 아니라 전 세계적으로 뚜렷하게 나타나는 핵심적인 인구통계적 변화에 대응하여 구독기반 서비스를 제공하고 디지털 분야로 빠르게 이동함으로써 디지털화의 기회에 대응하기로 결정하였다. 뉴욕타임스의 잘 알려진 브랜드와 탁월한 보도 능력은 온라인상에서도 통하는 *강점*으로 경영진은 알고 있다. 그러나 디지털 분야의 약점을 해결하기 위해 디지털 출판 역량을 구축할 필요성이 대두되었다.

일반적으로 SWOT 분석을 하는 목적은 고객의 수요에 기업의 자원과 역량을 가장 잘 연계시킬 수 있는 기업 고유의 비즈니스모델을 만드는 데 있다. 경영자는 경쟁우위를 창출하고 유지하기 위해 다양한 대안적인 전략을 상호 비교하고 전략을 수립하게 된다. 이러한 전략은 네 가지 범주로 나눌 수 있다.

- *사업수준 전략(business-level strategies)*은 사업의 전반적인 경쟁 주제, 경쟁우위를 확보하기 위해 시장에서 포지셔닝하는 방법, 그리고 여러 산업에서 사용될 수 있는 다양한 포지셔닝 전략을 다루게 된다. 예컨대 원가 우위, 차별화, 산업의 특정 틈새시장 혹은 세분시장에 대한 초점화, 혹은 이들의 결합형 전략이 있다. 사업수준 전략은 4장, 6장, 7장에서 다룬다.
- *기능수준 전략(functional-level strategies)*은 생산, 마케팅, 자재관리, 제품개발, 고객서비스 등 기업 내의 기능을 운영함에 있어서 효율과 효과를 향상시키는 것을 목표로 하는 전략이다. 기능수준 전략은 5장에서 다룬다.
- *글로벌 전략(global strategies)*은 글로벌 수준에서 경쟁우위가 결정되는 세계에서 자국의 경계를 벗어나서 어떻게 기업 활동을 확장하면 성장과 번영을 이룰 수 있는지 다루게 된다. 글로벌 전략은 8장에서 다룬다.
- *기업수준 전략(corporate-level strategies)*은 "장기적으로 조직의 수익성과 이익증가율을 극대화하기 위해 어떤 사업에 참여해야 하는가?", "경쟁우위를 확보하기 위해 이러한 사업에 어떻게 진입하며, 어떻게 존재감을 부각시킬 것인가?" 같은 기본적인 질문에 대한 답을 통해 이해할 수 있다. 기업수준 전략은 9장과 10장에서 다룬다.

SWOT 분석을 통해 결정된 전략들은 서로 조화를 이루어야 한다. 기능수준 전략은 사업수준 전략 및 글로벌 전략과 일관성을 가져야 하고, 또한 이들 전략을 지원해야 하며, 기업수준 전략은 사업수준 전략을 지원해야 한다. 기업이 추구하는 다양한 전략이 연계되어 실행 가능한 비즈니스모델이 완성된다. 원래 SWOT 분석은 경영자가 경합하는 여러 비즈니스모델 중에서 하나를 선택하고 세부 조정하기 위한 방법이다. 예컨대 마이크로소프트가 게임기인 Xbox를 가지고 비디오게임 시장에 진입했을 때, 이 시장에서 경쟁하기 위해 최고의 비즈니스모델을 만들어야 했다. 마이크로소프트는 대안을 비교분석하기 위해 SWOT 분석을 하여 '면도기와 면도날(razor and razor blades)'이라 불리는 비즈니스모델을 정착시켰다. Xbox 게임기는 원가에 판매하고(면도기), 반면에 Xbox에 사용되는 게임 프로그램에서 주로 수익을 창출하였다(면도날).

1.5g 전략실행

경쟁우위를 확보하여 성과를 향상시킬 수 있는 적합한 전략이 선정되면 경영자는 그 전략을 실행한다. 전략적 계획을 추진하기 위해 기능수준, 사업수준, 기업수준에서 전략이 실행된다. 예컨대 품질개선프로그램을 작동시키고, 제품설계 방법을 변경하고, 시장에서 제품을 다르게 포지셔닝하고, 시장 세분화를 시행하여 고객집단에 따라 다른 제품 버전을 판매하고, 가격을 인상하거나 인하하며, 흡수합병을 통해 규모를 확대하거나 기업의 일부를 폐쇄 혹은 매각하여 규모를 축소하는 등과 같은 활동이 전략실행의 실례가 된다. 이와 관련하여 세부적인 내용은 4장에서 10장에 걸쳐서 상세히 논의하고자 한다.

전략실행을 통해 최상의 조직구조와 최고의 문화, 그리고 통제시스템이 설계되며, 이를 통해 선정된 전략이 작동하게 한다. 그리고 고위 경영자는 모든 조직원과 함께 수익성과 이익성장률을 극대화하기 위한 태도를 공유하고, 법률적, 윤리적으로 일관된 행동을 수행하도록 하기 위해 거버넌스시스템을 작동시킨다. 거버넌스와 윤리에 대한 주제는 11장에서, 그리고 사업수준 전략에 필요한 조직구조, 문화, 통제시스템에 대해서는 12장에서 살펴본다.

1.5h 피드백 루프

[그림 1.3]에 제시된 피드백 루프는 전략적 계획수립 과정이 끝없이 반복된다는 사실을 말해 준다. 일단 전략이 실행되면 전략적 목표와 목적이 실제로 얼마나 달성되었는지, 어느 정도 경쟁우위가 창출되고 유지되고 있는지 파악하기 위해 실행한 내용이 모니터링되어야 한다. 이러한 정보와 지식은 피드백 루프를 따라서 기업수준으로 다시 전달되어 다음 단계의 전략을 수립하고 실행하기 위한 투입 자료로 활용된다. 그러면 최고경영자는 현재의 비즈니스모델과 전략 및 목표를 유지할 것인

지 바꿀 것인지 의사결정한다. 예를 들어 전략 목표가 너무 낙관적으로 설정되었다면 다소 보수적인 목표로 설정해야 할 것이다.

1.6 전략적 계획수립 과정에 대한 비판을 검토한다.

1.6 창발적 과정으로서의 전략

계획수립 모형에 따르면 기업의 전략은 계획의 결과이다. 전략적 계획수립 과정은 합리적이며 매우 구조화되어 있고, 최고경영자는 계획수립 과정을 조정한다. 그러나 일부 학자들은 형식적인 계획수립 모형에 대해 (1) 현실 세계는 예측하기 어렵다, (2) 하위수준 경영자도 전략적 계획수립 과정에서 역할을 수행한다, (3) 실제로 성공한 많은 전략이 합리적인 전략결정 과정을 거친 결과라기보다는 우연적인 상황의 결과라는 세 가지 이유를 들어 비판한다. 이들 학자들은 전략결정의 대안적 견해를 주장한다.[17]

1.6a 예측하기 힘든 세계의 전략결정

형식적인 계획수립시스템을 비판하는 사람들은 우리가 불확실하고 복잡하고 모호한 세상에 살고 있기 때문에 그 속에서 일어나는 작고 우연한 사건들이 성과에 상당한 영향을 줄 수도 있으며, 이 또한 예측하기 힘들다고 주장한다.[18] 그러한 환경에서는 매우 주의 깊고 용의주도하게 전략계획을 세워도 의외의 빠른 변화에 의해 쓸모없는 것으로 간주되기가 쉽다. 19세기 독일의 장군 헬무트 폰 몰트케(Helmuth von Moltke)의 말을 빌리자면 "어떤 계획도 적과 전쟁을 치르는 중에는 의미가 없다"거나, 전 헤비급 복싱 챔피언 마이크 타이슨(Mike Tyson)은 "누구나 맞기 전에는 다 계획이 있다"고 말했다. 이 말의 핵심은 미래는 본래 불확실하며, 미래에 대해 우리가 유일하게 알고 있는 것은 미래에 대해 모른다는 것이다. 우리는 가끔 시장의 변화를 가져오는 중요한 사건에 놀라곤 한다. COVID-19 팬데믹, 2001년 9월 11일 미국 세계무역센터 공격, 2008~2009년의 금융위기와 같은 상황에 대해 누가 사전에 계획을 수립할 수 있었겠는가?

예측하기 힘든 세계에서는 변화하는 환경에 신속하게 대응하는 것과 거기에 맞춰 조직의 전략을 바꾸는 것이 가장 중요하다. 예를 들면, 구글은 검색 결과와 연계된 광고 링크 수로부터 수익을 창출하는 비즈니스모델, 즉 클릭(조회)당 요금제(pay-per-click) 비즈니스모델로 극적인 성장을 이루었으며, 이 모델로 인해 온라인 광고로 수익을 창출하는 비즈니스모델을 사용하던 많은 기업이 붕괴되었다. 누구도 이러한 비즈니스모델 개발 계획에 대해 예상하지 못했지만 이들 기업들은 신속하게 상황에 대응하였다. 야후닷컴, 마이크로소프트의 MSN 네트워크와 같이 온라인 광고에 깊이 참여한 기업들은 구글의 위협을 받아들여 빠르게 그들의 전략을 변화시켰다. 특히 이들 회사는 자체 검색엔진을 개발하고 구글의 클릭당 요금제 비즈니스모델을 복사했다. 형식적인 시스템에 대한 비판에 따르면, 전략결정에 있어서 조직의 전략을 연간 전략적 계획수립 차원에서 검토한다는 함축적인 가정에 기반한 전통적인 전략적 계획수립 과정의 틀 안에서는 그와 같이 유연한 접근방법은 가능하지 않다.

1.6b 자율적 행동: 하위수준 경영자에 의한 전략결정

전략의 합리적 계획수립 모형에 대한 또 다른 비판은 최고경영자, 특히 CEO의 역할을 너무 중요하게 강조하고 있다는 것이다.[19] 하지만 전략 방향을 설정하는 작업에 조직 업무에 대해 실제로 깊이 관여하고 있는 개별 경영자 또한 영향을 미친다.[20] 스탠포드대학 교수인 로버트 버겔만(Robert Burgelman)과 인텔의 전 CEO인 앤디 그로브(Andy Grove)는 함께 기고한 글에서 인텔사의 중요한 전략적 의사결정 중 상당수가 최고경영자에 의해 시작된 것이 아니고 인텔을 잘 알고 있는 하위수준 경영자에 의해 자율적으로 이루어졌다고 말했다. 이들 하위수준 경영자는 새로운 전략을 수립하고 전략적 우선순위를 바꾸기 위해 최고경영자를 설득하는 작업을 하였다.[21] 최고경영자의 전략적 방향에 반해 이들 하위수준 경영자에 의해 추진된 인텔의 전략적 의사결정의 사례로는 주요 시장에서 철수하는 의사결정(DRAM 메모리칩 시장)과 특정 마이크로프로세서를 개발하는 의사결정(RISC 기반의 마이크로프로세서)을 예로 들 수 있다.

산업의 기존 패러다임을 바꿀 정도의 급격한 신기술 도입으로 인해 불확실성이 높아질 경우, 이들 하위수준 경영자의 자율적인 행동은 기업이 환경변화에 대처하는 데 중요한 역할을 하게 된다.[22] 최고경영자는 보통 기업의 현행 전략을 성공적으로 실행하는 데 관심을 가지고 자신의 능력을 발휘하려고 노력하기 때문에 현실에 집착하는 보수적인 성향을 지니게 되며 이로 인해 상황을 다른 관점에서 보지 못하는 우를 범하게 된다. 그러나 하위수준 경영자는 상대적으로 현실에 덜 집착하고, 신기술과 전략을 활용하여 더 많은 수익을 얻으려고 노력하며, 새로운 전략적 사업기회를 인식하고 전략 변화를 위해 필요한 역할을 수행한다. [전략 실행 사례 1.3]은 1990년대에 웹의 출현에 적응해야만 했던 찰스 슈왑(저가수수료의 증권중개업체)의 사례이다.

1.6c 뜻밖의 발견과 전략

비즈니스 역사를 보면, 수익을 창출하기 위해 기업을 새로운 방향으로 유인하는 우발적인 일들이 수없이 많다. 이러한 사례를 볼 때 실제로 성공한 수많은 전략이

전략 실행 사례 1.3

찰스 슈왑의 전략적 이동

1990년대 중반에 찰스 슈왑(Charles Schwab)은 전 세계에서 가장 성공적으로 저가형 금융중개 서비스를 제공하였다. 찰스 슈왑은 지난 20년 동안 주식거래에 있어 다른 금융중개업체들보다 확연히 싼 수수료를 받는 서비스를 경쟁력으로 삼아 메릴린치(Merrill Lynch)와 같이 완전중개서비스를 제공하는 금융중개시장을 잠식하며 성장해 왔다. 찰스 슈왑도 다른 금융중개 기관과 같이 전국적인 지점을 보유하고 있지만 찰스 슈왑 고객의 대부분은 TeleBroker라는 전화주문시스템을 통해 주식거래를 했다. 슈왑사의 고객들은 텔레브로커 외에도 슈왑으로부터 구매하여 사용하는 Street Smart라고 하는 온라인 전용 소프트웨어를 통해 거래하였다. 온라인 금융거래 비즈니스모델은 성공적이었고, 이후에 이트레이드(E*Trade)와 같은 경쟁업체의 등장을 불러왔다.

물리학자이자 발명가인 빌 포터(Bill Porter)는 1994년에 www(world wide web)의 빠른 성장으로 가능해진 온라인 금융서비스 시장의 기회를 포착하여 저가형 금융중개사인 이트레이드를 설립하였다. 이트레이드는 온라인 주식거래에 있어 최초로 전용 웹사이트를 개설했는데, 주문을 받기 위한 지점이나 중개상을 두지 않고 전화주문시스템도 운용하지 않아서 매우 저렴한 원가구조를 유지할 수 있었다. 이러한 저렴한 원가구조를 통해 이트레이드는 주식거래에 슈왑의 평균 고정 수수료인 65달러를 훨씬 밑도는 14.95달러의 고정 수수료로 사업을 유지할 수 있었다. 이처럼 저렴한 수수료로 서비스를 제공하는 이트레이드와 이를 뒤따라 곧 설립된 아메리트레이드(Ameritrade)와 같은 온라인 저가 금융중개사의 등장은 슈왑사에 직접적인 시장의 위협이 되었다. 이들 온라인 전용 저가 금융중개사들이 가져온 위협은 슈왑보다 저렴한 원가구조와 낮은 수수료율만이 아이었다. 웹을 통한 쉽고, 빠르고, 유연한 주식거래에 비해 슈왑의 Street Smart 거래 소프트웨어가 상대적으로 제한적이며, 전화주문시스템이 후진적인 시스템으로 치부되는 것 또한 슈왑이 처한 위협이었다.

슈왑의 Street Smart 개발에 관여했던 소프트웨어 전문가인 윌리엄 피어슨(William Pearson)은 웹의 변화무쌍한 힘을 바로 인지했고 슈왑사가 자신만의 웹기반 소프트웨어를 즉시 개발해야 한다고 생각했다. 그러나 피어슨의 이러한 노력에도 불구하고 자신의 감독자의 관심을 얻지 못했고, 다른 여러 경영진들의 관심도 얻기 위해 노력했지만 여전히 자신의 믿음을 설득하는 것이 쉽지 않았다. 피어슨은 마침내 슈왑의 전 매니저이자 현 컨설턴트로 일하는 앤 헤니거(Anne Henneger)를 만나게 되었고, 슈왑에서 틀에 박힌 사고의 틀을 가지고 있지 않다고 평가받는 부사장인 톰 세입(Tom Seip)을 만나 볼 것을 제안받았다. 헤니거는 먼저 피어슨을 대신하여 세입 부사장을 접촉하여 그의 긍정적인 반응을 얻어내 피어슨과의 만남을 요청받기에 이르렀다. 헤니거와 피어슨은 회의 미팅에서 세입을 만날 수 있을 것으로 기대했는데 놀랍게도 회의에는 찰스 슈왑과 그의 최고운영 담당자(chief operating officer) 데이비드 포트럭(David Pottruck), 그리고 전략기획 부회장과 전자중개 담당 부회장이 참석하였다.

이들 이사진 그룹은 웹기반 시스템(web-based system)이 무엇인지 그리고 어떻게 작동하는지에 대한 구체적인 피어슨의 발표를 듣고 난 후 상당히 고무되었다. 회의에 참석한 모든 사람들은 실시간 정보를 활용하여 상호작용적으로 고객화, 개인서비스화가 가능한 웹기반 시스템을 통해 슈왑이 추구해 온 고객의 자율성 증진에 진일보된 발전을 이룰 수 있을 것이라 확신했다. 회의 말미에 이르러 피어슨은 새로운 프로젝트에 착수할 수 있을 것이라는 희망을 가지게 되었다. 1년 후에 슈왑은 자신들만의 인터넷기반 사업인 이슈왑(eSchwab)을 설립했고, 이를 통해 슈왑의 고객들은 매우 저렴한 고정 중개수수료율로 주식을 거래할 수 있게 되었다. 이슈왑은 이내 이트레이드와 같은 저가 금융중개사의 저가 공격을 압도할 수 있는 슈왑의 핵심사업으로 성장하게 되었다.

출처: J. Kador, *Charles Schwab: How One Company Beat Wall Street and Reinvented the Brokerage Industry* (New York: John Wiley Sons, 2002); E. Schonfeld, "Schwab Puts It All Online," *Fortune* (December 7, 1998): 94-99.

잘 설계된 계획의 결과라기보다 예상치 못한 뜻밖의 발견의 산물이다. 1960년대에 3M에서 일어난 사례를 살펴보자. 그 당시 3M은 에어컨 냉매로 판매되던 탄화플루오르를 생산하였다. 어느 날 3M 연구실에서 탄화플루오르를 가지고 연구하던 한 연구원이 그녀의 신발 위에 이 액체를 엎질렀다. 그날 오후 그녀가 신발 위에 다시 커피를 엎지르게 되었을 때 그녀는 흥미로운 현상을 보았다. 즉, 신발에 흐른 커피는 작은 액체 방울이 되어 어떠한 자국도 남기지 않고 신발에서 굴러 내렸다. 이 현상을 보고 그녀는 탄화플루오르 기반의 액체는 다른 액체 얼룩으로부터 직물을 보호하는 데 유용하다는 것을 알게 되었다. 그 결과로 소파 및 의류의 방수와 더럼 방지용 탄화플루오르 스프레이인 스카치가드(Scotchgard)가 개발되어 3M의 가장 수익이 높은 제품이 되었으며, 이전에는 전혀 계획에 없었던 사업 분야인 직물 보호 사업에 진출하는 계기가 되었다.[23)]

뜻밖의 발견과 사건으로 인해 수익성 있는 다양한 유형의 사업기회가 기업에 펼쳐질 수 있다. 그러나 어떤 기업은 이러한 뜻밖의 발견이나 사건이 자신들이 이전에 계획한 전략의 개념과 일관성이 없다고 포기함으로써 수익 창출의 기회를 상실한 경우도 있다. 이러한 고전적인 사례로 1세기 전 전신기계회사인 웨스턴유니온(Western Union)을 들 수 있는데, 이 회사는 알렉산더 그레이엄 벨(Alexander Graham Bell)이 발명한 발명품의 권리를 구매할 수 있는 기회를 포기하였다. 그 발명품은 결과적으로 전신기계를 유명무실하게 만든 기술인 전화기였다.

그림 1.5 창발적 전략과 의도된 전략

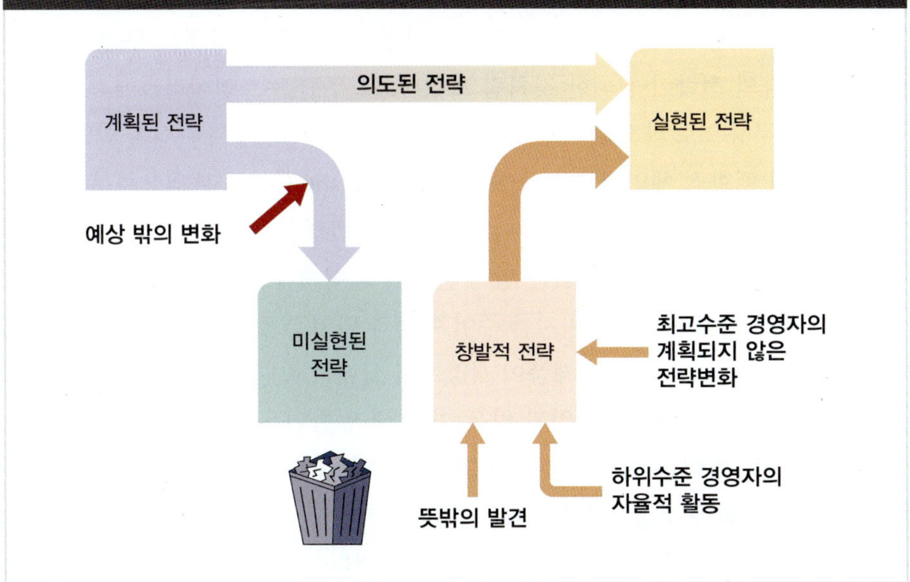

출처: Adapted from H. Mintzberg and A. McGugh, *Administrative Science Quarterly* 30:2 (June 1985).

1.6d 계획된 전략과 창발적 전략

헨리 민츠버그(Henry Mintzberg)의 전략개발 모형은 전략이 무엇인가에 대한 포괄적인 견해를 제시하고 있다.[24] [그림 1.5]에 설명된 모형의 내용을 보면, 기업의 실현된 전략(realized strategy)은 계획된 전략(planned strategy)이 실제로 작동되는 모습[*의도된* 전략(deliberate strategy)]을 거쳐 나타나는 결과이며, 또한 계획되지 않은 *창발적* 전략(emergent strategy)의 결과이기도 하다. 민츠버그의 견해에 의하면 수많은 계획된 전략 중에서 상당수 전략이 예측하기 힘든 환경의 변화로 인해 실행되지 못한다(이들은 실현되지 못함). 창발적 전략이란 예측하기 힘든 환경에서 만들어지는 계획되지 않은 전략으로, 조직을 잘 아는 개별 경영자의 자율적 활동에 의해 만들어지기도 하고, 뜻밖의 발견과 사건으로부터 만들어지기도 하며, 혹은 변화된 환경에 대응하기 위해 최고경영자가 계획에 기초하지 않고 기존 전략을 변경할 경우에 만들어지기도 한다. 창발적 전략은 공식적, 하향식(top-down) 계획수립 체제의 산물로 만들어진 것이 아니다.

창발적 전략이 의도된 전략보다 오히려 성공적이고 더욱 적절한 전략일 수 있다고 민츠버그는 주장한다. 리처드 파스칼(Richard Pascale)은 혼다자동차가 미국 오토바이 시장에 진입하는 사례로 이러한 상황의 예를 설명하고 있다.[25] 1959년에 혼다의 경영진이 미국 영업을 시작하기 위해 로스엔젤리스에 도착했을 때, 이들의 원래 목적(계획된 전략)은 일본에서 대히트한 제품인 50cc 혼다 커브(Cub)보다는 오토바이 마니아에게 250cc와 350cc를 판매하는 데 주력하는 것이었다. 이들은 미국 시장은 일본보다 크고 사치스럽다고 생각하여 50cc는 이 시장에 적합하지 않다고 단정했다.

그러나 250cc와 350cc 제품의 판매는 부진했고 기계적인 실패로 두 손을 들었다. 마치 혼다의 전략이 실패한 것처럼 보였다. 그 무렵 로스엔젤리스에서 일본인 경영자가 업무용으로 타고 다니던 혼다 50s 제품이 주위의 많은 관심을 받았다. 어느 날 미국의 백화점 체인인 시어스(Sears, Roebuck and Co.) 구매팀으로부터 전화가 왔다. 이들은 50cc 오토바이를 마니아가 아닌 일반인을 대상으로 미국 전역에서 판매하기를 원했다. 혼다 경영진은 당시 혼다가 소형제품을 판매하면 마니아들에게 혼다제품이 나약하다는 이미지를 주어 이들과 멀어질 것을 우려해 판매를 주저했고, 결국에는 250cc와 350cc 제품이 시장에서 실패하고 나서야 추진하였다.

혼다는 오토바이를 가지고 있지 않은 미국 내 일반인을 대상으로 이전에 전혀 접해 보지 못한 거대한 세분시장에 진입하게 되었고, 또한 오토바이 전문 매장이 아닌 일반 소매점을 통한 유통 채널도 활용하였다. 그 결과 1964년까지 미국에서 판매된 오토바이 두 대 중 한 대가 혼다제품이 되었다.

혼다의 성공에 대한 일반적으로 받아들여진 설명은 혼다가 미국 오토바이 산업을 계획된 전략으로 재정의했다는 것이다. 그러나 사실 혼다의 계획된 전략은 대실패였다. 실제로 50cc로 새로운 시장에 대응한 창발적 전략은 계획에 의해 만들어진 것이 아니라 예측할 수 없던 환경에 대응하는 계획되지 않은 활동을 통해 생겨난 것이다. 그럼에도 불구하고 혼다 경영진이 창발적 전략의 강점을 인식하고 이를 적극적으로 추진한 점은 높이 평가되어야 한다.

혼다의 사례에서 드러난 중요한 점은 조직 내에서 종종 사전 계획 없이도 성공적인 전략이 출현할 수 있으며 예측하지 못한 환경에 대응한다는 것이다. 민츠버그가 말한 바와 같이 조직원이 학습능력이 있고, 그 능력을 지원할 자원을 가지고 있는 곳이면 어디든 전략은 뿌리 내릴 수 있다.

실제로 대다수 조직에서 전략은 계획된 전략과 창발적 전략의 결합으로 이루어진다. 경영자는 이러한 전략의 창발 과정을 인정하고, 창발적 전략 중에서 나쁜 것은 단념하고 잠재적으로 좋은 전략은 키워 나가기 위해 개입할 필요가 있다.[26] 그러한 의사결정을 하기 위해 경영자는 창발적 전략의 가치를 판단할 수 있어야 하며, 또한 전략적으로 생각할 수 있어야 한다. 창발적 전략이 [그림 1.3]에서 설명한 전략수립단계를 거치지 않고 사전 계획 없이 조직 내에서 생겨났지만 최고경영자는 창발적 전략을 평가해야 한다. 평가는 창발된 각 전략과 조직의 목표, 외부 환경 기회와 위협, 내부 강점과 약점을 비교하는 것을 포함한다. 평가의 목적은 창발적 전략이 기업의 요구와 능력과 잘 어울리는지 파악하는 것이다. 그리고 조직이 창발적 전략을 만드는 능력은 조직구조 및 통제시스템을 조장하는 조직문화의 종류에 달려 있다고 민츠버그는 강조한다. 달리 말하면 계획된 전략의 관점에서 전략경영 과정의 구성요소가 중요하듯이 창발적 전략의 관점에서도 이들 전략경영 과정의 구성요소가 중요하다.

1.7 전략적 계획수립의 실행

1.7 전략적 계획수립의 실행에 대해 검토한다.

공식적인 계획수립시스템의 한계에 대한 비판에도 불구하고 경영자가 더 나은 전략적 결정을 하는 데 계획수립시스템이 도움을 준다고 연구 결과 드러났다. 기존 연구 26개의 결과를 종합적으로 분석한 연구에서는 평균적으로 전략적 계획수립은 기업 성과에 긍정적 영향을 준다는 결론에 도달했다.[27] 656개 기업을 대상으로 한 또 다른 연구에서는 공식적인 계획수립 방법과 창발적 전략 둘 다, 특히 불안정한 환경하에서, 전략수립 과정의 일부로 역할을 잘 수행하는 것으로 나타났다.[28] 전략적 계획수립 과정에서 최고위 경영자에게 특히 중요한 것은 경쟁환경의 현재

구도뿐 아니라 미래 구도에 대해서도 충분히 분석, 검토하고 계획을 수립하는 것이다. 미래에 일어날 수 있는 다양한 경쟁환경을 예측하기 위해 경영자는 시나리오 계획수립 기법을 사용할 수 있다. 그리고 계획수립 과정에 실무 경영자를 참여시킬 수 있으며, 전략적 의도를 강조함으로써 미래에 전개될 경쟁환경의 모습을 그려 볼 수 있다.

1.7a 시나리오 계획수립

시나리오 계획수립
미래에 대한 가정적 시나리오에 기초하여 계획을 수립하는 것

상대적으로 먼 미래의 기간을 대상으로 한 전략적 계획수립이 실패하게 될 경우에 그 이유는 전략적 경영자가 계획을 수립하는 기법에만 너무 몰입되어 미래의 상황을 완전히 예측하기가 힘들다는 사실을 망각하기 때문이다. 심지어 잘 준비된 계획이라도 예상 밖의 우발상황이 발생하게 되면 현실과 동떨어진 계획이 되고 만다. 로열더치쉘(Royal Dutch Shell)의 계획수립 담당자는 불확실성으로 인해 미래를 정확하게 예측하는 것이 매우 어렵다고 인식하고 계획수립에 시나리오 접근방법을 처음으로 사용하였다.[29] **시나리오 계획수립**(scenario planning)이란 미래에 대한 가정적 시나리오에 기초하여 계획을 수립하는 것을 말한다. 시나리오 계획수립을 수행한 전형적인 모습을 보면 일부 시나리오는 미래 상황에 대해 낙관적이고 일부는 비관적이다. 경영진은 각 시나리오에 대응할 세부 전략을 개발하도록 요청받는다. 흐름을 관찰하고 특정한 시나리오가 일어날 가능성을 파악하기 위한 단서로 여러 가지 지표를 선택한다. 경영자는 우선 복잡하고 동태적인 경영환경의 성격을 이해한 후, 전략적으로 문제에 대해 고민을 하고, 서로 다른 환경 아래 추진해야 할 일련의 전략적 옵션을 도출하게 된다.[30] 계획수립을 위한 시나리오 접근방법은 주로 규모가 큰 기업에서 확산되었다. 한 조사에 따르면 포춘지 선정 500대 기업 중 50% 이상이 시나리오 계획수립 방법을 사용하고 있는 것으로 나타났다.[31]

정유회사인 로열더치쉘은 시나리오 계획수립의 개념을 선도하기 위해 노력했고 경험을 통해 이 방법의 강점을 보여 주었다.[32] 쉘은 1980년대 이래로 시나리오 계획수립 방법을 사용하고 있으며, 2000년대 초에 석유의 미래 수요를 예상하고 전략적 계획을 조정하기 위해 두 가지 주된 시나리오를 사용했다. 첫 번째 시나리오는 향후 세계의 에너지 환경이 석유와 같은 탄소연료로부터 천연가스를 거쳐서 궁극적으로 재생에너지로 점진적으로 이동할 것이라는 시나리오이고, 두 번째 시나리오는 기술 진화로 인해 세계의 에너지 환경이 새로운 에너지원으로 급속히 이동할 가능성을 제시하는 시나리오였다.[33] 쉘은 어떠한 시나리오가 현실화되든 관계없이 기업에 수익을 보장할 수 있는 투자를 진행하고 있으며, 시간이 경과함에 따라 어느 시나리오가 더 현실화될 것인지 파악하기 위해 조심스럽게 기술적 흐름과 시장 흐름을 관찰하였다.

그림 1.6 시나리오 계획수립

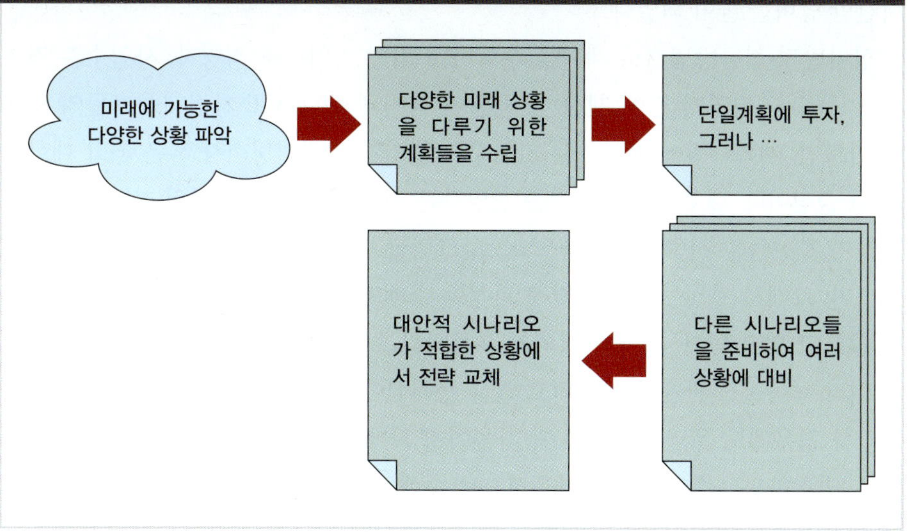

계획수립에 시나리오 방법을 사용하게 되면 경영자는 문제상황을 다른 관점에서 생각할 수 있으며, 또한 다른 상황하에서 자신들이 무엇을 해야 하는지 예측하게 된다. 그리고 경영자는 글로벌 환경이 복잡하고 예측하기 어렵다는 것을 인식하게 될 뿐 아니라, 미래에 대한 가정을 근거로 변경할 수 없는 계획을 세우는 것보다는 유연하게 계획을 세우는 것이 중요하다는 사실을 깨닫게 된다. 시나리오 계획수립 결과, 조직은 가능성이 가장 높은 것으로 판단되는 시나리오에 대해 지배적인 하나의 전략을 추진하게 되지만, 다른 시나리오가 전개되었을 때도 성과를 올릴 수 있는 일정분의 투자도 병행하게 된다([그림 1.6] 참조).

1.7b 분산된 계획수립

전략적 계획수립 과정을 구축하면서 일부 기업에서 자주 하는 실수는 계획수립을 전적으로 최고경영자의 책임으로 간주한다는 것이다. 이와 같은 '상아탑적' 접근 방법은 결국 최고경영자로 하여금 속이 텅 빈 전략적 계획을 수립하게 한다. 왜냐하면 현실적인 운영의 실상을 잘 알지도, 잘 이해하지도 못하는 최고경영자가 계획을 수립하기 때문이다. 결과적으로 최고경영자는 유해무익인 전략을 수립하게 될지도 모른다. 예컨대 인구통계학적 데이터상에서 가구 수와 가족 수가 줄고 있다고 지적했을 때, GE사의 가전제품그룹의 계획입안자는 미래에는 가전제품이 소형화될 것이라고 결론지었다. 이들은 건축업자 및 소매상을 만나 이야기를 들어 보지도 않았고, 집에서 주방과 화장실은 가족 수와 무관하게 줄어들지 않는 공간이라는 사실도 알지 못했다. 맞벌이 부부 2인 가정에서는 슈퍼마켓에 가는 횟수를 줄이기 위해 오히려 더 큰 냉장고를 원했다. 결국 GE는 소형 전자기기를 설계하는 데 많은 시간만 낭비한 꼴이 되었다.

상아탑적 접근방법으로 계획을 수립하게 되면 기업수준 경영자, 사업수준 경영자, 기능수준 경영자 간에 계층 간 균열이 생기게 된다. GE 가전제품그룹의 경험에 따르면, 계획수립에 참여하는 기업수준 경영자는 컨설팅회사 혹은 최고 대학의 MBA 출신이다. 대부분의 기능수준 경영자는 이와 같은 출신 배경의 기업수준 경영자들이 자신들을 전략적 문제를 스스로 고민할 만큼 똑똑하지 못하다고 생각하고 있으며, 그래서 자신들은 의사결정 과정에서 배제되어 있고 이러한 상황이 공정하지 않다고 믿고 있다. 절차적 정의가 부족하다는 이러한 인식으로 인해 '우리와 그들'이라는 이질적 관계가 형성되고 결국 적개심이 조성된다. 그 결과 계획입안자가 올바를 경우에도 운영경영자는 귀 기울이지 않게 된다. 계획수립의 상아탑 접근방법은 결국 하위수준 경영자가 자율적으로 수행하는 전략적 역할이나 뜻밖의 발견이나 사건의 중요성을 인식하지 못하고 무시하게 된다.

계획수립의 상아탑 접근방법의 문제를 해결하려면 기업의 모든 수준의 경영자를 포용할 때 전략적 계획수립이 성공할 수 있다는 사실을 인식하는 것이다. 실제로 사업수준 경영자와 기능수준 경영자가 동일 사안에 대해 하나가 되어 함께 계획을 수립했을 때, 달리 표현하면 역할이 분산되었을 때 최고의 계획이 만들어졌다. 기업수준 계획입안자는 사업수준 경영자와 기능수준 경영자에게 조직의 전략적 목표를 제시하고, 제시된 목표를 수행하는 데 필요한 전략을 결정하기 위해 소요되는 자원을 제공해 줌으로써 이들이 계획을 수립할 수 있게 도와주는 촉진자로서의 역할을 수행해야 한다.

1.8 전략적 의사결정을 설명하고, 잘못된 전략적 의사결정을 야기할 수 있는 인지적 오류에 대해서 알아본다.

1.8 전략적 의사결정

가장 잘 설계된 전략적 계획수립 시스템이라도 만약 경영자가 자신이 관리할 수 있는 정보를 효과적으로 사용하지 못하면 원하는 결과를 얻는 데 실패하게 된다. 따라서 전략적 경영자가 자신이 가지고 있는 정보를 더 잘 활용하는 방법을 배우고, 왜 자신이 종종 잘못된 의사결정을 하는지 그 원인을 이해하는 것이 중요하다. 경영자가 지식이나 정보를 더 잘 활용하려면 우선 인지적 오류가 어떻게 잘못된 의사결정의 결과를 초래하는지 이해해야 한다. [34)]

1.8a 인지적 오류와 전략적 의사결정

의사결정의 합리성은 개인의 인지능력에 의해서 결정된다.[35)] 인간은 슈퍼컴퓨터가 아니기 때문에 대규모 정보를 받아들여서 효과적으로 처리한다는 것이 어려운 일이다. 그러므로 복잡하고 불확실한 세계에서 벗어나서 의미를 찾기 위해 우리는 의사결정을 할 때 경험에 의한 방법이나 탐색적 방법에 의존하는 경향이 있다. 때때로 이러한 방법은 의사결정 과정에서 심각하고 체계적인 오류를 초래하기도 한다.[36] 여기서 체계적 오류(systematic errors)란 몇 번이고 반복해서 나타나는 오류를 말하며, 인간이 정보를 처리하고 의사결정에 도달하는 과정에서 발생하는 **인지적 오류**(cognitive bias)에 기인한다. 결국 인지적 오류로 인해 많은 경영자들은 잘못된 전략적 결정을 하게 된다.

인지적 오류
인간이 의사결정을 할 때 정보를 처리하는 과정에서 야기되는 체계적 오류

실험 설계를 통해 다양한 인지적 오류가 반복적으로 확인되었다. 그래서 우리는 오류가 존재한다는 사실과 모든 사람들이 오류를 행하기 쉽다는 사실을 이성적으로 확신할 수 있다.[37]

확증 오류(confirmation bias)는 강한 사전적 신념을 가진 의사결정권자가 자신의 신념이 틀렸다는 증거가 제시되더라도 개인적 신념에 근거하여 그대로 의사결정을 진행하려는 경향이 있다는 사실을 말한다. 더구나 그러한 의사결정권자는 자신의 사전적 신념에 반하는 정보는 무시하는 반면 사전적 신념과 일치하는 정보를 찾아서 사용하려는 경향이 있다. 전략적 구도에 이러한 오류가 자리 잡게 되면, 특정한 전략이 의미 있다고 강한 사전적 신념을 가진 CEO는 그 전략이 부적절하며 실패할 것이라는 증거에도 불구하고 지속적으로 추진하려고 한다.

확증 오류
강한 사전적 신념을 가진 의사결정자는 비록 자신의 믿음이 틀렸다는 증거가 있어도 자신의 사전적 신념을 기초로 의사결정하는 경향이 있으며, 이때 발생하는 인지적 오류

인지적 오류 중 잘 알려진 또 다른 오류는 **몰입 상승 오류**(escalating commitment)이다. 몰입상승오류란 이미 프로젝트에 상당한 자원을 투입한 의사결정권자가 해당 프로젝트가 실패하고 있다는 사실을 피드백 받았음에도 불구하고 자원 투입을 지속적으로 확대하는 오류를 말한다.[38] 이러한 행동은 합리적이지 못하다. 만약 논리적으로 반응했다면 투자를 확대하지 않고 손해를 줄이기 위해 그 프로젝트를 포기해야 한다. 의사결정권자는 프로젝트에 대한 개인적인 책임감 때문에 잘못되고 있다는 증거가 있음에도 불구하고 프로젝트를 고집하게 된다는 것이다.

몰입 상승 오류
이미 특정 프로젝트에 상당한 자원을 사용한 의사결정권자가 그 프로젝트가 실패라는 사실을 피드백 받았음에도 불구하고 자원 투입을 확대할 때 일어나는 인지적 오류

세 번째 오류인 **유추에 의한 추리 오류**(reasoning by analogy)는 복잡한 문제상황을 이해하기 위해 문제상황을 단순하게 유추하면서 발생하는 오류를 말한다. 이 탐색적 방법이 지니는 문제점은 유추가 타당하지 않을 수 있다는 것이다.

유추에 의한 추리 오류
복잡한 문제상황을 이해하기 위해 문제상황을 단순하게 유추하는 것

네 번째 오류인 **대표성 오류**(representativeness)는 소규모 표본으로, 심지어 하나의 사건으로 상황을 일반화하려는 경향의 오류를 말한다. 단일 사건은 물론 소규모 표본으로 상황을 일반화하는 것은 부적절하며 대수의 통계 법칙에도 위배된다. 1990년대 후반의 닷컴(.com) 붐은 여러 관점에서 볼 때 유추에 의한 추리 오류와 대표성 오류에 근거하고 있다. 진취적인 기업가들에게 아마존(Amazon)과 야후(Yahoo) 같은 초기의 일부 닷컴기업은 자신들의 측정기준에 따라 판단할 때 매우

대표성 오류
소규모 표본으로, 심지어 하나의 사건을 가지고 일반화시키려는 경향에 의한 오류

성공한 것으로 인식했다. 매우 적은 표본에 근거하여 유추했지만 그들은 어떠한 닷컴기업도 이와 같이 성공할 것이라고 가정했고, 많은 투자자들도 비슷한 결론에 도달했다. 그 결과 사업기회를 이용해서 돈을 벌기 위해 인터넷 공간에 몰려드는 수많은 창업기업의 물결이 일어났다. 이들 기업 대다수는 머지않아 파산했고, 이는 유추가 틀린 것이며 초기 진입자의 소규모 표본에 의한 성공이 모든 닷컴기업의 성공을 보장하지는 못한다는 사실을 입증했다.

통제력 환상 오류
사건을 통제하는 개인의 능력을 과대평가하는 경향의 오류

다섯 번째 인지적 오류는 **과신 또는 통제력 환상 오류**(overconfidence or the illusion of control)라고 하며, 사건을 통제하는 개인의 능력을 과대평가하는 경향을 말한다. 총괄경영자나 최고경영자가 특히 이 오류에 빠지기 쉽다. 조직의 최상부에 있게 되면 그들은 성공하기 위해 자신들의 능력을 과신하게 된다. 리처드 롤(Richard Roll)은 기업인수 과정의 그러한 과신을 *인수의 오만함 가설(hubris hypothesis of takeovers)*이라고 불렀다.[39] 롤은 최고경영자들이 일반적으로 다른 회사를 인수하여 가치를 창출할 수 있는 능력에 대해 과신한다고 주장한다. 그 결과 기업을 인수하는 데 너무나 많은 돈을 지불하는 우를 범하게 되고, 결국 기업인수로 인한 재정적인 빚에 대한 이자를 갚아야 하므로 기업인수로 인해 돈을 번다는 것은 거의 불가능하다.

가용성 오류
결과를 쉽게 상상할 수 있는 정도에 따라 그 결과의 확률을 추정하려는 경향의 오류

가용성 오류(availability error)는 또 다른 보통의 오류이다. 가용성 오류는 결과를 쉽게 상상할 수 있는 정도에 따라 그 결과의 확률을 추정하려는 성향 때문에 발생한다. 예컨대 사람들은 자동차 사고보다 항공기 추락을 더 두려워한다. 통계적으로 볼 때 특정인이 항공기 추락으로 사망할 확률보다 공항 가는 도중에 차에서 사망할 확률이 더 높다. 항공기 추락의 결과는 자동차 사고보다 훨씬 상상하기 쉽고, 사고 발생 시 소수의 사람에게만 영향을 주는 자동차 충돌보다 항공기 추락이 더 강렬한 사건이기 때문에 항공기 추락의 가능성을 높게 생각하게 된다. 가용성 오류의 결과로 경영자는 높은 수익을 가져다줄 프로젝트보다는 결과를 쉽게 상상할 수 있는 프로젝트에 자원을 배정할지도 모른다.

1.8b 의사결정을 개선하는 기법

인지적 오류로 인해 다음과 같은 의문이 생긴다. 즉, 기업의 전략적 결정이 현실적이고, 철저한 평가에 근거하려면 의사결정 메커니즘에 비판적인 정보가 의사결정에 영향을 주어야 하는데 그 방법은 무엇일까? 전략적 사고를 강화하고 인지적 오류를 없애는 두 가지 기법으로 '악마의 주장'과 '반대 질의법'이 있다.[40]

악마의 주장
의사결정그룹 구성원 중 한 명은 제안이 받아들여지지 못하도록 모든 이유를 들어 강조하면서 악마의 대변인처럼 행동하는 기법

악마의 주장(devil's advocacy)은 계획을 만들고 그 계획을 비판적으로 분석할 것을 요구한다. 의사결정그룹 구성원 중 한 명은 제안이 받아들여지지 못하도록 모든 이유를 들어 강조하면서 악마의 대변인처럼 행동한다. 이렇게 하면 의사결정권자

는 제안된 일련의 절차상에서 개연성 있는 위험을 인식할 수 있게 된다.

반대 질의법(dialectic inquiry)은 그럴듯하지만 절차상에서 서로 대립하는 계획(정)과 상반된 계획(반)을 만들 것을 요구한다.[41] 전략적 경영자는 계획을 주장하는 사람과 상반된 계획을 주장하는 사람 간의 토론을 듣고 어느 계획이 더 많은 성과를 올릴 것인지 의사결정하게 된다. 토론의 목적은 두 가지 계획에 대한 정의, 제안된 일련의 절차, 그리고 가정상의 문제를 노출시키는 데 있다. 이러한 훈련의 결과로 전략적 경영자는 문제를 더욱 새롭고 포괄적으로 개념화할 수 있고 결국 이것이 최종 계획(합)이 된다. 반대 질의법은 전략적 사고를 촉진시킬 수 있다.

반대 질의법
그럴듯하지만 절차상에서 서로 대립하는 계획(정)과 상반된 계획(반)을 만들 것

인지적 오류를 줄일 수 있는 또 다른 기법은 노벨상 수상자인 대니얼 카너먼(Daniel Kahneman)과 그의 동료들에 의해 강조되어 온 **외부사례 검토**(outside view)이다.[42] 외부사례를 검토하는 방법은 과거에 비슷한 전략적 계획을 가졌던 참조 집단을 정하고, 그들의 계획이 성공했는지 혹은 실패했는지 확인하고, 이전의 계획과 비교하여 현재의 프로젝트를 평가하도록 계획입안자에게 요구하는 방법이다. 카너먼에 따르면 이 기법은 통제력 환상 오류, 유추에 의한 추리 오류, 그리고 대표성 오류 같은 인지적 오류를 줄이는 데 특히 유용하다. 예컨대 잠재적으로 기업합병을 검토하고 있을 때, 계획입안자는 다른 기업(참조 집단)에서 행한 기업합병 기록을 살펴보고, 합병에 성공했는지 실패했는지 확인하고, 그리고 참조 집단과 비교하여 객관적으로 자신의 잠재적 기업합병을 평가해야 한다. 지난 사건의 많은 표본들로 실질적인 검토를 하게 되면 계획입안자의 타고난 낙관주의를 억제하기 쉽고 훨씬 실질적인 평가와 계획을 수립할 수 있다.

외부사례 검토
과거에 성공하거나 혹은 실패한 전략적 계획을 찾아서 현재의 프로젝트에 도움이 될 것인지 결정하는 것

1.9 전략적 리더십

1.9 전략적 리더의 특성에 대해 논의한다.

총괄경영자와 기능경영자의 주요한 전략적 역할 중의 하나는 자신들의 지식, 에너지, 열정을 사용하여 부하 직원들을 위해 전략적 리더십을 발휘하고, 또한 성과가 높은 조직을 개발하는 것이다. 몇몇 저자는 높은 성과를 창출하는 훌륭한 전략적 리더의 핵심적 특징을 (1) 비전, 설득력, 일관성, (2) 비즈니스모델의 명확화, (3) 몰입, (4) 정보에 정통함, (5) 위임과 권한부여 의지, (6) 통찰력 있는 권한의 사용, (7) 감성적 지능으로 구분하였다.[43]

1.9a 비전, 설득력, 일관성

리더십의 주요한 과업 중의 하나는 조직이 나아갈 방향을 제시하는 것이다. 강력한 리더는 조직이 나아갈 방향에 대해 주의를 끌 수 있는 명확한 비전을 가지며, 조직

원에게 비전을 전달하여 활력을 불어넣을 수 있도록 설득력을 겸비해야 하고, 비전이 조직문화의 일부로 정착될 수 있을 때까지 지속적으로 일관성을 가지고 노력해야 한다.[44)]

정치 분야에서는 존 에프 케네디(John F. Kennedy), 윈스턴 처칠(Winston Churchill), 마르틴 루터 킹(Martin Luther King, Jr.) 마거릿 대처(Margaret Thatcher) 같은 사람들이 비전을 제시한 리더로 여겨져 왔다. 이들이 한 말의 영향력을 생각해 보자. 케네디는 "국가가 당신을 위해 무엇을 해 줄 것인가를 묻지 말고, 당신이 국가를 위해 무엇을 할 수 있는지를 물어보십시오"라고 했고, 킹은 "나는 꿈이 있습니다"라는 연설을 했으며, 처칠은 "우리는 결코 굴복하지 않을 것입니다"라고 했고, 대처는 "사회주의가 지닌 문제는 당신이 결국 다른 사람들의 돈을 축내게 된다는 것입니다"라고 말했다. 케네디와 처칠은 자신들의 비전에 맞는 일관된 정부 정책을 추진하기 위해 정치적 조직을 이용했다. 처칠의 연설은 국민의 마음을 움직여 반대파를 굴복시켰고, 킹은 정부를 압박하여 사회를 변화시켰다.

강력한 비즈니스 리더로는 마이크로소프트의 빌 게이츠(Bill Gates), GE의 CEO였던 잭 웰치(Jack Welch), 월마트 설립자 샘 월턴(Sam Walton) 같은 사람을 들 수 있다. 빌 게이츠가 제시한 '모든 책상 위에 윈도우 기반의 PC가 있는 세상'이라는 비전은 마이크로소프트의 강력한 추진 동력이 되었다. 잭 웰치는 경쟁하는 모든 사업에서 1등 혹은 2등을 해야 하며, 그렇지 않으면 시장에서 철수한다는 단순하면서도 강력한 GE의 비전을 설정하였다. 마찬가지로 월마트 설립자인 샘 월턴도 월마트 성공의 중심이 되어 온 비전, 즉 공급자로부터 원가를 절감하고 운영효율을 통해 고객에게 매일 낮은 가격의 제품을 공급한다는 비전을 설정하였다.

1.9b 비즈니스모델의 명확화

우수한 전략적 리더의 또 다른 주요 특징은 기업이 비전을 실현하기 위해 사용할 비즈니스모델을 명확화하는 능력을 가지는 것이다. 비즈니스모델이란 기업이 추구하는 다양한 전략을 어떻게 하면 하나의 통합된 개념(a congruent whole)으로 연계시킬 것인가 고민하는 경영자의 구상을 말한다. 예컨대 델(Dell)의 마이클 델(Michael Dell)은 기업의 기본적인 비즈니스모델인 직접판매(direct sales) 비즈니스모델을 설정하였다. 델이 수년 동안 추진해 온 다양한 전략은 이러한 기본적인 비즈니스모델에 의해 조율되었으며, 비즈니스모델은 효율적이고 효과적인 하나의 강한 구심축이 되었다. 비록 모든 전략이 개별적으로는 조직 내의 서로 다른 영역의 업무와 관련되어 있다고 해도, 또한 전략결정이 최고경영자 이외의 다른 경영자에 의해서도 이뤄질 수 있다고 해도, 오직 전략적 리더만이 다양한 전략을 하나의 통합된 개념으로 연결하여 비즈니스모델을 만들 수 있다. 만약 전략적 리더가 비즈니스모델에 대한 명확한 구상을 가지고 있지 않으면 기업이 추구하는 모든 전략은 연계성을 가질 수 없고, 결국은 구심점을 잃게 되어 성과가 낮아질 것이다.

1.9c 몰입

강력한 리더는 자신들이 비전과 비즈니스모델에 몰입하고 있다는 사실을 드러내기 위해 행동과 말, 그리고 가끔 선례를 이용한다. 뉴코스틸의 전 CEO인 켄 아이버슨(Ken Iverson)의 경우를 생각해 보자. 뉴코스틸은 철강산업에서 가장 낮은 원가구조를 가진 매우 효율적인 철강기업이다. 대다수의 다른 기업이 원가 최소화에 집착하여 금전적 손실을 보았음에도 불구하고 이 회사는 50년간 지속적으로 수익을 창출했다. CEO로 재직한 기간 동안 아이버슨은 선례를 만들었다. 그는 직접 전화를 받고, 한 명의 비서만 고용하고, 낡은 차를 손수 운전하고, 항공기는 이코노미석을 이용하고, 자신의 임금이 포춘지 선정 500대 CEO 중 가장 적다는 것에 자부심을 느꼈다(아이버슨이 받은 임금은 대부분 성과기반 보너스였다). 이러한 그의 몰입은 종업원들에게 CEO가 원가절감을 위해 가능한 모든 노력을 하고 있다는 강한 인상을 주었다. 종업원들은 그를 존경하게 되었고 더 열심히 일했다. 아이버슨이 은퇴한 이후에도 뉴코스틸에 구축된 원가를 중시하는 조직문화는 그의 유산으로 유지되고 있으며, 다른 위대한 리더와 마찬가지로 재직 여부와 관계없이 그의 영향은 지속되고 있다.

1.9d 정보에 정통함

효과적인 전략적 리더는 기업에서 어떤 일이 일어나는지 자신들에게 알려 주는 공식적인 정보망과 비공식적인 정보망을 구축하고 있다. 예컨대 T-모바일(T-Mobile)의 전 CEO였던 존 레거(John Legere)가 정보에 정통할 수 있었던 한 가지 방법은 회사의 헬프데스크로 걸려오는 고객들의 전화 통화 내용을 함께 청취하는 것이었다.[45] 비슷한 사례로 사우스웨스트항공(Southwest Airlines)의 설립자인 허브 켈러허(Herb Kelleher)는 항공기 정비 시설에 사전통보 없이 방문하여 작업자의 업무를 도와주면서 기업의 건강상태를 직접 측정할 수 있었다. 또한 그는 사우스웨스트 항공기의 승무원을 도와 기내식을 배급하면서 승객들과 대화를 나누기도 하였다. 자주 사우스웨스트 항공기를 이용하는 한 승객은 10년 동안에 켈러허의 옆자리에 세 번씩이나 앉았었다고 한다. 그때마다 켈러허는 어떤 추세나 일관성 없는 부분을 파악하기 위해 그에게(그리고 근처에 앉은 다른 사람들에게) 사우스웨스트항공이 여러 지역에서 어떻게 운영되고 있는지 물었다.[46]

정보를 모으기 위해서는 비공식 방법과 비전통적인 방법을 이용하는 것이 현명하다. 왜냐하면 공식적인 채널은 조직 내의 특정 이해관계자나 게이트키퍼(업무

상황을 리더에게 부정확하게 보고하는 경영자)에게 파악될 수 있기 때문이다. 조직 내 모든 계층의 종업원과 지속적으로 소통하는 존 레거와 허브 켈러허 같은 사람은 자신의 문을 걸어 잠그고 하위수준 종업원들과 전혀 소통하지 않는 리더보다 비공식 정보망을 구축하기가 훨씬 쉽다.

1.9e 위임과 권한부여 의지

높은 성과를 내는 리더는 업무를 위임하는 데 숙련되어 있다. 만약 효과적으로 위임하는 방법을 알지 못하면 자신들이 책임져야 할 일이 많아져서 지나치게 부담이 된다는 것을 이들은 잘 알고 있다. 또한 부하 직원에게 의사결정 권한을 부여하는 것이 동기부여의 훌륭한 수단이 된다는 것도 잘 알고 있으며, 가끔 업무를 수행하는 담당자가 의사결정을 하기도 한다. 동시에 통찰력 있는 리더는 중요한 의사결정에 대해서는 통제할 필요가 있다는 것도 알고 있다. 따라서 하위수준 종업원에게 많은 중요한 의사결정을 위임한다고 할지라도, 기업의 비전과 비즈니스모델을 설정하는 것과 같이 조직의 미래 성공에 매우 중요한 의사결정은 위임하지 않을 것이다.

1.9f 통찰력 있는 권한의 사용

에드워드 랩(Edward Wrapp)은 리더십 논문에서 "효과적인 리더는 자신의 권한을 사용할 때 통찰력 있고 매우 신중한 경향이 있다"고 언급했다.[47] 또한 전략적 리더는 자신의 생각을 권위를 통해 강압적으로 전달하기보다 가끔 파워게임을 기술적으로 수행함으로써 공감대를 형성하려고 시도해야 하며, 함께 제휴한 조직의 일원으로서 행동하거나, 독재자가 아닌 민주적 리더로서 행동해야 한다고 주장했다. 제프리 페퍼(Jeffery Pfeffer)는 조직에서 권한을 재치있게 사용하여 일을 수행하는 정치적으로 통찰력 있는 경영자의 비전을 언급했다.[48] 페퍼의 견해에 따르면 권력은 예산, 자본, 지위, 정보, 지식과 같이 조직이 가진 중요한 자원을 통제할 때 생기게 된다. 정치적으로 볼 때 통찰력 있는 경영자는 또 다른 핵심적인 자원을 확보하기 위해 이러한 자원을 활용한다. 즉, 전략적 목적을 달성하는 데 도움을 줄 수 있는 중요한 위치에 있는 사람을 아군으로 끌어들이기 위해 자원을 이용한다. 페퍼는 조직에서 권한을 모으기 위해 CEO가 될 필요는 없다고 강조한다. 왜냐하면 중간 기능수준 경영자도 종종 놀랄 정도로 권한기반을 구축하고 조직성과에 영향을 주기 위해 이 권한을 사용할 수 있기 때문이다.

1.9g 감성적 지능

*감성적 지능(emotional intelligence)*은 대니얼 골먼(Daniel Goleman)이 만든 용어

로 강력하고 효과적인 리더가 나타내는 다음과 같은 일련의 '심리학적 특성'을 말한다.[49)]

- 자기 인식(self-awareness)—자기 자신의 기분, 감정, 충동을 이해하고 다른 사람에게 미치는 영향도 함께 이해하는 능력
- 자기 통제(self-regulation)—행동하기 전에 좀 더 생각을 하여 파괴적인 충동이나 기분을 사전에 통제하거나 방향을 재설정하게 하는 능력
- 동기부여(motivation)—금전이나 신분 이상의 목적으로 일을 하고자 하는 열정과 에너지와 인내를 가지고 목표를 달성하려는 성향
- 공감(empathy)—부하 직원의 감정과 견해를 이해하고 의사결정에 이들을 반영하려는 능력
- 사회적 기술(social skill)—목적을 지닌 호의

골먼에 따르면, 감성적 지능 특성을 지닌—높은 정도의 감성적 지능을 보이는—리더는 이러한 특성이 부족한 사람보다 더욱 효과적이다. 리더의 자기인식 능력과 자기통제 능력은 부하 직원으로부터 믿음과 신뢰를 끌어내는 데 도움이 된다. 사람들은 자기인식 능력이 있어 자신의 한계를 인식하는 리더를 존경하며, 자기통제 능력이 있어 의사결정을 신중하게 검토하는 리더를 존경하게 된다고 골먼은 견해를 밝히고 있다. 그리고 자기인식 능력과 자기통제 능력을 지닌 개인은 더욱 자신감을 가지게 되고, 이로 인해 모호한 상황에 대처하고 변화에도 더욱 개방적이 된다고 주장한다. 일에 대한 열정으로 나타나는 강한 동기부여 또한 전염성이 있어 다른 사람들에게 공통적인 목표와 조직의 미션을 달성하기 위해 함께 참여해 주도록 설득하는 데 도움이 된다. 강한 공감과 사회적 기술은 부하 직원이 리더에게 충성하게 하도록 도움을 준다. 공감력이 있고 사회적 기술을 지닌 리더는 경영자들 간에 이뤄지는 개선방법에 대한 논쟁에서 능력을 발휘하며, 다양한 고객층의 공통된 화제와 목표를 쉽게 발견할 수 있고, 이러한 특성이 부족한 리더와 비교할 때 사람들을 바람직한 방향으로 끌어 들이는 능력이 앞선다. 간략히 정리하면, 골먼은 리더에게 중요한 것은 심리적인 기질이라고 주장한다.

핵심용어

전략(strategy) 4
전략적 리더십(strategic leadership) 5
전략수립(strategy formulation) 5
전략실행(strategy implementation) 5
주주가치(shareholder value) 6
위험자본(risk capital) 6
수익성(profitability) 7
투하자본순이익률(ROIC) 7
이익증가율(profit growth) 7
경쟁우위(competitive advantage) 8
지속적 경쟁우위(sustained competitive advantage) 8

비즈니스모델(business model) 9
총괄경영자(general manager) 12
기능경영자(functional manager) 12
복수사업부 기업(multidivisional company) 12
사업단위(business unit) 14
미션(mission) 17
비전(vision) 20
가치(value) 20
SWOT 분석(SWOT analysis) 24
시나리오 계획수립(scenario planning) 32
인지적 오류(cognitive bias) 35
확증 오류(confirmation bias) 35
몰입 상승 오류(escalating commitment) 35
유추에 의한 추리 오류(reasoning by analogy) 35
대표성 오류(representativeness) 35
통제력 환상 오류(illusion of control) 36
가용성 오류(availability error) 36
악마의 주장(devil's advocacy) 36
반대 질의법(dialectic inquiry) 37
외부사례 검토(outside view) 37

전략적 경영자를 위한 시사점

1. 기업의 주요 목표는 주식을 보유한 주주가 받는 이익을 극대화하는 것이다. 경영자는 주주의 가치를 극대화하기 위해 전략을 추진하며 그 결과 높은 수익성과 이익증가율을 달성하고 유지하게 된다.
2. 기업의 수익성은 기업에 투자된 자본으로 창출한 이익 크기로 측정되며, 기업의 이익증가율은 주당 이익의 증가분으로 측정된다. 수익성과 이익증가율은 경영자가 선택하는 전략에 의해 결정된다.
3. 동일한 산업 내의 모든 기업의 평균보다 높은 수익성을 실현할 때 기업은 경쟁자에 대해 경쟁우위를 가지게 된다. 그리고 수년간 평균 이상의 수익성을 유지할 수 있을 때 지속적 경쟁우위를 가진다고 말한다.
4. 총괄경영자는 기업의 전반적인 성과에 대해 책임을 지거나 혹은 독자적으로 운영되는 중요한 사업부나 조직의 전반적인 성과를 책임진다. 그들의 가장 중요한 전략적 관심사는 자신들의 지시하에 있는 전체 조직이 얼마나 건강한가 하는 것이다.
5. 기능경영자는 특정한 사업기능이나 운영에 대해 책임진다. 비록 총괄경영에 대한 책임은 부족하지만 그들은 매우 중요한 전략적 역할을 수행한다.
6. 공식적인 전략적 계획수립 모형은 조직의 전략이 합리적 계획수립 과정의 결과라는 사실을 강조한다.
7. 전략적 계획수립 과정의 주요한 구성요소는 조직의 미션, 비전, 주요 목표를 정의하는 것, 조직의 외부환경과 내부환경을 분석하는 것, 조직의 강점과 약점을 외부환경의 기회 및 위협과 연계하여 비즈니스모델과 전략을 선택하는 것, 그리고 조직이 선택한 전략을 실행하기 위해 조직구조와 통제시스템을 선택하는 것 등이다.
8. 전략은 하위수준 경영자가 불확실한 상황에 대응하듯이 공식적인 계획이 없는 조직 깊은 곳에서 나타나기도 한다.
9. 전략적 계획수립은 종종 실패하는데 그것은 경영자가 불확실성을 계획에 반영하지 못하기 때문이며, 상위계급 의식에 빠진 계획입안자가 실제적인 운영의 모습을 보지 않고 계획을 수립하기 때문이다.
10. 체계적으로 계획을 수립함에도 불구하고 만약 인지적 오류가 의사결정 과정에 개입될 여지가 존재한다면 부실한 전략이 수립될 수도 있다.
11. 악마의 주장, 반대 질의법, 외부사례 검토는 전략적 의사결정의 효과를 높이게 하는 기법이다.
12. 전략결정 과정의 훌륭한 리더는 (1) 비전, 설득력, 일관성, (2) 비즈니스모델의 명확화, (3) 몰입, (4) 정보에 정통함, (5) 위임과 권한부여 의지, (6) 통찰력 있는 권한의 사용, (7) 감성적 지능과 같은 주요한 특성을 갖고 있다.

토론 과제

1. 전략이란 무엇인가? 비즈니스모델은 전략과 어떻게 다른가?
2. 높은 수익성을 지속적으로 유지할 수 있는 원천은 무엇인가?
3. 공식적인 전략계획수립의 강점과 약점은 무엇인가?
4. 당신의 인생에서 인지적 오류로 인해 잘못된 의사결정을 한 사례가 있는가? 그 실수를 어떻게 피할 수 있었는가?
5. 다음에 서술된 내용의 정확성을 논하라. "공식적인 전략계획수립시스템은 첨단기술 산업에서 경쟁하는 기업과는 무관하다. 왜냐하면 변화의 속도가 너무나 빨라서 예측할 수 없는 상황에 의해 계획은 곧 시대에 뒤진 것이 되기 때문이다."
6. 현재 혹은 과거의 미국 대통령 한 명을 선택하여 본문에서 설명한 리더십의 특성에 대한 그의 성과를 평가하라. 평가 내용에 기초할 때 그 대통령이 훌륭한 전략적 리더라고 생각하는가? 그렇게 생각하는 또는 생각하지 않는 이유를 설명하라.

마무리 사례

존 레거의 T-모바일 전략

2012년 9월 존 레거(John Legere)가 T-모바일(T-Mobile)에 CEO로 합류했을 당시 미국 4위의 무선 서비스 제공업체인 이 회사는 어려움에 직면해 있었다. 2012년에 72억 달러의 손실을 보았으며, 시장은 포화상태였고, 성장이 정체되어 있었다. 경쟁사인 버라이즌(Verizon)과 AT&T가 시장의 80%를 차지하면서 비즈니스를 지배했고, T-모바일은 10%에 불과했다. 이들 경쟁사는 규모의 경제를 통해 상당한 비용 이점을 누렸고, 두 회사 모두 T-모바일보다 통신망 범위가 더 넓고 통화의 끊김도 적었다. 그리고 경쟁사와 달리 T-모바일은 고객에게 가장 잘 팔리는 아이폰을 제공하지 않았다. 설상가상으로 AT&T는 T-모바일을 인수하려고 시도했는데, 합병이 업계의 경쟁을 감소시킬 것이라고 생각한 법무부의 반대에 부딪혀 무산되었다. 직원들의 사기는 합병 협상 중에 타격을 입었고 회복되지 않았다.

그러나 존 레거는 상황을 달리 인식했다. 직원들의 사기는 떨어졌지만 조직문화는 그대로 유지되고 있었고, 강력한 성장 동력이 될 잠재력이 있다고 생각했다. 당시 현장 직원들의 평균 나이가 27세에 불과했으며, 자신들에게 활력을 불어넣을 누군가를 찾고 있었고, 존 레거는 본인이 그 역할을 하고자 결심했다. 그는 직원들에게 명확한 전략 방향을 제시하고, 동기부여와 진취성을 저해하는 관료적 규칙과 절차를 제거하고, 조직에 활력을 불어넣었다. 또한 그는 고객들이 다음과 같은 산업 내 관행을 싫어한다는 사실도 알게 되었다. 즉, 고객들은 계약에 얽매이거나, 이해할 수 없고 통제할 수 없는 추가 데이터 요금 및 로밍 요금으로 인해 피해를 입는 등의 관행을 싫어했다. 또한 고객들은 무선통신사업자들이 무선전화기 제조업체에게 보조금을 지급하여 자신들에게 무선전화기를 저렴하게 제공하는 대신에 높은 통신서비스 요금을 부과하여 전화기 비용을 회수한다고 생각했다. 이러한 업계 관행에 대한 고객의 불만은 T-모바일에게는 새로운 기회가 되었으며, 업계에서 성공하는 가장 좋은 방법은 기존 통신사와 다르게 일을 하는 것, 즉 완전히 반대되는 일을 하는 것이라고 존 레거는 믿었고, 그래서 T-모바일의 '언캐리어 전략(un-

출처: J. Legere, "T-Mobile's CEO on Winning Market Share by Trash Talking Rivals," *Harvard Business Review* (January–February 2017); B. Ranj, "How the Unlimited Data Plans from AT&T, Verizon, T-Mobile and Sprint All Stack Up," *Business Insider*, June 29, 2017; I. Fried, "T-Mobile COO Explains Why the 'Uncarrier' Strategy Is Working," *Axios*, September 11, 2017; M. Dano, "US Wireless Snapshot: Subscribers, Market Share and Q3 Estimates," *Light Reading*, October 16, 2020; M. Sievert, "A New Era of Un-carrier," *T-Mobile Blog*, April 1, 2022; M. Alleven, "T-Mobile Claims 5G Mid-Band PoP Star Status," *Fierce Wireless*, March 9, 2022.

carrier strategy)'이 탄생했다.

하지만 먼저 몇 가지 명백한 문제를 해결해야 했다. T-모바일은 아이폰을 판매하지 않았으므로 먼저 애플과 거래를 텄으며, T-모바일의 네트워크 커버리지가 취약해서 가능한 모든 무선 스펙트럼을 구매하고, 서비스 범위와 속도를 개선하기 위해 네트워크를 업그레이드하는 데 막대한 투자를 하기 시작했다. 이러한 기반 위에서 존 레거와 그의 팀은 고객에게 더 나은 경험을 제공하기 위해 회사 제품에 극적인 변화를 주기 시작했다. T-모바일은 장기계약을 없애고 투명한 가격책정 모델로 대체했고, 새로운 스마트폰으로 업그레이드하는 것을 더 쉽게 만들고 글로벌 로밍 충전을 중단했다. 그들은 다른 이동통신사에서 T-모바일로 전환하려는 고객에게 조기 해지 수수료를 지불하겠다고 제안했다. 그리고 업계 최초로 무제한 데이터 요금제를 제공하였다. 2017년에는 두 개 이상의 회선을 사용하는 고객에게 넷플릭스 무료 스트리밍을 제공하였다. 존 레거는 T-모바일의 이러한 변화의 내용을 홍보하기 위해 트위터 계정을 창의적으로 사용(트위터에 530만 명의 팔로워를 보유함)하는 등 현란한 마케팅 활동으로 뒷받침했다.

이 전략은 몇 가지 눈에 띄는 결과를 낳았다. T-모바일의 총 가입자 수가 2012년 말 3,300만 명에서 2017년 말 7,000만 명으로 증가하여 고객 성장 측면에서 1위를 차지했으며, 같은 기간 시장점유율은 10%에서 17%로 확대되었다. 고객만족도의 핵심 지표인 월간 이탈률은 2011년 2.7%에서 2017년 1.3%로 하락했으며, 이는 업계 선두주자인 버라이즌이 달성한 1%에 근접한 수치이다.

그러나 T-모바일은 여전히 큰 도전에 직면해 있었다. 투자자본수익률(ROIC)로 측정한 수익성이 6.37%로 여전히 상대적으로 낮았고, 경쟁사들과 비교할 때 규모의 경제에서 열위에 있었다. T-모바일은 미국의 1/3 지역에 소매 유통망이 없었기 때문에 빠른 소매망 확장을 위해 노력한 결과 2017년도에만 3,000개 이상의 소매점을 추가 확보했다. 무엇보다도 가장 걱정스러운 부분은 5G 기술의 구현이 임박했다는 것이었다(5G 기술은 기존 4G 기술보다 속도가 훨씬 빨라서 비디오 스트리밍이나 모바일 게임을 고속으로 가능하게 하는 게임체인저가 될 것으로 예측되었다). 존 레거는 5G를 출시하려면 많은 비용이 소요됨은 물론, 5G에서 업계 선두기업인 버라이즌 및 AT&T와 규모면에서 효과적으로 경쟁할 수 있을지 우려하였다.

존 레거가 제시한 해결책은 업계 4위인 스프린트(Sprint)와 합병하는 것이었다. 합병이 이루어질 경우 3천만 명의 고객이 추가로 확보되어 29%의 시장점유율로 27%인 AT&T를 앞지르게 된다(당시 시장 선두는 시장점유율 42%의 버라이즌). 더 중요한 것은 합병을 통해 T-모바일이 5G 기술의 공격적인 출시에 전념하는 데 필요한 규모를 확보한다는 것이었다. 합병계약은 2018년 4월에 발표되었으며 2020년 4월 1일 2년간의 검토 끝에 최종 승인되었다. 승인 당일 존 레거는 2인자인 마이크 시버트(Mike Sievert)에게 CEO를 넘겨주고 은퇴하였다.

존 레거의 언캐리어 전략을 고수한 시버트는 5G 기술을 신속하게 출시하여 회사가 5G 시장에서 버라이즌 및 AT&T보다 앞서 나갈 수 있도록 전념했다. 그 결과 2021년 말 현재 T-모바일의 중대역 5G 기술은 약 2억 1,000만 명에게 서비스를 제공하고 있으며, 2023년 말까지 3억 명에게 공급할 계획이다. 반면 버라이즌의 5G 서비스는 2022년 말까지 1억 7,500만 명을 수용할 것으로 예상된다. T-모바일의 5G 중대역 버전은 현재 버라이즌과 AT&T가 출시하고 있는 버전보다 대역폭이 다소 적지만 구현 비용이 저렴하고 대부분의 가입자에게 충분할 것이다. 어쨌든 스프린트와의 합병은 T-모바일이 규모의 경제를 달성하는 데 도움이 되었으며 ROIC로 측정한 수익성은 2021년에 12.37%로 개선되었다.

사례 토의 문제

1. 존 레거가 2014년 CEO로 취임하기 전에 T-모바일은 어떤 도전에 직면해 있었는가? 전략의 변화가 없었다면 T-모바일의 미래는 어떤 모습일까?
2. 존 레거의 언캐리어 전략은 업계 경쟁의 본질을 어떻게 변화시켰는가? 이 전략은 어떤 기회를 활용하려고 했는가? T-모바일의 강점은 이 전략에 어떻게 작용했나? T-모바일이 경쟁사로부터 가입자를 확보할 수 있었던 이유는 무엇인가?
3. 스프린트와의 합병으로 어떤 약점이 해결되었는가? 규제당국이 합병을 승인하는 데 왜 2년이 걸렸다고 생각하는가? 이것은 경쟁을 규제하는 정부의 역할에 대해 무엇을 말하는가? 전략가들은 전략을 수립할 때 정부를 고려해야 하는가?
4. T-모바일은 이제 경쟁우위의 원천을 가지고 있는가? 그 이점은 얼마나 지속 가능한가?

참고문헌

[1]이 견해는 "대리인 이론"으로 알려져 있다. 다음 논문을 참조할 것. M. C. Jensen and W. H. Meckling, "Theory of the Firm: Managerial Behavior, Agency Costsand Ownership Structure," *Journal of Financial Economics* 3 (1976): 305–360; E. F. Fama, "AgencyProblems and the Theory of theFirm," *Journal of Political Economy* 88 (1980): 375–390.

[2]수익성을 측정하는 비율은 투하자본수익률, 총자산이익률, 자기자본이익률 등과 같이 다양한 비율이 있다. 이러한 비율 간에 높은 상관관계가 있지만 재무이론가들은 투하자본이익률이 가장 정확한 비율이라고 주장한다. 다음 논문을 참조할 것. T. Copeland, T. Koller, and J. Murrin,*Valuation: Measuring and Managingthe Value of Companies* (New York:Wiley, 1996).

[3]J. B. Barney, "Why resourcebased theory's model of profitappropriation must incorporate a stakeholder perspective," *StrategicManagement Journal* 39 (2018): 305–325.

[4]산업효과와 기업전략이 기업의 수익성에 미치는 상대적인 중요성을 추정하려는 노력은 지난 10년간 전략 분야의 가장 중요한 연구 분야였다. 다음 논문을 참조할 것. Y. E. Spanos and S. Lioukas, "An Examination of the Causal Logic of Rent Generation," *Strategic Management* 22:10 (October 2001): 907–934; R. P. Rumelt, "How Much Does Industry Matter?" *Strategic Management* 12 (1991): 167–185. 다음 논문도 참조. A. J. Mauri and M. P. Michaels, "Firm and Industry Effects Within Strategic Management: An Empirical Examination," *Strategic Management* 19 (1998): 211–219.

[5]K. R. Andrews, *The Concept of Corporate Strategy* (Homewood, Ill.: Dow Jones Irwin, 1971); H. I. Ansoff, Corporate Strategy (New York: McGraw-Hill, 1965); C. W. Hofer and D. Schendel, *Strategy Formulation: Analytical Concepts* (St. Paul, Minn.: West, 1978). 다음 논문도 참조. P. J. Brews and M. R. Hunt, "Learning to Plan and Planning to Learn," *Strategic Management* 20 (1999): 889–913; R. W. Grant, "Planning in a Turbulent Environment," *Strategic Management* 24 (2003): 491–517; A. G. Lafley and R. L. Martin, Playing to Win (Harvard Business Review Press, 2013).

[6]P. F. Drucker, *Management: Tasks, Responsibilities, Practices* (New York: Harper & Row, 1974), pp. 74–94.

[7]D. F. Abell, *Defining the Business: The Starting Point of Strategic Planning* (Englewood Cliffs, N.J.: Prentice-Hall, 1980).

[8]"Our Strategy," *New York Times*, March 24, 2022.

[9]J. C. Collins and J. I. Porras, "Building Your Company's Vision," *Harvard Business Review* (September–October 1996): 65–77.

[10]www.nucor.com.

[11]J. P. Kotter and J. L. Heskett, *Corporate Culture and Performance* (New York: Free Press, 1992); Collins and Porras, "Building Your Company's Vision."

[12]E. Freeman, *Strategic Management: A Stakeholder Approach* (Boston: Pitman Press, 1984).

[13]M. D. Richards, *Setting Strategic Goals and Objectives* (St. Paul, Minn.: West, 1986).

[14]E. A. Locke, G. P. Latham, and M. Erez, "The Determinants of Goal Commitment," *Academy of Management Review* 13 (1988): 23–39.

[15]R. E. Hoskisson, M. A. Hitt, and C. W. L. Hill, "Managerial Incentives and Investment in R&D in Large Multiproduct Firms," *Organization Science* 3 (1993): 325–341.

[16]Andrews, *Concept of CorporateStrategy;* Ansoff, *Corporate Strategy;* Hofer and Schendel, *Strategy Formulation*.

[17]더 자세한 내용은 다음 논문을 참조할 것. R. A.

Burgelman, "Intraorganizational Ecology of Strategy Making and Organizational Adaptation: Theory and Field Research," *Organization Science* 2 (1991): 239–262; H. Mintzberg, "Patterns in Strategy Formulation," *Management Science* 24 (1978): 934–948; S. L. Hart, "An Integrative Framework for Strategy Making Processes," *Academy of Management Review* 17 (1992): 327–351; G. Hamel, "Strategy as Revolution," *Harvard Business Review* 74 (July–August 1996): 69–83; R. W. Grant, "Planning in a Turbulent Environment," *Strategic Management Journal* 24 (2003): 491–517; G. Gavetti, D. Levinthal, and J. W. Rivkin, "Strategy Making in Novel and Complex Worlds: The Power of Analogy," *Strategic Management Journal* 26 (2005): 691–712; R. A. Burgelman et al., "Strategy Processes and Practices: Dialogs and Intersections," *Strategic Management Journal* (2018): 531–558.

[18]이것이 복잡성과 혼란 이론이 전략경영에 적용되어야 한다고 주장하는 사람들의 전제이다. 다음 논문을 참조할 것. S. Brown and K. M. Eisenhardt, "The Art of Continuous Change: Linking Complexity Theory and Time-Based Evolution in Relentlessly Shifting Organizations," *Administrative Science Quarterly* 29 (1997): 1–34; R. Stacey and D. Parker, *Chaos, Management and Economics* (London: Institute for Economic Affairs, 1994). See also H. Courtney, J. Kirkland, and P. Viguerie, "Strategy Under Uncertainty," *Harvard Business Review* 75 (November–December 1997): 66–79; N.N. Taleb, *The Black Swan: The Impact of the Highly Improbable* (New York: Random House, 2007)

[19]R. A. Burgelmen et al., "Strategy Processes and Practices: Dialogs and Intersections," *Strategic Management Journal* 39 (2018): 531–558.

[20]Burgelman, "Intraorganiz-ational Ecology," and Mintzberg, "Patterns in Strategy Formulation."

[21]R. A. Burgelman and A. S. Grove, "Strategic Dissonance," *California Management Review* (Winter 1996): 8–28.

[22]C. W. L. Hill and F. T. Rothaermel,"The Performance of Incumbent Firms in the Face of Radical Technological Innovation," *Academy of Management Review* 28 (2003): 257–274.

[23]이 이야기는 3M의 연구부문 수장이었던 조지 라스만(George Rathmann)으로부터 저자가 들은 내용임.

[24]H. Mintzberg, "Patterns in Strategy Formulation," *Management Science* 24 (1978): 934–948.

[25]R. T. Pascale, "Perspectives on Strategy: The Real Story Behind Honda's Success," *California Management Review* 26 (1984): 47–72.

[26]다음 책에서 강조된 견해이다. Burgelman and Grove, "Strategic Dissonance."

[27]C. C. Miller and L. B. Cardinal, "Strategic Planning and Firm Performance: A Synthesis of More Than Two Decades of Research," *Academy of Management Journal* 37 (1994): 1649–1665. 다음 논문도 참조. P. R. Rogers, A. Miller, and W. Q. Judge, "Using Information Processing Theory to Understand Planning/Performance Relationships in the Context of Strategy," *Strategic Management* 20 (1999): 567–577; R. J. Shea-Van Fossen, H. R. Rothstein, and H. J. Korn, "Thirty Years of Strategic Planning and Firm Performance Research: A Meta-analysis," *Academy of Management Proceedings*, (2006): 24–36.

[28]P. J. Brews and M. R. Hunt, "Learning to Plan and Planning to Learn," *Strategic Management Journal* 20 (1999): 889–913.

[29]P. Cornelius, A. Van de Putte, and M. Romani, "Three Decades of Scenario Planning at Shell," *California Management Review* 48 (2005): 92–110.

[30]H. Courtney, J. Kirkland, and P. Viguerie, "Strategy Under Uncertainty," *Harvard Business Review* 75 (November–December 1997): 66–79.

[31]P. J. H. Schoemaker, "Multiple Scenario Development: Its Conceptual and Behavioral Foundation," *Strategic Management Journal* 14 (1993): 193–213.

[32]P. Schoemaker, P. J. H. van der Heijden, and A. J. M. Cornelius, "Integrating Scenarios into Strategic Planning at Royal Dutch Shell," *Planning Review* 20:3 (1992): 41–47; I. Wylie, "There Is No Alternative to . . . ," *Fast Company* (July 2002): 106–111.

[33]"The Next Big Surprise: Scenario Planning," *The Economist* (October 13, 2001): 71.

[34]C. R. Schwenk, "Cognitive Simplification Processes in Strategic Decision Making," *Strategic Management* 5 (1984): 111–128; K. M. Eisenhardt and M. Zbaracki, "Strategic Decision Making," *Strategic Management* 13 (Special Issue, 1992): 17–37. D. Kahneman, *Thinking Fast and Slow* (New York: Farrar, Strauss and Giroux, 2011) .

[35]H. Simon, *Administrative Behavior* (New York: McGraw-Hill, 1957).

[36]이러한 현상에 대해서 다음 논문에서 처음 언급함. A. Tversky and D. Kahneman, "Judgment Under Uncertainty: Heuristics and Biases," *Science* 185 (1974): 1124– 1131. 다음 논문도 참조. D. Lovallo and D. Kahneman, "Delusions of Success: How Optimism Undermines Executives' Decisions," *Harvard Business Review* 81 (July 2003): 56–67; J. S. Hammond, R. L. Keeny, and H. Raiffa, "The Hidden Traps in Decision Making," *Harvard Business Review* 76 (September–October 1998): 25–34.

[37]Schwenk, "Cognitive Simplification Processes," pp. 111–128.

[38]B. M. Staw, "The Escalation of Commitment to a Course of Action," *Academy of Management Review* 6 (1981): 577–587.

[39]R. Roll, "The Hubris Hypotheses of Corporate Take-

overs," *Journal of Business* 59 (1986): 197–216. 이런 맥락에서의 또 다른 논쟁은 다음 논문을 참조할 것. C. Camerer and D. Lovallo, "Overconfidence and Excess Entry," *American Economic Review* 89 (1999): 306–318.

[40]R. O. Mason, "A Dialectic Approach to Strategic Planning," *Management Science* 13 (1969): 403–414; R. A. Cosier and J. C. Aplin, "A Critical View of Dialectic Inquiry in Strategic Planning," *Strategic Management Journal* 1 (1980): 343–356; I. I. Mintroff and R. O. Mason, "Structuring III—Structured Policy Issues: Further Explorations in a Methodology for Messy Problems," *Strategic Management Journal* 1 (1980): 331–342.

[41]Mason, "A Dialectic Approach," pp. 403–414.

[42]Lovallo and Kahneman, "Delusions of Success."

[43]전략적 리더십에 관한 연구의 요약은 다음 논문들을 참조할 것. D. C. Hambrick, "Putting Top Managers Back into the Picture," *Strategic Management Journal* 10 (Special Issue, 1989): 5–15; D. Goldman, "What Makes a Leader?" *Harvard Business Review* (November–December 1998): 92–105; H. Mintzberg, "Covert Leadership," *Harvard Business Review* (November– December 1998): 140–148; R. S. Tedlow, "What Titans Can Teach Us," *Harvard Business Review* (December 2001): 70–79; S. Finkelstein, D. Hambrick, and A. A. Cannella, *Strategic Leadership: Theory and Research on Executives, Top Management Teams and Boards*, (New York: Oxford University Press, 2009).

[44]N. M. Tichy and D. O. Ulrich, "The Leadership Challenge: A Call for the Transformational Leader," *Sloan Management Review* (Fall 1984): 59–68; F. Westley and H. Mintzberg, "Visionary Leadership and Strategic Management," *Strategic Management Journal* 10 (Special Issue, 1989): 17–32.

[45]"T-Mobile's CEO on Winning Market Share by Trash Talking Rivals," *Harvard Business Review*, January–February 2017.

[46]B. McConnell and J. Huba. *Creating Customer Evangelists* (Chicago: Dearborn Trade Publishing, 2003).

[47]E. Wrapp, "Good Managers Don't Make Policy Decisions," *Harvard Business Review* (September– October 1967): 91–99.

[48]J. Pfeffer, *Managing with Power* (Boston: Harvard Business School Press, 1992).

[49]D. Goleman, "What Makes a Leader?" *Harvard Business Review* (November–December 1998): 92–105.

synto/Shutterstock.com

Part 2 외부환경 및 내부환경 분석

Chapter 2

외부환경 분석: 사업기회와 위협의 인식

학습목표

2.1 산업과 산업환경을 정의한다.

2.2 산업환경의 경쟁분석에 사용되는 주된 기법인 5-세력모형에 대해 검토한다.

2.3 전략군(strategic group)의 개념을 이해하고 산업분석에 있어서 전략군의 함축적 의미를 살펴본다.

2.4 시간이 흐름에 따라 산업이 어떻게 진화하는지 산업수명주기 모형을 기초로 토론한다.

2.5 산업분석에 사용되는 모형들의 한계에 대해 논의한다.

2.6 거시환경이 산업 내 경쟁의 성격 형성에 어떻게 영향을 주는지 요약 설명한다.

첫머리 사례

스트리밍 전쟁

우편으로 DVD를 대여해 오던 넷플릭스(Netflix)는 2007년에 주문형 스트리밍 비디오 서비스를 시작했다. 이 서비스를 시작한 시점은 매우 적절했다. 스트리밍 서비스가 가능했던 이유는 두 가지 보완 기술이 개발되었기 때문이다. 가정으로 고대역폭의 정보를 보낼 수 있는 케이블 및 광섬유관이 개발되었고, 또한 아마존웹서비스(AWS)의 클라우드 컴퓨팅 인프라의 출현이 있었기 때문이다.

넷플릭스는 AWS와 계약을 맺고 방대한 영화 및 TV 프로그램 비디오 라이브러리를 '클라우드'에 저장하고 월 구독료를 지불하는 소비자에게 액세스할 수 있는 권한을 판매했는데, 주문형 스트리밍 비디오 시장이 탄생한 것이다.

넷플릭스의 혁신으로 가입자 수가 급속하게 증가했다. 매출은 2012년 36억 1천만 달러에서 2021년 거의 300억 달러로 증가했으며, 서비스 가입자는 미국 및 기타 지역에서 2억 명 이상으로 급증하였다. 그 과정에서 넷플릭스는 서비스를 통해 독점적으로 스트리밍되는 자체 콘텐츠 개발에 투자하기 시작했다. 정치 드라마 〈하우스 오브 카드(House of Cards)〉는 이러한 투자의 결실 중 하나였다. 2013년 첫 번째 시즌이 출시되었을 때 즉각적인 인기를 얻었고 더 많은 구독자를 유치하는 데 도움이 되었다. 〈하우스 오브 카드〉는 여섯 시즌에 걸쳐 프라임타임 에미상 33개 부문에 후보작으로 지명되는 등 넷플릭스는 콘텐츠 제작 사업의 주요 세력으로 자리매김했다. 넷플릭스는 〈하우스 오브 카드〉가 성공한 후 〈기묘한 이야기(Stranger Things)〉와 〈더 크라운(The Crown)〉을 포함한 다른 히트작을 선보였다. 스트리밍 콘텐츠에 대한 수요가 증가함에 따라 사람들은 케이블 TV 서비스를 취소하기 시작했고, 오랫동안 자리 잡고 있고 수익성 있던 케이블 TV 사업이 어려움을 겪기 시작했다. 2020년 초 COVID-19 팬데믹이 닥쳤을 때 사람들은 집에서 더 많은 시간을 보냈고, 주문형 비디오 콘텐츠에 대한 수요가 다시 급증했다.

넷플릭스의 성공으로 사업을 모방하는 경쟁자의 출현이 가시화되었는데, 프라임 비디오 서비스를 제공하는 훌루(Hulu)와 아마존(Amazon)이 초기 진입 기업이다. 이들은 넷플릭스의 선례를 따라 영화 및 TV 프로그램 라이브러리에 대한 시청권을 제공하는 것 외에도 자체 콘텐츠를 만들기 시작했다. 케이블 없이 서비스가 가능하자 많은 기존 회사들이 업계에 진입하기 시작했는데, Disney+(TV방송사 ABC를 소유하고 훌루의 대주주인 디즈니 소유), HBO Max(AT&T의 Warner Media 사업부 소유), Peacock(TV방송사 NBC도 소유한 Comcast 소

Top_CNX/Shutterstock.com

출처: D. Gallagher, "Netflix Isn't Looking Up," *Wall Street Journal*, January 20, 2022; B. Mullin and D. Marcelis, "Disney+, HBO Max and Other Streamers Get Waves of Subscribers from Must See Content. Keeping Them Is Hard," *Wall Street Journal*, January 3, 2022; "Disney, Netflix, Apple: Is Anyone Winning the Streaming Wars," *The Economist*, February 12, 2022.

유), Paramount+(TV방송사 CBS도 소유한 파라마운트 소유), Apple TV+ 같은 기업들이다. 전통적인 TV 네트워크 기업들은 대부분이 스트리밍 사업에 진입해야 한다고 생각했다. 신규 진입기업 중 2019년 11월에 진입한 Disney+가 가장 성공적이었다. Disney+는 디즈니, 픽사, 마블, 스타워즈 프랜차이즈의 인기 영화로 구성된 방대한 라이브러리의 이점을 가지고 있었다. 2020년 초까지 Disney+는 1억 3천만 명의 가입자를 보유하여 넷플릭스에 이어 두 번째가 되었다.

신규 진입자가 늘어남에 따라 구독 서비스 경쟁이 치열해졌다. 당시 평균적인 미국 가정은 세 개 이상의 스트리밍 서비스에 가입하고 있었지만, 경쟁 제품의 확산과 함께 고객 이탈률도 증가하였다.

한 가지 눈에 띄는 현상은 세간의 이목을 끄는 오리지널 콘텐츠의 출시로 인해 많은 신규 가입자가 서비스에 유입되었지만 이러한 신규 가입자의 절반 정도가 6개월 이내에 서비스를 떠난다는 것이었다. Apple TV+는 2021년 말에 매달 10% 이상의 고객이 서비스를 떠나는 가장 심각한 이탈 문제를 가지고 있었다. HBO Max의 월간 이탈률은 2021년 12월에 약 5.5%인 반면, 넷플릭스는 한 달에 2.5%로 가장 낮은 이탈률을 보였다. Disney+의 월간 이탈률은 4%를 약간 넘었다.

이탈을 줄이고 구독자 기반을 구축하기 위해 스트리밍 회사는 오리지널 독점 프로그램에 대한 투자를 늘리고 영화 및 TV 콘텐츠 라이브러리를 확장하는 데 더 많은 비용을 지출했다. 월스트리트저널의 보고서에 따르면 오리지널 콘텐츠 제작에 대한 지출은 2017년 10억 달러 미만에서 2021년 약 120억 달러로 급증했으며, 영화 및 TV 콘텐츠 구입비용은 100억 달러에서 200억 달러로 두 배 증가했다. 관련 전략은 구독 서비스에 함께 묶음으로 제공되는 더 넓은 범위의 콘텐츠를 제공하는 것이었다. 예를 들어 디즈니는 Disney+, 훌루 및 ESPN+(디즈니 소유의 스포츠방송사)가 포함된 묶음 제품을 제공했다. 매력적인 독점 콘텐츠 묶음 서비스를 제공함으로써 디즈니는 고객 충성도를 구축하고 가입자를 유지할 수 있을 것이라고 생각했다. 애플과 아마존도 스트리밍 서비스를 다른 서비스와 함께 패키지화했다.

설상가상으로 2022년 초 핵심 시장인 미국에서 가입자 증가가 크게 둔화되기 시작했다는 분명한 징후가 나타났다. 10년간의 급속한 성장 끝에 시장이 성숙하기 시작했고 신규 가입자를 확보하기가 더 어려워졌으며 경쟁의 강도도 더 높아졌다. 사람들이 집 밖에서 더 많은 시간을 보내기 시작함에 따라 팬데믹 이후 수요 감소는 또 다른 요인이다. 이 모든 것이 어떻게 진행되는지는 아직 밝혀지지 않았지만, 몇몇 분석가들은 이제 스트리밍 사업이 케이블 TV 사업보다 공급자에게 수익성이 낮을 수 있다고 생각한다.

개요

기회

기업이 더 많은 이익을 얻기 위해 전략을 수립하고 이를 실행하는 데 이용할 수 있는 기업이 속한 산업환경의 요소와 여건

위협

기업의 비스니스 모습과 수익성에 악영향을 미치거나 위험에 빠뜨리게 하는 외부환경의 요소

전략수립은 기업이 속해 있는 산업의 경쟁을 결정짓는 세력을 분석함으로써 시작된다. 세력을 분석하는 목적은 경쟁기업보다 더 많은 성과를 얻기 위한 전략을 결정할 때 기업이 직면한 사업의 기회와 위협요인을 파악하고 이를 활용하려는 데 있다. **기회(opportunity)**는 기업이 전략을 수립하고 실행하여 이익을 창출할 수 있는 여건이 산업환경 내에 형성될 때 생기게 된다. 예컨대 첫머리 사례에서 설명한 바와 같이 넷플릭스는 미국 가정에 높은 주파수 대역폭의 정보를 제공할 수 있는 정보망이 등장한 것과 '클라우드'의 새로운 저장기술이 제공하는 *기회*를 활용하여 고객의 수요에 맞게 주문형 비디오를 스트리밍하는 서비스를 제공하였다. **위협(threat)**은 외부 환경여건이 기업의 비즈니스 모습과 수익성에 악영향을 미치거나 위험에 빠뜨릴 때 발생한다. 첫머리 사례에서 설명했듯이 주문형 스트리밍 비디오 시장이 새롭게 창출됨으로써 고객은 '케이블 코드를 끊고' 스트리밍 서비스로 이동하게 되어 케이블 TV 가입자 기반이 축소되었다. 이는 케이블 TV 제공업체에게는 *위협*이 되었다. 지난 몇 년 동안 주문형 스트리밍 비디오 시장에 여러 새로운 플레이어들이 빠르게 진입함으로 인해 넷플릭스, 아마존, 훌루 같은 초기 진입 업체에게는 경쟁의 강도가 높아졌고 수익성 있는 비즈니스를 구축하기가 더 어려워지는 등 *위협*이 되었다.

이 장은 외부 산업환경의 분석으로 시작된다. 먼저 산업의 경쟁구조를 분석하고 산업의 기회와 위협요인을 파악하기 위한 개념과 수단을 검토한다. 둘째, 산업 내 기업들이 비슷한 경쟁전략을 추구하거나 혹은 상이한 경쟁전략을 추구하게 될 때 발생하는 전략적인 영향을 분석한다. 셋째, 시간이 지남에 따라 산업이 어떠한 방향으로 진화할 것인지 조사하고 경쟁 상황에서 발생할 변화에 대해서도 알아본다. 넷째, 거시환경의 요인들이 산업구조에 어떠한 영향을 주는지, 기회와 위협요인에 주는 영향이 무엇인지 주시한다. 이 장을 마칠 때쯤이면 기업이 성공하기 위해서는 사업을 영위하는 외부환경에 맞춰 전략을 선정하거나, 혹은 선택한 전략을 통해 회사에 유리하도록 환경을 변화시킬 수 있어야 한다는 것을 이해하게 될 것이다.

2.1 산업의 정의

2.1 산업과 산업환경을 정의한다.

산업
상호 대체할 수 있는 제품이나 서비스를 공급하는 기업집단

산업(industry)이란 상호 대체할 수 있는 제품 혹은 서비스, 달리 말하면 '동일한 기본 고객니즈(same basic customer needs)'를 만족시키는 제품 혹은 서비스를 공급하는 기업집단이라고 정의할 수 있다. 그리고 동일한 기본 고객니즈를 대상으로 비즈니스를 하는 기업을 경쟁자라고 한다. 예컨대 탄산음료, 과일주스, 생수는 상호 대체할 수 있는 제품으로 볼 수 있다. 왜냐하면 이들 제품은 상쾌하고 시원하며 알코올이 없는 음료를 원하는 동일한 기본 고객니즈를 만족시키는 것을 목적으로 하기 때문이다. 따라서 우리는 코카콜라, 펩시콜라, 캐드베리 슈웹스(Cadbury Schweppes)가 주요 경쟁자인 청량음료산업에 대해 대화할 수 있다. 데스크탑 컴퓨터와 노트북 컴퓨터, 태블릿도 동일한 기본 고객니즈를 만족시킨다. 즉, 이들 제품은 컴퓨터 하드웨어를 이용하여 개인별 소프트웨어를 작동시키고, 인터넷을 검색하고, 이메일을 보내고, 게임을 하고, 디지털 이미지를 저장·디스플레이·조작하는 등 동일한 기본 고객니즈를 만족시키기 때문이다. 따라서 애플, 델, 휴렛패커드(HP), 레노보, 마이크로소프트, 삼성을 포함한 이들을 컴퓨터하드웨어기기산업이라고 말한다.

외부환경 분석은 경쟁하고 있는 산업을 결정함으로써 시작된다. 이를 위해 경영자는 자기 회사가 만족시키고자 하는 기본 고객니즈를 먼저 살펴보아야 한다. 즉, 제품지향적 관점보다는 자기 사업에 대한 고객지향적 관점을 가져야 한다(1장 참조). 산업의 경계는 시장에서 만족시키고자 하는 기본 고객니즈에 의해 정의된다. 경영자가 이러한 사실을 인식하는 것이 매우 중요하다. 왜냐하면 경영자가 산업의 경계를 잘못 정의하면, 동일한 기본 고객니즈를 공략하지만 다른 제품을 제공하는 경쟁자의 출현에 방심할지도 모르기 때문이다. 예컨대 코카콜라는 오랫동안 탄산

음료산업에서 기업의 존재를 인식했으나 실제로는 무탄산음료를 포함하는 청량음료산업의 일원이었다. 1990년대 중반에 생수와 과일음료의 수요 증가로 인해 탄산음료의 수요가 감소하기 시작했을 때 코카콜라는 깜짝 놀랐다. 코카콜라는 신속히 이러한 위협에 대응하여 자사 브랜드 생수인 다사니(Dasani)를 출시하고 미닛메이드(Minute Maid)와 글라소(Glaceau, 비타민워터 브랜드의 소유주)를 포함한 여러 음료회사도 인수했다. 산업의 경계를 너무 좁게 정의했기 때문에 코카콜라는 청량음료시장에서 무탄산 청량음료의 급증에 대응하지 못했다.

산업의 경계는 고객의 니즈가 시간이 경과함에 따라 발전하기 때문에 변화할 수 있다. 또한 새로운 기술의 출현으로 인해 관련이 없던 산업에 속한 기업도 새로운 방식으로 기존 고객의 니즈를 만족시키게 되어 산업의 경계가 바뀌게 된다. 1990년대, 청량음료 고객이 생수와 무탄산 과일음료에 대한 새로운 맛을 개발함에 따라 코카콜라는 생수와 무탄산 과일음료 생산업체와 자사가 직접적인 경쟁관계에 있으며 또한 같은 산업에 속해 있다는 사실을 알게 되었다.

기술변화가 어떻게 산업의 경계를 변화시키는지 살펴볼 수 있는 사례로는 현재 컴퓨터 산업과 통신 산업 간에 일어나고 있는 산업 간 융합의 경우를 들 수 있다. 역사적으로 볼 때 통신장비 산업은 컴퓨터 하드웨어 산업과 완전히 다른 실체로 인식되어 왔다. 그러나 사용하는 기술이 아날로그 기술에서 디지털 기술로 이동하면서 이들 통신장비는 점차 컴퓨터와 닮아 갔다. 그 결과 서로 다른 산업 사이의 경계가 이제는 흐려지고 있다. 예컨대 애플의 아이폰과 같은 디지털 무선 스마트폰은 무선 연결과 전화 기능을 가진 소형 휴대용 컴퓨터와 다를 바 없다. 따라서 무선전화기를 생산하는 삼성과 HTC가 이제는 애플, 델과 같은 전통적인 컴퓨터 기업과 직접 경쟁하는 자신의 모습을 보게 된다.

2.2 산업환경의 경쟁분석에 사용되는 주된 기법인 5-세력모형에 대해 검토한다.

2.2 포터의 경쟁세력 모형

산업의 경계가 정해지면 경영자는 사업의 기회와 위협요인을 파악하기 위해 산업환경 내의 경쟁세력(competitive forces)에 대해 분석하는 과업에 직면하게 된다. 마이클 포터(Michael E. Porter) 교수의 잘 알려진 5-세력모형(five forces model)은 경영자들이 이러한 분석을 수행하는 데 도움을 준다.[1] [그림 2.1]은 이 모형을 확장하여 산업 내의 경쟁의 모습을 설명하는 *여섯 가지* 세력에 대해 설명하고 있다: (1) 잠재 경쟁자의 진입 위험, (2) 산업 내 기존 기업 간의 경쟁 강도, (3) 구매자의 교섭력, (4) 공급자의 교섭력, (5) 산업의 제품에 대한 대체재의 출현, (6) 보완자의 힘(포터는 여섯 번째 세력을 인식하지 못함).

그림 2.1 경쟁세력

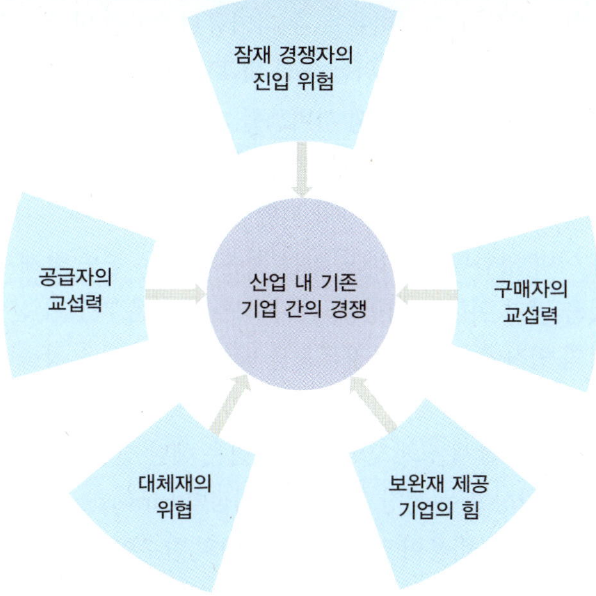

출처: D. Based on "How Competitive Forces Shape Strategy," by Michael E. Porter, *Harvard Business Review*, March/April 1979.

이들 각 세력의 힘이 커질수록, 가격을 인상하고 더 많은 수익을 창출하려는 기존 기업의 역량이 제한받게 된다. 이러한 경쟁구도 속에서 강한 경쟁세력은 수익을 감소시키기 때문에 위협으로 간주될 수 있으며, 반면에 약한 경쟁세력은 기존 기업이 더 많은 수익을 창출할 수 있게 하기 때문에 기회로 볼 수 있다. 시간이 경과함에 따라 산업의 여건이 바뀌기 때문에 여섯 가지 세력의 힘도 변하게 된다. 이들 세력의 변화가 어떻게 새로운 기회와 위협을 만들어내는지 경영자는 알고 있어야 하며 또한 경영자는 이러한 상황변화에 적절하게 전략적 대응 방안을 수립하는 과업도 수행해야 한다. 또한 기업은 전략 선택을 통해 자사에 유리하도록 한 개 혹은 그 이상의 세력의 힘을 바꾸어 놓을 수도 있다. 이 내용은 다음 장에서 다룰 것이다.

2.2a 잠재 경쟁자의 진입 위험

잠재 경쟁자(potential competitor)란 산업 내에서 현재는 경쟁하고 있지 않지만 그들의 선택 여하에 따라서 경쟁할 수 있는 역량을 가지고 있는 기업을 말한다. 예를 들어 첫머리 사례에서 논의한 바와 같이 넷플릭스, 아마존, 훌루는 2010년대에 주문형 스트리밍 비디오 서비스 시장을 창출했다. 새로운 디지털 기술을 통해 스트리밍 회사는 홈 엔터테인먼트 시장에 진입하고 고객을 기존 케이블 TV로부터 멀어지게

잠재 경쟁자
산업 내에서 현재는 경쟁하고 있지 않지만 그들의 선택 여하에 따라서 경쟁할 수 있는 역량을 가지고 있는 기업

할 수 있었다. 또한 자체 오리지널 콘텐츠를 개발하면서 오랜 전통을 가진 제작사의 시장점유율을 빼앗기 시작했다. 그러나 기존 회사는 항상 스트리밍 시장에는 잠재적인 진입자였다. 디즈니, 파라마운트, 워너커뮤니케이션 및 컴캐스트와 같은 회사가 자체 브랜드, 고객 관계, 광범위한 영화 및 TV 콘텐츠 라이브러리를 활용하여 스트리밍 시장에 진입하고 자체 경쟁 서비스를 제공하는 것은 놀라운 일이 아니었다. 2010년대에 잠재적 경쟁자였던 이들은 결국 시장에 진입하여 2020년대에는 넷플릭스, 아마존, 그리고 훌루의 경쟁자가 되었다.

산업 내에서 이미 영업활동을 하고 있는 기존 기업은 종종 잠재 경쟁자가 산업에 진입하는 것을 막기 위해 노력한다. 왜냐하면 더 많은 기업이 산업에 진입하게 되면 기존 기업의 입장에서는 시장점유율을 방어하고 수익을 창출하는 것이 더욱 힘들어지기 때문이다. 잠재 경쟁자의 높은 진입 위험은 기존 기업의 수익성에 위협으로 나타나게 된다. 잠재 경쟁자의 진입 위험은 해당 산업이 얼마나 매력적인지(예: 해당 산업의 수익성 또는 성장 정도)와 **진입장벽**(barriers to entry)의 높이(즉, 기업이 산업에 진입하는 데 비용이 많이 드는 요인)의 함수이다.

진입장벽
산업에 신규 진입하려는 기업들에게 시장 진입 시 많은 비용을 지불하게 만드는 요인들

잠재 경쟁자가 산업에 진입하기 위해 부담해야 하는 비용이 클수록 진입 장벽이 커지고 경쟁력이 약해진다. 진입 장벽이 높으면 수익성이 높아 시장이 매력적이라도 잠재 경쟁자가 진입하기 힘들어진다. 이러한 진입 장벽에는 규모의 경제, 브랜드 충성도, 절대원가우위, 고객 교체비용, 정부규제 등이 있다.[2] 기존기업의 경우에는 진입장벽을 구축하는 것이 중요한 전략이며 새로운 시장에 신규 진입하려는 기업의 입장에서는 그러한 장벽을 우회하는 방법을 발견하는 것이 중요한 전략이다. 진입장벽에 대해 좀 더 세부적으로 살펴보면 다음과 같다.

규모의 경제
대량생산으로 인한 단위원가의 감소

규모의 경제 **규모의 경제**(economies of scale)란 기업이 생산량을 증가시킴에 따라 단위원가(unit cost)가 감소할 때 발생한다. 규모의 경제 원천은 (1) 표준화된 제품을 대량 생산하여 얻게 되는 원가절감, (2) 투입 원재료 및 부품을 대규모로 구매할 때의 구매할인, (3) 대량생산을 통해 고정생산비를 분산시켜 생기는 우위, (4) 대량생산으로 인한 물류, 마케팅, 광고비의 절감 등이다. 예를 들어 항공산업에 있어 기존 기업이 누리는 규모의 경제 효과는 상당히 크며, 항공기를 구매하는 고정비용을 충당할 수 있는 능력까지도 규모의 경제에 포함된다. 규모의 경제는 신규 진입자의 시장진입을 가로막는 장벽이 된다. 일반적으로 기존 기업이 규모의 경제를 통해 원가우위를 실현하게 된다면, 산업에 신규로 진입하여 소량 생산하는 진입 기업은 기존 기업에 비해 상대적으로 심각한 원가열위에 놓여 어려움을 겪게 된다.

만약 신규 기업이 규모의 경제를 실현하기 위하여 대규모 생산시설을 갖추고자 한다면 상당한 투자를 해야 하기 때문에 쉽게 자본 위험에 노출되며, 또한 제품의

공급증가로 인하여 가격이 인하되고 결국은 기존기업의 강력한 저항에 부딪히게 되어 대규모 진입으로 인해 추가적인 위험을 초래하게 된다. 이러한 이유로 인해 기존기업이 규모의 경제를 이루면 신규 진입의 위험은 자연히 감소하게 된다.

브랜드 충성도 **브랜드 충성도**(brand loyalty)는 소비자가 기존 기업의 제품을 선호할 때 생긴다. 브랜드 충성도는 기업이 지속적으로 자사 브랜드—제품명 및 기업명, 제품의 특허 방어, 자체 연구개발 프로그램으로 개발된 제품혁신, 고품질 제품의 강조, 차별화된 애프터서비스—를 홍보할 때 만들어질 수 있다. 브랜드 충성도가 높으면 신규 진입자가 기존 기업의 시장점유율을 쉽게 잠식할 수 없으며, 소비자의 강한 선호도에도 불구하고 시장에 진입하려면 상당한 비용이 소요된다는 것을 알게 되어 결국 잠재 경쟁자의 진입 위험이 줄어들게 된다. 스마트폰 사업의 경우를 예로 들면, 애플이 아이폰과 관련 제품으로 매우 강한 브랜드 충성도를 구축했기 때문에 마이크로소프트는 애플로부터 고객을 분리시켜 2011년 말에 출시한 자사의 신형 윈도우폰의 수요층을 확보한다는 것이 매우 어렵다는 사실을 받아들였다. 마이크로소프트의 재정적 역량에도 불구하고 윈도우폰을 출시한 지 5년이 지난 후에도 마이크로소프트의 미국 내 시장점유율이 4% 이하에 머물렀고, 2016년에 시장에서 철수하였다.[3)]

브랜드 충성도
기존 기업의 제품에 대한 소비자의 선호도

절대원가우위 기존 기업은 가끔 잠재 진입자에 대해 **절대원가우위**(absolute cost advantage)를 가지게 된다. 이는 기존 기업의 낮은 원가구조에 진입 기업이 맞설 수 없다는 것을 의미한다. 절대원가우위가 발생하는 세 가지 주된 요인으로는 (1) 축적된 경험, 특허, 혹은 거래 비밀에 기반한 우수한 생산활동과 프로세스, (2) 자사의 공급자가 제한적으로 가지고 있는 특정한 투입요소(예: 노동력, 원료, 설비, 혹은 경영기술)의 통제, (3) 신규 진입자에 비해 기존 기업의 위험 정도가 낮기 때문에 좀 더 싼 자금을 조달할 수 있는 상황을 들 수 있다. 만약 기존 기업이 절대원가우위를 가지고 있다면 경쟁세력으로서의 진입자 위협은 더욱 낮아진다.

절대원가우위
산업 내의 기존 기업이 누리고 있는 원가우위로서 신규 진입자는 대항하기 어려운 원가우위

고객의 교체비용 **교체비용**(switching cost)은 고객이 기존 기업에서 공급받던 제품을 신규 진입 기업의 제품으로 교체하기 위해 시간, 에너지, 돈을 투자할 때 발생한다. 교체비용이 높으면 신규 진입 기업이 더 좋은 제품을 제공해도 고객은 기존 기업에서 공급받던 제품을 그대로 사용하게 된다.[4)] 교체비용에 대한 친숙한 예로는 현재 사용하는 컴퓨터 운영시스템을 다른 운영시스템으로 교체하는 데 소요되는 비용을 들 수 있다. 현재 마이크로소프트의 윈도우 운영시스템을 사용하고 있으며 이와 관련된 응용소프트웨어와 파일을 가지고 있는 사용자가 다른 운영시스템, 예를 들어 애플의 iOS 운영시스템으로 교체할 경우 많은 비용이 발생하게 된다. 교체

교체비용
기존 기업에서 공급받던 제품을 신규 진입 기업의 제품으로 교체할 경우 고객이 감수해야 하는 비용

로 인한 효과를 최대화하기 위해 사용자는 일련의 응용소프트웨어도 새로 구입해야 하며 새로운 시스템의 형식에 맞게 기존의 모든 문서파일도 변화시켜야 할지 모른다. 비용과 시간이 소요되는 이러한 상황에 직면하기 때문에 대다수의 사람들은 경쟁관계의 운영시스템이 본질적으로 성과를 한 단계 도약시키지 않는다면 구태여 교체하려고 하지 않는다. 결국 교체비용이 많이 소요될수록 신규로 컴퓨터 운영시스템을 판매하려는 회사의 경우 직면하는 진입장벽이 더욱 높아진다.

정부 규제 정부 규제(government regulation)는 많은 산업에서 주된 진입장벽으로 작용할 수 있다. 예컨대 1990년대 중반까지 미국 정부는 장거리 전화서비스를 제공하는 기업이 지역 전화서비스 사업에 참여하지 못하도록 규제했고 반대의 경우도 마찬가지였다. 타임워너(Time Warner)와 컴캐스트(Comcast)(이들 기업은 자신의 케이블을 TV 신호 전송뿐 아니라 전화 통화에도 사용함)와 같이 전화서비스를 제공하는 다른 잠재 사업자도 또한 시장에 진입하지 못하도록 제한했다. 이러한 진입에 대한 규제 장벽으로 인해 지역 전화서비스 시장과 장거리 전화서비스 시장 모두 경쟁 수준이 상당히 줄어들었으며, 전화회사는 높은 이익을 실현할 수 있었다. 이러한 상황은 정부가 1996년에 산업 규제를 상당 수준 완화하면서 달라졌다. 정책 폐지 후 몇 개월 내에 장거리전화서비스회사, 지역전화서비스회사, 케이블TV 회사 모두 다른 시장에 진입할 의향을 밝혔으며 실제로 여러 신규 경쟁자가 시장에 진입했다. 경쟁세력 모형으로 예측해 보면, 정부의 규제완화로 인해 진입장벽이 낮아지게 되면 결국 많은 신규 기업이 진입하고, 산업의 경쟁 강도가 세지고, 산업 수익률이 감소하게 된다.

요약 요약하면, 기존 기업이 자사 제품에 대한 브랜드 충성도를 구축하고, 잠재 경쟁자보다 절대원가우위를 확보하고, 상당한 수준의 규모의 경제를 실현하고, 높은 교체비용의 수혜 기업이 되고, 정부 규제의 보호를 받게 된다면, 취약한 경쟁세력인 잠재 경쟁자의 진입 위험이 상당히 줄어든다. 결국 기존 기업은 높은 가격을 부과하고 이로 인해 산업의 수익이 증가하게 된다. 진입장벽의 높이가 산업의 수익률을 결정하는 가장 중요한 요인들 중 하나라는 사실은 학문적 연구를 통해 입증되었다.[5] 기존 기업의 관심사는 자사의 이익을 지키기 위해 진입장벽을 높일 수 있는 전략을 지속적으로 추진하는 것이고, 잠재 신규 진입 기업의 경우는 진입장벽을 우회할 수 있는 전략을 발견하는 것이 관심사이다. 이를 수행한 회사의 예는 코트코퍼레이션(Cott Corporation)이 청량음료산업의 진입장벽을 우회한 방법에 대한 [전략 실행 사례 2.1]을 참조하면 된다.

전략 실행 사례 2.1

청량음료시장에서 진입장벽의 우회전략

탄산음료산업은 코카콜라와 펩시 두 기업이 오랫동안 시장을 지배해 왔다. 이들 두 기업은 광고 및 홍보에 엄청난 비용을 쏟아부어 강한 브랜드 충성도를 구축했다. 이런 브랜드 충성도로 인해 신규 경쟁자가 산업에 진입하여 시장점유율을 놓고 두 기업과 함께 경쟁하는 것은 매우 어려웠다. 또한 신규 경쟁자가 시장에 진입하려고 하면 두 기업은 동시에 가격을 인하하여 신규 진입자가 시장확대 계획을 포기하도록 압박했다.

그러나 캐나다의 중소기업인 코트코퍼레이션(Cott Corporation)은 1990년대 초에 탄산음료 시장에 진입하려는 전략을 수립하고 실행에 옮겼다. 코트의 전략은 믿을 수 없을 정도로 단순했다. 초기에는 콜라 세분시장에 집중했다. 코트는 콜라 농축액에 대한 글로벌 배타적 권리를 확보하기 위해 로열크라운콜라(Royal Crown Cola)와 협상을 시작했다. RC콜라는 미국 콜라시장에서 중소기업이었는데 이 회사의 제품은 품질이 우수한 것으로 정평이 나 있었다. 하지만 코카콜라와 펩시에 효과적으로 도전할 수가 없었다. 코트는 다음 단계로 캐나다에서 가장 큰 식품도매회사인 로블로(Loblaw)와 로블로 자체 브랜드 콜라를 공급하는 계약을 체결했다. '대통령의 선택(President's Choice)'으로 알려진 로블로의 자체 브랜드는 저가로 크게 성공하여 코카콜라와 펩시의 시장점유율을 잠식했다.

시장진입의 성공에 고무된 코트는 다른 도매회사에게도 자체 브랜드 콜라를 도입하게 하겠다고 결정했다. 도매회사에게 제시한 가치제안은 매우 간단했다. 왜냐하면 주요 경쟁자와 달리 코트는 광고와 홍보에 거의 비용을 지출하지 않았기 때문에 원가를 절감할 수 있었고 이러한 이유로 도매회사에게 저가로 공급할 수 있었기 때문이다. 도매회사는 자신들이 코카콜라와 펩시콜라보다 훨씬 저가로 콜라를 판매할 수 있으며 브랜드콜라보다 자체 브랜드 제품의 수익마진이 더 좋다는 것을 알게 되었다.

이러한 강력한 가치제안에도 불구하고 일부 도매회사는 코카콜라와 펩시 제품이 매장의 핵심 제품이어서 자체 브랜드 도입으로 이들 회사를 소원하게 하는 것이 두려워 자체 브랜드 콜라의 도입을 꺼려했다. 코트는 1990년대 도매시장의 거인인 월마트에게 '샘의 선택(Sam's Choice)'[월마트 창업자 샘 월턴(Sam Walton)의 이름을 따서 지음]이라고 불리는 자체 브랜드 콜라를 공급하기로 계약하면서 돌파구를 찾았다. 코트에게 월마트는 완벽한 유통망이었다. 당시는 도매의 개념이 식료품에도 도입되기 시작했고 월마트에 오는 고객은 브랜드 제품을 구매하러 오는 것이 아니라 저가 제품을 사기 위해 매장을 방문했다. 월마트의 식품사업이 성장함에 따라 코트의 매출도 증가했다. 코트는 콜라에 이어 세븐업 및 스프라이트와 경쟁할 레몬에이드 소다와 같이 다른 맛의 음료를 추가했다. 또한 1990년대 말에는 월마트의 영향을 받아 미국 내 다른 식료품업체도 자체 브랜드 소다를 도입하기 시작했으며 가끔 코트에게 자신들이 필요한 것을 공급해 달라고 요청해 왔다.

2017년까지 코트의 자체 브랜드 고객에는 월마트(Walmart), 크로거(Kroger), 코스트코(Costco), 세이프웨이(Safeway) 등이 포함되었다. 코트는 38억 달러의 수익을 올렸으며, 미국 내 탄산음료 자체 브랜드 제품의 60%를 공급했고, 핵심 유통망인 식료품 매장에 공급되는 탄산음료 전체 매출의 6~7%를 담당했다. 코카콜라와 펩시가 시장을 지배하고 있지만 코트와 코트의 전략을 답습하는 다른 기업들에게 시장을 점진적으로 잠식당했다. 2018년, 코트는 리프레스코(Refresco)에 사업을 매각했다.

출처: A. Kaplan, "Cott Corporation," *Beverage World*, June 15, 2004, p. 32; J. Popp, "2004 Soft Drink Report," *Beverage Industry*, March 2004, pp. 13–18; L. Sparks, "From Coca-Colonization to Copy Catting: The Cott Corporation and Retailers Brand Soft Drinks in the UK and US," *Agribusiness* 13:2 (March 1997): 153–167; E. Cherney, "After Flat Sales, Cott Challenges Pepsi, Coca-Cola," *Wall Street Journal*, January 8, 2003, pp. B1, B8; "Cott Corporation: Company Profile," *Just Drinks*, August 2006, pp. 19–22; Cott Corp. 2016 Annual Report, www.cott.com.

2.2b 기존 기업 간의 경쟁

두 번째 경쟁세력은 산업 내에 있는 기존 기업 간의 경쟁 강도(intensity of rivalry)이다. 경쟁이란 동일한 산업 내에 있는 기업들이 상대방의 시장점유율을 빼앗아 오기 위해 경쟁적으로 노력하는 것을 말하며, 가격, 제품설계, 광고 및 홍보 지출, 직접 판매 노력, 애프터서비스 및 지원과 같은 수단을 사용하여 경쟁하게 된다. 산업 내의 경쟁 강도가 높으면 기업은 가격을 인하하거나 비가격경쟁 전략에 많은 비용을 지출하거나, 혹은 이 두 가지 모두를 추진하게 된다. 경쟁 강도가 높으면 가격이 인하되고 원가가 증가하여 산업의 이익이 감소하므로 기존 기업의 수익성에 심각한 위협요인이 된다. 반대로 경쟁 강도가 낮으면 기업은 가격을 인상하고 비가격경쟁 전략에 대한 지출을 줄일 수 있어 산업의 수익을 높은 수준으로 유지하므로 기존 기업에게 기회요인이 된다. 산업 내에 있는 기존 기업 간의 경쟁 강도에 주로 영향을 주는 네 가지 요인은 (1) 산업의 경쟁구조, (2) 산업수요, (3) 원가 여건, (4) 산업 내 퇴출장벽의 높이이다.

산업의 경쟁구조 산업의 경쟁구조(industry competitive structure)란 산업 내에서 경쟁하고 있는 기업의 수와 규모를 말하며, 전략경영자는 산업분석을 시작하기 위해 이를 먼저 파악해야 한다. 산업구조는 변화하며, 변화에 따라 경쟁 강도의 함축적 의미가 달라진다. 파편화된 산업(fragmented industry)은 수많은 중소기업으로 구성되어 있어 그 누구도 산업 내에서 가격을 결정할 수 있는 위치에 있지 않은 산업이다. 반면에 통합된 산업(consolidated industry)은 몇몇 대기업에 의해 지배되거나(과점) 혹은 극단적인 경우에는 한 기업에 의해 지배(독점)되며, 종종 이들 기업이 산업의 가격을 결정하는 위치에 있기도 한다. 파편화된 산업으로는 야채과일가게, 세탁소, 헬스클럽, 공인중개사, 미용실 등을 예로 들 수 있고, 통합된 산업의 예로는 항공, 청량음료, 무선통신서비스, 소형화물택배 등을 들 수 있다. 택배산업의 경우 유피에스(UPS)와 페덱스(FedEx)가 미국 시장의 85%를 차지하고 있다.

파편화된 산업의 경우는 대체로 진입장벽이 낮으며 또한 차별화하기 어려운 생활필수품이 많다. 진입장벽이 낮은 생활필수품의 경우는 산업 이익의 증감에 따라 호경기와 불경기를 반복하는 경향이 있다. 수요가 많고 수익이 높은 호경기에 진입장벽이 낮으면 신규 진입자는 수익을 기대하며 시장에 넘쳐난다. 1980년대와 90년대에 걸쳐 비디오가게와 헬스클럽 수가 폭발적으로 증가한 것이 이러한 상황을 설명하는 좋은 예이다.

호경기에 신규 진입자가 넘쳐 나게 되면 종종 파편화된 산업은 초과공급이 발생하고, 잉여 생산능력을 활용하기 위해 가격을 낮추기 시작한다. 경쟁 제품과 자사의 제품을 차별화하려고 노력할 때 직면하는 어려움은 이런 경향을 더욱 악화시킬 수 있다. 그 결과 가격 전쟁이 일어나서 결국 이익이 줄어들고, 일부 기업은 사업을 중단하고, 잠재적으로 신규 진입이 중단된다. 예컨대 헬스클럽 산업의 경우 20년 이상 산업이 확대되었으며, 호경기로 인해 수익을 얻은 많은 헬스클럽이 회원제를 유지하기 위해 이후에 대규모 가격할인을 시행해야만 하는 상황에 직면했다. 일반적으로 제품이 생활필수품일수록 가격 전쟁은 더욱 치열하다. 불경기에는 기업의 파산 등으로 인해 산업의 전체 생산능력이 수요와 같은 수준에 이르게 되어 가격이 안정되게 된다.

파편화된 산업구조는 기회를 제공하기보다 위협요인으로 작용한다. 파편화된 산업에 있어 호경기는 짧게 끝나는 경향이 있다. 왜냐하면 신규 진입이 쉬워 곧 초과공급 상황에 진입하고 이로 인해 치열한 가격경쟁이 진행되어 효율적이지 못한 기업은 실패하기 때문이다. 이러한 산업에서 제품을 차별화하는 것이 어렵기 때문에 호경기에 수익을 얻고 불경기에는 생존하기 위해 원가를 최소화하려는 노력이 최선의 전략이다. 또 다른 전략적 대안으로 기업들은 파편화된 산업구조를 지속적으로 수익을 창출할 수 있는 통합된 산업으로 바꾸는 전략을 채택하려고 할지도 모른다. (어떻게 구조를 변화시킬 수 있는지는 이후의 장들에서 다룬다.)

통합된 산업의 경우 기업들은 상호의존적이다. 왜냐하면 한 기업의 경쟁적 활동(가격, 품질 등의 변화)이 경쟁자의 시장점유율과 수익성에 직접적으로 영향을 주기 때문이다. 한 기업의 움직임은 곧 경쟁자의 반응을 초래하고 이러한 경쟁적 상호의존성의 결과로 인해 경쟁 소용돌이의 위험에 빠질 수 있다. 경쟁은 상호간의 가격인하로 진행되거나 고객에게 제공되는 자사 제품의 가치를 높임으로써 수익 감소를 초래한다.

통합된 산업 내의 기업은 종종 산업을 지배하는 기업이 설정한 가격을 따라감으로써 이러한 위협요인을 줄이려고 노력한다.[6] 그러나 가격담합이 불법이기 때문에 조심해야 한다(직접적이고 의도된 대화 없이 암묵적이고 간접적으로 이루어지는 합의는 합법임). 대신에 기업들은 상호간에 전략을 관찰하고, 해석하고, 기대하고, 반응함으로써 가격을 설정한다. 그러나 암묵적으로 가격선도를 합의하게 되면 가끔 상반된 경제상황이 전개될 때 깨어지게 된다. 이러한 예는 [전략 실행 사례 2.2]의 아침식사 시리얼 산업에서 볼 수 있다.

산업수요 산업수요(industry demand)의 수준은 기존 기업 간의 경쟁 강도를 결정하는 또 다른 요소이다. 신규 고객의 수요 증가나 기존 고객의 추가 구매는 기업이 고객을 두고 경쟁할 수 있는 범위를 넓혀 주기 때문에 경쟁을 완화시키는 경향이 있다. 수요 증가는 경쟁자의 시장점유율을 빼앗지 않고도 모든 기업이 더 많이 판매할 수 있기 때문에 경쟁을 감소시키며 그 결과 산업 전체의 수익이 많아진다. 역

전략 실행 사례 2.2

아침식사 시리얼 산업의 가격 전쟁

아침식사 시리얼 산업은 수십 년간 미국에서 가장 수익성 있는 산업 중 하나였다. 이 산업은 켈로그(Kellogg), 제너럴밀스(General Mills), 크래프트푸즈(Kraft Foods)가 지배하는 통합된 구조였다. 이들 기업은 슈퍼마켓 진열공간을 나누어 점거했고, 또한 강력한 브랜드 충성도를 가지고 있어서 신규 진입자의 가능성을 막고 있었으며, 매년 3%씩 지속적으로 수요가 증가하여 산업의 수익은 커지고 있었다. 시장점유율 40% 이상을 가진 켈로그는 그 산업의 가격선도자 역할을 했다. 켈로그는 매년 시리얼의 가격을 올렸고 경쟁자도 뒤를 따라 산업 수익은 매우 높았다.

1990년대 들어 미국인의 아침식사로 라떼와 베이글 혹은 머핀이 시리얼을 대체하면서 수요증가가 둔화되고 침체되어 그동안 서로 우호적이던 산업구조가 변화하기 시작했다. 그리고 월마트(1994년에 식료품산업에 진입) 같은 힘있는 할인점이 출현하여 자신들의 시리얼 브랜드를 공격적으로 홍보하기 시작했고 기존 브랜드의 시리얼보다 싼 가격으로 판매했다. 이후 10년간 크로거(Kroger)와 같은 다른 식료품체인이 같은 경로를 밟았고, 월마트에서 2.5달러에 판매되는 밀 플레이크와 켈로그의 3.5달러짜리 옥수수 플레이크의 맛이 같다는 것을 고객들이 인식하게 되면서 산업 내의 브랜드 충성도는 감소했다. 훨씬 값싼 매장브랜드 시리얼의 매출이 급증하면서 슈퍼마켓은 이제 브랜드명에 연연하지 않게 되었고 브랜드 시리얼 제조업체들에 가격인하를 요구하기 시작했다.

브랜드 시리얼 제조업체는 수년간 이러한 분위기에 대해 버티어 왔으나 1990년대 중반에 댐이 붕괴되었다. 1996년, 크래프트[당시 필립 모리스(Philip Morris)가 소유]는 시장점유율을 회복하기 위해 포스트(Post) 브랜드에 대해 공격적으로 가격을 20% 할인했다. 켈로그도 뒤따라서 자사 브랜드 중 2/3에 해당하는 제품의 가격을 19% 인하했고, 제너럴밀스도 신속히 인하하였다. 수십 년간 유지되어 온 암묵적 가격이 공식적으로 붕괴되었다.

가격인하가 수요를 자극할 것이라는 희망을 아침식사 시리얼 기업이 가졌다면 그것은 잘못된 것이었다. 가격인하로 수요는 변화하지 않은 반면에 수입과 이익은 감소했다. 특히 켈로그의 영업이익률이 1995년 18%에서 1996년 10.2%로 급감했고, 이러한 현상은 다른 브랜드 시리얼 제조업체도 마찬가지였다.

2000년까지 여건은 악화되었다. 할인점의 자체 브랜드 판매가 시작되어 시장의 10%를 차지했고, 더구나 아침식사 시리얼 매출이 매년 1%씩 줄어들었다. 공격적인 제너럴밀스는 시장선도자의 점유율을 빼앗기 위해 비싼 캠페인을 실시하여 2001년 31% 시장점유율로 30%인 켈로그를 앞섰다. 켈로그는 시장점유율 하락으로 1906년 이래로 유지해온 선두기업의 자리를 내놓았으며, 지속적인 가격인하로 인해 3대 제조업체의 수익도 취약해졌다.

제너럴밀스는 2001년 중반에 마침내 원가 인상분을 고려하여 가격을 2% 인상했고, 10여 년간의 가격 전쟁 이후 가격결정 규칙이 새롭게 만들어지기라도 한 듯이 경쟁자들도 뒤를 따라 가격을 인상했다. 켈로그와 제너럴밀스는 베리류를 함유한 스페셜케이(Special K)와 치리오스(Cheerios)의 다양한 신제품과 같은 브랜드 확장에 치중하고 가격경쟁은 하지 않으려고 노력했다. 스페셜케이로 인한 노력으로 켈로그는 제너럴밀스로부터 시장의 선두 자리를 다시 탈환했으며, 더욱 중요한 것은 비가격경쟁을 강조함으로써 가격 전쟁이 중단되었다.

그러나 상대적 평화가 10년간 지속되다가 2010년 들어 이 산업에는 다시 가격 전쟁이 발생했다. 아침식사 시리얼 대신에 커피숍에서 간단히 식사를 해결하는 등 대체재의 소비로 인해 수요가 줄어들어 선도기업인 켈로그의 2010년 3분기 가격이 3.6%, 판매량이 3.4% 감소했다. 제너럴밀스와 켈로그는 수요를 진작하고 가격을 인상하기 위해 신제품을 도입했다.

출처: G. Morgenson, "Denial in Battle Creek," *Forbes*, October 7, 1996, p. 44; J. Muller, "Thinking out of the Cereal Box," *Business Week*, January 15, 2001, p. 54; A. Merrill, "General Mills Increases Prices," *Star Tribune*, June 5, 2001, p. 1D; S. Reyes, "Big G, Kellogg's Attempt to Berry Each Other," *Brandweek*, October 7, 2002, p. 8; M. Andrejczak, "Kellogg's Profit Hurt by Cereal Price War," *Market Watch*, November 2, 2010.

으로 수요 감소는 기업들이 시장점유율과 수익을 유지하기 위해 다투기 때문에 경쟁을 증가시키게 된다([전략 실행 사례 2.2] 참조).

시장이 포화상태일 때 수요는 정체되고 대체 수요는 최초 구매자의 구매량을 상쇄하기에 충분치 않다. 고객이 시장을 등지거나 혹은 시장에서 구매를 줄이게 되면 수요는 감소한다. 이 경우 경쟁자의 시장점유율을 빼앗아야만 성장할 수 있다. 이와 같이 수요 감소는 기존 기업 간의 경쟁을 증가시키기 때문에 중요한 위협요인으로 작용한다.

원가 여건 산업 내에서 기업의 원가구조는 경쟁의 세 번째 결정요소이다. 고정비가 높은 산업의 경우 수익성은 매출 규모에 크게 좌우되는 경향이 있어 기업들은 매출 규모를 늘리기 위해 경쟁 강도를 높이게 된다. 고정비란 기업이 제품을 판매하기 이전에 지불해야 하는 비용이다. 예컨대 페덱스(FedEx) 같은 회사는 특급배송서비스를 제공하기 위해 먼저 항공기와 포장/분류시설, 그리고 배송트럭에 먼저 투자해야 한다. 이와 같은 용도의 자본투자는 고정비이다. 고정생산비가 높은 산업의 경우에 매출 규모가 적으면 고정비를 보전할 수 없어 수익이 나지 않는다. 그러므로 고정비를 보전하기 위해 매출 규모를 늘려야 하므로 기업은 가격을 인하하거나 홍보비를 늘리게 된다. 수요가 급속히 증가하지 않은 상황에서 많은 기업이 동시에 같은 행동을 하면 경쟁이 강화되고 수익이 낮아지는 결과가 초래된다. 한 연구에 따르면 산업 내에서 가장 취약한 기업이 가끔 자신의 고정비를 보전하기 위해 그러한 행동을 시작한다.[7]

퇴출장벽 **퇴출장벽(exit barrier)**이란 기업이 산업을 떠날 수 없도록 만드는 경제적, 전략적, 감성적 요인을 말한다.[8] 만약 퇴출장벽이 높으면 기업은 수요가 정체되어 있거나 혹은 수요가 감소하는 수익성이 낮은 산업이라도 머물러야 한다. 그 결과 초과생산능력이 발생하여 가격이 인하하고 이로 인해 가격 경쟁 및 경쟁 강도가 더욱 높아진다. 그리고 여유 생산시설을 활용하고 고정비를 보전하기 위해 고객 주문을 확보하려고 노력한다.[9] 일반적인 퇴출장벽은 다음과 같다.

퇴출장벽
퇴출장벽이란 기업이 산업을 떠날 수 없도록 만드는 경제적, 전략적, 감성적 요인을 말한다.

- 다른 용도로 사용될 가치가 없거나 혹은 나중에도 매각할 수 없는 특수기계, 설비, 운영시설 같은 자산에 대한 투자. 산업을 빠져나오려면 이러한 자산의 장부가치를 탕감해야 한다.
- 기업이 사업을 중단할 때 해고할 작업자에게 지급해야 하는 퇴직수당, 의료보험, 연금과 같이 높은 퇴출 고정비용
- 기업의 소유주 혹은 종업원이 산업에 대한 애정과 프라이드가 커서 산업을 떠나지 않으려고 하는 것과 같은 산업에 대한 감정적 애착

- 기업의 모든 수입 혹은 이익을 하나의 산업에 의존하기 때문에 산업에 대해 가지게 되는 경제적 의존
- 산업에 효과적으로 참여하기 위해 최소한도로 값비싼 자산을 유지해야 할 필요성
- 파산 규정, 특히 미국에서는 연방파산법 제11장에서 파산 위기에 직면한 기업이 계속 영업을 하고 조직을 재설계할 수 있게 규정하고 있다. 이러한 규정으로 인해 수익성도 없는 자산을 산업에 그대로 유지하게 되고 결국 이로 인해 초과생산이 지속되고 수요대응 시간이 지연된다.

퇴출장벽의 실례로 소포속달우편서비스와 소포택배산업을 생각해 보자. 이 산업의 주요 경쟁자인 페덱스와 유피에스 같은 회사는 택배사업이 기업의 모든 수입원이다. 이들 기업은 고객들에게 미국의 모든 주요 도시에 소포를 배달할 수 있다고 보장할 수 있어야 하므로 이 목적을 위해 많은 투자를 했다. 배달을 보장하기 위해 이들 기업은 국가 전역을 항공과 육상으로 연결할 수 있는 연계망과 관련 시설을 구축해야 했다. 때때로 산업의 택배 능력이 수요를 초과하게 될 경우에도 초과분을 줄일 수 없다. 예컨대 마이애미주의 페덱스 택배수요가 공급능력에 훨씬 못 미쳐도 항공과 육상의 택배를 중지하여 초과능력을 축소할 수 없다. 이 경우 택배를 중지하게 되면 이 회사는 고객에게 소포가 미국 내 모든 주요 도시에 배달될 수 있다는 것을 더 이상 보장할 수 없게 되므로 고객은 다른 택배회사로 거래선을 교체하게 된다. 그러므로 국가 전역의 연계망을 유지해야 하는 것 자체가 퇴출장벽이 되며, 이로 인해 수요가 부족한 기간 동안에도 초과공급능력을 지속적으로 유지해야만 하는 결과가 초래된다.

2.2c 구매자의 교섭력

세 번째 경쟁세력은 구매자의 교섭력(bargaining power of buyer)이다. 산업 내의 구매자는 최종소비자로서 제품을 사용하는 개인 고객이거나 혹은 도매업자와 소매업자와 같은 최종소비자에게 산업재를 공급하는 중간공급업체일 수도 있다. 예를 들어 P&G(Procter & Gamble)와 유니레버(Unilever)에서 생산된 가루비누의 최종소비자는 개인일지라도 가루비누의 주요 구매자는 소비자에게 재판매하는 슈퍼마켓체인과 할인점이다. 구매자의 교섭력이란 산업 내 기업이 책정한 가격을 교섭을 통해 인하하도록 하거나 혹은 제품의 품질과 서비스를 향상시키도록 요구함으로써 기업의 원가상승으로 이어지게 하는 구매자의 역량을 말한다. 힘 있는 구매자는 가격인하와 원가상승을 주도하여 산업 내 기업의 이익폭을 줄이게 할 수 있다. 그러므로 힘 있는 구매자는 기업에게 위협요인으로 검토되어야 한다. 반대로 구매자

의 교섭력이 낮을 경우, 산업 내의 기업은 제품의 가격을 인상하고 제품의 품질과 서비스 수준을 낮추어 원가를 절감하여 산업 내 기업의 이익폭을 증가시킬 수 있다. 구매자는 다음과 같은 환경하에서 높은 교섭력을 가지게 된다.

- 구매자가 공급자를 선택할 수 있을 때. 만약 산업이 독점하에 있으면 구매자는 선택의 여지가 없으나, 산업 내에 두 개 이상의 기업이 있을 경우 구매자는 선택할 수 있다.
- 구매자가 대량구매를 할 때. 이 경우에 구매자는 자신의 구매력을 이용하여 가격인하를 요구할 수 있다.
- 몇몇 구매자가 산업에서 공급하는 제품에 대한 전체 주문량의 상당 부분을 구매할 때
- 거래선의 교체비용이 낮고, 구매자가 공급 기업 간에 가격인하 경쟁을 하도록 유도할 수 있을 때
- 구매자가 산업 내 기업 간의 경쟁을 유발하기 위해 투입요소를 여러 기업에서 동시에 구입할 수 있을 정도로 경제적인 자금여력이 있을 때
- 구매자가 산업에 신규 진입하고, 제품을 자체 생산하여 필요한 구매량을 충족하겠다고 산업 내 기업을 전술적으로 위협하여 가격인하를 강요할 수 있을 때

구매자가 GM, 포드, 혼다, 토요타와 같은 대형 자동차 제조업체인 자동차부품 공급산업은 구매자가 강한 교섭력을 가지고 있어서 경쟁적 위협이 되는 산업의 좋은 예이다. 왜냐하면 자동차 부품 공급자는 많고 대체로 영세한 반면 구매자인 자동차 제조업체는 규모가 크고 수도 적기 때문이다. 게다가 부품가격을 인하하기 위해 역사적으로 자동차 제조업체들은 부품을 공급업체에서 구매하기보다 자체 생산하겠다고 위협하였다. 자동차 제조업체는 자신들의 강력한 입지를 활용하여 공급업체가 서로서로 부품가격을 인하하고 품질을 개선하도록 공급업체 간의 경쟁을 유도하였다. 만약 한 부품공급업체가 마음에 들지 않으면 자동차 제조업체는 교섭 수단으로 거래선을 교체하겠다고 위협할 수 있다.

2.2d 공급자의 교섭력

네 번째 경쟁세력은 공급자의 교섭력(bargaining power of supplier)이다. 공급자는 원료, 서비스, 노동력과 같은 투입요소를 산업에 공급하는 조직을 말한다. 공급자의 교섭력이란 투입요소의 가격을 인상하거나 혹은 다른 방법으로, 예컨대 낮은 수준의 품질 및 서비스를 제공함으로써 산업의 비용을 증가시킬 수 있는 공급자의 역량을 말한다. 힘 있는 공급자는 기업의 원가를 증가시켜 산업의 이익을 줄이게 하므로 기업에게 위협요인이다. 역으로 공급자가 취약하게 되면 산업 내의 기업은 공

급자의 투입요소 가격을 인하하도록 강요하고 투입요소의 품질(더욱 생산성이 높은 노동력과 같은)을 개선하도록 요구한다. 구매자의 경우와 같이 기업의 수요를 창출하는 공급자의 역량은 기업에 대항하는 자신들의 역량에 달려 있다. 공급자는 다음의 상황에서 큰 힘을 가진다.

- 공급자가 판매하는 제품의 대체재가 거의 없으며 구매 기업들에게 중요한 제품일 때
- 공급자의 수익성이 특정 산업의 기업 구매에 의해 심각하게 좌우되지 않을 때; 달리 말하면 산업이 공급자에게 중요하지 않을 때
- 산업 내의 구매 기업이 특정 공급자의 독특하고 차별화된 제품을 구매하기 위해 공급자를 교체하여 막대한 교체비용으로 어려움을 겪은 경험이 있을 때. 이러한 경우에 기업은 특정 공급자에게 의존하게 되고 공급가격을 인하하기 위해 공급자 간의 경쟁을 유발하지 않는다.
- 공급자가 자신의 투입요소를 사용하여 직접 제품을 생산하고 생산된 제품을 고객에게 판매하겠다고 위협할 수 있을 때
- 산업 내에 있는 기업이 공급자의 산업에 진입하겠다고 위협할 수 없고 또한 전술적으로 공급자의 투입요소의 가격을 인하하기 위해 자체 생산하겠다고 위협할 수 없을 때

구매 기업이 힘 있는 공급자에게 의존하고 있는 산업으로 PC산업을 들 수 있다. PC제조업체는 PC용 마이크로프로세서의 세계 최대 공급업체인 인텔(Intel)에 매우 의존적이다. 인텔의 마이크로프로세서 칩은 PC산업의 표준이기 때문에 인텔의 경쟁자인 AMD(Advanced Micro Devices)는 인텔 표준과 호환이 가능한 칩을 개발하여 공급해야 한다. AMD가 경쟁 칩을 개발했다고 할지라도 시장의 대량 수요에 대응할 수 있는 생산능력을 가진 기업이 인텔밖에 없기 때문에 2022년 PC에 사용되는 칩 시장의 64%가량을 여전히 인텔이 공급하고 있다. AMD와 같은 경쟁자가 인텔 생산시스템의 규모와 효율성에 대항한다는 것은 경쟁자의 재정적 범위를 넘어서는 것이다. 이것이 의미하는 바는 PC제조업체가 잘 알려진 인텔의 경쟁자인 AMD로부터 마이크로프로세서 일부를 구입해도 나머지 필요분은 인텔에서 구매해야 한다는 것이다. 인텔은 강력한 교섭력을 가지고 있기 때문에 마이크로프로세서의 제품가격을 높이 책정할 수 있다.

2.2e 대체재

포터 모형에서 마지막 세력은 유사한 고객 요구를 만족시킬 수 있는 다른 사업이나 사업의 제품인 대체재(substitute product)의 위협이다. 예컨대 커피산업에 속한 기

업은 차와 청량음료 산업의 기업과 간접적으로 경쟁하게 된다. 왜냐하면 이들 셋 모두 무알코올성 카페인 음료에 대한 고객 요구를 충족시키기 때문이다. 대체재가 존재한다는 것은 산업 내에서 기업이 제품가격을 정할 수 있는 여지를 제한하며, 이로 인해 산업의 수익성이 제한받게 되므로 상당한 경쟁 위협이 된다. 만약 커피 가격이 차나 청량음료보다 상대적으로 많이 오르게 되면 커피 수요자는 차와 청량음료로 교체하게 될지도 모른다.

어떤 산업의 제품에 대한 대체재가 없거나 대체재의 경쟁세력을 취약하게 만들면 기업은 가격인상과 추가적 이익창출의 기회를 갖게 된다. 마이크로프로세서의 경우 유사한 대체재가 없어 인텔과 AMD는 대체재가 존재할 경우에 비해 높은 가격을 부여할 수 있는 능력을 지니게 된다.

2.2f 보완자

인텔의 전직 CEO인 앤드류 그로브(Andrew Grove)는 포터가 제시한 다섯 가지 경쟁세력 모형에서는 여섯 번째 경쟁세력인 보완자(complementor)의 힘, 열정, 역량을 무시했다고 주장했다.[10] 보완자는 산업 내의 기업제품에 보완적으로 가치를 증대시킬 수 있는, 즉 제품과 함께 구매하여 사용할 경우 고객의 수요를 더 만족시킬 수 있는 보완재(complement)를 판매하는 기업을 말한다. 예를 들면, PC산업의 보완자는 컴퓨터에서 사용할 소프트웨어 어플리케이션을 만드는 기업이다. PC에 사용할 고품질의 소프트웨어 어플리케이션이 많을수록 고객에게 PC의 가치는 높아지고, PC의 수요가 증가하고, PC산업의 수익성이 더욱 높아지게 된다.

그로브의 주장은 대체재와 보완재가 산업 내 수요에 영향을 준다고 오랫동안 주장해 온 경제이론에 그 바탕을 두고 있다.[11] 그로브가 발전에 기여한 컴퓨터산업과 같은 첨단산업의 수요 및 수익성을 결정하는 데 보완재가 매우 중요한 역할을 한다고 한 연구는 강조하고 있다.[12] 보완재가 산업 내에서 제품 수요의 중요한 결정요인이 될 때 산업의 수익은 적합한 보완제품의 공급에 영향을 받게 된다. 보완자의 수가 증가하고 좋은 보완제품이 생산될 때 수요는 증가하고 산업 내의 수익은 가치 창출의 새로운 기회를 제공하게 된다.

반대로 보완자가 취약하여 좋은 보완제품을 생산하지 못하면 산업의 성장이 둔화되고 수익성이 제한되어 위협요인이 될 수 있다. 예를 들어 테슬라(Tesla) 같은 회사에서 생산하는 전기자동차에 대한 수요를 제한하는 한 가지 요인은 사람들이 가지고 있는 '주행거리 불안'에 대한 두려움이다. 충전소에서 멀리 떨어진 곳에서 배터리 충전을 할 수 없는 경우에 대한 두려움, 즉 주행거리에 대한 불안을 줄이고 전기자동차에 대한 수요를 늘리기 위해 테슬라와 관련 기업들은 조밀한 전국 충전소 네트워크(보완제품)를 구축하는 데 투자하고 있다. 실제로 2014년 테슬라는 자사의 기술을 업계표준으로 채택하도록 장려하기 위해 충전기술을 공개 도메인에 배치했다. 산업에 보완재를 제공함으로써 보완자는 산업 내 기업에게 돌아갈 수익을 빼앗을 정도의 힘을 갖는 것도 가능하며 이 경우 기존 기업에게 경쟁 위협이 되기

전략 실행 사례 2.3

왜 마이크로소프트는 액티비전 블리자드를 인수하기 원하나?

2022년 1월 마이크로소프트는 액티비전 블리자드(Activision Blizzard)를 680억 달러에 인수하겠다는 의사를 발표했다. 액티비전은 세계에서 두 번째로 큰 비디오게임 기업이며, 오버워치(Overwatch), 콜 오브 듀티(Call of Duty), 월드 오브 워크래프트(World of Warcraft)를 포함한 여러 인기 있는 프랜차이즈의 개발사이다. 물론 마이크로소프트도 엑스박스(Xbox) 콘솔로 업계에 오랫동안 참여해 왔으며 매우 인기 있는 헤일로(Halo) 시리즈와 기어스 오브 워(Gears of War) 프랜차이즈를 포함하여 일부 비디오게임을 사내에서 직접 개발 및 퍼블리싱한 이력이 있다. 최상위 게임의 경우 1억 달러 이상의 높은 개발비용이 소요되며, 게임이 시장에서 실패할 경우 수반되는 위험이 매우 큼에도 불구하고, 왜 마이크로소프트는 게임 개발 사업을 확대하기를 원했을까? 이러한 전략을 추구하는 이유를 이해하려면 이 산업의 역사에 대해 좀 더 깊이 있는 이해가 필요하다.

비디오게임 업계에서는 오랫동안 콘솔을 생산한 기업들—닌텐도, 마이크로소프트(엑스박스), 소니(PS5)—이 가장 많은 돈을 벌었다. 그들은 자사의 콘솔을 사용하여 게임을 실행하는 게임개발자(*보완재* 공급업체)로부터 판매된 모든 게임에 대해 로열티 수수료를 부과하여 수익을 창출했다. 예를 들어 닌텐도는 닌텐도 콘솔에서 실행되도록 개발된 모든 게임에 대해 게임개발자에게 20%의 로열티 수수료를 부과했다. 이것은 닌텐도를 엄청나게 수익성 있는 회사로 만들었으며, 소니도 1990년대에 오리지널 플레이스테이션을 출시했을 때 유사한 전략을 추구했다.

그러나 지난 20년 동안 상황이 바뀌었다. 1980년대와 1990년대에는 단일 콘솔이 닌텐도, 세가, 소니 순으로 차례대로 업계를 지배했다. 따라서 게임개발자가 시장에 접근하려면 해당 콘솔업체에 높은 로열티 수수료를 지불하는 것 외에는 선택의 여지가 거의 없었다. 그러나 지난 20년 동안 시장은 세 가지 콘솔(닌텐도, 엑스박스, 플레이스테이션)을 동시에 지원할 수 있을 만큼 충분히 커졌다. 따라서 게임개발자는 선택권을 가지게 되었다. 예를 들어 그들은 먼저 마이크로소프트 엑스박스를 이용하다가 1년 후에 소니의 플레이스테이션을 이용하는 것으로 결정할 수 있었다. 둘째, 일부 게임 프랜차이즈는 너무 인기가 많아 소비자가 최신 버전의 게임을 실행하는 플랫폼을 구매하게 된다. 일렉트로닉 아츠(Electronic Arts)가 개발한 매든(Madden) NFL은 약 500만~700만 명의 열성적인 팬을 보유하고 있으며, 이들은 최신 버전을 구매하게 된다. 일렉트로닉 아츠는 최신 버전 게임이 해당 게임 플랫폼 콘솔에서 실행되도록 개발하는 대가로 마이크로소프트와 소니로부터 더 낮은 로열티 수수료를 흥정할 수 있다. 달리 말하자면, 일렉트로닉 아츠는 콘솔 제작자에 대한 협상력을 얻었으며, 이를 사용하여 콘솔 제조업체에 지불하는 로열티 비율을 낮춰 콘솔산업의 이익을 감소시킨다.

콘솔 제조업체는 플랫폼 전용의 강력한 프랜차이즈를 개발하여 제품에 대한 수요를 늘리고 수익성을 높였다. 닌텐도는 장기간에 걸친 슈퍼마리오 시리즈로 성공을 거두었고, 마이크로소프트는 헤일로 시리즈로 프랜차이즈 히트를 쳤다. 소니도 강력한 보완 공급업체에 대한 의존도를 줄이기 위해 자체 게임 개발 스튜디오에 투자했다. 이런 식으로 볼 때 마이크로소프트의 액티비전 블리자드 인수는 전략적으로 의미가 있다. 이를 통해 마이크로소프트는 매우 인기 있는 일부 프랜차이즈를 독점적으로 제어할 수 있으며 온라인 게임 스트리밍 플랫폼인 엑스박스 네트워크를 포함하여 엑스박스 플랫폼에 해당 프랜차이즈를 게시함으로써 엑스박스 플랫폼과 해당 플랫폼을 통해 액세스할 수 있는 게임 판매 모두에서 상당한 수익을 창출할 수 있을 것이다.

도 한다. 이러한 경우의 또 다른 예와 함께 보완자가 전략수립에 어떻게 영향을 주는지 [전략 실행 사례 2.3]을 참조하라.

2.2g 요약: 왜 산업분석을 하는가?

경쟁세력 모형을 사용하여 산업환경의 경쟁분석을 하는 것은 경영자로 하여금 전략적 사고를 하도록 도와주는 강력한 수단이다. 하나의 경쟁세력이 다른 경쟁세력에게 영향을 주기도 한다는 사실을 인식하는 것이 중요하며, 산업분석을 할 때는 모든 세력을 고려할 필요가 있다. 예컨대 진입장벽이 낮아 신규 진입자가 진입하게 되면, 다른 조건이 동일한 상황일 때, 산업 내의 경쟁은 증가하고 가격과 수익률은 낮아지게 된다(이것은 주문형 스트리밍 비디오 산업에서 발생할 수 있다—첫머리 사례 참조). 구매자가 힘이 있으면, 신규 공급자의 진입으로 구매자의 선택권이 생긴 것을 이용하여 가격을 인하하도록 교섭을 촉진한다. 이때 신규 진입자로 인해 공급자 간의 경쟁이 심화되고 산업 내의 적절한 이익을 확보하는 것도 어렵게 된다. 그러므로 하나의 세력이 다른 세력에 어떠한 영향을 주는지 이해하는 것이 중요하다.

산업분석은 전략적 선택에 대해 경영자가 체계적으로 사고할 수 있도록 이끈다. 예컨대 진입장벽이 낮다면 경영자는 스스로에게 다음과 같이 질문해야 한다. "산업 내의 진입장벽을 높여 신규 진입자로 인한 경쟁 위협을 감소시키려면 어떻게 해야 하는가?" 이 질문에 대한 답은 신규 진입자가 불이익을 겪고 산업에서 자리 잡기가 어렵게 만들기 위해 규모의 경제를 이루고, 브랜드 충성도를 구축하고, 교체비용을 높이는 등의 노력을 포함한다. 아니면 "어떻게 하면 산업 내의 경쟁 강도를 조정할 수 있을까?"에 대해 질문해야 할지도 모른다. 이들은 자신의 제품을 차별화하기 위해 브랜드 충성도를 강조하거나 산업 내의 구매자 힘을 감소시키기 위해 교체비용을 높일 수도 있다. 예컨대 무선서비스제공자는 고객이 핸드폰 기기를 최신 모델로 바꾸기 위해 기존 계약을 조기 종료함으로써 물어야 하는 수백 달러의 위약금을 회사가 부담하면서까지 새롭게 2년 계약을 체결하도록 요구한다. 이러한 행동은 다른 무선서비스제공자로 이동하는 교체비용을 효과적으로 증가시키게 되고, 신규 진입자가 산업에 진입하는 것도 어렵게 만든다. 교체비용이 증가하면 서비스 가격을 낮추기 위해 고객이 서비스제공자를 교체하는 것을 어렵게 하므로 산업 내의 경쟁 강도가 약화된다.

코카콜라가 2000년대 초에 산업환경을 검토하면서 고객이 무탄산청량음료로 이동함에 따라 탄산음료의 1인당 소비량이 감소하기 시작하는 불안한 추세를 감지했다. 대체재가 위협요인이 되어 코카콜라는 전략의 변화를 추진했다. 회사는 무탄산청량음료를 개발하여 판매함으로써 위협을 효과적으로 전략적 기회로 반전시켰다. 비슷한 사례로, 2000년대 들어 사람들이 웹에서 새로운 뉴스를 접하는 빈도가 증가했고 이로 인해 전통적인 신문의 수요가 감소했다. 즉, 대체재의 위협이 증가한 것이다. 뉴욕타임스와 월스트리트저널 같은 여러 전통적인 신문사는 자사의 웹 기반 콘텐츠를 신속히 개발함으로써 대응했다.

이러한 모든 예에서 볼 때 산업 내의 기회와 위협을 분석하게 되면 바로 전략의 변화가 수반된다. 바로 이것이 중요한 포인트이다. 즉, 기회와 위협을 파악하기 위해 산업환경을 분석하면 기회를 이용하고 위협에 대응하기 위해 어떤 전략을 채택해야 하는지 논리적인 토론의 장이 마련된다. 이 책의 4장, 5장, 6장, 7장에서 기업이 추구할 수 있는 다양한 전략과 산업환경 여건에 전략을 일치시킬 수 있는 방법에 대해 살펴본다.

2.3 전략군(strategic group)의 개념을 이해하고 산업분석에 있어서 전략군의 함축적 의미를 살펴본다.

2.3 산업 내의 전략군

같은 산업 내의 기업이라도 시장에서 자신들의 제품을 전략적으로 포지셔닝하는 방법에 있어서는 매우 상이하다. 유통망, 세분시장, 제품의 품질, 기술력, 고객서비스, 가격정책, 광고정책, 그리고 홍보활동 등에 따라 제품의 포지션이 영향을 받게 된다. 대다수의 산업에서 이런 요소들의 차이로 인해 서로 다른 기업군이 형성되는 것을 볼 수 있다. 이때 동일한 기업군의 기업들은 유사한 전략을 추구하게 되며, 다른 기업군의 기업들이 추구하는 전략과 다르다. 이와 같이 전략적 성격을 같이하는 기업군을 전략군(strategic groups)이라고 한다.[13)]

예컨대 상업용 항공기 산업은 전통적으로 지역시장을 중심으로 중형 항공기를 생산하는 지역 제트항공기 제조업체 전략군과 대형 상업용 제트항공기 제조업체 전략군으로 양분되어 있었다([그림 2.2] 참조). 봄바디어(Bombardier)와 엠브레어(Embraer)는 지역 제트항공기 산업에서 뛰어난 기업이며, 보잉(Boeing)과 에어버스(Airbus)는 대형 상업용 제트항공기 시장을 지배하고 있었다. 지역 제트항공기는 100석 이내의 좌석수용능력과 제한된 비행거리를 갖고 있는 반면, 대형 제트항공기는 100석에서 550석까지 다양하며 일부 기종은 태평양을 가로질러 비행할 수 있다. 대형 제트항공기는 대형 항공사에 판매되었고 지역 제트항공기는 지역의 소형 항공사에 판매되었다. 역사적으로 지역 제트항공기 전략군에 있는 기업은 전략군 내의 기업 간에 경쟁하고 보잉과 에어버스에 대항하여 경쟁하지 않았다(반대의 경우도 마찬가지).

일반적으로 전략군을 달리하는 기업들이 사용하는 전략 간의 기본적인 차이는 비교적 적은 수의 요인에 의해 파악될 수 있다. 상업용 항공기의 경우에 전략군 간의 차이는 주로 제품 특성(좌석수용능력과 비행거리), 고객층(대형 항공사 대 소규

그림 2.2 상업용 항공기 산업의 전략군

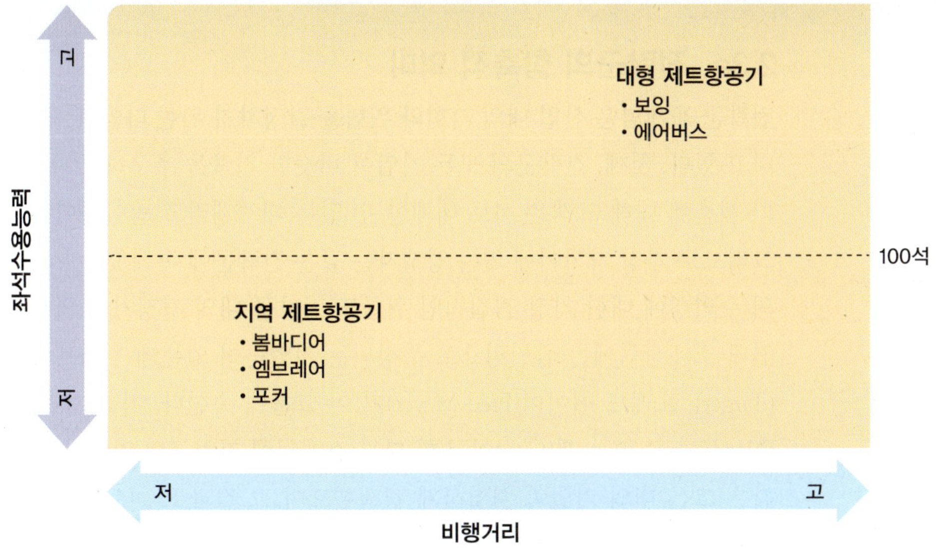

모 지역 항공사)에 따라 나타난다. 또 다른 사례를 제약산업에서 살펴보면, 이 산업에는 두 개의 대표적인 전략군이 있다.[14] 한 전략군에는 머크(Merck), 엘리 릴리(Eli Lilly), 화이자(Pfizer)와 같은 기업이 포함되며, 이 전략군은 높은 연구개발비와 지식특허의 블록버스터 신약을 개발하는 비즈니스모델을 그 특징으로 하고 있다. 기초 약품 개발이 어렵고 많은 비용이 소요되기 때문에 이 전략군의 기업은 고위험, 고수익(high-risk, high-return) 전략을 추구하게 된다. 신약이 개발되어 시장에 출시되기까지 연구개발비로 약 8억 달러가 들며, 연구 및 임상 과정을 거치는 데 10년 정도가 소요된다. 신약개발은 실패율이 매우 높기 때문에 위험도 크다. 임상 단계에 진입한 신약 다섯 개 중에서 한 개만 미국 식약청(FDA)의 승인을 받는다. 그러나 이 전략은 고수익의 잠재력을 가지고 있다. 왜냐하면 성공한 신약을 특허등록하면 등록된 특허는 20년간 유효하며 개발자에게 신약의 생산 및 판매 독점권을 보장해 주기 때문이다. 이들 기업은 신약의 가격을 높이 책정하여 특허기간 동안에 엄청난 수익을 창출할 수 있다.

두 번째 전략군은 복제약품(generic-drug) 전략군으로 특징된다. 이 전략군의 기업들은 테바(Teva Pharmaceutical), 선(Sun Pharmaceutical), 밀란(Mylan)과 같은 회사로 복제약품을 생산하며 지식특허 전략군에서 개발한 약 중에서 현재 특허기간이 소멸한 저가 복제약품을 취급한다. 이 전략군의 비즈니스모델의 특징으로는 낮은 연구개발비, 생산효율성, 저가격을 들 수 있으며, 저위험, 저수익 전략을 추진한다. 이들 기업은 연구개발 활동에 별로 투자하지 않기 때문에 위험이 낮고, 자신들의 제품가격을 높게 책정하지 않기 때문에 수익도 낮다.

2.3a 전략군의 함축적 의미

전략군의 개념은 산업 내의 기회와 위협을 결정하기 위한 다양한 함축적 의미를 지니고 있다. 첫째, 전략군의 모든 기업이 비슷한 전략을 추구하기 때문에 이들 기업의 제품에 대해 고객은 서로 대체할 수 있는 대체재라고 받아들이는 경향이 있다. 그러므로 가장 가까이에 있는 경쟁자는 같은 전략군에 속해 있는 기업들이고, 기업의 수익성에 대한 가장 직접적인 위협도 전략군 내의 경쟁자에 의해 주어진다. 예컨대 소매산업에는 할인점으로 특징되는 기업군이 있는데 월마트(Walmart), 타깃(Target), 프레드 메이어(Fred Meyer)가 이 그룹에 속한다. 이들 기업은 노드스트롬(Nordstrom) 또는 갭(Gap)이 속한 다른 소매업체 기업군의 기업과 경쟁하기보다는 같은 그룹 내의 기업과 치열하게 경쟁했으며 그 결과 K-마트는 2000년대 초반에 파산하였다. 이 기업은 노드스트롬과 갭에게 사업을 넘겨준 것이 아니고 같은 할인점 기업군의 월마트와 타깃이 더 우수한 할인 비즈니스모델 전략을 실행하여 시장 점유율을 확장했기 때문이다.

두 번째 전략적 함축 의미는 전략군이 다르면 경쟁세력 각각에 대한 관계도 달라질 수 있다는 것이다. 그러므로 각 전략군은 서로 다른 사업기회와 위협에 직면하게 된다. 다음과 같은 경쟁세력—잠재적 경쟁자의 신규 진입 위험, 전략군 내에서 기업 간의 경쟁 정도, 구매자의 교섭력, 공급자의 교섭력, 대체재와 보완재의 경쟁세력—은 산업 내에서 전략군이 채택하는 경쟁 포지셔닝에 따라서 상대적으로 강한 경쟁세력이 될 수도 있고 약한 경쟁세력이 될 수도 있다. 예컨대 제약산업에 있어서 지식특허 전략군의 기업은 역사적으로 볼 때 특허등록된 제품을 가지고 있고 대체재가 없기 때문에 구매자와의 관계에서 매우 강한 입지를 구축해 왔다. 또한 전략군 안에서 가격경쟁을 하는 경쟁자도 별로 없었다. 왜냐하면 산업 내의 경쟁은 누가 먼저 신약을 특허등록하는가 하는 특허경쟁이었지 약품의 가격경쟁이 아니었기 때문이다. 따라서 전략군 내의 기업은 높은 가격을 설정하여 높은 수익을 얻을 수 있었다. 이와는 대조적으로 복제약품 전략군의 기업은 특허 효력이 상실된 후 동일한 복제약품의 다양한 형태를 생산했기 때문에 훨씬 취약한 포지션에 놓여 있었다. 전략군 내의 제품은 거의 대체관계에 있고, 경쟁은 치열했다. 그리고 가격경쟁으로 인해 지식특허 전략군의 기업에 비해 수익이 더 낮아졌다.

2.3b 이동장벽의 역할

어떤 전략군은 경쟁세력과의 관계에서 다른 전략군보다 더 많은 기회를 제공받고 더 적은 위협에 직면하기도 한다. 경영자는 자신의 산업을 분석한 후 경쟁세력이 더 약하고 더 높은 수익을 얻을 수 있는 전략군을 설정하려고 노력한다. 사업기회를 감지하게 되면 경영자는 전략 변화를 눈여겨보다가 그 전략군에서 경쟁하기 위해 움직이게 된다. 그러나 이러한 기회를 이용하는 것이 전략군 간의 이동장벽으로 인해 어렵게 될 수도 있다.

이동장벽(mobility barrier)이란 산업 내에서 전략군 간의 기업 이동을 방해하는 요인이다. 이동장벽은 전략군에 진입하려는 것을 막는 진입장벽과 기존 전략군에서 기업이 퇴출하는 것을 못하게 하는 퇴출장벽을 포함한다. 예컨대 높은 소득에 대한 기대에 매료되어 포레스트 랩(Forest Labs)은 제약산업의 지식특허 전략군에 진입하고 싶어 했다. 그러나 요구되는 연구개발 역량이 부족했고 기술력을 갖추기에도 너무나 많은 비용이 소요되기 때문에 진입하는 것이 매우 어렵다는 것을 알게 되었다. 시간이 경과하면서 다른 전략군에 속한 기업은 다른 원가구조, 기술, 역량을 개발하게 되고 이로 인해 결국 다른 가격정책을 선택하게 된다. 다른 전략군에 진입하려고 준비하는 기업은 해당 전략군에 있는 잠재 경쟁자를 모방하거나 넘어설 수 있는 능력을 가지고 있는지 평가해야 한다. 경영자는 전략군을 바꾸는 것이 가치 있는 것인지 결정하기 전에 이동장벽을 극복할 만큼 원가가 효과적인지 결정해야 한다.

동시에 산업 내의 다른 전략군에 있는 기업이 이동장벽을 극복하게 된다면 바로 직접적인 경쟁자가 될 수도 있다는 것을 경영자는 알고 있어야 한다. 이러한 상황이 지금 상업용 항공기 산업에서 일어나고 있다. 지역 제트항공기 제조업체인 봄바디어와 엠브레어는 100석에서 150석의 범위에 해당하는 본체가 좁은 항공기를 개발함으로써 대형 상업용 제트항공기 사업으로 이동하기 시작했다. 이것이 의미하는 것은 보잉과 에어버스가 조만간 더욱 치열한 경쟁에 직면하게 될 것이라는 사실과 이들 기업의 경영자들은 이러한 상황에 대비하여 준비해야 한다는 것이다. 실제로 2017년 에어버스는 봄바디어와 파트너십을 체결해 이들을 끌어안았고, 2018년 보잉은 엠브레어 인수를 고려했지만 COVID-19 팬데믹이 상업용 제트기 수요에 미치는 영향으로 2020년 거래를 철회했다.

2.4 산업수명주기 분석

2.4 시간이 흐름에 따라 산업이 어떻게 진화하는지 산업수명주기 모형을 기초로 토론한다.

시간이 경과함에 따라 산업에서 일어나는 변화는 산업 내 경쟁세력의 강점을 결정하고 기회 및 위협의 성격을 결정짓는 중요한 요인이다. 같은 산업 내 기업 간의 유사성과 차별성은 시간이 흐름에 따라 더욱 확연해지기도 하고, 전략군의 구조도 자주 바뀐다. 그리고 각 경쟁세력의 강도와 성격은 산업이 발전함에 따라 변화하며, 특

그림 2.3 산업수명주기의 단계

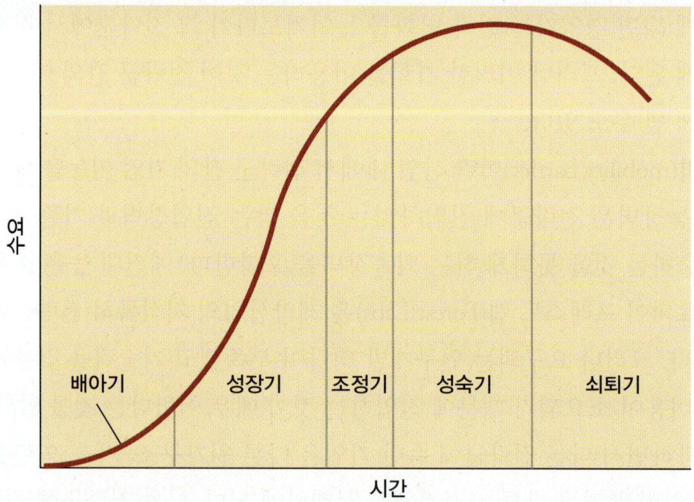

히 잠재적 경쟁자의 진입 위험과 기존 기업 간의 경쟁이라는 두 가지 힘도 변한다.[15)]

산업의 진화가 경쟁세력에 미치는 영향을 분석하는 유용한 수단은 산업수명주기 모형(industry life-cycle model)이다. 이 모형은 산업의 진화 단계를 산업환경 특성을 달리하는 다섯 단계로 나누었다(배아기, 성장기, 조정기, 성숙기, 쇠퇴기)([그림 2.3] 참조). 산업환경이 진화함에 따라 경쟁세력의 강점이 어떻게 변하는지 예측하고 새롭게 형성되는 기회를 이용하고 가시화되는 위협에 대응하기 위해 전략을 수립하는 것은 경영자의 몫이다.

2.4a 배아기 산업

배아기 산업(embryonic industry)이란 새롭게 개발되기 시작하는 산업을 말한다. 예를 들면, 1970년대의 PC와 생명공학기술, 1980년대의 무선통신, 1990년대 중반에는 인터넷 거래, 2000년대 클라우드 컴퓨팅, 그리고 오늘날의 나노기술을 예로 들 수 있다. 이 단계는 산업의 제품에 대해 구매자들이 잘 모르고, 아직 규모의 경제가 구현될 수 없어서 제품가격이 높고, 유통망도 제대로 형성되어 있지 않기 때문에 성장이 느리다. 이 단계의 진입장벽은 원가 및 브랜드 충성도보다는 핵심기술의 노하우에 접근하기 어렵다는 데 있다. 만약 산업 내에서 경쟁하는 데 필요한 핵심 노하우가 복잡하고 파악하기 어려우면 진입장벽이 상당히 높아서 기존 기업은 잠재 경쟁자로부터 보호받을 수 있게 된다. 배아기 산업에서 경쟁은 가격에 의한 경쟁이 아니라 고객을 교육시키고, 유통망을 구축하고, 제품설계의 완성도를 높이는 경쟁이다. 디자인 문제를 먼저 해결한 기업이 중요한 시장 위상을 구축하게 되는 기회를 잡기도 한다. 개별 기업의 혁신적 노력으로 만들어진 결과물이 배아기 산업을 형성하기도 한다. 마이크로프로세서(인텔), 진공청소기(후버), 사진복사기(제록스), 소형소포배달(페덱스), 그리고 인터넷 검색엔진(구글)이 대표적인 예이다. 이러한 환경하에서 발전하는 기업은 경쟁이 없고 시장에서 강력한 입지를 구축하여 돈을 벌 수 있는 중요한 기회를 가지게 된다.

2.4b 성장기 산업

산업의 제품에 대한 수요가 증가하기 시작하면 산업은 성장기로 진입하게 된다. 성장기 산업(growth industry)에서는 수많은 신규 고객이 시장에 진입함에 따라 수요가 급속히 늘어나게 된다. 일반적으로 산업은 고객이 제품에 대해 잘 알게 되고 규모의 경제로 인해 가격이 하락하고 유통망이 구축될 때 성장한다. 미국의 무선전화 산업은 1985~2012년 기간에 성장기 단계에 있었다. 1990년에 5백만 명이던 고객이 1997년에 5천만 명으로 늘었다. 그리고 2014년에는 3억 6천만 명으로 증가하여 국민 한 명당 1.08대꼴로 보유하게 되어 시장은 포화상태가 되었고 산업은 성숙기에 놓이게 되었다. 2022년 현재 미국에는 4억 6,890만 건의 무선전화 가입이 되어 있는데 이는 많은 사람들이 개인 전화 및 직장 전화 등에 중복 가입되어 있음을 의미한다.

산업이 성장 단계로 진입하게 되면 그간 진입장벽으로 중요하게 생각하고 통제해 왔던 기술지식의 중요성이 줄어들게 된다. 그리고 성장기 초기에 규모의 경제를 달성하거나 혹은 브랜드 충성도를 구축한 기업이 많지 않기 때문에 다른 진입장벽은 상대적으로 낮아진다. 바로 이 시점에서 잠재 경쟁자의 위협이 가장 높다. 역설적으로 표현하면 성장이 높다는 것은 신규 진입자가 경쟁 강도를 현저하게 증가시키지 않고도 산업에 진입할 수 있다는 것을 의미한다. 결국 경쟁은 상대적으로 낮아지게 된다. 수요의 급속한 성장으로 인해 경쟁사의 시장점유율을 빼앗지 않고도 기업의 수입과 이익을 확대할 수 있게 된다. 전략적인 기업은 상대적으로 유리한 성장기의 환경을 이용하여 다가올 산업 조정기의 치열한 경쟁에 대비한다.

2.4c 산업 조정기

급속한 성장이 무한히 지속되지는 않는다. 얼마 가지 않아 성장률은 둔화되고 산업은 조정기(shakeout stage)에 진입하게 된다. 조정기가 되면 수요는 포화 수준이 되고 잠재적인 신규 고객이 감소하기 때문에 대부분의 수요는 대체수요에 한정된다.

산업이 조정기에 진입하면 기업 간의 경쟁은 치열해진다. 고속 성장에 익숙해져 있는 기업들은 급속한 성장 속도에 맞춰 생산능력을 늘리게 된다. 그러나 수요는

그림 2.4 수요와 생산능력의 성장

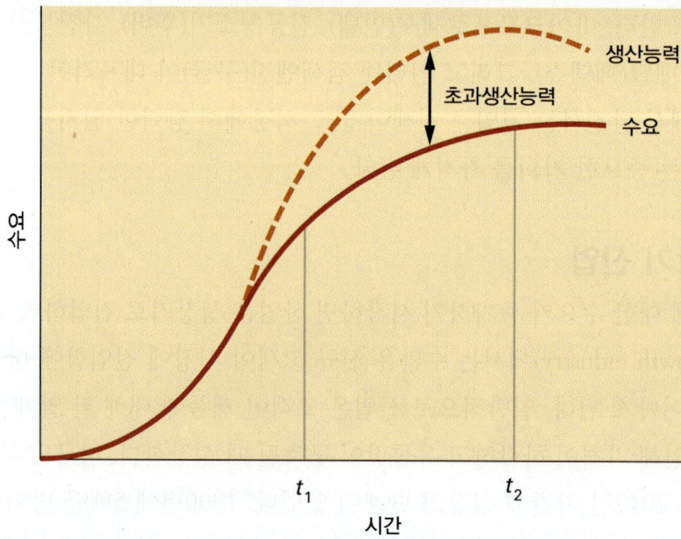

더 이상 과거와 같이 빠르게 증가하지 않게 되며, 그 결과 초과공급의 위험 상황에 직면하게 된다. [그림 2.4]는 이러한 상황을 설명하고 있다. 그림에서 굵은 실선은 수요의 성장을 나타내고, 점선은 생산능력의 성장을 나타낸다. 그림에서 보는 바와 같이 과거 t_1 시점에서 산업이 성숙 단계에 진입함에 따라서 수요의 성장은 둔화되나, 생산능력은 t_2 시점까지 지속적으로 증가한다. 이때 실선과 점선의 간격은 초과생산능력을 의미한다. 이와 같은 생산능력을 활용하려고 기업들은 가격을 인하한다. 그 결과 가격 전쟁이 발생하게 되고 이때 효율성이 낮은 기업은 파산하며 신규 진입이 멈추게 된다.

2.4d 성숙기 산업

산업이 성숙기에 들어가게 되면 조정기는 끝이 난다. 시장은 완전히 포화상태가 되고, 수요는 대체수요만이 존재하고, 성장률은 낮거나 제로가 된다. 이 경우 성장의 여지는 인구가 증가될 경우에만 가능하며, 이때 신규 고객이 시장에 진입하거나 대체수요가 증가하게 된다.

산업이 성숙기에 진입하면 진입장벽이 증가하고 잠재 경쟁자가 진입하게 될 진입 위험은 감소한다. 산업 조정기에 성장이 둔화되기 때문에 시장점유율을 유지한다고 해서 과거와 같은 성장률을 기대하기 힘들다. 시장점유율 경쟁이 진행되면 가격이 인하되며, 가끔 항공산업과 PC산업과 같은 가격 전쟁도 발생한다. 산업 조정기에 기업이 살아남으려면 원가를 최소화하고 브랜드 충성도를 구축해야 한다. 예컨대 항공사는 비노조원을 고용하여 운영비를 줄이고 운항 횟수를 늘려 브랜드 충성도를 구축했다. PC기업은 브랜드 충성도를 구축하기 위해 우수한 애프터서비스를 제공하고 원가구조를 낮추기 위해 노력했다. 산업이 성숙기에 진입할 때까지 생존하는 기업은 브랜드 충성도를 가진 기업과 저가에 효율적으로 운영하는 기업이다. 이러한 요소들이 진입장벽을 구성하기 때문에 잠재 경쟁자의 진입 위협은 급격히 감소한다. 성숙기 산업에서 항상 일어나는 일은 아니지만 높은 진입장벽은 가격을 인상하고 수익을 증가시키는 기회를 제공한다.

산업 조정기를 거치면서 대다수의 산업은 통합되거나 소수 과점 상태로 성숙기에 진입한다. 맥주 산업, 아침식사 시리얼 산업, 무선 서비스 산업을 예로 들 수 있다. 성숙기 산업에서 기업들은 서로가 의지해야 한다는 것을 알게 되고 가격 전쟁을 피하려고 노력한다. 수요가 안정되면 기업들은 암묵적으로 몇몇 기업이 가격을 결정하는 가격선도협약(price-leadership agreement)의 기회를 가지게 된다. 이러한 협약은 기존 기업들 간에 치열한 경쟁의 위협을 줄여 수익성을 높이려는 순 효과가 있다. 그럼에도 불구하고 가격 전쟁의 가능성은 성숙기 산업의 안정성을 항상 위협한다. 경제불황이 지속되면 수요는 감소하고 이런 상황에서 기업은 수익을 유지하기 위해 가격선도협약을 파기하게 되고 결국 경쟁이 심화되면서 가격과 수익이 감소하게 된다. 항공산업에서 주기적으로 발생하는 가격 전쟁은 이러한 형태로 진행된다.

2.4e 쇠퇴기 산업

성장은 여러 가지 이유로 인해 한계에 도달하고, 대부분의 산업은 궁극적으로 쇠퇴기로 접어들게 된다. 그 이유로는 기술적인 내체(철노여행 대신 항공여행), 사회적 변화(담배 매출에 영향을 주는 건강에 대한 관심 증가), 인구통계적 특성(출생률 감소로 인한 신생아 및 유아 제품 시장 손실), 그리고 국제 경쟁(저가 외국 제품과의 경쟁으로 미국 철강산업의 쇠퇴)을 들 수 있다. 쇠퇴기 산업(declining industry) 내에서 기존 기업 간의 경쟁 정도는 보통 증가한다. 쇠퇴 속도와 퇴출장벽의 높이에 따라서 경쟁 압력은 조정기 단계만큼 치열하게 될 수 있다.[16] 쇠퇴기 산업의 가장 큰 문제는 수요 감소로 인해 초과생산능력이 초래되는 것이다. 초과생산능력을 활용하기 위해 기업은 가격인하를 시행하게 되고 가격 전쟁을 야기한다. 미국 철강산업은 1980년대와 1990년대에 철강 수요의 감소에도 불구하고 자신들의 초과생산능력을 활용하려고 노력했기 때문에 이러한 문제를 경험했다. 1990~1992년, 2001~2005년, 2008~2009년 기간 동안 항공산업에서도 동일한 문제가 발생했고, 항공사들은 승객을 반만 태운 항공기를 운항하지 않으려고 가격인하를 단행했다(즉, 초과생산능력으로 운영되지 않았다). 퇴출장벽은 초과공급능력을 조정하는 데 일익을 담당했다. 퇴출장벽이 높을수록 기업은 공급능력을 줄이기 어려웠고, 가격경쟁의 위협은 더욱 커졌다.

2.4f 요약

산업분석의 세 번째 과제는 효과적인 전략을 개발하기 위해 다양한 유형의 산업환경을 특징짓는 기회와 위협을 파악하는 것이다. 경영자는 변화하는 산업 여건에 전략을 맞추어야 한다. 또한 경영자는 산업 발전의 중요한 포인트를 인식할 수 있도록 역량을 키워 산업의 조정기가 시작되는 시점 혹은 산업이 쇠퇴기로 진입하는 시점을 예측할 수 있어야 한다. 이것은 전략군의 수준에서도 마찬가지이다. 새로운 배아기 동안에 고객 니즈와 취향이 변하기 때문에 전략군이 생기고, 기술변화로 인해 일부 전략군은 급속히 성장할 수 있으며, 나머지 전략군은 자신들의 고객이 소멸되기 때문에 쇠퇴하게 될 것이다.

2.5 산업분석에 사용되는 모형들의 한계에 대해 논의한다.

2.5 산업분석을 위한 모형의 한계

경쟁세력 모형, 전략군 모형, 수명주기 모형은 산업 내에서 새로운 기회와 위협 요인을 파악하기 위해 경쟁의 성격을 살펴보고 분석하는 데 유용한 방법을 제공한다. 그러나 이들 각 모형은 그 나름의 한계를 가지고 있어 경영자는 각 모형이 갖고 있는 단점에 대해 알고 있어야 한다.

2.5a 수명주기 이슈

수명주기 모형은 일반화된 모형이라는 사실을 명심해야 한다. 실제로 산업수명주기는 항상 [그림 2.3]에 설명된 패턴과 같이 진행되지는 않는다. 어떤 경우는 산업의 성장이 너무 빨라서 배아기 없이 바로 성장기로 진행되기도 하고, 또 어떤 경우는 배아기를 통과하지 못하고 산업이 실패하기도 한다. 혁신과 사회변화를 통해 장기간의 쇠퇴기 이후에 다시 산업 성장기가 활성화될 수도 있다. 예컨대 건강 붐으로 인해 자전거산업이 장기간의 쇠퇴기 이후 다시 활성화되었다.

수명주기 모형의 각 단계별 간격도 산업에 따라서 매우 다를 수 있다. 자동차 산업과 같이 기본 필수품적인 성격을 가진 산업에서는 성숙기에 상당 기간 머물게 되는 반면, 진공관 산업의 경우처럼 성숙기를 건너뛰고 바로 쇠퇴기로 진입하기도 한다. 진공관 산업이 아직 성장 단계에 있음에도 불구하고 전자제품의 핵심부품이 진공관에서 트랜지스터로 대체되었기 때문이다. 정보통신 산업에서 현재 일어나고 있듯이 어떤 산업은 완전히 성숙기로 진입하기도 전에 여러 번의 조정기를 경험하게 될 수도 있다.

2.5b 혁신과 변화

많은 산업에서 경쟁은 혁신에 의해 야기되는, 어느 일정 기간에 걸친 프로세스로 인식된다.[17] 혁신은 자주 산업 진화의 주요한 요인이 되며, 또한 산업에 속한 기업이 산업수명주기를 따라 이동하는 것을 촉진하기도 한다. 혁신을 통해 신제품, 새로운 공정 혹은 전략을 선도하는 기업이 많은 수익을 얻을 수 있기 때문에 혁신은 관심의 대상이 된다. 넷플릭스, 델, 월마트의 폭발적인 성장을 생각해 보자. 이들 기업은 각자 방법은 다르지만 혁신기업이다. 넷플릭스는 고객에게 비디오를 제공하는 새로운 방법을 개척했고(주문형 비디오 스트리밍), 델은 개인용 컴퓨터를 판매하는 완전히 새로운 방법을 개척했으며(전화주문, 그다음에는 온라인주문), 월마트는 저가의 대형할인점 개념을 개척한 선구자이다.

성공적인 혁신은 산업 경쟁의 성격을 바꿔 놓는다. 최근 수십 년간 혁신의 결과 중 하나로 인해 생산의 고정비가 절감되어 진입장벽이 낮아졌고, 이로 인해 신규 중소기업이 기존의 대기업과 경쟁할 수 있게 되었다. 50년 전, 유에스스틸(U.S. Steel), 엘티브이(LTV), 베들레헴스틸(Bethlehem Steel)과 같은 대형 일관제철소가 철강산업을 지배하고 있었다. 철강산업은 전형적인 과점 상태였고, 몇몇 대형 제조업체는 암묵적으로 가격을 담합하며 시장을 지배했다. 이 당시 새로운 기술인 전기로를 사용하여 효율적으로 생산하는 뉴코스틸(Nucor Steel)과 채퍼럴스틸(Chaparral Steel) 같은 소형 철강업체가 등장했다. 지난 50년 동안 이들 업체가 산업의 구조를 바꿔 놓았다. 한때는 하나로 통합된 과점산업이었으나 이제는 훨씬 분화되었고 가격경쟁도 심해졌다. 1960년대 중반에 55%의 시장을 가지고 있던 유에스스틸은 이제 시장점유율이 12%에 지나지 않는다. 반대로 소형 철강업체는 40년 전 5%에서 현재 60%의 시장을 점유하고 있다.[18] 이와 같이 소형 철강업체의 혁신이 철강산업의 경쟁 성격을 바꿔 놓았다.[19] 1970년에 산업에 적용된 경쟁세력 모형과 2022년에 적용되는 경쟁세력 모형은 매우 다를 것이다.

마이클 포터 교수는 혁신이란 산업구조를 '녹이는 것' 그리고 '다시 만드는 것'이라고 설명하고 있다. 혁신에 의해 야기된 소용돌이 기간 이후, 산업구조는 일단 상당히 안정된 형태로 자리 잡으며, 이러한 상태에서 경쟁세력 개념과 전략군 개념이 더욱 잘 적용될 수 있다고 그는 말한다.[20] 산업구조의 진화에 대한 이러한 견해를 종종 '단속균형(punctuated equilibrium)'이라고 한다.[21] 단속균형 견해는 산업구조가 안정되어 있을 때 유지되던 장기적 균형 상태가 혁신에 의해 산업구조가 진화할 때 급속한 변화가 생겨 균형이 깨진다(단속)는 것을 말한다.

[그림 2.5]는 산업구조의 중요한 한 차원인 경쟁구조에서 단속균형이 어떤 모습

그림 2.5 단속균형과 경쟁구조

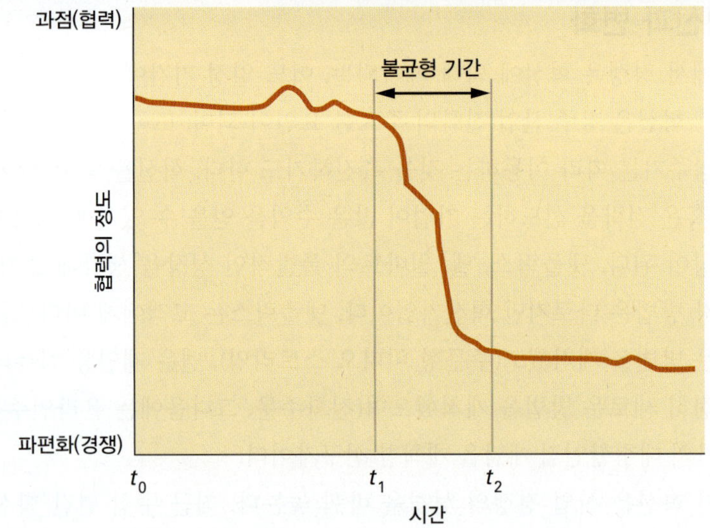

으로 진행되는지 보여 주고 있다. t_0 시점에서 t_1 시점까지 산업의 경쟁구조는 안정적인 과점상태를 유지하고 있으며 몇몇 기업이 시장을 점유하고 있다. t_1 시점에서 기존 기업이나 신규 진입자에 의해 주요한 혁신이 일어나면, t_1과 t_2 기간 사이에서 경쟁구조의 소용돌이가 발생한다. 그 이후에 산업이 다시 새로운 균형상태에 이르게 되나 경쟁구조는 훨씬 더 분화된다. 반대의 상황이 발생하게 되면 산업은 몇몇 기업의 협력적인 관계로 경쟁구조가 진행되지만 이러한 경우는 매우 드물다. 일반적으로 혁신은 진입장벽을 낮추어 더 많은 기업이 산업에 진입할 수 있게 허용하며, 그 결과 경쟁구조는 통합(consolidation)보다는 파편화(fragmentation)된다.

혁신이 일어나 산업이 진화하고 경쟁구조가 급속히 변화하는 동안 새로운 포지셔닝 전략에 기반한 비즈니스모델로 가치가 이동하게 된다.[22] 증권중개산업의 경우는 풀서비스 중개 모형에서 온라인 거래 모형으로 가치가 이동했고, 철강산업에서는 전기로 기술의 도입으로 인해 가치가 대형 일관제철소에서 소형 제철소로 이동했다. 도서판매산업에서는 가치가 재래식 소형 서점에서 반스앤노블(Barnes & Noble) 같은 대형 서점 체인으로 이동했고, 최근에는 아마존닷컴(Amazon.com)과 같은 온라인 서점으로 이동했다. 경쟁세력 모형과 전략군 모형은 정적인 성격이 강해서 가치가 이동할 때 산업환경에서 일어나는 변화의 속도를 따라잡기 어렵다.

2.5c 기업 차이

산업 모형의 또 다른 비판은 이 모형들이 기업성과의 결정요소로 산업구조의 중요성을 과장하고, 산업 내의 기업 간, 혹은 전략군 내의 기업 간의 차이가 얼마나 중요한가에 대해서는 과소평가한다는 것이다.[23] 다음 장에서 설명하겠지만 산업 내에 있는 각 개별 기업들의 수익률은 기업에 따라 상당히 차이가 난다. 리처드 루멜트(Richard Rumelt) 연구팀의 연구에 따르면 기업 간에 발생하는 수익률의 차이 중 산업구조로 설명할 수 있는 부분은 약 10% 정도이다.[24] 이것은 개별 기업 간의 차이가 다른 여러 요인에 기인한다는 것을 의미한다. 또 다른 연구에서는 20% 정도 설명하는 것으로 추정했지만 그렇게 비중이 크지는 않다.[25] 마찬가지로 전략군 모형이 전략군 내 기업 간의 강한 연계성을 강조하고 있지만, 다른 많은 연구에서 전략군과 기업 수익률을 연결하기에 근거가 빈약한 것으로 파악되었다.[26] 종합해 보면, 각 기업이 속해 있는 산업이나 전략군보다 각 개별 기업이 가진 개별 자원과 역량이 수익성을 결정하는 데 더 중요한 결정요인이라는 것을 알 수 있다. 달리 말하면, 산업 평균 수익성이 낮은(예: 철강산업의 뉴코) 어려운 산업에는 강한 기업이 있고, 산업 평균 수익성이 높은 산업에는 약한 기업이 있다.

이러한 연구결과가 경쟁세력 모형과 전략군 모형을 무의미하게 만들지는 못하지만, 이들 모형이 기업의 수익성을 설명하기에는 부족하다는 것을 의미한다. 기업이 매력적인 산업이나 전략군에 속해 있기 때문에 수익성이 있는 것은 아니다. 이후의 장들에서 다루겠지만 수익성을 설명하기 위해서는 훨씬 많은 요인들이 필요하다.

2.6 거시환경

2.6 거시환경이 산업 내 경쟁의 성격 형성에 어떻게 영향을 주는지 요약 설명한다.

전략적 경영자의 의사결정과 행동이 종종 산업의 경쟁구조를 변화시킬 수 있듯이, 기업과 산업이 속해 있는 거시환경 내에서도 역시 산업의 여건이나 세력을 변화시킬 수 있다. 여기서 거시환경(macroenvironment)이란 기업과 산업이 속해 있는 폭넓은 거시경제적, 글로벌, 기술적, 인구통계적, 사회적, 정치적 구도를 말한다([그림 2.6] 참조). 거시환경을 구성하는 세력이 변하면 이러한 변화는 포터 모형을 구성하는 경쟁세력의 일부 혹은 전부에 직접적으로 영향을 주며, 이로 인해 산업의 매력뿐 아니라 이들 세력의 상대적인 강점이 바뀌게 된다.

2.6a 거시경제적 세력

거시경제적 세력(macroeconomic forces)은 한 나라의 건강과 복지에 영향을 주거나 지역 경제에 영향을 주며, 이러한 영향은 다시 기업과 산업이 적절한 수익률을 창출하도록 하는 능력에 영향을 준다. 가장 중요한 네 가지 거시경제적 세력은 경제

그림 2.6 거시환경의 역할

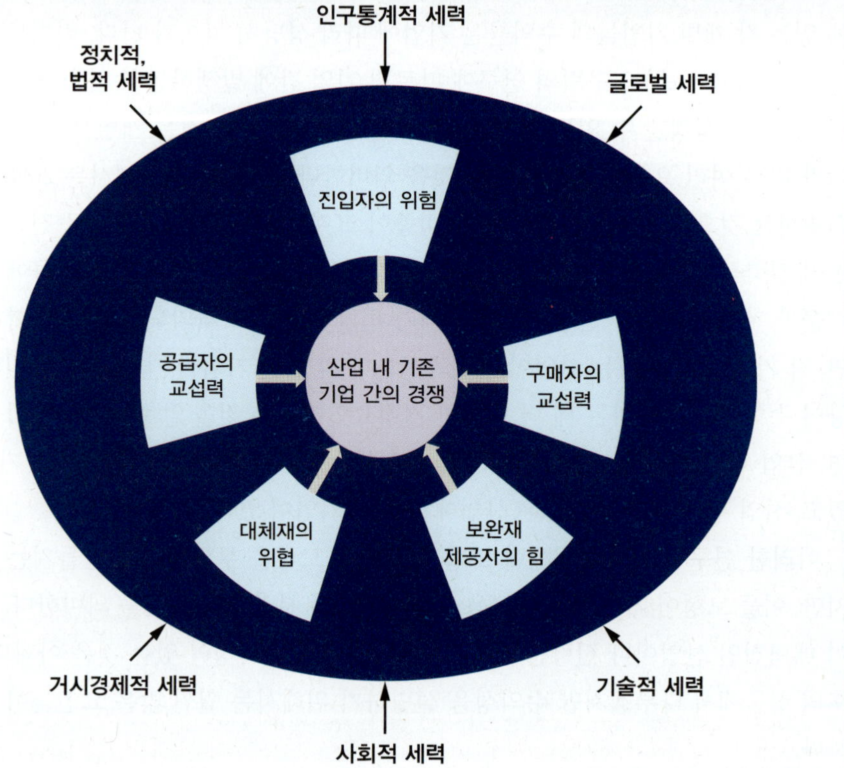

성장률, 이자율, 환율, 인플레이션율(혹은 디플레이션율)이다. 경제성장(economic growth)은 고객 소비를 늘리기 때문에 산업 내에서 경쟁 압력이 되기 쉬우며, 또한 소비 증가로 기업의 매출이 증가하여 높은 수익을 얻을 수 있어 기업에게 기회를 제공해 준다. 경제적 침체(불경기)는 고객 소비를 감소시키기 때문에 경쟁 압력을 증가시키며, 종종 성숙기 산업에서 가격 전쟁을 야기하기도 한다.

이자율(interest rates)은 제품의 수요를 결정한다. 제품을 구매하기 위해 고객이 돈을 빌리게 될 경우 이자율은 중요하다. 가장 명확한 예로 주택시장을 들 수 있다. 주택시장에서 주택담보대출금리는 바로 주택 수요에 영향을 준다. 이자율은 또한 자동차, 가전제품, 자본재 설비와 같은 제품의 판매에도 영향을 준다. 이러한 산업에서 이자율 상승은 기업에게 위협이 되며, 이자율 하락은 기회가 된다. 이자율은 또한 기업의 자본비용에 영향을 주고, 기업이 자금을 조달하고 신규 자산에 투자하는 능력에도 영향을 주기 때문에 중요하다. 이자율이 낮을수록 기업의 자본비용은 낮아지고 투자는 증가한다.

환율(currency exchange rates)은 다른 나라 통화와 비교한 비교가치로 정의된다.

환율의 움직임은 글로벌시장에서 기업 제품의 경쟁력에 직접적인 영향을 준다. 예컨대 달러의 가치가 다른 통화에 비해 상대적으로 낮을 때 미국에서 생산된 제품은 비교적 싸고 해외에서 생산된 제품은 상대적으로 비싸다. 달러가치가 하락하면 미국의 입장에서는 해외수출의 기회가 증가하고 외국 경쟁자의 위협이 줄어든다. 2004~2008년 기간 동안에 다른 주요 통화에 대한 달러의 가치가 하락하여 미국 철강기업의 경쟁력이 증가한 반면, 2012~2014년 기간 동안에는 달러가치가 상승하여 산업 경쟁력이 하락했다.

가격인플레이션(price inflation)이 발생하면 경제성장은 둔화되고, 이자율이 상승하고, 통화 움직임이 불안하여 경제를 불안정하게 만든다. 인플레이션이 지속되면 투자계획이 위험하게 될 것이다. 인플레이션의 핵심적 특징은 미래를 예측할 수 없게 만든다는 것이다. 인플레이션 환경에서는 특정 프로젝트의 5년 후 예상 수익에 대한 실질 가치를 정확하게 예측하는 것이 불가능하기 때문에 기업은 이러한 불확실성으로 인해 투자를 꺼리게 되고 그 결과 경제활동이 위축되어 결국 경제는 불황의 늪으로 빠지게 된다. 따라서 높은 인플레이션은 기업에게 위협요인이다.

가격디플레이션(price deflation) 또한 경제활동을 불안정하게 만든다. 물가가 하락하면 고정지불금의 실질가격이 상승해서 많은 부채가 있고 매달 고정지불금을 지출하는 기업과 개인에게 상당한 부담을 주게 된다. 디플레이션 환경에서는 부채의 실제 가치가 증가하여 가계 및 기업은 더 많은 현금을 지출해야 하고, 이로 인해 다른 구매활동이 줄어들어 결국 전반적인 경제활동이 위축된다. 1930년대 이래로 심각한 디플레이션이 관찰되지는 않았지만, 1990년대에는 일본에서 디플레이션이 발생했고, 2008~2009년에는 미국이 깊은 경기침체에 빠질 우려가 커져서 디플레이션에 대한 관심이 대두되었다(그러나 그런 일은 일어나지 않았고, 인플레이션은 2021년부터 2022년까지 잠잠한 상태로 유지되었다).

2.6b 글로벌 세력

지난 반세기에 걸쳐 세계의 경제시스템에는 엄청난 변화가 있었다. 이 변화에 대해서는 글로벌 전략을 논의하는 8장에서 좀 더 깊이 있게 다루게 될 것이다. 여기서 관심을 가져야 하는 중요한 점은 국제 교역 및 투자에 대한 장벽이 무너졌고 훨씬 많은 국가가 경제성장을 유지하고 있다는 사실이다. 브라질, 중국, 인도와 같은 국가의 경제성장으로 제품과 서비스의 대규모 신규 시장이 열려 이들 시장에 진입하는 기업에게 높은 수익 창출의 기회를 제공하고 있다. 국제 교역 및 투자에 대한 장벽이 낮아져서 다른 국가의 시장에 진입하는 것이 훨씬 용이해졌다. 예컨대 30년 전에는 서구 국가가 중국에서 기업활동을 하는 것이 거의 불가능했다. 그러나 COVID-19 팬데믹으로 중국에 대한 많은 해외투자가 무산되기 전까지 서구와 일본 기업들은 중국에 연간 1,000억 달러 이상을 투자하고 있었다. 같은 맥락에서, 국제 교역과 투자에 대한 장벽이 낮아져서 외국 기업들은 많은 국가의 국내시장에 진입하는 것이 더 쉬워졌으며(진입장벽을 낮춤으로써), 그 결과 경쟁 강도가 높아지고 수익성이 낮아지게 되었다. 이러한 변화로 인해 과거에는 고립되었던 많은 국가의 국내시장이 이제는 훨씬 규모가 크고 더욱 경쟁적인 글로벌시장으로 편입되어 일부가 되었으며, 이로 인해 기업에게 새로운 기회와 위협이 생겨나게 되었다. 흥미롭게도 국경 간 무역 및 투자에 대한 장벽이 60년 동안 낮아지고 있었지만, 영국의 유럽연합 탈퇴 결정(브렉시트)과 미국 트럼프 행정부의 보호무역주의 경향, 그리고 바이든 행정부가 트럼프의 무역장벽 중 많은 부분, 특히 중국에 대한 무역장벽을 지속적으로 유지하겠다는 주장은 적어도 현재로서는 기존 글로벌 세력의 조류에 변화가 감지되고 있음을 나타내는 신호일 수 있다.

2.6c 기술적 세력

지난 몇십 년간 기술변화의 속도는 엄청나게 빨랐다.[27] 이러한 기술변화는 '창조적 파괴의 끊임없는 광풍(perennial gale of creative destruction)'이라고 불리는 과정을 촉발시켰다.[28] 기술변화는 기존 제품을 하룻밤 사이에 진부하게 만들고, 동시에 일련의 신제품의 가능성을 열기도 한다. 그러므로 기술변화는 창조적이며 또한 파괴적이기 때문에 기업에게는 기회가 되기도 하고 위협이 되기도 한다.

기술변화의 가장 중요한 영향은 진입장벽의 높이에 영향을 주어 산업구조를 급진적으로 바꿔 놓는 것이다. 예컨대 인터넷은 뉴스산업의 진입장벽을 낮추었다. 금융 뉴스 제공 기업은 이제 광고 수입 및 고객 유치를 위해 신생 인터넷기반 미디어 조직과 경쟁해야 한다. 이들은 1990년대와 2000년대에 설립되었으며 더스트리트닷컴(TheStreet.com), 더 모틀리 풀(The Motley Fool), 야후 파이낸스(Yahoo Finance), 비즈니스 인사이더(Business Insider), 그리고 구글 뉴스(Google news)가 대표적이다. 광고주는 이제 더 많은 선택 대안을 가지게 되었다. 광고시장의 경쟁이 치열해져서 광고주가 미디어 기업에게 지불해야 할 광고 가격을 인하하기 위한 교섭이 가능해졌기 때문이다.

2.6d 인구통계적 세력

인구통계적 세력(demographic forces)은 나이, 성별, 민족, 인종, 성적 취향, 그리고 사회계층과 같은 인구특성이 변하기 때문에 생기는 결과이다. 환경의 다른 세력과 마찬가지로 인구통계적 세력도 경영자에게 기회와 위협을 제시하며 조직에 대해 주요한 함축적 의미를 제공한다. 인구의 연령분포의 변화는 인구통계적 세력의 한 예로서 경영자와 조직에 영향을 준다. 선진국 대부분은 현재 출생률과 사망률이 감소하고 베이비부머 세대가 노령화됨에 따라 인구 노령화를 경험하고 있다. 인구가 노령화되면 가정의료서비스 및 레크리에이션 산업과 같이 노령층의 수요에 기반한 조직의 기회가 증가한다. 1950년대 후반에서 1960년대 전반에 태어난 베이비부머 세대가 노령화되면서 많은 기회와 위협 요인이 생겨났다. 1980년대에는 이들 베이비부머가 결혼했고, 이 당시 일반적으로 신혼부부가 구입하던 가전제품의 수요가 급증했다. 월풀(Whirlpool)과 GE(General Electric) 같은 기업은 세탁기, 식기세척기, 건조기 등의 수요가 급증하여 많은 돈을 벌었다. 1990년대에는 이들 베이비부머가 퇴직을 대비하여 수입을 뮤추얼펀드에 투자하면서 뮤추얼펀드 산업 붐이 일어났다. 현재 이들 베이비부머의 상당수가 은퇴하기 때문에 은퇴자 커뮤니티의 붐이 일어날 것이다.

2.6e 사회적 세력

사회적 세력(social forces)은 산업에 영향을 주는 사회 관습이나 사회 가치의 변화 형태를 말한다. 다른 거시환경의 세력과 같이 사회 변화 또한 기업에게 기회와 위협을 제공한다. 최근 수십 년간 일어난 중요한 사회 변화 추세 중 하나는 건강에 대한 관심이 높아졌다는 것이다. 이러한 변화의 영향은 엄청나며 그 기회를 일찍 파악한 기업은 많은 수익을 올릴 수 있었다. 예컨대 필립모리스(Philip Morris)는 맥주회사인 밀러(Miller Brewing Company)를 인수하면서 건강에 대한 관심이 증가하는 추세를 인식하고 저칼로리 맥주인 밀러 라이트(Miller Lite)를 도입하여 맥주산업의 경쟁을 재정의했다. 마찬가지로 펩시콜라도 다이어트 콜라와 과일 청량음료를 먼저 출시하여 경쟁자인 코카콜라의 시장점유율을 빼앗아올 수 있었다. 동시에 많은 산업에서는 건강에 대한 이러한 추세가 오히려 위협이 되기도 했다. 예컨대 담배가 건강에 미치는 악영향을 고객들이 인식하게 되면서 담배산업이 침체 상황에 빠지게 되었다.

2.6f 정치적, 법적 세력

정치적, 법적 세력(political and legal forces)은 법과 규제가 변하면서 생겨난 산물로 경영자와 기업에 심각한 영향을 미친다. 정치적 프로세스로 사회의 법률이 제정되고, 이 법률이 조직의 운영과 경영자를 제한하며 이로 인해 기회와 위협이 생기게 된다.[29] 예컨대 산업화된 세계에서는 산업에 대한 정부 규제를 완화해야 한다는 요구가 강하며, 국가가 소유한 기업을 민영화하려는 경향도 강하다. 미국에서 1979년에 단행한 항공산업의 규제완화로 1979년에서 1993년 기간 동안 29개의 신규기업이 산업에 진입했다. 규제완화 이후에 승객수송 능력이 증가하여 많은 항공노선에서 초과공급이 발생했고 이로 인해 경쟁이 심화되고 항공료 전쟁이 일어났다. 이러한 경쟁환경에 대응하기 위해 각 항공사는 운영비를 절감할 수 있는 방법을 강구해야 했다. 허브앤스포크(hub-and-spoke) 시스템의 개발, 무노조 항공사 탄생, 간편 할인 서비스(no-frills discount service)의 도입과 같은 것이 경쟁환경에 대응하여 운영비를 절감하기 위한 방법이었다. 이러한 혁신에도 불구하고 항공산업은 아직도 항공료 전쟁을 치르고 있으며, 그 결과 수익이 감소되어 많은 항공사가 부도가 났다. 글로벌통신서비스 산업도 미국 등지에서 산업에 대한 규제완화에 따른 동일한 혼란의 시기를 경험하고 있다.

핵심용어

기회(opportunity) 52
위협(threat) 52
산업(industry) 53
잠재 경쟁자(potential competitor) 55
진입장벽(barriers to entry) 56
규모의 경제(economies of scale) 56
브랜드 충성도(brand loyalty) 57
절대원가우위(absolute cost advantage) 57
교체비용(switching cost) 57
퇴출장벽(exit barrier) 63

전략적 경영자를 위한 시사점

1. 산업이란 밀접한 대체관계에 있는 제품 혹은 서비스를 공급하는 기업들의 집단을 말한다. 여기서 밀접한 대체관계란 동일한 기본 고객니즈를 만족시키는 제품 혹은 서비스를 말한다.
2. 산업환경에서 경쟁을 분석하는 데 사용되는 주된 기법은 경쟁세력 모형이다. 이 모형에서 여섯 가지 세력은 (1) 잠재 경쟁자의 진입 위험, (2) 산업 내 기존 기업 간의 경쟁 강도, (3) 구매자의 교섭력, (4) 공급자의 교섭력, (5) 대체재의 출현, (6) 보완자의 힘이다. 각 세력이 강해질수록 산업은 더욱 경쟁적이 되고 이익률은 감소하게 된다.
3. 잠재 경쟁자의 진입 위험은 진입장벽의 높이의 함수이다. 진입장벽이 높을수록 진입 위험은 낮고 산업 내에서 벌 수 있는 수익은 더 커지게 된다.
4. 산업 내에 있는 기존 기업 간의 경쟁 강도에 주로 영향을 주는 네 가지 요인은 산업의 경쟁구조, 산업수요, 원가 여건, 그리고 산업 내 퇴출장벽의 높이이다. 수요 여건이 강하면 기존 기업 간의 경쟁은 누그러지고 시장 확대의 기회를 창출하게 된다. 반면에 수요가 취약할 때는 경쟁이 치열하며, 특히 퇴출장벽이 높은 과점 상태의 산업이 더욱 심하다.
5. 구매자는 기업이 자신에게 사업을 의존하고 있지만, 자신은 그 기업에게 의존하고 있지 않을 때 가장 영향력이 있다. 이러한 환경에서 구매자는 위협요인이 된다.
6. 공급자는 기업이 자신에게 사업을 의존하고 있지만, 자신은 그 기업에게 의존하고 있지 않을 때 가장 영향력이 있다. 이러한 환경에서 공급자는 위협요인이 된다.
7. 대체재란 분석하고자 하는 산업의 고객 니즈와 유사한 고객 니즈를 충족시키는 제품을 말한다. 대체재가 기존 제품과 서로 매우 비슷할 때 기업은 대체재에 고객을 빼앗기지 않고도 가격을 인하할 수 있다.
8. 보완자의 힘, 열정, 역량은 여섯 번째 경쟁세력이다. 힘 있고 열정 있는 보완자는 산업 내에서 수요에 강한 긍정적인 영향을 주게 된다.
9. 대다수의 산업은 동일하거나 유사한 전략을 추구하는 기업의 집단인 전략군으로 구성된다. 전략군을 달리하는 기업은 다른 전략을 추구한다.
10. 같은 전략군에 속한 기업들은 서로 직접적인 경쟁자가 된다. 전략군에 따라서 기회와 위협이 다르기 때문에 기업은 전략군을 교체하여 성과를 개선할 수도 있다. 그렇게 할 실현가능성은 이동장벽 높이의 함수이다.

11. 산업은 잘 정의된 수명주기를 따라서 배아기, 성장기, 조정기, 성숙기, 그리고 궁극적으로 쇠퇴기로 진행된다. 각 단계는 산업의 경쟁구조에 대해 다른 함축적 의미를 가지고 있으며, 각 단계마다 일련의 기회와 위협이 발생한다.
12. 경쟁세력 모형, 전략군 모형, 산업수명주기 모형은 한계를 가지고 있다. 경쟁세력 모형과 전략군 모형은 혁신의 역할을 간과한 안정적인 경쟁의 모습을 제시하고 있다. 그러나 혁신은 산업구조를 바꾸고 다양한 경쟁세력의 강점을 완전히 변화시킬 수 있다. 경쟁세력 모형과 전략군 모형은 개별 기업의 차이의 중요성을 간과하고 있어 비판받아 왔다. 기업이 매력적인 산업 혹은 전략군에 속해 있기 때문에 수익이 발생하지는 않는다. 수익이 발생하는 이유는 다양하다. 산업수명주기 모형은 일반화되어 있어 항상 그 패턴대로 변하지는 않는다. 특히 혁신이 산업을 진화시킬 경우는 더욱 그러하다.
13. 거시환경은 산업 내의 경쟁 강도에 영향을 준다. 거시환경에 포함된 것은 거시경제 환경, 글로벌 환경, 기술적 환경, 인구통계적 환경, 사회적 환경, 그리고 정치적, 법적 환경이다.

토론 과제

1. 산업 내에서 가장 빈번한 가격 전쟁은 어떠한 환경 조건에서 일어나는가? 기업에게 가격 전쟁은 어떤 함축적 의미를 가지는가? 가격 전쟁의 위협을 뚫고 나가려면 기업은 어떻게 해야 하는가?
2. 미국의 주문형 비디오 스트리밍 시장에 대해 당신이 알고 있는 내용을 참고하여 경쟁세력 모형에 대해 논의하라(첫머리 사례 참조). 이 산업의 현재 경쟁 성격과 경쟁 강도에 대해 경쟁세력 모형이 어떠한 내용을 당신에게 말하고 있는가?
3. 성장기 산업, 성숙기 산업, 쇠퇴기 산업을 설명하라. 각 산업에 대해 (a) 기업의 수와 규모 분포, (b) 진입장벽의 성격, (c) 진입장벽의 높이, (d) 제품의 차별화 정도를 구체화하라. 이러한 요소로 각 산업의 어떠한 경쟁 성격을 알 수 있는가? 기업에게 기회와 위협의 관점에서 어떤 함축적 의미를 제공하는가?
4. 출생률은 유럽, 북미, 중국, 일본을 포함한 많은 선진국에서 대체율 이하로 떨어졌다. 이러한 추세가 바뀌지 않는다면, 세기 중반까지 인구는 아프리카(출생률이 높은 곳) 이외의 세계 대부분 지역에서 감소할 것이다. 이 추세가 소비재 및 산업재에 대한 기존 시장에서의 경쟁의 본질에 지니는 의미는 무엇인가? 인구통계 추세에 의해 심각하게 영향을 받을 것이라고 당신이 생각하는 시장에서 경쟁함에 있어 인구 감소가 어떤 결과를 초래할지 당신의 생각을 요약하라.

마무리 사례

미국 항공산업의 경쟁

1978년 이전에 미국 항공산업은 새로운 항공사의 진입을 어렵게 만드는 방식으로 엄격하게 규제되어 왔다. 1978년 규제가 완화되면서 신규 항공사의 진입이 용이해졌으며, 1978~1993년 사이에 29개의 새로운 항공사가 설립되었다. 이러한 신규 진입자 중에는 업계에서 저비용 비즈니스 모델을 개척한 사우스웨스트(Southwest)가 있었다. 다른 저비용 항공사로는 제트블루(Jet Blue)와 에어트랜(Air Tran)이 있었다. 저비용 항공사는 기존 항공사의 값비싼 서비스(기내식, 비즈니스 및 일등석 좌석, 프리미엄 여행자를 위한 공항라운지가 포함됨) 없이 기본적인 서비스만 제공

출처: Airlines for America, *Presentation: Industry Review and Outlook*, April 10, 2022, airlines.org; K. Huschelrath and K. Muller, "Low Cost Carriers and the Evolution of the U.S. Airline Industry," *ZEW Discussion Paper No* 11-051, 2017; J. Mouawad, "The Challenge of Starting an Airline," *New York Times*, May 25, 2012.

James Leynse/Corbis Historical/Getty Images

했다. 신규 진입자들은 유연한 비노조 인력으로 인해 인건비가 낮았는데 이는 인건비가 운영비의 1/3을 차지하는 항공산업에서 결정적으로 중요한 요소였다. 또한 허브공항에서 승객이 비행기를 갈아타도록 하는 기존 항공사와 달리 고객이 선호하는 지역 간에 직항을 운영했고, 항공기 모델도 단일 기종(사우스웨스트의 경우 보잉737)으로 표준화하여 비용을 더욱 낮췄다.

기존 기업은 자체 비용을 줄이려고 노력했지만 신규 진입자의 저비용에 대응하기에 한계가 있었다. 그 결과 가격이 폭락하고 탑승률은 감소했으며, 1978년 이전에 누리던 높은 수익은 지속적인 가격 전쟁으로 인해 막대한 재정적 손실로 대체되었다. 1980~2016년 사이에 미국 왕복 항공편의 평균 가격은 인플레이션을 감안했을 때 653달러에서 367달러로 떨어졌다. 2001~2009년 사이에 가격이 하락함에 따라 미국 항공사들은 비용을 줄이고 탑승률을 높이기 위해 고군분투했지만 순이익이 650억 달러 줄었다.

가격 전쟁은 몇 가지 요인에 의해 증폭되었다. 첫째, 소비자들은 점점 더 항공여행을 상품으로 보게 되었다. 1990년대 익스피디아(Expedia), 프라이스라인(Priceline) 등 온라인 가격비교 사이트의 발전이 이러한 추세에 기여했다. 둘째, 파산법은 파산한 항공사가 자본구조를 변경하면서 계속 운영할 수 있도록 허용했다. 대형 항공사 중 유나이티드(United), 델타(Delta), 아메리칸(American) 항공은 모두 2001년 이후 한동안 파산 상태로 운영되었다. 파산한 항공사가 계속 비행할 수 있도록 파산법에서 허용함으로써, 모든 항공사가 고정비를 충당할 정도의 탑승률을 확보하는 것을 어렵게 만들었다. 셋째, 2001~2002년 및 2008~2009년 경기침체와 같은 불리한 거시경제 사건은 주기적으로 업계의 초과생산능력을 악화시키고 가격경쟁을 심화시켰다.

그러나 40년 동안의 변화 이후 업계는 어느 정도 안정을 이루었다. 많은 소규모 업체가 업계를 떠났고 대형 항공사 간의 합병 물결은 더욱 집중된 경쟁구조를 초래했다. 2021년에 아메리칸, 델타, 유나이티드, 사우스웨스트 등 4개 항공사가 전체 교통량의 75%를 차지했다. 가격은 여전히 낮았지만 2020년 COVID-19 팬데믹이 닥칠 때까지 더 이상 떨어지지 않았다. 또한 파산 구조조정의 보호 아래 기존 항공사는 비용구조를 개선했다. 항공사들은 또한 2010년 이후 연료 비용

하락과 연료 효율이 더 높은 항공기의 도입으로 도움을 받았다(2022년에 연료 가격이 다시 급등했지만). 그 결과 손익분기점 탑승률은 2001~2010년 기간 동안 81%에서 2019년 71%로 떨어졌다. 한편, 항공 여행에 대한 수요는 2020년 COVID-19 팬데믹이 닥칠 때까지 계속 증가했으며, 팬데믹 2년 만에 강하게 반등하고 있는 것으로 보인다. 1980년에서 2016년 사이에 미국에서 항공 승객 수는 4억 명에서 8억 2,400만 명으로 증가했다. 수요 증가와 경쟁 감소로 인해 항공기는 더 많아지고 탑승률은 2001년 70%에서 2019년 84%로 증가했다. 그 결과 수익성이 회복되어 2010~2019년 사이에 미국 항공사는 1,040억 달러의 순이익을 올렸으며 2001~2009년 기간 동안의 손실을 만회했다.

불행하게도 COVID-19 전염병이 항공업계에 특히 큰 타격을 입혔다. 수요가 감소함에 따라 탑승률은 2020년에 58.8%로 떨어졌고, 가격은 2019년 수준에서 18% 하락하면서 압박을 받았다. 그리고 업계는 2020년에만 약 350억 달러의 손실을 입었다. 그러나 2022년 초에 팬데믹이 약화되기 시작하자 곧 좋은 시기로 돌아갈 수 있음을 시사하며 수요가 급증했다.

사례 토의 문제

1. 1978년 규제완화에 따른 항공산업의 신규 진입은 고객에게 좋았는가 아니면 항공사에 좋았는가?
2. 정부 규제 외에 미국 항공산업 진입을 가로막는 다른 장벽은 무엇인가? 이러한 진입장벽은 시간이 지남에 따라 어떻게 변했는가? 이러한 진입장벽은 항공사 자체의 전략에 의해 어느 정도 구축되었는가?
3. 기존 항공사가 사우스웨스트와 제트블루 같은 저비용 항공사의 진입에 적응하는 데 왜 그렇게 오랜 시간이 걸렸다고 생각하는가?
4. 이 사례는 (a) 산업의 경쟁구조 변화, (b) 기업의 성공과 실패에 대해 전략이 어떤 역할을 한다고 당신에게 설명하고 있는가?
5. 이 업계에서 가격 전쟁을 촉발하는 사건은 무엇인가? 치열한 가격 경쟁의 기간을 초래하는 이 산업의 구조는 무엇인가? 항공사는 미래의 가격 전쟁을 피하기 위해 전략적으로 무엇을 할 수 있는가?

참고문헌

[1]M. E. Porter, *Competitive Strat-egy* (New York: Free Press, 1980).

[2]J. E. Bain, *Barriers to New Competition* (Cambridge: Har-vard University Press, 1956). 진입장벽에 대한 문헌 검토는 다음 논문을 참조할 것. R. J. Gilbert, "Mobility Barri-ers and the Value of Incumbency," in R. Schmalensee and R. D. Willig (eds.), *Handbook of Industrial Organization*, vol. 1 (Amsterdam: North-Holland, 1989). 다음 논문도 참조. R. P. McAfee, H. M. Mialon, and M. A. Williams, "What Is a Bar-rier to Entry?" *American Economic Review* 94 (May 2004): 461–468.

[3]R. Molla, "Closing the Books on Microsoft's Windows Phone," Recode, July 17, 2017.

[4]교체비용에 관한 더 자세한 논의는 다음 논문을 참조할 것. C. Shapiro and H. R. Varian, *Informa-tion Rules: A Strategic Guide to the Network Economy* (Boston: Har-vard Business School Press, 1999).

[5]진입장벽에 관한 이러한 모든 정보는 산업조직경제학 문헌에서 찾을 수 있다. 특히 다음 논문을 참조할 것. Bain, *Barriers to New Competition*; M. Mann, "Seller Concentra-tion, Barriers to Entry and Rates of Return in 30 Industries," *Review of Economics and Statistics* 48 (1966): 296–307; W.

S. Comanor and T. A. Wilson, "Advertising, Market Structure and Performance," *Review of Economics and Statistics* 49 (1967): 423–440; Gilbert, "Mobility Barriers"; K. Cool, L. H. Roller, and B. Leleux, "The Relative Impact of Actual and Potential Rivalry on Firm Profitability in the Pharmaceutical Industry," Strategic Management Journal 20 (1999): 1–14.

[6]암묵적 협정에 관한 논의는 다음 논문을 참조할 것. T. C. Schelling, *The Strategy of Conflict* (Cambridge: Harvard University Press, 1960).

[7]M. Busse, "Firm Financial Condition and Airline Price Wars," *Rand Journal of Economics* 33
(2002): 298–318.

[8]검토를 위해 다음을 참조할 것. F. Karakaya, "Market Exit and Barriers to Exit: Theory and Practice," *Psychology and Marketing* 17 (2000): 651–668.

[9]P. Ghemawat, *Commitment: The Dynamics of Strategy* (Boston: Harvard Business School Press, 1991).

[10]A. S. Grove, *Only the Paranoid Survive* (New York: Doubleday, 1996).

[11]표준미시경제이론에서 대체재와 보완재의 강점을 평가하기 위해 사용한 개념은 수요교차탄력성이다.

[12]더 자세한 내용은 다음 논문을 참조할 것. Charles W. L. Hill, "Es-tablishing a Standard: Competitive Strategy and Technology Standards in Winner Take All Industries," *Academy of Management Execu-tive* 11 (1997): 7–25; Shapiro and Varian, *Information Rules*.

[13]전략군 이론의 개발은 전략 연구에서 중요한 주제였다. 다음 논문들이 이 분야 연구에서 중요한 공헌을 했다. R. E. Caves and M. E. Porter, "From Entry Barriers to Mobility Barriers," *Quarterly Journal of Economics* (May 1977): 241–262; K. R. Harrigan, "An Application of Clustering for Strategic Group Analysis," *Strategic Management Journal* 6 (1985): 55–73; K. J. Hatten and D. E. Schendel, "Het-erogeneity Within an Industry: Firm Conduct in the U.S. Brewing Industry, 1952–71," *Journal of Industrial Economics* 26 (1977): 97–113; M. E. Porter, "The Struc-ture Within Industries and Com-panies' Performance," *Review of Economics and Statistics* 61 (1979): 214–227. See also K. Cool and D. Schendel, "Performance Differ-ences Among Strategic Group Members," *Strategic Management Journal* 9 (1988): 207–233; A. Nair and S. Kotha, "Does Group Membership Matter? Evidence from the Japanese Steel Industry," *Strategic Management Journal* 20 (2001): 221–235; G. McNamara, D. L. Deephouse, and R. A. Luce, "Competitive Positioning Within and Across a Strategic Group Structure," *Strategic Management Journal* 24 (2003): 161–180.

[14]제약산업에서 전략군 구조에 관한 더 자세한 내용은 다음 논문을 참조할 것. K. Cool and I. Dierickx, "Rivalry, Strategic Groups, and Firm Profitability," *Strategic Management Journal* 14 (1993): 47–59.

[15]C. W. Hofer는 산업 전략 수립 시 가장 중요한 것을 수명주기와 관련된 것이라고 주장했다. 다음 논문을 참조할 것. Hofer, "Towards a Contingency Theory of Business Strategy," *Academy of Management Journal* 18 (1975): 784–810. 이러한 견해를 뒷받침할 실증적 증거에 대해서 다음 논문을 참조할 것. C. R. Anderson and C. P. Zeithaml, "Stages of the Product Life Cycle, Business Strategy, and Business Performance," *Academy of Management Journal* 27 (1984): 5–24; D. C. Hambrick and D. Lei, "Towards an Empirical Prioritization of Contingency Variables for Busi-ness Strategy," *Academy of Manage-ment Journal* 28 (1985): 763–788. 다음 논문도 참조. G. Miles, C. C. Snow, and M. P. Sharfman, "Industry Variety and Performance," *Strategic Manage-ment Journal* 14 (1993): 163–177; G. K. Deans, F. Kroeger, and S. Zeisel, "The Consolidation Curve," *Harvard Business Review* 80 (December 2002): 2–3.

[16]쇠퇴기 산업의 특징은 다음 논문에 요약되어 있다. K. R. Harrigan, "Strategy Formulation in Declining Indus-tries," *Academy of Management Review* 5 (1980): 599–604. See also J. Anand and H. Singh, "Asset Redeployment, Acquisitions and Corporate Strategy in Declining Industries," *Strategic Management Journal* 18 (1997): 99–118.

[17]이러한 관점은 Schumpeter로 거슬러 올라가는 오스트리아 경제학파와 관련이 있다. 다음 논문을 참조할 것. R. Jacobson, "The Austrian School of Strategy," *Academy of Manage-ment Review* 17 (1992): 782–807; C. W. L. Hill and D. Deeds, "The Importance of Industry Structure for the Determination of Indus-try Profitability: A Neo-Austrian Approach," *Journal of Management Studies* 33 (1996): 429–451. R. R. Nelson, G. Dosi, C. E. Helfat, et al, *Modern Evolutionary Economics: An Overview* (Cambridge: Cambridge University Press, 2018).

[18]N. Tolomeo, M. Fitzgerald, and J. Eckelman, "US Steel Sector Thrives as Mills Move up the Qual-ity Ladder," *S&P Global Commod-ity Insights*, May 9, 2019.

[19]D. F. Barnett and R. W. Cran-dall, *Up from the Ashes* (Washing-ton, D.C.: Brookings Institution, 1986); N. Tolomeo, M. Fitzgerald, and J. Eckelman, "US Steel Sector Thrives as Mills Move up the Qual-ity Ladder," *S&P Global Commod-ity Insights*, May 9, 2019.

[20]M. E. Porter, The *Competitive Advantage of Nations* (New York: Free Press, 1990).

[2]T'단속균형'이라는 용어는 진화생물에서 가져온 것으로, 자세한 개념은 다음 논문을 참조할 것. M. L. Tushman, W. H. Newman, and E. Romanelli, "Convergence and Upheaval: Managing the Unsteady Pace of Organizational Evolution," *California Management Review* 29:1 (1985): 29–44; C. J. G. Gersick, "Revolutionary Change Theories: A Multilevel Exploration of the Punctuated Equilibrium Paradigm," *Academy of Management Review* 16 (1991): 10–36; R. Adner and D. A. Levinthal, "The Emergence of Emerging Technologies," *California Management Review* 45 (Fall

2002): 50–65.

[22]A. J. Slywotzky, *Value Migra-tion: How to Think Several Moves Ahead of the Competition* (Boston: Harvard Business School Press, 1996).

[23]Hill and Deeds, "Importance of Industry Structure."

[24]R. P. Rumelt, "How Much Does Industry Matter?" *Strategic Management Journal* 12 (1991): 167–185. See also A. J. Mauri and M. P. Michaels, "Firm and Industry Effects Within Strategic Manage-ment: An Empirical Examination," *Strategic Management Journal* 19 (1998): 211–219.

[25]R. Schmalensee, "Inter-Industry Studies of Structure and Perfor-mance," in Schmalensee and Willig (eds.), *Handbook of Industrial Orga-nization*. Similar results were found by A. N. McGahan and M. E. Porter, "How Much Does Industry Matter, Really?," *Strategic Management Jour-nal* 18 (1997): 15–30.

[26]K. Cool and D. Schendel, "Strategic Group Formation and Performance: The Case of the U.S. Pharmaceutical Industry, 1932–1992," *Manage-ment Science* (September 1987): 1102–1124.

[27]다음 논문을 참조할 것. M. Gort and J. Klepper, "Time Paths in the Diffusion of Product Innovations," *Economic Journal* (September 1982): 630–653. Looking at the history of 46 products, Gort and Klepper found that the length of time before other companies entered the markets created by a few inventive compa-nies declined from an average of 14.4 years for products introduced before 1930 to 4.9 years for those introduced after 1949. For more recent research on this issue, see A. Singh, G. Triulzi and C. L. Magee, "Technological Improvement Rate Predictions for All Technologies," Research Policy, 50 (2021): 9.

[28]The phrase was originally coined by J. Schumpeter, *Capi-talism, Socialism and Democracy*
(London: Macmillan, 1950), p. 68.

[29]For a detailed discussion of the importance of the structure of law as a factor explaining eco-nomic change and growth, see D. C. North, *Institutions, Institutional Change, and Economic Performance* (Cambridge: Cambridge University Press, 1990).

Chapter 3

내부환경 분석: 자원과 경쟁 우위

학습목표

3.1 경쟁 우위의 원천에 대해 논의한다.

3.2 자원의 품질을 평가하기 위해 VRIO 모델을 활용한다.

3.3 경쟁 우위와 수익성 사이의 관계를 이해한다.

3.4 가치사슬 개념 설명을 알아본다.

3.5 경쟁 우위를 구축하고 유지하는 데 효율성, 품질, 혁신 및 고객 응대의 역할을 확인하고 탐구한다.

3.6 경쟁 우위와 수익성 사이의 관계를 설명한다.

첫머리 사례

이케아(IKEA)의 경쟁 우위

IKEA는 세계 최대의 가구 소매업체로, 2022년 기준 전 세계 50개 국가에 420개의 매장, 22만 5천 명의 직원, 그리고 420억 유로의 매출을 기록했다. 이 회사는 1958년 스웨덴의 한 개 매장에서 시작되었다. 회사 창립자 인그바르 캄프라드의 비전은 "가구의 민주화"였으며, 세련되고 기능적인 가구를 저렴한 비용으로 제공하는 것이었다.

캄프라드의 비전은 기존 가구 시장에 대한 반응이었다. 가구는 비싼 가정 유산으로 여겨졌으며, 일반적으로 소비자가 소매점에서 구매 결정을 한 후에 제조업체에 주문을 해야 했고 배송까지 3개월이 걸릴 수도 있었다. 또 저렴하고 품질이 낮은 싸구려 가구가 할인 가게에서 판매되었다.

이케아(IKEA)의 전략이 발전함에 따라, 그 핵심 타깃 시장은 처음 아파트나 집을 가구로 꾸미려는 젊은 전문가들로 변했다. 이들은 세련되고 저렴한 가구로 자신의 처음 집을 꾸미고, 전통적이고 가정 유산 스타일 가구를 사게 될 때 해당 가구를 처분할 수 있는 가구를 찾았다.

여러 해 동안, 캄프라드는 세련되고 품질 높은 가구를 디자인하는 세계적인 팀을 구성했다. 이 가구는 깨끗한 "스웨덴" 스타일을 강조했다. 중요한 목표 중 하나는 경쟁사가 생산한 유사한 제품보다 이케아(IKEA)의 제품을 30% 저렴하게 제공하는 것이었다. 캄프라드와 그의 동료들은 이러한 가구의 제조 및 배송 비용을 줄이기 위한 방법을 개발했다. 그들은 장기 협력 업체들과 긴밀히 협력하여 원자재 및 제조 비용을 낮추기 위해 노력했다. 또 평면 포장이 가능한 가구를 디자인하여 운송 및 저장 비용을 줄였다. 제품을 조립하는 것은 소비자에게 맡기지만 이로써 가격을 낮추는 혜택을 제공했다. 심지어 창고에서 재고를 뽑아내는 것도 소비자의 책임으로 전환했다.

회사 내에서 기능수준에서 모두 취한 조치 덕분에, 이러한 조치들의 결과로 이케아(IKEA)는 경쟁사보다 목표 고객에게 더 많은 가치를 제공할 수 있었으며, 그것을 더 낮은 비용으로 제공할 수 있었다. 노련한 시장 세분화와 잘 계획된 전략을 통해 이케아(IKEA)는 단순히 스웨덴뿐 아니라 전 세계의 가구 시장을 재정의하며 과정에서 세계 최대의 가구 소매업체가 되었으며, 인그바르 캄프라드를 세계에서 가장 부유한 사람 중 하나로 만들었다.

Tooykrub/Shutterstock.com

출처: Source: C. W. L. Hill, "IKEA in 2013: Furniture Retailer to the World," in C.W. L. Hill, G. R. Jones, and M. Shilling, *Strategic Management*, 11th ed. (Boston: Cengage, 2015).

개요

특정 산업이나 시장에서 어떤 기업은 다른 기업들보다 더 뛰어난 성과를 보이는 이유는 무엇일까? 그들의 지속적인 경쟁 우위 기반은 무엇일까? 이 첫 부분은 몇 가지 단서를 제공한다. 수십 년 동안 이케아(IKEA)는 가구와 가정용품을 판매하는 비즈니스에서 경쟁사를 앞섰다. 이케아(IKEA)는 핵심 젊은 고객이 스타일리시하게 디자인된 저렴한 가구를 원하는 요구에 반응하였기 때문에 이를 달성할 수 있었다. 게다가 가구 및 다른 제품을 디자인, 제조, 판매하는 방식에서 매우 효율적인 방식을 운용해 비용과 가격을 모두 낮추었다. 이 장에서처럼, 고객의 요구에 대한 응답을 통해 더 많은 가치를 제공하고 효율적으로 이뤄내는 것은 경쟁사를 앞선 지속 가능한 경쟁 우위를 확립한 많은 기업에서 볼 수 있는 공통 주제다.

이 장은 기업의 강점과 약점을 파악하는 내부 분석에 중점을 두고 있으며, 외부 환경 분석과 결합하여 기업이 지속적인 경쟁 우위를 확보할 수 있는 전략을 선택하기 위해 관리자들이 필요한 정보를 제공한다. 예를 들어 이케아(IKEA)에서는 제품 디자인, 제조 능력 및 물류가 모두 중요한 강점이다. 내부 분석은 회사의 내부적인 강점과 약점을 식별함으로써 경영자들에게 기업이 지속적인 경쟁 우위를 확보하는 데 필요한 정보를 제공한다.

이 장에서 설명한 대로, 내부 분석은 세 단계로 진행되는 프로세스다. 먼저, 관리자들은 경쟁 우위의 확립에 희귀하고 가치 있으며 모방하기 어려운 자원의 역할을 이해해야 한다. 둘째, 이러한 자원이 우수한 효율성, 혁신, 품질 및 고객 응답성으로 이어지는 방법을 이해해야 한다. 셋째, 그들은 기업의 경쟁 우위의 원천을 분석하여 기업의 수익성을 촉진하는 요소를 식별하고, 더 중요한 것은 어떤 개선 기회가 있는지 파악해야 한다. 다시 말해, 그들은 기업의 강점이 어떻게 수익성을 촉진시키는지, 약점이 어떻게 수익성을 낮추는지, 그리고 강점을 활용하고 보호하며 약점을 해결하기 위해 어떤 단계를 취할 수 있는지 식별할 수 있어야 한다.

이 장을 읽은 후에는 경쟁 우위의 본질을 이해하고, 관리자가 우수한 성과와 수익성을 달성하기 위해 산업 분석과 마찬가지로 내부 분석을 수행해야 하는 이유를 이해하게 될 것이다.

3.1 경쟁 우위의 원천에 대해 논의한다.

3.1 경쟁 우위

회사가 자신의 수익성이 해당 산업의 모든 기업의 평균 수익성보다 큰 경우, 해당 기업은 경쟁사에 비해 경쟁 우위를 가지고 있다. 그 기업이 몇 년 동안 평균 이상의 수익성을 유지할 수 있는 경우(이케아(IKEA)가 그렇게 한 것처럼), 그 기업은 지속적인 경쟁 우위를 가지고 있다. 전략의 주요 목표는 지속적인 경쟁 우위를 달성하는 것이며, 이러한 경쟁 우위는 또한 우수한 수익성과 이익 성장을 가져온다. 경쟁 우위의 원천은 무엇이며, 전략, 경쟁 우위 및 수익성 간의 관계는 무엇인가?

3.1a 독보적 역량

경쟁 우위는 독보적 역량을 보유함에 기반한다고 오랫동안 주장되어왔다. **독보적 역량**(distinctive competence)은 기업이 경쟁사의 제품과 구별하거나 경쟁사보다 상당히 낮은 비용으로 제품을 생산할 수 있는 기업별 강점이다. 예를 들어, 애플(Apple)은 디자인 분야에서 독보적 역량을 가지고 있다. 고객들은 애플(Apple)이 마케팅하는 기기를 소유하고 싶어한다. 마찬가지로, 자동차 산업에서 역사적으로 높은 성과를 거두어온 토요타(Toyota)는 제조 공정 개발 및 운영 분야에서 독보적 역량을 갖고 있다. 토요타(Toyota)는 JIT(Just-In-Time) 재고 시스템, 자체 관리팀, 복잡한 장비의 설정 시간 단축과 같은 제조 기술 전반에 걸쳐 첨단 제조 기술 범주를 개척했다. 이러한 역량들은 "토요타(Toyota) 린 생산 시스템"으로 알려져 있으며, 이것이 회사가 글로벌 자동차 산업에서 경쟁 우위를 확보하는 기초가 되었다.1)

독보적 역량
회사가 제품을 차별화하거나 상당히 낮은 비용으로 생산할 수 있게 하는 회사 고유의 강점으로 경쟁 우위를 확보하기 위한 것이다.

3.1b 자원

독보적 역량은 종종 회사의 한 개 이상의 자원에 뿌리를 두고 있을 수 있다.2) **자원**(resource)은 회사가 입력을 출력으로 변환하여 시장에서 판매할 수 있는 요소들을 나타낸다. 자원은 노동, 토지, 경영, 물리적 시설, 장비와 같은 기본적인 생산 요소를 포함한다.

그러나 어떤 기업도 단순히 기본 생산 요소의 조합 이상으로 구성된다. 또 다른 중요한 생산 요소는 회사의 생산물을 개발, 생산 및 판매하는 방법에 대한 **프로세스 지식**(process knowledge)이다. **능력**(capabilities)이라고도 불리는 이 프로세스 지식은 조직 내에서 인간 기술의 조직적 동물로 생각할 수 있다. 프로세스 지식은 조직의 규칙, 루틴 및 절차에 내재되어 있다. 즉 관리자들이 조직 목표를 달성하기 위해 결정을 내리고 회사의 내부 프로세스를 활용하는 방식이 있다. 프로세스 지식은 조직이 시간과 경험을 통해 축적한다.3) 기업도 사람들처럼 시행착오를 통해 배우는데, 이를 통해 경험을 쌓는다. 프로세스 지식은 종종 **사회적으로 복잡**(socially complex)하며, 이것은 그 지식을 보유한 사람이 아닌 기업 내의 많은 다른 개인, 팀, 부서 및 기능 사이에 퍼져 있음을 의미한다. 프로세스 지식은 종종 중요한 **암묵적**(tacit) 구성요소를 가지고 있으며, 일부는 문서화되거나 규정화되지 않고, 경험을 통해 배우며, 새로운 직원에게는 조직의 문화를 통해 전달된다.4)

자원
회사의 자산

프로세스 지식
조직 내부의 규칙, 루틴 및 절차에 대한 지식으로 관리자가 조직의 목표를 달성하기 위해 활용할 수 있는 지식

능력
"프로세스 지식"의 다른 용어

사회적으로 복잡
여러 개인 간의 상호 작용에 의해 특징지어지거나 발생한 것

암묵적
지식이나 기술의 특성으로, 이를 문서화하거나 규정화할 수 없지만 경험이나 직관을 통해 이해될 수 있는 특성을 나타냄

조직 아키텍처
회사의 조직 구조, 통제 시스템, 인센티브 시스템, 조직 문화 및 인적 자본 전략의 조합

지적 재산
개인 또는 조직이 소유하는 지식, 연구 및 정보

회사의 조직 구조는 또 다른 매우 중요한 생산 요소이다. 조직 구조, 통제 시스템, 인센티브 시스템, 조직 문화 및 기업의 인적 자본 전략의 조합을 **조직 아키텍처(organizaitonal architecture)**로 이해한다. 특히 고용 및 직원 개발 및 유지 전략에 관한 조직 문화와 인적 자본 전략을 의미한다. 12장에서는 조직 아키텍처 개념을 깊이 있는 내용으로 살펴볼 것이다. 현재로서는 잘 설계된 조직 아키텍처를 가진 회사가 일반적으로 잘못 설계된 조직 아키텍처를 가진 회사보다 성과가 더 좋다는 점을 이해하는 것이 중요하다. 조직의 아키텍처, 통제 시스템, 인센티브, 문화 및 인적 자본 전략을 올바르게 조절하는 것은 매우 중요하다. 조직 아키텍처의 효능 차이는 회사 간 성과 차이의 주요 이유 중 하나이다.

기업이 시간을 들여 만들어낸 문서화된 **지적 재산(intellectual property)**은 또 다른 중요한 생산 요소를 대표한다. 지적 재산은 공학 설계도, 새로운 약물의 분자 구조, 소유권 소프트웨어 코드, 그리고 브랜드 로고와 같은 다양한 형태로 나타날 수 있다. 기업은 특허, 저작권 및 상표권을 통해 자신의 지적 재산에 대한 소유권을 확립한다. 예를 들어, 애플(Apple)은 고품질과 우아한 디자인의 컴퓨팅 기기로 인한 평판을 기반으로 강력한 브랜드를 구축했다. 애플(Apple) 로고는 이 브랜드를 상징한다. 이 로고는 애플(Apple)의 지적 재산이다. 이것은 소비자에게 이 제품이 정품 애플(Apple) 제품임을 보장한다. 이것은 상표법에 의해 모방으로부터 보호된다.

요약하면, 기업의 자원은 토지, 노동, 경영자, 자산 및 장비와 같은 기본 생산 요소뿐만 아니라, 프로세스 지식(능력), 조직 구조 및 지적 재산과 같은 고급 생산 요소도 포함된다. 예를 들어, 코카콜라(Coca-Cola)는 탄산음료 사업에서 장기간에 걸쳐 매우 성공적으로 운영되었다. 코카콜라의 생산 요소는 노동, 토지, 경영, 공장 및 장비뿐만 아니라 탄산음료를 개발, 생산 및 판매하는 방법에 대한 프로세스 지식도 포함한다. 코카콜라는 사실 매우 강력한 마케팅 회사로 제품을 판매하는 방법을 정확하게 알고 있다.

또한 코카콜라는 기능적 프로세스를 잘 관리하는 조직 구조를 가지고 있다. 코카콜라는 주요 음료의 레시피(코카콜라가 비밀로 유지)를 상표법으로 보호하고 가치 있는 지적 재산으로 보유하고 있다.

마찬가지로, 애플(Apple)은 토지, 노동, 경영, 공장 및 장비의 조합 이상이다. 애플(Apple)은 제품 개발, 생산 및 판매에 관한 세계적인 프로세스 지식을 보유하고 있다. 가장 주목할 만한 것은 아마도 애플(Apple)이 컴퓨터 비즈니스에서 가장 우수한 산업 디자인 그룹을 보유하고 있다는 것이다. 이 디자인 그룹은 애플(Apple)의 혁신적인 제품, 아이팟(iPod), 아이폰(iPhone), 아이패드(iPad) 및 데스크탑 및 랩톱 컴퓨터를 포함한 제품의 형식, 기능, 외관 및 느낌을 궁극적으로 책임지고 있다. 애플(Apple)은 생산적으로 기업을 관리할 수 있도록 하는 강력한 조직 구조를 가지

고 있다. 특히, 산업 디자인 그룹은 애플(Apple) 조직 구조 내에서 매우 강력한 지위를 가지고 있다. 이 그룹은 핵심 제품 개발 프로세스를 시작하고 조정한다. 여기에는 디자인 그룹이 설계한 제품 사양을 달성하기 위해 하드웨어 엔지니어링, 소프트웨어 엔지니어링 및 제조가 모두 협력하는 것이 포함된다. 애플(Apple)은 디자인 그룹에 부여된 권력과 영향력 측면에서 컴퓨팅 디바이스 회사 중 독특한 위치에 있다. 또한 애플(Apple)은 제품의 기반이 되는 특허 및 애플(Apple) 브랜드를 상징하는 로고 상표를 극도로 가치 있는 지적 재산으로 창출했다.

따라서 코카콜라와 애플 예시와 같이 어떤 기업의 자원(또는 생산 요소)은 **기본적인 생산 요소**(basic factors of production)뿐만 아니라 고급 생산 요소도 포함한다. 중요한 점은 **고급 생산 요소**(advance factors of production)가 자연적으로 주어진 것이 아니라 인간의 창작물이라는 것이다. 숙련된 관리자들은 비전과 열정을 넘어 이러한 고급 생산 요소를 종종 만들어낸다. 애플의 창립자이자 장기간 CEO였던 스티브 잡스는 자신이 손수 선택한 산업 디자인 책임자인 조니 아이브와 함께 애플의 산업 디자인 분야에서 세계적인 역량을 뒷받침하는 프로세스 지식을 창조했으며, 디자인 그룹에 강력한 중심 역할을 부여하는 조직 구조를 구축했다.

기본적인 생산 요소
토지, 노동, 경영, 공장 및 장비와 같은 자원들

고급 생산 요소
프로세스 지식, 조직 구조 및 지적 재산과 같은 자원들은 회사의 경쟁 우위에 기여하는 자원

요약하면, 자원의 확장된 목록은 노동, 토지, 경영, 공장, 장비, 프로세스 지식, 조직 구조 및 지적 재산을 포함한다. [그림 3.1]에 나와 있듯 회사는 사실 입력(예: 원자재)을 출력(상품 또는 서비스)으로 변환하는 자원(생산 요소)의 번들이다. 회사가 이 변환 프로세스를 얼마나 효율적이고 효과적으로 수행하는지는 그 자원의 품

그림 3.1 자원의 번들로서의 기업

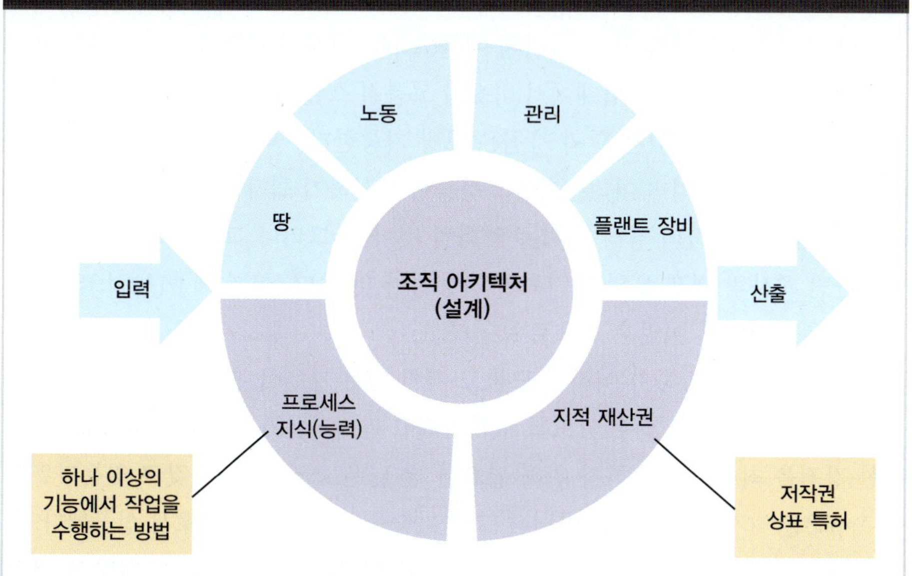

질에 크게 의존하며, 가장 중요한 것은 고급 생산 요소인 프로세스 지식, 조직 구조 및 지적 재산 품질에 크게 의존한다는 것이다. 이 통찰력은 다른 매우 중요한 질문을 제기한다. 회사의 자원 품질을 결정하는 것은 무엇인가? 그 자원이 강점인지 약점인지 어떻게 알 수 있는가?

3.2 자원의 품질을 평가하기 위해 VRIO 모델을 활용한다.

3.2 자원 품질: VRIO 프레임워크

VRIO 프레임워크
관리자가 회사의 자원 품질을 결정하는 데 사용하는 프레임워크로, *V*는 가치(Value), *R*은 희귀성(Rarity), *I*는 모방 불가능성(Inimitability), *O*는 조직(Organization)를 나타낸다.

제이 바니(Jay Barney)와 빌 헤스터리(Bill Hesterly)는 자원의 품질을 고려하는 프레임워크를 개발했다.[5] 이 프레임워크를 **VRIO 프레임워크(VRIO framework)**라고 한다. 여기서 *V*는 가치(Value), *R*은 희귀성(Rarity), *I*는 모방 불가능성(Inimitability), *O*는 조직(Organization)을 나타낸다. 이 내부 분석을 수행할 때 관리자들에게 다음과 같은 질문을 하도록 권장한다.

첫째, 회사의 자원이 외부 환경에서 기회를 활용하고 위협에 대처할 수 있도록 하는 가치 있는 자원인가? 예를 들어, 애플(Apple) 제품 디자인 기술은 터치 스크린 아이폰(iPhone) 및 아이패드(iPad) 제품을 통해 컴퓨터 디바이스 업계에서 새로운 제품 범주를 개발하는 기회를 활용하는데 도움이 되는 가치 있는 자원이다. 동시에 이러한 기술은 경쟁사를 견제하고 위협에 대처하는데 도움을 줄 수 있다. 보다 일반적으로 자원은 (a) 회사가 제품에 대한 강력한 수요를 창출하도록 하거나, (b) 해당 제품을 생산하는 비용을 낮추도록 하는 경우 가치 있는 자원으로 판단된다.

둘째, 이러한 자원들이 희귀한가? 그렇지 않고 경쟁사도 획득할 수 있다면, 그것은 경쟁 우위의 원천이 될 수 없다. 기업이 경쟁 우위를 확보하려면 경쟁사보다 뛰어난 자원을 보유해야 한다. 따라서 애플(Apple) 디자인 기술을 뒷받침하는 프로세스 지식은 드물며, 해당 업계에서 비슷한 고품질 스킬 세트를 갖는 기업은 없다.

셋째, 회사의 가치 있는 희귀 자원은 모방 가능한가? 다르게 말하면, 그것들은 복사하기 쉬운가 아니면 어려운가? 그것들이 복사하기 쉽다면 경쟁사들이 빠르게 모방할 것이며, 회사의 경쟁 우위는 약화될 것이다. 그러나 그 자원들이 모방하기 어렵다면 회사의 경쟁 우위가 지속될 가능성이 더 높다. 현재 애플(Apple)의 디자인 기술은 모방하기 어려운 것으로 보인다.

넷째, 회사는 모방하기 어려운 드물고 가치 있는 자원을 활용하고 그것들이 만들어내는 가치를 확보할 수 있도록 조직화되고 관리되는가? 다시 말해, 회사는 고유한 강점을 최대로 활용하기 위해 필요한 더 넓은 조직 구조를 갖고 있는가? 애플(Apple)은 디자인 기술뿐만 아니라 그런 기술을 보유한 조직으로서 성공했다. 이 조직은 훌륭하게 디자인된 제품을 효율적으로 생산하고 고객에게 마케팅 및 배포할 능력이 있다. 올바른 조직 및 관리 시스템이 없다면 모방하기 어려운 가치 있는 자원을 가진 회사조차 경쟁적 불리함에 처할 것이다. 앞서 언급한 대로 우리는 12장에서 조직화에 대한 문제로 돌아간다.

3.2a 자원과 지속적인 경쟁 우위

이 논의는 논리적으로 또 다른 매우 중요한 질문으로 이어진다. 어떤 가치 있는 자원이 장기적이고 지속 가능한 경쟁 우위를 가져다 줄 가능성이 가장 높은가? 빠른 답은 프로세스 지식, 조직 구조 및 지적 재산이다. 우리가 설명할 것처럼 이러한 자원 또는 고급 생산 요소는 더 희귀하고 일반적으로 경쟁사가 모방하기 더 어렵다.

희귀한 자원 기본 생산 요소와 관련하여 희귀성 또는 부족함 문제를 고려해봐야 한다. 일반적으로 토지, 노동, 경영, 공장 및 장비는 오픈 마켓에서 구입된다. 물론 이러한 자원들은 동질적이지 않다. 어떤 직원은 다른 직원보다 생산성이 더 높고, 어떤 토지는 높은 가치를 갖고, 어떤 관리자는 더 뛰어난 기술을 가지고 있다. 그러나 시간이 지남에 따라 이러한 차이는 분명해지며, 더 생산적인 자원들은 그들의 서비스에 대해 더 높은 가격을 요구할 것이다. 최고의 토지, 직원, 관리자 및 장비에 대해 더 많은 비용을 지불해야 할 것이다. 실제로 자유 시장에서는 이러한 자원들 가격이 그들의 경제적 가치를 반영하도록 입찰되며 이러한 자원 판매자들이 기업이 아닌 그 가치의 상당 부분을 확보할 것이다.

이제 프로세스 지식과 조직 구조를 고려해자. 이러한 자원들은 동질적이지 않을 가능성이 높다. 어떤 두 회사도 똑같지 않다. 각 회사는 고유한 역사를 갖고 있으며 기업 내에서 활동을 조직화하고 프로세스를 관리하는 방식에 영향을 미친다. 예를 들어, 애플에서 제품 개발이 관리되는 방식은 마이크로소프트(Microsoft) 또는 삼성에서의 방식과 다르다. 코카콜라(Coca-Cola) 마케팅은 미묘하지만 중요한 방식으로 펩시콜라 마케팅과 다를 수 있다. 뉴코어 스틸(Nucor Steel)에서 인사 기능은 미국 스틸(U.S. Steel)보다 더 높은 직원 생산성을 달성하기 위해 조직화될 수 있다. 각 조직은 자체 문화를 갖고 있으며, 일부 작업을 수행하는 자체 방식이 있다. 전략적 비전, 체계적인 프로세스 개선 노력, 시행착오 또는 단순한 운 좋은 결과로 일부 회사는 경쟁사보다 품질이 높은 프로세스 지식과 조직 구조를 개발할 것이다. 이러한 자원은 드문 자원이며 기업 역사 결과로 인한 것이다. 또한 회사는 자체 프로세스 지식과 조직 구조를 소유한다. 자체 프로세스는 공급업체로부터 구매하지 않고 자원의 경제적 가치를 모두 확보할 수 있다.

특허, 저작권 또는 상표로 보호되는 지적 재산은 희소성이 높은 자산이다. 특허는 다른 사람이 내지 않은 것만 가능하며 저작권은 개인 또는 회사의 독특한 창작물을 보호하고 복제를 방지한다. 예를 들어, 마이크로소프트(Microsoft) 윈도우 기반이 되는 소프트웨어 코드는 저작권으로 보호되어 있어 마이크로소프트(Microsoft)의 명시적 허가 없이는 누구도 동일한 코드를 사용할 수 없다. 마찬가지로 상표는 회사의 독특한 심볼, 이름 또는 로고를 보호하고 복사되지 않도록 방지하며 사실상 희귀성이 높은 자산으로 만든다. 경쟁사는 애플(Apple) 로고를 사용할 수 없으며 이것은 애플(Apple)의 고유한 자산이므로 희소성이 높은 자산으로 볼 수 있다.

모방의 장벽 이제 모방 불가능성의 문제를 고려해보자. 회사가 희소성이 높고 가치 있는 자원을 개발하여 수요를 더 끌어모으고 더 높은 가격을 청구하거나 비용을 낮추는데 도움이 된다면, 경쟁사는 그 자원의 복제가 가능할까? 다르게 말하면 **모방에 대한 장벽**(barriers to imitation)은 무엇인가?[6]

모방의 장벽
다른 개인 또는 회사가 무언가를 복제하기 어렵게 만드는 요소나 특성

우선 지적 재산을 고려해보자. 경쟁사가 기업의 지적 재산을 복제할 수 있는 능력은 국가의 지적 재산 법규에 크게 의존한다. 예를 들어 미국이나 유럽 연합 국가와 같이 잘 정립된 지적 재산법이 있는 선진 국가에서는 직접 복제가 불법이며, 위반자는 손해배상을 받을 가능성이 높다. 이러한 법적 보호로 대부분 기업들은 지적 재산의 직접 복제를 하지 않게 된다. 그러나 지적 재산법이 잘 정립되지 않은 개발도상국에서는 법적 제재가 없기 때문에 복제가 널리 퍼질 수 있다. 이는 예전에 중국에서 그랬던 경우지만, 중국 법률 체계가 특허, 저작권 및 상표와 관련된 국제적인 규범을 채택하면서 점점 덜 발생하고 있다.

직접 복제가 금지되더라도 역공학을 통해 경쟁사의 지적 재산을 복제하는 방법을 발명하는 것은 가능하다. 이 방법은 특허 지식과 특허의 문제로 특허는 발명가에게 20년간 법적 보호를 제공하지만 연구에 따르면 경쟁사들은 특허 혁신의 약 60%를 4년 내에 피해가는 방법을 발명한다고 한다.[7] 반면에 상표는 초기에 10년 동안 복제로부터 보호를 받지만 매 10년마다 갱신할 수 있다. 게다가 경쟁사가 회사의 상표로 보호된 로고와 상표명을 복사하는 것은 거의 불가능하다. 이것은 로고와 상표명이 강력한 상징이기 때문에 중요하다. 따라서 상표는 강력한 브랜드를 가진 회사의 직접적인 경쟁으로부터 보호할 수 있고 강력한 브랜드를 가진 회사 주변에 경제적인 새싹이 자라나게 형성하는 데 일조한다.

기업의 희소성과 가치 있는 프로세스 지식은 경쟁사가 복제하기 매우 어려우며 모방의 장벽이 높다. 여기에는 두 가지 주요 이유가 있다. 첫째, 프로세스 지식은 종종 (1) 부분적으로 암묵적이며, (2) 기업 내에서 감춰져 있으며, (3) 사회적으로 복잡하다. 따라서 외부인들이 기업의 희소성 있고 가치 있는 프로세스 지식의 본질을 정밀하게 식별하는 것은 어렵다. 이러한 문제를 **인과관계 모호성**(causal ambiguity)이라고 한다.[8] 더구나 이러한 사회적으로 복잡한 지식 성격은 성공적인

인과관계 모호성
하나의 것, A가 결과물 또는 "원인" B로 이어지는 방식이 분명히 이해되지 않을 때

기업에서 개인 직원을 고용하여 해당 지식에 접근하려는 시도를 헛되이 하는 경우가 있다. 왜냐하면 각 개인은 전체 지식 베이스의 일부에만 직접적인 경험을 가지고 있기 때문이다.

두 번째로, 경쟁사가 기업의 가치 있고 드문 프로세스 지식의 형태를 정확하게 식별할 수 있더라도, 여전히 그 지식을 자신의 조직 내에서 구현해야 한다. 이것은 쉽게 이루어지지 않으며, 이를 위해서는 모방하는 기업이 현재 운영 방식을 변경해야 한다. 이러한 변경은 조직 관성에 의해 저해될 수 있다. 조직 관성은 12장에서 자세히 논의하고 지금은 조직 구조, 루틴 및 문화를 변경하기 어렵다는 것을 알아야한다. 그 이유로는 변경으로 인해 권력과 영향력이 감소할 조직 구성원의 반대와 조직 문화를 변경하는 어려움이 포함된다. 일반적으로 프로세스 변경은 몇 년 동안 지속되는 노력이 필요하며, 모방 노력의 대상이 되는 기업은 그동안 새로운 지식을 축적하고 나아갈 수 있다.

가치 있는 프로세스 지식을 모방할 수 없는 무능함은 미국 자동차 산업에서 문제가 되었으며, 포드와 GM의 토요타(Toyota)의 린 생산 시스템을 모방하려는 시도는 그들 자신의 내부 관성으로 몇 년 또는 몇십 년 동안 지연되었다. 이러한 문제로는 노동조합이 작업 방식 변경 제안에 반대하는 것, 대량 생산이 아닌 린 생산으로 구성된 공장에 수십 년간 투자한 유산, 그리고 회사 내에서 권력과 영향력의 균형 변경을 저항하는 조직 문화 등이 포함되었다.

드물고 가치 있는 조직 아키텍처 또한 프로세스 지식이 모방하기 어려운 이유와 비슷한 이유로 경쟁사가 모방하기 매우 어려울 수 있다. 구체적으로 모방하려는 기업이 성공한 기업의 가치 창출 조직 아키텍처의 특징을 정확하게 식별할 수 있더라도 해당 아키텍처를 채택하려면 대규모 조직 변경이 필요할 수 있고 이는 내부 관성 때문에 위험하고 어려울 수 있다.

함축 요약하면, 지적 재산, 프로세스 지식 및 조직 아키텍처와 같은 고급 생산 요소가 더 드물고 모방 장벽이 높아 모방하기 어렵다는 것을 보여준다. 다르게 말하면, 고급 생산 요소는 조직의 독특한 강점을 형성할 가능성이 더 높다. 이러한 통찰력으로부터 몇 가지 결과가 나타난다.

첫째, 관리자는 지적 재산을 적극적으로 보호하는 것이 중요하다. 지적 재산 권리를 확립함으로써(특허, 저작권 또는 상표 보호를 신청) 그 권리를 주장하며, 그 권리를 침해하려는 경쟁사에 법적으로 도전하는 것이다. 그러나 가치 있는 기술은 때로는 특허로 신청하는 대신 상업 비밀로 유지하는 것이 더 나을 수 있다. 예를 들어, 코카콜라(Coca-Cola)는 핵심 제품인 코크 레시피를 특허로 신청한 적이 없다. 왜냐하면 특허를 신청하면 레시피에 대한 중요한 정보가 공개되기 때문이다.

둘째, 프로세스 지식이 지속 가능한 경쟁 우위의 중요한 원천이 될 수 있어 관리자는 프로세스를 최적화하는 데 상당한 노력을 기울이는 것이 좋다. 예를 들면 식스 시그마(Six Sigma)와 같은 프로세스 개선 방법론에 시간과 노력을 투자할 수 있다(제5장에서 논의한다). 마찬가지로 조직 아키텍처의 중요성을 고려할 때, 회사의 조직이 최적임을 보장하는 것이 중요하다. 조직 디자인에 대해 비판적으로 생각하고 적극적으로 대처하는 것이 매우 중요한 과제가 된다(제12장에서 논의한다).

셋째, 우수한 프로세스와 관행에 대한 지식이 유출되지 않도록 보호하는 것이 중요하다. 예를 들어 오랜 기간 동안 효율적으로 마이크로프로세서를 제조한 인텔(Intel)은 제조 프로세스를 개선하기 위한 가치 있는 기술을 개발했지만 특허는 내지 않았다. 대신, 이 기술의 기반이 되는 지식을 상업 비밀로 취급한다. 인텔(Intel)의 논리는 이 기술이 특허로 신청되면 특허 출원이 기술에 대한 중요한 정보를 공개해 경쟁사에 의한 모방이 가능해질 수 있기 때문이다.

넷째, 회사가 핵심 기능 활동에서 희귀하고 가치 있는 프로세스 지식을 개발한 경우, 회사가 단기적인 비용 절감이나 다른 일시적 이점을 얻기 위해 제3자 제조업체에 이러한 활동을 외주하는 것은 현명하지 않을 수 있다. 일부 관측자들은 보잉이 737 항공기의 수평 안정기 생산을 중국 하도급업체에 외주하기로 결정한 경우 실수를 저질렀다고 생각했다. 수평 안정기는 항공기 꼬리 부분의 수평 날개로, 역사적으로 보잉은 이를 설계하고 제작하여 희귀하고 가치 있는 설계 및 제조 프로세스 지식을 축적했다. 1990년대 후반에 보잉은 중국 항공사로부터 더 많은 주문을 약속하는 묵시적 약속과 함께 수평 안정기 생산을 외주하기로 결정했다. 이로 인해 보잉은 단기간 동안 혜택을 얻었지만, 중국 제조업체들이 자체적인 프로세스 지식을 개발할 기회를 주었으며, 중요한 프로세스 지식을 축적하지 않게 되었다. 현재 중국의 항공기 제조업체들은 보잉의 737 항공기에 대항하는 항공기를 제조하고 있다. 보잉은 이 외주 결정을 통해 회사의 장기적인 경쟁 우위를 감소시킨 것일지도 모른다.

3.3 경쟁 우위와 수익성 사이의 관계를 이해한다

3.3 가치창출과 수익성

지금까지 가치 있고, 희귀하며, 모방하기 어려운 자원을 기반으로 한 경쟁 우위가 잘 조직되고 효율적으로 관리되는 기업 내부에 존재할 때 고유한 강점을 형성한다는 것을 알아봤다. 이 섹션에서는 이러한 자원(강점)이 어떻게 우수한 수익성으로 변환되는지에 대해 자세히 살펴본다.

가장 기본적인 수준에서 기업의 수익성은 세 가지 요인에 의존한다: (1) 고객이

기업의 제품에 부여하는 가치, (2) 기업이 제품에 부과하는 가격, (3) 해당 제품을 만드는 비용

고객이 제품에 부여하는 가치는 제품을 통해 얻는 유틸리티 또는 그것을 소비하거나 소유하는 것으로부터 얻는 행복이나 만족감을 반영한다. 가치는 가격과 구분되어야 한다. 가치는 고객이 제품으로부터 받는 것이다. 이것은 제품의 특성에 의한 것으로 성능, 디자인, 품질, 판매 및 판매 후 서비스와 같은 것에 의한 것이다. 예를 들어, 대부분의 고객들은 BMW의 최고급 차량에 KIA의 저가 차량보다 훨씬 더 높은 가치를 부여할 것이다. 왜냐하면 그들은 BMW가 더 나은 성능과 우수한 디자인, 품질, 그리고 서비스를 가지고 있다고 인식하기 때문이다. 제품의 가치를 고객의 눈에 높이는 기업은 브랜드를 강화하고 가격 옵션을 더 추가한다. 이 가격을 높여 가치를 반영하거나 가격을 낮추어 더 많은 고객이 제품을 구매하도록 유도해 판매량을 확대할 수 있다.

기업이 선택할 수 있는 가격결정 옵션에 관계없이 가격은 일반적으로 고객들이 제품이나 서비스에 부여하는 가치보다 낮은 수준이다. 이것은 고객들이 소비자잉여(consumer surplus)의 형태로 그 효용의 일부를 획득하기 때문이다.

이것은 일반적으로 시장을 그 정도로 세분화하는 것이 불가능하기 때문에, 기업이 각 고객에게 제품 가치를 반영하는 가격을 부과하는 것은 불가능하다. 이는 경제학자가 *고객의 예약 가격*이라고 부르는 것이다. 또한, 기업이 고객을 위해 경쟁하는 상황에서는 독점 기업이었을 때보다 더 낮은 가격을 부과해야 하기 때문에, 가격은 일반적으로 많은 고객들이 부여한 제품에 대한 가치보다 낮아진다. 하지만 기억해야 할 기본적인 사실은 소비자가 제품과 서비스에서 얻는 가치가 클수록 가격결정 옵션은 더 많을 수 있다는 것이다

이러한 개념은 [그림 3.2]에서 도식적으로 보여주고 있다. 여기에서 V는 고객에 대한 제품 단위당 평균 가치, P는 회사가 제품에 부과하려고 결정한 단위당 평균 가격, C는 (실제 생산원가와 생산시스템에 대한 자본투자비용을 포함한) 제품생산을 위한 평균 단위 원가를 의미한다. 기업의 단위당 평균 이윤은 $P-C$이고, 소비자잉여는 $V-P$와 같다. 다시 말해서 $V-P$는 고객이 얻을 수 있는 가치에 대한 척도이고, $P-C$는 회사가 획득해야 할 가치에 대한 척도이다. 기업은 P가 C보다 크다면 이익을 얻을 수 있고, P에 비해 C가 낮을수록 수익성은 더 커질 것이다. V와 P의 차이는 부분적으로 시장에서의 경쟁압력이 치열한 정도에 따라 결정될 수 있으며, 경쟁압력의 강도가 낮을수록 V에 비해 가격이 높아질 것이다. 그러나 V와 P의 차이는 기업의 가격결정 선택에 의해서도 결정될 수 있다. 기업은 낮은 가격으로 더 많은 제품을 판매할 수 있고 규모의 경제를 획득하여 P에 비해 C를 낮춤으로써 이윤을 높일 수 있기 때문에 생산량에 비례해서 가격을 낮추는 방법을 선택할 수

그림 3.2 단위당 가치창출

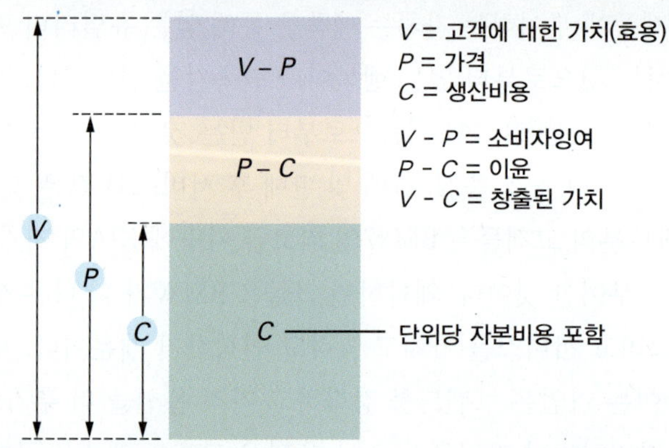

있다.[9]

나중에 살펴보겠지만, 회사는 낮은 가격을 유지함으로써 매출량을 늘리고 규모의 경제를 이루며 *C*를 *P*에 비해 낮춤으로써 이익 마진을 높일 수 있기 때문에 매출량에 비해 가격을 낮게 설정할 수 있다.

그리고 기업에 의해 창출된 가치는 소비자가 제품으로부터 얻는 가치(*V*)와 생산비용(*C*)의 차이($V - C$)로 측정할 수 있다. 기업은 생산요소를 비용 *C*를 들여서 고객이 가치 *V*를 얻고자 하는 제품으로 전환함으로써 가치를 창출한다. 기업은 비용 *C*를 낮춤으로써 더 많은 가치를 창출할 수 있고, 탁월한 디자인, 성능, 품질, 서비스, 기타요인들에 의해 제품을 더 매력적으로 만들 수 있다. 고객이 제품에 더 큰 가치를 부여한다면(*V*의 증가) 기꺼이 더 높은 가격을 지불하고자(*P*의 증가) 할 것이다. 이것은 기업이 경쟁자에 비해 더 큰 고객가치를 창출한다면 경쟁우위와 높은 수익성을 얻을 수 있음을 의미하는 것이다.[10]

기업의 가격결정옵션은 [그림 3.3]에서 보여주고 있다. 현재의 가격결정옵션이 [그림 3.3]의 가운데에 위치하고 있을 때 수익성을 높이기 위해 *V*에서 *V**로 제품의 효용을 증가시키는 전략을 추구한다고 가정해 보자. 가치를 높이기 위해서는 제품 성능, 품질, 서비스 등을 향상시키기 위한 자금지출이 발생하기 때문에 초기에는 생산비용이 증가한다. 기업이 선택할 수 있는 두 개의 가격결정옵션을 고려해 볼 수 있다. 옵션 1은 높은 가치를 반영하여 가격을 올리는 것이다. 비용증가보다 더 많이 가격을 올리고, 따라서 단위당 이윤($P - C$)은 증가한다. 옵션 2는 전혀 다른 선택으로써 생산량을 확대하기 위해 낮은 가격을 선택하는 것이다. 일반적으로 고객들은 가치에 비해 가격이 낮기 때문에 좋은 거래를 한 것으로 인식하고(소비자

그림 3.3 가치창출과 가격결정 옵션

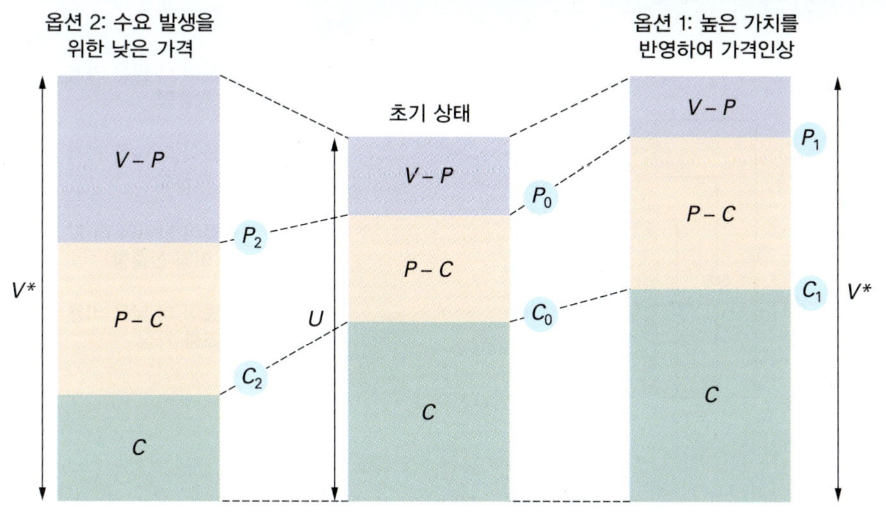

잉여의 증가), 따라서 더 많은 구매에 매진하게 된다(수요 증가). 수요증가에 따라 생산량이 증가하면 규모의 경제를 실현하고 평균단위 원가를 줄 수 있다. 추가적인 가치를 창출하기 위해 초기에 비용이 발생하고 공격적인 가격결정으로 이윤이 축소될 수 있지만 생산량이 증가하고 규모의 경제가 실현되면서 단위당 평균 생산비용이 낮아지기 때문에 결과적으로 이윤은 확대될 것이다.

경영자들은 경쟁 우위와 수익을 극대화하기 위한 결정을 내리기 위해 가치, 가격, 수요 및 비용 사이의 동적인 관계를 이해해야 한다. 예를 들어, [그림 3.3]의 옵션 2는 가격이 낮아져도 수요가 급격히 증가하지 않거나, 수량을 늘리더라도 규모의 경제가 별로 나타나지 않는다면 실현 가능한 전략이 아닐 수 있다. 경영자들은 가치 창출과 가격 결정이 수요에 어떤 영향을 미치는지, 그리고 단위 비용이 수량 증가에 따라 어떻게 변화하는지를 이해해야 한다. 다시 말해, 그들은 자신의 회사 제품에 대한 수요와 다양한 수준의 생산량에서 비용 구조를 명확하게 이해해야만 수익을 극대화하는 결정을 내릴 수 있다.

회사가 가치 있고 희귀하며 모방하기 어려운 자원과 능력을 활용하여 소비자가 경쟁사보다 더 높게 가치를 부여하고(즉, 더 많은 유용성을 느낀다), 경쟁사보다 낮은 비용으로 생산할 수 있는 상태가 가장 유리한 위치이다. 이것은 많은 회사들이 달성하려고 노력하는 결과이다. 애플(Apple)과 그의 성공적인 아이폰(iPhone) 제품 제공 사례를 다시 생각해 보자([그림 3.4] 참조). 애플(Apple)은 아이폰(iPhone)의 우아한 디자인, 직관적이고 사용하기 쉬운 인터페이스, 아이튠즈(iTunes) 및 아이클라우드(iCloud)와 같은 기본 애플리케이션(앱) 및 제3자 애플리케이션을 작성

그림 3.4 애플과 삼성 스마트폰 비교

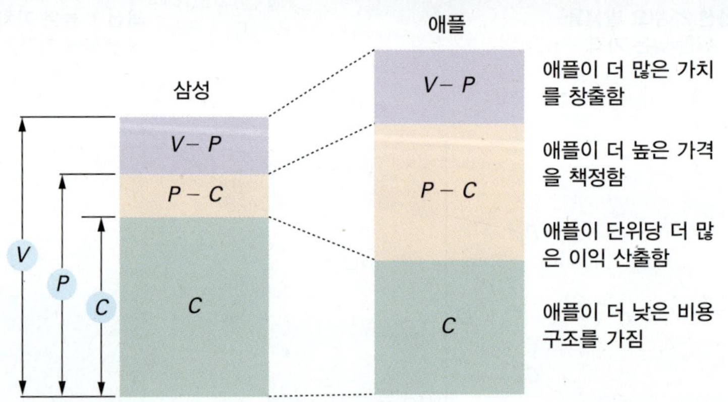

하기 위한 개발자 생태계를 촉진하는 등 다양한 차원에서 소비자에게 가치를 제공한다. 애플은 이러한 측면에서 제품을 차별화하는데 큰 성공을 이뤘기 때문에 삼성, HTC 등의 제품과 비교하여 아이폰(iPhone)에 프리미엄 가격을 부여할 수 있다. 동시에 애플은 많은 아이폰(iPhone)을 판매하여 회사 생산 및 구성품 구매의 규모 경제를 실현하고 아이폰(iPhone)의 평균 단위 비용을 낮추었다. 따라서 아이폰(iPhone)은 브러시드 알루미늄 케이싱 및 고릴라 글래스 화면과 같이 비용이 많이 드는 재료를 사용하더라도 경쟁사보다 더 높은 가격을 부과하고 더 낮은 비용을 갖추었다. 따라서 삼성이 2021년에 애플(Apple)보다 더 많은 판매량을 기록했지만 애플(Apple)은 그 해 글로벌 스마트폰 산업에서 핸드셋 출하량 13%에 불과했지만 매출의 40%를 차지하고 영업 이익은 75%에 달했다.

3.4 가치사슬 개념 설명을 알아본다.

3.4 가치사슬

생산, 마케팅, 제품개발, 서비스, 정보시스템, 자재 관리, 인적자원 등과 같은 기업의 모든 기능들은 비용구조를 낮추고 차별화를 통해 인지된 제품의 가치를 높이는 데 있어서 각자의 역할을 갖고 있다. 이러한 개념을 살펴보기 위한 첫 번째 단계는 [그림 3.5]에 제시된 가치사슬을 검토하는 것이다.[11] **가치사슬**(value chain)은 '기업은 투입물을 고객 가치가 있는 산출물로 변환하기 위한 연쇄적인 활동이다'라는 개념에 근거하고 있다. 변환과정(transformation process)은 제품에 가치를 부가하기 위한 주활동과 지원활동으로 이루어진다.이 변환 과정에는 주요 활동과 지원 활동이 모두 포함된다. 제품에는 사슬의 각 단계에서 가치가 더해진다. *희귀하며 모방*

가치사슬
기업은 투입물을 고객 가치가 있는 산출물로 변환하기 위한 연쇄적인 활동

그림 3.5 주활동과 지원활동의 가치사슬

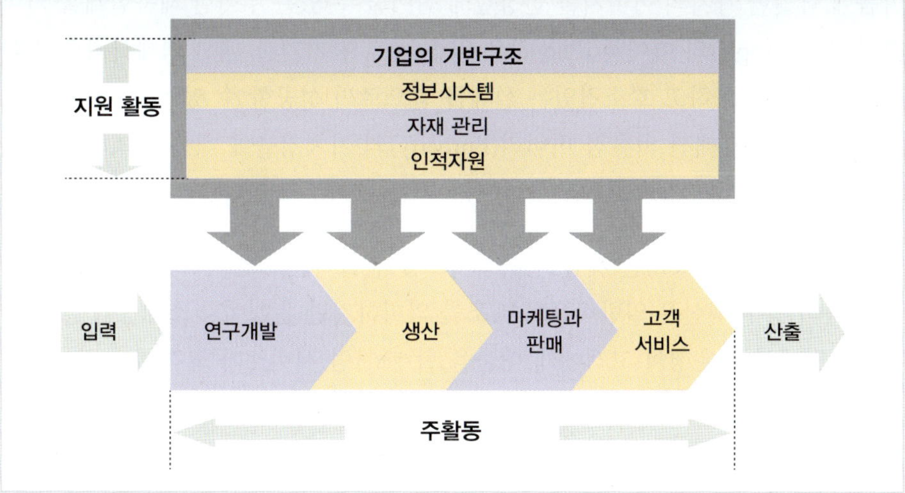

하기 어려운 가치있는 자원은 회사의 가치사슬 활동 중 하나 이상에서 발견된다.

3.4a 주활동

주활동(primary activities)은 제품의 설계·발명·납품, 제품 마케팅, 고객지원과 애프터서비스 등을 포함한다. [그림 3.5]에 제시된 가치사슬에서 주활동은 네 가지 기능, 즉 연구개발, 생산, 마케팅, 고객 서비스로 나누어진다.

주활동
제품의 설계 · 발명 · 납품, 제품 마케팅, 고객지원과 애프터서비스 등을 포함

연구개발 연구개발(R&D)은 제품과 생산 프로세스의 설계를 의미한다. 연구개발은 제조 기업에서 실제 제품과 생산공정을 설계하는 것으로 생각할 수 있지만 많은 서비스 기업에서도 연구개발이 이루어진다. 예를 들어 은행은 새로운 금융상품을 개발하거나 그들의 상품을 고객에게 전달하기 위한 새로운 방법을 개발하면서 서로 경쟁을 한다. 온라인 뱅킹과 스마트 직불카드는 금융업계의 신제품개발 노력으로 결실을 맺은 두 가지 사례라고 할 수 있다. 금융업에서의 초기 혁신 사례는 ATM 기기, 신용카드, 직불카드라고 할 수 있다.

연구개발은 탁월한 제품디자인을 창출함으로써 제품의 기능성을 향상시키고, 고객에게 더 매력적으로 보이면서 가치를 부가할 수 있는 것이다. 그렇지 않으면 연구개발의 노력으로 보다 효율적인 생산 프로세스를 설계해서 생산비용을 낮출 수 있다. 어떠한 방법이든 연구개발기능은 비용을 낮추거나 제품의 효용을 높여서 높은 가격을 책정할 수 있도록 도와준다. 인텔(Intel)의 경우 연구개발을 통해 더욱 강력한 마이크로프로세서(microprocessors)를 개발하고, 설비공급자들과 연대하여 보다 효율적인 제조공정을 개척함으로써 가치를 창출할 수 있었다.

연구개발은 단순히 제품의 특징이나 기능을 향상시키는 것이 아니라 소비자의 마음에 탁월한 가치의 이미지를 인상깊게 심어줄 수 있는 우아한 제품설계를 의미한다. 애플(Apple)의 아이폰(iPhone)은 일종의 전자 기기를 패션 액세서리로 전환시킬 정도로 우아하고 호소력있는 설계를 함으로써 성공할 수 있었다. [전략 실행 사례 3.1]은 고급패션 의류점 버버리(Burberry)의 가치창출에 대해 논의하면서 우아한 설계가 어떻게 가치를 창출할 수 있는지를 보여주고 있다.

생산 생산(Production)은 제품이나 서비스를 산출하는 프로세스를 의미한다. 실제 제품의 경우 생산은 일반적으로 제조를 의미하지만 은행이나 소매점과 같은 서비스운영에서는 은행이 고객에게 대출을 할 때처럼 서비스가 고객에게 전달되면서 발생하게 된다. 기업의 생산 활동이 효율적으로 실행된다면 비용구조를 낮출 수 있다. 이케아(IKEA)와 같은 소매업체의 경우 고객이 구매할 때마다 생산이 이루어진다. 기업의 생산 기능은 활동을 효율적으로 수행함으로써 비용 구조를 낮추는 데 도움을 준다. 생산기능은 높은 제품품질과 관련된 활동을 실행함으로써 차별화(높은 가치)와 낮은 비용을 달성할 수 있다.

마케팅과 판매 기업의 마케팅과 판매 기능을 통하여 가치를 창출할 수 있는 몇가지 방법이 있다. 마케팅기능은 브랜드 포지셔닝과 광고를 통하여 고객이 제품에 담겨 있을 것으로 인지하는 가치를 증가시킬 수 있다. 고객의 마음에 제품에 대한 호의적인 인상을 만들어 줌으로써 효용을 증가시킨다. 예를 들어 프랑스 회사인 페리에(Perrier)는 탄산수를 모으고 담고 유통하는 데 한 병에 2.50달러의 비용이 들었지만 이를 기준으로 가격을 책정하지 않고 가벼운 탄산수가 한 병에 1.00달러의 가치가 있다고 설득하였다. 페리에의 마케팅기능은 고객이 제품에서 발견하는 가치에 대한 인식을 증가시켰다. [전략 실행 사례 3.1]에서 보듯이 버버리의 마케팅부서는 회사와 제품에 대한 브랜드 이미지를 새롭게 함으로써 가치창출을 지원하였다. 그리고 마케팅과 판매기능은 고객의 요구를 발견하고 그 요구에 부합하는 제품을 설계할 수 있도록 연구개발부서와 소통함으로써 가치를 창출할 수 있다.

고객 서비스 기업의 서비스 기능은 애프터서비스와 고객을 지원하는 역할이다. 이 기능은 제품판매가 이루어진 후에 고객의 문제점을 해결하고 고객지원을 함으로써 탁월한 효용을 창출할 수 있다. 예를 들어 미국의 정지용 중장비 제조업체인 캐터필러(Caterpillar)는 자사 제품의 기능불량으로 인한 고장시간을 최소화할 수 있도록 세계 어느 곳이든 24시간 이내에 수리용 부품을 수송할 수 있다. 이것은 고장시간으로 인하여 비용이 크게 발생하는 산업에서 매우 가치있는 고객지원 능력이다. 고객지원을 확대함으로써 캐터필러 고객의 효용을 증가시키고 캐터필러 제

전략 실행 사례 3.1

버버리(Burberry)의 가치창출

샥스피프스애비뉴(Saks Fifth Avenue)에서 촉망받던 로즈마리에 브라보(Rose Marie Bravo) 사장이 1997년 어려움을 겪고 있던 영국 패션의류회사인 버버리(Burberry)의 사장으로 자리를 옮긴다고 발표했을 때 사람들은 그녀가 미쳤다고 생각했다. 체크무늬 안감을 트레이드마크로 사용하는 레인코트의 디자이너로 잘 알려져 있었던 버버리는 패션 특징이 거의 제로에 가까울 정도로 구식이고 시대에 뒤쳐진 경영으로 묘사되고 있었다. 하지만 브라보가 2006년 퇴임할 때에는 그녀는 영국과 미국에서 세계에서 가장 뛰어난 경영자 중의 하나로 보도되었다. 그녀는 버버리에서의 재임 기간 동안 괄목할 만한 조직개혁과 경영혁신을 추진함으로써 버버리를 고부가가치 패션브랜드로 변환시켰다. 이 브랜드는 레인코트와 비키니에서부터 핸드백과 여행가방에 이르기까지 모든 제품에 체크무늬를 하고 있으며, 분홍에서부터 청색과 자주색에 이르기까지 갖가지 색상을 사용하였다. 10년이 지나기도 전에 버버리는 세상에서 가장 가치있고 값비싼 패션 브랜드 중의 하나가 되었다.

브라보에게 이러한 변화를 어떻게 달성하였는지를 질문했을 때 그녀는 브랜드에 숨겨진 가치를 발견하고 끊임없는 창의성과 혁신으로 그 가치를 표출시켰다고 설명하였다. 그녀는 세계적인 디자이너를 고용하고 버버리의 진부한 패션라인을 재설계하였고, 디자인팀을 이끌기 위해 당대 최고 중의 한 명인 크리스토퍼 베일리(Christopher Bailey)를 영입하였다.

마케팅부서는 보다 젊고 돈이 많은 사람들에게 호소할 수 있는 광고를 개발하기 위해 광고회사와 긴밀하게 협력하였다. 그 광고에 슈퍼모델 케이트 모스(Kate Moss)를 출연시키고 최고의 패션 사진작가를 고용하였다. 버버리는 유통에 대해 엄격하게 관리하면서 버버리의 브랜드 이미지와 일치하지 않는 매장에서 제품을 철수하고 자신들의 체인점인 버버리 매장을 확장하였다.

그리고 브라보는 "창의성은 디자이너에게서만 나오는 것이 아니다. 아이디어는 매장 현장이나 마케팅부서, 심지어 회계사에게서 나올 수 있다. 자신들이 일하는 위치에 관계없이 각자의 관점을 가질 수 있고 귀담아 들을 만한 가치가 있는 내용도 있을 것이다."라고 설명하였다. 그녀는 팀워크의 중요성을 강조하였다. "사람들이 간과하는 것 중의 하나는 팀의 품질이다. 그것은 한 사람도 아니고 두 사람도 아니다. 목표를 향해 단결해서 일할 수 있는 팀, 바로 무엇인가를 이룰 수 있는 전체 구성원을 의미한다." 그녀는 팀을 구축하고 "그들이 순조롭게 일하고 비전을 따를 수 있도록" 그 팀에 동기를 부여하는 것이 자신의 역할이라고 강조한다.

출처: S. Beatly, "Bass Talk: Plotting Plaid's Future," Wall Street Journal , September 9, 2004, p.81; C.M. Moore and G. Birtistle, "The Burberry Business Model," International Journal of Retail and Distribution Management 32 (2004): 412-422; M. Dickson, "Bravo's Legacy in Transformation Burberry," Financial Times, October 6, 2005, p.22.

품에 대한 가격책정도 높일 수 있었던 것이다.

3.4b 지원 활동

가치사슬에서의 **지원활동**(support activities)은 주활동이 이루어지도록 투입요소를 제공하는 것이다. [그림 3.5]에 제시된 것처럼 지원활동은 네 가지 기능, 즉 자재 관리(또는 물류관리), 인적자원, 정보시스템, 기업의 기반구조로 나눌 수 있다.

지원활동
주활동이 이루어지도록 투입요소를 제공하는 것

자재 관리(물류관리) 자재 관리(materials management) 기능은 조달과 생산을 거쳐 유통에 이르기까지 가치사슬을 통하여 실물 자재의 전달 과정을 관리한다. 자재 관리가 효율적으로 실행된다면 상당히 비용을 낮출 수 있고 결과적으로 더 많은 이윤을 창출할 수 있다. 매우 효율적인 자재 관리에서 혜택을 받은 회사 중 하나인 스페인 패션 회사 자라(Zara)는 [전략 실행 사례 3.2]에서 논의되었다.

인적자원 기업이 인적자원(human resources) 기능을 통하여 더 많은 가치를 창출할 수 있는 방법은 수없이 많다. 기업이 가치창출 활동을 효과적으로 실행하기 위

전략 실행 사례 3.2

Zara의 경쟁 우위

자라(Zara)는 패션 소매업자로서 스페인에서 가장 빠르게 성장하고 가장 성공적인 회사 중의 하나이며, 100억 달러의 매출과 88개국에 6,500개의 매장을 갖고 있다. 자라의 경쟁우위는 속도(speed)에 집중되어 있다. 대부분의 패션 의류점들 이 디자인에서부터 상품으로 매장에 전달되기 까지 6~9개월이 소요되지만 자라는 단 5주 만에 모든 과정을 완성할 수 있다. 신속한 대응 시간 덕분에 자라는 패션 트렌드의 변화에 빠르게 대응할 수 있었다.

자라는 패션업계의 기존 운영방식을 대부분 깨뜨리면서 빠른 대응 시간을 달성할 수 있었다. 대부분의 패션 의류점들 이 생산 활동을 아웃소싱하고 있었지만 자라는 자신의 공장을 갖고 있었고 생산품의 절반 정도를 자체 생산하였다. 그리고 자체의 디자이너와 매장도 갖고 있었다. 디자이너들은 매장과 계속 접촉을 하면서 실시간으로 무엇이 판매되는지를 추적하고 매주 매장 관리자로부터 반응이 좋았던 것에 대한 의견을 들었다. 패션쇼와 같은 방법으로도 보충적인 정보와 자료를 수집하였다.

이러한 정보를 활용하여 자라의 디자이너들은 1년에 대략 40,000개의 새로운 디자인을 하였고 그중 10,000개가 선택되어 생산되었다. 자라는 글로벌 공급자로부터 기본 옷감을 구매하고 자신의 공장에서 자본집약적인 생산 활동을 한다. 공장에서는 옷감을 재단하기 위해 컴퓨터로 자동화된 기계를 이용한다. 규모의 경제를 달성하기 위해 대량으로 생산하지는 않으며, 대신에 소량으로 생산한다. 바느질과 같은 노동집약적인 활동은 공장 인근에 있는 하청업자에게 맡겨진다. 자라는 필요 이상으로 많은 생산능력을 보유하면서 새로운 패션 트렌드가 나타나면 신속하게 의상을 디자인하고 생산량을 늘린다.

완제품은 자라의 자체 창고 중 하나로 운송되고, 그런 다음 매주 자라의 자체 매장으로 발송된다. 자라는 의도적으로 제품생산을 줄이고, 새로운 패션 트렌드로 이동하기 전에 반응이 좋은 수요에 대해 신속하게 소량의 제품을 공급한다. 종종 그런 제품들은 빠르게 매진되곤 한다. 자라 매장의 빈 선반들은 수요를 발생시킬 수 있는 희소성 가치를 창출한다. 고객은 자신이 좋아하는 제품이 곧 품절될 것이고 다시는 만들어지지 않을 것으로 알고 있기 때문에 빠르게 잡아채듯이 구매하게 된다.

자라는 디자인, 정보시스템, 물류관리에서의 역량을 기반으로 한 전략을 추진함으로써 경쟁자들보다 더 적은 재고를 유지할 수 있다(자라의 재고는 매출액 대비 10% 수준이며, 경쟁 매장인 갭과 베네통은 15% 수준이다). 이것은 팔리지 않는 제품에 대한 가격할인을 줄이고 더 높은 이윤을 얻을 수 있음을 의미한다.

출처: "Shining Examples," *The Economist: A Survey of Logistics*, June 17, 2006, pp. 4–6; K. Capell et al., "Fashion Conquistador," *Business Week*, September 4, 2006, pp. 38–39; K. Ferdows et al., "Rapid Fire Fulfillment," *Harvard Business Review* 82 (November 2004): 101–107; "Inditex Is a Leader in the Fast Fashion Industry," *Morningstar*, December 15, 2009; "Pull Based Centralized Manufacturing Yields Cost Efficiencies for Zara," *Morningstar*, June 19, 2014.

해 숙련된 종업원을 올바르게 배치하는 것이 인적자원기능이다. 가치창출 과업을 실행하기 위해 구성원들을 적절하게 훈련하고 동기부여하고 보상하는 것도 인적자원기능이다. 인적자원 기능이 잘 이루어진다면 종업원 생산성이 높아지고(비용이 낮아지고) 고객 서비스가 향상되고(효용이 증가하고) 결국 더 많은 가치를 창출하게 된다.

정보시스템 정보시스템(information systems)은 기본적으로 재고관리, 매출 추적, 제품 가격결정, 제품 판매, 고객 서비스 요청처리 등과 같은 활동들을 관리하기 위한 전자시스템이다. 현대의 정보 시스템은 인터넷 통신 기능과 결합하여 많은 기업이 가치 창출 활동을 효율적으로 관리하는데 크게 기여하도록 했다. 세계적인 수준의 정보시스템은 [전략 실행 사례 3.2]에서 논의한 자라의 경쟁우위에서도 찾아볼 수 있다.

기업의 기반구조 기업의 기반구조(company infrastructure)는 조직구조, 통제시스템, 기업문화 등과 같이 모든 가치창출활동이 이루어지는 전사적인 배경(companywide context)이다. 이에는 조직 구조, 통제 시스템, 인센티브 시스템 및 조직 문화와 같은 회사의 조직 아키텍처로 참조하는 것이 포함된다. 회사의 기반구조는 법률, 회계 및 재무 기능과 같은 기업 수준의 법적 기능을 포함한다. 최고 경영진이 회사의 이러한 측면을 모두 형성하는 데 상당한 영향력을 행사할 수 있기 때문에 최고경영진도 기반구조의 일부로 간주되야 한다. 실제로 최고경영자는 강력한 리더십을 발휘하여 회사의 기반구조를 형성할 수 있고, 이를 통해 모든 가치창출활동의 성과를 결정할 수 있다. 앞에서 제시한 [전략 실행 사례 3.1]은 이러한 과정에 대한 좋은 사례라고 할 수 있다.

3.4c 가치사슬 분석: 시사점

가치사슬 개념은 유용하다. 내부 분석을 수행할 때 관리자들은 기업의 다양한 가치사슬 활동을 살펴볼 수 있으며, 어떤 활동이 가장 가치를 창출하고 어떤 활동이 그만큼 성과를 내지 못하는지를 확인할 수 있다. 다시 말해, 가치사슬 분석은 관리자들이 회사의 강점과 약점을 식별하는 데 도움이 되는 유용한 도구이다. 더불어, 그것은 관리자들이 회사 내에서 희귀하며 모방하기 어려운 가치 있는 자원이 어디 있는지 파악하는데 큰 도움을 준다.

관리자가 철저한 가치사슬 분석을 수행하려면 여러 가지를 해야 한다. 먼저, 각 활동이 얼마나 효율적이고 효과적으로 수행되고 있는지를 분석해야 한다. 이는 질적 평가를 넘어서 양적 데이터의 깊은 분석을 포함해야 한다. 예를 들어, 자재 관리 기능의 효율성은 재고 회전율로 측정될 수 있고, 고객 서비스 기능의 효과성은 고객 불만 사항이 만족스럽게 해결되는 속도로 측정될 수 있다. 기업이 신뢰할 수 있는 제품을 제공하는 능력은 고객 반품 및 보증 비용으로 측정될 수 있다. 관리자들은 비즈니스에 중요한 양적 측정 항목을 식별하고 이에 대한 데이터를 수집하며 회사가 얼마나 잘 수행되고 있는지 평가해야 한다.

두 번째로, 가능한 경우 관리자는 각 활동을 경쟁사가 수행하는 유사한 활동과 비교하여 회사가 얼마나 잘 수행되고 있는지 확인하는 데 도움이 되는 지표를 사용해야 한다. **벤치마킹(benchmarking)**은 기업이 전략적으로 관련된 데이터를 사용하여 다른 기업과 비교하여 자사의 성과를 측정하는 것을 요구한다. 예를 들어, 항공사는 출발과 도착 지연, 좌석당 수익, 좌석당 비용과 같은 항공업 성과의 중요한 측면을 다루는 공개 데이터를 활용하여 경쟁사와의 활동을 벤치마킹할 수 있다. 정부 기관, 산업 협회 또는 제3자 제공 업체가 이러한 데이터를 수집할 수 있다. 교통부와 항공운송 산업 협회는 항공 산업에 대한 많은 중요한 정보를 수집한다. 마찬가지로 시장 조사 회사 J.D. Power는 자동차 및 무선 통신을 포함한 여러 산업에서 제품 품질과 고객 만족도에 대한 중요한 정보를 제공한다. 온라인 비즈니스에 관한 경우 comScore.com은 인터넷 트래픽, 검색 엔진 성능, 광고 전환 등 여러 가지 중요한 정보를 수집한다.

벤치마킹
시간이 지남에 따라 회사가 다른 회사 또는 자기 회사와 비교하여 얼마나 잘 수행되고 있는지 측정

세 번째로, 경쟁사에 대한 성과 벤치마킹과 다른 산업에서 최고 수준의 기업과의 성과를 비교하는 것은 가치 있을 수 있다. 예를 들어, 애플(Apple)은 매장에서 우수한 고객 서비스로 유명하다. 반면 컴캐스트(Comcast)는 고객 서비스가 부족하다는 평판을 갖고 있다. 따라서 컴캐스트의 관리자들은 애플의 고객 서비스 활동과 성과를 비교할 수 있다. 애플과 컴캐스트는 매우 다른 조직이지만, 이러한 비교는 컴캐스트가 성과를 개선하는 데 도움이 되는 유용한 통찰을 얻을 수 있을 것이다.

네 번째로, 관리자들이 가치 창출 활동이 얼마나 잘 수행되고 있는지 분석하고 효율성과 효과성을 향상시키고자 사용할 수 있는 여러 개의 프로세스 개선 방법이 있다. 가장 유명한 프로세스 개선 도구 중 하나인 식스 시그마(Six Sigma)는 제5장에서 더 자세히 다루고 있다. 마지막으로 가치 사슬 활동 내에서 개선 가능성이 있는 경우 회사 내 리더들은 (a) 관리자들이 필요한 조치를 취하도록 권한을 부여하고, (b) 목표에 대한 시간 경과에 따른 성과 개선을 측정하며, (c) 개선 목표를 달성하거나 초과한 관리자들을 보상하며, (d) 목표를 달성하지 못한 경우 그 이유를 분석하고 필요한 경우 수정 조치를 취해야 한다.

3.5 경쟁 우위의 구성 요소

3.5 경쟁 우위를 구축하고 유지하는 데 효율성, 품질, 혁신 및 고객 응대의 역할을 확인하고 탐구한다.

탁월한(superior) 효율성, 품질, 혁신, 고객 대응성 등 네 가지 요인들은 기업이 경쟁 우위를 구축하는 데 도움을 준다. 이들 요인들은 각각 기업이 보유한 독보적 역량의 산출물이며, 실제 의미로는 "본원적인(generic)" 독보적 역량이라고 할 수 있다. [그림 3.6]에서 보여주듯이 이러한 본원적인 역량은 (1) 제품을 차별화하여 고객에게 더 많은 가치를 제공하고, (2) 비용구조를 낮출 수 있게 한다. 이러한 요인들은 특정 산업이나 생산 제품에 관계없이 어떤 기업이든 추구할 수 있기 때문에 본원적인 독보적 역량(generic distinctive competencies)이라고 할 수 있다. 이들 요인들은 서로 밀접하게 연관되어 있고 상호 간에 중요한 영향을 줄 수 있다. 예를 들어 탁월한 품질은 효율성을 높일 수 있고, 혁신은 효율성과 품질과 고객 대응성을 향상시킬 수 있다.

3.5a 효율성

효율성의 가장 간단한 측정은 효율성=산출물/투입물 공식으로 측정된다. 기업이 효율적일수록 특정 산출물을 생산하는 데 필요한 투입물이 적어지고 비용은 낮아질 것이다.

종업원 생산성은 가장 일반적인 효율성 지표라고 할 수 있다. **종업원 생산성(employee productivity)**은 종업원 1인당 생산된 산출량을 의미한다. 예를 들어 GM이 차량 1대를 조립하는 데 종업원 근로시간으로 30시간 소요되고 포드(Ford)가 25

종업원 생산성
종업원 1인당 생산된 산출량

그림 3.6 경쟁 우위의 구성 요소

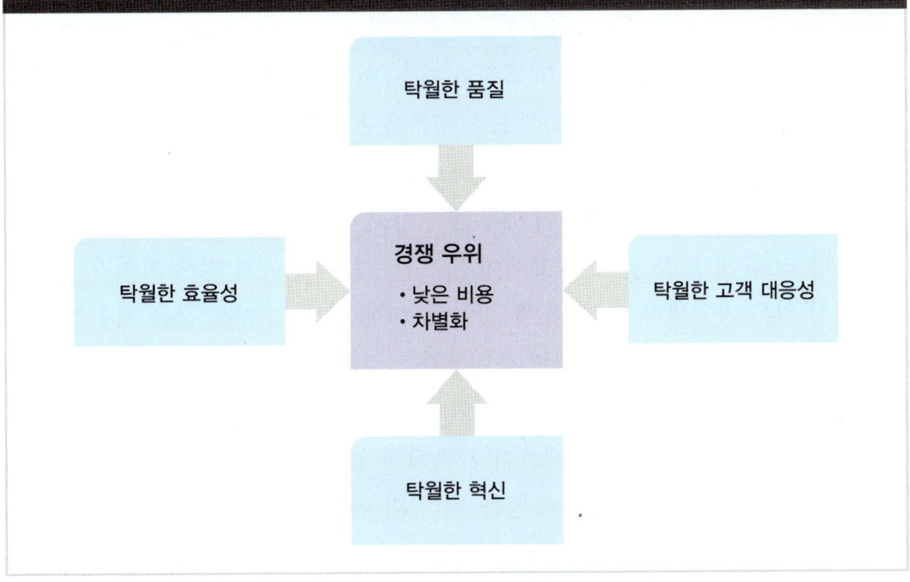

시간이라면 포드가 GM보다 종업원 생산성이 높고 더 효율적인 것이다. 임금률과 같은 다른 요인들이 동일하다면 포드는 GM보다 낮은 비용구조를 갖고 있는 것으로 예상할 수 있다. 따라서 종업원 생산성은 비용구조를 낮춰서 경쟁우위를 획득하게 할 수 있다.

자본 생산성
기업에 투자된 1달러의 자본으로 생산된 판매액

효율성의 또 다른 중요한 측정 항목은 자본 생산성이다. **자본 생산성**(capital productivity)은 기업에 투자된 1달러의 자본으로 생산되는 생산량을 나타낸다. 자본을 매우 효율적으로 활용하고 무생산적인 자산이나 활동에 낭비하지 않는 기업은 자본 생산성이 더 높을 것이다. 예를 들어, 창고 시설의 필요성과 재고를 모두 줄이기 위해 정밀 투입 재고 시스템을 도입하는 기업은 작업 자본을 덜 사용하고(재고에 자본을 덜 투자하게 됨) 고정 자본을 덜 사용하게 될 것이다(창고에 자본을 덜 투자하게 됨). 그 결과로 그 기업의 자본 생산성은 증가할 것이다.

3.5b 우수성과 신뢰성으로서의 품질

제품은 여러 가지 속성(attributes)들이 결합된 집합체로 생각할 수 있다.[12] 대부분 제품의 속성들은 형태, 특징, 성능, 내구성, 신뢰성, 스타일, 그리고 디자인을 포함하고 있다.[13] 이러한 속성들이 경쟁사의 제품속성에 비해 더 높은 효용을 제공하는 것으로 고객들이 인식하게 되면 그 제품은 탁월한 품질(superior quality)을 가졌다고 말한다. 예를 들어 롤렉스 시계(Rolex watch)는 고객들이 다른 시계에 비해 탁월하다고 인식하는 디자인, 스타일, 성능, 신뢰성과 같은 속성들을 갖고 있다. 롤렉스는 이러한 속성들에 의해 시계를 차별화해 왔으며, 이에 따라 롤렉스를 고품질 제품으로 인식하게 된 것이다.

고객들이 제품의 품질을 평가할 때 일반적으로 두 개의 속성, 즉 우수성(excellence) 품질과 신뢰성(reliability) 품질을 고려하게 된다. 우수성 품질은 제품의 디자인과 스타일, 미적 감각, 주요 특징과 기능, 서비스수준과 같은 속성들이 중요하다. 예를 들어 월마트에서 가죽부츠 모조품을 20달러에 구입하거나 노드스트롬(Nordstrom)에서 부드러운 가죽부츠 수제화를 500달러에 구입할 수 있다. 노드스트롬에서 구입한 부츠는 스타일이 매우 우수하고 더 편안하고, 월마트에서 구입한 부츠보다 더 좋게 보일 것이다. 고객이 노드스트롬 부츠에서 얻은 가치가 월마트 부츠에서 얻은 가치보다 항상 더 클 것이고, 이에 대해 더 많은 값을 지불하게 될 것이다. 우수성이 제품에 구현되면 소비자가 그것을 소유하거나 소비하기 위해 더 많은 값을 지불해야 한다는 점이 중요하다.

품질에 관한 신뢰성 부분은 제품이 일관되게 설계된 기능을 수행하고, 잘 수행하며 거의 또는 전혀 고장이 나지 않을 때 신뢰성이 있다고 할 수 있다. 우수성과 마찬가지로 신뢰성은 소비자가 제품으로부터 얻는 가치(유용성)를 높이며, 따라서 회사가 해당 제품에 대해 청구할 수 있는 가격 및 해당 제품에 대한 수요에 영향을 미친다.

품질의 개념은 토요타자동차, 자라의 디자인과 의류, 버라이즌의 무선 서비스, 씨티은행의 고객 서비스, 항공사의 정시 도착 능력 등에 적용할 수 있다. 품질은 제품과 마찬가지로 서비스에서도 동일하게 적용될 수 있다.[14)]

고품질 제품이 경쟁우위에 미치는 영향은 두 가지로 살펴볼 수 있다.[15)] 첫째, 고품질 제품은 고객에게 제공하는 가치(효용)을 증가시키고, 제품 가격을 높일 수 있는 옵션을 제공한다. 예를 들어 자동차산업에서 토요타는 제품의 높은 품질수준 때문에 더 높은 가격을 책정할 수 있었다.

둘째, 고품질의 신뢰성 제품과 연관된 높은 효율성과 낮은 단위 원가는 경쟁우위에 영향을 미친다. 신뢰성 있는 제품이라면 불량제품을 생산하거나 수준 이하의 서비스를 제공해서 낭비될 수 있는 근로시간을 줄일 수 있고, 실수를 바로잡기 위해 소비되는 시간도 줄어들게 되며, 이것은 종업원 생산성을 높이고 단위 원가를 낮추게 된다. 따라서 높은 품질은 경쟁자의 제품과 차별화시킬 뿐만 아니라 신뢰성을 통해 비용도 낮출 수 있다.

경쟁우위를 구축하는 데 있어서 신뢰성의 중요성이 지난 30여 년 동안 획기적으로 증가했다. 많은 기업들이 신뢰성을 강조하고 있으며, 높은 신뢰성을 획득하는 것이 너무 중요해져서 더 이상 경쟁우위를 확보하기 위한 하나의 수단으로만 볼 수 없을 정도이다. 대부분의 산업에서 신뢰성은 기업 생존을 위해 필요한 절대적인 의무사항이 되었다.

3.5c 혁신

혁신(Innovation)은 새로운 제품이나 프로세스를 창조하는 행위이다. 혁신은 제품혁신과 공정혁신으로 나눌 수 있다. **제품혁신(product innovation)**은 새로운 제품을 개발하거나 기존 제품보다 탁월한 속성을 갖고 있는 제품개발을 의미한다. 예를 들어 1970년대 초 인텔의 마이크로프로세스 개발, 1980년대 중반 인터넷으로 자료를 전송하기 위한 시스코(Cisco)의 라우터 개발, 2000년대 애플의 아이팟, 아이폰, 아이패드의 개발 등이 제품혁신이다. **공정혁신(process innovation)**은 제품생산을 위해 새로운 생산공정을 개발하거나 제품을 고객에게 전달하는 새로운 프로세스의 개발을 의미한다. 예를 들어 토요타는 자동차 생산에 있어서 JIT(just-in-time)재고시스템, 자율관리팀, 복합설비의 셋업타임 단축 등과 같은 "토요타 린 생산시스템"이라는 종합적이고 새로운 생산기법을 개발하였다.

제품혁신
새로운 제품을 개발하거나 기존 제품보다 탁월한 속성을 갖고 있는 제품개발

공정혁신
제품생산을 위해 새로운 생산공정을 개발하거나 제품을 고객에게 전달하는 새로운 프로세스의 개발

제품혁신은 신제품을 만들거나 기존 제품을 향상시켜서 가치를 창출하고, 고객들이 더 많은 가치를 인식하게 되면서 기업은 가격결정 옵션을 높이게 된다. 공정

혁신은 생산비용을 낮춤으로써 더 큰 가치를 제공한다. 예를 들어 토요타의 린 생산시스템은 종업원 생산성을 높임으로써 비용 측면에서의 경쟁우위를 제공하였다.[16] 스테이플스(Staples)는 슈퍼마켓 영업방식을 소매점에 적용하여 사무용품 판매 비용을 획기적으로 줄일 수 있었다. 스테이플스는 가격을 낮춤으로써 비용절감 혜택의 일부를 고객들에게 이전하였고, 그 결과 이 회사의 시장점유율이 빠르게 성장할 수 있었다.

장기적인 관점에서 볼 때 제품과 공정혁신은 가장 중요한 경쟁우위의 구성요소라고 할 수 있다.[17] 경쟁은 혁신에 의해 촉발되는 과정으로 볼 수 있다. 모든 혁신이 성공적인 것은 아니지만 경쟁자가 갖지 못한 유일한 것을 제공하기 때문에 경쟁우위의 주요 원천이라고 할 수 있다. 유일함(Uniqueness)은 경쟁자와의 차별화를 통하여 프리미엄 가격(premium price)을 가능케 하고, 공정혁신의 경우에는 경쟁자에 비해 단위 원가를 훨씬 낮출 수 있는 것이다.

3.5d 고객 대응성

기업이 탁월한 고객 대응성(superior customer responsiveness)을 획득하기 위해서는 고객의 요구를 확인하고 만족시키는 일들을 경쟁기업보다 더 잘해야 한다. 차별화를 바탕으로 한 경쟁우위를 창출함으로써 고객이 그 제품에 대해 더 많은 가치를 부여하게 된다. 제품의 품질을 향상시키는 것은 대응성을 획득하는 것과 일치하며, 기존 제품에 없는 특징을 갖도록 신제품을 개발하는 것도 고객 대응성을 달성하는 것이다. 즉, 탁월한 품질과 혁신을 달성하는 것은 탁월한 고객 대응성을 달성하는 데 필수불가결한 것이다.

고객에 대한 대응성을 설명하는 데 있어서 또 다른 중요한 요소는 개별 고객들의 고유한 수요에 대해 제품과 서비스를 고객화하는 것이다. 예를 들어 청량음료와 맥주의 확산은 이러한 추세에 대한 대응으로 볼 수 있다.

고객 대응시간
제품이 전달되는데 소요되는 시간 또는 서비스가 제공되는데 소요되는 시간

점점 관심이 높아지고 있는 고객 대응성의 일면은 고객 대응 시간이다. **고객 대응시간**(customer response time)은 제품이 전달되는 데 소요되는 시간 또는 서비스가 제공되는 데 소요되는 시간이다.[18] 기계류 제조업자에게는 대응 시간이 고객 주문을 충족시키는 시간이다. 은행에서는 대출이 이루어지는 시간 또는 고객이 줄을 서서 기다리는 시간을 의미한다. 패션 매장에서는 디자인을 시작해서 소매점 매장에 진열하기까지 신제품을 출시하는 데 소요되는 시간이다([전략 실행 사례 3.2]에서 스페인 패션 의류회사인 자라가 대응 시간을 어떻게 최소화하였는지를 보여주고 있다). 고객 여론조사가 이루어질 때마다 대응 시간이 느리면 고객 불만족의 주요 원인이 된다는 것을 보여준다.[19]

고객에 대한 대응성을 높일 수 있는 또 다른 요인들은 탁월한 디자인, 탁월한 서

비스, 그리고 탁월한 애프터서비스와 고객 지원이다. 이러한 요인들은 고객 대응성을 높이고, 대응이 느린 경쟁자들에 비해 기업을 차별화시킬 수 있다. 이런 차별화는 기업에 대한 브랜드 충성도를 구축하고 제품에 대한 프리미엄 가격을 부여할 수 있다. 3~4일 걸리는 배송에 비해 바로 다음 날 배송되는 속달우편에 대해 얼마나 많은 사람들이 값을 흔쾌히 지불하려는지 생각해 보자. 2022년에 미국 내에서 시간당 표준 우편 서비스 메일에 대한 2페이지 편지는 약 0.58달러이며, 반면에 미국 내로 오버나이트 익스프레스 메일(Express Mail)로 보낸 2페이지 편지는 약 25달러였다. 따라서 표준 가격 대비 특급 배송의 프리미엄 가격은 24.42달러이며, 표준 가격 대비 프리미엄은 4,200%였다.

3.6 경쟁 우위와 수익성 분석

3.6 경쟁 우위와 수익성 사이의 관계를 설명한다.

경영자들이 기업의 내부 분석을 잘하려면 그들의 전략이 수익성에 어떻게 기여하는지를 확인하고 재무성과(nancial performance)를 분석할 수 있어야 한다. 강점과 약점을 효과적으로 확인하기 위해서는 과거의 성과를 분석하고 경쟁자의 성과와 비교분석하거나 벤치마킹할 수 있어야 한다. 이것은 경쟁자에 비해 수익이 높은지 낮은지, 성과가 시간이 지날수록 향상되고 있는지 악화되고 있는지, 회사의 전략이 가치창출을 극대화하고 있는지, 비용구조가 경쟁자에 비해 정합성에서 벗어나 있는지, 회사의 자원을 가장 효과적으로 활용하고 있는지를 결정하는 데 도움이 된다.

재무성과의 핵심적인 측정지표는 수익성(protability)이고, 수익성은 투자를 통해 발생하는 이익을 획득하는 것이다. 수익성을 측정하는 지표는 자산수익률(ROA: return on assets)이나 자기자본이익률(ROE: return on equity) 같은 지표들이 많지만 전문가들은 투하자본수익률(ROIC: return on invested capital)이 기업의 실제 운영 성과에 초점을 맞추기 때문에 가장 좋은 측정지표라고 말한다(그러나 투하자본수익률의 산출공식은 자산수익률 공식과 매우 유사하다).[20]

ROIC는 투하된 자본에 대한 순이익률, 즉 (ROIC = 순이익 ÷ 투하자본)으로 정의된다. 순이익은 총수익에서 총비용을 차감해서 계산한다(총수익 − 총비용). 순이익은 정부에 세금을 납부한 후에 남는 금액이다. 투하자본은 소유재산, 공장, 설비, 재고 및 기타 자산과 같이 회사의 운영에 투자된 금액이다. 투하자본은 두 가지 방법, 즉 이자가 지급되는 부채와 주주들의 자기자본에서 나올 수 있다. 이자지급 부채는 은행이나 채권을 구입하는 사람에게서 빌려오는 돈이다. 주주의 자기자본은 주식을 공모함으로써 증가되는 돈과(현재 투자가 가능한) 전년도에 유보된 수익을 합친 금액이다. ROIC는 투자가 가능한 설비자금을 어떻게 사용하는지에 대한 효과성을 측정한다. 따라서 이것은 기업이 창출하는 가치에 대한 훌륭한 측정 지표로 볼 수 있다.[21)]

ROIC는 수학적으로 두 개의 구성요소, 즉 매출이익률(return on sales)과 자본회전율(capital turnover)로 나눌 수 있다.[22)] 즉,

투하자본수익률 = 순이익 ÷ 투하자본

= (순이익 ÷ 총수입) × (총수입 ÷ 투하자본)

이 공식에서(순이익 ÷ 총수입)은 매출이익률이고, (수입 ÷ 투하자본)은 자본회전율이다. 매출이익률은 기업이 총수입(revenues)을 얼마나 효과적으로 이익으로 전환하는지를 측정한다. 자본회전율은 투하자본이 총수입을 발생시키는 데 얼마나 효과적으로 사용되는지를 측정한다. 이 두 가지 비율은 [그림 3.7]과 [표 3.1]에 제시된 것처럼 보다 세분화된 기본적인 회계 비율로 나누어질 수 있다.[23)]

[그림 3.7]에서 알 수 있듯이 경영자들은 매출이익률을 증가시키는 전략을 추구함으로써 투하자본수익률을 높일 수 있다. 매출이익률을 높이기 위해서는 판매수입이 일정하다면 매출원가를 줄이거나 판매관리비의 지출을 줄이거나 연구개발비

그림 3.7 수익성의 원동력 투자 자본 수익률(ROIC)

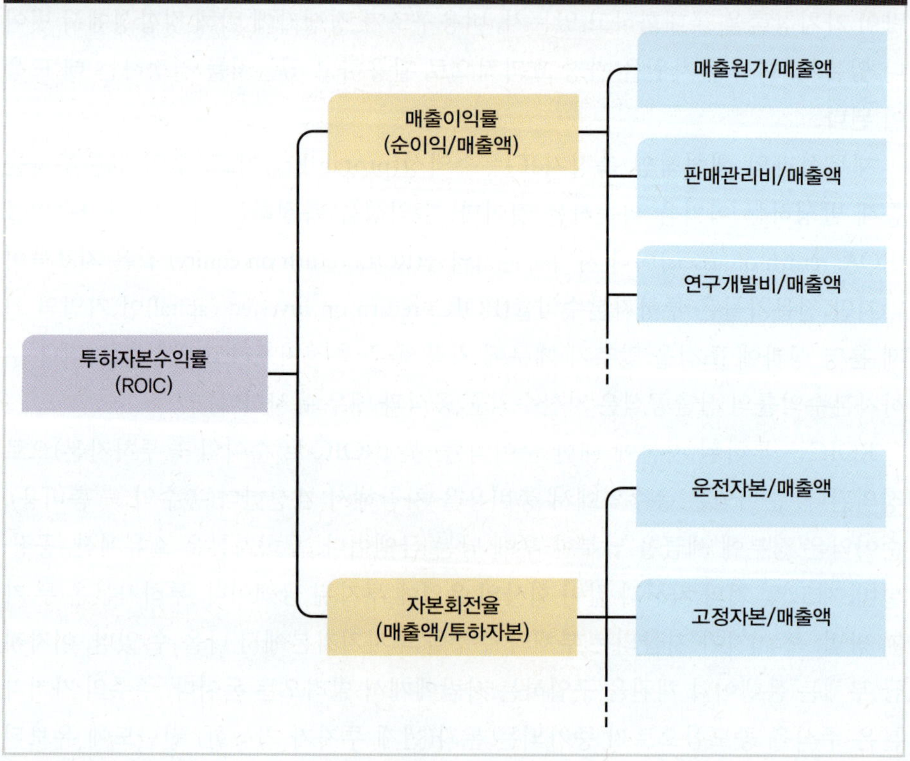

를 줄이는 전략을 추구할 수 있다. 또한 매출원가, 판매관리비, 연구개발비와 같은 사업비의 증가보다 판매수입을 더 늘리는 전략을 추구함으로써 매출이익률을 증가시킬 수 있다. 즉, 비용을 낮추거나 차별화에 의해 가치를 높이고 원가보다 높은 가격을 책정하는 전략을 추구함으로써 매출이익률을 증가시킬 수 있다.

[그림 3.7]에서 보듯이 경영자들은 투하자본에서 더 큰 판매수입을 달성함으로써, 즉 자본회전율을 높임으로써 수익성을 증대시킬 수 있다. 이를 위해 경영자들은 매출 수준을 유지하면서 재고자산 투자와 같은 운전자본을 줄이는 전략을 취하거나 매출 수준을 유지하면서 공장이나 설비에 투자하는 고정자본을 줄이는 전략을 취할 수 있다. 즉, 매출을 발생시키는 자본비용을 줄이는 전략을 추구한다. 자본비용은 [그림 3.2]에서 보았듯이 비용구조의 일부를 구성하고 있으며, 따라서 자본회전율을 증가시키는 전략은 비용구조를 낮출 수 있다.

기업 수익성의 기본적인 원동력이 어떻게 회사 상황을 이해하고 강점과 약점을 파악하는 데 도움이 되는지 알아보기 위해 룰루레몬(lululemon)과 갭(Gap Inc.) 두 개의 주목받는 특수품 소매업체의 재무 성과를 비교해보자. 룰루레몬(lululemon)은 고품질 운동복을 판매하는 회사로 북미 특수품 소매 시장에서 거의 20년 동안 우수한 성과를 내고 있다. 이 회사는 빠르게 성장하고, 세련되게 디자인된 고품질 운동복을 중심으로 브랜드를 구축하였으며, 북미 의류 소매업체 중에서는 평당 매출이 가장 높은 업체 중 하나이다(2021년에는 평당 매출이 1,443달러로, 보석업체

표 3.1 기본 회계 용어의 정의

용어	정의	출처
매출원가(COGS)	제품을 생산하는 데 소요된 총비용	손익계산서
판매관리비(SG&A)	제품의 판매와 관리에 관한 비용	손익계산서
연구개발비(R&D)	연구개발 지출	손익계산서
운전자본	단기적으로 운용해야 할 금액: 유동자산–유동부채	대차대조표
고정자본	제품을 생산하고 판매하는 데 사용하는 공장, 설비, 재산에 대한 투자 가치	대차대조표
매출이익률(return on sales)	매출액의 비율로 나타나는 순이익; 수입이 얼마나 효과적으로 이익으로 전환되는지를 측정	비율
자본회전율(capital turnover)	수입을 투하자본으로 나눈 값; 자본이 얼마나 효과적으로 수입을 발생시켰는지를 측정	비율
투하자본수익률(ROIC)	순이익을 투하자본으로 나눈 값	비율
순이익	총수입에서 총비용을 뺀 값(납세전)	손익계산서
투하자본	이자지급 부채와 주주의 자기자본을 합한 값	대차대조표

티파니(Tiffany)와 애플(Apple Store)에만 미치는 수치였다). 반면 갭(Gap Inc.)은 오랜 역사를 가진 의류 소매업체로 갭(Gap), 바나나 리퍼블릭(Banana Republic), 올드 네이비(Old Navy) 및 애쓸레터(Athleta) 네 개의 주요 소매 브랜드를 소유하고 있다(룰루레몬(lululemon)의 직접 경쟁업체). 룰루레몬(lululemon)은 최근 매출이 급상승한 반면 최근 몇 년 동안 갭(Gap Inc.)은 어려움을 겪고 있다. 두 회사의 성과를 2020 회계연도(두 회사 모두 2020년 1월 31일)로 비교해 보겠다. 이 날짜를 선택한 이유는 2020년 2월에 전 세계를 휩쓸기 시작한 COVID-19 팬데믹의 왜곡 효과를 피하기 위함이다.

3.6a 룰루레몬과 갭의 비교

2020년 1월 종료된 재무 연도에서 룰루레몬(lululemon)은 인상적인 ROIC(투자된 자본 대비 수익률)인 25.4%를 기록했으며, 반면 갭(Gap Inc.)의 투자자본수익률(ROIC)은 3.5%에 불과하며 회사의 자본 비용(약 10%)보다 크게 낮았다. 이는 갭(Gap Inc.)이 경제 가치를 파괴하고 있으며, 반면 룰루레몬은 분명히 경제 가치를 창출하고 있다는 것을 시사한다. 룰루레몬의 높은 수익성은 그의 전략이 [그림 3.7]에서 확인한 다양한 비율에 미치는 영향을 통해 이해할 수 있으며 [그림 3.8]에서 요약되어 있다.[24)] 가장 뚜렷한 차이점은 룰루레몬(lululemon)이 매출수익률 16.3%를 기록한 반면, 갭(Gap Inc.)은 2.1%에 그쳤다는 점이다. 이 차이의 주된 이유는 룰루레몬(lululemon)이 갭(Gap Inc.)보다 훨씬 낮은 원가비용/매출 비율을 가지고 있기 때문이다. 구체적으로 말하면, 룰루레몬(lululemon)은 갭(Gap Inc.)보다 훨씬 높은 마진을 가지고 있다. 그 이유는 룰루레몬(lululemon) 브랜드가 훨씬 강력하기 때문에 의류에 훨씬 더 높은 가격 마진을 부과할 수 있었다. 룰루레몬(lululemon)의 고객들은 갭(Gap Inc.)이 제공하는 것보다 더 잘 디자인되고 품질이 훨씬 높은 것으로 인식하기 때문에 룰루레몬(lululemon)의 운동복에 프리미엄 가격을 지불할 준비가 된 것이다. 예를 들어, 룰루레몬(lululemon)에서 판매하는 요가 바지는 일반적으로 갭(Gap Inc.)의 애슬레타(Athleta) 매장에서 판매되는 바지보다 30달러 더 비싸게 판매된다. 이는 룰루레몬(lululemon)의 브랜드(상표로 보호되는)는 희귀하며 모방하기 어려운 가치 있는 자원이기 때문이다. 반면, 재무 분석은 갭(Gap Inc.)의 브랜드가 비교적 약하며, 회사가 이를 개선해야 할 필요가 있다고 시사한다.

물론, 이 분석은 왜 룰루레몬(lululemon)의 브랜드가 강력한지에 대한 질문을 불러일으킨다. 간단한 답은 이 회사가 제품 디자인과 고품질 성능 원단 개발에 큰 투자를 한다는 것이다(일부 원단은 자체 상표권을 가지고 있다). 이 회사의 의류는 세균과 냄새에 강하게 설계되어 있고 많은 세탁을 견딜 수 있다. 그리고 이 원단은 애

그림 3.8 룰루레몬(lululemon)과 갭(Gap Inc.)의 비교

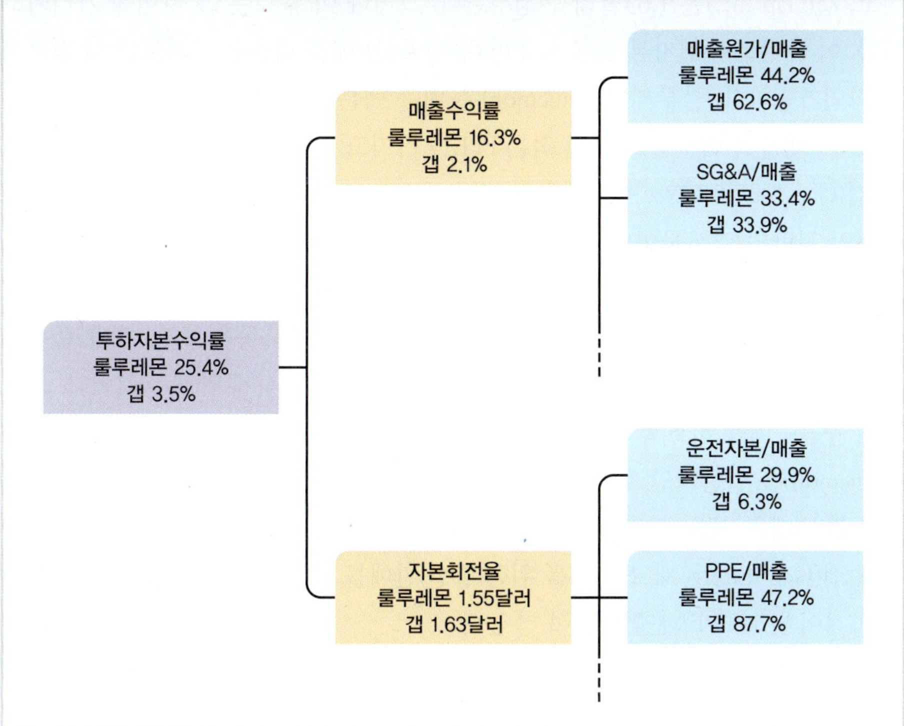

슬레타(Athleta) 등 전통적인 운동복 원단보다 비싸지만 룰루레몬 고객들은 이를 가치 있게 여기며 높은 가격을 지불할 준비가 되어 있다. 룰루레몬(lululemon)은 갭(Gap Inc.)을 포함한 대부분 의류 소매업체와 달리 상당한 디자인 및 원단 연구 활동을 사체석으로 진행하고 있다. 이로써 회사는 고객들이 높게 평가하는 의류를 생산할 수 있는 희귀하며 모방하기 어려운 가치 있는 프로세스 지식을 축적하였고 이는 회사의 가치 있는 상표와 브랜드를 뒷받침한다. 반면, 갭(Gap Inc.)은 프리미엄 가격 전략과 높은 총 마진을 지원하는 강력한 브랜드가 부족하다.

[그림 3.8]에서는 두 회사가 대략적으로 동일한 SG&A(판매, 마케팅, 일반 및 관리) 비율을 가지고 있지만, SG&A 지출의 구성에 차이가 있음을 보여주며 이러한 차이는 재무 비율 분석에서 더 자세하게 나타난다. 룰루레몬(lululemon)은 갭(Gap Inc.)보다 소비자 대상 일반 마케팅에 훨씬 적은 비용을 지출하고, 자체 디자인 및 원료 연구 활동에 더 많은 투자를 진행한다. 이 전략은 룰루레몬(lululemon)이 경쟁우위를 구축하는 데 도움을 주는 반면 갭(Gap Inc.)은 한때 가지고 있던 우위를 잃어버렸다. 다르게 표현하면, 갭(Gap Inc.)에서 판매되는 대부분의 의류에는 독특한 점이 없는 반면 룰루레몬(lululemon)의 의류는 더 독특하다.

[그림 3.8]에서 자본회전율을 살펴보면, 두 회사가 유사한 성과를 내는 것을 볼

수 있다. 룰루레몬(lululemon)은 비즈니스에 투자된 자본 달러당 1.55달러를 생성하고, 갭(Gap Inc.)은 1.63달러를 생성한다. 그러나 이 수치는 큰 차이를 가리키고 있다. 이 차이는 운전자본/매출 및 PPE(유형자산)/매출 비율을 살펴보면 더 정확하게 확인가능하다. 룰루레몬(lululemon)은 매출 백분율로 더 많은 운전자본을 가지고 있고, 매출의 백분율로 훨씬 적은 PPE를 가지고 있다. 룰루레몬의 낮은 PPE/매출(갭(Gap Inc.) 87.7%, 룰루레몬(lululemon) 47.2%)은 룰루레몬(lululemon)의 생산적인 전략의 결과물이다. 룰루레몬(lululemon)의 의류가 잘 디자인되고 고품질일 뿐만 아니라, 회사는 개별 품목의 제품 수명 주기가 9~12주로 짧다. 룰루레몬(lululemon) 매장에 가서 원하는 스타일과 색상을 가진 품목을 보면, 해당 품목이 몇 주 안에 선반에서 사라질 수 있으므로 즉시 구매하고 싶게 만드는 것이다. 고객에게 충동구매를 하도록 교육하고 제품 수명 주기를 짧게 유지함으로써, 룰루레몬(lululemon)은 일반적인 재고 판매를 위한 할인 판매를 진행할 필요가 없다. 따라서 낮은 PPE/매출 비율에 반영된 높은 총마진 및 평당 매출이 가능한 것이다. 이에 비교해 갭(Gap Inc.)는 재고 처리를 위한 할인 판매를 훨씬 더 많이 활용하기 때문에 총 마진이 낮고 PPE/매출 비율이 더 높다.

마지막으로, 룰루레몬(lululemon)이 더 높은 운전자본/매출 비율을 가지는 이유를 알아봐야 한다. 이것은 구매력과 지불 조건 차이를 반영한다. 2020년 매출이 160억 달러 이상인 갭(Gap Inc.)은 룰루레몬의 약 4배 이상이다. 이로 인해 갭(Gap)은 계약 제조업체(두 회사 모두 주로 아시아의 공장에서 의류 제조를 외주함)로부터 더 유리한 지불 조건을 얻을 수 있다. 갭(Gap)이 더 나은 판매 방식을 갖는다면, 재고 중 일부를 크게 할인하고 총 마진을 낮춰야 하더라도 이로 인해 낮은 워킹 캐피탈/매출 비율이 설명될 것이다(예를 들어 더 큰 양을 처리하기 때문에 갭(Gap)은 공급 업체에게 지불기간 60일을 부여받는다면 룰루레몬은 30일). 이것은 갭(Gap Inc.)에 대한 룰루레몬(lululemon)의 약점이다. 그렇다면 물류 및 공급망 기능을 개선하여 이를 해결하기 위한 조치를 취할 필요가 있을 것이다. 또한 룰루레몬(lululemon)의 운전자본 비율은 높은 가치가 할당된 재고 시스템에 있고 재고 할인 판매를 하지 않아도 된다는 사실을 반영한다.

요약하면, 룰루레몬(lululemon)의 높은 수익성은 전략적 투자가 몇 년 동안 구축한 희귀하고 모방하기 어려운 가치 있는 자원들 결과물이다. 특히 제품 디자인과 품질 측면에서 더욱 두드러진 자원이다. 반면 갭(Gap)의 부진은 높은 가격으로 총 마진을 지원하는 강력한 브랜드의 부재로 인한 것이다. 이처럼 이 섹션에서 설명한 방법론은 회사가 경쟁 우위를 어떻게 달성하고 유지하는지(또는 그렇지 않은 이유)를 분석하는 데 매우 유용하다. 이 방법은 회사의 강점과 약점을 강조한다. 어디에서 개선의 여지가 있고 어디에서 회사가 뛰어난지를 보여주며 전략 수립을 촉진할 수 있다. 또한, 동일한 방법론은 경쟁사의 성과를 분석하고 그들의 강점과 약점에 대한 더 큰 이해와 전략을 결정하는데 도움을 준다.

핵심용어

독보적 역량(distinctive competencies) 95
자원(resources) 95
프로세스 지식(process knowledge) 95
능력(capabilities) 95
사회적으로 복잡(socially complex) 95
암묵적(tacit) 95
조직 아키텍처(organizational architecture) 96
지적 재산(intellectual property) 96
기본적인 생산 요소(basic factors of production) 97
고급 생산 요소(advanced factors of production) 97
VRIO 프레임워크(VRIO framework) 98
모방의 장벽(barriers to imitation) 100
인과관계 모호성(causal ambiguity) 100
가치사슬(value chain) 106
주활동(primary activities) 107
지원활동(support Activities) 109
벤치마킹(benchmarking) 112
종업원 생산성(employee productivity) 113
자본 생산성(capital productivity) 114
제품혁신(product innovation) 115
공정혁신(process innovation) 115
고객 대응시간(customer response time) 116

전략적 경영자를 위한 시사점

1. 독보적 역량은 회사의 고유한 강점이다. 가치 있는 독보적 역량은 기업이 산업 평균 이상의 이윤율을 얻을 수 있게 해준다.
2. 조직의 독보적 역량은 그 자원에서 비롯된다. 자원은 땅, 노동, 경영, 공장, 장비, 공정 지식, 지적 재산 및 조직 구조를 포함한다.
3. 자원은 가치 있고, 희귀하며 모방하기 어려울 때, 그리고 회사가 이를 활용할 수 있을 때 경쟁 우위를 가져올 가능성이 높다.
4. 지적 재산, 공정 지식 및 조직 구조와 같은 고급 생산요소(자원)는 지속적인 경쟁 우위를 가져올 가능성이 가장 높다. 가치 있는 고급 자원은 희귀하고 모방하기 어렵다는 특성이 더 높다.
5. 경쟁 우위를 얻으려면 기업은 기존 자원을 기반으로 하는 전략을 추구하고 추가적인 자원을 만들어내는 전략을 수립해야 하고 새로운 역량을 개발해야 한다.
6. 회사가 창출하는 가치의 양은 소비자가 그 제품 또는 서비스로부터 얻는 가치(유용성)와 그 가치를 창출하는 비용 간의 차이로 측정된다.
7. 더 많은 가치를 창출하려면 회사는 비용을 낮추거나 제품을 차별화해 소비자에게 더 많은 유용성을 제공하고 더 높은 가격을 부과하거나 두 가지를 동시에 수행해야 한다.
8. 경쟁 우위의 네 가지 구축 요소는 효율성, 품질, 혁신 및 고객 대응이다. 우수한 효율성은 회사가 비용을 낮출 수 있게 하며, 우수한 품질은 더 높은 가격을 부과하고 비용을 낮출 수 있게 한다. 우수한 고객 서비스는 더 높은 가격을 부과할 수 있게 한다. 우수한 혁신은 제품 혁신의 경우 가격을 인상할 수도 있고, 공정 혁신의 경우 단위 비용을 낮출 수도 있다.
9. 견고한 내부 분석을 수행하기 위해서는 관리자들은 자신의 회사의 재무성과를 분석할 수 있어야 한다. 회사 전략이 투자된 자본에 대한 수익률로 측정되는 수익성과 어떻게 관련되는지를 식별해야 한다.

토론 과제

1. 이 3장에서 논의한 자료의 주요 함의는 전략 수립에 어떤 영향을 미쳤는가?
2. 회사의 경쟁우위가 가장 오랫동안 유지 가능한 시점은 언제인가?
3. 회사가 그 산업에서 고객에게 가장 가치 있는 산출물을 제공하는 동시에 가장 낮은 비용 생산자가 될 가능성이 있는가? 이 주장에 대해 토론해보자.
4. 투자한 자본에 대한 수익률로 측정되는 수익성의 주요 동력을 이해하는 것은 왜 중요한가?
5. 기업의 성공과 실패를 설명하는 데 있어 무엇이 더 중요한가: 가치 있는 자원을 창출하기 위한 전략 수립인가? 아니면 운이 중요한가?

노드스트롬(Nordstrom)의 경쟁우위

마무리 사례

AP Images/Elaine Thompson

노드스트롬(Nordstrom)은 미국에서 가장 성공한 백화점 패션 소매업체 중 하나이다. 1901년 스웨덴 이민자인 존 노드스트롬(Nordstrom)이 시애틀에서 한 신발 가게로 회사를 설립했다. 노드스트롬(Nordstrom)의 비즈니스 접근 방식은 고객 서비스, 제품 선택, 품질 및 가치에서 예외적인 것을 제공하는 것이다. 이러한 접근 방식은 오늘날에도 노드스트롬(Nordstrom)의 특징이다.

현대의 노드스트롬(Nordstrom)은 미국 전역에 100개 이상의 고급 "정가" 백화점과 250개 이상의 "할인가" 노드스트롬(Nordstrom) 랙 스토어를 보유한 패션 전문 체인이다. 노드스트롬(Nordstrom)은 2022년에 거의 150억 달러의 매출을 올렸다. 2012년부터 2022년까지 노드스트롬(Nordstrom)의 투자된 자본에 대한 수익률은 연평균 14%로 유지되었으며(이는 소매업체로서는 매우 좋은 성과이다), 2020년과 2021년에는 코로나19 팬데믹의 영향을 크게 받았지만 2022 회계 연도에는 이익을 창출하고 장기적인 성과로 돌아가는 모습이다.

노드스트롬(Nordstrom)은 특별한 시장에서 활동하는 회사이다. 핵심 백화점 사업은 비교적 부유한 고객층을 대상으로 한 저렴한 명품을 찾는 고객을 중점으로 하고 있다. 그들의 백화점은 고급 지역에 위치하며 고가의 가구와 인테리어를 가지고 있어서 고급스러운 느낌을 전달한다. 매장은 브라우징을 장려한다. 그랜드 피아노에서 연주되는 라이브 음악과 같은 요소들이 매력적인 분위기를 조성한다. 상품은 유행적이고 고품질이다. 그러나 노드스트롬을 다른 많은 경쟁 업체와 구분 짓는 건 바로 전설적인 고객 서비스이다.

노드스트롬(Nordstrom)의 판매원은 일반적으로 잘 정돈된 멋있는 차림으로 예의 바르고 고객에게 도움을 주고자 세부 사항에 주의를 기울이는 것으로 알려져 있다. 감사 카드, 집 배송, 개인 약속 및 개인 쇼퍼 접근은 노드스트롬(Nordstrom)에서는 일상적이다. 영수증이 필요하지 않는 무조건적인 반품 정책이 있으며, 노드스트롬(Nordstrom)의 철학은 고객이 항상 옳다는 것이다. 회사 판매원은 좋은 혜택과 부서에 따라 판매 수수료가 6.75%에서 10%까지 범위가 있어 보상을 잘 받는다. 노드스트롬(Nordstrom)의 최고 판매원은 주로 수수료로 연간 10만 달러 이상을 벌어들인다.

고객 서비스의 열망은 노드스트롬(Nordstrom)의 문화와 조직에 중심이다. 조직도는 역피라미드 모양이며, 판매원이 가장 위에 있고 경영진이 가장 아래에 있다. 전 셀푸제나 공동 CEO인 블레이크 노드스트롬(Nordstrom)에 따르면 "저는 그들을 위해 일한다. 제 역할은 그들이 가능한 한 성공적이게 하는 것이다."라고 말한다. 경영진은 문화를 강화하기 위해 고객 서비스가 노드스트롬(Nordstrom)에서 가장 중요하다는 사례들을 지속적으로 공유한다. 한 이야기에 따르면 알래스카의 페어뱅크에 있는 한 고객이 (노드스트롬에서 판매하지 않는) 다른 가게에서 구입한 한 쌍의 타이어를 반환하길 원할 때, 판매원은 그 타이어의 가격을 확인하고 돈을 돌려준다고 한다.

품질과 명품에 대한 강조에도 불구하고 노드스트롬(Nordstrom)은 운영 효율을 간과하지 않았다. 평방 피트당 매출은 매장 크기와 상관없이 약 500달러로, 재고 회전율은 연간 5회 이상, 10년 전의 3.5회에서 증가했다. 이는 고급 백화점에 좋은 수치이나(비교적으로 메이시즈(Macy's)와 코울즈(Kohl's)의 재고 회전율은 연간 약 3회이다). 경영진은 지속적으로 효율성과 고객 서비스를 개선하기 위한 방법을 찾는다. 예를 들어 2016년에는 5,000명의 판매원에게 모바일 체크아웃 장치를 제공하여 고객이 체크아웃 라인에서 기다릴 필요가 없게 만들었다.

노드스트롬(Nordstrom)은 노드스트롬 랙 스토어를 통해 할인 의류 시장에서도 강한 입지를 갖고 있다. 할인가 랙 비즈니스는 1973년 시애틀에서 시작한 한 개의 정리용 매장에서부터 현재 약 250개의 스토어로 성장했다. 노드스트롬(Nordstrom)은 랙 스토어가 정가 백화점 사업을 침범하지 않는다고 믿는다. 랙은 상대적으로 덜 부유한 고객층을 끌어들이므로 정가 스토어와 경쟁하지 않는다는 주장이다. 노드스트롬(Nordstrom)은 랙이 회사의 새로운 고객의 주요 출처이며, 할인가 고객의 1/3이 시간이 지나면 정가 고객이 되는 것으로 보고 있다. 더 나아가 회사는 정가 스토어에서 판매하지 않는 상품을 클리어하기 위해 랙 스토어를 사용한다(판매 상품의 약 10% 정도).

전자 상거래 매출도 빠른 속도로 성장하고 있다. 노드스트롬(Nordstrom)은 전자 상거래 공간에서 초기에 움직였던 사업자 중 하나다. 회사의 주요 사이트인 Nordstrom.com은 1998년에 출시되었으며 백화점과 랙 형식을 포함한 비즈니스 전체에 통합되었다. 물리적 매장은 온라인 판

출처: A. Martinez, "Tale of Lost Diamond Adds Glitter to Nordstrom's Customer Service," *Seattle Times*, May 11, 2011 (www.seattletimes.com); C. Conte, "Nordstrom Built on Customer Service," *Jacksonville Business Journal*, September 7, 2012 (www.bizjournals.com/Jacksonville); W. S. Goffe, "How Working as a Stock Girl at Nordstrom Prepared Me for Being a Lawyer," *Forbes*, December 3, 2012; B. Welshaar, "Nordstrom Inc," Morningstar, April 5, 2022, www.Morningstar.com.

매에 중요한 역할을 하며, 온라인에서 주문할 수 있는 상품을 전시하는 장소 역할을 한다. 원하는 경우 고객이 상품을 반환할 수 있는 장소이기도 하다. 노드스트롬(Nordstrom) 온라인 성공 핵심은 브랜드를 활용해 온라인 판매를 촉진한 능력이었으며, 2012년부터 2022년까지 온라인 매출은 총 매출의 14%에서 40%로 증가해 노드스트롬(Nordstrom)을 미국에서 주요 전자 상거래 기업 중 하나로 만들었다. 노드스트롬(Nordstrom)의 접근 방식은 많은 다른 전통적인 소매업체와 대조되며, 이들은 온라인 오퍼링을 비즈니스의 나머지 부분과 분리하여 외부 업체에 아웃소싱하는 것을 선택했다.

사례 토의 문제

1. 노드스트롬(Nordstrom)이 미국 의류 소매업체 중에서 역사적으로 강력한 위치를 차지하게 된 근간 자원은 무엇인가?
2. 이러한 자원들은 노드스트롬(Nordstrom)이 효율성, 품질, 고객 대응력 및 혁신 중 하나 이상을 향상시키도록 어떻게 기여하는가?
3. VRIO 프레임워크를 적용하고 이러한 자원들이 어느 정도로 가치 있고, 희귀하며 모방하기 어렵고, 잘 조직화된 것으로 간주될 수 있는지 설명할 수 있는가?
4. 노드스트롬(Nordstrom)의 랙 및 전자 상거래 제공이 전체 그림에 어떻게 맞는가? 이러한 제공물들은 노드스트롬의 잘 정립된 자원과 역량에서 혜택을 받는가?
5. 노드스트롬(Nordstrom)이 경쟁 우위를 유지하기 위해 앞으로 어떤 조치를 취해야 하는가?

참고문헌

[1]M. Cusumano, *The Japanese Automobile Industry* (Cambridge: Harvard University Press, 1989); S. Spear and H. K. Bowen, "Decoding the DNA of the Toyota Production System," *Harvard Business Review* (September– October 1999): 96–108.

[2]The material in this section relies on the resource-based view of the company. For summaries of this perspective, see J. B. Barney, "Company Resources and Sustained Competitive Advantage," Journal of Management 17 (1991): 99–120; J. T. Mahoney and J. R. Pandian, "The Resource-Based View Within the Conversation of Strategic Management," Strategic Management Journal 13 (1992): 63–380.

[3]R. Amit and P. J. H. Schoemaker, "Strategic Assets and Organizational Rent," *Strategic Management Journal* 14 (1993): 33–46; M. A. Peteraf, "The Cornerstones of Competitive Advantage: A Resource-Based View," *Strategic Management Journal* 14 (1993): 179–191; B. Wernerfelt, "A Resource-Based View of the Company," *Strategic Management Journal* 15 (1994): 171–180; K. M. Eisenhardt and J. A. Martin, "Dynamic Capabilities: What Are They?," *Strategic Management Journal* 21 (2000): 1105–1121; D. G. Sirmon and M. A. Hitt, "Contingenecies with Dynamic Managerial Capabilities: Interdependent Effects of Resource Investment and Deployment on Firm Performance," Strategic Management Journal, 30 (2009): 1375–1394.

[4]For a discussion of organizational capabilities, see R. R. Nelson and S. Winter, *An Evolutionary Theory of Economic Change* (Cambridge: Belknap Press, 1982).

[5]J. B. Barney and W. S. Hesterly, *Strategic Management and Competitive Advantage* (Boston: Pearson, 2005).

[6]The concept of barriers to imitation is grounded in the resource- based view of the company. For details, see R. Reed and R. J. DeFillippi, "Causal Ambiguity, Barriers to Imitation, and Sustainable Competitive Advantage," *Academy of Management Review* 15 (1990): 88–102.

[7]E. Mansfield, "How Economists See R&D," *Harvard Business Review* (November–December 1981): 98–106.

[8]R. Reed and R. J. DeFillippi, "Causal Ambiguity, Barriers to Imitation, and Sustainable Competitive Advantage," *Academy of Management Review* 15 (1990): 88–102.

[9]그러나 $P = V$는 기업이 완전 독점적일 때처럼 특별한 경우에만 해당되며, 고객의 제품 효용을 반영하여 각 소비

자들에게 유일한 가격을 부여한다(즉, 완벽한 가격차별화가 가능하다). 보다 일반적으로는 완전한 가격차별화와 같은 특별한 경우를 제외하면 독점기업 조차도 대부분의 소비자들이 제품 효용의 일부를 소비자잉여 형태로 획득하는 것을 알게 된다.

[10]This point is central to the work of Michael Porter. See M. E. Porter, Competitive Advantage (New York: Free Press, 1985). See also P. Ghemawat, *Commitment: The Dynamic of Strategy* (New York: Free Press, 1991), Chapter 4.

[11]Porter, *Competitive Advantage*.

[12]This approach goes back to the pioneering work by K. Lancaster, *Consumer Demand: A New Approach* (New York: Columbia University Press, 1971).

[13]D. Garvin, "Competing on the Eight Dimensions of Quality," *Harvard Business Review* (November- December 1987): 101–119; P. Kotler, *Marketing Management* (Millennium Ed.) (Upper Saddle River: Prentice-Hall, 2000).

[14]C. K. Prahalad and M. S. Krishnan, "The New Meaning of Quality in the Information Age," *Harvard Business Review* (September– October 1999): 109–118.

[15]See D. Garvin, "What Does Product Quality Really Mean?" *Sloan Management Review* 26 (Fall 1984): 25–44; P. B. Crosby, *Quality Is Free* (New York: Mentor, 1980); A. Gabor, *The Man Who Discovered Quality* (New York: Times Books, 1990).

[16]M. Cusumano, *The Japanese Automobile Industry* (Cambridge: Harvard University Press, 1989); S. Spear and H. K. Bowen, "Decoding the DNA of the Toyota Production System," *Harvard Business Review* (September–October 1999): 96–108.

[17]W. C. Kim and R. Mauborgne, "Value Innovation: The Strategic Logic of High Growth," *Harvard Business Review* (January–February 1997): 102–115.

[18]G. Stalk and T. M. Hout, *Competing Against Time* (New York: Free Press, 1990).

[19]Ibid.

[20]T. Copeland, T. Koller, and J. Murrin, *Valuation: Measuring and Managing the Value of Companies* (New York: Wiley, 1996). See also S. F. Jablonsky and N. P. Barsky, *The Manager's Guide to Financial Statement Analysis* (New York: Wiley, 2001).

[21]Copeland, Koller, and Murrin, *Valuation*.

[22]This is done as follows. Signifying net profit b =5, invested capital by K, and revenues by =, then ROIC = 5/ K. If we multiply through by revenues, R, this becomes R = (K) = (= = R =)/ (K = R), which can be rearranged as = /R = R/K, where = /R is the return on sales and R/K is capital turnover.

[23]Figure 3.7 is a simplification that ignores other important items that enter the calculation, such as depreciation/sales (a determinant of ROS) and other assets/sales (a determinant of capital turnover).

[24]Figure 3.8 was constructed from financial accounts reported by the investment service Morningstar. For retailers, PPE includes not just physical stores, warehouses, and equipment that the company owns, but also long-term capital lease obligations. The SG&A figures may include some other expenses that are not strictly SG&A, such as a 50-person team at lululemon that undertakes applied research into different fabrics.

Michal Sanca/Shutterstock.com

Part 3 전략

Chapter 4

사업수준 전략

학습목표

4.1 비즈니스 수준 전략을 정의한다.

4.2 저원가 전략과 차별화 전략의 차이점을 설명한다.

4.3 시장 세분화 과정을 요약한다.

4.4 사업수준 전략 옵션을 식별한다.

4.5 사업수준 전략과 경쟁 우위 사이의 관계를 설명한다.

4.6 기능별 전략과 조직 배치를 통해 회사가 사업수준 전략을 실행하는 방법 설명한다.

4.7 블루오션 전략과 가치혁신의 개념에 대해 논의한다.

첫머리 사례

리비언(Rivian)

2009년에 캘리포니아 기업가 아아제이 스케링(R.J. Scaringe)에 의해 설립된 리비언(Rivian)은 전기 픽업 트럭 시장 초기 선두 주자이다. 처음으로 공개된 R1T 픽업은 2021년 말에 일리노이 주 노멀 공장에서 생산 라인을 벗어나, 리비언(Rivian) 전기 픽업을 공급하는 첫 회사로 만들었다. 리비언(Rivian)은 전기 자동차 시장에서 강력한 풍향을 타고 있다. 기후 변화에 대한 우려가 커지고 전 세계 정부가 교통 수단의 전기화를 촉진하기 위해 조치를 취하면 수요가 더 높아질 것으로 보인다. 전기 자동차 산업 리더인 테슬라(Tesla)는 지금까지 대부분 자동차 시장에 주력했으나 픽업 트럭 시장은 지금까지 미루었다.

리비언(Rivian) 트럭은 입문 가격이 $67,500로 고가의 럭셔리 차량이다. 주로 야외 활동을 즐기는 부유하고 열렬한 애호가를 대상으로 한다. 일부 기능은 놀라울 정도로 멋지다. R1T은 0에서 60mph까지 3초 만에 달릴 수 있다. 45도 경사의 언덕을 오를 수 있으며, 대부분의 픽업 트럭이 한 번만 할 수 있는 3피트 물속을 달릴 수 있다. R1T의 플랫폼은 네 개의 모터(각 바퀴마다 하나), 하프 샤프트, 브레이크 및 허브; 바닥에 장착된 배터리 팩 및 전력 전자 장치; 그리고 전기 수동 안티 롤 시스템이 있는 저중심의 섀시로 구성되어 있다. 매우 강화된 저중심 프레임은 거대한 프런트 트렁크와 같은 혁신적인 기능을 가능하게 한다. 선택적 기능 중 하나는 캠핑장에서 요리하기 위해 설계된 인덕션 스토브탑과 싱크대가 있는 추출식 주방이다. 객실은 넓고 바람과 타이어 소음으로부터 잘 차단되며 편안한 고급 기능으로 가득하다. 리비언(Rivian)은 물이나 울퉁불퉁한 지형을 달리고 통과하기 위해 가상 버튼 하나로 높이를 8인치 더 늘릴 수 있다.

리비언(Rivian)은 아직 개발 단계 중인 다른 두 대의 차량, R1S라는 SUV와 배송 트럭을 보유하고 있다. 배송 트럭은 리비언(Rivian)의 지분 약 18%를 소유하는 아마존(Amazon)과의 계약 결과이다. 아마존(Amazon)은 전체 배송 트럭 플릿을 전기 차량으로 전환할 계획이며, 2025년 말까지 100,000대의 트럭을 리비언(Rivian)이 납품하도록 계약했다. 이를 위해 리비언(Rivian)은 2021년 11월 IPO에서 137억 달러를 포함한 투자자로부터 200억 달러를 조달했다. 일리노이의 공장은 연간 150,000대의 차량을 생산할 수 있는 생산 능력을 갖고 있다. 리비언(Rivian)은 2021년 12월, 조지아 두 번째 공장에 50억 달러를 투자할 계획을 발표했다. 이 공장은 연간 최대 400,000대의 차량을 생산할 수 있다. 목표는 생산을 신속하게 확대하고 경제적 이득을 얻고 수익성을 달성하는 것이다. 이는 대담한 전략이지만, 리비언(Rivian)은 R1T

Tada Images/Shutterstock.com

출처: C. Domonoske, "The Electric Automaker Rivian Soared in Its Stock Debut," *NPR: Business*, November 10, 2021; M. Colias, "Rivian Automotive Curtails Production in 2022 Due to Supply-Chain Disruptions," *Wall Street Journal*, March 10, 2022; D. Neil, "2022 Rivian R1T: Much Anticipated, Still a Work in Progress," *Wall Street Journal*, December 9, 2021; B. Foldy, "Electric Truck Startup Rivian Plans New $5 Billion Factory Complex in Georgia," *Wall Street Journal*, December 16, 2021.

및 R1S 모델에 대한 70,000건 이상의 사전 주문과 함께 아마존(Amazon)의 100,000건의 사전 주문을 확보해 이 전략이 성공할 수 있는 타당한 이유를 갖고 있다.

리비언(Rivian)은 시장을 독차지하지는 않을 것이다. 경쟁이 치열해지고 있기 때문이다. GM은 2022년에 허머(Hummer) 전기 트럭을 출시했으며, 포드(Ford)는 2023년에 전기 F-150 Lightning을 납품하기로 계획하고 있다. 또한 테슬라(Tesla)도 2023년에 자사의 미래형 "사이버 트럭"을 대량 생산하기 시작할 예정이다. 테슬라(Tesla)는 사이버트럭에 대한 예약이 약 백만 건 있다고 주장하며, 포드(Ford)의 F-150 Lightning은 20만 건의 예약을 보유하고 있고 지금은 3년 동안 주문이 많이 밀린 상태이다. 라이트닝(Lightning)은 리비언(Rivian)의 R1T보다 가격이 상당히 낮아, 포드(Ford)가 다른 인구층을 대상으로 하고 있음을 시사한다.

리비언(Rivian)을 복잡하게 만드는 요인 중 하나는 COVID-19 팬데믹과 관련된 공급망 문제가 자동차 생산에 큰 영향을 미쳤다는 점이다. 중요한 전자 부품 및 배터리 부족을 포함한 공급망 문제로 인해, 2022년 3월 리비언(Rivian)은 초기 예상치인 40,000대에서 2022년 25,000대만 생산할 수 있을 것으로 발표했다. 이로 인해 상당한 경제 규모의 이점으로 회사가 수익을 창출하기 시작하는 지점이 미래로 밀린 상태이다.

4.1 사업수준 전략을 정의한다.

사업수준 전략
사업부가 추구하는 전반적인 경쟁 테마(혹은 주제)를 의미. 즉 기업이 특정 시장에서 경쟁우위를 획득하기 위해 자신을 포지셔닝(positioning) 시키는 방식은 물론, 상이한 여러 산업 세팅에서 활용될 수 있는 다양한 포지셔닝(positioning) 전략들을 의미

4.1 사업수준 전략

이 장에서는 **사업수준 전략**(business-level strategy)의 정립을 살펴볼 것이다. 제1장에서 기억할 수 있듯이 사업수준 전략은 시장에서 회사의 주요 경쟁 주제를 나타낸다. 가장 기본적으로 사업수준 전략은 회사가 누구에게 서비스를 제공할 것인지(고객 세그먼트), 회사가 어떤 고객의 필요와 욕구를 충족하려고 하는지, 그리고 회사가 그러한 필요와 욕구를 어떻게 충족할 것인지에 대한 것이다.[1] 이것이 익숙하게 들린다면, 이것은 이미 1장에서 회사가 미션 진술문을 작성하는 방법을 고려할 때 이미 논의한 내용이기 때문이다.

전기 자동차 제조업체 리비언(Rivian)은 이 작동 방식을 어떻게 적용하는지에 대한 예시를 제공한다(첫머리 사례 참조). 리비언(Rivian)의 대상 고객층은 수입이 높은 야외 애호가들로, 그들의 화려한 환경을 고려하면 강력한 오프로드 기능을 갖춘 차량을 원한다. 리비언(Rivian)은 이 세그먼트의 필요를 충족하기 위해 디자인이 잘 된 고품질의 전기 픽업 트럭을 제작하고 있다. 또 디자인과 엔지니어링을 통해 시장에 곧 출시될 포드(Ford)의 F-150 Lightning과 같은 다른 전기 픽업 트럭과의 *차별화*를 시도하고 있다. 리비언(Rivian)은 높은 품질의 제품을 보완하기 위해 프리미엄 가격을 부과한다. 수익을 창출하기 위해 대량 생산과 경제적 규모 확보를 통해 비용을 낮추려고 노력한다. 리비언(Rivian)이 성공할지 여부는 이러한 전략을 얼마나 잘 실행하고 COVID-19 팬데믹으로 인한 공급망 붕괴와 같은 예상치 못한 문제를 해결하는 데 달려 있다. 이를 수행할 수 있다면, 리비언(Rivian)은 포드(Ford), GM 및 테슬라(Tesla)와 같은 신흥 경쟁 업체에 대한 경쟁 우위를 확보할 수 있을지 모른다.

이 장에서는, 기업의 경영자들이 어떤 내용의 사업수준전략을 추진해 갈지를 어떤 식으로 결정해 가며, 또 지속 가능한 경쟁우위를 획득하기 위해 그러한 전략을 구체적으로 어떻게 실행해 가는지에 대해 학습해 볼 것이다. 이를 위해, 기업이 주어진 시장에서 어떻게 경쟁해 갈 것인지를 선택하는 두 가지 기본적인 방식에 대해 먼저 살펴볼 것인데, 이는 다름 아닌 자신의 상품이나 서비스를 경쟁자보다 더 낮은 원가(lowering costs)로 공급하던가 아니면 이를 차별화(dierentiating)시켜 좀 더 많은 가치를 창출해 가는 방법이라 할 수 있다. 그 다음 이 장에서는 고객의 선택(customer choice)과 시장세분화(market segmentation) 이슈를 살펴보고, 경영자들이 회사의 시장세분화 전략을 구사하려 할 때 직면하게 되는 여러 가지 선택의 문제들에 대해 토론해 볼 것이다. 그런 다음 이 모든 논의를 종합하는 의미로, 기업이 채택할 수 있는 다양한 사업수준전략들에 대해 논의하면서, 이러한 전략을 성공적으로 실행해 가기 위한 과제들에 대해 살펴볼 것이다. 아울러, 기업에게 시장에서 독

특하고 방어 가능한 포지셔닝(positioning)을 제공해 주는 혁신적인 사업수준전략을 수립하기 위해 경영자들이 어떠한 사고를 해가야 하는지에 대해서도 함께 논의해 볼 것이다.

4.2 저원가와 차별화 전략

4.2 저원가 전략과 차별화 전략의 차이점을 설명한다.

전략이란 경쟁우위의 탐색을 의미한다. 이미 3장에서 살펴보았듯이, 기업이 경쟁사보다 더 낮은 원가로 제품을 공급을 하거나 차별화된 제품을 제공할 수 있는 경쟁우위에 있다면, 더욱 많은 가치를 창출할 수 있을 것이다. 이 장에서는 먼저 저원가에 대해 이해를 하고, 차별화에 대해 살펴보려 한다.[2)]

4.2a 비용 절감

산업 내 기업들이 가격을 제외한 모든 부분에서 유사한 제품을 출시하고, 기업들마다 전체 시장수요에서 차지하는 점유율이 미미하여 전반적인 시장가격(prevailing price)에 영향을 미치지 못한다고 상상해 보자. 이러한 상황은 정유, 밀, 알루미늄, 철강 시장처럼 주위에서 쉽게 찾아볼 수 있다. 이를테면 전 세계 정유 시장의 가격은 수요와 공급의 상호작용에 의해 형성되는데, 세계 제일의 정유사인 엑슨 모빌(Exxon Mobile)조차도 전체 정유 생산량의 3.5% 정도만을 차지할 뿐이며 시장가격에는 어떠한 영향도 미치지 못하고 있다.

일반적으로 상품 시장에서 가장 낮은 원가를 실현하는 기업은 경쟁우위를 가지게 된다. 또 이러한 저원가는 심지어 경쟁사들이 적자를 내는 가격에서도 수익을 발생시킬 수 있게 만들어 준다. 뿐만 아니라 저원가는 경쟁사에 대해 낮은 보복 가격을 실현해 갈 수 있게 해줘, 시장점유율을 추가 획득하거나 이윤을 유지 혹은 증대시켜 갈 수 있도록 만들어 준다. 이처럼 산업에서 저원가 주자가 되는 것은 경쟁에서 매우 유리한 위치를 선점하는 길이 된다.

비록 경쟁사들보다 더 낮은 가격을 실현하는 것이 순수한 제품 산업에서 하나의 강력한 전략이 될 수 있지만, 다른 상황에서도 이는 대단히 유용할 수 있다. 일례로 일반 유통산업은 전통적인 상품 제조 비즈니스가 아니다. 그럼에도 불구하고 미국에서 월마트(Wal-Mart)는 강력한 경쟁우위를 구축한 저원가 기업이다. 월마트의 원가는 매우 낮았기 때문에 판매가격을 인하할 수 있었고, 이로 인해 시장점유율을 높일 수 있었으며, 경쟁사들이 적자를 내는 가격에서도 이익을 발생시킬 수 있었다. 항공산업에서 사우스웨스트 항공사(Southwest Airlines)도 마찬가지로 저원가의 우위를 누리고 있다. 사우스웨스트는 효율적인 운영으로 수익 창출이 가능했고, 많은 경쟁사들을 파산에 직면하게 만들었던 운임료 할인 전쟁에서 지속적으로 승리할 수 있었다.

4.2b 차별화

이제 우리는 차별화 측면을 살펴본다. 차별화란 회사를 경쟁사와 구별시키는 것으로, 경쟁사가 따라잡기 어려운 것을 제공하는 것을 의미한다. 첫머리 사례에서 본 것처럼 리비언(Rivian)은 경쟁사와 구별되는 전기 픽업 트럭을 제공함으로써 자신을 구별하려고 한다. 이 제품은 전력, 스타일링, 디자인 및 기능 측면에서 경쟁사의 제품보다 더 우수하다. 리비언(Rivian)이 성공할지 여부는 아직 알려지지 않았지만, 분명한 사업 전략을 가지고 있다. 회사는 경쟁사와 다양한 방법으로 자신을 구별시킬 수 있다. 제품은 더 높은 신뢰성(고장이 덜 발생하거나 전혀 발생하지 않음), 더 나은 디자인, 우수한 기능과 특징, 판매점에서의 우수한 서비스, 판매 후 서비스 및 지원, 브랜딩 등으로 차별화된다. 롤렉스(Rolex) 시계는 우수한 디자인과 재질, 그리고 높은 신뢰성을 바탕으로 타이맥스(Timex) 시계와는 다른 차별화를 갖고 있다. 토요타(Toyota) 자동차는 높은 신뢰성(역사적으로 볼 때, 토요타의 신차는 GM의 신차보다 결함이 적었다)으로 GM(General Motors) 자동차와는 차별적이다. 애플(Apple)의 아이폰(iPhone)은 우수한 제품 디자인, 손쉬운 사용법, 애플스토어의 훌륭한 고객 서비스, 그리고 컴퓨터(computer), 태블릿(tablet), 애플뮤직(Apple Music), 애플티비(Apple TV), 아이클라우드(iCloud)와 같은 애플의 다른 기기와의 용이한 동기화를 제공함으로써 경쟁사와 차별화된다.

차별화는 기업에게 두 가지 이점을 제공해 준다. 첫째, 차별화는 기업에게 좋은 상품이나 서비스에 대해 프리미엄 가격(premium price)을 책정할 수 있도록 만들어 준다. 둘째, 차별화는 기업이 전체 수요를 증대키시고, 경쟁사의 시장점유율을 뺏어오는 데 일조할 수 있다. 애플은 아이폰(iPhone)의 성공적인 차별화 전략을 통해 이 두 가지 이점 모두를 누릴 수 있었다. 애플의 아이폰은 경쟁사의 스마트폰보다도 높은 가격이 책정되었지만, 매력적이면서 차별화된 이 제품으로 강력한 수요의 증가를 불러왔다.

차별화는 종종(항상 그렇지는 않지만) 기업의 비용 구조를 높일 수 있음에 유의하는 것이 중요하다. 리비언(Rivian)은 최고급 전기 픽업 트럭을 생산하기 때문에 많은 비용이 든다. 차별화 전략을 추구하는 기업들이 종종 저비용 전략을 추구하는 기업보다 더 높은 비용 구조를 가지는 경우가 많다. 반면에 다소 역설적으로, 차별화가 주요 수요를 크게 높여 비용을 실제로 낮출 수 있는 상황도 있다. 애플(Apple)의 아이폰(iPhone)이 그런 사례이다. 애플(Apple)은 아이폰(iPhone)에 매우 비싼 재료를 사용한다. 예를 들어, 화면에는 고릴라 글래스(Gorilla Glass)를 사용하고 케이스에는 브러시 처리된 알루미늄을 사용한다. 저렴한 플라스틱을 사용할 수도 있지만 그럴 경우 제품이 덜 멋져 보이고 금방 긁힐 것이다. 이러한 재료 선택이 초기에는 아이폰(iPhone)의 단위 비용을 높였지만, 사실은 애플(Apple)은 아이폰(iPhone)을 많이 판매하여 구매에서 규모의 경제를 누리고 비싼 재료 비용을 효과적으로 협상할 수 있게 되었다. 결과적으로 애플(Apple)은 아이폰(iPhone)의 성공적인 차별화로 프리미엄 가격을 부과할 수 있을 뿐만 아니라 수요를 확대하여 규모 경제를 통해 비용을 낮출 수 있어 이익 마진을 확대할 수 있었다. 이것이 애플(Apple)이 2021년에 글로벌 스마트폰 시장 점유율은 13%에 불과했지만 모든 이익의 75%를 차지한 이유이다.

애플(Apple)의 예는 중요한 진리를 가리킨다. 성공적인 차별화는 관리자에게 여러 옵션을 제공한다. 하나의 옵션은 제품 제공의 차별화된 성격을 반영하고 추가적인 비용 증가를 보상하기 위해 가격을 인상하는 것이다. 많은 기업이 이 옵션을 추구하며 가격이 비용보다 더 오르면 수익성을 향상시킬 수 있다. 예를 들어, 포시즌스(Four Seasons) 호텔은 매우 호화로우며 이를 제공하는데 많은 비용이 들지만 그만큼 높은 가격을 부과해 회사는 수익성을 얻는다.

그러나 앞서 애플의 사례에서 언급하였듯이, 수익성과 이윤의 증대는 성공적인 차별화와 관련된 수요의 증가를 불러올 수도 있는데, 성공적인 차별화로 기업은 자산을 효과적으로 활용하고 규모의 경제에서 저원가를 실현할 수 있다. 이것이 바로 또 하나의 선택권이다. 성공적인 차별화 전략을 구사하는 기업은 일정한 가격을 고수하거나, 적절하게 가격을 인상하여 판매를 증가시키며, 규모의 경제 달성을 통해 수익성의 신장을 도모할 수 있다([그림 4.1] 참조).[3)]

또 다른 사례로 스타벅스(Starbucks)를 들 수 있는데, 스타벅스는 같은 경쟁사들과 확연히 구분되는 성공적인 차별화 전략을 갖고 있다. 스타벅스는 매우 우수한 질의 커피 및 음료를 신속하고 효율적으로 제공하며, 바리스타(barista)들은 고객들에게 친절한 서비스를 제공한다. 또한 매장의 실내는 안락한 분위기를 조성하도록 설계되어졌으며, 강력한 브랜드(brand) 이미지를 바탕으로 경쟁사들과 차별화되는 상품을 제공하고 있다. 이러한 차별화로 스타벅스의 매장마다 손님들의 방문량이 증가하였고, 그로 인해 매장들마다 종업원들의 생산성이 향상되었으며, 매장에 투자된 자본 생산성이 증대되었다. 그 결과, 각 매장은 규모의 경제를 실현하였고, 매장들의 평균적인 단위 원가는 더욱 낮아졌다. 스타벅스를 운영하는 매장의 수는 34,000개로 확대되었고, 잠재적으로 더 높은 수익성으로 이어지는 상당한 비용의 절감이 이루어졌다. 스타벅스는 매장마다 판매를 증가시키는 동시에, 신규로 개장하는 매장의 수를 더욱 늘릴 수 있도록 만들어 주었던 성공적인 차별화를 통해, 수요의 증대와 함께 이윤의 성장을 가속화시켜 갔던 것이다.

그림 4.1 차별화 활용을 위한 여러 선택권들

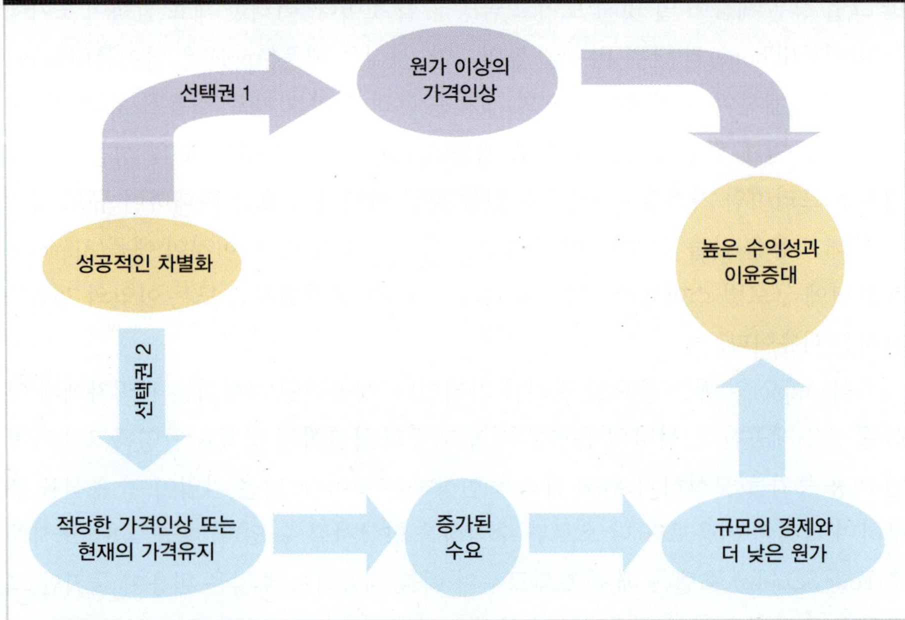

4.2c 차별화와 저원가 간의 상충 관계

지금까지의 논지를 요약하자면, 저원가와 차별화의 위치를 획득하는 것은 기업이 경쟁우위를 달성하는 두 가지 상이한 방식이라는 것이다. 가장 낮은 원가를 추구하는 회사는 생산적이면서 비용구조를 낮출 수 있는 모든 조치들을 시행하고 있는 반면, 차별화를 추구하는 회사는 차별화를 달성하기 위해 필연적인 원가의 상승을 감내하고 있는 셈이다. 이를 다시 간단히 표현하자면 월마트(Wall-mart)는 노드스트롬(Nordstom)이 될 수 없고, 포르쉐(Porsche)는 기아(Kia)가 될 수 없으며, 그리고 롤렉스(Rolex)는 타이맥스(Timex)가 될 수 없다는 것이다. 경쟁우위의 달성을 위해 경영자들은 이 기본적인 두 가지 전략 중에서 한 가지를 선택해야만 한다.

그러나 차별화와 저원가 간에 존재하는 선택권을 이처럼 배타적 상충 관계로 표현하는 것은, 독자들의 이해를 돕기 위해 일정 부분 단순화시킨 결과라 할 수 있다. 앞서 언급하였듯이 성공적인 차별화로 인해 상당한 수요의 증가와 규모의 경제를 유도할 수 있다면, 차후에 비용이 절감될 수도 있다. 그렇지만 저원가와 차별화의 관계는 사실 이보다 더욱 미묘한 것이다. 실제로 전략이란 둘 중 어느 한 가지를 선택하는 것이 아니라, 저원가와 차별화 사이의 적정한 균형을 결정하는 것일 수 있다.

이러한 문제를 이해하기 위해서 [그림 4.2]를 살펴보자. [그림 4.2]의 볼록한 곡선은 효율성곡선(eciency frontier)으로 알려진(또한 경제학에서는 생산 가능 곡선으로 알려짐)[4] 곡선을 나타내고 있다. 효율성 곡선은 기업이 차별화와 저원가에 관해

그림 4.2 차별화와 저원가 간의 상충 관계(Trade-off)

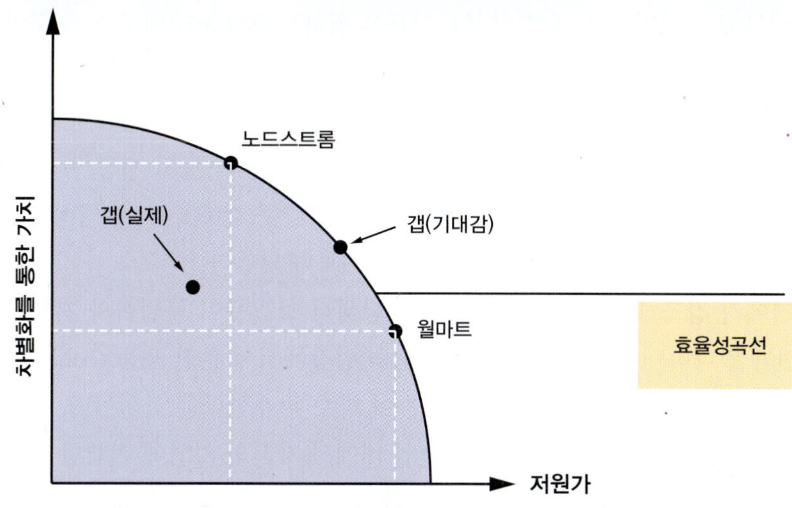

채택 가능한 모든 다양한 위치를 나타내며, 내부기능(internal function) 및 조직구조(organizational arrangement)들은 특정한 위치를 지원하기 위해 효과적으로 구성되었다고 가정한다([그림 4.2]에서 가로축은 반대로 측정되었기 때문에, 축에서 오른쪽으로 이동할수록 원가가 낮아진다는 것을 의미한다). 효율성곡선은 수확체감(diminishing returns)으로 인해 볼록한 모양을 하고 있다. 기업이 제공하는 제품 속에는 이미 상당한 차별화 요소가 포함되어 있기 때문에, 수확체감이 발생한다는 것은 상대적으로 적은 추가적 차별화를 위해서도 많은 추가 비용이 필요하다는 것을 시사한다. 그 반대도 마찬가지이다. 즉 기업이 이미 상당히 낮은 원가구조를 갖고 있을 경우, 추가적인 원가절감을 위해서는 그 제품구성에 있어서 상대적으로 많은 차별화를 포기해야만 한다.

[그림 4.2]의 효율성곡선은 미국 의류소매사업의 경우를 보여주고 있다(월마트는 실제 의류만 판매하는 것은 아니지만, 여기서는 그것이 큰 문제가 되지 않는다). 보시다시피 고급 소매업체인 노드스트롬(Nordstrom)과 저비용 소매업체인 월마트는 효율성곡선 위에 위치하기 때문데, 두 기업 모두 내부 기능과 조직이 효율적으로 운영되고 있음을 나태내주고 있다. 그러나 그들은 매우 다른 위치를 채택했다. 노드스트롬(Nordstrom)은 높은 차별화와 높은 비용을 갖고 있고 월마트는 낮은 비용과 낮은 차별화를 갖고 있다. 그러나 이 산업에서 가능한 위치는 이것만이 아니다. [그림 4.2]에 표시된대로 갭(Gap Inc.)은 노드스트롬(Nordstrom)과 월마트(Walmart) 사이의 경계에 자리 잡았다. 갭(Gap)은 월마트(Walmart)보다 높은 품질의 의류 상품을 더 매력적인 환경에서 판매하지만, 그 제공은 노드스트롬

(Nordstrom)과 비교할 만큼 차별화되지 않았다. 갭(Gap)은 월마트(Walmart)와 노드스트롬(Nordstrom) 사이에 위치한다. 이 중간 수준의 위치는 소비자가 충분히 원하기 때문에 논리적으로 매력적이다. 이들은 월마트(Walmart)에서 옷을 구입한 것처럼 보이고 싶지 않으며, 노드스트롬(Nordstrom)에서 판매되는 것보다 저렴한 패션 캐주얼 의류를 원한다. 그러나 최근 몇 년간 갭(Gap)은 잘 수행하지 못해 그 결과로 효율성 경계 내부에 자리 잡게 되었다. 그 비용은 더 높고 제공 품질은 그 회사 목표보다 낮다. 결과적으로 우리는 3장에서 보았듯 갭(Gap)의 수익성은 룰루레몬(lululemon)과 같은 다른 많은 전문 소매업체보다 낮았다.

여기에서 강조해야 할 사항은, 앞서 그림에서 보았듯이 차별화와 저원가 간의 상충관계를 나타내는 연속선 상에서 기업의 입장에서 충분한 제품 수요가 있어 효과적인 운영을 해갈 수 있는 선택 지점들이 다수 존재한다는 사실이다. 따라서 경영자가 행해야 할 중요 임무는, 해당 산업 내에서 자신의 기업에 적합한 이러한 위치와 지점을 잘 확인한 뒤, 조직의 기능과 구조들을 잘 구성하여 기업이 이 효율성곡선 위에서 경영을 해나갈 수 있도록 만들어야 한다는 것이다. 물론 모든 기업이 다 이렇게 할 수 있는 것은 아니고, 곡선 위에 도달할 수 있는 기업들만이 경쟁우위를 누릴 수 있게 된다. 곡선 위에 이르기 위해서는 무엇보다 전략 실행의 탁월성이 필요하다. 이 장에서 이미 언급하였듯이, 사업수준의 전략은 기능과 조직을 통해서 실행이 된다. 그러므로 사업수준의 전략을 성공적으로 실행해 갈 뿐만 아니라, 기업이 효율성곡선 위에 도달하기 위해서는, 해당 기업은 적절한 기능수준(functional-level)의 전략들을 추구해야 하며 또 적절하게 조직화되어야 한다. 즉 사업수준의 전략, 기능수준의 전략, 그리고 조직의 구조가 서로 적합하게 정렬될 필요가 있는 것이다.

그렇지만 특정 산업의 효율성곡선 위의 모든 위치들이 동일하게 매력적이지 않을 수 있음을 주목할 필요가 있다. 어떤 위치들은 제품에 대한 충분한 수요가 없을지도 모른다. 다른 위치들에서는 너무 많은 경쟁자들이 동일한 위치를 두고 서로 경쟁해 갈 수도 있는데, 이로 인해 경쟁 공간은 너무나 붐비게 되고, 경쟁의 결과로 가격할인은 감당할 수 없는 수준까지 진행될 수 있다.

4.2d 가치혁신: 저원가와 더 큰 차별화를 동시에

효율성곡선은 고정되어 있지 않고, 혁신을 통해 기업의 성과를 향상시키려는 경영자들의 노력에 의해서 끊임없이 바깥으로 곡선이 확대되고 있다. 예를 들면, 1990년 중반 개인용 컴퓨터(PC) 산업 분야에서 델(Dell)은 효율성곡선을 외부로 확장시켰다([그림 4.3] 참조). 델은 온라인 PC판매의 선구자였으며, 온라인을 통해 고객이 사양을 조합할 수 있게 하였고, 조립 주문 제작 방식을 통해서 효율적으로 가치를

그림 4.3 PC산업에서의 가치혁신

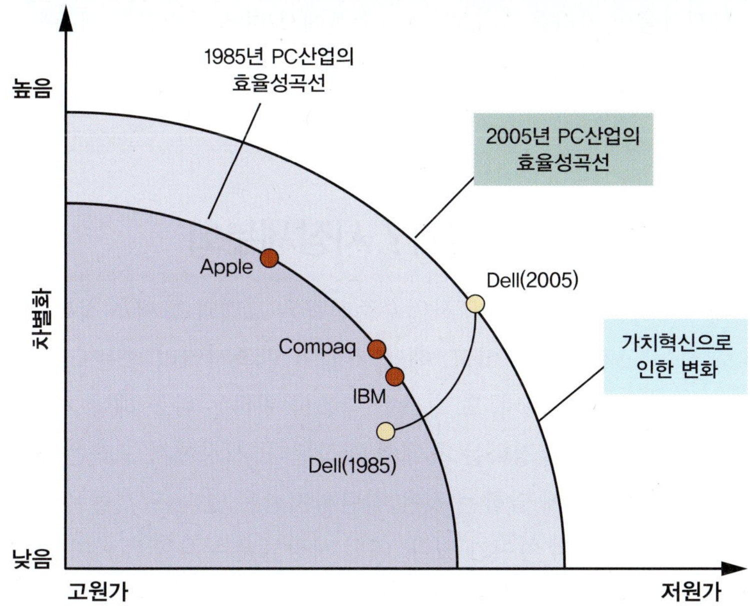

창출하였다. 다시 말해서, 온라인을 통해 컴퓨터를 판매하는 전략은 소매점을 통해 판매하던 기존 경쟁사들과는 다른 차별화를 가능토록 하였다. 이와 동시에, 델은 온라인 주문서를 웹상에서 제출하도록 하여 전 세계의 공급사슬을 효율적으로 조정하고 관리할 수 있었으며, 공정상의 제품원가를 절감시킬 수 있었다. 최종적으로 델은 경쟁사보다 더 낮은 원가에서, 더 나은 가치(탁월한 차별화를 통해)를 제공할 수 있었고, 공정의 혁신을 통해 산업 내에서 효율성곡선의 가능한 범위를 재정립했던 것이다.

가치혁신(value innovation)이란 용어는 혁신을 통해 한 산업 내 효율성곡선이 더 바깥방향으로 이동됨으로써, 이전보다 더 낮은 원가와 더욱 탁월한 차별화를 통해 예전에 가능하리라 생각했던 것보다 더 큰 가치를 제공해 가는 것을 의미한다.[5] 기업이 가치혁신을 불러오는 선도적인 공정 혁신을 이루어 낼 때, 산업 내 게임의 규칙을 효율적으로 변화시키고, 경쟁사들을 장기간 동안 능가할 수 있게 된다. 실제로 델(Dell)은 바로 이와 같은 일을 이루어냈다. 인터넷의 힘을 활용하여 PC를 온라인으로 판매하고, 전 세계의 공급사슬을 조정한 이후로, 업계 선두주자를 차지하기 위한 수십 년간의 전쟁에서 경쟁사들을 앞질러 왔던 것이다.

가치혁신
혁신을 통해 한 산업내 효율성곡선이 더 바깥 방향으로 이동됨으로써, 이전보다 더 낮은 원가와 더욱 탁월한 차별화를 통해 예전에 가능하리라 생각했던 것보다 더 큰 가치를 제공해 가는 것

토요타(Toyota)는 가치혁신으로 수혜를 받은 또 다른 기업이라 할 수 있다. 앞서 3장에서 논의하였듯이, 토요타의 선도적인 린 생산시스템(lean production system)

은 자동차의 품질을 향상시킴과 동시에, 원가의 절감을 가져왔다. 토요타는 자동차 산업에서 가능한 것이 무엇인지를 재정립하였고, 효과적으로 효율성곡선을 확대시켰으며, 경쟁사들이 따라올 수 없는 가격수준에서 더욱 차별화된 제품을 공급할 수 있었다. 그 결과 경쟁우위는 20년간 지속되었다.

4.3 시장세분화 과정을 요약한다.

4.3 누가 우리의 고객인가? 시장세분화

이 장의 첫머리에서 논의하였듯이, 사업수준전략은 고객과 함께 시작된다. 즉, 기업이 목표로 하는 고객이 누구이고, 해당 기업이 만족시키려 하는 고객의 니즈(needs)나 원하는 바가 무엇이며, 또 그러한 니즈나 원하는 바를 해당 기업은 어떻게 충족시킬 수 있는가를 결정하는 것에서 시작된다. 시장에서 고객은 모두 동일하지 않기에, 그러한 질문에 답하는 것은 간단하지만은 않다. 고객들은 보통 기본적인 상황이나 조건 면에서 차이가 있다. 어떤 사람들은 부유할 것이며, 어떤 사람들은 그렇지 못하다. 어떤 사람들은 나이가 들었고, 어떤 사람들은 젊다. 여성도 있고, 남성도 있다. 어떤 사람들은 대중문화에 영향을 받고, 어떤 사람들은 TV를 전혀 시청하지 않기도 한다. 어떤 사람들은 도시에 살고, 어떤 사람들은 교외에 산다. 어떤 사람들은 지위 상징에 대해 깊은 신경을 쓰는 반면에, 다른 사람들은 그렇지 않다. 어떤 사람들은 사치품들에 높은 가치를 부여하는 반면, 다른 사람들은 돈에 가치를 둔다. 어떤 사람들은 매일 열심히 운동을 하며, 어떤 사람들은 전혀 운동을 하지 않는다. 어떤 사람들은 대부분의 시간을 영어로 대화하고, 다른 사람들에게는 스페인어가 모국어이다. 이 밖에도 많은 차이가 존재한다.

기업들이 접하게 되는 가장 기본적인 질문들 중 하나는, "다양한 고객들의 차이를 어떻게 식별할 수 있는가? 만일 고객들의 그러한 차이를 식별할 수 있다면, 다양한 고객들 의 요구들을 어떻게 부합시킬 것인가?"이다. 이러한 질문에 대답하기 위한 첫걸음은, 구매자의 인구통계, 니즈, 바라는 것에 따라 시장을 세분화하는 것이다.

시장세분화
경쟁 우위를 확보하기 위해 회사가 고객 요구사항의 중요한 차이를 기반으로 고객을 그룹화하는 방식

시장세분화(market segmentation)는 시장을 유사한 니즈, 바람, 그리고 요구 특성을 지닌 고객집단들로 명확히 식별 가능하도록 분할하는 과정과 관련이 있다. 세분화된 고객들은 비교적 동질적인 반면에, 시장의 다른 세분화된 고객들과는 중요한 면에서 차이가 있다. 예를 들어, 나이키(Nike)는 스포츠(런닝화, 농구화, 축구화, 트레이닝화)와 성별(남성화, 여성화)에 따라 운동화 시장을 세분화하였다. 나이키는 다양한 운동을 즐기는 사람들마다 운동화에 대한 다양한 요구가 존재하며(런닝을 위해 제작된 신발은 농구를 하기에 적합하지 않음), 성별에 따라서 운동화의 구

성과 스타일에 관해 다양한 요구(대부분의 남성은 핑크색 신발을 착용하기를 원하지 않음)들이 있다고 믿기에 고객을 이렇게 세분화한 것이다. 유사한 사례로, 콜라 시장에서 코카콜라(Coca-Cola)는 고객의 니즈에 따라 일반 고객들을 위한 일반 콜라와 몸무게에 관심을 갖는 고객들을 위한 다이어트 콜라로 시장을 세분화하였다. 2005년에는 다이어트 콜라 세그먼트가 추가로 세분화되었다. 회사는 설탕이 없고 카페인이 없는 콜라인 코크 제로를 소개했다. 그동안 다이어트 콜라가 주로 여성을 대상으로 한 반면 코크 제로는 전통 콜라 대안을 찾는 남성이 대상이었다(코크 제로 캔은 더 "남성적"인 모습을 전달하기 위해 검정색으로 했다).

4.3a 시장세분화에 의한 세 가지 접근법

회사들은 시장세분화에 대한 기본적인 접근법 중 하나를 채택했다. 첫 번째는 다양한 세분화에 맞춰 다양한 상품을 제공하지 않는 대신에, 일반 고객들을 대상으로 표준화된 제품을 생산하고 판매하는 것이다. 이것은 다이어트 콜라와, 다양한 향이 첨가된 체리 콜라 같은 제품을 출시하기 이전인, 1980년대 초반까지 코카콜라가 채택한 방법이다. 그 당시 콜라는 모든 사람들을 위한 음료였다. 미국을 상징하는 음료이자 진정한 음료로써 포지션(position)된 생활 광고를 통해 경쟁사들, 그중에서도 특히 펩시콜라(Pepsi Cola)가 제공하는 콜라와 차별화가 되었다. 오늘날 일부 공중파 뉴스 프로그램들도 이러한 방식을 채택하고 있다. 예를 들어, ABC 뉴스가 제공하는 범위도 일반적인 미국인을 대상으로 하고 있다. 코카콜라와 목표가 다르긴 하지만, 거대 소매상인 월마트도 시장에서 일반 고객을 대상으로 삼고 있으며, 월마트의 목표는 고객이 낮은 가격에 지불할 수 있도록 가격의 할인을 유도하고, 고객들에게 가격에 대한 합당한 가치를 부여하여 지속적인 이윤을 획득하는 것이다.

두 번째 방법은 세분화된 고객집단 간의 차이를 인지하고, 세분화된 고객군마다 차별적인 제품을 제공하는 것이다. 이 방법은 1980년 이후부터 코카콜라가 채택한 방식이다. 1982년, 다이어트 콜라는 체중과 건강에 관심이 많은 고객들을 대상으로 출시되었다. 2005년에는 코크 제로(Coke Zero)가 도입되었는데, 이는 다이어트 콜라지만 대상이 남성이었다. 회사 연구에서 남성들이 다이어트 코크(Diet Coke)를 여성과 연관시키는 경향이 있었지만 2005년 이후로 다이어트 코크(Diet Coke)는 남성을 대상으로 하는 다이어트 음료로 재위치되었다. 비슷하게 의류 소매 업계에서 갭(Gap Inc.)은 여러 다른 시장 세그먼트를 대상으로 하는 브랜드를 보유하고 있으며, 올드 네이비(Old Navy)와 더갭(The Gap)은 캐주얼 의류를 찾는 평균 소비자를 대상으로 하고 있다. 바나나 리퍼블릭(Banana Republic)은 더 스타일리시한 의류를 찾는 높은 소득 계층을 대상으로 하고 있으며, 애쓸레터(Athleta)는 운동 시장이 대상이다. 자동차 시장에서도 토요타(Toyota)는 대상이 넓지만 렉서스(Lexus)는 브랜드를 사용해 고급화된 시장을 대상으로 한다. 각 세그먼트에서 토요타(Toyota)는 제공하는 제품의 우수한 신뢰성과 고품질로부터 경쟁사와 차별화하려고 노력한다.

세 번째 방법은 한정된 수의 세분화시장이나 혹은 유일한 하나의 세분시장만을 대상으로 하여, 이 특정한 세분시장의 요구를 가장 잘 대변할 수 있는 제품을 제공하는 것이다. 예를 들면, 자동차 시장에서 포르쉐(Porsche)는 고급시장 중에서도 가장 고급시장에만 집중하고 있으며, 스포츠카와 관련된 공학 기술의 탁월성, 속도, 출력에 대한 열정을 가진 부유한 중년층을 대상으로 하고 있다. 포르쉐는 토요타와는 다른 차별화의 유형을 강조하고 있으며, 이러한 특화된 고급시장에서 확연하게 차별화된 전략을 추구하고 있다. 반대로 자동차산업에서 한국의 기아자동차는 저원가 주자에 해당하며, 중산층 및 저소득 계층의 가치 중심적인(value-conscious) 구매자를 대상으로 자동차를 판매하고 있다. 네트워크 뉴스 방송 사업에서, 폭스 뉴스(Fox News)와 MSNBC도 이 세 번째 방법을 채택하고 있다. 폭스는 정치 스펙트럼(spectrum)상 보수 지향적인 사람들을 대상으로 한 프로그램을 주로 내보내고 있는 반면, MSNBC는 이보다 훨씬 진보지향적인 경향이 있다.

표준화 전략
기업이 상이한 시장세분화를 고려하지 않고, 일반 고객들을 대상으로 표준화된 제품을 생산

세분화 전략
기업이 다수의 세분시장이나 혹은 시장 전체를 대상으로, 각 세분시장마다 상이한 제품을 생산하여 제공하기로 결정하는 것

집중화 전략
기업이 한정된 소수의 세분시장이나 혹은 단 하나의 세분시장만을 대상으로 제품을 제공하기로 결정하는 것

경영자들이 서로 다른 세분화를 고려하지 않고, 일반 고객들을 대상으로 표준화된 제품을 생산하기로 결정할 때, **표준화 전략(standardization strategy)**을 추구한다고 말한다. 반면, 경영자들이 다수의 세분시장이나 전체 시장에 다양한 제품을 생산하여 제공하기로 결정할 때, **세분화 전략(segmentation strategy)**을 추구한다고 말한다. 이에 비해, 기업이 한정된 소수의 세분시장이나 혹은 단 하나의 세분시장만을 대상으로 제품을 제공하기로 결정하는 것은 **집중화 전략(focus strategy)**을 추구한다고 말한다. 현재 월마트는 표준화 전략을 추구하고 있으며, 토요타(Toyota)는 세분화 전략을, 룰루레몬(lululemon)은 집중화 전략을 추구한다.

4.3b 시장세분화, 원가 그리고 수익

서로 다른 세분화 전략들이 기업의 원가와 수익에 대해 서로 다른 영향을 미치고 있음을 이해하는 것은 중요한 일이다. 먼저 표준화 전략과 세분화 전략 간을 비교하여 살펴보도록 하자.

일반적으로 표준화 전략은 세분화 전략보다 저원가와 관련이 있다. 표준화 전략에는 기본적으로 단일한 제품을 생산하며, 대량판매를 통해서 규모의 경제를 달성하기 위한 기업의 노력이 포함된다. 예를 들어, 표준화 전략을 추구하고 있는 월마트는 구매에서 거대한 규모의 경제의 달성을 도모하며, 제품의 판매원가의 절감을 유도하고 있다.

이와는 대조적으로, 세분화 전략은 각기 다른 세분시장에 그에 적합한 상이한 맞춤형의 제품을 제공할 필요가 있다. 그렇지만 맞춤형의 제품구성 및 제작은 두 가지 이유로 원가를 인상시킬 수 있다. 첫째, 각각의 제품마다 판매량이 적을 수도 있고, 규모의 경제 달성은 더욱 쉽지 않게 된다. 둘째, 시장의 고소득자를 대상으로 하는 제품은 다양한 특징과 기능이 요구되며, 이는 제품의 원가와 운송비를 상승시킬 수 있다.

그러나 그간의 생산기술의 발전, 특히 린 생산시스템은 대량맞춤생산(mass customization)을 가능하게 했다는 사실을 간과하지 않아야 한다. 즉 다양한 제품의 생산에도 불구하고, 그에 상응하는 비용상의 불이익(cost penalty)이 없게 된 것이다(자세한 내용은 5장을 참조). 더욱이, 공통의 부품들을 공유하는 제품들을 설계함으로써, 각기 다른 세분시장을 대상으로 다양한 최종제품을 생산하는 동안에도 기업은 부품 생산에서 상당한 규모의 경제를 달성할 수 있게 되었다. 이러한 방법은 광범위한 모델들에서 공통의 부품과 플랫폼(platform)을 활용하기를 도모하는 거대 자동차 회사들에 의해서 주로 채택이 되었다. 이처럼 대량맞춤생산과 공유 가능한 부품이 점차 확대됨에 따라, 기업이 시장세분화 전략을 추구할 때 일반적으로 겪어 왔던 비용 불이익은 이제 상당히 제한적으로만 나타나고 있다.

비록 표준화 전략보다 세분화 전략에서 더욱 많은 원가가 소요될지라도, 세분화 전략에는 큰 장점 하나가 존재한다. 서로 다른 소비자 집단의 니즈를 충족시킬 수 있는 고객 맞춤을 통해 기업은 점진적으로 수익을 실현해 갈 수 있게 되며, 그로 인해 전체적으로 판매량의 증가도 기대해 볼 수 있다. 일반 고객을 대상으로 표준화 전략을 추구하는 기업은, 더욱 다양한 기능과 특징을 기대하면서 그에 대해 기꺼이 가격을 추가 지불할 의사가 있는 고객들을 외면함으로써 판매가 감소할 수도 있다. 또한 표준화 전략을 추구하는 기업은 이러한 일반적인 제품조차 구매할 여력이 없는 낮은 소득층의 소비자들에게서도 판매가 감소할 수도 있다.

이러한 사실은 시간을 거슬러 올라가 1920년대 자동차산업에서 처음으로 알려졌다. 자동차 산업의 초기 선두주자는 최초의 대량생산 승용차인 모델 T(Model T)를 제공하였던 포드(Ford)였다. 헨리 포드(Henry Ford)는, 소비자들이 "검정색을 원하는 한" 그들은 모델 T를 가질 수 있다는 말을 해서 유명해지기도 했다. 이처럼, 포드는 기본적으로 표준화 전략을 추구했지만, 1920년대에 세분화 전략을 추구하며 다양한 고객집단을 대상으로 제품을 제공했던, 제너럴 모터스(General Motors)에게 급속히 시장점유율을 넘겨주어야만 했다.

집중화 전략에서는 원가와 수익에 미치는 영향을 감지하기가 쉽지 않다. 시장에서 고소득이나 고부가가치에 초점을 맞춘 기업들은 두 가지 이유에서 더욱 높은 비용구조를 가지는 경향이 있다. 첫째, 고소득 소비자를 매료시키기 위해 제품에 다양한 특성과 기능을 추가하여야 하고, 이로 인해 원가는 상승하기 쉽다. 일례로, 노드스트롬의 매장은 부동산 가격이 매우 높은 곳에 위치했고, 실내는 값비싼 가구와 원자재로 이루어졌으며, 많은 매장들을 돌아다닐 수 있도록 충분히 넓게 설계되었다. 물품들 또한 매우 고가였으며, 월마트에서 판매되는 일반적인 의류와 신발만큼 빠른 판매가 이루어지지 않았다. 둘째, 상대적으로 한정적이거나 혹은 하나의 세분시장만을 공략하는 이 전략의 특성상, 집중화 전략을 추구하는 경우 규모의 경제를 달성하기가 더욱 어렵다. 그렇지만 시장의 고소득층을 겨냥한 고객맞춤(customization)과 독보적인 고급화(exclusivity) 전략을 추구함으로 인해, 일반적으로 집중화 전략을 추구하는 기업들은 표준화 전략이나 세분화 전략을 추구하는 기업보다 상당히 더 비싼 가격을 책정할 수 있다.

저가 시장의 저소득층이나 가격대비 가치(value for money)를 중시하는 세분시장에 집중한 기업들은 다른계산법(calculus)을 작동한다. 첫째, 이들 기업은 상대적으로 생산비와 운송비가 저렴한 가장 기초적인 제품을 생산하는 경향이 있다. 이러한 경향은 기업의 비용구조를 낮추는 데 도움을 줄 수 있다. 예를 들어, 소매점인 코스트코(Costco)는 가격대비 가치를 희구하고, 브랜드보다는 가격을 중시하는 고객들을 대상으로 하고 있다. 코스트코는 거대한 창고형태의 매장에서 제한적인 물품들만을 판매하고 있는데, 평균적으로 월마트의 매장들이 142,000개의 재고관리코드(SKUs)를 보유하고 있는 것에 비해, 코스트코는 3,750개의 재고관리 코드만 보유하고 있다. 제품들은 실용적인 철제 선반 위팔레트(pallets)에 차곡차곡 적재되어 있다. 또한 코스트코는 벌크(bulk) 포장된 아침식사용 시리얼(cereal), 개 사료, 화장지와 같은 기초 상품들을 다른 곳보다 더 저렴한 가격으로 소비자들에게 제공하고 있다. 일반적으로 재고상품은 공급자들에게 물품대금을 지불하기 전에 신속하게 판매되고, 그로 인해 필요한 운전자본은 감소되고 있다. 이처럼 타깃으로 하는 세분시장의 니즈에 맞춘 사업을 전개하면서, 코스트코는 비용구조를 낮추는 한편, 비록 제품 조달과 구매 면에서 월마트와 같이 큰 규모의 경제를 달성하지 않고서도 낮은 판매가격의 달성을 실현시키고 있다. 물론 월마트에서 구매할 수 있는 제품들과 유사한 상품들을 코스트코에서는 취급하지 않기 때문에, 한곳에서 원스톱 쇼핑을 원하는 소비자들에게 있어서 월마트는 항상 최고의 매장이 되고 있다.

4.4 사업수준 전략 옵션을 식별한다.

4.4 사업수준 전략의 여러 선택들

지금까지 우리는 기업이 선택하는 기본적인 사업수준의 전략들을 규명하고, 정리해 볼 수 있을 만큼 충분한 정보를 논의해 온 셈이다. 이러한 사업수준의 전략에 대

그림 4.4 본원적인 사업수준 전략

시장에 대한 접근법	저원가	차별화
넓음	전반적인 저원가 월마트	전반적인 차별화 토요타 코카콜라
좁음 (틈새)	집중화된 저원가 코스트코 사우스웨스트 항공	집중화된 차별화 노드스트롬

전략적 강조

한 선택들은 때때로 **본원적인 사업수준전략**(generic business-level strategy)이라고 부르며, 이와 관련된 다양한 선택들은 [그림 4.4]에 자세히 나타나 있다. 표준화 전략이나 세분화 전략시장을 추구하는 기업들은 모두 넓은 시장 전체를 대상으로 삼고 있다. 그렇지만 세분화 전략을 추구하는 기업들은 각기 세분화된 시장 고객들의 요구에 맞춘 제품들을 내놓고 있는 반면, 표준화 전략을 추구하는 기업들은 단순히 일반 고객을 대상으로 제품을 제공하고 있다. 이처럼 넓은 전체 시장을 겨냥한 기업들 가운데는, 저원가에 기반하여 낮은 가격제시를 통해 지속적인 이윤을 창출해 가는 전략을 구사해 가는 경우, 이를 **전반적인 저원가 전략**(broad low-cost strategy)을 추구한다고 말한다. 또 전체 시장을 대상으로 하더라도 기업은 어떤 면에서 제품의 차별화를 도모할 수 있으며, 이러한 경우에는 **전반적인 차별화 전략**(broad differentiation strategy)을 추구한다고 말한다. 다양한 시장세분화의 필요성을 인식하고, 각기 다른 세분시장에 각기 다른 제품을 제공하는 기업들은 전반적인 차별화 전략을 기본 전략으로 하고 있는 셈이다. 그러나 1980년대 코카콜라가 그러했듯이, 다양한 세분시장을 인식하지 못하고서도 차별화 전략을 추구하는 것은 가능하다. 오늘날, 월마트는 전반적인 저원가 전략을 추구하는 반면, 토요타와 코카콜라는 전반적인 차별화 전략을 추구하고 있다고 볼 수 있다.

단일 세분시장이나 혹은 소수의 한정된 세분시장을 목표로 하는 기업들은 집중화 전략이나 틈새 전략을 추구한다. 기업들은 코스트코가 그랬던 것처럼 틈새시장에서 저원가 주자가 되려고 노력할 수 있고, 이러한 경우에 **집중화된 저원가 전략**(focus low-cost strategy)을 추구한다고 말한다. 또한 노드스트롬이 그러했듯이, 제품의 특성과 기능의 추가를 통해 특정한 세분시장 고객들의 니즈를 충족시키는 맞춤화된 제품 제공을 시도할 수 있는데, 이 경우에는 **집중화된 차별화 전략**(focus differentiation strategy)을 추구한다고 말한다.

본원적인 사업수준 전략
경쟁자와의 관계에서 평균 이상의 이윤을 창출할 수 있도록, 기업에게 특정 형태의 경쟁적 지위와 경쟁우위를 가져다 주는 전략

전반적인 저원가 전략
기업이 저원가에 기반하여, 가격을 낮추고도 지속적인 이윤을 창출하는 것

전반적인 차별화 전략
기업이 상이한 여러 세분화된 시장을 인식하고, 각기 다른 세분화된 시장에 서로 다른 제품을 제공함으로써 자신의 제품을 차별화시키는 것

집중화된 저원가 전략
기업이 특정한 한 세분시장이나 틈새시장을 목표로 하여, 그 틈새시장에서 저원가 주자가 되려고 노력하는 것

집중화된 차별화 전략
기업이 특정한 한 세분시장이나 틈새시장을 목표로 하여, 제품의 기능과 특성의 추가를 통해 그 특정 세분시장 고객들의 니즈에 맞춤화된 제품을 제공하는 것

산업에서 한 가지 유일한 최선의 경쟁 방법만이 존재하는 것은 아니라는 사실을 이해하는 것이 중요하다. 서로 다른 전략들은 동등하게 유효할 수 있다. 월마트, 코스트코, 노드스트롬은 모두 소매 산업에 속해 있었고, 이들 세 기업 모두 다른 방식으로 경쟁했으며, 그러면서도 모두 재무적으로 탄탄한 경영을 구가해 왔다. 경영자들이 자신의 사업부 수준 전략이 무엇인지를 잘 이해하고, 그러한 전략을 추구하기 위한 명확한 논리를 가지며, 자신의 전략에 부합된 제품을 제공하고, 또 그러한 전략이 잘 실행되어지도록 기업의 기능적 활동과 조직배치를 정렬시켜 가는 것은 매우 중요한 일이다.

본원적인 사업부 수준 전략의 개념을 처음 주창했던 마이클 포터(Michael Porter)는, 기업들이 [그림 4.4][6]에서 제시된 서로 다른 선택권들 중에서 분명한 선택을 하여야만 한다고 주장하였다. 만일 그렇지 않을 경우, "어중간한 상태(stuck in the middle)에 함몰"될 수 있으며, 결국 별 볼 일 없는 실적을 경험하게 될 것이라고 주장하였다. 포터의 주된 이론에 의하면, 기업이 차별화와 저원가 모두를 함께 추구하는 것은 불가능하다는 것이다. 포터의 주장에 따르면, 차별화로 인해 원가는 매우 자연스럽게 상승하기 마련이고, 따라서 산업 내에서 저원가 위치를 획득하는 것은 현실적으로 불가능하다. 같은 이유로 만일 저원가 위치를 달성하기를 원한다면, 기업은 제품 차별화를 위해서는 극히 제한된 여력밖에 가질 수 없는 것이다.

이러한 관점에도 분명히 고려할 만한 가치가 있다. 앞서 언급하였듯이 노드스트롬과 월마트, 타이맥스와 롤렉스, 포르쉐와 기아는 같을 수 없다. 저원가와 차별화는 매우 다른 경쟁의 방법이며, 두 방법은 서로 다른 기능적 전략과 조직배치를 요구한다. 때문에 두 방법을 동시에 사용하는 것은 현실적으로 어려운 일일 수 있다. 그렇지만 이 주장에는 주의해야 할 몇 가지 사항이 존재한다.

첫째, 가치혁신을 논의할 때 살펴보았듯이, 제품과 공정의 개선을 통해 기업은 효율성곡선을 외부로 확장시킬 수 있고, 무엇이 가능한지를 재정립해 갈 수 있으며, 경쟁사보다 더욱 낮은 원가에서 더욱 차별화시킬 수도 있다. 그러한 상황에서 기업은 산업의 차별화 주자이면서도 저원가 위치 모두에 존재하는 유리한 지점을 찾을 수 있다. 그렇지만 궁극적으로는 경쟁사들이 이 지점을 따라올 수 있을 것이고, 이러한 경우 기업은 저원가와 차별화 간의 전략적 선택을 해야만 할지도 모른다. 델(Dell)과 토요타(Toyota)의 사례를 통해 알 수 있듯 가치 혁신자는 몇 년 동안 경쟁 우위를 유지하는 경쟁력을 얻을 수 있다.

둘째, 차별화된 기업들이 효율성 목표를 외면할 수 없음을 인지하는 것은 중요하다. 마찬가지로 저원가 기업들 역시 제품의 차별화가 가지는 장점을 무시할 수 없다. 차별화 전략을 추구하는 기업들이 직면한 과제는, 주어진 전략의 선택 범위 내에서 가능한 한 효율적이어야 한다는 것이다. 차별화된 기업들은 경쟁사들 제품과의 차별성이 훼손될 수 있을 정도로 원가절감을 추구해서는 안 된다. 그렇다고 가격을 통제하지 않고 제멋대로 내버려 둘 수도 없다. 일례로 노드스트롬은 전략위치를 매우 효율적으로 선택하였다. 어떤 의미에서 노드스트롬은 저원가 기업은 아니지만, 주어진 경쟁 선택에서 가능한 한 효율적으로 운영하였다. 마찬가지로 저원가 기업이라 할지라도 산업 내에서 핵심적인 차별화 요소(key dierentiator)들을 전적으로 무시할 수는 없다. 월마트는 노드스트롬에서 발견할 수 있는 고객 서비스수준에 미치지 못하는 서비스를 제공하였지만, 그렇다고 고객 서비스를 완전히 무시하지도 않았다. 비록 월마트가 셀프서비스 모델을 갖고 있기는 하지만, 매장에는 여전히 고객의 요구에 도움을 줄 수 있는 직원이 상존하고 있다. 월마트와 같은 저원가 기업들의 과제는, 이러한 핵심 차별화 요소에 관해서 "이만하면 충분해"라고 고객들이 느끼게 만드는 것이다. 또 다른 사례로, 이것이 어떻게 작용하는지에 대한 더 많은 예는 오피스 생산성 소프트웨어 시장에서 구글(Google)과 마이크로소프트(Microsoft) 사이 경쟁을 검토하는 [전략 실행 사례 4.1]을 참조하면 된다.

4.5 사업수준 전략과 경쟁우위

4.5 사업수준 전략과 경쟁 우위 사이의 관계를 설명한다.

잘 선택되고 또 잘 다듬어져 올바르게 실행된, 사업부 수준의 전략은 기업에게 현재의 경쟁사들과 잠재적 경쟁사들을 뛰어넘는 경쟁우위를 구가하게 만들어 줄 수 있다. 자세히 말하자면, 2장에서 다루었던 경쟁력들 중에서 특히 진입의 위협, 구매자와 공급자의 교섭력, 대체 상품이나 서비스에 노출된 위협, 산업 내 경쟁기업의 강력한 위협과 관련된 우위를 기업이 선점할 수 있게 만들어준다.

첫 번째로 저원가 기업을 살펴보자. 정의에 의하면, 저원가 기업은 경쟁사들이 도저히 이익을 실현할 수 없는 가격대에서 이익을 창출할 수 있다. 이러한 점은 경쟁사들이 시장에 진입하는 것을 더욱 어렵게 만들 수 있다. 즉 저원가 기업은 시장의 진입장벽을 세울 수 있고, 사실상 더 높은 원가를 지닌 경쟁사들이 진입해 들어올 수 없는 경제적 해자(economic moat)를 사업 영역 주위에 구축할 수 있는 셈이다. 이것이 바로 온라인 소매 사업에서 아마존(Amazon)이 해왔던 일이다. 규모의 경제와 효율적인 운영을 통해, 아마존은 사업 영역에서 높은 진입장벽을 효과적으로 세울 수 있는 매우 낮은 비용구조를 갖추었다. 아마존보다 적은 시장점유율과 규모의 경제를 지닌 경쟁사들은 적자를 내지 않고서는 아마존이 제시하는 가격을 맞출 수가 없었고, 따라서 경쟁사들에게 이 시장에의 진입은 결코 매력적인 대안이 되지 못했다.

전략 실행 사례 4.1

마이크로소프트 오피스와 구글 워크스페이스

마이크로소프트(Microsoft)는 오랫동안 워드프로세서(word processor), 스프레드시트(spreadsheet), 프레젠테이션 소프트웨어(presentation software), 이메일 클라이언트(e-mail client) 등이 포함된 오피스(Office) 제품으로 사무용 생산성 소프트웨어 시장을 주도해 오고 있다. 이러한 마이크로소프트의 시장점유율의 상승은 사실 중요한 혁신에 기인하였다. 1989년도에 마이크로소프트는 상호 정보공유가 가능한 워드 프로세스와 스프레드시트, 그리고 프레젠테이션 소프트웨어를 한 제품에 담아 번들용으로 판매한 최초의 기업이었다. 그 당시만 해도, 시장에서 워드프로세서 프로그램의 선두주자는 워드퍼펙트(Word Perfect)였고, 스프레드시트 시장의 선두 주자는 로터스(Lotus)였으며, 프레젠테이션 프로그램은 하버드 그래픽스(Harvard Graphics)가 가장 많이 사용되고 있었다. 마이크로소프트는 이들 각각의 시장에서 2인자였다. 그러나 소비자들이 이들 프로그램을 각기 낱개로 구매하는 것보다 더 낮은 가격으로 번들용 프로그램을 구매할 수 있도록 함으로써, 각각의 제품을 따로 판매하던 이들 경쟁자들에게서 일정한 시장점유율을 빼어올 수 있었다. 사실상, 마이크로소프트는 경쟁사보다 낮은 가격에 더 나은 가치(상호 정보공유의 가능)를 소비자들에게 제공한 셈이었다.

오피스 제품에 대한 수요가 점차 증대하자, 마이크로소프트는 경쟁사보다 훨씬 더 큰 규모에서 제품개발의 고정비를 배분하고, 단위 원가를 낮출 수 있었으며, 차별화된 제품의 제공과 저원가 위치라는 이중의 수혜를 누리게 되었다. 그 결과, 마이크로소프트는 사무 생산성 소프트웨어시장에서 독점적인 위치를 구축하였고, 지난 20년의 세월 동안 특별한 고수익을 올렸다.

2006년 구글(Google)은 마이크로소프트(Microsoft)의 수익성 있는 오피스 사업을 명확히 겨냥해 구글 앱스(Google Apps)라는 온라인 사무 생산성 소프트웨어 패키지를 소개했다. 당시 오피스와 달리 구글 앱스는 온라인 서비스였다. 기본 프로그램은 클라우드에 저장되고 문서도 클라우드에 저장된다. 처음에는 구글이 완전한 프로그램 패키지가 부족하고, 점유율 확보도 느렸지만 2010년 이후 구글 앱스 채택이 가속화되었다. 2020년에 구글은 구글 앱스를 구글 워크스페이스(Google Workspace)로 재브랜딩했다. 현재 구글 워크스페이스는 오피스와 동일한 기본 프로그램(워드 프로세싱, 스프레드시트, 프레젠테이션 소프트웨어 및 이메일 클라이언트)을 제공하지만 훨씬 적은 기능을 가지고 있다. 구글의 접근 방식은 오피스의 기능보다 사용자에게 더 좋은 서비스를 제공함으로써 개발 비용을 줄일 수 있었다. 또한 구글(Google)은 구글 워크스페이스(Google Workspace)를 온라인으로 배포하는 최소 비용 유통 모델을 최초로 도입한 회사였다.

요약하면, 구글은 구글 워크스페이스와 함께 저비용 전략을 추구한다. 이와 일관된 것으로 구글 워크스페이스는 마이크로소프트 제공보다 상당히 저렴하게 가격이 책정되어 있다. 처음에 구글 앱스(Google Apps)는 중소기업과 스타트업을 대상으로 했지만, 최근에는 마이크로소프트 오피스(Microsoft Office)의 핵심 시장인 기업 시장에서도 점유율을 확보하려고 한다. 추정에 따르면 구글은 사무 소프트웨어 시장에서 10~12%의 점유율을 가지고 있다. 마이크로소프트는 여전히 시장에서 88%의 점유율을 보유하고 있으며, 이 제품은 여전히 마이크로소프트의 가장 풍부한 이윤 사업이다. 그러나 마이크로소프트는 구글의 성장을 무시할 수 없다. 실제로 2012년에 마이크로소프트는 자사의 클라우드 기반 오피스 제공인 Office 365를 출시하였으며, 현재 이 제품이 전 세계 대부분의 설치를 담당하고 있다. 마이크로소프트는 구글이 개인 정보, 보안 및 데이터 처리와 같은 영역에서 제공하는 기업 경험의 품질을 매칭할 수 없다고 주장한다. 마이크로소프트의 메시지는 명확하다. 여전히 오피스가 기능, 개인 정보, 데이터 처리 및 보안 측면에서 우수한 제품 제공으로 여겨진다고 말한다. 그러나 Office 365가 구글 워크스페이스를 어떻게 제어할지 아직은 알 수 없다.

출처: Author interviews at Microsoft and Google; Q. Hardy, "Google Apps Moving onto Microsoft's Business Turf," *New York Times*, December 26, 2012; A. R. Hickey, "Google Apps: A $1-Billion Business?" *CRN*, February 3, 2012, www.crn.com; M. Foley, "Microsoft now has $120 million Business Users for Office 365," *ZDNet*, October 26, 2017; Matthew Finnegan, "As Google Moves to Reshape Workspace, Barriers to Business Adoption Remain," *Computerworld*, October 18, 2021.

저원가 위치와 낮은 가격책정, 그리고 지속적인 이윤창출 능력도 대체 상품이나 대체 서비스에서 기업을 보호해 준다. 저원가는 강력한 공급자들에 의해 흔히 전가될 수 있는 가격상승 요인을 완화시키는 데 도움을 줄 수 있는 동시에, 강력한 교섭력을 가진 구매자의 상당한 가격할인 요구에 대응할 수 있게 해주며, 또 지속적으로 수익을 발생시킬 수 있게 만들어 준다. 저원가 기업은 일반적으로 산업 내 가격경합에서 살아남을 수 있는 최적의 위치를 보장해 준다. 게다가 저원가 기업은 시장의 규모를 키우기 위한 가격전쟁을 의도적으로 시작할 수 있고, 또 경쟁력이 약한 경쟁사들을 산업 밖으로 몰아낼 수도 있다. 이것은 2000년대 초반 델의 전성기 동안, 델이 해왔었던 일이다. 즉 델은 시장의 점유율을 끌어올리고, 미미한 경쟁자들을 사업에서 퇴출시키기 위해 지속적으로 가격을 인하했던 것이다. 이처럼 2000년대 중반까지 델은 저원가 전략을 추진하여 세계 제일의 컴퓨터 회사가 될 수 있었다.

이제 차별화된 기업을 살펴보자. 2장에서 논의하였듯이, 성공적인 차별화 요소 역시 각각의 경쟁력에 맞서 기업을 보호해 줄 수 있다. 브랜드 충성도와 관련된 차별화는 상당한 진입장벽을 구축할 수 있으며, 시장의 잠재적 경쟁자에게서 기업을 보호해 줄 수 있다. 일례로 스마트폰 사업에서 애플(Apple)이 누렸던 브랜드 충성도는 매우 높은 진입장벽을 구축해 주었고, 이 진입장벽은 상당히 효과적으로 작동하였다. 또한 성공적인 차별화 요소는 흔히 디자인이나 고객 서비스 같은 비가격적인 요소들로 구현되기 때문에, 강력한 교섭력을 가진 구매자들부터 흔히 제기되는 가격압박도 적을 수 있다. 그 반대도 가능할 수 있다. 즉 설령 구매자들에게서 어느 정도 저항이 있다하더라도, 기업은 성공적인 차별화 요소들에 기반하여 많은 구매저항 없이 가격상승을 단행할 수 있다. 차별화된 기업들은 강력한 교섭력을 가진 공급자들로부터 가격상승의 압박을 상당히 손쉽게 완화할 수 있고, 또 시장점유율을 크게 상실하지 않으면서도 높은 가격대의 제품을 시장에 출시할 수 있다. 또한 차별화된 기업들이 누리는 브랜드 충성도는 대체상품이나 대체 서비스로부터 기업을 일정하게 보호해 줄 수 있다.

고객들에게 비가격적인 요인들이 중요할 수 있다는 점과 브랜드 충성도로 인해, 차별화된 기업들은 산업 내 격렬한 가격경쟁으로부터 일정하게 보호받을 수 있다. 이와 동시에, 비록 차별화된 기업들은 마케팅 캠페인이나 고가의 제품개발 노력, 차별화된 브랜드 형성 등을 위한 비가격경쟁을 위해 상당한 노력과 자원들을 투자를 해야 하지만, 만일 성공할 경우 이러한 앞선 투자로부터 상당한 혜택을 누릴 수 있다.

그럼에도 집중화된 기업들은 흔히 그들이 경쟁하는 세분화된 시장이나 틈새시장에서 전체시장을 커버하는 경쟁자들보다 더 유리할 수 있음을 주지해야 한다. 일례로 월마트와 코스트코 모두 저원가를 추구하는 기업이지만, 코스트코는 그들이 제공하는 세분 시장에서 월마트를 넘어서는 비용우위를 가지고 있다. 이러한 비용우위는 주로 코스트코가 보유한 상대적으로 적은 재고관리 코드와 벌크제품의 판매에서 비롯된다. 그러나 만일 코스트코가 월마트에 대적하여 보다 넓은 광역시장에 제품을 제공하려고 노력한다면, 더욱 다양한 제품의 보유가 필요할 것이며(월마트는 140,000개의 재고관리 코드를 보유), 이는 결국 비용우위의 상실을 가져오게 될 것이다.

이러한 점은 차별화된 기업에서도 마찬가지로 적용될 수 있다. 틈새시장과 세분시장의 고객맞춤화에 집중한 차별화된 기업들은 일반적으로 시장 전체를 타깃으로 한 차별화된 경쟁사보다 더 효과적인 매출을 올릴 수 있다. 포르쉐는 틈새시장 이외에는 판매를 하지 않기 때문에, 토요타나 지엠 모터스와 같이 시장 전체를 타깃으로 하는 기업들보다 고급 스포츠카 틈새시장에서 더욱 많은 매출을 올릴 수 있다. 이렇게 하여 포르쉐는 특정 고객층을 매료시키는 독보적 이미지를 생성하였다. 그러나 포르쉐가 만일 저가 시장으로 사업 영역을 확대하기 시작한다면, 이러한 독보적인 고급스러움이라는 매력은 상실될 것이고, 결국 시장 전체를 대상으로 하는 또 하나의 차별화 기업에 지나지 않게 될 것이다.

4.6 기능별 전략과 조직배치를 통해 회사가 사업수준 전략을 실행하는 방법을 설명한다.

4.6 사업수준 전략의 실행

앞서 이 장에서 언급한 바 있듯이, 기업의 사업수준 전략이 경쟁우위로 전환되기 위해서는 해당 전략이 잘 실행되어야만 한다. 기능적 수준에서 이루어진 여러 조치들이 사업수준전략을 지원해야 하는 것처럼, 기업의 조직배치 역시 사업수준의 전략을 뒷받침해야만 한다. 다시 말해서 사업수준의 전략, 기능 전략(functional strategy), 그리고 조직 간에는 정렬(alignment)과 적합성(fit)이 존재해야 하는 것이다([그림 4.5] 참조). 기능 전략에 대한 논의는 이미 12장에서 이루어졌으며, 조직배치에 관한 자세한 논의는 12장에서 이루어질 것이다. 다만 여기에서는 저원가와 차별화의 사업수준의 전략 실행에 필요한, 기능 전략과 조직배치에 관하여 기본적으로 간단히 살펴볼 것이다.

4.6a 기능 전략 및 조직을 통한 비용 절감

기업은 기본적으로 우수한 효율성과 우수한 제품 신뢰성을 보장하는 기능 수준 전략을 추구함으로써 낮은 비용 포지션을 달성한다. 우리가 경쟁 우위의 구성 요소를 살펴본 제3장에서 이에 대해 논의했다. 다음 장에서 기능수준 전략을 보다 자세히

그림 4.5 기능전략 및 조직을 통한 비용 절감

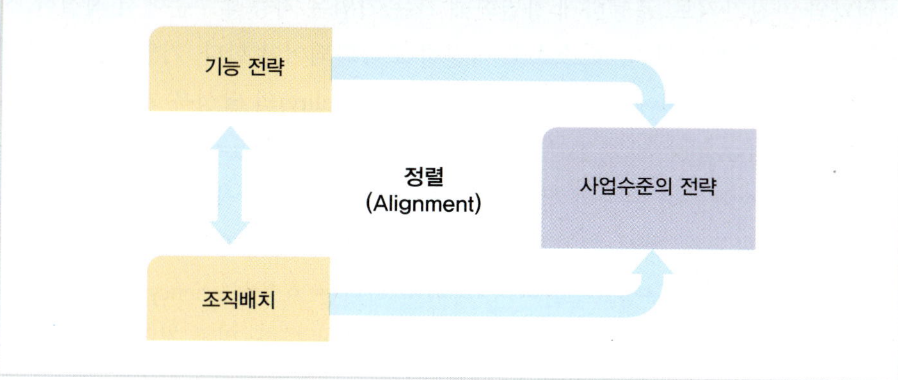

논의할 때 다음 사항들이 명확히 중요하다는 것을 알게 된다.

- 규모의 경제와 학습효과의 획득
- 린 생산방식과 유연생산 기술의 채택
- 기업이 신뢰성 있는 상품이나 서비스를 제공하고 있다는 확신을 주기 위해, 여러 가지 품질향상 방법들을 실행해야 한다. 그래서 폐기되거나 혹은 흠집 등으로 인해 재작업 또는 재생산되어야 하는 형편없는 품질의 제품을 만들거나 전달하는 데 시간과 노력, 그리고 자원들이 낭비되지 않도록 해야 한다.
- 불필요한 단계들을 제거하기 위한 생산과정의 간소화 과정
- 업무 처리 자동화를 위한 정보시스템의 활용
- 적시(JIT) 재고 통제 시스템의 실행
- 가능한 한 낮은 원가로 생산되고 배송될 수 있는 제품설계
- 고객유지율을 증가시키고, 고객이탈을 감소시키기 위한 조치들의 시행

그 외에도 저원가 기업은 해당 기업의 구조, 관리시스템, 인센티브시스템, 그리고 기업의 문화 모두가 사원들의 행동과 활동이 생산성과 효율성을 강조하는 방식과 일치되고 또 실제 그러한 생산성과 효율성으로 이어지도록 조직화(organized)되어야 한다. 12장에서 보다 자세히 살펴보겠지만, 경영층의 수가 적은 평평한 조직, 일선의 명확한 책임과 통제, 생산성과 비용억제에 초점을 맞춘 측정과 통제시스템, 사원들이 가능한 한 생산적인 자세로 근무하도록 고무시키며, 이들로 하여금 주도적으로 생산성 증진을 위한 제안과 활동을 해나가도록 격려하는 인센티브시스템, 원가관리의 필요성을 강조하는 검소한 문화 등은 이러한 조건과 부합하는 조직배치의 내용들이라 할 수 있다. 아마존과 월마트는 바로 이런 종류의 조직배치들을 시행한 기업들이라 할 수 있다.

4.6b 기능수준 전략과 조직을 통한 차별화

저원가와 마찬가지로, 훌륭하게 차별화해 가는 기업은 기능적 수준에서 적절한 조치들을 추구해 가야 하며, 또 스스로 적절히 조직화되어야 한다. 기업으로 하여금 신뢰성과 우수성 측면에서 탁월한 품질(superior quality)의 달성을 가능토록 해주며, 또 혁신(innovation)의 강조와 높은 수준의 고객 대응성(customer responsiveness)도 가능하도록 기능적 수준의 전략이 추구되어야 한다. 3장을 떠올려 보면 알 수 있듯이, 탁월한 품질, 혁신, 그리고 고객 대응성은 네 가지 경쟁우위의 핵심 구성요소들 가운데 세 가지 구성요소들이며, 나머지 하나는 효율성(eciency)이다. 차별화된 기업들 역시 효율성을 무시할 수 없음을 명심해야 한다. 비록 전략적 선택으로 인해, 차별화된 기업들은 산업 내의 저원가 기업들보다 높은 비용구조를 지닐 수밖에 없더라도 말이다. 차별화를 증진시키기 위한 기능수준의 전략의 구체적인 내용은 다음과 같다.

- 상이한 세분시장에 대응하기 위한 고객맞춤식 제품구성과 마케팅 믹스(marketing mix)
- 기능, 특성, 성능 면에서 고품질로 지각될 뿐만 아니라 신뢰를 주는 제품의 설계
- 고객들의 질의와 문제에 대응하고 신속히 대처하기 위해 개발된 고객관리 기능
- 브랜드의 구축과 경쟁사와의 지각된 차별화를 위한 마케팅 노력
- 기업이 세상에 각인시키기 위해 노력하는 이미지와 일치되는 방식으로 사원들이 행동하게끔 유인하는 고용 및 인적자원개발 전략

예를 들어, 애플도 마찬가지이다. 즉 잘 훈련된 사원들이 고객들의 문의와 문제에 언제든 도움을 줄 수 있으며, 고객들이 구매 과정에서 최상의 가치를 얻을 수 있도록 고객들에게 개별적인 사용지침을 설명하며 도와주는 탁월한 고객관리 기능을 갖추고 있다. 애플은 또한 마이크로소프트처럼 경쟁사와 차별화되는 브랜드를 매우 성공적으로 구축하고 있기도 하다(예를 들어, 오랫동안 TV광고에서 "MAC"은 매우 젊은 힙가이(hip-guy)로 상징되는 반면, "PC"는 중후한 쉐비 그레이색 정장을 입은 과체중의 남성의 특징과 연상되고 있다).

조직화와 관련해서는 적정한 구조, 통제, 인센티브, 그리고 문화를 형성하는 것 모두가 해당 기업이 경쟁사와 차별화하는 데 도움을 줄 수 있다. 차별화된 기업이 안게 되는 한 가지 핵심 과제는 마케팅, 제품디자인, 고객 서비스, 그리고 고객관리 기능 모두가 핵심 역할을 하도록 만드는 것이다. 다시 애플을 살펴보도록 하자. 1997년 스티브 잡스(Steve Jobs)가 복귀한 이후, 그는 산업 디자인 그룹이 모든 신제품개발을 주도하도록 기업을 재조직화하였다. 이러한 배치 하에서, 조니 아이브(Johnny

Ive) 디자인 수석부사장이 이끄는 산업 디자인 부문은 잡스에게 직접적으로 보고하였고, 엔지니어링 부문의 사람들은 제품개발을 위한 목적에서 산업 디자인 부문에 보고해야 했다. 이것은 엔지니어보다 디자이너가 신제품개발 과정에서 제품개발의 모든 면을 주도해 간다는 것을 의미하며, 엔지니어들은 이 디자인 그룹에 의해 제안된 조건에 따라 설계하여야 한다는 것을 의미한다. 이러한 점은 컴퓨터와 스마트폰 사업에서 엔지니어가 전형적으로 신제품개발을 주도하는, 다른 대부분의 회사들과 대조를 보이는 부분이다. 잡스에 의하면 애플이 생산하는 아름다운 제품들이 기능적으로 잘 작동할 뿐만 아니라, 품격이 느껴지는 제품임을 보장하는 데 있어서 이러한 조직배치가 필수적이라고 느꼈다. 잡스의 경영체제에서 애플은 디자인으로 차별화되었기 때문에, 디자인은 조직에서 중심적인 위치를 차지했던 것이다.[7]

또한 차별화된 기업들에서는 통제시스템과 인센티브시스템, 그리고 조직의 문화가 전략적 의도에 맞춰 확실하게 조정되는 것이 매우 중요하다. 이러한 주제들에 대해서는 우리가 12장에서 보다 자세히 다룰 것이다.

4.7 블루오션과 가치혁신

4.7 블루오션 전략과 가치 혁신 개념에 대해 논의한다.

우리는 이 장에서 기업이 경쟁사보다 더 낮은 원가와 차별화를 통해 고객에게 더 나은 가치를 제공할 수 있는 방안을 찾음으로써, 종종 산업 내 게임의 규칙을 근본적으로 변화시킬 수 있는 가능성에 대해 논한 바 있다. 이것은 흔히 가치혁신(value innovation)이라고 일컫어지는데, 이 용어는 김위찬(W. Chan Kim)과 르네 마보안(Renée Mauborgne) 교수에 의해 처음으로 만들어졌다.[8] 김위찬과 마보안은 그들의 베스트셀러 저서인 <블루오션전략(*Blue Ocean Strategy*)>에서 이러한 생각을 발전시켰다.[9] 그들의 기본적인 주장에 따르면, 많은 성공적인 기업들은 가치혁신을 통해 제품의 구성을 재정립하고 또 궁극적으로는 새로운 시장 공간을 창출함으로써 경쟁우위를 구축해 왔다는 것이다. 이들은 기업이 새로운 길을 만들어 가는 열린 시장 공간, 즉 '블루오션'을 창출해 가는 과정을 바로 이 가치혁신의 개념을 통해 설명하였다.

블루오션을 발견한 대표적인 기업 중 하나는 사우스웨스트 항공사(Southwest Airlines)를 들 수 있다. 사우스웨스트는 미국 항공산업 내의 다른 경쟁사들과는 다른 방식으로 경쟁하였는데, 가장 중요한 사실은 사우스웨스트의 주요 경쟁자가 산업 내 다른 항공사가 아니라, 일반적으로 자가운전을 하거나 버스를 타고 여행을 즐기는 사람들이었다는 것이다. 사우스웨스트의 목표는 이들 고객의 여행시간을 단축시키고, 매우 저렴하면서 믿음이 가고, 편리하기까지 하여, 육로를 이용한 교통편보다도 항공편을 더 선호하게 만드는 것이었다.

사우스웨스트의 첫 번째 항로는 바로 휴스턴(Houston)과 댈러스(Dallas) 간을 운행하는 노선이었다. 총 여행시간을 단축시키기 위해서, 각각의 도시에서 한 시간 정도 멀리 떨어진 대형 국제공항이 아니라, 두 도시의 도심에 위치한 소형 공항인, 휴스턴의 하비공항(Hobby in Houston)과 댈러스의 러브필드 공항(Love Field in Dallas)을 운항하기로 결정하였다. 여행을 시작하기도 전에 도시 외곽의 대형공항까지 가는 데 소요되는 불필요한 시간을 제거함으로써, 총 여행시간을 단축시키는 것이 바로 사우스웨스트의 목표였다. 그 이후에 사우스웨스트는 고객들에게 편의를 제공하기 위해 일일 출항 횟수를 가능한 한 늘렸고, 운영비를 절감할 수 있는 모든 조치들을 시행하여 낮은 비용을 책정하고서도 지속적인 이윤을 얻을 수 있었다.

사우스웨스트는 나중에 기업이 성장하고 더 많은 노선이 확대되었어도, 동일한 기본 전략을 고수하였다. 즉 항상 도시 간 지선 운행을 위주로 하였고, 거점공항을 경유하여 승객을 탑승시키지 않았다. 만일 기상 악화 등의 이유로 인해 항공사 네트워크 어느 지점에서 출발 지체나 도착 지연 같은 불운한 사고가 발생하여 항공편이 거점공항에서 늦게 이륙하거나 혹은 착륙한다면, 거점공항으로 비행을 변경하는 것은 대개 총 여행시간을 증가시키고 또 정시 출발과 정시 도착으로 평가되는 항공사 신뢰성에 심각한 손상을 줄 수 있다. 한편 사우스웨스트는 기내식을 제공하지 않았고, 오직 일반석만 존재하며, 비즈니스 클래스 승객들을 위한 공항 라운지도 마련하지 않았다. 또한 표준화된 보잉737 한 기종만을 보유하고 있으며, 이 모든 것들이 비행 운항의 신뢰성을 높이는데 일조하도록 하고 있다. 이러한 제반 노력들의 최종 결과로서, 사우스웨스트는 경쟁사보다 더 낮은 원가에서 더 나은 가치를 고객들에게 안겨 주었고, 경쟁사보다 낮은 가격에서도 지속적인 이윤을 창출해가고 있다. 바로 사우스웨스트야말로 가치혁신자(value innovator)였던 것이다.

김위찬과 마보안 교수는 가치혁신자들이 경쟁사들과 어떻게 차별화되는지를 상세히 나타내기 위해, 전략캔버스(strategy canvas)의 개념을 활용하였다. [그림 4.6]에는 사우스웨스트의 전략캔버스가 나타나 있다. 이 그림에는 사우스웨스트가 책정한 저렴한 가격, 기내식사와 공항라운지, 그리고 비즈니스 클래스석을 제공하지 않는 것, 거점공항을 통하지 않은 연결편 등이 나타나 있다. 또한 친절하며 신속한, 그리고 편의성을 제공하면서 신뢰로운 저원가 서비스의 제공이 함께 나타나 있는데, 바로 이 요인들이 사우트웨스트를 선호하는 고객군들이 이 회사에 대해 부여하고 있는 가치들이라 할 수 있다.

이처럼 사우스웨스트의 예는 물론, 그 밖에 김위찬과 마보안 교수가 다루고 있는 다른 성공 기업사례들이 공통적으로 시사하고 있는 핵심 요점은, 소위 성공한 기업들이 그렇지 않은 경쟁기업들보다 얼마나 다르게 경쟁하고 있는지를 잘 보여

그림 4.6 사우스웨스트 항공사의 전략캔버스

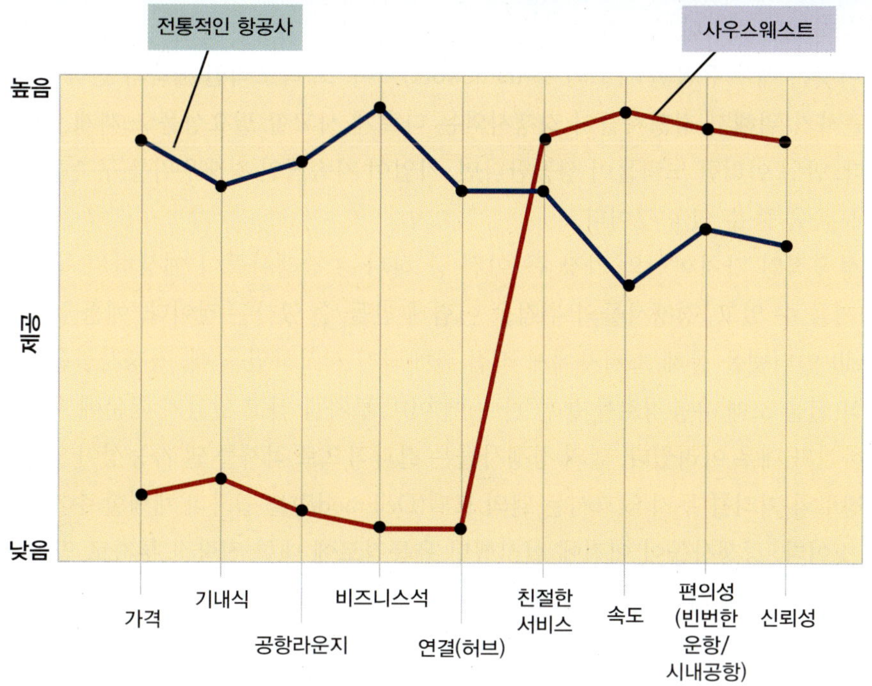

준다는 것이다. 즉 이른바 성공한 기업들은 가치혁신을 통해 스스로 독자적인 시장 영역을 개척해 갔다는 점이다. 김위찬과 마보안 교수는 기업이 시장을 재정립하고, 새로운 사업수준전략의 수립을 고려할 때, 경영자들 스스로 다음의 문제들에 대해 자문해 보기를 권고하고 있다.

1. **제거**: 경쟁사들이 산업에서 당연시 여기는 요인들 중, 어떤 요인들이 제거될 수 있으며, 또 그로 인해 원가가 절감될 것인가?
2. **감소**: 어떤 요인들이 산업 내 표준 미만으로 감소되어져야 하며, 또 그로 인해 원가가 낮아질 것인가?
3. **증가**: 어떤 요인들이 산업 내 표준 이상으로 증가되어져야 하며, 또 그로 인해 가치가 증가할 것인가?
4. **창조**: 경쟁사들이 미처 제공하지 못하는 것을 우리가 창조할 수 있게 만들어 주는 요인들은 무엇이며, 또 그로 인해 가치가 증가할 것인가?

예를 들어 사우스웨스트는 공항라운지와 비즈니스석, 그리고 기내식을 제거하였다. 또 산업의 표준 미만으로 기내의 음료 및 다과의 제공을 감소시켜 나갔지만, 지선 중심의 운항으로 인해 속도(여행시간의 감소)와 편의성, 그리고 신뢰성을 증가시켰다. 아울러 사우스웨스트는 다른 항공사들이 일반적으로 하지 않았던 소도시의 공항 사이의 운항을 가능할 때마다 시행함으로써 고객들에게 더 나은 가치를 창조 하였던 것이다.

이것은 매우 유용한 사고의 틀(framework)이며, 또 독보적인 제품과 전략위치를 창출하기 위해서 경영자들이 경쟁사와는 다르게 사고할 필요성을 느끼게 만들어 준다. 만일 이러한 노력들이 성공한다면, 기업이 지속적인 경쟁우위를 구축하는 데 큰 도움을 줄 수 있을 것이다.

성공적인 가치혁신의 가장 큰 이점 중 하나는 경쟁사들이 예상하지 못한 허를 찌를 수 있고, 경쟁사들의 추격을 어렵게 만들 수 있다는 것이다. 예를 들어 델(Dell) 인터넷을 통해 소비자에게 직접 판매되기 시작하였을 때, 경쟁사들은 다른 방식(실물 소매 유통경로를 통한 판매)에 이미 투자를 하고 있었기 때문에 이에 대응하기가 매우 어려웠다. 델의 경쟁사들은 결과적으로 적자를 낼 가능성이 있는 유통경로와 거리를 두지 않고서는 델의 모델(Dell model)을 쉽사리 채택할 수가 없었던 것이다. 경쟁사들이 이전에 실시했던 유통경로에 대한 전략적 투자로 인해, 델의 혁신에 대해 시기적절하게 대응할 수 있는 능력이 제한적일 수밖에 없었으며, 이러한 조직 관성으로 인하여 그 당시 경쟁사들에게는 델의 혁신을 채택하지 않는 것이 합리적으로 여겨졌다. 항공산업에서도 마찬가지로, 전통적인 항공사들은 기존에 시행했던 전략적 투자로 인해 사우스웨스트사로부터 제기된 위험에 대해 효과적으로 대응하기가 매우 힘이 들 수밖에 없었다.

이상의 내용을 요약하자면, 경쟁 기반의 이동을 가져오는 가치혁신은 여러 면에서 혁신을 주도하는 기업에게 지속적인 경쟁우위를 가져다 줄 수 있다. 왜냐하면 경쟁사들은 상대적인 조직 관성과 더불어, 이전에 시행한 전략적 투자를 파기하지 않고서는 이러한 새로운 변화에 대해 시의적절하게 대응하기가 현실적으로 쉽지 않기 때문이다.

핵심용어

사업수준 전략(business-level strategy) 132
가치혁신(value innovation) 139
시장세분화(market segmentation) 140
표준화 전략(standardization strategy) 142
세분화 전략(segmentation strategy) 142
집중화 전략(focus strategy) 142
본원적인 사업수준 전략(generic business-level strategy) 145
전반적인 저원가 전략(broad low-cost strategy) 145
전반적인 차별화 전략(broad differentiation strategy) 145
집중화된 저원가 전략(focus low-cost strategy) 145
집중화된 차별화 전략(focus differentiation strategy) 145

전략적 경영자를 위한 시사점

1. 사업수준 전략이란, 주어진 시장에서 한 기업이 추구해 가는 중요한 경쟁 테마를 말한다.
2. 가장 기본적인 수준에서 보자면, 기업은 경쟁사보다 상대적으로 낮은 원가와 차별화된 제품을 제공할 수 있을 때 경쟁우위를 가질 수 있다.
3. 저원가 위치를 획득하는 기업은 경쟁사들이 손해를 보는 가격에서도 수익을 창출할 수 있다.
4. 차별화된 기업은 제품에 높은 가격을 부과할 수 있고, 또 수요의 증대를 창출하기 위해 탁월한 제품 가치를 활용해 갈 수 있다.
5. 다양한 유효한 시장 위치는 종종 차별화-저비용 연속체에 따라 있다.
6. 가치혁신은 기업이 경쟁사보다 낮은 원가에서 차별화를 통해 더 큰 가치를 제공할 수 있는 신제품이나 공정 또는 전략을 개발할 때 발생한다.
7. 사업수준 전략의 수립은 기업이 목표로 하는 고객이 누구이고, 해당 기업이 만족시키려 하는 고객의 니즈(needs)나 원하는 바가 무엇이며, 또 그러한 니즈나 원하는 바를 해당 기업은 어떻게 충족시킬 수 있는가를 결정하는 것에서 시작된다.
8. 시장세분화란, 시장을 유사한 니즈, 유사한 바람, 그리고 유사한 요구 특성을 가진 고객집단들로 명확히 구분하는 과정이다.
9. 이 시장세분화에 대해 기업이 어떻게 접근하는가는 사업수준전략의 중요한 한 측면이다.
10. 네 가지의 본원적인 사업수준 전략이 존재한다. 즉 전반적인 저원가 전략, 전반적인 차별화 전략, 집중화된 저원가 전략, 집중화된 차별화 전략이 그것들이다.
11. 사업수준 전략은 기능적 수준에서 취해진 여러 조치들과 조직배치를 통해 실행되어 진다.
12. 성공한 많은 기업들은 가치혁신과 새로운 시장 공간의 창출을 통해 제품구성을 재정립함으로써 경쟁우위를 구축했다. 가치혁신을 통한 사고의 과정은, 기업이 새로운 길을 열어 가는 열린 시장 공간, 즉 '블루오션'을 창출해 가는 과정으로 설명된다.

토론 과제

1. 저원가 전략과 차별화 전략 간의 주요 차이점은 무엇인가?
2. 사업수준 전략의 수립 과정에서 시장세분화가 매우 중요한 단계인 이유는 무엇인가?
3. (a) 저비용 (b) 차별화라는 비즈니스 수준의 전략이 어떻게 회사 업계의 경쟁 세력으로부터 보호할 수 있을까?
4. 사업수준 전략의 아이디어를 실제 실현시키기 위해 무엇이 필요할 것인가?
5. 가치혁신이라는 용어는 무엇을 의미하는가? 교재에서 논의되지 않았지만, 가치혁신을 통해 강력한 경쟁우위를 구축해 온 기업사례를 추가로 발굴할 수 있는가?

버라이존 (Verizon)

마무리 사례

버라이존(Verizon)은 미국 무선 통신 업계에서 선두 기업으로, 연간 매출 1,330억 달러 중 거의 80%를 차지하며 거의 모든 영업 소득을 얻는다(나머지 매출은 주로 기업과 가정으로 광섬유 기반 고정선 비즈니스에서 발생한다). 버라이존(Verizon)은 약 9,300만 명의 후불고객과 2,400만 명의 선불고객을 대상으로 서비스한다. 후불고객은 더 유리하고 좋은 신용 등급을 가지며 프리미엄 서비스를 더 많이 구매해 서비스를 떠날 가능성이 적다. 버라이존(Verizon) 무선 수익의 약 70%는 소비자에서, 30%는 기업 고객에서 나온다. 버라이존(Verizon)의 후불고객 시장 점유율은 약 40%로, 주요 경쟁사 AT&T와 T-Mobile의 점유율보다 약 1/3 더 크다. 또한 버라이존(Verizon)은 경쟁사에 비해 지속적으로 높은 수익을 올렸다. 2016년부터 2021년까지 5년 평균 투자 자본 투자수익률(ROIC)은 약 14%로, AT&T의 9%와 T-Mobile의 8% 정도와 비교하면 높다. 그러나 T-Mobile은 버라이존(Verizon)과 AT&T보다 빠른 성장을 이루고 있다. 2013년부터 2019년까지 시장에 진입한 2,700만 명의 새로운 후불고객 중 약 75%를 확보했다.

버라이존(Verizon) 이점은 여러 요인에서 나온다. 이 회사는 오랫동안 네트워크 품질에서 뛰어나다. 그들은 세 대형 무선 통신 회사 중에서 가장 넓은 지역을 커버하고 있으므로 거의 전화가 끊기지 않으며 연결 품질이 높다. 지난 10년 동안 버라이존(Verizon)은 4G 기술에 대한 대규모 투자를 진행하여 스트리밍 음악 및 비디오를 빠르게 다운로드할 수 있게 했다. 현재 버라이존(Verizon)은 고대역폭 5G 서비스를 확대하고 있으며, 이는 훨씬 더 빠른 다운로드 속도와 상당히 낮은 지연 시간을 제공한다. T-Mobile은 미국에서 5G 기술을 초기에 도입한 것으로 알려져 있지만, 버라이존(Verizon)은 정부 경매에서 고대역폭 C밴드 5G 스펙트럼에 약 500억 달러를 투자하여 2022년 초부터 전국적으로 확대하고 있다. 버라이존(Verizon)의 5G 네트워크 고품질은 더 많은 소비자와 기업 가입자를 유치할 것으로 예상된다. 또한 C밴드 5G는 고대역폭과 매우 낮은 지연 시간을 필요로 하는 사물 인터넷과 관련된 많은 새로운 응용 프로그램을 지원할 수 있다(예: 자율 주행 차량). 중요한 점은 버라이존(Verizon) 연구 결과에 따르면 5G 폰을 사용하는 고객들은 프리미엄 무제한 요금제에 가입할 가능성이 2.5배 높다는 것이다. 고객이 5G 핸드셋을 채택함에 따라 평균 계정당 수익이 증가할 것으로 예상된다.

버라이존(Verizon)은 높은 품질의 네트워크로 인한 평판을 강력한 브랜드 아이덴티티로 활용해왔다. 칸타르(Kantar)의 순위에 따르면, 2020년에는 버라이존(Verizon)이 미국에서 10위로 가장 가치 있는 브랜드 중 하나였다(AT&T는 9위, T-Mobile은 39위). 게다가 버라이존(Verizon)은 업계에서 가장 낮은 고객 이탈률을 가지고 있다. 2021년에는 버라이존(Verizon)의 고객 중 1.1%만 서비스를 떠났으며, AT&T는 1.7%, T-Mobile은 2.2%에 불과했다(이탈률은 고객이 회사의 서비스 구독을 해지하는 평균 백분율을 나타낸다). 더 낮은 이탈률은 높은 고객 충성도를 나타내는 것뿐만 아니라, 서비스를 떠나는 고객을 대처할 또 다른 고객을 확보하는 투자 금액을 줄이는 것을 의미한다. 버라이존(Verizon)의 다른 큰 장점은 규모의 경제에서 온다. 무선 서비스를 제공하기 위한 인프라 비용 중 많은 부분은 고정 비용이며 여기에는 세포 탑, 백본 광섬유 및 스위치 등이 포함된다. 시장 리더로서 버라이존(Verizon)은 AT&T나 T-Mobile보다 더 큰 가입자 기반에 고정 비용을 분산시킬 수 있다. 이로써 고객 서비스의 평균 비용을 낮출 수 있다. 버라이존(Verizon)은 광고 분야에서도 규모의 경제를 누린다. 예를 들어, 버라이존(Verizon)은 과거에 T-Mobile보다 더 많은 광고 비용을 지출했지만, 고객당 기준으로 T-Mobile은 대략 30% 더 많은 비용을 지출했다.

하지만 버라이존(Verizon)의 위치는 안전하지만은 않다. T-Mobile이 아직은 버라이존(Verizon) 규모의 경제와 강력한 브랜드가 없지만 공격적인 "언캐리어" 전략으로 시장 점유율을 확보하고 있기 때문이다. 게다가 지표면 저궤도 위성 인터넷이라는 혁신적인 기술이 나타나고 있다. 스페이스 엑스(Space X)와 아마존(Amazon)은 수천 개의 저궤도 위성을 발사하고 있으며, 무선 위성 서비스는 버라이존(Verizon)의 일부 고객 기반을 약간 갉아먹을 수 있다. 게다가 무선 휴대전화 시장은 현재 성숙 단계에 있으므로 앞으로 시장 점유율을 놓고 강력한 경쟁이 예상된다.

출처: S. Krouse, "Verizon's Quest for 5G Revenue," *Wall Street Journal*, March 24, 2021; C. Wilson, "Does the Drop in Verizon Provide a Buying Opportunity?," *Seeking Alpha*, April 11, 2022; "BrandZ Top 100 Most Valuable US Brands," SyncForce, https://www.rankingthebrands.com/The-Brand-Rankings; M. Hodel, "Verizon Offers a autious 2022 Outlook, but Our Long Term View Is Unchanged," *Morningstar*, April 22, 2022.

사례 토의 문제

1. 버라이존(Verizon)의 세분화 전략은 무엇인가? 이 회사는 누구를 대상으로 하는 가?
2. 핵심 세그먼트 또는 세그먼트에 대해 고려할 때 버라이존(Verizon)은 고객에게 어떤 것을 제공하나?
3. 포터 모델을 사용하여 버라이존(Verizon)은 어떤 일반적인 비즈니스 수준 전략을 추구하고 있나?
4. 버라이존(Verizon)의 강력한 경쟁력 지위를 뒷받침하는 자원은 무엇인가? 경쟁사는 버라이존(Verizon)의 자원과 경쟁하기 어려울 정도로 어려울까? 버라이존(Verizon)은 지속적인 경쟁 우위를 가지고 있나?
5. 버라이존(Verizon)은 경쟁 우위를 유지하기 위해 어떤 조치를 취해야 할 것으로 생각하는가?

참고문헌

[1]Derek F. Abell, *Defining the Business: The Starting Point of Strategic Planning* (Englewood Cliffs NJ: Prenitice-Hall, 1980).

[2]M. E. Porter, *Competitive Advantage* (New York: Free Press, 1985); and M. E. Porter, Competitive Strategy (New York, Free Press, 1980)

[3]C. W. L. Hill, "Differentiation Versus Low Cost or Differentiation and Low Cost: A Contingency Framework," *Academy of Management Review* 13 (1988): 401-412.

[4]M. E. Porter, "What Is Strategy?" *Harvard Business Review*, On-point Enhanced Edition Article, February 1, 2000.

[5]W. C. Kim and R. Mauborgne, "Value Innovation: The Strategic Logic of High Growth," *Harvard Business Review*, January-February 1997.

[6]Porter, *Competitive Advantage*; and, *Competitive Strategy*.

[7]The story was told to the author, Charles Hill, by an executive at Apple.

[8]Kim and Mauborgne, "Value Innovation: The Strategic Logic of High Growth."

[9]W.C. Kim and R. Mauborgne, Blue Ocean Strategy (Boston, Mass: Harvard Business School Press, 2005).

Chapter 5

기능전략을 통한 경쟁우위 구축 및 사업수준 전략 수행

학습목표

5.1 서로 다른 기능수준 전략 간 차이를 구분한다.

5.2 효율성 향상을 위한 다양한 전략적 투자에 대해 설명한다.

5.3 품질 향상을 위한 다양한 전략적 투자에 대해 설명한다.

5.4 혁신을 위한 다양한 전략적 투자를 설명한다.

5.5 고객대응성 증진을 위한 다양한 전략적 투자를 설명한다.

첫머리 사례

콜게이트 팔모라이브

1806년에 설립된 콜게이트 팔모라이브(Colgate Palmolive)는 세계에서 가장 오래된 기업에 속한다. 오늘날 이 기업은 치약, 칫솔, 구강청정제, 치실 등 구강 관리 제품 분야에서 시장선도자 지위를 영위하는 글로벌 소비재 기업으로 알려져 있다. 이 기업은 글로벌 치약 시장에서 약 40%의 점유율을 유지하고 있으며 이는 2위 경쟁사보다 2.5배 이상 높은 수치이다. 예를 들어 콜게이트의 인도 시장 점유율은 40%인 반면, 인도 현지 회사인 다부르(Dabur)는 14% 정도이다. 브라질에서는 P&G(Procter & Gamble)이 10%, 콜게이트는 67%의 점유율을 차지하고 있다. 중국에서는 27%의 점유율을 차지하고 있으며 2위인 P&G의 시장점유율은 13%에 불과하다. 또한 콜게이트는 지속적으로 높은 수익성을 보여 주고 있다. 투하자본수익률(ROIC)은 2012년부터 2022년까지 연평균 거의 30%에 달했는데, 이는 회사의 추정 자본비용인 7%를 훨씬 웃도는 수치이다.

콜게이트가 지속적인 우월한 성과를 창출하는 원인은 무엇일까? 이 회사는 오랫동안 구강 관리 시장에서 매우 강력한 브랜드 인지도를 유지해 왔다. 콜게이트 브랜드 자산은 회사가 수십 년에 걸쳐 전 세계 업계 전문가들과 구축해 온 긴밀한 관계에 기반한다. 콜게이트는 전 세계 치과의사들이 가장 많이 추천하는 브랜드임을 자랑한다. 회사는 전문가들의 인증이 브랜드 자산 구축에 매우 중요하다고 보고 있으며, 콜게이트의 구강 관리 제품에 대한 과학적 지원과 권장 사항을 제공하는 데 상당한 노력을 기울이고 있다. 치과 관련 박람회에 참가하여 콜게이트 제품에 대한 과학적 연구를 발표하며, 치과에 무료 샘플을 제공하고(이는 환자들에게 전달된다), 치과협회로부터 인증을 받는 등 회사는 다양한 활동을 진행한다. 또한 회사는 소비자 중심 캠페인을 통해 전문가들의 지지를 활용하여 하얗고 빛나는 아름다운 '콜게이트 스마일(Colgate Smile)'을 홍보하고 있다.

또한 콜게이트는 여러 국가에서 교육적인 캠페인도 진행함으로써 브랜드 인지도를 구축하고 있다. 인도에서는 인도 치과협회와의 협력으로 진행되는 '밝은 미소, 밝은 미래'라는 학교 치과 교육 프로그램을 통해 구강건강에 대한 인식을 높이고 전국의 어린이들에게 무료 치과 검진을 제공한다. 다른 나라에서도 유사한 프로그램이 진행 중이다. 콜게이트에 따르면 1991년부터 전 세계 5억 명 이상의 어린이들이 이 프로그램을 통해 구강건강 교육을 받은 것으로 나타났다.

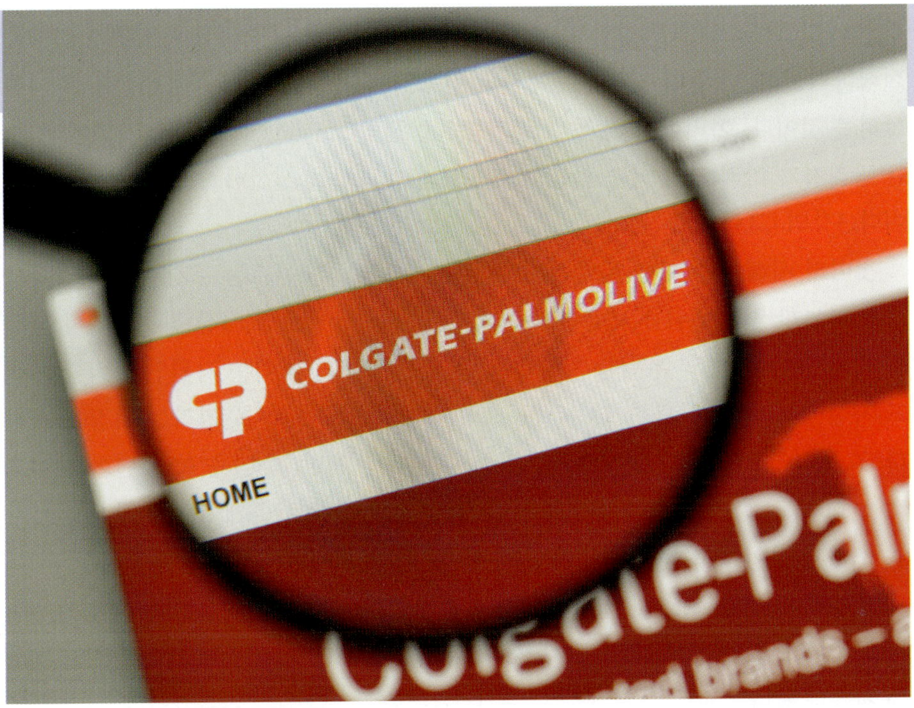

Casimiro PT/Shutterstock.com

출처: Colgate Palmolive, Annual Report, 2020; "Colgate Palmolive in Beauty and Personal Care," *Euromonitor International*, December 2021; E. Lash, "Colgate Prudently Working to Steady Its Competitive Position Even as Unrelenting Headwinds Swirl," *Morningstar*, March 21, 2022; D. Kum, "Colgate: Regaining Leadership in India's Sensitive Teeth Market," *Ivey Publishing*, December 16, 2015.

강력한 브랜드 자산을 구축하기 위해 콜게이트는 제품 혁신에 상당한 관심을 기울여 진화하는 고객 요구에 신속하게 대응하고 있다. 회사는 연간 약 3억 달러, 즉 매출의 2%를 R&D에 지출한다. 항상 새로운 제품을 가장 먼저 출시하는 것은 아니지만, R&D를 통해 시장변화에 신속하게 대응하고자 했다. 예를 들어 경쟁사가 치아 민감성을 완화시켜 주는 치약을 출시했을 때 콜게이트는 신속하게 자사 제품을 시장에 출시하여 글로벌 민감성 치약 시장 10억 달러 중 75%를 점유했다. 마찬가지로 스타트업 기업인 소닉케어(Sonicare)가 전동칫솔을 개발하자 콜게이트는 시장 지위를 지키기 위해 자체 전동칫솔을 개발해 대응했고, 경쟁사인 P&G가 '미백' 구강청정제를 출시하자 콜게이트도 자체 미백 구강청정제를 시장에 내놓으며 대응했다. 개선된 제품 개발 프로세스 관리를 통해 신제품 출시에 걸리는 시간을 기존 18~36개월에서 6~12개월로 단축하며 시장 변화 대응 능력을 크게 향상시켰다고 콜게이트는 주장하고 있다.

5.1 서로 다른 기능수준 전략 간 차이를 구분한다.

5.1 개요

3장에서는 기업 내에서 잘 조직된 가치 있고, 희소하며, 모방할 수 없는 자원이 경쟁우위의 기초를 형성하는 방식을 살펴보았다. 4장에서는 사업수준 전략을 논의하고, 가치 있고, 희소하며, 모방할 수 없는 자원의 개발이 어떻게 사업수준 전략을 뒷받침하는지 설명했다. 이 장에서 우리는 우수한 효율성, 품질, 혁신 및 고객대응성([그림 5.1] 참조)을 달성할 수 있는 가치 있는 자원을 구축하고 사업수준 전략을 실행하기 위해 기업이 기능수준에서의 전략적 투자를 어떻게 활용하는지 자세히 살펴볼 것이다. 이러한 투자가 바로 **기능수준 전략**(functional-level strategy)이다. 이는 관리자가 여러 가치 창출 활동의 효율성과 효과성을 개선하기 위해 행하는 활동이다(3장의 [그림 3.5] 참조).

기능수준 전략
가치창출 활동의 효율성 및 효과성을 개선하기 위한 활동

첫머리 사례는 이러한 관계를 보여 주고 있다. 콜게이트는 구강관리 사업에서 지속 가능한 경쟁우위를 보유하고 있으며 오랫동안 글로벌 시장 점유율에서 선두를 지켜 왔다. 기업의 우위는 *차별화* 전략에 필요한 가치 있는 자원인 강력한 브랜드 자산에 기반한다. 또한 회사는 규모의 경제로 인한 *낮은 원가*라는 이점을 가진다. *효율적*이고(규모의 경제로 인해) 신속한 제품 개발(*혁신*)을 통해 변화하는 고객 선호도(*고객 반응성*)에 대응하는 *고품질* 제품 개발로 콜게이트는 업계 전문가와 소비자 사이에서 높은 평판을 획득했다. 즉, 가치 있는 자원(브랜드 자산 및 규모의 경제 포함)을 창출하고 효율적인 제품차별화에 기반한 지속 가능한 경쟁우위를 구축하기 위해 콜게이트는 수년에 걸쳐 경쟁우위 구성요소에 기능수준의 투자를 지속해 왔다.

그림 5.1 기능전략과 경쟁우위

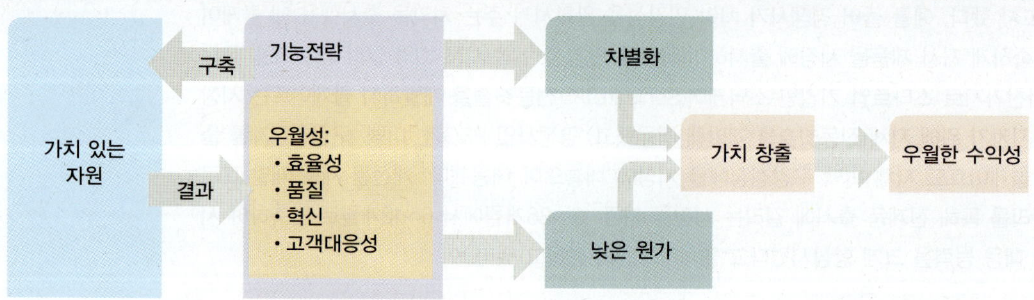

5.2 탁월한 효율성 달성

5.2 효율성 향상을 위한 다양한 전략적 투자에 대해 설명한다.

기업은 투입물(노동, 토지, 자본, 경영, 기술적 노하우)을 산출물(제품과 서비스)로 변환시키는 장치라고 할 수 있다. 가장 간단한 효율성 측정 지표는 산출물을 만드는 데 소요된 투입물의 양, 즉 (효율성 = 산출물/투입물)이다. 기업이 효율적일수록 산출물을 만드는 데 필요한 투입물이 적어지고 비용구조가 줄어든다. 즉, 효율적인 기업은 경쟁자보다 생산성이 높고 낮은 비용을 달성한다. 여기에서 기업이 효율성을 높이고 비용구조를 낮추기 위해 기능부서 수준에서 취할 수 있는 방법들을 살펴본다.

5.2a 효율성과 규모의 경제

규모의 경제(diseconomy of scale)는 산출량의 규모가 증가할수록 단위원가(unit cost)가 감소하는 것이다. 경영자가 산출물에 따라 비용구조가 어떻게 변할 수 있는지를 이해하는 것은 중요하다. 왜냐하면 이러한 이해가 전략 추진에 도움이 되기 때문이다. 예를 들어 산출물이 증가함에 따라 단위원가가 상당히 감소한다면, 즉 규모의 경제가 발생한다면 기업은 가격을 낮추고 생산량을 늘리면서 이득을 볼 수 있다.

규모의 경제 산출량의 규모가 증가할수록 단위원가가 감소하는 것

규모의 경제가 발생하는 원천 중 하나는 고정비를 대규모의 생산량에 분산시키는 능력이다. **고정비**(fixed costs)는 산출물의 수량에 관계없이 제품을 생산할 때 발생하는 비용이다. 즉, 기계 구입, 개별적인 생산 작업을 위한 기계류 설치, 시설 건설, 광고, 연구개발에 관련된 비용이다. 예를 들어 마이크로소프트(Microsoft)는 윈도우 운영체제의 최신 버전(Windows10)을 개발하기 위해 대략 50억 달러를 지출했다. 새로운 운영체제를 개발하는 데 소요된 고정비를 막대한 판매량에 분산시킴으로써 상당한 수준의 규모의 경제를 실현할 수 있다(전 세계 20억 명의 PC 사용자 중에서 75% 이상이 윈도우를 사용). 추가적인 윈도우10의 제품 생산에 따른 비용 증가는 매우 미미하기 때문에 이러한 규모의 경제는 매우 중요하다. 예를 들어 마스터카피(master copy)가 만들어지면 윈도우10의 추가적인 생산은 주문자상표부착방식(original equipment manufacturing, OEM)에 의해 0의 한계비용으로 이루어질 수 있다. 마이크로소프트의 효율성과 수익성의 핵심은 고정비를 대규모 생산량에 분산시키고 실질적인 규모의 경제를 실현할 수 있도록 매출을 빠르고 충분하게 증가시키는 것이다.

고정비 산출물의 수량에 관계없이 제품을 생산할 때 발생하는 비용

규모의 경제의 또 다른 원천은 대량생산을 통한 분업과 전문화이다. 전문화(specialization)는 생산성에 긍정적인 영향을 미치는 것으로 알려져 있는데, 이는 종업원들이 특정 과업을 수행하는 데 매우 능숙해질 수 있기 때문이다. 이에 대한 고

그림 5.2 규모의 경제와 규모의 비경제

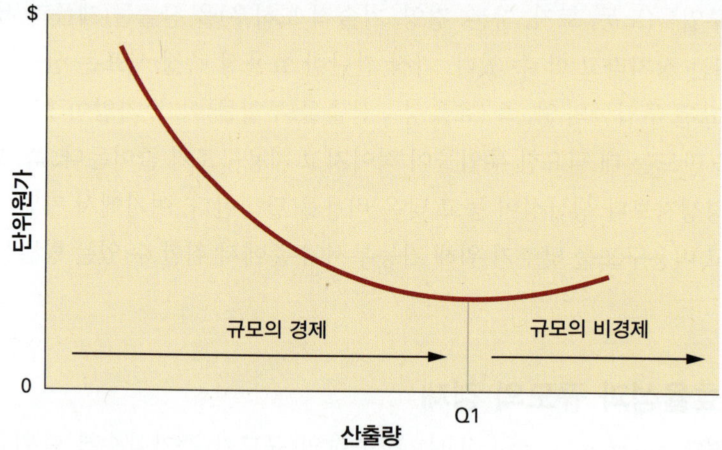

전적인 사례는 포드(Ford)의 모델T 자동차이다. 포드의 모델T는 1923년에 소개되었고, 세계에서 처음 대량생산된 자동차였다. 포드는 1923년까지 값비싼 수작업 생산방식으로 자동차를 만들고 있었다. 대량생산기법의 도입으로 더 많은 분업(조립공정을 작고 반복적인 과업으로 분할)과 전문화를 달성할 수 있었고, 이로 인해 종업원들의 생산성이 향상되었다. 포드는 또한 자동차를 개발하고 생산 기계를 설치하기 위한 고정비를 대규모의 생산량에 분산시킬 수 있었다. 이러한 경제적 효과의 결과로 자동차 한 대당 제조비용이 1958년 기준으로 3,000달러에서 900달러 이하로 떨어졌다.

규모의 경제에 대한 개념은 [그림 5.2]에서 보여 주듯이 산출량이 증가하면서 단위원가는 감소하는 것이다. 이러한 과정은 산출량 Q1에서 끝나게 되고 모든 규모의 경제는 고갈된다. 실제로 Q1보다 많은 산출량을 생산할 경우 대규모의 산출량과 관련된 단위원가가 증가하게 되는 **규모의 비경제**(diseconomy of scale)에 직면하게 된다. 규모의 비경제는 근본적으로 기업규모의 증가로 인한 관료주의 증가와 그로 인한 경영상의 비효율성 때문에 발생한다.[1] 대규모 기업은 역기능적인 정치행태가 만연한 경영 계층을 확대시키는 경향이 있다. 경영상의 문제에 대한 정보는 최고경영자에게 도달할 때까지 수많은 경영 계층을 돌아다니면서 뜻하지 않게 그리고 고의적으로 왜곡될 수 있다. 그 결과 잘못된 의사결정이 이루어진다. 따라서 [그림 5.2]에서의 Q1과 같은 특정 시점을 지나치면 성장에 따른 비효율성이 나타나고 규모의 경제에 의한 추가적인 이득보다 비효율성이 크게 된다.

규모의 비경제
대규모의 산출량과 관련된 단위원가가 증가하는 것

경영자는 규모의 경제의 한계와 규모의 비경제의 시작점을 알아야 한다. 예를 들어 뉴코철강(Nucor Steel)은 규모의 비경제가 존재하는 것을 깨닫고 종업원 300인이하의 공장을 구축하는 의사결정을 하였다. 즉, 600명을 고용하는 공장 하나보다는 300명씩 고용하는 두 개의 공장을 건설하는 것이 더 효율적이라고 믿는 것이다. 이론적으로는 더 큰 공장이 더 많은 규모의 경제를 달성할 수 있지만, 뉴코의 경영진은 공장이 더 이상 커진다면 커진 조직 단위에서 비롯되는 규모의 비경제로 고통받을 수 있다고 믿고 있다.

5.2b 효율성과 학습효과

학습효과(learning effect)는 실행을 통한 학습에서 비롯되는 비용절감이다. 예를 들어 근로자들은 반복 작업을 통해 과업을 실행할 수 있는 최선의 방법을 학습한다. 개개인들이 특정 과업을 수행할 가장 효율적인 방법을 학습함에 따라 노동생산성은 시간이 지날수록 증가하고 단위원가는 감소한다. 이와 마찬가지로 새로운 생산시설에 대한 경영진도 시간이 지날수록 새로운 생산운영을 가장 잘 수행할 수 있는 방법을 학습한다. 따라서 노동생산성과 경영관리 효율성의 증가로 인해 생산비용은 감소한다. 다르게 말하면, 시간이 지남에 따라 경영진과 직원은 생산성을 높이는 귀중한 운영 지식을 축적하게 된다. 토요타와 같은 일본 기업은 운영 지식의 축적을 운영 철학의 핵심으로 여긴다는 것으로 잘 알려져 있다.

학습효과
실행을 통한 학습으로부터 비롯되는 비용절감

학습효과는 기술적으로 복잡한 작업을 반복할 때 더 중요해지는 경향이 있다. 따라서 학습효과는 100개의 간단한 단계로 이루어지는 조립공정보다 1,000개의 복잡한 단계로 이루어지는 조립공정에서 더 중요할 것이다. 학습효과는 일반적으로 제조공정과 관련이 있지만, 서비스산업에서도 중요하다는 실질적인 증거가 있다. 의료 분야에서 학습에 관한 유명한 연구 중 하나에 따르면 경험이 많은 의료종사자는 다양한 일반적인 수술 과정에서 사망률이 현저하게 낮았는데 이는 학습효과가 수술에 작용하고 있다는 것을 시사한다.[2)] 이 연구의 저자들은 이 증거를 기반으로 고도로 전문 의료서비스를 제공하기 위한 지역 진료의뢰협력센터를 설립할 것을 주장했다. 이들 센터는 심장수술과 같은 많은 특정 수술 절차를 수행하여 규모가 작고 아마도 사망률이 더 높을 지역 의료시설을 대체했다. [전략 실행 사례 5.1]에서는 심장수술을 시행하는 병원 사례를 통해 학습효과의 차이를 결정하는 요인을 살펴본다.

최근의 다른 연구에서는 금융기관의 학습효과에 관한 강력한 증거가 발견되었다. 이 연구는 100명의 멤버로 신규 설립된 문서 처리 부서를 조사했는데, 담당자들이 프로세스를 학습함에 따라 시간이 지날수록 서류 처리 속도가 빨라진다는 사실을 발견했다. 종합적으로 이 연구는 처리되는 서류의 누적량이 두 배씩 증가할 때마다 단위원가가 감소한다는 결론을 내렸다.[3)]

기업의 단위원가 곡선에서 보면 규모의 경제는 곡선을 따라 이동하는 것을 의미

전략 실행 사례 5.1

심장수술에서의 학습효과

하버드 경영대학원의 연구자들에 의해 진행된 연구에서는 연방법에 의해 승인된 최소절개심장수술(minimally invasive heart surgery)을 위한 특별한 신기술 사례에서 학습효과의 중요성을 판단하려고 시도했다. 연구자들은 16개 병원을 조사하여 환자 660명에 대한 수술 자료를 확보했다. 연구진은 수술에 소요되는 시간이 누적 경험에 따라 어떻게 변화하는지를 조사했다. 16개 병원 전체에서 신기술에 의한 첫 번째 수술시간이 280분 소요되었으나, 수술이 50회 이루어진 다음에는 220분으로 평균 시간이 감소한 것을 발견했다(모든 병원이 50회의 수술을 시행한 것은 아니며, 데이터를 기초로 외삽법으로 추정함).

그다음으로 병원 간의 차이를 조사하여 학습효과에서 큰 차이가 있다는 것을 발견했는데 특히 M병원이 뛰어났다. 이 병원은 첫 번째 환자의 수술시간이 500분이었다가 50번째 환자의 경우 132분으로 수술시간이 크게 감소했다. 50번째 환자에 대해 평균 시간보다 88분의 시간적 우위를 가졌는데 이것은 환자 1인당 대략 2,250달러의 비용절감 효과를 의미하고 외과의사에게 보다 큰 수익을 창출할 수 있는 수술방법을 제공하는 것이다.

연구자들은 M병원이 더 탁월한 이유를 밝히려고 노력했다. 모든 병원들은 비슷한 최첨단 수술실을 갖추고, 미국 식품의약국(FDA)이 승인한 장치를 사용했으며, 채용된 외과의사들은 모두 동일한 훈련과정을 이수한 매우 유명한 병원의 수련의 출신이었다. 그러나 추가적인 면담을 실시한 결과 M병원은 새로운 수술을 실행하는 방법이 달랐다. 수술 집도의는 수술을 실행할 팀을 자기 형편에 맞게 선택했다. 팀 구성원들은 이전에 함께 일한 경험이 있었고, 그것이 구성원 선발의 주요 기준이었으며, 그 팀은 새로운 수술을 실행할 수 있는 훈련을 함께 받았다. 전체 팀원은 수술 전에 절차를 의논하기 위해서 마취과 의사 및 수술실 간호사와 함께 미팅을 가졌다. 또한 수술 집도의는 초기 단계의 수술팀과 수술절차에 어떤 변경도 없을 것을 요구했다. 초기 수술팀은 새 멤버가 추가되거나 다른 멤버로 대체되기 전에 열다섯 번의 수술을 완료했고, 수술절차가 수정되기 전에 스무 번의 수술을 완료했다. 그리고 수술 집도의는 처음 열 번의 수술에 대해서는 매번 진행되기 전에 팀 미팅을 실시했고, 처음 스무 번의 수술이 완료된 다음에는 수술 내용에 대해 보고를 하도록 지시했다.

핵심적인 팀이 선발되고 학습을 통해 이익이 극대화되도록 관리하는 것이 다른 병원들과의 차별점이라 할 수 있다. 다른 병원들은 팀 구성원과 절차가 일관적이지 않고, 보고와 복기, 학습에 그러한 주의를 기울이지 않았다. 결과적으로 M병원의 수술진은 빠른 학습효과와 높은 생산성을 확보하게 되었다. 새로운 수술의 시행에서 학습효과의 차이는 명백히 매우 중요하다.

출처: G. P. Pisano, R. M. J. Bohmer, and A. C. Edmondson, "Organizational Differences in Rates of Learning: Evidence from the Adoption of Minimally Invasive Cardiac Surgery," *Management Science* 47 (2001): 752–768.

한다(즉, [그림 5.3]에서 A에서 B로 이동). 학습효과를 실현하게 되면 노동과 경영관리가 시간이 지날수록 산출량의 모든 부분에서 더 효율적으로 수행되기 때문에 전체 곡선이 아래로 이동하게 된다(즉, [그림 5.3]에서 B에서 C로 이동). 회계적 측면에서 볼 때 생산 분야의 학습효과는 총수입의 일정 비율인 매출원가를 줄일 것이며, 이로 인해 기업은 더 높은 매출이익률과 투하자본수익률을 얻게 될 것이다.

아무리 복잡한 과업이라 할지라도 일반적으로 학습효과는 일정 기간이 지나면 감소한다. 실제로 학습효과는 새로운 생산공정 초기에 가장 중요하고 2~3년 후부

그림 5.3 학습과 규모의 경제가 단위원가에 미치는 영향

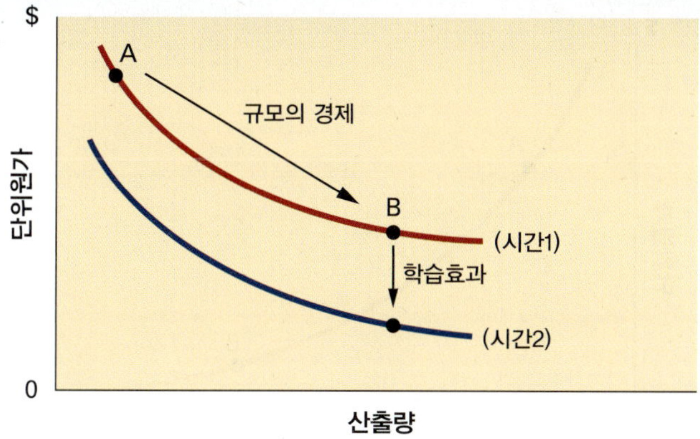

터는 미미해지는 것으로 알려져 있다.[4] 새로운 정보기술의 도입 등의 결과로 기업이 생산시스템을 변화시킨다면, 학습 프로세스는 다시 시작되어야 한다.

5.2c 효율성과 경험곡선

경험곡선
비용구조를 체계적으로 낮추고 그 결과로 인해 제품수명주기에 걸쳐 나타나는 단위원가의 감소

경험곡선(experience curve)은 비용구조를 체계적으로 낮추고 그 결과로 인해 제품 수명주기에 걸쳐 나타나는 단위원가의 감소를 의미한다.[5] 경험곡선의 개념에 의하면 제품의 단위당 생산비용은 일반적으로 누적산출량이 두 배씩 증가할 때마다 일정 비율로 감소한다(누적산출량은 제품 출시부터의 총 산출량). 이러한 현상은 항공기산업에서 처음 관찰되었고, 기체(airframe)의 누적산출량이 두 배씩 증가할 때마다 전 단계보다 단위원가가 80%씩 감소하는 것으로 나타났다.[6] 따라서 일반적으로 네 번째 기체는 두 번째 기체 생산의 80% 비용이 들었고, 여덟 번째 기체는 네 번째 기체의 80%, 열여섯 번째 기체는 여덟 번째 기체의 80% 비용이 소요되었다. 이러한 성과는 단위생산원가와 누적산출량의 관계가 [그림 5.3]에 제시된 곡선과 같이 나타나기 때문이다. 규모의 경제와 학습효과는 경험곡선 현상의 기초가 된다. 시간이 지나면서 누적산출량이 증가하면 기업은 규모의 경제(생산량이 증가함에 따라)와 학습효과를 둘 다 실현할 수 있다. 결과적으로 단위원가와 비용구조는 누적산출량의 증가와 함께 낮아지게 된다.

기업의 제품생산량과 시장점유율의 증가는 경쟁자에 비해 비용구조를 낮출 수 있다는 점에서 경험곡선의 전략적 중요성은 명확하다. [그림 5.4]에서 B사는 A사에 비해 낮은 비용구조 때문에, 그리고 경험곡선이 더 아래쪽으로 이동했기 때문에 비용우위를 가지고 있다. 이 개념은 반도체칩 생산과 같이 표준화된 제품을 대량생산하는 산업에서 매우 중요하다. 더 효율적이고 더 낮은 비용구조를 가지려는 기업은

그림 5.4 경험곡선

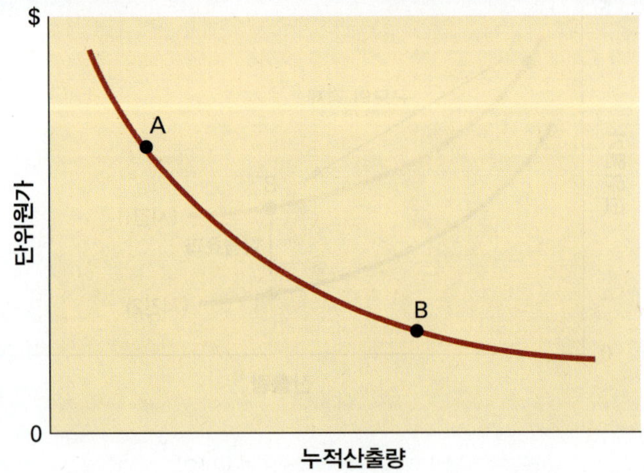

경험곡선에서 가능하면 빠르게 아래로 이동해야 한다. 이것은 효율적인 규모의 생산시설을 구축하고(제품에 대한 수요가 발생하기 이전이라도) 학습효과를 통해 적극적으로 비용절감을 추구해야 하는 것을 의미한다. 또한 가능하면 빠르게 수요와 판매량을 촉진하기 위해 파격적인 가격할인, 과감한 판매촉진, 광범위한 광고와 같은 적극적인 마케팅전략을 채택할 수도 있다. 기업이 경험곡선에서 아래로 이동한다면 탁월한 효율성 때문에 경쟁자에 비해 상당한 비용우위를 가질 수 있다. 예를 들어 마이크로프로세서 시장에서 인텔(Intel)과 TSMC는 경험곡선에서 우하향하는 전술을 이용하여 경쟁우위를 획득할 수 있었다.[7)]

이것은 제조 활동의 범위 밖에서도 마찬가지로 중요한 개념이다. 예를 들어 온라인 판매회사인 아마존은 유통 네트워크에 투자함으로써 규모의 경제를 실현하고(유통센터의 고정비를 대규모 판매량에 분산시킴), 유통센터에서 재고관리와 주문이행 프로세스의 효율성을 향상시키기 위해 노력했다(학습효과). 이 두 가지의 비용절감 원천을 토대로 아마존은 학습곡선에서 경쟁자보다 먼저 아래로 이동할 수 있었고, 이에 따라 경쟁자보다 낮은 가격에도 불구하고 더 많은 이익을 얻을 수 있는 낮은 비용 위치를 확보할 수 있었다.

경영자는 경험효과로 나타나는 효율성 기반의 비용우위에 대해 만족해서는 안 된다. 첫째, 학습효과와 규모의 경제는 영원히 지속되지 않기 때문에 경험곡선은 어떤 시점에서는 끝나게 된다. 이런 현상이 나타나면 학습효과와 규모의 경제에 의한 단위원가 감소가 더 이상 이루어지기 어려울 것이다. 시간이 지나면서 다른 기업들이 비용구조를 낮추고 비용 선도 기업을 따라잡을 수 있다. 이렇게 되면 대부분의 저비용 기업들은 서로가 비용 동등성을 갖게 된다. 이런 환경에서 지속적 경쟁우위를 확보하기 위해서는 기존 기술을 사용하는 생산비용의 최소화 이외의 다른 전략적 요인, 즉 탁월한 고객대응성, 제품 품질, 또는 혁신에 의존해야 한다.

둘째, 경험효과로 얻어진 비용우위는 새로운 기술의 개발로 인해 쓸모없게 될 수 있다. 예를 들어 대형서점인 보더스(Borders)와 반스앤노블(Barnes & Noble)은 규모의 경제와 학습효과로 인한 비용우위를 갖고 있었다. 그러나 이러한 비용우위는 아마존이 1994년부터 웹 기술을 이용하여 온라인 서점을 시작했을 때 줄어들었다. 아마존은 온라인으로 판매하면서 실제 서점을 갖고 있는 기존의 경쟁자들보다 더 낮은 비용으로 더 많은 품목을 제공할 수 있었다. 2007년 아마존이 킨들(Kindle) 전자책 리더를 소개했을 때, 그리고 책을 디지털 형태로 판매하기 시작했을 때, 보더스와 반스앤노블이 갖고 있던 경험기반의 우위를 매우 효과적으로 무력화하면서 경쟁의 기초를 변화시켰다. 2022년에 보더스는 파산했고 반스앤노블은 재정적 어려움을 겪으면서 서점을 폐쇄하고 있으며, 그동안 아마존은 더욱 더 강해지고 있다.

5.2d 효율성, 유연생산시스템, 대량고객화

표준화된 산출물을 대량생산함으로써 낮은 비용구조가 높은 효율성을 획득할 수 있는 최선의 방법이라는 생각이 규모의 경제의 핵심적인 개념이다. 이 개념에는 단위원가와 제품 다양성(product variety) 사이의 상충관계가 내재되어 있다. 한 공장에서 제품 다양성이 큰 생산을 하면 생산가동 시간이 짧아지고, 이것은 규모의 경제 실현을 어렵게 하고 비용을 증가시킨다. 즉, 제품 다양성이 클수록 기업이 생산효율성을 높이고 단위원가를 줄이는 것을 어렵게 한다. 이러한 논리에 따르면 효율성을 높이고 낮은 비용구조를 달성하기 위한 방법은 [그림 5.5a]와 같이 제품 다양성을 제한하고 표준화된 제품을 대량으로 생산하는 것이다.

이러한 생산 효율성에 관한 견해는 유연생산기술의 출현에 의해 도전을 받고 있다. **유연생산기술**(flexible production technology)은 복합 설비의 셋업타임(setup times)을 줄이고, 개선된 일정계획으로 개별 기계들의 활용도를 높이고, 생산공정상의 모든 단계에서 품질관리를 향상시킬 수 있도록 설계된 일련의 기술들을 포함하는 개념이다.[8] 유연생산기술은 [그림 5.5b]와 같이 표준화된 제품을 대량생산하여 얻을 수 있는 단위원가를 그대로 유지하면서 더 다양한 제품을 생산할 수 있도록 도와준다. 유연생산기술을 채택함으로써 표준제품 대량생산에 비해 효율성을 높이고 단위원가를 낮출 수 있으며, 동시에 더 다양한 제품을 제공하여 고객화를 달성할 수 있다. **대량고객화**(mass customization)는 낮은 비용과 제품 고객화를 통한 차별화라는 양립할 수 없는 두 가지 목적을 일치시킬 수 있도록 유연생산기술을 이용할 수 있는 기업의 능력을 설명하기 위해 만들어진 개념이다.[9]

유연생산기술
복합 설비의 셋업타임을 줄이고, 개선된 일정계획으로 개별 기계들의 활용도를 높이고, 생산공정상의 모든 단계에서 품질관리를 향상시킬 수 있도록 설계된 일련의 기술들

대량고객화
낮은 비용과 제품 고객화를 통한 차별화라는 양립할 수 없는 두 가지 목적을 일치시킬 수 있도록 유연생산기술을 이용

그림 5.5 비용과 제품 다양성의 상충관계

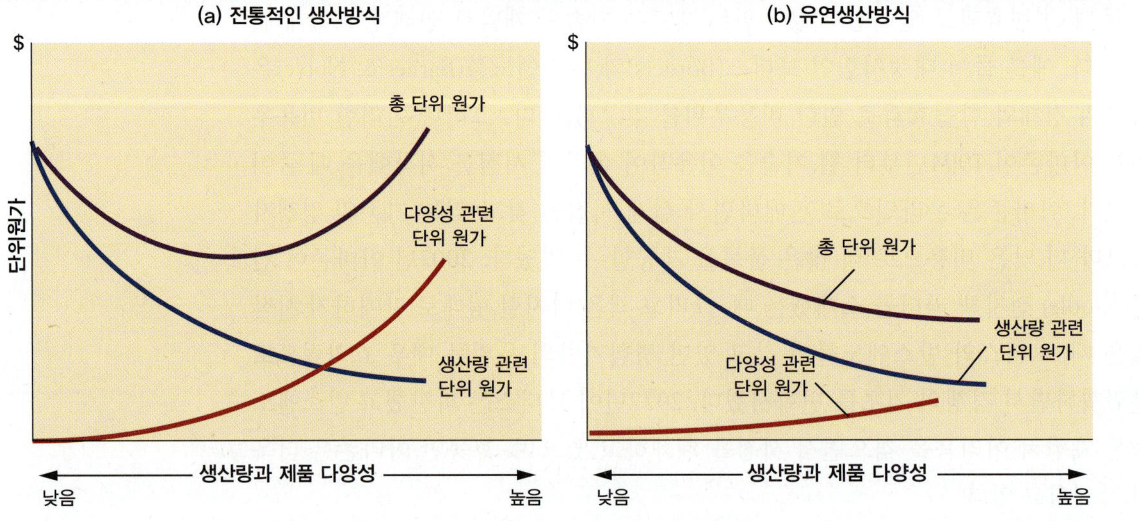

델(Dell)은 고객들이 자신의 컴퓨터를 온라인에서 조립하도록 함으로써 대량고객화 전략을 추구하고 있다. 델은 여러 가지 메모리 용량, 하드 드라이브 크기, 비디오 카드, 마이크로프로세서 등과 같은 제한된 옵션 메뉴에 따라 고객들이 선택할 수 있도록 유도하여 비용과 가격을 통제하고 있다. 결과적으로 소매 대리점을 통해 제한적인 PC 모델을 판매하는 경쟁자보다 더 많은 가치를 고객을 위해 창출할 수 있다. 이와 비슷하게 마즈(Mars)는 고객들이 자신의 '맞춤형' M&Ms를 웹상에서 디자인할 수 있도록 서비스를 제공한다. 이것을 '나의 M&Ms'라고 하는데 고객이 여러 색깔을 선택할 수 있고 M&Ms에 메시지나 그림을 넣을 수 있다. 대량고객화의 또 다른 사례는 [전략 실행 사례 5.2]에서 논의된 인터넷 라디오 서비스 판도라(Pandora)이다.

유연생산기술의 설치가 기업의 비용구조에 미치는 효과는 극적으로 나타날 수 있다. 지난 20년 동안 포드자동차는 전 세계의 자동차공장에 유연생산기술을 도입해 왔다. 이러한 기술들을 통해 포드자동차는 동일한 라인에서 다양한 모델을 생산할 수 있게 되었고, 과거보다 훨씬 빠르게 하나의 모델에서 다른 모델로 생산을 전환할 수 있게 되었다.[10)]

5.2e 효율성, 자동화, 인공지능

지난 10년 동안 가장 주목할 만한 변화 중 하나는 로봇공학의 급속한 발전과 인공지능의 정교해진 수준이다. 우리는 로봇시대로 진입한 듯하다.[11)] 로봇의 도입이 빠

전략 실행 사례 5.2

인터넷 라디오를 대량고객화한 판도라

Jaap Arriens/Sipa USA/Newscom

판도라 미디어(Pandora Media)는 음악을 PC와 모바일 기기로 스트리밍한다. 고객은 듣고 싶은 음악을 타이핑하는 것으로 시작한다. 판도라는 10만 명 이상의 아티스트의 데이터베이스를 보유하고 있기 때문에 당신의 취향이 얼마간 특이하더라도 당신을 위한 무언가를 가지고 있을 확률이 높다. 고객은 판도라가 제공한 음악에 대한 평가를 할 수 있다(좋아요 또는 싫어요). 판도라는 이 피드백을 받아서 고객에게 스트리밍되는 음악을 더 개선한다. 그리고 미래 예측을 위한 정교한 통계 분석(이 노래를 좋아하는 다른 고객들은 무엇을 듣는가?) 및 제품 분석(노래를 분석하고 유사한 노래를 분류하는 '뮤직게놈')을 이용하여 개별 청취자들의 경험을 더욱 개인화한다. 뮤직게놈(Music Genome)은 청취 습관 분석을 토대로 새로운 노래를 들려주어 청취자에게 소개해 주는 추가적인 혜택을 가지고 있다. 그 결과 각 개인의 고유한 청취 선호도에 맞춰진 유일한 라디오 방송국이 생성된다. 이것이 대량고객화의 가장 순수한 형태이다.

2000년에 시작된 판도라는 2017년 말 기준 연간 수익률이 17억 달러에 달했다. 2억 5천만 명의 구독 사용자와 7,800만 명의 활성 사용자를 기록하면서 미국 온라인 라디오 시장에서 69%의 점유율을 차지하고 있다. 판도라의 수익은 기본적으로 광고에서 발생하지만 프리미엄 구독자는 연간 109달러를 지불하여 광고 없는 음악을 즐길 수 있다.

판도라는 대량고객화의 가치를 입증하는 가파른 성장에도 불구하고 문제점을 가지고 있다. 판도라는 수익의 절반 이상을 음반 출판인들에게 저작권사용료(royalty)로 지불한다. 그에 비해 위성방송사 시리우스(Sirius-XM)는 수입의 7.5%만 로열티로 지불하고, 음악을 스트리밍하는 유선방송사는 15%만 지불한다. 각각 다른 저작권사용료는 라디오 방송에 대한 저작권사용료를 결정하는 미국 저작권 로열티 위원회(Copyright Royalty Board)에 소속된 세 명의 판사가 지정하는 약간 생소한 규정 때문에 발생한 것이다. 이러한 저작권사용료 결정방식은 법 개정 노력에도 불구하고 판도라에게 불리하게 작용했다. 판도라는 맞춤형 음악 스트리밍 서비스를 제공하는 스포티파이(Spotify) 및 알디오(Rdio)와의 경쟁도 치열해지고 있는데, 이 두 회사는 음악 라이브러리에 대한 액세스 대가로 음반사에 지분을 매각했다. 또한 애플이 자체 맞춤형 음악 스트리밍 서비스를 제공할 것이라는 보도도 나오고 있다. 장기적으로 판도라의 전망이 어떻게 될지에 상관없이 인터넷 라디오의 대량고객화는 현재와 같이 지속될 것으로 보인다.

출처: A. Fixmer, "Pandora Is Boxed in by High Royalty Fees," Bloomberg Businessweek, December 24, 2012; E. Smith and J. Letzing, "At Pandora Each Sales Drives up Losses," *Wall Street Journal*, December 6, 2012; E. Savitz, "Pandora Swoons on Weak Outlook," Forbes.com, December 5, 2012; G. Peoples, "Pandora Revenue Up 40 percent, Listening Growth Softens," Billboardbiz, October 23, 2014; Craig Smith, "80 Interesting Pandora Statistics and Facts," DMR, February 3, 2018.

르게 증가하고 있다. 중국의 경우 직원 10,000명당 로봇의 수가 2013년 25대에서 2020년에는 150대로 증가했다. 미국의 경우는 2016년 직원 10,000명당 로봇 수가 189대였으며, 로봇 설치 수가 매년 15%씩 증가하고 있다. 로봇 도입에서 세계적 선두주자인 한국은 직원 10,000명당 로봇 수가 631대이다.

제조 및 서비스 활동의 자동화로 인해 다양한 산업 분야에서 인건비 절감과 생산성 향상이 이루어지고 있다. 예컨대 로봇은 보잉(Boeing)의 상용 제트기에 구멍을 뚫고 고정장치를 장착하는 작업을 대신하고 있다. 또 다른 로봇은 인간의 개입을 최소화하면서 자동으로 탄소섬유 날개를 만들어 매우 노동집약적인 공정을 고도로 자동화된 공정으로 전환하고 있다. 생산 활동을 가속화함으로써 보잉은 노동력이나 설치 공간을 추가하지 않고도 공장의 생산량을 늘릴 수 있다. 예를 들어 737 제트기를 생산하는 시애틀 근처의 보잉 렌턴 공장은 자동화 덕분에 2005년에서 2018년 사이 생산량은 두 배로 증가한 반면, 노동력은 30%만 증가했다. 이와 같은 눈부신 효율성 향상은 보잉의 변동비를 낮추고 더 높은 이윤 창출을 가능케 했다.

또 다른 예로 자율주행 트럭이 트럭산업을 어떻게 변화시킬 수 있는지 생각해 보자. 미국에서는 트럭이 국내 화물의 70% 이상을 운반하며, 트럭 운송 산업은 연간 8,000억 달러의 수익을 창출한다. 구글, 우버, 벤츠, 테슬라에 이르기까지 수많은 회사가 자율주행차에 막대한 투자를 하고 있는 상황에서, 미국에서 자율주행 트럭이 표준이 되는 것은 시간문제인 것처럼 보인다. 인건비뿐 아니라 운전자가 취해야 하는 강제 휴식시간을 포함하는 인적 노동과 관련된 비용을 제거하고, 교통 흐름의 실시간 분석을 기반으로 운전 경로를 최적화함으로써 자율주행차는 물류비용을 크게 절감시키고 결과적으로 산업 전반에 걸쳐 효율성을 크게 향상시킬 것이다. UPS(United Parcel Service), 페덱스(FedEx), 아마존(Amazon)(이 회사들 모두 현재 자율주행 차량을 테스트하고 있음)과 같은 배송 회사들이 이러한 혜택을 누릴 것으로 예상된다.

5.2f 마케팅과 효율성

기업이 채택하고 있는 마케팅전략은 효율성과 비용구조에 중대한 영향을 미칠 수 있다. **마케팅전략(marketing strategy)**은 시장세분화, 가격결정, 판매촉진, 광고, 제품설계, 유통 등과 관련하여 기업이 취하고 있는 위치를 나타낸다. 효율성을 높이기 위한 어떤 방법들은 매우 명확하다. 예를 들어 비용구조를 낮추기 위해 경험곡선 아래로 이동하는 것은 적극적인 가격결정, 판매촉진, 광고에 의해 촉진될 수 있으며, 이것은 모두 마케팅 기능의 업무이다. 마케팅전략의 다른 측면에서는 효율성에 대해 중대한 영향을 미치지만 보다 명확하게 드러나지 않는다. 한 가지 중요한 측면은 고객이탈률, 비용구조, 단위원가 사이의 관계이다.[12)]

마케팅전략
시장세분화, 가격결정, 판매촉진, 광고, 제품설계, 유통 등과 관련하여 기업이 취하고 있는 위치

고객이탈률(customer defection 또는 churn rate)은 매년 경쟁사로 이탈하는 고객의 비율이다. 이탈률은 고객충성도(customer loyalty)에 의해 결정되며, 고객충성도

고객이탈률
매년 경쟁사로 이탈하는 고객의 비율

그림 5.6 고객충성도와 고객당 이익 사이의 관계

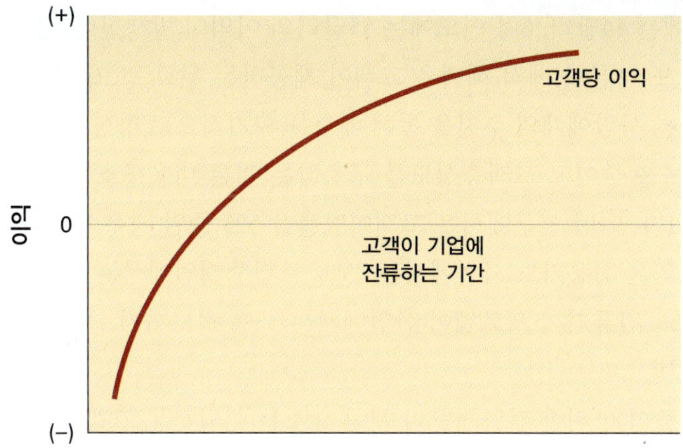

는 고객을 만족시킬 수 있는 기업의 능력에 따라 영향을 받는다. 새로운 고객을 획득하는 것은 일회성 고정비를 수반하기 때문에 이탈률과 비용 사이에는 직접적인 관계가 있다. 예를 들어 무선서비스 회사는 신규 가입자를 등록할 때 새로운 계정을 개설하기 위한 관리비용과 단말기 제조업자에게 지급하는 보조금 비용을 부담해야 한다. 또한 신규 가입자를 끌어들이기 위해 설계된 광고와 판매촉진 비용도 발생한다. 기업이 고객을 오래 유지할수록 이러한 고정비를 회수할 수 있는 단위 판매량이 증가하고 각각의 매출에 대한 평균 단위원가가 낮아진다. 따라서 고객이탈률을 낮추는 것은 기업의 비용구조를 낮출 수 있게 한다.

[그림 5.6]은 이탈률-비용 관계의 중요성을 보여 주고 있다. 신규 고객을 확보하는 데 비교적 높은 고정비가 발생하기 때문에 경쟁사로 이동하기 전에 잠시 머무르는 고객에게 서비스를 제공하는 것은 그 고객을 얻기 위해 투자한 것에 대한 손실로 이어진다. 고객이 오래 머물수록 그 고객을 얻기 위해 투자한 고정비가 반복된 구매에 따라 더 많이 분배될 수 있고 고객당 이익이 증가하게 된다. 따라서 기업이 고객을 유지하는 기간과 고객당 이익 사이에는 긍정적인 상관관계가 있다. 기업이 고객이탈률을 줄일 수 있다면 고객을 확보하는 데 있어서 더 많은 투하자본수익률을 올릴 수 있고 그로 인해 수익성을 높일 수 있다.

예를 들어 신용카드 사업의 경우 대부분의 신용카드사들은 모집과 신규계좌 개설을 위해 고객당 평균 80달러의 비용을 지출한다.[13] 이러한 비용은 신규 고객을 유인하기 위한 광고, 고객의 신용 확인, 계좌를 개설하고 카드를 발급하는 기계적인 업무에서 발생한다. 이러한 일회성 고정비는 고객이 적어도 2년간 회사에 잔류한다면 회수할 수 있다. 더구나 고객은 가입한 지 2년째가 되면 신용카드 사용이 증가하는 경향이 있으므로 이는 각 고객이 발생시키는 수익을 시간에 따라 증가시킨다. 결과적으로 신용카드사는 첫 번째 연도에 고객당 80달러의 손실이 발생하지만 3차 연도에는 44달러, 6차 연도에는 55달러의 이익이 발생한다. 장기 고객의 충성도가 주는 또 다른 경제적 혜택은 고객이 제공하는 무료 광고이다. 충성도가 높은 고객은 다른 사람에게의 추천을 통해 매출을 획기적으로 향상시킬 수 있다.

고객이탈률을 줄이고 고객충성도를 구축하는 것은 비용구조를 낮추는 주요 원천이 될 수 있다. 어떤 연구에서는 고객이탈률을 5% 줄일 경우 평균 잔류 기간 동안 고객당 이익은 신용카드 사업에서는 75%, 보험중개업에서는 50%, 산업용 세탁업에서는 45%, 컴퓨터 소프트웨어 산업에서는 35% 정도까지 증가하는 것으로 추정하고 있다.[14]

이탈률을 줄이기 위한 전략개발의 핵심 요소는 이탈하는 고객을 확인하고 그들이 왜 이탈하는지를 찾아내어 그 정보에 적합한 조치를 취함으로써 다른 고객들이 비슷한 이유로 이탈하지 않도록 하는 것이다. 이러한 방법을 실행하기 위해서 마케팅 부서는 고객이탈률을 추적할 수 있는 정보시스템을 보유해야 한다.

5.2g 자재관리, JIT시스템, 효율성

기업의 효율성을 높이는 데 있어서 자재관리의 기여도는 생산과 마케팅의 기여도와 마찬가지로 획기적이라고 할 수 있다. 자재관리(materials management)는 생산공정을 통해, 그리고 유통시스템을 통해 최종사용자에게 이르기까지 투입 요소와 부품을 생산시설로 가져가는 데 필요한 활동을 포함한다(투입물을 구매하는 비용 포함).[15] 이 과정에서 비용 발생의 수많은 원천이 존재하기 때문에 보다 효율적인 자재관리 전략을 통해 비용을 줄일 수 있는 잠재력은 매우 크다. 일반적인 제조기업의 경우 자재와 운송 비용은 수익에서 50~70%를 차지하기 때문에 이 비용 중에서 조금만 줄일 수 있어도 수익성에 상당한 효과를 거둘 수 있다. 예를 들어 1백만 달러의 수입을 올리고 있는 기업의 경우에 매출 수입 중에서 투하자본수익률(ROIC) 5%, 구매비를 포함한 자재관리비 50%가 발생한다면 총 수익을 15,000달러 늘리기 위해서는 매출 수입을 30% 증가시키든지 또는 자재비를 3% 감소시켜야 한다.[16] 일반적인 경쟁시장에서 자재비를 3% 줄이는 것은 매출 수입을 30% 증가시키는 것보다 훨씬 쉽다.

JIT재고시스템
제조공장에 도착하는 부품들을 생산공정에 적시에 투입할 수 있도록 일정계획을 수립하여 재고유지 비용을 절약하거나 또는 소매점에서 재고가 거의 소진되었을 때 상품을 보충함으로써 재고유지비를 줄일 수 있도록 설계된 시스템

자재관리 기능의 효율성을 향상시키는 것은 일반적으로 JIT재고시스템의 채택을 필요로 한다. **JIT재고시스템**(just-in-time inventory system)은 제조공장에 도착하는 부품들을 생산공정에 적시에 투입할 수 있도록 일정계획을 수립하여 재고유지 비용을 절약하거나 또는 소매점에서 재고가 거의 소진되었을 때 상품을 보충함으로써 재고유지 비용을 줄일 수 있도록 설계된 시스템이다. 주요 비용절감은 재고

회전율의 증가를 통해 달성할 수 있는데, 이는 보관과 저장 비용 같은 재고유지비를 줄이고 기업의 운전자본의 필요성을 감소시키기 때문이다. 예를 들어 월마트(Walmart)는 효율적인 물류관리를 통해 적어도 1주일에 두 번씩 매장 내 재고를 보충하고, 대부분의 매장들은 필요하다면 매일 납품을 받는다. 일반적으로 경쟁기업들은 2주에 한 번씩 재고를 보충하는데 이로 인해 더 많은 재고를 유지해야 하고 매출액 대비 더 많은 운전자본이 필요하게 된다. 월마트는 경쟁기업과 비교하여 낮은 재고자산 투자에도 불구하고 동일한 서비스 수준을 유지할 수 있으며, 이것이 낮은 비용구조의 주요 원천이 된다. 따라서 월마트는 소매업에서 더 빠른 재고회전율을 통해 효율성 기반의 경쟁우위를 획득할 수 있었다.[17)]

보다 일반적으로 3장에서 살펴본 수익성 모델의 관점에서 보면 JIT재고시스템은 운전자본의 필요성을 줄이고(자금조달이 필요한 재고가 적기 때문에), 창고보관에 투자할 고정자본의 필요성을 줄이며(저장할 양이 줄기 때문에), 이로 인해 자본의 필요성을 줄이고 자본회전율은 높이며 더 나아가 투하자본수익률을 증가시킬 수 있다.

JIT시스템의 단점은 완충재고(buffer stock)를 남겨 놓지 않는다는 점이다. 주요 공급자의 노사분규와 같이 공급 기업의 혼란 및 2020~2022년에 발생했던 전염병 사태 등으로 인해 투입 요소의 부족이 발생할 경우, 완충재고의 보관비가 비싸더라도 완충재고를 보유한 기업은 이에 대비할 수 있고 수요 증가에 신속하게 대응할 수 있다. 한편 이러한 한계를 극복할 방법이 있다. 예를 들어 중요한 투입 요소에 대해 단 하나의 공급업체에 의존하는 위험을 줄이기 위해서 복수의 공급업체로부터 투입 요소를 공급받을 수 있다.

최근 효율적인 자재와 재고 관리는 공급사슬 관리로 재구성되고 있다. **공급사슬 관리**(supply chain management)는 공급업체로부터 생산공정에 이르기까지 재고 유지를 최소화하고 재고회전율을 극대화하기 위해 투입 요소와 부품의 흐름을 관리하는 기능이다.

공급사슬 관리
공급업체로부터 생산공정에 이르기까지 재고 유지를 최소화하고 재고회전율을 극대화하기 위해 투입 요소와 부품의 흐름을 관리하는 기능

5.2h 연구개발 전략과 효율성

효율성을 높이고 비용구조를 낮추는 데 있어서 탁월한 연구개발의 역할은 두 가지로 볼 수 있다. 먼저 연구개발(R&D) 기능은 제조하기 쉽도록 제품을 설계함으로써 효율성을 높일 수 있다. 연구개발을 통해 제품을 구성하는 부품의 수를 줄임으로써 소요되는 조립시간을 획기적으로 줄일 수 있고, 결과적으로 종업원 생산성이 높아지고 낮은 비용과 높은 수익성을 얻을 수 있다. 예를 들어 텍사스 인스트루먼트(Texas Instruments)는 미국 국방부(Pentagon)에 공급하는 적외선탐지장치를 재설계했는데 이로 인해 부품 수는 47개에서 12개, 조립 단계는 56단계에서 13단계, 금

속가공 시간은 단위당 757분에서 219분, 단위당 조립시간은 129분에서 20분으로 줄었다. 결과적으로 생산비용이 상당히 감소했다. 제조를 위한 설계는 생산과 연구개발 기능 사이에 긴밀한 조정이 필요하다. 이를 위해서는 생산과 연구개발 부서의 인력이 함께 일할 수 있도록 이들이 포함된 교차기능팀(cross-functional team)을 구성하는 것이 좋은 방법이다.

프로세스 혁신
생산공정이 더욱 효율적으로 운영될 수 있도록 하는 새롭고 독특한 방식

연구개발 기능으로 낮은 비용구조를 달성하기 위한 두 번째 방법은 **프로세스 혁신**(process innovation)이다. 프로세스 혁신은 생산공정이 효율적으로 운영될 수 있도록 하는 새롭고 독특한 방식이다. 프로세스 혁신은 종종 경쟁우위의 주요 원천이 되기도 한다. 토요타의 경쟁우위는 셋업타임(setup time)을 획기적으로 단축시킨 새로운 유연생산공정(flexible manufacturing process)의 발명에서 일부 비롯된 것이다. 이 프로세스 혁신을 통해 토요타는 경쟁기업보다 몇 년 앞서서 효율성 성과를 달성할 수 있었다.

5.2i 인적자원 전략과 효율성

종업원 생산성(employee productivity)은 기업의 효율성, 비용구조, 수익성을 결정하는 핵심 요소이다.[18] 공장의 생산적인 종업원들은 제조원가를 낮출 수 있고, 생산적인 영업 인력은 주어진 일정수준의 비용으로 판매 수익을 높일 수 있다. R&D 부서의 생산적인 직원들은 일정수준의 연구개발비로 신제품에서 창출되는 수익 비중을 높일 수 있다. 따라서 생산적인 직원은 수익 창출에 드는 비용을 낮추고, 매출이익률을 높이며, 더 나아가 투하자본수익률을 높인다. 기업의 인적자원 기능의 도전과제는 종업원의 생산성을 향상시킬 수 있는 방법을 고안하는 것이다. 선택할 수 있는 방법에는 고용 전략, 종업원 훈련, 자율관리팀 구성, 성과에 대한 보상이 있다.

고용 전략 생산적인 직원들을 보유한 것으로 잘 알려진 많은 기업들은 고용 전략(hiring strategy)에 많은 노력을 집중한다. 사우스웨스트항공(Southwest Airlines)은 긍정적인 태도를 가진 사람은 열심히 일하고 고객들과 잘 소통해서 고객충성도를 창출할 수 있다고 믿기 때문에 긍정적이고 팀워크가 좋은 사람을 고용한다. 뉴코철강(Nucor Steel)은 자립적이고 목표지향적인 사람을 고용하는데, 자율관리팀에서 일하는 직원들이 좋은 성과를 내기 위해서는 이러한 능력이 필요하기 때문이다. 이처럼 기업의 고용 전략은 내부의 조직, 문화, 전략적 우선순위와 일관성이 있어야 한다. 기업이 고용하는 사람은 기업의 전략적 목적과 일치하는 특성을 갖고 있어야 한다.

종업원 훈련 종업원은 생산공정에 들어가는 주요 투입요소이다. 잘 숙련된 종업원이 작업을 더 빠르고 더 정확하게 수행할 수 있고, 숙련도가 낮은 종업원보다 현

대적인 생산기법을 사용하는 복잡한 작업도 잘 습득할 수 있다. 훈련을 통해 종업원의 숙련도를 높일 수 있으며, 학습과 실험을 통해 생산성과 관련된 효율을 높일 수 있다.[19]

자율관리팀 구성 **자율관리팀**(self-managing team)은 구성원들이 자신의 활동을 조정하고, 자신의 고용, 훈련, 작업, 보상을 결정하는 팀이다. 팀은 일반적으로 전체의 제품생산 과정이나 전체의 과업을 실행할 수 있는 5~15명의 종업원으로 구성된다. 팀 구성원들은 팀 과업을 모두 학습하고 직무순환을 실시한다. 훨씬 유연한 작업 인력이기 때문에 팀원들은 부재중인 동료를 대신할 수 있고, 작업 및 휴가에 대한 일정계획 수립, 자재 주문, 새로운 멤버 고용 등 관리적인 임무를 맡을 수 있다. 더 큰 책임을 팀원들에게 떠맡길 수 있고, 권한위임이 동기부여 요인으로 제시될 수 있다[*권한위임*(empowerment)은 하위계층의 종업원에게 의사결정권을 제공하는 프로세스]. 직원들은 종종 더 큰 자율성과 책임감이 주어질 때 잘 반응한다. 팀의 생산 및 품질 목표에 연계된 성과 상여금은 추가적인 동기 요인으로 작용한다.

자율관리팀
구성원들이 자신의 활동을 조정하고, 자신의 고용, 훈련, 작업, 보상을 결정하는 팀

자율관리팀을 도입함으로써 30% 이상의 생산성 증가와 실질적인 제품 품질 향상의 효과가 나타나는 것으로 보고되고 있다. 더 나아가서는 관리감독을 없애고 수평적인 조직구조를 구축함으로써 비용을 절감하고 기업의 비용구조를 축소할 수 있다. 제조기업의 경우 비용구조를 줄이는 가장 유력한 방법은 자율관리팀과 유연생산셀(flexible manufacturing cell)을 결합하는 것이다. 예를 들어 노스캐롤라이나 주 솔즈베리에 있는 제너럴일렉트릭(General Electric) 공장은 유연생산기술과 자율관리팀에 의한 작업방식을 도입한 후 동일 제품을 4년 먼저 생산한 다른 GE 공장과 비교하여 생산성이 250%까지 증가했다.[20]

그러나 팀이 만병통치약은 아니다. 제조기업에서 자율관리팀이 유연생산기술과 결합되지 않는다면 그들의 잠재력을 발휘시키는 데 실패할 수 있다. 팀에서는 구성원들에게 수많은 관리적 책임을 부여하는데, 이러한 책임에 대응할 수 있도록 실질적인 훈련을 제공해야 한다. 많은 기업들이 비용절감을 서두르다가 팀원들에 대한 훈련을 잊는 경우가 발생하는데, 성급함은 계획된 역할을 수행하지 못하는 팀을 초래할 수 있다.[21]

성과에 대한 보상 성과에 따라 보상을 연계함으로써 종업원 생산성을 높일 수 있다는 사실은 당연하지만 인센티브 보상시스템을 도입하는 것처럼 문제가 단순한 것은 아니다. 또한 어떤 종류의 직무 성과를 어떻게 보상해야 하는지를 정의하는 것이 중요하다. 세계에서 가장 효율적인 기업 중에서 몇몇 기업들은 생산성 향상을 구현하는 데 종업원 간의 협력이 필요하고 개인보다는 팀 성과에 대한 보상을 연계

하는 것이 중요하다는 사실을 잊지 않는다. 뉴코철강은 작업 인력을 30명 정도로 구성된 팀으로 나누어, 기본급을 30%로 설정하고 생산성과 품질 목표를 달성하는 팀의 능력에 따라 상여금을 지급했다. 이러한 보상시스템이 팀 목표를 달성하기 위해 개인들이 서로 협력할 수 있도록 강력한 동기가 되었고 팀워크를 촉진하는 결과를 가져왔다.

5.2j 정보시스템과 효율성

컴퓨터 사용의 빠른 확산, 인터넷과 기업 인트라넷의 폭발적인 성장, 대역폭 광섬유와 디지털 무선 기술의 확산에 따라 운영 효율성과 낮은 비용구조를 추구할 목적으로 정보시스템 기능이 무대의 중심으로 이동했다.[22] 정보시스템이 생산성에 미치는 효과는 광범위하며 기업의 모든 활동 분야에 잠재적으로 영향을 미친다. 예를 들어 시스코시스템스(Cisco Systems)는 주문과 고객서비스 기능을 온라인으로 전환하면서 상당한 비용을 절감할 수 있었다. 회사는 모든 고객계좌를 취급하는 300개의 서비스 에이전트와 거래할 수 있다는 것을 알게 되었는데, 이것은 만일 판매가 온라인에서 이루어지지 않는다면 900개의 에이전트를 상대해야 한다는 것과 비교되었다. 이 차이는 매년 2천만 달러를 절감하는 효과로 나타났다. 더구나 자동화된 고객서비스 기능이 없었다면 적어도 1천 명의 서비스 기술자가 필요하고 이는 대략 7,500만 달러의 비용을 발생시켰을 것으로 추정하고 있다.[23]

많은 기업들이 시스코처럼 기업과 고객과 공급자 사이의 조정에서 발생하는 비용을 절감하기 위해 웹기반 정보시스템을 이용하고 있다. 고객과 공급자와의 상호작용을 자동화하는 웹기반 프로그램을 사용함으로써 기업은 이런 접점을 관리하는 데 필요한 인력을 실질적으로 줄이고 비용을 절감할 수 있다. 이런 추세는 첨단기술 분야의 기업을 넘어서 확대되고 있다. 은행과 금융서비스 기업은 고객계좌와 지원기능을 온라인으로 전환하면서 실질적으로 비용을 절감할 수 있다는 것을 발견하고 있다. 이러한 전환은 고객서비스 대리인, 은행 출납 직원, 증권중개인, 보험대리점에 대한 필요성을 감소시킨다. 예를 들어 은행에서 계좌 간 자금이체와 같은 거래를 실행하면 평균 1.07달러의 비용이 발생하지만 인터넷에서 동일한 거래를 실행하면 0.01달러의 비용이 발생한다.[24]

마찬가지로 아마존닷컴과 같은 인터넷기반 소매기업을 뒷받침하는 이론은 실제 매장과 지원 인력을 온라인 가상 매장과 자동화된 주문·결제 과정으로 대체함으로써 상당한 비용절감을 달성할 수 있다는 것이다. 비용상환부터 복리후생제도와 고용절차에 이르기까지 기업 내부의 많은 활동들을 자동화하는 온라인기반 정보시스템을 사용함으로써 비용절감을 실현할 수 있고, 내부의 지원 인력에 대한 필요성을 줄일 수 있다.

5.2k 기반구조와 효율성

조직구조, 문화, 전략적 리더십 스타일, 관리시스템 같은 기업의 기반구조(infrastructure)는 다른 모든 가치창출 활동이 수행되는 상황을 결정한다. 기업은 기반구조를 개선함으로써 효율성을 높이고 비용구조를 낮출 수 있다. 무엇보다도 적합한 기반구조는 효율성에 대한 전사적인 몰입을 불러일으키고, 효율성 목표를 추구하는 데 있어서 기능부서 간 협력을 증진시킬 수 있다. 이 내용은 12장에서 상세하게 다룬다.

효율성에 대한 전사적 몰입을 확립하기 위해서는 전략적 리더십이 특히 중요하다는 사실에 주목할 필요가 있다. 리더십의 역할은 효율성 향상에 집중하기 위해 모든 기능부서가 역할을 인식할 수 있도록 비전을 명확하게 표현하는 것이다. 생산이나 마케팅이나 연구개발에서의 효율성을 개별적으로 향상시키는 것은 충분치 않다. 탁월한 효율성을 얻기 위해서는 총괄경영자와 기능부서 경영자가 제시하는 이러한 목표에 대해 전사적인 몰입이 필요하다. 리더십의 추가적인 역할은 탁월한 효율성을 획득하는 데 필수인 기능부서 간 협력을 촉진하는 것이다. 예컨대 제조가 용이하도록 제품을 설계하기 위해서 생산과 연구개발 인력 간의 의사소통이 필요하고, JIT시스템과 생산일정 계획을 통합하기 위해서 자재관리와 생산기능 사이의 밀접한 의사소통이 필요하며, 생산 과업을 수행하도록 자율관리팀을 설계하기 위해서는 인적자원과 생산부서 사이의 긴밀한 협력이 필요하다.

5.2l 요약

탁월한 효율성의 획득에 있어 여러 기능부서들의 기본적인 역할을 [표 5.1]에 요약하여 제시했다. 탁월한 효율성을 획득하는 것은 각 기능부서 단위로 매달려서 해결될 일이 아니라는 것을 명심해야 한다. 기능부서 간 긴밀한 협력이 이루어질 수 있는 조직 전체의 몰입과 능력이 필요하다. 최고경영자는 리더십을 발휘하고 기반구조에 영향을 미침으로써 이 과정에서 중요한 역할을 수행한다.

5.3 탁월한 품질 달성

5.3 품질 향상을 위한 다양한 전략적 투자에 대해 설명한다.

품질은 두 가지 측면, 즉 *신뢰성 품질(quality as reliability)*과 *우수성 품질(quality as excellence)*로 정의할 수 있다고 3장에서 설명했다. 고객들은 고품질 제품을 신뢰성이 있고, 설계된 대로 기능을 잘 수행하고, 탁월한 속성을 갖고 있는 것으로 인식한다. 탁월한 품질은 두 가지 장점을 제공한다. 첫째, 품질에 대한 두터운 명성은 경

표 5.1 탁월한 효율성을 획득하기 위한 가치창출 기능의 주요 역할	
가치창출 기능	주요 역할
기반구조(리더십)	1. 효율성에 대한 전사적인 몰입을 지원한다. 2. 기능부서 간 협력을 촉진한다.
생산	1. 적합한 곳에서 규모의 경제와 학습효과를 추구한다. 2. 유연생산시스템을 실행한다.
마케팅	1. 적합한 곳에서 경험곡선 아래로 이동할 수 있도록 공격적인 마케팅을 실시한다. 2. 브랜드 충성도를 구축하여 고객이탈률을 억제한다.
자재관리	1. JIT시스템을 실행한다. 2. 공급사슬 조정을 실행한다.
연구개발	1. 제조가 용이하도록 제품을 설계한다. 2. 프로세스 혁신을 추구한다.
정보시스템	1. 프로세스를 자동화하도록 정보시스템을 이용한다. 2. 조정 비용을 줄이기 위해 정보시스템을 이용한다.
인적자원	1. 숙련도를 높이기 위해 훈련 프로그램을 설치한다. 2. 자율관리팀을 실행한다. 3. 성과에 따른 보상을 실시한다.

쟁사와 비교해 제품을 차별화하며, 그로 인해 고객의 관점에 더 많은 가치를 창출하고 프리미엄 가격을 책정할 수 있는 옵션을 제공한다. 둘째, 생산공정상의 결점이나 오류를 제거함으로써 효율성을 높이고 비용구조를 낮추고 수익성을 높인다. 예컨대 생산공정에서 결점 수를 줄임으로써 매출원가를 낮추고 매출이익률과 투하자본수익률을 높이게 될 것이다. 이 절에서는 제품에 대한 신뢰성과 여러 속성들을 향상시킬 수 있는 방법들을 살펴본다.

5.3a 탁월한 신뢰성 획득

대부분의 경영자들이 제품의 신뢰성을 높이기 위해 사용하는 기본적인 도구는 6시그마 품질향상 방법론이다. 종합적 품질경영은 1980년대와 1990년대 초반에 일본 기업을 시작으로 미국 기업에까지 널리 확산되었는데, 6시그마 방법론은 이러한 종합적 품질경영 철학에서 직접적으로 파생된 것이다.[25] **전사적 품질경영**(total quality management, TQM)은 제품의 신뢰성을 향상시켜서 제품이 설계된 대로 고장 없이 시종일관 제 기능을 수행하도록 만드는 것이다. TQM 개념은 에드워즈 데밍(W. Edwards Deming), 조셉 주란(Joseph Juran), 파이겐바움(A. V. Feigenbaum)을 포함하여 미국의 많은 경영 컨설턴트들에 의해 개발되었다.[26]

전사적 품질경영
제품의 신뢰성을 향상시켜서 제품이 설계된 대로 고장 없이 시종일관 제 기능을 수행하도록 만드는 것처음에는 이들 컨설턴트들은 미국에서 거의 주목을 받지 못했다. 그러나 일본의 경영자들은 그들의 아이디어를 열성적으로 수용했으며 심지어는 데밍의 이름을 붙여서 매년 생산 우수성에 대한 시상제도를 실시하고 있다. TQM의 기본 철학은 데밍이 명확하게 제시했듯이 다음 5단계의 연쇄적인 반응에 기초하고 있다.

1. 품질이 향상되었다는 것은 재작업이 적고, 실수가 줄고, 지체가 적어지고, 시간과 자재를 더 잘 사용하기 때문에 비용이 감소하는 것을 의미한다.
2. 결과적으로 생산성이 향상된다.
3. 더 좋은 품질은 시장점유율을 높이고 가격을 인상할 수 있다.
4. 더 높은 가격은 수익성을 증가시키고 영업을 계속할 수 있게 한다.
5. 따라서 기업은 더 많은 일자리를 창출한다.[27)]

데밍은 품질향상 프로그램을 위해 많은 단계들을 규명했다.

1. 경영자는 실수, 결함, 품질이 안 좋은 자재는 수용하지 않고 배제해야 한다는 철학을 받아들여야 한다.
2. 감독자가 종업원들과 함께 일하는 시간을 더 많이 배정하고 종업원들에게 직무에 적합한 기술을 제공할 수 있도록 관리감독의 품질을 개선해야 한다.
3. 경영자는 종업원들이 문제점을 보고하거나 개선 방안을 제안하는 것에 대해 거부감을 갖지 않는 환경을 조성해야 한다.
4. 작업표준은 숫자나 할당량으로 정의하고, 무결점 생산을 촉진시킬 수 있는 품질의 개념을 포함시켜야 한다.
5. 경영자는 종업원들이 작업환경의 변화를 따라갈 수 있도록 새로운 기술에 대한 종업원 훈련을 책임져야 한다.
6. 더 좋은 품질을 획득하는 것은 모든 구성원들의 몰입을 요구한다.

서구식 경영에서는 1980년대에 일본의 경제력이 최상위에 오를 때까지 TQM 개념의 중요성을 무시해 왔다. 그때부터 품질향상 프로그램이 서구 산업에서 빠르게 확산되었다. [전략 실행 사례 5.3]은 품질향상 프로세스를 가장 성공적으로 실행한 사례라고 할 수 있는 GE의 6시그마 프로그램에 대한 것이다.

5.3b 신뢰성 향상 방법론의 실행

품질향상 방법론을 성공적으로 채택하는 기업들에서는 어떤 규칙이 두드러지게 나타난다. 제품 신뢰성을 향상시키는 것은 다기능 프로세스라는 것을 강조할 필요가 있다. 품질향상 목표를 추구하는 데 있어서 실행 과정은 모든 기능부서 간의 긴밀한 협력, 즉 기능부서 간에 작업이 이루어지는 프로세스를 필요로 한다. 신뢰성

전략 실행 사례 5.3

GE의 6시그마 품질향상 프로세스

6시그마(six sigma)는 회사 전반에 걸쳐 불량 감소, 생산성 향상, 낭비 제거, 비용 절감을 목표로 하고 있으며 모토롤라(Motorola), 제너럴 일렉트릭(General Electric, GE), 얼라이드시그널(AlliedSignal) 같은 많은 주요 기업들이 채택하고 있는 품질과 효율성 프로그램이다. '시그마(sigma)'는 통계학자들이 평균에 대한 표준편차를 표현하기 위해 사용하는 그리스 문자에서 나온 것으로, 시그마의 숫자가 클수록 오차의 숫자는 적어진다. 생산공정은 6시그마일 경우 100만 개당 3.4개의 불량품이 발생하여 99.99966%의 정확성을 갖는다. 기업이 이와 같은 완전무결함을 획득하는 것이 거의 불가능해 보일지라도 몇몇 기업들은 그 목표를 향해서 노력하고 있다.

GE는 아마도 6시그마 프로그램을 도입한 것으로 가장 잘 알려졌을 것이다. 6시그마 프로세스를 이용하여 설계한 첫 번째 제품들 중 하나가 LightSpeed VCT인데 인체를 3차원 영상으로 빠르게 촬영하는 125만 달러짜리 진단용 CT 스캐너이다. 새로운 스캐너는 여러 영상을 동시에 포착했고 몸 전체를 스캔하는 데 단 20초가 소요되었다. 이는 예전에는 3분이 소요되었고 무엇보다도 환자가 촬영 중에 움직이지 않아야 하기 때문에 중요한 문제였다. GE는 새로운 스캐너의 신뢰성을 높이고 제조비용을 낮추기 위해 250회의 6시그마 분석을 추진하면서 5천만 달러를 지출했다. 그동안의 노력은 LightSpeed VCT의 고객들이 기계의 신뢰성에 대한 증거로서 기계가 고장 없이 가동된다는 것을 인식하면서부터 보상받을 수 있었다.

이러한 신뢰성을 획득하는 것은 막대한 노력을 요구한다. GE의 기술자들은 스캐너를 기본적인 부품들로 분해하고 세밀한 단계별 분석을 통해 구성부품 각각의 신뢰성을 향상하기 위해 노력했다. 예를 들어 CT 스캐너의 가장 중요한 부품은 X선파의 초점을 맞추는 진공관이다. GE가 이전 스캐너에서 사용하던 진공관은 개당 60,000달러의 비용이 들었고 낮은 신뢰성 때문에 어려움을 겪었다. 병원에서는 적어도 6개월 동안 하루에 12시간 정도 가동할 수 있는 진공관을 원했으나 일반적으로 그 기간의 절반 정도만 가동되었다. 더구나 출하 전에 실시한 성능검사를 통과하지 못해 폐기되는 진공관이 2천만 달러에 달했다. 또한 많은 불량 진공관들이 검사를 통과하여, 제품 배송 후 즉시 불량으로 판명되기도 했다.

6시그마 팀은 신뢰성 문제를 해결하기 위해서 진공관을 분해했다. 그들은 양극과 음극을 분리시켜 단락을 방지하기 위해 사용하는 석유기반 오일에 문제가 있는 것을 알고 있었다. 가끔씩 몇 달 지난 오일 상태가 악화되어 단락이 발생하는 경우가 있었지만 그 원인에 대해서는 알지 못했다. 연구자들은 진공관의 모든 부품에 대해 통계적인 'what-if' 시나리오 분석을 실시했고, 진공관 내부의 납 성분 페인트가 오일을 오염시킨다는 것을 알게 되었다. 이러한 정보를 바탕으로 진공관을 보존하고 오일을 보호하기 위한 페인트를 개발했다.

6시그마 팀은 이와 같은 개선 노력을 기울임으로써 CT 스캐너에 있는 진공관의 평균수명을 3개월에서 1년 이상으로 확대할 수 있었다. 진공관의 개선에 따라 비용이 60,000달러에서 85,000달러로 늘었지만, 증가한 비용보다 교체비의 감소가 더 컸고, 이는 고객들에게 매력적인 제안이 되었다.

출처: C. H. Deutsch, "Six-Sigma Enlightenment," *New York Times*, December 7, 1998, p. 1; J. J. Barshay, "The Six-Sigma Story," *Star Tribune*, June 14, 1999, p. 1; D. D. Bak, "Rethinking Industrial Drives," Electrical/Electronics Technology, November 30, 1998, p. 58; G. Eckes, *The Six-Sigma Revolution* (New York: Wiley, 2000); General Electric, "What Is Six Sigma?" http://www.ge.com/en/company/companyinfo/quality/whatis.htm.

향상 방법론(reliability improvement methodologies)을 실행하는 데 있어서 기능부서들의 역할은 [표 5.2]와 같이 요약할 수 있다.

표 5.2 신뢰성 향상 방법론 실행을 위한 역할	
기반구조(리더십)	1. 품질에 대한 리더십과 몰입을 제공한다. 2. 품질을 측정하기 위한 방법을 발견한다. 3. 목표를 세우고 동기를 유발한다. 4. 종업원들의 참여를 요청한다. 5. 기능부서 간 협력을 촉진한다.
생산	1. 생산 소요시간을 줄인다. 2. 불량품을 근원까지 추적한다.
마케팅	1. 고객에게 집중한다. 2. 품질에 고객의 피드백을 반영한다.
자재관리	1. 공급자들을 체계화한다. 2. 공급자들이 품질향상 방법론을 실행하도록 지원한다. 3. 불량품을 공급자까지 추적한다.
연구개발	1. 제조가 용이하도록 제품을 설계한다.
정보시스템	1. 불량률을 모니터하기 위해 정보시스템을 이용한다.
인적자원	1. 품질향상 훈련 프로그램을 설치한다. 2. 품질관리 전문가(블랙벨트)를 발굴하고 훈련시킨다. 3. 종업원들을 품질 팀으로 조직화한다.

첫째, 고위 경영자들이 품질향상 프로그램에 동의하고 그 중요성을 조직에 전달하는 것이 중요하다. 둘째, 품질향상 프로그램이 성공하기 위해서는 프로그램을 이끌어 갈 직원들을 찾아야 한다. 6시그마 방법론에서는 우수한 직원을 발굴하여 6시그마 방법론에 대한 블랙벨트(black belt) 훈련 과정을 거친다. 블랙벨트는 자신의 정규업무 역할을 면제받고 앞으로 2년 동안 오직 6시그마 프로젝트에 관한 작업이 할당된다. 사실상 블랙벨트는 내부의 컨설턴트이자 프로젝트 리더이다. 블랙벨트는 6시그마에 전념하기 때문에 일상적인 운영 책임으로 인해 진행 중인 과업에서 벗어나지 않는다. 블랙벨트의 업무를 매력적으로 만들기 위해서 많은 기업들은 경력 과정에서 그 프로그램을 승진할 수 있는 것으로 승인하고 있다. 성공적인 블랙벨트는 2년 후에 자신의 예전 자리로 복귀하지 않고 대신에 승진해서 더 많은 책임을 맡을 수 있다.

셋째, 품질향상 방법론은 생산공정에서 발생한 불량품을 확인하고 그 근원을 추적하여 불량이 발생한 원인을 파악하고 개선 조치를 취함으로써 문제가 반복되지 않도록 그 필요성을 전파한다. 생산과 자재관리는 기본적으로 이 과업에 대한 책임이 있다. 품질향상 방법론은 결점을 밝히기 위해 제품이나 서비스의 변동을 찾아낼 수 있는 통계적인 절차를 이용한다. 변동이 확인되면 각각의 원인을 추적해서 제거해야 한다.

결점을 근원까지 추적하는 데 매우 도움이 되는 방법은 생산되는 제품의 로트크기(lot size)를 줄이는 것이다. 생산 흐름이 짧아지면 결점이 즉시 드러나게 된다. 결과적으로 결점의 근원이 밝혀지고 문제점이 제시될 수 있다. 그리고 로트크기를 줄이는 것은 불량품이 생산되었을 때 많은 생산이 이루어지기 전에 낭비를 줄일 수 있다는 것을 의미한다. 유연생산기법은 비용증가 없이 로트크기를 줄이는 데 사용될 수 있다. JIT재고시스템도 역할을 할 수 있다. JIT시스템에서 불량 부품은 직접적으로 생산공정에 투입되고 사용되기 전에 몇 달 동안 보관되지 않는다. 그래서 불량 투입물은 빠르게 발견될 수 있다. 곧바로 문제점이 공급 원천까지 추적되고 더 많은 불량 부품이 생산되기 전에 잘못을 고칠 수 있다. 전통적인 시스템에서는 몇 달 동안 부품을 보관하는 관행 때문에 부품이 생산공정에 투입되기 이전에 공급자들이 많은 불량품을 생산할 가능성이 있는 것이다.

넷째, 품질향상 프로그램은 품질을 측정하는 데 이용할 수 있는 측정 기준을 만든다. 제조기업에서 품질은 100만 개당 결점 수로 측정될 수 있다. 서비스기업에서는 약간 창의적으로 적절한 측정 기준을 고안할 수 있다. 예를 들면 플로리다전력회사(Florida Power & Light)는 품질을 측정하기 위해 매월 검침오류(meter-reading error)를 이용했다.

다섯째, 측정 기준이 설계되면 다음 단계는 도전적인 품질목표를 설정하고 목표달성을 위한 동기를 유발하는 것이다. 6시그마 프로그램에서는 100만 개당 3.4개의 불량품이 목표이다. 이러한 목표를 달성하기 위한 동기부여 방법은 성과급 지급 및 승진 기회 같은 보상제도를 목표와 연계시키는 것이다.

여섯째, 현장 종업원들은 제품 품질을 향상시키기 위한 아이디어의 주요 원천이라고 할 수 있다. 따라서 이들 종업원들은 품질향상 프로그램에 참여하고 통합되어야 한다.

일곱째, 완제품의 품질이 빈약한 주요 원인은 구성부품의 품질이 나쁘기 때문이다. 제품 결함을 줄이기 위해 공급업체가 공급하는 부품의 품질을 향상시킬 수 있도록 그들과 함께 협력해야 한다.

여덟째, 제품 생산을 위한 조립 단계가 많을수록 실수할 수 있는 기회가 증가한다. 따라서 필요한 부품 수가 줄도록 제품을 설계하는 것은 품질향상 프로그램의 주요 요소가 될 수 있다.

마지막으로 품질향상 방법론을 실행하는 것은 조직 전체의 몰입과 기능부서 간 실질적인 협력을 필요로 한다. 연구개발은 제조가 용이하도록 제품을 설계하기 위해 생산부서와 협력해야 하고, 마케팅부서는 마케팅활동에서 확인된 고객 문제점이 개선되도록 생산 및 연구개발 부서와 협력해야 한다. 그리고 인적자원 관리는 적합한 품질훈련 프로그램을 설계하기 위해 기업 내 다른 기능부서들과 협력해야 한다.

5.3c 우수성 품질 향상

3장에서 언급했던 바와 같이 제품은 여러 가지 속성(attribute)들로 구성되어 있고, 신뢰성은 그중 하나의 중요한 속성이다. 제품은 제품 우수성(product excellence)을 나타내는 속성에 의해 *차별화*될 수 있다. 이러한 속성들은 제품의 형태, 특징, 성능, 내구성, 스타일을 포함한다. 또한 기업은 주문의 용이성, 신속한 납품, 쉬운 설치, 고객 훈련 및 컨설팅 유효성, 정비서비스와 같이 제품에 연관된 서비스 속성들을 강조함으로써 품질의 우수성을 창출할 수 있다. 예를 들어 델(Dell)은 주문 용이성, 신속한 납기, 쉬운 설치, 고객지원과 정비서비스의 유효성을 차별화했다. 차별화는 제품을 판매할 때 고객들과 상호작용하는 조직구성원의 속성, 즉 역량, 예의, 진실성, 대응성, 의사소통에 따라 결정될 수 있다. 싱가포르항공(Singapore Airlines)은 서비스 품질의 우수성에 대한 명성을 갖고 있는데 이는 승객들이 자신들의 요구에 대해 승무원들의 역량, 예의, 대응능력을 우수하다고 인식하기 때문이다. 기업이 공급하는 제품과 관련하여 제품 속성, 서비스 속성, 조직구성원 속성을 [표 5.3]과 같이 요약할 수 있다.

기업이 제공하는 제품이 우수성 차원에서 높게 인식되려면 경쟁기업의 제품보다 우수하게 보여야 한다. 어떤 속성에 대해 높은 품질로 인식되기 위해서는 경영자가 취해야 할 특별한 활동들이 필요하다. 첫째, 경영자가 이러한 속성 중에서 고객에게 가장 중요한 것이 무엇인지를 나타내는 마케팅정보(marketing intelligence)를 수집하는 것이 중요하다. 예를 들어 PC 소비자들은 기술 발전에 의해 자신의 PC가 3년 내에 노후화되기 때문에 내구성에 역점을 두기보다는 특징과 성능에 더 많이 중요성을 둘 것이다. 마찬가지로 주문 용이성과 적시 납품은 온라인 서점의 고객들에게 매우 중요한 속성이며(실제로 아마존닷컴의 고객들이 그랬던 것처럼), 반면에 공급자 관리를 위한 복잡한 기업용 소프트웨어를 구매하는 고객들은 고객 훈련과 컨설팅이 매우 중요한 속성이다.

표 5.3 제품 제공과 관련된 속성

제품 속성	서비스 속성	조직구성원 속성
형태	용이한 주문	역량
특징	납기	예의
성능	설치	진실성
내구성	고객 훈련	신뢰성
신뢰성	고객 컨설팅	대응성
스타일	유지보수 및 수리	커뮤니케이션

둘째, 기업이 고객에게 중요한 속성들을 확인했다면 그러한 속성들이 제품에 구현될 수 있도록 제품과 서비스를 설계하는 것이 필요하다. 설계가 이루어지는 동안 올바른 속성들이 강조될 수 있도록 회사의 직원들을 적절하게 훈련하는 것이 필요하다. 여기에는 마케팅과 제품개발 부서의 긴밀한 협력이 필요하며 종업원 선발 및 훈련에는 인적자원관리 부서의 참여가 필요하다.

셋째, 기업은 중요한 속성 중에서 어느 것을 촉진하고 또 소비자의 마음속에 그것을 어떻게 최고의 위치에 올려놓을 것인지, 즉 고객의 마음속에 견실한 이미지를 각인시킬 수 있도록 마케팅 메시지를 어떻게 만들 것인지를 결정해야 한다.[28] 이 시점에서 만일 제품이 여섯 가지 속성에서 차별화되어 있더라도 회사의 커뮤니케이션 메시지에 이들 속성 모두를 포함시키는 것은 방향성이 부족한 메시지가 될 수 있다는 점을 인식해야 한다. 많은 마케팅 전문가들은 한두 개의 핵심 속성만 홍보할 것을 권장한다. 예를 들어 볼보(Volvo)는 모든 마케팅 메시지에서 차량의 안전성과 내구성을 지속적으로 강조하면서 소비자의 마음속에 볼보 차는 안전하고 내구성이 있다는 인식을 만들고 있다. 볼보 차는 매우 신뢰성 있고 좋은 성능을 가지고 있지만 마케팅 메시지에서 이러한 속성은 강조하지 않는다. 그에 반해서 포르쉐(Porsche)는 모든 마케팅 메시지에서 성능과 스타일을 강조하며, 소비자의 마음속에 볼보와는 다른 속성을 인식시킨다. 두 회사 모두 탁월한 속성을 가지고 있기 때문에 고품질 제품으로 인식되고 있으나 두 회사가 선택한 속성은 매우 다르고 서로 다른 방법으로 일반적인 다른 차들과 차별화되어 있다.

마지막으로 경쟁은 멈춰 있는 것이 아니라 끊임없이 제품 속성을 향상시키고 때로는 새로운 제품 속성을 개발한다는 점을 인식해야 한다. 이것은 불과 몇 년 전에 최첨단이던 제품 속성이 지금은 노후화되어 버리는 빠르게 변화하는 첨단산업에서 명확하게 나타나며, 또한 보다 안정적인 산업에서도 이러한 과정이 나타난다. 예컨대 1980년대에 전자레인지(microwave oven)의 빠른 확산으로 인해 식품회사들은 냉동식품에 새로운 속성을 구현할 필요가 있었는데, 전자레인지에서 조리되는 동안 질감과 농도가 유지되면 품질이 좋은 것으로, 그렇지 못하면 품질이 좋지 않은 것으로 여겨졌다. 이것은 제품 속성의 품질을 끊임없이 향상시키기 위해 마케팅과 생산 부서와 함께 일할 수 있는 강력한 연구개발 기능을 보유하는 것이 중요하다는 것을 의미한다.

5.4 혁신을 위한 다양한 전략적 투자를 설명한다.

5.4 탁월한 혁신 달성

여러 가지 면에서 혁신은 경쟁우위의 가장 중요한 원천이다. 왜냐하면 혁신은 고객의 요구를 더 잘 만족시키는 신제품을 개발하고 기존 제품의 품질(속성)을 향상시킬 수 있으며, 고객이 원하는 제품을 만드는 데 소요되는 비용을 줄일 수 있기 때문이다. 혁신적인 신제품이나 프로세스를 개발하는 능력은 기업에게 중요한 경쟁우위, 즉 (1) 제품을 차별화하여 프리미엄 가격을 책정하거나, (2) 비용구조를 경쟁기업에 비해 낮출 수 있는 경쟁우위를 제공한다. 그러나 경쟁자들은 성공적인 혁신을 모방하려고 노력하고 종종 성공하기도 한다. 따라서 경쟁우위를 유지하기 위해서는 혁신에 대한 지속적인 몰입이 필요하다.

성공적인 신제품 출시는 탁월한 수익성을 달성하기 위한 주요 유발요인이다. 로버트 쿠퍼(Robert Cooper)는 200개 이상의 신제품에 대해 분석한 결과 성공적인 신제품의 50%는 33% 이상의 투하자본수익률을 달성했고, 그중 절반은 회수 기간이 2년 이내였고, 절반은 35% 이상의 시장점유율을 달성했다.[29] 많은 기업들이 성공적인 혁신에 대한 기록(track record)을 적립하고 있다. 그 기업들 중 애플(Apple)의 성공에는 아이팟, 아이폰, 아이패드가 포함된다. 제약회사인 화이자(Pfizer)는1990년대에서 2000년대 초반에 여덟 개의 신약을 생산하여 크게 히트했고, 3M은 테이프와 접착제에서의 핵심역량을 다양한 신제품을 개발하는 데 적용했다.

5.4a 혁신의 높은 실패율

혁신을 촉진하는 것이 경쟁우위의 원천이 될 수 있지만 혁신적인 신제품의 실패율은 높은 편이다. 연구결과에 의하면 주요 연구개발 프로젝트의 10~20% 정도만 상업적 제품으로 성공한다고 한다.[30] 잘 알려진 제품 실패 사례로는 일찍이 애플이 출시했던 핸드헬드(handheld) 컴퓨터인 뉴턴(Newton)이 있고, 비디오카세트레코더(VCR) 분야에서 소니의 베타맥스(Betamax) 방식, 세가의 드림캐스트(Dreamcast) 비디오게임 콘솔, 초기 스마트폰 운영체제인 마이크로소프트의 윈도우모바일(Windows Mobile) 등을 들 수 있다. 수많은 신제품들이 왜 경제적 이익을 내는 데 실패하는가에 대한 이유가 많이 제시되고 있지만, 다음과 같은 다섯 가지 실패 요인이 반복적으로 제시되고 있다.[31]

첫째, 혁신에 대한 요구가 본질적으로 불확실하기 때문에 수많은 신제품들이 실패한다. 신제품이 충족되지 않은 고객 요구를 채워 줄 수 있을지, 그리고 제품 생산을 위한 충분한 시장수요가 있는지에 대해서 신제품을 시장에 소개하기 전에 아는 것은 불가능하다. 훌륭한 시장조사를 통해 새로운 기술에 대한 미래 수요의 불확실성을 줄일 수 있지만 그 불확실성이 완전히 사라지는 것은 아니며, 어느 정도의 실패율이 예상될 수밖에 없다.

둘째, 기술이 불완전하게 상품화되기 때문에 신제품이 실패할 수 있다. 이것은 신제품에 대한 고객의 요구가 명확하지만 빈약한 설계나 낮은 품질과 같이 고객의 요구를 제품에 잘 반영하지 못했을 때 발생한다. 예를 들어 마이크로소프트가 윈도우모바일 운영체제를 사용하는 전화기를 애플의 아이폰보다 4년이나 앞선 2003년에 시장에 출시했지만 스마트폰 시장에서의 지배적인 지위를 지속적으로 확립하는 데 실패했는데, 이는 빈약한 설계에서 원인을 찾을 수 있다. 윈도우모바일 전화기는 실제 키보드를 장착하고 있었고 작동하기 어려운 작고 복잡한 화면을 갖고 있어서 많은 소비자들에게 매력적이지 못했다. 반면에 아이폰의 큰 터치스크린과 키보드는 많은 소비자들에게 매력적이었으며 그들은 이 제품을 사기 위해 떼를 지어 몰려들었다.

포지셔닝전략
네 개의 주요 마케팅차원(가격, 유통, 판촉 및 광고, 제품 특징)에 기초하여 제품에 대해 기업이 채택하는 특유의 선택 영역

셋째, 신제품은 어설픈 포지셔닝전략 때문에 실패할 수 있다. **포지셔닝전략(positioning strategy)**은 네 개의 주요 마케팅 차원(가격, 유통, 판촉 및 광고, 제품 특징)에 기초하여 제품에 대해 기업이 채택하는 특유의 선택 영역이라고 할 수 있다. 윈도우모바일 전화기가 실패한 원인은 빈약한 설계 외에도 잘못된 포지셔닝전략 때문이었다. 그들은 영업용 사용자를 목표로 했지만 애플은 아이폰을 소매 고객 대상으로 목표를 설정하여 대량판매 시장을 개척했다.

넷째, 기업이 충분한 수요가 없는 기술을 시장에 내보내는 실수를 범하기 때문에 많은 신제품 도입이 실패한다. 기업은 신기술의 마법에 눈이 멀어서 제품에 대한 고객 수요가 충분한지를 판단하지 못할 수 있다. 이에 대한 고전적인 사례는 세그웨이(Segway) 이륜 개인용 스쿠터이다. 회전식 제어가 매우 정교함에도 불구하고, 그리고 매스미디어의 흥분 속에 제품 소개가 이루어졌지만 대부분의 소비자들이 그런 장치에 대한 욕구를 갖고 있지 않다는 것이 드러나면서 판매는 기대치 이하로 떨어졌다.

마지막으로 기업은 제품의 시장 출시가 느릴 때 실패한다. 초기 개발에서 제품 출시까지 사이에 소요되는 시간이 오래 걸릴수록, 즉 '사이클 타임(cycle time)'이 느릴수록 경쟁기업이 시장을 선점하고 최초진입자 우위를 획득할 가능성이 커진다.[32] 자동차산업에서 GM은 느린 혁신 때문에 오랫동안 어려움을 겪었다. GM은 보통 제품개발 주기가 5년 정도 소요되었는데 이는 혼다, 토요타, 마즈다 2~3년, 포드 3~4년에 비하면 느린 것이었다. GM의 제품공급이 5년이 지난 기술과 디자인 개념을 기초로 이루어지기 때문에 시장에 출시했을 때는 이미 시대에 뒤떨어진 것이다.

5.4b 혁신 실패의 감소

혁신과 관련하여 높은 실패율을 줄이기 위해 경영자가 할 수 있는 중요한 역할은 연구개발, 생산, 마케팅 기능 사이의 견고한 통합을 확실하게 달성하는 것이다.[33] 기능부서 간 견고한 통합을 달성하면 다음과 같은 특징이 나타난다.

1. 제품개발 프로젝트는 고객 요구에 의해 촉진된다.
2. 신제품은 제조가 용이하도록 설계된다.
3. 개발비가 통제범위를 벗어나 상승하지 않는다.
4. 제품을 개발하고 시장에 출시하는 데 소요되는 시간이 최소화된다.
5. 연구개발과 마케팅 사이의 긴밀한 통합은 제품개발 프로젝트가 고객 요구에 의해 추진된다는 것을 확신함으로써 달성된다.

고객은 신제품 아이디어의 원천이 될 수 있다. 고객의 요구, 특히 충족되지 않은 요구를 확인함으로써 성공적인 제품 혁신이 가능한 상황을 만들 수 있다. 고객과의 접점에서 마케팅 부서는 가치 있는 정보를 제공할 수 있다. 더구나 연구개발과 마케팅의 통합은 신제품이 상품화되는 데 있어서 중요하며, 그렇지 않으면 수요가 전혀 없거나 거의 없는 제품을 개발하는 위험을 겪게 된다.

연구개발과 생산기능을 통합함으로써 제조상의 요구사항을 고려하여 제품을 설계한다는 확신을 가질 수 있다. 제조를 위한 설계는 생산비를 낮추고 실수할 가능성을 줄이며, 따라서 원가를 낮추고 제품의 품질을 향상시킬 수 있다. 연구개발과 생산의 통합은 개발비를 낮추고 제품을 시장에 빠르게 출시할 수 있다. 만일 신제품이 제조 능력을 고려하지 않고 설계되었다면 기존의 제조 기술을 가지고 조립하기에는 너무 어려울 수 있다. 이러한 경우 제품을 다시 설계해야 할 필요성이 제기되고, 전체 개발비와 시장 출시 시기가 심각하게 증가할 수 있다. 제품 계획 기간 중에 설계를 변경하면 총 개발비가 50%까지 증가하고 시장에 출시하는 데 소요되는 시간이 25% 추가될 수 있다.[34)]

기능부서 간 통합을 달성하기 위해 가장 좋은 방법 중 하나는 연구개발, 마케팅, 생산 부서의 대표들로 구성된 교차기능 제품개발팀(cross-functional product development team)을 설치하는 것이다. 이 팀의 목적은 초기의 개념 개발부터 시장 출시까지 제품개발 프로젝트를 감독하는 것이다. 제품개발팀이 효과적으로 역할을 하고 모든 개발 단계의 성과를 달성하기 위해 다음과 같은 특별한 속성들이 중요하게 나타난다.[35)]

첫째, 조직에서 높은 지위에 있으면서 팀의 성공을 위해 필요한 재정적, 인적 자원을 책임질 수 있는 영향력과 권한을 갖고 있는 프로젝트 관리자가 팀을 이끌어야 하며 기본적으로 프로젝트에 전념해야 한다. 리더는 프로젝트의 챔피언(champion)으로서 프로젝트를 신뢰해야 하며, 여러 기능부서의 관점을 통합하고 다른 기능부서의 사람들과 공동의 목표를 위해 함께 일하도록 도와줄 수 있는 전문가가 되어야 한다. 리더는 또한 고위 경영자들에게 팀 대변인 역할을 해야 한다.

둘째, 팀은 핵심 부서나 지위에서 적어도 한 명씩은 차출되어 구성되어야 한다.

개별적인 팀 구성원들은 기능 분야의 전문성에 기여할 수 있는 능력, 해당 기능 분야에서의 높은 신분, 팀 성과에 대한 책임을 공유하려는 의지, 기능에 치우친 주장을 제외시키는 능력을 포함해서 많은 속성들을 가지고 있어야 한다. 일반적으로 팀의 핵심 멤버들은 프로젝트 추진 기간 중에는 프로젝트에 100% 전념하는 것이 바람직하다. 이것은 진행 중이던 개인적인 작업이 아니라 프로젝트에 확실히 집중해야 하는 것을 의미한다.

셋째, 팀 구성원들은 동지애를 유발하고 의사소통을 촉진하기 위해 물리적으로 동일한 장소에 배치되어야 한다. 넷째, 팀은 명확한 계획과 명확한 목표를 가지고 있어야 하며, 특히 중요한 개발 단계와 개발 예산에 대해 계획과 목표가 있어야 한다. 예컨대 주요 개발 단계가 달성되었을 때 상여금을 지급하는 것처럼 팀은 이러한 목표를 달성하기 위한 인센티브를 가지고 있어야 한다. 다섯째, 각 팀은 갈등해소뿐만 아니라 의사소통을 위해 자신만의 프로세스를 개발할 필요가 있다. 예를 들어 캘리포니아에 있는 PC용 디스크 드라이브 제조업체인 퀀텀(Quantum)의 경우 어떤 한 제품개발팀에서는 매주 월요일 오후에 갖는 회의에서 모든 중요한 의사결정이 이루어지고 갈등을 해소하도록 권한을 위임했다. 이와 같은 간단한 규칙이 개발 목표를 달성하도록 팀을 도와주었다.[36]

마지막으로 혁신 역량을 개발하기 위해 경영자들이 솔선수범해서 제품개발에 관한 경험을 학습하고 과거의 성공과 실패로 얻은 교훈을 미래의 새로운 제품개발 프로세스에 반영할 필요가 있다.[37] 이는 말처럼 쉽지는 않다. 이것을 배우기 위해 경영자는 제품개발 프로젝트가 완료된 후에 객관적인 평가를 수행하고 이를 통해 핵심 성공 요인과 실패의 근본 원인을 파악하고 실패를 회복하기 위해 자원을 배분해야 한다. 리더는 또한 다른 팀원들로 하여금 자신들이 잘못한 것을 책임감 있게 파악하도록 장려하려면 자신의 실패를 인정해야 한다.

탁월한 혁신을 달성하기 위해 여러 기능부서들이 해야 할 기본적인 역할을 [표 5.4]에서 요약하여 제시하고 있다. 표는 두 가지 문제를 명확하게 보여 주고 있다. 첫째는 전체 개발 과정을 총괄하는 근본적인 책임을 최고경영자가 져야 한다는 것이다. 이는 개발 과정을 관리하고 기능부서 간의 협력을 촉진하는 역할을 수반한다. 둘째, 신제품과 프로세스를 개발하는 데 있어서 연구개발의 효과성은 마케팅 및 생산 부서와 협력하는 능력에 달려 있다.

5.5 고객대응성 증진을 위한 다양한 전략적 투자를 설명한다.

5.5 탁월한 고객대응성 달성

기업은 고객에 대해 탁월한 대응성을 달성하기 위해 고객이 원하는 것을 원하는 시

표 5.4 탁월한 혁신을 달성하기 위한 기능부서들의 역할	
가치창출 기능	**주요 역할**
기반구조(리더십)	1. 전체 프로젝트를 관리한다(예: 개발 기능 관리) 2. 기능부서 간 협력을 촉진한다.
생산	1. 제조가 용이한 제품을 설계하도록 연구개발부서와 협력한다. 2. 프로세스 혁신을 전개하기 위해 연구개발과 함께 작업한다.
마케팅	1. 마케팅정보를 연구개발에 제공한다. 2. 신제품을 개발하기 위해 연구개발과 함께 작업한다.
자재관리	기본적인 책임이 없다.
연구개발	1. 신제품과 프로세스를 개발한다. 2. 개발 프로세스에서 다른 기능부서, 특히 마케팅과 생산 부서와 협력한다.
정보시스템	1. 기능부서 간, 기업간 제품개발 작업을 조정하기 위해 정보시스템을 이용한다.
인적자원	1. 능력 있는 과학자와 기술자를 고용한다.

간에 그들이 지불하고자 하는 가격으로 (이 과정에서 장기적인 수익성이 손상되지 않는 한) 제공해야 한다. 고객대응성(customer responsiveness)은 브랜드 충성도를 구축하는 데 도움이 될 수 있는 중요한 차별화 요소이다. 강력한 제품 차별화와 브랜드 충성도는 더 많은 가격결정 옵션을 제공하는데, 제품에 대해 프리미엄 가격을 책정할 수도 있고, 제품과 서비스의 판매 확대를 위해 가격을 낮게 유지할 수도 있다. 가격을 높이든 낮추든 고객의 요구에 가장 잘 대응하는 기업이 경쟁우위를 갖게 될 것이다.

탁월한 고객대응성을 달성하는 것은 고객에게 금전적인 가치를 제공하는 것을 의미하고, 생산공정의 효율성과 제품의 품질을 향상시키기 위한 단계들은 이러한 목적과 일치해야 한다. 또한 고객이 원하는 것을 제공하기 위해서 새로운 특징을 갖는 신제품 개발이 필요할 수 있다. 다시 말해서 탁월한 효율성, 품질, 혁신을 달성하는 것은 모두 탁월한 고객대응성을 달성하기 위한 것이다. 이러한 목표를 달성하기 위해 두 가지 선행 조건이 있다. 첫째, 기업은 고객의 소리를 경청하고 고객에게 집중하고 고객의 요구를 조사하고 파악하는 능력을 개발해야 한다. 둘째, 고객의 요구를 만족시키기 위해 끊임없이 더 좋은 방법을 찾아야 한다.

5.5a 고객에 집중하기

고객이 원하는 것을 모른다면 기업은 고객의 요구에 대응할 수 없다. 따라서 탁월한 고객대응성을 구축하기 위한 첫 번째 단계는 전사적으로 고객에게 집중할 수 있도록 유도하는 것이다. 이 목적을 달성하기 위해서는 리더십을 발휘하고, 종업원들의 태도를 형성하고, 고객의 요구를 회사 내에 잘 확산시킬 수 있는 메커니즘을 활용해야 한다.

5.5b 리더십 발휘

고객집중은 조직의 최고경영자에서부터 시작되어야 한다. 탁월한 고객대응성에 몰입함으로써 강력한 리더십을 통해서만 구축될 수 있는 전사적인 태도상의 변화가 나타난다. 고객을 최우선시하는 미션문(mission statement)은 종업원들에게 고객집중에 관한 명확한 메시지를 보내는 방법 중 하나이다. 또 다른 수단은 최고경영자 자신의 행동이다. 예를 들어 도미노피자(Domino's Pizza)의 창업주 톰 모나한(Tom Monaghan)은 정기적으로 도미노피자를 먹고, 매주 가능한 한 많은 매장들을 방문하고, 직접 배달을 하고, 고위 경영자들이 똑같이 해야 한다고 주장하면서 고객들과 가까이 지냈다.[38)]

5.5c 종업원 태도 형성

리더십 하나만으로는 탁월한 고객집중을 달성하는 데 충분하지 않다. 마케팅, 생산, 연구개발, 회계 등 부서에 관계없이 모든 종업원들이 활동을 집중해야 할 대상으로 고객을 인식해야 한다. 고객의 입장에서 종업원 스스로 고객처럼 생각하도록 만드는 것이 목적이다. 이러한 관점에 의해 종업원들은 회사에 대한 고객의 경험을 향상시킬 수 있는 더 좋은 방법을 찾을 수 있다.

이러한 사고방식을 강화하기 위해 종업원들에게 고객을 만족시키는 것에 대해 보상을 해 주는 인센티브 제도를 갖추어야 한다. 예컨대 고객집중에 자부심을 가지고 있는 포시즌스(Four Seasons) 호텔 체인의 고위 경영자들은 호텔을 떠나는 손님의 서류가방을 택시에 실어 주지 못한 토론토의 도어맨 로이 다이먼트(Roy Dyment)의 이야기를 들려준다. 도어맨은 그 손님이 워싱턴의 변호사이며, 아침 회의에 그 가방이 절실히 필요하다는 것을 알게 되었다. 다이먼트는 사전에 상사의 승인을 받지 못한 채 비행기를 타고 워싱턴으로 날아가서 가방을 전해 주었다. 포시즌스는 다이먼트의 실수에 대해 그리고 워싱턴으로 가기 전에 먼저 상사에게 승인받지 않은 것에 대해 처벌하기는커녕 그를 '올해의 최우수 직원 다이먼트(Dyment Employee of the Year)'라는 명칭으로 부응했다.[39)] 이러한 조치는 포시즌스의 직원들에게 고객만족의 중요성을 강조하는 강력한 메시지로 전달되었다.

5.5d 고객 요구 파악하기

'고객을 이해하는 것'은 탁월한 고객대응성을 달성하기 위한 핵심 중 하나이다. 고객을 이해하기 위해서는 종업원들이 고객처럼 생각하고, 고객의 의견을 경청해야 한다. 여기에는 회사의 제품과 서비스에 대한 고객의 피드백을 요청함으로써, 그리고 피드백을 담당직원에게 전달할 수 있는 정보시스템을 구축함으로써 고객의 의견을 수렴하는 것이 포함되어야 한다.

직접판매 방식의 의류회사인 랜즈엔드(Lands' End)는 카탈로그나 인터넷, 고객서비스 전화를 통해 의류 품질과 희망 상품에 관한 고객의 견해를 적극적으로 요청한다. 실제로 회사가 처음 의류시장 진출을 시도한 것은 고객의 주장 때문이었다. 랜즈엔드는 예전에 우편주문 카탈로그를 통해 요트 장비를 공급했었다. 그런데 고객들로부터 아웃도어 의류를 판매해 달라는 많은 요청이 있었고, 회사는 이러한 요구를 충족시켜 주기 위해 카탈로그를 확대함으로써 응답했다. 머지않아 요트 장비 판매를 중단하고 의류가 회사의 주요 사업이 되었다. 랜즈엔드는 오늘날에도 지속적으로 고객의 요청에 세심하게 주의를 기울이고 있으며, 매달 고객의 요구나 의견에 관한 데이터는 경영자에게 보고된다. 이러한 피드백은 판매 상품들을 조정하는 데 도움을 주며, 고객 요구에 대한 대응을 통해 새로운 상품 종류가 빈번하게 소개되었다.

5.5e 고객 요구 만족시키기

고객집중이 기업의 필수적인 요소라면, 그다음으로 필요한 것은 파악된 고객의 요구를 만족시키는 것이다. 이미 강조한 바와 같이 효율성, 품질, 혁신은 기업이 고객을 만족시키는 데 도움을 줄 수 있는 중요한 역량이다. 그 이상으로 기업은 자신들의 제품을 차별화함으로써 더 높은 수준의 만족을 제공할 수 있으며, 차별화는 (1) 개별적인 고객들의 요구사항에 따라 가능한 분야에서 제품을 고객화하고, (2) 고객 요구에 대응하거나 만족시키는 데 소요되는 시간을 줄임으로써 달성할 수 있다.

고객화 고객화(customization)는 고객의 독특한 요구나 취향에 맞춰 제품이나 서비스의 특징을 다양화하는 것이다. 비록 광범위한 고객화가 비용을 증가시킬 수 있지만 유연생산기술의 발달로 인해 10~15년 전보다 더 광범위하게 제품을 고객화하는 것이 비용구조상의 값비싼 증가를 경험하지 않고도 가능해졌다(특히 유연생산기술이 웹기반 정보시스템과 연결되어 있을 때). 예컨대 아마존닷컴과 같은 온라인 판매 기업은 웹기반 기술을 이용하여 각각의 개별적인 이용자들을 위해 고객화된 홈페이지를 개발했다. 고객이 아마존닷컴에 접속하면 이전의 구매내역 분석에 근거하여 추천 상품 목록을 제공해 주는데 이것이 아마존닷컴의 경쟁우위를 확보해 주는 강력한 역량이다.

고객화 추세는 시장을 아주 작은 틈새시장으로 쪼개고 있다. 이러한 세분화는 혼다(Honda)가 오토바이 시장을 지배하던 1980년대 초 일본에서 발생했다. 2위 야마하(Yamaha)는 혼다의 선두자리를 뛰어넘기로 결정했다. 야마하는 신규 공장의 개설을 발표했는데 공장을 최대로 가동하면 세계 최대 오토바이 제조업체가 될 수 있다는 것이었다. 혼다는 제품라인을 늘리고 신제품 출시 속도를 높여서 대응했다. '모터사이클 전쟁'이 시작될 당시 혼다는 제품라인에 60개의 오토바이 모델이 있었는데 그 후 18개월 동안 113개 모델로 범위를 급속하게 늘려 훨씬 더 작은 틈새시장까지 고객화했다. 혼다는 유연생산 역량이 있었기 때문에 엄청난 비용 부담 없이도 이것을 달성할 수 있었다. 혼다의 넘쳐나는 고객화 모델들로 야마하를 시장에서 밀어냈고, 혼다를 추월하려는 야마하의 시도를 효과적으로 방지할 수 있었다.[40)]

대응시간 기업은 경쟁우위를 달성하기 위해 고객의 수요에 매우 빠르게 대응해야 한다. 예컨대 가구 제조업체의 주문제품 납품, 은행의 대출신청 처리, 자동차 수리를 위한 자동차 제조업체의 예비부품 공급, 슈퍼마켓 계산대에서 대기하는 시간과 같은 고객의 수요에 신속하게 대응해야 한다. 우리는 시간이 가치 있는 상품으로 여겨지는 빠른 속도의 사회에서 살고 있다. 고객의 요구에 빠르게 반응하여 만족시키는 기업이 브랜드 충성도를 구축하고, 제품을 차별화하고, 제품에 대해 높은 가격을 책정할 수 있다.

우편배달 산업이 보여 주듯이, 속도가 증가하면 프리미엄 가격이라는 옵션을 선택할 수 있다. 우편배달 산업 중 항공수송 틈새시장은 고객들이 보통우편보다 당일 속달우편에 대해 더 많은 돈을 기꺼이 지불할 의향이 있다는 생각에 근거하고 있다. 신속한 대응의 가치를 보여 주는 또 다른 사례로 토공 중장비 제조업체인 캐터필러(Caterpillar)를 들 수 있는데 이 회사는 예비부품을 세계 어느 지역이든 24시간 내에 배달할 수 있다. 건설 중장비의 가동이 중지되면 그 시간 동안 많은 비용이 소요되기 때문에, 장비 고장에 대한 캐터필러의 신속한 대응능력은 고객들에게 매우 중요하다. 그 결과, 일본 코마츠(Komatsu)의 공격적인 저가경쟁에도 불구하고 많은 고객이 캐터필러에 대한 충성도를 유지했다.

대응시간을 줄이기 위해서는 일반적으로 (1) 고객의 요구를 생산 부서에 신속하게 전달할 수 있는 마케팅 기능, (2) 예기치 않은 고객의 수요에 대응하여 신속하게 생산 일정을 조정할 수 있는 생산과 자재관리 기능, (3) 이러한 프로세스에서 생산과 마케팅을 도울 수 있는 정보시스템 등이 필요하다.

탁월한 고객대응성을 달성하기 위해 기업이 실행해야 하는 주요 역할들을 [표 5.5]와 같이 요약할 수 있다. 이러한 목표를 달성하기 위해 마케팅이 중요한 역할을 수행할 수 있지만(근본적으로 고객과의 접점에 있기 때문에) 다른 기능부서들 또한 중요한 역할이 있다는 것을 표를 통해 알 수 있다. 고객에 대한 탁월한 대응성을 달성하려면 최고경영자층이 회사 내에 고객지향성을 구축하는 데 앞장설 필요가 있다.

표 5.5 탁월한 고객대응성을 달성하기 위한 기능부서의 주요 역할	
가치창출 기능	**주요 역할**
기반구조(리더십)	• 모범적인 리더십을 통해 고객대응성에 대한 전사적인 몰입을 구축한다.
생산	• 유연생산을 실행하여 고객화를 달성한다. • 유연생산을 통해 신속히 대응한다.
마케팅	• 고객을 이해한다. • 고객 피드백을 적합한 부서에 전달한다.
자재관리	• 예기치 않은 고객 수요에 빠르게 대응할 수 있는 물류시스템을 개발한다.
연구개발	• 제품개발 프로세스에 고객을 참여시킨다.
정보시스템	• 고객대응성을 높이기 위해 웹기반 정보시스템을 이용한다.
인적자원	• 종업원들이 스스로 고객처럼 생각할 수 있도록 만드는 훈련프로그램을 개발한다.

핵심용어

기능수준 전략(functional-level strategy) 162
규모의 경제(economies of scale) 163
고정비(fixed costs) 163
규모의 비경제(diseconomy of scale) 164
학습효과(learning effect) 165
경험곡선(experience curve) 167
유연생산기술(flexible production technology) 169
대량고객화(mass customization) 169
마케팅전략(marketing strategy) 172
고객이탈률(customer defection rate) 172
JIT재고시스템(just-in-time inventory system) 174
공급사슬 관리(supply chain management) 175
프로세스 혁신(process innovation) 176
자율관리팀(self-managing team) 177
전사적 품질경영(total quality management, TQM) 180
포지셔닝전략(positioning strategy) 188

전략적 경영자를 위한 시사점

1. 기업은 여러 가지 방법으로 효율성을 높일 수 있다. 규모의 경제와 학습효과를 개발하고, 유연생산기술을 채택하고, 고객이탈률을 줄이고, JIT시스템을 실행하고, 제조가 용이한 제품을 설계하도록 연구개발 기능을 운영하고, 훈련을 통해 종업원들의 숙련도를 향상시키고, 자율관리팀을 도입하고, 성과에 따른 보상을 연계하고, 강력한 리더십을 통해 효율성에 대한 전사적인 몰입을 구축하고, 효율성 목표를 추구하기 위해 여러 기능부서들 간의 협력을 촉진할 수 있는 조직구조를 설계한다.
2. 탁월한 품질은 기업이 비용을 낮추고 제품을 차별화하고 프리미엄 가격을 책정하는 데 도움을 줄 수 있다.
3. 탁월한 품질을 달성하기 위해서는 품질에 대한 조직 전체의 몰입과 고객에 대한 확실한 집중을 요구한다. 또한 품질 목표를 측정할 수 있는 평가방법과 품질을 강조하는 인센티브가 필요하다. 즉, 품질을 향상시킬 수 있는 방법에 대해 종업원들이 제공하는 투입 정보, 결점을 근원까지 추적하고 문제점을 수정할 수 있는 방법론, 기업의 공급기반의 합리화, 종합적 품질경영 프로그램을 실행하기 위한 공급기업들과의 협력, 제조가 용이하도록 설계된 제품, 그리고 기능부서 간 실질적인 협력 등이 필

요하다.

4. 불확실성, 불충분한 상품화, 어설픈 포지셔닝전략, 느린 사이클 타임, 기술적 근시안과 같은 요인들 때문에 신제품 도입의 실패율이 높다.
5. 기업은 탁월한 혁신을 달성하기 위해 기초연구와 응용연구에서 전문성을 구축해야 한다. 즉, 개발 프로젝트를 관리하기 위한 좋은 프로세스를 설계하고, 교차기능 제품개발팀과 부분적인 병행개발 프로세스를 채택함으로써 다른 기능부서들과의 긴밀한 통합을 달성해야 한다.
6. 탁월한 고객대응성을 달성하기 위해 탁월한 효율성, 품질, 혁신을 달성하는 것이 필요하다.
7. 탁월한 고객대응성을 달성하기 위해 고객들에게 그들이 원하는 것을 원하는 시간에 제공해야 한다. 리더십을 통해 고객집중을 강조함으로써 종업원이 고객처럼 생각하도록 훈련하고, 탁월한 마케팅 조사를 통해 고객을 회사로 이끌어 오고, 개별고객이나 고객집단의 독특한 요구에 따라 제품을 고객화하고, 고객 수요에 신속하게 대응할 수 있어야 한다.

토론 과제

1. 경쟁우위의 네 가지 본원적인 구성요소는 서로 어떻게 연관되어 있는가?
2. 최고경영자는 탁월한 효율성, 품질, 혁신, 고객대응성을 달성하기 위해 어떤 역할을 할 수 있는가?
3. 6시그마 품질향상 프로세스를 채택하면 시간이 지나면서 기업에 경쟁우위를 제공하는가? 아니면 단지 경쟁기업과 동등한 수준을 달성하는 데 필요한가?
4. 혁신과 경쟁우위의 관계는 무엇인가?

아마존의 기능 전략

마무리 사례

1995년에 제프 베조스(Jeff Bezos)가 아마존닷컴을 시작했을 때 이 온라인 소매업체는 오로지 책 판매에만 집중했었다. 그리고 곧바로 음반과 비디오가 추가되었다. 오늘날 사람들은 2021년 연간 매출이 4,700억 달러에 달하는 세계 최대 온라인 소매업체 아마존에서 다양한 제품들을 구입할 수 있다. 베조스에 따르면 아마존의 성공은 세 가지 주요 요인, 즉 고객에게 가치를 전달하기 위한 끊임없는 집중, 운영 효율성, 그리고 혁신하려는 의지에 기초하고 있다.

아마존은 고객들이 실제 매장에서 찾을 수 있는 것보다 훨씬 더 다양한 상품을 저렴한 가격에 판매한다. 이 회사는 상품 재고를 직접 보유 및 판매하고, 입점 판매자(2021년 아마존 소매 매출의 약 60%를 차지함)를 위한 온라인 마켓플레이스 역할을 한다. 온라인 쇼핑 및 구매는 사용자 중심 인터페이스, 제품 추천, 고객 위시리스트, 반복 구매 고객을 위한 원클릭 구매 옵션 등을 통해 쉽게 할 수 있다. 아마존이 구글 같은 검색엔진에서 얻게 되는 정보량의 비율이 지난 몇 년 사이 낮아지고 있는 반면, 다른 온라인 판매업체는 타사 검색엔진에 점점 더 의존하고 있다. 이것은 아마존이 더욱더 온라인 구매의 출발점이 되고 있으며 강력한 검색기능을 개발했음을 나타낸다. 그 결과 2022년 현재 고객 기반은 약 3억 1,000만 명에 이르렀으며, 그중 약 2억 명은 아마존 프라임 회원으로 다양한 제품에 대한 익일 무료배송 및 아마존 스트리밍 서비스 액세스와 같은 다양한 서비스에 대해 연간 139달러를 지불하고 있다. 제프 베조스에 의하면 일반적인 오프라인 매장 방문은 1시간이 걸릴 수 있는 반면, 아마존에서 구매하는 데는 15분이 걸리며, 실제 매장에 갈 필요가 없기 때문에 평균적인 프라임 고객은 연간 75시간을 절약할 수 있다고 추정된다.

아마존은 제품을 고객에게 빠르고 정확하게 전달하기 위해 유통망 구축에 많은 투자를 해 왔으며 현재 미국에만 100개 이상의 물류센터를 가지고 있다. 정교한 소프트웨어가 고객의 구매 패턴을 분석하여 공급업체에 무엇을 주문할지, 유통 네트워크에서 어디에 보관할지, 얼마나 요금을 청구해야 하는지, 언제 할인을 해서 판매할지를 알려 준다. 항상 재고를 보유하고 있기 때문에 재고 보유 비용을 줄이는 것이 목적이다. 물류센터의 네트워크가 점점 더 촘촘해지면서 고객에게 제품이 배송되기까지의 시간을 줄이고 배송 비용을 줄일 수 있었다. 아마존은 성장해 감에 따라 더 촘촘한 유통망을 유지할 수 있었고, 고객의 주문을 더 빨리 더 낮은 비용으로 이행할 수 있었으며, 이로 인해 소규모 경쟁자들에 비해 경쟁우위를 확고히 다질 수 있었다.

물류센터를 더 효율적으로 운영하기 위해 아마존은 자동화를 도입했다. 최근까지도 물류센터에서 제품 피킹과 포장을 수작업으로 했기 때문에 직원들은 선반 위의 제품을 담아서 포장 구역에 전달하기 위해 하루에 20마일 정도를 걸어 다녔다. 하루에 20마일 정도의 걷기는 신체 건강에는 좋을지 몰라도 너무 많은 시간이 소요되어 생산성을 떨어뜨리게 된다. 아마존은 2012년에 창고용 로봇의 선두 제조사인 키바(Kiva)를 인수했다. 키바는 향후 2~3년 동안 다른 외부 주문을 받지 않고 대신 아마존 물류센터의 자동화에만 집중하겠다고 발표했다. 키바의 로봇은 선반에서 제품을 피킹하여 포장 구역으로 이동시킨다. 이것은 물류센터에 필요한 직원 수를 30~40% 감축했고 그만큼 생산성을 향상시켰다. 오늘날 아마존이 창고에서 운용하는 이동 로봇은 50만 개 이상에 달한다.

혁신 측면에서 아마존은 미디어의 디지털화를 추진하는 선두주자였다. 킨들(Kindle) 전자책 리더기의 발명과 그 리더기를 전용 킨들 단말기나 아이패드 같은 범용 단말기에서 사용할 수 있는 고객의 능력은 도서의 전자 유통을 가속화했다. 도서가 디지털화되면서 기존의 도서 판매 산업은 흔들리고 있으며 이 분야에서의 아마존의 경쟁우위는 강화되었다. 책에서 영화와 음악에 이르기까지 디지털 미디어를 보관하기 위해, 그리고 고객의 다운로드를 빠르게 하기 위해 아마존은 거대한 서버팜(server farm)을 구축했다. '클라우드 기반' 인프라에 대한 초기 투자로 인해 아마존은 이 분야의 선두주자로 성장했다. 현재 이 회사는 자사의 전문지식과 인프라를 활용하여 다른 기업을 위해 웹사이트, 데이터, 그리고 관련 소프트웨어를 호스팅하는 아마존 웹 서비스(Amazon Web Services, AWS)라는 또 다른 사업을 구축하고 있다. 이 새로운 사업은 2021년 620억 달러의 매출을 창출하며, 떠오르는 클라우드 컴퓨팅 분야에서 아마존을 선두 기업으로 만드는 데 공헌했다. 제프 베조스는 AWS가 궁극적으로는 아마존의 온라인 판매사업과 매출 규모에서 맞먹을 것이라고 언급한 바 있다.

출처: "Amazon to Add 18 New Distribu-tion Centers," *Supply Chain Digest*, August 7, 2012; A. Lashinsky, "Jeff Bezos: The Ultimate Disrupter," *Fortune*, December 3, 2012, pp. 34-41; S. Banker, "The New Amazon Distri-bution Model," *Logistics Viewpoints*, August 6, 2012; G. A. Fowler, "Holiday Hiring Call: Peo-ple Vs Robots," *Wall Street Journal*, December 10, 2010, p. B1; D. Romanoff, "Amazon's Profitability Hit by Inflation, Excess Capacity," *Morningstar*, April 28, 2022; D. Howley, "Am-azon Prime Now Has 200 Million Members," *Yahoo News*, April 15, 2021.

사례 토의 문제

1. 아마존은 효율성을 높이기 위해 어떤 기능수준 전략을 추구했는가?
2. 아마존은 고객대응성을 높이기 위해 어떤 기능수준 전략을 추구했는가?
3. 아마존에게 제품 품질은 무엇을 의미하는가? 아마존은 제품 품질을 높이기 위해 어떤 기능수준 전략을 추구했는가?
4. 혁신은 아마존이 효율성, 고객대응성 및 제품 품질을 개선하는 데 어떤 도움을 주었는가?
5. 아마존에 희소하고 가치 있는 자원이 있다고 생각하는가? 이러한 자원은 어떤 가치창출 활

동에 위치하는가?

6. 온라인 소매 사업에서 아마존의 경쟁적 위치는 얼마나 지속 가능한가?
7. 소매 사업 운영에서 아마존의 사업수준 전략을 어떻게 설명할 수 있는가? 아마존의 기능수준 전략은 회사가 사업수준 전략을 실행하는 데 어떤 도움을 주는가?

참고문헌

[1]G. J. Miller, *Managerial Di-lemmas: The Political Economy of Hierarchy* (Cambridge: Cambridge University Press, 1992).

[2]H. Luft, J. Bunker, and A. En-thoven, "Should Operations Be Re-gionalized?" *New England Journal of Medicine* 301 (1979): 1364–1369.

[3]S. Chambers and R. Johnston, "Experience Curves in Services," *International Journal of Operations and Production Management* 20 (2000): 842–860.

[4]G. Hall and S. Howell, "The Experience Curve from an Econ-omist's Perspective," *Strategic Management Journal* 6 (1985): 197–212; M. Lieberman, "The Learning Curve and Pricing in the Chemical Processing Industries," *RAND Journal of Economics* 15 (1984): 213–228; R. A. Thornton and P. Thompson, "Learning from Experience and Learning from Others," *American Economic Review* 91 (2001): 1350–1369.

[5]Boston Consulting Group, *Per-spectives on Experience* (Boston: Bos-ton Consulting Group, 1972); Hall and Howell, "The Experience Curve," pp. 197–212; W. B. Hirschmann, "Profit from the Learning Curve," *Harvard Business Review* (January–February 1964): 125–139.

[6]A. A. Alchian, "Reliability of Progress Curves in Airframe Pro-duction," *Econometrica* 31 (1963): 679–693.

[7]M. Borrus, L. A. Tyson, and J. Zysman, "Creating Advantage: How Government Policies Create Trade in the Semi-Conductor Industry," in P. R. Krugman (ed.), *Strategic Trade Policy and the New International Economics* (Cambridge: MIT Press, 1986); S. Ghoshal and C. A. Bartlett, "Matsushita Electrical Industrial (MEI) in 1987," Harvard Business School Case #388-144 (1988).

[8]P. Nemetz and L. Fry, "Flexible Manufacturing Organi-zations: Implications for Strategy Formulation," *Academy of Manage-ment Review* 13 (1988): 627–638; N. Greenwood, *Implementing Flexible Manufacturing Systems* (New York: Halstead Press, 1986); J. P. Womack, D. T. Jones, and D. Roos, *The Ma-chine That Changed the World* (New York: Rawson Associates, 1990); R. Parthasarthy and S. P. Seith, "The Impact of Flexible Automation on Business Strategy and Organizational Structure," *Academy of Management Review* 17 (1992): 86–111.

[9]B. J. Pine, *Mass Customization: The New Frontier in Business Com-petition* (Boston: Harvard Business School Press, 1993); S. Kotha, "Mass Customization: Implementing the Emerging Paradigm for Competitive Advantage," *Strategic Management Journal* 16 (1995): 21–42; J. H. Gilm-ore and B. J. Pine II, "The Four Faces of Mass Customization," *Harvard Business Review* (January–February 1997): 91–101.

[10]P. Waurzyniak, "Ford's Flexi-ble Push," *Manufacturing Engineer-ing*, September 1, 2003, pp. 47–50.

[11]M. Ford, *Rise of the Robots* (New York: Basic Books, 2015). In-ternational Federation of Robotics, "Robot Density Rises Globally," February 7, 2018.

[12]F. F. Reichheld and W. E. Sasser, "Zero Defections: Quality Comes to Service," *Harvard Busi-ness Review* (September–October 1990): 105–111.

[13]Ibid.

[14]The example comes from Reichheld and Sasser.

[15]R. Narasimhan and J. R. Car-ter, "Organization, Communication and Coordination of International Sourcing," *International Marketing Review* 7 (1990): 6–20.

[16]H. F. Busch, "Integrated Ma-terials Management," *IJDP & MM* 18 (1990): 28–39.

[17]G. Stalk and T. M. Hout, *Competing Against Time* (New York: Free Press, 1990).

[18]P. Bamberger and I. Meshoulam, *Human Resource Strategy: Formulation, Implemen-tation, and Impact* (Thousand Oaks: Sage, 2000); P. M. Wright and S. Snell, "Towards a Unifying Framework for Exploring Fit and Flexibility in Human Resource Management," *Academy of Man-agement Review* 23 (October 1998): 756–772.

[19]A. Sorge and M. Warner, "Manpower Training, Manufac-turing Organization, and Work Place Relations in Great Britain and West Germany," *British Journal of Industrial Relations* 18 (1980): 318–333; R. Jaikumar, "Postindus-trial Manufacturing," *Harvard Busi-ness Review* (November–December 1986): 72–83.

[20]J. Hoerr, "The Payoff from Teamwork," *Business Week*, July 10, 1989, pp. 56–62.

[21]"The Trouble with Teams," *The Economist*, January 14, 1995, p. 61.

[22]T. C. Powell and A. Dent Mi-callef, "Information Technology as Competitive Advantage: The Role of Human, Business, and Technol-ogy Resource," *Strategic Man-age-ment Journal* 18 (1997): 375–405; B. Gates, *Business @ the Speed of Thought* (New York: Warner Books, 1999).

[23]"Cisco@speed," *The Econo-mist*, June 26, 1999, p. 12; S. Tully, "How Cisco Mastered the Net," *Fortune*, August 17, 1997, pp. 207–210; C. Kano, "The Real King of the In-ternet," Fortune, September 7, 1998, pp. 82–93.

[24]Gates, *Business @ the Speed of Thought*.

[25]*Academy of Management Review on Total Quality Management* 19:3 (1994)의 특집호에 게재된 논문을 참조할 것. 다음 논문은 학술적 관점을 포함한 많은 주제에 대해 좋은 개요를 제공한다.: J. W. Dean and D. E. Bow-en, "Management Theory and Total Quality," *Academy of Man-agement Review* 19 (1994): 392–418. 다음 논문도 참조. T. C. Powell, "Total Qual-ity Management as Competi-tive Advantage," *Strategic Management Journal* 16 (1995): 15–37.

[26]일반적인 배경 정보에 대해서 다음 문헌을 참조할 것. "How to Build Quality," *The Economist*, September 23, 1989, pp. 91–92; A. Gabor, *The Man Who Discovered Quali-ty* (New York: Pen-guin, 1990); P. B. Crosby, Quality Is Free (New York: Mentor, 1980).

[27]W. E. Deming, "Improve-ment of Quality and Produc-tivity Through Action by Management," *National Productiv-ity Review* 1 (Winter 1981–1982): 12–22.

[28]A. Ries and J. Trout, *Position-ing: The Battle for Your Mind* (New York: Warner Books, 1982).

[29]R. G. Cooper, *Product Leader-ship* (Reading: Perseus Books, 1999).

[30]Cooper, *Product Lead-ership*; A. L. Page "PDMA's New Product Development Practices Survey: Performance and Best Prac-tices," presentation at PDMA 15th Annual International Conference, Boston, MA, October 16, 1991; E. Mansfield, "How Economists See R&D," *Harvard Business Review* (November–December 1981): 98–106.

[31]S. L. Brown and K. M. Eisen-hardt, "Product Devel-opment: Past Research, Present Findings, and Future Direc-tions," *Academy of Management Review* 20 (1995): 343–378; M. B. Lieberman and D. B. Montgomery, "First Mover Advan-tages," *Strategic Management Jour-nal* 9 (Special Issue, Summer 1988): 41–58; D. J. Teece, "Profiting from Technological Innovation: Impli-cations for Integration, Col-labora-tion, Licensing and Public Policy," *Research Policy* 15 (1987): 285–305; G. J. Tellis and P. N. Golder, "First to Market, First to Fail?" *Sloan Management Review*, Winter 1996, pp. 65–75; G. A. Stevens and J. Bur-ley, "Piloting the Rocket of Radical Innovation," *Research Technology Man-agement* 46 (2003): 16–26.

[32]G. Stalk and T. M. Hout, *Competing Against Time* (New York: Free Press, 1990).

[33]K. B. Clark and S. C. Wheel-wright, *Managing New Product and Process Development* (New York: Free Press, 1993); M. A. Schilling and C. W. L. Hill, "Managing the New Product Development Pro-cess," *Academy of Manage-ment Ex-ecutive* 12:3 (August 1998): 67–81.

[34]O. Port, "Moving Past the Assembly Line," *Business Week* (Special Issue, "Reinventing America," 1992): 177–180.

[35]K. B. Clark and T. Fujimoto, "The Power of Product Integrity," *Harvard Business Review* (Novem-ber–December 1990): 107–118; Clark and Wheelwright, *Managing New Product and Process Devel-opment;* Brown and Eisenhardt, "Product Development"; Stalk and Hout, *Competing Against Time*.

[36]C. Christensen, "Quantum Corporation—Business and Product Teams," Harvard Business School Case #9-692-023.

[37]H. Petroski, *Success Through Failure: The Paradox of Design* (Princeton: Princeton University Press, 2006). 다음 논문도 참조. A. C. Ed-mondson, "Learning from Mistakes Is Easier Said Than Done," *Journal of Applied Behavioral Science* 40 (2004): 66–91.

[38]S. Caminiti, "A Mail Order Romance: Lands' End Courts Un-seen Customers," *Fortune*, March 13, 1989, pp. 43–44.

[39]Sellers, "Getting Customers to Love You."

[40]Stalk and Hout, *Competing Against Time*.

Chapter 6

사업수준 전략과 산업환경

학습목표

6.1 경영자가 파편화된 시장 속에서 수익성을 향상시킬 수 있는 전략을 규명한다.

6.2 신생산업 및 성장산업에 존재하는 특별한 문제들에 대해 논의한다.

6.3 신생산업 및 성장산업에서 효과적으로 경쟁하기 위해 활용할 수 있는 전략에 대해 논의한다.

6.4 성숙산업에서의 경쟁역학에 대해 논의한다.

6.5 경쟁이 심화될 때 수익성 향상을 위해 실행 가능한 전략을 비교한다.

6.6 쇠퇴산업에서 기업의 수익성과 비즈니스모델을 유지할 수 있는 상이한 전략에 대해 논의한다.

첫머리 사례

온라인 음식 배달 사업이 빠르게 성장하고 있으나, 산업은 더 빠르게 집중화되고 있다.

1993년, 모자이크(Mosaic)라는 회사는 최초의 인터넷용 그래픽 사용자 인터페이스(graphical user interface, GUI)를 도입하여 '월드 와이드 웹(World Wide Web)'을 활용한 경영활동에 불을 지폈다. 이 노력 중 하나로 나온 것이 세계 최초의 온라인 음식 배달 웹사이트인 월드 와이드 웨이터(World Wide Waiter; 나중에 Waiter.com이 됨)였다. 이 플랫폼은 캘리포니아주 샌프란시스코의 베이 지역에서 서비스를 시작했고 성공을 거두었다. 곧 유사한 사이트가 전 세계 도시에 등장했고, 인터넷 사용자 수가 증가함에 따라 새로 부상한 온라인 음식 배달 산업의 매출도 증가했다. 2019년까지 전 세계 매출은 1,500억 달러 이상으로 성장했다. 그러던 중, COVID-19 팬데믹으로 인해 식당들이 문을 닫게 되자 온라인 음식 배달은 사상 최고치를 기록했고, 2022년까지 전 세계 온라인 배달 매출은 두 배 증가하여 3,000억 달러 이상을 기록했다. 2022년까지 미국 소비자의 50% 이상이 온라인 음식 배달을 이용하고 있으며 전 세계적으로 사용자 수가 18억 명을 넘어섰다.

거의 매년, 그리고 모든 지역에서의 높은 성장은 다양한 국가 및 지역 사업자를 끌어들였다. 그러나 이러한 혼잡함은 소비자와 식당 둘 다에 부과되는 가격에 큰 압력을 가하게 되었으며, 업계 경쟁에서 성공하기는 더욱 어려워졌다. 규모가 중요한 무기로 떠올랐다. 많은 수의 식당과 연계된 배달서비스는 더 많은 소비자를 유치했고, 정교한 정보기술에 투자할 수 있었으며, 이 투자를 수많은 거래를 통해 상각할 수 있는 축소된 비용구조를 달성할 수 있었다. 또한 가장 큰 고객 기반을 보유한 서비스는 식당 측에 수수료를 높게 부과할 수 있는 교섭력을 가지고 있어서 치열한 경쟁 속에서도 이윤을 확보할 수 있었다. 소규모 배달서비스는 인수 또는 해체되거나, 아직 주류 업체의 관심을 끌지 못한 틈새시장에 매달리게 되었다.

집중화는 2015년부터 2022년까지 특히 심각했다. 그룹허브(Grubhub)는 딜리버드디쉬(Delivered Dish), 이트24(Eat24) 및 푸들러(Foodler)를 삼켰다.[1] 독일에 본사를 둔 딜리버리히어로(Delivery Hero)는 한국의 배달통(한국), 터키의 예멕세페티(Yemeksepeti), 독일의 푸도라(Foodora), 그리고 싱가포르의 푸드판다(Foodpanda)를 인수했지만 결국 이 사업들 중 일부를 폐쇄하고 독일 시장에서 철수했다. 도어대쉬(DoorDash)는 캐비어(Caviar)를 인수했고, 암스테르담에 본사를 둔 테이크어웨이(Takeaway)는 2019년에 런던에 본사를 둔 저스트이트(Just Eat)를 인수하여 저스트이트-테이크어웨이(Just Eat Takeaway)를 설립했다. 2020

글로벌 온라인 음식 배달 산업의 매출 및 이용자 수, 2017~2022

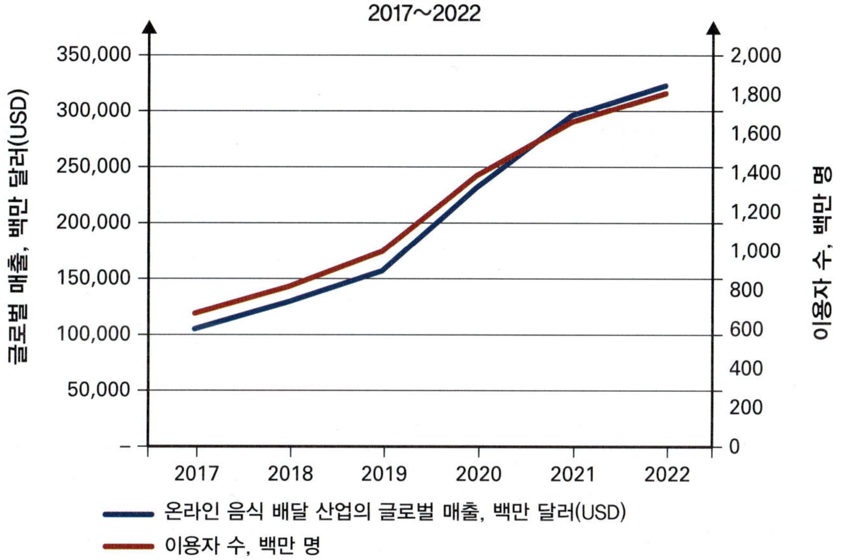

출처: Data compiled from Statista, 2022.

년에 우버(Uber)가 그룹허브 인수를 시도했지만, 미국 온라인 배달업계의 높은 집중화로 인해 미연방 규제당국이 해당 거래를 중지시킬 것으로 예상되어 물러섰고, 그 대신 저스트이트-테이크어웨이가 그룹허브를 인수했다. 뒤처지고 싶지 않았던 우버는 포스트메이츠(Postmates)를 인수했다.[2] 거의 모든 수익을 미국에서 창출해 온 도어대쉬는 2021년에 핀란드에 본사를 둔 볼트(Wolt)를 인수하여 유럽 22개국에 서비스를 제공하기 시작했다.

주요 온라인 배달서비스 업체들도 서비스 차별화 방안을 모색하기 시작했다. 한 가지 방법은 주요 식당 체인과의 독점 파트너십을 통하는 것이었다. 예컨대 도어대쉬는 리틀시저스(Little Caesars), 치폴레(Chipotle), 더 치즈케이크 팩토리(The Cheesecake Factory)와 공식적인 협력관계를 맺었고, 그룹허브는 KFC 및 타코벨(Taco Bell)과 거래관계를 구축했다.[3] 그러나 이러한 관계가 항상 수익 증대로 이어지는지는 명확치 않았다. 독점거래에는 종종 식당이 더 낮은 배달

비를 지불하도록 하는 조항이 포함되기 때문이다.

몇몇 배달서비스 업체도 '유령 주방(ghost kitchen)'(임대 또는 이동 장소에 배달 전용으로 만든 주방)을 출시해 차별화를 시도했다. 수요가 있는 곳 가까이에 주방을 설치함으로써 배달 시간과 비용을 줄일 수 있었고, 상설 오프라인 매장이 아니므로 높은 브랜드 비용과 인건비를 피할 수 있었다. 물리적인 식당이 없으면 고객과의 관계를 구축하기 어려울 수 있지만, 몇몇 회사는 유명 레스토랑 브랜드와 제휴하여 이를 극복했다. 예를 들어 도어대쉬는 버마 슈퍼스타(Burma Superstar)와 파트너십을 맺은 후 버마 바이츠(Burma Bites)라는 배달 전용 매장을 열었고,[4] 우버는 스시야(SushiYaa)와 제휴하여 포크스테이션(Poke Station)이라는 유령 주방을 개발했으며, 딜리버루(Deliveroo)는 유령 주방 메이플(Maple)을 인수했다.[5] 인도 기반의 스위기(Swiggy)는 2020년 말 기준 1,000개가 넘는 유령 주방을 운영했다.

다른 배달서비스는 배송하는 제품의 범위를 확장하여 수익 성장을 촉진하려고 노력했다. 예컨대 저스트이트-테이크어웨이, 딜리버루, 우버이츠는 식료품 배달로 확장했다.[6] 우버이츠(Uber Eats)는 또한 드리즐리(Drizly) 인수를 통해 주류 배달로,[7] 님블(Nimble)과의 파트너십을 통해 처방전 배달로, 그리고 코스트코(Costco)와의 파트너십을 통해 가정용품 당일배송으로 사업을 확장했다. 도어대쉬는 대형 약국 체인인 CVS[8]와의 파트너십을 통해 생활필수품(처방전 제외) 배송으로 확장했다.

2022년 5월 현재 대부분의 주요 온라인 음식 배달 시장이 크게 집중화되었다. 미국에서는 음식 배달 시장의 거의 99%를 도어대쉬(시장점유율 59%), 우버이츠(시장점유율 27%), 그룹허브(시장점유율 13%) 단 세 개 업체가 점유하고 있고, 유럽 시장은 우버이츠, 저스트이트-테이크어웨이, 딜리버루가 시장의 80% 이상을 점유하고 있다. 동남아시아의 대부분은 그랩(전체 시장의 약 50%를 점유)과 푸드판다(일부 동남아시아 국가에서 49%에 달하는 높은 점유율을 차지)라는 두 업체가 지배하고 있다. 라피(Rappi), 글로보(Glovo) 및 우버이츠(Uber Eats)가 라틴아메리카 시장에서 강한 가격 압력을 유지하고 있음에도 불구하고 해당 시장은 더욱 집중화되어 아이푸드(iFood)가 시장의 80% 이상을 장악하고 있는 실정이다. 신규 고객 확보가 둔화되고 점유율을 유지하거나 확대하기 위한 업체 간의 치열한 경쟁으로 인해, 투자자가 기대했던 성장을 거대 배송 업체가 어떻게 지속적으로 추진해 나갈지 파악하기란 점점 어려워지고 있다.

개요

2장에서 살펴보았듯이 산업은 수명주기(life cycle)를 가진다. 일부 산업들은 아직 젊고 역동적이어서 수요가 급격히 증대해 갈 수 있다. 다른 산업들은 성숙기에 접어들어 상대적으로 안정적일 수 있는 반면, 신문산업이나 여러 소매업처럼 어떤 산업들은 쇠퇴기에 들어선 경우도 있다.

우리는 산업 발전의 각 단계가 사업에 흥미로운 과제를 제시한다는 것을 알게 될 것이다. 경영자는 이러한 문제를 해결하기 위해 적절한 전략을 선택해야 한다.

예를 들면 마무리 사례에서 볼 수 있듯이, 한때 서비스를 제공하는 지역에서 거의 독점권을 가지고 있던 케이블TV 제공업체는 이제 스트리밍 서비스로부터 극심한 압력을 받고 있다. 가입자 수와 구독 수익 모두 급격히 감소하고 있으며, 많은 (아마도 대부분) 서비스가 사라질 가능성이 높다. 그러나 역설적이게도 경영자가 올바른 전략을 찾아낼 수 있다면 쇠퇴하는 산업에서도 여전히 높은 수익을 창출하는 경우도 많다. 수요가 여전히 강한 시장 부문에 집중하는 틈새 전략이 그중 하나이다. 쇠퇴산업의 기업은 새로운 산업에서 활용할 수 있는 귀중한 자산이나 고객 관계를 보유할 수도 있다. 예를 들어 케이블 서비스 운영업체는 이전 케이블 가입자에게 인터넷 서비스를 제공함으로써 전반적인 매출 감소를 늦췄다.

산업의 수명주기를 구성하는 각 단계를 살펴보기 전에 우선 세밀하게 쪼개져 파편화된 산업에서 시행될 수 있는 여러 전략들에 대해 자세히 다루어 보려고 한다. 그 이유는 파편화된 산업은 전략을 추진하는 기업들에게 결과적으로 그러한 산업들을 집중화시키는 특별한 기회를 제공할 수 있으며, 이런 기회를 살려 해당 산업을 집중화시킨 기업과 그 소유주들은 때로 상당한 부를 창출하기도 하기 때문이다.

6.1 파편화된 산업에서의 전략

6.1 경영자가 파편화된 시장 속에서 수익성을 향상시킬 수 있는 전략을 규명한다.

파편화된 산업(fragmented industry)은 상당수의 소규모 및 중간규모의 기업들로 구성된 산업 중 하나이다. 이처럼 세밀히 파편화된 산업들에는 예컨대 드라이클리닝, 미용실, 레스토랑, 헬스클럽, 마사지, 법률서비스 산업 등이 포함된다. 여러 가지 이유들로 인해 소수의 대기업이 아닌 다수의 중소규모 기업들로 산업이 구성될 수 있다.[9]

파편화된 산업
많은 수의 중소규모 기업들로 구성된 산업

6.1a 파편화의 이유

파편화에는 세 가지 이유가 있다. 첫째, 규모의 경제가 크게 나타나지 않는다는 것은 대규모성에 따른 원가상의 이득이 설령 존재한다 해도 그리 크지 않다는 것을 의미한다. 이를테면 조경이나 마사지 서비스 같은 사업 분야에 규모의 경제가 딱히 구현되기 어려운 것은, 이들 산업이 왜 세밀하게 파편화된 모습으로 나타나는지를 잘 설명해 준다. 일부 산업에서는 고객의 니즈가 너무나 특수하여 오직 소량의 제품만이 필요하기 때문에 시장을 만족시키기 위해 대량생산 운영을 할 여지가 별로 없을 수 있다. 이런 성격을 가지는 대표적인 사업으로는 주문제작 보석류(custom-made jewelry)나 케이터링(catering)을 들 수 있다. 일부 산업은 심지어 규모의 비경제(diseconomy of scale)가 발생할 수도 있다. 예를 들어 외식사업에서 고객들은 보통 전국적인 체인점의 표준화된 음식보다는 지역에서 유명한 레스토랑의 독특한 스타일과 음식을 더 선호한다. 이런 규모의 비경제 특성은 대형 레스토랑 체인 기업이 시장을 맘대로 지배하지 못하게 하는 한 이유가 된다.

둘째, 산업 내에서 브랜드 충성도는 주로 지역적일 수 있다. 특정 지역이나 특정 종교를 뛰어넘는 일반적인 차별화를 통해서 자사의 독자 브랜드를 구축하는 것은 현실적으로 쉽지 않을 수 있다. 주택을 구입하려는 사람들을 예로 들면, 이들은 전국적인 부동산 체인점이 아니라 해당 지역을 잘 알고 있다고 생각되는 지역의 부동산 중개인과 거래하는 것을 더 선호할 것이다. 비슷한 사례로 마사지 서비스 산업의 차별화와 브랜드 충성도는 주로 마사지사 개개인의 능력과 기술에 의해 주도되기 때문에 이 사업 분야에 대형 체인점들은 존재하기 어렵다.

셋째, 규모의 경제가 부족하다는 것과 전국적인 브랜드 충성도를 구축하기 어렵다는 것은 곧 그만큼 진입장벽이 낮다는 것을 의미한다. 이런 경우 신규 진입자의 지속적인 유입과 움직임은 산업을 파편화된 상태로 유지시킬 수 있으며, 마사지 서비스 산업이 전형적인 한 예라고 할 수 있다. 규모의 요구가 존재하지 않기 때문에 마사지 서비스 사업의 창업 비용은 한 명의 사업가가 부담할 수 있을 정도로 적게 소요된다. 마찬가지로 조경서비스 사업도 이처럼 세밀하게 파편화된 상태로 산업이 유지되고 있다.

앞서 설명한 특성들을 지닌 산업에서는 집중화 전략들이 잘 작동하는 경향이 있다. 기업들은 특정 고객 집단, 고객 니즈, 또는 지리적 권역에 기반해 전문화될 수 있으며, 상당수의 전문 소기업들은 지역 또는 권역별 시장에서 사업을 할 수 있다. 가구, 의류, 모자, 부츠, 주택 등 모든 유형의 특화된 상품이나 주문제작 상품들과 더불어 드라이클리닝, 조경서비스, 미용실, 마사지서비스를 포함하여 개별화된 고객 니즈에 맞춰 제공되는 모든 작은 서비스 사업들이 이 범주에 포함된다.

6.1b 가치혁신을 통한 파편화된 시장의 통합

기업경영의 역사 속에는, 전례 없는 전국적 브랜드의 구축과 상당한 규모의 경제를 창출하기 위한 전략을 성공적으로 추구했던 선구적인 기업들의 사례가 많다. 이러한 기업들은 파편화된 산업들을 통합시키는 과정에서 창출한 거대한 이익을 자신과 주주에게 안겨 주었다.

예를 들면, 1980년대까지 사무용품 사업은 지역 시장에 제품을 공급하는 상당수의 소규모 '부부경영(mom-and-pop)' 기업들로 이루어진 고도로 파편화된 산업이었다. 그 시기의 전형적인 사무용품 기업들은 한정된 제품을 구비하고 있었고 재고회전율도 낮았다. 또한 영업시간이 짧았고, 지역 사업자에게 초점을 맞춘 개별적인 서비스를 제공했다. 개별적인 고객서비스에는 적은 수의 판매 인력이 점포에 머무르며 주문을 받고, 또 여러 대의 트럭에 물품을 실어 많은 고객들에게 배달하는 일이 포함된다. 그때 스테이플스(Staples)가 등장했고, 식료품 및 잡화 사업을 경험한 경영진들에 의해 새로이 사업이 시작되었다. 이 회사의 경영진은 긴 영업시간에 다 다양한 상품들을 구비한 셀프서비스 모델로 사업을 개시했다. 이들은 제품 판매를 추적하기 위해 컴퓨터 정보시스템을 도입하여 실행했고, 재고가 소진되기 전에 보충하여 재고회전율을 빠르게 끌어올렸다. 스테이플스는 소기업들에게 초점을 맞춰 판매를 하고, 대기업들이 제공하지 않는 긴 영업시간과 저렴한 가격, 항상 재고를 갖춘 다양한 제품선택권의 가치를 제공한다. 사실 스테이플스는 기존 기업들이 제공하는 것과 같은 개인 수준의 맞춤형 서비스를 애당초 제공하지 않았다. 그러나 경영자들은 소기업 고객들은 개별적인 서비스보다 다양한 상품 선택권과 긴 영업시간, 그리고 저렴한 가격에 더욱 관심을 가지고 있다고 예측했고, 결국 결과는 그들의 생각이 옳았다는 것을 보여 주었다. 달리 표현하면 스테이플스의 경영자들은 고객군들에게 중요한 것이 무엇인지에 관해 기존 기업과는 다른 생각을 가지고 있었던 것이다. 오늘날 이러한 사무용품 사업은 스테이플스, 오피스디포(Office Depot), 오피스맥스(Office Max) 등이 장악하고 있고, 경쟁력이 약한 대부분의 경쟁사들은 시장에서 퇴출되고 말았다.

사실 이 스테이플스의 사례는 우리가 4장에서 논의했던 *가치혁신자(value innovator)*라는 주제와 연관되어 있다.[10)] 이 회사의 설립자들은 고객군에게 더 큰 가치를 제공하는 방법을 알아내고, 더 저렴한 가격으로 더 큰 가치를 제공했던 셈이다. 사실 스테이플스만 홀로 가치혁신을 행한 것은 아니다. 소매 부문을 예를 들면, 월마트(Walmart)와 까르푸(Carrefour), 타깃(Target)은 종합소매업에서, 로우스(Lowe's)와 홈디포(Home Depot), 킹피셔(Kingfisher)는 건축자재와 주택개조 사업에서 이와 유사한 가치혁신을 수행했다. 레스토랑 부문에서 맥도날드(McDonald's), 타코벨(Taco Bell), KFC(Kentucky Fried Chicken), 그리고 최근에는 스타벅스(Starbucks)도 이와 유사한 가치혁신을 해 오고 있다. 비록 레스토랑산업이 파편화된 채 남아 있으나, 각각의 사례 기업들은 한때 파편화된 산업들을 성공적으로 통합하여 집중화에 성공했다.

이들 사례가 주는 교훈은 명확하다. 파편화된 산업들은 열린 시장 공간인 일종의 '블루오션'이며, 기업가 정신이 투철한 사람들의 새로운 가치혁신 추구를 통해 얼마든지 전환될 수 있는 것이다. 이러한 전환 과정을 이해하는 데 가장 중요한 것은, 이들 사례에서 각 가치혁신 기업은 모두 기존 기업들과는 다르게 가치를 규정했고, 규모의 경제의 창출을 통해 보다 낮은 가격에서 이러한 가치를 제공하는 방식을 발견해 갔다는 사실을 주지하는 것이다. 일례로 패스트푸드산업에서 맥도날드는 저렴한 가격에, 믿을 수 있고, 신속하며, 편리한 패스트푸드를 제공했다. 저렴한 가격은 두 가지 원천으로 인해 가능했는데, 첫 번째는 종업원의 생산성을 증가시키려는 점포들의 표준화 과정, 두 번째는 맥도날드의 상당한 구매력에서 비롯된 투입 측면에서의 규모의 경제 달성이다(사실 이러한 측면은 맥도날드가 점차 성장함에 따라 더욱더 커져 갔다). 그 당시 맥도날드 역시 하나의 가치혁신자였고, 전략적 선택을 통해 레스토랑산업의 한 부문인 패스트푸드 사업 부문을 통합시켜 나가는 데 크게 일조했던 셈이다.

6.1c 체인화와 프랜차이즈화

가치혁신을 통해 집중화에 성공한 많은 파편화된 산업에서, 변신하는 기업은 종종 단일 지역 또는 소수의 지역에서 시작된다. 베스트바이(Best Buy)는 미네소타주 세인트폴에서 사운드 오브 뮤직(Sound of Music)이라는 단일 매장으로 시작했고, 스타벅스는 하워드 슐츠(Howard Shultz)가 인수하여 사업을 변화시키기 시작했을 때 워싱턴주 시애틀에 단 세 개의 매장이 있었다. 여기에서 핵심은 처음 몇 곳에서 전략을 마련한 후에 가능한 한 신속하게 전국적인 브랜드를 구축하여 경쟁자들이 시장에 진입하기 전에 규모의 경제를 실현하는 것이다. 이러한 과정이 잘 진행되면 가치혁신자는 강력한 브랜드 충성도의 형성과 함께 대규모로부터 발생되는 규모의 경제(보통 규모의 경제는 강력한 구매력과 관련이 있다)를 향유함으로써 신규 진입에 대한 막강한 장벽을 구축할 수 있다. 기업이 이전에 제공했던 사업을 자기 복제적으로 제공하기 위해 활용하는 전략에는 두 가지가 있는데, 체인화와 프랜차이즈화가 바로 그것이다.[11)]

체인화
정보기술을 통해 상호 연결된 구매 및 물류 네트워크를 구축하여, 마치 하나의 대기업처럼 기능하게 됨으로써 원가우위의 이점을 누릴 수 있도록 설계된 전략

체인화(chaining)는 해당 기업이 가지고 있는 사업의 기본 방식을 동일하게 고수하는 지점들을 다른 지역에 개설하는 것을 말한다. 그러므로 스테이플스가 처음 사업을 시작했던 보스턴 지역에서 사업의 기본 방식을 완성하고 난 뒤 신속하게 타 지역에 추가 매장을 늘려 갔던 것은 바로 이 체인화 전략의 구사였다고 볼 수 있다. 오늘날 대략 1,388개의 스테이플스 매장들이 전 세계에서 운영되고 있다. 스타벅스 역시 신규로 오픈하는 모든 매장에 동일한 기본 방식을 제공하는 체인화 전략을 추구하고 있으며, 전 세계에 34,000개가 넘는 매장이 운영되고 있다. 베스트바이, 월마트, 홈디포도 마찬가지로 체인화 전략을 추구하고 있다.

체인화를 통해 매장 수를 확대함으로써 가치혁신자는 재빠르게 전국적인 브랜드를 형성할 수 있다. 이러한 체인화는 사람들이 빈번하게 이동하고 여행하는 오늘날과 같은 모바일 사회에서, 그리고 새로운 동네 또는 도시에서 익숙한 제품을 원할 때 중요한 가치를 가진다. 또한 타 지역에서 재빨리 창업을 하고 훌륭한 정보시스템을 통해 그 지역들을 밀접하게 결합시킴으로써 가치혁신자는 대규모성에서 비롯되는 원가우위를 실현해 갈 수 있다. 예를 들어 월마트는 점포들의 재고 흐름을 엄격히 통제함으로써 (원가절감의 주요 원천인) 신속한 재고회전율을 실현해 왔다. 또한 월마트가 점차 성장함에 따라 점점 더 큰 구매 교섭력을 발휘할 수 있게

되었고, 이를 바탕으로 매장에서 재판매되는 상품들에 대한 가격인하를 유도할 수 있었다.

프랜차이즈화(franchising)는 설립 회사인 프랜차이저(franchisor)가 다른 회사인 프랜차이지(franchisee) 회사에게 수수료를 대가로 새로운 지역에서 개업하고 영업할 수 있는 권리를 라이선싱해 준다는 점을 제외하면 많은 측면에서 체인화와 유사하다. 이 경우 프랜차이지 회사는 대개 동일한 기본 비즈니스모델의 적용은 물론 정해진 방식으로 사업이 운영되도록 요구받는 등 프랜차이저 회사의 엄격한 기준을 준수해야 한다. 따라서 맥도날드의 프랜차이지는 시스템 내에 속해 있는 다른 지점들과 마찬가지로 동일한 기본 외관, 느낌, 제품, 가격, 비즈니스 프로세스를 유지해야 하며, 정기적으로 맥도날드 회사에게 표준화된 재무정보를 보고해야 한다.

프랜차이즈화
프랜차이저(franchisor)가 프랜차이지(franchisee)에게 해당 기업의 상호, 평판, 비즈니스모델을 사용할 권리를 부여하고 그에 대한 프랜차이즈 수수료 및 종종 수익의 일정 비율을 받는 전략

프랜차이즈화 전략을 활용하는 것에는 몇 가지 이점이 있다. 첫째, 프랜차이지는 일반적으로 자신의 사업 시작과 운영을 위해 자본의 일부 또는 전체를 투자하는데, 이것이 프랜차이즈 시스템의 성장을 위한 자금줄 역할을 하게 되어 시스템의 더욱 빠른 확장으로 이어질 수 있다. 둘째, 프랜차이지는 보통 자기 사업체의 독자적인 소유주이고 또한 대개는 일정 자금을 투입해야 되기 때문에 사업을 최대한 효율적이고 효과적으로 운영하려는 강력한 동기를 가지게 되는데, 이러한 유인은 프랜차이저 입장에서도 여러 모로 이롭다.

셋째, 프랜차이지는 종종 지역 시장에 대한 깊은 지식을 가지고 있어서 자기 고객들의 선호도에 맞는 새로운 상품 및/또는 프로세스를 개발할 수 있다. 일반적으로 프랜차이저는 프랜차이지가 기본적인 비즈니스모델에서 크게 벗어나지 않는 한 어느 정도 재량권을 부여한다. 이런 식으로 개발된 아이디어가 차후에 시스템의 다른 곳으로 전이되어 전체 시스템의 성과를 향상시키는 데 기여할 수도 있다. 일례로 맥도날드는 프랑스의 프랜차이지 매장에서 처음 도입된 아이디어를 반영하여 미국 내 점포의 디자인과 메뉴를 변경했다.

그렇지만 프랜차이즈화 전략에는 다음과 같은 세 가지 결점도 존재한다. 첫째, 프랜차이즈화 전략은 일정 부분의 권한을 프랜차이지에게 위임하기 때문에 이 전략은 체인화 전략처럼 모든 매장을 동일한 기준으로 엄격하게 통제할 수 없다. 예컨대 스타벅스의 소유주인 하워드 슐츠는 프랜차이즈화 전략으로는 각 매장에서 고객서비스를 위해 필요한 통제를 제대로 하지 못할 것이라고 판단해서 주로 체인화 전략을 통해 사업을 확장하기로 결정했다. 나중에는 스타벅스가 직접 운영할 수 없는 장소(예: 공항) 및 글로벌 시장으로의 진출을 위해 라이선스 계약을 활용했다. 둘째, 체인화 전략은 모든 수익이 전적으로 해당 기업에게 회수되는 반면, 프랜차이즈화 시스템에서는 성공적으로 운영한 프랜차이지에게 일정 부분의 경제적 수익이 돌아간다. 셋째, 프랜차이지는 설립 기업(프랜차이저)에 비해 상대적으로 영

세하기 때문에 높은 자본비용에 직면할 수 있고, 그 결과 프랜차이즈화 시스템의 운영비 상승과 이익 하락을 불러올 수 있다. 이처럼 체인화 전략과 프랜차이즈화 전략의 다양한 장단점을 고려할 때 이 두 전략 중 어떤 것을 선택할지는 결국 설립 기업이 직면한 여건을 평가하는 경영자에게 달려 있다고 하겠다.

6.1d 수평적 합병

파편화되어 있는 산업을 통합하는 또 다른 방법은, 규모의 경제를 실현할 수 있고 강력한 전국적 브랜드를 형성할 수 있도록 하나의 큰 기업 안으로 경쟁자들을 합병하거나 인수하는 것이다. 이에 대한 좋은 사례로 온라인 음식 배달 산업을 들 수 있다. 한때 수십여 개의 경쟁업체로 붐비던 시장은 이제 상당한 규모의 경제를 갖추고 레스토랑 및 유명 브랜드에 대해 협상력을 갖춘 소수의 강력한 플레이어가 존재하는 과점시장으로 통합되었다. 이러한 집중화는 레스토랑에 있어 양날의 검이다. 한편으로 통합은 레스토랑이 거의 모든 시장에 접근하기 위해 몇 가지 플랫폼만 사용하면 되므로 주문 프로세스를 간소화할 수 있다. 레스토랑은 또한 플랫폼의 시장 범위(고객확보를 위해 자체적으로 할 수 있는 것보다 더 넓은 그물을 던질 수 있게 함)와 온라인 플랫폼이 제공하는 잘 발달된 거래 및 리뷰 시스템의 이점을 누릴 수 있다. 다른 한편으로는 크고 강력한 플랫폼은 레스토랑에 더 높은 수수료(종종 레스토랑 청구 가격의 최대 30%에 달함!)를 요구할 수 있다.

합병과 기업인수 전략이 이처럼 파편화된 산업을 통합시키는 데는 일정한 도움을 줄 수 있다고 하더라도, 성공의 여정까지는 많은 실패가 있었다는 사실을 주지할 필요가 있다. 일부 기업들은 기업인수에 너무 많은 금액을 지불하기도 하고, 다른 기업들은 기업인수 전에 생각했던 것과는 달리 결코 효율적이지 못한 레몬(lemon) 기업을 구매했음을 인수 후에서야 비로소 깨닫기도 한다. 뿐만 아니라 일부 기업들은 인수 기업과 피인수 기업 간의 문화충돌로 인해 처음에 예상되었던 이익을 실현하기가 실제는 매우 어렵다는 사실을 뒤늦게 발견하기도 한다. 우리는 9장과 10장에서 기업수준 전략을 살펴볼 때 수평적 합병 및 인수 전략과 관련된 이익, 비용, 리스크를 고려할 것이다.

6.2 신생산업 및 성장산업에 존재하는 특별한 문제들에 대해 논의한다.

6.2 신생산업과 성장산업에서의 전략

2장에서 이미 논의했듯이, 신생산업은 이제 막 개발되기 시작하는 산업이고, 성장산업은 상당수의 신규고객들이 시장에 진입하면서 초기 수요가 빠르게 확대되고 있는 산업이다. 다양한 니즈를 지닌 신규고객 집단의 시장진입이 시작되기 때문에,

그러한 산업환경에서 성공하기 위해 필요한 전략을 선택하는 것은 여러 가지 면에서 중요할 수밖에 없다. 경영자들은 미래의 효과적인 경쟁을 위해 수시로 자신의 사업을 재정립하고, 새로운 유형의 경쟁력을 개발하고 발전시켜 가야 되기 때문에, 이러한 신생산업과 성장산업에서의 경쟁을 좌우하는 여러 요인들과 그 변화 방식에 대해 잘 숙지하고 있어야 한다.

대부분의 신생산업들은 새로운 기술혁신이 신제품 개발 기회를 창출할 때 출현하기 마련이다. 이를테면 개인용 컴퓨터 산업은 인텔(Intel)이 1975년 마이크로프로세서를 개발하여 기업들이 세계 최초의 PC를 만들 수 있게 됨에 따라 탄생하게 되었다. 또한 그 뒤를 이어 마이크로소프트가 IBM용 운영체제를 개발한 이후, PC 소프트웨어 산업의 성장이 이어졌다.[12] 마찬가지로 인터넷의 발달은 전자상거래와 소셜미디어 산업을 탄생시켰고, 광대역 인터넷과 스마트폰의 발전은 음악과 비디오 스트리밍 산업을 출현시켰다.

신생산업의 제품에 대한 고객수요는 여러 가지 원인들로 인해 제한적일 수 있다. 이처럼 초기 시장수요가 느리게 성장하는 원인으로 (1) 초기 제품들의 낮은 품질과 성능의 한계, (2) 신제품 사용에 대한 고객들의 생소함, (3) 제품 구매를 어렵게 하는 열악한 유통경로, (4) 제품의 가치를 향상시킬 수 있는 보완제품들의 부족, (5) 소규모 생산으로 인한 높은 생산비용 등을 들 수 있다. 이러한 이유로 초기단계 산업에서의 최초 진입자들은 후발 진입자들에 비해 불리한 경우가 많다. 그들은 바람직한 기술과 생산방식을 찾아내고 개발하기 위해 더 많은 비용을 부담해야 하며, 제품의 장점을 고객들에게 알리기 위해 더 많은 '선교' 비용을 부담해야 한다.

예를 들면, 초기 자동차에 대한 고객 수요는 형편없는 성능(말보다 느렸고, 심한 소음 및 잦은 고장 발생)으로 인해 한계가 있었고, 보완재(포장된 도로와 주유소 같은)가 부족했으며, 높은 생산비는 자동차를 매우 값비싼 사치품으로 만들었다(포드가 조립라인을 개발하기 전까지 자동차는 수공업기반 제조환경에서 사람들이 직접 손으로 조립함). 마찬가지로 전기자동차도 많은 소비자들이 해당 기술과 그 서비스, 그리고 중고판매 시의 가치에 대해 잘 알지 못하기 때문에 수요가 제한적이다. 또한 고객들은 그들이 가는 곳에 충전소가 있는지, 충전시간이 길진 않을지에 대해 걱정하고 있다. 이러한 여러 문제들로 인해 신생산업에서 제품에 대한 초기 수요는 기본적으로 신제품의 불완전성을 기꺼이 용인하고 견디며, 심지어 제품의 그러한 불완전성을 즐길 수 있는 소수의 기술적 지식이 있는 고객들에게서 시작된다.[13] 예컨대 초기에 전기자동차를 구매한 사람들은 수입이 평균보다 많은 경향이 있고 환경친화적인 차를 구입하려는 동기가 높은 것으로 알려져 있다.[14]

어떤 제품에 대해 대량시장이 형성되어 성장하기 시작하면 산업은 초기 신생산업 단계에서 성장 단계로 이동하게 된다. **대량시장(mass market)**은 상당히 많은 수

대량시장
상당히 많은 수의 고객들이 진입한 시장

의 고객들이 진입하는 시장이다. 대량시장은 (1) 지속적인 기술적 진전이 제품 사용을 더 쉽게 만들고 일반 고객들에게 그 가치를 증대시키며, (2) 그 제품의 가치를 향상시키는 보완 제품이 개발되고, (3) 산업 내의 기업들이 해당 신제품의 생산비용을 절감하는 방법을 개발하여 제품가격을 인하하고 수요를 활성화시켜 나가는 세 가지 일이 일어날 때 나타난다.[15] 예를 들어 자동차에 대한 대량시장은 (1) 기술의 발전이 자동차의 성능을 향상시켰을 때, (2) 포장도로망과 주유소들이 확고히 자리 잡았을 때, 그리고 (3) 헨리 포드(Henry Ford)가 조립라인을 이용하여 자동차를 대량생산하기 시작함으로써 생산비용이 극적으로 절감되어 자동차 가격을 인하할 수 있게 됨에 따라 대중적인 고객 수요층이 형성되기 시작하면서 나타났다. PC 제품의 대량시장도 마찬가지로 기술적 진보로 컴퓨터의 사용이 더욱 쉬워지고, 보완적인 소프트웨어 제품(스프레드시트와 워드프로세서 프로그램 같은)의 공급이 늘어나고, 예컨대 델(Dell)과 같은 기업들이 낮은 원가로 대량생산 방식을 통해 컴퓨터를 제조하기 시작했을 때 등장했다.

6.2a 시장수요의 변화 요인

고객의 니즈 변화가 제품 수요에 어떻게 영향을 미치는지를 잘 이해하는 경영자들은 낮은 생산비용이나 신속한 제품개발로 경쟁력을 구축해 가는 등 자신의 경쟁적 위치를 보호하고 강화하기 위한 차원의 여러 새로운 전략수립에 집중해 갈 수 있다. 대부분의 제품시장에서 고객의 니즈 변화는 [그림 6.1]에 나타난 S자 형태의 성

그림 6.1 시장의 발전과 고객 집단

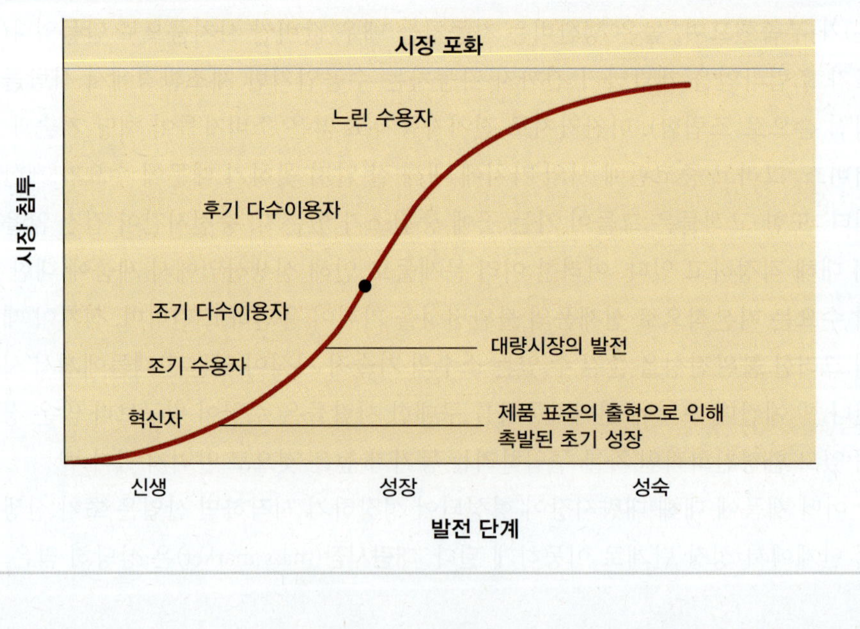

장곡선으로 이어지게 된다.[16] 이 그림은 서로 다른 니즈를 가진 고객집단들이 시간이 지나면서 어떻게 시장에 진입하는지를 보여 주고 있다. 익숙하지 않은 기술이 시장에 도입되었을 때, 처음부터 빠르게 받아들여지지 않기 때문에 곡선은 S자 모양으로 나타난다. 기술이 대량시장에서 더 잘 이해되고 활용되면서 수용(adoption)은 가속화되고 결국 시장은 포화된다. 교체 수요로 인해 점차 수요가 제한됨에 따라 신규 수용률은 감소한다.[17] 예컨대 전자계산기는 도입 시 비교적 소수의 과학자 및 엔지니어에 의해 수용되었다. 이 고객집단은 이전에 계산자(slide rule)를 사용했다. 이후에 계산기는 회계사 및 상업 종사자라는 더 큰 시장에 이어 학생과 일반 대중을 포함하는 훨씬 더 큰 규모의 시장에 침투했다. 이러한 시장이 포화된 후에는 새로운 수용 기회는 줄어들기 마련이다. 이 S자 곡선은 회사의 차별화, 원가 및 가격 결정에 중요한 영향을 미친다.

최초로 시장에 진입한 고객 집단을 *혁신자(innovator)*라고 부른다. 혁신자는 신제품이 비록 다소 불완전하고 고가일지라도, 이 신기술의 제품을 실험하고 또 최초로 구매해 사용해 보는 것을 즐기는 기술 애호가들이다. 혁신자는 기술적인 재능과 관심을 가지고 있어서 새로운 기술을 '소유'하고 개발하는 경우가 많다. 이들은 다른 고객 집단에 비해 위험을 덜 회피하는 경향이 있으며, 여유 자원을 보유한 경우가 많다. 이들이 항상 사회관계망에 잘 융화되어 있는 것은 아니지만, 사회시스템에 새로운 아이디어를 가장 먼저 가져오기 때문에 신제품 수용에 큰 영향력을 행사한다. PC 시장의 첫 번째 고객은 집에서 컴퓨터 코드를 작성하려는 소프트웨어 엔지니어와 컴퓨터 애호가였다.[18]

*조기 수용자(early adopter)*는 시장에 두 번째로 진입하는 고객 집단이다. 조기 수용자는 향후 해당 제품에 적용된 기술이 매우 중요한 응용성을 가질 수 있음을 인식하고, 자신이 그 기술의 새로운 용도를 개척해 갈 수 있는지를 확인해 보기 위해 기꺼이 해당 제품을 실험해 보려 한다. 조기 수용자는 보통 특정 신기술이 향후에 어떻게 사용될지를 마음속으로 그리는 사람들이며, 그 신기술을 사용하여 가장 먼저 여러 혜택을 누리기를 희망하는 사람들이다. 아마존닷컴의 설립자인 제프 베조스는 웹 기술의 조기 수용자였고, 1994년에 그 누구보다 먼저, 도서 판매에 이 웹을 활용한 혁신적인 방식이 적용될 수 있을 것으로 보았다.

혁신자와 조기 수용자 둘 다 산업의 초기 신생 단계에서 시장에 진입한다. 그다음 고객 집단인 *조기 다수이용자(early majority)*는 대량시장의 선도적 물결(leading wave)이나 선봉 지점에서 형성된다. 그래서 조기 다수이용자의 시장진입은 곧 시장의 성장 단계의 시작을 의미한다. 이 조기 다수이용자에 해당하는 고객들은 대개 실용적이며, 신기술의 가치를 일반적 차원에서 이해하고 있다. 또한 가격대비 신기술의 이득을 먼저 따져 보고, 이득이라는 확신이 있기 전까지는 시장에 진입하지

그림 6.2 전 세계 스트리밍 음악 구독 건수(백만)

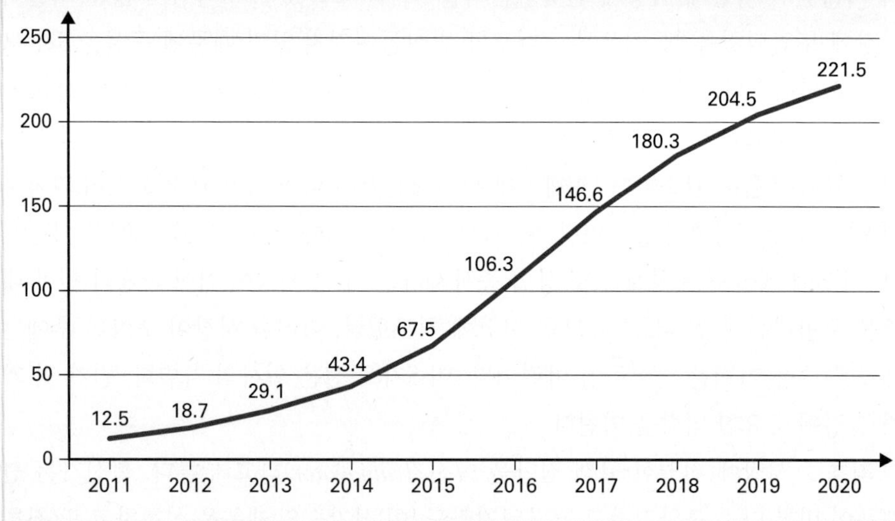

출처: MIDiA research, 2018.

않고 대기한다. 그렇기 때문에 조기 다수이용자가 시장진입을 결정했을 때는 다수의 신규 구매자가 형성된다. 예를 들어 음악 스트리밍 산업에 대한 데이터가 포함된 [그림 6.2]를 보면, 2022년 초까지 전 세계 음악 스트리밍 구독 건수는 이미 거의 5억 2,400만 건으로 증가했음을 확인할 수 있다.

시장의 잠재고객 중 약 50%에 해당하는 고객이 이 시장에 침투하게 되면, 다음 차례의 고객 집단이 시장에 진입하게 된다. 이 집단은 *후기 다수이용자(late majority)*인데, 이 고객 집단은 신기술의 유용성이 확실하다고 생각되고 안정적으로 자리 잡았다고 생각되는 신제품만을 구매하는 고객들이다. 일반적으로 후기 다수이용자 고객 집단은 대개 '고령자' 집단이고, 행위 차원에서도 다소 보수적이다. 후기 다수이용자 고객들이 젊었을 때는 당시 기술에 어느 정도 친숙하기도 했지만, 대개 새로운 기술의 이점에 대해 생소하게 여기는 경우가 많다. 따라서 후기 다수이용자는 신기술이 적용된 제품 구매를 다소 불안하게 생각할 수도 있지만, 많은 사람들이 신기술을 수용하고 또 신제품이 지닌 가치들이 점점 더 드러나고 확인되는 것을 목격하게 되면 드디어 제품을 구매하게 된다. 이를테면 이 후기 다수이용자는 1990년대 중반까지도 PC 시장에 진입하지 않다가 주변사람들이 이메일을 주고받고 인터넷으로 정보를 검색하는 것을 보고 기술이 새로운 가치를 제공함을 확인했을 때에야 비로소 PC 시장에 진입했다. 이들 고객은 또한 스마트폰이 상당한 유용성을 갖추고 자리 잡기 시작한 2012년에야 비로소 스마트폰 시장에 진입하기 시작했다.

그림 6.3 각 고객 집단의 시장점유율

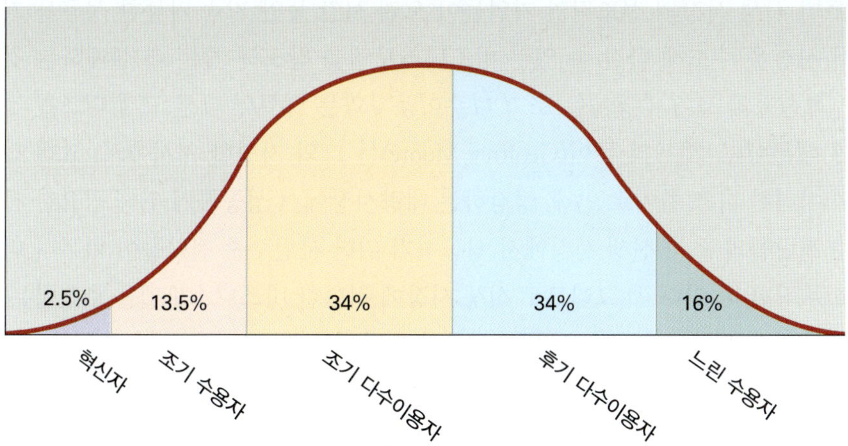

출처: Adapted from Rogers, EM. 2010. Diffusion of Innovations. New York: Simon and Schuster.

시장에 마지막으로 진입하는 고객 집단인 *느린 수용자(laggard)*는 기본적으로 보수적이며 신기술의 진가를 인정하지 않는 사람들이다. 느린 수용자들은 흔히 신기술의 혜택들이 분명하더라도 그 수용을 거부하는 경향이 있고, 강제적으로 수용할 수밖에 없는 상황(업무관련 이유로 발생된 상황 같은)이 아닌 한 수용을 거부한다. 아직도 컴퓨터로 편지나 책을 쓰지 않고 타자기를 고집하는 사람이 바로 느린 수용자의 전형적인 예라고 할 수 있다. 스마트폰을 사용하지 않는 사람들도 느린 수용자라고 할 수 있으며, 스트리밍 음악 서비스 수용률이 빠르게 증가하는 현재 상황을 감안한다면, 느린 수용자가 이 서비스를 사용하지 않은 마지막 유일한 고객 집단이 되기까지는 그리 시간이 오래 걸리지 않을 것이다.

[그림 6.3]의 종 모양 곡선은 전체 시장을 나타내고, 곡선의 경계선들은 각각의 고객 집단으로 나누어진 구매자들의 평균 비율을 보여 주고 있다. 시장에서 조기 수용자가 차지하는 비율은 매우 낮은 반면, 조기 다수이용자와 후기 다수이용자 집단이 시장에 진입했을 때 가장 높은 시장 수요와 산업 이익이 발생되었다는 산업 내 경쟁역학(competitive dynamics)에 주목할 필요가 있다. 아울러 지금까지의 연구로, 초기의 선도적인 기업들이 혁신자와 조기 수용자의 마음을 사로잡는 데 성공했더라도, 이들 기업이 시장의 상당 부분을 차지하는 조기 다수이용자와 후기 다수이용자 집단의 마음을 얻지 못할 경우 결국 이 중 많은 기업들이 파산하고 말았다는 것을 알 수 있다.[19]

6.3 신생산업 및 성장산업에서 효과적으로 경쟁하기 위해 활용할 수 있는 전략에 대해 논의한다.

6.3 전략적 함의: 캐즘 뛰어넘기

왜 초기 신생 시장의 선도적인 기업들이 오랜 시간 동안 지속 가능한 성공을 거두면서 시장을 주도해 나갈 수 있는 비즈니스모델을 창조해 가는 데 실패하는 것일까? *혁신자와 조기 수용자는 조기 다수이용자와는 너무나 다른 고객 니즈를 갖고 있기 때문이다.* 제프리 무어(Geoffrey Moore)는 그의 저명한 저서에서, 고객 집단 간의 이러한 니즈 차이로 인해, 성장하는 대량시장에서 성공하기 위해 필요한 사업수준 전략들과 초기 신생 시장에서 성공하기 위한 사업수준 전략들이 너무나 다르다고 주장한 바 있다.[20] 그러므로 신생 시장에 적합한 비즈니스모델을 추진하는 데 사용된 전략을 그대로 고수해 가는 선도적인 기업들은, 그 이후 조기 다수이용자와 후기 다수이용자의 니즈를 가장 잘 만족시킬 수 있는 새로운 전략을 실행하는 기업들에게 결국 경쟁우위를 빼앗기고 말게 된다. 시간의 흐름에 따라 시장이 성장하면서 회사의 비즈니스모델을 강화시킬 새로운 전략들이 필요해지는데 그 이유는 다음과 같다.

- 혁신자들과 조기 수용자들은 제품의 한계점들을 기꺼이 용인할 수 있는, 기술적으로 수준 높은 고객들이지만, 조기 다수이용자는 대개 사용의 편의성과 신뢰성을 무엇보다 중요하게 여긴다. 초기 신생 시장에서 경쟁하는 기업들은 일반적으로 사용의 편의성과 신뢰성보다는 제품의 성능 향상에 더 많은 관심을 쏟는다. 이에 비해 대량시장에서 경쟁하는 기업들은 제품의 신뢰성과 사용의 편의성을 확신시켜 줄 필요성이 있다. 이러한 이유로 시간의 흐름에 따라 시장이 성장하면 성공에 필수적인 제품개발 전략들에 차이가 나게 된다.
- 혁신자와 조기 수용자는 기본적으로 전문화된 유통경로를 통해 정보를 얻고, 제품들은 보통 입소문을 통해 판매가 된다. 이에 비해 조기 다수이용자들에게는 이와는 다른 마케팅과 판매 전략들이 필요한 대량시장의 유통경로와 대중매체의 광고 및 캠페인이 요구된다.
- 상대적으로 수가 적은 혁신자와 조기 수용자들은 가격에 특별히 민감하지 않기 때문에, 기업들은 일반적으로 집중화 모델(focus model)을 추구하여, 높은 생산비용이 소요되는 제품을 소량으로 제공한다. 그렇지만 급성장하는 대량시장에서는 믿을만한 고품질 제품들이 저렴한 가격대로 확실하게 생산될 수 있음을 보장해 주는 대규모 생산이 매우 긴요하다.
- 신기술의 확산은 종종 사회적 과정을 통해 일어난다. 사람들은 일반적으로 친구와 동료로부터 신기술에 대한 정보를 얻는다. 대량시장 고객은 제품이 널리 사용되는 것을 보고 그것이 어디에나 존재한다고 인식되기 전까지는 제품을

취급하지 않는 경우가 많다.[21] 이는 닭과 달걀의 문제를 야기할 수 있다. 충분히 많은 사람들이 채택할 때까지 대량시장은 그 제품의 채택을 꺼릴 것이다.

요약하자면 조기 수용자들과 혁신자들이 주요 고객인 초기 신생 시장에서 경쟁에 필요한 비즈니스모델과 전략들은, 조기 다수이용자들이 핵심 고객인 고성장 대량시장에서의 그것들과 상당한 차이가 있다는 것이다. 따라서 초기 신생 시장과 대량시장 사이의 이행은 생각보다 순조롭지 않을 수 있으며, 간극이 아주 클 수 있다. 오히려 그것은 기업이 반드시 뛰어넘어야 하는 *경쟁적 캐즘(competitive chasm)*이나 균열일 수 있다. 무어의 주장에 따르면 바로 이런 이유로 인해 많은 기업들이 올바른 비즈니스모델을 개발하지 못하고 있다. 그 결과 캐즘(chasm), 즉 간극에 빠져서 시장에서 사라지고 만다. 또한 이런 이유 때문에, 일반적으로 초기 신생 시장들에는 많은 수의 소기업들이 서로 경쟁하지만, 일단 대량시장이 발전하기 시작하면 경쟁하는 기업의 수는 대개 급감하기 마련이다.[22] [전략 실행 사례 6.1]에 이러한 전개 과정이 상세히 설명되어 있으므로 참조하기 바란다. 이 사례는 스마트폰 시장에서 마이크로소프트와 리서치인모션(Research In Motion, RIM) 두 기업이 어떻게 캐즘에 빠지게 되었는지, 반면에 애플은 조기 다수이용자를 위해 디자인된 아이폰으로 이 캐즘을 어떻게 뛰어넘을 수 있었는지를 설명해 주고 있다.

이 사례가 주는 교훈은 명확하다. 이러한 캐즘을 현명하게 뛰어넘기 위해서는 대량시장의 시작을 알리는 조기 다수이용자들의 니즈를 정확하게 파악해야 한다. 그런 다음 경영자들은 이 조기 다수이용자의 니즈를 충족시키기 위해 제품을 재설계하고, 새로운 유통경로와 마케팅 캠페인을 실시하는 등 새롭게 전략을 개발함으로써 비즈니스모델을 조정해 가야 한다. 이들 조기 다수이용자들이 시장에 진입해 들어오기 시작할 때 경영자들은 합리적인 가격으로 구입 가능한 적합한 제품을 시장에 내놓아야 한다. 이와 동시에 산업을 이끌어 갈 선도기업들은 혁신자와 조기 수용자의 니즈에 초점을 맞춘 이전의 집중화된 비즈니스모델을 적절히 포기해야만 한다. 구식 모델에 집중하는 것은 경영자들로 하여금 조기 다수이용자들의 니즈에 둔감하게 만들 수 있으며, 또한 산업을 주도해 가는 경쟁자로 살아남기 위해 차별화나 혹은 원가우위 비즈니스모델을 추구해 가기 위한 전략개발 요구도 함께 무시될 가능성이 많다.

6.3a 시장성장률의 차이가 시사하는 전략적 함의

경영자들은 초기 신생산업 및 성장산업과 관련한 마지막 중요 쟁점, 즉 시장들마다 성장하는 속도가 다르다는 사실을 잘 이해하고 있어야 한다. 시장의 성장속도는 해당 시장의 성장률, 즉 시장에서 해당 산업에 속하는 제품을 소비자가 구매하는 비

전략 실행 사례 6.1

스마트폰 시장에서 캐즘 뛰어넘기

스마트폰이 처음으로 등장한 것은 2000년대 초반이다. 초기 시장을 선도한 기업들 중에는 블랙베리 계열의 스마트폰을 출시한 RIM, 그리고 모토롤라 같은 기업들이 만든 초기 스마트폰에 윈도우 모바일 운영체제를 제공했던 마이크로소프트가 포함된다. 이들 회사의 스마트폰들은 주로 비즈니스 유저(business user)들에게 판매가 되었고, 기업의 생산성을 올려 주는 도구라고 광고되었다. 이들 회사의 스마트폰은 상대적으로 작은 액정 화면과 함께, 작은 크기의 폰임에도 불구하고 실제 키보드를 장착하고 있었다. 이 폰들은 이메일을 주고받을 수 있고 인터넷을 통한 정보 검색도 가능하지만, 독자적인 애플리케이션 시장이 존재하지 않았기 때문에 폰의 유용성은 매우 제한적일 수밖에 없었다. 또한 이 폰들이 항상 사용하기 편한 것도 아니었다. 시스템 관리자 프로그램들은 보통 기업 이메일 액세스와 같은 기본 기능들을 설정하도록 요구했다. 그 당시의 고객들은 주로 혁신자들과 조기 수용자들이었는데, 이들 폰은 확실히 소비자 친화적인 기기가 아니었다.

2007년 아이폰이 출시된 이후부터 시장은 극적으로 변화하기 시작했다([그림 6.4] 참조). 첫째, 아이폰은 파워 비즈니스 유저가 아닌, 일반 소비자들을 대상으로 출시되었다. 둘째, 아이폰은 대화면 터치스크린에, 사용하지 않을 때는 사라지는 가상 키보드가 있어서 사용이 편리했다. 셋째, 우아하고 세련된 디자인으로 많은 소비자들의 관심을 끌었다. 넷째, 애플은 독립적인 개발자들이 폰에서 실행할 수 있는 애플리케이션을 쉽게 작성할 수 있도록 했고, 앱스토어를 설립하여 개발자들이 자기가 개발한 앱을 앱스토어에 쉽게 출시하도록 했다. 이에 따라 폰의 가치를 높여 주는 새로운 애플리케이션들이 아주 빠르게 등장했는데 여기에는 매핑 앱(mapping application), 뉴스 피드(news feed), 주식 정보, 다양한 종류의 게임들이 포함되었고, 그중 일부는 빠르게 대성공을 거두었다. 의심할 여지 없이 아이폰은 비즈니스 유저가 아닌 일반 소비자를 대상으로 하는 기기였던 것이다. 아이폰의 유용성과 사용 편리성은 조기 다수이용자를 시장으로 끌어들였고, 판매는 급등하기 시작했다.

그림 6.4 스마트폰 산업에서의 캐즘

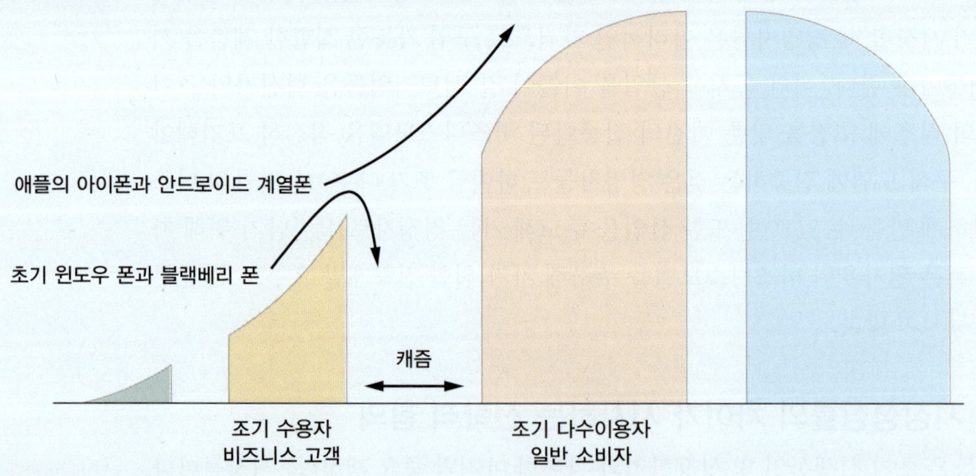

출처: DAdapted from Moore, GA. 2009. Crossing the Chasm: *Marketing and Selling High Tech* Products to *Mainstream Customers*. New York: Harper Collins.

반면에 블랙베리 기기들과 윈도우 모바일 폰들의 판매는 급락하기 시작했다.

마이크로소프트와 블랙베리 양사는 결국 기존의 휴대폰 플랫폼과 전략을 모두 포기할 수밖에 없었고 사업 방향을 새롭게 재조정해야만 했다. 즉, 두 기업 모두 아이폰과 유사한 터치스크린을 개발하고 앱스토어를 시작하며 주요 타깃을 일반 소비자로 조정했던 것이다. 그렇지만 이들 두 회사의 대처는 너무 늦은 것일 수도 있었다. 2015년 초, 시장을 선도하던 두 기업의 시장점유율은 한 자릿수로 떨어지고, 애플의 아이폰과 구글의 안드로이드폰(아이폰의 디자인과 기술적 특징을 모방했음)이 시장을 지배했다.

출처: Anonymous, "iPhone Tops 1 Millionth Sale," *Information Today* 24(9): (2007): 27; Anonymous, "The Battle for the Smart-phone's Soul," *The Economist*, November 22, 2008, pp. 76–77; L. Dignan, "Android, Apple iOS Flip Consumer, Corporate Market Share," *Between the Lines*, February 13, 2013; IDC: Smartphone OS Market Share, Q1, 2015, www.idc.com.

율로 측정될 수 있다. 무수히 많은 요인들이 서로 다른 제품들의 시장성장률을 변화시키는 원인이 되며, 이러한 많은 요인들에 의해 특정한 시장의 성장속도도 변하게 된다. 그러므로 경영자들은 시장의 성장속도를 변화시키는 원천들을 이해해야 하는데, 그 이유는 경영자들이 어떤 전략을 선택하는가에 따라 시장성장률이 가파르게 상승하거나 혹은 그 반대로 지체될 수도 있기 때문이다.[23)]

고객 수요의 확대를 가속화시키는 첫 번째 요인은, 이전의 제품보다 신제품이 고객의 니즈를 더 잘 충족시켜 준다고 인식되는 정도라고 할 수 있는 *상대적 이점(relative advantage)*이다. 이를테면 휴대폰의 초기 수요는 여러 가지 경제적 혜택들로 인해 비롯되었다. 많은 선행 연구에 따르면 휴대폰을 항상 휴대하고 다니는 비즈니스 고객들은 자신의 시간을 낭비하지 않고 절약하여 잘 활용하고 있었다는 사실이 확인되었다. 예컨대 휴대폰 덕택에 비즈니스 고객은 시간이 임박할 때까지 사람이 나타나지 않아 결국 회의가 취소되는 상황 등을 효과적으로 예방할 수 있었고, 이로 인해 일주일에 약 2시간을 낭비하지 않고 아낄 수 있었다. 조기 수용자들이라 할 수 있는 기업의 경영진들은 휴대폰 구매에 지출한 비용 이상으로 생산성이 향상되는 이득을 누렸던 것이다. 휴대폰은 또한 사회적인 이유들로 인해, 특히 사용자들에게 부티 나고 위신을 세워 준다는 것 때문에 빠르게 보급되었다. 오늘날 가장 발전된 버전인 스마트폰이 새로운 수요를 불러일으키는 요인도 이와 비슷하다고 할 수 있다.

대단히 중요성이 큰 두 번째 요인은 *복잡성(complexity)*이다. 소비자가 사용하기 어렵거나 복잡하게 여겨지는 제품은 익숙하게 다루기 쉬운 제품보다 확산이 더디게 진행된다. 초기 PC의 보급이 느렸던 이유는, 많은 사람들이 PC를 구동시키기 위해 명령창에 명령을 직접 입력해야 하는, 매우 복잡하고 두려움을 주는 제품으로 여겼기 때문이다. 이후 화면에 아이콘이 있는 그래픽 유저 인터페이스(graphical user interface)가 광범위하게 확산되어, 사용자들이 마우스로 방향을 이동하고 클릭을 통해 프로그램 및 기능들을 실행하기 시작한 이후에야 PC는 대량판매 시장의 제품이 될 수 있었다. 이와는 대조적으로 초기의 휴대폰은 사용하기도 쉬웠고 그로 인해 빠르게 수용되었다.

수요의 성장을 가져오는 다른 요인은, 신제품이 잠재적 수용자가 가진 니즈나 현존 가치에 얼마나 잘 부합한다고 지각되는지를 나타내는 *호환성(compatibility)*이다. 휴대폰에 대한 수요는, 기존에 전통적인 유선전화를 사용했던 잠재적 수용자들의 전화기 사용 경험과 새로운 휴대폰 기기의 사용 경험 간에 일정한 호환성이 존재했기 때문에 급속히 증가했다. 네 번째 요인은 잠재적 고객들이 시험적인 사용 기간 동안 신제품을 시용할 수 있는 정도를 나타내는 *시용가능성(trialability)*이다. 많은 사람들은 처음 휴대폰을 사용할 때 주위의 친구들에게 빌려서 전화를 걸었고, 그때 발생한 긍정적인 경험이 성장률을 가속화하는 데 일조했다. 이와는 대조적으로 초기의 PC는 사용자가 드물고 가격이 매우 비쌌으며, 컴퓨터를 사용하기 위해서는 일정한 교육이 필요했기 때문에 잠재적 고객들이 PC를 경험하기가 더욱 어려웠다. 이러한 여러 가지 복잡한 문제들로 인해 PC의 성장은 더딜 수밖에 없었다. 마지막 요인은 신제품을 사용하고 향유한 결과를 다른 사람들이 관찰하고 인식할 수 있는 정도를 나타내는 *관찰가능성(observability)*이다. 원래 아이폰과 안드로이드폰 같은 스마트폰도 통화, 음악 재생, 이메일 보내기 등 여러 가지 다양한 용도로 사용하는 모습을 쉽게 볼 수 있었기에 빠르게 확산이 되었다.

따라서 경영자들은 만일 수요 확대를 원한다면, 고객들에게 신제품의 가치를 일깨우는 데 도움을 줄 수 있는 다양한 전략들을 반드시 고안해야 한다. 또한 그다지 복잡하지 않으면서 사용하기도 어렵지 않은 손쉬운 제품을 만들어야 하며, 이전의 기술을 능가하는 상대적 이점들을 도입함으로써 제품의 수용에 방해가 되는 장벽들을 극복할 수 있도록 제품을 설계할 필요가 있다. 애플은 이와 같은 일들을 아이폰을 출시하면서 정확하게 해냈고, 이로 인해 스마트폰은 2007년 아이폰이 출시되고 난 뒤 급속히 확산될 수 있었다.

시장이 빠르게 성장하고 사회적 프로세스가 제품 확산을 주도할 때, 기업은 특정 시장에서 오피니언 리더(opinion leader, 그들의 견해가 존중받는 고객)를 식별하고 공격적으로 이들의 환심을 사기 위해 노력함으로써, 마치 바이러스가 전파되는 듯이 제품 확산의 기회를 차지할 수 있다. 이를테면 자기공명영상장치(MRI)와 같은 첨단 신기술 의료기기를 제조업체들이 판매하기 시작할 때는, 유명한 의사들을 주요한 연구조사에 참여시키고, 대학병원에서 맨 먼저 제품을 사용하도록 노력한다. 기업들은 연구 목적을 위해 오피니언 리더(즉, 의사)들에게 무료로 기기를 사용할 수 있게 허용하며, 의사들과 긴밀히 협력하여 기술을 더욱 발전시킨다. 일단 오피니언 리더들이 제품에 몰입하고 제품에 대한 승인 도장을 찍어 주면, 다른 병원의 의사들은 보통 이들을 뒤따라 사용하게 된다.

요약하면, 초기 신생산업과 성장산업에서 나타나는 경쟁역학(competitive dynamic)에 대한 이해가 주요한 전략적 이슈라고 할 수 있다. 상이한 고객 집단이 출현하는 방식과, 고객의 니즈가 변화해 가는 방식을 잘 이해하는 것은, 오랫동안 성공적으로 비즈니스모델을 추진해 가는 데 필요한 중요한 전략의 결정요인들이다. 이와 마찬가지로 시장성장률에 영향을 미치는 여러 요소들에 대한 이해 역시 변화하는 산업환경에서 경영자들이 자신의 비즈니스모델을 적절히 조정해 갈 수 있게 만들어 준다는 점에서 매우 중요하다(하이테크산업에서의 경쟁에 대해서는 다음 장에서 더 자세히 다룬다).

6.4 성숙산업에서의 전략

6.4 성숙산업에서의 경쟁역학에 대해 논의한다.

성숙산업은 보통 소수의 대기업에 의해 주도된다. 비록 상당수의 전문화된 중견기업들과 소기업들이 성숙산업에 포함되어 있을지라도, 대기업은 보통 여섯 가지 경쟁요인들에 상당한 영향을 미칠 수 있기 때문에 성숙산업을 주도하기 쉽다. 또한 이러한 대기업들은 대개 산업 내에서 가장 성공적인 비즈니스모델과 전략들을 개발한 장본인이기 때문에 해당 산업에서 주도적인 위치를 견지하게 된다.

변동이 심한 과도기 단계의 끝 무렵에 이르면 기업들은 서로의 비즈니스모델과 전략을 분석하는 것이 얼마나 중요한지를 깨닫게 된다. 또한 기업이 전략을 변경하게 되면, 산업 내 경쟁자를 자극시켜 그들이 더욱 경쟁적으로 반응할 수 있다는 사실도 잘 알고 있다. 예를 들어 원가 효율이 더 높은 기술을 적용함으로써 가격을 인하하기 시작한 차별화전략추진기업(differentiator)은, 다른 차별화기업들뿐만 아니라, 그러한 전략 변경이 자신의 전통적인 경쟁우위 기반을 약화시키는 것으로 인식한 원가우위전략기업(cost leader)을 위협하게 되는 결과를 초래할 수도 있다. 이런 이유로, 라이프사이클의 성숙 단계에 이르러 기업들은 경쟁적 상호의존성의 의미를 비로소 깨닫기 시작할 수 있다.

그 결과 성숙산업에서 사업수준 전략은 기업과 산업 모두의 수익성을 유지하기 위해, 기존 기업들이 어떻게 *집합적으로(collectively)* 산업의 경쟁을 완화해 가려 하는지를 이해하는 것이 핵심이 된다. 상호의존 관계에 있는 기업들은 첫째로 산업 내 진입을 억제하고, 둘째로 산업 내 경쟁수준을 낮추기 위한 전략과 전술을 채택함으로써 자신의 경쟁우위와 수익성을 보존하려고 할 수 있다.

6.5 경쟁이 심화될 때 수익성 향상을 위해 실행 가능한 전략을 비교한다.

6.5 진입 억제를 위한 전략

성숙산업에서 성공적인 기업들은 일반적으로 상당한 규모의 경제를 달성해 왔고, 강력한 브랜드 충성도를 구축해 온 기업들이다. 앞서 2장에서 살펴보았듯이, 규모의 경제와 브랜드 충성도는 그 자체가 산업 내 신규 진입을 억제하기 위한 강력한 장벽 구실을 한다. 그러나 상당한 규모의 경제를 달성했고 또 강력한 브랜드 충성도를 구축했다 하더라도, 신규 기업의 진입을 저지하기에는 충분치 않을 수 있다. 이러한 상황에서 기업들이 신규 진입을 감소시키기 위해 추구할 수 있는 다른 전략들이 있다. 이러한 전략들에는 제품증식, 한계가격 설정, 그리고 전략적 몰입 등이 포함된다.[24)]

제품증식 기업이 성숙산업에 신규로 진입하기 위해 시도하는 방법 중 하나는 기존 기업들이 소홀히 여기는 세분시장이나 틈새시장을 찾는 것이다. 진입 전략은 먼저 세분화된 시장에 진입하여 경험을 쌓고, 규모를 갖추고 브랜드를 형성한 뒤, 점차 시장을 확대해 가는 것이다. 1970년대 말부터 1980년대 초반까지 일본의 자동차회사들이 이러한 방식으로 미국 시장에 진입했다. 일본의 자동차회사들은 시장의 하부 끝단인, 고연비의 저가 소형차 시장을 대상으로 삼았다. 이러한 세분시장에는 포드(Ford)와 지엠(GM) 같은 미국의 대형 자동차회사들이 아직 제품을 공급하지 않고 있었다. 토요타(Toyota)와 혼다(Honda) 같은 일본 기업들은 이 세분시장에 진입하여 확고한 위치를 구축하자마자 더 큰 자동차를 출시하여 고급차 시장으로 진출하기 시작했고, 결국 나중에는 역사적으로 미국 자동차회사의 가장 큰 수입원 중 하나인 소형 픽업트럭과 SUV 시장에까지 진출했다.

제품증식
경쟁자들의 시장진입을 억제하기 위해 '틈새시장을 채우거나' 또는 모든 세분시장의 고객 니즈를 충족시키고자 하는 전략

제품증식(product proliferation) 전략은 성숙시장의 기존 기업들이 모든 틈새시장이나 세분시장에 제품을 적절히 제공함으로써, 신규 기업의 진입을 미연에 방지하는 노력과 관련이 있다. 만일 1970년대 후반부터 1980년대 초반까지 미국의 자동차회사들이 제품증식 전략을 추구해 고연비의 소형차 제품라인을 생산했더라면 일본 기업들이 미국 시장에 진입하는 것은 매우 어려울 수 있었다. 또 다른 사례로는 제품증식 전략을 잘 추진하는 것으로 유명했던 아침식사용 시리얼 제품 회사들을 들 수 있다. 기본적으로 시리얼(곡물가공식품) 제조회사들은 모든 소비자의 니즈에 부응할 수 있도록 다양한 유형의 시리얼 제품을 생산한다. 그 결과 세 개의 대형 시리얼 제조회사인 제너럴밀스(General Mills), 포스트(Post), 켈로그(Kellogg)가 판매 점포의 선반을 사실상 거의 점유하게 되었고, 신규 진입자들에게는 시장의 매우 작은 공간만이 남겨지게 되었다. 뿐만 아니라 소형 회사들의 그래놀라와 유기농 시리얼 등과 같은 제품으로 신규 진입을 시도하게 되면, 이들 세 개의 대형 회사들

도 그래놀라와 유기농 버전의 제품을 신속히 출시하여 효과적으로 신규 진입을 방해했다. 제품증식 전략은 신규 진입자로 하여금 산업 내 미점유된 틈새시장을 찾는 기회를 거의 허락지 않기 때문에, 이들 신규 기업의 시장진입을 효과적으로 억제하는 한 방법이 되고 있다.

한계가격 설정 한계가격 설정 전략은 기존 기업들이 비록 일정한 규모의 경제를 누리고는 있지만, 현재의 원가우위 수준이 잠재적 경쟁자들을 시장에서 쫓아낼 정도로 충분치 못할 때 진입억제책으로 사용될 수 있다. 이러한 **한계가격 설정**(limit pricing) 전략에는, 잠재적 진입자의 비용구조보다 우위에 있는 기존 기업들이 단기적으로 이윤을 극대화할 수 있는 수준보다는 낮은 가격이지만, 잠재적 진입기업의 원가구조보다 더 낮은 가격을 책정하는 것을 포함한다.

한계가격 설정
잠재적 진입자의 비용구조보다 우위에 있는 기존 기업들이, 단기적으로 이윤을 극대화할 수 있는 수준보다는 낮지만, 잠재적 진입자의 원가구조보다 더 낮은 가격을 책정하여 이들로 하여금 시장에 진입하려는 유인을 갖지 못하도록 가격을 설정하는 것

이해를 돕기 위해 [그림 6.5]를 살펴보도록 하자. 이 그림에서 기존 기업들의 단위원가 구조는 신규 진입자의 그것보다 훨씬 낮게 나타나 있다. 그러나 만일 기존 기업들이 책정한 가격수준이 시장이 부담할 수 있는 최고의 가격([그림 6.5a])이라면 신규 진입자의 단위원가 구조([그림 6.5b])보다 더 높은 수준이 되고, 결국 신규 기업들의 진입이 허용되어 기존 기업들이 설정한 가격우산(pricing umbrella) 아래서 신규 기업은 약간의 이윤을 지속적으로 얻을 수 있게 된다. 따라서 이러한 상황에서 기존 기업들의 최선의 선택은 자신의 비용구조보다는 더 높지만, 잠재적 진입자의 비용구조 바로 아래 수준에서 가격을 책정하는 것이다([그림 6.5c]). 그렇게 되면 이제 잠재적 진입자는 이 '한계' 가격 수준으로는 더 이상 수익을 얻을 수 없

그림 6.5 한계가격 설정

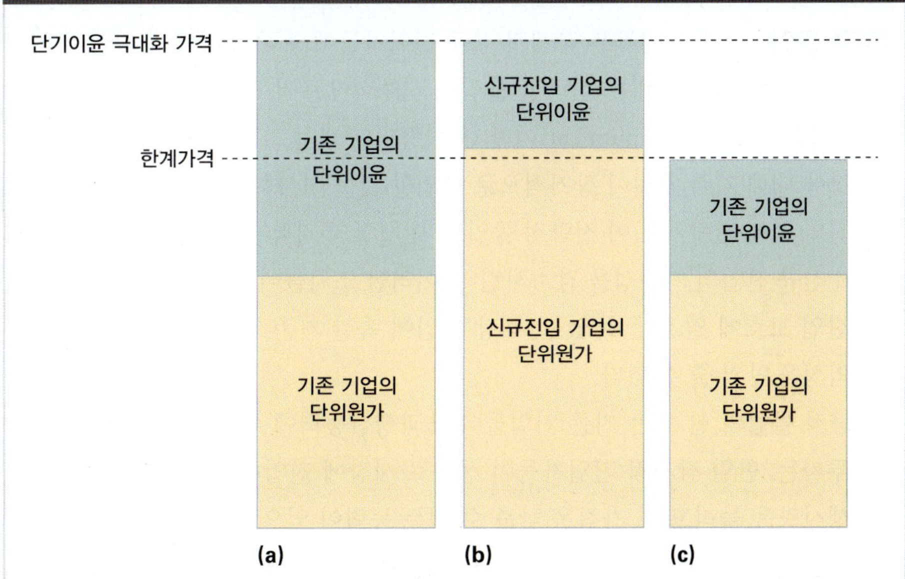

기 때문에, 시장에 진입해 들어올 인센티브를 잃게 된다. 이처럼 한계가격 설정으로 신규 기업의 진입을 억제할 수 있기 때문에 이 가격이 장기적인 차원에서는 기존 기업들의 이윤을 극대화시켜 주는 가격으로 간주될 수 있다. 예를 들어 미국 케이블업계에서는 타임워너케이블(Time Warner Cable)[지금의 스펙트럼(Spectrum)] 및 컴캐스트(Comcast)[일명 엑스피니티(Xfinity)]와 같은 기존 기업이 서비스를 제공하는 지역에 대해 거의 독점권을 행사하는 경우가 많았다. 새로운 경쟁자가 시장에 진입하려고 시도하면 기존 기업은 진입을 억제하기 위해 한계가격 설정 전략을 실행하는 경우가 많았다. 로버트 시맨스(Robert Seamans)의 연구에 따르면 신규 진입자(예: 버라이즌 FIOS와 같은 통신회사)가 외부 산업에서 왔기 때문에 기존 케이블 회사의 원가에 대한 완전한 정보를 얻을 가능성이 낮을 때, 기존 케이블 회사는 진입을 저지하기 위해 한계가격을 사용했다. 반면에 신규 진입자가 공공 소유여서 이윤에 민감하지 않을 때 기존 기업은 공공 소유 사업자가 따라오기 어려운 기술 업그레이드(아래에서 논의)에 대규모 투자를 할 것이다.[25]

기술적 업그레이드 기존 기업의 가격전략에 한계가 있거나, 가격을 맞추려는 잠재적 진입자가 있는 경우, 신규 진입자가 대응하기 어려운 **기술적 업그레이드(technology upgrading)**에 대한 투자를 통해 진입을 억제할 수 있다. 예를 들어 지방자치단체 케이블TV 진입 기업은 이윤에 상대적으로 둔감할 수 있지만(앞서 설명한 대로), 대형 기존 기업이 첨단기술에 투자하는 수준을 맞추는 데 어려움을 겪을 수 있다. 따라서 잠재적인 공공 소유 진입자로부터 위협을 받은 기존 케이블 기업은 인터넷 서비스용 양방향 통신을 위한 케이블 인프라를 업그레이드하는 데 투자하여 공공기업의 진입속도를 늦췄다.[26]

기술적 업그레이드
잠재적 신규 진입자가 대응하기 어려운 고비용의 기술 업그레이드에 투자하여 진입을 저지하는 기존 기업의 전략

전략적 몰입 기존 기업들은 잠재적 신규 진입자들에게 이 시장에의 진입이 어려울 것이라는 신호를 보내는 전략적 몰입을 시행함으로써 진입을 억제할 수 있다. **전략적 몰입(strategic commitment)**이란 한 시장이나 또는 그 시장에 속한 한 세분화된 시장에 대해 기존 기업이 장기적으로 몰입할 것을 시사하는 투자를 의미한다.[27] 다른 진입 억제 전략처럼 이 전략적 몰입 역시 시장의 지각된 진입비용을 상승시킴으로써 신규 진입의 가능성을 감소시킨다. 이러한 조치들이 성공할 경우 전략적 몰입은 산업 보호에 일조할 수 있고, 해당 산업에 속한 기존 기업들에게 장기적으로 큰 수익성을 안겨 줄 수 있다.

전략적 몰입
기존 기업이 해당 시장에 장기적으로 몰입할 것을 시사하는 투자

전략적 몰입의 한 예는 기존 기업들이 초과생산능력에 투자할 때 발생한다. 이러한 투자는, 만일 잠재적 진입자들이 신규로 시장에 진입하려 한다면, 기존 기업들이 생산량을 늘리고 또 가격을 낮출 수 있는 능력이 있으므로, 설령 잠재적 진입자들이 시장에 들어오더라도 그다지 큰 수익성이 보장되지 않을 것이라는 신호를

보내는 것이다. 예컨대 화학회사들은 특정 시장에 대한 몰입의 신호를 주고 신규 진입자들이 이 시장에서 경쟁하기 어렵다는 것을 알리는 방법으로 생산능력에 과도한 투자를 할 수 있다는 주장이 있었다.[28)]

시장진입을 억제할 수 있는 전략적 몰입의 다른 예로는, 기초연구와 제품개발에 상당한 투자를 하거나, 혹은 기존 경쟁자들에 대해 경쟁우위를 유지하는 데 필요한 정도를 능가하는 수준으로 광고를 시행하는 것을 들 수 있다.[29)] 이 모든 상황에서 그러한 조치들이 진입억제의 효과를 제대로 거두기 위해서는, 잠재적 경쟁자들이 기존 기업들의 이러한 활동에 대해 알아야 하며, 또 그러한 투자가 진입을 억제하기에 충분한 수준이어야 한다.

기존 기업이 과거에 가격 인하, 신제품 개발 가속화, 광고비 지출 확대를 통해, 또는 이들을 조합해서 신규 진입자들에 공격적인 대응을 추진한 경험이 있는 경우에도 진입을 억제할 수 있다. 예를 들면 1990년대에 마이크로소프트는 경쟁사가 새로운 소프트웨어 제품을 출시하자 윈도우 환경에서 더 잘 구동되는 유사한 기능의 프로그램을 개발 중이라고 재빨리 시장에 발표하거나 혹은 암시함으로써 경쟁 제품의 진입을 어렵게 만들었다(이런 경우에 고객들은 조만간 출시될 마이크로소프트의 제품을 기다리는 것이 더 낫다는 일종의 신호를 받게 된다). '베이퍼웨어(vaporware)'라는 용어가 당시 그러한 공격적인 제품 출시 예고를 설명할 때 흔히 사용되었는데, 실제로 이를 지켜본 많은 사람들이 이러한 관행이나 조치가 시장진입을 막는 데 나름 효과적이었다고 믿고 있다.[30)]

이러한 일련의 조치들은 잠재적 경쟁자들에게 시장진입이 결코 쉽지 않을 것이며 기존 기업들의 영역을 침해하는 어떠한 행위에도 강력하게 대응할 것이라는 신호를 보내게 된다. 기존 기업들이 자신의 과거 활동들을 통해 잠재적 경쟁자들에게 이러한 신호를 보내는 것에 성공했을 때 우리는 이들이 새로운 진입에 대응할 수 있는 *믿을 만한 몰입(credible commitment)*을 확립했다고 말한다.

이처럼 전략적 몰입을 시행할 때 주의해야 될 한 가지 사항은 독점금지법을 위배하지 않도록 조심해야 한다는 것이다. 예컨대 약탈적 가격설정(predatory pricing) 혹은 시장을 독점하고 경쟁자를 파산시킬 의도가 담긴 생산원가 이하의 상품 및 서비스 가격설정은 불법적인 행위이다. 1990년대 말에 마이크로소프트가 PC 조립기업들에게 자사의 윈도우 운영체제의 라이선스를 원한다면 그 기업들이 생산하는 데스크탑 PC에 인터넷 익스플로러를 탑재해야 한다고 강제했는데 이것은 독점금지법과 충돌하는 조치였다. 그 당시에는 윈도우가 사실상 유일하게 실행 가능한 운영체제였기 때문에, 이러한 요구는 기본적으로 PC를 조립, 제조하는 기업들에게는 상당히 고압적인 조치로 여겨졌다. 사실 이는 마이크로소프트가 다른 경쟁사들의 브라우저, 그중에서도 특히 넷스케이프(Netscape)가 제공하는 브라우저보다 자사의 인터넷 익스플로러에 경쟁적 우위를 주기 위한 의도였던 것이다. 결국 미국 법무부는 마이크로소프트의 이러한 조치를 약탈 행동으로 간주하는 판정을 내렸고, 이에 따라 마이크로소프트에는 벌금 부과와 함께 잘못된 경영관행을 시정할 것을 명령하는 조치가 내려졌다.

6.5a 경쟁관계 관리를 위한 전략

진입 억제를 추구하는 것 이외에도 기업들은 경쟁적인 상호의존성은 물론, 가격을 둘러싼 경쟁관계를 관리해 갈 수 있는 전략들도 개발하기를 원하고 있다. 무제한적인 가격경쟁을 하게 되면 기업과 산업 모두의 수익성은 낮아진다. 이처럼 기업이 산업 내 경쟁관계를 관리하기 위해 몇 가지 전략들을 이용할 수 있는데, 그중 가격신호, 가격선도, 비가격경쟁, 그리고 생산능력 통제(capacity control)는 가장 중요한 전략적 대안들이라고 할 수 있다.

가격신호 한 기업이 더 나은 성과를 위해 가격 옵션을 선택할 수 있는 정도는, 해당 제품에 대한 수요의 강도와 경쟁자들 간의 경쟁 강도 등 여러 가지 요인들에 의해 결정된다. 가격신호는 경쟁기업들 간의 경쟁관계를 통제하기 위해 기업이 활용할 수 있는 한 방법으로서, 해당 산업이 자신에게 가장 유리한 가격 옵션을 선택할 수 있도록 만들어 주는 방법이기도 하다. 가격신호(price signaling)는 기업이 제품 가격의 인상이나 할인을 통해 자신의 의도를 다른 기업에게 전달함으로써 산업 내 제품 가격에 영향을 미치는 과정이며, 또한 다른 기업들이 자신의 제품 가격을 설정해 가는 방식에도 일정한 영향을 미치는 방법을 의미한다. 곧 기업은 산업의 수익성을 향상시키기 위해 가격신호를 활용해 갈 수 있다.

가격신호
기업이 제품 가격의 인상이나 할인을 통해 자신의 의도를 다른 기업에게 전달함으로써 산업 내 제품 가격에 영향을 미치는 과정이며, 또 다른 기업들이 자신의 제품 가격을 설정해 가는 방식에도 일정한 영향을 미치는 과정

기업은 자신을 위협하는 적대적인 경쟁 움직임들에 대해 단호히 대응해 갈 것이라는 사실을 알리기 위해 가격신호를 활용할 수 있다. 이를테면 만일 어떤 기업이 공격적으로 가격할인을 시작한다면, 해당 기업도 동일하게 대응해 갈 것이라는 신호를 보낼 수 있다. 이른바 *보복전략(tit-for-tat strategy)*은 경쟁자의 행동을 기업이 정확하게 되받아치겠다는 가격신호 전략으로 유명하다. 즉, 경쟁자가 가격할인을 하면 기업도 뒤따라 가격할인을 하고, 만일 경쟁자가 가격을 올리면 기업도 뒤따라 가격을 올리는 것이다. 기업은 이러한 전략을 오랫동안 지속적으로 추구하면서 경쟁사들에게 어떠한 가격 움직임에도 동일하게 반응해 갈 것이라는 분명한 신호를 보낼 수 있다. 그러면 머지않아 경쟁자들도 그 기업이 항상 보복전략을 추진할 것이라는 사실을 깨닫게 된다. 그래서 경쟁기업들이 가격할인을 시도하게 되면, 이 기업도 같은 전략을 쓰면서 대적하게 될 것이고, 결국 가격할인은 기업들의 이익만 감소시킬 뿐이라는 사실을 깨닫게 되어, 해당 산업에서 가격할인 시도가 점차 줄어

들게 되는 것이다. 뿐만 아니라 이러한 보복전략은, 경쟁기업들이 이익을 증가시키려는 목적으로 가격을 인상하게 되면, 다른 기업들도 이를 모방하여 가격을 인상할 것이라는 신호도 동일하게 보낼 수 있다. 이런 의미로 보복전략은 산업 내에서 경쟁자들의 가격행동을 형성하는 매우 유용한 방법일 수 있는 것이다.[31)]

항공산업은 고객수요의 상태에 따라 가격이 등락할 때, 가격신호 전략이 강력한 힘을 발휘하는 좋은 예라고 할 수 있다. 만일 어느 항공사가 가격인하 의사를 신호로 내보내면, 다른 항공사들은 그 항공사의 신호를 뒤따라 모방하게 됨으로써 빈번히 가격전쟁이 발생한다. 만일 어느 항공사가 수요를 상당히 많다고 느낀다면, 가격인상의 의도를 알려서 상황을 살펴볼 수 있고, 이때 가격신호는 모든 항공사가 일제히 가격인상을 도모하기 위한 좋은 전략이 된다. 항공사들이 사실상 가격인상을 도모하는 한 수단이었던 환불 불가 승차권의 발행이나 혹은 두 번째 수하물부터는 요금을 부과하는 전략은, 어느 한 항공사가 시장에 보낸 신호를 산업 내의 모든 다른 항공사들이 재빨리 모방함으로써 비롯되었다(이처럼 추가 수하물에 대한 요금부과로 인해 항공사들의 수익은 연간 약 50억 달러 이상 증가한 것으로 추정된다).[32)] 항공사들은 이처럼 취소 불가능한 승차권을 구매하는 데 수반되는 위험을 소비자에게 전가하는 경우, 고객의 돈으로 이자수익을 발생시키는 한편, 항공사의 수익은 상대적으로 더 안정될 수 있다는 사실을 깨닫고 이러한 전략을 구사하는 것이다.

본질적으로 가격신호 전략은 기업들로 하여금 다른 기업의 경쟁제품이나 시장전략을 이해할 수 있도록 일종의 정보를 제공하는 것이고, 그래서 서로 간의 가격경쟁 움직임을 조정해 가는 수단이 된다.

가격선도 어느 한 기업이 산업의 수익성을 극대화하는 가격옵션 설정에 대한 책임을 떠맡게 될 때, 그 기업은 가격선도자로서 위치를 떠맡게 되는 셈이며, 이러한 가격선도는 성숙시장에서 기업 간 가격을 둘러싼 경쟁관계를 조정해 가는 두 번째 전술이 된다. 사실 공식적인 가격선도 역할을 자임하는 것이나 혹은 몇몇 기업들이 함께 가격을 담합하여 설정해 가는 것은 독점금지법 위반이기 때문에, **가격선도 (price leadership)** 과정은 일반적으로 매우 교묘하게 이루어진다. 예컨대 자동차산업에서 가격은 다른 기업의 가격을 모방함으로써 설정된다. 경쟁력이 가장 약한 기업, 즉 비용구조가 가장 높은 기업의 가격은 흔히 경쟁자들이 가격을 결정하는 기초로 활용되어 왔다. 이러한 이유로 과거 일본의 자동차 제조사들은 미국의 자동차회사들이 가격을 설정하고 나서야 이러한 미국차 가격에 반응하여 자신의 제품 가격을 책정했다. 일본의 자동차회사들은 이러한 가격결정 방식을 내심 선호했는데, 왜냐하면 일본 기업들은 미국 회사들보다 더 낮은 원가구조를 갖고 있었고, 따라서

가격선도
한 기업이 산업의 수익성을 극대화하는 가격 전략 결정의 책임을 떠맡는 것

별다른 가격경쟁 없이 미국 기업들이 설정하는 가격을 그냥 따라가기만 해도 상당한 수익을 남길 수 있었기 때문이다. 또한 가격은 세분화된 시장에 의해서도 결정이 된다. 특정 가격대에 설정된 상이한 모델의 자동차 가격들은 기업이 타깃으로 하고 있는 세분화된 고객 범주를 나타내는 것이며, 그러한 가격대는 해당 세분시장 고객들이 용인 가능하다고 믿는 가격대인 것이다. 각 자동차 제조사들은 경쟁사의 제조원가를 참고하는 것이 아니라 대개 그 경쟁자들이 설정하는 가격대를 참고하여 특정 세분시장에 속한 모델의 가격을 책정해 간다. 가격선도는 특히 차별화 전략을 추구하는 기업들이 프리미엄 가격을 책정할 수 있게 해 주는 한 수단이기도 하다

비록 가격선도가 직접적인 경쟁을 방지하고 산업 내 수익성의 수준을 높임으로써 산업 관계를 안정화시킬 수 있더라도, 사실 이에는 여러 가지 위험요인이 내재되어 있다. 가격선도는 높은 비용구조를 가진 기업들이 효율화 없이도 생존해 갈 수 있는 상황을 만들지만, 그러한 선택은 이들 기업이 장기적으로 새로운 저원가 기술을 통해 낮은 원가구조를 실현한 신규 진입자들에게 오히려 더 취약하도록 만드는 원인이 되기도 한다. 미국 자동차 시장에서도 이와 같은 일이 발생했다. 수십 년간의 암묵적인 가격담합을 해 온 결과, 가격선도 기업인 GM과 미국의 자동차 제조사들은 해외의 성장하고 있는 저원가 경쟁업체들에게서 이제 생존의 위협을 받고 있다. 결국 2009년, 미국 정부는 금융위기 이후 파산 위기에 직면한 GM과 크라이슬러에 수십억 달러를 융자해 주는 구제금융의 시행을 결정하는 대신, 이들 기업이 파산에서 다시 재기할 수 있는 기회를 제공했다. 그 결과, 이러한 조치는 이들 기업의 원가구조를 극적으로 낮추는 결과를 가져왔고, 이들 기업이 현재처럼 더 경쟁력 있는 회사로 거듭나도록 만들었다(당시 유사한 금융 혜택을 받았던 포드자동차 역시 이 조치로부터 많은 이득을 보았다고 할 수 있다).

비가격경쟁
잠재적 진입자를 억제하고 또 산업 내 경쟁관계를 관리하기 위해 제품차별화 전략을 활용하는 것

비가격경쟁 산업 내 경쟁자를 관리하기 위해 활용되는 **비가격경쟁(non-price competition)**은 성숙산업에서 제품 측면 및 시장전략 측면에서 세 번째로 중요한 전략적 수단이다. 비록 손해가 큰 가격할인과 가격전쟁을 방지하기 위해 활용되는 여러 전략들이 있다 하더라도, 제품차별화로 인해 생기는 경쟁을 완전히 배제하지는 못한다. 사실 많은 산업에서 제품차별화를 추구하는 전략들은 기업이 잠재적 진입자들을 억제하고 또 산업 내 경쟁자들을 관리하기 위해 사용하는 주된 수단이 된다.

제품차별화는 P&G, 콜게이트, 유니레버처럼 색다른 마케팅 기법을 적용하거나, AMD, 인텔, NVIDIA처럼 작지만 더 강력하고 정교한 컴퓨터 칩을 시장에 내놓는 등 차별화된 제품이나 탁월한 기능을 제공함으로써 산업 내 경쟁자들이 시장점유율 경쟁을 해 나가는 것을 의미한다. [그림 6.6]의 제품과 시장세분화의 두 차원은 제품차별화를 기반으로 한 네 가지 비가격경쟁 전략, 즉 시장침투, 제품개발,

그림 6.6 비가격경쟁 전략

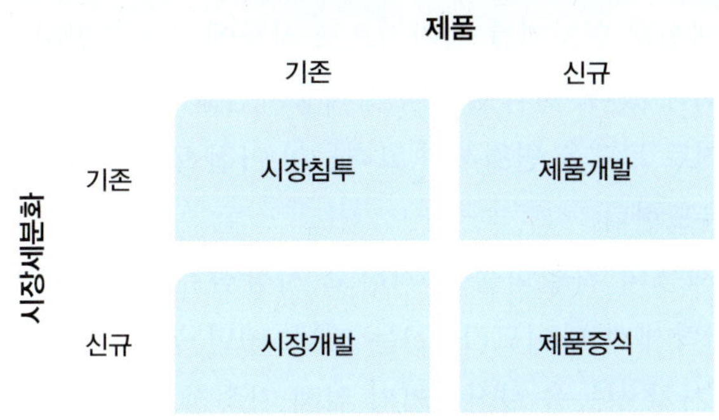

시장개발, 제품증식 등을 구분해 볼 수 있도록 만들어 준다(단, 이 모형은 신규 시장이 아닌, 신규 *세분시장*에 적용되는 모형이라는 사실을 유념할 것).

시장침투 기업이 기존의 제품 시장에서 시장점유율의 확대에 집중해 갈 때 *시장침투(market penetration)* 전략을 구사하게 된다. 시장침투는 제품의 차별화를 촉진하기 위해 엄청난 광고를 시행하는 것을 포함한다. 예컨대 인텔은 'Intel Inside'라는 공격적인 마케팅 캠페인을 적용하면서 적극적으로 시장침투를 추진했다. 성숙시장에서 광고는 고객의 브랜드 선택과 기업 및 제품에 대한 브랜드 평판에 영향을 미칠 목적으로 시행된다. 이런 방식으로 기업은 경쟁사의 고객에게 영향을 미치면서 시장점유율을 확대해 갈 수 있다. 브랜드가 널리 알려진 제품들은 보통 프리미엄 가격이 붙고, 또 이러한 상황에서 시장점유율을 높이는 것은 회사의 수익성 제고에도 큰 도움이 된다.

비누, 세제, 일회용 기저귀, 양조업과 같은 특정 성숙산업에서 시장침투 전략은 이제 장기적 전략이 되고 있다. 이들 산업 내 모든 기업들은 집중적인 광고와 시장점유율 전쟁에 참여하고 있다. 기업들은 광고를 하지 않으면 광고를 하고 있는 경쟁사들에게 시잠점유율을 빼앗기게 될 것이라고 두려워하고 있다. 결과적으로 비누와 세제 산업에서 P&G는 시장점유율 유지를 위해, 또 어쩌면 시장점유율을 확대하기 위한 목적으로 판매 수익의 11% 이상을 광고비로 지출하고 있다.[33] 이렇게 시행되는 엄청난 광고들은 그 자체가 장래의 경쟁자들에게 하나의 진입장벽이 되고 있다.

제품개발 **제품개발**(product development)은 기존 제품을 대체하기 위해 신제품을 개발하거나 기존 제품을 개선하는 것이다. 습식면도 산업의 향배는 고객 수요의 흐름을 성공적으로 창출할 수 있는 제품 교체를 어떻게 이루어 내느냐에 달려 있으

제품개발
기존 제품을 대체하기 위해 신제품을 개발하거나 제품을 개선하는 것

며, 이에 성공한다면 해당 기업에게 커다란 새로운 수익 원천이 될 수 있다. 예컨대 질레트(Gillette)는 쉐이빙 젤이나 면도하기 어려운 곳을 다듬을 수 있는 트리머가 포함된 새롭고 개선된 면도기를 정기적으로 시장에 내놓으면서 자사의 시장점유율을 높이려 노력해 왔다. 이와 유사하게 자동차산업에서는 여러 자동차회사들이 3년에서 5년 주기로 모델을 변경하여 고객들이 이전 모델을 교체하고 새로운 모델을 구매하도록 유도한다.

제품개발은 제품의 차별화를 유지하고 시장점유율을 높이는 데 매우 중요하다. 예컨대 세탁세제 타이드(Tide)는 지난 40년 동안 50회 이상의 성분배합(formulation)을 거쳐 성능을 향상시키기 위해 지속적으로 노력해 왔다. 제품명은 항상 같은 '타이드'로 광고되었지만 사실 매년 다른 제품이었다. 제품의 성능 향상과 개선을 추구하는 것은 성숙산업에서 현재의 비즈니스모델을 세밀하게 조정하고 개선하기 위해 기업이 사용하는 전략 중 하나이다. 그러나 이런 종류의 경쟁은 가격 전쟁만큼이나 위험할 수 있다. 왜냐하면 이는 매우 비용이 많이 들며 해당 기업의 비용구조를 급격하게 높이는 결과를 초래할 수 있기 때문이다. 이 같은 현상이 비디오게임 콘솔 산업에서 일어났다. 극심한 경쟁 속에서 더 빠르고 강력한 콘솔을 생산하여 시장 리더가 되고자 했던 소니, 마이크로소프트, 닌텐도와 같은 기업들은 급격한 비용구조의 상승으로 수익성에 타격을 받게 되었다.

시장개발

기존 제품의 판매를 증진하기 위해 기업이 새로운 세분시장을 탐색하는 것

시장개발 시장개발(market development)은 기존 제품의 판매를 증진하기 위해 기업이 새로운 세분시장을 탐색해 가는 것을 말한다. 이 전략을 추구하는 기업들은, 마치 마텔(Mattel)과 나이키(Nike)가 각각 장난감 시장과 운동화 시장의 세분시장에 진입해 갔던 것처럼, 기존 세분시장에서 개발된 브랜드명을 십분 활용하여 신규 세분시장에서 유리한 위치를 선점하기를 원한다. 이러한 방식으로 기업은 이미 구축된 브랜드 명성을 통한 제품차별화의 우위를 이끌어 낼 수 있다. 일본의 자동차 제조회사들은 시장개발의 활용에 대한 흥미로운 사례들을 제공해 주고 있다. 일본의 제조회사들이 미국 자동차 시장에 진입할 때, 토요타의 코롤라(Corolla)나 혼다의 어코드(Accord)처럼 처음에는 시장의 경제성 추구 집단(economy segment)을 타깃으로 자동차를 출시했었다. 세월이 흐르면서 이 회사들은 두 모델을 업그레이드해 갔고, 지금은 더욱 고가의 세분시장을 겨냥하고 있다. 혼다의 어코드는 중형급 세분시장의 선두주자이고, 소형급 세분시장은 토요타의 코롤라로 가득 채워지고 있다. 이처럼 제품라인을 재정립하고 추가함으로써 일본의 자동차회사들은 수익성 있게 세분시장을 추가 개발해 왔고 미국의 경쟁사들을 성공적으로 공략하여 이들 기업으로부터 많은 시장점유율을 빼앗아 올 수 있었다. 일본의 자동차회사들이 그간 주로 원가우위 전략을 통해 경쟁해 왔다고 하더라도, 시장개발 전략은 그

들로 하여금 차별화 전략을 구사할 수 있는 기회도 제공했다. 5장에서 이미 언급한 바 있듯이 사실 토요타는 이 시장개발을 활용하여 넓은 범위의 차별화를 추구해 갈 수 있었다. 토요타는 점차 승용차 시장의 거의 모든 세분시장마다 새로운 제품을 제공하면서 이 시장개발 전략을 활용해 왔던 셈인데 이에 대해서는 [전략 실행 사례 6.2]에서 좀 더 자세히 논의해 보기로 한다.

전략 실행 사례 6.2

글로벌 리더가 되기 위해 시장개발 전략을 활용한 토요타

자동차산업은 거대한 매출 및 이익이 달려 있기 때문에 전 세계에서 언제나 경쟁이 가장 치열한 산업 중 하나였다. 그렇기 때문에 2000년대 말 침체된 경제 여건에서도 특정 구매자 집단의 니즈를 더 잘 충족시키기 위해 글로벌 자동차 기업들이 부단히 신차 모델을 개발하는 등 자동차산업의 전반적인 경쟁관계가 더욱 심화되어 간 양상은 결코 놀라운 일이 아니다. 바로 이 경쟁의 중심에 서 있던 한 기업이 토요타(Toyota)이다.

토요타는 약 40년 전에 상자모양의 못생겼지만 저렴한 자동차를 처음으로 생산했다. 자동차의 품질이 점점 더 좋아짐에 따라, 판매는 증가했다. 그 이후 원가우위 확보에 경영의 초점을 맞췄던 토요타는 수익의 일부를 자동차의 스타일을 개선하는 데 재투자했고, 지속적으로 생산원가를 낮추기 위해 노력했다. 그 후 토요타는 자신의 비용구조상의 우위를 기반으로 자동차 제품의 각 세분시장에 따라 합리적인 가격대의 제품을 계속 확대, 출시해 갔다. 초기 디자인을 설계한 지 불과 2~3년 만에 생산 단계로 돌입해 갈 수 있는 토요타의 유연한 능력으로 말미암아, 경쟁자들보다 더 빠르게 신형 모델을 출시할 수 있었으며, 신규 세분시장 개발을 지속해 갈 수 있었다.

토요타는 자동차 시장 전체에서 구축한 선도적 위치를 십분 활용하여 새로이 부상하는 신규 세분시장에 효과적으로 진입해 들어갔다. 이를테면 SUV 세분시장에서 토요타가 처음으로 출시한 차는 무려 35,000달러가 넘는 고가의 랜드크루저(Land Cruiser)였다. 그다음에는 좀 더 낮은 가격대의 SUV에 대한 수요를 실현시키며, 평범한 SUV 고객들을 위해 설계된 4러너(4Runner)를 20,000달러의 가격에 출시했다. 뒤이어서 20,000달러 미만 가격대의 소형 SUV인 라브4(RAV4)가 잇달아 출시되었다. 그다음에는 4러너보다 외형적으로 더 크고 또 더 강력해진 세콰이어(Sequoia)가 20,000달러 후반의 가격대에서 출시되었다. 마지막으로 렉서스(Lexus) 사업부의 기술로 만들어진 고급스러운 하이랜더(Highlander) SUV가 30,000달러 초반의 가격대에서 출시되었다. 그리하여 오늘날 이 회사가 생산하는 총 여섯 종류의 SUV 모델은 각기 상이한 가격, 크기, 스타일, 성능, 고급스러움을 가지고, SUV 세분시장 내 특정 고객집단을 타깃으로 출시되고 있다. 비슷한 방식으로 토요타는 자사의 세단, 즉 승용차들 역시 각기 다른 고객군의 니즈를 충족시키도록 위치시켰다. 예컨대 캠리(Camry)는 26,000~32,000달러 정도를 지불할 여유가 되고 고급스러움과 성능, 안전, 신뢰성 등이 균형 있게 조화를 이루는 차를 원하는 중간층의 고객들을 타깃으로 하고 있다.

이처럼 토요타의 브랜드 차별화 비즈니스모델은 상이한 고객 집단 각각에게 가치를 극대화시켜 줄 수 있도록 다양한 제품 구색을 갖추는 데 초점이 맞춰져 있다. 이와 동시에 이 회사가 생산하는 다양한 모델의 차들은 회사 전체 입장에서 최대의 매출 및 이익을 발생시킬 수 있는 가격책정이 가능하도록 엄격한 원가통제가 이루어지면서 생산되고 있다. 현재 자동차 시장은 세분시장마다 경쟁이 극심하기 때문에, 모든 글로벌 자동차 회사들은 상이한 고객들의 요구에 맞추기 위해 세분시장마다 다수의 모델을 선보여 고객을 유치하는 장점과, 이처럼 다양한 모델을 출시함으로 인해 원가상승이 빚어지는 결과 간의 균형을 맞추는 것이 최대의 경영 과제가 되고 있다.

제품증식 앞에서 제품증식(product proliferation)이 산업 내 진입 억제를 위해 어떻게 활용될 수 있는지에 관해 살펴본 바 있다. 그런데 산업 내 경쟁관계 관리에도 이 전략이 활용될 수 있다. 앞서 언급했듯이, 일반적으로 제품증식은 산업 내 한 큰 기업이 각 세분시장마다 제품을 출시하는 것을 의미한다. 그렇지만 SUV나 전문 디자이너의 선글라스 제품, 그리고 신발 판매 웹사이트와 같은 시장의 틈새(niche)가 새로이 개발된다면, 이 세분시장에 처음 진입한 선도기업은 이른바 최초진입자 우위(first mover advantage)를 누릴 수 있겠지만, 머지않아 이 세분시장에도 다른 기업들이 진입해 들어오기 마련이다. 그러면 다시 경쟁은 안정되고, 산업 내 경쟁관계는 감소하게 된다. 그렇기 때문에 제품증식은 결국 제품차별화를 토대로 하여 안정적인 산업 경쟁 발전을 가능하게 해 준다고 볼 수 있다. 즉, 가격이 아닌 신제품 개발에 기반한 비가격경쟁으로 말이다. 제품증식이 이루어지면 이제 경쟁은 가격에 의해서가 아니라 제품의 지각된 독특함과 품질, 기능, 그리고 성능을 통해 이루어지게 된다. 예를 들어 나이키는 러닝화 회사로 설립되었으며, 창립 초기에는 골프, 축구, 농구, 테니스, 스케이트보드와 같은 스포츠 장비 시장을 기피했다. 그러나 판매가 감소하자 나이키는 특정 시장 부문에서 판매를 늘리기 위해(시장침투) 마케팅을 활용하면 매출과 이익이 그만큼 증가할 수 있다는 것을 인지했다. 이에 따라 나이키는 기존 디자인 및 마케팅 역량을 해당 시장 부문 및 기타 시장 부문을 위한 새로운 신발 라인 출시에 집중했다.

생산능력 통제 비가격경쟁이 성숙산업에서 기업과 산업의 수익성을 감소시키는 치열한 가격할인 전쟁을 예방하는 데 도움을 준다고 하더라도, 산업 내 초과생산능력이 존재할 때 가격경쟁은 주기적으로 발생하기 마련이다. 초과생산은 기업들이 집단적으로 너무 많은 생산 제품을 출하할 때 발생하고, 이러한 생산 제품을 시장에서 소화하기 위해 기업은 가격을 인하하게 된다. 이처럼 한 기업이 가격을 인하하기 시작하면 다른 기업들도 신속히 이 가격인하에 동참하게 되는데, 그 이유는 가격인하를 주도한 기업은 전체 재고물량을 소진시킬 수 있는 반면, 가격인하를 하지 않는 기업들은 원치 않는 재고가 쌓이는 것을 두려워하기 때문이다. 그 결과 가격전쟁은 확산된다.

초과생산능력은, 불황기와 같이 자동차 수요가 감소하는 상황에서 자동차회사들이 고객에게 신차 구매를 유도하기 위해 가격 인센티브를 제공할 때처럼, 수요의 감소로 인해 발생할 수 있다. 이러한 상황이라면 사실 기업이 할 수 있는 일은 별로 없고, 단지 시간이 흘러 상황이 나아질 때까지 기다릴 수밖에 없다. 그렇지만 대개 초과생산능력은 경기가 좋을 때 산업 내 기업들이 이에 대해 일제히 반응함으로써 비롯되는 수가 많다. 즉, 조만간 수요 급증이 예상되는 상황에서, 산업 내 기업들은 기회를 선점하기 위해 새로운 시설들에 일제히 투자하게 되는 것이다. 역설적이게도 다른 기업들을 능가하기 위한 기업들의 이러한 개별적 노력은 결국 산업 내 모든 기업에게 악영향을 미치는 산업의 과잉생산능력을 초래하게 된다. 그래서 비록 수요가 증가하더라도, 기업들마다 생산능력 확대를 결정한 결과로 인해 산업 내 생산량이 급등하게 되고, 이는 추후 경쟁적인 가격인하를 불러오게 된다. 그러므로 여러모로 희생이 클 수밖에 없는 초과생산능력이 발생되는 것을 미연에 방지하기 위해 기업들은 생산을 적극적으로 통제하거나, 아니면 적어도 생산 확대 프로그램에서 혜택을 볼 수 있는 전략들을 고안해야 한다. 하지만 이러한 전략들을 살펴보기 전에 먼저 초과생산능력을 야기하는 원인에 대해 좀 더 자세히 고찰해 볼 필요가 있다.[34)]

초과생산능력을 야기하는 요인들 초과생산능력의 문제는 대개 기술의 발전에서 비롯된다. 때로는 새로운 저비용 기술의 개발이 문제를 야기하는데 그 이유는 이러한 기술에 뒤처지지 않으려고 모든 기업들이 일제히 새로운 기술에 투자할 수 있기 때문이다. 이 경우 초과생산능력은 신기술이 구기술보다도 더 많은 생산을 가능하게 만들기 때문에 발생된다. 더욱이 많은 경우 신기술은 대규모 증분을 발생시킨다. 예컨대 특정 비행노선에 좌석이 더 필요한 항공사가 있다고 하자. 50명 정도의 좌석 추가가 적정함에도 불구하고 이 항공사는 비행기를 추가 투입했고, 이로 인해 결과적으로 수백 명의 좌석이 추가되게 된다. 다른 사례를 소개하자면, 새로운 화학공정은 하루에 1,000갤런의 생산 비율로 가동되는 것이 효율적인 반면에, 이전의 공정은 하루에 500갤런의 생산 비율이 더 효율적인 경우도 있다. 이 경우, 만약 산업 내 모든 기업들이 새로운 공정 기술을 도입하게 된다면, 산업 생산은 두 배가 될 수 있고, 이에 따라 거대한 문제들이 초래될 수 있다.

초과생산능력은 산업 내 경쟁 요인들에 의해서도 야기될 수 있다. 산업 내로 여러 기업이 한꺼번에 진입해 들어오는 것이 그중 하나의 이유이다. 2008~2009년의 경기침체는 철강 제품의 세계적인 생산 과잉을 초래했고, 그에 따라 철강 가격의 급락이 이어졌다. 현재는 세계경제의 회복세와 함께 철강 가격이 다시 상승하고 있다. 때때로 기업이 보유한 물적 자산(physical asset)의 내구연한도 문제의 근원이 된다. 예컨대 호텔산업은 객실의 가구 품질이 빠르게 진부화되는 속성상 고객들은 언제나 새로 건축된 호텔에 매료되기 마련이다. 신규 호텔 체인이 오래된 호텔 체인 옆에 나란히 건설될 때 초과생산이 발생할 수 있다. 기업들은 단순히 산업의 추세를 따라가기 위해 일제히 경쟁적인 움직임을 보이지만, 이러한 움직임들은 흔히 극심한 경쟁(head-to-head competition)으로 이어지게 된다. 한 예를 들자면, 대부분의 패스트푸드 체인들은 특정 지역에 인구증가가 나타날 때마다 이 지역에 신규 점포를 개설하는데, 기업들은 흔히 다른 경쟁 체인들도 마찬가지로 동일한 인구통계 자료를 바탕으로 의사결정을 해 간다는 사실을 명확히 주지하지 못함으로써, 경쟁사들의 행동을 제대로 예측하지 못하는 실수를 범할 수 있다. 이렇게 하여 몇몇 패스트푸드 점포들이 존재했던 특정 지역에 갑자기 수많은 신규 점포들이 동시에 개장될 수도 있게 되는 것이다. 물론 이 경우 모든 매장들이 생존할 수 있느냐의 여부는 해당 지역의 고객 수요가 얼마나 성장하느냐에 달린 문제이긴 하지만, 유감스럽게도 별로 인기를 끌지 못하는 매장은 대개 문을 닫고 마는 것이 현실이기도 하다.

생산능력 통제 전략의 선택 다양한 방식으로 생산이 확대될 수 있는 상황에서 기업들은 이러한 생산능력 확대를 통제해 갈 수단을 찾을 필요가 있다. 만일 기업이 항상 가격인하와 가격전쟁으로 골치를 썩고 있다면, 정작 자신의 본원적 전략을 위해 제대로 투자를 해 나가기는 어려울 것이다. 생산과잉으로 야기된 산업 내 낮은 수익성은 기업을 약화시킬 뿐만 아니라, 때로는 시장의 강자 기업들까지 산업에서 퇴출시킨다. 일반적으로 기업들은 다음과 같은 두 가지 전략을 선택할 수 있다. (1) 각각의 기업들은 개별적으로 경쟁사보다 먼저 시장을 선점하고, 시장의 주도권을 장악하기 위해 노력해야 한다. 또는 (2) 기업들은 자신의 선택과 행동이 상호간에 미칠 효과를 알 수 있도록, 서로 간에 조정을 해 갈 수 있는 간접적인 수단을 모색해야 한다.

경쟁자보다 *선점*하기 위해서는, 기업이 생산시장의 상당한 수요의 증가를 사전에 예측하고, 예상된 수요를 충족시킬 수 있는 대규모 생산 및 운용 능력을 재빠르게 확립해 가야 한다. 그리하여 최초진입자 우위를 누리게 됨으로써 기업은 시장에 진입하려는 다른 기업들을 효과적으로 억제할 수 있다. 왜냐하면 이러한 우위를 누리는 선도기업은 보통 경험곡선을 따라 생산비용을 줄여 감으로써 원가를 낮출 수 있고, 그에 따라 가격 역시 내릴 수 있는 여지가 커지기 때문이다. 아울러 이런 기업은 필요할 경우 가격 전쟁을 위협 수단으로 활용할 수도 있다.

그러나 이 전략은 여러 면에서 위험할 수 있는데, 미래 시장의 규모와 수익성이 명확해지기 전에 상당한 자원을 투자해 가야 하기 때문이다. 또한 이러한 선점 전략은 경쟁기업의 시장진입을 억제하지 못하고 이들이 시장진입을 결정하게 될 경우 상당한 위험을 초래할 수 있다. 경쟁사가 더 강력한 본원적 전략을 개발하거나 구글과 마이크로소프트처럼 더 많은 자원을 보유하고 있다면 선점 기업에 피해를 입힐 수 있다. 따라서 이 전략이 성공하기 위해서는 일반적으로 선점 기업은 추후 발생할지도 모르는 광고 및 가격 전쟁을 견딜 수 있을 정도로 충분한 자원을 보유한 신뢰성 있는 기업이어야 한다.

생산능력 통제 전략의 일환으로 경쟁기업들과 *조정*을 해 가는 것은 주의를 요한다. 기존 기업들이 신규 생산능력 투자 시점을 공모하는 것은 현행 독점금지법(antitrust law)상 불법이기 때문이다. 그러나 암묵적인 차원의 조정은 많은 산업에서 기업들이 서로의 경쟁적인 움직임을 예측하고 이해하기 위해 행하는 경우가 많다. 일반적으로 기업들은 조정을 확보하기 위해 시장의 신호를 활용한다. 기업들은 업계 저널이나 일반 신문에 향후의 투자 결정에 관해 수시로 발표를 한다. 그 밖에도 산업 내 수요와 공급의 균형을 맞추기 위해 자신들의 생산 수준 및 수요 예측 정보를 서로 간에 공유하기도 한다. 이런 점에서 조정 전략(coordination strategy)은 산업 내 투자와 관련된 위험을 감소시킬 수 있다. 신규 생산능력 투자에 흔히 수억 달러의 비용이 필요한 화학산업과 정유사업에서는 이러한 일이 사실 매우 흔하게 빚어진다.

6.6 쇠퇴산업에서의 전략

6.6 쇠퇴산업에서 기업의 수익성과 비즈니스모델을 유지할 수 있는 상이한 전략에 대해 논의한다.

많은 산업들은 시간이 흐름에 따라 전체 시장규모가 감소하는 쇠퇴 단계에 진입하게 된다. 철도산업, 담배산업, 철강산업, 신문산업 등이 바로 대표적인 쇠퇴산업이라 할 수 있다. 산업은 기술적 변화, 사회적 추세, 인구통계학적 변화를 포함한 수많은 이유들로 쇠퇴하기 시작한다. 철도와 철강 산업은 기술적 변화로 인해 해당 산업 내 기존 제품들의 대체가 실현 가능해지자 쇠퇴하기 시작했다. 즉, 내연기관의 출현은 철도산업을 쇠퇴의 길로 이끌었고, 플라스틱(plastic)과 복합재료(composite material)들이 증가함에 따라 철강산업도 쇠퇴하게 되었다. 전통적인 종이신문 산업도 인터넷상의 각종 뉴스 사이트가 증가함에 따라 점차 쇠퇴하고 있다. 담배산업은 흡연이 건강에 미치는 영향에 대한 관심이 커지면서 흡연에 관한 사회적 인식이 부정적으로 바뀌자 점차 쇠퇴하고 있다.

6.6a 쇠퇴의 강도

전체 시장의 규모가 줄어들기 시작하면 쇠퇴산업에서의 경쟁이 극심해지고 수익률은 하락하는 경향이 있다. 쇠퇴산업에서 경쟁의 강도는 [그림 6.7]에 나타난 네 가지 핵심 요소에 달려 있다. 첫째, 경쟁의 강도는 빠르게 쇠퇴하는 산업에서 더욱 강하게 나타난다. 담배산업은 상대적으로 쇠퇴의 속도가 느리고 점진적인 편이다.

둘째, 경쟁의 강도는 퇴출장벽이 높은 쇠퇴산업에서 더욱 강하다. 2장에서 논한 바 있듯이, 수요가 감소할 때에도 높은 퇴출장벽은 해당 산업에서 기업이 쉽게 움직이지 못하도록 고착화시킬 수 있다. 그 결과, 초과생산능력이 발생하고, 이로 인해 극심한 가격경쟁이 일어날 확률이 높아진다.

그림 6.7 쇠퇴산업의 경쟁강도 결정요인

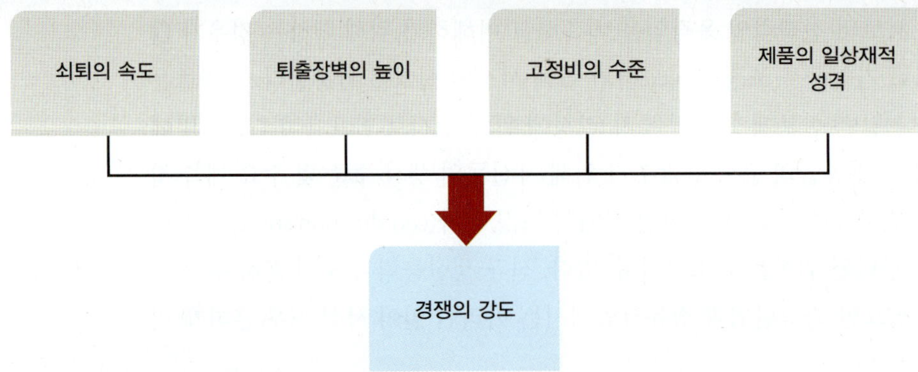

셋째, 경쟁의 강도는 고정비가 높은 쇠퇴산업(예: 철강산업)에서 더욱 강한데, 이는 앞서 언급한 내용과도 관련이 있다. 그 이유는 기업들이 생산능력을 유지하기 위한 비용과 같은 고정비를 보전하기 위해 무리하게 가격을 인하해서라도 유휴 생산설비를 가동시키려는 유인이 강해지기 때문인데, 이는 결국 산업 내 가격 전쟁을 촉발시키기 쉽다.

마지막으로 경쟁의 강도는 일반적으로 제품이 일상재(예: 철강산업)로 인식되는 쇠퇴산업에서 더욱 강하게 나타난다. 그렇지만 이와는 대조적으로, 같은 쇠퇴산업이지만 최근까지의 담배산업처럼 제품차별화로 상당한 브랜드 충성도가 형성되어 있는 쇠퇴산업에서는 상대적으로 약할 수 있다.

일반적으로 산업 내 모든 세분시장이 동일한 비율로 쇠퇴하는 것은 아니다. 다른 세분시장에서 쇠퇴가 진행되고 있음에도 불구하고, 일부 세분시장에서는 상당한 수요가 남아 있을 수 있다. 철강산업이 이와 같은 상황을 잘 보여 준다. 박강판(sheet steel) 같은 벌크 강철 제품들은 일반적으로 수요가 감소되고 있지만, 고속 공작기계에 사용되는 특수강 제품들은 오히려 수요가 증가하고 있다. 또 다른 사례로는 진공관(vacuum tube)을 들 수 있다. 많은 전자제품의 핵심 요소인 트랜지스터가 진공관을 대체했을 때 진공관에 대한 수요는 붕괴되었지만, 그 후에도 진공관은 상당 기간 동안 제한적으로나마 레이더 장비에 계속 적용되었다. 그 결과, 일반적인 진공관에 대한 수요는 분명 급감했지만 특정 진공관 세분시장의 수요는 여전히 강하게 남아 있었다. 여기서의 요점은, 산업 내 특정한 수요지가 있는 제품의 경우, 이들 제품에 대한 수요 감소 추세는 산업 전체보다 훨씬 느리거나, 또는 아예 수요가 전혀 감소하지 않을 수도 있다는 것이다. 이 경우, 특정 수요지를 충족시키는 제품을 생산하는 기업들 간의 경쟁은 산업 전체의 경쟁보다 훨씬 덜 치열할 수 있다.

6.6b 전략의 선택

기업이 쇠퇴산업에서 대처하기 위해 채택할 수 있는 주된 전략에는 (1) 쇠퇴산업에서 지배적 행위자(dominant player)가 되기 위해 기업이 추구하는 **리더십 전략**(leadership strategy), (2) 산업 전체보다 쇠퇴가 느리게 진행되는 수요처에 초점을 맞춘 **틈새 전략**(niche strategy), (3) 현금 흐름을 최적화하는 **수확 전략**(harvest strategy), (4) 기업이 사업체를 다른 기업에게 매각하는 **철수 전략**(divestment strategy)의 네 가지가 있다.[35] [그림 6.8]에는 이러한 전략적 선택을 설명하기 위한 간단한 기본 틀이 제시되어 있다. 세로축에는 쇠퇴산업에서 경쟁의 강도가 측정되었고, 가로축에는 남아 있는 수요처와 관련된 기업의 강점들이 측정되었다.

리더십 전략 리더십 전략은 쇠퇴산업에서 철수하는 기업의 시장점유율을 인수함으로써 해당 쇠퇴산업에서 일정하게 성장해 나가는 것을 목표로 하는 전략이다. 이 리더십 전략은 (1) 쇠퇴산업에서도 기업이 시장점유율을 확보할 수 있는 독특한 강점을 지니고 있을 때, (2) 해당 쇠퇴산업에서 산업이 쇠퇴되는 속도와 경쟁의 강도가 비교적 적당할 때 적합한 전략일 수 있다. 필립모리스(Philip Morris)는 담배산업에서 이 리더십 전략을 적용했다. 강력한 마케팅을 통해 이 회사는 시장점유율을 크게 높였고 그 과정에서 상당한 수익을 획득했다.

리더십 전략
기업이 쇠퇴산업에서 지배적 행위자가 되기 위해 개발하는 전략

틈새 전략
기업이 수익성을 유지하기 위해 산업 전체보다 쇠퇴가 느리게 진행되는 특정 수요처에 초점을 맞추는 전략

수확 전략
기업이 비용구조를 낮추고 투자로부터 최대의 이윤을 추출하기 위해 사업에 투입하는 자산을 감소시키는 전략

철수 전략
기업들이 사업 자산을 다른 기업에게 매각함으로써 산업에서 철수하기로 결정하는 전략

그림 6.8 쇠퇴산업에서의 전략 선택

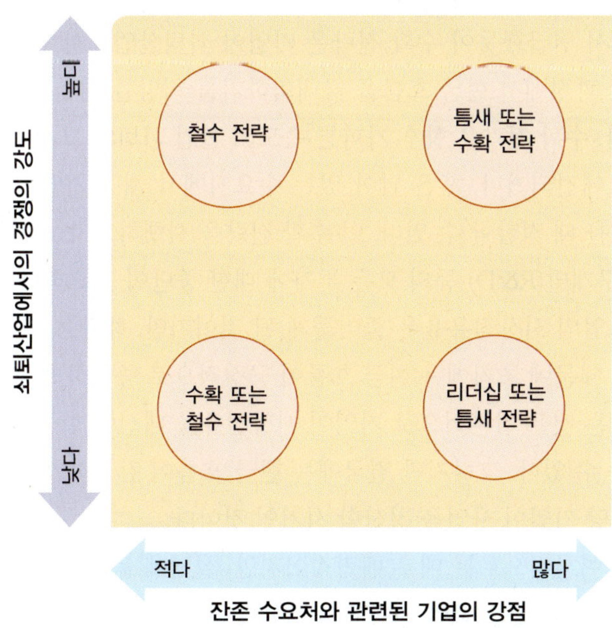

이처럼 시장 내 리더십 위치(leadership position)를 획득하기 위해 기업이 활용할 수 있는 전술적 차원의 여러 조치들은, 공격적인 가격정책과 시장점유율 확대를 위한 마케팅, 산업의 통합을 위한 경쟁기업들의 인수, 그리고 이를테면 생산능력 확보를 위한 신규 투자 등을 통해 경쟁기업들보다 우월한 위치를 선점해 가는 것이다. 이러한 경쟁적 전술들을 시행하게 되면, 해당 기업이 이 쇠퇴산업에서 계속 머물 것이며, 또 향후 적극적으로 경쟁할 것이라는 신호를 다른 기업에게 보내는 역할을 한다. 따라서 이러한 신호들은 다른 기업들이 산업에서 철수하도록 유인할 수 있으며, 그 결과 해당 기업은 산업 내 선두주자(industry leader)로서의 경쟁적 위치를 더욱 강화시킬 수 있다.

틈새 전략 틈새 전략은 수요가 비교적 안정적이거나, 혹은 산업 전체보다 쇠퇴 속도가 느린 특정 수요지에 초점을 맞추는 전략이다. 이러한 틈새 전략은 아직 수요가 상대적으로 강하게 남아 있는 틈새 수요지에서 해당 기업이 독특한 강점을 가지고 있을 때 유효할 수 있다. 디지털 카메라의 도입으로 기존의 필름 카메라와 필름의 판매가 빠르게 사라지기 시작했다. 일포드(Ilford), 아그파포토(Agfaphoto), 폴라로이드(Polaroid), 페라니아(Ferrania), 이스트맨코닥(Eastman Kodak) 등 많은 기업이 파산을 선언한 반면, 경쟁업체인 후지필름(Fujifilm)은 업계에서 사업을 다각화하는 방법으로, 또 다른 경쟁업체인 코니카-미놀타(Konica-Minolta)는 다른 수단으로 빠져나갔다. 그러나 일포드와 이스트맨 코닥은 사진 애호가들이 지속적으로 사용하는 훨씬 더 좁은 특수필름사진 시장을 목표로 하여 궁극적으로는 살아남았다.[36)]

수확 전략 앞서 언급했듯이 수확 전략은 기업이 쇠퇴산업에서 철수하기를 희망하며 또 그러한 과정에서 현금 흐름을 극대화하기를 희망할 때 가장 좋은 선택 대안이 될 수 있다. 수확 전략은 향후 가파른 속도의 산업 쇠퇴와 그에 따른 기업들의 극심한 경쟁이 예견되거나, 혹은 남아 있는 수요지에서 해당 기업이 가진 강점이 그다지 크지 않을 때 적합할 수 있다. 이 수확 전략을 시행하고자 하는 기업은 자본설비, 광고, 연구개발(R&D) 등의 모든 투자에 대한 중단이 필요하다. 그렇게 되면 당연히 해당 기업의 시장점유율은 줄어들게 될 것이지만, 해당 사업에 더 이상 투자를 하지 않기 때문에 초기에는 현금 흐름이 긍정적으로 증가하게 된다. 그러므로 이 전략을 쓴다는 것은 기본적으로 기업이 시장점유율 대신에 현금 흐름을 받아들이는 것으로 볼 수 있다. 그렇지만 결국에는 현금 흐름이 감소하기 시작할 것이고, 이때가 바로 해당 기업이 사업을 청산할 시기인 것이다.

수확 전략이 이론적으로는 매우 매력적이지만, 실행에 옮기기에는 다소 어려움이 따를 수 있다. 쇠퇴하는 사업 분야에서 사원들의 사기는 저하될 것이고, 더욱이 고객들이 해당 기업의 청산 의도를 알아채기라도 한다면, 고객들은 그 기업을 재빠르게 외면할 수 있다. 그렇게 되면 시장점유율은 해당 기업이 예상했던 것보다 훨씬 더 빨리 감소하게 될 수 있다. 다니엘 엘펜바인(Daniel Elfenbein) 교수와 앤 마리 노트(Anne Marie Knott) 교수의 연구에 따르면 미국 은행들은 종종 이익에 기반하여 고려했을 때 합리적인 시기를 훨씬 넘겨서 시장에서 철수하는 경우가 많은 것으로 나타났다. 엘펜바인과 노트 교수는 은행들이 합리적인 수요 불확실성, 그리고 이익이 반등할 수도 있다는 긍정적인 신호에 지나치게 무게를 두는 비합리적인 낙관주의 또는 과도한 몰입 때문에 철수가 늦어지는 것으로 보인다고 주장한다.[37)]

철수 전략 철수 전략은 산업이 급격하게 쇠퇴하기 전에 기업이 부진한 사업을 조기에 매각함으로써 사업에 대한 투자의 상당 부분을 회수하고자 하는 전략이다. 이 철수 전략은 남은 수요처에 대한 해당 기업의 강점이 적고, 또 쇠퇴산업 내 기업 간 경쟁이 극심할 가능성이 있을 때 적절하다. 이 경우 가장 좋은 선택은, 해당 산업에서 리더십 전략을 추구하고 있는 기업에게 사업을 매각하는 것일 수 있다. 철수 전략을 시행하고자 할 때 가장 중요한 점은, 너무 실기하기 전에 산업의 쇠퇴 추세를 잘 포착하는 것, 그리고 자사의 자산이 다른 기업들에게 여전히 가치가 있다고 여겨지는 적정한 시점에서 자산을 매각하는 것이라 할 수 있다.

핵심용어

파편화된 산업(fragmented industry) 203
체인화(chaining) 206
프랜차이즈화(franchising) 207
대량시장(mass market) 209
제품증식(product proliferation) 220
한계가격 설정(limit pricing) 221
기술적 업그레이드(technology upgrading) 222
전략적 몰입(strategic commitment) 222
가격신호(price signaling) 224
가격선도(price leadership) 225
비가격경쟁(non-price competition) 226
제품개발(product development) 227
시장개발(market development) 228
리더십 전략(leadership strategy) 235
틈새 전략(niche strategy) 235
수확 전략(harvest strategy) 235
철수 전략(divestment strategy) 235

전략적 경영자를 위한 시사점

1. 많은 수의 소규모 및 중간규모 기업들로 구성된 파편화된 산업에서 경쟁 전략의 주요 형태는 체인화, 프랜차이즈화, 그리고 수평적 합병이다.
2. 신생 및 성장 산업에서 전략은 시장 수요에 의해 부분적으로 결정된다. 혁신자와 조기 수용자는 시장의 조기 다수이용자와 후기 다수이용자들과는 다른 니즈를 가지고 있고, 기업은 캐즘(chasm)을 극복하고 생존하기 위해 적절한 전략을 실행해 가야 한다. 또한 경영자들은 시장성장률에 영향을 미치는 요인들을 잘 숙지하여 변화하는 산업환경에 자신의 비즈니스모델을 잘 맞추어 갈 수 있어야 한다.
3. 성숙산업은 대개 소수의 대기업들로 구성되는데, 이들의

선택과 행동은 매우 상호의존 관계여서, 한 기업이 시행하는 전략의 성공은 다른 경쟁사의 반응에 의해 좌우되는 경우가 많다.

4. 성숙산업에서 타 기업의 시장진입을 억제하기 위해 활용되는 주요 전략들에는 제품증식, 가격할인, 초과생산능력의 유지가 있다.
5. 성숙산업에서 경쟁관계를 관리하기 위해 기업이 활용할 수 있는 주요 전략에는 가격신호, 가격선도, 비가격경쟁, 생산능력 통제가 있다.
6. 쇠퇴산업에서 시장수요는 대개 정체하거나 혹은 감소하기 마련이고, 따라서 기업은 이러한 새로운 경쟁 환경에 맞춰 자신의 가격 및 비가격 전략들을 효과적으로 적응시켜 나가야 한다. 또한 기업들은 초과생산 문제의 발생을 미연에 방지하기 위해 산업의 생산능력을 잘 관리해 갈 필요가 있다.
7. 시장의 수요가 감퇴할 때 기업은 리더십 전략, 틈새 전략, 수확 전략, 그리고 철수 전략의 네 가지 전략을 추구할 수 있다. 어떤 전략을 선택할 것인가의 문제는 남아 있는 수요지와 관련된 해당 기업의 강점과 산업의 쇠퇴 강도에 의해 주로 결정된다.

토론 과제

1. 산업이 파편화되는 이유는 무엇인가? 기업이 이 파편화된 산업을 통합된 산업으로 전환할 수 있는 주요한 방법은 무엇인가?
2. 신생 및 성장 산업 환경에서 경쟁우위를 유지하기 위해 고려해야 할 핵심 문제는 무엇인가? 산업에서 선도기업과 관련된 위험은 무엇인가?
3. 라이프 사이클을 통해 기업의 성장을 관리하면서 (a) 강력한 경쟁 위치에 있는 차별화 기업과 (b) 불리한 경쟁 위치에 있는 차별화 기업은 각각 어떤 투자전략을 실행해야 하는가?
4. 기업이 경쟁관계를 관리하고 또 산업의 수익성을 향상시키기 위해 (a) 제품차별화와 (b) 생산능력 통제를 어떻게 활용할 수 있는지에 대해 토론하라.
5. (a) 혼잡한 대학 시장에서 작은 피자집을 운영하는 경우와, (b) 이미 확립된 시장에서 세제를 만드는 기업이 신제품을 출시하려는 경우, 자신의 비즈니스모델을 강화하기 위해 어떤 유형의 전략들이 활용될 수 있겠는가?

인터넷 스트리밍 서비스의 부상과 케이블 기업의 쇠락

마무리 사례

30년이 넘는 기간 동안 대부분의 TV 시장 고객은 TV 콘텐츠, 영화, 인터넷 서비스 등에 액세스하기 위해 케이블 TV 사업자에 대한 의존도를 키워 왔다. 많은 텔레비전 시장은 하나 또는 소수의 케이블 사업자에 의해 통제되어 회사들에게 거의 독점권을 주게 되었다. 또한 그 기간의 대부분 동안 케이블 TV는 뉴스, 네트워크 프로그래밍, 스포츠 채널 및 외국어 프로그래밍과 같은 전문 프로그래밍, 그리고 HBO와 쇼타임(Showtime) 같은 영화서비스의 주요 공급원이었다.

그러나 넷플릭스(Netflix), 로쿠(Roku), 훌루(Hulu), 유튜브(YouTube), 아마존 프라임 비디오(Amazon Prime Video) 및 기타 온라인 서비스와 같은 인터넷 스트리밍 관련 대안이 등장함으로써 많은 고객들이 케이블 회사와 줄을 끊기 시작했다. 케이블 사업자는 고객들에게 비싼 장기계약을 요구했고, 설상가상으로 기록적인 낮은 고객만족도를 제공했다. 고객들이 주로 말하는 불만사항은 지나치게 긴 고객서비스 대기시간, 숨어 있는 수수료, 서비스 변경 및 취소의 어려움 등이었다. 이와 달리 인터넷기반 스트리밍 서비스는 보통 훨씬 저렴했으며(때로는 무료), 월별 계약이나 개별 프로그램에 대한 지불 같은 보다 유연한 조건을 허용한다. 또한 많은 스트리밍 기업들이 성공적인 오리지널 콘텐츠를 개발하여 구독자를 그들의 서비스로 끌어들일 수 있음을 입증했다. 니덤(Needham & Co.)의 미디어 분석가인 로라 마틴(Laura Martin)은 다음과 같이 말했다. "프리미엄 비디오 콘텐츠 유형이 이보다 더 많았던 적은 없었다. 그리고 소비자가 그 모든 콘텐츠를 볼 수 있는 상영관 또한 이렇게 많은 적이 없었다."[38]

전 세계적으로 TV 콘텐츠에 비용을 지불하는 사람의 수는 여전히 증가하고 있으며 적어도 2023년까지 계속 증가할 것으로 예상되지만, 유료 TV가 성숙한 시장의 가입자 수는 감소하는 추세를 보이고 있다. 2016년부터 2021년 사이, 케이블 시장은 미국 전체 가구의 25% 이상을 잃었고, 전체 케이블 TV 가입 건수는 미국 가구의 50% 미만으로 감소했다.[39] 게다가 TV 콘텐츠를 제공하는 회사의 수익은 스트리밍 서비스의 가격 압박으로 인해 더욱 빠르게 감소하고 있다. 현재 많은 고객들이 값비싼 TV 채널 번들보다는 저렴한 인터넷 전용 서비스에만 비용을 지불하고 있다.

디지털 TV 리서치(Digital TV Research)의 연구에 따르면, 전 세계 유료 TV 수익은 2016년에 2,050억 달러로 정점을 찍었지만 이후 매년 떨어지다가 2021년에는 1,610억 달러까지 감소했다. 수익과 가입자 변화 패턴은 지역에 따라 매우 다르게 나타나고 있다. 2017년부터 2023년까지 중국은 유료 TV 수익으로 거의 10억 달러를, 인도는 16억 달러를 얻을 것으로 예상된다. 반면에 북미의 유료 TV 수익은 같은 기간 동안 220억 달러로 감소할 것으로 예측되고 있다.[40]

케이블 회사는 인수를 통한 통합과 콘텐츠 제공자와의 독점계약, 자체 온라인 주문형 비디오 서비스 제공, 넷플리스 및 훌루와 같은 서비스를 통합하여 제공(애플리케이션과 리모컨을 변경하는 불편함 없이 모든 서비스에 액세스를 가능케 함)하는 등의 방법으로 손해를 줄이려고 시도했다. 단기적으로는 케이블 사업자들이 여전히 우위를 점하고 있다. 왜냐하면 그들은 소비자가 비디오를 스트리밍하는 데 사용하는 인터넷 서비스를 제공하므로, 실제 '코드 단절'이 어렵기 때문이다. 예를 들어 2018년 딜로이트(Deloitte)가 실시한 조사에 따르면, 56%의 유료 TV 가입자가 그 서비스를 인터넷 접속과 번들로 제공되기 때문에 유지했다고 밝혔다.[41] 그러나 장기적으로는 과거 케이블 사업자가 휘두르던 힘이 상당 부분 고품질 콘텐츠 생산자와 소비자로 이전될 것이라는 데 대부분의 전문가들이 동의하고 있다.

사례 토의 문제

1. 콘텐츠를 스트리밍할 수 있는 기능은 소비자의 행동을 어떻게 바꾸었는가?
2. 과거 대부분의 소비자는 하나의 케이블을 구독했었지만 현재는 많은 소비자가 여러 스트리밍 서비스를 구독하고 있다. 이것이 새로운 행태라고 생각하는가(즉, 소비자가 계속 여러 스트리밍 서비스에 가입할 것인가), 아니면 소비자가 여러 구독서비스를 이용할 필요가 없도록 콘텐츠를 통합하는 방향으로 이동할 것이라고 생각하는가?
3. 기존 케이블 서비스 제공 업체는 살아남을 수 있겠는가? 만일 그렇다면, 어떻게 살아남을 것인가?
4. 케이블 서비스 공급자에게 추천하는 경영방식은 무엇인가?

참고문헌

[1]J. Guszkowski, "Delivery Consol-idation Puts Restaurants in a Tight Spot," Restaurantbusiness online.com, December 7, 2020.

[2]R. Padhi, "Food Delivery: The Consolidation Saga Continues," *Mergersight*, July 26, 2020.

[3]J. Perri, "Which Company Is Winning the Restaurant Food Deliv-ery War?" *Bloomberg*, June 15, 2022.

[4]J. Guszkowski, "Delivery Consol-idation Puts Restaurants in a Tight Spot," Restaurantbusinessonline.com, December 7, 2020.

[5]R. Padhi, "Food Delivery: The Consolidation Saga Continues," *Mergersight*, July 26, 2020.

[6]T. Sterling, "Analysis – Eat or Be Eaten? Food Delivery Apps Have Knives out as Pandemic Boom Fades," *Reuters*, March 31, 2021.

[7]M. Cheng, "Consolidation Is Coming for US Food Delivery Un-less the Government Stops It First," *Quartz*, August 12, 2021.

[8]J. Perri, "Which Company Is Winning the Restaurant Food Deliv-ery War?" *Bloomberg*, June 15, 2022.

[9]M. E. Porter, *Competitive Strategy: Techniques for Analyzing Industries and Competitors*
(New York: Free Press, 1980), pp. 191–200.

[10]W. C. Kim and R. Mauborgne, "Value Innovation: The Strategic Logic of High Growth," *Harvard Business Review* (January–February 1997): pp. 103–112.

[11]S. A. Shane, "Hybrid Organizational Arrangements and Their Implications for Firm Growth and Survival: A Study of New Fran-chisors," *Academy of Management Journal* 1 (1996): 216–234.

[12]Microsoft는 종종 혁신자가 아니라는 비난을 받지만 실제로는 Bill Gates와 Paul Allen이 최초로 상업적으로 이용 가능한 개인용 컴퓨터에 사용할 수 있는 상업용 소프트웨어 프로그램을 작성했다. 마이크로소프트는 그 산업에서 최초진입자였다. 다음 논문을 참고할 것. P. Freiberger and M. Swaine, *Fire in the Valley* (New York: McGraw-Hill, 2000).

[13]J. M. Utterback, *Mastering the Dynamics of Innovation* (Boston: Harvard Business School Press, 1994).

[14]E. M. Rogers, *Diffusion of In-novations*, 5th ed. (Free Press, 2003).

[15]Ibid.

[16]R. Brown "Managing the 'S' Curves of Innovation, "*Journal of Consumer Marketing* 9 (1992): 61–72; P. A. Geroski. "Models of Technology Diffusion," Research Policy 29 (2000): 603–25.

[17]Freiberger and Swaine, *Fire in the Valley*.

[18]Utterback, *Mastering the Dynamics of Innovation*.

[19]G. A. Moore, *Crossing the Chasm* (New York: HarperCollins, 1991).

[20]Utterback, *Mastering the Dynamics of Innovation*.

[21]E. Rogers, *Diffusion of Innova-tions* (New York: Free Press, 1995).

[22]R. J. Gilbert, "Mobility Barriers and the Value of Incumbency," in R. Schmalensee and R. D. Willig (eds.), *Handbook of Industrial Organization* (Elsevier Science Publishers, 1989).

[23]R. Seamans, "Threat of Entry, Asymmetric Information, and Pricing," *Strategic Management Journal* 34 (2013): 426–44.

[24]R. Seamans. "Fighting City Hall: Entry Deterrence and Technology Upgrades in Cable TV Markets," *Management Science* 58 (2012): 461–75.

[25]P. Ghemawat, *Commitment: The Dynamic of Strategy* (Harvard Business School Press, 1991).

[26]M. B. Lieberman, "Excess Capacity as a Barrier to Entry: An Empirical Appraisal," *Journal of Industrial Economics* 35 (1987): 607–27.

[27]R. Lukach, P. M. Kort, and J. Plasmans, "Optimal R&D Investment Strategies Under the Threat of New Technology Entry," *International Journal of Industrial Organization* 25 (February 2007): 103–19.

[28]W. B. Arthur, "Increasing Returns and the New World of Business," *Harvard Business Review* (July 1996): 100–109.

[29]R. Axelrod, *The Evolution of Cooperation* (New York: Basic Books, 1984).

[30]The next section draws heavily on Marvin B. Lieberman, "Strategies for Capacity Expansion," *Sloan Management Review* 8 (1987): 19–27; Porter, Competitive Strategy, 324–38.

[31]K. R. Harrigan, "Strategy Formulation in Declining Industries," *Academy of Management Review* 5 (1980): 599–604.

[32]https://upgradedpoints.com/travel/airlines/us-airlines-highest-baggage-fees/

[33]https://www.global cosmeticsnews.com/procter-gamble-ups-ad-spend-to-us8-2-billi-on /#:~:text=Procter%20%26%20 Gamble%20increased%20its%20 spend,report%20 published%20 by%20PR%20Week.

[34]D. W. Elfenbein and A. W. Knott. "Time to Exit: Rational, Behavioral, and Organizational Delays," *Strategic Management Journal* (June 2014): 957–75.

[35]E. M. Rogers, *Diffusion of Innovations*, 5th ed. (New York: Simon & Schuster, 2003).

[36]F. Schlagwein, "Analog Photography Makes a Come-

back," DW, February 10, 2021; A. Gold, "Going Back to Film? Here's What's Changed," PopPhoto, March 19, 2022; "*Why Kodak Died and Fujifilm Thrived: A Tale of Two Film Companies," PetaPixel*. 19 October 2018.

[37]*Overcoming the Barriers to Electric Vehicle Deployment*. (National Academies Press).

[38]R. Crum, "Why Streaming TV Choices Are Cutting Away Cable Subscriber Levels," *Mercury News*, October 31, 2017.

[39]Hoffman, C. Hoffman, "Cable TV Subscriptions Set to Drop Below 50% of All US House-holds," Martech, March 17, 2022.

[40]Briel, R, "Global Pay-TV Revenues to Fall by 11%," Broadband TV News, April 16, 2018.

[41]Ramachandran, 2018.

Chapter 7

전략과 기술

학습목표

7.1 하이테크산업에 대해 이해한다.

7.2 기술 표준화가 산업에서 자주 일어나는 이유와 경쟁에서 활용되는 방식을 설명한다.

7.3 자사의 기술을 시장 표준으로 확립하기 위해 활용할 수 있는 전략을 설명한다.

7.4 하이테크산업의 비용구조와 전략적 시사점을 설명한다.

7.5 하이테크산업에서 선발주자 우위와 열위에 대해 평가한다.

7.6 기술 패러다임 변화의 본질과 그것이 기업 전략에 미치는 영향을 설명한다.

첫머리 사례

암호화 화폐의 군비 경쟁

2022년 6월 기준, 총 가치 1조 1천억 달러가 조금 넘는 암호화폐[1)]가 19,000개 이상 존재한다. 암호화폐는 은행이나 정부와 같은 중앙 기관이 발행, 규제, 지원하지 않으며, 종이나 동전과 같은 물리적 형태로 존재하지 않는다.[2)] 암호화폐는 온전히 가상(virtual)이며, 전 세계 수천 대의 독립적인 컴퓨터에 복제되는 분산 원장(distributed ledger; 블록체인)에 실존한다(그리고 거래에 사용된다).

2009년 나카모토 사토시(가명으로 추정)는 정부나 중앙은행으로부터 독립된 디지털 통화인 비트코인과 비트코인이 존재하고 기록되는 블록체인 원장을 발명했다. 비트코인이 발명되기 전, 돈을 사용하는 유일한 방법은 거래에서 실물 화폐를 직접 교환하거나, 은행이나 페이팔(PayPal)과 같은 중개자를 통해 디지털 화폐를 교환하는 것뿐이었다. 이러한 거래에 사용된 돈은 정부에 의해 통제되므로 중앙에서 통제되는 통화 또는 '명목화폐(fiat currency)'로 간주된다. 즉, 그 가치는 정부의 인가(fiat)에 의해 결정된다. 반면 비트코인은 개인이 중개자 없이 직접 거래할 수 있는, 즉 정부가 통제하지 않는 디지털 통화이다. 각 거래는 수천 대의 독립적인 컴퓨터로 구성된 P2P 네트워크를 통해 검증되므로 임의로 시스템을 종료하거나 조작하거나 제어하는 것이 거의 불가능하다.

이러한 검증 및 확인을 수행하는 시스템이 *블록체인*으로 알려진 분산 원장 시스템이다. 각 개별 은행들이 자체 거래 기록을 유지하는 것과는 달리 암호화폐의 경우 하나의 글로벌 기록, 즉 '원장'만이 특정 암호화폐를 사용하여 이루어진 모든 거래 기록을 담고 있다. 모든 것이 동일한 원장에 기록되지만, 이 원장은 분산화되어 있다. 해당 원장의 수많은 사본이 유지되고 업데이트된다는 점에서 분산되어 있는 것이다. 이것이 바로 블록체인이 분산형 금융(decentralized finance), 즉 'defi'로 간주되는 이유이다. 암호화폐 채굴 또는 '비트코인 채굴'은 개인이 원장 사본 거래를 처리하거나 특정 작업에 대한 보상으로 일부 비트코인(또는 기타 암호화폐)을 얻을 수 있도록 자신의 컴퓨터를 설정할 때 일어난다. 전 세계적으로 백만 명이 넘는 비트코인 채굴자가 존재하며, 이러한 모든 분산형 채굴자는 네트워크상의 모든 거래를 실시간으로 확인하고 있다. 이는 계정항목의 부적절한 변경을 거의 불가능하게 한다. 계정항목의 불일치는 수천 명의 채굴자가 즉시 확인할 수 있기 때문이다.

블록체인의 아이디어는 은행이나 정부와 같은 중앙화된 중개자 없이 개방적이고 추적 가능한 거래의 세계를 만들려는 것이었다. 각 거래는 공개 키(public key)와 연결되어 있으므로 다른 사람에게 이름이 표시되지 않지만 거래는 공개적으로 기록된다. 며칠, 심지어 몇 주가 걸리던 송금을 블록체인을 사용하면 거의 즉시 완료할 수 있게 되었다. 국제 결제가 몇 분 만에 이루어질 수 있고, 환율의 영향도 없으며, 기존 중개인이 부과하는 거래수수료보다 훨씬 낮은 거래수수료로 거래가 가능하다.

블록체인은 비트코인 거래 이상의 용도로 활용될 수 있다. 2011년까지 새로운 경쟁자들은 블록체인을 채택하여 자체 암호화폐를 출시했으며, 가장 높은 가치, 합법성 및 광범위한 활용성을 얻기 위한 경쟁을 시작했다. 다음 10년 동안 수천 종류의 암호화폐가 등장했는데, 각각은 약간씩 다른 기능을 갖고 있었고, 그중 다수는 비트코인에서 활용했던 것보다 블록체인이 지원하는 더 복잡한 기능을 활용하기 시작했다. 2022년에도 비트코인은 여전히 가장 큰 암호화폐였으나, 가장 큰 도전자는 이더리움 블록체인 플랫폼을 기반으로 하는 이더리움(Ethereum)이었다([표 7.1] 참조). 이더리움은 비트코인 매거진(Bitcoin Magazine)의 공동 창립자인 비탈릭 부테린(Vitalik Buterin)이 2013년에 처음 제안했다. 이더리움은 비트코인보다 더 복잡한 거래를 가능하게 했다. 그것은 스마트 계약이라는 애플리케이션 코드를 실행하고 검증한다. 이더리움의 솔리디티(Solidity) 스크립팅 언어와 이더리움 버추얼 머신(Ethereum Virtual Machine)을 사용하여 개발자는 플랫폼에서 다양한 애플리케이션을 만들 수 있다. 이는 개발자가 안드로이드 및 iOS 운영체제를 사용하여 휴대폰용 앱을 만드는 방법과 유사하다. 이러한 애플리케이션을 사용하면 투표, 부동산 양도, 보험 제공, 대출 등과 같이 현재 중앙 집중형 조직이 통제하는 다양한 유형의 거래를 분산화할 수 있다.

많은 신기술과 마찬가지로 암호화폐도 해결해야 할 몇 가지 문제를 지니고 있었다. 가장 큰 문제 중 하나는 가치의 변동성이었다. 수천 명의 개인과 기업들이 암호화폐를 생산하기 시작하고 수백만 명의 투자자가 시장에 몰려들면서 암호화폐의 가치는 매우 불안정해졌다. 예를 들어 2021년 11월 초부터 2022년 6월 중순까지 비트코인의 가치는 67,000달러 이상에서 약 20,000달러로 70% 이상 하락했다. 같은 기간 동안 이더리움은 4,800달러 이상에서 약 1,000달러로 거의 80% 하락했고, 암호화폐 시장의 전체 시가총액은 2020년 6월 중순에 최고치인 3조 달러에서 1조 달러 미만으로 약 66% 감소했다. 말할 필요도 없이 이런 가치 하락은 많은 암호화폐 투자자들을 뒤흔들었다. 비평가들은 암호화폐 거래 검증을 위해 수천 대의 컴퓨터가 연산처리를 해야 하는데, 여기에 많은 전력이 소모된다는 점을 지적하기도 했다. 한 추산에 따르면 비트코인 처리에만 연간 127테라와트시(TWh)의 에너지가 소비된다고 한다. 이는 노르웨이의 연간 전력 소

표 7.1 시가총액 기준 상위 10개 암호화폐, 2022년 8월 16일 기준

	암호화폐	가격	시가총액
	1. Bitcoin	$24,034	$459,388,930,913
	2. Ether	$1899	$231,387,128,723
	3. Tether	$1	$67,569,580,989
	4. USD Coin	$1	$53,472,832,592
	5. BNB	$318	$51,356,773,982
	6. Cardano	$.58	$19,408,871,762
	7. XRP	$.39	$19,189,079,073
	8. Binance	$1	$17,982,583,656
	9. Solana	$44	$15,330,791,972
	10. Dogecoin	$.1	$11,416,913,217

[i] www.coinmarketcap.com, retrieved August 16, 2022.

비량보다 많은 수치이다.[3)]

분산형 금융(및 기타 거래)은 특히 중앙 집중식 통제가 부패하기 쉽거나 비용이 많이 소요되는 상황에서 엄청난 가능성을 가지고 있다. 따라서 현 상황은 블록체인의 일부 버전의 모습일 뿐이라고 결론짓는 것이 적절한 평가일 것이다. 그러나 어떤 암호화폐와 플랫폼이 계속 힘을 발휘할 것인지, 장기적으로 지배력을 갖게 될 것인지는 여전히 누구도 추측할 수 없다. 초기 암호화폐 시장은 분명히 아직도 격동의 시기에 있으며, 지배적인 형태가 될 제품이나 시장 아키텍처를 우리는 아직 보지 못한 것일 수 있다.

7.1 개요

7.1 하이테크산업에 대해 이해한다.

표준 및 호환성이 중요한 전략적 지렛대가 되는 산업에서는, 초기에 특정 기업에게 경쟁우위를 줄 수 있는 기술은 때로 다른 기업들이 극복하기 힘든 경쟁적 지위를 보장해 줄 수 있다. 그 결과 이러한 산업은 흔히 '승자독식(winner-take-all)' 시장이 된다. 이러한 산업에서 성공하기 위해서는 전통적인 산업에서와는 다른 전략이 필요할 수 있다. 기업들은 표준화를 둘러싼 전쟁에서 승리하기 위해 자신이 선택한 기술이 채택되도록 공격적으로 다양한 전략(때로는 무료로 제품을 제공하는 것을 포함하여)을 사용할 수 있다.

이 장에서는 첨단기술이 적용되는 산업에서의 경쟁과 전략의 본질에 대해 살펴볼 것이다. 기술은 일반적으로 재화와 서비스의 생산에 활용되는 일련의 과학적 지식들을 일컫는다. 따라서 첨단 하이테크산업이란 특정 산업에서 기업이 활용하는 과학적 지식 기반이 급속히 발전하고, 그 결과 그러한 기술을 응용하는 제품과 서비스의 속성 역시 빠르게 변화하는 산업을 의미한다. 컴퓨터산업이 흔히 이러한 하이테크산업의 한 전형으로 간주되지만, 다른 예도 얼마든지 있다. 이를테면 최근 무선통신과 인터넷기반 신기술이 엄청난 속도로 개발, 응용되고 있는 통신산업, 세포생물학과 유전자 재조합, 유전체학(genomics)에 기반을 둔 신기술들이 신약 개발의 과정을 혁신하고 있는 제약산업, 그리고 첨단 복합재료와 전자기술, 보다 효율적인 제트엔진의 개발 등이 결합하여 초효율 상용 제트여객기 및 전기 수직이착륙(electric vertical take-off and landing, eVTOL) 항공기를 출현시키고 있는 항공산업 등이 그 예라 할 수 있다.

이 장에서는 다음과 같은 여러 가지 이유로 첨단 하이테크산업에 초점을 둔다. 첫째, 오늘날의 경제활동은 과거 그 어느 때보다도 더 많이 기술에 의존하고 있다. 예컨대 미국 노동통계청에 따르면, 미국 국내총생산(GDP)의 약 10%가 IT산업에 의해 이루어진 것으로 추정되고 있다. 사실 이러한 추정치는 경제에 미치는 기술의 영향을 제대로 반영해 주고 있다고 보기 어려운데, 왜냐하면 앞서 거론했던 다른 하이테크 영역들을 함께 고려한다면 기술의 영향은 이보다 훨씬 더 크게 나타날 것이기 때문이다. 더욱이 기술이 발전함에 따라 많은 기존 산업들이 점점 더 하이테크산업으로 변모해 간다. 예컨대, 바이오 기술과 유전공학의 발전은 종자 곡물 생산을 혁신했고, 그 결과 오랫동안 전통산업으로 여겨졌던 이 분야가 첨단산업으로 바뀌어 갔다. 유통산업 역시 또 다른 전통산업이었으나, 아마존닷컴 같은 회사들이 주도한 온라인 유통 혁신은 이 산업 역시 하이테크산업으로 바꿔 놓았다. 뿐만 아니라 하이테크 제품들은 여러 기존 사업 분야를 혁신했는데, 이를테면 오늘날의 대부분의 자동차들에는 예전의 아폴로 우주선 프로그램에서 사용된 수백만 달러짜리 메인프레임 컴퓨터를 능가하는 전자 계산 능력이 장착되어 있다. 또 월마트와 같은 실물 매장이 커다란 경쟁우위를 발휘하는 데에는 첨단 IT 기술의 활용이 바탕이 되고 있다. 이처럼 하이테크산업의 성장 여파는 매우 크고 확산적이어서, 관련 신기술은 심지어 하이테크로 간주되지 않던 기존 산업에서까지 해당 제품 및 생산 시스템의 여러 측면들을 혁신적으로 변모시키고 있는 중이다.

이와 같이 하이테크산업은 매우 다른 제품들을 생산해 낼 수 있지만, 경쟁우위와 우수한 수익성, 이익 증대를 이루어 내기 위해 비즈니스모델과 전략을 개발하고자 할 때는 이들의 제품시장에서도 매우 유사한 상황이 전개된다. 예컨대 '승자독식'의 포맷 전쟁(format war) 양상은 가전이나 컴퓨터 등 많은 하이테크산업에서 공통적으로 관찰될 수 있는 현상이다. 또 결제 분야에서는 성장 중인 모바일 결제 시스템 중 하나가 그동안 전 세계적으로 모든 결제거래를 과점해 왔던 비자(Visa)나 마스터카드(MasterCard), 아메리칸 익스프레스(American Express)와 같은 기존의 주요 기업들을 대체해 버릴 수 있다. 그렇게 되면 새로운 표준을 통제하는 기업들은 상당한 이익을 누리게 되는 반면에, 기존의 비자나 마스터카드, 아메리칸 익스프레스에는 상당한 손실이 발생할 수 있을 것이다. 이에 기업들은 전략적인 제휴를 추구하거나 또는 수십억 달러에 이르는 결제수수료를 선점할 수 있도록 만들어 줄 새로운 표준을 지원하는 등의 노력을 조심스럽게 전개하고 있다. 이 장에서는 많은 하이테크산업에서 발견되는 경쟁적 특징들에 대해 이해하고, 또 기업들이 탁월한 성과와 이윤 증대를 달성하도록 만들어 줄 새로운 비즈니스모델을 도입하는 전략에 대해 살펴본다.

7.2 기술 표준화가 산업에서 자주 일어나는 이유와 경쟁에서 활용되는 방식을 설명한다.

7.2 기술 표준과 포맷 전쟁

기술 표준
제품 또는 그 부품을 생산하고자 할 때 제품 생산자들이 반드시 적용하고 준수해야 하는 기술적 명세나 내용

기술 표준(technical standard)은 제품 또는 그 부품을 생산하고자 할 때 제품 생산자들이 반드시 적용하고 준수해야 하는 기술적 명세나 내용이다. 특히 하이테크산업

에서는 기술 표준을 보유하는 것이 경쟁우위 확보의 중요한 원천이 될 수 있다.[4] 또한 많은 경우 제품차별화는 바로 이 기술 표준에 기반하여 이루어지게 된다. 흔히 하이테크 시장에서는 하나의 표준만이 시장을 지배하게 되고, 따라서 하이테크 산업에서는 표준을 선점하기 위한 기업 간 경쟁이 치열하게 전개된다. 예컨대 마이크로소프트는 지난 40여 년 동안 퍼스널 컴퓨터 운영체제 제품 시장에서 때로는 점유율이 90%를 웃돌 정도로 이 시장을 지배해 왔다. 그러나 주지하듯이 마이크로소프트는 스마트폰과 태블릿 제품의 운영체제 시장에서는 2022년 기준 1% 미만의 매우 낮은 점유율밖에 갖고 있지 못하기 때문에, 이는 향후 이 회사에게 매우 돌발적인 변화가 초래될 가능성을 시사해 준다([전략 실행 사례 7.1] 참조).

시장에서 기술 표준을 설정하고 통제하기 위한 싸움을 흔히 **포맷 전쟁**(format war)이라고 한다. 이는 본질적으로 차별화의 원천을 통제하는 것임은 물론, 차별화가 고객을 위해 창출하는 가치를 선점하기 위한 싸움이라고 할 수 있다. 차별화된 제품은 종종 프리미엄 가격을 요구하며, 개발하는 데도 많은 비용이 든다는 점에서 이 전쟁이 가지는 의미는 매우 크다고 할 수 있다. 하이테크산업일수록 기업의 수익성과 생존은 바로 이 전쟁의 결과에 달려 있는 경우가 많다.

포맷 전쟁
차별화의 원천을 통제하는 것은 물론, 그러한 차별화가 고객을 위해 창출하는 가치를 선점하고자 하는 싸움

전략 실행 사례 7.1

이른바 '세그먼트 제로' 시장은 과연 마이크로소프트에 심각한 위협이 될 것인가?

1980년부터 2013년까지 마이크로소프트는 퍼스널 컴퓨터 운영체제의 지배적인 사업자로 군림하면서, 컴퓨터 하드웨어와 소프트웨어 산업의 여러 측면에서 강력한 영향력을 행사해 왔다. 같은 기간 동안에 유닉스(Unix), 지오웍스(Geoworks), 넥스텝(NeXSTEP), 리눅스(Linux), 맥 OS(Mac OS) 등 여러 경쟁 운영체제들이 많이 개발되고 도입되었지만, 마이크로소프트는 해당 기간 동안 PC 운영체제 시장에서 약 85%에 달하는 안정적인 시장점유율을 기록해 왔다. 하지만 2018년에 이르러 컴퓨터 운영체제 시장에 대한 마이크로소프트의 지배는 그 어느 때보다도 심각한 위협에 직면하게 되었다. 차세대 컴퓨팅 시스템 시장의 지배를 위한 치열한 경쟁이 가속화되었고, 바로 이 시장에서 마이크로소프트는 미처 경쟁의 전면에 나서지도 못한 처지가 되었기 때문이다.

"세그먼트 제로(Segment Zero)"

인텔(Intel)의 전 CEO였던 앤디 그로브(Andy Grove)가 1998년에 이미 언급한 바 있듯이 마이크로프로세서, 소프트웨어, 모터사이클, 그리고 전기자동차 등 여러 산업 분야에서 기술은 고객이 해당 기술에 관련하여 가지는 요구보다 더 빠르고 복잡하게 진보해 왔다. 즉, 기업은 고객이 특정 제품에 대해 기대하고 적응해 가는 것보다 더 빠른 속도로 해당 제품의 성능과 특징을 개선해 온 것이다. 왜 기업은 이처럼 일반 고객이 원하는 것보다 더 높은 수준으로 고성능 제품을 출시하는 것일까? 해답은 아마도 시장 세분화와 기술 제공자의 가격정책 및 목표와 연관이 있어 보인다. 한 시장에서 경쟁이 치열해질수록 일반적으로 제품의 가격과 마진은 점차 낮아지게 되는데, 이 경우 기업은 주요 타깃 고객층을 종종 시장의 상위계층으로 옮겨 가고자 한다. 그 이유는 이 프리미엄 고객층의 경우 고성능 및 고사양 제

품으로 보다 높은 가격과 마진을 획득하기 쉽기 때문이다. 고객들 역시 점차 시간이 갈수록 좀 더 나은 성능의 제품을 기대하기 마련이지만, 새로운 제품 특성이나 사양을 익히고 또 자신의 라이프스타일을 그에 적응시키기 위한 필요성 때문에, 아무래도 그러한 성능 개선을 충분히 활용하기까지는 시간이 걸릴 수밖에 없다. 따라서 기술 개선의 궤적과 고객 수요의 궤적은 모두 우상향이지만, 기술 개선의 궤적은 더 가파르게 나타나게 된다.

[그림 7.1]에서 보듯이 기술 궤적은 대개 대량시장(mass market)이 요구하는 성능 수준에 맞춰 시작된다. 그렇지만 시간이 흘러 기업이 시장의 고급 상위계층을 주 타깃으로 함에 따라 기술 궤적은 대량시장의 기대보다 훨씬 더 빠른 속도로 증가해 가게 된다. 성능 개선에 따라 제품에 반영된 기술의 가격이 점차 증가됨에 따라, 대량시장의 고객들은 자신이 굳이 원하지 않는 성능의 제품을 위해 과도한 가격을 지불하고 있다고 느낄 수도 있다. [그림 7.1]에서 보면 시장의 하위계층의 경우 이들이 원하는 제품을 제대로 공급받지 못하고 있음을 알 수 있다. 이들의 경우 굳이 원하지 않는 제품 사양과 기술을 위해 훨씬 더 높은 가격을 지불하든가, 아니면 그 기술의 향유를 포기해야만 한다. 일찍이 인텔사의 CEO였던 앤디 그로브가 '세그먼트 제로'라고 일컬었던 것이 바로 이 세분화시장을 의미한다.

당시 인텔의 경우 세그먼트 제로는 저가(1,000달러 미만) 개인용 컴퓨터 시장이었다. 비록 이 세분화된 시장이 제품의 마진 면에서는 그리 매력적이지 않지만, 소홀히 하게 되면 해당 기술의 저가 버전을 제공하는 기업들의 서식지가 될 수 있다. 그로브는 "흔히 시장의 간과하기 쉽고, 서비스가 부족하며, 겉보기에 수익성이 없어 보이는 부분이 경쟁 상황의 큰 변화를 만들어 내는 비옥한 토양이 될 수 있다"고 지적한다.

좀 더 단순한 기술을 이용해 하위계층의 시장을 공략하던 회사도 자신의 기술 궤적을 따라 점차 제품의 성능을 높여 가면, 이 기술 궤적의 기울기 역시 고객의 기대 궤적 기울기보다는 더 가파르기 때문에 언젠가 대량시장 고객의 요구를 충족시킬 수 있는 성능 수준에 다다르게 된다. 그렇지만 프리미엄 기술보다는 훨씬 더 낮은 가격에 이러한 성능을 제공할 수 있게 된다([그림 7.2] 참조). 이 지점에 이르게 되면, 프리미엄 기술을 제공하던 기업은 하위 시장을 자신과 전혀 다르게 인식하고 접근했던 산업 내 경쟁자들에게 갑자기 매출의 상당 부분을 빼앗기는 현실에 처할 수 있다. 예컨대 1998년에 이르자 마이크로프로세서의 성능 개선과 가격의 하락이 결합되어 이제 1,000달러 미만의 퍼스널 컴퓨터 제품이 시장의 20%를 점하게 되는 변화가 초래되었다.

그림 7.1 기술 개선과 고객 수요의 궤적

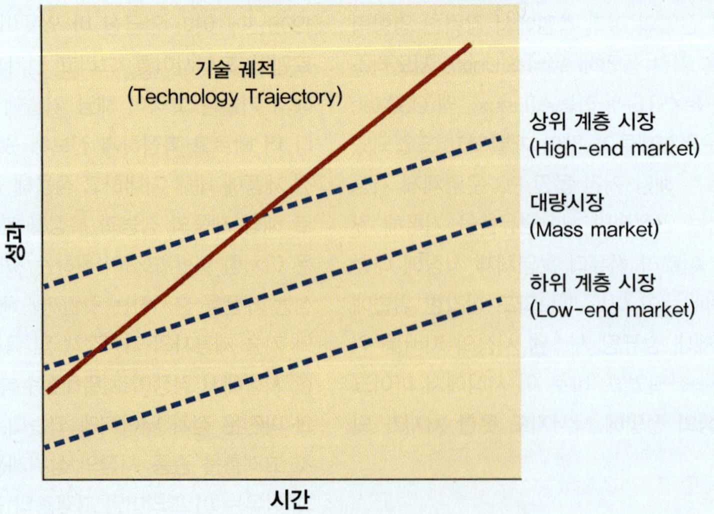

마이크로소프트에 대한 위협

그러면 마이크로소프트를 위협할 수 있는 '세그먼트 제로'는 어디에 있었을까? 2018년 애플의 아이폰 운영체제(iOS)와 구글의 안드로이드는 전 세계 스마트폰 운영체제 시장에서 99% 이상을 장악했다. iOS와 안드로이드 운영체제가 제공하는 인터페이스는 세련된 디자인과 더불어 놀라운 사용상의 편의성을 제공했다. 또 이러한 스마트폰들을 위해 운영되었던 애플리케이션 비즈니스모델은 응용 애플리케이션 프로그램 개발자들과 고객들에게 더없이 매력적으로 비춰졌고, 그 결과 엄청나게 다양한 애플리케이션들이 개발, 이용되게 되었다.

전통적인 경제학적 관점에 입각해서 보자면 이러한 휴대폰 운영체제 시장은 마이크로소프트에게 결코 매력적인 것이 아니었다. 이를테면 사람들은 이 애플리케이션 프로그램들에 그다지 많은 돈을 쓰려 하지 않았고, 또 하드웨어인 스마트폰 기기 사업자들은 상대적으로 지나치게 큰 협상력을 보유하고 있었다. 그러나 스마트폰 운영체제는 곧 태블릿의 운영체제가 되었고, 태블릿 컴퓨터의 성능이 빠른 속도로 강력해져서 점점 더 일반 컴퓨터에 근접해 가고 있었다. 이렇게 되자 애플과 구글이 스마트폰 운영체제에서 획득했던 인지도가 갑자기 퍼스널 컴퓨터 운영체제의 인지도에도 변화를 야기하기 시작했다. 오랜 기간 동안 컴퓨터산업을 주도해 왔음에도 불구하고, 마이크로소프트의 지배적인 시장지위는 사라질 위기에 처해 있었다.

그림 7.2 대량시장 궤적과 만나는 저급(단순) 기술 궤적

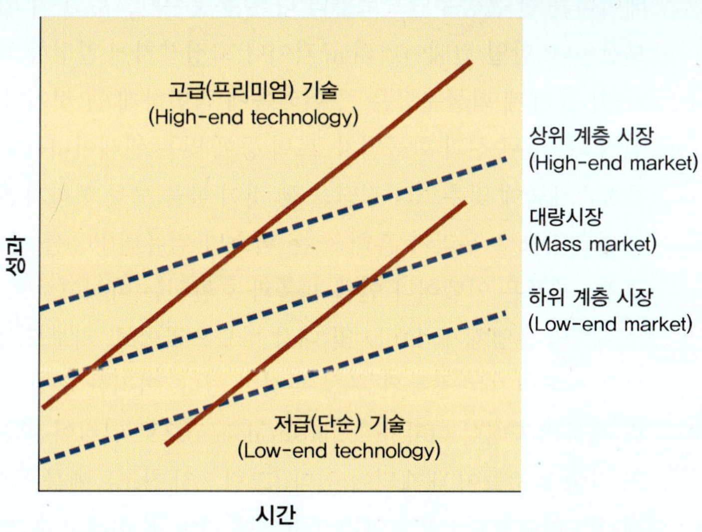

출처: Adapted from M. A. Schilling, "'Segment Zero': A Serious Threat to Microsoft?" Conceptual Note, New York University, 2013; A. S. Grove, "Managing Segment Zero," *Leader to Leader* 11 (1999); L. Dignan, "Android, Apple iOS Flip Consumer, Corporate Market Share," *Between the Lines*, February 13, 2013; J. Edwards, "The iPhone 6 Had Better Be Amazing and cheap, Because Apple Is Losing the War to Android," *Business Insider*, May 31, 2014; M. Hachman, "Android, iOS Gobble Up Even More Global Smartphone Share," *PC World*, August 14, 2014. IDC 2018.

7.2a 표준의 사례

표준에 관한 대표적이고 친숙한 한 예가 바로 컴퓨터 키보드 구성이다. 고객이 어떤 키보드를 구매하든지 간에 키보드의 글자들은 모두 동일한 패턴으로 배열되어 있다.[5] 이유는 간단하다. 예컨대 컴퓨터 제조사들이 각기 자판 배열을 전부 다르게 만들어서 판다고 가정해 보라. 그래서 어떤 회사 컴퓨터는 자판 배열의 첫 열이 QWERTY[주지하듯이 이게 실제로 정해져 있는 포맷이며 흔히 QWERTY(쿼티) 포맷으로 불린다]로 되어 있는 반면, 다른 회사 것은 YUHGFD, 또 다른 회사는 ACFRDS로 되어 있다고 가정해 보자. 그럴 경우, 이미 한 자판 배열에 익숙해져 있는 사람이라면, 다른 자판 배열을 다시 익히는 것은 무척이나 성가신 일이 될 것이다. 그러므로 표준 자판 배열인 QWERTY 포맷은 사람들로 하여금 컴퓨터를 바꿔 사용하는 경우에도 컴퓨터 입력기기인 키보드의 사용을 편리하게 만들어 준다.

기술 표준의 또 다른 예는 트럭이나 화물열차, 그리고 배에서 화물을 운송할 때 이용하는 컨테이너의 가로, 세로, 높이 규격에서 찾아볼 수 있다. 또 이들 컨테이너를 화물선 등 운송수단의 표면에 고정시키는 장치나 컨테이너끼리 고정시키는 장치 역시 모두 동일한 메커니즘을 가진 것을 쓰도록 되어 있다. 이처럼 컨테이너 규격을 통일시키게 되면, 트럭이나 화물열차에서 화물선으로 옮겨 싣는 경우처럼 컨테이너를 한 운송수단으로부터 다른 운송수단으로 옮겨 실을 때 상당한 편리함이 보장된다. 만일 컨테이너의 규격이나 고정장치에 일정한 표준이 존재하지 않게 된다면, 전 세계 화물운송은 큰 어려움에 직면하게 될 것이다. 운송업체들은 각기 자신의 화물운송선과 화물열차, 트럭 등에 맞는 컨테이너를 확보해야 하고 전 세계의 운송스케줄에 맞추느라 진땀을 뺄 것이 불을 보듯 뻔하기 때문이다.

마지막으로 우리가 흔히 쓰는 퍼스널 컴퓨터(PC)를 예로 들어 보자. 일반적으로 PC 제품은 인텔이나 인텔 제품과 호환되는 마이크로프로세서, RAM, 마이크로소프트의 운영체제, DVD 및 내장 하드드라이브, 키보드, 모니터, 마우스, 모뎀 등으로 이루어지는 공통된 구성 특징이 있다. 이러한 구성 특징은 흔히 퍼스널 컴퓨터 제품의 **지배적 디자인**(dominant design)으로 일컬어진다. 이러한 디자인에는 여러 기술 표준들이 내재되어 있다([그림 7.3] 참조). 예를 들어 인텔의 마이크로프로세서와 마이크로소프트의 운영체제에 기반한, 이른바 윈텔(Wintel) 기술 표준이 있다. 마이크로소프트와 인텔은 퍼스널 컴퓨터 제품의 핵심인 바로 이 표준을 '소유'하고 있는 것이다. 그렇기 때문에 응용 소프트웨어와 부품 개발업체는 물론, 프린터 등과 같은 주변기기 제조업체들은, 자신의 제품이 윈텔 표준에 기반한 PC 제품에서 잘 구동되도록 하려면 제품을 개발할 때 반드시 이 표준을 준수해야 한다. PC를 주변기기들과 연결시켜 주는 USB(universal serial bus) 역시 또 다른 기술 표준의 한 예인데, 이는 해당 산업 내 기술 표준 제정위원회에서 만들어졌다. 이 경우 기술 표준은 특정 기업이 소유하지 못하며 공공영역(public domain)에 속하게 된다. 세 번째 기술 표준은 컴퓨터와 인터넷 간의 통신을 위한 기기인 모뎀과 관련이 있다. 소위 TCP/IP로 알려진 이 표준 역시 산업 내 기업 간 연합을 통해 만들어졌고, 따

지배적 디자인
제품의 공통된 구성 혹은 디자인 특징들

그림 7.3 퍼스널 컴퓨터의 기술 표준

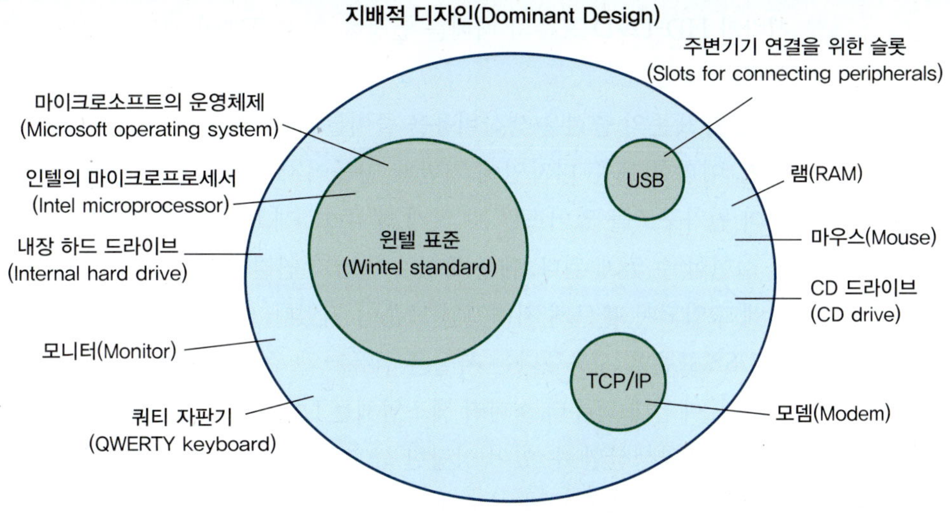

라서 이 기술 표준 역시 공공영역에 속해 있다. 그러므로 다른 많은 제품들처럼 PC 역시 실제로 몇 가지 기술 표준에 기반해서 만들어진다고 볼 수 있다. 또한 마이크로소프트와 인텔이 윈텔 표준을 갖고 있듯이, 특정 회사가 특정 제품의 기술 표준을 보유하고 있을 경우, 그것은 경쟁우위와 고수익을 보장하는 원천이 될 수 있다는 사실을 명심할 필요가 있다.

7.2b 표준의 이점

표준은 그것과 연관된 경제적 이점이 크기 때문에 출현한다. 우선, 기술 표준은 제품과 그 부품 간의 호환성을 보장해 준다. 예컨대 컨테이너는 화물열차나 화물선, 트럭 등의 운송수단들과 함께 이용된다. 또 PC는 응용소프트웨어 제품과 함께 사용된다. 이 경우 제품 간의 호환성은 특정 제품이 다른 제품과 조화롭게 작동되도록 만드는 데 소요되는 여러 가지 비용을 줄여 주기 때문에 가시적인 경제적 이득을 가져다줄 수 있다.

둘째, 표준은 소비자의 혼란을 줄이는 데 도움이 될 수 있다. 예를 들어 블루레이(Blu-ray)는 출시 시점부터 지배적인 비디오 표준이 되기 위해 HD-DVD와 경쟁하고 있었다. 서로 다른 표준을 기반으로 하는 플레이어는 상호 호환되지 않았다. 블루레이 플레이어에서 실행되도록 설계된 디스크는 HD-DVD 플레이어에서 구동되지 않으며, 그 반대의 경우도 마찬가지였다. 기업들은 이처럼 서로 호환되지 않는 DVD 기술에 기반한 제품화가 소비자들의 마음에 혼란을 불러일으켜 이들로 하여금 어떤 제품을 사야 할지 고민하게 만들고, 결국 시장을 지배할 기술이 나타날 때까지 제품 구매를 미루게 되지 않을까 우려하게 되었다 제품에 대한 수요가 없다면 두 기술 모두 시장을 견인해 가기 어렵고 결국 실패할 수밖에 없다. 결국 도시바가 HD-DVD 표준의 패배를 인정한 후 블루레이 매출은 급격히 증가하게 되었다.

셋째, 표준의 출현은 생산비용을 줄이는 데 도움을 준다. 일단 기술 표준이 제정되면, 이러한 표준 디자인에 기반해 만들어지는 제품은 대량생산이 가능해져 제품의 원가구조를 떨어뜨릴 수 있게 해 주고, 제조업체는 상당한 규모의 경제 효과를 실현할 수 있게 된다. 예를 들어 주변기기 연결을 위한 USB 표준은 1990년대 후반에 도입되어 빠르게 지배적인 표준이 되었다. 거의 모든 컴퓨터가 이후 20년 동안 USB 표준을 사용했다는 사실은 컴퓨터와 주변기기의 대량생산을 용이하게 만들었다. 예컨대 컴퓨터 스피커 제조업체는 USB 표준을 준수하는 모든 컴퓨터용 스피커를 대량생산할 수 있어 상당한 규모의 경제를 실현할 수 있었다. 2014년에는 USB C 표준이 도입되어 서서히 시장에 진출하기 시작했으며 아이폰 이외의 휴대폰에서 초기 성공을 거두었다. 그러나 2020년까지 USB C 표준이 아직 지배적이지 않았기 때문에 제조업체는 USB를 지원할지 또는 USB C를 지원할지, 아니면 두 종류의 포트를 모두 장치에 포함시킬지 결정해야 했고, 소비자는 종종 어댑터를 이용하여 연결방식을 조정해야 했다.

넷째, 표준의 출현은 보완재의 공급과 연관된 위험을 줄여 주고, 따라서 그러한 보완제품의 공급을 늘려 주는 효과가 있게 된다. 예컨대 PC에서 구동되는 응용소프트웨어 제품을 개발하는 데 수반되는 위험을 한번 생각해 보자. 이러한 소프트웨어 제품의 개발에는 대개 제품 출시 전 상당한 투자와 노력이 소요되고, 따라서 상당한 위험이 수반되는 일이라 할 수 있다. 전 세계 PC 제품의 약 76%가 윈텔 표준을 준수하고 있는 현 실정과는 달리, 시장에 열 개의 상이한 운영체제가 활용되고 있고, 이들 각 운영체제가 10%씩의 시장점유율을 갖고 있다고 가정해 보자. 만일 그렇다면 응용소프트웨어 개발업체는 동일한 소프트웨어 제품에 대해서도 열 개의 상이한 버전 제품을 각각 별도로 개발해야 할 필요성에 직면하게 될 것이고, 이 경우 각 제품이 타깃으로 하는 시장 역시 매우 작은 규모가 될 수밖에 없다. 이러한 사정은 소프트웨어 제품 개발의 경제성을 크게 변화시키게 되고, 수반되는 위험은 커질 수밖에 없으며, 결국 잠재적인 수익성은 감소될 수밖에 없을 것이다. 더욱이 높은 비용구조와 낮은 수준의 규모의 경제로 인해 소프트웨어 제품의 가격은 결국 상승하게 될 수밖에 없다.

따라서 많은 사람들이 PC 운영체제와 관련해 마이크로소프트의 독점적인 지위와 그것이 초래할 결과에 대해 우려하지만, 이러한 지배력이 가지는 적어도 한 가지 좋은 효과가 있다. 그것은 보완재를 공급하는 제조업체가 직면할 위험과 보완재의 원가를 상당히 줄여 줄 수 있다는 것이다. 실제로 표준은 개별 기업 경쟁자에게 저원가와 차별화의 이점을 동시에 가져다주고, 또 산업의 수익성을 전반적으로 높이는 데 도움이 될 수 있다.

7.2c 표준의 확립

산업 내에서 표준은 대개 다음과 같은 세 가지 주요 방식을 통해 출현한다. 첫째, 표준을 확립하는 것이 여러모로 이득이 크다고 판단될 때, 산업 내 기업들은 정부에 대해 산업 표준 제정을 지시하도록 로비를 하는 등 영향력을 행사해 갈 수 있다. 미국을 예로 든다면, 방송국 및 가전제품 제조업체들과의 긴밀한 토론 후 연방통신위원회(Federal Communication Commission, FCC)는 디지털 텔레비전 방송을 위한 하나의 기술 표준을 지시하였으며, 기존의 아날로그 방송은 2009년에 종료할 것을 요구했다. FCC가 이러한 조치를 취한 이유는, 표준 제정과 관련하여 정부의 개입 없이는 디지털 방송 개시가 지지부진해질 우려가 있었기 때문이다.

둘째, 기술 표준은 때로 정부의 도움 없이 기업 간 협력에 의해 주도될 수도 있는데, 앞서 DVD 포럼의 예처럼 산업 내 기업의 연합체나 협회를 매개로 추진되기도 한다. 기업이 이러한 방식으로 서로 협력하는 이유는, 표준을 주도하기 위한 경쟁이 소비자들에게 여러 가지 불확실성을 가중시키거나 혹은 제조업체나 유통업체에 불리한 위험이 초래될 우려가 있다고 판단하기 때문이다.

정부나 산업 내 협회 등이 표준 제정을 주도하게 되면 이러한 표준은 **공공영역(public domain)**에 속하게 되어 어떤 기업이든 자유롭게 그러한 표준이 기반하고 있는 지식이나 기술을 활용하고 제품을 개발할 수 있게 된다. 예를 들어 QWERTY 자판 배열 포맷은 특정한 어느 한 기업이나 개인이 사적으로 소유하고 있는 것이 아니기 때문에, 누구도 혼자서 이 자판 배열을 이용하여 이익을 독점할 수 없다. 이와 비슷하게, 웹상에서 텍스트나 그래픽을 표현하는 기반 언어인 HTML(hypertext markup language)도 공공영역에 속하는 것이어서, 누구든 이 언어를 무료로 사용할 수 있다. 데이터를 인터넷에 전송하기 위한 통신 표준인 TCP/IP 역시 마찬가지이다.

공공영역
정부나 산업 내 협회 등에 의해 주도된 표준이 존재하여, 어떤 기업이든 자사 제품에 자유롭게 반영하고 활용할 수 있는 표준화된 기술과 지식

그렇지만 산업 표준은 때때로 시장의 고객이 보여 주는 구매 패턴, 즉 시장 수요에 의해 경쟁적으로 선택되기도 한다. 이 경우 기술 표준을 주도해 가기 위한 기업의 전략이나 비즈니스모델이 매우 중요하다. 왜냐하면 특허나 판권에 의해 보호되어 복제가 불허되는 산업 표준을 보유하는 것은 해당 기업에게 지속 가능한 경쟁우위와 탁월한 수익성을 불러오는 소중한 자산이 되기 때문이다. 예를 들어 마이크로소프트나 인텔이 누리는 경쟁우위는 바로 이들 기업이 소유한 특정 기술 표준이나 포맷에서 비롯된 것이 크다. 앞서 언급한 것처럼 포맷을 둘러싼 전쟁은 둘 이상의

기업이 자신의 디자인을 산업 표준으로 채택되도록 하기 위해 서로 경쟁하는 가운데 발생한다. 따라서 표준이 중요한 하이테크산업에서는 포맷 전쟁이 흔하게 발생할 수밖에 없다. 마이크로소프트와 인텔이 애플은 물론, 나중에 IBM의 OS/2 운영체제에 대항한 포맷 전쟁에서 이긴 이후에야 비로소 양사의 윈텔 표준은 PC 제품의 지배적인 표준으로 등극할 수 있었다. 뿐만 아니라 [전략 실행 사례 7.1]에서 볼 수 있었듯이, 스마트폰 시장에서는 또 다른 포맷 전쟁이 현재 진행 중인데, 애플과 구글은 자신의 스마트폰 운영체제 및 기기가 산업 표준으로 채택되도록 만들기 위해 치열한 경쟁을 벌이는 중이다.

7.2d 네트워크 효과, 긍정적 피드백, 락아웃(Lockout)

네트워크 효과
한 산업의 제품 수요를 결정하는 주요 요인으로서, 그 제품과 보완관계에 있는 제품들의 연결망

각기 상이한 포맷을 주도하는 기업 간 경쟁을 통해 표준이 제정되는 경우, 이른바 네트워크 효과가 표준 확립에 중요한 영향을 미치는 요인이 될 수 있다.[6] **네트워크 효과**(network effect)는 한 산업의 제품에 대한 수요가 그 제품과 보완관계에 있는 제품들의 '네트워크' 크기에 의해 주로 결정되는 산업에서 흔히 관찰될 수 있다. 예컨대 20세기 초에 자동차에 대한 수요는 포장도로와 주유소가 얼마나 존재하는지 그 네트워크에 의해 많이 좌우되었다. 마찬가지로 전화기에 대한 수요 역시 그 전화기로 통화할 수 있는 다른 전화번호가 얼마나 존재하는가, 즉 전화기 연결망(말하자면 전화기 연결망 자체가 바로 일종의 보완재인 셈이었다)에 의해 많이 결정되었다. 뉴욕에 전화 서비스가 처음 도입되었을 당시에는 단 100개의 전화번호만이 이용 가능했다. 제한된 전화선과 교환 설비 때문에 전화기 네트워크는 매우 작았고, 그 결과 전화기는 상대적으로 그리 소용이 크지 않은 제품에 불과했다. 그러나 점차 많은 사람들이 전화기를 갖게 되었고, 또 전화선과 교환 설비가 점차 확장되면서 전화 연결망은 새로운 가치를 획득하기 시작했다. 이러한 변화는 전화기 수요의 폭발적 증대를 야기하기 시작했으며, 전화기의 보급 증대는 다시 전화기 보유에 대한 가치를 더 크게 증대시킴으로써 이른바 긍정적인 피드백 순환(positive feedback loop)을 낳게 되었다.

표준의 확립에 네트워크 효과가 왜 중요한지를 이해하기 위해 포맷 전쟁에 관한 고전적인 한 사례, 즉 VCR 제품의 시장 내 표준 기술의 위치를 놓고 벌어졌던 소니(Sony)와 마쓰시타(Matsushita) 간의 경쟁 사례를 살펴보자. 당시 소니는 베타맥스(Betamax)라 알려진 기술을 이용한 VCR 제품을 시장에 처음 출시했고, 이어서 VHS 기술로 제작된 경쟁 제품을 JVC가 내놓게 되었다. 이 두 회사는 VCR 리코더-플레이어 기기를 판매했고, 주요 영화배급사들은 이 VCR 테이프에 영화를 담아 소비자들에게 대여했다. 처음에는 거의 모든 테이프가 소니의 VCR 기기에서 구현되는 베타맥스 포맷으로 출시되었고, 소니는 VCR 플레이어 기기 관련한 모든 제

품을 자신이 직접 만들기 위해 다른 회사에 베타맥스 기술을 이전해 주지 않았다. 게다가 일본 통산성(Ministry of International Trade and Industry, MITI)이 소니의 베타맥스 기술을 일본 표준으로 선정하려는 움직임을 보이자 JVC는 자사의 기술 포맷을 다른 회사에 자유롭게 이전할 것을 결정하고, 당시 일본 최대 가전제품 제조사였던 마쓰시타[지금의 파나소닉(Panasonic)]에 지원을 요청하게 되었다. JVC와 마쓰시타는 VHS 포맷의 VCR 제품이 소비자들에게 가치 있게 다가가기 위해서는 보다 많은 영화배급사들이 자기들의 영화를 VHS 테이프에 담아 출시하도록 유인할 필요가 있다는 것을 깨달았다. 이것을 가능하게 하기 위해서는 VHS 기술의 VCR 제품을 가능하면 빨리 많이 보급하는 것이 필요했다. 시장에 VHS 방식의 VCR 플레이어가 많이 보급되어 있을수록 영화배급사들은 자신들의 영화를 VHS 포맷의 테이프에 담아 출시할 인센티브가 많이 생길 것이기 때문이다. 또한 이처럼 VHS 포맷의 영화 테이프가 시장에 대여용으로 많이 나와 있을수록 VHS 방식의 VCR 플레이어는 소비자들에게 더 많은 가치를 가져다줄 수 있게 될 것이고, 그에 따라 VHS 방식의 플레이어에 대한 수요 역시 증가하게 될 것이었다. 말하자면 JVC와 마쓰시타는 긍정적 피드백 순환이 이뤄지기를 기대했던 셈이다.

이를 위해 JVC와 마쓰시타는 어떤 가전회사들도 일정한 라이선스 계약 하에 자신의 VHS 포맷 플레이어를 제조할 수 있도록 허용하는 기술이전 전략을 추진했고, 이 전략은 효과적으로 작동했다. 수많은 기업들이 이 VHS 방식의 플레이어를 만들기 위해 라이선스 계약에 응했고, 그 결과 VHS 방식의 VCR은 이제 전자제품 매장에서 베타맥스 방식의 플레이어보다 더 흔하게 만날 수 있게 되었다. 이처럼 VHS 방식의 플레이어 판매가 증가하기 시작하자, 영화배급사들 역시 VHS 포맷의 테이프에 더 많은 영화를 담아 출시하기 시작했고, 이는 다시 VHS 플레이어의 수요를 촉진하게 되었다. 오래 지나지지 않아 VCR 테이프 대여점에 가면 VHS 테이프에 담긴 영화는 많은 반면 베타맥스 테이프에 담긴 영화는 점차 찾아보기 어렵게 되었다. 이러한 변화가 가속화되자 긍정적인 피드백 순환이 강화되기 시작했고, 마침내 소니의 베타맥스 기술은 시장에서 점차 사라지게 되었다. 이렇듯 이 두 진영 간의 차이를 만들어 낸 주요 요인은 바로 JVC와 마쓰시타는 자유로운 기술이전 전략을 택한 반면, 소니는 반대의 전략을 선택했다는 점이었다. 그 결과 JVC의 VHS 기술은 사실상 VCR 제품의 표준이 되었다.

네트워크 효과는 QWERTY의 경우처럼 QWERTY의 사용이 많을수록 QWERTY 사용자에게 더 많은 이점을 주는 *직접*[또는 '동일측(same-side)'] *네트워크 효과*와 한쪽의 혜택이 다른 한쪽을 끌어들이는 *간접*[또는 '교차측(cross-side)'] *네트워크 효과*로 나눌 수 있다. VHS 사례는 이러한 간접적인 네트워크 효과를 보여 준다. VHS 플레이어 설치 기반이 커질수록 더 많은 영화제작사가 VHS 방식으로 영화를 녹화하려는 동기를 갖게 되고, VHS 방식으로 제공되는 영화가 많아질수록 VHS 플레이어에 더 많은 잠재구매자가 관심을 갖게 되기 때문이다. 또한, 비디오게임 산업도 간접 네트워크 효과를 보여 준다. 즉, 비디오게임 콘솔의 설치기반이 커질수록 더 많은 개발자가 해당 콘솔용 게임을 제작하고자 할 것이며, 특정 콘솔에서 구동할 수 있는 게임이 많을수록 사용자가 해당 콘솔을 구매할 확률이 높아질 것이다. 양측은 자체강화 순환(self-reinforcing cycle)을 생성한다([그림 7.4] 참조). 비디오게임 콘솔이 독립 게임과 최종 소비자에게 하는 것처럼, 대학이 채용담당자와 학생을 위해 하는 것처럼, 그러한 상호 보완적인 관계를 중재함으로써 간접 네트워크 효과를 창출하는 플랫폼을 '다면 플랫폼(multisided platform)'이라고 한다.

이 사례에서 추출할 수 있는 일반적 원칙은, 두 개 이상의 기업이 산업 표준으로 채택될 기술을 놓고 서로 경쟁할 때, 그리고 네트워크 효과와 긍정적 피드백 순환이 중요한 경우에 *포맷 전쟁에서 승리하는 기업은 바로 긍정적 피드백 순환을 잘 활용할 수 있는 전략을 구사하는 기업*이라는 것이다. 이러한 원칙은 컴퓨터 하드웨어와 소프트웨어, 통신, 가전 산업 등 많은 하이테크산업에서 매우 중요할 수 있다.

네트워크 외부효과와 긍정적인 피드백 순환고리는 신문(독자 수가 광고주를 끌어들인다), 온라인 소매(가장 많은 고객이 있는 사이트가 가장 많은 공급업체를 끌어들이고, 가장 다양한 제품을 갖춘 사이트가 가장 많은 고객을 유치한다), 숙박공유 또는 차량공유 플랫폼에서 매우 중요하다. 예를 들어 우버(Uber)나 디디추싱(DiDi Chuxing) 차량공유 서비스를 생각해 보자. 운전자는 승객이 많은 플랫폼에서 일하고 싶어 할 것이다. 그렇지 않으면 너무 많은 시간을 유휴상태로 보내고 충분한 수입을 얻지 못할 것이기 때문이다. 반면, 운전자가 적은 플랫폼은 승차 대기시간이 매우 길기 때문에 소비자는 운전자가 많은 플랫폼을 이용하기 원한다. 따라

그림 7.4 간접 네트워크 효과의 긍정적 피드백

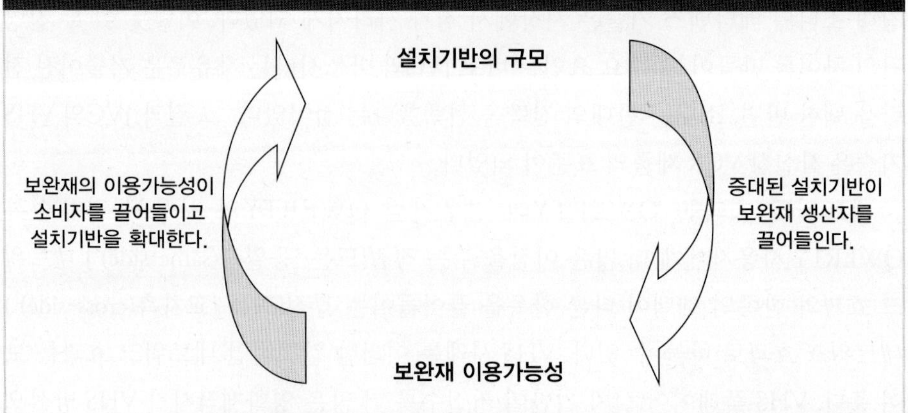

서 운전자가 많은 서비스는 더 많은 승객을 유치하고, 승객이 많은 서비스는 더 많은 운전자를 유치하게 된다. 간접 네트워크 효과는 서비스의 성장을 서비스의 가치 상승으로 이어지게 하고, 특정 서비스가 특정 지역에서 지배적인 지위를 차지할 수 있게 도울 것이다.

긍정적 피드백 순환을 활용하는 방법 중 하나는 피드백 고리의 한쪽 또는 양쪽의 성장을 가속화하는 전략을 사용하는 것이다. 돌비(Dolby)는 이러한 긍정적 피드백 순환을 효과적으로 이용한 사례이다. 레이 돌비(Ray Dolby)가 전문적인 테이프 녹음 작업 시 배경 잡음을 줄일 수 있는 신기술을 발명했을 때, 그는 결코 비싸지 않은 요금을 받고 이 기술을 이전해 주는 라이선스 비즈니스모델을 채택했다. 그는 자신의 기술이 가치 있는 것임을 잘 알고 있었지만, 너무 비싼 기술이전료를 부과하게 되면 경쟁 제조업체들이 잡음 감소를 위한 대안 기술을 개발할 것임을 이해하고 있었던 것이다. 그는 또 테이프 플레이어 기기에만 기술이전료를 부과했을 뿐, 사전에 녹음되어 시중에 팔리는 테이프에는 자신의 기술이 무료로 적용될 수 있도록 허용했는데, 그의 이러한 결정은 강력한 긍정적 피드백 순환을 불러일으켰다. 즉, 시중에 돌비 기술이 적용된 음악 테이프 제품이 많아지자, 이 돌비 기술이 적용된 테이프 플레이어의 수요가 증가하기 시작한 것이다. 또 돌비 기술이 장착된 플레이어가 많이 보급되자, 시중에 판매되는 음악 테이프 중 이 기술이 적용된 테이프가 차지하는 비율이 획기적으로 증가하게 되었고, 이는 결국 돌비 기술이 적용된 플레이어에 대한 수요를 다시 촉진하는 결과를 낳았다. 그리하여 1970년대 중반에 이르러 시중에 유통되는 거의 모든 음악 테이프에는 돌비 잡음 제거 기술이 적용되게 되었다.

긍정적 피드백 순환을 활용하기 위해 고려해야 하는 또 다른 중요한 요인은 바로 전환비용(switching cost)이다. 지배적인 컴퓨터 플랫폼은 전환비용이 높기 때문에 오랫동안 그 지위를 유지하는 경향이 있다. 예컨대 운영체제를 변경하려면 고객이 컴퓨터를 운용하는 새로운 방법을 배워야 하며, 기존 파일이 호환되지 않는 문제에 직면할 수도 있다. 하드웨어 및 소프트웨어 제조업체의 전환비용도 존재한다. 예컨대 소프트웨어 애플리케이션 제작자가 다른 운영체제에서 작동하도록 프로그램을 재설계하려면 상당한 노력과 투자가 필요할 것이다. 따라서 전환비용은 고객과 보완재 생산자 모두를 특정 표준에 묶고, 경쟁자의 표준이 지배적인 표준을 추월하기 어렵게 만든다.

한편 일부 시스템에서는 네트워크 외부성이 높은 전환비용으로 연결되지 않는다. 이는 지배적 지위를 유지하기 어렵게 만드는 요인이 된다. 예를 들어 공급업체가 많은 온라인 소매업체를 소비자가 선호하는 경우, 비용을 거의 또는 전혀 들이지 않고 신속하게 다른 온라인 소매업체로 전환할 수 있다. 제품 공급업체가 소매업체를 바꾸는 것은 이에 비해 다소 복잡할 수는 있으나 일반적으로 엄청난 비용이 들지는 않는다. 따라서 뛰어난 기능이나 더 나은 가격을 제시하는 새로운 소매업체는 상대적으로 쉽게 고객과 공급업체를 유치할 수 있다. 더 일반적으로는, 전환비용이 높지 않다는 것은 지배적 지위가 비교적 고정적이지 않고, 뒤집힐 가능성이 높음을 의미한다. 앞의 내용이 의미하는 바는 다음과 같다. 기업이 긍정적인 피드백 순환을 활용하는 방법 중 하나는 고객이나 공급업체를 기업의 플랫폼에 묶을 수 있는 전환비용을 생성하는 것이다. 예를 들어 차량공유 산업을 생각해 보자. 2022년 기준, 대부분의 차량공유 플랫폼 운전자는 여러 공유 플랫폼에 속해 운전할 수 있으며, 고객은 일상적으로 휴대폰에 여러 차량공유 애플리케이션을 보유하고 있다. 이를 통해 탑승객과 운전자 모두 특정 시점과 가격에 따라 어떤 서비스도 자유로이 선택할 수 있는 것이다. 그러나 특정 지역에서 지배적인 차량공유 회사가 운전자와 탑승자에 대한 충성도 인센티브를 창출하거나 운전자가 독점계약에 서명하도록 하면 지배적 위치를 더욱 견고하게 만들고, 잠재적으로 경쟁사를 봉쇄(lock-out)할 수 있다.

이는 퍼스널 컴퓨터 운영체제 산업에 보여 준 마이크로소프트의 오랫동안 지속된 시장지배력을 통해 선명히 드러난다. 일반적으로 고객들은 운영체제 때문에 PC를 구매하는 것이 아니라, 그 운영체제에서 구동되는 여러 응용프로그램 때문에 PC를 선택한다. 새로운 운영체제는 아직 시장에 널리 보급되어 있지 않을 것이기 때문에, 응용소프트웨어 개발업체들은 이 새로운 운영체제에서 구동되는 새로운 워드프로세서, 스프레드시트, 게임, 그리고 다른 응용소프트웨어 프로그램들을 쉽게 개발할 수 없을 것이다. 그래서 시장에는 아직 이 새로운 운영체제에 적합한 응용프로그램들이 매우 적을 수밖에 없다. 그럼에도 불구하고 소비자가 새로 개발된 운영체제로 바꾸려 한다면, 자신이 기존에 쓰던 여러 응용프로그램들을 포기하는 등 상당한 전환비용을 치르고서야 비로소 이를 실행에 옮길 수 있게 되는데, 실제로 이를 기꺼이 부담하면서까지 운영체제를 전환하는 사람은 별로 없을 것이다. 심지어 이 새로운 운영체제에서 구동되는 여러 응용소프트웨어 프로그램들이 시장에 다양하게 구비되어 있다고 할지라도, 소비자들은 이 응용프로그램들을 새로 구입하는 비용을 치러야 하는데, 이는 또 다른 형태의 전환비용이라 할 수 있다. 더욱이 소비자들은 새로 구입한 운영체제와 응용프로그램들을 학습하고 이에 적응하는 데 상당한 노력과 시간을 들여야 하는데, 이러한 수고 역시 또 다른 전환비용으로 간주할 수 있다. 그러므로 비록 새로운 운영체제가 기존의 윈도우보다 더 나은 성능을 발휘한다 할지라도 소비자들은 제품을 전환하기가 쉽지 않을 것이고, 그 결과 새로운 운영체제를 개발한 회사는 시장에서 도태되기 쉽다.

그렇지만 소요되는 전환비용보다 새로운 기술이 주는 효익이 확실히 더 클 경우에 소비자들은 이러한 전환비용을 감당할 수 있다. 예컨대 1980년대 후반과 1990년대 초반에 많은 소비자들은 새로운 CD 플레이어 기기와 CD 음반을 구입하는 등 상당한 전환비용에도 불구하고 기존의 아날로그 레코드 플레이어에서 새로운 디지털 CD 플레이어로 전환했다. 왜냐하면 많은 사람들에게 있어서 CD로 재생되는 훨씬 더 선명한 음질의 효익이 새로운 플레이어 기기로 옮겨 가는 데 필요한 전환비용보다 훨씬 더 컸기 때문이다.

이러한 전환 과정이 계속되자, 여기서도 긍정적 피드백 순환 과정이 작동되기 시작했다. 즉, CD 플레이어 기기의 보급이 늘자, 이는 전통적인 레코드 음반에 비해 CD에 담긴 음반의 출시 증가를 가져왔고, 이는 다시 CD 플레이어 기기의 매출을 증대시켰다. 급기야 CD 플레이어의 보급이 널리 확대되자 메이저 음반사들은 이제 CD 음반만을 출시하는 경우가 많아졌다. 상황이 여기에 이르자, 새로운 기술로의 전환을 원치 않던 사람들마저도 새로운 음반을 즐기기 위해서는 할 수 없이 새로운 기기를 구입해야 했다. 음반산업의 표준이 바뀌었던 것이다. 새로운 기술은 표준으로 정착된 반면, 예전 기술은 점차 도태되어 갔던 것이다.

이 사례를 기반으로 추론하면, 언젠가는 경쟁 운영체제가 충분한 효익을 제공하여 많은 소비자가 새로운 운영체제로 전환하는 데 따르는 비용을 기꺼이 부담하게 되면, 현재 여전히 시장을 지배하고 있는 PC 제품의 윈텔 표준도 얼마든지 대체될 가능성이 있음을 짐작할 수 있다. 사실, 애플과 구글이 윈텔 표준의 지배력을 조금씩 깨뜨리고 있는 신호가 나타나고 있다. 이는 주로 세련된 디자인과 사용 편의성을 통해 사람들로 하여금 윈텔 컴퓨터에서의 전환비용을 감내하도록 유도하고 있기 때문이다.

7.3 지배적 표준이 되기 위한 전략

7.3 자사의 기술을 시장 표준으로 확립하기 위해 활용할 수 있는 전략을 설명한다.

네트워크 효과와 긍정적 피드백 순환이 작동되는 시장에서 새로운 기술 표준을 주도해 가려는 회사 입장에서는 자사 포맷을 시장의 지배적인 표준으로 확립해 가기 위해서는 과연 어떤 전략을 추구해야 하는지가 가장 핵심적인 과제가 될 수 있다.

포맷 전쟁에서 승리하기 위해 기업이 채택해야 하는 다양한 전략들은 *네트워크 효과가 자사에는 유리하고 경쟁자들에게는 불리하게 작용될 수 있는 방법*을 찾는 데 중점을 두어야 한다. 포맷 전쟁에서 이기기 위해 기업은 가능한 한 빠르게 자사의 표준에 대한 수요기반을 구축함으로써 긍정적인 피드백 순환을 활용하여 소비자가 전환비용을 기꺼이 감내하도록 유도하고 궁극적으로는 시장이 자사의 기술에 고정되도록 만들어 갈 필요가 있다. 이를 위해 기업은 신제품을 출시한 초기에 매출을 가능한 한 빨리 증대시켜 자사의 기술 표준이나 포맷이 산업 표준으로 최대한 빨리 확립되도록 함으로써 경쟁 포맷이 시장에서 퇴출되는 상황을 조성해 갈 필요가 있다. 이러한 목적을 달성하기 위해 여러 가지 핵심 전략과 전술을 채택할 수 있다.[7)]

7.3a 보완재의 적절한 공급

기업은 자신의 제품뿐 아니라 그 제품에 대한 보완재가 시장에 적절히 공급될 수 있도록 만들어 가야 한다. 예컨대 소니의 플레이스테이션5(PS5) 제품의 경우, 이 게임기에서 작동되는 게임 프로그램의 공급이 원활하지 않다면 누구도 이 게임기를 사지 않으려 할 것이다. 기업이 보완재가 적절히 공급되게 하기 위해서는 다음과 같은 두 가지 전형적인 조치를 강구할 수 있다.

첫째, 기업이 다각화를 통해 직접 보완재를 생산함으로써, 자신의 포맷을 위한 초기 수요 진작에 기여할 수 있다. 예컨대 소니는 1990년대 초에 최초의 플레이스테이션 생산에 앞서 이 게임기를 위한 비디오게임을 제작하는 내부 부서를 별도로 운용한 바 있다. 그리하여 플레이스테이션을 처음 출시했을 때 소니는 이 게임기에서 구현되는 열여섯 개의 게임을 동시에 출시하여 고객들이 쉽게 이 게임기를 구입하도록 유인했다. 이와 비슷하게 테슬라(Tesla)도 소비자들이 전기차를 무료로 충전할 수 있는 자사만의 초고속 충전소 네트워크를 구축하고 있다.

둘째, 기업은 다른 독립 기업들이 자신의 제품에 대한 보완재를 생산하도록 유인하거나 혹은 이러한 보완재 생산이 보다 용이한 환경을 조성할 필요가 있다. 소니는 수많은 독립 게임 개발자들에게 플레이스테이션용 게임을 개발, 생산할 수 있는 권리를 이전해 주었고, 또 이들에게 닌텐도나 세가 같은 경쟁기업들보다 더 저렴한 로열티 수수료를 부과했으며, 심지어 자신의 게임을 개발하는 데 필요한 소프트웨어 장비를 이들에게 대여해 주는 등의 조치를 취했다(오늘날에는 애플과 구글이 자신의 스마트폰과 관련하여 이와 비슷한 조치를 취하고 있다). 이러한 노력의 결과로 소니의 플레이스테이션이 출시될 당시 약 30여 개의 게임이 동시에 출시될 수 있었고, 결과적으로 게임기의 수요를 촉진하는 데 기여하게 되었다.

7.3b 킬러 애플리케이션의 활용

킬러 애플리케이션
소비자들에게 상당히 인기가 있어서, 이들로 하여금 새로운 포맷이나 기술을 적극 수용하도록 유인함으로써 결과적으로 경쟁 포맷에 대한 수요를 잠재우는 역할을 하는 응용프로그램 혹은 제품 및 기술의 응용 측면들

킬러 애플리케이션(killer application)이란 소비자들에게 상당히 인기가 있어서 이들로 하여금 새로운 포맷이나 기술을 적극 수용하도록 유인함으로써 결과적으로 경쟁 포맷에 대한 수요를 잠재우는 역할을 하는 응용프로그램 혹은 제품 및 기술의 응용 측면들을 뜻한다. 이러한 킬러 애플리케이션들은 흔히 새로운 표준에 대한 수요를 폭증시키는 데 기여한다. 예를 들어 1990년대에 소비자들을 AOL 같은 기업

의 온라인 서비스에 가입하도록 유인한 킬러 애플리케이션은 당시로서는 획기적이었던 이메일이나 채팅방, 그리고 웹을 탐색할 수 있는 기능이었다. 기존 핸드폰에 비해 비싼 가격에도 불구하고 소비자들이 스마트폰을 선택하도록 한 킬러 애플리케이션은 메시지 전송 및 지도 애플리케이션이다.

이상적으로는 새로운 기술 표준을 주도하고자 하는 기업이 일종의 보완제품으로서 이러한 킬러 애플리케이션을 직접 개발하여 보급할 수 있다. 그렇지만 다른 기업들이 개발한 애플리케이션을 적극 활용하는 선택을 할 수도 있다. 예컨대 1981년에 도입된 IBM PC의 초기 판매에는 당시 이 PC에서 매우 중요했던 VisiCalc(스프레드시트 프로그램)와 EasyWriter(워드프로세서 프로그램) 응용소프트웨어 프로그램의 도입이 결정적인 역할을 했는데, 이 두 프로그램은 모두 다른 독립된 회사들이 개발한 것들이었다. 당시 IBM은 이러한 애플리케이션 프로그램들이 애플II 같은 경쟁 PC 제품의 급속한 수요 유발에 중요한 역할을 하는 것을 지켜본 바 있었다. 따라서 이러한 소프트웨어를 개발한 업체들과 발 빠른 제휴를 한 다음에 자신의 PC에서 구동되는 애플리케이션들을 적극 도입하여 IBM PC의 보완재로 같이 판매했는데 이러한 전략은 결국 성공으로 귀결되었다.

비디오게임 산업에서 마이크로소프트, 닌텐도, 소니 같은 콘솔 생산업체는 특정 게임을 선정하여 홍보함으로써 이를 킬러 애플리케이션으로 전환하는 데 도움을 주기도 한다. 예를 들어 플레이스테이션은 'Platinum: The Best of PlayStation' 상을 통해 각 콘솔 세대의 최고의 게임을 지정한다. 마찬가지로 닌텐도는 'Nintendo Selects'를, 마이크로소프트는 'Greatest Hits for Xbox One'을 선정한다. 이와 같은 활동은 잠재고객에게 게임 품질에 대한 긍정적 신호를 보내고, 게임과 콘솔에 대한 '입소문'을 내는 데 도움을 준다. 이러한 방식의 보완재 선정은 해당 제품을 블록버스터로 만드는 데 도움이 될 수 있으며, 이는 결국 플랫폼 판매를 늘리는 것으로 이어진다.[8)]

7.3c 공격적인 가격정책과 마케팅

제품의 초기 수요를 급속히 늘리기 위해 흔히 채택되는 전략 중의 하나는 이른바 **면도기와 면도날 전략**(razor and blade strategy)이다. 면도기와 면도날 전략이란, 제품(예: 면도기)에 대한 수요를 촉진하고 제품의 초기 보급을 빠르게 증가시키기 위해 제품의 가격은 거의 원가로 책정하는 대신에 이 제품에 대한 보완재(예: 면도날)는 상대적으로 가격을 높게 책정하여 두 제품의 판매에서 높은 수익을 구가해 가는 전략을 말한다. 이 전략은 실제 면도기와 면도날을 판매할 때 이러한 전략을 처음 구사했던 질레트로부터 그 이름이 유래되었다. 다른 많은 기업들도 이 전략을 활용했는데 이를테면 휴렛패커드(HP)가 프린터는 아주 저렴하게 공급하면서, 프

면도기와 면도날 전략
제품의 수요 촉진을 위해 해당 제품의 가격은 낮게 책정하는 대신, 그 제품에 대한 보완재의 가격은 높게 책정하는 가격정책

린터의 소모품인 잉크 카트리지의 판매에서 오히려 더 많은 수익을 올리는 것도 그 한 예라고 볼 수 있다. 이 경우 프린터는 바로 '면도기'에 해당하는 제품으로서 제품의 수요를 촉진하고 또 소비자들이 기존에 쓰던 프린터에서 자사의 프린터로 보다 쉽게 넘어오도록 유인하기 위해 일부러 가격을 낮게 책정한다. 반면에 잉크 카트리지는 '면도날'에 해당하는 제품으로, 상대적으로 높은 가격을 책정하여 바로 이 제품들에서 높은 수익을 창출하는 것이다. HP가 판매하는 잉크젯 프린터는 전용성(專用性)이 높은 기술 포맷의 전형적인 한 예라고 볼 수 있다. 그것은 HP의 잉크 카트리지는 오로지 HP 프린터에만 사용할 수 있을 뿐, 이를테면 캐논(Canon)과 같은 경쟁사의 프린터에 사용하도록 만들어진 카트리지는 HP의 프린터에는 사용이 불가능하기 때문이다. 이와 비슷한 전략은 비디오게임 산업에서도 흔히 활용된다. 비디오게임기 제조사는 소비자들로 하여금 자신의 기술을 적극 수용하도록 만들기 위해 하드웨어인 비디오게임 콘솔 기기의 가격은 거의 원가에 책정한다. 하지만 이들 기업 역시 그 게임 기기에서 구동되는 게임 프로그램의 판매에 따른 로열티(royalty)에서 대부분의 수익을 실현하고 있다.

또한 공격적인 마케팅도 제품의 보급기반을 신속히 확충해 가기 위한 목적으로 초기 제품 수요를 촉진하고자 할 때 흔히 활용되는 전략이다. 제품의 조기 수용자(early adopter)들이 새로운 기술 포맷을 받아들이는 데 필요한 전환비용을 보다 손쉽게 부담할 수 있도록 유인하기 위해 적극적이고 실질적인 여러 판매 촉진책이 현장에서 실행될 수 있다. 이러한 노력들이 성공한다면, 그것은 긍정적 피드백 순환을 야기하는 데 크게 기여할 수 있다. 이러한 맥락에서 소니의 플레이스테이션은 다시 한번 좋은 사례를 제공한다. 소니는 플레이스테이션을 처음 출시할 때, 주요 고객층인 18세에서 34세의 사람들에게 초점을 맞춘 전국적인 TV 광고를 때맞춰 개시하는 한편, 많은 잠재고객들이 이 게임 기기를 이용해 직접 게임을 시도해 볼 수 있는 체험 매장들을 전국적으로 동시에 개장하는 마케팅전략을 구사한 바 있다.

7.3d 경쟁기업들과의 협력

기업들은 그간 서로 호환되지 않는 기술 표준들을 경쟁적으로 도입하려 한 적이 많았다. 그 가운데 좋은 예로 CD 개발 사례가 있다. 처음에는 소니(Sony), 필립스(Philips), JVC, 그리고 텔레푼켄(Telefunken) 등 네 개 회사가 기본 레이저 기술을 기반으로 하여 각기 상이한 버전의 CD 플레이어를 개발하고 있었다. 이 상황이 지속되었다면, 이 기업들은 시장에 서로 호환성이 없는 기술을 내놓게 되었을 것이며, 예컨대 필립스의 CD 플레이어를 위해 만든 CD는 소니의 플레이어에서는 재생되지 않는 결과가 초래될 수밖에 없었다. 이처럼 호환성이 없는 기술을 기업들이 거의 동시에 도입하면 시장의 소비자들을 혼란스럽게 해서 제품 구입을 지연시킬 수 있다는 사실을 이해하고 결국 소니와 필립스는 서로 힘을 합해 CD 관련 기술개발에 협력하기로 결정했다. 소니는 오류 수정(error correction) 기술을, 필립스는 레이저 관련 기술을 제공하는 등 서로 제휴하여 제품을 개발했다. 양사의 이러한 협력은 이 산업 내 이해관계를 가진 다른 기업들이 모두 소니-필립스 제휴 진영으로 기울어지게 만드는 동인을 제공했고, 그 결과 JVC나 텔레푼켄은 다른 기업들의 지원을 받지 못하고 고립되게 되었다. 가장 결정적으로는 여러 음반 제작회사들이 소니-필립스 포맷을 지지하겠다고 나선 것이었다.

결국 JVC와 텔레푼켄은 그들이 개발하던 CD 기술을 포기할 수밖에 없게 되었다. 소니와 필립스의 협력 사례는, 기업 간 협력을 통해 산업 내 혼란을 제거하고 하나의 포맷이 시장을 주도할 수 있는 환경을 조성함으로써 표준 기술의 수용을 가속화했다는 점에서 의의가 있다. 이 협력은 필립스와 소니 둘 다에게 이로운 윈윈 상황을 제공해 주었으며, 다른 경쟁사들을 제거하고 표준 포맷의 성공을 공유할 수 있게 해 주었다.

7.3e 포맷의 라이선싱

자신의 포맷을 다른 기업에게 라이선싱(licensing)해 줌으로써 다른 기업들이 이 포맷에 기반한 제품을 만들 수 있도록 허용하는 것은 흔히 활용되는 또 다른 전략이다. 포맷을 공여해 주는 기업은 기술이전료를 획득할 수 있고, 또 해당 제품의 보급을 신속히 확대해 갈 수도 있어서, 결과적으로 제품 수요를 촉진하고 시장에서 해당 제품이 표준적 위치를 획득할 수 있는 상황을 조성해 갈 수 있다. 앞서 설명한 것처럼, VCR 제품의 VHS 포맷에 대해 JVC와 마쓰시타 진영이 취한 전략과 돌비가 잡음 제거 기술에 활용한 전략이 여기에 해당한다.

기업은 산업 경쟁 상황과 경쟁사가 취할 전략 등을 충분히 감안하여, 이러한 여러 전략 및 전술들 가운데 자사에게 가장 적절해 보이는 대안을 추구해 가야 한다. 어느 상황에서나 적용될 수 있는 유일한 전략이 존재할 수는 없지만, 전략적 대안을 추구할 때는 무엇보다 자신의 표준 기술이 적용된 제품의 보급과 확산이 신속히 이루어질 수 있도록 만드는 것이 최우선적인 목표가 되어야 한다. 이처럼 자신의 포맷에 대한 초기 수요를 신속히 늘림으로써 기업은 소비자들로 하여금 자신의 기술을 수용하는 데 소요되는 전환비용을 기꺼이 감내하도록 유인할 수 있고, 또 후속적으로 야기되는 긍정적 피드백 과정을 적극 활용할 수 있게 된다. 또한 반대 효과가 도출될 수 있는 전략을 추구하지 않는 것도 중요하다. 예컨대 조기 수용자들이 일반적으로 후발 구매자들보다 가격에 덜 민감하다고 해서, 처음 출시하는 제품에 대해 높은 가격을 책정하여 이들 조기 수용자들을 대상으로 이익을 올리고자 하는 전략을 채택해서는 곤란하다. 이러한 전략은 오히려 수요 증가를 더디게 만들고, 더 공격적인 경쟁자들이 점유율을 높여 그들의 포맷이 산업 표준으로 확립될 기회를 제공하는 불행한 효과를 낳을 수 있다.

7.4 하이테크산업의 비용구조와 전략적 시사점을 설명한다.

7.4 하이테크산업에서의 비용구조

하이테크산업에서 신제품 개발에 상당한 비용이 소요되나 단위당 제품의 추가에 들어가는 한계비용은 매우 작다. 이에 해당하는 사례로서 소프트웨어 개발이 대표적이다. 2015년 마이크로소프트는 윈도우 10의 개발에 15억 달러를 투자했지만 제품 추가에 따른 비용은 거의 부담하지 않았다. 즉 원본의 사용 권리를 이전받은 컴퓨터 제조업체는 자사의 PC에 윈도우 10을 탑재한 다음 판매하는 식이다. 결국 마이크로소프트는 추가 생산에 따른 비용 없이 산업재산권에 대한 대가로 기술료를 받는다.[9)]

앞서 설명한 것처럼 상당수 하이테크산업에서 비용구조는 유사한 편이다. 즉 고정비는 높은 편이나 추가 단위 생산에 들어가는 한계생산비용은 매우 낮다. 다만 매장 판매에 따른 운영비, 포장과 유통비용 및 인건비 부담은 있겠지만 소프트웨어 제품의 추가 생산에 들어가는 비용은 제로에 가깝다. 마찬가지로 유사한 비용구조를 갖는 품목으로 가전제품을 들 수 있다. 처음 DVD 플레이어 또는 콘솔 게임기 개발 시 소용되는 고정비는 높은 편이나 추가 제품 생산에 드는 비용은 상당히 낮은 수준이다. 심지어 신약 개발에 16억 달러가 넘는 돈이 들고 실패에 따른 위험이 매우 높지만,[10)] 알약 한 단위 추가하는데 들어가는 한계생산비용은 몇 센트에 불과하다.

7.4a 산업 간 비용구조의 차이

하이테크산업에서 비용구조는 기업의 생산량이 증가함에 따라 한계생산비용도 올라가는 제조업에서의 '수확 체감의 법칙'을 이해하는 것이 중요하다. 왜냐하면 특정 재화의 생산을 늘리려면 새로 노동자를 고용하고 추가 설비투자가 이루어지기 때문이다. 결국 생산에 추가로 투입되는 요소가 처음에 비해 효율적이지 못할 때 한계생산비용은 점차 증가한다. 다만 소프트웨어 제품의 추가 생산, 혹은 기존 망을 활용한 데이터 전송처럼 대부분의 하이테크산업은 이러한 수확체감의 법칙을 따르지 않는다.

만약 α와 β의 두 기업만 존재하는 상황을 가정해 보자([그림 7.5] 참조). α 기업은 전통적 산업에 속한 생산자로서 생산량 증대에 따라 한계생산비용이 증가하는 수확체감의 법칙을 따른다. 이에 반대로 β 기업은 하이테크산업의 생산자로서 생

그림 7.5 하이테크산업에서의 비용구조

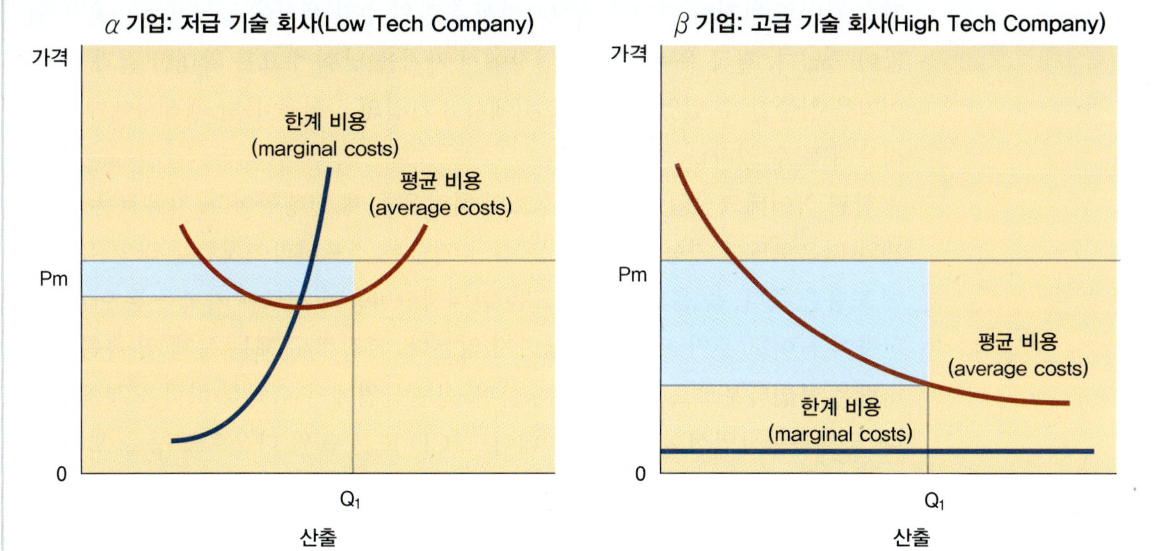

산량이 늘어도 한계생산비용이 전혀 증가하지 않는다. [그림 7.5]를 통해 설명하면 β 기업의 한계생산비용 곡선은 수평축에 가까운 직선의 모양이다. 즉 한계생산비용이 제로에 수렴하기 때문에 생산량의 변화에도 일체 비용의 변화가 없다. 그러나 α 기업의 한계생산비용은 생산량이 증가하면 따라서 같이 증가하기에 수확체감 현상이 나타난다. 결국 β 기업의 경우 일직선에 가까운 한계생산비용으로 인해 생산량이 증가하더라도 고정비가 전체 생산량에 분산되기 때문에 평균 생산비용이 하락한다. 반면 경제학적 관점에서 제조업의 경우 α 기업의 한계생산비용이 계속 증가하게 되면 평균 생산비용이 U자형의 곡선 모양으로 나타난다. 만약 두 기업이 동일 가격(Pm)에서 제품을 팔고 똑같은 산출량(0~Q_1)을 판매하는 것으로 가정해 보자. 그러면 Q_1 판매량 수준에서 β 기업의 평균 생산비용이 α 기업보다 낮기 때문에 결국 더 많은 이익을 창출한다(두 기업이 창출하는 이익은 [그림 7.5]에서 음영이 들어간 영역이다).

7.4b 전략적 함의

만약 한계생산비용이 증가하는 상황에서 일부 고정비에도 불구하고 한계생산비용이 하락하는 비용구조로 전환할 수 있다면 기업의 이익률은 증가할 것이다. 지난 50년 동안 소비재 가전산업에서 그러한 현상이 발생해 왔다. [그림 7.5]에서 α 기업처럼 아날로그 기술의 음반산업은 생산량이 늘어나면 한계생산비용도 증가하는 수확체감의 법칙을 따르던 시장이었다. 그러나 1990년대로 접어들면서 CD 플레이어의 디지털 시스템이 아날로그 시스템을 대체하기 시작하였다. 즉 소프트웨어 기술 기반의 디지털 기기가 출현하면서 음반의 추가 생산에 들어가는 비용은 훨씬 많이 줄었다. 결국 음반 제작사 입장에서 가격을 낮춰 수요를 확대한 결과 더 많은 이익을 창출할 수 있었다([그림 7.5]에서 β 기업의 상황을 음반 제작사에게 똑같이 적용해 볼 수 있다).

한편 하이테크산업에서 비용구조의 하락은 현재 진행형이다. 자유로운 음원 복제와 다운로드를 가능하게 만드는 첨단 기술은 스포티파이처럼 온라인 유통업자에 도움을 준다. 즉 음원 복사에 드는 한계생산비용이 제로에 가까울 뿐 아니라, 생산량이 늘어도 추가 비용이 발생하지 않는다. 본질적 문제는 복제 및 유통비용의 하락은 불법다운로드를 조장하는 한편, 음반산업에서 수익성 하락을 부채질하였다. 국제음반산업협회에 따르면 테이프, CD 또는 음원 다운로드 등을 모두 합친 총수익이 2000년 369억 달러에서 2010년 150억 달러로 감소하였다. 그나마 스트리밍을 통한 음원 수익 덕분에 손실의 만회가 가능했으며, 2021년 기준 전 세계 음반 매출은 260억 달러로 추산되었다.[11] 향후 지식재산권 파트에서 저작권 문제를 자세히 논의하고자 한다.

높은 고정비, 낮은 한계생산비용을 특징으로 하는 하이테크산업에서 기업이 추구해야 할 일은 낮은 비용구조를 유지하면서 가격을 내리고 산출량을 증대하는 전략이다. [그림 7.5]에서 첨단기술기업의 평균 생산비용은 산출량이 늘어남에 따라 급격히 하락하는 것으로 나타났다. 달리 말해 제품의 수요를 자극하기에 가격 인하만큼 효과적 수단이 없다는 점이다. 만약 가격보다 평균 생산비용의 하락 폭이 훨씬 더 크다면 가격을 내려 판매하더라도 이익을 실현할 수 있다. 결국 산출량 증가에도 불구하고 한계생산비용은 제로에 수렴하기에 가능한 결과이다. 따라서 하이테크 기업에 있어 비즈니스모델의 성공은 생산량 증가를 염두에 두고 제품가격을 먼저 인하함으로써 더 많은 이익을 창출하는 전략에 달려 있다.

7.5 하이테크산업에서 선발주자 우위와 열위에 대해 평가한다.

7.5 선발주자의 우위 향유

하이테크산업에서는 경쟁사에 앞서 신제품 출시, 즉 **선발주자 우위(first-mover advantage)**를 선점하려는 경쟁을 볼 수 있다. 이론상 가장 먼저 신제품을 출시한 선발주자일수록 독점적 지위에 따른 포지션을 점유한다. 특히 미충족된 고객 욕구를 만족시킨 결과 신제품의 수요가 증가하면 선발주자는 상당한 이익을 기대할 수 있다. 다만 선발주자가 누리는 수익성을 좇아 경쟁사가 모방을 시도할 수 있다. 결국

선발주자 우위
특정 기능의 제품군을 가장 먼저 출시하여 시장을 개척하는 사업자

그림 7.6 선발주자의 이윤에 대해 모방이 미치는 영향

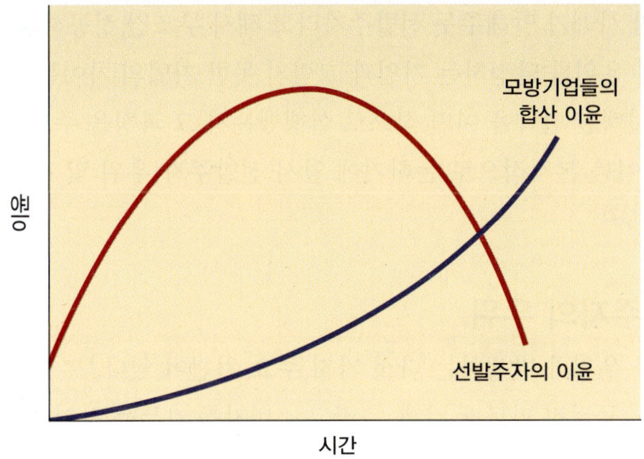

일종의 모방장벽이 없다면 후발주자는 선발주자가 먼저 진입한 시장에 경쟁적으로 진출할 것이다. 따라서 [그림 7.6]에서 선발주자가 누리던 독점적 이윤이 사라지고 모든 참여자는 그보다 낮은 업종 평균 수익률을 얻게 될 것이다.

경쟁사의 모방에도 불구하고 신기술 제품을 처음 시장에 출시하고 경쟁우위를 확보하여 이익을 창출하는 선발주자가 존재한다. 1971년 세계 최초로 마이크로프로세서를 개발한 인텔(Intel)은 지금까지 비메모리(CPU) 산업을 지배하고 있다. 제록스(Xerox)도 가장 먼저 복사기를 출시하여 시장을 개척한 결과 프린터 시장을 주도할 수 있었다. 1986년 시스코(Cisco)는 IP 네트워크 라우터를 가장 먼저 개발한 기업으로서 네트워킹 장비산업을 주도하고 있다. 끝으로 마이크로소프트는 1979년 개인용 PC에 탑재하는 운영체제를 세계 최초로 상용화함으로써 응용 SW의 지배적 사업자로 군림하고 있다.

일부 선발주자는 핵심 활동을 계속 수행하고 경쟁우위를 지속함으로써 상당한 수익성을 창출하고 있다. 결국 선발주자 우위의 지속성은 경쟁사의 모방을 억제하는 한편, 복제나 모방의 속도를 지연시킨 결과이다.

그러나 선발주자의 우위를 달성하는 일이 어렵다는 것을 일깨우는 사례도 있다. 오히려 선발주자로서 여러 가지 경쟁적 불이익, 즉 **선발주자 열위(first-mover disadvantages)**에 직면하기도 한다. 오래전 애플은 사람들 손에 휴대가 가능한 컴퓨터인 뉴턴(Apple Newton)을 처음 출시했으나 시장에서 실패하였다. 오히려 후발주자인 팜이 애플보다 제품을 늦게 출시하고도 성공을 쟁취한 바 있다. 결과적으로 애플은 최초의 태블릿 PC로 불리는 아이패드 출시를 계기로 시장을 선도하는 성공을 일구었다. 또 다른 사례로 미국의 디하빌랜드(DeHavilland)가 코밋(Comet)으

선발주자 열위
선발주자가 경쟁에서 밀리고 오히려 불리해지는 상황

로 상업용 제트기 시장을 창출하였지만, 보잉이 707기종 제트 여객기를 출시함으로써 시장을 주도하고 있다.

앞서 언급한 사례가 말해주듯 선발주자라고 해서 무조건 성공하지 않는다. 달리 말해 선발주자 우위를 달성하는 기업과 그렇지 못한 기업의 차이는 대부분은 선발주자가 처음 선택한 전략을 어떤 식으로 실행했는지 그 과정을 주도면밀하게 살펴보아야 한다. 이를 본격적으로 논하기에 앞서 선발주자 우위 및 선발주자 열위를 소개할 것이다.[12)]

7.5a 선발주자의 우위

보통 선발주자 우위가 발생하는 다섯 가지 주요 원천이 있다.[13)] 첫째, 선발주자는 네트워크 효과, 긍정적 피드백 기제, 그리고 소비자를 가두는 락인(Lock-in) 효과를 잘 활용한다.

둘째, 선발주자는 후발주자가 모방하기 어려운 브랜드 충성도를 확립하고 있는 이점을 누린다. 심지어 선발주자의 이름이 곧 제품명이 되는 상황이면 선발주자의 브랜드 충성도를 쫓아갈 수 없는 수준이 된다. 예컨대 "제록싱(Xeroxing)"은 복사라는 보편적 의미로 사용되고 있으며, "페덱싱(FedExing)"은 페덱스(FedEx)가 보내는 특송이란 의미로 알려져 있다.

셋째, 선발주자는 매출을 늘려 규모의 경제나 학습효과(본서 4장 참조)를 활용함으로써 경쟁사보다 비용 절감의 달성에 유리하다. 만약 선발주자가 비용우위마저 누리게 되면 잠재 진입자, 혹은 신규 진입자의 진출에 앞서 가격 인하로 대응할 수 있기에 상당한 이익을 실현한다.

넷째, 선발주자의 존재는 소비자가 부담하는 전환비용을 높이기 때문에 경쟁사의 진출에도 불구하고 고객을 잃지 않는다. 가령 이동통신 사업자는 무료 단말기를 제공하며 고객을 유인하는데, 고객이 정해진 약정 기간을 채우지 못하고 다른 통신사로 옮겨갈 경우 단말기 가격에 준하는 위약금을 지불해야 한다. 결국 통신사를 옮긴 고객에게 단말기 가격(100~1,200달러)에 해당하는 위약금은 일종의 전환비용인데, 실제로는 후발주자가 치뤄야 할 비용이기도 하다.

끝으로 선발주자는 후발주자에 앞서 고객 욕구, 유통채널, 제품 및 생산기술처럼 가치 있는 지식을 더 많이 축적한다. 특히 후발주자는 암묵적 지식의 모방에 상당한 시간과 비용을 투입하기 때문에 선발주자의 우위로 작용한다 하겠다. 가령 일본의 샤프(Sharp)는 랩탑 컴퓨터의 액정 디스플레이 양산에 성공한 최초의 기업이었다. 또한 평판 디스플레이 양산이 매우 까다롭고 복잡하여 수율이 낮은 기술적 장벽이 존재한다. 그러나 양산에 요구되는 고도의 프로세스 지식을 축적한 결과 샤프는 비용이나 품질면에서 후발주자의 추격을 따돌릴 수 있었다.

7.5b 선발주자의 열위

선발주자 우위에도 불구하고 예상치 못한 불이익을 경험하기도 한다.[14] 첫째, 선발주자는 처음 진출하여 시장을 개척하는 데 소요되는 비용을 부담한다. 즉 신제품 출시 이후 유통망을 새로 개척해야 하는 한편, 신제품을 소비자에게 알리는 홍보나 광고 활동을 수행해야 한다. 그러나 시장개척에는 비용이 많이 소요될 뿐만 아니라, 상당한 노력과 시간이 요구된다. 이미 시장침투와 소비자 교육에 많은 돈을 투입한 선발주자와 달리 후발주자는 개척 비용을 부담하지 않고 무임승차가 가능하다. 예컨대 선도 제약사와 달리 복제약 기업은 신약의 연구개발비를 부담할 필요가 전혀 없다. 왜냐하면 후발주자는 검증된 화학적, 생물학적 제형을 그대로 복제하는 한편, 여러 단계의 임상시험을 거치지 않아도 되기 때문이다.[15]

상당한 불확실성이 존재하는 신제품 시장일수록 선발주자가 오히려 여러 시행착오를 겪을 수 있다. 반면 선발주자의 시행착오를 교훈 삼은 후발주자는 제품과 판매 방식을 개선하거나 새로운 기능을 추가함으로써 시장점유율을 뺏어올 수 있다. 예컨대 애플이 출시했던 뉴턴 제품이 실패한 이유는 단말기의 글자 입력 소프트웨어가 사람의 손 글씨를 제대로 인식하지 못한 결과이다. 당시 시장에 두 번째로 진입한 팜(Palm)은 애플의 시행착오로부터 제품 수정의 교훈을 얻었다. 결국 낙서(Graffiti)의 특정한 글씨체까지 인식하는 소프트웨어를 탑재한 팜파일럿(PalmPilot)을 출시하였다. 심지어 글씨체 인식이 잘 되도록 별도 사용자 교육을 실시함으로써 소비자의 설득에도 최선을 다했다.

셋째, 주류 시장보다 초기시장의 특정 고객층에 주력하다 보면 선발주자의 역량이 분산될 위험도 존재한다. 앞 장에서 다루었던 "캐즘 마케팅(Crossing the Chasm)"의 문제이다. 즉 혁신자(Innovator)나 조기 수용자(Early adopter)가 속한 초기시장은 주류 시장의 고객층과 상이한 속성을 갖는다. 즉 선발주자는 혁신 및 조기 수용자층에 역량을 집중하는 반면, 조기 다수 수용자의 존재에 주의를 기울이지 못한다. 결국 선발주자는 조기 다수 수용자층이 포진한 주류 시장으로 옮겨갈 타이밍을 놓치는 위험에 직면한다.

끝으로 선발주자는 열위에 놓인, 혹은 진부화될 기술에 투자할 위험성을 안고 있다. 특히 역동적 기술변화가 일어나고 신제품이 출시되는 시장에서 자주 나타난다. 즉 초기 버전을 기반으로 기술을 개발한다면 시간이 지나면서 제품의 진부화 가능성이 발생한다. 이와 달리, 후발주자는 최신 기술을 활용한 제품을 출시함으로써 선발주자의 기술적 우위를 단박에 넘을 수 있다. 1980년 당시 프랑스 텔레콤(France Telecom)은 정부의 요청에 따라 미니텔(Minitel)로 불리는 온라인 서비스 상품을 출시하였다. 처음에는 단말기를 고객에게 무상으로 제공하고 이를 전화선에 연결하여 전화번호부 검색 용도로 활용되었다. 이후 부가 서비스가 계속 출시되면서 단말기를 통해 쇼핑과 은행 서비스, 심지어 일종의 온라인처럼 "유선망"으로 날씨와 뉴스의 검색도 가능했다. 웹(Web) 출현에 앞서 프랑스에서 새로운 서비스가 도입된 것은 놀라운 광경이 아닐 수 없다. 막상 인터넷이 보편화된 현재로 보면 미니텔의 성능과 유연성은 시대에 뒤진 기술이다 보니 선발주자인 프랑스 텔레콤은 상당한 어려움을 겪게 되었다. 오히려 미니텔의 출현과 보급은 프랑스에서 개인용 PC와 인터넷의 확산이 지연되는 결과를 초래하였다. 결국 1998년 기준 미국 가구의 약 2/5가 컴퓨터를 보유하고 있었던 반면, 프랑스의 경우 전체 가구의 단 1/5에 불과하였다. 당시 약 30%의 미국 가구가 이미 인터넷에 연결되어 있었으나, 프랑스에서는 불과 2%의 가구만 인터넷을 활용하고 있었다. 결국 선발주자에도 불구하고 프랑스 텔레콤은 정부 정책에 따라 원시적 기술에 투자함으로써 혁신적 인터넷 기술의 확산에 소극적으로 대처하는 결과를 초래하였다.[16)]

7.5c 선발주자의 우위를 활용하는 전략

선발주자 열위에 따른 여러 위험을 회피하는 한편, 장기적 경쟁우위 창출을 위해 선발주자 우위를 어떻게 활용할 것인지를 결정하고 전략 수립에 반영해야 한다. 이와 관련하여 세 가지 기본적인 전략을 고려해 볼 수 있다. (1) 자체 혁신으로 시장을 개척하거나, (2) 제휴나 합작투자처럼 타 기업과 합심하여 시장을 개척하거나, 혹은 (3) 다른 기업에 혁신적 기술을 이전하여 시장의 개척을 용인하는 방법이 있다.

과연 어떤 수단이 최적의 전략이 될지는 다음 세 가지 질문에 대한 답을 보고 결정해야 한다:

1. 선도기업이 선발주자 우위 달성에 필요한 보완적 자산을 충분히 확보하고 있는가?
2. 후발주자가 선발주자의 우위를 모방하는 것이 얼마나 어려운지? 즉 모방을 어렵게 만드는 장벽이 존재하고 또 어느 정도로 높은지?
3. 혁신을 신속히 모방하는 능력을 경쟁사가 보유하고 있는지?

보완적 자산 보완적 자산은 혁신이 기업의 경쟁우위 창출로 연결되는 데 기여하는 자산을 말한다.[17)] 가장 중요한 보완적 자산은 비용 절감을 실현할 생산능력, 혹은 고품질 제품을 판매할 마케팅능력이다. 가령 선발주자의 첨단 생산설비가 제품의 불량이나 공정상의 병목 문제를 야기하지 않는다면 학습곡선을 달성하기에 무리가 없다. 만약 공정에 따른 수율 문제로 말미암아 고객 수요의 즉각적 충족이 어렵다면 모방기업이 출현할 가능성이 높아진다. 예컨대 1998년 이뮤넥스(Immunex)는 류머티스성 관절염 치료제인 엔브렐(Enbrel)을 판매한 결과 2001년 기준 7억 5천만 달러의 수익을 창출했다. 그러나 당시 이뮤넥스는 충분한 제조설비 확보에 필요한 투자를 집행하지 못하고 있었다. 결과적으로 2000년 중반까지 수요에 충분히 부응할 생산능력을 확보하지 못하고, 공장 가동까지 적어도 2년이 소요될 것으로 공식 확인하였다. 결국 제조생산에서의 병목현상은 후발주자인 존슨앤존슨에 판매량 증가를 도모할 절호의 찬스를 주었고, 2002년 초반 엔브렐을 능가하는 매출 실적을 달성했다. 따라서 고객 수요를 감당할 생산능력이 충분치 않다면 후발주자에게 주도권을 내어줄 수 있음을 시사한다.

한편 보완적 자산으로 마케팅 노하우, 고숙련 판매사원, 유통망 및 고객서비스 제공 등이 포함된다. 즉 보완적 자산은 선발주자의 브랜드 충성도를 제고하는 한편, 신속한 시장침투를 도와주는 역할을 수행한다.[18] 또한 보완적 자산을 잘 활용하여 매출이 신장하면 학습곡선 효과가 배가되고, 이를 통해 규모의 경제에 따른 비용 절감이 가능해진다. 비록 CT 스캐너를 처음 출시한 EMI가 선발주자로 알려져 있으나, 오히려 후발주자인 GE 메디컬에 의료 진단시장의 주도권을 상실하였다. 결과적으로 가장 큰 규모를 자랑하는 미국 시장에서 영업, 마케팅 및 유통시스템의 경쟁에 필요한 보완적 자산의 결여가 EMI가 실패한 주된 이유였다.

보완적 자산은 상당한 비용이 소요될 뿐만 아니라, 대규모 투자를 전제로 확보될 수 있다. 달리 말해 다른 산업에서 성공한 선발주자라도 새로운 산업에 요구되는 충분한 자원을 확보하고 있는 후발 대기업에게 시장의 주도권을 내어줄 수 있다. 예컨대 스타트업이 온라인 식품 주문과 배송을 먼저 시작했으나, 2007년 아마존 프레시(Amazon Fresh) 서비스는 아마존의 브랜드 인지도, 유통망 접근성, 그리고 공급자에 대한 협상력을 내세워 소규모 스타트업을 위협하기에 충분했다.

높은 모방장벽 앞서 3장에서 모방장벽, 즉 특정 기업의 고유한 역량이나 혁신의 모방을 어렵게 만드는 모방장벽의 여러 다양한 요인을 배운 바 있다. 상당수 혁신은 모방 불가능하지만, 모방장벽이 높을수록 혁신의 모방에 많은 시간이 소요되기 때문에 선발주자는 지속 가능한 경쟁우위를 창출할 시간을 벌 수 있다.

모방장벽은 선발주자의 경쟁우위 창출을 도와주는 한편, 신시장으로 진출을 어렵게 만드는 진입장벽(Entry barrier)으로도 작용한다. 가령 특허권은 모방을 매우 어렵게 하는 대표적 장벽의 하나이다. 제록스는 복사 기술에 대한 특허권을 행사한 결과 17년 동안 독점적 기술이 유출되지 않게 보호하였다. 다만 "특허 우회(Invent around)"에 관한 연구에 따르면 특허로 보호받는 혁신 중에서 약 60%는 4년 이내 다른 기술로 대체되는 것으로 나타났다.[19] 만약 특허권의 보호로 충분치 않다고 여기는 기업은 제품이나 공정기술을 비밀리에 개발함으로써 최대한 모방을 억제할 수 있다. 일례로 코카콜라는 제품의 원액 제조기업을 영업비밀로 관리하고 있다는 점에서 높은 점유율을 누리고 있다.

능력 있는 경쟁사 능력 있는 경쟁사는 선발주자의 역량을 신속히 모방할 수 있는 기업을 말한다. 선발주자의 혁신을 모방하는 경쟁사의 능력은 (1) 연구개발 능력, (2) 보완적 자산의 활용 가능성의 두 가지에 따라 결정된다. 결국 모방을 위한 연구개발 능력 및 보완적 자산을 활용할 능력 있는 경쟁사가 많을수록 혁신에 대한 빠른 모방이 가능하다.

우선 연구개발 능력은 선발주자의 혁신적 제품을 역으로 분해하여 그 작동 메커니즘을 복제한 다음 유사품을 출시하는 역공학(reverse engineering)에서 출발한다. 앞서 언급한 사례로 CT 스캐너 진단기기를 생각해 보자. 당시 GE는 EMI가 처음 개발한 CT 진단기를 구매하여 이를 분해하는 방식으로 기술을 습득하였다. 결국 GE는 기술적 속성이 복잡하나 자사의 흡수역량을 활용하여 다른 버전의 제품을 개발하였다. 비록 모방에 의한 제품개발이지만 CT 스캐너 시장에서 EMI를 능가하는 강력한 경쟁사로 부상하게 되었다.

생산능력, 영업 및 마케팅 노하우의 보완적 자산 역시도 혁신 제품에 대한 모방의 시간과 속도를 결정하는 핵심 요인이다. 만일 보완적 자산이 없다면 후발주자는 혁신 제품뿐만 아니라, 보완적 자산까지 모방해야 한다. 그러나 1984년 AT&T는 컴퓨터 시장 진출을 위해 상당한 비용을 투입하는 실수를 저질렀다. 당시 AT&T로서는 컴퓨터 사업에 꼭 필요한 마케팅 관련 보완적 자산(유통 및 판매원)이 부족한 형편이었다. 이를 만회하기 위해 AT&T는 4년 동안 약 25억 달러를 투자한 다음 시장에 진입하게 되었다. 결과적으로 AT&T는 컴퓨터 산업에서 능력 있는 경쟁사가 되지 못하고 시장에서 철수하고 말았다.

세 가지 혁신 전략 [표 7.2]에서 보완적 자산, 모방장벽, 그리고 능력 있는 경쟁사의 존재가 혁신 전략에 어떤 영향을 미치는지 설명하고 있다. 먼저 내부적으로 혁신을 주도하고 시장을 개척하는 전략은 다음 조건에서 유리하다. (1) 혁신을 주도하기 위한 보완적 자산을 확보하고 있거나, (2) 혁신의 모방을 어렵게 하는 모방장벽이 존재하거나, 혹은 (3) 능력 있는 경쟁사가 극히 적은 상황에서 유용하다. 결국 보완적 자산의 접근성은 신속한 혁신을 추진하도록 만들어 준다. 다음으로 모방장벽의 존재는 브랜드 충성도 강화나 학습곡선에 의한 비용우위 달성처럼 진입장벽을 높임으로써 경쟁우위 창출을 위한 시간을 벌어준다. 끝으로 능력 있는 경쟁사가 없을수록 선발주자의 혁신을 모방할 가능성이 현저히 감소한다는 것을 알 수 있다.

표 7.2 성공적 혁신을 위한 전략			
혁신 전략	혁신기업은 필요한 보완적 자산을 확보하고 있는가?	모방장벽의 정도는 어떻게 되는가?	능력 있는 경쟁자가 존재하는가?
독자적 혁신 추구	예	높음	매우 적다
전략적 제휴 추구	아니오	높음	어느 정도 존재한다
라이선싱 추구	아니오	낮음	많다

다음으로 제휴나 합작투자를 통해 다른 기업과 함께 공동으로 혁신을 추진하고 시장을 개척하는 전략은 다음의 조건에서 유리하다. (1) 혁신기업이 보완적 자산을 충분히 보유하고 있지 않을 때, (2) 모방장벽이 높을 때, (3) 능력 있는 경쟁사가 존재하는 상황이다. 즉 보완적 자산을 이미 확보한 능력 있는 경쟁사와 제휴를 형성하여 혁신을 함께 추구하는 일이 바람직하다. 이론상 자체적으로 확보하기 어려운 자원을 전략적 제휴를 통해 공유한다면 공동의 성과를 창출할 수 있다. 제휴와 같은 협력적 관계는 잠재적 경쟁사를 협력의 틀로 끌어들이는 효과도 볼 수 있다. 당시 CT 스캐너 시장에서 EMI가 강력한 경쟁사인 GE 메디컬과 함께 공동으로 혁신을 추구했다면 경쟁우위의 창출은 물론이고, 강력한 라이벌을 자신의 편으로 포섭하는 효과를 기대할 수 있었을지 모른다.

끝으로 혁신을 주도한 기술을 타사로 이전하는 세 번째 전략은 다음의 조건에서 유리하다. (1) 혁신기업이 보완적 자산을 충분히 보유하고 있지 않을 때, (2) 모방장벽이 낮을 때, 그리고 (3) 능력 있는 경쟁사가 다수 존재하는 상황이다. 즉 모방장벽이 낮고 다수의 능력 있는 경쟁사는 신속한 모방을 언제든 가능하게 만든다. 이와 함께 혁신기업이 보완적 자산을 충분히 보유하지 못한 경우 혁신기업의 경쟁우위는 경쟁사에 의해 쉽게 복제될 수 있다. 결국 기술을 복제하는 경쟁사의 증가는 혁신기업의 기술을 차라리 다른 기업에 이전하였더라면 의도치 않은 기술 유출을 미연에 방지할 수 있었을 것이다.[20] 다만 혁신기업이 기술 사용료를 현실화한다면 잠재적 경쟁사가 대체기술을 개발할 유인을 떨어뜨리는 한편, 혁신 기술의 수용성을 제고할 것이다. 앞서 언급한 사례에서 음반 및 영화산업에서 돌비(Dolby)는 자사의 소음저감기술을 산업표준으로 만들고자 라이선싱 전략을 적극 활용하였다.

7.6 기술 패러다임 변화의 본질과 그것이 기업 전략에 미치는 영향을 설명한다.

기술 패러다임 전환

산업구조나 경쟁구도의 변화, 혹은 생존 차원에서 혁신 전략의 출현을 부추기는 신기술 혁명의 도래

7.6 기술 패러다임의 전환

기술 패러다임 전환(technological paradigm shifts)은 신기술이 산업구조를 변화시키고 경쟁이 급변하며 기존기업이 생존을 도모할 혁신 전략을 추구해야 할 상황에서 발생한다. 즉 디지털화에 따른 온라인 플랫폼의 출현은 부동산, 숙박, 주식거래, 소매유통 및 영화배급의 다양한 산업에서 경쟁방식을 변환시키고 있다. 이들 산업에서 "태생적 디지털(Born digital)" 기업이 지배적 사업자의 자리를 차지하고 있다. 대표적 사례로서 아날로그 필름에서 디지털 프린팅 프로세스로 사진 기술의 획기적 변화를 들 수 있다. 지난 반세기 동안 필름산업을 주도한 코닥(Kodak)과 후지필름(Fujfilm)의 대기업은 아날로그 기술을 토대로 필름과 인화 부문에서 상당한 수익을 창출해 왔다. 그러나 전통적 기술의 비즈니스모델에서 디지털 기술의 등장은 파괴적 혁신으로 작용하였다. 사실 디지털카메라는 기존의 아날로그 필름을 사용하지 않고도 고화질 사진 촬영에 특화된 기기로서 코닥이나 후지필름은 디지털 제품지식에 있어 취약할 수밖에 없었다. 비록 두 기업 모두 디지털카메라의 개발에 많은 자본을 투자했음에도 불구하고 신규 진입자와 치열한 경쟁에 직면하였다. 결국 디지털카메라를 출시한 소니(Sony), 캐논(Canon)의 제조업체는 물론이거니와 디지털 이미징 처리기술 SW를 개발한 어도비(Adobe) 및 마이크로소프트하고도 경쟁하게 되었다. 심지어 HP, 캐논처럼 고품질 해상도의 사진을 가정에서 인쇄할 수 있는 프린터 제조업체와도 경쟁해야 했다. 그러나 아이러니하게도 이들 기업 또한 시간이 지나면서 또 다른 파괴적 혁신에 직면하게 되었다. 스마트폰의 카메라 성능과 품질이 향상된 결과 스마트폰에 저장된 사진 파일을 무선으로 전송하여 프린팅할 수 있는 환경으로 변화되었다.

앞서 사례는 다음의 다섯 가지 질문을 제기한다:

1. 기술 패러다임 전환은 언제 발생하는가? 전환이 어떤 식으로 진행되는가?
2. 왜 기존 대기업은 패러다임 전환을 추종하지 못하고 쇠퇴하는가?
3. 산업에서 기존기업은 어떻게 생존확률을 제고하는가? 신기술 출현에 따른 기존 시장의 쇠퇴에도 불구하고 능력 있는 기업으로 재탄생하려면 어떤 전략을 선택해야 하는가?
4. 기술 패러다임 전환기에 놓인 신규 진입자는 이윤 창출을 위해 어떤 전략을 추구해야 하는가?
5. 본 장의 후반부에 각 질문에 대한 답을 제시할 것이다.

7.6a 기술 패러다임 전환과 기존기업의 쇠퇴

패러다임 전환은 다음의 조건 중 하나 이상을 충족했을 때 발생할 가능성이 높다.[21] 첫째, 산업의 표준에 해당하는 기술이 성숙기에 도달하거나, 또는 "자연적 한계(natural limit)"에 진입하는 상황에서 발생한다. 둘째, "파괴적 기술(disruptive technology)"의 출현 이후 기존기업이 고객의 욕구를 충족하지 못한 결과로 새로운 틈새시장이 출현할 때이다.

기술의 자연적 한계 리처드 포스터(Richard Foster)는 시간과 기술적 성능 간의 관계를 S자형 기술 곡선에서 제시한 바 있다([그림 7.7] 참조).[22] 즉 연구개발 투자액의 증가에 따른 기술적 성능의 시간적 변화를 도식적으로 보여준다. 신기술 개발의 초기에는 해결해야 할 기술적 문제가 산적해 있어 성능이 느리게 향상되지만, 점차 공학적 문제들이 해결되면서 기술적 성능은 급격히 향상되는 과정을 거친다. 일정 시간이 지나고 연구개발 누적 투자에 수확체감이 나타나는 시점에서 기술적 성능은 완만히 정체되고 더 이상의 기술의 발전을 기대할 수 없는 자연적 한계에 도달한다. 가령 100년 역사를 자랑하는 상업적 항공기산업을 보더라도 라이트 형제의 처녀비행 성공 이후 초반 50년간 비약적 성장을 거듭했으나, 나머지 후반 50년 동안 처음에 선보인 기술적 발전을 발견하기 어렵다고 생각하는 사람이 다수이다. 사실 보잉(Boeing)을 대표하던 747기종도 1960년대 개발된 디자인을 바탕으로 제작되었다. 결국 항공기 제작 기술 역시 수확체감의 법칙이 작동하고 있어 관련 기술의 비약적 발전을 기대하기 힘든 자연적 한계에 봉착했을지 모른다.

한편 실리콘 소재의 반도체 또한 기술의 자연적 한계에 도달하고 있다. 제조업체는 아주 작은 실리콘칩에 많은 트랜지스터를 집적해 온 결과 지난 20여 년간 칩의 성능은 극적으로 개선되었다. 결국 향상된 소자 기술은 컴퓨터의 성능을 획기적

그림 7.7 기술의 S자형 커브

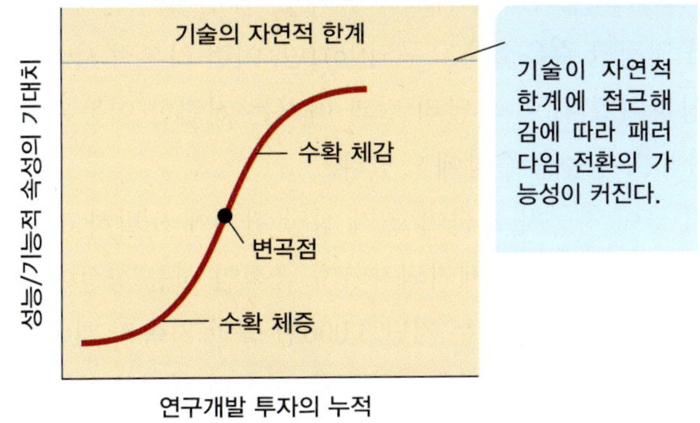

으로 개선하고 생산비용을 하락시킨 한편, 크기도 대폭 줄일 수 있었다. 그러나 하나의 칩에 최대한 많은 트랜지스터를 집적하려면 미세한 회로 선폭이 요구되지만 이마저도 일정 한계에 도달한 것으로 본다. 즉 기술적 한계는 물리학의 법칙을 생각하면 지극히 당연한 현상이다. 사실 초미세 회로 설계는 빛의 파동을 이용해서 식각(etching) 작업을 진행해야 하는데, 파동보다 더 미세한 선폭을 새기는 것은 물리적으로 어렵기 때문이다. 일부 기업은 극자외선처럼 파동 폭이 매우 작은 빛을 투사하는 장비를 활용하고 있지만 이마저도 기술적 한계가 있을 뿐만 아니라, 십여 년 내에 자연적 한계에 도달할 것으로 많은 사람이 믿고 있다. 그렇다면 저렴한 초소형 고성능의 컴퓨터를 개발하려는 노력이 무의미하단 말일까? 아마도 그렇지는 않을 것이다. 오히려 실리콘을 대체하는 새로운 소자가 개발되고 이를 활용하는 컴퓨팅 기술이 출현하면 훨씬 더 가볍고 저렴한 휴대용 컴퓨터가 나타날 수 있다.

앞서 설명한 사례는 기술 패러다임 전환과 어떤 관계가 있을까? 포스터에 따르면 특정한 기술이 자연적 한계에 도달하면 오히려 대안적 기술의 개발에 관심이 집중된 결과 새로운 상업적 기술이나 제품이 기존 기술을 대체할 것으로 보고 있다. 결국 또 다른 의미에서 기술 패러다임 전환은 얼마든지 나타날 수 있다. 향후 10~20년 안에 실리콘을 대체하는 혁신적 컴퓨팅 기술의 출현은 컴퓨터 산업의 근간을 바꿀 패러다임 전환을 초래할 것이다. 기술 발전의 역사에서 볼 수 있듯 이러한 기술 패러다임 전환은 현존 사업자를 사라지게 만드는 한편, 새로운 혁신기업이 그 빈자를 채우는 지배적 사업자가 될 것이다.

한편 포스터는 기술 개발의 초기 단계에서 여러 대안적 기술이 경합하나 해당 기술의 성능이 고객의 기대를 충족시키지 못하는 상황이 발생할 수 있다고 보았다. 일례로 20세기 초까지만 해도 자동차는 대량 생산의 출발점에 서 있었다. 비록 자동차가 물리적 이동 수단으로 열렬한 환호를 받았지만, 똑같은 목적을 충족하는 기존 기술로서 말이나 마차 역시 존재하였다. 심지어 당시 말과 마차는 자동차에 비해 여러 면에서 뒤지지 않는 대표적 이동 수단이었다. 사실 처음 출시된 자동차는 생각보다 느리며 소음도 심하고 수시로 고장이 났다. 심지어 편익과 효용을 위해서는 포장된 도로와 일정한 주유소가 요구되었지만, 이런 기본적 시설과 인프라가 갖춰지지 않았던 상황이었다. 이와 달리 말과 마차는 저렴한 이동 수단을 대표했기 때문에 상대적 활용도가 높을 수밖에 없었다.

그러나 20세기 들어 자동차 기술이 초기 성장 단계에 도달하고, 도로와 주유소처럼 확산을 가로막던 걸림돌이 제거되자마자 극적인 성능 향상이 나타난 사실을 알아야 한다. 반면 말이 끄는 마차는 지난 3,000년 동안 지속적 개선을 거듭한 결과 자연적 한계에 도달하게 되었다. 결국 문제들을 신속히 개선한 자동차는 마차의 뒤를 잇는 이동 수단으로 각광을 받기 시작하였다. 따라서 [그림 7.8]의 T1 시점에서

그림 7.8 기존 기술과 혁신 기술

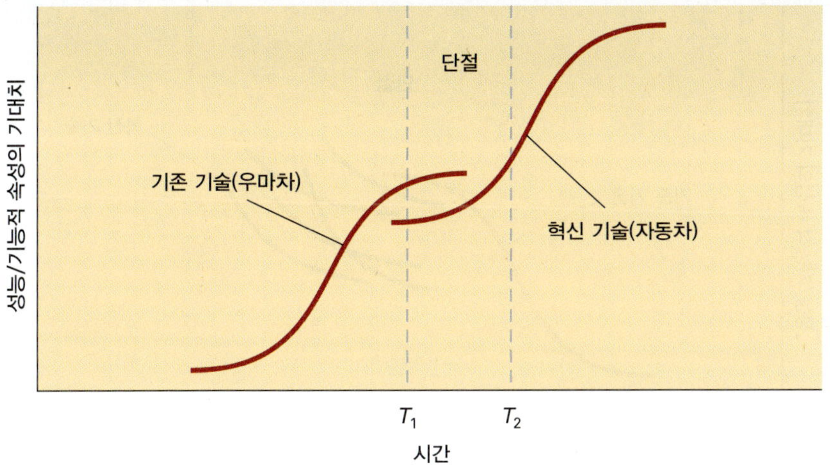

우마차는 자동차보다 우위에 있었으나, T_2 시점에서는 자동차가 우마차를 추월하게 되었다.

포스터에 따르면 기존 기술에 비해 뒤늦게 출현한 기술을 처음에는 효율적이라 여기지 않는 생각이 팽배한 상황에서 기존기업과 고객은 후속 기술을 과소평가하지만 결국에는 향상된 기능과 성능에 감탄한다고 보았다. 일례로 지금 전기차 산업에서 일어나는 일들을 보면 동의할 것이다. 비록 내연기관에 비해 전기차가 기술적 열위(예: 이동 거리, 충전 시간)일 뿐만 아니라 비싸다고 불만이지만, 배터리 기술의 놀라운 발전은 그러한 기술적 문제를 해결하고 가격을 대폭 낮추어 줄 것이다.

끝으로 핵심적 메시지는 단일기술보다 여러 다양한 기술 후보군 중에서 가장 탁월한 기술이 선택받을 것이다([그림 7.9] 참조). 만약 그런 상황이 발생한다면 기존기업은 경쟁열위에 놓일 수밖에 없다. 왜냐하면 기술 패러다임 전환이 눈에 보이더라도 모든 대체기술에 투자할 여력이 있는 기업은 없기 때문이다. 결국 기술 개발에 따른 불확실성을 생각하면 잘못된 기술 투자는 후속 기술을 개발할 적기를 놓치게 만들 것이다.

파괴적 기술 포스터의 통찰을 근거로 클레이튼 크리스텐센(Clayton Christensen)은 하이테크산업에서 커다란 영향력을 미친 파괴적 기술(disruptive technology)의 독자 연구를 수행하였다.[23] 그에 따르면 파괴적 기술은 주류 시장의 기술과 동떨어진 기술이지만, 시간이 지나면 향상된 기능과 성능으로 주류 시장으로 편입할 수 있는 신기술로 보았다. 결국 산업과 경쟁 구도를 변혁하는 한편, 기존기업의 정체나 쇠퇴를 초래하는 점에서 파괴적일 뿐만 아니라, 기술 패러다임 전환을 불러올

그림 7.9 혁신 기술

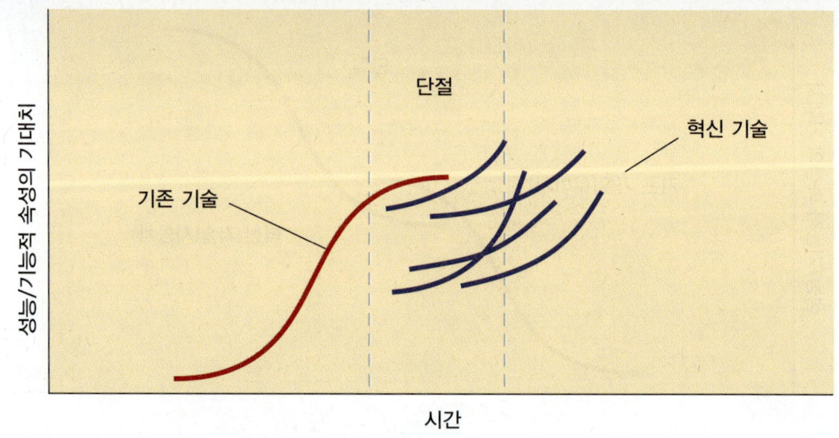

수 있다.

크리스텐센의 통찰력은 기존기업이 신기술을 인지하고 있지만 고객이 원치 않는 기술로 인식한 나머지 파괴적 기술에 투자하지 않는다는 사실에 있다. 아직 신기술이 개발 중이며 S자형 기술 곡선의 시작 단계에 불과하기에 누구도 관심을 기울이지 않는다. 그러나 신기술의 성능이 매우 뛰어나고 고객이 신기술을 수용하는 시점이 되고 나면 기존기업보다 먼저 신기술 제품을 양산할 지식을 습득한 신규 진입자가 시장을 선점할 가능성이 높다.

한편 고객의 목소리에 주의를 기울이는 것 말고 기존기업이 파괴적 기술을 잘 수용하려 하지 않는 또 다른 요인도 발견하였다. 특히 기존기업 대다수는 파괴적 기술이 틈새시장만을 충족시키기에 높은 수익성을 기대할 수 없다고 여겨 관련 기술 투자를 망설인다는 점에 주목하였다. 만약 신기술의 성능이 비약적으로 향상되어 주류 시장으로 편입되고 나면 새로운 비즈니스모델 수립과 실행을 위한 투자 타이밍을 놓치게 된다.

앞서 설명한 두 가지 요점을 이해할 또 다른 사례를 들어보자. 1990년대 인터넷 기술을 활용하여 투자자의 수수료 부담을 획기적으로 줄여주는 비즈니스모델을 내세우면서 아메리트레이드(Ameritrade) 및 이트레이드(E*TRADE)의 온라인 증권사가 출현하였다. 이에 메릴린치(Merrill Lynch)의 기존기업은 소정의 수수료만 받고 투자자의 주식거래를 대행하는 제한적 온라인 서비스 출시로 대응했음에도 불구하고, 그들에게 점유율을 빼앗기고 있다.

크리스텐센은 또한 신규 진입자의 진출 이후 만들어진 네트워크에 새로운 공급업자와 유통업자가 참여하면서 공동으로 성장한다는 사실을 발견하였다. 달리 말해 기존기업이 파괴적 기술의 출현을 무시하면 거래 관계에 있던 공급업자와 유통업자 모두 해당 기술을 외면한다. 즉 신규 진입자에게 접근하기 위해 새로운 공급업자와 유통업자가 출현하게 된다. 결국 신규 진입자가 성장하면 새로운 네트워크에 참여하는 기업들도 동반 성장할 수밖에 없다. 따라서 새로이 만들어진 네트워크는 기존기업뿐 아니라, 기존기업이 구축한 네트워크마저 대체할 수 있다. 비록 극단적 예시일지 모르나 파괴적 기술은 기존기업이 산업에 구축해 놓은 네트워크의 몰락을 앞당길 수 있다는 점이다.

정리하면 과거 패러다임에 갇힌 기존기업은 환경의 적응력을 제한하는 내부적 관성(inertia)에 매몰되지만, 신규 진입자는 이러한 관성으로부터 자유로운 편이다. 즉 신규 진입자는 보수적 성향의 고객을 만족시키거나, 구식의 비즈니스모델을 활용하지 않아도 된다. 대신 기존기업보다 우위에 설 때까지 신기술의 개선과 지속적 성능 향상처럼 주류 시장으로 파괴적 기술을 확산시킬 수단과 방법만 고민하면 된다.

7.6b 기존기업을 위한 함의

비록 크리스텐센의 중요한 발견에도 불구하고, IBM과 메릴린치 사례에서 보듯 모든 기존 대기업이 파괴적 혁신에 직면하는 상황에서 실패하지는 않는다. 달리 말해 파괴적 기술의 출현에 따라 파생하는 도전에 대해 기존기업은 다음과 같이 대처해야 한다.[24)]

첫째, 파괴적 기술이 어떤 식으로 시장을 변혁하는지 이해하는 것이 전략적 자산을 축적하는 첩경이다. 크리스텐센의 연구에 따르면 기존의 상당수 기업은 다음과 같은 이유로 말미암아 실패하는 것으로 보았다. 즉 신기술을 근시안적으로 바라보며 고객에게 올바르지 않은 질문을 던진다. "신기술에 관심이 있습니까"의 질문 대신 시간이 지나면 신기술의 성능이 급격히 향상되는 점을 인식하여 다음과 같이 질문했어야 한다. "만약 시간이 지나서 신기술의 성능이 획기적으로 개선된다면 관심을 가질 건가요?" 만약 기존기업이 이런 질문을 했더라면 매우 다른 전략적 결정이 내려졌을지 모른다.

둘째, 만에 하나 파괴적 기술이 될지 모르는 상황에서 기존기업은 새로운 기술에 대한 투자를 결정해야 한다. 달리 말해 기존 기술뿐만 아니라, 신기술에 투자를 단행함으로써 위험을 분산시켜야 한다. 즉 새로운 기술군이 언제 등장할지 모르지만, 그중의 하나가 결국 파괴적 기술이 된다는 점을 기억해야 한다. 특히 현금흐름이 양호한 대기업일수록 신기술 제품을 개발하고 출시하기 위해 강력한 연구개발 조직을 설립해야 한다. 아니면 파괴적 기술을 개발하는 신생기업을 인수하거나, 다른 기업과의 제휴를 통해 공동연구를 수행할 수 있다. 주로 신생기업에 대한 인수

합병은 네트워크 보안장비를 대표하는 미국의 시스코가 추구하는 대표적 전략이다. 이처럼 인수합병 전략은 신규 진입자에게 시장을 잃는 것보다 파괴적 기술이 나타나더라도 출혈경쟁을 통한 매출 감소를 감내하는 편이 더 나은 대안이 될 수 있다.

한편 크리스텐센은 중요한 또 다른 점을 제시한다. 즉 기존기업이 파괴적 기술의 개발에 착수했음에도 불구하고 변화에 저항하는 내부 요인들로 상업적 제품을 출시하지 못하는 현실이다. 일례로 많은 현금을 창출하는 사업부의 책임자는 시장지배력 유지를 위한 투자를 내세워 신기술의 투자를 단행하지 말 것을 요구할 수 있다. 사실 신기술은 S자형 기술 곡선의 초입에 들어서 있어 그의 설득력 있는 주장이 수용될 수 있다. 결국 기존 대기업은 신기술 역량을 축적하지 못한 결과 상당히 어려운 상황에 봉착하게 된다.

또한 크리스텐센은 파괴적 기술의 상업화를 위해 완전히 다른 비용구조와 가치사슬을 갖는 비즈니스모델의 필요성을 강력히 주장한다. 즉 기존과 다른 생산과 유통시스템, 완전히 차별적인 가격책정과 이에 따른 판매마진과 영업이익을 고려해야 한다. 특히 같은 조직안에서 서로 다른 비즈니스모델은 공존할 수 없다는 점을 강조한다. 만약 상이한 모델을 동시에 실행하는 경우 기존 기술의 비즈니스모델이 파괴적 기술의 비즈니스모델을 질식시킬 것으로 보았다.

이에 대한 해결책으로 파괴적 기술을 맡을 독립적 부서의 설립과 운영을 제안하고 있다. 예컨대 1980년대 초반 HP는 잉크젯 기술이 출현하는 상황에서 레이저 프린터 사업을 성공리에 운영하고 있었다. 잉크젯 기술이 기존 레이저 프린터 판매에 악영향을 줄 것을 우려한 나머지 일부 구성원은 잉크젯 프린터 생산에 반대하기도 했다. 이와 달리 경영진은 향후 잉크젯이 파괴적 기술로 부상할 것으로 전망하였다. 결과적으로 HP는 잉크젯 프린터의 상용화에 많은 연구개발비를 투입하였다. 더욱이 본격 출시에 앞서 다른 지역의 생산, 마케팅 및 유통을 담당할 독립적 사업부를 출범하였다. 결국 경쟁사로 인한 레이저 프린터의 매출 하락보다 내부 사업부로 인해 매출이 하락하는 일이 차라리 나은 편이라 생각했다. 그러나 잉크젯이 레이저 프린터 수익에 일부 생채기를 내었으나, 두 제품 모두 이익을 창출하는 방향으로 동반성장하였다. 결국 기존 기술과 함께 파괴적 기술을 병행하여 개발하더라도 제품사업부를 독립시키고 자율적 운영을 맡긴다면 성공할 수 있다는 점을 시사한다.

7.6c 신생기업을 위한 함의

한편 크리스텐센의 선도적 연구는 신규 진입자를 위한 시사점도 제공해 준다. 신규 진입자, 또는 신규 공격자는 여러 가지 측면에서 유사성을 보인다. 우선 구식의 비즈니스모델을 고수해야 하거나, 출혈경쟁이 나타날 가능성을 고민할 필요가 없다.

또한 기존 고객이나 공급업자 및 유통업자와의 관계를 굳이 고민하지 않아도 된다. 대신 신규 진입자는 모든 역량을 집중함으로써 파괴적 기술이 제공할 기회에 주의를 기울이면 된다. 특히 S자형 기술 발전 궤적에 따라 기술을 끊임없이 개선함으로써 주류 시장으로 편입한다면 지속 가능한 성장을 구가할 수 있다. 그러나 신규 진입자가 고민할 문제가 전혀 없는 것은 아니다. 즉 자본이 부족하고 성장 중에 직면하는 조직상의 관리 문제를 신규 진입자는 해결해야 한다. 결국 초기 틈새시장에서 주류 시장으로 파괴적 기술을 확산시키는 방법을 모색해야 한다.

신규 진입자에게 중요한 또 다른 문제는 기존 대기업과 협력할지, 아니면 파괴적 기술을 스스로 개발하여 독점이윤을 추구할지를 결정하는 것이다. 신규 진입자가 공격자로 전환하려면 충분한 자원과 능력의 지원이 필요하나 현실적으로 기대하기 힘들다. 그렇다면 기존 대기업과 전략적 제휴를 형성하여 파트너가 보유한 자원과 능력에 접근할 수 있다. 결국 앞에서 선발주자 우위 달성을 위해 선택할 수 있는 독자적 수행, 전략적 제휴 형성, 혹은 기술 라이선싱의 세 가지 전략을 생각해 보면 된다.

핵심용어

기술 표준(technical standards) 246
포맷 전쟁(format wars) 247
지배적 디자인(dominant design) 250
공공영역(public domain) 253
네트워크 효과(network effects) 254
킬러 애플리케이션(killer applications) 260
면도기와 면도날 전략(razor and blade strategy) 261
선발주자 우위(first-mover advantage) 266
선발주자 열위(first-mover disadvantages) 267
기술 패러다임 전환(technological paradigm shifts) 274

전략적 경영자를 위한 시사점

1. 많은 하이테크산업에서 기술 표준은 중요하다. 표준은 양립성을 보장하고 고객의 혼란을 줄여주며 양산을 통한 비용 절감뿐만 아니라, 보완재의 공급에 도움이 된다.
2. 네트워크 효과 및 우호적 피드백 순환이 주로 시장을 지배할 표준을 결정한다.
3. 표준의 설정은 지속 가능한 경쟁우위의 원천이 되기도 한다.
4. 산업에서 경쟁을 통해 정해지는 표준은 지속 가능한 이윤을 창출해 주는 전유성의 원천이다. 이를 위해 상보적 제품의 출시, 킬러 애플리케이션의 활용, 공격적 가격책정, 라이선싱 및 경쟁사와 협력하는 전략이 중요하다.
5. 상당수 하이테크 제품은 많은 투자비를 요구하나 한 단위 추가 생산에 들어가는 한계비용은 거의 제로에 가깝다. 즉 늘어난 생산량에 비용을 배부하여 총비용을 낮출 수 있기에 공격적 가격 인하는 의미 있는 전략이다.
6. 선발주자의 우위를 실현하기 위한 전략의 개발은 선도기업에 매우 중요하다. 이를 위해 기업은 독자 연구개발, 공동 연구개발, 그리고 다른 기업에 라이선싱을 주는 세 가지 전략을 선택할 수 있다. 결국 전략의 선택은 선발주자의 우위 확보, 높은 진입장벽의 설치 및 경쟁사에 대응

할 상호 보완적 자산에 달려 있다.

7. 신기술에 따른 산업구조 혁신, 경쟁 양상의 근본적 변화, 혹은 성공을 위해 신기술을 채택하는 기업이 늘어날수록 기술 패러다임 전환이 출현할 가능성이 높아진다.
8. 수익 감소에 따라 기술 향상이 정체되고 파괴적 기술이 출현하는 상황에서 기술 패러다임 전환이 발생할 가능성은 올라간다.
9. 기존 대기업은 기술에 대한 투자를 늘리거나, 신기술을 담당할 독립된 단위부서를 만듦으로써 기술 패러다임 전환에 대응할 수 있다.

토론 과제

1. 하이테크산업의 주요 특성은 무엇인가? 모든 산업이 한때는 하이테크산업이었나?
2. 하이테크산업에서 표준이 중요한 이유는 무엇인가? 그러면 산업표준이 시사하는 바는 무엇인가?
3. 만약 초기시장에서 주도적 위치를 차지한 중소기업에 근무하고 있다고 상상해보자. 가장 저렴한 비용구조에서 품질이 뛰어난 고부가가치 제품을 출시한 덕분에 시장점유율 60%를 달성하고 있어 미래 기업 전망이 밝다고 사장은 확신한다. 이러한 확신이 틀렸을 경우를 가정하여 사장에게 전달할 보고서를 작성하시오.
4. 경쟁사 제품보다 가벼워 더 먼 거리를 이동하는 저렴한 전기 스쿠터를 개발한 회사에 있는 자신을 생각해보자. 기업의 성공을 위해 어떤 전략이 필요할 것인지 고민하시오.
5. [전략 실행 사례 7.1]을 다시 읽어보고 태블릿이나 스마트폰에서 단일 운영체제가 지배적 디자인으로 출현하는 것에 대해 어떻게 생각하는지 말해보시오. 만약 어떤 운영체제가 단일 표준이 될 것인지 말하고 그 이유를 설명하시오.

텐센트와 위챗

마무리 사례

1998년 텐센트(Tencent)는 마화텅(Ma Huateng), 장즈둥(Zhang Zhidong), 쉬천예(Xu Cheny), 천이단(Chen Yidan) 등에 의해 공동으로 설립되었다. 비록 법인은 케이맨 제도에 소재하고 있지만, 물리적 사업장은 중국의 선전(Shenzhen)에 자리하고 있다. 1999년 OICQ의 메시징 서비스를 처음 출시했으나, 미국에서 이미 관련 기술(ICQ 메시징 서비스)을 먼저 출시한 AOL로부터 소송 위협에 직면하자 바로 QQ로 이름을 바꾸었다. 이후 정보기술과 미디어에 집중 투자한 결과 텐센트는 비디오게임을 아우르는 온라인 플랫폼 사업자로 급성장하였다. 2013~2018년 동안 텐센트는 277개에 달하는 테크기업의 주식을 사들이면서 세계에서 가장 역동적인 기술 투자자로 명성을 축적하였다.[25] 현재 중국에서 가장 먼저 시작한 온라인 은행 위뱅크를 필두로, 게임 플랫폼인 위게임, 모바일 지급결제의 위챗페이, 영화 제작 및 음원 스트리밍, 그리고 인터넷 브라우저 및 검색엔진을 서비스하고 있다. 2022년 중반 기준 시가총액은 알라바바 그룹의 2,510억 달러를 넘어서고 아마존의 1조 4,600억 달러의 25% 수준인 3,750억 달러에 달한다.

텐센트의 대표적 제품이 바로 2011년 출시한 다목적 메시징, 소셜미디어 및 모바일 결제서비스가 가능한 위챗(WeChat)이다. 결과적으로 월 10억 명에 육박하는 충성도 높은 사용자를 보유하고 있는 독보적인 모바일 앱으로 자리 잡았다. 특히 미국의 페이스북, 인스타그램처럼 SNS 사이트로 대표되는 한편, 온라인 뉴스, 상거래, 정부 포털, 지급결제(WeChat Pay) 및 ID카드 서비스도 제공한다. 미국과 같이 개별 기능에 특화된 앱과 달리, 위챗에 다양한 서비스를 담아 충성고객을 최대한 만족시키고자 시도하였다.[26] 결과적으로 친구와의 대화부터 열차 예매, 음식 배달 및 공공기관 포털을 망라한 서비스를 제공한다.

비록 중국 정부와의 관계, 감시와 검열에 대한 비난, 그리고 개인정보 유출에 대한 우려에도 불구하고 가장 보편적인 스마트폰 앱이라는 점은 부인하기 어렵다.[27] 이마켓터(eMarketer)에 따르면 2022년 기준 위챗의 시장침투율은 전체 스마트폰 사용자의 80%를 차지하는 한편, 앱 이용자의 약 30%를 차지한다. 일부 전문가는 위챗이 탑재된 어떤 단말기나 운영체제도 상관없다는 식으로 여기는 사용자가 태반일 정도로 중국에서 위챗은 곧 사용자 경험을 의미한다. 이 점에 대해 벤 톰슨(Ben Thompson)은 다음과 같이 설명한다.

> 본질적 문제는 다른 시장과 달리 중국의 소비자가 스마트폰을 선택하는 기준은 운영체제가 아니라, 바로 위챗의 탑재 여부이다. 달리 말해 오프라인 및 온라인, 특히 게임까지 포함하여 중국인의 평범한 삶에 위챗이 녹아 있다.
>
> 미국에서 메타(구. 페이스북)의 플랫폼(메신저, 왓츠앱)에 비견될지 모르겠으나 중국처럼 모든 일상에서 위챗이 활용되고 있는 나라는 없을 것이다. 즉 의사소통 수단, 아니면 인생의 낭비로 불릴지 모르겠으나 뉴스 청취, 택시 호출, 밥값 지불, 사업 수행, 그리고 정부 포털 접속에 이르는 모든 일들이 위챗만으로 가능하다. 결국 중국에서 위챗은 다른 나라보다 사용자가 더 많은 일을 수행하도록 만들어 준다.[28]

한편 중국 정부의 제도적 진입장벽일 수 있겠으나 텐센트의 가장 강력한 경쟁자는 알리바바나 바이두와 같은 또 다른 중국계 기업이다. 더 큰 문제는 위챗이 중국 이외의 사용자 대상 서비스 제공이 불러올 파장이 만만치 않다는 점이다. 비록 2022년 기준 위챗의 해외 사용자는 1억 명 미만으로 추산되나, 미국의 실리콘밸리는 이를 강력한 위협으로 간주한다. 첫째, 중국 시장에서 위챗의 시장지배력은 글로벌 차원의 연구개발과 판매촉진을 감내할 만큼 충분한 자본을 조달할 수 있는 원천이다. 일례로 시장지배력을 가늠해 볼 수 있는 모바일 지급결제에서의 경쟁을 생각해 보자. 2022년 중반까지 텐센트의 위챗페이와 알리바바의 알리페이는 각각 9억 명과 7억 명이 넘는 충성고객을 확보하였다. 이는 모바일 지급결제에서 미국을 대표하는 페이팔(3억 9,200만 명)과 애플페이(5억 명 이상)를 초라하게 만든다. DCM Ventures의 공동 설립자인 데이비드 차오(David Chao)는 "모바일 결제에서 중국은 최소 3년, 내지 4년 앞서 있을 정도로 완전히 새로운 경제가 출현하고 있다"고 말한다.[29]

둘째, 텐센트의 사업 규모 또한 소프트웨어 공학과 인공지능(AI) 분야의 최고 인재를 유인하는 동력이다. 2015년 "일상에서 만나는 인공지능"을 비전으로 제시하며 AI 연구소를 설립하는 한편, AI 애플리케이션을 모든 사업에 활용하기 위해 기계학습, 음성인식 및 자연어 처리능력에 엄청난 투자를 시작했다. 또한 미국 워싱턴주 시애틀 지역의 인재[30]를 채용하기 위해 MS 본사가 있는 레드몬드(Redmond) 인근 벨뷰(Bellevue)에 인공지능 랩을 오픈하였다. 벤처 캐피탈인 앤드리슨 호로위츠(Andreessen Horowitz)의 대표사원(GP)으로 있는 코니 챈(Connie Chan)은 "중국의 시장기회는 매우 크기 때문에 빅테크 기업의 연봉 수준은 구글과 별반 차이가 없다"고 말한다.[31]

위챗으로 모든 일상이 가능해진 이유는 기계학습 알고리즘을 토대로 방대한 양의 데이터를 활용하고 축적한 결과이다. 결국 하이테크산업의 전문가들은 이구동성으로 자금과 인력이 풍부하고 빅데이터에 진심인 텐센트가 구글, 아마존에 치명적 위협이 되리라 보고 있으며, 다만 그 시기가 언제인지 의견이 분분할 뿐이다.

사례 토의 문제

1. 중국에서 위챗이 80%의 시장점유율을 달성한 이유는 무엇인가? 다른 시장에서도 성공요인을 복제할 수 있을 것으로 생각하는가? 어떤 요인이 복제 가능할 것으로 생각하는가?
2. 유럽이나 미국보다 중국에서 모바일 결제서비스가 보편화된 이유를 무엇이라 생각하는가?
3. 위챗과 위챗페이의 중국 내 지배력이 인공지능 분야에서 텐센트의 위상 강화에 도움될 것으로 생각하는가?

참고문헌

[1]A. Kharpal, "Crypto Firms Say Thousands of Digital Currencies Will Collapse, Compare Market to Dotcom Days," *Davos*, June 3, 2022.

[2]C. Tardi, "Understanding the Different Types of Cryptocurrency," *SoFi Learn*, July 12, 2022.

[3]J. Schmidt, "Why Does Bitcoin Use So Much Energy?" *Forbes*, May 18, 2022.

[4]J. M. Utterback, *Mastering the Dynamics of Innovation* (Boston: Harvard Business School Press, 1994); C. Shapiro and H. R. Varian, *Information Rules: A Strategic Guide to the Network Economy* (Boston: Harvard Business School Press, 1999); M. A. Schilling, "Technology Success and Failure in Winner-take-all Markets: Testing a Model of Technological Lock Out," *Academy of Management Journal* 45 (2002): 387–398.

[5]일반적으로 널리 활용되어지는 컴퓨터 자판의 배열이 존재하긴 하지만, 전 세계적으로 반드시 통일된 것은 아니다. 예를 들어, 프랑스는 다소 상이한 자판 배열을 사용한다.

[6]For details, see C. W. L. Hill, "Establishing a Standard: Competitive Strategy and Technology Standards in Winner Take All Industries," *Academy of Management Executive* 11 (1997): 7–25; Shapiro and Varian, Information Rules; B. Arthur, "Increasing Returns and the New World of Business," *Harvard Business Review*, July–August 1996, pp. 100–109; G. Gowrisankaran and J. Stavins, "Network Externalities and Technology Adoption: Lessons from Electronic Payments," *Rand Journal of Economics* 35 (2004): 260–277; V. Shankar and B. L. Bayus, "Network Effects and Competition: An Empirical Analysis of the Home Video Game Industry," *Strategic Management Journal* 24 (2003): 375–394; R. Casadesus-Masanell and P. Ghemawat, "Dynamic Mixed Duopoly: A Model Motivated by Linux vs Windows," *Management Science* 52 (2006): 1072–1085.

[7]See Shapiro and Varian, *Information Rules*; Hill, "Establishing a Standard"; M. A. Schilling, "Technological Lockout: An Integrative Model of the Economic and Strategic Factors Driving Technology Success and Failure," *Academy of Management Review* 23:2 (1998): 267–285.

[8]J. Reitveld, C. Bellavitus, and M. A. Schilling, "Relaunch and Reload: Platform Governance and the Creation and Capture of Value in Ecosystems," New York University Working Paper, 2015.

[9]마이크로소프트는 이렇게 설치되는 제품 한 단위당 얼마의 라이선싱 수수료를 받는지 공개하지 않는다. 하지만 여러 언론 매체의 보고서들에 따르면, 복사본 하나당 약 50달러가량을 받는 것으로 추정되고 있다.

[10]M. Herper, "The Truly Staggering Costs of Inventing New Drugs," *Forbes*, February 10, 2012; Pharmaceutical Industry 2008, *Standard & Poor's Industry Surveys*; J. A. DiMasi and H. G. Grabowski, "R&D Costs and Returns to New Drug Development: A Review of the Evidence," in P. M. Danzon and S. Nicholson (ed.), *The Oxford Handbook of the Economics of the Bio-pharmaceutical Industry* (Oxford, UK: Oxford University Press, 2012), chapter 2, pp. 21–46; Innovation.org, 2007; *Drug Discovery and Development: Understanding the R&D Process* (Washington, DC: PhRMA, February), www.phrma. org (accessed August 1, 2015).

[11]F. Richter, "2022. Streaming Drives Global Music Industry," *Statista*, April 8, 2022.

[12]Much of this section is based on C. W. L. Hill, M. Heeley, and J. Sakson, "Strategies for Profiting from Innovation," in *Advances in Global High Technology Management* (3rd ed.). (Greenwich, CT: JAI Press, 1993), pp. 79–95.

[13]M. Lieberman and D. Montgomery, "First Mover Advantages," *Strategic Management Journal* 9 (Special Issue, Summer 1988): 41–58.

[14]W. Boulding and M. Christen, "Sustainable Pioneering Advantage? Profit Implications of Market Entry Order?" *Marketing Science* 22 (2003): 371–386; C. Markides and P. Geroski, "Teaching Elephants to Dance and Other Silly Ideas," *Business Strategy Review* 13 (2003): 49–61.

[15]M. A. Schilling, "Towards Dynamic Efficiency: Innovation and Its Implications for Antitrust," *Antitrust Bulletin*, forthcoming.

[16]J. Borzo, "Aging Gracefully," *Wall Street Journal*, October 15, 2001, p. R22.

[17]The importance of complementary assets was first noted by D. J. Teece. See D. J. Teece, "Profiting from *Technological Innovation*," in D. J. Teece (ed.), The Competitive Challenge (New York: Harper & Row, 1986), pp. 26–54.

[18]M. J. Chen and D. C. Hambrick, "Speed, Stealth, and Selective Attack: How Small Firms Differ from Large Firms in Competitive Behavior," *Academy of Management Journal* 38 (1995): 453–482.

[19]E. Mansfield, M. Schwartz, and S. Wagner, "Imitation Costs and Patents: An Empirical Study," *Economic Journal* 91 (1981): 907–918.

[20]이러한 주장은 게임이론(game theory)을 다룬 연구들에서 주로 이루어졌다. 이와 관련해서는 다음 문헌을 볼 것. R. Caves, H. Cookell, and P. J. Killing, "The Imperfect Market for Technology Licenses", *Oxford Bulletin of Economics and Statistics* 45 (1983): 249-267. N. T. Gallini, "Deterrence by Market Sharing: A Strategic Incentive for Licensing", *American Economic Review* 74 (1984): 931-941; and C. Shapiro, "Patent Licensing and R&D Rivalry", *American Economic Review* 75 (1985): 25-30.

[21]M. Christensen, *The Innovator's Dilemma* (Boston: Harvard Business School Press, 1997); R. N. Foster, *Innovation: The Attacker's Advantage* (New York: Summit Books, 1986).

[22]Ray Kurzweil, *The Age of the* Spiritual Machines: When Computers Exceed Human Intelligence (New York: Penguin Books, 1999).

[23]See Christensen, *The Innovator's Dilemma*; C. M. Christensen and M. Overdorf, "Meeting the Challenge of Disruptive Change," *Harvard Business Review* (March–April 2000): pp. 66–77.

[24]C. W. L. Hill and F. T. Rothaermel, "The Performance of Incumbent Firms in the Face of Radical Technological Innovation," *Academy of Management Review* 28 (2003): 257–274; F. T. Rothaermel and Charles W. L. Hill, "Technological Discontinuities and Complementary Assets: A Longitudinal Study of Industry and Firm Performance," *Organization Science* 16:1 (2005): 52–70.

[25]L. Lin and J. Steinberg, "How China's Tencent Uses Deals to Crowd Out Tech Rivals," *Wall Street Journal*, May 15, 2018.

[26]B. O'Keefe, "Why China Will Soon Challenge Silicon Valley," *Fortune*, July 18, 2018.

[27]L. Chen, "Why China's Tech- Savvy Millennials Are Quitting WeChat," *The Star Online*, July 23, 2018.

[28]B. Thompson, "Apple's China Problem," *Stratechery*, May 2017.

[29]O'Keefe "Why China Will Soon Challenge Silicon Valley," What's going to happen when China innovation goes around the world?

[30]B. Marr, "Artificial Intelligence in China: The Amazing Ways Tencent Is Driving Its Adoption," *Forbes*, June, 2018.

[31]O'Keefe, "Why China Will Soon Challenge Silicon Valley."

Chapter 8

글로벌 환경에서의 전략

학습목표

8.1 세계화의 과정을 기술하고 기업의 전략에 미치는 영향을 설명한다.

8.2 세계화에 역행하는 여러 다양한 흐름을 정리한다.

8.3 국가경쟁력을 구성하는 핵심 요소들을 기술한다.

8.4 해외시장으로 진출하는 여러 다양한 동기를 논의한다.

8.5 글로벌 시장에서 경쟁하기 위한 기업의 국제화 전략을 설명한다.

8.6 상이한 유형의 글로벌 전략을 검토한다.

8.7 국제화의 수단으로 다섯 가지 진입방식을 요약한다.

8.8 전략적 제휴에 참여하는 기업이 어떻게 이익을 창출할 수 있는지 토의한다.

첫머리 사례

에미레이트 항공사의 글로벌 전략

에미레이트 항공(Emirates Airlines)은 세계적 항공사의 하나이다. 2022년 1월 현재 270대의 항공기를 보유하고 전 세계 80개국 150개가 넘는 도시에 취항하고 있으며 승객비행거리 기준 세계 4위의 항공사이다. 또한 화물운송 부문에서도 페덱스의 뒤를 이어 세계 2위의 항공사로 자리 잡았다. 1985년 아랍에미리트연합(UAE)의 수도이자 세계적으로 알려진 두바이에서 설립되었다. 처음에는 단 두 대의 항공기를 운용하던 국영항공사로 출발하였다.

만약 소규모 항공사의 전략을 그대로 답습했다면 아마도 중동의 주요 도시를 연결하는 단거리 노선에 치중하는 사업자에 불과했을 것이다. 소형 항공사와 달리 에미레이트 항공은 신속한 글로벌 전략을 추구하였다. 달리 말해 두바이를 허브 공항으로 전 세계 대도시에 취항하여 장거리 노선을 운항하는 저비용 항공사로 포지셔닝하였다. 페르시아만의 두바이는 아시아와 유럽을 연결하는 관문으로서 전략적 입지 우위를 지니고 있다. 이에 따른 신속한 글로벌 전략은 과감하고 담대한 전략이다. 즉 에미레이트 항공의 비즈니스모델은 두바이에서 출발하여 24시간 안에 세계적 대도시에 취항이 가능한 초대형 항공기 구매에 집중하였다. 결국 에어버스의 A380 기종을 절반 이상 보유한 에미레이트 항공은 초대형 여객기의 최대 운영사로 부상하였다. 게다가 보잉의 777 장거리 기종을 가장 많이 운영하는 항공사로도 알려져 있다.

장거리 노선에 주력하는 국제화 전략으로 인해 에미레이트 항공은 비용우위를 누리고 있다. 우선 장·단거리를 함께 운용하는 경쟁사와 달리 장거리 노선에 경제성이 우수한 기종을 투입함으로써 승객 마일당 운영비를 절감한다. 달리 말해 승객 마일당 비용이 높은 단거리 노선일수록 운영비에 대한 부담이 커지게 된다. 다음으로 연혁이 짧은 에미레이트 항공은 기존 항공사와 달리 높은 인건비, 과도한 연금 및 강성 노조와는 거리가 멀다. 끝으로 두바이의 경우는 법인세가 없다는 점 또한 비용우위의 원천으로 작용한다.

운용비용이 낮다는 이유로 에미레이트 항공을 사우스웨스트, 또는 라이언에어와 같은 저비용항공사(LCC)로 취급하는 것은 곤란하다. 오히려 일등석과 비즈니스 좌석의 모든 고객에게 프리미엄 서비스를 제공하는 한편, 라운지 무료 이용의 혜택을 제공한다. 2019년 에어헬프(AirHelp)에 따르면 정시 도착, 서비스 품질 및 클레임 처리에 있어 에미레이트 항공은 전 세계 80개 항공사 중에서 10위를 기록하였다. 특히 서비스 품질에서 세계 1등 항공사에 선정되는 영예를 차지하였다. 결국 에미레이트 항공이 글로벌 항공사로 부상한 이유는 고품질 서

ZGPhotography/Shutterstock.com

출처: AirHelp Score 2019, www.airhelp.com/en/airhelp-score/airlineranking; S. Nataraj and A. Al-Aali, "The Exceptional Performance Strategies of Emirate Airlines," *Journal of Global Competitiveness*, October 2011; Anonymous, "Emirates: The Long-Haul LowCost Carrier," *Aviation Strategy*, May 2005; "What's an A380 Worth?" *The Economist*, August 13, 2020; A. Cornwell, "Emirates Will Have to Review Strategy after Coronavirus Pandemic," *Reuters*, June 25, 2020.

비스를 저렴한 비용으로 제공한 것에 기인한다. 이처럼 최신 기종으로 장거리 노선을 저렴하게 운용하는 브랜드라는 명성이 고객 수요의 창출로 나타났다.

또 하나 흥미로운 사실로서 신속한 국제화 전략은 두바이를 컨벤션 산업의 메카뿐만 아니라, 여행자의 휴양지로 만들려는 두바이 정부의 이해관계와 일치한다는 점이다. 사실 두바이는 허브 공항보다 럭셔리 호텔, 식당, 클럽, 해변, 테마파크 및 쇼핑몰 등이 즐비한 여행자의 성지로 유명하다. 결국 여행과 관광 수요의 창출은 운항 편수를 증대시켜 운용비용을 더욱 낮추는 효과로 나타났다.

그러나 이러한 우위에도 불구하고 에미레이트 항공은 코로나19 확산에 따른 수요 급감의 직격탄을 맞아 고전하고 있다. 특히 2020년 글로벌 여행수요의 감소로 인한 장거리 운항스케줄 축소는 운영비용 상승에 따른 손실로 이어졌다. 결국 A380의 추가 도입을 취소하는 한편, 팬데믹이 지속되는 상황을 대비하여 처음으로 장거리 노선에 중소형 항공기를 투입하고 있다. 다만 에미레이트 항공은 수요 진작을 위해 여행, 혹은 출장 목적의 고객을 두바이로 유인하여 대형 기종을 운용하는 전략을 병행하고 있다.

개요

지난 50년에 걸쳐 주목할 사실은 시장의 세계화가 가속화되어 온 점이다. 브라질, 인도 및 중국처럼 신흥경제대국의 출현과 더불어 세계적인 무역과 투자장벽의 축소는 국가별 시장을 거대한 단일시장으로 점차 통합시켰다. 본 장에서는 전략경영을 위해 글로벌 시장에서 경쟁이 주는 시사점을 살펴보고, 세계화에 역행하는 최근의 국제 정세를 다루고자 한다.

본 장에서는 우선 글로벌 경쟁환경에서 지속되고 있는 변화를 살펴보는 것으로 시작한다. 다음으로 수익성 제고와 수익률 향상을 위한 다양한 국제화 방식을 논의할 것이다. 그런 다음 글로벌 시장에서 경쟁우위 창출에 기여하는 글로벌 전략의 강점과 약점을 비교한다. 즉 (1) 어느 국가로 언제 진출하며 어떤 규모로 진출할 것인가?, (2) 국제화를 위해 어떤 수단과 방법을 활용하여 해외시장으로 진출할 것인가?의 두 가지 전략적 이슈를 다룰 것이다.

앞서 에미레이트 항공의 글로벌 전략은 본 장에서 다루려는 전략적 이슈에 해당하는 사례이다. 지난 30년 동안 두바이를 허브 공항으로 세계 주요 대도시를 효율적으로 연결하는 전략에 치중한 결과 에미레이트는 세계 최대 항공사로 성장하였다. 코로나19 확산에 따라 에미레이트 항공이 겪은 비용 증가와 수익 감소는 기존 전략의 재검토보다 거시환경의 예상치 못한 변화에 전략적 대응의 중요성을 강조하고 있다.

8.1 세계화의 과정을 기술하고 기업의 전략에 미치는 영향을 설명한다.

8.1 세계화와 국가환경

50년 전만 하더라도 대다수 국가는 무역 및 투자장벽으로 말미암아 상호 분리되고 파편화되어 있었다. 당시 경영자는 진출 대상 국가의 시장만 분석하면 되었지, 글로벌 경쟁사의 움직임에 별다른 주의를 기울이지 않아도 되었다. 왜냐하면 다른 국가로 진출하는 경쟁사가 소수였을 뿐 아니라, 진입조차도 어려웠기 때문이었다. 심지어 매우 비싼 대가를 치를 수도 있었기 때문에 해외시장으로의 진출에 별 관심이 없었다. 그러나 지금은 모든 상황이 완전히 달라지고 있다. 즉 무역과 투자장벽은 이미 무너지고 있으며 상품과 서비스 시장이 하나의 단일시장으로 통합되고 있다. 결국 경쟁은 한 국가에서만 일어나지 않을 뿐만 아니라, 경쟁사의 모국으로 진출하는 다국적기업을 쉽게 찾아볼 정도로 경쟁강도의 파고는 높아져 왔다. 작금의 경영자는 세계화가 기업의 경쟁환경에 미치는 영향을 주시하는 한편, 경쟁사의 위협에 대응하면서 글로벌 기회를 활용할 줄 아는 전략을 고민할 시점이다. 본 절에서는 세계적인 무역과 투자장벽 축소에 따른 주요 변화를 살펴보고, 다른 국가에서 경쟁 상황을 분석하는 모델을 논의할 것이다.

8.1a 생산과 시장의 세계화

지난 반세기에 걸쳐 무역과 투자장벽이 계속 축소되는 상황을 목격하였다. 가령 공산품에 부과되던 선진국의 평균 관세율이 40%에서 4% 미만으로 급격히 하락하는 한편, 정보기술 관련 제품의 관세율은 거의 제로 수준까지 떨어졌다. 이와 함께 법인설립, 인수합병처럼 외국인직접투자를 저해하던 국가별 규제도 점진적으로 철폐되었다. 결국 전 세계적으로 무역규모가 증가하는 동시에, 직접투자 금액이 급증하였다. 과거 수십 년 전의 경제에 비해 글로벌 무역과 투자규모는 훨씬 가파르게 증가하였다. 1960~2022년 동안 인플레이션을 반영한 세계 경제규모는 9배 증가하는 한편, 세계 교역규모는 20배 이상 급증하였다. 제조업 공산품과의 직접적 비교는 어렵지만, 서비스 교역규모도 지난 수십 년 동안 꾸준히 증가하였다. 2021년까지 세계 공산품 교역규모는 22조 2천억 달러로 나타난 한편, 서비스 교역규모는 5조 7천억 달러를 기록했다. 비록 코로나19로 말미암아 교역규모가 20% 가까이 감소했지만 2021년 상품교역은 사상 최고 수준으로 급반등하였다.[1] 1990~2021년 사이 다국적기업의 직접투자 규모는 2,500억 달러에서 1조 8,500억 달러로 증가하였다(2020년 팬데믹으로 인해 무역과 투자 모두 급감하였으나, 2021년 기준 투자는 회복세로 돌아섰다).[2] 결국 시장의 세계화에 따른 생산활동의 세계화는 교역과 투자규모의 증가로 나타났다.[3]

무역과 투자장벽 축소로 인해 제조공정의 일부, 혹은 전부를 분산시켜 비용절감을 도모할 수 있기에 생산활동의 국제화가 촉진되었다. 다국적기업은 토지, 노동, 자본 및 에너지처럼 생산요소의 국가 간 비용과 품질 차이를 활용하여 생산활동의 세계화를 추진함으로써 비용을 줄이고 이익을 창출하였다. 예컨대 미국의 보잉(Boeing)은 최신의 787 기종을 제작하는데 금액 기준 약 65%의 부품을 외국계 기업으로부터 조달받는다. 즉 3개의 일본업체가 비행기 부품의 35%를 공급하는 한편, 이탈리아, 싱가포르 및 영국의 다국적기업이 다른 20%의 부품을 만들어 납품한다.[4] 이처럼 보잉이 외국계 기업들로부터 부품을 소싱하는 이유는 이들 업체가 해당 부품을 가장 잘 만들 수 있는 전문성을 갖고 있기 때문이다. 결국 글로벌 소싱을 통해 좋은 품질의 제품을 저렴한 비용으로 조달하기 때문에 높은 마진의 창출이 가능하다. [전략 실행 사례 8.1]를 보면 애플이 스마트폰 사업에서 경쟁우위를 확보하기 위해 글로벌 공급망을 어떻게 재구성했는지를 이해할 수 있다.

시장의 세계화는 물리적 거리, 무역과 투자장벽 및 문화적 차이가 존재하는 이질적 시장에서 하나의 단일시장으로 변화되는 현상이다. 달리 말해 동질적인 기호

전략 실행 사례 8.1

애플의 아이폰 생산 외주

사업 초기 애플은 자사의 기기를 외국에서 생산하지 않을 것처럼 보였다. 1983년 매킨토시 출시 후 얼마 지나고 스티브 잡스는 "미국에서 생산된 PC 제품"이란 점을 자랑했다. 2000년 초반까지도 애플은 여전히 캘리포니아주 엘크 그로브(Elk Grove)에 있는 아이맥 공장에서 컴퓨터를 생산하고 있었다. 잡스는 애플 제품만큼이나 미국 내 생산을 자랑스럽게 말하곤 하였다.

그러나 2004년부터 애플은 해외 생산으로 방향을 틀었다. 2007년 아이폰이 처음 출시되고 인기가 절정에 달하며 애플을 대표하는 제품으로 자리 잡던 시점에 역외 생산을 단행하였다. 아이폰에 들어가는 수백 개 부품 중 약 90%가 해외에서 만들어지고 있다. 첨단 반도체는 독일과 대만, 메모리 칩은 한국과 일본, 디스플레이 패널과 기판은 한국과 대만, 칩셋은 유럽, 그리고 희토류는 아프리카와 아시아로부터 공급받는다. 애플의 주요 하청업체인 대만계 다국적기업인 팍스콘(Foxconn)이 중국에서 완제품을 조립하고 있다.

애플의 미국 내 종업원은 약 8만 명에 달하며 제품 디자인, SW 엔지니어링 및 마케팅과 같은 핵심 활동은 본국을 중심으로 수행해 왔다. 더군다나 애플은 미국 내 공급업체 포함 총 45만 명의 일자리 창출에 기여하고 있다고 강조한다. 대표적으로 아이폰의 유리 기판은 미국 켄터키 및 뉴욕주의 코닝(Corning) 공장에서 생산되고 있다. 또한 해외에서도 팍스콘처럼 외주기업을 통해 120만 명의 인력이 개발, 엔지니어링 및 최종 조립에 관여하는 것으로 알려졌다.

해외에서 아이폰 조립을 결정할 당시 애플은 일련의 후보지를 발표한다. 중국의 인건비가 상당히 저렴하긴 하지만, 인건비는 제품 원가에서 차지하는 비중은 극히 일부이며, 입지 선정의 주된 사유는 아니라고 경영진은 설명하였다. 다만 애플에 있어 더 중요한 것은 생산량 증감 요청에 신속히 대응하는 능력인데 중국의 하청업체가 여기에 강점을 가진 것으로 보았다. 일례로서 2007년 스티브 잡스는 시제품의 플라스틱 화면을 유리 화면으로 교체하도록 지시하였다. 잡스로서는 업계 표준이던 플라스틱 화면의 모양과 감촉뿐만 아니라, 스크래치가 쉽게 생기는 재질이 마음에 들지 않았다. 그러나 막판에 내리는 의사결정은 신제품 출시에 악영향을 미칠 수 있었다. 이에 애플은 강화유리의 공급자로 코닝을 선정했으나, 수백만 대의 아이폰 화면을 일거에 교체하는 작업은 만만치 않았다. 그렇지만 중국의 한 업체로부터 가능하다는 연락을 받자마자 현지 공장을 방문한 경영진은 유리를 절단할 장비와 설비를 이미 구축한 신축공장을 눈으로 확인하였다. 공장의 경영자는 "이것이 당신의 요구에 대한 답"이라고 말했을 뿐만 아니라, 아이폰에 장착할 유리 샘플로 가득한 공장 창고와 함께 바로 투입이 가능한 엔지니어들도 보유하고 있었다. 심지어 주 7일 3교대로 운영하여 애플이 요구하는 생산 일정을 맞출 수 있도록 공장 내 기숙사도 완공하였다. 결과적으로 애플로부터 계약을 수주할 수 있었다.

중국 하청업체의 또 다른 강점으로 현지에서 엔지니어를 수월하게 채용할 수 있었다. 애플이 보기에 아이폰 생산에 20만 명의 조립공이 필요하고, 이들을 지도하는데 약 8,700명의 엔지니어가 소요될 것으로 추산하였다. 만약 미국이라면 그 정도의 인력을 조달하는데 9개월 정도의 시간이 소요될 것이었지만, 중국에서는 15일이면 충분했다. 특히 중국의 경우 생산공장이 특정 지역에 배치되기 때문에 대다수 부품업체가 팍스콘의 조립공장 주변에 모여 있었다. 현지의 소싱업체 경영자는 다음과 같이 말한다. "중국 안에 전체 공급망이 자리 잡고 있습니다. 수천 개의 고무마개가 필요하면 바로 구해줄 수 있어요. 수백만 개의 나사가 필요하면 한 블록 떨어진 공장에서 가져오면 됩니다. 만약 특수한 나사를 원하십니까? 세 시간 거리에 공장이 있습니다."

한편 중국 업체를 통한 소싱에도 문제점이 있다. 애플의 하청업체 중 일부는 열악한 노동조건으로 원성을 사고 있다. 가령 생산직 노동자의 저임금, 장시간 노동, 수당 없는 잔업, 그리고 빈약한 안전기준 등을 지적받는다. 애플 경영진은 회사 내부적으로 해결하기 어려운 충돌이 있다고 말한다. 즉 팍스콘과 같은 하청공장의 작업환경이 개선되길 원하지만, 신속한 제품 출시, 혹은 원만한 공급자 관계를 생각하면 쉽지 않다는 것이다. 더욱이 애플의 소싱 전략은 다른 나라에 미국의 일자리가 넘어간다는 트럼프 전 대통령의 비난을 줄곧 받았다. 물론 애플은 이런 평가에 동의하지 않았고, 오히려 미국 내 공장에 투자를 늘리겠다고 맞받아쳤다. 2018년 미국에서 2만 명의 일자리 창출을 위해 향후 5년 동안 300억 달러를 투자할 계획을 발표하였다. 다만 대부분은 조립생산이 아닌 소프트웨어 개발과 데이터센터 운영에서 일자리가 창출될 전망이다. 2019년 말 코로나19 확산에 따라 중국 공장의 가동이 일시 중단되면서 아이폰의 생산량이 줄어 매출과 이윤이 정체되자 글로벌 공급망, 특히 중국에 편중된 공급망이 오히려 새로운 위험으로 대두되었다.

출처: "Where Is the iPhone Made?" *Lifewire*, July 14, 2018; D. Barboza, "How China Built iPhone City with Billions in Perks for Apple's Partner," *New York Times*, December 29, 2016; G. Huini, "Human Costs Are Built into iPad in China," *New York Times*, January 26, 2012; C. Jones, "Apple's $350 Billion US Contribution Was Already in the Cards," *Forbes*, January 19, 2018.

와 취향을 가진 고객이 표준화된 제품과 서비스를 구매하여 사용하게 된다. 즉 대다수 산업에서 독일, 미국, 중국처럼 국별 시장을 논하는 의미가 없어지는 것이다. 따라서 청량음료의 코카콜라, 신용카드의 아멕스, 원두커피의 스타벅스, 햄버거의 맥도날드, 스마트폰의 애플, 조립가구의 이케아, 그리고 운영체제의 MS 윈도우를 자유롭게 사용할 수 있는 현실이 시장의 글로벌화를 잘 보여주는 사례이다.[5)]

시장과 생산활동의 세계화 현상은 산업 내 경쟁과 관련하여 중요한 시사점을 제공해 준다. 첫째, 과거처럼 국적을 기준으로 산업의 경계가 정해지지 않는다. 국제화된 산업에서는 현 경쟁자와 미래 경쟁자를 다른 국가나 시장에서 만날 수 있다. 만약 경영자가 모국 시장만을 분석한다면 탁월한 경쟁력을 보유한 다국적기업의 진입을 손 놓고 볼 수밖에 없다. 즉 시장과 생산활동의 세계화는 다국적기업의 모국에서 외국계 경쟁사의 공격에 언제든 직면할 수 있음을 시사한다. 예컨대 글로벌 투자은행인 제이피 모건(J.P. Morgan)은 일본의 금융시장에 진출하여 성공리에 경쟁하고 있다. 한국의 삼성전자는 미국 시장에서 애플과 경쟁하는 한편, 유럽연합(EU)에서 네덜란드의 필립스(Phillips)는 일본의 파나소닉(Panasonic), 소니(Sony), 삼성전자와의 경쟁에서 밀려 고전하고 있다.

둘째, 국가별 시장에서 글로벌 시장으로의 통합은 대다수 산업에서의 경쟁을 심화시키고 있다. 국가별로 3~4개 기업이 제한적으로 경쟁하던 과점시장에서는 외국계 기업과 경쟁할 일이 별로 없다. 그러나 통합된 글로벌 시장에서는 수많은 다국적기업이 점유율을 올리기 위한 치열한 경쟁이 이루어진다. 경쟁이 치열해진 상황에서 수익성을 제고하려면 기업은 그 어느 때보다 효율성, 품질, 고객서비스 및 혁신역량 강화에 주력해야 한다. 가령 코닥(Kodak)처럼 인원 감축을 단행한 사례를 보면 글로벌 경쟁의 틈바구니에서 살아남기 위해 어쩔 수 없이 뼈를 깎는 구조조정을 선택할 수밖에 없다. 그러나 모든 산업이 파편화되어 있지는 않다. 아직 국가별 과점시장이 남아 있겠지만, 대부분 글로벌 과점시장에서 경쟁이 일어난다. 비디오게임 산업에서 마이크로소프트, 닌텐도와 소니는 글로벌 시장지배를 위해 경쟁하고 있으며, 스마트폰 시장에서도 애플, 삼성 및 화웨이가 범세계적 경쟁을 하고 있다.

끝으로 국가별 과점시장에서 안정적 성장을 도모하다가 세계화로 인해 글로벌 경쟁사의 위협에 직면하게 되었지만, 국제화를 역으로 활용하는 기업에게는 오히려 기회가 되기도 한다. 즉 무역과 투자장벽 축소로 시장이 개방되는 상황에서 선제적 국제화를 단행하는 것이 득이 될 수 있다. 예컨대 서유럽, 일본 및 미국계 기업은 지속적 성장을 추구하고자 동유럽, 남미, 동남아 시장을 선점하기 위한 투자를 지속하고 있다.

8.2 세계화에 역행하는 여러 다양한 흐름을 정리한다.

8.2 세계화에 역행하는 흐름

반세기에 걸친 세계화의 심화에도 불구하고 2016년 세계화에 역행하는 현상이 나타난 점은 주목할 만하다. 우선 2016년 6월 세계 주요 교역국이자 핵심 회원국이던 영국이 유럽연합(EU)에서 탈퇴하였다. 28개 회원국으로 구성된 EU는 무역과 투자장벽 철폐에 헌신했으며, 자유무역주의 확산에 공헌해 왔다. 소위 영국이 선택한 "브렉시트"는 세계화가 모두에게 좋은 것이라는 묵시적 합의가 깨지는 시그널로 비춰졌다. 결국 2020년 영국의 EU 탈퇴는 최종 마무리되었으며, 그 이후로 영국은 새로이 변화된 통상환경에 적응하고자 몸부림치고 있다.

2016년 11월 보호무역을 주장하던 도날드 트럼프가 미국의 대통령으로 당선되었다. 대통령이 되자마자 트럼프는 중국이 빠진 환태평양 12개국들과 무역장벽 축소를 목적으로 체결한 포괄적 파트너십 참여를 철회하는 한편, 북미자유무역협정(NAFTA)의 파트너인 캐나다와 멕시코와 재협상을 단행한 결과 2020년 새로운 협정이 체결되어 발효되었다. 심지어 태양광 패널, 세탁기, 철강 및 알루미늄 제품의 관세를 인상하면서 중국산 제품에 25%의 관세를 추가로 부과하였다. 이에 반발하여 중국도 미국산 수입품에 대해 그에 상응하는 수준의 보복관세로 대응하였다. 다른 나라들도 미국산 알루미늄과 철강류에 추가 관세를 부과하는 식으로 보조를 맞추었다. 이처럼 '눈에는 눈, 이에는 이' 식의 맞대응은 세계화에 찬물을 끼얹는 놀라운 사건이 아닐 수 없다. 세계 2차 대전이 종전된 후 미국은 관세장벽 철폐에 앞장서면서 자유무역주의 확산을 주도하였으나, 트럼프 대통령은 정반대의 자세를 견지하였다. 2021년 조 바이든이 대통령에 당선되지만, 트럼프 이전의 자유무역 질서로 회귀할 것으로 보이지 않는다. 2022년 중반 유럽산 알루미늄과 철강재에 부과되던 관세는 일부 내렸으나 중국산 제품에 대한 관세 부과는 여전히 유지되고 있다.

한편 세계화의 진전을 가로막는 지정학적 리스크의 출현은 문제를 더욱 복잡하게 만들고 있다. 2022년 2월 러시아의 우크라이나 침공은 적어도 러시아와 서방 간 우호적이었던 관계를 흔들고 있다. 한때 세계 경제의 동반자로서 역동적 경제성장의 구심점이던 러시아는 경제 제재를 받고 통합된 시장에서 멀어지고 있다. 러시아 시장에 진출해 있던 다국적기업들이 서둘러 철수하는 바람에 수십억 달러의 손실을 보고 있다. 결국 각종 제재로 인해 러시아 경제 자체가 상당히 위축되고 있다. 역사적으로 보면 러시아의 근본적 변화 없이는 이러한 상황이 지속될 수밖에 없다는 점이다.

끝으로 시진핑 체제의 중국 또한 전체주의가 강화되고 민간기업의 활동을 위축시키는 국가 통제가 심해지고 있다. 즉 글로벌 시장에서 '세계의 공장'으로 불리며 수출과 투자의 매력적 기회를 제공하던 중국의 위상마저 하락하고 있다. 심지어 전체주의가 심화되는 과정에서 한때 자국 영토였던 대만을 길들이려는 돌발적 행동을 취할 수 있다. 만약 그런 일이 발생하여 서방이 러시아에 했던 똑같은 제재를 단행한다면 세계 무역과 투자에 악영향을 미칠 것이다.

지금처럼 지정학적 리스크에 따른 정치적 변화가 실제 발생할지는 미지수지만, 지난 25년 동안 나타난 세계화가 퇴보하는 한편, 다국적기업의 글로벌 전략에 근본적 변화가 초래될 것은 분명해 보인다.

8.3 국가경쟁력

8.3 국가경쟁력을 구성하는 핵심 요소들을 기술한다.

시장과 생산활동의 세계화에도 불구하고 특정 산업에서 성공한 많은 기업이 일부 국가에 편중된 것은 사실이다. 가령 세계에서 가장 성공적인 바이오 및 컴퓨터 기업은 미국에 몰려있거나, 세계적 수준의 소비재 가전기업이 일본, 대만 및 한국에 집중되어 있다. 또한 독일의 경우 화학과 엔지니어링 분야에서 성공한 다수의 기업이 포진해 있다. 결국 특정 기업이 속한 일국의 환경적 요소가 글로벌 경쟁력의 원천으로 작용할 수 있다는 점이다.

국가경쟁력을 연구한 마이클 포터(Michael Porter)는 기업의 경쟁력을 결정하는 국가 특유의 네 가지 환경요소를 제시하였다.[6)]

- *요소 부존도(Factor endowments):* 산업 내 경쟁에 필요한 숙련 노동력, 또는 사회간접자본과 같은 부존자원의 보유 정도
- *지역의 수요조건(Local demand condition):* 국가별 시장/산업에서 제품과 서비스에 대한 수요의 수준이나 정도

그림 8.1 국가경쟁력의 구성요소

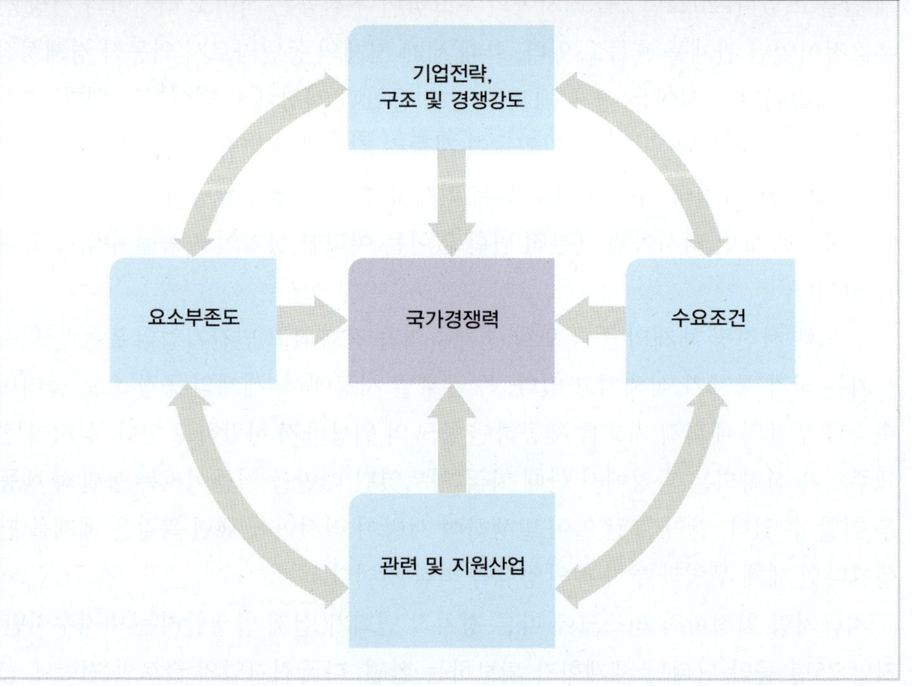

출처: Adapted from M. E. Porter, "The Competitive Advantage of Nations," *Harvard Business Review*, March–April 1990, p. 77.

- *관련 및 지원산업(Related and supporting industry):* 경쟁력 있는 산업을 뒷받침하는 관련 및 지원산업의 발달 정도
- *기업전략, 구조 및 경쟁(Firm strategy, structure, and rivalry):* 국가 내에서 기업이 창업, 성장 및 운영되는 방식과 국내에서의 경쟁강도

포터에 따르면 "다이아몬드"를 구성하는 네 가지를 내생 요인으로 부르고, 특출한 요인을 갖춘 산업을 다수 보유한 국가일수록 경쟁력 창출에 유리하다고 주장하고 있다([그림 8.1] 참조). 또한 다이아몬드의 네 가지 요인은 상호 강화되는 특성으로 인해 서로 영향을 주고받는다고 설명하고 있다.

요소 부존도 요소 부존도는 생산요소의 비용과 품질에 영향을 미친다. 즉 부존자원의 보유 정도는 어떤 국가가 특정 산업에서 경쟁우위를 가지도록 만들어 준다. 대표적 생산요소로는 토지, 노동, 자본, 원자재와 같은 기본 요소(Basic factors), 기술과 경영상의 노하우, 물적 인프라(도로, 철도, 항만 등)와 같은 고급 요소(Advanced factors)를 포함한다. 미국의 바이오산업 경쟁력은 기본 및 고급 요소가 상호 결합된 결과로 설명할 수 있다. 즉 생명공학처럼 높은 불확실성에도 불구하고 창업가, 모험자본의 기본 요소와 함께 기술과 경영상의 노하우처럼 고급 요소에 대

한 접근성이 가능했기 때문이다.

지역의 수요조건 국내 수요는 국가경쟁력을 "업그레이드" 시키는 동력으로 작용하는 역할을 담당한다. 보통 본국/모국 고객의 욕구에 더 민감할 수밖에 없기에 국내 수요는 제품의 속성을 결정하는 한편, 혁신의 발생과 확산에서 대단히 중요하다. 즉 특정국 고객의 요구사항이 까다롭고 다양할수록 기업은 자연스럽게 품질개선과 제품개발에 주력함으로써 경쟁우위 향상을 도모할 수 있다. 가령 카메라에 관해서만큼 관련 지식이 많고 까탈스러운 소비자로 인해 제품의 품질이 개선되고 혁신적 신제품이 출시된 결과 일본의 카메라 산업이 발전되었다. 휴대폰 산업의 경우 다양한 욕구를 세련되게 표현하는 북유럽 고객의 요구가 핀란드의 노키아(Nokia), 스웨덴의 에릭슨(Ericsson)이 출현하고 성장하는 토양이 되었다. 결국 노키아, 에릭슨 및 모토롤라(Motorola) 등이 휴대폰 단말기, 또는 통신장비 산업의 선두기업이 될 수 있었다.

관련 및 지원산업 경쟁력의 세 번째 원천으로 세계적 수준의 경쟁력을 행사하는 관련 및 지원산업의 발달이다. 즉 관련 및 지원산업에 대한 선제적 투자는 특정 산업으로의 기술 확산을 촉진하는 한편, 그 산업의 경쟁우위 창출에 도움이 된다. 스웨덴이 볼 베어링과 절단 공구처럼 철 가공품에 경쟁력을 가진 이유는 특수강 산업이 발달했기 때문이다. 제약산업에서 누리는 스위스의 명성은 역사적 전통의 염색업에서 축적한 기술력과 무관하지 않다. 특히 포터에 의하면 오늘날 산업의 경쟁력은 관련 및 지원산업이 지리적 집적을 중심으로 연계되는 클러스터 조성에 좌우된다. 대표적인 성공 사례로서 독일의 섬유와 의류 클러스터로서 고품질의 면, 양모, 합성섬유, 재봉틀, 그리고 다양한 직조 기계를 생산하는 기업이 한곳에 모여 있다는 점을 강조한다.

기업전략, 구조 및 경쟁강도 포터가 제시한 네 번째 경쟁력의 원천은 국가 내에서 기업 간 경쟁의 수준이나 정도이다. 포터에 따르면 국가별 경쟁 강도가 다른 이유를 다음의 두 가지로 설명한다. 첫째, 국가별로 경영이념이 서로 다른 점을 지적한다. 즉 경영이념의 차이는 국가경쟁력에 긍정적, 혹은 부정적 영향을 미칠 수 있다. 예컨대 독일과 일본 기업의 경우 엔지니어 출신 경영자가 많은 편이라 제조공정과 디자인 개선에 주력하는 반면, 미국의 경우 재무 전공 임원들이 많아서 공정과 디자인 개선에 소홀하다고 분석하였다. 재무적 관점을 강조하는 기업에서 단기성과 극대화에 치중하는 경향이 높다는 점을 우려하기도 한다. 결국 포터에 따르면 국가별 경영이념의 차이는 공정과 디자인 모두 중시되는 엔지니어링 기반의 자동차 산업에서 미국의 경쟁력이 약화된 원인으로 설명한다.

둘째, 본국에서의 경쟁 강도와 산업의 경쟁우위는 밀접한 관련성이 있다. 즉 경쟁에서 살아남기 위한 기업의 생존 본능은 스스로 개선, 개량이나 혁신의 창출에 매진하게 함으로써 경쟁력 있는 기업으로 변신하도록 만든다. 결국 국내에서의 경쟁은 비용절감, 품질개선, 혁신, 그리고 선제적 투자를 단행하도록 유도한다. 따라서 경쟁의 수준과 양상은 세계적 수준의 경쟁우위 창출에 기여할 수 있다.

프레임워크의 활용 앞서 기술한 모형(Framework)을 활용하여 경영자는 경쟁사가 보유한 경쟁우위의 중요 원천을 파악할 수 있다. 예컨대 인도 방갈로르(Bangalore)에는 컴퓨터 및 소프트웨어 서비스 기업이 집적되어 상호작용이 가능하단 점에서 세계적인 인포시스(Infosys) 및 위프로(Wipro) 같은 정보기술 기업이 출현하여 빨리 성장할 수 있었다. 이들은 공격적 성향의 글로벌 경쟁자로 불리고 있으며, 최근에는 유럽연합과 미국 시장에서 IBM과 HP와 경쟁하여 글로벌 시장점유율을 확대하고 있다.

또한 해당 모형을 통해 경영자는 생산활동 수행을 위한 최적의 입지 선정에 활용할 수 있다. 가령 바이오 기술 노하우를 활용하고자 많은 다국적기업은 미국의 샌디에고, 보스톤 및 시애틀처럼 유수의 생명공학 기업이 집적된 클러스터를 중심으로 연구개발 시설을 세우고 있다. 가전산업에서 일본의 성공 사례를 배운 미국계 기업은 일본 로컬기업과의 합작투자를 활용하여 연구 및 생산시설을 설립하였다.

끝으로 해외시장 진출을 고려하는 기업은 목표시장의 잠재력을 평가하는 작업에 활용할 수 있다. 만약 특정 산업에 경쟁우위를 보유한 국가가 있다면 외국계 기업이라도 진출을 주저할 것이다. 가령 소매유통에서 높은 경쟁력을 축적한 미국 시장은 결코 진출하기 만만한 시장은 아니다. 심지어 영국의 테스코(Tesco), 스웨덴의 이케아(IKEA)마저도 경쟁이 매우 치열한 미국 소매시장에서 상당히 고전한 바 있다.

8.4 해외시장으로 진출하는 여러 다양한 동기를 논의한다.

8.4 국제화의 동기

내수기업이 아니더라도 국제화를 단행하는 기업은 수익성을 증대하거나, 수익률 향상을 도모할 수 있다.[7] 즉 해외시장 진출을 통해 기업이 누릴 수 있는 이점은 다음과 같다.

1. 해외 판매를 통해 국내 시장에서의 생산 규모를 증대시킬 수 있다.
2. 비즈니스의 효율적 수행이 가능한 국가로 가치사슬 활동을 배치함으로써 입지 경제를 향유할 수 있다.
3. 본국에서의 경험을 다수 시장에 이전하여 활용한다면 가치 창출에 소요되는 비용을 절감할 수 있다.

4. 해외 자회사가 보유한 지식을 글로벌 네트워크를 통해 이전함으로써 본사의 성과를 극대화할 수 있다.

그러나 국제화 과정에서 수익 창출과 이윤 확대는 현지에서 제품을 수정하거나, 마케팅 전략을 변경할 수밖에 없는 현지화의 정도에 따라 상이하다.

8.4a 제품 출시를 통한 시장의 확대

대다수 다국적기업이 성장한 과정을 살펴보면 본국에서 개발한 제품과 서비스를 해외시장에 판매하면서 수익을 증대시킨다. 가령 P&G(Procter & Gamble)는 미국에서 팔릴 만한 제품을 개발한 다음 글로벌 판매를 단행하였다. 마이크로소프트 또한 처음부터 해외시장 판매를 염두에 두고 미국에서 제품을 개발하여 출시하였다. 마찬가지로 자동차산업의 포드, 폭스바겐, 토요타도 본국에서 만든 제품을 해외시장에 판매하는 과정을 거치면서 성장하였다. 특히 좋은 품질의 제품을 만들지 못하는 지역이나 국가로 진출하는 경우 국제화로 인한 기대효과는 훨씬 더 커진다. 즉 일본의 토요타는 북미 시장에서 로컬 경쟁사(GM과 포드)보다 우수한 품질과 탁월한 내구성의 차별적 제품을 출시한 결과 이익을 실현하고 있다.

많은 **다국적기업**(multinational companies)의 성공은 양질의 제품과 서비스뿐 아니라, 이를 가능하게 만드는 기업 특유의 차별적 역량에 기반한다. 앞서 북미에서 토요타의 성공은 품질이 뛰어난 자동차를 양산하는 제조생산 능력에 기인한 바 크다. 결국 독점적 생산능력을 해외로 이전하여 활용하는 토요타의 글로벌 전략이 이윤 창출의 수단이 되었다. P&G의 성공적 국제화는 소비재 제품의 다양성과 다양한 제품을 대량 판매하는 마케팅 능력에 기인한다. 특히 1950~1990년 동안 P&G의 급격한 국제화의 동력은 현지 로컬기업을 압도하는 물량 공세를 지속할 수 있는 자본과 마케팅 덕분이었다. 결국 가치 있고, 희소하며, 모방이 어려운 마케팅역량을 해외시장으로 확장한 결과 더 많은 이윤을 창출할 수 있었다.

다국적기업
둘 이상의 국가, 또는 시장에서 국제 비즈니스 활동을 전개하는 기업

제조업의 글로벌 확장은 금융, 유통 및 서비스업을 영위하는 기업에게 똑같이 적용된다. 즉 서비스업의 국제화는 자사의 비즈니스모델을 외국시장에 그대로 적용하는 것을 의미한다(물론 국가별 차이를 고려하여 약간의 수정이 필요하다. 이에 대해서는 잠시 뒤에 논의할 것이다). 예컨대 스타벅스(Starbucks)는 미국 시장을 위해 개발한 비즈니스모델을 현지 시장에도 똑같이 적용한다.

8.4b 생산량 확대에 따른 규모의 경제 달성

국제화를 추구하는 기업은 이익을 신속히 실현할 뿐 아니라, 해외 시장에서의 판매량 증대는 비용절감을 통한 수익성 개선에 기여한다. 즉 비용을 절감하는 규모의

경제는 다양한 원천으로부터 발생한다. 첫째, 제품개발과 설비투자에 따른 고정비용을 판매량에 배분함으로써 단위당 원가를 낮출 수 있다. 사실 MS는 윈도우 10의 개발비 50~100억 달러를 판매 수량에 할당함으로써 규모의 경제를 달성하였다.

둘째, 글로벌 비즈니스 활동을 전개하는 기업은 생산설비의 활용도가 높아지기 때문에 생산성 증대, 비용구조 하락 및 수익성 향상을 기대할 수 있다. 가령 인텔(Intel)이 마이크로프로세서를 미국에서만 판매한다면 주 5일 1교대로 공장을 가동하면 될 일이다. 그러나 해외에서도 제품을 판매하는 인텔로서는 주 7일 2교대로 공장을 운영해야 한다. 결국 글로벌 제품 판매는 투자설비의 활용도를 높이기 때문에 높은 생산성과 투하자본수익률(ROIC)을 기대할 수 있다.

셋째, 해외 판매를 통해 기업규모가 늘어나면 공급자에 대한 교섭력이 높아져 생산요소의 구매단가를 낮춰 이익을 늘릴 수 있다. 가령 월마트(Walmart)는 막대한 판매량을 무기로 활용하기 때문에 납품단가 인하에서 유리하다.

한편 규모의 경제에 의한 비용절감뿐 아니라, 지역보다 글로벌 판매를 시도하는 기업일수록 학습효과에 따른 비용절감도 가능하다. 이전 4장에서 설명한 바와 같이 학습효과란 시간의 경과로 누적 산출량이 늘어남에 따라 종업원 생산성이 향상되는 현상을 말한다(예를 들어 보잉의 조립라인에서 10번째보다 100번째에 생산된 항공기의 원가가 훨씬 저렴한 이유는 시간이 지나면서 조립에 대한 종업원들의 숙련도가 향상되었기 때문이다). 글로벌 판매에 주력하는 기업은 더욱 가파르게 판매량을 늘리고 이로 인해 공장에서의 누적 생산량도 증가할 수밖에 없다. 결국 글로벌 판매를 추구하는 기업일수록 급격한 판매량 증대와 누적 생산량 증가로 인해 가파른 학습효과가 나타나기 때문에 내수시장만 상대하는 사업자보다 종업원 생산성 증대와 상대적 비용우위를 향유할 수 있는 것이다.

8.4c 입지 경제의 활용

앞에서 논의한 바와 같이 국가별로 생산요소의 비용과 품질이 상이하다. 즉 국가별 생산요소의 차이는 제품과 서비스의 최적 생산이 가능한 입지가 존재한다는 것을 시사한다.[8] 보통 **입지 경제(location economies)**는 특정 가치사슬 활동을 최적지에서 수행할 때 발생하는 경제적 이점을 말한다. 현실에서 운송비용과 무역장벽의 존재는 입지 경제의 활용 가능성을 암시한다. 가령 프랑스에 양질의 디자이너가 많다면 현지에 디자인 센터를 만들 것이며, 숙련 조립공이 멕시코에 풍부하다면 생산공장을 현지에 배치할 것이다. 미국에서 우수한 판매인력에 접근 가능하다면 현지에서 마케팅 전략을 수립해야 한다. 애플은 미국 캘리포니아에서 아이폰에 탑재될 소프트웨어를 설계하지만, 완제품은 중국에서 조립한다. 왜냐하면 특정 가치사슬 활동을 가장 효율적으로 수행할 수 있는 최적의 장소가 존재하기 때문이다.

입지 경제

최적의 입지에서 가치 창출 활동을 수행함으로써 얻어지는 경제적 이점

최적 입지에서 가치사슬 활동의 수행은 다음 중 적어도 하나의 효과를 기대하도록 만든다. (1) 가치사슬 활동을 수행하는 비용을 줄여 비용우위를 누리도록 만든다. 아니면 (2) 차별화에 따른 가격인상, 또는 저렴한 비용으로 차별화 수준을 올려 판매량 증대에 기여한다. 따라서 입지 경제를 쫓아 국제화를 단행함으로써 비용우위와 차별화우위를 동시에 추구하는 것이 가능해진다.

이론상 가치사슬 활동을 최적지에 분산시켜 수행하는 기업은 한 곳에서 가치사슬 활동을 수행하는 것보다 경쟁우위 달성에 유리하다. 즉 가치사슬 활동을 분산시켜 수행할 줄 아는 기업은 그렇지 않은 기업에 비해 차별화된 제품 생산과 비용 절감을 동시에 추구할 수 있다. 이는 결국 경쟁압력이 증가하는 상황에서 생존을 위한 핵심 전략으로 자리잡았다.

만약 운송비용과 무역장벽을 고려한다면 입지 경제의 실현은 한층 더 복잡해진다. 뉴질랜드에서 자동차를 생산하는 경우 비용상의 이점에도 불구하고 높은 운송비용 때문에 입지 경제를 충분히 누리지 못할 것이다. 특히 물리적 거리와 무역장벽을 비용으로 간주한다면 일부 미국계 기업이 생산기지를 아시아에서 멕시코로 옮기는 것을 이해할 수 있다. 타 국가에 비해 멕시코는 다음의 세 가지 차별적 우위를 보유하고 있다. 상대적으로 낮은 인건비, 미국으로의 매력적 접근성, 그리고 북미자유무역협정(NAFTA) 후속으로 미국-멕시코-캐나다 간 체결된 자유무역협정(USMCA)이다. 특히 새로운 협정은 북미지역에서 가장 매력적 생산기지로 멕시코의 입지 우위를 돋보이게 한다. 결국 가치 창출 비용도 생각해야지만, 입지 선정에 있어 운송비와 무역장벽은 반드시 고려해야 한다.

8.4d 자회사의 역량 활용

앞서 3장에서 경쟁우위의 원천이 가치 있고, 희소하며 모방 불가능한 자원, 특히 프로세스, 지식재산 및 조직상의 역량에 있다는 점을 상기하자. 처음 기업은 비즈니스모델에 핵심이 되는 자원과 능력을 본국에서 개발하고 이를 제품과 시비스로 구현하여 해외에 판매함으로써 글로벌 확장을 시도한다. 그러나 다국적기업이라면 범세계적 네트워크에 속한 자회사를 중심으로 자원과 능력을 만들도록 한다.[9] 즉 새로운 업무를 부여하고 결과에 따른 인센티브가 제공되도록 네트워크를 운영한다면 역량의 개발과 축적은 얼마든지 가능하다. 달리 말해 비용 절감, 인지도 제고를 통해 프리미엄 가격을 받는 프로세스 지식의 창출이 본사만의 전유물은 아니다.

특정 자회사에서 개발된 자원과 능력은 네트워크를 통해 다른 자회사로 이전되어 활용됨으로써 전사 차원의 가치가 창출된다. 미국의 맥도날드는 해외의 가맹사업자가 소중한 아이디어의 원천임을 알고 있다. 성장률 하락을 고민하던 프랑스 법인은 매장의 테마, 배치 및 메뉴의 변경을 시도하였다. 매장 앞의 황금색 아치를 철거하고 실용적 디자인의 의자와 테이블로 교체한 다음, 맥도날드를 상징하는 플라스틱 장식물을 제거하였다. 결국 프랑스에 있는 대부분의 매장은 자연 소재의 나무 바닥, 벽돌로 올린 벽, 팔걸이의자로 꾸며져 있다. 프랑스 매장의 절반이 리모델링되었으며, 미국인조차 알아채지 못할 만큼 최신 매장으로 탈바꿈되었다. 또한 메뉴 변경을 보면 피자 모양의 빵(Focaccia) 위에 닭고기를 얹은 고급 샌드위치는 햄버거 평균 가격보다 30% 높은 가격으로 판매된다. 결과적으로 프랑스에서 맥도날드 전략의 수정과 변경의 효과가 서서히 나타나고 있다. 실제 리모델링 이후 연간 매출성장률은 기존 1%에서 3.4%로 증가하였다. 이에 고무된 맥도날드 경영진은 미국을 포함하여 성장률이 정체된 다른 국가에도 적용 여부를 검토하고 있다.[10)]

앞서 언급한 사례는 다국적기업 경영자에게 새롭고 중요한 교훈을 제공한다. 첫째, 다국적기업의 경영자는 자사가 구축한 글로벌 네트워크상에서 가치 있는 자원이 만들어질 수 있음을 인정해야 한다. 둘째, 각종 인센티브 제공을 통해 현지 종업원이 새로운 역량을 습득하도록 독려해야 한다. 다만 새로운 지식이 가치를 창출하지 않거나, 역량 개발에 따른 위험이 상존한다는 점을 인식해야 한다. 현실적으로 맥도날드의 자회사가 고안한 참신한 아이디어라도 실현 과정에서 실패하기도 한다. 특히 경영진은 위험에 과감히 도전하도록 격려하는 한편, 성공에 대해 확실히 보상하고 설사 성과가 미진하더라도 책임을 묻지 않는다. 셋째, 자회사가 개발하고 축적하는 자원과 능력을 올바로 파악하고 확인하는 프로세스를 마련해야 한다. 끝으로 경영자는 가치 있는 역량이 다른 자회사로 이전되어 활용되도록 촉진자 역할을 담당해야 한다.

8.5 글로벌 시장에서 경쟁하기 위한 기업의 국제화 전략을 설명한다.

8.5 글로벌 경쟁을 위한 전략

글로벌 경쟁을 추구하는 기업은 다음 두 가지의 경쟁압력에 직면한다. [그림 8.2]처럼 비용 절감의 압력과 현지 적응의 상반되는 압력에 대응할 것이 요구된다.[11)] 비용 절감의 압력에 대응하려면 기업은 가장 낮은 원가로 생산활동 수행이 가능한 입지에 제조공장을 배치해야 한다. 즉 글로벌 시장에 표준화된 제품을 제공함으로써 규모의 경제 달성과 학습 효과에 따른 비용 절감을 실현하는 것이다. 이와 반대로 현지 적응의 압력은 국별 이질성에 따른 생산과 마케팅 활동의 현지화, 즉 고객의 욕구, 기호, 취향, 관행이나 관습, 유통경로, 경쟁 상황 및 정부 정책의 차이를 반영한 전략의 수정이 요구된다. 다만 국가 간 차이를 반영하여 수행하는 활동의 중첩으로 말미암아 비용이 상승할 수 있다.

그림 8.2 비용 절감과 현지 적응의 압력

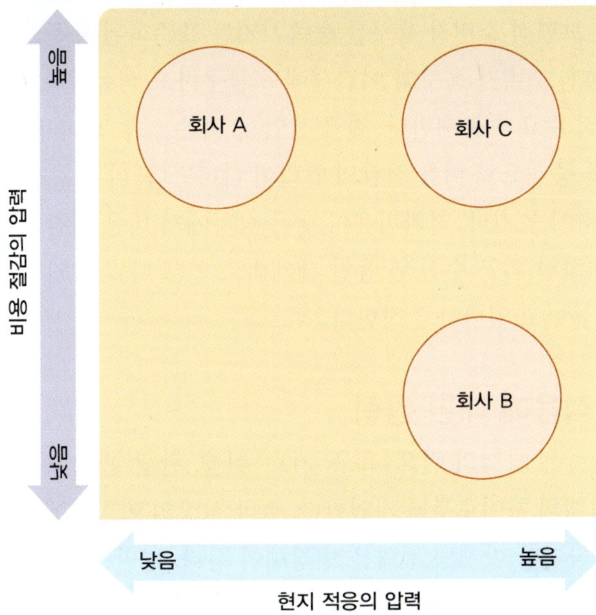

[그림 8.2]에서 회사 A의 경우 비용 절감의 압력(Pressures for cost reduction)은 높은 반면, 현지 적응의 압력(Pressures for local responsiveness)은 낮은 편이다. 반대로 회사 B는 비용 절감의 압력은 낮은 반면, 현지 적응의 압력이 높은 상황에 있다. 그러나 다수 기업은 회사 C의 위치에 놓여져 있는데, 이는 비용 절감과 현지 적응의 압력이 모두 높은 경쟁 상황이다. 결국 현지 적응의 압력에 대응하려면 비용을 부담할 수밖에 없기에 모순되고 상반되는 압력에 대한 대응은 어려운 전략과제이다.

8.5a 비용 절감에 대한 압력

글로벌 비즈니스를 수행하다 보면 비용 절감의 압력에 직면한다. 이에 대해 기업은 가치사슬 활동의 수행에 따른 비용을 절감해야 한다. 가령 규모의 경제와 입지 우위를 실현할 수 있는 최적의 장소에서 표준화된 제품을 양산하거나, 특정한 비즈니스 활동을 해외의 공급업체에 소싱을 맡겨 비용을 절감한다. 글로벌 컴퓨터업체는 콜센터를 통한 고객서비스를 영어 구사가 가능하고 인건비가 저렴한 인도의 IT업체에 소싱한다. 심지어 월마트와 같은 소매업체는 공급업체를 압박하여 납품단가 인하를 유도하기도 한다. 사실 월마트의 지속적 요구는 미국 제조업체의 생산공장이 중국으로 이전되는 상황과 무관하지 않다.[12] 은행처럼 금융서비스 분야에서 고객과의 물리적 접촉이 없어도 되는 정보처리 서비스 등이 개도국으로 옮겨가고 있다.

비용 절감의 압력은 범용적 제품을 만드는 제조업에서 강하게 나타난다. 왜냐하면 가격 이외에 차별화 수단이 마땅치 않기 때문에 주로 가격 위주의 경쟁이 이루어진다. 결국 보편적 소비자 욕구를 충족시키는 표준화된 제품일수록 비용 절감의 압력이 커진다. 소비자 욕구의 이질성에도 불구하고 석유화학, 철강 및 설탕 산업에서는 동질적 수요가 존재한다. 결국 산업재, 혹은 일부 소비재 제품(반도체, 컴퓨터 및 LCD)을 중심으로 비용 절감의 압력이 나타난다. 가격 경쟁, 공급과잉산업, 구매자의 교섭력이 높거나, 전환비용이 낮은 상황에서 비용 절감의 압력은 높아진다. 전문가에 의하면 최근 수십 년 동안 세계화로 인해 나날이 커지는 경쟁이 비용 절감의 압력을 높이고 있다고 주장한다.[13]

8.5b 현지 적응에 대한 압력

현지 적응의 압력은 고객의 필요·욕구, 기호·취향, 관행·관습, 물적 인프라, 유통 채널 및 정부 정책의 차이로부터 기인한다. 결국 시장의 이질성에 대응하려면 자사의 제품을 수정하거나 마케팅 전략을 변경해야 한다. 다만 현지 적응의 압력에 대응할 경우 비용이 발생하게 된다.

고객 기호와 선호의 차이 역사와 전통의 문화가 국가마다 다르듯 고객의 상이한 기호와 스타일은 현지 적응의 압력을 높이는 요인이다. 이에 대해 다국적기업은 현지 고객의 선호를 반영하여 제품 및 마케팅 전략을 수정해야 한다. 결국 본사는 생산과 마케팅 활동의 수행에 따른 권한과 책임을 현지 자회사에 위임하도록 요구받는다.

1980~1990년대 자동차 기업은 "월드카(world cars)" 콘셉트에 매료되었다. 즉 GM, 포드, 토요타 같은 다국적기업은 특정국에서 표준화된 차량을 생산하고 해외 시장으로의 판매가 가능할 것으로 보았다. 만약 성공적으로 실행한다면 모든 기업은 글로벌 차원의 규모의 경제를 통해 수익성을 창출할 수 있다. 그러나 월드카 전략은 이질적 소비자가 존재하는 현실적 벽에 번번이 가로막혀 성공하지 못했다. 즉 역사적으로 국가별 시장은 소비자 기호와 선호의 이질성을 반영하여 다양한 차종이 만들어질 수밖에 없는 구조이다. 북미 소비자는 대체적으로 픽업트럭을 선호하는데, 미국 남부와 서부의 가정에서는 픽업트럭을 두 번째, 혹은 세 번째 차로 보유하고 있을 정도이다. 그러나 유럽의 경우 픽업트럭은 여가용 차량으로 여겨져 개인보다 주로 기업 고객이 구매한다. 결국 제품과 마케팅 전략은 북미와 유럽의 이질성을 반영하여 변경되어야 한다. 자동차산업 전문가에 따르면 국가별 소비자 욕구의 이질성이 점차 엷어지고 있다고 주장한다.[14] 즉 최신 정보통신기술과 운송수단의 발전이 소비자 욕구의 동질성을 강화함으로써 표준화된 제품이 선호되는 단일

시장이 출현할 것으로 전망한다. 결국 맥도날드의 햄버거, 코카콜라의 청량음료, 자라의 패스트패션 및 애플의 스마트폰처럼 표준화된 제품의 판매가 증가하고 있는 사실은 보편적 수요의 동질적 시장이 나타나는 사례로 종종 언급되고 있다.

그러나 소비재 시장에서 제품의 표준화는 시기상조일 수 있다. 아직 국가, 지역, 또는 문화권별로 고객의 기호와 선호에 있어 확연한 차이가 존재한다. 다국적기업의 경영자는 이러한 차이가 미미한 걸로 간주할 만큼 여유가 없을 뿐만 아니라, 앞으로도 마찬가지일 것이다.

하부 시장구조와 관습의 차이 국가별 하부 시장구조와 관습의 차이를 반영하여 제품의 현지화 수준을 고민할 필요가 있다. 다국적기업의 본사는 자사의 제조 및 생산 기능을 해외 자회사에 위임해야 할지 모른다. 예컨대 북미의 소비전력은 100볼트를 표준으로 하지만, 일부 유럽 국가의 경우 240볼트를 표준 전압으로 사용한다. 즉 해당 국가로 수출할 전기·전자 제품은 하부 시장구조의 차이를 반영하여 수정해야 한다. 사회적 전통, 관행과 관습의 차이로서 영국에서는 좌측통행으로 우측에 운전석이 있는 반면, 프랑스와 나머지 유럽의 경우 우측통행에 따라 좌측에 운전석이 장착되어져 있다.

유통경로의 차이 마케팅 전략도 유통경로의 이질성에 대응할 수 있어야 한다. 즉 본사의 마케팅 기능을 현지 자회사로 이양할 필요가 있다. 영국과 일본에서 약품의 유통은 미국과는 전혀 다른 시스템으로 작동한다. 달리 말해 영국 및 일본 의사는 미국처럼 고압적 스타일의 영업 방식을 용인하거나 선호하지 않는다. 다국적 제약사는 미국의 고압적 판매 방식, 영국과 일본의 온건한 판매 방식에 적응하거나 수용해야 한다.

폴란드, 브라질, 러시아 또한 신흥시장에 속해 있지만 각 국가의 유통경로에는 상당한 차이가 존재한다. 즉 폴란드 및 러시아와 달리 브라질에서는 슈퍼마켓을 통한 생필품 소비가 훨씬 더 빈번하게 나타난다.[15)] 결국 유통경로의 이질성을 충분히 반영하여 다국적기업은 유통과 판매 전략을 수정한다.

현지 정부의 요구 마지막으로 현지 정부가 요구하는 경제적, 정치적 이해관계를 반영할 필요성 때문에 현지화가 요구된다. 예컨대 다국적 제약사는 신약의 생산과 판매를 하기 위해서는 현지국이 정한 임상실험, 인허가 절차 및 가격설정에 대한 제도적 요건을 검토해야 한다. 게다가 대다수 국가 또는 행정기관이 보건·의료 예산의 수립과 집행을 담당하고 있어 현지 적응의 압력이 강하게 나타날 수 있다. 일반적으로 보호무역주의의 위협, 경제적 국수주의, 현지 부품사용 의무(완제품에 장착되는 부품 중 일부는 현지에서 조달한 부품을 사용하도록 한 규제)는 다국적

기업에게 현지에서 생산 활동을 수행하도록 만들고 있다.

지역주의의 대두 소비자 기호, 하부 시장구조의 차이는 현지 적응의 압력을 높이는 작용을 한다. 국가 간 차이에도 불구하고 다수 국가가 속한 지역을 중심으로 시장의 동질성이 나타나기도 한다.[16] 예컨대 역사적 전통과 문화의 공유, 물적 인프라 및 각종 규제와 무역정책 등을 통합하는 지역경제 통합은 이러한 동질성을 제고하는 요인으로 작용한다.

유럽연합이 가장 대표적 사례이며 역내 통합의 수준을 높이기 위해 공동의 노력으로 출범한 유로존(Eurozone)은 동질성을 강화하는 요인으로 기능하였다. 결국 단일 통화, 공동 정책 및 물적 인프라의 공유로 대표되는 유럽연합(EU)은 국가 간 이질성이 줄어들고 역내 동질성이 강화되는 결과를 초래하였다. 따라서 유럽연합의 출범과 확대는 유럽 중심의 경제적 통합이 가능하다는 점을 시사한다.

또 다른 지역경제 통합의 사례로서 미국, 캐나다 및 멕시코를 포함한 북미지역을 꼽을 수 있다. 멕시코, 캐나다 및 미국은 역사, 언어 및 문화 측면에서 공유하는 부분이 많을 뿐만 아니라, 이전 트럼프 정부에서 새로이 체결된 USMCA 협정의 회원국이다. 특히 미국과 가까운 멕시코는 여러 면에서 차이를 드러내지만, 자동차 시장에서는 동질성을 공유하기도 한다. 포르투갈 지배의 브라질을 제외한 나머지 남미 국가들은 스페인 식민 통치의 문화적 유산을 공유하며 라틴어가 통용되는 점에서 동질적 시장으로 볼 수 있다. 아랍의 역사, 전통 및 문화를 공유하는 중동 국가의 이질성이 낮은 것처럼 대만, 홍콩 및 싱가포르를 포함한 중화 문화권도 동질성을 내포하고 있다. 벨라루스, 우크라이나의 구소련 연방과 러시아 또한 슬라브 문화를 공유하는 거대한 단일시장으로 여긴다.

국가보다 지역 중심으로 동질성은 나타나기 때문에 지역별로 전략적 대응의 스탠스를 취하는 접근이 중요하다. 가령 개별 국가를 위해 차량을 만들기보다 유럽, 혹은 북미지역을 통합하는 자동차의 양산이 훨씬 더 가치 있는 것이다. 더욱이 국가별 상이한 대응보다 지역을 아우르는 단일제품의 출시는 규모의 경제를 통한 비용 절감에 기여한다. 제품전략의 표준화를 무작정 밀어붙이는 것은 신중할 필요가 있다. 스페인, 프랑스, 독일 및 이탈리아 모두 EU 회원국이지만 일정 부분 현지화가 요구될 만큼 미묘한 문화적 차이는 여전히 존재한다. 다국적기업 경영자는 통합 수준과 관련하여 (1) 제품시장에 대한 이해, (2) 이질성의 정도와 지역통합의 수준을 종합해 결정해야 한다.

8.6 글로벌 전략의 선택

8.6 상이한 유형의 글로벌 전략을 검토한다.

현지 적응의 압력이 높으면 규모의 경제와 입지 우위를 통한 이점을 최대한 활용하기 어려울 수 있다. 달리 말해 단일 입지에서 표준 제품을 생산하여 세계시장에 판매함으로써 달성되는 규모의 경제를 기대하기 어렵다. 결국 현지 시장에 맞게 제품을 수정해야 하는 현지화는 표준화의 이점을 활용하기 어렵다. 가령 자동차업체는 일본, 미국 및 유럽 소비자가 선호하는 차종이 달라 현지화의 필요성을 인식하고 있다. 실제 혼다, 포드 및 토요타는 지역과 국가의 차이를 반영하여 처음부터 차량을 새로이 설계하고 설비를 구축하여 현지국에 부합하는 전략을 구사한다. 이처럼 현지화는 규모의 경제와 입지 우위를 달성하려는 기업의 능력을 제약하는 요인으로 작용한다.

이와 함께 현지 적응의 압력이 높으면 글로벌 제품 지식을 다른 국가로 이전하여 똑같이 활용하기가 어렵게 된다. 즉 로컬시장의 이질성은 현지 적응의 압력을 높여 표준화의 여지를 제약한다. 심지어 글로벌 표준화의 "대명사"로 불리는 맥도날드조차 국가별 기호와 선호를 반영하여 메뉴를 수정하는 것으로 대응하였다.

비즈니스모델 시각에서 비용 절감의 압력과 현지 적응의 압력에 따라 어떤 국제화 전략을 선택할 것인지 고민하게 된다. 보통 기업은 다음의 네 가지 전략적 대안을 놓고 의사결정에 신중을 기한다. (1) 글로벌 표준화 전략(global standardization strategy), (2) 현지화 전략(localization strategy), (3) 초국적 전략(transnational strategy), (4) 수출 위주 전략(international strategy)이다.[17] 결국 비용 절감 및 현지 적응의 압력에 따라 최적의 전략은 다를 것이다. [그림 8.3]은 각각의 전략이 어떤 조건/상황에서 가장 적합한지를 예시한다.

8.6a 글로벌 표준화 전략

글로벌 표준화 전략
글로벌 표준화를 통해 비용 우위 달성을 추구하는 국제화 전략

글로벌 표준화 전략(global stradardization strategy)을 추구하는 기업은 규모의 경제와 입지 우위를 추구함으로써 비용 절감을 통한 수익성에 초점을 둔다. 즉 글로벌 차원에서 규모의 경제를 달성하여 비용을 낮추는 전략을 추구할 수 있다. 결국 기업은 입지 경제가 존재하는 국가를 중심으로 연구개발, 생산 및 마케팅에서 표준화된 활동을 추구한다. 자회사의 활동이 중첩되면 비용상승의 요인으로 작용하기에 제품과 마케팅의 현지화를 고려하지 않는다. 결국 표준화를 통해 글로벌 제품의 생산과 판매를 선택하는 이유는 규모의 경제를 활용하여 비용을 절감하기 위한 목적이다. 따라서 다국적기업은 비용우위를 토대로 공격적 가격 인하 전략을 구사할 수 있다.

그림 8.3 네 가지 기본 전략

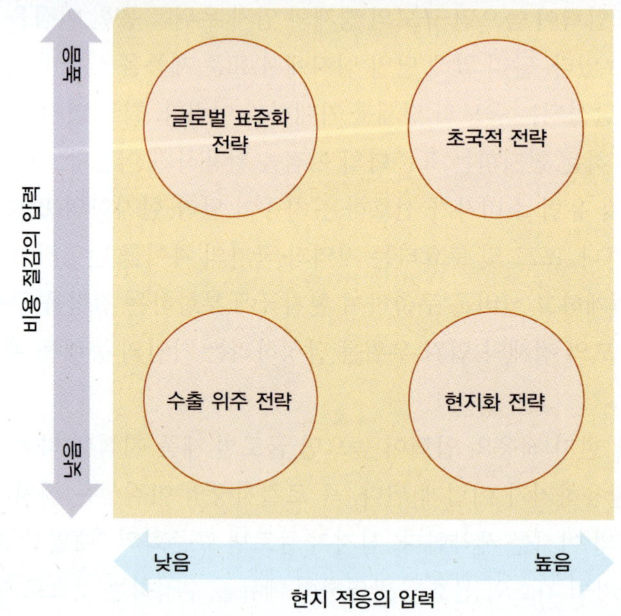

비용 절감의 압력이 높고, 현지 적응의 압력이 낮다면 표준화 전략의 이점을 활용할 수 있다. 가령 보편적 욕구가 존재하는 산업재 시장에서 표준화를 적용할 수 있을 것이다. 대표적으로 산업표준이 나타남에 따라 글로벌 제품에 대한 수요가 상당한 반도체산업을 들 수 있다. 그러나 시장수요의 이질성이 존재하는 소비재 산업에서는 표준화의 적용 가능성은 낮아진다. 달리 말해 글로벌 표준화 전략은 현지 적응의 압력이 높은 이질적 시장에는 적합하지 않은 전략이다.

글로벌 표준화 전략이 비용우위에 도움이 된다고 해서 저가 경쟁사로 알려지는 것이 아니라는 점이다. 오히려 브랜드 품질을 강화하기 위한 노력도 게을리하지 않는다. 도입부 사례처럼 두바이를 거점으로 장거리 노선을 운영하는 에미레이트 항공에게 표준화 전략은 핵심이다. 다만 동일 기종의 항공기를 투입하여 비용을 절감하는 노력을 기울이는 동시에, 브랜드 품질을 위해 양질의 기내 서비스 또한 제공하고 있다. 항공사 경영진은 국적 불문하고 장거리 노선을 이용하는 고객에게 나타나는 공통된 니즈를 파악하고 있다. 즉 공항 도착부터 탑승까지 고품격 서비스를 기대할 뿐만 아니라, 가성비 좋은 안락한 여행을 선호하는 것이다. 결국 고객의 니즈를 충족시키고자 에미레이트 항공만의 브랜드 자산을 구축하게 되었다. 사실 양질의 기내 서비스에 비용이 발생하지만, 고객이 늘고 항공편이 증가하면 마일당 운영비용 또한 낮아진다. 따라서 기내 서비스 제공에 따른 비용을 상쇄할 만큼 장거리 노선을 증편하여 운항할 수 있다면 수익과 이윤을 동시에 증가시키는 전략이 된다.

8.6b 현지화 전략

현지화 전략(localization strategy)은 지역이나 국가의 서로 다른 기호와 취향을 반영하여 제품과 서비스를 변경함으로써 현지국에서 수익의 극대화에 초점을 둔다. 현지 적응에 대한 압력이 높아 소비자 욕구의 이질성이 강하거나, 혹은 비용 절감의 압력이 높지 않다면 선택할 수 있는 전략이다. 즉 현지 수요를 반영하여 제품을 만들고 판매하면 제품의 가치는 높아지게 된다. 다만 자회사 활동의 중복, 다품종소량생산으로 말미암아 규모의 경제 달성이 쉽지 않다는 한계가 있다. 결국 현지화는 제품의 가치를 높여 프리미엄 가격을 받음으로써 비용상승을 상쇄하거나, 아니면 특정 지역의 보편적 수요를 충족시키면 제한적이나마 규모의 경제를 통한 비용 절감이 가능하다는 점에서 유익한 전략이다.

현지화 전략
지역이나 국가별 상이한 기호와 취향을 반영한 제품과 서비스를 출시하여 수익성 증대를 도모하는 전략

현지화 전략에 충실한 대표적 사례로서 엠티비(MTV)를 들 수 있다. 엠티비는 국가별 시청자의 수요를 반영하여 현지 시장에 적합한 프로그램을 제작한다. 가령 미국 시청자로선 이해되지 않지만, 인도의 국민 스포츠인 크리켓 프로그램을 만들어 방영한다. 만약 시청자의 이질적 수요를 반영하는 프로그램을 제작하거나 방영하지 않고 현지화에 충실하지 못했다면 현지 사업자에게 시장점유율을 내어주고, 광고 수익 감소에 따른 수익성도 하락했을 것이다. 결국 비용 부담은 있지만 엠티비에 있어 현지화는 필수 불가결한 전략이 되었다.

한편 MTV 입장에서 비용에 대한 엄격한 통제를 인식하는 것 또한 중요하다. 현지화전략을 추구하는 기업은 운영상의 효율성, 혹은 글로벌 확장을 통해 규모의 경제를 달성하도록 준비해야 한다. 대부분의 자동차업체는 미국 소비자를 고려한 대형 픽업트럭, 유럽과 일본 소비자를 위해 연비가 좋고 경제성이 뛰어난 차량 출시처럼 제품과 서비스의 현지화가 필수적이란 점을 이해하고 있다. 아울러 다양한 모델을 출시하지만, 공용부품을 사용하고 플랫폼을 공유하거나, 최적지에서 자동차를 양산하여 글로벌 판매를 단행함으로써 비용을 절감하는 노력도 게을리하지 않는다. 결국 제품의 다양성과 규모의 경제를 동시에 추구하려는 비즈니스모델 설계에 주력해 왔다.

8.6c 초국적 전략

앞에서 말한 것처럼 글로벌 표준화 전략은 비용 절감의 압력은 높지만, 현지 적응의 압력이 낮은 상황에서 유용한 전략이다. 이와 달리 현지화전략은 현지 적응의 압력은 높지만, 비용 절감의 압력이 낮은 상황에 적합한 전략이다. 만약 비용 절감과 현지 적응을 동시에 추구해야 한다면 어떤 전략을 선택할 것인가? 서로 상충되

는 경쟁적 압력에서 균형 있는 전략으로 대응할 수 있는가? 일부 연구에 의하면 그런 상황에서 초국적 전략이 바람직한 선택이라 말하고 있다.

바틀렛(Bartlett)과 고샬(Ghoshal)에 따르면 경쟁이 치열한 글로벌 환경에서 기업은 비용 절감과 현지 적응의 압력에 동시에 대응함으로써 생존을 도모할 것을 주문한다. 즉 다국적기업은 글로벌 시장을 바라보고 대량생산을 통한 비용 절감과 입지 경제를 누리는 한편, 차별적 역량을 이전하여 현지 적응의 압력에 대응할 것을 강조한다.[18)]

더 나아가 다국적기업은 본국뿐만 아니라, 다른 국가나 지역에 진출해 있는 자회사에서도 자원과 능력의 개발이 가능하다고 설명한다. 즉 제품 관련 지식이 모기업에서 자회사로 일방적으로 이전되지 않는다고 말한다. 오히려 자회사에서 모기업, 자회사에서 또 다른 자회사로 지식과 노하우의 확산이 가능하다. 결국 다국적기업은 자회사가 보유한 지식과 이를 활용하는 방법에 지대한 관심이 있다.

초국적 전략
비용 절감과 함께 국가별 차별화된 제품 출시를 동시에 추구하는 한편, 범세계적 네트워크를 통해 지식의 이전과 확산을 도모하는 전략

한편 **초국적 전략**(transnational strategy)을 추구하는 기업은 비용우위 달성, 지역별 차별화된 제품 출시, 그리고 글로벌 네트워크상에 있는 자회사 간 프로세스 지식과 노하우의 이전을 촉진하기 위해 노력한다. 다만 서로 상충되는 압력을 동시에 충족하는 것이 매력적으로 들리겠지만, 전략의 실행은 녹록하지 않다. 서로 다른 시장의 수요를 충족시키는 제품의 출시는 비용을 발생시키기 때문에 처음 수립했던 비용 절감의 목표와 상치된다. 가령 미국의 3M과 스웨덴/스위스의 ABB 같은 다국적기업조차 초국적 전략의 실행이 쉽지 않음을 깨닫고 있다.

사실 초국적 전략을 잘 실행하는 방법은 다국적기업이라도 풀기 어려운 숙제의 하나이다. 만약 해결책이 있어도 초국적 전략을 완벽하게 실행하고 있는 기업은 거의 없을 것이다. 다만 여러 기업사례를 보면 올바른 접근을 위한 실마리는 발견할 수 있다. 일례로 미국의 캐터필러(Caterpillar) 사례를 살펴보기로 하자. 일본의 경쟁사인 고마츠(Komatsu)와 가격 경쟁에서 승리하려는 의지가 비용을 절감하도록 만든 동인이었다. 아울러 캐터필러는 건축 관련 상이한 규제를 충분히 고려하면서 현지국의 수요를 충족시켜야 한다. 결국 캐터필러는 비용 절감과 현지 적응의 압력에 동시에 대응해야 하는 입장이다.

비용 절감의 압력에 대응하기 위해 캐터필러는 부품의 공용화가 가능하도록 제품을 재설계하는 한편, 입지 경제의 국가에 대규모 부품 공급망을 구축하여 글로벌 요구에 대응함으로써 규모의 경제도 추구하였다. 게다가 본사 주도의 부품 생산을 확대하고 관련 부품들을 전략적 시장에 있는 생산공장에 공급한다. 결과적으로 현지 고객의 욕구를 반영한 제품을 현지 공장에서 출시하고 있다. 정리하면 캐터필러는 현지의 시장수요를 반영하여 제품을 변경하는 한편, 글로벌 부품 생산을 통해 규모의 경제도 달성하고 있다.[19)] 1980년대부터 초국적 전략을 추진한 결과 2000년

대 이후 프로세스 비용을 절감하고 종업원 인당 산출량이 두 배 이상 증가하는 괄목할 만한 성과를 거두었다. 반면 본국 중심의 표준화 전략을 고수하고 있는 일본의 고마쓰와 히타치(Hitachi)는 비용우위를 상실하는 한편, 시장점유율이 계속 하락하고 있다.

그러나 초국적 전략을 지원하는 조직의 구축은 복잡하고 도전적인 과제이다. 사실 일부는 전략 실행을 위해 조직구조를 설계하고 통제시스템을 구축하는 작업 자체가 방대하기에 초국적 전략의 실행이 어려울 수밖에 없다고 한다. 이러한 전략 실행의 이슈는 다음 12장에서 논의할 것이다.

8.6d 수출 전략

가끔 비용 절감의 압력이 낮고, 현지 적응의 압력도 낮은 상황의 기업을 발견할 수 있다. 보통 이들은 글로벌 기업과 경쟁하거나, 비용을 절감하는 수고 대신, 보편적 욕구를 충족시키는 제품의 해외 판매에 주력한다. 1960년대 당시 포토 프린터의 발명과 상용화를 달성한 미국의 제록스(Xerox)가 이에 해당하는 대표적 사례이다. 수년 동안 포토 프린터의 핵심 및 요소기술의 특허권을 보유하고 있었던 제록스에 필적할 만한 경쟁자는 없었기 때문에 시장을 독점할 수 있었다. 주로 선진국 시장을 중심으로 독점 기술력을 인정받아 똑같은 모델의 판매가 가능했을 뿐만 아니라, 상대적으로 고가격을 책정하였다. 무엇보다 제록스의 직접적 경쟁사가 없었던 이유로 인해 비용 절감의 압력에 대응할 필요성도 크지 않았다는 점이다.

제록스의 사례는 과거 다국적기업이 국제화 과정을 밟아나간 역사와 크게 다르지 않다는 점이다. 즉 본사 주도로 제품을 개발하고 본국에서 생산한 다음 특정 지역이나 국가를 중심으로 수출 마케팅 활동을 전개하는 방식이다. 비록 제품과 마케팅 전략을 일부 수정하는 제한적 현지화를 시도하기도 한다. 결국 대다수 기업은 본사가 본국을 중심으로 제품 생산과 마케팅 활동에 강한 통제권을 행사하는 수출기업을 벗어나지 못한다.

이처럼 본국 중심의 수출 전략을 추구하는 사례로서 미국을 대표하는 다국적기업인 P&G를 들 수 있다. 전통적으로 본사가 소재한 신시내티(Cincinnati)에서 제품을 개발한 다음, 해외시장에 대량 판매하는 수출 방식에 주력하였다. 마이크로소프트 또한 마찬가지로서 본사가 있는 워싱턴주의 레드몬드(Redmond)에서 제품개발을 추진하는 한편, 특정 지역에서 대중적인 오피스 365 제품을 현지어로 번역하여 출시하는 수준으로 일부 현지화를 단행할 뿐이다.

8.6e 시간에 따른 글로벌 전략의 변화

수출 전략의 한계점은 시간이 지나면 경쟁자는 출현할 수밖에 없고, 비용 절감을

그림 8.4 시간의 경과에 따른 전략의 변화

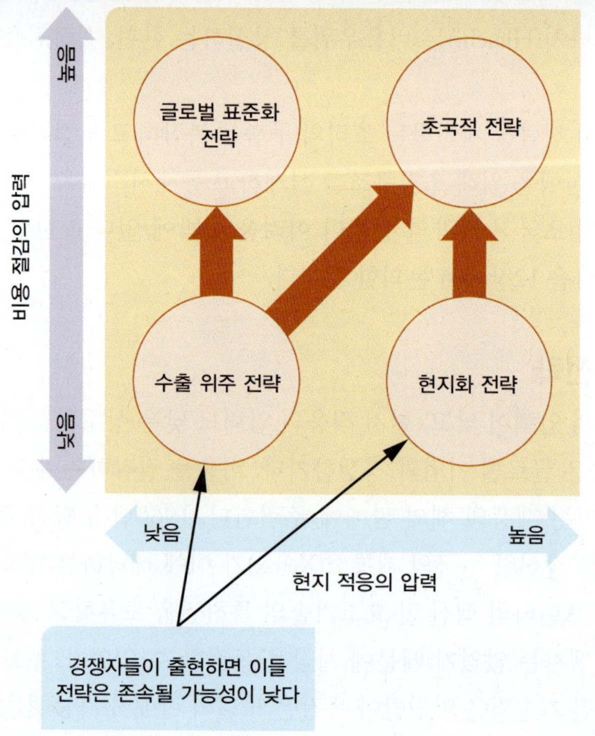

위한 노력을 소홀히 했을 경우 효율적으로 사업을 운영하는 경쟁사에 시장을 내어 줄 수 있다는 점이다. 이런 우려할 만한 사건이 제록스에서 일어나게 되었다. 일본의 캐논(Canon)은 제록스의 특허를 침해하지 않고 독자 기술의 제품을 개발하는 한편, 포토 프린터를 효율적으로 생산하여 저렴한 가격의 제품을 출시한 결과 글로벌 시장점유율을 확대해 갔다. 사실 제록스의 실패는 일본계 경쟁사의 출현보다 자사의 불리한 비용구조를 개선하기 위한 비용 절감의 노력을 게을리한 결과일 뿐이다. 결국 제록스가 주는 메시지는 장기적 관점에서 수출 전략은 바람직하지 않을 뿐만 아니라, 지속적 성장을 위해서는 글로벌 표준화 전략, 혹은 초국적 전략으로의 변화를 경쟁사에 앞서 시도했었어야 한다는 점이다([그림 8.4] 참조).

정리하면 현지화전략에도 앞서 살펴본 교훈을 적용할 수 있다. 현지화에 의한 경쟁우위도 언젠가는 비용 절감과 현지 적응을 동시에 달성하는 경쟁자를 만난다면 비용 절감을 도모할 압력에 직면하게 된다. 즉 초국적 전략으로 옮겨가는 것이 합리적 대안일 것이다. 결국 글로벌 경쟁이 심화되는 상황에서 수출 전략과 현지화 전략의 성공 가능성은 점점 더 낮아지고 있다. 따라서 다국적기업의 경영자는 글로벌 표준화, 또는 초국적 전략 중에서 어떤 전략을 선택할지 고민해야 할 것이다.

8.7 진입방식의 선택

8.7 국제화의 수단으로 다섯 가지 진입방식을 요약한다.

해외시장 진출을 고려하는 기업은 아래 다섯 가지 중에서 최적의 진입방식을 선택해야 한다. 즉 수출, 라이선싱, 프랜차이징, 합작투자, 그리고 완전 소유 자회사로 불리는 단독투자이다. 각각의 방식이 지닌 장단점을 면밀히 검토하고 주의 깊게 평가함으로써 구체적 진입방식을 선택할 수 있다.[20)]

8.7a 수출

대다수 기업은 수출로 국제화를 시작한 다음 다른 수단으로 진입방식을 고도화한다. 수출이 가지는 독특한 장점은 다음과 같다. 첫째, 물리적 공장을 설립하지 않기에 많은 자본투자가 필요 없다. 둘째, 규모의 경제와 함께 입지 우위를 누릴 수 있다. 즉 본국 공장에서 제품을 생산하고 외국시장에 수출하여 판매량이 늘어나면 규모의 경제 달성에 도움이 된다. 예컨대 일본의 자동차업체는 수출을 통해 미국 시장으로 진출할 수 있었고, 한국의 삼성전자도 메모리 반도체에서 시장점유율을 확대하게 되었다.

수출의 장점에도 불구하고 다음과 같은 단점도 있다. 첫째, 본국 제품의 수출 시 훨씬 더 저렴한 비용으로 생산하여 수출하는 경쟁국이 있다면 불리할 수 있다. 만약 글로벌 표준화 전략, 혹은 초국적 전략을 추구한다면 가장 저렴한 국가에서 생산한 다음 해외시장에 수출하는 편이 훨씬 더 바람직하다. 달리 말해 수출에 반대하는 것이 아니라, 수출만 고집할 필요가 없다는 것이다. 미국의 가전업체는 비용절감뿐만 아니라, 숙련된 노동자의 활용이 가능하다는 이유로 아시아로 생산기지를 이전하여 배치하였다. 결국 아시아 공장에서 만든 제품을 미국을 포함한 다른 국가로 수출하고 있다(애플의 아이폰 사례 참조).

또 다른 단점으로 부피가 크고 무게가 많이 나가는 제품의 수출은 운송비용을 증가시키기 때문에 수출이 경제적 진입방식은 아닐 수 있다. 이에 대한 해결책으로 부피가 큰 육중한 제품일수록 특정 권역이나 지역에서 생산하여 운송비용을 줄인다면 규모의 경제를 달성할 수 있다. 많은 다국적 화학기업은 특정 국가에서 생산활동을 수행하는 동시에, 해당 지역의 여러 국가에 제품을 판매한다.

세 번째 단점으로 수입국 정부의 관세장벽은 수출과 같은 진입방식의 효율성을 떨어뜨리는 한편, 수출 전략을 택하는 기업을 위험에 빠뜨릴 수 있다. 현재 미국의 무역장벽 강화, 영국의 유럽연합 탈퇴처럼 세계 경제는 자국의 이해관계를 중시하는 방향으로 변화하고 있다. 결국 국수주의, 혹은 자국 우선주의를 내세워 무역장벽을 높이려는 일부 국가의 행태는 수출에 걸림돌로 작용한다.

마지막으로 국제화를 수출로 시작하는 관행이 일종의 위험을 불러온다. 해외의 중간상에만 의존한다면 그들이 수출기업의 이해관계를 대변하고 이윤 창출에 기여할 것이란 보장이 없다. 보통 해외 도소매상은 수수료 위주의 수익 기반을 확대하기 위해 타 경쟁사의 제품을 취급하기 마련이다. 차라리 수출기업이 직접 판매활동을 수행하는 편이 훨씬 더 효과적이다. 즉 수출 마케팅을 직접 맡아 수행하는 완전 소유 자회사를 설립하는 것이다. 결국 본국에서 생산해서 수출하더라도 완전한 통제권을 행사할 수 있기에 비용절감을 도모할 수 있다.

8.7b 라이선싱

국제 라이선싱(licensing)은 원천기술의 실시권을 이전받는 조건으로 기술 도입자(licensee)가 기술 제공자(licensor)에게 매출액의 일정 비율을 기술료로 지급하는 계약 기반의 협정이다. 대신 생산공장 설립 시 필요한 자본은 기술 도입자가 전액 부담한다.[21] 라이선싱의 장점으로 해외시장 진출을 위한 연구개발비와 이에 따른 위험을 부담하지 않아도 된다. 달리 말해 대규모 자본을 조달하지 않으면서 국제화를 시도할 수 있다는 점에서 매력적 대안이다. 또한 정치적 불안정과 변동성이 높은 국가로 진출하고 싶지만 자본 투자를 망설이는 기업을 위해서도 좋은 대안이 된다.

그러나 라이선싱은 다음의 세 가지 심각한 한계점을 갖고 있다. 첫째, 해외에서 규모의 경제와 입지 우위 달성에 필요한 생산 및 마케팅과 같은 기능적 활동에 대한 통제권을 행사하기 힘들다. 특히 글로벌 표준화 전략과 초국적 전략을 추구하는 기업에게 온전한 통제권 행사는 중차대한 문제이다. 보통 기술 도입자는 생산 활동을 수행할 공장을 분산시켜 배치한다. 즉 특정 국가에 생산을 집중시켜야 규모의 경제 및 입지 우위를 기대할 수 있는데, 라이선싱은 이를 제약하는 진입방식이라 할 수 있다.

둘째, 글로벌 경쟁을 추구하는 기업일수록 전략적 시장에 집중하기 위해 특정국에서 창출된 이윤을 다른 국가로 이전하는 식으로 전략적 활동에 대한 세밀한 조정이 필요하다. 달리 말해 라이선싱은 해외에서 수행하는 서로 다른 활동을 조정하기에 제약이 따르는 방식이다. 즉 어떤 기술 도입기업도 기술 제공기업에게 지불한 기술료가 다른 시장의 라이선싱을 위해 전용되는 것을 원하진 않을 것이다.

셋째, 기술적 노하우가 외국계 기업에 노출되는 일은 위험하다. 기술적 지식은 기업 특유의 독점적 우위로서 경쟁우위의 원천이기 때문에 무형자산에 대한 통제권의 행사가 중요하다. 그러나 현실적으로 라이선싱을 통한 기술이전에서 기술 제공자가 기술의 통제권을 상실할 가능성이 존재한다. 가령 미국의 RCA는 자사의 컬러TV 원천기술을 다수 일본계 기업에 이전해 준 바 있다. 이후 RCA로부터 기술을 신속히 습득한 일본 기업은 미국 시장으로 재빨리 진출할 수 있었다. 결과적으로 미국 시장에서 일본계 기업은 RCA를 뛰어넘는 상당한 점유율을 확보하게 되었다.

한편 라이선싱에 따른 위험을 줄이는 방법도 있다. 먼저 해외 진출 시 외국계 기업과 교차 라이선싱(cross-licensing)을 체결하는 것이다. 교차 라이선싱을 통해 기술 제공자는 기술료 외에도 기술 도입자가 보유한 가치 있는 자산을 활용할 권리를 요구할 수 있다. 달리 말해 교차 라이선싱은 기술적 노하우의 이전에 따른 위험을 줄여준다. 즉 기술 도입자가 이전 기술을 활용하여 기술 제공자와 경쟁한다면 기술 제공자도 상호 특허 실시권에 입각하여 똑같이 보복할 수 있다. 결국 상호 특허권 실시라는 안전장치를 마련함으로써 상대방의 기회주의적 행동을 약화시킨다.[22] 따라서 교차 라이선싱은 기술집약적 산업에서 보편적으로 활용되는 계약 방식이다. 일례로 미국의 생명공학 기업인 암젠(Amgen)은 핵심 신약의 하나인 노이포겐(Neupogen) 기술의 실시권을 일본의 제약사인 교와기린(Kyowa Kirin)에 이전하는 계약을 체결하였다. 이를 통해 기린은 일본에서 노이포겐 제품군을 판매하는 권리를 확보한 반면, 암젠은 기술료 외에도 기린의 일부 제품에 대한 미국 내 독점 판매권을 취득할 수 있었다.

끝으로 기술 도입자가 상호 이해관계를 제고하기 위한 방향으로 기술이전에 매진하지 않는다면 기술 제공자의 평판을 훼손할 수 있다. 가령 글로벌 명품 패션의류 브랜드인 버버리는 일본의 산요 쇼카이(Sanyo Shokai)에 브랜드 사용권을 허용하였다. 그러나 산요 쇼카이는 다른 시장보다 버버리 제품가격을 저렴하게 책정하여 판매함으로써 버버리의 브랜드 가치에 타격을 주었다(전략 실행 사례 참고). 결과적으로 2015년 버버리 본사는 "일본 당사자 문제"로 치부하면서도 산요 쇼카이와 라이선싱 계약을 해지한 후 완전 소유 자회사를 설립하였다.

8.7c 프랜차이징

라이선싱과 프랜차이징 모두 계약 기반 협정이지만, 라이선싱에 비해 프랜차이징(franchising)은 장기적 관계의 계약이란 차이가 있다. 프랜차이징은 수수료를 대가로 가맹본부(franchiser)의 종합적 경영시스템을 가맹사업자(franchisee)에게 이전하는 한편, 사업방식에 대한 일정한 통제권 행사가 가능한 라이선싱의 특수한 형태이다. 예컨대 가맹본부는 가맹사업자를 위해 원부자재 공급, 교육훈련, 판매촉진을 계속해서 지원한다. 라이선싱처럼 가맹본부는 가맹사업자로부터 매출의 일정 비율을 로열티로 받으며, 가맹점 유지 목적에서 월 매출의 일정 부분을 마케팅 수수료로 받기도 한다.

보통 라이선싱은 제조업체가 선호하는 방식이고 프랜차이징은 외식 및 서비스업을 중심으로 많이 활용되고 있다. 대표적으로 글로벌 시장에서 맥도날드는 프랜차이징 방식으로 성공리에 성장한 사례이다. 맥도날드 본사는 가맹사업자에게 표준 운영방식을 제시하고 준수하도록 만들었다. 표준 지침의 일부로서 메뉴, 조리법, 직원선발, 매장 입지 및 디자인 등이 포함되어 있다. 맥도날드는 또한 가맹사업자를 위해 공급망을 조직화하고 교육훈련과 재무적 지원도 제공하고 있다.[23)]

프랜차이징의 장점은 라이선싱의 이점과 대동소이하다. 가맹본부의 경우 해외시장을 개척하기 위해 자본을 투자하거나 실패의 위험을 부담하지 않아도 된다. 시장개척의 비용과 위험은 가맹사업자가 부담하는 것이 프랜차이징의 보편적 특성이다. 결국 외식 또는 서비스 기업이 국제화의 수단으로 프랜차이징을 잘만 활용한다면 다국적기업으로 성장하기에 효과적 방식이 될 수 있다.

라이선싱에 비해 프랜차이징의 단점은 잘 알려지지 않았다. 제조업과 달리 서비스업에서 프랜차이징은 학습효과나 입지 우위를 위해 생산 활동을 조정하지 않아도 된다. 다만 특정국에서 창출한 이익을 다른 시장 진출을 위해 전용하기에 충분치 않을 수 있다. 특히 중요한 단점으로 품질에 대한 통제의 문제가 존재한다. 프랜차이징에서 가맹본부의 브랜드는 소비자에게 해당 사업의 서비스 품질을 상징하는 단서로 작용한다. 가령 홍콩의 포시즌스(Four Seasons) 호텔에 투숙한 여행객은 미국의 뉴욕, 캐나다의 온타리오 체인과 다름없는 동일한 품질의 객실과 식음료 제공을 기대한다. 그러나 해외의 가맹사업자가 고객이 기대하는 품질에 관심이 없다면 심각한 문제로 발전한다. 결국 서비스 품질의 저하는 특정국의 수익 하락뿐만 아니라, 해당 기업의 글로벌 평판이나 명성을 훼손하는 일이다. 만약 홍콩의 포시즌스 호텔에서 투숙객이 나쁜 경험을 했다면 다른 국가에 있는 포시즌스 호텔에 두 번 다시 가지 않을 것이며, 동료에게 부정적 의견을 전파할 것이다. 사실 가맹본부와 사업자 간 물리적 거리가 멀어질수록 서비스 품질이 하락하는 것을 눈치채지 못한다. 심지어 해외에 수만 개의 가맹사업자를 거느리고 있는 맥도날드라면 서비스 품질에 대한 통제는 쉽지 않을 뿐만 아니라, 문제해결에 상당한 시간이 소요될 수 있다.

이러한 통제의 문제를 해결하고자 다국적기업은 지역이나 국가를 중심으로 지점이나 지사를 설립한다. 완전한 소유권을 가지거나 현지 파트너와 합작투자 방식을 활용한다면 가맹사업자를 모집하고 관리하기가 훨씬 더 수월할 것이다. 또한 지리적 근접성을 강화하거나, 혹은 독립적 운영의 가맹사업자 수를 제한한다면 품질 저하의 문제를 완화할 수 있다. 혹은 지점이나 지사를 설립하여 현지에 주재원을 파견함으로써 서비스 품질 수준을 감시하기도 한다. 결국 맥도날드, KFC 및 힐튼(Hilton) 호텔조차 프랜차이징 방식에 의존하고 있다는 점에서 글로벌 확장의 현실적 수단으로 볼 수 있다.

8.7d 합작투자

외국계 기업과 합작법인 설립은 해외시장 진출 시 전통적으로 선호하던 방식이다.

전략 실행 사례 8.2

버버리의 일본 진출전략 수정

영국을 대표하는 글로벌 패션의류 브랜드인 버버리(Burberry)는 거의 50년 동안 일본 시장에서 사업을 지속해 왔다. 최근까지 기존 라이선싱 관계에 있는 산요 쇼카이가 버버리 브랜드 제품을 유통하고 있다. 산요 쇼카이는 브랜드 사용에 관해 상당한 수준의 재량권을 행사해 왔다. 가령 골프백, 미니스커트부터 버버리를 걸친 바비인형까지 본사가 있는 영국보다 훨씬 더 저렴한 가격으로 일본 내 400개 매장에서 판매되고 있다.

오랜 기간 좋은 관계를 유지하고 있다는 점에서 버버리로서는 괜찮은 계약이었다. 산요 쇼카이는 매출액(80억 달러)의 1%에 해당하는 8천만 달러를 기술료로 지급하면서 일본 시장 확대에 전력투구하였다. 2007년 버버리 최고경영자인 안젤라 아렌츠(Angela Ahrendts)는 일본을 포함하여 총 22건의 국제 라이선싱 계약에 불만을 피력하였다. 즉 아렌츠는 라이선싱 방식이 오히려 버버리의 브랜드 가치를 훼손하는 것으로 생각하였다. 특히 영국의 버버리 매장보다 다양한 제품을 취급하면서 가격은 훨씬 더 낮은 제품을 판매하는 산요 쇼카이를 보면서 아렌츠는 "명품 세계에서 보편성은 브랜드를 망친다. 희소성 없는 명품은 더 이상 명품이 아니다"라고 비판한 적이 있다. 게다가 버버리 제품을 온라인으로 구입하거나 오리지널 제품을 사기 위해 영국을 방문하는 고객이 증가하는 상황에서 아렌츠는 글로벌 브랜드 이미지를 재구축할 필요성을 느꼈다.

비록 매출이 일시적으로 하락하더라도 아렌츠는 기술 도입자를 규율하고 해외 매출에 대한 통제권을 다시 찾아오기로 결심하였다. 2014년 애플의 소매사업 부문으로 옮기기 전까지 그녀는 라이선싱 계약을 해지하는 작업에 매진하였다. 아렌츠의 뒤를 이어 부임한 새로운 경영자인 크리스토퍼 베일리(Christopher Bailey)도 전임자가 추진하던 라이선싱을 단계적으로 종료하는 작업에 박차를 가하고 있다.

2015년 일본 파트너와 체결한 라이선싱 계약이 종료되었다. 산요 쇼카이가 운영하던 약 400개의 버버리 매장은 폐점할 예정이다. 그러나 버버리는 일본 시장을 포기하지 않을 것이다. 사실 일본은 세계에서 두 번째 규모의 명품 소비시장이다. 대신 버버리는 직영 매장을 중심으로 제품을 판매할 것이다. 버버리의 목표는 2018년까지 35~50개 정도의 독점매장을 오픈하는 것이다. 아울러 1,800달러 가격의 클래식 트렌치 코트처럼 고급 제품만을 판매할 계획이며, 이는 기존에 판매하던 버버리 제품보다 10배 이상 비싼 가격에 해당한다. 결국 경영자인 베일리는 브랜드 재구축 작업에 따르는 위험부담뿐만 아니라, 글로벌 명품 브랜드 이미지를 위해서 일시적 매출 하락도 감내할 수밖에 없다고 말한다.

출처: K. Chu and M. Fujikawa, "Burberry Gets a Grip on Brand in Japan," *Wall Street Journal*, August 15–16, 2015; A. Ahrendts, "Burberry's CEO on Turning an Aging British Icon into a Global Luxury Brand," *Harvard Business Review*, January–February 2013; T. Blanks, "The Designer Who Would be CEO," *Wall Street Journal Magazine*, June 18, 2015.

합작투자를 통해 장기적 관계를 유지한 대표적 사례가 일본에서 포토 프린터를 생산하기 위해 후지필름과 제록스가 합작법인을 설립한 것이다. 보통 합작투자에서 50:50으로 지분을 균등하게 나누는 동등 지분의 합작투자 방식을 선호한다. 합작에 참여하는 파트너는 50%만큼의 통제권을 행사하는 한편, 각 파트너에서 파견된 관리자가 공동으로 경영하는 방식이다. 다만 비동등 지분의 합작투자라도 더 엄격한 통제권을 행사할 목적에서 다수 지분 확보를 선호하는 편이다.[24)]

합작투자는 다음과 같은 장점을 갖고 있다. 첫째, 로컬시장의 경쟁, 언어, 문화,

정치 및 경제시스템과 관련하여 현지 파트너의 지식을 활용할 수 있다. 둘째, 현지에서 출시할 제품개발 비용을 파트너와 공유하고 위험을 분담할 수 있다. 셋째, 일부 국가에서 소유권을 제한하는 제도적 환경이 존재하고 이를 극복하려면 다른 투자안(신설투자, 인수합병) 대신 합작투자를 선택할 수밖에 없다. 일본 시장 진출 시 미국계 다국적기업은 경험을 통해 완전 소유 자회사보다 현지 파트너와 합작법인의 설립이 유리하다는 점을 깨달았다. 결국 미국의 제록스도 후지필름과 합작투자 방식을 활용하여 일본 시장에 진출하여 현지에서 포토 프린터를 생산, 판매하였다.

한편 합작투자의 장점에도 불구하고 일정한 한계점 또한 존재한다. 첫째, 라이선싱처럼 국제 합작투자는 파트너와 기술에 대한 통제권을 공유한다는 점에서 위험부담이 있다. 2002년 보잉은 가장 최신의 787기종을 미쓰비시중공업(Mitsubishi Heavy Industries)과 공동생산하기 위한 합작투자 과정에서 관련 기술이 유출될지 모른다는 불안감에 시달렸다. 그러나 합작투자에 따른 이러한 위험은 계약을 통해 어느 정도 완화할 수도 있다. 즉 합작법인에 대한 경영권을 행사할 수 있는 다수 지분을 확보하는 것이다. 왜냐하면 경영권을 가진 파트너가 기술에 대해 더 많은 통제권을 행사하기 때문이다. 다만 소수지분 합작투자는 경영권 행사가 어렵다는 점에서 외국계 기업이 별로 선호하지 않는다. 또 다른 방법으로 핵심이 아닌 기술은 파트너와 공유하지만, 핵심적 기술에는 접근하지 못하도록 차단하는 것이다.

둘째, 모기업의 입장에서 학습효과, 혹은 입지 경제의 실현을 위해 합작투자에 의해 설립된 자회사에 대해 엄격한 통제권 행사가 어렵다. 심지어 글로벌 경쟁사에 대응하고자 수행하는 여러 활동의 조율을 자회사로부터 기대하기란 쉽지 않다. 미국의 텍사스 인스트루먼트(TI: Texas Instruments)는 두 가지 목적을 고려하여 일본 현지에 반도체 공장을 설립하였다. 하나는 일본 제조업체의 시장점유율을 분석하는 것이고, 다른 하나는 TI의 글로벌 확장에 반응할 경쟁사의 재무적 자원을 확인하려는 목적이다. 즉 TI는 글로벌 전략을 실행하는 과정에서 일본 자회사가 본사의 지시를 이행할 준비가 되어 있는지 확인할 필요가 있다. 게다가 전략 실행 과정에서 발생할지 모르는 손실을 자회사가 부담할 수도 있다. 즉 마이너스 투하자본수익률이 예상되는 투자안을 수용할 파트너의 발굴은 쉽지 않다. 실제 대다수 합작법인은 모기업과 별개로 운영되기에 자회사에게 손실을 부담시키는 결정을 강제하기란 현실적으로 불가능하다.[25] 결국 일본 사업에 대한 통제권 행사를 중요하게 여겨 텍사스 인스트루먼트는 완전 소유 자회사를 설립하여 진출하였다.

8.7e 단독 투자

완전 소유 자회사는 100% 지분을 출자하여 자회사의 통제권을 온전히 행사하는 투자 방식이다. 보통 현지에서 제품 생산과 판매를 전담하는 완전 소유 자회사는 법인을 신설하는 신설투자(greenfield investment)와 피투자기업의 경영권을 확보하는 인수합병(M&A)으로 구분한다.

완전 소유 자회사는 다음의 세 가지 장점을 제공한다. 첫째, 경쟁우위의 원천으로 기술적 역량이 중요하다면 완전 소유 자회사는 기술적 노하우에 대한 통제가 가능하다. 달리 말해 통제권 부재로 말미암은 기술 유출의 위험을 사전에 차단할 수 있다. 바로 이런 점 때문에 대다수 첨단기술기업은 라이선싱이나 합작투자보다 완전 소유 자회사를 선호한다. 일례로 반도체, 컴퓨터, 전자 및 제약처럼 R&D 집약적 산업에서 국제화의 수단이자 진입방식으로 활용되고 있다.

둘째, 완전 소유 자회사는 범세계적 네트워크를 활용하기에 유리하다. 즉 일국에서 창출한 이익을 타 시장 진출에 전용하도록 지시나 명령을 내림으로써 자회사의 활동을 조율하고 통합할 수 있다.

셋째, 단일, 또는 복수 공장에서 범용 표준품을 양산하여 규모 및 입지 경제의 실현을 도모한다면 완전 소유 자회사는 최적의 대안이다. 비용 절감과 같은 부가가치를 창출하도록 가치사슬 활동을 배열하고 조정함으로써 성과 창출을 도모할 수 있다. 즉 특정 자회사에 부품 생산을 맡기고 글로벌 네트워크상의 다른 자회사로 각종 부품을 이전하여 제조 활동을 수행하도록 조정한다. 결국 글로벌 생산시스템이 효율적으로 작동하려면 여러 자회사의 기능과 활동을 조율하기 위한 통제권이 요청된다. 가령 본사가 자회사와 자회사 간 생산방식, 수량 및 이전 가격을 결정하여 지시를 내리면 자회사는 이를 수용해야 한다. 결국 모기업에 의한 통제권 행사가 전적으로 가능한 것이 바로 완전 소유 자회사이다. 이와 달리 라이선싱의 기술 도입자, 또는 합작투자의 파트너는 모기업의 지시나 명령에 불응할 수 있다.

다른 한편 완전 소유 자회사의 경우 해외 고객의 욕구 충족에 상당히 많은 비용이 소요된다. 합작투자처럼 비용과 위험을 분담하거나, 혹은 기술 도입자에게 비용과 위험을 전가하는 방식과 달리, 모기업이 완전 소유 자회사 설립에 따른 비용을 전부 부담한다. 다만 현지에서 기존기업을 인수한다면 시행착오를 경험하고 문화적 적응에 따른 학습 비용과 위험을 줄일 수 있다. 그렇지만 기업 간 문화적 차이를 극복하는데 상당한 시간과 비용이 요구된다면 인수합병을 통한 시너지 효과를 기대하기는 힘들 것이다(인수합병의 문제점은 다음 10장에서 논의할 것이다).

8.7f 진입방식의 강점과 약점

[표 8.1]에서 각 진입방식의 장단점을 요약하여 정리하였다. 다만 진입방식의 상충관계를 고려하여 신중히 선택해야 한다. 혹시 외국계 기업의 국유화를 단행한 전력이 있는 시장으로 진출한다면 현지 파트너와 합작투자가 유리하다. 합작투자에 참

여하는 현지 기업은 로컬 환경에서 비즈니스 기반을 구축하고 시장점유율을 확대하는 데 도움이 된다. 그러나 독점적 우위를 보유한 기업이 합작투자로 진출하는 전략은 오히려 상대방에게 핵심역량이 노출될 수 있다. 굳이 차별적 역량을 보유하고 있다면 합작투자의 매력도는 반감될 수밖에 없다. 따라서 다음의 보편적 지침에 따라 최적의 진입방식을 선택해야 할 것이다.

독보적 역량과 진입방식 경쟁사의 제품 경쟁력이 약하고, 자사의 차별적 제품에 따른 상당한 이익이 기대될 때 적극적 국제화를 추진한다. 달리 말해 해외시장 진출 시 최적의 진입방식은 기업이 보유한 차별적 역량에 달려 있다. 다만 기술 및 경영상의 노하우로 구분하여 기업의 역량을 이해할 필요가 있다.

만약 경쟁우위의 원천이 지식재산권처럼 전유성에 따른 일정한 통제가 가능한 기술 노하우라면 라이선싱이나 합작투자와 같은 통제권 상실의 위험이 있는 진입방식은 피해야 한다. 결국 기술집약적 기업이 무형적 자산을 이전하여 현지에서 이익을 창출하고자 한다면 완전 소유 자회사를 설립하는 것이 최상의 선택일 것이다.

그러나 완전 소유 자회사가 만능 해결책은 아니다. 라이선싱이나 합작투자라도 자사의 기술적 노하우가 유출될 가능성을 줄이는 구조를 만들면 된다(전략적 제휴에서 이런 방식의 계약을 자세히 다룰 예정이다). 경쟁우위가 지속되는 시간이 짧고 경쟁사에 의해 핵심역량이 신속히 복제되는 상황을 가정해 보자. 그렇다면 완전히 모방하기 전에 기술적 노하우를 외국계 기업에게 라이선싱함으로써 기술의 확

표 8.1 진입방식별 장점과 단점

진입 방식	장점	단점
수출	• 입지 및 규모의 경제 달성 가능	• 높은 운송비용 • 무역장벽에 취약 • 현지 유통상에 대한 통제 곤란
라이선싱	• 비용과 위험 수준이 낮음	• 입지 및 규모의 경제 달성 불가능 • 글로벌전략의 조정 곤란 • 기술에 대한 통제 결여
프랜차이징	• 낮은 개발 비용과 위험	• 글로벌전략의 조정이 여의치 않음 • 품질에 대한 통제 결여
합작투자	• 현지 파트너 지식에 접근 • 개발 비용과 위험을 공유 • 정치적 영향력 활용	• 글로벌전략의 조정이 여의치 않음 • 입지 및 규모의 경제 달성 곤란 • 기술에 대한 통제 결여
완전 소유 자회사	• 기술자산 보호 • 글로벌전략의 조정 가능 • 입지 및 규모의 경제 달성 가능	• 비용과 위험 수준이 높음

산을 시도할 수 있다.[26] 이를 통해 얻을 수 있는 이점은 다음과 같다. 우선 기술을 경쟁사에 제공함으로써 더 나은 기술을 개발하려는 의도를 단념하도록 만든다. 만약 그 기술이 산업의 지배적 디자인으로 자리 잡으면 원천기술을 보유한 기업은 추가적인 기술료 수입을 기대할 수 있다. 그러나 상황이 예상대로 전개되지 않을 시 가급적 라이선싱이 아닌 다른 방식을 고려해야 한다.

한편 서비스업에서 맥도날드 및 힐튼의 경쟁우위는 경영상의 노하우에서 찾을 수 있다. 즉 경영상의 노하우는 프랜차이징 가맹사업자, 혹은 합작투자 파트너에게 유출될 가능성이 높지 않은 편이다. 가령 브랜드는 상표권을 통한 법적 보호와 배타적 권리가 인정받기에 기술의 유출가능성은 희박하다. 다만 특정 지역이나 국가에서 통제권 행사를 원하는 서비스 기업이 있다면 프랜차이징, 합작투자 또는 신설투자 방식을 병행하는 것이 바람직하다. 선행연구에 따르면 현지기업이 참여하는 합작투자 방식에서 가장 높은 성과를 창출하는 것으로 나타났다. 왜냐하면 정치적 문제의 해결뿐만 아니라, 현지국을 이해할 수 있는 지식의 습득에 합작투자가 유리하기 때문이다.

비용 절감의 압력과 진입방식 비용 절감의 압력이 높을수록 수출, 또는 완전 소유 자회사를 적절히 혼용하여 국제화를 시도한다. 일례로 부존자원이 풍부한 국가에서 제품을 생산하고 해외 시장에 수출한다면 규모 및 입지 경제의 실현에 도움이 된다. 아울러 다수 국가에 진출한 마케팅 법인을 활용하여 제품을 판매할 수도 있다. 한편 특정 국가에서 유통, 물류 및 배송의 권한을 완전 소유 자회사에 맡길 수 있다. 그런 이점을 활용하려면 완전 소유 자회사는 해외 중간상, 혹은 합작투자보다 통제권을 온전히 행사하기에 훨씬 더 유리하다. 즉 글로벌 가치사슬 활동을 배열하고 소성하려면 자회사에 대한 강한 통제가 필요하다. 결국 특정국에서 취한 이익을 다른 국가의 경쟁적 위치 강화에 전용하려면 강력한 통제권 행사가 유리하다. 따라서 글로벌 표준화 전략, 혹은 초국적 전략을 채택하는 기업은 완전 소유 자회사를 설립하는 것이 유리하다.

8.8 전략적 제휴에 참여하는 기업이 어떻게 이익을 창출할 수 있는지 토의한다.

8.8 글로벌 전략적 제휴

글로벌 전략적 제휴(global strategic alliance)는 국적이 다른 현재, 또는 잠재적 경쟁사 간 맺어지는 협력적 계약을 말한다. 전략적 제휴는 신제품개발처럼 특정한 목적을 달성하기 위해 양사가 일시적으로 협력적 관계를 맺는다. 제휴에는 지분을 공동으로 출자하는 합작투자부터 단기계약 등의 다양한 유형이 존재한다.

글로벌 전략적 제휴 국적이 다른 실제, 혹은 잠재적 경쟁사와 일시적으로 협력하는 기업 간 관계

8.8a 전략적 제휴의 장점

보통 기업은 다양한 목적을 달성하기 위해 전략적 제휴에 참여한다.[27] 첫째, 전략적 제휴는 해외시장 진출을 가능하게 만드는 수단이다. 일례로 상당수 기업은 중국 시장으로의 성공적 진입을 위해 현지 비즈니스 환경을 이해하고, 네트워크 접근성이 뛰어난 로컬 파트너의 필요성을 인식한다. 미국의 워너 브라더스(Warner Brothers)는 영화 제작과 배급을 위해 두 곳의 중국 파트너들과 합작법인을 설립하는 직접투자로 중국에 진출한 바 있다. 실제 중국 시장에서 독립영화를 제작하려면 각각의 영화마다 복잡한 인허가 과정을 거쳐야 한다. 게다가 중국에서 배급을 현지 업체에 전적으로 의존하는 것은 신뢰가 없다면 쉽지 않은 일이다. 그러나 현지 영화사를 합작투자에 참여시키면 인허가가 용이할 뿐만 아니라, 합작사가 제작한 영화를 배급하기도 수월해진다. 심지어 합작투자 영화사는 외국계 기업에게 불가능한 중국 TV 방송을 위한 영화를 제작할 수도 있다.[28]

둘째, 전략적 제휴를 통해 기업은 새로운 제품과 프로세스 개발에 들어가는 고정비용 및 관련 위험을 분산시킬 수 있다. 미국의 보잉과 일본 기업들은 최신의 제트 여객기인 787기종을 제작하기 위해 제휴를 맺었다. 이를 통해 최신 기종의 항공기 개발에 들어가는 80억 달러의 투자비를 공동 부담할 수 있었다.

셋째, 독자 개발과 달리 제휴는 상호 보완적 지식과 자산에 접근하는 수단이다.[29] 가령 2011년 마이크로소프트와 노키아는 윈도우 8 운영시스템이 장착된 스마트폰의 개발과 판매를 위한 제휴를 형성하였다. 이를 통해 마이크로소프트는 모바일 윈도우 개발 지식과 기술을 제공하는 한편, 노키아는 스마트폰의 디자인, 엔지니어링 및 마케팅 노하우 제공에 동의하였다. 2012년 말 양사는 협력의 결과물로 첫 번째 스마트폰을 출시하였으나, 안타깝게도 2013년 마이크로소프트가 노키아의 스마트폰 사업을 인수하면서 관계는 종료되었다.

넷째, 만약 산업표준 설정에 실익이 있다면 기업은 전략적 제휴를 활용할 수 있다. 앞서 마이크로소프트와 노키아 간 협력도 이러한 목적에서 체결된 제휴이다. 즉 2012년 당시 애플의 iOS 및 구글의 안드로이드 진영 간 치열한 경쟁 구도 하에서 맺어진 양사의 제휴는 윈도우 8을 스마트폰용 표준 운영시스템으로 만들기 위한 목적에서 시작되었다. 그러나 불행하게도 노키아의 윈도우 폰은 이미 애플과 구글이 장악한 시장에서 고객을 유인하지 못한 나머지 충분한 시장점유율의 달성에 실패하였다.

8.8b 전략적 제휴의 단점

앞서 전략적 제휴가 지니는 의미 있는 장점을 살펴보았다. 그럼에도 불구하고 일부 비평가는 전략적 제휴를 통해 경쟁사가 신기술과 신시장에 손쉽게 접근하도록 만든다고 비판을 가하고 있다.[30] 예컨대 어떤 비평가는 미국과 일본 기업 간 체결된 다수의 제휴는 일본의 속내를 알 수 없는 숨겨진 의도가 있을 것이라 주장했다. 즉 제휴 관계를 통해 일본 기업은 양질의 고임금 일자리를 유지하는 한편, 미국 기업이 우위에 있는 프로젝트 엔지니어링 및 생산공정 기술을 획득하려는 방책이라고 하였다.[31] 더욱이 공작기계 및 반도체산업에서 일본이 성공한 이유가 바로 미국으로부터 획득한 기술 덕분에 가능했다고 보았다. 심지어 일본 기업과 제휴에 참여한 미국 경영자는 새로운 기술이 일본에 넘어가도록 방조하는 한편, 일본 제품 판매를 위해 미국의 영업과 유통망이 활용되었다고 주장한다. 비록 전략적 제휴가 단기적으로 득이 되겠지만, 앞서 비판처럼 장기적으로 미국 기업이 글로벌 경쟁력 강화에 도움이 되지 않는 실이 더 많았을 것으로 보았다.

결국 비판의 요지는 전략적 제휴의 잠재적 위험을 지적하고 있다. 기업이 제휴에 신중하게 접근하지 않는다면 얻는 것보다 잃는 게 많을 수 있다는 점이다. 그러나 미국과 일본 기업 간 제휴의 성공 사례가 다수라는 점에서 도를 넘는 비판으로 볼 수 있다. 예컨대 보잉과 미쓰비시 간 787기종 개발 제휴, 그리고 후지필름과 제록스 간의 장기 제휴는 앞서 비판과 거리가 먼 모범사례에 해당한다. 즉 협력적 관계에 참여한 모든 기업이 상호 이득을 얻은 만족스러운 예시이다. 다음 절에서 참여기업에게 득이 되는 제휴와 실이 되는 제휴의 차이점을 살펴볼 것이다.

8.8c 전략적 제휴의 실행

글로벌 전략적 제휴의 실패율은 생각보다 높은 수준이다. 가령 49건의 글로벌 제휴를 분석한 연구에 따르면 3분의 2에 달하는 제휴가 형성 후 2년 이내에 심각한 경영 및 재정상의 문제에 봉착했다는 결과를 보였다. 비록 그러한 문제들이 추후 해결되었지만, 나머지 33%는 실패로 막을 내렸다.[32] 결국 성공적 제휴는 (1) 파트너 선택, (2) 제휴 구조, 그리고 (3) 제휴 관리방식에 좌우된다.

파트너 선택 전략적 제휴의 성공적 실행은 적합한 파트너를 선택하는 것에서 시작한다. 좋은 파트너는 다음의 세 가지 특성을 공유한다. 첫째, 좋은 파트너는 시장의 접근성 제고, 신제품 개발 비용과 위험공유, 그리고 핵심역량의 획득이라는 전략적 목표의 달성을 돕는다. 즉 다른 참여기업이 보유하고 있지 않은 상호 보완적 자원과 능력을 보유하고 있는 파트너가 바람직하다. 둘째, 좋은 파트너는 제휴 목적에 따른 기업의 비전을 상호 공유한다. 만약 완전히 다른 목적을 가진 기업이 제휴에 참여한다면 협력적 관계는 조화되기 어려울 뿐만 아니라, 종국에는 협력적 관계가 파국으로 끝날 것이다.

셋째, 좋은 파트너는 아무런 대가 없이 상대방의 기술적 역량만을 취하려는 기회주의적 행태를 보이지 않는다. 그런 점에서 페어플레이 정신에 투철하다는 평판은 좋은 파트너가 가져야 할 덕목이다. IBM의 경우 정당한 대가 없이 참여기업을 악용할 목적이 다분한 여러 건의 제휴에 이름이 올라가 있었다.[33] 결국 좋은 파트너라는 평판을 훼손시킬 뿐만 아니라, 향후 IBM을 잠재적 제휴 파트너로 인정하지 않는 상황에 봉착할 수 있다. 그러나 IBM은 그 누구보다 제휴의 중요성을 잘 알고 있기에 전문가들이 우려하는 기회주의적 행태를 보이진 않을 것이다. 마찬가지로 국적이 다른 기업과 다수의 제휴 관계를 맺은 일본의 소니, 도시바, 후지는 평판이나 명성의 하락 때문에라도 파트너를 악용할 가능성이 그리 높지 않았을 것이다.

보통 세 가지 특성을 모두 갖춘 파트너를 선정하기 위해 기업은 광범위한 조사를 통해 잠재 후보군을 선별한다. 좋은 파트너를 선정할 확률을 제고하려면 후보기업에 대한 2차 자료를 가능한 한 많이 수집해야 한다. 특히 과거에 후보 기업과 제휴를 형성한 전력이 있는 기업, 투자은행, 혹은 한때 그 기업에 몸담았던 임직원들로부터 자료를 모은다. 그동안 수집된 자료의 분석을 끝낸 다음 전략적 제휴에 참여할 후보 기업을 선정할 준비를 마친다. 결국 마지막 단계에서는 강력한 후보기업의 고위 임원, 만약 필요하다면 중간관리자와 면담을 진행함으로써 양사가 화학적 결합을 낼 수 있을지 냉정히 평가해야 한다.

제휴 구조 제휴 참여기업에 지나치게 많은 것이 돌아갈지 모를 위험을 관리할 수 있는 구조를 설계해야 한다. 첫째, 기술 유출의 가능성을 염두에 두고 기술의 이전을 치밀하게 설계하여야 한다. 특히 제휴를 통해 제품의 디자인, 개발, 생산 및 서비스처럼 핵심 기술에 접근하지 못하도록 해당 기술의 유출을 "차단"하는 구조를 만든다. 제너럴 일렉트릭(GE)과 스넥마(Snecma)는 상업용 항공기 엔진 제작을 위해 제휴를 맺었는데, GE는 생산공정의 특정 단계에 파트너가 접근하지 못하도록 기술 유출의 원천을 차단하였다. 즉 부품을 모듈 단위로 만들어 핵심 기술이 스넥마에게 노출되지 않도록 만드는 대신, 최종 조립 과정에는 접근을 허용하였다. 마찬가지로 787 상업용 여객기 제작에서 보잉과 일본 기업과의 제휴 사례를 보면 일본 기업이 보잉의 경쟁우위가 되는 디자인, 연구개발 및 마케팅에 접근하지 못하게 차단한 반면, 조립기술에 대한 공유는 허용하였다. 또한 보잉은 787 생산과 관련이 없는 신기술은 파트너가 접근하지 못하도록 차단하였다.[34]

기회주의
사기나 속임수를 동원하여 자신만의 이해관계를 극대화하려는 행태

둘째, 파트너에 의한 **기회주의**(opportunism) 위험에 대처하고자 계약서상에 단서 조항을 명시할 수 있다. 예컨대 자동차 부품사인 TRW는 일본 기업과 세 건의 전략적 제휴를 체결했으며, 이를 통해 미국내 일본 자동차 공장에 안전벨트, 엔진 밸브 및 조향기어를 납품하였다. 특히 각각의 제휴 계약서를 보면 일본계 부품사가

미국의 완성차 업체에 부품공급을 하지 못하게 함으로써 TRW와 직접적 경쟁을 삼가도록 하는 조항을 담고 있다. 결국 제휴를 앞세워 일본 기업들이 TRW의 모국인 북미 시장으로 진출하여 경쟁자가 될 가능성을 사전에 차단할 수 있었다.

셋째, 제휴 관계에 참여하는 당사자는 파트너가 보유한 지식과 기술을 동등한 수준에서 교환하는 협정을 체결하여 잠재적 이득을 얻을 수 있다. 가령 교차 라이선싱 계약은 이러한 목적을 달성하도록 만드는 훌륭한 수단의 하나이다.

넷째, 참여기업 상호 간 의미 있고 신뢰할 만한 몰입이나 헌신을 끌어낼 수 있다면 기회주의적 행동은 줄어들 것이다. 가령 미국의 제록스와 일본의 후지필름이 아시아 시장에서 포토 프린터의 공동생산과 판매를 위해 60년 동안 유지했던 제휴 사례가 대표적이다. 특히 일본 및 동아시아 시장을 염두에 둔 제록스는 처음부터 후지필름이 원하는 비지분 기반의 협정, 또는 라이선싱보다 동등 지분의 합작투자를 고집하였다. 새로이 신설되는 합작법인에 인력, 시설과 설비에 많은 자본이 투입되기에 후지필름은 처음부터 투하자본수익률(ROIC) 제고를 위해 상당한 노력을 기울일 수밖에 없다. 결과적으로 합작투자 방식을 통해 후지도 실질적 관계 구축에 몰입할 수 있었다. 이에 따라 제록스도 자사의 프린터 기술을 후지필름에 이전하는 것을 주저할 이유가 없었다. 2021년까지 양사의 제휴가 지속될 만큼 성공적인 제휴로 평가되고 있다.

제휴 관리 파트너 선정, 제휴 구조의 적절한 설계 이후 참여기업이 풀어야 할 숙제는 제휴를 통한 이익을 극대화하는 것이다. 이를 위한 핵심적 요소는 바로 문화적 차이에 따른 감수성을 이해하고 이를 관리하는 것이다. 특히 경영자는 문화적 이질성에 따른 경영 스타일의 차이가 발생할 수 있음을 인식하고 대응할 준비를 해야 한다. 이외에도 제휴로부터 이득을 극대화하려면 파트너 간 신뢰 형성과 상대로부터의 지속적 학습이 선행되어야 한다.[35]

제휴의 성공적 관리를 위해 경영자는 인적 관계(또는 관계 자본으로도 불림)를 구축할 필요가 있다.[36] 예컨대 1974~2015년까지 지속된 미국의 포드(Ford)와 일본의 마쯔다(Mazda) 간 제휴가 시사하는 교훈이기도 하다. 양사 경영진은 제휴 관련 모든 문제를 상의할 뿐 아니라, 상호 긴밀한 시간을 가질 수 있는 회의 방식을 선호하였다. 이를 통해 친밀감이 형성되면 양사의 협력적 관계는 더욱 공고해질 뿐만 아니라, 상호 신뢰 형성에 기여할 것으로 믿었다. 특히 사적 친밀감은 경영상의 비공식적 네트워크 조성에 일조할 수 있다. 결국 경영상의 이슈를 해결하기에는 공식 위원회보다 인적 네트워크가 보다 더 적합할 수 있다.

많은 제휴를 분석한 연구자에 따르면 제휴 관계에서 습득하는 지식의 수준과 정도를 결정하는 요인은 파트너의 흡수역량이라고 주장한다.[37] 주요 다국적기업

간 체결된 15건의 제휴를 분석한 연구에서 하멜(Hamel), 도즈(Doz) 및 프라할라드(Prahalad)는 일본과 서구 다국적기업 간에 이루어진 전략적 제휴의 분석에 주력하였다.[38] 즉 모든 제휴 사례에서 일본 기업은 상대방으로부터 최대한의 지식을 습득하고자 노력을 기울인 결과 경쟁우위를 창출하고 유지한 것으로 분석되었다. 이에 비해 서구 파트너 기업은 일본 기업들로부터 배우길 원하지 않는 것처럼 보였다. 결국 비용 절감, 또는 위험 분산의 수단으로 제휴를 이해했지, 잠재적 경쟁자가 어떻게 사업을 수행하는지 배우는 기회로 삼지 않았다.

한편 미국의 GM과 일본의 토요타 간 쉐보레 노바(Nova)의 생산 제휴는 비대칭적 학습의 사례로 언급된다. 양사는 동등 지분(50대50)의 제휴를 통해 NUMMI로 불리는 합작법인을 출범시켰다. 캘리포니아주 프레몬트(Fremont)의 기존 공장에서 완성차 생산을 바로 시작할 수 있었다. 일본인 경영자에 따르면 토요타는 제휴를 통해 처음에 의도했던 목적을 상당히 달성한 것으로 보았다. "우리는 미국 기업의 공급과 운송에 대해 배울 수 있었습니다. 또한 미국 근로자를 확실히 관리할 수 있는 지식도 습득했습니다." 1986년 켄터키주 조지타운(Georgetown)에 새로이 들어선 토요타 공장에 해당 지식이 전수되어 자동차 생산에 활용되고 있다. 현재 토요타는 2010년 NUMMI 공장을 테슬라에 매각한 이후에도 미국 내 12개 공장을 운영하고 있다. 이와 반대로 GM은 신제품 노바를 생산할 수 있었지만, 일부 GM 임원들은 합작투자로부터 습득한 지식이 회사 내부에서 제대로 활용되지 못했다는 불만을 토로하였다. 당시 제휴에 참여했던 관리자들이 팀으로 남았어야 엔지니어링 및 생산 부서 근로자에게 일본의 생산방식을 전수할 수 있었을 것이지만, 대신 이들은 GM 산하의 타 계열사로 뿔뿔이 흩어져 배치되어 버렸다.

제휴 참여기업은 파트너로부터 배우고 학습한 지식이 조직 내에서 잘 활용되고 있는지 측정하는 도구를 개발해야 한다. 한 가지 아이디어를 제시하면 현장 종업원 모두에게 상대방 파트너의 강·약점을 교육하는 동시에, 경쟁우위 창출에 공헌할 기술과 지식의 습득과 전수에 심혈을 기울이는 것이다. 비록 GM에서는 실패했지만, 이러한 학습의 가치는 제휴로부터 습득한 지식이 전 조직에 얼마나 확산되는가에 달려 있다. 결국 사내 다른 종업원에게 노하우가 이전되도록 제휴에 참여한 경영자 및 관리자가 교육과 훈련의 주체가 되어야 한다.

핵심용어

다국적기업(multinational companies) 297
입지 경제(location economies) 298
글로벌 표준화 전략(global standardization strategy) 305
현지화 전략(localization strategy) 307
초국적 전략(transnational strategy) 308
글로벌 전략적 제휴(global strategic alliances) 319
기회주의(opportunism) 322

전략적 경영자를 위한 시사점

1. 다국적기업은 지식과 기술 수준이 낙후된 제품시장으로 독점적 우위를 이전하여 차별적 제품을 출시함으로써 더 많은 수익 창출을 위해 해외시장으로 진출한다. 외국의 무역장벽 축소로 인해 국별 경계는 모호해지는 한편, 글로벌 시장으로 진출할 기회는 증가하고 있다.
2. 해외시장의 이질성에도 불구하고 다국적기업은 부존자원이 풍부한 국가에서 최적의 가치사슬 활동을 수행함으로써 고성과를 창출한다. 결국 입지 경제 달성을 위해 해외시장 진출을 도모한다.
3. 기업은 글로벌 확장을 통해 판매량을 증대시키고 규모의 경제와 학습효과에 따른 비용 절감을 실현한다.
4. 기업이 추구해야 할 최적의 전략은 비용 절감의 압력과 현지 적응의 압력에 어떻게 대처하는가에 달려 있다. 보통 범용적 제품을 만드는 산업일수록 비용 절감의 압력이 높은 편이다. 다만 현지 적응의 압력은 국별 시장구조, 소비자 기호, 관행이나 관습, 유통채널, 정부 정책의 차이로부터 발생한다.
5. 본국 중심의 수출 전략은 일부 제한적 현지화를 추구하지만, 본국의 독점적 우위를 활용하여 제품과 서비스를 해외시장에 판매하는 국제화 전략이다.
6. 현지화 전략은 제품 출시, 마케팅 전략 및 비즈니스 전략을 현지 시장에 적합하게 수정, 변경하여 적응하는 국제화 전략이다.
7. 글로벌 표준화 전략은 글로벌 차원에서 규모의 경제와 입지 경제 활용을 통해 비용 절감에 주력하는 국제화 전략이다.
8. 대다수 산업에서 치열한 경쟁이 이루어지는 상황이면 초국적 전략을 채택해야 한다. 비용 절감과 함께 현지 시장에 적합한 기술과 제품을 출시하려는 노력이 선행되어야 한다. 다만 초국적 전략의 실행이 쉽지 않다는 점을 고민해야 할 것이다.
9. 해외시장 진출과 관련하여 다음의 다섯 가지 진입방식이 존재한다. (1) 수출, (2) 라이선싱, (3) 프랜차이징, (4) 합작투자, (5) 완전 소유 자회사의 설립이다. 최적의 진입방식은 기업이 추구하는 전략에 달려 있다.
10. 전략적 제휴는 현재, 또는 잠재적 경쟁자 간 일시적 협력을 도모하는 협정이다. 제휴의 장점으로 해외시장 진출을 촉진하는 수단이자, 제품과 공정 기술 개발에 따른 비용과 위험을 분담하고, 상호 보완적 지원과 능력에 접근하며, 그리고 산업표준 선정에 도움이 된다.
11. 전략적 제휴의 단점으로 정당한 대가 없이 참여기업에 기술이 유출되거나, 혹은 시장 선점의 기회를 상실할 수 있다.
12. 전략적 제휴에서 파트너를 신중히 선택하고, 좋은 평판이나 명성을 유지하며, 무형자산의 유출을 미연에 방지하는 제휴 구조의 설계가 가능하다면 제휴로 인한 단점을 상쇄할 수 있다.

토론 과제

1. [그림 8.3]의 마이크로소프트, 구글, 코카콜라, 다우케미컬, 화이자 및 맥도날드의 포지셔닝을 각각 그려보고 각 포지셔닝에 대해 설명하시오.
2. 화학, 제약, 식품, 영화, 방송, 컴퓨터, 항공여행 및 패션의류 산업을 대상으로 어떤 산업에서 글로벌 표준화, 혹은 현지화가 중요한지 말해보시오.
3. 기업이 보유한 역량과 추구하는 전략에 따라 자회사의 통제 수준에 차이가 있는지 토의하시오. 또한 역량과 통제에 따라 어떤 진입방식을 선택할 수 있는지 설명하시오.
4. 독점적 기술을 다른 기업에 이전하는 것이 경쟁우위를 포기하는 가장 빠른 길이다. 이런 주장에 대해 각자 의견을 말해보시오.
5. 잠재적 경쟁사와 제휴를 형성한다면 어떤 참여기업이 가장 많은 이득을 볼 것인지 말하고 그 이유를 설명하시오.
6. 본문의 아이폰 출시에 대한 [전략 실행 사례]를 읽어본 후 다음 질문에 대해 답하시오.

1) 아이폰 생산을 중국 업체에 위탁함으로써 애플이 얻는 이득은 무엇인가? 이를 통해 애플이 부담할 잠재적 비용과 위험은 무엇인가?
2) 중국에 소싱을 맡기는 의사결정에서 애플 이외에 이득을 보는 당사자는 누구인가? 누가 잠재적 손해를 보는 희생자인가?
3) 중국의 팍스콘에 일자리를 뺏긴다면 어떤 윤리적 문제가 발생하는가? 애플은 이 문제에 어떻게 대처할 것인가?
4) 중립적 관점에서 애플의 글로벌 소싱이 미국 경제에 좋은 일인지, 아니면 나쁜 일인지 말하고 그 이유를 설명하시오.
5) 애플처럼 이미 글로벌 공급망을 구축해 놓은 상황에서 2003년의 SARs, 2019년의 코로나19 발생과 확산이 공급망에 미친 심각한 위협을 말해보고, 이에 어떻게 대응할지 토의하시오.

지리 홀딩스

마무리 사례

1986년 저장지리홀딩그룹, 즉 지리(Geely)는 중국의 냉장고 제조업자에서 자동차업체로 변신하였다. 1997년까지 항주 기반의 가전기업에 불과했으나 설립자 리 수푸(Li Shufu)의 열정 덕분에 2019년 136만 대의 차량을 판매함으로써 중국 제2의 완성차 업체로 급성장하였다.

리 수푸는 디자인 감각이 뛰어난 인물로 알려졌다. 그는 조잡한 설계와 촌스러운 디자인을 포기하는 대신, 자신의 기대를 충족하는 하나의 모델에 주력하였다. 2002년 드디어 영문명 프리크루저로 불리는 4-도어 중소형 세단을 출시하였다. 다만 한국의 대우차가 설계한 점에서 여전히 독자적인 디자인과 엔지니어링 역량을 개발해야 할 숙제를 안고 있었다.

당시 리 수푸는 선망의 대상인 스웨덴의 볼보 자동차 인수를 고민하고 있던 시기였다. 1990년 미국의 포드가 볼보를 64억 5천만 달러에 인수하였다. 2009년 글로벌 금융위기를 맞아 유동성 부족에 시달리던 포드는 볼보를 포함한 여러 브랜드의 매각을 발표하였다. 2010년 지리자동차는 18억 달러에 볼보의 인수를 결정했는데, 이는 해외 인수합병에서 중국계 기업이 지불한 것으로 가장 높은 금액이었다.

대다수 전문가는 볼보 인수를 부정적으로 평가했지만, 지리자동차는 그들이 틀렸음을 입증하였다. 결국 지리의 생산능력, 볼보의 엔지니어링 및 브랜드의 조합은 승리의 공식으로 판명되었다. 지금까지도 볼보는 스웨덴의 예테보리(Gothenburg)에서 설계, 검사 및 엔지니어링의 전 과정을 수행하는 점에서 북유럽 스타일을 고수하고 있다. 다만 인수 이후에는 미국의 사우스캐롤라이나 및 중국 공장에서도 볼보 차를 생산하고 있다.

지리는 사우스캐롤라이나 공장의 운영과 관련하여 원대한 계획이 있다. 현재 미국에서 만든 볼보 S60은 현지에서 판매될 뿐만 아니라, 중국으로 수출되고 있다. 수년 안에 다목적 SUV 차량마저 판매할 경우 연산 15만 대 양산 체제를 갖추고 지금의 2배인 4천 명을 고용할 수 있다. 미국 법인에서 생산과 물류를 맡은 부사장 카타리나 요르딩(Katarina Fjording)에 따르면 중국에 구축된 공급망에 만족하면서도 미국에서는 이보다 훨씬 더한 몰입과 헌신이 요구됨을 강조한다. 즉 볼보의 사우스캐롤라이나 공장에서는 밑에서부터 하나하나 다져가면서 모든 일을 수행하고 있다고 말한다.

지리 및 볼보 경영진은 문화적 차이에 의한 약간의 충돌을 언급하며 양사의 항해가 순탄치만은 않았다는 점을 솔직히 인정한다. 가령 2012년 리 수푸가 대형 세단인 S90의 중국 출시 계획을 논의하려 스웨덴을 방문한 자리에서 차량의 뒷좌석 디자인에 기겁하였다. 보통 스웨덴에서는 뒷좌석에 반려견을 태우기 때문에 디자인에 많은 관심을 기울이지 않는다고 볼보 경영자는 언급하였다. 이에 대해 리는 차량을 사는 고객이 뒷자리 상석에 앉는 게 중국의 문화라고 대꾸하였다.

인수 이후 볼보는 안전의 대명사로 불리며 주요 판매시장 중 하나로 중국이 부상하였다. 볼보의 목표는 어떤 도로에서도 운전하기 편한 가장 안전한 자동차를 만드는 것이다. 볼보의 다음 세대 신차는 중상자나 사망자가 발생하지 않을 정도로 "사망 기록"이 없는 차라는 점을 강조하였다. 이를 위해 속도 감응식 스티어링, 어댑티브 크루저 콘트롤, 동물과 보행자를 인식하고 충돌감지 및 회피기동이 가능한 기술을 예테보리에서 개발 중이다.

결과적으로 안전을 최우선시하는 전략은 판매량 증대로 입증되었다. 2018년 볼보의 매출액은 92년 브랜드 역사상 처음으로 전년 대비 12.4% 증가하였다. 모든 지역에서 고른 매출을 보인 결과 총 64만 2천 대를 판매하였다. 중국 시장의 매출은 14%까지 성장하는 한편, 미국의 매출은 20%까지 증가하였다. 2021년 중국에서만 17만 대 이상 판매한 결과 가장 큰 시장으로 부상했으며, 12만 대 이상의 판매실적을 기록한 미국이 그 뒤를 따르고 있다.

현재 볼보는 지리와 별개 법인으로 독자 운영되고 있다. 리 수푸가 설립한 저장지리홀딩그룹이 지리와 볼보 양사를 소유하는 구조이다. 2020년 2월 리는 양사의 통합을 공식적으로 발표하였으나, 2021년 통합에 대한 구체적 논의는 중단되었다.

볼보의 성공에 고무된 지리는 또 다른 직접투자 계획을 준비하고 있다. 2017년 영국의 스포츠카 제작사인 로터스의 경영권을 확보하고, 말레이시아 최대 자동차회사인 프로톤의 지분 49.9%를 매입하였다. 더욱이 스웨덴 볼보 그룹의 상용차 회사에 일정 지분을 투자하는 한편, 독일 다임러-벤츠의 지분 10%를 매입한 결과 최대 주주로 등극하였다.

출처: P. Ambler, "Volvo and Geely: The Unlikely Marriage of Swedish Tech and Chinese Manufacturing," *Forbes*, January 23, 2018; S.-L. Wee, "Geely Buys Stake in Volvo Trucks," *New York Times*, December 27, 2017; "Volvo Cars Sets New Global Sales Record in 2018," Volvo Car Group, January 4, 2019; B. Gruley and J. Butler, "How China's 36th Best Car Company Saved Volvo," *Bloomberg Businessweek*, May 24, 2018; T. Moss, "How China's Geely Turned a Disassembled Mercedes into a Global Car Company," *Wall Street Journal*, March 4, 2018; W. Boston, "Chinese Auto Tycoon Aims to Merge Volvo and Geely," *Wall Street Journal*, February 10, 2020.

사례 토의 문제

1. 지리의 볼보 인수는 본 장에서 다룬 국제화 중 어떤 전략에 해당하는가? 볼보 인수를 통해 높은 투자수익률을 창출한 지리의 전략은 무엇이며 어떻게 가능하였나?
2. 볼보의 인수합병 전략에서 지리가 부담한 위험은 무엇인가? 투자수익률 극대화에 영향을 미친 지리의 내부 환경과 외부 거시환경은 어떠했는가? 만약 위험을 상쇄시키기 위해 지리가 취해야 할 조치가 있었다면 무엇이었나?

3. 2017년 지리는 영국의 럭셔리 스포츠카 제작사인 로터스를 과감히 인수하면서 국제화에 탄력이 붙고 있다. 그렇다면 지리가 로터스를 인수한 목적은 무엇인가? 인수를 통해 지리는 무슨 전략을 추구할 것으로 예상하는가? 그러한 전략이 과연 성공할 것으로 생각하는가?

참고문헌

[1]World Trade Organization (WTO), *International Trade Statistics 2022* (Geneva: WTO, 2022).

[2]Ibid.; *United Nations World Investment Report 2022* (New York and Geneva: United Nations, 2022). OECD Data Base on FDI Flows, *OECD.org*, accessed May 2022.

[3]P. Dicken, *Global Shift* (New York: Guilford Press, 1992).

[4]D. Pritchard, "Are Federal Tax Laws and State Subsidies for Boeing 7E7 Selling America Short?" *Aviation Week*, April 12, 2004, pp. 74–75.

[5]T. Levitt, "The Globalization of Markets," *Harvard Business Review*, May–June 1983, pp. 92–102.

[6]M. E. Porter, *The Competitive Advantage of Nations* (New York: Free Press, 1990). See also R. Grant, "Porter's Competitive Advantage of Nations: An Assessment," *Strategic Management Journal* 7 (1991): 535–548.

[7]Empirical evidence does seem to indicate that, on average, international expansion is linked to greater firm profitability. For examples, see M. A. Hitt, R. E. Hoskisson, and H. Kim, "International Diversification, Effects on Innovation and Firm Performance," *Academy of Management Journal* 40 (4) (1997): 767–798; S. Tallman and J. Li, "Effects of International Diversity and Product Diversity on the Performance of Multinational Firms," *Academy of Management Journal* 39:1: (1996): 179–196.

[8]Porter, *Competitive Advantage of Nations*.

[9]See J. Birkinshaw and N. Hood, "Multinational Subsidiary Evolution: Capability and Charter Change in Foreign Owned Subsidiary Companies," *Academy of Management Review* 23 (October 1998): 773–795; A. K. Gupta and V. J. Govindarajan, "Knowledge Flows Within Multinational Corporations," *Strategic Management Journal* 21 (2000): 473–496; V. J. Govindarajan and A. K. Gupta, *The Quest for Global Dominance* (San Francisco: Jossey-Bass, 2001); T. S. Frost, J. M. Birkinshaw, and P. C. Ensign, "Centers of Excellence in Multinational Corporations," *Strategic Management Journal* 23 (2002): 997–1018; U. Andersson, M. Forsgren, and U. Holm, "The Strategic Impact of External Networks," *Strategic Management Journal* 23 (2002): 979–996.

[10]S. Leung, "Armchairs, TVs and Espresso: Is It McDonald's?" *Wall Street Journal*, August 30, 2002, pp. A1, A6.

[11]C. K. Prahalad and Y. L. Doz, *The Multinational Mission: Balancing Local Demands and Global Vision* (New York: Free Press, 1987). See also J. Birkinshaw, A. Morrison, and J. Hulland, "Structural and Competitive Determinants of a Global Integration Strategy," *Strategic Management Journal* 16 (1995): 637–655.

[12]J. E. Garten, "Walmart Gives Globalization a Bad Name," *Business Week*, March 8, 2004, p. 24.

[13]Prahalad and Doz, *Multinational Mission*. Prahalad and Doz actually talk about local responsiveness rather than local customization.

[14]Levitt, "Globalization of Markets."

[15]W. W. Lewis. *The Power of Productivity* (Chicago: University of Chicago Press, 2004).

[16]For an extended discussion, see G. S. Yip and G. T. M. Hult, *Total Global Strategy* (Boston: Pearson, 2012); A. M. Rugman and A. Verbeke, "A Perspective on Regional and Global Strategies of Multinational Enterprises," *Journal of International Business Studies* 35:1: (2004): 3–18.

[17]Bartlett and Ghoshal, *Managing Across Borders*.

[18]Ibid.

[19]T. Hout, M. E. Porter, and E. Rudden, "How Global Companies Win Out," *Harvard Business Review* (September–October 1982): 98–108.

[20]This section draws on numerous studies, including C. W. L. Hill, P. Hwang, and W. C. Kim, "An Eclectic Theory of the Choice of International Entry Mode," *Strategic Management Journal* 11 (1990): 117–128; C. W. L. Hill and W. C. Kim, "Searching for a Dynamic Theory of the Multinational Enterprise: A Transaction Cost Model," *Strategic Management Journal* 9 (Special Issue on Strategy Content, 1988): 93–104; E. Anderson and H. Gatignon, "Modes of Foreign Entry: A Transaction Cost Analysis and Propositions," *Journal of International Business Studies* 17 (1986): 1–26; F. R. Root, *Entry Strategies for International Markets* (Lexington, MA: D. C. Heath, 1980); A. Madhok, "Cost, Value and Foreign Market Entry: The Transaction and the Firm," *Strategic Management Journal* 18 (1997): 39–61; K. D. Brouthers

and L. B. Brouthers, "Acquisition or Greenfield Start-Up?" *Strategic Management Journal* 21:1: (2000): 89–97; X. Martin and R. Salmon, "Knowledge Transfer Capacity and Its Implications for the Theory of the Multinational Enterprise," *Journal of International Business Studies*, July 2003, p. 356; A. Verbeke, "The Evolutionary View of the MNE and the Future of Internalization Theory," *Journal of International Business Studies*, November 2003, pp. 498–515. J. F. Hennart, "Down with the MNC centric theories!" *Journal of International Business Studies*, 40 (2009): 1432–1454. Christian G. Asmussen, and Nicolai J. Foss, "Strategizing and Economizing in Global Strategy," *Global Strategy Journal*, May 16, 2022.

[21]F. J. Contractor, "The Role of Licensing in International Strategy," *Columbia Journal of World Business*, Winter 1982, pp. 73–83.

[22]A. E. Serwer, "McDonald's Conquers the World," *Fortune*, October 17, 1994, pp. 103–116.

[23]합작투자에 관한 훌륭한 기본이론 검토연구는 다음을 참조할 수 있다. B. Kogut, "Joint Ventures: Theoretical and Empirical Perspectives," *Strategic Management Journal* 9 (1988), pp. 319–32. More recent studies include T. Chi, "Option to Acquire or Divest a Joint Venture," *Strategic Management Journal* 21:6 (2000): 665–688; H. Merchant and D. Schendel, "How Do International Joint Ventures Create Shareholder Value?" *Strategic Management Journal* 21:7 (2000): 723–37; H. K. Steensma and M. A. Lyles, "Explaining IJV Survival in a Transitional Economy Through Social Exchange and Knowledge Based Perspectives," *Strategic Management Journal* 21:8 (2000): 831–851; and J. F. Hennart and M. Zeng, "Cross Cultural Differences and Joint Venture Longevity," *Journal of International Business Studies,* December 2002, pp. 699–717.

[24]J. A. Robins, S. Tallman, and K. Fladmoe-Lindquist, "Autonomy and Dependence of International Cooperative Ventures," *Strategic Management Journal*, October 2002, pp. 881–902.

[25]C. W. L. Hill, "Strategies for Exploiting Technological Innovations," *Organization Science* 3 (1992): 428–441.

[26]See K. Ohmae, "The GlobalLogic of Strategic Alliances," *Harvard Business Review*, March– April 1989, pp. 143–154; G. Hamel, Y. L. Doz, and C. K. Prahalad, "Collaborate with Your Competitors and Win!" *Harvard Business Review*, January–February 1989, pp. 133–139; W. Burgers, C. W. L. Hill, and W. C. Kim, "Alliances in the Global Auto Industry," *Strategic Management Journal* 14 (1993): 419–432; P. Kale, H. Singh, and H. Perlmutter, "Learning and Protection of Proprietary Assets in Strategic Alliances: Building Relational Capital," *Strategic Management Journal* 21 (2000): 217–237.

[27]L. T. Chang, "China Eases Foreign Film Rules," *Wall Street Journal*, October 15, 2004, p. B2.

[28]B. L. Simonin, "Transfer of Marketing Knowhow in International Strategic Alliances," *Journal of International Business Studies*, 30:3 (1999): 463–91; J. W. Spencer, "Firms' Knowledge Sharing Strategies in the Global Innovation System," *Strategic Management Journal* 24 (2003): 217–233.

[29]Kale et al., "Learning and Protection of Proprietary Assets."

[30]R. B. Reich and E. D. Mankin, "Joint Ventures with Japan Give Away Our Future," *Harvard Business Review*, March–April 1986, pp. 78–90.

[31]J. Bleeke and D. Ernst, "The Way to Win in Cross-Border Alliances," *Harvard Business Review*, November–December 1991, pp. 127–135.

[32]E. Booker and C. Krol, "IBM Finds Strength in Alliances," *B to B*, February 10, 2003, pp. 3, 27.

[33]W. Roehl and J. F. Truitt, "Stormy Open Marriages Are Better," *Columbia Journal of World Business*, Summer 1987, pp. 87–95.

[34]See T. Khanna, R. Gulati, and N. Nohria, "The Dynamics of Learning Alliances: Competition, Cooperation, and Relative Scope," *Strategic Management Journal* 19 (1998): 193–210; Kale et al., "Learning and Protection of Proprietary Assets."

[35]Kale et al., "Learning and Protection of Proprietary Assets."

[36]Hamel et al., "Collaborate with Competitors"; Khanna et al., "The Dynamics of Learning Alliances"; E. W. K. Tang, "Acquiring Knowledge by Foreign Partners from International Joint Ventures in a Transition Economy: Learning by Doing and Learning Myopia," *Strategic Management Journal* 23 (2002): 835–854.

[37]Hamel et al., "Collaborate with Competitors."

[38]B. Wysocki, "Cross Border Alliances Become Favorite Way to Crack New Markets," *Wall Street Journal*, March 4, 1990, p. A1.

Chapter 9

기업수준 전략: 수평적, 수직적 통합 및 전략적 아웃소싱

학습목표

9.1 기업수준 전략의 개념을 정의한다.

9.2 기업 전략이 전사 비즈니스모델과 사업부 전략을 어떻게 강화할 수 있는지 논의한다.

9.3 수평적 통합 전략의 주요 장점 및 단점을 논의한다.

9.4 수직적 통합을 설명하고 가치사슬에 미치는 영향을 요약한다.

9.5 수직적 통합의 장점 및 단점을 비교 설명한다.

9.6 협력적 관계를 활용하기에 가장 최적의 조건을 제시한다.

9.7 아웃소싱을 활용하는 전략적 이유를 설명한다.

첫머리 사례

폭스바겐의 전기차 배터리 투자

2022년 7월 폭스바겐은 전기차에 장착할 배터리 개발과 양산을 위해 200억 달러의 투자계획을 발표하였다. 배터리의 생산은 폭스바겐에서 새로이 분사되는 파워코(PowrCo)에서 맡을 예정이다. 파워코는 소재 조달부터 배터리 개발과 양산 및 폐배터리 리사이클링까지 폭스바겐의 배터리 공급망 전체를 담당할 것이다.

전기차 출시를 위한 경쟁에서 다수 자동차업체는 수요에 충분히 대응할 수 있는 배터리 확보에 어려움을 겪어 왔다. 향후 5~10년 동안 배터리 성능 개선과 비용 절감을 책임질 새로운 배터리가 기존의 리튬이온 배터리를 대체할 전망이어서 자동차사는 배터리 기술개발에 사활을 걸고 있다. 사실 전기차의 성능향상과 비용 절감에서 배터리가 차지하는 위상은 상당하다. 즉 효율적 배터리를 장착한 전기차가 판매를 견인할 만큼 경쟁우위의 원천으로 작용한다. 결국 전기차 제조업체가 차세대 배터리 개발을 소홀히 할 수 없는 이유이다.

2021년 폭스바겐은 2030년까지 총 6개의 배터리 셀 공장을 유럽에 건설할 계획이며, 이후에도 북미에 추가 공장을 건설할 것으로 알려졌다. 또한 한국의 삼성과 중국의 CATL과 배터리 공급계약을 체결하는 동시에, 미국의 실리콘밸리 스타트업, 퀀텀스케이프(Quantumscape)에 투자를 단행하는 계약도 체결하였다.

향후 파워코는 2만 명이 넘는 인력을 고용하는 한편, 연간 200억 달러 이상의 매출을 올릴 계획이다. 독일의 잘츠지터(Salzgitter)에 소재한 첫 번째 공장은 약 50만 대의 전기차에 공급할 수 있는 연간 40기가와트 용량을 갖출 것이다. 나머지 5개 공장도 총 240기가와트급의 용량을 충족할 수 있는 규모로 알려졌다. 아울러 파워코의 최고경영자인 프랭크 블룸(Frank Blome)에 따르면 각 공장은 100% 재생에너지를 사용할 뿐만 아니라, 미래의 환경을 생각하여 반복적인 재활용이 가능한 폐쇄적 루프 리사이클링(closed-loop recycling) 방식을 채택할 것으로 알려졌다. 심지어 에너지 그리드 조성에 핵심인 저장시스템도 개발할 계획에 있다.[1] 다만 폭스바겐 경영진은 타사에 대한 파워코의 배터리 공급안에 침묵으로 일관하지만, 산업의 전문가들은 최대 주주인 폭스바겐에만 배터리 전량을 공급할 것으로 분석한다.[2]

자체 배터리 양산계획을 발표한 기업으로 폭스바겐이 처음은 아니다. 2016년 테슬라가 일본의 파나소닉과 함께 네바다주 리노시 인근에 초대형 리튬이온 배터리 양산을 위한 기가팩토리의 설립이 시초였다. 테슬라의 최고경영자인 일론 머스크는 배터리 생산비용이 30% 하락하기를 기대하면서 배터리 생산부터 전기차 양산까지 수직적 통합의 당위성을 설파하였

MDart10/Shutterstock.com

다.[3] 그러나 최근까지 대다수 자동차사는 자체적인 배터리 양산을 주저해 왔다. 왜냐하면 배터리 개발과 양산은 완성차 조립과 다른 역량이 필요할 뿐만 아니라, 기술 경쟁이 극심한 상황에서 대규모 투자의 단행은 위험부담이 크기 때문이다. 대신 완성차 업체들은 아시아에 소재하고 있는 배터리 공급업체에 전적으로 의존하였다. 2020년 미국의 GM이 한국의 LG화학과 배터리 합작공장 건설계획을 시작으로 2021년 스텔란티스(전신 피아트크라이슬러), 포드, 토요타 및 혼다도 배터리 합작사업 계획을 차례대로 발표하였다. 가령 스텔란티스는 LG화학과 합작투자를 추진하는 반면, 포드는 SK이노베이션과 합작사업을 전개하기로 하였다. 알릭스파트너스(AlixPartners)의 자동차 산업 분야 주필을 맡은 아룬 쿠마르(Arun Kumar)는 "내연기관 자동차의 전동화 현상은 대세이며, 코로나19 사태로 말미암아 차량용 반도체 공급부족을 겪은 쓰라린 경험은 배터리 조달의 중요성을 인식하는 계기로 작용하였다. 내 생각으론 완성차 업체들의 요구사항을 제대로 반영한 안정적 배터리 수급에 대한 욕구는 더욱 강해질 것이다."[4]라고 말했다.

폭스바겐 최고경영자인 헤르베르트 디스(Herbert Diess)의 말을 빌리면 "배터리 셀 사업은 지속 가능할 뿐만 아니라, 소프트웨어 기반의 미래 지향적 폭스바겐을 만들기 위한 새로운 자동차 전략(New Auto Strategy)의 일환이다. 자체 배터리 셀을 양산하는 플랫폼의 구축은 기술적, 경제적 측면에서 메가 프로젝트로서 독일을 최첨단 기술의 요람으로 만드는 대단한 작업이다."[5]라고 언급했다.

폭스바겐 그룹의 이사회 멤버이자 파워코의 경영감독위원회에 소속된 토마스 슈몰(Thomas Schmall)은 "자체 배터리 셀 공장은 우리의 기술 로드맵을 지속하여 실행하는 일이다. 파워코는 소재부터 폐배터리 재활용에 이르는 수직적 통합을 단행함으로써 세계 최정상의 글로벌 배터리 업체를 지향한다. 가까운 미래의 폭스바겐은 내부에서 공급망 활동을 수행하는 동시에, 전기차 경쟁에서 승리할 수 있는 독점적 우위 확보에 자신이 있다. 이처럼 중차대한 프로젝트를 진두지휘할 최고의 팀을 만들고자 노력하고 있다"고 덧붙였다.

9.1 기업수준 전략의 개념을 정의한다.

9.1 개요

경영자의 최우선 목표의 하나는 주주를 위해 기업 가치를 극대화하는 일이다. 자체 배터리 공급망 구축에 진심인 폭스바겐 사례는 기술적 우위를 유지하면서 배터리 공급망에 대한 통제권도 행사하기 위해 수직적 통합에 주력하는 움직임을 보여준다. 마무리 사례인 넷플릭스는 자사의 역량을 관련 분야로 확장하고, 고객충성도를 제고하며, 공급업체에 대한 협상력을 강화함으로써 가치를 창출하려 한다. 그러나 수직적, 수평적 통합으로부터 발생할 잠재적 가치는 과대평가되었다. 결국 가치 창출의 원천을 올바로 파악하고, 수익과 비용의 관계를 살피면서 가치 실현의 가능성을 충분히 고려해야 한다.

보통 기업 수준 전략(기업전략)은 기업이 경쟁할 산업과 사업영역, 각 사업에서 수행할 가치 창출 활동, 그리고 장기성과를 고려하여 진입과 철수 시점의 선택처럼 기업의 범위와 경계를 결정하는 전략이다.

효과적인 기업전략은 강력한 규율에 바탕하고 있으며, 전사 차원에서 최고의 가치를 창출하기 위한 수단과 타이밍을 고려하듯이 사업의 본질을 이해하는 것에서 출발한다. 기업의 범위를 정하는 기업 전략은 단기이윤 추구 대신에 미래를 내다보고 외형을 키우는 성장 전략이다. 가령 투하자본수익률(ROIC) 12%, 또는 9%인 자산에 투자했을 때 자신이 받을 배당금을 생각하는 투자자라면 어떤 기업이 매출 증대를 위해 신사업을 추진하는 안에 역정을 낼 수도 있다.

한편 매출만 늘리는 성장 지향적 전략은 기업 가치와 무관한 의사결정을 내리도록 만들 수 있다. 그런 점에서 훌륭한 전략경영은 다른 투자안보다 더 나은 선택지가 있는지, 지속 가능한 경쟁우위에 도움이 될지와 같이 해당 투자안으로부터 얼마만큼의 가치를 창출할 수 있을 것인지를 신중히 따진다.

경영자는 장기적 관점에서 기업전략 수립에 접근하는 한편, 산업의 기술과 제품, 고객 및 경쟁사 움직임이 현재 비즈니스모델과 미래 전략에 미칠 영향력까지 가늠할 수 있어야 한다. 그런 다음 동태적 환경에서도 기회 발굴과 위협 감소를 위해 자사의 비즈니스모델을 수정하여 경쟁우위를 창출하도록 기업전략의 실행을 결정한다. 결국 기업전략 수립의 본질은 현재 사업, 혹은 *신사업에서도 이윤을 창출하도록 경쟁우위를 촉진하고 유지하는 것이다.*

9장은 기업전략에 관한 챕터의 하나로서 전사 차원에서 비즈니스모델을 재정의하고 포지셔닝을 재구축하는 내용을 다룬다. 특히 현재 산업/사업에서의 경쟁우위 강화 및 수익성 향상을 도모할 세 가지 전략, 즉 수평적 통합, 수직적 통합, 그리고 전략적 아웃소싱을 논의한다. 수익성 측면에서 신사업 진출과 기존사업 철수를 포함하여 신산업으로의 진출을 다루는 다각화는 다음 챕터에서 살펴본다. 기업전략을 학습하고 나면 수익성 제고를 위해 서로 다른 수준의 전략이 단일사업, 혹은 멀티 사업부에 기여하는지 이해할 수 있다. 또한 장기 수익성 개선을 위해 경영자가 선택하는 여러 다양한 기업전략 간 차이를 구분할 수 있다.

9.2 기업전략과 다중 비즈니스모델

9.2 기업 전략이 전사 비즈니스모델과 사업부 전략을 어떻게 강화할 수 있는지 논의한다.

전략 수립 프로세스의 최종 단계가 바로 기업전략의 선택이다. 오랜 시간에 걸쳐 기업전략은 비즈니스모델의 실행을 지원하거나 촉진하는 수단이었다. 또한 장기적 이윤을 위해 어떤 유형의 사업전략, 또는 기능별 전략을 선택해야 할지에 대한 가이드라인을 제시한다. 사업 수준 전략과 기능별 전략의 관계는 이전 5장에서 충분히 논의하였다. 전략경영자는 비용우위, 또는 차별화 우위 달성을 위해 비즈니스모델을 개발하고 차별적 역량을 활용한다. 앞서 8장에서 이러한 전략 수립의 기본 원칙을 글로벌 전략에 적용하는 내용을 다루었다.

9장과 10장에서 기업전략은 수익성 제고를 위해 전사, 혹은 여러 사업부가 가치사슬상의 활동을 경쟁사보다 (1) 저렴하고, (2) 차별화된 방식으로 수행하도록 만들어야 한다는 점을 계속 강조할 것이다. 더 나아가 가격을 무분별하게 내리는 출혈경쟁을 자제하면 경쟁압력이 낮아져 수익성이 높아지는 기업전략의 메커니즘을 이해할 수 있다. 정리하면 기업전략은 경쟁우위 지속과 수익성 향상을 위해 사업부의 전략을 조정하고 조율하는 것을 포함한다.

대다수 기업은 단일산업/사업을 넘어서, 혹은 다른 산업/시장으로 진출하여 비즈니스 활동을 확장하여 전개한다. 만약 신산업 진출을 결정했다면 다음 두 가지 수준에서 비즈니스모델을 고려해야 한다. 첫째, 경쟁이 나타나는 개별 사업부를 위한 비즈니스모델 또는 전략을 개발해야 한다. 둘째, 다른 산업이나 사업으로의 진출을 정당화시키는 보다 상위의 비즈니스모델을 개발해야 한다. 즉 전사 차원의 수익성을 고려하여 기능별 전략과 사업부 전략의 전개를 포함하여 신산업 진출의 동기와 진출 방법을 설명해야 한다. 결국 사업부의 이해를 구하고 기업전략을 추진하려면 "개선도 테스트"와 "진입비용 테스트"를 통과해야 한다.

개선도 테스트(better-off test)는 "단일보다 다중 사업부를 운영하거나 통합함으로써 기업 수준의 새로운 시너지 효과가 발생하는가"라고 묻는다. 사실 유연성을 통해 비용을 줄이는 시장거래, 혹은 협력적 관계의 활용보다 완전한 통제권을 행사하는 신사업 진출이 더 많은 가치를 창출할 수 있을 것인지를 따져야 한다. 2000년 타임워너와 AOL 간 합병의 효과로 타임지에 AOL 서비스 광고를 게재할 수 있을 뿐만 아니라, AOL 플랫폼을 통해 타임워너 영화를 홍보할 수 있다고 주장하였다.

개선도 테스트
전사 차원에서 사업부의 이해관계가 조율되고 통합되는 다중 비즈니스모델이 단일사업에 비해 가치 향상과 창출에 유리한가?

그러나 앞서 주장은 굳이 인수합병이 아니더라도 광고비를 효율적으로 집행함으로써 얻어질 수 있다. 결국 이러한 가치 창출은 인수합병 선택지에서 고려되지 말아야 한다.

진입비용 테스트
신사업 진출 이후 진입비용을 상쇄하고도 남을 이득을 창출할 수 있는가?

진입비용 테스트(cost-of-entry test)는 "신사업 진출에 따른 비용을 상쇄하고 남을 정도의 가치가 창출될 수 있는지"를 묻는다. 예컨대 2016년 마이크로소프트의 링크드인(LinkedIn) 인수 시 이력서 작성 툴로서 워드(Word)와 링크드인 간 통합의 잠재력이 충분할 것으로 평가되었다. 당시 마이크로소프트는 시가총액보다 50%의 프리미엄을 더해 총 262억 달러를 지불하고 인수를 단행하였다. 결국 진입비용 테스트의 통과 여부는 양사가 합심하여 인수 프리미엄 이상의 가치를 창출할 수 있을 것인가에 달려 있다.

"개선도 테스트"와 "진입비용 테스트" 모두 충족하기 어려운 도전적 과제일 뿐만 아니라, 기업전략을 활용한 가치 창출의 어려움을 말해 준다. 결국 경영자는 잠재적 가치와 함께 잠재적 가치를 구현하는 비용과 시간을 고려하여 기업과 사업부가 머리를 맞대고 가치 창출의 방법을 숙고해야 한다.

우선 9장에서 특정 부문/분야에서 비즈니스 활동을 강화하는 수평적 통합을 소개한다. 그런 다음 가치사슬상 상이한 부문으로 진출하여 가치사슬 활동을 전개하는 수직적 통합을 논의한다. 다음 10장에서 수익성 증대를 위해 신산업으로 진출하는 관련 및 비관련 다각화, 진출한 산업에서 경쟁을 위한 다양한 전략적 대안을 검토할 것이다.

9.3 수평적 통합 전략의 주요 장점 및 단점을 논의한다.

9.3 수평적 통합: 단일사업 기업전략

경영자는 장기 수익성 극대화를 위해 어떤 산업으로 진출하여 경쟁할 것인지를 파악하고자 기업전략을 수립한다. 보통 많은 기업은 단일사업/산업에서 가치 창출 활동을 수행한다. 대다수 기업은 수익 창출을 위해 단일사업을 어떻게 성장시키고 확장시킬지 고민한다. 대표적으로 패스트푸드 산업의 맥도날드, 그리고 할인소매업의 월마트를 들 수 있다.

우선 단일사업을 영위하는 기업은 기술, 재무, 경영 및 기타 기능별 자원과 능력에 집중할 수 있기에 성공적 경쟁이 가능하다. 특히 단일사업의 선택과 집중은 경쟁우위의 창출뿐만 아니라, 장기적 이윤 추구를 위해 상당한 자원과 능력이 요구되기 때문에 급격히 성장하는 동태적 산업에서 긴요하다.

두 번째 이점은 바로 "한 우물 파기", 즉 가장 잘 알고, 가장 잘할 수 있는 일에 전념할 수 있다. 단일산업의 기업은 기존 역량이 가치 창출에 기여하지 못하고, 새로운 경쟁압력(경쟁사, 공급업체 및 구매자 등)이 위협으로 대두되는 신규 산업으로 진출하는 우를 범하지 않는다. 과거 여느 기업과 다름없이 코카콜라도 그러한 전략적 실수를 범하였다. 예컨대 1977년 캘리포니아의 대형 와이너리인 테일러 와인(Taylor Wine)을 사들이는 한편, 1982년 영화사업 진출을 위해 컬럼비아 픽처스(Columbia Pictures)를 인수하였다. 그러나 얼마 지나지 않아 코카콜라는 신사업에서의 성공에 요구되는 핵심역량이 부족하다는 사실을 알게 되었다. 이미 영화산업의 파라마운트(Paramount), 와인산업의 갤로(Gallo)처럼 강력한 경쟁기업이 있다는 점을 과소평가하였다. 결국 코카콜라는 신산업으로의 진출이 가치 창출보다 오히려 가치를 감소시켜 수익성 하락을 초래할 것으로 판단하였다. 따라서 신산업 진출을 위해 인수한 기업을 손실을 보고 매각할 수밖에 없었다.

한편 단일산업의 기업조차도 오랜 기간 비즈니스모델을 성공적으로 유지하기란 어려운 일이다. 왜냐하면 신기술을 보유한 경쟁기업이 시장에 새로이 진입하거나, 혹은 고객의 기호와 취향이 변화할 가능성 때문이다. 40년 전만 하더라도 미국의 통신사업자는 어떻게 하면 시외 및 장거리 국제전화에 대한 고객 욕구를 가장 잘 충족시키는 유선 통신망 구축과 같은 전략적 이슈를 고민하였다. 그러나 이동통신처럼 신기술의 새로운 서비스가 출시되고 짧은 시간에 대세로 자리 잡을 시점에 버라이즌(Verizon)과 AT&T의 통신사업자는 자사의 비즈니스모델을 신속히 변경하게 되었다. 결국 생존을 위해 유선전화 요금을 인하하고, 이동통신 사업자를 합병하거나, 광대역 서비스를 제공해야만 했다.

단일산업이라도 전략경영자는 현재의 제품 포지셔닝을 의미하는 "나무"와 새로운 제품시장 출현처럼 산업의 변화라는 "숲"을 보지 못할 수 있다. 기업 수준의 전략은 미래의 추세를 예측하는 한편, 환경의 변화에 차별화된 포지셔닝을 구축하거나, 심지어 비즈니스모델을 변경하기도 한다. 즉 전략경영자는 제품의 개량이나 개선에 몰두한 나머지, 신제품이 가져올 기회와 위협을 인식하지 못하는 실수를 범하지 않아야 한다. 애플의 경우 디지털 엔터테인먼트로부터 새로운 제품 기회를 발견하였기에 오디오 기기(아이팟), 스마트폰(아이폰), 시계(애플 Watch) 및 비디오 스트리밍(애플 TV)에서 혁신적 기기를 출시할 수 있었다. 결국 경영진은 새로이 부상하는 기술이 자사의 비즈니스모델에 미치는 영향, 기술변화로 인해 현재의 고객과 미래의 고객 니즈에 미칠 효과, 그리고 이러한 변화에 대응하여 차별적 역량을 어떻게 구축할 것인지를 정교하게 분석해야 한다.

수평적 통합(horizontal integration)은 비즈니스모델을 강화하기 위한 목적에서 널리 활용되는 기업전략이다. 즉 운영에서 규모의 경제와 범위의 경제를 달성하여 경쟁우위를 창출하고자 기존 경쟁사에 대한 인수합병을 포함한다. 보통 **인수**(aquisition)는 주식, 부채 및 현금을 투입하여 피투자기업의 경영권을 행사하는 방

수평적 통합
규모 및 범위의 경제처럼 경쟁우위 달성을 위해 동종산업의 경쟁사를 인수하거나 합병하는 기업 전략

인수
재무적 자원을 동원하여 다른 기업의 경영권을 확보하는 것

합병
자원과 운영을 결합하거나 시장과 산업에서 효과적 경쟁을 위해 양사가 하나로 통합하는 것

식이지만, **합병**(merger)은 두 기업의 운영을 통합하기 위해 새로운 법인을 설립하는 협정을 말한다.

모든 산업에서 공통적으로 볼 수 있는 전략이 인수합병이다. 1996년 보잉과 맥도널 더글라스(McDonnell Douglas)의 합병으로 세계 최대의 항공우주 기업이 탄생하였고, 2000년 화이자(Pfizer)의 워너 램버트(Warner-Lambert) 인수로 초대형 제약회사가 출현하였다. 가장 최근 사례로는 2022년 제트블루(Jet Blue)와 스피릿(Spirit) 항공의 합병이 성사되었다. 양사는 자사의 항공기를 통합하여 노선의 운항 편수를 늘리는 한편, 경쟁압력이 줄고 중복 노선이 없어져 비용 절감을 기대할 수 있다.[6] 결국 단일사업에 대한 집중은 경쟁우위 창출과 수익성 개선뿐만 아니라, 가치 창출의 최전선에서 경쟁 위치의 관리에 집중하게 만든다.

9.3a 수평적 통합의 이점

수평적 통합의 추진에서 경영자는 단일 비즈니스모델의 수익성 증대를 위해 재무적 자본을 투입하여 경쟁사의 자산을 인수하는 결정을 내린다. 즉 수평적 통합을 통해 수익성이 증가하려면 (1) 비용구조를 낮추고, (2) 제품 차별화를 강화하며, (3) 경쟁우위를 지속하여, (4) 산업 내 경쟁압력을 줄여, (5) 구매자와 공급자에 대한 교섭력을 높여야만 가능하다.

낮은 비용구조 수평적 통합은 *규모의 경제* 달성에 도움이 되기 때문에 전체 비용구조를 낮출 수 있다. 만약 주요 경쟁사가 다수이고 이들 모두 해외 생산공장을 운영하고 있지만, 그 누구도 최적의 설비 가동률에 도달하지 못한 상황을 가정해 보자. 만약 한 기업이 다른 경쟁사를 인수한 후 공장을 폐쇄한다면 그 기업은 설비 활용도를 제고하여 생산원가를 줄일 수 있다. 결국 규모의 경제는 고정비에 대한 부담이 높은 장치산업에서 매우 중요하다. 그런 산업에서 대량생산은 고정비를 늘어난 생산량에 배분하여 분산하기 때문에 단위당 평균 비용을 낮출 수 있다.

일례로 정보통신산업에서 LTE, 또는 4G 기술처럼 고속 대용량 서비스 제공을 위한 광대역 네트워크 구축에 상당한 비용이 소요된다. 달리 말해 투자 즉시 수익성을 확보하려면 더 많은 신규고객을 창출해야 한다. AT&T 및 버라이즌은 경쟁사 인수합병을 통해 신규 사용자를 증대시키고 고객 기반을 확장하며 이용률을 높인 결과 고객 서비스 비용을 줄일 수 있었다. 게다가 수십 년 동안 제약산업에서도 이와 유사한 사례를 발견할 수 있다. 글로벌 제약사는 연구개발, 판매 및 마케팅에서 규모의 경제 달성을 위해 수백 건의 대규모 인수합병을 단행하였다. 국내외 영업망 구축에 고정비가 많이 들기 때문에 화이자나 머크(Merck) 같은 대형 제약사는 영업조직의 효과적 활용을 위해 다양한 종류의 약을 팔아야 한다.

또한 수평적 통합을 통해 양사는 중복되는 자원의 활용을 막을 수 있다. 가령 두 기업의 본사를 하나로 합치거나, 혹은 두 조직의 영업팀을 하나로 통합하면 중복을 방지하고 비용을 줄일 수 있다. 다만 통합에 따른 비용 절감의 효과를 과대평가하는 경향성을 조심해야 한다. 만약 양사 모두 콜센터를 운영하고 있으며, 최적 규모에서 운영되어 진다면 콜센터 통합으로 얻을 수 있는 경제적 효과는 별로 없다. 왜냐하면 이미 콜센터가 최적으로 활용되는 상황에서 통합하더라도 별도 운영을 위해 활용하던 인력, 컴퓨터, 전화선 및 부동산은 있어야 하기 때문이다. 1990년대 대형 은행들이 인수합병을 추진할 시 합병의 당위성으로 내세웠던 명분이 하나같이 정보기술 자원을 통합한 결과 얻어지는 비용 절감에 대한 기대였다. 결과적으로 합병을 시도한 상당수 은행은 비용 절감의 실질적 효과를 체감하지 못했을 뿐만 아니라, 오히려 양사의 정보시스템을 조율하고 조정하는 비용이 더 많이 발생하였다. 결국 대다수 은행은 합병 전에 사용하던 시스템을 계속해서 사용할 수밖에 없었다.

제품 차별화의 강화 수평적 통합은 또한 제품 차별화를 강화하여 수익성 제고에 일조한다. 일례로 혁신적 신약을 계속 출시하고 높은 가격으로 판매할 수 있다면 수익성을 강화할 수 있다. 2008년 브리스톨 마이어스 스퀴브와의 인수 경쟁에서 일라이 릴리(Eli Lilly)는 임클론 시스템(ImClone System) 인수를 위해 총 65억 달러를 제시한 결과 암 예방 신약 기술을 습득하였다. 마찬가지로 넷플릭스는 고객충성도 유지 및 고객 기반 확대의 방편으로 자체 제작과 더불어, 콘텐츠 저작권 확보에 매진함으로써 방대한 콘텐츠를 확보하게 되었다.

수평적 통합을 통해 합병기업이 보유한 제품라인을 통합하고 여러 상품을 하나로 결합하여 고객에게 제안함으로써 차별화를 높일 수 있다. 일명 **결합상품(product bundling)**은 여러 종류의 상품을 하나로 묶어 판매하는 방식인데 그만큼의 가격할인 혜택을 누릴 수 있다. 고객 입장에서 보면 한 기업으로부터 상품을 구매하고, 결합상품의 품질이 다른 제품으로 확대되며, 개별 구매보다 묶음 상품에 대한 가격이 저렴한 이점이 있다. 물론 한 기업이 다양한 제품을 결합하면 한번에 다양한 체험이 가능할 뿐만 아니라, 이러한 고객 경험이 충성도로 연결된다면 기업에도 이득이다.

결합상품
특정한 제품들을 하나로 묶어 소비자가 저렴한 가격에 구입하도록 출시하는 한편, 판매자는 제품라인을 확장시키는 효과를 얻을 수 있는 일종의 묶음상품

제품 차별화 강화의 또 다른 방법은 **교차판매(cross-selling)**를 적극 활용한다. 기존 고객 관계의 바탕 위에 자사의 제품라인을 추가하여 고객에게 판매하는 방식이다. 이를 통해 "토탈 솔루션"을 제공할 뿐만 아니라, 특정한 고객 니즈를 충족시킬 수 있어 차별화의 달성이 가능하다. 토탈 솔루션 제공을 목적으로 하는 교차판매는 컴퓨터 산업에서 나타나는 수평적 통합의 대표적 동기이다. 정보통신기술(ICT) 기업은 HW 및 SW 모두에서 고객의 기대를 충족시켜 제품의 가치를 높이고자 한다. 즉 토탈 솔루션 하에서 기술 영업팀은 고객사의 정보자산이 유연하게 작동되도록

교차판매
관련 제품이나 제품군을 추가 확장하여 판매함으로써 고객 관계를 강화하는 한편, 고객의 다양한 니즈를 충족시키는 일종의 "토탈 솔루션"을 제안하는 차별적 판매 방식

전략 실행 사례 9.1

월마트의 온라인 플랫폼 진출

2022년 월마트는 매출액 5,700억 달러, 230만 명의 종업원을 거느린 세계 최대의 소매유통기업으로 성장하였다. 그러나 월마트 매출의 70%를 차지하는 미국의 할인점 시장이 성숙기로 접어들면서 월마트는 독특한 지식과 방대한 영향력을 행사할 또 다른 시장기회를 탐색하였다. 즉 공산품, 식료품 및 신선식품을 취급하는 초대형 매장인 슈퍼센터(Supercenter) 및 회원제 창고형 도매점인 샘스 클럽(Sam's club)의 새로운 업태로 성공적으로 진출하였다. 공급업체의 매출에서 월마트가 차지하는 비중이 매우 큰 구매자라는 점에서 납기와 가격에서 교섭력의 행사가 가능했고, 실시간 추적을 포함한 효율적 재고관리, 배송 및 물류 시스템이 만든 결과이다. 경쟁사보다 앞서 첨단 정보기술의 중요성을 인식하여 RFID 부착부터 인공위성을 활용한 실시간 추적 기술까지 확보하였다. 예컨대 재고 품목의 위치, 실시간 판매 현황, 그리고 다양한 품목의 재고를 보유하면서도 재고비용을 줄여주는 기술도 활용하였다. 결과적으로 월마트는 경쟁사인 타깃(Target), 또는 케이마트(Kmart)보다 단위 면적당 매출액과 재고회전율이 월등히 뛰어났다. 월마트는 일종의 허브앤스포크(Hub-and-spoke) 개념에 따라 140개 이상의 지역배송센터(RDC)를 중심으로 실시간 재고관리를 지원한다. 각 센터(RDC)는 150마일 반경 안에서 보통 150개의 매장을 집중적으로 관리한다. 그러나 슈퍼센터와 샘스클럽의 성장세가 현저히 하락하고 있는 상황에서 월마트는 소규모의 편의점 출점, 유기농 식품과 최신 유행의 패션잡화 판매, 그리고 해외 진출에 속도를 내고 있다. 다만 지리적으로 인접한 캐나다 및 멕시코에서는 성장 중이지만, 다른 시장에서 국제화 성과는 미흡하다. 결국 독일과 한국에서 상당한 손실이 발생하자 월마트는 철수를 단행하였다. 일본 시장 또한 오랜 기간 적자를 보면서도 시장점유율이 정체되어 있을 정도로 고전하였다. 특히 진출 당시 강력한 로컬 사업자가 자리를 잡은 시장에서 고전하는 특이점을 보여준다. 이미 외국시장은 월마트가 미국에서 막 성장하던 초기 단계의 미개척 시장이 아니다. 무엇보다 해외 시장으로 정보통신기술 기반 물류시스템의 이전과 활용이 쉽지 않았다. 사실 물류시스템의 구축은 대규모 선행투자가 요구될 뿐만 아니라, 손익분기점까지 일정 수준의 판매가 되어야만 투자비를 회수할 수 있다. 결국 해외에서 활용이 가능한 월마트의 강점은 무엇이며, 어느 국가로 강점을 이전하는 것이 바람직한가? 제품의 다양성을 보다 확대하면 북미 시장에서 더 많은 실적을 거둘 수 있는가? 그렇지 않다면 월마트는 성장에 대한 목표를 재수정해야 하는가?

출처: www.walmart.com

기술적 지원이 가능할 뿐만 아니라, 여러 공급업자를 상대할 필요성을 줄여 고객사의 시간과 돈을 절감해 준다. 결국 수평적 통합을 통해 제품의 차별적 매력과 가치가 증가한다면 토탈 솔루션을 제공하는 기업의 점유율은 상승할 것이다.

경쟁우위의 지속 다수 국가와 시장에서 활용할 수 있는 독점적 역량을 보유한 기업일수록 수평적 통합을 통해 더 많은 이익을 창출할 수 있다. 예컨대 소매업의 월마트는 공급업자에 대한 견고한 교섭력, 물류 및 재고관리에서의 독보적 효율성 덕분에 회원제 할인점인 샘스 클럽과 같은 업태에서도 경쟁우위를 창출하였다. 또한 의류, 장난감 및 전자제품의 공산품, 식료품 및 신선식품을 함께 취급하는 슈퍼센터 출점을 통해 다양한 제품군을 취급하는 슈퍼마켓 업태로도 진출하였다. 심지어 자사의 비즈니스모델을 글로벌 시장으로 확대하여 국제화를 추진하고 있다. 그러나 월마트의 국제화 모델은 미국에서만큼의 성공을 달성하지 못하고 있다. 그 이유로는 해외에서도 물류 효율성(예: 허브앤스포크 배송시스템과 실시간 재고 추적과 관리)의 강점을 활용하려면 고정자본에 대한 투자를 요할 뿐만 아니라, 해외에서는 효율성의 실현이 제한적이기 때문이다([전략 실행 사례 9.1] 참조).

산업의 경쟁압력 감소 수평적 통합은 두 가지 방법으로 산업의 경쟁압력을 낮출 수 있다. 첫째, 동종산업의 경쟁사에 대한 인수합병은 산업 내 초과 생산능력의 제거에 기여한다. 6장에서 초과 생산능력은 종종 가격 인하와 같은 출혈경쟁을 초래한다. 결국 수평적 통합은 초과 생산능력을 제거함으로써 가격을 안정시키거나, 혹은 상승시키는 우호적 환경 조성에 유리하다.

둘째, 수평적 통합을 통해 산업 내 경쟁자 수가 감소하면 묵시적 동의하에 가격 담합을 도모할 수 있다. 다만 대부분 국가에서 묵시적 합의의 가격 담합은 불공정거래이자 불법행위로 처벌받는다. 보편적으로 산업 내 경쟁자 수가 늘어날수록 지배적 사업자의 비공식적 가격책정이 점점 어려워지면 가격 인하 경쟁이 나타날 수 있다. 결국 동종산업의 경쟁사를 인수합병하는 수평적 통합은 산업 집중도를 높이고 과점적 시장구조를 만듦으로써 가격 담합이 나타날 상황을 조장하기도 한다.

앞서 두 가지 동기는 미국의 오라클(Oracle)이 다수 소프트웨어 기업을 인수한 목적이기도 하다. 기업용 소프트웨어 산업에서 나타난 초과 공급은 주요 경쟁사 모두를 가격 인하 경쟁에 나서게 만듦으로써 산업의 전반적 수익성이 하락하였다. 결국 오라클은 인수합병을 통해 산업 내 초과 공급이 줄어 가격경쟁이 감소하기를 기대하였다.

상대적 교섭력 강화 끝으로 구매자/공급자에 대한 상대적 교섭력 강화, 즉 수익성 향상을 목적으로 수평적 통합을 활용하기도 한다. 인수합병에 의한 수평적 통합은 공급자에 대한 구매자의 대량 발주는 가격 인하에서 유리한 고지에 서기 때문에 구매비용의 절감이 가능하다. 대표적으로 월마트가 추구하는 전략으로 잘 알려져 있다. 마찬가지로 동종산업의 경쟁사를 인수함으로써 제품과 서비스에 대한 강한 통제력을 행사하기도 한다. 모든 조건이 동일하다면 고객의 선택지가 별로 없고 특정 기업의 제품만을 구매할 수밖에 없는 상황에서 그 기업은 가격 인상의 유인에 따라 수익성 강화를 시도한다. 결국 제품가격을 올려 받을 힘이 있거나, 공급업자에게 가격 인하를 요구할 정도로 상대적 교섭력이 큰 기업의 시장 지배력은 높아질 것이다.

수평적 통합의 다섯 가지 동기는 항공운항 산업의 인수합병 사례에서 확인할 수 있다. 사실 동 산업에서의 인수합병은 독점금지법에 저촉될 소지가 다분하다. 만약 경쟁자 수를 줄이고 가격을 인상하는 시장 지배력 강화의 수단으로 동종산업의 경쟁기업을 인수한다면 문제가 된다. 이 점에 주목한 다수의 연구자는 합병이 되고 나서 항공료 가격이 인상되었다는 결과를 보여주었다. 가령 쿄카(Kwoka) 및 슈미키나(Shumilkina) 교수에 따르면 1987년 미국의 US 에어(US Air)와 피드몬트(Piedmont) 간 합병 이후 중복 노선의 가격은 최소 9%에서 최대 10.2%, 신규 경쟁노선의 경우 5~6% 수준으로 인상된 결과를 보였다.[7] 마찬가지로 외쉴라스(Hüschelrath)와 뮬러(Müller)의 연구에서는 2009년 델타(Delta)와 노스웨스트(Northwest)의 합병 이후 양사의 독자 노선 가격을 11%까지 인상했다는 비슷한 결과를 보여주었다.[8] 다만 가격만으론 인수합병의 동기와 결과를 연결하기에는 다소 부족하다.[9]

델타-노스웨스트의 합병은 강도 높은 통합 효과를 촉발하였다. 양사는 조종사와 승무원 대상으로 새로운 공동계약을 체결하기 위한 협상에 나서야 했다. 또한 두 기업이 보유한 1,100대와 600대의 컴퓨터 시스템을 통합하는 한편, 프린터, 키오스크 등 14만 대에 달하는 전산장비를 교체하였다.[10] 2010년까지 노스웨스트의 모든 예약을 취소하고 델타의 새로운 노선으로 옮기는데, 총 8,856개에 달하는 단계별 작업을 요하는 후속 작업이 남겨져 있다. 부품 재고와 유지 프로세스 또한 난제로서 비행기 도색처럼 노스웨스트의 자산을 델타로 바꾸는 작업은 2011년까지 완료되지 못했다.[11] 이처럼 물리적 통합 과정에 상당한 비용이 지출되었으나 양사 경영진은 오히려 합병을 통해 비용을 절감할 것으로 기대하였다.[12]

합병 이전에도 양사는 노스웨스트 좌석의 2%와 델타 좌석의 3% 수준에 해당하는 12개 노선을 공유하면서 상호 보완적으로 운항하고 있었다.[13] 합병에 따른 해고, 허브 공항 폐쇄라는 후속 작업을 통해 비용 절감을 도모할 거라는 사실은 놀랍지도 않다. 심지어 중복 노선 중 8개 노선에선 이미 다른 두 개의 경쟁사가 존재하기에 가격 인상의 유인은 별로 없다. 결국 저가 항공사(LCC)가 연간 10%씩 성장하고 국내선의 1/3을 차지하고 있는 상황에서 국내선의 경쟁은 매우 치열해질 전망이다.

합병에 따른 이득으로서 서비스 품질 및 고객충성도 향상을 기대할 수 있을 것이다. 델타는 유럽과 남미 노선에 강점이 있는 반면, 노스웨스트는 도쿄를 거점으로 아시아 노선에 강점이 있다는 점에서 국제노선의 상보성이 높다. 합병 이후 노스웨스트 항공편의 국제노선에도 무료 주류 제공, 유명 쉐프의 고급 식사, 양질의 엔터테인먼트 시스템 및 프리미엄 비품과 용품처럼 델타에 준하는 서비스를 제공하기 시작하였다. 사실 오랜 기간 노스웨스트의 고객만족도는 업계 평균에 미달하는 수준이었던 반면, 델타는 평균을 훨씬 상회하는 수준을 유지해 왔다. 다만 합병 직후 델타의 고객 서비스 지수가 2년 연속 하락했을 뿐, 2012~2017년 동안 무려 평균 19% 상승하는 기록을 나타냈다. 마찬가지 사례로서 2010년 콘티넨탈(Continental)과 합병한 유나이티드(United) 항공도 고객 서비스 종합점수가 17% 상승하는 놀라운 성과를 기록하였다. 결국 다양한 국제노선을 보유하고 양질의 비즈니스 등급 서비스를 제공하는 항공사의 충실한 고객이라면 합리적 가격 인상과 양질의 고객서비스를 마다할 이유는 없을 것이다.

종합하면 경쟁사에 대한 인수합병은 독점가격보다 저비용 항공사의 가격경쟁에 대응할 다양한 국제노선 확충 및 고객 서비스 향상의 차별화를 기할 수 있다. 또한 고객만족도 강화를 위한 차별화에 투자가 이루어진 만큼 고객들도 이러한 가격 인상을 기꺼이 수용할 것이다.[14)]

9.3b 수평적 통합의 문제

비록 비즈니스모델 강화를 목적으로 수평적 통합을 시도하지만, 여기에도 일정한 한계가 존재한다. 즉 수평적 통합에 의한 기업전략이 갖는 위험과 제약요인을 살펴볼 것이다. 보통 경영자에게 수평적 통합의 실행은 만만한 과제가 아니다. 향후 10장에서 다루겠지만, 인수합병을 통해 더 높은 수익률을 창출하지 못하는 여러 정황이 존재한다. 즉 이질적 기업문화로 발생하는 문제, 적대적 M&A에 따른 임직원의 높은 이직률, 인수합병의 잠재력에 대한 과대평가, 그리고 이러한 문제들의 과소평가는 성공적 인수합병을 저해하는 걸림돌로 작용할 수 있다.[15)]

동종산업의 경쟁사를 인수하는 목적의 수평적 통합은 미국에서 반독점법의 소송 당사자인 법무부와 연방무역위원회(FTC)의 이해관계에 반할 수 있다. 독점을 규제하는 사법 당국은 경쟁이 소비자가 아닌 생산자를 이롭게 할지도 모를 시장 지배력의 폐해에 남다른 관심이 있다. 즉 완전 경쟁에 가까울수록 소비자의 후생이 증가한다는 시각에서 FTC는 동종산업의 경쟁사를 인수하는 수평적 통합이 암묵적 담합에 의한 가격 인상을 초래하지 않을지 예의 주시한다. 심지어 법무부/FTC는 독점 사업자가 부당한 영향력을 행사하여 잠재적 진출기업을 고사시키는 행위(예: 잠재적 사업자의 진출 시점에 선제적 가격 인하를 단행하여 신규 진입자를 쫓아낸 다음 가격을 다시 올리는 행위)를 하지 못하도록 관련 법을 엄격히 적용하고 있다.

결국 FTC는 시장 지배력을 높이는 합병에 따른 독점적 영향력을 행사할 상황을 우려하기 때문에 수평적 통합의 인수합병을 허용하지 않을 수 있다. 일례로 위성라디오 분야의 시리우스(Sirius)와 XM 간 합병의 경우 고품질의 라디오 프로그램을 청취할 수 있는 대안적 채널이 존재(예. 컴퓨터와 스마트폰)하고, 동종산업에서 효율적 경쟁이 확인될 때까지 수개월 동안 관계 당국의 승인을 받지 못했다. 마찬가지로 2015년 법무부는 컴캐스트(Comcast)와 타임워너(Time Warner) 간 합병에 대해 부정적 의견을 전달하였다.

9.4 수직적 통합을 설명하고 가치사슬에 미치는 영향을 요약한다.

9.4 수직적 통합: 핵심 비즈니스모델 강화를 위한 신산업 진출

비즈니스모델 강화 및 경쟁적 위치 개선을 위해 수평적 통합을 추구하는 기업은 같은 이유로 수직적 통합을 활용한다. 즉 기업이 속한 "핵심" 산업의 비즈니스모델을 지원하기 위해 신산업 진출을 결정한다. 보통 핵심 산업은 기업에 있어 경쟁우위의 원천이자 수익성의 근원이 되는 산업을 의미한다. 그래서 수직적 통합에 의한 신산업 진출 시 장기적 수익성을 어떻게 개선할지 그 계획을 담은 복수의 비즈니스모델을 수립해야 한다. 결국 수직적 통합의 당위성으로 비용 절감 및 차별화를 통한 수익성 제고를 위해서라도 핵심 제품의 가치를 높이는 복수의 비즈니스모델은 신산업 진출을 고민하는 기업에 꼭 필요하다.

수직적 통합
원부자재처럼 산업의 상류 부문으로 진출하는 후방통합, 혹은 완제품의 유통과 판매를 담당하는 하류 부문으로 진출하는 전방통합을 추구하는 기업 전략

수직적 통합(vertical integration) 전략은 제품의 원자재를 조달하는 상류(upstream) 부문으로 확장하는 후방통합과 완제품의 출시, 유통 및 판매를 맡은 하류(downstream) 부문으로 진출하는 전방통합이 있다. 즉 기업은 전방, 또는 후방으로 진출하여 가치사슬 활동을 내부적으로 수행하는 시스템을 구축하거나, 혹은 기존기업을 인수하는 시도를 할 수 있다. 가령 철강 회사가 철광석 산지로 진출하는 원료의 자체 조달은 후방통합이며, 완성차 업체가 유통망을 직접 구축하여 차량을 판매하는 시도는 전방통합의 사례이다. 또한 테슬라는 유동 인구가 많은 쇼핑몰에 직접 입점하여 매장을 통해 자사의 전기차를 판매한다. IBM의 경우 칩과 메모리 부문으로 진출하여 메인프레임과 서버에 장착되는 부품을 직접 조달하는 후방통합을 단행하는 한편, 소프트웨어 및 컨설팅 서비스 부문으로 전방통합을 단행할 만큼 수직적 통합의 수준이 높다.

[그림 9.1]은 원자재부터 고객까지 4단계로 구성된 기업의 가치사슬을 보여준다. 완제품을 만드는 기업에 있어 후방통합은 원료와 부품의 상류 부문 진출이며, 전방통합은 도소매 유통을 담당하는 하류 부문으로 진출을 말한다. 가치사슬상의 단계를 거치면서 새로운 가치가 부여되며, 이전 단계의 산출물에 추가된 가치의 중간재가 다음 단계의 기업에 공급됨으로써 최종소비자에게 더욱 가치 있는 완제품을 제공할 수 있다. 주목할 점은 가치사슬 단계별로 서로 다른 경쟁사가 존재하고 이들 간 치열한 경쟁은 산업별로 다른 양상을 보인다. 본서 3장에서 모든 산업에서 기업은 다양한 가치 창출 활동(R&D, 생산, 마케팅, 고객서비스 등)을 수행하는 가

그림 9.1 원자재부터 고객까지 단계별 부가 가치사슬

치사슬 시스템을 구축해 놓았다. 결국 여러 산업에 따라 가치사슬 시스템이 상이할 뿐만 아니라, 특정 산업에서 다양한 가치사슬 활동을 전개하는 기업을 생각하면 된다.

한편 컴퓨터 산업에서 다양한 산업의 기업들이 PC 완성품에 어떤 식으로 가치를 부여하는지 살펴보자([그림 9.2] 참조). 첫 번째 단계에서 반도체 기판에 사용되는 세라믹 화합물을 만드는 일본의 교세라(Kyocera) 같은 원자재 기업이 있다. 이러한 소재 기업은 자사의 제품을 미국의 인텔, AMD처럼 PC 부품 제조업자에게 판매한다. 한편 인텔과 AMD는 세라믹, 화합물, 금속을 변형시켜 마이크로프로세서, 디스크 드라이브, 메모리의 PC 부품을 생산한다. 즉 소재가 부품이 되는 과정을 거치면서 새로운 가치가 부여된다. 세 번째 단계에서 각종 부품들이 애플, 델, HP의 PC 제조업자에게 판매되고, 이들은 여러 가지 부품을 조달받아 조립한 다음 완제품에 어느 정도의 가치를 부여할지 결정한다. 여기서 자체적으로 완제품을 생산하거나, 아니면 외부 업체에 생산을 위탁할 수 있다. 마지막 단계에서 최종 제품을 온라인으로 판매하거나, 혹은 베스트 바이(Best Buy)와 스테이플스(Staples)처럼 소매업체를 통해 유통하기도 한다. 결국 도소매 유통업체는 제품에 대한 고객의 접근성을 높이는 한편, 고객 서비스 제공을 통해 완제품 PC에 가치를 부여한다.

결국 소재, 부품 및 완제품처럼 여러 산업에 속한 다양한 기업들이 각 단계에 참여하여 새로운 가치를 부여하고 있다. 먼저 수직적 통합에 앞서 기업은 소재부터

그림 9.2 PC산업의 부가 가치사슬

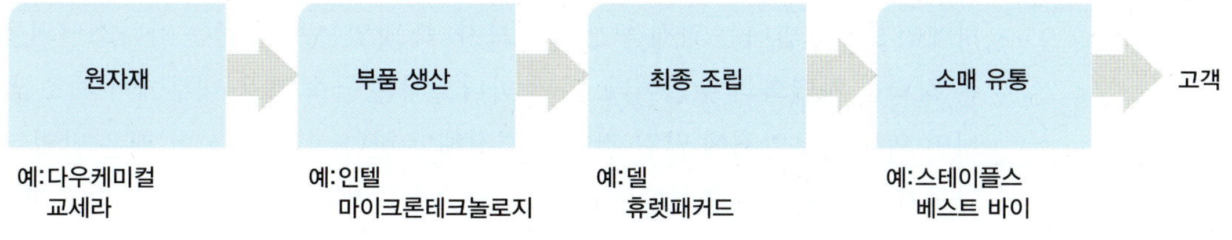

완제품에 이르는 단계에서 어떤 가치사슬 활동을 직접 수행하여 경쟁할 것인지를 정해야 한다. 결국 비용 절감, 차별화 강화, 혹은 수익성 증대를 고려하여 이러한 가치사슬 활동을 내부에서 수행할지, 아니면 외부 업체에 맡길 것인지를 결정한다. 다음 절에서 관련 내용을 논의할 것이다.

9.5 수직적 통합의 장점 및 단점을 비교 설명한다.

9.5 수직적 통합의 장점 및 단점

앞에서 기업은 핵심 비즈니스모델 강화, 또는 경쟁적 위치 개선을 위해 수직적 통합을 단행한다.[16] 다음의 조건에서 수직적 통합은 제품의 차별화 수준을 높이고, 비용을 감소시켜 산업의 경쟁압력을 낮춰준다. 즉 (1) 효율성 증가를 위해 특수한 자산(Specialized assets)에 대한 투자, (2) 제품 품질의 보호, 그리고 (3) 제조상의 일정계획이 단축되는 경우 수직적 통합이 유리하다.

특수한 자산에 대한 투자 특수한 자산은 특정 과업의 수행에 특화된 자산이며 다른 용도의 차선책으로 활용될 시 그 자산의 가치는 하락한다.[17] 가령 기업의 고유한 시설, 설비나 장비, 또는 교육·훈련에서 습득한 조직 및 개인 차원의 노하우가 여기에 해당한다. 특수한 자산에 투자하는 이유는 비용을 절감하거나, 차별화 수준을 높여 보다 높은 가격을 받기 위한 목적이다. 일례로 토요타생산방식(TPS)처럼 전문화된 설비에 투자함으로써 제조원가를 줄일 수 있다. 애플 또한 첨단 기술에 투자하여 경쟁사보다 더 나은 품질의 제품을 개발하기도 한다. 결국 특수한 자산에 투자는 사업부 수준에서 경쟁전략의 달성에 도움이 된다.

일반적으로 기업이 경쟁우위 창출을 위해 특수한 자산에 투자하듯이 공급업자도 구매자가 요구하는 제품에 꼭 필요한 부품을 만들고자 특수한 자산에 투자할 수 있다. 이를 통해 공급업자는 차별적 역량을 발휘하여 고품질의 부품을 공급하거나, 저렴한 비용의 중간재를 생산하여 특정한 고객사에 납품하기도 한다. 그러나 가치사슬상 상류나 하류에 속한 외부 업체에 특수한 자산에 대한 투자를 설득하기란 여간 힘든 일이 아니다. 그런 경우 기업 스스로 수직적 통합을 단행하여 특수한 자산에 직접 투자하는 결정을 내리기도 한다. 그렇다면 왜 이런 일이 발생하는가?

일본의 파나소닉이 특별한 비법의 빵을 위해 세라믹 코팅 금속 팬이 장착된 전자레인지를 개발하는 과정을 생각해 보자. 즉 맛있는 빵을 굽는 파나소닉의 신기능은 강력한 차별화의 수단이다. 다만 파나소닉은 금속 팬을 내부에서 제조할지, 아니면 외부 전문업체에 맡길 것인지 결정해야 한다. 이처럼 신형 팬은 맛있는 빵을 만들기 위한 목적에 충실할 뿐이지만, 상당한 설비투자가 요구된다. 결국 파나소닉

사례는 전문화된 설비를 구축하는 특수한 자산에 대한 투자에 해당한다.

이번에는 외부 업체의 시각에서 똑같은 상황에서 특수한 자산의 투자를 단행할 것인지 고민해 보자. 오직 특정 기업이 사용할 유일한 부품을 위해 공급업자가 투자한다면 파나소닉과 같은 기업에 의해 부품공급이 좌우될 것이다. 즉 파나소닉은 높아진 교섭력을 활용하여 팬의 납품단가 인하를 요구할 것이고 이러한 상황을 공급업자는 우려한다. 결국 공급업자는 파나소닉의 전문화된 설비에 대한 투자를 거절할 것이다.

이와 반대로 파나소닉은 앞서와 같은 상황에서 어떤 선택을 할지 상상해 보자. 만약 파나소닉의 요구에 따라 팬을 납품할 공급업자가 존재하더라도 외부에서 핵심부품이 조달되는 상황을 우려할 수 있다. 만에 하나 문제가 발생할 경우 전문화된 설비인지라 다른 업체로 공급처의 변경이 쉽지 않다. 결과적으로 공급업자의 교섭력이 강화되면 팬의 납품단가가 인상될 것을 파나소닉은 걱정한다.

결국 특수한 자산의 투자에 따른 상호의존성은 파나소닉으로 보면 외부 공급업자 활용을 주저하게 만들며, 마찬가지로 외부 공급업자도 파나소닉의 투자안을 수용하기 어려울 것이다. 즉 파나소닉과 공급업자의 상호 신뢰가 없기에 기회주의적 행동이 나타날 상황에 직면한다. 결국 상호 신뢰가 없는 특수한 자산에 대한 투자는 언제든 기회주의적 행동(예. 계약 해지/무효, 구매처/공급처 변경) 같은 **홀드업(holdup)** 문제에 직면할 수 있다.[18] 따라서 파나소닉 시각에서 상대방의 기회주의적 행동(예. 납품가 인상)을 방지하기 위한 비용 대비 효과적 방법은 특수한 자산에 투자하여 금속 팬을 직접 생산하는 것이다.

홀드업
특정 기업의 요구에 따라 전문화된 설비투자가 단행된 이후 나타나는 구매처나 공급처의 변경과 같은 기회주의적 행태

앞서 상황을 일반화시켜 설명하면 다음과 같다. 만약 특정 고객사를 위해 전문화된 설비에 대한 투자 시 기회주의적 행동이 발생(holdup)한다면 그 상황에서 특수한 자산의 투자를 기대하긴 어렵다. 즉 특수한 자산에 대한 투자를 단행하여 수익성을 창출할 기회를 상실한다. 결국 홀드업 문제가 심각하다면 기업은 상류, 또는 하류 부문으로 수직적 통합을 단행할 것이다. 역사적으로 자동차업체의 부품 제조, 철강 회사의 원료 조달, 컴퓨터업체의 칩 생산, 그리고 알루미늄 기업의 보크사이트 광산 확보처럼 홀드업 문제의 해결을 위해 수직적 후방통합을 단행한 사례가 풍부하다. 현실적으로 대다수 기업은 일부 부품은 자체 제작하고 다른 부품은 외부에서 구매하는 **부분 통합(tapered integration)**을 선호한다. 즉 중간재의 일부, 또는 상당 부분을 외부 공급업자를 통해 조달하는 시장거래(예. 비용과 품질에서 훨씬 더 뛰어난 업체를 선정)를 활용하는 것이다. 물론 제조업체는 핵심부품일수록 자체 생산을 고집하고 이를 통해 교섭력을 높임으로써 공급업체의 홀드업 위험을 줄인다. 결국 자체적으로 부품을 조달해 본 경험은 동일한 부품의 제조원가와 품질을 외부 공급업자와 비교하기에 유리하다.[19]

부분 통합
부품이나 제품의 단가와 품질에 대한 이해도를 높이는 한편, 홀드업 문제를 줄이기 위해 외부 조달(시장거래)과 자체 생산(수직적 통합)을 병행하는 방식

제품 품질의 향상 가치사슬상 서로 다른 부문으로 진출함으로써 핵심 사업에서 품질 향상에 따른 차별화 수준을 높일 수 있다. 예컨대 자동차의 엔진과 변속기는 우수한 품질과 내구성이 요구되는 핵심부품으로 완성차 업체는 고급 세단을 출시하여 프리미엄 가격을 받을 수 있다. 또한 특정한 재배 조건에서 바나나의 품질이 좋아진다면 해당 산업에서 수직적 통합은 중요할 것이다. 전통적으로 바나나를 공급하는 식품기업은 바나나의 품질이 일정하지 않다는 문제에 직면한다. 가령 미국 마트에서 판매되는 바나나가 너무 익었거나, 설익는 품질 문제는 다반사이다. 이를 위해 델몬트(Del Monte)는 전·후방통합을 통해 바나나 재배, 수확 및 유통의 수직적 계열화를 추구한다. 즉 바나나 재배, 수확 및 유통의 조건을 표준화하여 관리함으로써 소비자 만족도를 제고한다. 마찬가지로 소비자도 델몬트의 브랜드를 그만큼 신뢰하기에 합당한 가격을 치르고 바나나를 구매한다. 따라서 바나나 농장을 직접 소유하는 후방통합을 통해 고객의 신뢰도가 상승했을 뿐만 아니라, 프리미엄 가격을 받을 수 있었다.

한편 마찬가지 이유로 수직적 전방통합이 일어나기도 한다. 만약 복잡한 제품에 대해 고객 서비스의 표준화가 필요하다면 소매유통의 하류 부문 진출을 단행할 것이다. 가령 맥도날드는 수직적 통합을 활용하여 제품과 서비스의 품질을 유지하면서 효율성을 개선할 수 있었다. 1990년대 수십 년 동안 성장만 하던 맥도날드는 패스트푸드 산업의 성장이 정체하는 문제에 직면하였다. 맥도날드는 이 문제를 해결하기 위해 적극적인 국제화를 시도하였다. 미국 시장에서 맥도날드의 성공은 긴밀한 공급업자 관계, 전국적 마케팅 능력, 그리고 표준화된 방식에 따라 매장 운영을 철저히 통제한 덕분이었다. 국제화 과정에서 맥도날드의 고민은 미국에서 구축한 공급망을 다른 시장에서 똑같이 재현하는 것이었다. 사실 본국의 공급업체는 맥도날드의 성공이 곧 자신의 성공으로 이해하고 있기에 본사에 대한 충성도가 높은 편이다. 또한 일관된 품질관리의 일환으로 맥도날드는 모든 원재료에 엄격한 세부 기준을 적용하고 있다. 그러나 현지 공급업체는 본사의 엄격한 기준을 충족할 대규모 투자에 대한 의지가 약하다는 점을 알고 있었다. 가령 영국의 제빵업체는 고품질의 햄버거 번을 만들지 못한다는 사실을 확인하였다. 결국 영국 현지에서 양질의 빵을 공급하려면 후방통합을 단행할 수밖에 없었다. 한편 러시아의 현지 업체는 본사의 품질수준을 충족하는 식재료의 납품이 불가능함을 발견하였다. 즉 품질 좋은 식재료를 러시아 현지에서 직접 조달하기 위한 사상 유례없는 규모의 수직적 통합을 단행하였다. 일례로 양질의 토마토와 젖소 종자를 수입하는 한편, 목축장, 낙농장, 심지어 채소밭까지 직접 관리하였다. 게다가 세계에서 가장 큰 규모의 가공 식품공장의 건설에 엄청난 돈을 투자하였다. 남미에서 육우의 사육과 안정적 공급을 위해 아르헨티나에 초대형 목축장을 매입한 사례도 있다. 결국 맥도날드는 글로벌 차원

의 수직적 통합을 단행함으로써 제품과 서비스 품질을 유지하고 비용을 절감할 수 있었다.[20)]

개선된 일정계획 가치사슬상의 상류 부문에서 원자재 조달의 신속성, 용이성 및 효율성을 달성하여 생산계획의 조정에 따른 일정 단축이 가능하다면 수직적 후방통합은 중요한 전략적 우위로 작용한다.[21)] 만약 일본의 토요타처럼 적정 재고 유지 및 적시 생산시스템 도입을 원하는 기업에 있어 그러한 우위는 중요하다. 일례로 1920년대 포드는 후방통합을 통해 엄격한 조정에 따른 일정계획 수립이 가능해진 결과 상당한 이익을 창출하였다. 즉 어퍼 미시간(Upper Michigan) 광산을 소유함으로써 철광석의 채굴, 배송부터 철강재 생산을 아우르는 가치사슬 프로세스를 통합하였다. 결국 철광석의 자체 조달은 오대호(Great Lakes)의 제강공장에서 24시간 안에 엔진 부품의 생산을 가능하게 만들었다. 따라서 포드는 원부자재의 엄격한 통제와 안정적 조달을 통해 경쟁사 대비 비용구조를 낮출 수 있었다.

9.5a 수직적 통합의 문제

수직적 통합은 기업의 비즈니스모델을 강화함으로써 수익성을 증대시키는 전략이다. 다만 (1) 비용구조를 상승시키고, (2) 기술의 변화가 불리하게 작용하며, (3) 수요예측이 어려워지거나, (4) 최적의 규모를 달성하지 못한다면 수직적 통합에 따른 수익성은 하락한다. 만약 불리한 여건이 지속되어 이득보다 손실이 더 많이 발생하는 경우 이미 진출한 상류/하류 부문에서 철수하는 일종의 **수직적 분리**(vertical disintegration)를 단행하게 된다. 예컨대 철강재를 저렴하게 공급하는 효율적이고 전문화된 철강 회사가 등장하는 상황에서 수직적 통합의 수준을 높였던 포드로서는 철광석 원료 산지와 제강공장을 모두 치분하였다.

수직적 분리
핵심 사업에 주력하거나 수익성 제고를 위해 기존의 상류나 하류 부문으로부터 철수를 단행하는 기업 전략

비용구조의 상승 수직적 통합이 비용구조 하락을 목적으로 시도되는데, 오히려 훨씬 더 저렴하게 중간재를 납품하는 공급업체의 존재에도 불구하고 자체 생산만 고집한다면 수직적 통합에 따른 비용은 증가하게 된다. 예컨대 수십 년 동안 GM은 자동차 부품의 60% 이상을 자체적으로 조달했기 때문에 비용상의 열위에 직면하게 되었다. 결국 2000년대 GM은 가장 큰 규모를 자랑하던 델파이(Delphi)를 매각하여 계열사에서 분리하였다. 결국 내부 계열사의 비용구조가 외부 공급업자보다 더 높다면 수직적 통합은 불리하게 작용한다. 그렇다면 왜 내부 계열사의 비용구조가 높아지게 되는가?

앞에서 관계사인 부품업체는 자사의 부품을 일종의 "내부 고객(captive customer)"인 완성차를 조립하는 계열사에 판매하는 것을 주저하지 않는다. 즉 외부 공급업자와 달리 내부 부품업체는 수주 관련 압박을 덜 느끼다보니 비용 절감이

이전가격
사업부(문) 간 거래 시 제공하는 재화나 서비스에 대한 대가로서 내부적으로 책정되는 가격

나 품질 개선을 위한 노력을 게을리 한다. 심지어 모기업인 제조업체에 원가 상승분을 모두 반영한 **이전가격**(transfer prices)으로 공급하기도 한다. 이전가격이란 기업 내 특정 부서가 다른 부서에 제품을 공급한 대가로 청구하는 가격이다. 결국 경쟁우위를 위해 효율성 개선에 사활을 거는 외부 업체와 달리 내부 계열사는 원가절감에 치중하지 않다 보니 비용구조가 상승하고 전반적 수익성이 떨어진다.

*관료주의적 비용(Bureaucratic costs)*은 비용을 줄이거나 차별화를 제고하기 위해 단위조직 간의 이해관계를 조율, 또는 조정하는 데 들어가는 비용이다. 보통 내부 계열사가 효율성과 혁신을 등한시한 대가로 경영상의 비효율성이 발생하며, 이러한 비효율성의 제거에 많은 시간과 노력이 요구되기에 관료주의적 비용은 비용구조에서 상당한 부분을 차지한다.

기술의 변화 기술의 급격한 변화가 나타나는 상황에서 수직적 통합은 낡은 패러다임에 매몰되어 비즈니스모델을 강화할 수 있는 새로운 기술의 수용에 방해가 된다.[22] 지금과는 다를 수 있지만 후방통합을 활용하여 한때 TV와 PC 모니터에 사용되는 브라운관(CRTs) 기술을 선도했던 소니를 생각해 보자. 당시 소니는 구식의 브라운관 기술에 집착해 있었기에 평판 디스플레이(LCD)가 미래의 신기술로 부상할 수 있는 기술적 변곡점을 이해할 수 없었다. 결국 기술변화의 수용을 거부한 소니는 자사의 브라비아(BRAVIA) TV에 들어갈 LCD 모듈을 삼성전자로부터 공급받는 전략적 제휴를 맺어야 했다. 아울러 TV 부문에서 경쟁우위를 상실한 소니의 시장점유율은 크게 하락하였다. 따라서 수직적 통합이 새로운 기술의 수용을 방해하거나, 혹은 기술변화에 따라 공급업자나 유통시스템의 변경을 방해한다면 부정적 영향을 초래할 수 있다.

수요예측의 불확실성 자동차나 세탁기처럼 핵심 제품의 수요를 파악하거나, 월별 또는 연간 판매 수량에 대한 예측이 가능하다고 생각해 보자. 만약 가능하다면 상류/하류 부문에 따라 제품생산과 판매 일정의 통제가 가능해져 비용을 절감할 수 있다. 그러나 세탁기나 자동차 수요의 변동성이 커져 예측이 힘들어지는 정반대의 상황을 가정해 보자. 자동차 수요의 증감을 예측할 수 없다면 완성차 업체는 과도한 부품을 보유할 수밖에 없으며 그 결과 재고비용 상승과 수익성 하락에 직면할 것이다. 2008년의 금융위기처럼 자동차 수요의 예측이 어려워지는 상황에서 가치사슬에 따른 생산 흐름과 생산량 관리가 불가능한 경우 수직적 통합은 부담이 되기도 한다.

일례로 월간 칩의 수요를 정확히 예측할 수 있는 PC 제조업체는 칩 공급업자를 인수하는 후방통합을 단행할 수 있다. 그러나 모바일 기기의 대중화로 PC 수요가 하락하면 해당 기업은 설비 가동률은 떨어지고 비용구조는 상승하여 사업의 비효

율성이 증가하게 된다. 결국 기술과 수요변화, 그리고 경쟁 및 제도적 환경의 급변은 투자자산의 진부화를 촉진하기에 수직적 통합에 따른 매력이 반감된다.[23] 전략적 경영자는 가치사슬상 상류/하류 부문으로 진출함으로써 기업의 범위를 정하는 통합의 장단점을 냉정히 평가해야 한다. 핵심부품 조달을 위한 수직적 후방통합이 과거에는 이득이었을지 모르나, 현재 품질과 비용면에서 유리한 글로벌 부품 공급사가 다수 존재하는 상황에서 수직적 통합은 경제적 성과로 연결되지 못할 수 있다. 따라서 수직적 통합에 대한 결정은 기대 수익과 위험을 반복해 평가해야 할 뿐만 아니라, 핵심 비즈니스모델을 위해서라면 통합이 아닌 분리도 고민해야 한다.

최적 규모에 대한 불일치 품질개선과 같은 또 다른 이득이 발생하더라도 수직적 통합에 의한 신사업 규모가 최소효율규모(minimum efficient scale)를 초과한다면 수직적 통합은 바람직하지 않다. 예컨대 공유 방식의 전기 스쿠터 사업을 영위하는 라임(Lime)을 생각해 보자. 비즈니스모델은 유동 인구가 많은 장소에 스쿠터를 배치하고 사용자는 스마트폰으로 결제하고 스쿠터를 이용한다. 보통 스쿠터로 약 25마일을 이동할 수 있는 대신, 완전 충전에 수 시간이 소요된다. 밤사이 스쿠터를 수거하고 충전한 다음 지정된 장소에 배치하는 일을 하는 독립적 "쥬서(Juicersk)"에게 수수료를 지불한다. 상당수 사용자는 출근용으로 이용하기 때문에 일반 스쿠터보다 훨씬 더 자주 충전해야 한다. 결국 대다수 스쿠터는 배터리가 방전된 상태로 아무렇게 세워져 있는 경우가 허다하다. 라임이 보기에 급속 충전과 장거리 이동이 가능한 배터리는 스쿠터의 가치를 높이는 한편, 운영상의 효율성을 기대하게 만든다. 다만 배터리와 스쿠터 모두를 라임이 자체 생산하기에는 고정비의 부담이 커져 규모의 경제를 실현할 가능성이 떨어진다. 결국 라임에 있어 최소효율규모는 예상보다 훨씬 많은 스쿠터를 생산할 것을 요구할 뿐만 아니라, 스쿠터 외에도 장거리 이동한 기능한 다른 대체재와 경쟁하면서 신규 수요를 발굴해야 한다는 의미이다. 만약 내부적으로 최소효율규모를 달성할 수 없다면 외부에서 스쿠터를 구매할 수도 있다.

9.6 협력적 관계를 활용하기에 가장 최적의 조건을 제시한다.

9.6 수직적 통합의 대안: 협력적 관계

수직적 통합에 따른 비용을 부담하면서 비용우위와 차별화우위를 달성할 수 있는가? 혹은 외부 업체를 통해 원료를 조달하고 제품을 유통하는 동시에, 수직적 통합의 이점을 얻는 또 다른 기업전략은 존재하는가? 최근 **준통합**(quasi integration)의 방식을 활용하면 수직적 통합의 이점이 구현 가능하다는 사실을 발견하였다. 즉 가치사슬상 다른 부문에 존재하는 기업들과 장기적인 협력 관계를 구축하는 것이다. 예컨대 설비투자나 재고비용을 공동으로 부담하거나, 혹은 구매를 소싱하거나 장

준통합
수직적 통합 대신 기존의 구매처나 공급처에 대한 투자를 지속함으로써 장기적 거래 관계를 구축하는 방식

기공급계약을 활용하기도 한다.

9.6a 단기계약과 경쟁입찰

대다수 기업은 연간 계약을 토대로 공급업자로부터 각종 자재와 부품을 구매하거나, 도소매 업자와 시장가격의 단기 판매계약을 체결한다. 전통적으로는 완성차 제조업체는 경쟁입찰 전략(competitive bidding strategy)을 주로 활용하고 있다. 가령 브레이크 계통의 부품을 만드는 외부 공급업자를 경쟁시켜 가장 낮은 입찰가격을 제시하는 업자를 납품업체로 선정하는 방식이다. 가령 GM은 특정 부품의 글로벌 공급업자로부터 입찰을 받고 가장 낮은 가격에 입찰서를 제안한 당사자와 연간 계약을 맺는다. 1년이 지나면 다시 경쟁입찰을 실시하고 저렴한 단가를 제시하는 공급업자와 계약을 갱신한다.

경쟁입찰의 장점은 공급사로 선정되고자 공급업자 간 단가 인하 경쟁이 붙게 되면 GM과 같은 구매자는 부품 조달 비용을 절감한다. 이에 능통한 GM은 외부 공급업자와 장기계약을 체결하려 하지 않는다. 즉 GM으로서는 공급업자에 대한 교섭력을 높이려 시도할 것이며, 이를 잘 아는 공급업자는 고도로 정밀한 부품을 만드는 특수한 자산에 대한 투자를 마지못해 수락할 것이다.

결론적으로 단기계약은 비용우위 및 차별화우위 달성에 필수적인 특수한 자산에 대한 투자를 유인하지 못한다. 왜냐하면 단기계약은 공급업자로부터 몰입과 헌신을 바라지 않는다는 구매업자의 신호이기 때문이다. 다만 생산 일정 조율, 제품 품질 향상 및 비용 절감을 위한 특수한 자산의 투자가 필요치 않고 협력의 필요성이 낮다면 문제가 되진 않는다. 만약 그런 경우 경쟁입찰을 통해 단기계약을 체결하면 된다. 그러나 오늘날 기업 간 협력의 필요성이 점차 커지는 환경에서 단기계약이나 경쟁입찰은 심각한 문제를 초래한다.

9.6b 전략적 제휴 및 장기계약

전략적 제휴
공동의 목적 달성을 위해 둘 이상의 기업이 장기적으로 우호적 협력을 도모하는 기업 간 관계

단기계약과 달리, **전략적 제휴**(strategic alliances)는 구매자와 공급자 간 장기적 관계를 구축하는 협력 전략이다. 보통 제휴에 참여하는 당사자는 특수한 자산에 대한 투자를 분담하고, 비용 절감과 품질 향상을 위해 공동으로 노력한다. 결국 제휴 파트너 모두에게 이득이 돌아가는 일종의 공동운명체이다. 즉 제휴는 수직적 통합에 필적하는 잠재적 혜택뿐만 아니라, 장기적이고 안정된 파트너십 형성에 기여할 수 있다면 수직적 통합의 대안으로 손색이 없다. 다만 전략적 제휴라도 경영상의 비효율성과 같은 관료주의적 비용을 피해야 한다. 따라서 내부 계열사가 개선과 혁신의 동기가 부족하거나, 혹은 기술의 급변에도 불구하고 낡고 오래된 패러다임에 매몰되어 있을 때 경영상의 비효율이 발생한다는 점을 명심해야 한다.

불과 수십 년 전만 하더라도 일본의 완성차 업체와 부품 공급업자 간 상호 긴밀히 협력하던 게이레쓰(keiretsu) 체제를 생각해 보자. 당사자 모두 가치사슬상에서 각자의 주어진 몫을 다하며 최대한의 부가가치를 창출하는 방법을 공동으로 모색한다. 예컨대 JIT 시스템을 공동으로 실행하거나, 비용 절감과 품질 향상을 위한 부품 설계 및 재설계를 분담하는 일들은 다반사였다. 이를 통해 공급업자는 제조업체가 요구하는 특수한 자산에 대한 투자를 단행하는 한편, 비용 절감의 혜택도 공유할 수 있었다. 결국 완성차 업체는 부품산업으로 진출하지 않고도 수직적 통합에 준하는 혜택을 누릴 수 있었다.

한편 제조업체의 성장에 따라 부품 공급업자도 사업의 성장 및 수익성 확장의 혜택을 누리게 되었다. 이러한 혜택은 공급업자가 특수한 자산에 대한 투자를 단행하게 만드는 강력한 유인으로 작용하였다.[24] 대표적 사례로서 엔비디아(NVIDIA) 및 AMD 등의 글로벌 구매업자로부터 주문을 받아 반도체 칩을 적기에 납품하는 대만의 파운드리 사업자인 TSMC를 들 수 있다. 최신 공정의 반도체 공장을 건설하려면 최소 100억 달러 이상의 설비투자 비용이 요구된다. TSMC는 컴퓨터 칩을 주문하는 파트너와 안정적 장기관계를 바탕으로 특수한 자산에 엄청난 투자를 단행할 수 있다. 즉 장기공급계약처럼 협력적 관계를 통해 이익의 최대화와 위험의 최소화가 가능하기에 구매자(NVIDIA, AMD)와 공급자(TSMC) 간 유연한 교섭력이 발휘될 수 있다.

9.6c 모듈화와 플랫폼 경쟁

앞서 7장에서 다수 산업에서 완제품을 지원하는 보완재가 존재할수록 완제품의 가치는 높아진다. 예컨대 스마트폰은 운영체제와 호환되는 다양한 앱과 음원 스트리밍과 같은 부가 서비스에 따라 그 가치가 달라진다. 즉 완제품뿐만 아니라, 유통업자 및 보완재처럼 어떤 기술을 구현하고, 누구에게 공급하며, 그리고 무엇을 보완할 것인지를 결정하는 것이 중요해졌다. 만약 제품의 기술적 속성이 구현 불가능하고 보완재를 제공하는 공급업자를 발굴하지 못한다면 제품의 실패가능성은 높아진다. 가능한 다양한 기업들이 전체 시스템에 참여하는 플랫폼 생태계가 필요하며, 이를 위해 모듈화를 활용하고 보완재를 제공하는 공급업자와 계약을 체결한다.[25]

모듈화(modularity)의 개념을 이해하려면 자전거와 같은 제품을 생각해 보자. 자전거는 보통 프레임, 변속 시스템, 바퀴 등의 부품이 장착, 조립되는 완제품이다. 소비자는 일부 부품을 별도 구매하여 조립하거나, 반조립 또는 완제품을 구매한다. 결국 소비자는 호환되는 부품을 모듈 단위로 만들어 조립하면 다양한 반제품과 완제품을 구성할 수 있다([그림 9.3]을 참조). 마찬가지로 스마트폰 제조업체는 독자기술을 적용하여 하드웨어 및 소프트웨어를 최적화한 다음 판매가 가능한 폰을 출

모듈화
시스템상의 구성요소가 분리되고 재결합될 수 있는 수준이나 정도

시한다([그림 9.3]의 A 영역). 그러나 다양성을 바라는 고객은 일부 구성요소를 달리할 수 있는 폰을 출시하도록 제조업체를 압박하였다. 즉 다른 개발자가 만든 앱, 혹은 다른 액세서리로 장식한 폰을 원함에 따라 제조업체는 스마트폰과의 호환성을 제고할 수 있는 **표준화된 인터페이스**(standardized interface)처럼 "개방적" 구조를 채택하였다([그림 9.3]의 B 영역). 심지어 개인화된 니즈를 반영하려고 제조업체는 구글의 안드로이드 운영체제를 장착한 스마트폰을 출시한다([그림 9.3]의 C 영역). 따라서 부품이나 구성요소의 모듈화가 가능해지면서 소비자의 다양한 니즈를 충족하는 제품의 출시가 가능하다.

표준화된 인터페이스
컴퓨터와 USB처럼 시스템 간, 혹은 시스템과 구성요소 간 신호나 정보의 전달을 용이하게 만들어 상호연결성을 제고하는 표준적인 접속방식

대다수 제품은 일정한 모듈 단위로 구성된다. 가령 완성차의 경우 배기량, 변속기, 운전대, 오디오, 타이어, 루프랙 및 안전장치 등 편의 품목을 반영한 다양한 차량을 생산하여 출시한다.

완전히 통합된(논모듈러) 제품 시스템과 모듈러 제품 시스템은 상이한 혜택을 제공한다. 전자는 개별화된 부품을 일일이 조립하여 만드는 것으로 제조업체가 제품의 품질과 신뢰성을 직접 통제하기에 완제품의 성능을 최대한 끌어 올릴 수 있다. 수년 동안 애플이 자사의 컴퓨터에 윈도우와 호환되지 않는 완전히 통합된 제품을 출시한 이유는 스티브 잡스의 고집이었지만 하드웨어와 소프트웨어의 통합이 제품의 기능성과 신뢰성을 보장할 것으로 믿었기 때문이다.[26] 또한 완전한 통합 제품은 직접 고른 부품으로 조립되는 제품을 원치 않는 고객에게 대안이 된다. 이와 달리 모듈러 제품은 다양한 고객 니즈를 반영하여 기능, 디자인, 규모처럼 제품의 물리적 속성을 고를 수 있는 선택지를 제공한다.[27] 심지어 개별부품에서 규모의 경제를 추구하는 동시에, 제품의 다양성을 동시에 추구할 수 있다는 점에서 "대체의 경제학(economies of substitution)"을 누릴 수 있다.[28]

모듈화는 개별 고객의 니즈를 반영하여 부품을 재조합하거나, 다양한 옵션의 선택 기회를 제공한다는 점에서 제품 시스템에서 차지하는 중요성이 점증하고 있다.[29] 가령 스마트폰에 대한 고객의 기호와 선호가 다양해지고 있으며, 이를 반영하여 스마트폰에 장착되는 기술적 선택사양도 늘어나고 있다. 즉 고객이 사양을 직접 고르고 자신이 원하는 응용 서비스를 앱으로 사용하는 개인화된 수요가 존재한다. 결국 모듈화를 강화하는 압력은 플랫폼 생태계의 구축으로 이어지고 있다.

플랫폼 생태계
"생태적"과 "시스템"이 합쳐진 용어로서 상호 의존적 구성요소로 이루어진 생태 시스템을 의미함. 특히 플랫폼은 다원적 의미로서 완제품, 부품, 보완재 및 고객을 아우르는 중심축이며 안정적 관계를 특징으로 함. 즉 "플랫폼 생태계"는 상호 의존적 구성요소들이 안정적으로 조율되고 통합되어지는 시스템을 의미함

플랫폼 생태계(platform ecosystem)에서 제품의 개념은 게임기와 게임 타이틀, 음원과 온라인 스트리밍처럼 보완재의 출시 및 확산이 제품에 대한 사용자의 선택을 강화시킨다.[30] 플랫폼 생태계의 범위는 생태계에 온전히 몰입하고 헌신하는 안정적 참여자의 관계로 정의한다. 플랫폼 생태계 또한 여러 다양한 플랫폼에 동시에 참여할 만큼 참여자의 진입과 철수가 자유로운 역동성을 내포하고 있다. 일례로 동영상 스트리밍 서비스를 제공하는 HBO 온디맨드와 아마존 프라임의 차이를 생각

해 보자. HBO 온디맨드는 자사의 독점적 콘텐츠를 동영상 서비스로 제공하기 때문에 콘텐츠 제작자의 진입과 철수를 엄격히 제한한다. 반면 아마존 프라임은 훨씬 더 개방되어 있으며 개인, 또는 독립 영화사처럼 콘텐츠 제작자면 누구라도 아마존 생태계에 콘텐츠를 제공할 수 있다.

그림 9.3 모듈화 및 플랫폼 생태계

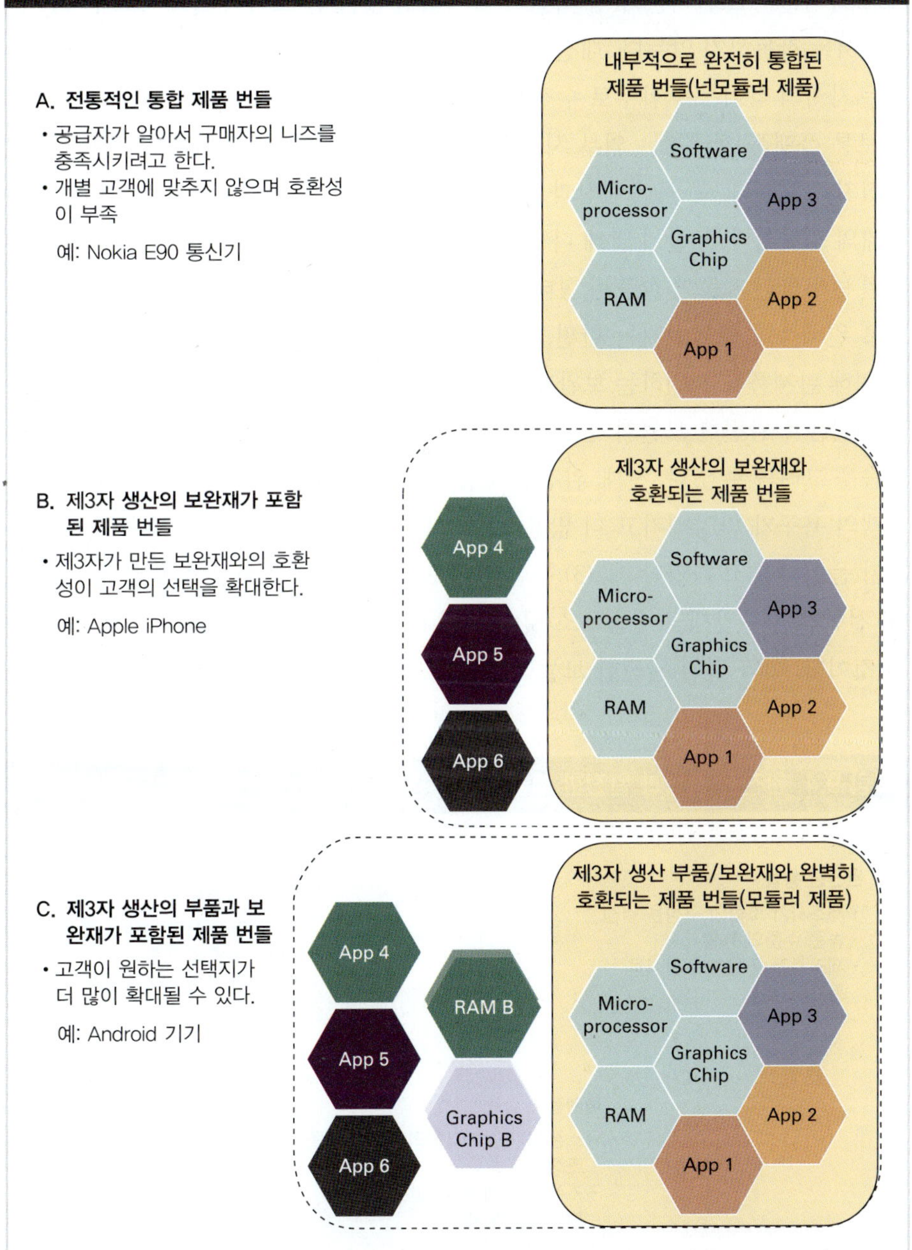

전체 생태계의 매력도가 사용자를 유인한다는 점에서 참여자의 성공은 생태계에서의 경쟁뿐만 아니라, 다른 참여자의 성공에 영향을 받는다. 또한 복수의 플랫폼 생태계가 존재하는 상황에서는 다른 플랫폼으로 이동을 방해하는 전환비용도 존재한다. 즉 플랫폼의 참여자는 보완재 출시처럼 공동 전문화(co-specialization)에 투자하거나, 혹은 재판매업자(reseller) 계약처럼 시장거래에 비해 훨씬 돈독하며 장기적 관계의 독점 계약을 체결할 수 있다. 예컨대 마이크로소프트의 Xbox를 위한 게임 타이틀은 호환되는 수정 버전이 출시되지 않는 한 소니의 플레이스테이션 콘솔에서는 작동하지 않는다. 대신 마이크로소프트와 독점 계약을 체결한 게임 제작자는 자사의 타이틀을 함부로 수정할 수 없다.

보통 플랫폼 생태계는 외부 시장거래가 아닐 뿐만 아니라, 내부 조직거래에 해당되지도 않는다. 즉 외부 시장과 내부 조직의 거래적 특성을 포함하는 하이브리드 형태의 조직이다.[31] 달리 말해 다양성을 강조하는 순수 모듈러 시스템과 강력히 통합된 넌모듈러 제품이 절충된 형태이다. 즉 고객이 원하는 부품과 구성요소의 조합으로 완제품이 만들어지는 한편, 전체 시스템에서 공동 전문화(Co-specialization)를 위해 완제품을 지원하는 보완재의 출시도 가능하다([그림 9.4] 참조).

플랫폼을 완전한 모듈화와 완전한 통합의 중간으로 본다면 바람직한 플랫폼의 모습을 그려볼 수 있다. 첫째, 완전한 제품 통합에 비해 플랫폼의 상대적 강점은 (1) 고객의 욕구가 다양해지고 더 많은 선택지를 원할 때, (2) 제3자가 제공하는 보완재가 품질이 좋고 다양할 때, (3) 통합 없이도 보완재와의 호환성이 높을 때, 그리고 (4) 전반적인 보완재의 제품구조 및 품질에 대한 통제권이 행사될 수 있을 때 높아질 것이다. 이와 달리 완전한 모듈러 시스템보다 플랫폼의 상대적 가치는 (1) 시장

그림 9.4 완전한 통합과 완전한 모듈화를 절충한 플랫폼

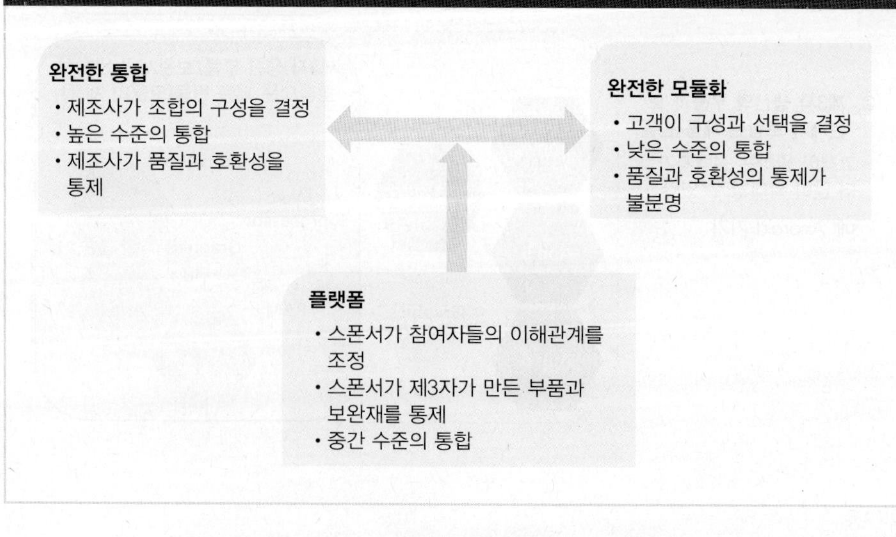

거래의 불확실성이 높아 보완재를 직접 생산해야 할 때, (2) 완제품과 보완재를 동시에 출시할 이점이 존재할 때, 그리고 (3) 시장에서 적절한 품질의 보완재를 구할 수 없어 생태계의 핵심 참여자가 자체 제작을 요구하는 상황에서 높아진다.

비디오 게임 산업은 플랫폼 생태계의 본보기에 해당하는 대표적 사례이다. 달리 말해 콘솔 게임기의 경쟁력은 고품질의 게임 타이틀에 좌우된다. 즉 게임기의 보급이 미진하면 타이틀 개발도 쉽지 않기에 게임기 출시 시점에 타이틀을 직접 개발하거나, 혹은 게임 타이틀 제작을 유인해야 한다. 다만 게임기 하나에서 다양한 게임을 원하는 사용자도 있기에 마이크로소프트, 소니 및 닌텐도는 라이선싱을 통해 3자에게 타이틀 제작을 맡기기도 한다. 대신 라이선싱에 따른 품질과 호환성 확인을 위해 게임 개발자와 독점 계약을 체결하거나, 자사 게임기에 맞게 수정을 요구하기도 한다. 콘솔 제조업체 또한 "베스트" 상에 빛나는 우수한 게임을 만들거나, 게임 콘솔과 타이틀을 묶어 제품을 번들로 판매하거나, 심지어 인기 있는 게임을 집중적으로 광고함으로써 사용자의 주의와 관심을 환기한다. 이를 통해 콘솔 제조업체는 생태계에서 가치를 창출하는 한편, 그 가치를 관리하기도 한다.[32)]

9.6d 장기적 협력 관계의 구축

특정 기업을 위해 특수한 자산의 투자 시 상대방의 기만과 같은 홀드업(holdup) 문제가 나타날 상황에서 경쟁사와의 장기적 제휴 관계를 구축하는 것이 가능한가? GM과 닛산과 같은 기업은 공급업자와 장기적 관계를 통해 어떻게 이익을 창출하는가?

장기적 협력을 지속하기 위해 상대방의 기회주의적 행동을 완화할 수 있는 다양한 전략이 존재한다. 하나는 특수한 자산의 투자를 내세워 상대방에게 담보물을 요구하는 것이며, 또 다른 하나는 상호 신뢰를 형성하기 위한 믿을 수 있는 몰입과 헌신을 유도하는 것이다.[33)]

담보물 설정 **담보물 설정(hostage taking)**은 비즈니스 협상에서 최대한의 몫을 챙기도록 보증하는 수단이다. 미국의 보잉과 노스롭 그루만(Northrop Grumman) 간 지속적 협력은 담보물 설정을 잘 예시해 준다. 노스롭은 보잉의 주요 공급업자로서 항공기 관련 부품을 납품하였다. 또한 특수한 자산의 투자를 바라는 보잉의 요구를 충실히 대변하는 입장에 있을 수밖에 없다. 이러한 투자는 보잉의 교섭력을 높여주어 노스롭 입장에서 공급자 교체라는 위협에 처할 수 있다. 그러나 스텔스 전투기 관련 부품을 노스롭에 공급하는 보잉 측에서 공급자를 변경할 이유는 없다. 왜냐하면 보잉도 노스롭의 요구에 대응하기 위해 특수한 자산에 많은 자본을 투자하고 있었기 때문이다. 결국 양사 모두 특수한 자산의 투자라는 담보물을 설정함에 따라

담보물 설정
협력적 관계에서 각 파트너가 자신의 교섭력을 최대로 행사하기 위해 가치 있는 자원을 서로 공유하는 방식/방법

상호의존성이 높아지게 되었다. 따라서 노스롭이 어떻게 대응할지 잘 아는 보잉으로선 가격을 함부로 올릴 수 없을 것이다.

믿을 만한 헌신
당사자 간 장기적 관계의 발전을 지원할 것을 다짐하는 굳건한 약속이나 서약

믿을 만한 헌신 믿을 만한 헌신(credible commitment)은 파트너 모두 장기적 관계의 지속을 위해 몰입할 준비가 되어 있다는 약속이자 서약이다. 가령 GE와 IBM이 몰입과 헌신을 약속한 방식을 생각해 보자. GE는 자사의 핵심 고객사인 IBM의 요구를 반영한 첨단 반도체 칩을 공급하고 있다. IBM의 특별한 요구를 충족하려고 다른 용도로 활용할 수 없을 정도의 특수한 자산에 대한 투자도 단행하였다. 결과적으로 GE는 IBM이 더 낮은 가격을 요구할지 모르는 위험에 봉착하였다. 이론상 IBM은 공급선 변경을 내세워 납품단가 인하를 강력히 요구할 수 있다. 그러나 GE는 10년에 걸쳐 최첨단 칩을 IBM에 공급하는 장기공급계약을 체결함으로써 관련 위험에서 벗어났다. 게다가 반도체 칩 개발 비용을 IBM과 분담하는 합의를 통해 투자 관련 위험도 낮출 수 있었다. 결국 IBM은 장기계약을 제안하는 한편, 일부 개발비를 분담하기로 약속하면서 GE로부터 칩을 계속 구매할 것이란 확신을 심어주었다. [전략 실행 사례 9.2]에서 상호 간 약속을 지키지 못한 행동이 가져오는 부작용을 확인할 수 있다.

시장 규율의 유지 수직적 통합처럼 내부 계열사를 통한 조달이 비효율적으로 바뀌듯 독립적 부품업체와 맺은 전략적 제휴에서도 시간이 지남에 따라 비효율성이 증가할 위험이 있다. 즉 외부 공급업체는 다른 공급업체와 발주 경쟁을 하지 않아도 되기 때문에 이러한 위험은 상존한다. 결국 상호 호혜성을 내세우는 장기적 제휴라도 파트너 기업을 통제하기 위한 일종의 영향력을 가질 필요가 있으며, 그러한 필요성은 점점 더 증가할 것이다.

제휴에 참여한 공급업자에 영향력을 행사할 수 있는 두 가지 강력한 카드가 존재한다. 첫째, 장기공급을 포함하여 계약은 보통 3~5년 주기로 갱신되는데, 만약 공급업자가 약속을 지키지 못하면 구매업자는 계약 갱신을 거절할 수 있다. 둘째, 공급업자와 장기공급계약을 체결한 구매자는 병렬 소싱정책(parallel sourcing policies)을 활용할 수 있다. 토요타의 소싱 사례처럼 동일한 부품을 둘 이상의 기업으로부터 납품받는 장기공급계약을 활용하는 것이다.[34] 달리 말해 우호적이지 않은 태도를 보이는 공급업자로부터 구매자를 보호하는 수단이다. 만약 계약을 이행하지 않는다면 타사로 공급선을 변경하고 나서 해당 기업에 발주를 몰아줄 수 있다는 점이다. 결국 공급업자 교체를 통지한 후 새로운 공급선을 발굴하는 병렬 소싱정책은 대다수 공급업자의 행동을 규율하는 수단이다.

병렬 소싱정책
기회주의적 행태를 줄이고자 둘 이상의 공급업체에 동일 부품의 소싱을 장기적으로 맡기는 계약이자 정책

최근 들어 비용 절감과 품질 향상을 동시에 달성하라는 요구가 커지는 상황에서 거의 모든 산업에서 전략적 제휴에 참여하라는 압력이 늘고 있다. 비용우위를 보유

전략 실행 사례 9.2

판매자에 대한 이베이의 약속 파기

1995년 설립된 이베이(eBay)는 자사 웹 사이트에 상품을 게시하는 수백만 명의 판매자와 좋은 관계를 유지해 왔다. 그러나 시간이 지나면서 수익과 이익을 위해 사이트 등록, 광고사진 게시 및 페이팔(PayPal) 관련 각종 서비스 수수료를 인상하기 시작하였다. 비록 판매자의 불만에도 불구하고 수백만 명이 넘는 구매자를 유인하여 고객을 늘리면 판매자도 이베이의 높은 수수료를 수용하면서 만족할 것으로 생각하였다.

맥 휘트먼(Meg Whitman) 후임으로 새로운 경영자로 부임한 존 도나휴(John Donahue)는 거대 온라인 유통기업으로 성장시키는 전임 사장의 정책을 변경하였다. 2008년 투자 대비 이베이의 수익성이 정체되면서 주가마저 하락하였다. 이에 존 도나휴는 수익성 개선을 위해 수수료 구조와 피드백 전략을 전면 수정하였다. 즉 새로운 수수료 구조는 판매 물품을 게시하는 수수료를 인하하는 한편, 매출과 지급결제 수수료를 인상하는 내용이었다. 당시 소규모 판매업자의 마진도 줄어드는 상황에서 수수료 인상은 커다란 부담이었다. 심지어 판매자가 고객에 대한 부정적 댓글을 달지 못하는 조치를 발표하였다. 그러나 업계 최초로 도입한 판매자 후기와 같은 피드백시스템은 이베이의 핵심 성공요인의 하나이다. 이러한 피드백은 고객이 평판 높은 판매업자와 거래한다는 확신을 심어주기에 충분했다. 결국 피드백 점수는 소비사와 판매자에게 서로의 신뢰를 확인하는 징표로서 온라인 상거래에 따르는 거래 위험 감소에 기여하였다. 도나휴의 말을 빌리면 고객이 판매자에 대해 부정적 의견을 남기면 이에 판매자도 보복 성격의 부정적 의견을 작성하는 악순환을 사전에 차단함으로써 고객 경험을 강화하기 위한 목적에서 시행한다고 설명하였다.

2009년 이러한 변화로 말미암아 이베이와 수백만 명의 판매자 간 갈등이 발생하였다. 특히 판매자 자신이 훨씬 더 한 피해를 보고 있다는 부정적 인식이 팽배하자 감정싸움으로 확전되었다. 결국 포럼과 블로그를 통해 소규모 판매업자는 찬밥 취급하는 반면, 수익성에 공헌하는 파워 셀러만을 편애한다는 식의 비난 글로 도배되었다. 심지어 이베이와 도나휴를 비난하는 수백만 개의 이메일이 폭주하는 한편, 일부 판매자는 경쟁사인 아마존과 야후로 가겠다는 위협도 서슴지 않았다. 심지어 실망과 분노의 표시로 일주일 동안 상품을 게시하지 않은 사례뿐만 아니라, 실제 아마존으로 옮겨간 판매자도 등장하였다. 2011년 아마존은 월별 검색 건수에서 처음으로 이베이를 추월했다고 주장하였다. 결국 이베이의 전략적 변화는 상호 신뢰를 떨어뜨렸을 뿐만 아니라, 이베이의 성과에 부정적 영향을 미치는 것으로 나타났다.

정리하면 도나휴가 추진한 변화가 역풍을 초래하는 상황에서 원래 계획의 수수료 인상을 철회하는 한편, 후기 작성 시스템도 수정할 수밖에 없었다. 지금은 구매자와 판매자 모두 공정하고 투명한 방식으로 후기를 작성하도록 하고 있다. 결국 양자의 대립은 점차 해소되고 관계가 회복국면에 들어섰지만, 처음의 유대와 공동체 의식은 사라지고 말았다. 다만 아쉬운 점은 수수료 구조 및 피드백시스템 변경 이전에 판매자의 의견을 충분히 청취하고 고민을 해결하려는 노력을 함께 기울였다면 발생한 문제의 상당 부분은 피할 수 있었을 것이다.

출처: www.ebay.com

한 글로벌 공급업자는 주로 말레이시아, 중국 및 한국에 소재하고 있으며, 이들과의 글로벌 제휴 건수는 매년 증가하는 반면, 수직적 통합에 대한 관심은 점점 하락하고 있다.

9.7 아웃소싱을 활용하는 전략적 이유를 설명한다.

9.7 전략적 아웃소싱

핵심 비즈니스모델 강화를 위한 수직적 통합과 전략적 제휴는 서로 다른 산업의 가치사슬을 관리하는 두 가지 전략이다. 그러나 비용우위를 활용하는 공급업자처럼 기업이 수행하는 가치사슬 활동을 탁월하게 수행함으로써 비용우위, 또는 차별화 우위를 달성하는 소싱업체도 존재한다. 앞서 애플 사례에서 중국에 있는 폭스콘 공장에 아이폰 조립을 위탁함으로써 비용 절감과 함께 갑작스러운 설계 변경에도 대응할 수 있는 유연한 생산이 가능하단 점을 알 수 있었다.

전략적 아웃소싱
가치사슬상의 일부 활동을 외부 업체에 맡김으로써 핵심 활동에 집중하는 한편, 성과 향상을 도모하는 의사결정

전략적 아웃소싱(strategic outsourcing)은 기업이 수행하는 가치사슬상의 일부 활동을 독립적 공급업자에게 위탁하는 의사결정이다. 외부 소싱업체는 모든 기술과 지식을 총동원하여 특정의 전문화된 활동에 주력하고 집중한다. 소싱의 대상은 구매, 물류, 제조처럼 전체 기능, 또는 기능별 부서가 수행하는 일부 활동까지 외주를 준다. 보통 기업은 단순 반복적인 급여 관리를 외부에 맡기는 대신, 나머지 인적자원관리(HRM) 활동은 내부에서 수행한다. 결국 기업이 특정 가치사슬 활동을 소싱하는 한편, 핵심 가치사슬 활동을 내부에서 수행하는 전략적 변화는 비즈니스모델을 강화하기 위한 목적이다.

대다수 기업에 통용되는 소싱에 대한 철칙이 있다. 경영자는 경쟁우위의 원천인 차별적 역량이 아닌 "비핵심" 또는 "비전략적" 활동을 소싱한다.[35] 점점 더 많은 기업이 제조 생산, 혹은 다른 가치사슬 활동을 국내외 소싱업체에 맡기는 일이 늘고 있다. 비용 절감의 이점을 가진 전문 소싱업체가 글로벌 판매의 60% 이상에 달하는 제품을 공급할 것으로 추산한다. 글로벌 소싱 전략을 잘 활용하는 기업으로 스포츠 의류 용품의 나이키(Nike), 청바지로 대표되는 패션의류의 갭(Gap), 그리고 콘솔 게임기의 마이크로소프트를 들 수 있다. 이들은 비용우위를 행사하는 전문적 제조업체와 소싱 계약을 체결한 다음 제품을 공급받는다.

지금까지 제조업을 중심으로 전략적 아웃소싱을 설명했지만, 생산 이외의 활동도 얼마든지 외주의 대상이다. 델 컴퓨터와 마찬가지로 마이크로소프트는 오랜 기간 고객 기술지원 서비스를 외부 소싱업체에 맡겨 왔다. 델과 MS 모두 인도의 숙련 근로자를 활용하는 대규모 콜센터를 운영하고 있으며, 미국 근로자보다 훨씬 더 적은 임금을 지급한다. 영국의 BP는 미국의 샌안토니오에 소재한 이그절트(Exult)와 5년간 인적자원 기능을 소싱하는 6억 달러 규모의 계약을 체결했다. 또한 이그절트는 뱅크 오브 아메리카(Bank of America)의 인적자원을 대신 맡아 관리해 주는 10년간 11억 달러의 소싱 계약을 수주하였다. 한편 아메리칸 익스프레스(American Express)는 전사 정보시스템 일체를 IBM에 외주를 맡기는 대가로 7년간 40억 달러를 지불하는 계약을 맺었다.

그림 9.5 주요 가치창출 기능의 전략적 아웃소싱

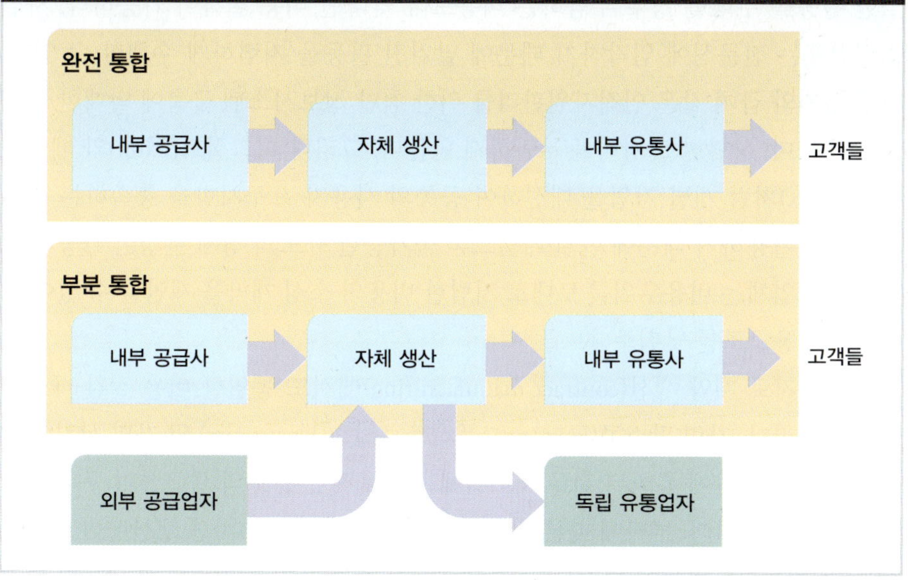

대다수 기업은 비즈니스모델 강화 및 수익성 향상을 위해 전략적 아웃소싱을 즐겨 사용해 왔다. 보통 아웃소싱은 전략적 경영자가 경쟁우위의 원천이 되는 가치사슬 활동을 우선 파악하면서 시작한다. 사실 핵심 활동을 내부적으로 수행하는 이유는 경쟁사의 복제나 모방을 차단할 수 있기 때문이다. 그런 다음 전문 소싱업체를 대상으로 비핵심 활동을 효율적, 효과적으로 수행할 수 있는지를 체계적으로 평가한다. 결국 소싱업체는 비용우위를 활용하여 특정 활동을 차별적으로 수행하면서 비용을 절감할 수 있다. 따라서 전략적 경영자는 비용우위 또는 차별화우위를 보유한 전문기업에게 비핵심적 활동을 맡긴다.

[그림 9.5]는 전략적 제휴의 추진 전후로 가치사슬 활동과 기업의 범위를 보여준다. 보통 기업은 생산과 고객 지원 서비스를 외주업체에 맡기는 반면, R&D, 마케팅 및 영업 기능을 내부에서 수행하는 것으로 나타난다. 일단 외주를 결정하면 소싱업체와 장기공급계약을 체결하여 진행하며 상당한 정보가 상호 간에 공유된다. 결국 소싱처럼 여러 제휴에 참여할수록 기업의 경계와 범위가 불분명해지는 **가상기업**(virtual corporation)으로 발전하기도 한다.[36)]

가상기업
부분 통합처럼 가치창출의 핵심 활동을 소싱함에 따라 외부업체와 함께 재화나 서비스를 공동으로 창출하는 기업으로서 기업 간 경계가 모호한 특성을 나타냄

9.7a 아웃소싱의 장점

전략적 아웃소싱은 다음과 같은 장점을 가지고 있다. (1) 기업의 비용구조를 낮추고, (2) 제품 차별화를 강화하며,[37)] 그리고 (3) 기업의 경쟁우위 지속과 수익성의 근간이 되는 차별적 역량에 집중하도록 도와준다.

비용구조의 하락 가치사슬 활동을 외부 소싱업체에 맡기는 비용이 내부에서 동일한 활동을 수행할 경우 부담하는 비용보다 낮다면 비용 절감이 가능하다. 사실 소싱업체는 전문성에 입각하기 때문에 맡겨진 활동을 저렴하게 수행할 수 있다. 가령 복지와 급여 같은 인적자원관리를 위한 첨단 정보시스템 구축에 막대한 금액이 요구되며, 상당한 고정비를 부담하게 만든다. 그러나 이그절트(Exult)와 페이첵스(Paychex)처럼 개별 기업을 대신하여 공통의 사용자 요구사항을 충족하는 정보시스템을 활용하기 때문에 단일 기업으론 불가능한 규모의 경제 달성이 가능하다. 결국 소싱업체는 비용우위를 토대로 저렴한 비용의 소싱 계약을 제안할 수 있어 고객사의 비용구조를 낮춰준다.

마찬가지로 계약 생산(contract manufacturing)에서도 동일한 비용 절감 메커니즘이 작동한다. 가령 팍스콘(Foxconn), 플렉트로닉스(Flextronics) 및 자빌 서킷(Jabil Circuit)처럼 생산에 특화된 전문 제조업체는 효율적인 규모의 생산설비 구축에 많은 자본을 투자한다. 투자에 따른 비용을 생산량에 따라 배부하면 생산량이 늘어날수록 단위당 생산비용이 줄어든다. 결국 애플의 아이폰처럼 저렴하게 생산된 완제품을 공급받을 수 있다.

소싱 전문업체는 또한 특정 활동을 반복적으로 수행한 경험이 축적되기 때문에 훨씬 가파른 학습효과로 비용을 절감할 수 있다(4장의 학습효과를 참조). 예컨대 플렉트로닉스는 다수 고객사로부터 유사한 제품을 주문받아 대량 생산한다. 양산을 통해 누적 생산량이 증가하면 제조 공정상의 효율성을 높이는 노하우를 습득함으로써 학습효과가 발생한다. 결국 학습효과에 따른 비용우위를 보유한 소싱업체는 고객사에게 합리적 수준의 공급단가를 제안할 수 있다.

또한 소싱 전문업체는 풍부한 노동력과 저렴한 인건비처럼 입지 경제의 활용도 가능하기에 저렴한 비용으로 위탁받은 활동을 수행할 수 있다. 가령 아이폰 완제품을 위탁생산하는 중국의 팍스콘 공장 노동자가 받는 일당은 17달러 정도지만, 만약 미국 생산을 고집했다면 아이폰의 생산비용은 65달러나 상승할 것으로 추산한다.[38] 나이키도 임금 수준이 훨씬 낮은 중국 업체로부터 저렴한 운동화를 공급받는다. 2010년 이래 중국의 임금 수준이 두 배 증가했음에도 불구하고, 현지 업체는 여전히 미국의 생산자보다 비용우위를 토대로 저렴한 신발을 제조하고 있다. 중국에서 운동화를 생산할 공장의 설립은 나이키에겐 일도 아니지만, 많은 투하자본을 요할 뿐만 아니라, 입지 경제를 지닌 또 다른 국가로 생산기지를 옮기는 것이 쉬운 일은 아니다. 그럼에도 불구하고 중국보다 임금 수준이 훨씬 낮은 베트남으로 다국적 기업의 생산공장이 재배치되고 있다. 결국 나이키 같은 소비재 기업은 생산 활동의 소싱을 통해 인건비처럼 고정비의 부담을 줄이고자 한다.

차별화의 강화 기업은 핵심적이지 않은 활동을 소싱함으로써 완제품의 차별화 수준을 제고한다. 달리 말해 내부 계열사보다 동일한 활동을 외부 소싱업체에 맡겨 만든 제품의 품질수준이 높아야 한다. 가령 계약 생산을 전문적으로 수행해 본 소싱업체일수록 차별적 역량의 개발과 축적에 매진한 결과 불량률이 줄고 품질의 신뢰성은 높아진다. 결국 플렉트로닉스 같은 기업은 식스시그마 방법론을 활용하여(4장 내용 참조) 제품생산 시 발생하는 불량률을 상당한 수준으로 감소시켰다. 결국 전문 제조업체는 고객사에 신뢰성이 높은 제품을 제안하는 한편, 우수한 품질수준의 차별화도 가능하단 점을 어필할 수 있다.

한편 고객사는 탁월한 역량의 소싱업체를 발굴하여 생산을 맡김으로써 제품의 품질수준을 제고한다. 예컨대 미국에서 탁월한 고객 서비스의 제공은 델 컴퓨터가 보유한 차별화 수단이었으나, 지금은 컴퓨터 수리, 유지보수 기능을 전문업체에 외주를 맡기고 있다. 만약 제품 구매 후 발생된 문제를 전화상으로 신속히 해결할 수 있다면 부품 결함의 문제에도 불구하고 담당자는 수일 내에 고객 집을 방문하여 고장난 부품을 교체해 줄 것이다. 결국 탁월한 응대 서비스는 델의 제품을 차별화시키는 수단이자, 반복 구매로 이어질 수 있다. 마찬가지로 HP는 델의 서비스 품질을 모방하기 위해 상당한 노력을 기울인 바 있으며, 완성차 업체도 차량용 반도체처럼 특정한 설계에 전문화된 기업에 소싱을 맡기고 있다.

핵심 사업의 집중 전략적 소싱의 마지막 이점은 경쟁우위 창출을 위해 열정과 역량을 의미 있게 활용하도록 만든다. 즉 내부적으로 핵심역량을 강화하는 한편, 가치 곡선을 확대하여 고객에게 더 많은 가치를 제공할 기회를 마련해 준다. 가령 시스코는 통신과 네트워크 라우터에서 시장 지배적 사업자로 군림한다. 즉 제품설계, 마케팅과 영업, 그리고 공급사슬관리에 자사의 핵심역량을 집중시킨 결과이다. 결국 경쟁우위의 창출과 유지를 위해 핵심 활동에 주력하는 기업은 활동에 따른 비용을 줄이는 동시에, 차별화된 제품의 출시에 탁월한 능력을 발휘할 수 있다.

9.7b 아웃소싱에 따른 위험

외부 전문업체에 믿고 맡기는 소싱도 다음의 위험을 안고 있다. 특정 활동을 소싱하는 상황에서 소싱업체가 터무니없는 가격을 요구(holdup)하거나, 핵심 정보가 누락될 가능성에 직면할 수 있다. 결국 전략적 경영자는 가치사슬 활동의 소싱에 따른 잠재적 위험을 제대로 확인해야 한다. 다음 장에서 논의할 예정이지만 적절한 단계를 거쳐 예상되는 위험을 올바로 평가하고 조치해야 한다.

홀드업 문제 홀드업은 가치사슬 활동을 대신 수행하는 소싱업체에 대한 의존도가 높아지는 상황에서 발생한다. 즉 상호 합의를 거쳐 정해진 납품단가를 갑자기

인상함으로써 소싱을 악용할 수 있는 위험이다. 전략적 제휴의 토요타 및 시스코 사례에서 보듯 홀드업의 문제는 동일 제품을 다수 소싱업체에 맡기는 병렬 소싱(parallel sourcing) 정책을 활용하면 줄일 수 있다. 동일한 가치사슬 활동을 잘 수행하는 또 다른 소싱업체로 공급선 변경에 대한 시그널은 구매자에 대한 교섭력 우위를 상쇄시킬 수 있다. 예컨대 IBM은 자사의 정보시스템 관리를 여러 업체에 맡기는 장기계약을 체결하고 있는 상황에서 일방적 수수료 인상은 전혀 권장되지 않는 시도이다. 즉 소싱업체의 기회주의적 행동은 향후 위탁관리 계약의 갱신이 불가능할 수 있음을 암시한다. 결국 정보기술 서비스산업에서 액센츄어(Accenture), 캡제미니(Capgemini) 및 HP와 경쟁하는 상황에서 장기공급 관계는 고객사에 차별적 가치를 제공하는 강력한 수단이란 점을 소싱업체도 알고 있다.

경쟁자의 출현 소싱을 통해 누리는 비용 절감의 효과는 진입장벽처럼 산업의 보편적 성공요인에 불과하다. 즉 저비용과 고품질을 제안하는 전문 소싱업체나 계약 생산업자가 넘쳐나는 산업에서 기업의 규모가 경쟁으로부터 자신을 보호해 주지 못한다는 점을 알고 있다. 즉 자본투자에 따른 고정자산의 보유는 더 이상 경쟁우위의 원천이 아니라, 오히려 제약요인이다.[39] 소싱으로 지불하는 돈이 전문 제조업체의 학습효과를 개선시키는 의도하지 않은 결과를 초래하기도 한다. 결국 시간이 지나면 고객사보다 소싱업체의 생산능력이 향상될 수밖에 없다. 거의 모든 산업에서 계약 생산업자는 부품 조달, 제품 재설계, 시험·검사, 포장 및 고객 서비스에 이르기까지 기업의 활동과 서비스 범위를 확장해 간다. 결국 계약 생산업자가 직접 완제품을 생산함으로써 기존 고객사와 경쟁하는 위치에 올라서기도 한다. 일례로 미국과 유럽의 가전업체를 대신해 위탁생산으로 시작한 한국과 일본의 전문 소싱업체 중에서 대기업으로 성장한 사례가 말해주는 교훈이다.

정보 및 학습 기회의 상실 소싱에 대한 지나친 의존은 고객사의 주의력을 저하시키는 한편, 중요한 경쟁 정보를 상실하게 만들 수 있다. 지금까지 상당수 컴퓨터 HW 및 SW 기업은 고객을 위한 기술지원 서비스를 외부 소싱업체에 맡겼다. 비록 소싱이 비용 절감과 차별화 제고의 이점을 주는 대안이지만, 고객과 상호작용이 가능한 접점을 잃을 수도 있다. 왜냐하면 고객의 불만과 요구사항은 그 자체로 유용한 정보로서 제품의 재설계에 반영할 수 있는 정보의 원천이기 때문이다. 만약 기술적 지원 서비스를 대신 수행하는 소싱업체가 고객의 목소리를 정확히 전달하지 않는다면 고객사로선 핵심 정보의 누락을 알 수 없다. 게다가 전문 소싱업체는 생산원가를 절감하거나 제품의 신뢰성 개선에서 습득한 암묵적 지식을 축적할 수 있다. 이러한 제조 공정상 지식의 습득이 불가능한 기업은 향후 제품개선을 위한 재설계조차 할 수 없는 말 그대로 "속빈 강정(hollow)"으로 전락한다.[40] 결국 소싱 자체의 반대가 아니라, 오히려 소싱업체와 쌍방향 의사소통의 중요성을 강조하는 것이다. 예컨대 기술지원과 유지보수를 맡은 소싱업체를 통해 제품 실패 등의 문제를 알고 있던 델 컴퓨터는 제품의 재설계에 착수할 수 있었다.

핵심용어

개선도 테스트(better-off test) 333
진입비용 테스트(cost-of-entry test) 334
수평적 통합(horizontal integration) 335
인수(acquisition) 335
합병(merger) 336
결합상품(product bundling) 337
교차판매(cross-selling) 337
수직적 통합(vertical integration) 342
홀드업(holdup) 345
부분 통합(tapered integration) 345
수직적 분리(vertical disintegration) 347
이전가격(transfer prices) 348
준통합(quasi integration) 349
전략적 제휴(strategic alliances) 350
모듈화(modularity) 351
표준화된 인터페이스(standardized interface) 352
플랫폼 생태계(platform ecosystem) 352
담보물 설정(hostage taking) 355
믿을 만한 헌신(credible commitment) 356
병렬 소싱정책(parallel sourcing policy) 356
전략적 아웃소싱(strategic outsourcing) 358
가상기업(virtual corporation) 359

전략적 경영자를 위한 시사점

1. 기업전략은 전사, 혹은 둘 이상의 사업부가 비용우위를 달성하거나, 프리미엄 가격을 받는 차별화를 수행하도록 지원해야 한다.
2. 수평적 통합의 전략은 다음과 같이 비즈니스모델의 수익성 창출에 이바지한다. (a) 비용 절감, (b) 차별화에 의한 기업 가치 향상, (c) 비스니스모넬의 복제, (d) 출혈경쟁을 자제시키는 경쟁압력의 조절, 그리고 (e) 구매자나 공급자에 대한 교섭력의 강화에 있다.
3. 수평적 통합에 따른 두 가지 문제점이 있다. (a) 인수합병과 관련된 문제, (b) 독점을 규제하는 정부 당국과의 갈등에 노출될 수 있다.
4. 수직적 통합은 해당 기업이 속한 산업에서 "핵심" 비즈니스모델의 수익성 창출을 목적으로 한다. 즉 진입장벽의 구축, 특수한 자산에 대한 투자, 제품 품질의 보장, 그리고 가치사슬상 상류/하류 부문과의 시너지 효과를 통한 경쟁우위 창출에 도움을 준다.
5. 수직적 통합의 단점은 다음과 같다. (a) 내부 공급사의 효율성이 떨어지면 관료주의 비용이 발생하고, (b) 가장 높은 가치를 창출하는 자원과 능력에 집중하지 못하며, (c) 환경변화에 대한 대응력이 떨어진다. 한편 장기공급계약은 통합에 따른 관료주의 비용을 부담하지 않으면서 수직적 통합의 또 다른 이점을 누릴 수 있다. 다만 파트너에 대한 의존성이 높아지는 위험을 피하려면 믿을 만한 헌신을 유도하거나, 혹은 상호 간 담보물 설정이 필요하다.
6. 제품 전반에 걸쳐 고품질의 보완재가 요구된다면 제3자를 통해 보완재를 공급받을 수 있다. 보완재를 제공하는 공급자는 플랫폼 사업자와 라이선싱 계약을 체결하는 한편, 플랫폼 사업자는 고객을 위한 가치 창출이 되도록 생태계의 관리에 주력할 수 있다.
7. 핵심역량이 아닌 활동을 외부 업체에 맡기는 전략적 아웃소싱은 비용 절감, 차별화 강화, 희소자원 활용, 그리고 시장 변화에 신속한 대응이 가능하도록 도움을 준다. 다만 핵심적 활동을 외주로 돌리거나, 해당 활동을 대신 수행하는 소수 공급자에 대한 의존도가 높아지면 오히려 부작용에 시달리기도 한다.

토론 과제

1. 어떤 상황에서 수직적 통합이 수익성에 부정적 영향을 주는지 말해보시오.
2. 산업 및 기업의 가치사슬 간에 존재하는 차이점을 말해보시오. 그렇다면 수직적 통합과 산업의 가치사슬 사이에 어떤 관계가 있는지 설명하시오.
3. 과거 GM과 포드가 부품공급을 위해 후방통합을 선택한 이유를 말해보고, 지금 양사가 외부로부터 부품을 조달하는 이유를 설명하시오.
4. 산업에서 플랫폼 생태계가 지배적 위치를 차지하는 시점을 말해보고, 특정한 생태계가 상대적 우위를 점하기 위한 조건을 설명하시오.
5. 어떤 활동을 외부 업체에 맡길 것인지 말해보고, 소싱을 통해 발생할 수 있는 위험을 설명하시오.
6. 공급자와 상호 신뢰의 장기적 협력 관계를 구축하기 위해 권장할 만한 대안을 고민해 보고 제시하시오.

마무리 사례

2022년의 넷플릭스

2022년 현재 넷플릭스는 전 세계에서 2억 2천 2백만 명의 구독자를 확보하였다. 2021년 기준 매출액 약 300억 달러, 영업이익은 전년 대비 85% 증가한 51억 달러를 기록하였다. 특히 2022년 1분기 전반적으로 주식시장이 약세였음에도 불구하고 글로벌 구독자가 증가한 결과 2021년 말 기준 시가총액 3,000억 달러 돌파는 투자자를 흥분시키기에 충분했다.

1997년 설립 시 비즈니스모델은 우편으로 DVD 영화를 대여하거나 판매하는 것에서 출발했다. 즉 고객이 온라인에서 영화를 신청하면 우편으로 받고 시청한 다음 다시 보내는 모델이다. 얼마 지나지 않아 오프라인의 강자인 블록버스터(Blockbuster)처럼 편당 대여료에서 구독료 산정 방식으로 전환하였다. 즉 고객은 한꺼번에 많은 영화를 대여할 수 있는지, 혹은 연체료를 내지 않고 대여 가능한지 등을 놓고 다양한 옵션의 구독료를 택하면 된다. 결과적으로 구독료 방식이 많은 인기를 얻은 결과, 2005년까지 하루에 백만 개의 영화 DVD를 우편으로 발송할 수 있었다.[41)]

넷플릭스 사이트의 현저한 특징의 하나는 구독자 추천 시스템이다. 회원이 영화를 빌려 보고 시청 후기를 게시하도록 유인하였다. 이를 통해 고객의 취향을 고려한 추천 영화 소개가 가능할 정도로 고객 DB가 축적되었다. 만약 고객이 "잃어버린 세계를 찾아서"(Journey to the Center of the Earth)에 5점을 부여한다면 해당 고객에게 미이라, 인디애나 존스 및 잉크하트와 같은 모험 영화를 추천해 준다.

이처럼 고객 맞춤형 추천 서비스에 대한 인기가 높아지면서 기존의 오프라인 비디오 대여점은 설 자리를 잃는 사태에 직면하였다. 즉 방대한 영화 목록 중에서 고객을 위한 영화를 온라인으로 추천하고 광고하는 한편, 협상력의 우위에 기반한 저렴한 콘텐츠의 제공은 도저히 오프라인 매장이 따라갈 수 없는 독보적 우위였다. 심지어 넷플릭스 독자들에게 저예산 독립영화를 소개하는 핵심 채널로 인식되면서 수많은 제작자와 형성한 밀접한 관계는 돈으로 따질 수 없는 자산이었다.

2007년 온라인 시청을 선호하는 고객이 급증하자 동영상 스트리밍 서비스를 제공하기 시작했다. 또한 2011년 하우스 오브 카드(House of Cards)와 릴리해머(Lilyhammer)로 유명한 오리지널 시리즈물을 독점 공급하는 유통사를 인수하였다. 결국 2013년 마블 텔레비전, 드림웍스와 공동으로 오리지널 콘텐츠를 직접 만드는 제작사로 탈바꿈하였다. 마침내 2017년부터 넷플릭스 스튜디오 오픈을 계기로 TV 드라마에서 잔뼈가 굵은 작가와 프로듀서를 영입하여 오리지널 콘텐츠를 본격적으로 제작하고 있다.[42]

지금까지 대여 서비스부터 자체 콘텐츠 제작까지 아우르는 넷플릭스의 수직적 통합은 정해진 수순의 일환이다. 사실 영화와 TV 부문 제작은 유통과 상당히 다른 기술, 장비, 스태프 및 경험이 요구된다. 결과적으로 제작과 유통까지 다하는 문어발 사업자라는 세간의 의혹을 불식시킬 만큼 넷플릭스는 잘하고 있다.

지금까지 고객 데이터베이스의 꾸준한 축적으로 고객이 좋아하는 영화와 장르를 추천하는 한편, 팔로워 수가 급증한 떠오르는 스타 및 역량 있는 신생 제작사를 누구보다 잘 알고 있다. 독립 제작사 및 배우와의 끈끈한 유대 관계는 독창적 제작 역량과 우수한 콘텐츠 생산의 원천이며, 결과적으로 상호 신뢰로 확대 발전되었다. 대중적 음악 사이트, 링어(The Ringer)의 작가인 션 페네시(Sean Fennessey)는 대형 영화사로부터 충분한 지원을 받지 못한 경험을 가진 제작자라면 넷플렉스의 존재가 특별하게 다가왔을 것으로 보았다. 결국 "할리우드의 '모 아니면 도'라는 비즈니스 방식에 지친 영화인에게 마치 넷플릭스는 상처에 바르는 연고처럼 생각되었을 것이다"라는 코멘트를 남겼다.[43]

넷플릭스는 또한 오리지널 시리즈를 기획하고 최고의 콘텐츠를 제작하는 명성을 지키기 위해 자사의 유통망을 적극 활용한다. 넷플릭스의 콘텐츠 담당 책임자(chief content officer)인 테드 사란도스(Ted Sarandos)의 말을 빌리면 "우리가 확실히 잘하는 것은 탁월한 역량을 소유한 평판, 유명인과 맺은 공동운명체 의식, 그리고 인기 있는 콘텐츠를 양산하는 플랫폼을 지켜나가는 일이다"라고 언급하였다.

더군다나 방금 만든 영화에서 단기 이윤을 바라는 메이저 영화사와 달리, 넷플릭스는 다양한 원천의 콘텐츠로부터 수익을 창출하고 있다. 대중의 인기를 얻은 독점 콘텐츠는 신규 회원 창출과 기존 회원 유지에 기여하였다. 또한 대규모 회원에게 제공하는 오리지널 콘텐츠의 확대는 외부 제작사에 지급하는 콘텐츠 사용료 감소에 도움이 되었다. 결국 넷플릭스의 경쟁우위 창출과 유지의 원천으로 작용하였다.

2021년 한해에만 오리지널 콘텐츠 제작을 위해 52억 달러를 투자한 결과 150편의 작품을 만들어 세계 최대 제작사로 부상하였다. 2022년 지금까지 총 2,400편 이상의 오리지널 콘텐츠를 제작하여 공급하고 있다.

참고문헌

[1]Volkswagen Press Release, July 7, 2022.

[2]Interview with Michael Liedtke, Chief Commercial Officer of Zeta Energy, July 12, 2022.

[3]F. Lambert, "Tesla Is Now Claiming 35% Battery Cost Reduction at 'Gigafactory 1' – Hinting at Breakthrough Cost Below $125/ kWh," *Electrek*, February 18, 2017.

[4]M. Wayland, "Automakers Are Spending Billions to Produce Battery Cells for EVs in the U.S.," CNBC, October 19, 2021.

[5]"Volkswagen to Invest $20 bln in Building Own EV Batteries," Nasdaq RTTNews, July 7, 2022.

[6]http://mediaroom.jetblue. com/investor-relations/press-relea ses/2022/07-28-2022-113040248.

[7]J Kwoka and E. Shumilkina, "The Price Effect of Eliminating Potential Competition: Evidence from an Airline Merger," *Journal of Industrial Economics* 58 (2010): 767.

[8]K. Hüschelrath and K Müller, "Market Power, Efficiencies, and Entry Evidence from an Airline Merger," *Managerial and Decision Economics* 36 (2015): 239.

[9]M. A. Schilling, "Potential Sources of Value in Mergers and Their Indicators," *Antitrust Bulletin* 26 (2018): 183–197.

[10]J. Mouawad, "Delta-Northwest Merger's Long and Complex Path," *New York Times*, May 18, 2011.

[11]Ibid.

[12]J. Bailey, "Delta and Northwest Promote Benefits of Merger," *New York Times*, April 15, 2008.

[13]D. Reed and M. Adams, "Delta, Northwest Executives Tout Merger," *USA Today*, April 16, 2008.

[14]Schilling, "Potential Sources of Value in Mergers and Their Indicators."

[15]M. A. Schilling, "The Top 4 Reasons Most Acquisitions Fail," *Inc*., May 18, 2018.

[16]M. Ceccagnoli, C. Forman, P. Huang, and D. J. Wu, "Cocreation of Values in a Platform Ecosystem: The Case of Enterprise Software," *MIS Quart* 36:1 (2012): 263–290; A. Gawer, "Bridging Differing Perspectives on Technological Platforms: Toward an Integrative Framework," *Res Pol* 43:7 (2014): 1239–1249; M. G. Jacobides, T. Knudsen, and M. Augier, "Benefiting From Innovation: Value Creation, Value Appropriation and the Role of Industry Architectures," *Res Pol* 35:8 (2006): 1200–1221; J. Rietveld, M. A. Schilling, and C. Bellavitis, *Platform Strategy: Managing Ecosystem Value Through Selective Promotion of Complements*. New York University working paper, 2018; M. A. Schilling, "Towards a General Modular Systems Theory and Its Application to Interfirm Product Modularity," *Academy of Management Review* 25 (2000): 312–334.

[17]M. A. Schilling, "Quirky: The Remarkable Story of the Traits, Foibles, and Genius of Breakthrough Innovators Who Changed the World," New York: Public Affairs, 2018.

[18]Schilling, "Towards a General Modular Systems Theory and Its application to Interfirm Product Modularity."

[19]R. Garud and A. Kumaraswamy, "Technological and Organizational Designs for Realizing Economies of Substitution," *Strategic Management Journal* 16 (1995): 93–109.

[20]Rietveld, Schilling, and Bellavitis, *Platform Strategy: Managing Ecosystem Value Through Selective Promotion of Complements*.

[21]M. A. Schilling, *Strategic Management of Technological Innovation*, 6th ed. (Boston: McGraw Hill, 2019).

[22]이것은 챈들러 주장의 핵심이다. A. D. Chandler, *Strategy and Structure* (Cambridge: MIT Press, 1962). The same argument is also made by J. Pfeffer and G. R. Salancik, *The External Control of Organizations* (New York: Harper & Row, 1978). See also K. R. Harrigan, *Strategic Flexibility* (Lexington: Lexington Books, 1985); K. R. Harrigan, "Vertical Integration and Corporate Strategy," *Academy of Management Journal* 28 (1985): 397–425; and F. M. Scherer, *Industrial Market Structure and Economic Performance* (Chicago: Rand McNally, 1981).

[23]O. E. Williamson, *The Economic Institutions of Capitalism* (New York: Free Press, 1985). 이 프레임워크를 사용한 최신실증연구는 다음을 참조할 수 있다. L. Poppo and T. Zenger, "Testing Alternative Theories of the Firm: Transaction Cost, Knowledge Based, and Measurement Explanations for Make or Buy Decisions in Information Services," *Strategic Management Journal* 19 (1998): 853–878.

[24]Williamson, *Economic Institutions of Capitalism*.

[25]J. M. deFigueiredo and B. S. Silverman, "Firm Survival and Industry Evolution in Vertically Related Populations," *Management Science* 58 (2012): 1632–1650; D. He and J. A. Nickerson, "Why Do Firms Make and Buy? Efficiency, Appropriability and Competition in the Trucking Industry," *Strategic Organization* 4 (2006): 43–69.

[26]www.mcdonalds.com.

[27]Ibid.

[28]A. D. Chandler, *The Visible Hand* (Cambridge: Harvard University Press, 1977).

[29]Harrigan, *Strategic Flexibility*, pp. 67–87. See also A. Afuah, "Dynamic Boundaries of the Firm: Are Firms Better Off Being Vertically Integrated in the Face of a Technological Change?" *Academy of Management Journal* 44 (2001): 1121–1228.

[30]K. M. Gilley, J. E. McGee, and A. A. Rasheed, "Perceived Environmental Dynamism and Managerial Risk Aversion as Antecedents of Manufacturing Outsourcing: The Moderating Effects of Firm Maturity," *Journal of Small Business Management* 42 (2004): 117–134; M. A. Schilling and H. K. Steensma, "The Use of Modular Organizational Forms: An Industry-Level Analysis," *Academy of Management Journal* 44 (2001): 1149–1169.

[31]X. Martin, W. Mitchell, and A. Swaminathan, "Recreating and Extending Japanese Automobile Buyer- Supplier Links in North America," *Strategic Management Journal* 16 (1995): 589–619; C. W. L. Hill, "National Institutional Structures, Transaction Cost Economizing, and Competitive Advantage," *Organization Science* 6 (1995): 119–131.

[32]Williamson, *Economic Institutions of Capitalism*. See also J. H. Dyer, "Effective Inter-Firm Collaboration: How Firms Minimize Transaction Costs and Maximize Transaction Value," *Strategic Management Journal* 18 (1997): 535–556.

[33]Richardson, "Parallel Sourcing."

[34]W. H. Davidow and M. S. Malone, *The Virtual Corporation* (New York: Harper & Row, 1992).

[35]J. Krane, "American Express Hires IBM for $4 Billion," *Columbian*, February 26, 2002, p. E2; www.ibm.com.

[36]Ibid.; see also H. W. Chesbrough and D. J. Teece,

"When Is Virtual Virtuous? Organizing for Innovation," *Harvard Business Review* (January–February 1996): 65–74; J. B. Quinn, "Strategic Outsourcing: Leveraging Knowledge Capabilities," *Sloan Management Review*, Summer 1999, pp. 9–21.

[37]C. Duhigg and K. Bradsher, "How the U.S. Lost Out on iPhone Work," *New York Times*, January 21, 2012, p. 1.

[38]Schilling and Steensma, "The Use of Modular Organizational Forms."

[39]R. Venkatesan, "Strategic Sourcing: To Make or Not to Make," *Harvard Business Review* (November–December 1992): 98–107.

[40]G. McDermott, R. Mudambi, and R. Parente, "Strategic Modularity at the Architecture of Multinational Firms," *Global Strategy Journal* 3 (2013): 1–7; and MC Becker and F. Zirpoli, "Organizing New Product Development: Knowledge Hollowing-Out and Knowledge Integration—the FIAT Auto Case," *International Journal of Operations & Production Management* 23 (2003): 1033–1061.

[41]S. Ramachandran and I. Moise, "Netflix Subscriber Growth Tops Expectations," *The Wall Street Journal*, April 16, 2018.

[42]"Movies to Go," *The Economist*, July 7, 2005.

[43]L. Shaw, "Netflix Aims to Make the Next Great Hollywood Studio," *Chicago Tribune*, September 15, 2017.

Chapter 10

기업수준 전략: 관련 및 비관련 다각화

학습목표

10.1 전략으로서 다각화를 정의한다.

10.2 다각화를 통해 회사의 수익성을 높일 수 있는 5가지 주요 방법을 설명한다.

10.3 관련 다각화와 비관련 다각화에 기초하여 다중 비즈니스모델 간 차이를 구분한다.

10.4 다각화의 단점을 토론한다.

10.5 기업이 관련 또는 비관련 다각화를 선택하는 이유를 살펴본다.

10.6 사내 신규 벤처의 장단점에 대해 토론한다.

10.7 새로운 산업에 진출하는 방법으로서 인수의 장단점에 대해 토론한다.

10.8 회사가 새로운 산업으로 진입하기 위하여 사용하는 방법으로서의 합작투자의 장단점에 대해 토론한다.

10.9 회사가 탈다각화할 수 있는 4가지 방식을 설명한다.

첫머리 사례

유나이티드 테크놀로지스에서 레이시온 테크놀로지스로의 전환

유나이티드 테크놀로지스(United Technologies)는 상업용 항공기, 군용 항공우주 및 방위, 엘리베이터, 냉난방 시스템, 보안 제품, 기타 상업용 빌딩 시스템 등의 사업을 영위하는 미국의 다국적 대기업이었다. 대부분의 사업체가 코네티컷주 파밍턴 근처에 밀집되어 있고, 투자자들이 대기업의 분사를 요구하기 시작했을 때에도 사업 다각화를 성공적으로 실천한 몇 안 되는 미국 기업 중 하나로 오랫동안 꼽혔다. 하지만 2018년 유나이티드 테크놀로지스의 CEO인 그레고리 헤이즈(Gregory Hayes)가 유나이티드 테크놀로지스가 독립적이고 보다 전문화된 회사로서 더 큰 가치를 가질 수 있다고 발표하면서 모든 것이 바뀌었다.

유나이티드 테크놀로지스의 설립 및 성장

유나이티드 테크놀로지스의 탄생 스토리는 독특하다. 1930년대에 미국의 주요 항공사들이 우편물 배달을 통제하기 위해 담합을 했다는 사실이 조사 결과 밝혀졌다. 이 스캔들과 그에 따른 1934년 항공 우편법 제정으로 인해 수직적으로 통합된 United Aircraft and Transport Corporation(UATC)이 세 개의 회사로 분리되었다: 항공 사업 부문은 United Air Lines Transportation Company(훗날 유나이티드 항공으로 간단히 알려짐)로, 미시시피 강 동쪽의 제조 사업 부문(특히, Pratt & Whitney, Chance Vought, Sikorsky)은 United Aircraft Manufacturing Company(궁극적으로 유나이티드 테크놀로지스로 알려짐)로, 미시시피 서쪽의 제조 사업 부문은 보잉 항공기 제조사가 되었다.

유나이티드 항공기 제조 회사(United Aircraft Manufacturing Company)는 1940년대에 거의 무한대의 군용 항공기 및 항공기 엔진 수요에 부응하며 빠르게 성장했다. 그러나 1974년 해리 그레이(Harry Gray)가 CEO가 될 때까지는 비교적 다각화되지 않은 채로 남아있었다. 그레이는 주로 인수를 통해 회사를 여러 첨단 기술 분야로 다각화하기 시작했다. 그는 회사 이름을 유나이티드 테크놀로지스로 변경했다. 그레이의 사업 다각화 전략은 부분적으로는 군사 계약에 지나치게 의존하지 않기 위해 회사의 민간 사업을 강화하려는 시도였다. 유나이티드 테크놀로지스는 1976년 오티스 엘리베이터(Otis Elevator)를 인수한 데 이어 1979년에는 캐리어 냉장(Carrier Refrigeration)을 인수했다. 이후 40년 동안 회사는 점점 더 큰 규모로 성장하여 세계에서 가장 잘 알려진 대기업 중 하나가 되었다.

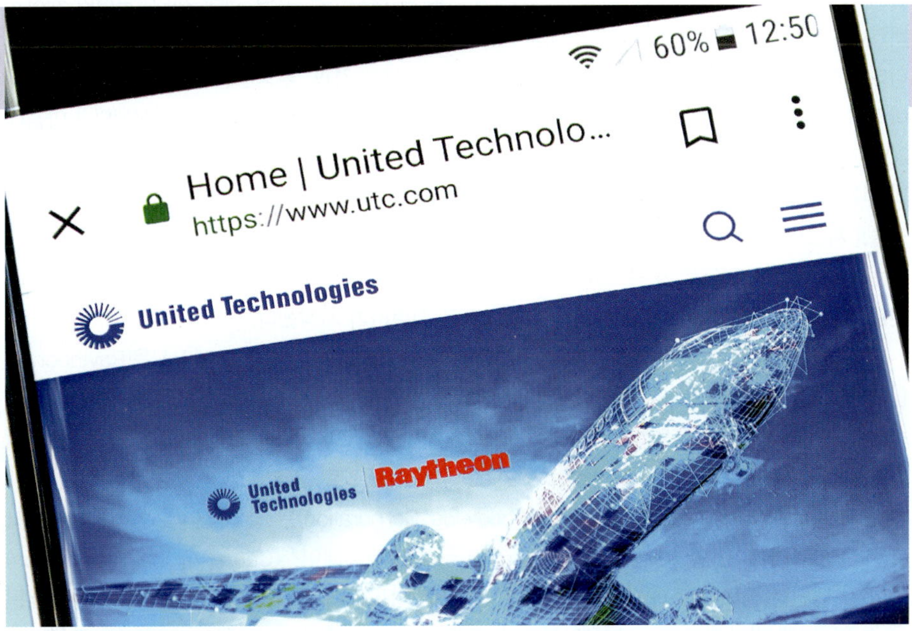

madamF/Shutterstock.com

유나이티드 테크놀로지스의 사업 대부분은 항공우주와 빌딩 시스템이라는 두 가지 주요 그룹에 속해 있었다. 수년에 걸쳐 항공우주 그룹에는 시코르스키 항공기(Sikorsky aircraft), 프랫앤휘트니 엔진(Pratt & Whitney Engines), 해밀턴 선드스트랜드(Hamilton Sundstrand)와 굿리치(Goodrich)의 합병으로 탄생한 UTC 항공우주 시스템(UTC Aerospace Systems) 등이 포함되었다. 빌딩 시스템 그룹에는 오티스 엘리베이터 및 에스컬레이터, 캐리어, 난방 및 냉방 솔루션 업체인 노레스코(NORESCO), 화재 감지 및 보안 사업 기업들인 Chubb, Kidde, Edwards, Fenwal, Marioff, Supra, Interlogix, 비즈니스 자동화 시스템을 개발하는 기업들인 Automated Logic, Onity, Lenel, UTEC 등이 포함되었다.

오랜 기간에 걸친 사업 다각화 과정에서 경영진은 사업 전반에 걸친 자본 배분의 효율성과 '경쟁력 우수성 달성(Achieving Competitive Excellence: ACE)'이라는 공유된 종합 품질 관리 프로그램(Total Quality Management)을 지정하며 이러한 움직임을 정당화했다. ACE는 품질과 신뢰성을 개선하는 동시에 비용을 절감하려는 목적으로 제품 생산 방식의 모든 측면을 분석하기 위해 회사 전체에서 사용되는 일련의 작업과 절차였다. 적어도 원칙적으로는 모토롤라, 허니웰, GE와 같은 회사에서 사용하는 식스 시그마 시스템(Six Sigma System)과 유사했다. 특히 잭 웰치(Jack Welch)는 GE의 사업 다각화 전략에 식스 시그마를 핵심으로 삼았다.

그러나 투자자들이 더욱 정교해지고 자본 시장이 기업에 자본을 배분하는 방식이 더욱 강력해짐에 따라 대기업 모델은 점점 더 많은 공격을 받게 되었다. 투자자들은 기업 내 사업 간의 교차 보조가 외부 자본 시장의 효율성과 경쟁할 수 있는지, 그리고 다양한 종류의 사업들이 품질 통제 과정을 실행하기 위해 집합적으로 소유되어야 하는지에 대해 의문을 갖기 시작했다. 많은 사람들은 사업부를 분리하면 더 유연하게 운영할 수 있고 각 사업부의 가치를 더 투명하게 파악할 수 있다고 주장했다. 유나이티드 테크놀로지스의 각 사업부는 고객, 제조 자산, 심지어 유사한 비즈니스모델조차 공유하지 않았다. 행동주의 투자자 댄 로브(Dan Loeb)는 2018년 중반에 유나이티드 테크놀로지스를 "모든 요소를 종합적으로" 분석한 결과, 주당 내재가치 190~210달러에 비해 주당 124달러로 동종 기업 대비 상당히 할인된 가격에 거래되고 있다고 지적했다.[1] 마침내 2018년, 그레고리 헤이스 CEO도 이에 대해 인정했다. 그는 *포춘(Fortune)* 컨퍼런스에서 이사회와 투자자들이 질문을 해왔다면서 다음과 같이 말했다. "이 비즈니스가 대기업인 유나이티드 테크놀로지스의 일부로 더 좋을까? 아니면 독립적이고 집중적인 비즈니스로 더 좋을까? … 내 견해는 집중이 궁극적으로 성공으로 이어진다는 것이다."[2] 연말이 되자 경영진은 대기업을 보다 전문화된 회사로 분할하는 프로세스를 적극적으로 계획하기 시작했다.

2020년 4월 1일, 유나이티드 테크놀로지스는 전자 및 레이더 회사인 레이시온(Raytheon)과 합병하고, 엘리베이터 및 냉각 사업부를 분사했다. 남은 항공우주 회사로는 콜린스 항공우주 시스템(Collins Aerospace System), 프랫앤휘트니 사업부, 레이시온이 포함되었다. 이 사업은 레이시온 테크놀로지스(Raytheon Technologies)라는 이름으로 운영되었다. 지금은 분리된 회사인 오티스 월드와이드 코퍼레이션(Otis Worldwide Corporation)은 엘리베이터와 에스컬레이터를 계속 제조하게 된다. 세 번째 회사인 캐리어 글로벌 코퍼레이션(Carrier Global Corporation)은 주로 냉난방 장비 제조에 주력하고 소방 및 보안 장비도 함께 가져가게 된다. 이번 조직 개편은 주주들에게 비과세 거래로 이루어졌으며, 주주들은 UTX 주식 1주당 RTX(레이시온) 주식 1주, 오티스 주식 절반, CARR(캐리어) 주식 1주를 받게 된다.[3] 유나이티드 테크놀로지스의 CEO인 그레고리 헤이스는 "유나이티드 테크놀로지스의 분리 결정은 우리 역사에서 중요한 순간이며 각 독립 회사가 지속적인 성장을 주도할 수 있도록 최선의 위치를 차지할 것"이라고 언급했다.

이런 합병 및 분리 발표에 대해 주식 시장은 다소 회의적인 반응을 보였다. UTC의 해체나 레이시온과의 합병에 대한 힌트가 나오기 전인 2017년 말, 유나이티드 테크놀로지스의 시가총액은 약 1,020억 달러, 레이시온의 시가총액은 약 540억 달러로 총 1,560억 달러에 달했다. 합병 후인 2021년 말 레이시온 테크놀로지스, 오티스, 캐리어의 시가총액은 각각 1,290억 달러, 370억 달러, 470억 달러로 총 2,130억 달러로 평가되었다. 그러나 주목할 점은 이 기간 동안 전체 주식 시장이 훨씬 더 빠른 속도로 상승했다는 것이다. 게다가 레이시온 테크놀로지스는 2020년 코로나19 팬데믹으로 인해 어려움을 겪게 되었고, 여러 회계기간 동안 보고 손실이 발생하는 타격을 입었다.[4]

유나이티드 테크놀로지스와 레이시온의 합병으로 인한 이점은 항공우주 및 방위 산업에서 더 큰 규모의 경제와 협상력으로 인한 장기적인 이득이 될 것으로 예상되었다. 오티스와 캐리어의 분할로 인한 이득은 전문화 및 투자자 투명성 강화로 인한 장기적인 실적 개선으로 예상되었다. 따라서 기대했던 이득은 단기간에 수익에 반영될 수 있는 단기적인 해결책이 아니었으며, 구조조정 노력과 비용이 수반될 것이다. 따라서 시장은 유나이티드 테크놀로지스의 변화가 실적에 어떤 영향을 미쳤는지 확인하기 위해서는 7년을 기다려야 할 수 있다.

10.1 개요

10.1 전략으로서 다각화를 정의한다.

다각화는 가치를 창출하기도 하고 파괴하기도 한다. 첫머리 사례에서 살펴본 바와 같이, 투자자들은 사업 다각화를 통해 개별 사업에서 얻을 수 있는 것 이상의 이익을 기대하지만, 한 지붕 아래에서 부가가치를 창출하지 못한다면 집중력과 투명성을 잃는다는 손실이 전제될 것이다. 이 장의 마지막 사례에서는 구글이 일반 온라인 검색에서의 강점을 온라인 여행 예약에 활용하여 사업 다각화의 이점을 실현한 방법을 설명한다. 구글의 독보적인 위치는 항공권 검색에서 큰 경쟁 우위를 가져다주었다. 그러나 앞으로 살펴보겠지만, 다각화는 기업의 핵심 강점에서 멀어지게 하고, 결과 보고의 투명성을 떨어뜨리며, 경영자가 조직 내에서 적절한 시야를 확보하기 어렵게 만들 수 있다. 다각화는 경영자에게 매우 매력적일 수 있으며 잠재적인 시너지를 과대평가하기 쉽다. 시너지를 실현하는 것은 훨씬 더 어렵다.[5)]

이 장에서는 기업 수준의 관련 및 비관련 다각화 전략으로 인해 발생하는 도전과 기회에 대해 계속 논의한다. 다각화 전략은 기업이 하나 이상의 새로운 산업에 진출하여, 보유한 고유한 역량과 사업모델의 이점을 활용하기로 한 결정과 관련된다. 우리는 관련 및 비관련 다각화의 기반이 되는 다양한 종류의 다중 비즈니스모델을 살펴본다. 그런 다음 기업이 다각화 전략을 실행할 수 있는 세 가지 방법, 즉 기업 간 신규 벤처, 인수, 합작 투자에 대해 논의한다. 마지막 절에서는 더 이상 한 지붕 아래 두는 것이 부가 가치를 창출하지 못하거나 독립적으로 운영함으로써 더 많은 가치를 거둘 수 있을 때 기업이 사업을 철수하는 방법에 대해 설명한다. 이 장이 끝나면 다각화의 장단점을 이해하고 경영자가 시장과 산업에 진입하고 물러나는 방법을 이해하게 될 것이다.

10.2 다각화를 통해 회사의 수익성을 높일 수 있는 5가지 주요방법을 설명한다.

10.2 다각화를 통한 수익성 향상 방법

다각화(diversifiqcation)는 기업의 핵심 산업이나 기존 산업과는 다른 새로운 산업에 진출하여 새로운 산업에서 고객에게 수익성 있게 판매할 수 있는 새로운 종류의 제품을 만드는 과정이다. 다각화를 기반으로 한 다중 비즈니스모델은 기업의 기존 전략과 차별화된 역량을 활용해 진출한 새로운 산업에서 고객에게 높은 가치를 인정받는 제품을 만드는 방법을 찾는 것을 목표로 한다. **다각화 기업(diversified company)**은 2개 이상의 서로 다르거나 별개의 산업(수직적 통합에서와 같이 산업 가치사슬의 인접 단계에 *있지 않은 산업*)에서 제품을 만들어 판매하는 기업이다.

다각화
새로운 산업들의 고객들에게 새로운 제품을 팔기 위하여 기업의 핵심산업 또는 기존산업과 구분되는 새로운 산업에 진입하는 과정

다각화 기업
두 가지 이상의 다른, 혹은 별개의 산업들에서 제품을 만들고 판매하는 회사

9장에서 논의한 기업전략의 경우와 마찬가지로, 다각화 전략은 기업 또는 개별 사업부가 (1) 더 낮은 비용으로, (2) 더 큰 차별화를 만들고 더 나은 가격 옵션을 제공하는 방식으로, 또는 (3) *수익성을 높이기 위해 업계 경쟁*을 더 잘 관리하는 데 도움이 되는 방식으로 하나 이상의 가치사슬 기능을 수행할 수 있도록 해야 한다.

대부분의 기업은 *잉여현금흐름(free cash flow)*이 발생할 때 다각화를 고려한다. 잉여현금흐름은 회사의 임대 사업에 대한 신규 투자에 자금을 조달하고 기존 부채 약정을 이행하는데 필요한 현금을 초과하는 현금이다.[6] 즉, 잉여현금흐름은 기존 사업에 수익성 있는 신규 투자를 하는 데 필요한 현금을 초과하는 현금을 의미한다. 기업의 성공적인 비즈니스모델이 잉여현금흐름과 이익을 창출하는 경우, 경영자는 해당 현금을 배당금 지급을 통해 주주에게 환원할지 아니면 사업 다각화에 투자할지 결정해야 한다.

기업의 잉여현금흐름은 엄밀히 말해 기업의 소유주인 주주의 소유이다. 따라서 다각화가 가치를 창출하려면 기업이 다각화 기회를 추구하기 위해 잉여현금흐름에 투자한 수익, 즉 미래 *투하자본수익률(ROIC)*이 주주에게 현금을 돌려줌으로써 주주가 얻을 수 있는 가치를 초과해야 한다. 기업이 잉여현금흐름을 주주에게 배당하지 않을 경우, 주주는 해당 자금을 차선책으로 사용할 경우(즉, 비슷한 위험에 비슷한 수익을 내는 다른 투자, 더 높은 위험에 더 높은 수익을 내는 투자, 더 낮은 위험에 더 낮은 수익을 내는 투자)와 동일한 기회비용을 부담하게 된다. 따라서 9장에서 언급했듯이 분산투자 전략은 "더 나은 수익률(better-off)" 검증을 통과해야 한다: 기업은 다각화 이전보다 더 가치가 있어야 하며, 그 가치가 다각화 이동에 따른 비용으로 완전히 자본화되지 않아야 한다(즉, 다각화로 창출된 가치를 평가할 때 새로운 산업에 진입하는 비용을 고려해야 한다). 따라서 경영자는 다각화에 투자하기 위해 현재 배당금 지급을 연기할 수 있지만, 이는 향후 더 큰 현금 흐름(따라서 더 높은 배당금)을 창출할 것으로 예상되는 경우에만 그렇게 해야 한다.

다각화를 기반으로 한 다중 비즈니스모델을 추구하면 회사의 수익성을 높일 수 있는 네 가지 주요 방법이 있다. 다각화는 전략적 경영자가 (1) 서로 다른 산업 분야의 사업부 간에 역량을 이전하고, (2) 역량을 활용하여 신산업 분야의 사업부를 신설하거나, (3) 사업부 간 자원을 공유하여 시너지 또는 범위의 경제를 실현하거나, (4) 회사 *전체* 사업부의 성과를 높이는 조직 전반의 역량을 활용할 때 회사의 수익성을 높일 수 있다.

역량 이전
한 산업의 사업부에 의해서 개발된 고유한 역량을 다른 산업에서 운영하고 있는 사업부에 이식하는 과정

10.2a 사업들간 역량 이전하기

역량 이전(transferring competencies)은 한 산업에서 한 사업부가 개발한 고유한 역량을 다른 산업에서 활동하는 사업부에 이식하는 것을 의미한다. 역량을 이전 받는

두 번째 사업부는 기업이 인수한 사업부인 경우가 많다. 역량 이전을 기반으로 다각화 전략을 수립하는 기업은 제조, 마케팅, 원자재관리, 연구개발(R&D) 등 가치 사슬 활동에서 기존 고유 역량 중 하나 이상을 활용하여 인수한 사업부 또는 회사의 비즈니스모델을 크게 강화하는 것을 목표로 한다. 예를 들어, 필립 모리스(Philip Morris)는 시간이 지남에 따라 제품 개발, 소비자 마케팅, 브랜드 포지셔닝 분야에서 차별화된 역량을 개발하여 담배 업계의 선두주자로 자리매김했다. 수익성 있는 기회를 포착한 필립 모리스는 1969년 당시 맥주 업계에서 비교적 규모가 작았던 밀러 맥주(Miller Brewing)를 인수했다. 그 후 필립 모리스에서는 맥주 업계에서 가치 있는 신제품을 개발하기 위해 최고의 마케팅 전문가들을 밀러로 이직시켰고, 이들은 필립 모리스에서 습득한 기술을 밀러의 부진한 맥주 사업을 반전시키는 데 적용했다([그림 10.1] 참조). 그 결과 1972년 최초의 '순한(light)' 맥주인 Miller Light가 탄생했고, 마케팅 캠페인을 통해 밀러는 맥주 업계 시장 점유율 6위에서 2위로 도약할 수 있었다.

역량 이전을 기반으로 다각화 전략을 수립하는 기업은 하나 이상의 가치 사슬 기능 간의 공통점(commonalities) 때문에 기존 사업 활동과 관련된 새로운 비즈니스를 인수하는 경향이 있다. **공통점(commonality)**이란 두 개 이상의 사업부가 공유하거나 사용할 때 두 사업부가 보다 효과적이고 효율적으로 운영되고 고객을 위해 더 많은 가치를 창출할 수 있는 기술이나 속성을 말한다. 예를 들어 밀러 맥주가 필립 모리스의 담배 사업과 합병한 이유는 맥주와 담배 모두 성공적인 신제품을 만들기 위해 브랜드 포지셔닝, 광고 및 제품 개발 기술이 중요한 대중 시장 소비재라는 중요한 마케팅 공통점을 창출할 수 있었기 때문이다. 일반적으로 이러한 경쟁력 이전은 (1) 다각화된 회사의 하나 이상의 사업 단위의 비용 구조를 낮추거나, (2)

공통점
사업이 보다 효과적이고 효율적으로 수행하게 하고 고객에게 보다 많은 가치를 창출하는 어떤 종류의 기술이나 역량이 두 개 이상의 사업단위에 의해 공유되는 상황

그림 10.1 필립 모리스의 역량 이전

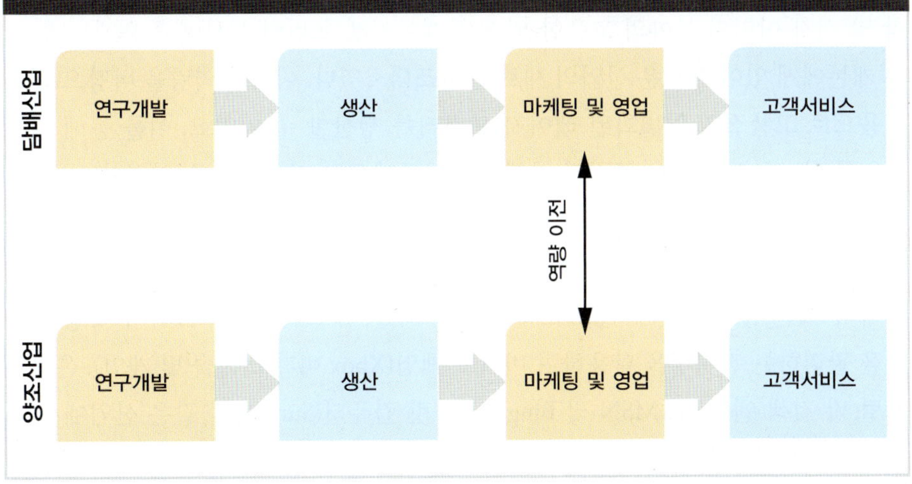

하나 이상의 사업 단위가 제품을 더 잘 차별화할 수 있도록 하는 경우 수익성을 높이며, 이 두 가지 모두 사업 단위의 가격 책정 옵션을 제공하여 제품 가격을 낮추어 시장 점유율을 높이거나 프리미엄 가격을 부과할 수 있게 한다. 수익성을 높이려면 이전된 역량이 향후 특정 사업부의 경쟁 우위를 확보하는 데 중요한 원천이 되는 가치 사슬 활동과 관련되어야 한다. 즉, 이전되는 고유한 역량은 진정한 전략적 가치가 있어야만 한다. 그러나 기업들은 가치사슬 간의 공통점만 있으면 가치 창출에 충분하다고 생각하는 경우가 너무 많다. 역량을 이전하려고 시도할 때, 서로 다른 사업부 간에 중요한 공통 속성을 공유하지 않아 기대했던 이점을 얻지 못하는 경우가 많다. 예를 들어, 코카콜라(Coca-Cola)는 글로벌 유통 및 마케팅의 공통점을 활용하기 위해 1960년 과일 주스 제조업체인 미닛 메이드(Minute Maid)를 인수했으며, 이 인수는 매우 성공적인 것으로 입증되었다. 반면에 1982년 코카콜라는 블록버스터 영화 제작에 마케팅 역량을 활용할 수 있다고 판단하여 영화 스튜디오인 컬럼비아 영화사(Columbia Pictures)를 인수했다. 이 인수로 인해 코카콜라는 수십억 달러의 손실을 입었고, 영화사는 1989년 소니에 매각되었으며, 소니는 이 스튜디오에서 제작한 히트 영화를 기반으로 많은 성공적인 플레이스테이션 게임을 제작할 수 있었다.

10.2b 새로운 사업을 창출하기 위해 역량을 레버리지하기

역량을 레버리지
한 산업의 사업부에서 개발된 고유한 역량을 다른 산업의 새로운 사업부를 창출하는 데 활용하는 과정

기업은 **역량을 레버리지(leveraging competencies)**하여 다른 산업에서 새로운 비즈니스를 개발할 수 있다. 예를 들어, 애플은 개인용 컴퓨터(PC) 하드웨어 및 소프트웨어 역량을 활용하여 스마트폰 산업에 진출했다. 다시 한번 강조하지만, 다중 비즈니스모델은 한 산업에서 기업의 경쟁 우위의 원천이 되는 고유한 역량 집합을 다른 산업에서 새로운 사업부 또는 부서의 차별화 또는 비용 기반 경쟁 우위를 창출하는 데 적용할 수 있다는 전제를 기반으로 한다. 예를 들어, 캐논은 정밀 기계, 정밀 광학 및 전자 이미지 분야의 고유한 역량을 레이저젯 프린터 생산에 활용했는데, 이는 캐논에게 있어 새로운 산업의 새로운 비즈니스였다. 이러한 역량을 바탕으로 저비용으로 고품질의 차별화된 레이저 프린터를 생산할 수 있었고, 이를 통해 경쟁 우위를 확보하여 캐논은 프린터 업계의 선두주자로 자리매김할 수 있었다.

많은 기업에서 다각화 전략의 기반이 되는 것은 자사의 경쟁력을 활용하여 다양한 산업에서 새로운 사업부를 창출하는 것이다. 마이크로소프트는 컴퓨터 산업에서의 오랜 경험과 관계, 소프트웨어 개발 기술, 네트워크 외부효과가 특징인 산업을 관리하는 전문성을 활용하여 비디오 게임(Xbox 비디오 콘솔 및 게임), 온라인 포털 및 검색 엔진(예: MSN 및 Bing), 태블릿 컴퓨터(Surface)와 같은 산업에서 새로운 사업부를 만들었다.

10.2c 자원과 능력 공유하기

서로 다른 산업에서 사업을 영위하는 두 개 이상의 사업부가 다각화된 기업의 수익성을 높일 수 있는 세 번째 방법은 자원과 능력을 공유하여 범위의 경제, 즉 시너지를 창출하는 것이다.[7] **범위의 경제(economies of scope)**는 다각화된 기업의 사업부 중 하나 이상이 숙련된 인력, 장비, 제조시설, 유통 채널, 광고 캠페인, R&D 연구소와 같은 고가의 자원이나 능력을 보다 효과적으로 모으고 공유하며 활용할 수 있어 비용 절감 또는 차별화 시너지를 실현할 수 있을 때 발생한다. 서로 다른 업종의 사업부가 공통의 자원이나 기능을 공유할 수 있다면 비용 구조를 총체적으로 낮출 수 있으며, 시너지 효과는 창출되는 가치 측면에서 2+2가 4가 아닌 5라는 개념이다.[8] 예를 들어, 루이비통 모에 헤네시(Louis Vuitton Moet Hennessy: LVMH)는 크리스천 디올(Christian Dior), 펜디(Fendi), 지방시(Givenchy), 마크 제이콥스(Marc Jacobs), 스텔라 매카트니(Stella McCartney), 로로 피아나(Loro Piana), 켄조(Kenzo), 셀린느(Celine) 등 다양한 명품 의류 및 액세서리 브랜드를 보유함으로써 이익을 실현할 수 있음을 발견했다. 거의 모든 브랜드에 자사의 유통 채널을 활용할 수 있으며, 패션 에디터들과의 영향력을 활용하여 신생 브랜드가 글로벌 시장에 더 빠르고 비용 효율적으로 진출할 수 있도록 지원할 수 있다. 마찬가지로 GE는 발전, 항공, 의료 영상 및 환자 모니터링 시스템 등 광범위한 에너지 및 전자 사업 전반에 걸친 전문 지식과 산업 관계를 활용할 수 있다.

범위의 경제
다각화된 기업의 한 가지 이상의 사업부들이 숙련된 인력, 장비, 생산시설, 유통채널, 광고캠페인 등과 같은 값비싼 자원 또는 능력을 보다 효과적으로 공유하고 활용할 수 있기 때문에 비용절감이나 차별화 시너지를 실현할 수 있을 때 발생함

비용 절감의 원천에는 크게 두 가지가 있다. 첫째, 기업이 여러 사업부 간에 자원이나 능력을 공유할 수 있으면 한 산업 분야에서만 사업을 영위하고 자원 및 능력 개발 비용을 전액 부담하는 기업에 비해 비용 구조가 낮아진다. 예를 들어, P&G는 일회용 기저귀, 화장지, 종이 타월을 만드는데, 모두 분해되지 않고 체액을 흡수하는 기능을 중요시하는 종이 기반 제품이다. 이러한 제품에는 흡수성이라는 동일한 속성이 필요하기 때문에 P&G는 3개의 서로 다른 사업부([그림 10.2]에는 2개만 표시됨)에서 더욱 향상된 흡수성 종이 기반 제품을 개발 및 제조하는 데 드는 R&D 비용을 공유할 수 있다. 마찬가지로 모든 제품이 소매업체에 판매되기 때문에 P&G는 동일한 영업 인력을 사용하여 전체 제품군을 판매할 수 있다([그림 10.2] 참조). 반면, 이러한 제품 중 한두 개만 생산하는 P&G의 경쟁업체는 이러한 비용을 산업 전반에서 공유할 수 없으므로 비용 구조가 더 높다. 결과적으로 P&G는 비용을 낮추고 마케팅 기능을 사용하여 제품을 더 잘 차별화할 수 있으며, 사업부 간 자원 공유 및 시너지 효과를 통해 규모의 경제를 달성할 수 없는 한 가지 또는 몇 가지 산업에서만 영업하는 기업보다 더 높은 투하자본수익률(ROIC)을 달성한다.

마찬가지로 운동화 제조업체로 시작한 나이키는 브랜드 이미지와 운동선수 및 스포츠 이벤트와의 관계를 다른 유형의 운동화, 운동복, 선글라스 및 헤드폰과 같

그림 10.2 프록터앤갬블(Procter & Gamble)의 자원 공유

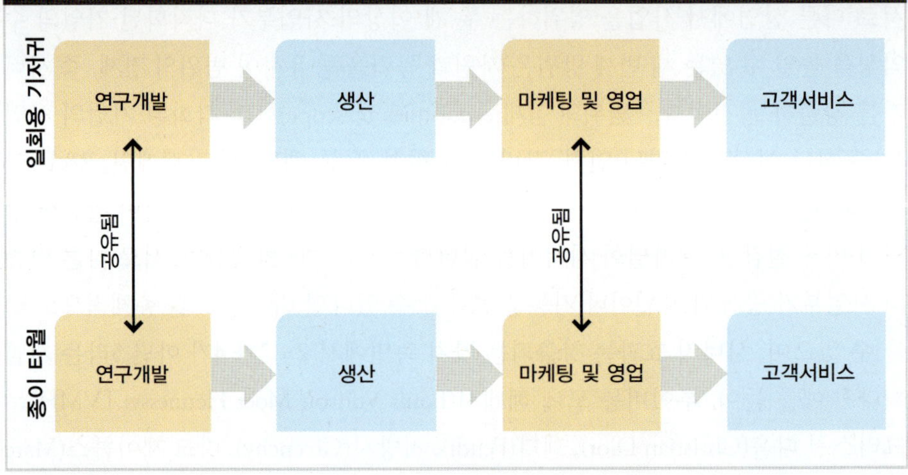

은 액세서리에도 수익성 있게 활용할 수 있다는 사실을 깨달았다. 이러한 제품들은 나이키라는 브랜드로 인해 더욱 차별화되었고, 나이키는 선수 및 이벤트와의 관계를 통해 적절한 홍보 장소에 제품을 배치할 수 있어 노출 효과가 높았으며, 브랜드 구축 활동 비용을 더 다양한 제품에 걸쳐 분할 상각할 수 있어 범위의 경제를 달성할 수 있었다.

다시 말해서, 범위의 경제를 달성하기 위한 다각화는 회사의 여러 사업부 또는 부서에서 하나 이상의 가치사슬 기능 간에 *상당한* 공통점이 있어 수익성을 높이는 시너지를 창출할 수 있을 때만 가능하다. 또한, 경영자는 기업 내에서 시너지 또는 범위의 경제를 달성하는 데 필요한 조정 비용이 해당 전략으로 창출할 수 있는 가치보다 높을 수 있음을 인식해야 한다.[9] 예를 들어, 1990년부터 2010년까지 씨티은행은 소매 소비자 금융에 전적으로 집중하던 기업에서 보험, 모기지 뱅킹, 주식 중개 등으로 다각화하여 '금융 슈퍼마켓(financial supermarket)'으로 전환했는데, 인수한 기업 전반의 운영을 통합함으로써 상당한 비용 절감과 교차 판매를 통한 수익 증대 기회를 달성할 수 있을 것으로 믿었기 때문이다. 실제로는 투자 활동에 대한 부적절한 감독으로 인한 막대한 손실로 인해 씨티가 부담한 조정 비용은 시너지 효과를 훨씬 능가했으며, 이는 회사에 치명적인 타격을 입혔다. 이후 씨티은행은 스미스 바니(Smith Barney), 피브로(Phibro), 다이너스 클럽(Diner's Club), 프리메리카(Primerica) 등을 매각하면서 금융 슈퍼마켓을 해체했다. 씨티의 사례는 범위의 경제를 확보하기 위한 다각화는 역량 공유를 통해 기업의 신규 또는 기존 사업부 중 하나 이상에 경쟁 우위를 확보할 수 있는 *상당한* 시너지 효과를 가져올 수 있고, 그러한 이점이 발생하는 비용과 위험을 초과할 수 있을 때에만 추구해야 한다는 것을 보여준다.

씨티는 또한 기업이 다각화를 통해 추구하는 범위의 경제 원천 중 하나가 제품 번들링(product bundling)이라는 것을 보여준다. 제품 번들링을 통해 기업은 관련 상품의 완전한 패키지에 대한 고객의 요구를 충족시킬 수 있으며, 번들 중 한 부분에서 기업이 가진 이점을 번들의 다른 부분에도 잠재적으로 활용하면서 고객 관계를 구축하고 유지하는데 있어 범위의 경제를 달성할 수 있다. 고객은 종종 관련 제품 번들의 편리함과 저렴한 가격을 원한다. 예를 들어, 최종 소비자는 인터넷, 케이블 TV, 전화 서비스를 단일 공급업체에서 구매하여 고객 서비스를 위한 단일 창구를 이용할 수 있고 묶음 상품 구매 시 할인 혜택을 받는 것을 선호할 수 있다. 산업 고객도 마찬가지로 적은 수의 공급업체와 거래하는 것을 선호한다. 예를 들어, 의료 장비 산업에서는 과거에는 수술실 장비, 초음파 장비, 자기 영상 또는 엑스레이 장비 등 한 종류의 제품만 만들던 많은 회사가 다른 회사와 합병하거나 인수되어, 더 크고 다각화된 회사가 병원에 모든 종류의 의료 장비를 제공할 수 있게 되었다. 이러한 업계 통합은 단일 공급 업체와 장기 계약을 맺음으로써 얻을 수 있는 편리함과 저렴한 가격을 원하는 병원 및 건강 관리 조직(HMO)에 의해 주도되었다. 그러나 번들링에는 공동 소유권이 필요하지 않은 경우가 많다는 점에 유의해야 한다. 많은 경우 번들링은 시장 계약을 통해 이루어질 수 있다. 예를 들어, 맥도날드는 해피밀에 장난감을 번들링하기 위해 장난감을 제조할 필요 없이 공급 계약을 통해 구매할 수 있다. 디즈니는 휴가 패키지 상품을 제공하기 위해 항공 서비스를 소유할 필요가 없으며, 제휴 계약을 통해서도 충분히 가능하다. 제품 번들링이 다각화의 명분이 되려면 시장 계약으로는 극복될 수 없는 다양한 제품의 생산자 간의 강력한 조정이 필요하다.

10.2d 조직 전반의 역량 활용하기

일반적 조직 역량은 개별 기능이나 사업부를 초월하며 다국적기업의 최고 경영진 또는 기업 수준에서 발견된다. 통상적으로 **일반적인 조직 역량(general organiztional competencies)**은 회사의 최고경영자와 기능 전문가가 보유한 기술의 결과물이다. 이러한 일반 역량이 존재할 때(많은 기업들에서는 존재하지 않을 때) 기업 내 각 사업부는 별도의 독립된 회사로 운영될 때보다 더 높은 수준의 성과를 달성할 수 있다. 이는 기업 전체의 수익성을 증가시킨다.[10] 다음 세 가지 일반적인 조직 역량은 기업의 성과와 수익성을 높이는 데 도움이 된다: (1) 기업가적 능력, (2) 조직 설계 능력, (3) 전략적 능력.

일반적인 조직 역량
기업 최고경영자의 역량에서 비롯되며, 회사 내의 사업부들이 별도의 독립된 회사로 운영될 때보다 더 높은 수준의 성과를 낼 수 있도록 도와주는 역량들

기업가적 능력 상당한 초과 현금 흐름을 창출하는 기업은 경영자가 새로운 기회를 파악하고 이를 활용하여 현재 산업과 새로운 산업에서 새롭고 개선된 제품을 지

속적으로 창출할 수 있어야만 이를 활용할 수 있다. 애플, 3M, 구글, 삼성과 같은 기업은 경영자가 기업가적으로 행동하도록 자극하는 조직 문화를 갖추고 있기 때문에 기업가 정신을 촉진할 수 있다.[11)] 그 결과 다른 기업보다 더 빠르게 수익성 있는 새로운 사업부를 창출하고 이를 통해 다각화를 위한 수익성 있는 기회를 활용할 수 있다. 이 장의 뒷부분에서 수익성 있는 새로운 비즈니스를 창출하는 데 필요한 전략 중 하나인 사내 신규 벤처에 대해 설명한다. 여기에서는 기업가 정신을 장려하기 위해 회사가 (1) 경영자가 위험을 감수하도록 장려해야 하고, (2) 경영자에게 새로운 아이디어를 추구할 수 있는 시간과 자원을 제공하고, (3) 새로운 아이디어가 실패했을 때 경영자에게 불이익을 주지 않으며, (4) 수익성 있는 투자 수익을 창출할 확률이 낮은 위험한 벤처를 너무 많이 추구하여 회사의 잉여 현금 흐름이 낭비되지 않도록 해야 한다는 등에 유의하는 것이 중요하다. 전략적 경영자는 이 네 가지 목표를 모두 달성하는 데 있어 상당한 어려움에 직면해 있다. 한편으로는 위험을 감수하는 것을 장려해야 하고, 다른 한편으로는 위험한 벤처에 참여하는 횟수를 제한해야 한다.

강력한 기업가적 능력을 보유한 기업은 이러한 균형을 잘 유지한다. 예를 들어, 3M은 지난 4년 동안 출시한 제품에서 매출의 40%를 창출한다는 목표를 세우고 신제품 개발과 신사업 진출의 필요성에 경영자의 주의를 집중하고 있다. 3M은 고객의 문제 해결을 돕기 위해 오랫동안 노력해 왔기 때문에 신사업에 대한 아이디어가 고객 중심이 될 수 있다. 성공적인 신사업을 창출한 직원들을 축하하는 3M의 행사는 기업가 정신과 위험 감수라는 규범을 강화한다. 마찬가지로 실패를 처벌이 아닌 학습 경험으로 간주해야 한다는 규범도 있다.

조직 설계 기술
직원들이 보다 더 높은 목표를 달성하도록 동기부여하고 조직화하는 구조, 문화, 통제시스템 등을 만드는 경영자의 능력

조직 설계 능력 **조직 설계 기술**(organizational design skills)은 직원들이 높은 수준의 성과를 낼 수 있도록 동기를 부여하고 조정하는 구조, 문화, 통제 시스템을 만드는 경영자 능력의 결과이다. 조직 설계는 기업의 기업가적 능력에 영향을 미치는 주요 요소이며, 경쟁 우위를 제공하는 기능적 역량을 창출하는 기업의 능력을 결정하는 중요한 요소이기도 하다. 위계서열이 낮은 경영자에게 어느 정도의 자율성을 부여할지, 기업가적 문화를 조성하기 위해 어떤 규범과 가치를 개발해야 하는지, 자유로운 아이디어의 흐름을 장려하기 위해 본사를 어떻게 설계할지 등 전략 경영자가 조직 설계를 결정하는 방식은 다각화된 기업이 다중 비즈니스모델에서 수익을 창출할 수 있는 능력을 결정하는 중요한 요인이다. 효과적인 조직 구조와 통제는 사업부(부서) 관리자가 각 부서의 효율성과 효과를 극대화하도록 장려하는 인센티브를 창출한다. 또한, 훌륭한 조직 설계는 직원들이 기존 산업에서 회사의 경쟁적 지위를 보호하는 데 너무 신경을 써서 새롭거나 개선된 사업 방식을 놓치고

새로운 산업에 진출하여 수익성 있는 기회를 얻는 데 실패하는 경우처럼 전략 경영자가 수익성 있는 새로운 기회를 놓치는 것을 방지하는 데 도움이 된다.

이 책의 11장과 12장에서는 조직 설계에 대해 자세히 살펴본다. 기업 차원의 다각화 전략을 추구하여 이익을 얻으려면 기업은 구조와 문화를 지속적으로 관리하고 변화시켜 직원들이 높은 수준에서 일하도록 동기를 부여하고 조정하며 경쟁 우위의 기반이 되는 자원과 능력을 개발할 수 있어야 한다. 기업의 구조를 전략에 맞게 조정하는 것은 복잡하고 끝이 없는 작업이며, 탁월한 조직 설계 기술을 갖춘 최고경영자만이 할 수 있는 일이다.

탁월한 전략적 관리 능력 다각화를 통해 수익성을 높이려면 기업의 최고경영자는 탁월한 전략적 관리 능력을 갖추어야 한다. 이들은 다양한 사업부를 독립적인 회사보다 더 나은 방식으로 관리하는 데 필요한 무형의 정의하기 어려운 거버넌스 기술을 보유하고 있어야 한다.[12] 이러한 거버넌스 기술은 매우 드물고 가치 있는 능력이다. 그러나 일부 CEO와 최고경영자들은 이런 능력을 보유한 것으로 보인다. 그들은 여러 사업부를 동시에 관리하고 해당 사업부의 최고경영자들이 우수한 성과를 달성할 수 있는 전략을 수립하도록 독려한다. 탁월한 전략 관리 능력으로 유명한 CEO로는 피델리티(Fidelity)의 아비게일 존슨(Abigail Johnson), 버크셔 해서웨이(Berkshire Hathaway)의 워렌 버핏(Warren Buffet), 구글의 순다르 피차이(Sundar Pichai) 등이 있다.

다각화된 기업에서 특히 중요한 거버넌스 기술은 실적이 부진한 사업부의 근본적인 문제 원인을 진단하고 이를 해결하기 위해 어떻게 진행해야 하는지 이해하는 능력이다. 여기에는 해당 사업부의 기존 최고경영자에게 새로운 전략을 추천하거나 문제를 더 잘 해결할 수 있는 새로운 경영진으로 교체해야 할 시기를 파악하는 것이 포함될 수 있다. 이러한 거버넌스 기술을 갖춘 최고경영자는 사업부 관리자에게 정보를 제공하고 전략적 문제를 해결하도록 돕는 데 매우 능숙한 경향이 있다. 전략적 관리 능력과 관련된 것은 다각화된 기업의 최고경영자가 다른 산업에서 비효율적이고 제대로 관리되지 않는 기업을 찾아내어 인수 및 구조조정을 통해 기업의 성과와 전체 기업의 수익성을 개선할 수 있는 능력이다. 이를 **반전 전략(turnaround strategy)**[13]이라고 한다. 인수한 기업의 성과를 개선하는 방법에는 여러 가지가 있다. 첫째, 피인수 기업의 최고경영진을 보다 공격적인 최고경영진으로 교체한다. 둘째, 새로운 경영진은 실적이 저조한 사업부, 임원용 제트기, 고가의 본사 사옥과 같은 고가의 자산을 매각하고 비용 구조를 줄이기 위해 직원을 해고한다. 셋째, 새로운 경영진은 인수한 비즈니스의 운영 성과를 개선하고 효율성, 품질, 혁신성, 고객 대응력을 향상시키기 위한 새로운 전략을 수립한다.

반전 전략
다각화된 회사의 경영자들이 다른 산업에서 제대로 운영되지 못하여 실적이 저조한 회사들을 파악하고 인수한 후 구조조정하여 성과를 개선함으로써 전체 기업의 수익을 제고하는 것넷째, 새로운 최고경영진과 피인수 회사의 다른 직원들이 이러한 목표를 향해 일하도록 동기를 부여하기 위해 수익성과 연계된 전사적인 성과급 시스템을 도입하여 모든 직급의 직원들이 열심히 일한 것에 대한 보상을 제공한다. 다섯째, 인수 회사는 종종 모든 직급의 직원들에게 '확장된(stretch)' 목표를 설정하는데, 이는 달성하기 어려운 도전적인 목표를 설정하여 모든 직급의 직원들이 회사의 효율성과 효과성을 높이기 위해 노력하도록 유도한다. 새로운 최고 경영진의 구성원들은 합의된 기간 내에 부서의 성과를 높이고 이러한 확장된 목표를 달성하지 못하면 교체될 수 있다는 점을 분명히 이해하고 있다. 요컨대, 인수 회사의 기업 경영자는 피인수 부서의 새로운 최고경영자가 해당 부서의 운영 성과를 개선하기 위한 전략을 개발하도록 장려하는 보상 및 제재 시스템을 구축한다.

10.3 관련 다각화와 비관련 다각화에 기초하여 다중 비즈니스모델 간 차이를 구분한다.

10.3 관련 및 비관련 다각화

지난 절에서는 기업이 다각화를 통해 비즈니스모델과 전략을 다른 산업으로 이전 및 이식하여 장기적인 수익성을 높이는 5가지 주요 방법에 대해 설명했다. *관련 다각화*와 *비관련 다각화*라는 두 가지 기업전략은 다각화의 다섯 가지 수익 증대 효과를 실현하는 방법에 따라 구분할 수 있다.[14]

10.3a 관련 다각화

관련 다각화

기업의 기존 사업부와 가치사슬 기능 간의 공통점 또는 연계성에 기반을 두고 새로운 산업에 사업부를 설립하는 것을 목표로 하는 기업수준 전략

관련 다각화(related diversification)는 기존 사업부와 신규 사업부의 가치사슬 기능 간에 어떤 형태의 공통점이나 연계성을 통해 기업의 기존 사업부와 연관된 새로운 산업에 사업부(부서)를 설립하는 것을 목표로 하는 기업 차원의 전략이다.

이 전략의 목표는 방금 설명한 대로 역량 이전, 역량 활용, 자원 공유, 제품 번들링 등을 통해 이익을 얻는 것이다. 관련 다각화의 다중 비즈니스모델은 신규 사업부와 기존 사업부 간의 강력한 기술, 제조, 마케팅 및 영업 공통점을 활용하여 하나 이상의 사업부의 경쟁 우위를 높이기 위해 성공적으로 "조정"하거나 수정할 수 있는 것을 기반으로 한다. [그림 10.3]은 세 개의 서로 다른 사업부 또는 부서의 서로 다른 기능 간에 가능한 공통점 또는 연결 고리를 보여준다. 연결될 수 있는 연결의 수가 많을수록 앞서 설명한 다섯 가지 다각화 이유에 따른 수익 증대 효과를 실현할 가능성이 커진다.

관련 다각화의 또 다른 장점은 기업이 보유하고 있는 일반적인 조직 역량을 활용하여 다양한 산업 부문의 전반적인 성과를 높일 수 있다는 것이다. 예를 들어, 전략 경영자는 구글/알파벳(Alphabet), 애플, 3M이 그랬던 것처럼 여러 사업부에 걸

그림 10.3 세 개의 사업부 가치사슬 간 공통성들

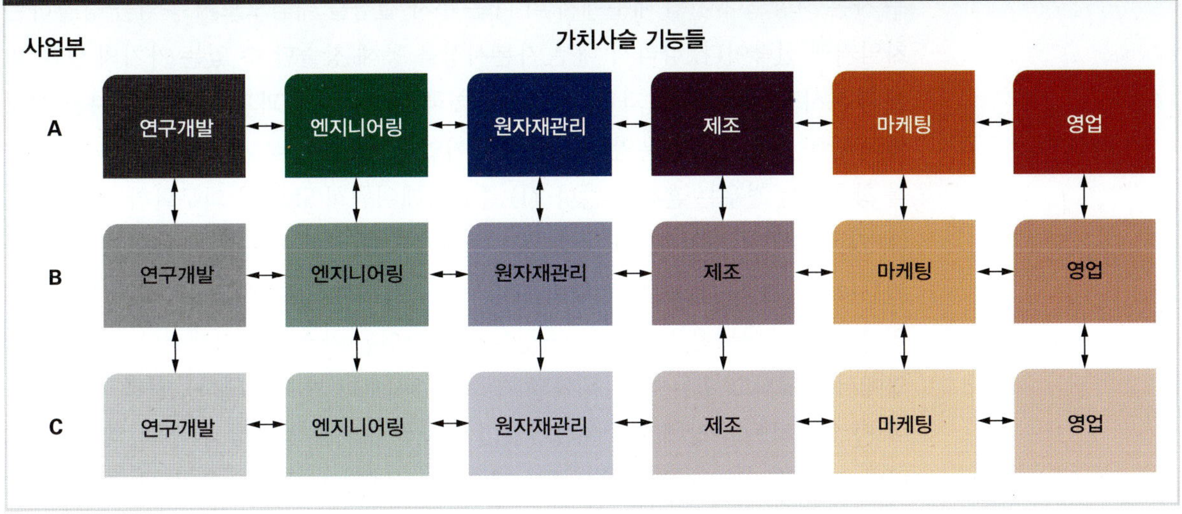

쳐 기업가 정신을 장려하는 구조와 문화를 만들기 위해 노력할 수 있으며, 이러한 일반적인 공통점 외에도 이러한 기업들은 모두 여러 사업부 간에 공유할 수 있고 지속적으로 개선하기 위해 노력하는 고유한 역량을 가지고 있다.

10.3b 비관련 다각화

비관련 다각화(unrelated diversification)는 기업이 관련 없는 사업을 소유하고 내부 자본 시장, 일반적인 조직 역량 또는 두 가지 모두를 사용하여 가치를 높이려는 기업 수준의 전략이다. 다양한 산업에서 사업을 영위하는 기업 조직을 흔히 *대기업* 혹은 *복합기업(Conglomerate)*이라고 한다. **내부 자본 시장**(internal capital market)은 기업 본사가 각 사업부의 성과를 평가하고 각 사업부에 자금을 배분하는 상황을 말한다. 수익성은 높지만 사업 내 투자 기회가 적은 사업부에서 창출한 현금은 현금이 필요하고 장기적인 수익성이 높은 사업부에 교차 보조하는 데 사용된다. 규모가 크고 다양한 사업을 영위하는 기업은 개별 사업부보다 내부 사업에서 잉여 현금을 창출하거나 외부 자본 시장에서 저렴한 현금을 더 쉽게 조달할 수 있다. 예를 들어, GE는 막대한 자본금과 우수한 신용 등급을 바탕으로 기업 내부의 첨단 기술 사업(예: 태양광 발전소, 해저 석유 생산 장비, 항공 전자공학, 포토닉스)에 자금을 제공할 수 있으며, 그렇지 않으면 내재된 불확실성으로 인해 높은 대가(이자 지급 또는 지분)를 지불하고 자금을 조달해야 할 수도 있다.

그러나 내부 자본 시장의 이점은 외부 자본 시장(은행, 주주, 벤처 캐피털리스트, 엔젤 투자자 등)의 효율성에 의해 제한된다. 외부 자본 시장이 완벽하게 효율적이라면 경영자는 내부 현금으로 기업에 교차 보조금을 지급하여 부가가치를 창출

비관련 다각화
일반적 조직역량들을 활용하여 회사의 사업부 모두의 성과를 증대하기 위한 다중 비즈니스모델에 기반을 둔 기업수준 전략

내부 자본 시장
기업의 본사들이 사업부들의 성과를 평가하고 사업부 간 자금을 배분하는 기업수준전략. 수익성이 있지만 사업 내에서 부족한 투자기회들을 가진 사업부들에서 창출된 현금은 현금이 필요하고 장기적인 수익성에 대한 강력한 전망을 지닌 다른 사업부에 활용됨

할 수 없다. 내부 자본 시장은 본질적으로 우월한 정보를 보유하고 있기 때문에, 외부 자본 시장보다 기업 내부에서 더 나은 투자 결정을 내림으로써 수익을 창출하는 차익거래 전략이다. 따라서 내부 자본시장을 통해 창출할 수 있는 가치의 양은 외부 자본시장의 비효율성과 정비례한다. 미국의 경우 다음과 같은 이유로 자본 시장이 상당히 효율적으로 운영되고 있어서 기업이 내부 자본시장을 통해 상당한 가치를 창출하는 경우는 흔하지 않다: (1) 증권거래위원회(SEC)가 의무화한 보고 요건, (2) 많은 수의 리서치 애널리스트, (3) 매우 크고 활발한 투자 커뮤니티, (4) 강력한 커뮤니케이션 시스템, (5) 강력한 계약법 등. 결과적으로 살아남은 복합기업은 거의 없으며, 살아남은 복합기업 중 상당수는 할인된 가격으로 거래된다(즉, 같은 산업에서 운영되고 있는 더 전문화된 기업의 주식보다 가치가 낮다). 반면 자본 시장이 덜 효율적인 시장에서는 복합기업이 상당한 가치를 창출할 수 있다. 예를 들어, 타타 그룹(Tata Group)은 인도에서 매우 크고 다양한 사업을 영위하는 그룹이다. 1800년대에 설립된 이 그룹은 설립자가 인도 발전에 필수적이라고 생각한 많은 프로젝트(예: 철도 운송 시스템 개발, 호텔, 전력 생산)에 참여했다. 당시 인도에는 투자 커뮤니티가 발달하지 않았고 투자자와 은행가를 보호하기 위한 계약법이 미비했기 때문에 기업가들은 자금을 구할 수 없거나 매우 높은 비용을 지불해야만 자금을 조달할 수 있었다. 따라서 타타 그룹은 교차 보조금을 활용하여 독립 기업보다 훨씬 저렴하게 프로젝트 자금을 조달할 수 있었다. 또한, 타타 그룹의 평판은 약속을 이행한다는 강력한 보증 역할을 했으며(강력한 계약법이 없는 상황에서 특히 중요했다), 정부와 오랫동안 깊은 관계를 맺어온 덕분에 면허와 허가를 확보하는 데 유리한 고지를 선점할 수 있었다.

비관련 다각화 전략을 추구하는 기업은 사업부 간 역량을 이전하거나 활용하거나 현금 및 일반적인 조직 역량 이외의 자원을 공유할 의사가 없다. 복합기업의 전략 경영자가 다양한 산업 분야의 여러 회사를 관리하는 데 필요한 특별한 기술을 보유하고 있다면 이 전략을 통해 우수한 성과와 수익성을 달성할 수 있지만, 이 장의 뒷부분에서 설명하듯이 이러한 기술을 보유하고 있지 않은 경우가 많다.

10.4 다각화의 단점을 논의한다.

10.4 다각화의 한계와 단점

3M, 삼성, UTC, 시스코(Cisco)와 같은 많은 회사들이 앞서 논의한 두 가지 다각화 전략의 한 가지 또는 두 가지 모두를 추구하며 이익을 달성하였고, 오랜 시간 수익성을 유지해왔다. 반면, GM, 타이코(Tyco), 텍스트론(Textron), 필립스와 같은 기업들은 다각화를 추구했지만 처참하게 실패하고 수익성을 잃었다. 다각화에 기반을 둔 비즈

니스모델이 왜 경쟁우위의 상실을 가져오는지에 대한 세 가지 주요한 이유는 다음과 같다. (1) 시간이 흐르면서 산업 내 또는 기업 내부에서 일어난 변화, (2) 잘못된 이유로 추구한 다각화, (3) 관리비용(bureaucratic costs)을 증가시키는 과도한 다각화.

10.4a 산업 또는 회사의 변화

다각화는 복잡한 전략이다. 이를 추진하려면 최고경영자는 새로운 산업에 진출할 수 있는 수익성 있는 기회를 인식하고 다각화를 통해 수익을 창출하는 데 필요한 전략을 실행할 수 있는 능력을 갖춰야 한다. 그런데 시간이 지남에 따라 회사의 최고경영진은 자주 바뀌고, 때로는 가장 유능한 임원이 다른 회사에 입사하여 CEO가 되기도 하며, 때로는 성공한 CEO가 은퇴하거나 물러나기도 한다. 정의하기 어려운 독특한 기술을 보유한 경영자가 떠날 때는 종종 비전을 함께 가져간다. 회사의 새로운 리더는 시간이 지남에 따라 다각화를 성공적으로 추진하는 데 필요한 역량이나 헌신이 부족할 수 있으며, 따라서 다각화된 회사의 비용 구조가 증가하여 다각화 전략이 창출했을지도 모를 이득이 사라지게 된다.

게다가 환경은 시간이 지남에 따라 예측할 수 없을 정도로 빠르게 변화하는 경우가 많다. 새로운 기술이 업계의 경계를 허물면 기업의 경쟁 우위의 원천이 파괴될 수 있다. 예를 들어, 2011년이 되자 애플의 아이폰과 아이패드가 닌텐도 및 소니의 모바일 게임 콘솔과 직접적인 경쟁자가 되었다는 것은 분명해졌다. 기업의 핵심 비즈니스에서 이러한 중대한 기술 변화가 발생하면 기존에 고유한 역량을 이전하거나 활용함으로써 얻었던 이점이 사라진다. 그러면 기업은 새로운 기술을 기반으로 하지 않았기 때문에 각 산업에서 저조한 성과를 거두는 사업만 남게 되는 상황에 처하게 된다. 따라서 사업 다각화의 가장 큰 문제점은 이 전략을 사용할 때 비즈니스의 미래 성공을 예측하기 어렵다는 것이다. 기업이 시간이 지남에 따라 이익을 얻으려면 경영자가 사업부를 인수하는 것만큼이나 사업부를 매각할 의지가 있어야 한다. 그러나 연구에 따르면 경영자들은 이런 식으로 행동하지 않는 것으로 나타났다.

10.4b 잘못된 이유로 인한 다각화

앞서 논의했듯이, 경영자가 다각화를 추구하기로 결정할 때는 새로운 산업에 진출함으로써 고객에게 더 많은 가치를 제공하고, 회사의 수익성을 높일 수 있는 새로운 제품을 어떻게 만들 수 있는지에 대한 명확한 비전을 가지고 있어야 한다. 그러나 시간이 지남에 따라 다각화 전략은 앞서 언급한 이유로 수익성 하락을 초래할 수 있지만 경영자는 종종 전략이 실패하고 있다는 사실을 인식하지 못한다. 수익성이 없는 사업을 매각해야 한다는 것을 알면서도 경영자는 여러 사업을 함께 유지해야 하는 이유를 '만들어(make up) 낸다.'

예를 들어, 과거에는 다각화 전략이 위험 분산(risk pooling)의 이점을 얻을 수 있다는 것이 널리 사용되었지만 잘못된 명분 중 하나였다. 위험 분산의 기본 개념은 기업이 비즈니스 주기가 다른 여러 산업 분야의 기업을 인수하여 운영하면 매출과 이익이 급격히 상승하거나 하락할 위험(주가가 급격히 하락하는 것)을 줄일 수 있다는 것이다. 비즈니스 사이클은 고객 수요의 "예측 가능한(predictable)" 변화로 인해 한 산업에 속한 기업의 매출과 이익이 시간이 지남에 따라 상승 및 하락하는 경향을 말한다. 예를 들어, 경기 침체기에도 사람들은 여전히 먹을 것이 필요하기 때문에 슈퍼마켓 체인의 수익은 비교적 안정적이며, 세이프웨이(Safeway), 크로거(Kroger) '염가 판매점들(dollar stores)'의 매출량도 고객들이 돈으로 더 많은 가치를 얻으려 하기 때문에 증가한다. 동시에 경기 침체로 인해 자동차와 사치품에 대한 수요가 급감할 수 있다. 많은 CEO는 비즈니스 주기가 다른 산업으로 다각화하면 일부 부문의 매출과 수익은 상승하는 반면 다른 부문의 매출과 수익은 하락할 수 있다고 주장한다. 따라서, 시간이 지남에 따라 더 안정적인 매출과 수익 흐름을 얻을 수 있다. 위험 분산의 예로는 철강 산업의 주기적 경기 침체의 악영향을 상쇄하기 위해 석유 및 가스 산업으로 사업 다각화를 시도한 미국철강(U.S. Steel)이 있다.

이 주장은 2가지 중요한 사실을 무시하고 있다. 첫째, 주주는 자신의 포트폴리오를 다각화함으로써 개별 주식 보유로 내포된 위험을 제거할 수 있으며, 회사보다 훨씬 저렴한 비용으로 이를 수행할 수 있다. 따라서 상장 기업의 경우 다각화를 통해 위험을 분산하려는 시도는 비생산적인 자원 사용을 의미하며, 그 대신 이익은 배당금 증가의 형태로 주주에게 환원되어야 한다. 둘째, 여러 산업의 비즈니스 사이클은 본질적으로 *예측하기 어렵기* 때문에, 경기 침체가 모든 산업에 동시에 영향을 미칠 가능성이 높기 때문에, 기업 다각화가 위험을 분산하는 효과적인 방법이 아니라는 연구 결과도 있다. 이런 일이 발생하면 회사의 수익성은 급락한다.[15)]

기업의 핵심 사업이 어려움에 처했을 때 새로운 산업에 진출하면 핵심 사업을 살리고 장기적인 성장과 수익성을 확보할 수 있다는 것이 다각화를 정당화하는 또 다른 잘못된 생각이다. 기업이 경쟁 우위가 없는 산업으로 다각화를 시도할 경우, 오히려 숫자만 늘리고 다양한 문제를 야기하여 성과를 개선하기는커녕 더욱 악화시킬 수 있다. 실제로 다각화에 대한 오랜 경험적 연구에 따르면 다각화가 가치를 창출하기보다는 오히려 가치를 감소시키는 경우가 많다.[16)]

10.4c 다각화의 관료적 비용

다각화가 수익성 향상에 실패하는 주된 이유는 다각화로 인한 *관료적 비용이* 전략으로 창출되는 이익(즉, 기업이 보다 다양한 차별화된 제품을 만들어 판매하거나 비용 구조를 낮출 때 발생하는 증가된 이익)을 초과하는 경우가 매우 많기 때문이다. 이전 장에서 언급했듯이 **관료적 비용**(bureaucratic costs)은 기업이 역량을 이전, 공유, 활용함으로써 이익을 얻으려고 할 때 기업의 사업부 간, 사업부와 본사 간에 발생하는 거래 어려움을 해결하는 데 드는 비용이다. 또한 관리 및 기능적 비효율성을 해결하기 위해 일반적인 조직 역량을 사용하는 것과 관련된 비용도 포함된다. 다각화된 조직의 관료적 비용 수준은 기업 포트폴리오에 포함된 사업부의 숫자와 다각화의 이점을 실현하기 위해 서로 다른 사업부 간에 조정이 필요한 정도라는 두 가지 요소의 함수에 따라 결정된다.

관료적 비용
기업이 역량을 이전하고, 공유하고, 레버리징하면서 사업부들 간 사업부와 본사 간 발생하는 거래 어려움들을 해결하는 것과 관련된 비용

비즈니스 수 기업의 포트폴리오에 포함된 사업부의 숫자가 많을수록 기업 경영자는 각 비즈니스의 복잡성에 대한 정보를 파악하기가 더 어려워진다. 경영자는 단순하게 각 사업부의 비즈니스모델을 평가할 시간이 없다. 이러한 문제는 1970년대 성장에 목말랐던 CEO인 레그 존스(Reg Jones)가 많은 신규 사업체를 인수했을 때 GE에서 발생했다. 그는 다음과 같이 말했다:

> 나는 [각 사업부의] 각 계획을 매우 상세하게 검토하려고 노력했다. 이러한 노력은 엄청난 시간이 걸렸고 회사 경영진에게 엄청난 부담을 주었다. 얼마 후 나는 아무리 열심히 일해도 40여 개에 달하는 사업부 계획을 깊이 있게 이해할 수 없다는 사실을 깨닫기 시작했다.[17)]

다각화된 기업의 최고경영자는 시간이 지나도 다중 비즈니스모델에 대한 통제력을 유지할 수 없기 때문에 각 사업부의 경쟁적 위치에 대한 피상적인 분석에 근거하여 중요한 자원 배분 결정을 내리는 경우가 많다. 예를 들어, 유망한 사업부에서는 투자 자금이 부족할 수 있는 반면, 다른 사업부에서는 운영에 수익적으로 재투자할 수 있는 것보다 훨씬 많은 현금이 유입될 수 있다. 또한, 기업 경영자는 사업부의 일상적인 운영과는 거리가 멀기 때문에 사업부 관리자가 자신의 일자리를 지키기 위해 실적 부진에 대한 정보를 숨기려고 할 수 있다. 예를 들어, 사업부 관리자는 성과 부진이 성공적인 비즈니스모델을 만들지 못한 결과임에도 불구하고 어려운 경쟁 상황 탓으로 돌릴 수 있다. 이러한 조직 문제가 증가하면 최고경영자는 이를 해결하기 위해 많은 시간과 노력을 투자해야 한다. 이는 관료적 비용을 증가시키고 역량 공유 또는 활용을 통해 얻을 수 있는 다각화 추구에 따른 수익 증대 이점을 상쇄한다.

사업부 간 조정 역량 이전, 공유 또는 활용을 기반으로 한 다각화 전략에서 가치를 실현하는 데 필요한 조정은 관료적 비용의 주요 원천이다. 사업부 간 교차 팀과 경영 위원회와 같은 부서 간 조정 및 인계인수를 감독하고 관리하는 데 필요한 관료적 메커니즘이 이러한 비용의 주요 원천이다. 관료적 비용의 두 번째 원인은 다

그림 10.4 관련 사업부들 간 조정

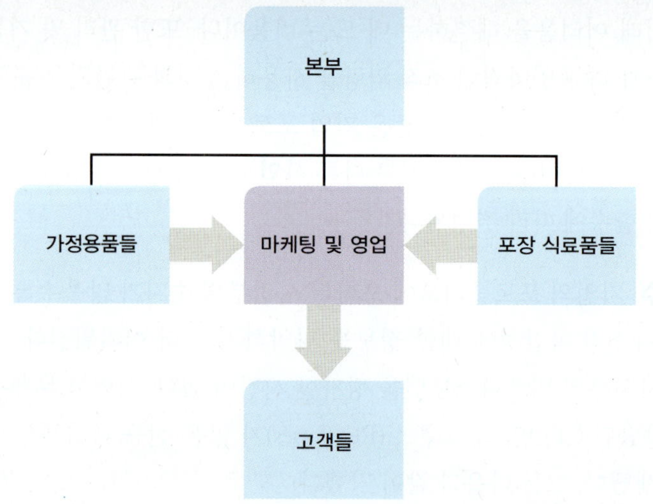

른 사업부와 자원을 이전하거나 공유하는 어떤 사업부의 성과와 고유한 수익 기여도를 정확하게 측정하는 데 요구되는 막대한 관리 시간과 노력으로 인해 발생한다. 가정용 제품(예: 액체 비누 및 세탁 세제)을 만드는 사업부와 포장 식품을 만드는 사업부가 있는 회사가 있다고 가정해 보자. 두 사업부의 제품은 모두 슈퍼마켓을 통해 판매된다. 모회사는 비용 구조를 낮추기 위해 [그림 10.4]와 유사한 조직 구조를 사용하여 각 사업부의 마케팅 및 영업 기능을 통합한다. 이 회사는 생활용품 사업부, 식품 사업부, 마케팅 사업부의 3개 사업부로 구성되어 있다.

이러한 방식은 운영 비용을 크게 낮출 수 있지만, 상당한 통제 문제와 그에 따른 관료적 비용을 초래할 수도 있다. 예를 들어, 생활용품 사업의 실적이 부진하기 시작하면 생활용품 부서의 관리자 또는 마케팅 부서의 관리자 중 누구에게 책임을 물어야 할지 파악하기가 어려울 수 있다. 실제로 각자가 실적 부진의 책임을 서로에게 돌릴 수도 있다. 기업 경영진이 두 부문에 대한 심층적인 감사를 수행하면 이러한 문제를 해결할 수 있지만, 이 과정에서 발생하는 관료적 비용(경영자의 시간과 노력)으로 인해 사업 다각화를 통해 얻은 가치가 다시 한번 상쇄될 수 있다. 관료적 비용을 줄여야 할 필요성은 [전략 실행 사례 10.1]에서 설명한 대로 화이자(Pfizer)의 경험에서 분명하게 드러난다.

요약하자면, 사업 다각화는 수익성이 높은 전략이 될 수 있지만, 복잡한 다중 비즈니스모델을 기반으로 하기 때문에 관리하기 가장 복잡하고 어려운 전략이기도 하다. 과거에 다각화 전략을 성공적으로 추진한 기업이라도 업계 환경과 기업 내부의 여건이 변화하면 수익 창출 이점이 빠르게 감소할 수 있다. 예를 들어, 이러한

전략 실행 사례 10.1

화이자에서 관료적 비용이 상승했다가 하락한 이유

화이자(Pfizer)는 세계에서 가장 큰 글로벌 제약 회사 중 하나로, 2021년 매출이 800억 달러가 넘을 것으로 예상된다. 이 회사의 연구 과학자들은 최초의 콜레스테롤 저하제인 리피토(Lipitor)와 같이 세계에서 가장 성공적이고 수익성이 높은 의약품을 혁신해 왔다. 하지만 2000년대 들어 화이자는 새로운 블록버스터 의약품을 혁신하려는 시도에서 큰 문제에 직면했고, 리피토와 같은 대형 의약품은 특허를 통한 보호를 상실했다. 한때 연간 130억 달러의 수익을 올렸던 리피토의 매출은 이제 빠르게 감소하고 있다. 2012년에는 리피토의 매출이 39억 달러에 불과했다. 화이자는 제품 개발 파이프라인을 활성화할 방법을 절실히 찾아야 했다. 마틴 맥케이(Martin Mackay)라는 한 경영자는 자신이 그 방법을 알고 있다고 믿었다.

화이자의 R&D 책임자가 은퇴했을 때, 그의 부관인 맥케이는 CEO인 제프리 킨들러(Jaffrey Kindler)에게 자신이 그 자리를 원한다는 의사를 분명히 밝혔다. 킨들러는 회사의 문제를 해결하기 위해 새로운 인재와 참신한 아이디어가 필요하다고 생각한다는 점을 분명히 했다. 맥케이는 화이자 과학자들이 신약 개발을 위해 일하는 방식을 바꾸고, 킨들러의 지지를 얻고, 최고의 자리를 차지하기 위해서는 설득력 있는 계획을 신속하게 수립해야 한다는 사실을 깨달았다. 그는 화이자의 수많은 연구원들이 의사 결성을 내리는 방식을 바꾸고 회사의 자원, 인재, 자금을 최대한 활용하기 위한 세부 계획을 세웠다. 킨들러는 이 계획을 검토한 후 깊은 인상을 받아 맥케이를 최고 R&D 책임자로 승진시켰다. 맥케이의 계획은 무엇이었을까?

화이자가 워너-램버트(Warner-Lambert)와 파마시아(Pharmacia)라는 두 대형 제약회사와의 합병을 통해 성장하면서, 맥케이는 화이자의 여러 의약품 사업부 관리자들 간에 의사 결정 문제와 갈등이 증가하고 있다는 점에 주목했다. 회사가 성장하면서 화이자의 조직 구조는 점점 더 커졌고 본사 직원의 규모도 커졌다. 회사 계층 구조에 더 많은 관리자와 직급이 생기면서 여러 활동을 통합하기 위한 회의의 필요성이 커졌다. 그러나 회의에서는 각기 다른 관리자 그룹이 가장 관심 있는 약품 개발을 촉진하기 위해 경쟁했고, 점점 더 많은 신약 개발에 필요한 자원을 확보하기 위해 서로 갈등을 빚고 있었다. 간단히 말해, 맥케이는 너무 많은 관리자와 위원회가 너무 많은 갈등을 야기하고 있으며, 그 결과 회사의 성과가 저하되고 있다고 생각했다. 또한 화이자의 성공은 혁신에 달려 있었지만, 갈등으로 인해 관료주의 문화가 형성되어 의사결정의 질이 떨어지고 유망한 신약을 발굴하는 데 더 많은 어려움이 있었으며 관료주의 비용도 증가했다.

갈등과 관료적 비용을 줄이기 위한 맥케이의 대담한 계획에는 최고경영자와 과학자 사이의 관리 계층 수를 14개에서 7개로 줄이는 것이 포함되었으며, 이로 인해 수천 명의 관리자가 해고되었다. 또한 그는 혁신적인 아이디어를 블록버스터 의약품으로 전환하는 과정을 늦추고 있다고 판단하여 제품 개발 위원회를 폐지했다. 계층 구조를 간소화한 후, 그는 과학자들이 따라야 하는 관료적 규칙의 수를 줄이는 데 집중했는데, 그중 상당수는 불필요하고 갈등을 조장하는 것이었다. 그와 그의 팀은 혁신 프로세스를 늦추는 모든 종류의 서면 보고서를 없앴다. 예를 들어, 과학자들은 각 약물의 진행 상황을 설명하는 분기별 및 월별 보고서를 최고경영자에게 제출하는 습관이 있었는데, 맥케이는 과학자들에게 둘 중 하나를 선택하라고 지시했다.

상상할 수 있듯이, 맥케이의 노력은 회사에 엄청난 격변을 일으켰고, 관리자들은 자신의 자리를 지키기 위해, 과학자들은 개발 중인 약물을 보호하기 위해 싸웠다. 하지만 결단력 있는 맥케이는 화이자의 과학자들에게 힘을 실어주고 혁신과 기업가 정신을 촉진하는 새로운 R&D 제품 개발 프로세스를 만들려는 자신의 노력을 지지한 CEO의 지원을 받아 자신의 방식을 밀어붙였다. 화이자 과학자들은 새로운 업무방식을 통해 '해방감'을 느꼈으며, 갈등의 수준이 감소하고 신약이 더 빨리 생산될 것이라는 희망을 갖게 되었다고 보고했다.

출처: www.pfizer.com.

변화로 인해 하나 이상의 사업부가 경쟁 우위를 상실할 수 있다. 또는 변화로 인해 다각화 추구와 관련된 관료적 비용이 급격히 증가하여 이점이 상쇄될 수도 있다.

따라서 관료적 비용의 존재는 기업이 수익성 있게 추구할 수 있는 다각화의 양에 제한을 두게 된다. 다각화 전략의 수익성 향상 이점이 기업이 사업을 확장하고 새로운 산업에 진출함으로써 증가하는 사업부를 관리하는 데 필요한 관료적 비용을 상회할 때만 다각화를 추진하는 것이 합리적이다.

10.5 기업이 관련 또는 비관련 다각화를 선택하는 이유를 살펴본다.

10.5 전략 선택하기

10.5a 관련 다각화 대 비관련 다각화

관련 다각화는 더 많은 역량을 공유하기 때문에 비관련 다각화보다 더 많은 방식으로 수익성을 높일 수 있으므로 더 나은 다각화 전략이라고 생각할 수 있다. 그러나 일부 기업은 비관련 다각화를 추구할 때 그 이상의 가치를 창출할 수 있으므로 이러한 전략에도 상당한 이점이 있음에 틀림없다. 비관련 기업은 사업부 간 조율을 달성할 필요가 *없으며*, 포트폴리오의 사업 수로 인해 발생하는 관료적 비용에만 대처하면 된다. 반면, 관련된 회사는 고유한 역량들을 활용하여 획득할 수 있는 이익을 실현하려면 사업부 간 조정을 달성해야 한다. 결과적으로, 관련된 기업은 포트폴리오에 포함된 사업부 *숫자* 및 사업부 간의 조정을 통해 발생하는 관료적 비용 모두에 대처해야 한다. 관련 다각화가 되어 있는 기업이 비관련 회사보다 더 많은 방식으로 가치와 수익을 창출할 수 있는 것은 사실이지만, 이를 위해 더 높은 관료적 비용을 부담해야 한다. 이러한 높은 비용으로 인해 더 큰 이점이 상쇄되어 비관련 다각화 전략보다 수익성이 떨어질 수 있다.

그렇다면 기업은 이러한 전략 중에서 어떻게 선택해야 할까? 선택은 각 전략의 이점과 전략 추진에 따른 관료적 비용을 비교하는 데 달려 있다. 기업이 관련 다각화를 추구하는 것이 유리한 경우는 (1) 기업의 역량이 더 많은 산업에 적용될 수 있고, (2) 기업가정신을 장려하거나 가치를 창출하는 조직 문화를 개발하는 등 관료적 비용을 면밀히 통제할 수 있는 우수한 전략적 역량을 갖춘 기업이다.

같은 논리를 적용하면, (1) 각 사업부의 기능적 역량이 산업 전반에 걸쳐 유용하게 적용되는 경우가 거의 없지만 회사의 최고경영자가 잘 운영되지 않는 사업의 수익성을 높이는 데 능숙하고, (2) 회사의 경영자가 뛰어난 전략 관리 역량을 사용하여 사업부의 경쟁 우위를 개선하고 관료적 비용을 통제할 수 있는 경우 회사가 비관련 다각화를 추구하는 것이 이득이 된다. 잘 경영되는 기업에는 비관련 다각화를 성공적으로 추진하고 그 보상을 거둘 수 있는 경영진이 있다.

10.6 새로운 산업으로 진입하기: 사내 신규 벤처

10.6 사내 신규 벤처의 장단점에 대해 토론한다.

지금까지 기업 차원의 관련 및 비관련 다각화 전략을 통해 경영자가 추구하는 가치의 원천과 이러한 전략이 초래하는 도전과 위험에 대해 살펴보았다. 이제 경영자가 새로운 산업에 진출하기 위해 사용하는 3가지 주요 방법인 사내 신규 벤처, 인수, 합작 투자에 대해 살펴본다. 이 절에서는 사내 신규 벤처를 사용할 때의 장단점을 살펴본다. 다음 절에서는 인수와 합작 투자에 대해 살펴본다.

10.6a 사내 신규 벤처의 매력

사내 신규 벤처는 일반적으로 기업이 새로운 산업에 진출하기 위해 활용하거나 재조합할 수 있는 핵심 비즈니스모델에서 하나 이상의 차별화된 역량을 보유하고 있을 때 기업 차원의 전략을 구현하는 데 사용된다. **사내 신규 벤처**(internal new venturing)는 새로운 산업으로 자원을 이전하고 새로운 사업부 또는 부서를 만드는 프로세스이다. 사내 벤처는 기술이나 디자인 기술을 활용하여 새로운 종류의 제품을 혁신하고 관련 시장이나 산업에 진출하는 비즈니스모델을 보유한 기업에서 자주 사용된다. 따라서 셀로판, 나일론, 프레온, 테프론 등의 제품으로 새로운 시장을 창출한 듀퐁(DuPont)과 같이 관련 다각화를 추구하는 기술 기반 기업이 사내 신규 벤처를 활용할 가능성이 높다. 3M은 내부에서 생성된 아이디어로 신제품 또는 개선된 제품을 만든 다음 새로운 사업부를 설립하여 새로운 시장을 장악할 수 있는 비즈니스모델을 만드는 데 거의 전설적인 재능을 가지고 있다. 마찬가지로 HP는 사내 벤처를 통해 컴퓨터 및 프린터 산업에 진출했다.

사내 신규 벤처
새로운 종류의 제품들을 혁신하기 위해 신 산업에서 신규 사업단위를 만들고 자원을 이전시키는 과정

또한 기업은 아직 해당 산업에서 지배적인 위치를 차지할 수 있는 역량이나 비즈니스모델을 개발한 기업이 없는 신생 또는 초기 산업에 진입하기 위해 사내 벤처를 활용할 수도 있다. 예를 들어, 2016년에 테슬라(Tesla)는 지붕 패널(shingles)을 대체할 수 있는 소형 태양광 패널인 태양광 지붕 타일을 개발한다고 발표했다. 일론 머스크(Elon Musk)는 "지붕 위에 있는 것이 아니다. 바로 지붕 그 자체이다"라고 묘사했다.[18] 머스크는 이것이 주거용 태양광 발전(같은 해 초 테슬라가 솔라시티를 인수하면서 진출한 산업)의 차세대 발전이라고 믿었으며, 다른 어떤 회사도 아직 상당한 진전을 이루지 못했다. 머스크는 일주일에 1,000개의 태양광 지붕 설치를 달성하겠다는 목표를 세웠다. 그러나 성공적인 태양광 지붕 타일을 개발하는 것은 머스크가 예상했던 것보다 더 어려운 것으로 판명되었고, 2022년까지 설

치율은 목표의 약 4%에 그쳤다. 머스크는 "우리는 기본적으로 특정 지붕의 난이도를 평가하는 데 있어 몇 가지 중대한 실수를 저질렀다. 모든 상황에 일률적으로 적용할 제품은 없다"라고 설명했다.[19]

10.6b 신규 벤처의 함정

앞서 테슬라의 지붕 사례에서 알 수 있듯이 사내 신규 벤처는 실패할 위험이 높다. 산업, 기간, 출처에 따라 통계결과는 매우 다양하지만, 일반적으로 매우 많은 수의 신규 벤처가 경제적 수익을 창출하지 못한다는 사실이 입증되고 있다. 사내 신규 벤처의 상대적으로 높은 실패율을 설명하기 위해 세 가지 이유가 종종 제시된다: (1) 너무 작은 규모의 시장 진입, (2) 신규 벤처 제품의 상업화 부진, (3) 신규 벤처 부문의 기업 관리 부실.[20]

진입 규모 연구에 따르면 새로운 산업에 대규모로 진입하는 것이 신규 벤처가 성공하기 위한 중요한 전제 조건인 경우가 많다. 단기적으로는 대규모 진입을 지원하기 위해 상당한 자본을 투자해야 하므로 신규 벤처가 실패할 경우 큰 손실이 발생할 위험이 있다. 그러나 업종에 따라 5년에서 12년까지 걸리는 장기적인 관점에서 볼 때, 이러한 대규모 투자는 잠재적 손실을 줄이기 위해 투자를 제한하여 소규모로 진출하는 경우보다 훨씬 큰 수익을 가져다준다.[21] 대규모 진출 기업은 보다 빠르게 규모의 경제를 실현하고 브랜드 충성도를 구축하며 새로운 산업의 유통 채널에 접근할 수 있어 신규 벤처의 성공 확률을 높일 수 있다. 반면, 소규모 진입자의 경우 규모의 경제 부족과 시장 입지 부족으로 인한 높은 비용으로 인해 브랜드 충성도를 구축하고 유통 채널에 접근하는 데 제한을 받을 수 있다. 이러한 규모의 효과는 기존 기업이 규모의 경제, 브랜드 충성도, 유통 채널에 대한 접근성을 보유하고 있는 기존 산업에 진입할 때 특히 두드러진다. 이 경우 신규 진입자는 성공하기 위해 대규모 투자를 해야 한다.

[그림 10.5]는 성공적인 소규모 벤처와 대규모 벤처의 시간 경과에 따른 진입 규모와 수익성 간의 관계를 나타낸 것이다. 이 그림은 성공적인 소규모 진입은 초기 손실이 적지만 장기적으로는 대규모 진입이 더 큰 수익을 창출한다는 것을 보여준다. 그러나 대규모 진입과 관련된 높은 비용과 위험 때문에 많은 기업이 소규모 진입 전략을 선택하는 실수를 저지르며, 이는 곧 장기적인 성공에 필요한 시장 점유율을 확보하는 데 실패하는 것을 의미한다.

상업화 많은 사내 신규 벤처는 새로운 기술이나 첨단 기술을 사용하여 더 나은 제품을 만들고 시장에서 경쟁사보다 우위를 점할 수 있는 기회에 의해 추진된다. 상업적으로 성공하려면 개발 중인 제품이 고객의 요구를 충족할 수 있도록 맞춤화되

그림 10.5 진입규모와 수익성

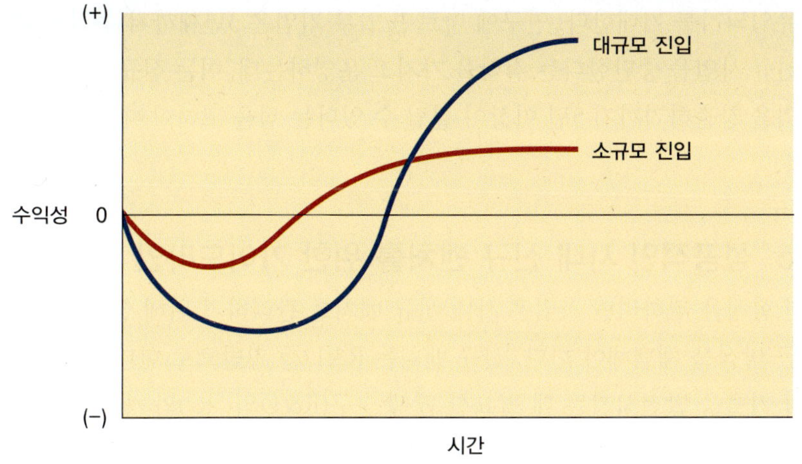

어야 한다. 신규 벤처는 종종 이러한 요구를 무시하고 경영자가 새로운 제품의 기술적 가능성에만 집중하여 고객의 요구 사항을 잊어버리기 때문에 실패한다.[22] 따라서 신규 벤처는 수요가 없는 기술을 기반으로 제품을 마케팅하여 실패하거나, 회사가 올바른 위치에 있지 못하거나, 시장에서 고객에게 매력있는 제품을 차별화하지 못하여 실패할 수 있다.

잘못된 실행 신사업 프로세스를 관리하고 신사업 부서를 통제하는 것은 많은 어려운 관리 및 조직 문제를 야기한다.[23] 예를 들어, 기업이 성공적인 제품을 도입할 가능성을 높이기 위해 흔히 저지르는 실수 중 하나는 내부에 너무 많은 신사업 부서를 동시에 설립하는 것이다. 경영자는 많은 부서를 두어 실패 위험을 분산시키려고 하지만, 이는 회사의 현금 흐름에 막대한 부담을 준다. 때때로 기업은 회사 전체의 수익성을 유지하기 위해 각 사업부가 받는 자금을 줄여야 하며, 이로 인해 가장 유망한 벤처가 성공에 필요한 현금이 부족해질 수 있다.[24] 또 다른 일반적인 실수는 기업 경영자가 신규 벤처의 비즈니스모델이 건전하고 나중에 성공하기 위해 필요한 모든 요소를 포함하는지 확인하는 데 필요한 광범위한 사전 계획을 수립하지 못하는 경우이다. 때때로 기업 경영자는 이 과정을 신기술을 옹호하는 과학자와 엔지니어에게 맡기기도 합니다. 새로운 기술에 집중하다가 자칫하면 경영자는 전략적 또는 상업적 가치가 거의 없는 신제품을 혁신할 수 있다. 기업 경영자와 과학자는 함께 협력하여 신규 벤처가 경쟁 우위를 가진 제품으로 이어지는 방법과 이유를 명확히 하고, 제품이 시장에 출시될 때까지 벤처를 관리하기 위한 전략적 목표와 일정표를 공동으로 수립해야 한다.

신규 벤처 프로세스에 소요되는 시간과 비용을 예측하지 못하는 것은 또 다른 실수이다. 많은 기업이 기간에 대한 비현실적인 기대치를 가지고 있으며 수익이 빠르게 유입되기를 기대한다. 연구에 따르면 일부 기업은 3년째까지 수익을 내지 못하면 신규 사업을 중단한다는 철학을 가지고 운영하는데, 이는 신규 벤처가 실질적인 수익을 창출하기까지 5년 이상이 걸릴 수 있다는 점을 고려할 때 비현실적인 기대이다.

10.6c 성공적인 사내 신규 벤처를 위한 가이드라인

이러한 함정을 피하려면 기업은 사내 신규 벤처를 관리하기 위해 신중하고 체계적인 접근 방식을 채택해야 한다. 신규 벤처는 R&D를 기반으로 한다. R&D는 기초 과학과 기술을 발전시키는 데 필요한 *탐색 연구*(R&D의 "R")와 새로운 기술의 상업적 응용을 식별, 개발 및 완성하기 위한 개발 연구(R&D의 "D")로 시작된다. 사내 신규 벤처의 성공 실적이 우수한 기업은 두 가지 유형의 R&D 모두에서 탁월하며, 기초 과학을 발전시키고 중요한 상업적 응용 분야를 발굴하는 데 도움을 준다.[25] 기초 과학을 발전시키기 위해서는 신기술의 기반이 되는 과학 지식의 상당 부분이 발견되는 대학과 긴밀한 관계를 맺는 것이 중요하다. 또한 "R"과 "D" 연구의 중요성을 모두 이해하는 과학자들이 연구 기금을 관리하고 있는지 확인하는 것도 중요하다. "D"가 부족하면 기업이 아무리 기초 연구를 잘 수행하더라도 성공적인 상업적 벤처를 창출하는 경우는 거의 없을 것이다. 기업은 좋은 과학이 상업적으로 실행 가능한 좋은 제품으로 이어지도록 여러 단계를 밟을 수 있다.

첫째, 많은 기업이 연구 자금을 비즈니스 부서 관리자에게 맡겨야 하며, 이 경영자는 연구 프로젝트의 범위를 좁히고 최적의 연구 프로젝트, 즉 상업적으로 큰 수익을 창출할 가능성이 가장 높은 프로젝트를 선택할 수 있는 기술이나 노하우를 가지고 있어야 한다. 둘째, R&D 역량을 효과적으로 활용하기 위해 최고경영자는 R&D 과학자들과 협력하여 그들의 노력을 이끄는 비즈니스모델과 전략을 지속적으로 개발 및 개선하고, 모든 과학자와 엔지니어가 성공을 위해 무엇을 해야 하는지 이해하도록 해야 한다.[26]

셋째, 기업은 신제품이 향후 상업적으로 성공할 확률을 높이기 위해 R&D와 마케팅 간의 긴밀한 연계성을 강화해야 한다. 마케팅 담당자가 신제품에 대한 고객의 가장 중요한 요구 사항을 파악하고 이를 과학자에게 전달하면 연구 프로젝트가 의도한 고객의 요구 사항을 충족할 수 있다. 넷째, 기업은 R&D와 제조를 긴밀하게 연결하여 제안된 신제품을 비용 효율적인 방식으로 만들 수 있는 역량을 확보해야 한다. 많은 기업이 신제품 개발의 시작부터 시장 출시까지를 감독하는 교차 기능 프로젝트 팀을 구성하여 다양한 기능의 활동을 성공적으로 통합한다. 이러한 접근

방식은 신제품을 시장에 출시하는 데 걸리는 시간을 획기적으로 단축할 수 있다. 예를 들어, R&D 부서에서 디자인 작업을 하는 동안 제조 부서에서는 설비를 구축하고 마케팅 부서에서는 신제품이 고객에게 얼마나 큰 혜택을 줄 수 있는지 보여줄 수 있는 캠페인을 개발할 수 있다.

마지막으로, 대규모 진출이 장기적으로 더 큰 수익으로 이어지는 경우가 많기 때문에 기업은 "크게 생각(thinking big)"함으로써 사내 신규 벤처의 성공을 촉진할 수 있다. 기업은 효율적인 규모의 제조 시설을 건설하고 마케팅에 많은 예산을 할당하여 제품 출시에 앞서 시장 입지와 브랜드 충성도를 빠르게 구축할 수 있는 미래 제품 캠페인을 개발해야 한다. 또한, 기업 경영자는 고객이 신제품을 채택하는 속도가 느리다고 해서 당황하지 말고 초기 손실이 발생할 수 있다는 사실을 받아들이고 시장 점유율이 확대되는 한 결국에는 제품이 성공할 것이라는 점을 인식해야 한다.

10.7 새로운 산업으로 진입하기: 인수

10.7 새로운 산업에 진출하는 방법으로서 인수의 장단점에 대해 토론한다.

9장에서는 인수(Acquisitions)가 기업이 수평적 통합 전략을 실행하는 데 사용하는 주요 수단이라고 설명했다. 또한 인수는 기업이 수직적 통합과 다각화를 추구하기 위해 새로운 산업에 진출하는 주요한 방법이므로 기업 수준의 전략을 실행하기 위해 인수를 사용할 때 발생하는 이점과 위험을 모두 이해해야 한다.

10.7a 인수의 매력

일반적으로 인수는 기업이 새로운 산업에서 경쟁하는 데 필요한 차별화된 역량이 부족할 때 수직 통합 또는 다각화를 추구하기 위해 사용되며, 이러한 역량을 갖춘 기존 기업을 인수하기 위해 재무 자원을 사용한다. 특히 신생 산업이나 성장 산업에서 빠르게 입지를 구축하기 위해 빠르게 움직여야 할 때 인수를 활용할 가능성이 높다. 사내 벤처를 통해 새로운 산업에 진입하는 것은 상대적으로 느린 과정이지만, 인수는 기업이 시장에서 중요한 입지를 구축할 수 있는 훨씬 빠른 방법이다. 기업은 사내 벤처를 통해 시장 선도적 입지를 구축하기 위해 몇 년을 기다리지 않고도 강력한 경쟁력을 갖춘 선도 기업을 몇 달 만에 인수할 수 있다. 따라서 속도가 특히 중요한 경우에는 인수가 선호되는 진입 방식이다. 예를 들어, Intel은 시장이 매우 빠르게 발전하고 있고 필요한 역량을 개발하는 데 너무 오랜 시간이 걸린다고 판단하여 통신 칩 사업을 구축하기 위해 인수를 활용했다.

또한 인수는 상업적 불확실성이 적기 때문에 사내 신규 벤처보다 덜 위험한 것으로 인식되는 경우가 많다. 사내 신규 벤처는 실패의 위험이 있기 때문에 향후 성공 여부와 수익성을 예측하기 어렵다. 반면 인수는 이미 명성을 쌓은 기업을 인수하는 것으로, 해당 기업의 시장 점유율과 수익성 규모를 파악할 수 있다.

마지막으로, 인수는 높은 진입 장벽으로 보호되는 산업에 진입할 수 있는 매력적인 방법이다. 2장에서 다뤘듯이 진입 장벽은 브랜드 충성도로 이어지는 제품 차별화, 규모의 경제로 이어지는 높은 시장 점유율과 같은 요인에서 발생한다는 점을 상기해 보자. 진입 장벽이 높으면 대규모 제조 시설을 구축하고 브랜드 충성도를 구축하기 위해 대규모 광고 캠페인에 투자해야 하는 등 막대한 지출이 필요한 어려운 목표를 달성해야 하므로 기업이 사내 신규 벤처를 통해 산업에 진입하는 것은 매우 어려울 수 있다. 반면, 업계에서 이미 자리를 잡은 다른 기업, 특히 시장 선도 기업을 인수하는 경우 해당 기업은 이미 규모의 경제를 달성하고 브랜드 충성도를 확보하고 있기 때문에 대부분의 진입 장벽을 우회할 수 있다. 일반적으로 진입 장벽이 높을수록 업계에 진입하기 위한 방법으로 인수가 사용될 가능성이 높다.

10.7b 인수의 위험

이러한 이유로 인수는 오랫동안 기업들이 사업 다각화를 추구하기 위해 가장 많이 사용하는 방법이었다. 평균적으로 인수가 주주 가치를 창출하는지 또는 파괴하는지 평가하기 위해 수많은 연구가 수행되었다. 이러한 연구에는 다양한 방법론적 접근 방식(예: 이벤트 연구, 대규모 패널 분석, 사례 연구), 표본(예: 특정 산업 분야의 인수, 인수자와 피인수자가 모두 미국 상장기업인 인수, 인수자가 인수한 지분이 다양한 인수), 성과 측정(예: 주가 변화, 장기 누적 비정상 수익, 회계 성과, 생산성, 특허 성과) 등이 사용되었다. 이런 연구들이 인수의 효과에 대한 합의를 이루기는 부족하지만, 매우 많은 연구에서 인수가 인수 기업의 수익성을 높이는 데 실패하고 손실을 초래할 수 있다는 결론을 내리고 있다. 예를 들어, 700건의 대규모 인수를 대상으로 한 어떤 연구에 따르면 이 중 30%는 수익이 증가했지만 31%는 손실로 이어졌고 나머지는 거의 영향을 미치지 않았다.[27)] [28)] 피인수 기업의 인수 후 성과에 대한 또 다른 연구에 따르면 수익성과 시장 점유율이 종종 감소하는 것으로 나타나 많은 경우 인수가 가치를 창출하기보다는 파괴하는 것으로 나타났다.[29)]

인수를 통해 피인수 기업의 성과가 향상되지 않을 수 있는 이유는 5가지이다:[30)] (1) 기업이 다른 기업의 조직 구조와 문화를 자신의 조직에 통합하려고 할 때 경영상의 문제를 자주 경험하고, (2) 기업이 인수로 인한 잠재적인 경제적 이익을 과대평가하고, (3) 인수 비용이 너무 비싸서 미래 수익성을 높이지 못하는 경향이 있고, (4) 기업이 인수 대상을 선별하는 데 소홀하고 비즈니스모델의 중요한 문제를 인식하지 못하고, (5) 경영진이 주주 가치를 높이지 않더라도 인수를 할 유인이 있을 수 있다(예, 대리인 문제).

피인수 회사 통합 인수가 완료되면 인수 회사는 피인수 회사를 통합하여 자신의 조직 구조 및 문화와 결합시켜야 한다. 통합을 위해서는 공통의 관리 및 재무 통제 시스템을 채택하고, 피인수 회사와 인수 회사의 운영을 통합하며, 조직과 인력을 공유하기 위한 관리 메커니즘을 구축하고, 공통의 문화를 만들어야 한다.[31] 경험에 따르면 기업이 조직을 통합하려고 시도할 때 많은 문제가 발생할 수 있다. 특히, 두 회사의 프로세스와 문화가 매우 다른 경우 통합은 어려울 수 있다. 예를 들어, 1998년 다임러 벤츠(Daimer Benz)가 크라이슬러(Chrysler)를 인수했을 때, 크라이슬러의 좀 더 느슨하고 기업가적인 문화에 익숙해져 있던 크라이슬러 직원들과 형식적이고 위계적인 다임러의 문화가 마찰을 빚는 것을 발견했다. 또한 다임러는 크라이슬러의 보다 신속한 신제품 개발 프로세스의 이점을 누리기를 바랐지만, 이를 위해서는 여러 차종에 걸쳐 플랫폼을 재사용하는 등 자동차 개발에 좀 더 모듈화된 접근 방식을 채택해야 한다는 사실을 곧 깨닫게 되었다. 이는 다임러가 역사적으로 강조해 온 자동차 디자인의 총체적인 '기초 단계' 개발과는 극명한 대조를 이뤘다. 결국 인수를 통해 기대했던 이점은 거의 실현되지 않았다. 주식 교환을 통해 크라이슬러에 약 360억 달러를 지불한 다임러는 결국 2007년에 크라이슬러 그룹을 정리하기 위해 케르베로스 캐피탈 경영(Cerberus Capital Management)에 6억 5,000만 달러를 추가로 *지불해야 했다*.[32]

많은 피인수 기업이 높은 경영진 이직률을 경험하는 이유는 직원들이 피인수 기업의 운영 방식, 즉 구조와 문화에 만족하지 않기 때문이다.[33] 연구에 따르면 경영진의 재능 및 전문성 상실, 사업부 간 지속적인 긴장으로 인한 피해는 피인수 기업의 성과에 심각한 타격을 줄 수 있다.[34] 또한 기업은 인수 자금을 마련하기 위해 막대한 부채를 떠안아야 하는 경우가 많고, 피인수 기업의 비즈니스모델의 경영 문제(때로는 약점)가 드러난 후에는 이를 갚지 못하는 경우가 종종 있다.

경제적 이익 과대평가 심지어 기업들이 활동들을 통합하는 것이 용이하다고 느끼더라도, 이렇게 결합된 비즈니스의 미래 수익성을 과대평가하는 경우가 많다. 경영진은 종종 인수를 통해 얻을 수 있는 경쟁 우위를 과대평가하여 인수한 회사의 가치보다 더 많은 금액을 지불한다. 이런 일이 벌어지는 한 가지 이유는 최고경영자가 일반적으로 인수로 가치 있는 신제품을 창출할 수 있는 자신의 일반적인 역량을 과대평가하기 때문이다(이를 '오만 가설'이라고 한다).[35] 한 기업의 최고 자리에 올랐다는 사실 자체가 일부 경영자에게 자신의 역량을 과장되게 인식하게 하고 전략적 의사결정을 왜곡하는 자만심을 심어주기 때문이다. 코카콜라가 여러 중견 와인 제조업체를 인수한 것이 이를 잘 보여준다. 당시 코카콜라의 CEO는 음료는 음료라는 논리로 회사의 유능한 마케팅 관리자들을 동원하여 미국 와인 산업을 장악하는 데 필요한 전략을 개발할 수 있을 것이라고 판단했다. 와인 회사 3곳을 인수한 후 마케팅 캠페인의 실패로 7년간 적자를 견뎌낸 그는 이후 와인과 청량음료는 매우 다른 제품이며, 특히 와인의 매력, 가격 체계, 유통망이 청량음료와 다르다는 결론을 내렸다. 결국 코카콜라는 와인 사업부를 Joseph E. Seagram & Sons, Inc.에 매각하고 상당한 손실을 입었다.[36)]

인수 비용 공개적으로 거래되는 주식을 보유한 기업을 인수하는 데는 비용이 매우 많이 드는 경향이 있으며, 이런 인수 비용이 인수로 인해 기대되는 미래 수익의 가치를 소멸시킬 수 있다는 점이 인수 실패의 가장 중요한 이유일 것이다. 한 가지 이유는 인수 대상 기업의 최고경영진이 인수 기업이 현재 시장 가치보다 상당한 프리미엄을 지불하지 않는 한 인수 시도에 저항할 가능성이 높기 때문이다. 이러한 프리미엄은 보통 회사 주식의 일반적인 가치보다 30~50% 높은 경우가 많다. 마찬가지로, 인수 대상 회사의 주주들도 공개 매수 전에 시장 가치보다 큰 프리미엄을 지불하지 않는 한 주식을 매각할 가능성이 낮다. 종합적으로 볼 때, 이는 인수 대상 기업에 대해 '헐값'으로 인수하는 것보다 초과 지불하는 것이 훨씬 쉽다는 것을 의미하며, 연구에 따르면 경영자들은 정기적으로 이렇게 초과 지불을 하는 것으로 나타났다. 이러한 높은 프리미엄을 지불하려면 인수 기업은 인수를 통해 인수 대상 기업의 높은 가격을 정당화할 수 있을 만큼의 미래 수익 흐름을 창출할 수 있다는 확신이 있어야 한다. 업계환경이 얼마나 빠르게 변할 수 있는지, 인수한 회사와의 통합 등 앞서 언급한 다른 문제들을 고려할 때 이는 종종 어려운 일이다. 이것은 인수가 인수 회사에게 수익성을 창출하지 못하는 경우가 많은 주요한 이유이다.[37)]

인수 기업이 높은 프리미엄을 지불해야 하는 이유는 인수 과정에서 투자자들이 인수 기업이 인수를 위해 지불할 최종 가격을 추측하면서 인수 대상 기업의 주가가 엄청나게 상승하기 때문이다. 대상 기업을 인수하기 위해 입찰하는 경쟁입찰의 경우, 두 개 이상의 회사가 동시에 입찰에 참여하는 경우 주가가 급등할 수 있다. 또한 한 산업에서 많은 인수가 이루어지면 투자자들은 아직 인수되지 않은 나머지 기업의 가치가 상승했으며, 향후 어느 시점에 이러한 기업에 대한 입찰이 이루어질 것이라고 추측한다. 이로 인해 해당 기업의 주가가 상승하고 인수 비용도 증가한다. 통신 분야에서는 첨단 장비를 요구하는 고객의 요구를 충족하기 위해 많은 대기업들이 "폭풍 인수"에 나섰을 때 이런 일이 발생했다. 노텔(Nortel)과 알카텔-루슨트(Alcatel-Lucent)는 새로운 통신 장비를 개발하는 작고 혁신적인 기업을 인수하기 위해 경쟁을 벌였다. 그 결과 투자자들이 이 회사들의 주가를 끌어올려 엄청나게 부풀려진 가격에 인수했다. 통신 호황이 끝나자 인수 기업들은 인수 대금을 과

다하게 지불한 사실을 알게 되었고 막대한 회계 상각 조치를 취해야 했다. 결국 노텔은 파산을 선언하고 모든 자산을 매각할 수밖에 없었고, 알카텔-루슨트의 주식 가치는 90% 가까이 급락했다.

부적절한 인수 전 심사 이러한 기업의 문제에서 알 수 있듯이, 최고경영자는 인수 전 심사, 즉 잠재적 인수가 향후 수익성을 얼마나 높일 수 있는지 평가하는 작업을 제대로 수행하지 않는 경우가 많다. 연구자들은 인수 실패의 중요한 이유 중 하나가 경영자가 잠재적 이익과 비용을 철저히 분석하지 않고 다른 기업을 인수하기로 결정하기 때문이라는 사실을 발견했다.[38] 많은 경우 인수가 완료된 후 많은 인수 기업들은 강력한 비즈니스모델을 갖춘 잘 관리되는 기업을 인수하는 대신 문제가 있는 기업을 인수했다는 사실을 발견한다. 인수 대상 기업의 경영자는 재무 상태를 실제보다 훨씬 좋게 보이기 위해 회사 정보나 재무제표를 조작할 수 있다. 인수 기업은 이를 경계하고 광범위한 조사를 완료해야 한다. 2009년 IBM은 칩 제조업체인 썬 마이크로시스템즈(Sun Microsystems)를 인수하기 위한 협상을 진행 중이었다. 일주일 동안 장부를 검토한 IBM은 회사의 고객 기반도가 예상보다 견고하지 않다는 사실을 알게 되었고, 협상단이 제안 가격을 10% 낮췄다. 결국 썬 마이크로시스템즈는 2010년 오라클(Oracle)에 74억 달러에 매각되었다.

대리인 문제 경영자는 주주 가치와 무관한 이유로 인수를 할 수 있다는 점에 유의해야 한다. 이를 "대리인 문제"라고 하며, 11장에서 자세히 설명하겠다. 예를 들어, 경영자가 받는 급여, 조건 및 기타 혜택이 회사 규모와 밀접한 관련이 있다는 것은 잘 알려진 사실이다.[39] 또한, 경영자는 개인 재산의 상당 부분을 자신이 경영하는 회사에 묶어두는 경우가 많다. 이는 자산의 다각화가 극도로 부족할 수 있음을 의미한다. 따라서 다른 주주(다른 회사의 주식을 보유함으로써 더 쉽고 저렴하게 다각화할 수 있는 주주)의 이익에 부합하지 않더라도 회사를 다각화하는 것이 그들의 해결책이 될 수 있다.

10.7c 성공적인 인수를 위한 가이드라인

이러한 함정을 피하고 성공적인 인수를 성사시키려면 기업은 네 가지 주요 단계에 기반한 잠재적 인수 대상 선정 및 평가 접근 방식을 따라야 한다: (1) 인수 대상 식별 및 인수 전 심사, (2) 입찰 전략, (3) 통합, (4) 경험을 통한 학습.[40]

식별 및 심사 철저한 사전 인수 심사를 통해 잠재적 인수 대상에 대한 기업의 지식을 높이고 비즈니스모델이 취약한 문제 기업을 인수할 위험을 줄일 수 있다. 또한 인수 실행에 수반되는 문제를 보다 현실적으로 평가하여 새로운 비즈니스를 통합하고 조직 구조와 문화를 융합하는 방법을 계획할 수 있다. 심사 프로세스는 인수에 대한 전략적 근거에 대한 자세한 평가, 이상적인 인수 후보가 될 수 있는 유형의 회사를 식별하는 것, 다른 인수 대상과 비교하여 인수 대상 회사의 비즈니스모델의 강점과 약점에 대한 광범위한 분석 등과 함께 시작된다.

실제로 인수 기업은 잠재적 인수 대상 중 상위 몇 개를 선정하고 다음 사항에 중점을 둔 일련의 기준을 사용하여 각 기업을 평가해야 한다. (1) 재무 상태, (2) 고유 역량 및 경쟁 우위, (3) 산업의 경계 변화, (4) 관리 능력, (5) 기업문화. 이러한 평가는 인수 기업과 개별 인수 대상 기업 간에 달성할 수 있는 잠재적인 규모의 경제와 범위의 경제를 측정하여 인수 기업이 최적의 인수 대상을 식별하는 세부적인 강점, 약점, 기회 및 위협(SWOT) 분석을 수행하는 데 도움이 된다. 이 분석은 인수 기업과 피인수 기업의 기업 문화를 통합해야 할 때 발생할 수 있는 잠재적 문제를 파악하는 데도 도움이 된다. 예를 들어, 마이크로소프트와 세계 최고의 전사적 자원 관리(ERP) 소프트웨어 공급업체인 SAP의 경영자들이 만나 마이크로소프트의 인수 가능성에 대해 논의했다. 두 회사는 합병을 통해 소프트웨어 컴퓨팅 시장을 장악하고 글로벌 대기업의 수요를 충족시킬 수 있다는 강력하고 전략적인 근거에도 불구하고 극복해야 할 과제가 있다고 판단했다. 전 세계 수십만 명의 직원을 성공적으로 통합하고 서로 다른 두 문화를 융합할 수 있는 조직 구조를 만드는 것은 극복하기 어려운 과제였다.

잠재적 인수 후보자 목록을 가장 선호도가 높은 한두 개로 줄인 후에는 골드만삭스(Goldman Socks)나 메릴 린치(Merryl Rinch) 등의 투자은행처럼 제3의 전문가와 상담해야 한다. 이러한 회사들은 잠재적 인수의 매력에 대한 귀중한 통찰력을 제공하고, 현재 업계 경쟁 상황을 평가하며, 인수 대상 회사의 주식을 인수하기 위한 최적의 입찰 전략을 선택하고 인수 가격을 가능한 한 낮게 유지하는 방법 등 인수를 둘러싼 여러 가지 문제를 처리한다.

입찰 전략 입찰 전략의 목적은 한 회사가 인수 대상 회사에 지불해야 하는 가격을 낮추는 것이다. 한 회사가 다른 회사를 인수할 수 있는 가장 효과적인 방법은 우호적 공개 매수이며, 이는 두 회사가 각 회사의 주주와 최고경영자의 요구를 충족시키면서 두 회사를 합병하는 우호적인 방법을 결정하는 것을 의미한다. 우호적 양수(takeover)는 투기꾼이 주가를 끌어올리는 것을 방지한다. 대조적으로, 적대적 입찰 환경에서는 2005년 오라클과 피플 소프트(People Soft)의 인수합병에서처럼 문제가 발생할 수 있는데, 당시 18개월이 걸렸고 오라클이 인수에 성공할 때까지 주가가 주당 26.50달러까지 치솟았다. 더 높은 반대 제안을 한 다른 회사 혹은 인수자가 인수 후 가격을 올릴 것으로 예상하는 투기꾼들에 의해 인수 대상 회사의 가격이 올라가는 경우가 많다.

통합 좋은 심사와 입찰에도 불구하고 인수 기업이 피인수 기업을 자사 운영에 통합하고 실행 가능한 다중 비즈니스모델을 신속하게 개발하는 데 필요한 필수적인 조직 설계 기술을 보유하고 있지 않으면 인수에 실패할 수 있다. 통합은 마케팅, 제조, R&D, 재무 또는 관리 자원을 공유할 수 있는 기회 같은, 인수를 통해 얻을 수 있는 잠재적인 전략적 이점의 원천을 중심으로 이루어져야 한다. 또한 통합에는 시설이나 기능의 중복을 없애는 단계도 포함되어야 한다. 또한 인수한 회사에서 원치 않는 사업부는 매각해야 한다.

경험 연구를 통한 학습에 따르면 시간이 지남에 따라 많은 기업을 인수한 조직은 인수 프로세스에 대한 전문가가 되어 인수 프로세스의 경험을 통해 상당한 가치를 창출할 수 있다.[41] 이러한 경험을 통해 효율적이고 효과적으로 인수를 실행하기 위해 따를 수 있는 "전술 책(Play Book)"을 개발할 수 있다. 예를 들어 타이코 인터내셔널(Tyco Internationals)은 적대적 인수를 한 적이 없다. 대신, 인수 대상 기업의 계정을 상세히 감사하고, 인수한 기업이 업계에서 바라는 임계치를 달성할 수 있도록 지원하고, 인수 후 비용 절감을 실현하기 위해 신속하게 움직이고, 새로 인수한 법인을 이끌기 위해 한두 단계 아래로 경영자를 이동시키고, 인수한 사업부에 이익 기반 성과급 지급 시스템을 도입했다.[42] 그러나 시간이 지나면서 타이코는 너무 커지고 다각화되어 투자자와 경영진 모두 가치를 충분히 창출하지 못하고 있다고 의심하기 시작했다. 2007년에 타이코의 헬스케어 및 전자 사업부는 분사되었다. 2012년, 타이코는 다시 세 부분으로 분할되어 각각 고유한 주식을 보유하게 되었다: 타이코 화재 및 보안(Tyco Fire and Security), ADT(주거 및 중소기업 보안 설치 서비스 제공), 플로우 컨트롤(Flow Control, 수도 및 유체 밸브와 제어장치 판매).[43] 이후 타이코 화재 및 안전은 2016년에 존슨 컨트롤스(Johnson Controls)와 합병되어 빌딩 시스템에 중점을 둔 더 큰 회사로 거듭났다.

10.8 새로운 산업으로 진입하기: 합작 투자

10.8 회사가 새로운 산업으로 진입하기 위하여 사용하는 방법으로서의 합작투자의 장단점에 대해 토론한다.

두 개 이상의 회사가 자원을 모아 새로운 비즈니스를 창출하기로 합의하는 합작투자(Joint Ventures)는 신생 산업이나 성장 산업에 진출할 때 가장 일반적으로 사용된다. 어떤 회사가 신생 산업에 신규 벤처 사업부를 설립하려고 한다고 가정해 보자. 이러한 움직임은 새로운 산업에서 제품을 만들고 판매하는 데 필요한 일련의 가치 사슬 활동을 개발하는 데 필요한 막대한 투자를 해야 하기 때문에 상당한 위험과 비용을 수반한다. 반면에 인수는 새로운 산업에서 선도적인 기업이 거의 없기 때문에 위험한 제안이 될 수 있으며, 설사 있다 하더라도 인수 비용이 매우 비쌀 수 있다.

이러한 상황에서 합작 투자는 새로운 산업에 진출하는 데 가장 적합한 방법이 되는 경우가 많은데, 이는 기업이 새로운 산업에서 사업부를 설립하는 데 수반되는 위험과 비용을 다른 회사와 공유할 수 있기 때문이다. 특히 두 회사가 상호 *보완적인* 기술이나 차별화된 경쟁력을 공유할 경우 합작 투자의 성공 확률이 높아지기 때문에 더욱 그렇다. 항공우주 산업을 위한 플라스틱 기반 복합 부품을 만들기 위해 UTC와 다우 케미칼(Dow Chemical)이 50대50의 지분으로 설립한 합작회사를 예로 들어 보겠다. UTC는 이미 시코르스키(Sikorsky) 헬리콥터를 제작하는 등 항공우주 산업에 참여하고 있었고, 다우 케미칼은 플라스틱 기반 복합재 개발 및 제조에 대한 기술을 보유하고 있었다. 이 제휴를 통해 UTC는 첨단 항공우주 기술을, 다우는 플라스틱 기반 복합재 개발 및 제조기술을 제공하기로 했다. 합작 투자를 통해 두 회사는 새로운 제품 시장에 참여하게 되었다. 두 회사는 활동을 하나의 회사로 통합하거나 신제품 개발에 따른 비용과 위험을 자체적으로 부담하지 않고도 관련 다각화와 관련된 이점을 실현할 수 있었다. 따라서 두 회사 모두 관료 비용 증가를 감수하지 않고도 새로운 시장에 진출하여 이익을 창출하는 이점을 누릴 수 있었다.

합작 투자는 일반적으로 두 파트너 회사 모두에게 이익이 되지만, 일부 조건에서는 문제가 발생할 수 있다. 첫째, 합작 투자를 통해 두 회사는 새로운 사업을 개발하는 데 따르는 위험과 비용을 분담할 수 있지만, 성공할 경우 수익도 공유해야 한다. 따라서 한 파트너의 기술이 다른 파트너의 기술보다 더 중요한 경우, 50대50 계약으로 인해 더 가치 있는 기술을 가진 파트너가 상대방에게 이익을 '양보'해야 한다. 이로 인해 갈등이 발생하고 시간이 지남에 따라 업무 관계가 악화될 수 있다. 둘째, 합작 투자 파트너가 서로 다른 비즈니스모델이나 기간을 가지고 있을 수 있는데 합작 투자 운영 방식에 대해 갈등을 겪기 시작하면 문제가 발생할 수 있으며, 이러한 종류의 문제는 비즈니스를 붕괴시키고 실패로 이어질 수 있다.

셋째, 합작 투자의 장점 중 하나는 기업 간 빈번하고 긴밀한 접촉이 가능하여 지식의 학습과 이전이 용이하다는 점이지만, 합작 투자로 인해 의도치 않게 기업 간 독점 정보가 유출될 수 있는 위험도 있다.[44] 합작 계약에 각 파트너가 보유하거나 합작을 통해 개발한 독점 지식을 보호하기 위한 광범위한 계약 조항이 있더라도 해당 지식의 유출을 막는 것은 매우 어렵다. 지식이 다수의 직원에게 분산되어 있는 경우 비밀유지 조항을 집행하기가 매우 어렵다.[45] 따라서 합작투자를 체결한 기업은 중요한 회사 고유의 지식을 파트너에게 넘겨주고, 파트너는 이를 향후 다른 파트너와 경쟁하는 데 사용할 수 있는 위험을 감수해야 한다. 예를 들어, 플라스틱 기반 복합재에 대한 다우의 전문 지식을 확보한 UTC는 제휴를 해산하고 이러한 소재를 자체적으로 생산할 수 있다. 이전 장에서 논의했듯이, 다우가 UTC로부터 *신뢰할 수* 있는 약속을 받았다면 이러한 위험을 최소화할 수 있었다. UTC는 합작 투자를 통해 생산할 제품을 만들기 위해 고가의 자산별 투자를 해야 했다.

10.9 탈다각화: 매각, 분사, 분할 및 분할 합병

10.9 회사가 탈다각화할 수 있는 4가지 방식을 설명한다.

많은 경영자가 회사의 범위를 확장할 수 있는 기회를 평가하는 데 상당한 노력과 에너지를 투자하는 반면, 강력한 기업 차원의 전략의 핵심 부분인데도 더 이상 공동 소유가 합리적이지 않은 사업 및 활동의 매각은 간과한다. 매각은 주식 시장에서 더 높은 가치를 창출하거나 독립 회사로서 더 유연하게 운영할 수 있는 경우와 같은 상승 기회와 재무 위기에서 회사를 구하기 위해 자산을 매각해야 하거나 수요 감소로 인해 산업에서 생산 능력을 줄여야 하는 경우와 같은 하락 위협에 대처하는 데 모두 중요할 수 있다.

매각에 대한 편견이 강한 경우가 많다. 2002년에 실시된 200대 기업을 대상으로 한 연구에 따르면 기업들은 매각한 기업보다 매입한 기업이 40% 더 많았으며, 일종의 사전 확신에 따라 사후적으로만 매각하는 경향이 있었다.[46] 기업이 긴급한 상황에 처할 때까지 기다리면 기업의 선택지가 크게 제한되고 매각을 통해 거둘 수 있는 가치가 감소하므로 이는 불행한 실수이다. 대신, 경영자는 매각이 가치 창출의 중요한 부분임을 인식해야 한다. 예를 들어, 오랫동안 기업의 일부였다는 이유만으로 또는 안정적인 수익을 제공한다는 이유만으로 사업을 계속 유지하면 융통성이 없고 위험을 회피하는 문화가 형성되어 투자자나 우수 인재를 유치하지 못할 수 있다.[47] 또한, 잘못된 사업 포트폴리오를 계속 유지하면 더 강력한 성장 전망을 가진 새로운 사업을 창출하는 데 사용할 수 있는 관리 시간과 투자 자금이 낭비될 수 있다. 더 이상 기업 전략의 핵심이 아닌 사업은 강력한 현금 창출원이더라도 매각하면 기업이 더 적극적으로 전략을 추진하는 데 필요한 자원을 확보할 수 있다.

투자 철회에 대해 체계적이고 능동적인 접근 방식을 취하는 경영자는 기업의 집중력을 높일 뿐만 아니라 주주를 위해 훨씬 더 많은 가치를 창출한다. 20년간 742개 기업이 완료한 7,315건의 매각에 대한 베인 앤 컴퍼니(Bain & Company)의 연구에 따르면 1987년 평균 기업에 100달러를 투자했을 때 2007년 말에는 약 1,000달러의 가치가 있었으나, '최고의 매각자'로 구성된 포트폴리오에 동일한 투자를 했다면 그 가치가 1,800달러 이상으로 증가했을 것이다.[48]

지난 수십 년 동안 주식 시장이 *다각화 할인*, 즉 다각화가 잘 된 기업의 주식이 다각화가 덜 된 기업의 주식보다 수익에 비해 낮게 평가되어 왔기 때문에 대기업을 해체해야 한다는 압력이 커졌다.[49] 투자자들은 네 가지 이유로 다각화가 잘 된 기업을 투자 매력도가 낮은 것으로 보고 있다. 첫째, 앞서 설명한 바와 같이 투자자들은 다각화 기업이 더 이상 다양한 산업에 참여하는 것을 정당화하는 다중 비즈니스모델을 갖고 있지 않다고 생각하는 경우가 많다. 둘째, 고도로 다각화된 기업의 재무 제표는 복잡하기 때문에 개별 사업부의 성과가 가려져 있어 투자자가 다중 비즈니스모델이 성공하고 있는지 판단할 수 없다. 그 결과 투자자들은 경쟁 우위와 재무제표를 더 쉽게 이해할 수 있는 한 산업에서 사업을 영위하는 기업보다 더 위험하다고 인식하게 된다. 이러한 상황을 고려할 때, **구조조정**(restructuring)은 다중 사업 기업을 독립된 여러 부분으로 분할하여 주주에게 더 높은 수익을 안겨주려는 시도로 볼 수 있다.

구조조정
기업의 핵심 사업에 집중하고 고유한 역량들을 재구축하기 위하여 사업체를 재조직하고 철수하는 과정

다각화 할인의 세 번째 이유는 많은 투자자들이 경험을 통해 경영자가 지나치게 다각화를 추구하거나 잘못된 이유로 다각화를 시도하는 경향이 있다는 것을 알게 되었기 때문이다: 다각화 시도는 수익 능력을 *떨어뜨린다*.[50] 예를 들어, 일부 CEO는 성장 그 자체만을 추구하며, 다각화 전략이 창출하는 부가가치보다 관료 비용이 더 커질 정도로 회사의 범위를 확장하는 제국 건설자이다. 따라서 구조조정은 과도한 다각화로 인한 수익성 악화에 대한 대응책이 된다.

구조조정을 이끄는 마지막 요인은 전략적 관리의 혁신으로 인해 수직적 통합 또는 다각화의 이점이 줄어들었다는 점이다. 예를 들어, 수십 년 전만 해도 기업과 공급업체 간의 장기적인 협력 관계 또는 전략적 제휴가 수직적 통합의 대안이 될 수 있다는 인식이 거의 없었다. 대부분의 기업은 공급망 관리를 위해 수직적 통합 또는 경쟁 입찰이라는 두 가지 대안만을 고려했다. 9장에서 논의했듯이 많은 상황에서 장기적인 협력 관계는 관료적 비용을 발생시키지 않거나 시장 규율의 영향을 받지 않기 때문에 가장 큰 가치를 창출할 수 있다. 이러한 전략적 혁신이 글로벌 비즈니스 전반에 확산됨에 따라 수직적 통합의 상대적 장점은 감소하고 있다.

복합 대기업에 대한 해체 압력으로 인해 2021년은 기업 매각의 기록적인 해가 되었으며, 르피니티브(Refinitv)에 따르면 2020년 기업 매각보다 35% 증가한 약 1조 3,600억 달러 규모의 기업 매각이 이루어졌다. 존슨앤존슨, 도시바, GE와 같은 거대 기업들은 스스로를 여러 개의 소규모 회사로 분할하겠다고 발표한 기업 중 일부에 불과했다. 컨설팅 회사인 웨스트 먼로(West Monroe)의 키스 캠벨(Keith Campbell)은 "다양한 시장에서 새로운 플레이어가 생겨나고 아마존과 같은 기업들이 등장하고 있기 때문에 계속해서 변화하고 스스로를 재창조해야 한다. 그리고 핵심 운영 비즈니스에서만 그렇게 할 수 있다. 그렇기 때문에 복합 대기업, 즉 교차 수직적(cross-vertical) 복합 대기업은 이제 과거의 일이라고 생각한다"라고 언급했다.[51]

경영자는 매각, 분사, 분할을 통해 복합 대기업을 보다 전문화된 개별 사업부로 분리할 수 있으며, 각 방법은 아래에 설명되어 있다.

10.9a 매각(Sell-Offs)

기업이 사업이나 자산을 매각하는 가장 간단한 방법 중 하나는 구매자에게 매각하는 것이다. 예를 들어, 2008년 파산 위기에 처해 빠르게 현금을 조달해야 했던 포드 자동차는 재규어와 랜드로버를 1999년에 지불했던 금액의 절반 수준인 23억 달러에 타타 자동차에 매각했다(1999년과 2000년에 약 절반씩 각각 지급). 또한 포드는 두 브랜드의 연금 플랜 부족분을 메우기 위해 타타에 6억 달러를 지불해야 했기 때문에 매각으로 인해 포드는 17억 달러의 이익을 얻었을 뿐이다.[52] 이런 손실에도 불구하고 매각은 필요했다: 포드의 재무제표를 구원하는 데 도움이 되었을 뿐만 아니라 두 브랜드가 절실히 필요로 하는 투자 규모를 감당할 수 있는 회사로 브랜드를 이전했기 때문이다.[53]

경우에 따라 비즈니스 또는 자산이 다른 소유권 구성이나 새로운 경영진을 통해 비즈니스에서 더 많은 가치를 창출할 수 있다고 판단하는 사모펀드에 매각될 수 있다. 예를 들어, 2022년 1월, 개인이 원격으로 작업하고 협업할 수 있는 소프트웨어를 제공하는 클라우드 컴퓨팅 회사인 시트릭스 시스템즈(Citrix Systems)는 사모펀드 회사인 비스타 에퀴티 파트너스(Vista Equity Partners)와 에버그린 코스트 캐피탈(Evergreen Coast Capital)에 인수될 것이라고 발표했다. 사모펀드는 시트릭스에 대해 165억 달러를 지급했으며, 이는 이전 시장 가치에 비해 30%의 프리미엄이 붙은 금액이었다. 비스타와 에버그린은 시트릭스의 사업과 비스타의 또 다른 포트폴리오 회사인 TIBCO Software의 사업을 결합할 계획이었다. TIBCO Software는 기업 데이터 관리 회사로, 호환되지 않는 소프트웨어가 설치된 컴퓨터 간에 데이터 선송 및 통신을 제공하는 데 주력했다. 시트릭스의 이사회 의장이자 임시 CEO인 밥 칼데로니아(Bob Calderonia)는 이번 인수가 전략적 및 재무적 이점을 모두 제공할 것이라고 주장했다: "TIBCO와 함께 우리는 더 큰 규모로 운영할 수 있고 더 많은 고객 기반에 더 광범위한 솔루션을 제공하여 디지털 혁신을 가속화하고 하이브리드 업무의 미래를 제공할 수 있게 될 것이다. 민간 기업으로서 재정적, 전략적 유연성이 높아져 DaaS와 같은 고성장 기회에 투자하고 지속적인 클라우드 전환을 가속화할 수 있을 것이다."[54]

10.9b 분사(Spinoffs)

회사의 범위를 축소하는 또 다른 인기 있는 방법은 분사이다. **분사(spinoffs)**는 기업이 회사의 사업부 또는 자회사를 별도의 법인으로 만드는 것을 말한다. 사업체를 분사하면 더 성공하기 위해 필요한 독립성을 확보하는 동시에 모회사의 주식과 별도로 주식을 거래할 수 있다. 이는 분사가 전체 기업 포트폴리오보다 성장 전망이 더 좋거나 더 매력적인 산업에 속할 때 특히 중요할 수 있다. 이렇게 독립된

분사
기업이 회사의 사업부 또는 자회사를 별도의 법인으로 만드는 것

주식의 가치가 모회사의 주식 가치보다 더 빠르게 상승할 수 있기 때문이다. 또한 기업을 분사하면 주식을 매각하여 추가 자금을 조달할 수도 있다. 분할이 이루어지면 모회사의 주식소유자는 분할되는 회사의 주식을 받게 된다. 그러나 모회사 자체는 사업부 분할에 대한 현금을 받지 않는다. 또한 회사는 사업부 주식의 일부만 분사하도록 선택할 수도 있다. 미국에서 분할은 일반적으로 회사가 신규 사업의 의결권 있는 주식과 의결권 없는 주식의 80%이상을 분사하는 경우에만 회사와 주주에게 비과세 거래로 간주된다. 예를 들어, 2014년에 박스터 인터내셔널(Baxter International)은 바이오의약품 사업부인 박살타 인코퍼레이티드(Baxalta Incorporated)를 분사했다. 박스터는 박살타의 지분 19.5%를 유지하고 나머지 80.5%는 박스터 주주들에게 주식 배분 형태로 분배했다.[55]

스핀아웃
직원들이 회사를 떠나 자산들의 벤처기업을 만드는 것을 결정하는 것

단어의 유사성 때문에 분사와 **스핀아웃(spinouts)**을 혼동하는 경우가 많지만, 이 두 용어는 서로 다른 사건을 의미한다. 분사는 회사 경영자가 의도적으로 회사를 매각하는 결정인 반면, 스핀아웃은 회사 직원들이 새로운 벤처를 시작하기 위해 회사를 떠나기로 결정한 독립적인 결정이다. 모회사나 주주 모두 스핀아웃에서 주식이나 기타 대가를 받지 않는다. 모회사는 종종 특허 소송, 경업 금지 계약 또는 기밀 유지 계약의 집행 또는 기타 수단을 통해 스핀아웃에 이의를 제기하려고 시도한다.[56]

스핀아웃의 유명한 사례는 '배신자 8인'(8명의 직원 그룹)이 쇼클리(Shockley) 반도체 연구소를 떠나 페어차일드(Fairchild) 반도체를 설립했을 때 발생했다. 윌리엄 쇼클리(William Shockley)는 쇼클리 반도체를 설립한 후 뉴저지 벨 연구소에서 가져온 트랜지스터 기술로 1955년 캘리포니아주 마운틴뷰에서 창업했다. 쇼클리는 똑똑했지만 폭력적인 성격을 가졌고 편집증이 심했으며 우생학을 지지하는 등 극단적인 견해를 가지고 있었다. 심지어 아이큐가 100 미만인 사람은 자발적으로 불임 수술을 받아야 한다고 주장하기도 했다.[57] 그는 권위주의적인 경영자로서 함께 일하기 어려운 사람이기도 했다. 이에 8명의 과학자가 쇼클리를 떠나 뉴욕의 사업가 셔먼 페어차일드(Sherman Fairchild)의 지원을 받아 1957년 페어차일드 반도체를 설립했다. 쇼클리는 배신감에 충격을 받아 평생 이들을 '배신자 8인방'이라고 불렀다.[58] 이후 페어차일드 반도체는 반도체 업계의 글로벌 리더로 성장했으며, 인텔, 클라이너 퍼킨스 코필드 앤 바이어스(Kleiner Perkins Caufield & Byers), LSI Logic, 시그네틱스(Signetics, 현 Philips 반도체), AMD 등 이 회사에서 분사한 수십 개의 기업을 통해 실리콘밸리의 출현을 주도한 것으로 인정받고 있다.[59]

기업분할
모회사가 전략적 구매자 또는 기업 공개를 통해 일반 대중과 같은 외부 투자자에게 사업부의 일부를 매각하는 사업분할

10.9c 기업분할(Carve-outs)

기업분할(carve-outs)은 모회사가 전략적 구매자 또는 기업 공개를 통해 일반 대중과 같은 외부 투자자에게 사업부의 일부를 매각하는 사업분할을 말한다. 물적 분할

과 달리 인적 분할은 모회사에 현금이 유입되는 결과를 가져온다. 기업 공개를 통해 조달한 자금은 자회사의 시장 가치를 평가하는 데 사용되기도 하는데, 이는 자회사의 가치에 대한 시장 기반 평가를 제공한다. 분할 후 모회사의 주주에게 모회사 주식의 일부 또는 전부를 보유하는 대신 자회사의 주식을 보유할 수 있는 기회를 제공하는 **스플릿오프(split-off)**가 뒤따르기도 한다(즉, 모회사 주식의 일부 또는 전부를 주식의 가치에 따른 교환 비율에 따라 자회사의 주식으로 교환할 수 있음). 예를 들어, 1998년 듀퐁은 기업 공개를 통해 코노코(Conoco)의 지분 30%를 매각하여 44억 달러를 조달했는데, 이는 당시 세계 최대 규모의 기업 공개 중 하나였다. 그 다음 해에 듀퐁은 나머지 70%를 분할 매각하여 주주들에게 코노코의 주식을 인수하거나 듀퐁의 주식을 유지할 수 있는 옵션을 제공했다.[60]

스플릿오프
분할 후 모회사의 주주에게 모회사 주식의 일부 또는 전부를 보유하는 대신 분할된 자회사의 주식을 보유할 수 있는 기회를 제공하는 것(즉, 모회사 주식의 일부 또는 전부를 주식의 가치에 따른 교환비율에 따라 자회사의 주식으로 교환할 수 있음)

복합 대기업을 별도의 사업으로 재편하는 계획에는 종종 매각과 분사의 조합이 포함된다. 예를 들어, 2022년에 도시바는 두 개의 독립 회사로 분리하고 합작 투자 회사인 도시바 캐리어(캐리어 그룹에 매각), 도시바 엘리베이터 및 빌딩 시스템, 도시바 조명 및 기술 코퍼레이션 등 '비핵심'으로 간주되는 기타 자산을 매각하는 대규모 조직 개편을 단행한 바가 있다. 후자의 두 사업에 대한 구매자는 2022년 7월 현재 아직 확인되지 않았다. 또한 도시바는 반도체, 집적 회로, 디스크 드라이브 제조 사업을 포함하는 도시바 장치 회사(Toshiba Device Company)를 분사할 계획이라고 밝혔다(2022년 새 회사의 이름은 아직 발표되지 않음). 나머지 사업인 도시바 인프라 서비스에는 도시바의 에너지 시스템 및 솔루션, 인프라 시스템 및 솔루션, 디지털 솔루션 및 배터리 사업이 포함될 것이다.[61]

핵심용어

다각화(diversification) 371
다각화 기업(diversified company) 371
역량 이전(transferring competencies) 372
공통점(commonality) 373
역량을 레버리지(leveraging competencies) 374
범위의 경제(economies of scope) 375
일반적인 조직 역량(general organiztional competencies) 377
조직 설계 기술(organizational design skills) 378
반전 전략(turnaround strategy) 379
관련 다각화(related diversification) 380
비관련 다각화(unrelated diversification) 381
내부 자본 시장(internal capital market) 381
관료적 비용(bureaucratic costs) 385
사내 신규 벤처(internal new venturing) 389
구조조정(restructuring) 402
분사(spinoffs) 403
스핀아웃(spinouts) 404
기업분할(carve-outs) 404
스플릿오프(split-off) 405

전략적 경영자를 위한 시사점

1. 전략 경영자는 회사가 잉여 현금 흐름, 즉 회사의 핵심 산업에서 경쟁 우위를 유지하는 데 필요하지 않은 재원을 확보하여 수익성 있는 신규 사업 벤처에 자금을 지원할 수 있을 때 다각화를 추구하는 경우가 많다.
2. 다각화된 기업은 (a) 기존 사업 간의 역량 이전, (b) 역량을 활용하여 새로운 비즈니스를 창출, (c) 범위의 경제를 실현하기 위한 자원 공유, (d) 제품 번들링 활용, (e) 다각화된 회사 내 모든 사업부의 성과를 향상시키는 일반적인 조직 역량을 활용, (f) 내부 자본 시장을 운영을 통해서 가치를 창출할 수 있다. 다각화에 따른 관료 비용은 기업 내 독립적인 사업부의 수와 경영자가 사업부 간 자원 이전을 조정해야 하는 정도에 따라 증가한다.
3. 위험을 분산하거나 더 큰 성장을 달성하기 위한 다각화는 종종 수익성 하락을 초래한다.
4. 기업이 새로운 산업에 진출하기 위해 사용하는 세 가지 방법은 사내 신규 벤처, 인수, 합작 투자이다.
5. 사내 신규 벤처는 기업이 새로운 사업이나 산업에 진출하기 위해 활용하거나 재조합할 수 있는 기존 비즈니스의 가치 있는 역량을 보유하고 있을 때 새로운 산업에 진출하는 데 사용된다.
6. 많은 사내 벤처가 실패하는 이유는 너무 작은 규모의 진입, 상업화 실패, 사내 신규 벤처 프로세스에 대한 기업의 관리 부족 때문이다. 실패를 방지하려면 프로젝트 선정 및 관리, R&D 및 마케팅의 통합, 신제품의 상업적 성공 가능성을 높이기 위한 신중한 접근 방식, 경쟁 우위를 확보할 수 있을 만큼 큰 규모로 진입해야 한다.
7. 인수는 새로운 산업에 진출하는 데 필요한 역량이 부족한 기업이 해당 역량을 갖춘 기업을 합리적인 가격에 인수할 수 있는 가장 좋은 방법인 경우가 많다. 인수는 진입 장벽이 높고 기업이 내부적으로 새로운 벤처를 추진하는 데 드는 시간, 개발 비용, 위험을 감수할 의향이 없는 경우, 새로운 산업에 진출하기 위해 선택하는 방법이기도 하다.
8. 전략 경영자가 다음과 같은 경우 인수는 수익성이 없다: (a) 인수한 회사의 통합과 관련된 문제를 과소평가하거나, (b) 인수를 통해 창출할 수 있는 이익을 과대평가하거나, (c) 인수한 회사에 너무 많은 금액을 지불하거나, (d) 인수한 회사가 전체 회사의 수익성을 높인다는 부적절한 사전 인수 심사를 수행하는 경우. 인수 실패를 방지하기 위해서는 신중한 사전 인수 심사, 신중하게 선택한 입찰 전략, 피인수 기업의 운영을 회사 전체에 성공적으로 통합할 수 있는 효과적인 조직 설계, 과거 인수 경험을 통해 경영 전반의 역량을 개발하는 경영자가 필요하다.
9. 합작 투자는 다음과 같은 경우에 새로운 산업에 진출하는 데 사용된다. (a) 신규 사업부 설립과 관련된 위험과 비용이 기업이 단독으로 감당할 수 있는 수준 이상이고, (b) 기업이 자사를 보완하는 기술과 자산을 보유한 다른 기업과 협력함으로써 신규 산업 진출이 성공적인 신규 사업으로 이어질 확률을 높일 수 있는 경우.
10. 구조조정은 다음 이슈들로 인해 발생하는 문제를 해결하기 위해 종종 요구되는 경우가 있다: (a) 더 이상 경쟁 우위를 창출하지 못하는 비즈니스모델, (b) 투자자가 재무제표를 통해 고도로 다각화된 기업의 경쟁 우위를 평가할 수 없는 경우, (c) 최고경영자가 수익성 없이 성장하는 제국 건설을 추구하기 때문에 과도한 다각화, (d) 전략적 제휴 및 아웃소싱과 같은 전략적 관리의 혁신으로 수직적 통합 및 다각화의 이점을 감소시킴.
11. 경영자는 더 이상 공동 소유의 이점을 누릴 수 없는 비즈니스를 언제 매각하는 것이 합리적인지 정기적으로 평가해야 한다. 일반적인 매각 방법에는 분사, 매각, 분할 등이 있다.

토론 과제

1. 기업은 언제 (가) 관련 다각화와 (나) 비관련 다각화를 선택할 가능성이 높은가?
2. 어떤 요인이 (a) 인수 또는 (b) 사내 신규 벤처를 새로운 산업에 진출하는 데 선호되는 방식으로 만드는가?
3. IBM이 기업 및 개인에게 온라인 클라우드 컴퓨팅 데이터 서비스와 광대역 액세스를 제공하기 위해 통신 사업으로

다각화하기로 결정했다고 가정해 보자. IBM이 이 산업에 진출하기 위해 어떤 방법을 추구할 것을 권장하겠는가?

4. 어떤 조건에서 합작 투자가 새로운 산업에 진출하는 데 유용한 방법인가?
5. 웹사이트(www.honeywell.com)에서 찾을 수 있는 허니웰의 사업 포트폴리오를 확인하자. 허니웰은 몇 개의 다양한 산업에 관여하고 있는가? 허니웰을 관련 다각화 기업 또는 비관련 다각화 기업으로 설명할 수 있는가? 허니웰의 다각화 전략이 시간이 지남에 따라 수익성을 증가시켰는가?

마무리 사례

구글의 ITA 소프트웨어 인수

2010년 7월 10일, 구글은 매사추세츠 캠브리지에 본사를 둔 항공편 정보 소프트웨어 회사인 ITA Software를 약 7억 달러에 인수하여 여행 검색 분야에 진출한다고 발표했다. ITA의 항공편 검색, 가격 및 예약 프로그램은 업계에서 가장 앞선 것으로 평가받았으며, ITA는 오르비츠(Orbitz), 카약(Kayak), 트립어드바이저(TripAdvisor), 빙 트래블(Bing Travel)과 같은 주요 여행 검색 회사에 소프트웨어를 라이선싱하고 있었다.

익스피디아(Expedia)나 오르비츠와 같은 여행 검색 업체는 자사 사이트를 통해 직접 예약할 수 있으며 항공사에 추천 수수료를 부과한다. 다른 사이트(예: 카약)는 검색 기능만 제공하고 고객이 예약할 수 있도록 다른 사이트로 연결해 준다. 이러한 업체는 호텔 및 기타 여행 서비스의 유료 광고를 통해 수익을 창출한다. 항공사는 당연히 수수료 지불을 피하기 위해 고객이 자체 사이트에서 직접 예약하는 것을 선호했고, 수수료 지불을 거부하는 할인 항공사는 익스피디아나 오르비츠와 같은 직접 예약 사이트의 검색 결과에 포함되지 않는 경우가 많았다. 구글의 항공권 검색은 카약과 마찬가지로 고객을 항공사 예약 사이트로 직접 연결하며 예약 수수료를 부과하지 않는다.

발표 당시 구글은 항공권 검색에서 경쟁하지 않았으며, 이는 핵심 인터넷 검색 비즈니스로의 확장을 의미했다. 하지만 구글은 고객 도달 범위에서 엄청난 이점을 가지고 있었다. 구글은 세계 1위의 검색 엔진을 보유하고 있었고, 많은 사람들이 구글에서 목적지를 검색하는 것으로 여행 계획을 시작했기 때문에 구글은 항공편 검색의 첫 번째 선택이 될 수 있는 유리한 위치에 있었다.

구글은 발표문에서 "이번 인수는 사용자가 항공편과 항공료를 더 쉽게 비교 쇼핑하고 더 많은 잠재 고객을 항공사 및 온라인 여행사 웹사이트로 유도함으로써 승객, 항공사, 온라인 여행사 모두에게 도움이 될 것"이라고 언급했다. 구글은 항공권 가격을 책정하지 않을 것이며 소비자에게 항공권을 판매할 계획도 없다며, 다른 여행 검색업체에 항공편 검색 정보를 제공하기로 한 ITA 소프트웨어와의 기존 관계를 계속 유지하기로 약속했다.

인수 당시 구글은 항공권 검색 분야에서 경쟁하지 않았음에도 불구하고 세계 최대 인터넷 검색 회사와 지배적인 항공 소프트웨어 회사가 결합하는 거래였기 때문에 규제 당국의 집중적인 조사를 받았다. 다른 온라인 여행사들은 당연히 우려했다. 그러나 2011년 4월 8일, 미국 법무부는 구글이 최소 5년간 '상업적으로 합리적인 조건'으로 다른 항공권 웹사이트에 ITA의 QPX 소프트웨어(항공사로부터 가격 데이터를 수집하는 소프트웨어)를 계속 라이선스하는 데 동의하는 한

출처: Google press announcement, July 10, 2010; A. Efrati and G. Chon, "Google's Empire Expands to Travel," *Wall Street Journal*, July 2, 2010; H. Grigonis, "Google Pulls Flight API Search, Putting Its Competition in a Tight Spot," *Digital Trends*, November 1, 2017; D. Schaal, "Google Flights Is Making Gains with Consumers," Skift, January 31, 2017; K. May, "Google Breathes Down the Neck of Kayak in Clicks Sent to Airlines," *Phocuswire*, September 5, 2017; D. Sevitt, " Google Flights Continued: Closing the Delta," *Market Intelligence Insights*, August 28, 2018; S. O'Neill, "Google Is One Step Closer to Its User-Centric Vision of Travel Booking," February 6, 2018; M. A. Schilling, "Potential Sources of Value in Mergers and Their Indicators," *Antitrust Bulletin* (2018) 26: 183-197.

이 거래가 허용될 것이라고 밝혔다.

구글은 2011년 9월 13일에 구글 플라이트를 출시했다. 또한 장기적으로는 여행 예약, 호텔까지 여행 트렁크 배달, 연결에 문제가 있을 경우 자동으로 경로를 변경하는 등 전체 여행 경험을 구성하는 시스템을 구축할 계획이라고 발표했다. 구글은 사용자의 여행 계획과 경험에 대해 더 많이 알면 더 타겟팅된 광고를 제공할 수 있다. 두 회사가 협력하면 혼자서 할 수 있는 것을 능가하는 항공편 검색 서비스를 개발할 수 있었지만, 이를 위해서는 투자와 독점 정보 교환이 필요했다.

2017년에는 구글의 여행 광고 수익이 익스피디아의 수익을 넘어섰고, 2018년 8월에는 구글을 통한 주요 항공사 추천 비율이 카약을 통한 추천 비율을 넘어섰다. 초기에는 주로 미국 시장에서 구글의 항공권 검색 점유율이 높았고, 그 외 시장에서는 모몬도(Momondo), 스카이스캐너(Skyscanner)와 같은 기업이 우위를 점했다. 하지만 2018년에는 전 세계 어디에서나 구글 항공편의 영향력을 느낄 수 있었다. 영국에 본사를 둔 모몬도 그룹의 CEO 휴고 버지(Hugo Burge)는 다음과 같이 말했다. "물론, 우리는 구글의 인수 후에도 항상 미국에서는 최고의 제품을 보유하고 있기 때문에 미국에서만큼은 더 빠르게 성장할 수 있었다."

버지는 "하지만 구글이 나머지 지역에서는 제품 출시를 따라잡고 있다. 현재 유럽에서 강력한 모멘텀을 바탕으로 상당한 성과를 거두고 있다. 구글은 온라인 여행 분야에서 핵심적인 글로벌 기업 중 하나로 간주되어야 한다. 전 세계적인 도달 범위, 독보적인 트래픽 기반, 막대한 양의 데이터에 대한 접근성이라는 이점을 가지고 있기 때문이다"라고 언급했다.

구글과 ITA가 라이선스나 전략적 제휴와 같은 시장 관계를 통해 이러한 서비스를 개발할 수 있었을까? 아닐 가능성이 높다. 규모, 힘, 각 파트너가 기여한 것의 비대칭성으로 인해 ITA는 위험에 처했을 것이다: 파트너십을 맺었다면 구글은 ITA의 독점 기술을 흡수하고 시간이 지남에 따라 자체적으로 경쟁할 수 있는 대안을 개발할 수 있었을 것이다. 반면에 ITA는 구매자를 확보하는 데 있어 구글의 우위에 대항할 만한 확실한 위협이 되지 못했다. 협업을 통해 얻을 수 있는 이점은 잠재적으로 크지만, 수의계약을 통해 얻을 수 있는 위험은 훨씬 더 컸다. 따라서 ITA는 구글에 인수되는 데 동의하여 서로의 이해관계가 확연하게 일치하게 되었다.

사례 토의 문제

1. 항공편 검색에서 구글이 활용할 수 있는 주요 자원 또는 역량에는 어떤 것이 있는가?
2. ITA가 거래에 동의한 이유는 무엇이라고 생각하는가? 구글이 소유하게 되면 ITA에 어떤 장단점이 있는가?
3. 구글은 예약 수수료를 부과하지 않는데, 항공권 검색에 진출한 구글의 비즈니스모델은 무엇이라고 생각하는가? 만약 여러분이 다른 항공권 검색 회사(예: 익스피디아)의 경영자라면 구글과 어떻게 경쟁하겠는가?

참고문헌

[1]L. Samaha, "Why This Billionaire Hedge Fund Manager Wants to Break Up United Technologies," *The Motley Fool*, May 21, 2018.

[2]N. Kitroeff, "United Technologies to Split into 3 Companies, Each with a Sharper Focus," *New York Times*, November 26, 2018.

[3]B. Rishel, "The Break-up of Raytheon & United Technologies," Tufton Capital, October 23, 2020.

[4]A. Gregg, "Coronavirus Opens a Stark Divide in America's Aerospace Industry," *Washington Post*, November 3, 2020.

[5]M. A. Schilling, "Potential Sources of Value in Mergers and Their Indicators," *Antitrust Bulletin* (2018) 26: 183–197.

[6]This resource-based view of diversification can be traced to Edith Penrose's seminal book, *The Theory of the Growth of the Firm* (Oxford: Oxford University Press, 1959).

[7]D. J. Teece, "Economies of Scope and the Scope of the Enterprise," *Journal of Economic Behavior and Organization* 3 (1980): 223–247. For more recent empirical work on this topic, see C. H. St. John and J. S. Harrison, "Manufacturing Based Relatedness, Synergy and Coordination," *Strategic Management Journal* 20 (1999): 129–145.

[8]Teece, "Economies of Scope." For more recent empirical work on this topic, see St. John and Harrison, "Manufacturing Based Relatedness, Synergy and Coordination."

[9]For a detailed discussion, see C. W. L. Hill and R. E. Hoskisson, "Strategy and Structure in the Multiproduct Firm," *Academy of Management Review* 12 (1987): 331–341.

[10]See, for example, G. R. Jones and C. W. L. Hill, "A Transaction Cost Analysis of Strategy Structure Choice," *Strategic Management Journal* 2 (1988): 159–172; O. E. Williamson, *Markets and Hierarchies*, Analysis and Antitrust Implications (New York: Free Press, 1975), pp. 132–175.

[11]R. Buderi, *Engines of Tomorrow* (New York: Simon & Schuster, 2000).

[12]See, for example, Jones and Hill, "A Transaction Cost Analysis," and Williamson, *Markets and Hierarchies*.

[13]C. A. Trahms, H. A. Ndofor, and D. G. Sirmon, "Organizational Decline and Turnaound: A Review and Agenda for Future Research," *Journal of Management*, 39 (2013): 1277–1307.

[14]The distinction goes back to R. P. Rumelt, Strategy, *Structure and Economic Performance* (Cambridge: Harvard Business School Press, 1974).

[15]For evidence, see C. W. L. Hill, "Conglomerate Performance over the Economic Cycle," *Journal of Industrial Economics* 32 (1983): 197–212; D. T. C. Mueller, "The Effects of Conglomerate Mergers," *Journal of Banking and Finance* 1 (1977): 315–347.

[16] P. G Berger and E Ofek, "Bust-up Takeovers of Value Destroying Diversified Firms," *Journal of Finance* 49:4 (1996):1175–1200; L. Daley, V. Mehrotra, and R. Sivakumar, "Corporate Focus and Value Creation: Evidence from Spinoffs," *Journal of Financial Economics* 45 (1977): 257–281; H. Desai and P. C. Jain, "Firm Performance and Focus: Long-Run Stock Market Performance Following Spinoffs," *Journal of Financial Economics* 54 (1999): 75–101; K. John

and E. Ofek, "Asset Sales and Increase in Focus," *Journal of Financial Economics* 37 (1995): 105–126; S. N. Kaplan and M. S. Weisbach, "The Success of Acquisitions: Evidence from Divestitures," *Journal of Finance* 47 (1992): 107–138; O. Lamont and C. Polk, "Does Diversification Destroy Value? Evidence from Industry Shocks." Unpublished paper. The Center for Research in Securities Prices, No. 521 (July 2000); L. H. P. Lang and R. M. Stulz, "Tobin's q, Corporate Diversification, and Firm Performance," *Journal of Political Economy* 102 (1994): 1248–1280; M. E. Porter, "From Competitive Advantage to Corporate Strategy," *Harvard Business Review* (May– June 1987): 43–59; H. Servaes, "The Value of Diversification During the Conglomerate Merger Wave," *Journal of Finance* 51 (1996): 1201–1226; B. Wernerfelt and C. A. Montgomery, "Tobin's q and the Importance of Focus in Firm Performance," *American Economic Review* 78 (1988): 246–250.

[17]C. R. Christensen et al., *Business Policy Text and Cases* (Homewood: Irwin, 1987), p. 778.

[18]H. Weber,"Tesla Reportedly Nowhere Near Goal of Installing 1,000 Solar Roofs a Week," Techcrunch, July 7, 2022.

[19]H. Weber,"Tesla Reportedly Nowhere Near Goal of Installing 1,000 Solar Roofs a Week," *Techcrunch*, July 7, 2022.

[20]See R. Biggadike, "The Risky Business of Diversification," *Harvard Business Review* (May–June 1979): 103–111; R. A. Burgelman, "A Process Model of Internal Corporate Venturing in the Diversified Major Firm," *Administrative Science Quarterly* 28 (1983): 223–244; Z. Block and I. C. MacMillan, *Corporate Venturing* (Boston: Harvard Business School Press, 1993).

[21]Biggadike, "The Risky Business of Diversification"; Block and Macmillan, *Corporate Venturing*.

[22]Buderi, *Engines of Tomorrow*; S. Jain, "Time Inconsistency and Product Design: A Strategic Analysis of Feature Creep," *Marketing Science* (Sept–Oct 2019): 733–912; G. Marzi, "On the Nature, Origins and Outcomes of Over Featuring in the New Product Development Process," *Journal of Engineering and Technology Management* 64 (2022).

[23]I. C. MacMillan and R. George, "Corporate Venturing: Challenges for Senior Managers," *Journal of Business Strategy* 5 (1985): 34–43.

[24]See R. A. Burgelman, M. M. Maidique, and S. C. Wheelwright, *Strategic Management of Technology and Innovation* (Chicago: Irwin, 1996), pp. 493–507. See also Buderi, Engines of Tomorrow.

[25]Buderi, *Engines of Tomorrow*.

[26]See Block and Macmillan, *Corporate Venturing*; Burgelman et al., *Strategic Management of Technology and Innovation*, and Buderi, *Engines of Tomorrow*.

[27]For evidence on acquisitions and performance, see R. E. Caves, "Mergers, Takeovers, and Economic Efficiency," *International Journal of Industrial Organization* 7 (1989): 151–174; M. C. Jensen and R. S. Ruback, "The Market for Corporate Control: The Scientific Evidence," *Journal of Financial Economics* 11 (1983): 5–50; R. Roll, "Empirical Evidence on Takeover Activity and Shareholder Wealth," in J. C. Coffee, L. Lowenstein, and S. Rose (eds.), *Knights, Raiders and Targets* (Oxford: Oxford University Press, 1989), pp. 112–127; A. Schleifer and R. W. Vishny, "Takeovers in the 60s and 80s: Evidence and Implications," *Strategic Management Journal* 12 (Special Issue, Winter 1991): 51–60; T. H. Brush, "Predicted Changes in Operational Synergy and Post Acquisition Performance of Acquired Businesses," *Strategic Management Journal* 17 (1996): 1–24; T. Loughran and A. M. Vijh, "Do Long-Term Shareholders Benefit from Corporate Acquisitions?" *Journal of Finance* 5 (1997): 1765–1787.

[28]Ibid.

[29]D. J. Ravenscraft and F. M. Scherer, *Mergers, Sell-offs, and Economic Efficiency* (Washington, DC: Brookings Institution, 1987).

[30]M. A. Schilling, "The Top 4 Reasons Most Acquisitions Fail," *Inc*., May 1, 2018

[31]F. Bauer and K. Matzler, "Antecedents of M&A Success: The Role of Strategic Complementarity, Cultural Fit, and Degree and Speed of Integration," *Strategic Management Journal* 35 (2014): 269–291.

[32]C. Isidore, "Daimler Pays to Dump Chrysler," *CNNMoney* (May 14, 2007).

[33]See J. P. Walsh, "Top Management Turnover Following Mergers and Acquisitions," *Strategic Management Journal* 9 (1988): 173–183.

[34]See A. A. Cannella and D. C. Hambrick, "Executive Departure and Acquisition Performance," *Strategic Management Journal* 14 (1993): 137–152.

[35]R. Roll, "The Hubris Hypothesis of Corporate Takeovers," *Journal of Business* 59 (1986): 197–216.

[36]"Coca-Cola: A Sobering Lesson from Its Journey into Wine," *Business Week* (June 3, 1985): 96–98.

[37]J. Harford, M. Humphery- Jenner, and R. Powell, "The Sources of Value Destruction in Acquisitions by Entrenched Managers," *Journal of Financial Economics* 106 (2012): 247–161; F. Fu, L. Lin, and M. C. Officer, "Acquisitions Driven by Stock Overvaluation: Are They Good Deals?" *Journal of Financial Economics* 109 (2013): 24–39.

[38]P. Haspeslagh and D. Jemison, *Managing Acquisitions* (New York: Free Press, 1991).

[39]M. C. Jensen and K. J. Murphy, "Performance Pay and Top-Management Incentives," *Journal of Political Economy* (1990) 98: 225–264.

[40]For views on this issue, see L. L. Fray, D. H. Gaylin,

and J. W. Down, "Successful Acquisition Planning," *Journal of Business Strategy* 5 (1984): 46–55; C. W. L. Hill, "Profile of a Conglomerate Takeover: BTR and Thomas Tilling," *Journal of General Management* 10 (1984): 34–50; D. R. Willensky, "Making It Happen: How to Execute an Acquisition," *Business Horizons* (March–April 1985): 38–45; Haspeslagh and Jemison, Managing Acquisitions; and P. L. Anslinger and T. E. Copeland, "Growth Through Acquisition: A Fresh Look," *Harvard Business Review* (January–February 1996): 126–135.

[41]M. L. A. Hayward, "When Do Firms Learn from Their Acquisition Experience? Evidence from 1990– 1995," *Strategic Management Journal* 23 (2002): 21–39; K. G. Ahuja, "Technological Acquisitions and the Innovation Performance of Acquiring Firms: A Longitudinal Study," *Strategic Management Journal* 23 (2001): 197–220; H. G. Barkema and F. Vermeulen, "International Expansion Through Startup or Acquisition," *Academy of Management Journal* 41 (1998): 7–26.

[42]Hayward, "When Do Firms Learn from Their Acquisition Experience?"

[43]N. Zieminski, "Tyco Shareholders Approve Three-Way Break-Up," Reuters, September 17, 2012.

[44]A. C. Inkpen and S. C. Currall, "The Coevolution of Trust, Control, and Learning in Joint Ventures," *Organization Science* 15 (2004): 586–599; D. C. Mowery, J. E. Oxley, and B. S. Silverman, "Strategic Alliances and Interfirm Knowledge Transfer," *Strategic Management* 17 (1996): 77–91.

[45]M. A. Schilling, "Technology Shocks, Technological Collaboration, and Innovation Outcomes," *Organization Science* 26: 668–686.

[46]L. Dranikoff, T. Koller, and A. Schneider,"Divestiture: Strategy's Missing Link," *Harvard Business Review*, May 2002.

[47]L. Dranikoff, T. Koller, and A. Schneider, "Divestiture: Strategy's Missing Link," *Harvard Business Review*, May 2002.

[48]M. Mankins, D. Harding, and R. M. Weddigan, "How the Best Divest," *Harvard Business Review*, October 2008.

[49]A. Lamont and C. Polk, "The Diversification Discount: Cash Flows Versus Returns," *Journal of Finance* 56 (October 2001): 1693–1721; R. Raju, H. Servaes, and L. Zingales, "The Cost of Diversity: The Diversification Discount and Inefficient Investment," *Journal of Finance* 55 (2000): 35–80.

[50]For example, see Schleifer and Vishny, "Takeovers in the '60s and '80s." M. A. Schilling "Potential Sources of Value in Mergers and Their Indicators," *Antitrust Bulletin* (2018) 26: 183–197; P. André, M. Kooli, and J. L'Her. "The Long-Run Performance of Mergers: Evidence from the Canadian Stock Market" *Financial Management* 33:4 (2004): 27– 43; M. Bradley, A. Desai, and E. H. Kim. "Synergistic Gains from Corporate Acquisitions and Their Division Between the Stockholders of Target and Acquiring Firms," *Journal of Financial Economics* 21 (1988): 3–40; M. Cloodt, J. Hagedoorn, and H. Van Kranenburg, "Mergers and Acquisitions: Their Effect on The Innovative Performance of Companies In High-Tech Industries," *Research Policy* 35 (2006): 642–654; M. Danzon, A. Epstein, and S. Nicholson, "Mergers and Acquisitions in the Pharmaceutical and Biotech Industries," *Managerial and Decision Economics* 28 (2007): 307–328; D. R. King, D. R. Dalton, C. M. Daily, and J. G. Covin, "Meta-Analyses of Post- Acquisition Performance: Indications of Unidentified Moderators," *Strategic Management Journal* 25 (2003): 187–200; V. M. Papadakis and I. C. Thanos, "Measuring the Performance of Acquisitions: An Empirical Investigation Using Multiple Criteria," *British Journal of Management* 21 (2010): 859–873; 36 (1987): 147–156; D. J. Ravenscraft and F. M. Scherer, "The Profitability of Mergers," *International Journal of Industrial Organization* 7 (1989): 101–116.

[51]K. Dowd, "With Divestitures on the Rise, Dealmakers Adjust to a New Reality," *Forbes*, December 5, 2021.

[52]H. Timmons, "Ford Sells Land Rover and Jaguar to Tata," *New York Times*, March 26, 2008.

[53]E. Mullen, "JLR Would Have Ruined Ford, Says Former Chief," *Business Live*, July 10, 2014.

[54]Citrix Press Release. "Citrix to Be Acquired by Affiliates of Vista Equity Partners and Evergreen Coast Capital for $16.5 Billion," January 31, 2022.

[55]Baxter Press Release. "Baxter Announces Plans to Create Two Separate Leading Global Healthcare Companies," 2014.

[56]https://entrepreneurshiptheories .blogspot. com/2018/12/spinoutversus- spinoff-whats-difference. html.

[57]E. J. Boyer, "Controversial Nobel Laureate Shockley Dies," *Los Angeles Times*, August 14, 1989.

[58]M. A. Hiltzik, "The Twisted Legacy of William Shockley," *Los Angeles Times*, December 2, 2001.

[59]"Fairchild's Offspring," *BusinessWeek*, December 25, 1997.

[60]"Dupont Sets Conor Terms," *CNNMoney*, July 9, 1999.

[61]"Toshiba Now Plans to Split into 2 Companies, not Three," *Nasdaq Markets*, RTT News, February 7, 2022.

IM_photo/Shutterstock.com

Part 4 전략 실행하기

Chapter 11

기업지배구조, 사회적 책임, 윤리

학습목표

11.1 조직의 다양한 이해관계자를 판별한다.

11.2 이해관계자 경영과 기업 성과 간 관계를 설명한다.

11.3 대리인 이론과 대리인 이론이 경영의사결정 및 기업 성과에 미치는 영향을 설명한다.

11.4 주주와 경영진의 이해관계를 일치시키는 데 사용되는 다양한 지배구조 메커니즘과 이러한 메커니즘이 항상 작동하는 것이 아닌 이유를 설명한다.

11.5 비윤리적인 행동의 일반적인 원인을 포함하여, 비즈니스에서 발생하는 주요 윤리적 문제를 요약한다.

11.6 경영자가 조직의 윤리적 분위기를 향상시키기 위해 할 수 있는 것을 파악한다.

첫머리 사례

퍼듀 제약과 오피오이드 위기

1995년, 새클러(Sackler) 가문이 소유한 비상장 회사인 퍼듀 제약(Purdue Pharma)은 옥시코돈(oxicodone 또는 opioid)의 범용 형태인 옥시콘틴(OxyContin)을 출시했다. 이 약은 중증 이상의 통증으로 고통받는 환자들에게 도움을 줄 수 있는 의학적 혁신으로 환영받았다. 옥시콘틴은 빠르게 큰 히트 상품이 되어 퍼듀에 약 350억 달러의 수익을 안겨주었다.[1)]

의사들은 오피오이드의 중독성에 대한 오랜 근거가 있는 두려움 때문에 오랫동안 오피오이드 처방을 경계해 왔다. 미국식품의약국(FDA)의 국장이었던 데이비드 케슬(David Kessle)의 "오피오이드만큼 위험한 약물은 거의 없다"[2)]는 언급 때문에, 퍼듀는 이러한 인식을 바꾸기 위한 노력을 시작했다. 옥시콘틴은 환자와 의사에게 오피오이드 중독에 대한 우려가 과장된 것임을 설득하기 위한 전례 없는 활발한 마케팅 캠페인을 펼치며 출시되었다. 퍼듀는 의사들을 대상으로 한 의학교육 과정에 전액 경비를 지원한 여행을 후원하고, 해당 지역에서 옥시콘틴을 많이 판매한 영업 담당자에게는 24만 달러에 달하는 거액의 보너스를 지급했다. 또한 퍼듀는 환자에게 7일에서 30일 분량의 옥시콘틴을 한시적으로 무료로 처방해주는 '환자 스타터 쿠폰(patient starter couepon)'을 활용했다. 이러한 모든 마케팅 활동에서 퍼듀는 옥시콘틴이 안전하고 효과적이며 중독 가능성이 낮다고 열심히 설명했다.[3)] 심지어 FDA에 오피오이드를 올바르게 사용하면 중독이 매우 드물게 일어나고, 옥시콘틴의 천천히 흡수되는 특성은 약물 남용에 대한 책임을 줄인다는 내용의 라벨을 부착하는 것을 허용하도록 설득하기도 했다. 특히 라벨부착 승인을 감독했던 FDA 심사관은 얼마 지나지 않아 FDA를 떠나 퍼듀로 이직했다.

수백만 명의 환자들은 이 약이 적어도 초기에는 통증 완화에 도움이 된다는 사실을 알게 되었지만 곧 문제가 발생하기 시작했다. 환자들은 처방받은 옥시콘틴 용량이 통증을 완화하기에 충분하지 않다고 불평하기 시작했다. 오피오이드는 내성이 생기고 통증에 더욱 민감해지기 때문에 장기적인 통증 치료에는 그다지 효과적이지 않은 것으로 밝혀졌다. 옥시콘틴은 또한 *매우* 중독성이 있는 것으로 밝혀졌다. 이 약물은 또한 분쇄하여 흡입하거나 주사하여 남용하기 쉬웠으며 훨씬 더 강렬한 고강도 효과를 얻을 수 있었다. 1995년 퍼듀의 자체 실험 결과, 옥시콘틴 정제를 부수면 옥시코돈의 68%를 추출할 수 있다는 사실이 증명되었다.[4)] 이는 이 약물이 '전용'(즉, 처방 제품을 의도적으로 약물 남용에 사용하는 경우)의 위험이 있다는 것을 의미했다. 퍼듀는 이전 제품 중 하나인 MS Contin이라는 범용형 모르핀(morphine) 알

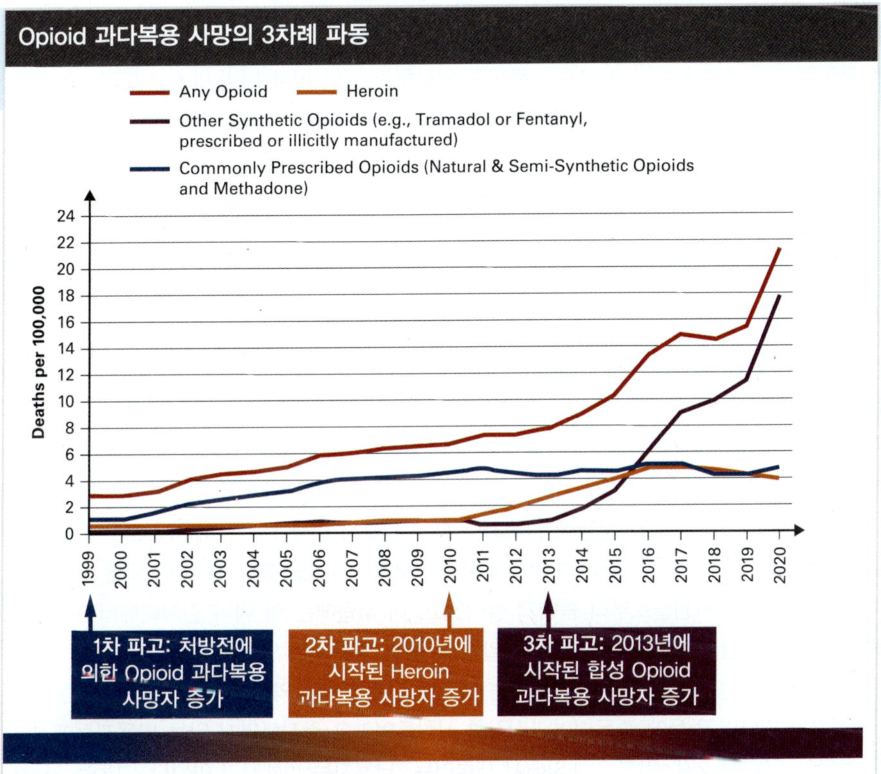

Source: U.S. Centers for Disease Control and Prevention

약이 1980년대에 가장 널리 남용된 처방 오피오이드 중 하나였기 때문에 이러한 처방 오피오이드의 '전용'과 남용의 위험성을 잘 알고 있었다.

오피오이드 위기

"현재의 오피오이드 위기는 우리 시대의 가장 파괴적인 공중 보건 재앙 중 하나로 꼽힌다." - 하워드 고(Howard Koh) 박사, 하버드 대학교 공중 보건 및 리더십 교수[5]

1999년부터 2021년까지 미국에서 연간 약물 과다 복용으로 인한 사망자 수는 1999년 16,849명에서 2021년 10만 명 이상으로 5배 증가했다.[6] 2020년 약물 과다 복용으로 인한 사망자 약 92,000명 중 약 75%가 오피오이드와 관련된 사망자이다. 미국 질병통제예방센터(Centers for

Disease Control and Prevention)의 보고서에 따르면 오피오이드 위기는 세 차례 단계에 걸쳐 확대되었다(이전 페이지 그림 참조).[7] 첫째, 1990년대 후반에 합법적인 처방 오피오이드 남용으로 인한 사망자가 급증했는데, 그중 가장 두드러진 것은 옥시콘틴이었다. 브랜다이스(Brandeis) 대학교의 오피오이드 정책 연구 공동 책임자인 앤드류 콜로드니(Andrew Kolodny)는 옥시콘틴 이외의 오피오이드로 인한 치명적인 과다 복용 사례도 많지만, 처방의 실질적인 확대는 퍼듀에 의해 설계되었다고 지적했다: "모든 다른 오피오이드에 대한 처방 추세를 살펴보면 처방이 실제로 시작된 것은 1996년이다. 이건 우연이 아니다. 1996년은 바로 퍼듀가 의료계에 오피오이드의 위험성에 대한 잘못된 정보를 제공하는 다각적인 캠페인을 시작한 해이다." 그러나 결국 옥시콘틴에 중독된 많은 사람들은 처방약으로 중독을 치료하는 것이 너무 비싸거나 어렵다는 것을 알게 되었고, 헤로인(heroin)에 의존하게 되었다. 이로 인해 옥시콘틴 중독자들로 인해 헤로인 시장이 급속히 확대되면서 두 번째 사망자 급증 단계가 발생했다. 이후 펜타닐(fentanyl)과 같이 더 저렴하고 강력한 합성 오피오이드가 등장하면서 2013년에 세 번째 사망자 급증 단계가 발생하기 시작했다.

조사 시작

일련의 조사를 통해 새클러 가문이 옥시콘틴이 남용되고 있다는 사실을 알고 있었다는 사실이 밝혀졌다. 1999년에 퍼듀의 법무 비서 중 한 명이 오락용 약물 사용과 관련된 온라인 포럼과 게시판에 로그인하여 사람들이 옥시콘틴을 사용하는 방식을 분류했다. 그녀의 보고서는 사람들이 정제를 부수고 코로 흡입하거나 주사하여 약물의 범용형 코팅을 쉽게 우회하고 있다는 사실을 자세히 설명했다. 그녀는 회사 운영에 관여하는 모든 새클러 인물들에게 자신의 연구 결과를 메모로 배포했지만, 그 보고서는 퍼듀의 파일에서 미스터리하게 사라졌다. 또한 이 약을 잘못 사용했다는 보고가 영업 사원들로부터 쏟아져 들어왔고, 이 무렵에는 이 약이 길거리에서 80mg 한 알에 80달러에 재판매되고 있다는 사실도 알게 되었다. 당시 퍼듀의 사장이었던 리차드 새클러(Richard Sackler)는 회사는 단지 FDA의 승인을 받은 합법적인 약품을 제조 및 판매했을 뿐이며, 범죄자가 있다면 약품에 중독되어 '남용'한 사람들이라고 주장하면서 약물 남용자들에게 책임을 돌렸다. 2001년 2월 1일자 이메일에서 새클러는 "남용자는 피해자가 아니다. 그들은 가해자이다"라고 썼다.[8]

옥시콘틴이 중독성이 강하고 광범위하게 남용되고 있다는 대중의 인식이 높아졌음에도 불구하고 새클러와 퍼듀의 경영진은 이 약을 진열대에서 철수시키기를 거부했다. 영업 사원들은 남용에 대한 보고서를 무시하고 계속해서 약물을 홍보하라는 지시를 받았다. 퍼듀는 어떤 의사들이 비정상적으로 많은 양의 옥시콘틴을 처방했는지에 대한 데이터에 접근할 수 있었는데도 잠재적인 남용을 막기 위해 개입하기는커녕 대량 처방자들을 라스베이거스 카지노에서 가장 중요한 도박꾼을 지칭하는 용어인 '고래들(whales)'이라고 불렀다.

2006년, 퍼듀는 의사 처방을 받은 후 옥시콘틴에 중독되었다고 주장하는 환자 5,000명을 대표한 소송단과 7,500만 달러 지급을 합의했다. 2007년에는 버지니아의 연방 검사가 퍼듀와 그 경영진을 사기 또는 오도 의도로 고소했다. 회사는 유죄를 인정하였고, 3명의 고위 임원(새클러는 제외)들은 약 3,500만 달러의 벌금을 납부하라는 명령을 받았으며, 회사에는 6억 달러를 납부하라는 명령이 내려졌다. 2007년 벌금형 이후에도 새클러는 옥시콘틴과 오피오이드 과다복용 사망의 기하급수적인 증가 사이의 연관성에 대해 전혀 알지 못한다고 계속 부인했다. 그러나 수천 건의 책임 소송이 임박했음을 감지한 새클러 가문은 회사로부터 돈을 인출하기 시작했다.

2008년부터 2017년까지 새클러 가문은 퍼듀에서 약 100억 달러를 인출했는데, 이는 민사 책임 청구자에게 배상금을 지급하지 않기 위한 것으로 추정된다.

2010년, 퍼듀는 특허가 곧 만료될 일반 제형의 옥시콘틴을 녹이는 분말로 분쇄할 수 없는 새로운 형태로 조용히 교체했다. 이 제형 변경으로 약물 남용이 어려워지면서 옥시콘틴의 판매량은 40%나 급감했다. 그러나 안타깝게도 이 제형 변경은 오피오이드 위기를 완화하는 데 도움이 되기는커녕 중독된 옥시콘틴 고객층의 상당수가 헤로인으로 눈을 돌리게 만들었고, 앞서 언급한 2차 과다복용으로 인한 사망자가 속출하는 결과를 초래했다. 수백만 명에게 닥친 옥시콘틴의 위기는 이제 더 이상 옥시콘틴이나 생산자에 의존할 수도, 관리할 수도 없게 되었다.[9]

2020년 11월 24일, 퍼듀는 세 가지 중범죄에 대해 유죄를 인정했다. 첫째, 퍼듀는 실제로는 오피오이드를 전용하고 있다고 믿을 만한 충분한 이유가 있는 100개 이상의 의료 제공자에게 오피오이드 제품을 계속 판매했음에도 불구하고 효과적인 전용 방지프로그램을 유지하고 있다고 주장하여 마약 단속국을 속였다고 인정했다. 또한 합법적인 의료 목적 없이 옥시콘틴의 조제를 용이하게 했다는 사실도 인정했다. 마지막으로, 회사는 연방 리베이트 금지법을 위반하고 범용형 오피오이드 제품을 처방한 의사에게 리베이트를 지급했음을 인정했다. 재판에서 크리스티나 놀란(Christina Nolan)검사는 "오늘 중범죄 혐의에 대한 탄원서에서 알 수 있듯이 퍼듀는 사람보다 오피오이드의 이익을 우선시했고 신성한 의사-환자 관계를 타락시켰다"고 말했다.[10]

양형 합의 조건에 따라 퍼듀는 35억 달러의 형사 벌금과 20억 달러의 형사 몰수금을 추가로 부과받았는데, 이는 제약회사에 부과된 벌금 중 역대 최대 규모였다. 또한 회사를 상대로 진행 중인 민사 책임 소송을 해결하기 위해 28억 달러를 지불해야 했다. 또한 회사를 소유한 새클러 가문은 퍼듀의 소유권을 포기해야 했다. 그러나 퍼듀 제약에 대한 수년간의 법정 소송에도 불구하고 2022년 8월 현재 퍼듀 제약의 임원이나 새클러 가문 구성원 중 누구도 징역형을 선고받지 않았으며, 새클러 가문 구성원 중 누구도 옥시콘틴으로 인한 중독과 사망에 대한 책임을 인정한 적이 없다.

개요

이 장에서는 주주, 직원, 공급업체, 고객 등 회사가 서비스를 제공하는 다양한 유형의 이해관계자에 대한 논의로 시작한다. 좋은 지배구조를 위해서는 기업의 활동이 모든 이해관계자에게 미치는 영향을 고려하고 이를 기업의 전략과 인센티브와 통합해야 한다. 실제로 최근 몇 년 동안 투자자와 애널리스트가 사회적, 환경적 이슈에 대한 기업의 성과를 고려하는 'ESG 투자'가 증가하고 있다. 또한 대리인 문제, 즉 고위 경영진이 다른 이해관계자의 이익보다는 자신의 이익을 위해 회사를 제국으로 성장시키려는 경우와 같이 소유와 통제의 분리로 인해 발생하는 문제에 대해서도 논의한다. 마지막으로 전략적 의사 결정 과정에서 발생하는 윤리적 문제에 대해 논의하고, 경영자가 전략적 의사 결정이 강력한 윤리적 원칙에 기반할 수 있는 방법에 대해 논의할 것이다.

11.1 조직의 다양한 이해관계자를 판별한다.

11.1 조직 이해관계자

회사의 **이해관계자**(stakeholders)는 회사, 회사가 하는 일, 회사의 성과에 대해 이해관계, 청구권 또는 지분을 가진 개인 또는 그룹이다.[11] 이해관계자에는 주주, 채권자, 직원, 고객, 공급업체, 정부 기관, 회사가 사업을 영위하는 지역사회, 일반 대중이 포함된다. 이해관계자는 내부 이해관계자와 외부 이해관계자의 두 그룹으로 나눌 수 있다([그림 11.1] 참조). **내부 이해관계자**(internal stakeholders)는 경영진, 기타 관리자, 이사회 구성원을 포함한 주주와 직원이다. **외부 이해관계자**(external stakeholders)는 회사에 대한 이해관계가 있는 기타 모든 개인 및 그룹이다. 일반적으로 이 그룹에는 고객, 공급업체, 채권자(은행 및 채권자 포함), 정부, 노조, 지역사회 및 대중이 포함된다.

이해관계자
회사, 회사가 수행한 것, 회사가 수행한 성과에 있어서 이해관계, 요구사항, 지분을 지닌 개인 및 집단들

내부 이해관계자
주주와 최고경영진, 기타 관리자, 이사회 구성원을 포함한 직원들

외부 이해관계자
회사에 어떤 요구사항을 지닌 모든 다른 개인 및 집단들

모든 이해관계자는 회사와 교환 관계에 있다. [그림 11.1]에 나열된 각 이해관계자 그룹은 조직에 중요한 자원(또는 기여)을 제공하고, 그 대가로 각자의 이해관계가 충족되기를 기대한다.[12] 주주는 기업에 위험 자본(risk capital)을 제공하고 경영진이 투자 수익을 극대화할 것을 기대한다. 채권자, 특히 채권 보유자는 또한 부채와 같은 형태로 회사에 자본을 제공하며, 이자와 함께 제때 상환받기를 기대한다. 직원은 노동력과 기술을 제공하고 그 대가로 그에 상응하는 수입, 직무 만족도, 고용 안정성, 좋은 근무 조건을 기대한다. 고객은 회사에 수익을 제공하고 그 대가로 가격 대비 가치를 나타내는 고품질의 신뢰할 수 있는 제품을 원한다. 공급업체는 회사에 투입물을 제공하고 그 대가로 수익과 신뢰할 수 있는 구매자를 찾는다. 정부는 비즈니스 관행을 유도하고 공정한 경쟁을 유지하는 규칙과 규정을 제공하고, 그 대가로 기업이 이러한 규칙을 준수하기를 원한다. 노동조합은 기업에 생산적인 직원들을 제공하는 데 도움을 주며, 그 대가로 회사에 대한 기여도에 비례한 조합원을 위한 혜택을 원한다. 지역 사회는 기업에게 지역 인프라를 제공하고 그 대가

그림 11.1 이해관계자들과 기업

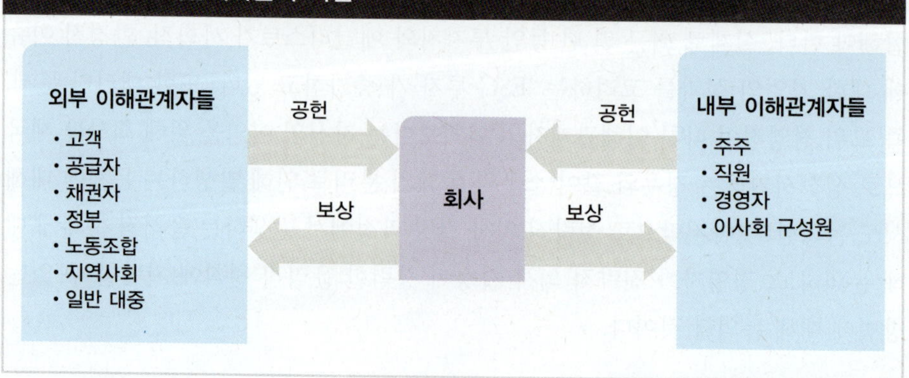

로 책임감 있는 시민으로서의 기업을 원한다. 일반 대중은 기업에 국가 인프라를 제공하고, 그 대가로 기업의 존재로 인해 삶의 질이 향상될 것이라는 것을 보장받기 원한다.

기업은 전략을 수립할 때 이러한 주장을 고려해야 하며, 그렇지 않으면 이해관계자가 지지를 철회할 수 있다. 예를 들어, 주주는 주식을 매각하고, 채권자는 새로운 채권에 대해 더 높은 이자를 요구할 수 있으며, 직원은 직장을 떠나고, 고객은 다른 곳에서 구매할 수 있다. 공급업체는 더 신뢰할 수 있는 구매자를 찾고, 노동조합은 파괴적인 노동쟁의를 일으킬 수 있다. 정부는 기업과 최고경영진에 대해 민사 또는 형사 조치를 취하여 벌금을 부과하고 경우에 따라 징역형을 부과할 수 있다. 지역 사회는 기업이 해당 지역에 시설을 유치하려는 시도에 반대할 수 있으며, 일반 대중은 압력 단체를 결성하여 삶의 질을 저해하는 기업에 대한 조치를 요구할 수 있다. 이러한 모든 반응은 기업에 치명적인 영향을 미칠 수 있다. 예를 들어, 금광에 대한 이해관계자의 반대가 미치는 영향에 대한 헤니스(Henisz), 도로반투(Dorobantu), 나르티(Nartey)의 연구에 따르면 외부 이해관계자와의 협력 관계의 가치는 금 자체의 시장 가치보다 두 배나 높은 것으로 나타났다.[13] 가브리엘 리소스(Gabriel Resources)의 COO였던 야니 로디염(Yani Roditis)은 “예전에는 금광의 가치는 금의 매장량, 채광 비용, 세계 금 가격이라는 세 가지 변수를 기준으로 결정되었다. 오늘날 이 세 가지 변수가 동일함에도 가치가 크게 다른 두 개의 광산을 보여줄 수 있다. 왜냐고? 하나는 지역사회의 지원을 받는 반면 다른 하나는 그렇지 않기 때문이다.”

11.1a 이해관계자 영향 분석

기업이 모든 이해관계자의 요구를 항상 만족시킬 수는 없다. 서로 다른 그룹의 목표가 상충할 수 있으며, 실제로 모든 이해관계자를 관리할 수 있는 자원을 보유한 조직은 거의 없기 때문이다.[14] 예를 들어, 노조의 임금 인상 요구는 더 낮은 가격에 대한 소비자의 요구와 지속적인 수익에 대한 주주의 요구와 상충할 수 있다. 기업은 종종 선택을 해야 하며, 이를 위해 가장 중요한 이해관계자를 파악하고 이들의 요구를 충족하는 전략을 최우선적으로 추구해야 한다. 이해관계자 영향 분석은 이러한 판별을 제공할 수 있다. 일반적으로 이해관계자 영향 분석은 다음 단계를 따른다:

1. 이해관계자를 식별한다.
2. 이해관계자의 관심사와 우려 사항을 파악한다.
3. 결과적으로 이해관계자가 조직에 대해 제기할 가능성이 있는 요구를 파악한다.

4. 조직의 관점에서 가장 중요한 이해관계자를 파악한다.
5. 그에 따른 전략적 과제를 파악한다.[15)]

이러한 분석을 통해 기업은 생존에 가장 중요한 이해관계자를 파악하고 이들의 요구를 충족시키는 것이 가장 중요하다는 것을 확인할 수 있다. 이 과정을 거친 대부분의 기업은 기업이 생존하고 번영하기 위해서는 주주, 고객, 직원이라는 3가지 이해관계자 그룹을 만족시켜야 한다는 결론을 빠르게 내린다.

11.1b 주주의 고유한 역할

위험 자본
회사가 실패하고 파산하면 회복될 수 없는 자본

회사의 주주는 일반적으로 다른 이해관계자 그룹과는 다른 부류에 속하며, 그럴 만한 이유가 있다. 주주는 회사의 법적 소유자이자 회사를 운영할 수 있는 자본금의 주요 원천인 **위험 자본**(risk capital)의 제공자이다. 주주가 회사에 제공하는 자본은 주주가 투자금을 회수하거나 적절한 수익을 얻을 수 있다는 보장이 없기 때문에 위험 자본으로 간주된다.

최근 역사는 위험 자본의 본질을 너무나도 명확하게 보여준다. 예를 들어, 시애틀에 본사를 둔 대형 은행이자 주택 융자 대출 기관인 워싱턴 뮤츄얼(Washington Mutual)의 주식을 매입한 많은 투자자는 자신이 저위험 투자를 하고 있다고 믿었다. 워싱턴 뮤츄얼은 수십 년 동안 탄탄한 배당금을 지급해 왔으며 매년 배당금을 인상했다. 또한 대규모 지점 네트워크와 수십억 달러의 예금을 보유하고 있었다. 하지만 2000년대 들어 워싱턴 뮤츄얼은 점점 더 위험한 모기지 대출을 취급하기 시작했고, 대출자가 제때 상환할 자금이 있는지 제대로 확인하지 않고 모기지를 제공한 것으로 알려졌다. 2008년이 되자 많은 대출자들이 대출을 채무 불이행하기 시작했고, 워싱턴 뮤츄얼은 대출 포트폴리오의 가치를 수십억 달러 상각해야 했으며, 이로 인해 한때 탄탄했던 대차대조표가 사실상 파괴되었다. 손실 규모가 너무 커서 은행에 예금을 예치한 고객들은 은행의 안정성에 대해 우려하기 시작했고, 2008년 11월에 워싱턴 뮤츄얼의 계좌에서 160억 달러에 가까운 돈을 인출했다. 2008년초 40달러에 달하던 주가는 주당 2달러 이하로 폭락했고, 은행이 파산 위기에 처하자 연방 정부가 개입하여 은행 자산을 압류하고 제이피 모건(JP Morgan)에 매각하는 방안을 추진했다. 워싱턴 뮤츄얼의 주주들은 아무것도 얻지 못한 채 쓸려 나갔다.

지난 10년 동안 종업원 지주제도(ESOP)를 통해 자신이 근무하는 회사의 주주가 되는 직원이 점점 더 많아지면서 주주에 대한 수익 극대화가 매우 중요해졌다. 225,000명 이상의 직원을 보유한 식료품점 체인 퍼블릭스(Publix)에서는 1년 이상 근무한 모든 직원에게 무상으로 주식을 지급하고 추가 매입 자격을 부여한다.[16)] 이곳에서는 종업원 지주제도에 따라 직원들은 회사 주식을 할인된 가격 또는 시장 가치보다 낮은 가격으로 매입할 수 있는 기회를 얻게 된다. 또한 회사는 주식 매입 가격의 일정 부분을 부담할 수도 있다. 직원을 주주로 참여시킴으로써 종업원지주제도는 주주에 대한 수익 극대화를 더욱 강조하는 경향이 있는데, 주주와 직원이라는 두 가지 주요 이해관계자 그룹을 만족시키는 데 도움이 되기 때문이다.

11.2 이해관계자 경영 및 성과

11.2 이해관계자 경영과 기업 성과 간 관계를 설명한다.

주주에게 부여된 고유한 지위 때문에 경영자는 일반적으로 회사의 주식을 소유한 주주들의 수익을 극대화하는 전략을 추구한다. 1장에서 다루었듯이 주주는 배당금과 주식의 시장 가치 상승(즉, 주식 가격의 상승)이라는 두 가지 방법으로 회사 주식에 대한 투자 수익을 얻는다. 경영자가 향후 배당금 지급을 위한 자금을 창출하고 주가 상승을 유지하는 가장 좋은 방법은 회사의 장기적 수익성(투하자본 수익률, ROIC로 측정)을 극대화하고 계속 회사의 이익을 성장시키는 전략을 추구하는 것이다.[17)]

3장에서 살펴본 것처럼 투하자본 수익률(ROIC)은 기업의 수익성을 나타내는 훌륭한 척도이다. 이는 관리자가 회사의 자본(주주가 제공한 위험 자본 포함)을 얼마나 효율적으로 사용하여 수익을 창출하고 있는지를 알려준다. 투하자본 수익률(ROIC)에서 플러스를 기록하는 기업은 지속적인 비용을 충당하고 남은 돈이 있으며, 이는 주주 자본에 추가되어 기업의 가치를 높이고 따라서 기업 주식의 주당 가치도 높아진다. 회사가 계속 이익을 늘릴 수 있다면 모든 주식에 귀속되는 이익(즉, 회사의 주당 순이익)도 증가할 것이기 때문에 각 주식의 가치는 더 높아질 것이다. 이 책에서 살펴본 바와 같이 수익을 늘리려면 기업은 다음 중 하나 이상을 수행해야 한다: (a) 제품 및 서비스에서 얻는 마진을 늘리거나, (b) 성장하는 시장에 참여하면서 마진과 점유율을 유지하거나, (c) 경쟁사로부터 시장 점유율을 빼앗으면서 마진을 유지하거나, (d) 혁신, 지리적 확장 또는 다각화를 통해 새로운 시장을 개척해야 한다.

경영자는 주주 가치를 극대화하기 위해서라면 이익 성장을 위해 노력해야 하지만, 미래의 이익 성장을 달성하려면 현재 수익률을 낮추는 투자가 필요할 수 있기 때문에 수익성과 이익 성장 간의 관계는 복잡하다. 경영자의 임무는 수익성과 이익 성장 사이의 적절한 균형을 찾는 것이다.[18)] 미래 수익성과 이익 성장을 희생하면서 현재의 수익성을 지나치게 강조하면 기업이 주주들에게 덜 매력적으로 보일 수 있다. 반면, 이익 성장을 지나치게 강조하면 기업의 현재 수익성이 감소할 수 있으며 같은 효과를 가져올 수 있다. 미래를 알 수 없는 불확실한 세상에서 수익성과 이익

성장 사이의 적절한 균형을 찾는 것은 과학만큼이나 예술적인 것이지만, 경영자가 반드시 노력해야 하는 일이다. 주주에 대한 수익을 극대화하는 것 외에도 회사의 수익 능력과 이익 성장률을 높이는 것은 다른 여러 주요 이해관계자 그룹의 요구를 충족시키는 것과도 일치한다. 회사가 수익성이 있고 이익이 계속 증가하면 생산적인 직원들에게 더 높은 급여를 지급하고 건강보험과 같은 혜택을 제공할 수 있으며, 이 모든 것이 직원 만족에 도움이 된다. 또한 수익성과 이익 성장률이 높은 기업은 부채 상환에 문제가 없으므로 채권자들에게도 어느 정도 안전성을 제공한다. 또한 수익성이 높은 조직은 사회공헌활동에 더 많은 투자를 수행할 수 있으며, 이는 지역 사회와 대중이 기업에 요구하는 바를 충족시키는 데 도움이 될 수 있다. 따라서 장기적인 수익 능력과 이익 성장을 극대화하는 전략을 추구하는 것은 일반적으로 다양한 이해관계자 그룹의 요구를 충족시키는 것과 일치한다.

이해관계자 경영에는 기업의 관행이 단기적으로 이해관계자의 협력에 미치는 영향, 장기적으로 이해관계자와의 신뢰 및 지식 공유 문화 구축의 이점, 향후 이해관계자의 이익에 기여할 수 있는 기업의 수익 능력과 성장 등에 대한 고려가 필요하다. 예를 들어, 현재 직원에게 과도한 급여를 지급하는 기업은 당장은 직원들의 만족도가 높을 수 있지만 이러한 행동은 기업의 비용 구조를 높이고 시장에서 경쟁우위를 확보하는 능력을 제약하고, 이에 따라 회사의 장기적인 수익성을 침체시키고, 미래의 임금향상 능력을 훼손하게 될 것이다.[19] 직원들에 관한 한 여러 회사들이 이러한 상황을 해결하는 방식은 미래 임금 상승을 노동생산성의 향상과 연결시키는 것이다. 노동생산성이 향상되면 수익에서 인건비가 차지하는 비중이 낮아지고 수익성이 향상될 것이기 때문에, 회사는 직원들에게 좀 더 많은 임금을 지불할 수 있고 더 좋은 복리후생을 제공할 수 있다.

물론 모든 이해관계자 집단들이 회사의 장기적인 수익성과 이익 성장을 극대화하는 것을 원하지는 않는다. 공급자의 경우에는 현재 수익성이 좋은 회사에 제품과 서비스를 판매하는 것을 보다 선호하는데, 판매한 제품과 서비스에 대한 대금 지급을 보장받을 수 있기 때문이다. 유사하게, 고객들은 제품 판매 이후 서비스 및 지원을 장기간 제공할 수 있기 때문에, 현재의 수익성이 좋은 회사에서 제품을 구매하기를 선호한다. 그러나 공급자와 고객 모두 비용 측면에서 수익성을 극대화하는 회사를 원하지는 않는다. 오히려 공급자의 경우 제품 및 서비스의 더 높은 가격 형성을 통하여 회사로부터 이런 이익의 일부를 얻기를 바라며, 고객의 경우 회사에서 구매하는 제품의 더 낮은 가격을 통해 이런 이익의 일부를 얻기를 바란다. 가르시아-카스트로(Garcia-Castro)와 아길레라(Aguilera)는 [그림 11.2]와 같이, 가치 창출과 가치 포착에 대한 전통적인 설명(3장에서 논의)을 여러 이해관계자에 의해 가치가 창출되고 포착되는 방식을 보여주는 보다 세분화된 범주로 분류하여 이러한 역

그림 11.2 다중 이해관계자 그룹들을 통한 가치 창출 및 포착

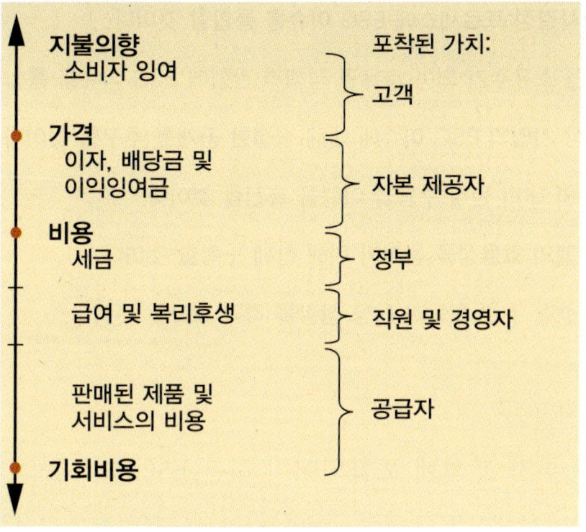

출처: Adapted from R. Garcia-Castro and R. Aguilera, "Increasing Value Creation and Appropriation in a World with Multiple Stakeholders," *Strategic Management Journal*, 36 (2015): 137–147.

학을 잘 포착하고 있다.[20] 그림에서 보여지듯이, 창출되는 총 가치는 기업이 사용하는 자원의 기회 비용과 고객의 지불 의향 사이의 범위(spread)이다. 그러나 가치는 다양한 이해관계자에 의해 창출되고 포착된다. 공급업체는 회사에 판매하는 상품과 서비스의 형태로 가치를 창출하고 포착한다. 직원과 경영진들은 노동을 통해 가치를 창출하고 급여 및 복리후생의 형태로 가치를 포착한다. 정부는 기업이 운영되는 광범위한 인프라를 제공하는 형태로 가치를 창출하고 세금의 형태로 가치를 포착한다. 채권사와 주주는 기업이 운영 자금을 조달하는 데 사용할 수 있는 자본을 제공함으로써 가치를 창출하고 이자, 배당금, 자본 이득의 형태로 가치를 포착한다. 마지막으로 고객은 상품에 대해 지불하는 가격과 실제 지불 의향의 차이인 소비자 잉여의 형태로 가치를 포착한다.

11.2a 환경, 사회, 지배구조(ESG) 투자의 부상

2005년 초, 유엔(UN)은 세계 최대 규모의 기관투자자 그룹을 초청하여 "책임투자 원칙"(PRI: Principles for Responsible Investment)을 개발하도록 했다. 이 그룹은 2006년에 "우리는 경제적으로 효율적이고 지속 가능한 글로벌 금융 시스템이 장기적인 가치 창출을 위해 필수적이라고 믿는다. 이러한 시스템은 장기적이고 책임감 있는 투자에 보답하고 환경과 사회 전체에 도움이 될 것이다"라는 미션 선언문을 담은 보고서를 발표했다. 이 보고서에는 그룹이 준수할 일련의 원칙([그림 11.3] 참조)과 PRI 그룹에 가입하기 위한 일련의 단계가 제시되어 있다.

그림 11.3 PRI의 약속

1. 투자분석 및 의사결정 프로세스에 ESG 이슈를 통합할 것이다.
2. 우리는 적극적인 소유주가 되어 소유권 정책과 관행에 ESG 이슈를 통합할 것이다.
3. 당사는 투자대상 기업의 ESG 이슈에 대해 적절한 공개를 추구할 것이다.
4. 우리는 투자 산업 내의 원칙 수용과 이행을 촉진할 것이다.
5. 우리는 원칙 이행의 효율성을 높이기 위해 함께 노력할 것이다.
6. 우리는 원칙 이행을 위한 활동과 진행 상황을 각각 보고할 것이다.

또한 이 그룹은 투자 분석에 포함되어야 하는 ESG 요소들의 예시를 [그림 11.4]처럼 제시했다.

보고서 발표 당시 총 6조 5,000억 달러의 운용 자산을 보유한 63개 투자회사가 책임투자원칙에 서명했다. 딜로이트(Deloitte), PwC, KPMG, 어네스트앤영(Ernst & Young) 등 주요 회계법인은 기업이 ESG 성과를 보고할 수 있는 표준화된 측정 기준을 만들기 위해 노력하기 시작했고, MSCI, Sustainalytics 등 ESG 이슈에 대한 기업 평가 기관도 등장하기 시작했다. 또한 미국 증권거래위원회는 기업 간 일관된 비교를 보장하기 위해 ESG 공개 프레임워크를 만들기로 결정했다. 2021년 3월 말까지 책임투자원칙에 서명한 기업은 약 4,000개에 달하며, 이들이 관리하는 자산은 120조 달러가 넘는다([그림 11.5] 참조).[21] 평가의 명확성 및 일관성에 대한 논란이 여전하고 자금 지원이나 투자 결정에 ESG 기준을 사용하는 정부나 기업에 대한 정치적 반발도 있지만,[22] 대부분의 연구에 따르면 ESG 기준에서 높은 점수를 받은 기업은 수익률이 높고 위험이 낮은 경향이 있는 것으로 나타났다.[23]

그림 11.4 UN의 ESG 요인들의 예제

환경(E)	사회(S)	지배구조(G)
기후변화	인권	뇌물 수수 및 부패
자원고갈	현대판 노예제	임원 급여
폐기물	아동 노동	이사회 다양성 및 구조
오염	근무조건	정치 로비 및 기부
삼림 벌채	직원 관계	세금 전략

그림 11.5 책임투자원칙 서명 기관 숫자 및 운용 자산

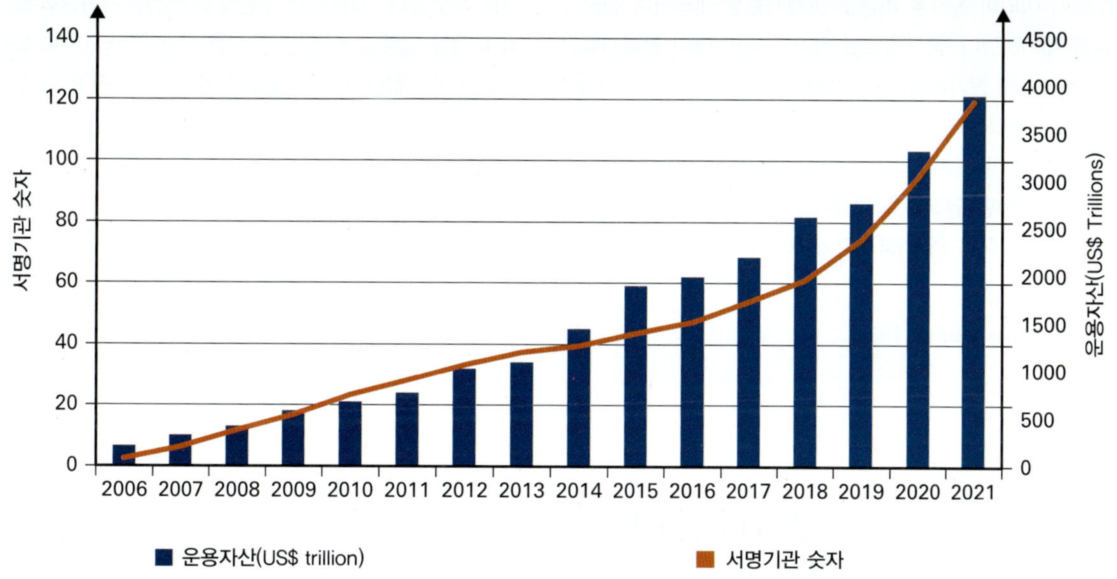

전략 실행 사례 11.1

소더비와 크리스티의 가격 조작(price-fixing)

소더비(Sotheby)와 크리스티(Christie)는 세계에서 가장 큰 순수미술 경매하우스 2곳이다. 1990년대 중반, 두 회사는 1년에 약 40억 날러의 가치를 가진 순수미술 경매 시장 중 90%를 통제했다. 전통적으로 경매하우스들은 경매판매액에 부과하는 수수료로 이익을 창출한다. 좋았던 시절에는 어떤 경매품의 경우에는 수수료가 10%까지 높아졌었으나, 1990년대 초반에 경매사업은 미술품의 공급이 침체되면서 슬럼프에 빠졌다. 소더비와 크리스티가 속한 미술품 분야에서의 어려워진 상황에 따라서 미술품 판매자들은 경매를 할 때 두 개사를 경쟁시켰고, 판매수수료는 2%, 심지어 때로는 그 아래까지 떨어졌다.

이런 상황을 통제하기 위하여, 소더비의 최고경영자인 디데 브룩스(Dede Brooks)는 크리스티의 최고경영자인 크리스토퍼 다비지(Christopher Davidge)를 1993년에 자동차 주차장에서 개최된 비밀스러운 만남에서 만났다. 브룩스는 소더비의 회장이자 지배 주주인 알프레드 타우만(Alfred Tauman)의 대리인으로 왔다고 주장했다. 브룩스에 따르면 타우만은 크리스티의 회장인 앤서니 테넌트(Anthony Tennant)와 취약한 경매 시장에서 동반자로서 사업 활동을 하면서 가격경쟁을 제한하는 것에 동의하였다. 이런 만남에서 브룩스와 다비지는 고정되어 있고 협상 없는 수수료 구조를 형성하는 것에 동의하였다. 슬라이딩 스케일 기법(Sliding Scale)에 근거하여, 수수료 구조는 10만 달러 경매품에 대하여 10%부터 5백만 달러 경매품에 대하여 2%까지 설정하는 것으로 결정되었다. 실제로는 브룩스와 다비지는 두 회사 간의 가격경쟁을 없애서 결과적으로는 두 경매하우스가 좀 더 높은 이익을 보장받는 것에 동의하였다. 가격조작 협정은 1993년에 시작되었고 연방조사관이 이런 관계를 밝혀내고 소더비와 크리스티에 벌금을 부과할 때까지 6년 동안 지속되었다.

이런 계약이 밝혀지자 변호사들은 소더비와 크리스티에 의해서 이익이 침해된 미술품 판매자들을 대리하여 집단소송을 제기하였다. 궁극적으로 적어도 10만 명의 판매자들이 집단 소송에 참가하였는데 경매하우스들은 이들에게 5억 1천2백만 달러를 지급했다. 경매하우스들은 또한 가격 조작에 대한 혐의로 기소되었고, 미국 독점금지위원회에 벌금으로 4천5백만 달러를 납부했다. 핵심적인 책임자들 중 크리스티의 회장은 영국 국적자였기에 미국에서 기소를 피할 수 있었다. 크리스티의 최고경영자인 다비지는 검찰과 거래를 하였는데, 사면되는 조건으로 독점금지위원회에 회사의 부정을 입증할 수 있는 문서를 제출하였다. 브룩스도 연방조사관에 협력하였고 감옥에 가는 것은 면할 수 있었다(2002년 4월에 3년의 보호관찰기간 및 6개월의 연금조치, 1,000시간의 지역 사회 봉사, 35만 달러의 벌금형을 선고받았다). 궁극적으로 모든 공모자들로부터 고립된 타우만이 1년 징역형과 7백50만 달러의 벌금형을 선고받았다.

출처: S. Tully, "A House Divided," Fortune, December 18, 2000, pp. 264–275; J. Chaffin, "Sotheby's Ex CEO Spared Jail Sentence," *Financial Times*, April 30, 2002, p. 10; and T. Thorncroft, "A Courtroom Battle of the Vanities," *Financial Times*, November 3, 2001, p. 3.

11.3 대리인 이론과 대리인 이론이 경영의사결정 및 기업 성과에 미치는 영향을 설명한다.

11.3 대리인이론

대리인이론(Agency theory)은 한 사람이 다른 사람에게 의사결정 권한을 위임할 때 사업관계에서 발생할 수 있는 문제들을 설명하는 것이다. 경영자들이 왜 언제나 이해관계자들의 최선의 이익에 따라 행동하지 않는지, 그리고 왜 경영자들이 때때로 비윤리적으로 혹은 불법적으로 행동하는지에 대한 이해방식을 제공한다.[24] 대리인이론은 애초에는 경영진과 주주 간의 관계를 설명하기 위하여 제시되었지만, 기본적인 원칙은 기업 내에서 경영진의 다양한 계층 간 관계뿐만 아니라 직원 같은 다른 핵심적인 이해관계자들과의 관계를 설명하는데도 확장되어 왔다.[25] 이 절에서의 관심의 초점이 경영진과 주주 간의 관계에 있다 하더라도, 같은 설명이 부분적으로 다른 이해관계자들과 최고경영진, 최고경영진과 하위 계층의 관리자들 간 관계에도 동일한 내용을 적용할 수 있다.

11.3a 주인-대리인 관계들(Principal-Agent Relationships)

대리인이론의 기본적인 전제는 비교적 간단하다. 첫째, 대리인 관계는 한 당사자가 의사결정 권한, 혹은 자원에 대한 통제권을 다른 당사자에게 위임할 때마다 발생한다. 주인(principal)은 권한을 위임하는 사람이고, 대리인(agent)은 권한이 위임되는 사람이다. 주주들과 경영진 간 관계는 대리인 관계의 고전적인 사례이다. 주인인 주주들은 위험부담 자본을 회사에 제공하고, 주주들의 최선의 이익과 일치하도록 자본을 활용하리라 기대되는 대리인으로서의 경영진, 특히 최고경영자에게 자본의 통제권을 위임한다. 앞서 살펴본 바와 같이, 이는 회사의 장기적인 수익성과 이익 성장률을 극대화하기 위해 자본을 사용하는 것을 의미한다.

대리인 관계는 회사 내에서 위계에 따라 아래로 계속 이루어진다. 예를 들어, 대기업이고 복잡하면서 다양한 사업체를 지닌 회사에서 최고경영자들은 중요한 의사결정 모두를 수행할 수는 없다. 따라서 최고경영진은 사업부문 관리자들에게 일부의 의사결정 권한 및 자본통제권을 위임한다. 그리하여, 최고경영자와 같은 최고위층 경영진들이 주주들의 대리인인 것처럼, 사업부문 관리자들은 최고경영자의 대리인이 된다(이 상황에서는 최고경영자가 주인이 된다). 최고경영자는 사업부문 관리자들에게 사업부문의 성과를 극대화하기 위하여 가장 효과적인 방법으로 자원을 통제하여 활용하도록 위임한다. 이러한 위임은 최고경영자가 회사 전체의 성과를 극대화하는 데 집중하는 것을 돕는다. 일반적으로, 경영자들이 위계상 하위 관리자들에게 권한을 위임하고 자원을 통제하는 권리를 줄 때마다 대리인 관계가 성립된다.

11.3b 대리인 문제(The Agency Problem)

대리인 관계가 종종 잘 작동된다 할지라도, 대리인과 주인이 다른 목적을 갖고 있다면, 그리고 대리인이 주인의 최선의 이익이 아닌 방식으로 행동한다면 문제가 발생한다. 대리인은 주인과 대리인 간 **정보 비대칭성**(information asymmetry)이 발생하기 때문에 이렇게 행동할지도 모른다: 대리인은 거의 언제나 주주보다 관리하고 있는 자원들에 대한 좀 더 많은 정보를 가지고 있다. 비양심적인 대리인들은 주인들을 호도하고 주인의 비용으로 자신들의 이익을 극대화하는 데 정보 비대칭성의 우위를 활용할 수 있다.

정보 비대칭성
대리인이 주인보다 경영하고 있는 자원들에 대해서 더 많은 정보를 가지고 있는 상황

주주들의 경우에 정보 비대칭성은 주주들이 회사 내에서 지위상 회사의 운영에 대하여 주주들보다 훨씬 더 많이 알고 있을 가능성이 높은 최고경영자에게 의사결정 권한을 위임하기 때문에 발생한다. 사실 어떤 정보의 경우에는 경쟁사를 도울 수 있기 때문에 최고경영자가 주주와 공유하기를 또한 꺼릴 수도 있다. 그러한 사례에서 주주에게 어떤 정보를 숨기는 것이 모두의 최선의 이익이 될 수도 있다. 좀 더 일반적으로 회사의 일상적인 경영을 담당하는 최고경영자는 주주보다 정보우위를 가질 수 있어야 한다. 이것은 또한 하급 관리자들이 자신들의 통제하에 있는 자원과 관련해서는 최고경영자보다 정보우위를 가질 수 있는 것과 같다.

주인과 대리인 간 정보 비대칭성이 무조건 나쁜 건 아니다. 그러나 이런 정보 비대칭성은 대리인의 성과를 측정하기 어렵게 만들어서, 대리인들이 위임된 자원을 얼마나 잘 활용할 것인가에 대하여 책임을 지는 것을 어렵게 만들 수 있다. 주인과 대리인 간 관계에서 본질적으로 존재하는 일정한 성과 모호성이 있다. 주인들은 대리인들이 자신(주인)에게 있어서 최선의 이익에 맞게 행동할지 확신할 수 없다. 주인들은 대리인들이 부여된 자원을 가능한 효과적이고 효율적으로 활용할지 확신

할 수 없다. 이런 모호성은 대리인이 주인과 다른 시점의 결과물을 산출하는 행동들에 몰두한다는 사실에 의해서 더욱 커지게 된다. 예를 들어, 연구 및 개발에 투자하는 것은 현재의 이익을 낮출 수 있지만, 미래에 기업의 수익성을 보장하는 것을 돕게 된다. 오로지 곧장 나타나는 성과 결과물만을 보상하는 주인들은 대리인의 입장에서는 근시안적인 행동을 할 유인을 준다. 그러므로 주주들은 올바른 것을 하고 있는 대리인을 신뢰해야만 한다.

물론 이러한 신뢰가 맹목적인 것은 아니다: 주인들은 대리인들을 감시하고, 성과를 평가하며, 필요하면 강제적인 행동을 가할 목적으로 다양한 메커니즘을 둔다. 곧 살펴볼 것처럼, 이사회는 그러한 메커니즘의 하나이다. 부분적으로 이사들은 주주를 대신하여 경영진을 감시하고 평가하기 위하여 존재한다. 독일에서 공동의사결정법률(codetermination law)은 2,000명이 넘는 종업원들을 고용하고 있는 기업들에서는 종업원들의 이익을 대표하는 이사회 구성원이 있어야 한다고 강제하고 있다. 실제로 기업의 감독위원회(supervisory board) 구성원들의 절반은 근로자들을 대표해야 한다. 다른 메커니즘들도 유사한 목적을 수행한다. 미국에서 공기업들은 공인회계기준(GAAP)에 따라서 증권거래위원회(SEC)에 상세한 재무제표들을 일상적으로 기록하여 제출해야 한다. 이러한 필수 요구사항들은 주주들이 맡긴 자본을 활용하여 얼마나 잘 경영하고 있는지에 대한 일관성 있고 상세한 정보를 제공하기 위하여 존재한다. 유사하게 회사의 내부통제 시스템은 하급자들이 가능한 효과적이고 효율적으로 위임된 자원들을 활용하는 것을 최고경영자가 확신하도록 돕는다.

지배구조 메커니즘들과 종합적인 측정항목들, 통제시스템들의 존재에도 불구하고, 주인과 대리인 간 정보 비대칭성의 일부분은 언제나 남게 마련이고, 그러므로 주인과 대리인 간 관계와 연관된 신뢰의 요소들이 존재한다. 불행하게도 모든 대리인들이 신뢰를 줄 만한 가치가 있지는 않다. 소수의 대리인들은 개인적인 이익을 위하여 고의적으로 주인들을 호도할 것이고, 때로는 비윤리적이거나 법을 어기는 행동을 하거나 주인들이 결코 용서할 수 없는 행동을 하기도 한다.

주인과 대리인의 이해관계는 항상 같은 것이 아니며 서로 다를 수 있다. 예를 들어, 일부 학자들은 많은 다른 사람들처럼 경영자들이 지위, 권력, 고용 안정, 수입에 대한 욕구로 동기부여된다고 주장해 왔다.[26] 회사 내부적인 직위의 특징으로 인해서 최고경영자 등의 일부 경영자들은 주주들에게 지급할 이자 비용에서 자신들의 욕구들을 만족시키기 위하여 기업기금에 대한 권한과 통제권을 활용할 수 있다. 최고경영자는 주주 이익을 향상시키는 형태로 기금을 투자하기보다는 자신의 직위를 활용하여 자신의 지위를 강화하는 다양한 겉멋스러움(전용 제트기, 호화스러운 사무실, 이국적인 곳으로의 비싼 여행 등)에 기금을 투자할지도 모른다. 경제학

자들은 그러한 행동을 **현직 소비**(on-the-job consumption)라고 정의하였다.[27)]

현직 소비에 몰두하는 것과는 별개로 최고경영자들은 자신들의 영향력과 이사회에 대한 통제력을 활용하여 이사회의 보상위원회가 자신의 임금을 상승시키도록 설득함으로써 좀 더 큰 수입에 대한 욕구를 만족시킬지도 모른다. 미국 산업의 비평가들은 현재의 지나치게 높은 임금은 고질적인 문제가 되고 있고, 경영자들은 주주들과 다른 직원들의 희생을 바탕으로 자신들을 부유하게 하고 있다고 주장하였다. 비평가들은 최고경영자의 임금이 평균적인 근로자들의 임금보다 훨씬 더 빠르게 증가하고 있는 중인데, 이러한 이유는 최고경영자가 성장하고 있는 주식 시장에서 막대한 임금보너스를 받아갈 수 있고, 심지어 회사가 시장과 경쟁자보다 낮은 성과를 냈다 할지라도 보너스를 받아갈 수 있는 매우 관대한 스톡옵션(stock option)의 부여 때문이라고 제시하였다.[28)] 1980년대에 미국 500대 기업의 최고경영자들에 대한 비즈니스 위크(*Business Week*) 조사에서 평균적인 최고경영자는 평균적인 생산직 근로자의 임금보다 42배를 받는다고 제시되었다. 1990년대에는 이러한 상황이 85배까지 상승하였고, 2022년에는 미국 정책연구소에 따르면 미국의 최고경영자들은 평균 근로자들보다 670배를 버는 것으로 나타났다.[29)]

크리스탈(Crystal)의 연구에 따르면 비평가들이 특히 문제가 있다고 제시하는 것은 일부 최고경영자 임금 구성항목의 규모 및 회사 성과와의 관련성 결핍이다.[30)] 2010년에 그라프 크리스탈(Graef Crystal)에 의하여 수행된 연구에서는 최고경영자의 임금과 성과 간의 관계를 평가하여 실질적으로 관련성이 없다고 결론지었다. 예를 들어, 최고경영자들이 주주 수익률에 따라 임금을 받는다면 2009년에 4,320만 달러의 높은 연봉을 받은 CBS의 최고경영자인 레슬리 문브스(Leslie Moonves)는 2,800만 달러의 급여가 삭감되었어야 한다.[31)] 비평가들은 많은 최고경영자들에게 지급되는 임금 규모가 그들이 성취한 성과에 비해 부적절하다고 느끼는데, 이것이야말로 대리인 문제의 확실한 예를 나타내는 것이라고 할 수 있다. 그러나 주주의 압력에 대응하여, 최근 들어 여러 회사들에서는 최고경영자의 임금을 성과에 좀 더 가깝게 연동하는 보상 제도들을 도입하고 있다. 예를 들어, Air Products & Chemicals에서 2012년 목표인 주당 순이익 9% 상승을 달성하지 못하였을 때, 최고경영자인 존 맥글레이드(John McGlade)는 65%가 삭감된 임금을 지급받았다. 존의 주식 부여(stock grant) 및 스톡옵션 역시 줄어들었고, 그의 전체 직접 보상금은 19%가 삭감되어 910만 달러까지 줄어들었다.[32)]

또 다른 고려사항은 최고경영자가 자신의 지위, 안정성, 권력, 수입을 충족시키려고 다각화를 통해 회사 규모를 늘리기 위해 많은 신규 사업을 인수하는 제국건설에 몰두할지도 모른다는 것이다.[33)] 이러한 성장은 회사의 장기적인 수익성과 주주 수익을 줄일 수 있지만, 최고경영자의 지위, 권력, 안정성, 수입을 확장함으로

현직 소비
최고경영자들이 회사의 기금을 주주들의 수익을 향상시키기 위하여 투자하는 대신, 자신의 지위를 강화하는 겉멋스러움(호화로운 사무실, 전용 제트기 등)을 획득하는 데 사용하는 것을 묘사하기 위해 경제학자들이 활용한 개념

써 최고경영자의 통제 하의 제국 규모를 증가시킨다(회사 규모와 최고경영자 임금 간 강력한 상관관계가 있음). 수익성과 이익 성장 간 올바른 균형을 설정함으로써 주주 이익을 극대화하려고 시도하는 대신에, 어떤 경영자들은 새로운 사업체를 구입함으로써 좀 더 큰 회사로의 성장과 장기적인 수익성을 거래할지도 모른다. 예를 들어, 1970년대 중반에 물 재활용 및 쓰레기 관리 회사인 Compagnie Generale des Eaux는 프랑스의 지방자치단체에서 거의 독점으로 운영하고 있었는데, 주주를 위한 강력하고 안정적인 현금흐름을 창출하고 있었다. 그러나 1980년대와 1990년대에 최고경영자인 가이 드주니(Guy DeJouany)와 승계자인 장-마리 메시에(Jean-Marie Messier)에 의해서 계속된 부채조달을 통해서 진행한 대담한 인수들은 회사를 "비벤디(Vivendi)"라 명명된 세계에서 가장 큰 방송 및 통신제국 중 하나로 변신시켰다. 그 후 2000년대에 기술, 방송, 통신의 거품이 꺼지기 시작함에 따라 비벤디 제국은 부채 부담의 무게를 감당하지 못하고 무너졌다. 장-마리 메시에는 프랑스와 미국 법원에 의해서 조사받았고, 주주 호도, 기금 횡령, 회사의 불안정한 지위를 악화시킨 혐의로 고소되었다. 그는 벌금을 선고받았고, 2002년에 강제 사임했다.[34)]

[그림 11.6]은 기업 수익 성장률 대비 장기 수익성을 그래프로 보여준다. 성장하지 않는 기업은 이익을 창출할 수 있는 기회를 놓치고 있을 가능성이 높다.[35)] G^*라는 적당한 매출 성장률은 π^*의 수익을 창출하여 회사에게 장기적인 수익성을 극대화하도록 만들어 준다. 그래서 [그림 11.6]에서 $G1$의 성장률은 수익성을 극대화하는 것과 일치하지 않는다($\pi 1 < \pi^*$). 그러나 마찬가지로 $G2$를 초과하는 성장을 획득

그림 11.6 수익성과 수익성장률 간 상쇄관계

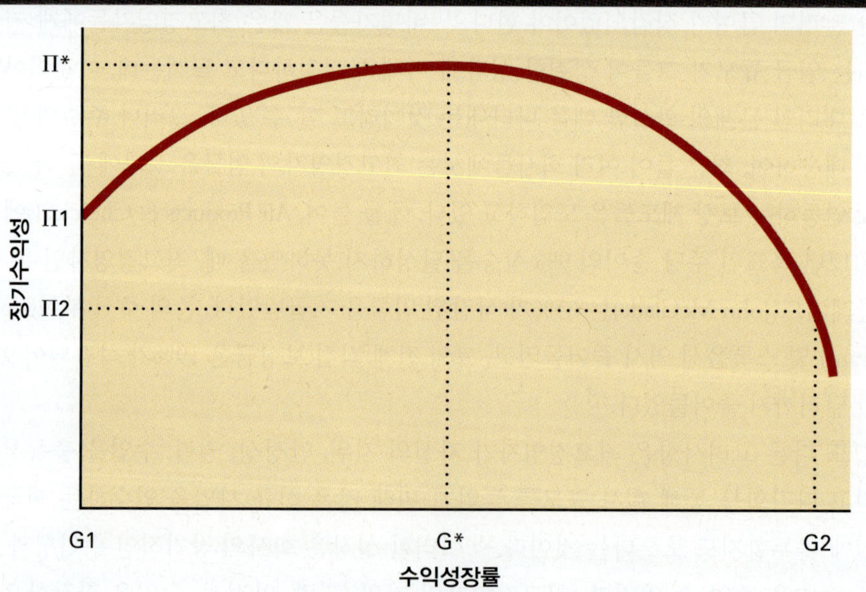

하려면 수익률이 낮은 시장 부문으로 이동하거나 회사가 알지 못하는 영역에서의 다각화를 요구한다. 결과적으로 수익성을 희생함으로써만이 달성될 수 있다; 즉, G^*를 넘어서면 추가 성장에 필요한 투자가 적절한 수익을 창출하지 못하고 회사의 수익성이 감소한다. 그러나 $G2$는 최고경영자의 권력, 지위, 수입을 증가시킬 것이기 때문에 제국을 형성하는 최고경영자에 의해서 선호되는 성장률이다. 이 성장률에서 수익성은 단지 $\pi 2$와 같다. $\pi^* > \pi 2$이기 때문에, 이 속도로 성장하는 기업은 장기적인 수익성 또는 주주의 부를 극대화하지 못하는 것이 확실하다.

대리인 문제들의 심각성은 자기 이익을 추구하는 최고 경영진과 기업지배구조 메커니즘의 실패로 원인을 귀결할 수 있는 연속된 스캔들이 기업 세상을 휩쓸었던 2000년대 초기에 강조되었다. 2003년의 조사에 따르면 홀링거(Hollinger)의 최고경영자인 콘래드 블랙(Conrad Black)이 회사기금 4억 달러가 넘는 금액을 가족과 친구들에게 유용하기 위하여 "터널링(tunneling)"을 활용했다는 사실이 밝혀졌다(좀 더 자세한 내용은 [전략 실행 사례 11.2]를 참조). 2001년과 2004년 사이에는 여러 회계 스캔들이 많은 대기업에서 밝혀졌는데, 이런 기업들로는 엔론(Enron), 월드컴(WorldCom), 타이코(Tyco), 컴퓨터 어소시에이츠(Computer Associates), 헬스사우스(HealthSouth), 아델피아 커뮤니케이션(Adelphia Communications), 다이네기(Dynegy), 로열 더치 쉘(Royal Dutch Shell), 그리고 주요 이탈리안 음식제조 기업인 파말랏(Parmalat) 등이 포함된다. 엔론에서는 주주, 직원, 규제 당국으로부터 270억 달러의 부채가 재무제표에서 삭제된 특수 파트너십을 통해 숨겨져 있었다. 파말랏에서는 전혀 존재하지 않는 자산을 기록하여 80억 달러부터 120억 달러를 "위조(invented)"하였다. 로열 더치 쉘의 사례에서는 경영자들이 알면서도 회사의 오일보유량의 가치를 1/5만큼 과장했는데, 이러한 양은 전혀 존재하지 않은 오일 40억 배럴을 추가한 것이다. 이를 통하여 회사는 실제보다 훨씬 가치가 있어 보이는 효과를 얻었다. 다른 회사들에서도 수입이 체계적으로 과장되었는데, 대부분은 수억 달러를 기록했지만 2001년에 30억 달러만큼 비용을 과소 계상하여 제시한 타이코와 월드컴처럼 심지어 수십억 달러만큼 과장하기도 했다. 모든 사례에서 이러한 행동의 가장 큰 유인은 실제보다 주주에게 기업의 좀 더 높은 가치를 나타내기 위한 노력이며, 이를 통하여 경영진이 더 높은 임금을 보장받고자 한 것이라고 보인다.[36)]

대리인 문제가 경영진과 주주 간 관계에서 국한되지 않는다는 것을 기억하는 것은 중요하다. 최고경영자와 하급자 간 관계, 다시 그 하급자들 간의 관계도 문제가 될 수 있다. 하급자들은 임금을 상승시키고, 고용 안정성을 높이고, 공정한 비율보다 회사 자원을 더 많이 얻기 위하여 부문의 실제 성과를 왜곡하도록 정보의 통제권을 활용할지도 모른다.

대리인 문제를 마주했을 때 주인들에게 제기되는 도전은 (1) 대리인들의 행동을

전략 실행 사례 11.2

홀링거 인터내셔널에서의 자기거래

1999년부터 2003년까지 홀링거 인터내셔널(Hollinger International Inc.)의 최고경영자인 콘래드 블랙(Conrad Black)과 운영책임자인 데이비드 래들러(David Radler)는 자신들, 가족, 다른 기업 내부 관계자들을 위하여 회사의 현금 및 자산들을 불법적으로 전용하였다. 홀링거 인터내셔널은 시카고 썬 타임즈, 런던의 데일리 텔레그래프, 토론토의 내셔널 패스트, 이스라엘의 예루살렘 패스트 등과 같은 세계 전역의 신문사를 소유한 세계적인 출판 제국이다. 증권거래위원회 집행 분과의 이사인 스티븐 커틀러(Stephen Cutler)에 따르면, "블랙과 래들러는 공공회사의 통제권을 남용했고, 회사를 개인의 비밀 금고처럼 다루었다. 주주들의 이익을 보호하기 위하여 책임을 수행하는 대신에, 피고들은 연속적인 사기와 허위진술을 통하여 주주들을 속이고 이익을 빼앗았다." "터널링"으로 알려진 관행을 통하여 블랙과 래들러는 연속으로 회사자금 사적이용을 통한 거래에 몰두하였다. 예를 들어, 블랙과 래들러 자신들이 사적으로 소유한 회사들에게 홀링거 신문사들의 일부를 시장가격 아래로 판매하거나 때로는 1달러의 가치로 판매하는 등의 행동을 하였다. 그들은 또한 직접적으로 "비경쟁 지불(noncompetition payments)"을 가장하여 기업 외부로 자금을 나르기도 하였다. 또한 이들은 휴가 동안 남태평양으로 회사의 전용 제트기를 활용하여 날아가고, 파크 어베뉴(Park Avenue)에 위치한 사치스러운 뉴욕 아파트에서 살기 위해, 또한 블랙의 아내를 위하여 호화스러운 62,000달러의 생일 파티를 개최하는 데 기업 기금을 사용하는 등 기업의 자원들을 사적으로 활용하였다. 블랙의 부정 수단으로 축재한 수입은 4억 달러 이상으로 추정되며, 이러한 스캔들로 인해서 주주가치가 20억 달러의 손실을 입었다. 블랙은 애초에는 6년 반의 징역형을 선고받았지만, 결국 42개월만 복역하였다.

출처: S. Taub, "SEC Charges Hollinger, Two Executives," *CFO*, November 16, 2004; www.cfo.com, U.S. Department of Justice, "Former Hollinger Chairman Conrad Black and Three Other Executives Indicted in U.S.-Canada Corporate Fraud Schemes," indictment released November 17, 2005; "Ex-Media Mogul Black Convicted of Fraud," Associated Press, July 13, 2007; and A. Stern, "Ex-Media Mogul Conrad Black Sent Back to Prison," Reuters, June 24, 2011.

주인들에 의해서 설정된 목표와 일치하는 방향으로 행동하도록 만들고, (2) 대리인들과 주인들 간 정보 비대칭성을 감소시키며, (3) 주인들의 목표와 일치하지 않는 방식으로 행동하고 주인들을 호도하는 대리인들을 제거하는 메커니즘을 개발하는 것이다. 주인들은 다양한 지배구조 메커니즘들을 통하여 이러한 도전들을 해결하려고 노력한다.

11.4 주주와 경영진의 이해관계를 일치시키는 데 사용되는 다양한 지배구조 메커니즘과 이러한 메커니즘이 항상 작동하는 것이 아닌 이유를 설명한다.

11.4 지배구조 메커니즘

주인은 주인과 대리인 간의 인센티브를 조정하고 대리인을 모니터링 및 통제하기 위해 지배구조 메커니즘을 마련한다. 지배구조 메커니즘들의 목적은 대리인 문제의 범위와 빈도를 감소시키는 것이다: 즉, 주인의 최고 이익과 일치하는 방식으로 대리인이 활동하는 것을 보장하는 것을 돕는 것이다. 이번 절의 주요 초점은 주인인 주주와 대리인인 최고경영진의 이해관계를 일치시키는 지배구조 메커니즘들에 있다. 그러나 지배구조 메커니즘들이 또한 경영진과 사업부문 관리자들의 이해관계를 일치시키는 데에도 존재한다는 것과 이와 같은 관계가 유사하게 조직 내 위계에 존재한다는 것을 잊지 않아야 한다.

여기서는 주주와 경영진의 이해관계를 일치시키는 데 있어서 네 가지의 주요한 지배구조 메커니즘 형태들을 제시한다: 이사회, 주식 기반 보상, 재무제표, 인수 억제. 마지막으로 최고경영진과 그 아래 경영자들의 이해관계를 일치시키는 회사 내의 지배구조 메커니즘에 대한 논의로 이번 절을 마무리 한다.

11.4a 이사회

이사회(The Board of Directors)는 기업지배구조 시스템의 중심이다. 이사회 구성원들은 주주에 의해서 직접적으로 선출되고, 기업법 하에서 이사회 구성원들은 회사에서 주주들의 이익을 대변한다. 그러므로 이사회는 회사의 활동을 합법적으로 책임질 수 있다. 회사 내 의사결정의 정점에 있는 이사회의 지위는 기업의 전략적 결정을 감시하고, 전략적 결정이 주주의 이익과 일치하도록 보장할 수 있도록 만든다. 만일 기업전략이 최선의 주주 이익 창출과 관련되지 않는다고 믿는다면, 이사회는 이사회에서 경영진 지명에 반대하는 투표를 하거나 자신들의 후보자를 진출시키는 것 같은 제제를 가할 수 있다. 게다가 이사회는 가장 중요한 최고경영자를 포함하여 기업의 모든 종업원들을 고용하고, 해고하며, 보상하는 합법적인 권한을 갖는다.[37] 이사회는 또한 회사의 재무 상태의 현실을 나타내는 재무제표를 감사하는 책임을 갖고 있다. 그리하여 이사회는 주주와 경영자 간 정보 비대칭성을 감소시키기 위하여, 그리고 주주를 대신하여 경영진의 활동을 감시하고 통제하기 위하여 존재한다.

전형적인 이사회는 사내 이사들과 사외 이사들의 혼합으로 구성된다. **사내 이사(insider directors)**들은 최고경영자와 같은 회사의 고위 직원들이다. 사내 이사들은 회사의 활동들에 대하여 귀중한 정보를 가지고 있기 때문에 이사회에 필요하다. 그러한 정보 없이는 이사회가 감시 기능을 적절하게 수행하기 어렵다. 그러나 내부자들은 회사의 정규직 직원들이기 때문에, 사내 이사들의 이해관계는 경영진의 이해관계와 일치하는 경향이 있다. 그렇기 때문에, 감시와 평가 절차에 객관성을 담보하기 위하여 사외 이사들이 필요해진다. **사외 이사(outsider directors)**들은 회사의 정규직 직원이 아니다. 많은 사외 이사들은 여러 회사들의 이사회에 직위를 갖고 있는 전문적인 상근 이사들이다. 유능한 전문적 사외 이사들로서 평판을 유지할 필요성은 사외 이사들에게 자신들의 과업을 가능한 객관적이고 효과적으로 수행할 유인을 제공한다.[38]

사내 이사
최고경영자와 같은 회사의 책임 종업원들

사외 이사
회사의 정규직 종업원이 아닌 이사들로, 절차들의 감시 및 평가에 객관성을 제공하기 위해 필요함

많은 이사회들이 배정된 기능을 훌륭하게 수행하는 것은 의심의 여지가 없다. 예를 들어, 회사가 크리스티와 가격 조작을 해왔다는 것을 소더비의 이사회가 발견했을 때, 이사회 구성원들은 회사의 최고경영자와 회장 모두를 축출하기 위해서 빠르게 움직였다([전략 실행 사례 11.1] 참조). 그러나 모든 이사회들이 자신들이 해야 하는 기능을 제대로 수행하지는 않는다. 현재는 파산한 에너지 회사인 엔론의 이사회는 회사의 재무제표 감사보고서를 승인했는데, 나중에 거대한 오류가 있었던 것이 발견되었다.

기존 지배구조 시스템에 대한 비판들은 이사회에서 사내 이사들이 종종 사외 이사들을 지배하는 것에 대한 것이다. 사내 이사들은 그들의 경영진 위계 내에서의 직위를 활용하여 이사회가 받는 특정한 회사의 고유 정보에 통제권을 실행한다. 결과적으로 사내 이사들은 호의적인 정보만을 이사회에 제공할 수 있다. 더욱이 사내 이사들은 회사의 운영에 대한 익숙한 지식을 가지고 있고, 이런 우월한 지식과 정보에 대한 통제권은 권력의 원천이기 때문에, 사내 이사들은 이사회 회의실의 의사결정에 영향을 미치는 데 있어서 사외 이사들보다 우월한 지위를 차지할 수 있다. 이렇게 되면 이사회는 주주의 이익을 보호하는 대신에 사내 이사들의 볼모이자 단순히 경영진 의사결정의 거수기 역할만 수행하게 된다.

일부 연구자들은 많은 이사회들이 회사의 최고경영자에 의해서 지배되는데 특히 최고경영자가 이사회 회장을 겸임할 때 그렇다고 주장한다.[39] 이런 관점을 지지하는 결과로 사내 및 사외 이사들 모두 종종 최고경영자가 지명한 사람들이라는 것을 지적한다. 전형적인 사내 이사들은 회사의 위계상 최고경영자의 하급자들이기 때문에 상사를 비난하지 않는 경향이 있다. 사외 이사들 역시 최고경영자의 지명을 받은 사람들이기 때문에, 사외 이사들이 최고경영자를 객관적으로 평가하기를 기대하기는 어렵다. 때로는 최고경영자가 다른 회사의 이사회에 사외이사로 앉아 서로의 이익을 위해 행동하도록 유도하는 '연동 이사회(interlocking directorates)'를 구성하기도 한다. 그리하여 이사회의 충성도는 주주가 아닌 최고경영자를 향해서 편향될 수 있다. 게다가 이사회 회장을 겸직하는 최고경영자는 자신의 리더십에 대한 비난을 피하는 방식으로 이사회 토론 주제를 통제할 수 있다. 표면적으로는 주주들이 이사회 구성원을 원칙적으로 선출할 수 있지만 이사회 구성원들은 투표에서 과반수를 받지 못했다 하더라도 법적으로 사임이 요구되지는 않는다. 연금기금, 공공기금, 기타 대형투자가들을 대표하는 기관투자가 위원회(Council of Institutional Investors)는 2012년에 주주에 의해서 거부되었음에도 불구하고 이사회에 남아 있는 "좀비 이사들(zombie directors)"의 목록을 출간했다. 2020년에는 미국 기업의 이사 54명이 좀비 이사로 간주되었다. 예를 들어, 넷플릭스(Netflix)의 대표 이사 제이 호그(Jay Hoag)는 2020년에 투자자의 지지를 45.2%밖에 받지 못했다. 2019년에는 버락 오바마(Barack Obama) 대통령의 국가안보 보좌관이었던 수잔 라이스(Susan Rice)를 포함해 넷플릭스 이사회 후보 4명이 모두 반대표를 받았다.[40)]

기업 세계에 영향을 미친 2000년대 초반의 연속된 기업 스캔들의 여파로 많은 기업의 이사회들은 단순히 최고 경영진의 거수기 역할에서 벗어나서 기업지배구조에서 훨씬 더 적극적인 역할을 하기 시작했다는 확실한 징조가 있다. 부분적으로는 기업정보공개와 기업지배구조를 규제하는 엄격한 규정인 2002년에 제정된 미국의 사베인즈-옥슬리 법(Sarbanes-Oxley Act) 같은 새로운 법률에 의해서 촉진되어 왔다. 회사의 허위진술에 대해서 이사들에게 법적 책임을 부과하는 법원의 경향 또한 중요한 원인으로 작용했다. 연금기금 같은 영향력 있는 기관투자가들도 그들의 영향력을 발휘하는 데 있어 적극적인데, 이사회에 좀 더 외부의 대표성을 반영시키고 이사회 회장과 최고경영자를 분리하여 회장의 경우 외부인이 맡게 하기 위해서 노력하고 있다. 2018년 9월 테슬라와 일론 머스크, 미국 증권거래위원회(SEC)간 협의를 통해 CEO와 이사회 의장을 겸직하던 머스크가 의장직에서 물러나기로 합의한 것이 적절한 예가 될 수 있다. 머스크는 회사를 비공개로 전환할 계획이며 자금이 확보되었다는 트위터를 올렸다가 비난을 받았는데, 증권거래위원회는 이 트위터 글이 무모하고 주주들을 오도할 가능성이 있다고 판단하여 머스크에게 더 많은 감독이 필요하다고 생각했다.

일반적으로 회장직을 회사 경영진이 아닌 외부인에게 맡겨야 한다는 압력이 커지고 있다. 그 결과 2002년 25%였던 것에 비해 스탠다드 앤 푸어스(Standard & Poor's) 500 지수에 속한 기업의 56%가 2022년 현재 회장과 CEO직을 분리했으며, 독립적인 이사회 의장(즉, 회사와 관련이 없는)을 둔 기업의 비율은 2022년 37%였다.[41)] 회장과 CEO의 역할 분리는 기업 내부자, 특히 CEO가 이사회에 대한 통제력을 행사하는 데 제한을 가한다. 그럼에도 불구하고 이사회가 이론대로 잘 작동하지 않는다는 점을 인식해야 하며, 주주와 경영진의 이해관계를 조정하기 위한 다른 메커니즘이 필요하다.

11.4b 주식 기반 보상

대리인이론에 따르면, 대리인 문제의 범위를 감소시키는 최고의 방법 중 하나는 성과급 시스템을 통하여 대리인이 회사의 최선의 이익에 맞게 행동하도록 성과급을 설정하는 것이다. 주주와 최고경영자들의 경우에서, 주주들은 경영자들의 임금을 주식 가격의 성과와 연동함으로써 회사의 장기적인 수익성과 이익 성장, 주식을 보유하여 얻는 이익을 극대화하는 전략을 최고경영자가 추구하도록 촉진할 수 있다.

주식구입 선택권
미래 어떤 시점, 일반적으로는 부여 시점으로부터 10년 내에 정해진 행사 가격에 회사의 주식을 구매할 수 있는 권리를 부여하는 것

경영자에게 **주식구입 선택권(stock options)**은 가장 보편적인 성과급 제도이다. 일반적으로 행사 가격은 옵션(선택권)이 애초에 부여될 때 주식이 거래되고 있는 가격

이다. 이상적으로 주식구입 선택권은 경영자들이 회사의 주식 가격을 증가시키는 전략들을 활용하도록 동기부여시킨다. 또한 이를 통해서 경영자들은 자신들이 보유하고 있는 주식구입 선택권의 가치를 증가시킬 것이다. 경영자들이 미리 설정된 성과목표를 달성한다면 주식을 부여하는 것도 또 다른 주식 기반 성과급 체계가 된다.

여러 학문 연구에서 주식구입 선택권(stock options)이나 주식 부여(stock grants) 같은 주식 기반 보상 기제는 경영진과 주주의 이익을 일치시킬 수 있다고 제시된다. 예를 들어, 한 연구에서는 경영자들이 대주주가 되면 주주의 이익을 고려하여 인수와 관련된 의사결정 효과를 고려하는 경향이 좀 더 높다는 것을 발견하였다.[42] 다른 연구에 따르면 대주주인 경영자들은 수익성보다는 회사의 규모를 극대화할 수 있는 전략추구를 덜 하는 것으로 나타났다.[43] 솔직하게 말하자면, 빠르게 성장하는 회사에서 많은 직원들이 하루 14시간, 주 6일 근무를 하는 주요한 원인이 주식구입 선택권을 행사하여 부자가 될 기회 때문이라는 명제를 부인하기는 어렵다.

그러나 주식구입 선택권을 부여하는 제도는 논쟁거리를 양산하고 있다. 많은 최고경영자들이 몇 년 전에 부여받은 주식구입 선택권을 행사하여 막대한 보너스를 종종 벌어가고 있다. 비평가들은 주식구입 선택권이 경영자들에게 기업 성과를 향상시키도록 동기부여한다는 점을 부인하지는 않지만, 이런 옵션(선택권)이 종종 너무 관대하다고 주장한다. 주식구입 선택권에 대한 우려의 특별한 원인은 심지어 회사가 주식 시장에서 큰 폭으로 실적이 저조하여 기대만큼 성과를 내지 못했을 때조차 최고경영자가 주식구입 선택권을 행사함으로써 많은 금액을 지급 받는 낮은 행사 가격으로 주식구입 선택권이 부여된다는 것이다. 대리인 문제의 심각한 예는 증권거래위원회(SEC)가 최고경영진에게 주식구입 선택권이 부여된 많은 회사들을 조사하기 시작한 2005년과 2006년에 나타났는데, 단순히 옵션(선택권)이 부여된 날짜에 지정되었을 때보다 좀 더 많은 금액을 임원들이 벌 수 있도록 가격이 더 낮았던 시점으로 행사 가격을 소급 적용한 사례들이 발견되었다.[44] 2006년 말까지 증권거래위원회는 스톡옵션 부여 날짜와 관련된 가능한 사기들에 대해서 거의 130개 기업들을 조사하였는데, 애플, 자빌 서킷(Jabil Circuit), 유나이티드 헬스케어(United Healthcare), 홈디포(Home Depot)와 같은 주요한 기업들이 목록에 포함되었다.[45]

유명한 투자가인 워렌 버핏(Warren Buffet)을 포함하여 주식구입 선택권에 대한 다른 비평가들은 막대한 주식구입 선택권의 부여가 회사 주식의 숫자를 현저히 증가시켜서 주주들의 자기자본을 약화시킨다고 주장하였다. 따라서 주식구입 선택권이 이익에 반대되는 비용으로써 회사 계정에 제시되어야 한다고 주장하였다. 2005년까지 제정된 회계법규하에서는 임금이나 연봉과는 달리 주식구입 선택권은 비용으로 처리되지 않았다. 그러나 이 규정은 2005년 이후 변경되었고, 결과적으로 많은 회사들은 주식구입 선택권의 활용을 줄이기 시작했다. 예를 들어, 고성과를 낸 종업원들에게 장기간의 관대한 주식구입 선택권을 부여해 온 마이크로소프트는 2005년에 주식구입 선택권을 주식 부여로 대체하였다. 또한 최고경영진에게 회사의 많은 주식을 보유하라고 요구하는 것은 불리한 측면이 없는 것은 아니다. 자신이 운영하는 회사에 개인적인 부의 많은 비중을 보유한 경영자들은 다각화를 적게 추진해온 경향이 있다. 이것은 기업의 지나친 위험회피 행동이나 지나친 다각화를 초래할 수 있다.

11.4c 재무제표 및 감사인들

미국의 상장기업들은 공인회계기준(GAAP)에 따라 준비된 분기 및 연례보고서를 증권거래위원회(SEC)에 제출하도록 되어 있다. 이런 요구의 목적은 주주의 대리인인 경영자들이 회사를 얼마나 효과적이고 효율적으로 운영하고 있는지에 대한 일관적이고, 상세하며, 정확한 정보를 제공하기 위한 것이다. 경영자들이 이런 재무정보를 부정확하게 제공하는 것을 방지하기 위하여 증권거래위원회(SEC)에서는 또한 회계 계정을 독립적인 공인 회계법인에게 감사받을 것을 요구한다. 유사한 규정이 대부분의 다른 선진국에도 존재한다. 이런 시스템이 의도한 대로 작동한다면 주주들은 재무제표에 포함된 정보가 회사의 상황을 정확하게 반영한다는 큰 믿음을 가질 수 있다. 많은 것들 가운데서 그런 정보는 주주들이 자신이 투자한 회사의 투하자본수익률(ROIC)을 계산하고, 경쟁사의 투하자본수익률(ROIC)과 비교할 수 있도록 해준다.

불행하게도 이 시스템은 언제나 의도한 대로 작동하지는 않았다. 회사들의 절대다수가 재무제표에 대한 적절한 정보를 제출함에도 불구하고, 그리고 대부분의 감사 기관들이 정보가 정확한지를 올바로 평가함에도 불구하고, 소수의 회사들이 시스템을 악용하고, 부분적으로는 감사인들의 협력에 도움을 받기도 한다는 충분한 증거가 존재한다. 이러한 사례는 파산한 에너지 거래기업 엔론에서 명백하게 찾아볼 수 있다. 엔론에서는 재무담당임원(CFO)과 관계자들이 엔론 부채의 진실한 상태를 숨기는 분식회계를 창출하여 투자자들에게 회사의 진실한 재무상태를 부정확하게 전달했다. 엔론의 감사인인 아서 앤더슨(Arthur Anderson)은 이러한 사기를 공모하였으며, 직접적으로 신탁자로서의 의무를 위반하였다. 아서 앤더슨은 회사의 재무제표의 정확성에 의문을 가짐으로써 큰 이익이 되는 엔론과의 컨설팅 계약을 위태롭게 하는 것을 원하지 않았다. 결국 상호 공모한 사기에 의한 피해자는 투자결정을 하는 데 있어서 부정확한 정보에 의존하게 된 주주들이었다.

최근에 투자자들에게 회사의 재무 상태를 왜곡하여 제시하는 경영자들의 재무제표 사기의 많은 예들이 존재한다. 예를 들어, 2011년 휴렛 패커드(HP)는 오토노미(Autonomy)를 110억 달러에 인수했다. 그러나 인수 후 HP는 인수 가격을 높이기 위해 매출, 매출 성장률, 총 마진을 인위적으로 부풀렸다는 이유로 오토노미의 전 CEO와 전 CFO를 고소했다. 이 소송은 영국 역사상 가장 큰 민사 사기 재판이 되었고, 2022년 1월 HP가 승소했다는 발표가 있었다.[46] HP에 지불해야 할 손해배상액은 발표되지 않았지만 수십억 달러에 달할 것으로 예상되었다. 재무제표를 허위로 작성하는 일반적인 동기는 회사의 수익이나 매출을 부풀려 투자자들의 열광을 불러일으키고 주가를 상승시켜 경영진이 스톡옵션 부여금을 현금화하여 막대한 개인적 이익을 얻을 수 있는 기회를 제공하는 것이며, 이는 보고서에 현혹된 주주들의 희생을 초래할 수 있다.

엔론과 같은 기업의 재무제표 조작은 감사된 재무 상태에 포함된 정보의 정확성에 대한 심각한 의문을 제기한다. 이에 따라 의회는 2002년 사베인즈-옥슬리 법을 통과시켰으며, 이는 1930년대 이후 회계 규칙과 기업 지배구조 절차에 대한 가장 광범위한 개편을 의미했다. 무엇보다도 사베인즈-옥슬리 법은 회계법인 감독위원회를 설립하고, CEO와 CFO가 회사의 재무제표를 보증하도록 했으며, 기업이 감사 및 컨설팅 서비스를 위해 동일한 회계법인을 고용하는 것을 금지했다.

11.4d 인수 억제요인

기업지배구조 메커니즘들이 완벽하지 않기 때문에, 대리인문제가 어떤 회사들에서는 여전히 존재할 수 있다는 것은 명백하다. 그러나 주주들은 언제든 보유한 주식을 팔수 있다는 점에서 여전히 일정하게 잔존권력을 가지고 있다. 주주들이 많은 주식을 판매한다면, 회사의 주식 가격은 떨어질 것이다. 주식 가격이 충분히 많이 떨어지면, 회사는 보유한 자산의 실제 가치보다 주식 시장에서의 가치가 더 낮을 수도 있다. 이 지점에 이르면 회사는 매력적인 인수 대상기업이 될 수 있고, 경영진의 바람과는 반대로 다른 기업에 의해서 구매될 위협에 노출된다.

인수 억제요인
다른 회사에 의해서 인수당하는 위협

다른 회사에 의해서 인수되는 위협은 **인수 억제요인**(takeover constraint)이라고 알려져 있는데, 경영진이 주주의 이익보다 자신의 이익을 위해서 전략을 추구하고 경영 활동을 진행할 수 있는 정도를 제약시킨다. 경영자들이 주주의 이익을 신경쓰지 않아서 회사가 인수당하게 되면, 최고경영진들은 일반적으로 독립성을 잃게 되고, 일자리마저 잃게 되는 경우가 많다. 따라서 인수 대상이 될 수 있다는 위협은 경영진의 활동을 억제할 수 있고, 대리인 문제가 가장 나쁜 수준까지 가는 것을 제약할 수 있다.

1980년대와 1990년대 초반의 시기 동안 인수의 위협은 종종 기업사냥꾼들(corporate raiders)에 의해서 강조되었다. 기업사냥꾼들은 주주의 부를 극대화하지 않는 전략을 추구하는 방식이 나타난 회사들에 대해서 다수의 주식을 구입하는 개인 혹은 기업을 지칭한다. 기업사냥꾼들은 이런 기대만큼 성과를 내지 못하는 회사들이 다른 전략들을 추진한다면, 주주를 위한 좀 더 많은 부를 창출할 수 있을 것이라고 주장한다. 기업사냥꾼들은 사업체를 인수하여 좀 더 효율적으로 경영하기 위해서 회사의 주식을 구입하거나, 또는 주주 이익을 좀 더 극대화할 수 있는 사람으로 현재의 팀을 대체함으로써 최고경영진의 변화를 촉진하기 위하여 회사의 주식을 구입한다. 기업사냥꾼들은 이런 이타적인 이유뿐만 아니라 자신들의 이익에 의해서도 동기부여된다. 만일 인수 계약을 성공적으로 이끈다면, 기업사냥꾼들은 주주뿐만 아니라 자신들을 위하여 가치를 창출하는 전략을 추진할 수 있다. 심지어 인수 계약이 실패한다 할지라도, 인수를 방어해야 하는 기업이 자신들이 보유한 주식들을 큰 할증금을 붙여서 구매할 것이기 때문에 기업사냥꾼들은 여전히 수백만 달러를 벌 수 있다. 이것은 **주식매점(greenmail)**이라고 부르는 것으로, 기업사냥꾼들의 이익에 있어 이러한 원천으로 말미암아 혜택에 대하여 큰 논쟁과 토론을 불러일으킨다. 한편에서는 기업사냥꾼들에 의해서 발생하는 위협이 기업 경영진이 회사를 좀 더 우수하게 경영하도록 만들어서 기업성과에 유익한 효과가 있다고 주장하는 반면, 다른 쪽에서는 그러한 증거가 없다고 주장한다.[47)]

주식매점
회사들이 기업전략을 주주들에게 혜택을 주도록 변경하거나, 또는 회사가 기업사냥꾼들의 주식을 되사기를 원할 때 할증금을 부과하도록 함으로써 부를 획득하는 방식

적대적 인수의 발생률이 1990년대 초 이후 유의하게 떨어져 왔다 할지라도, 이러한 현황이 인수억제라는 요인이 작동하지 않다는 것을 의미하지는 않는다고 볼 수 있다. 실제로 적대적 인수를 실행하는 것을 좀 더 어렵게 만든 2000년대 초반의 독특한 환경들이 존재하였다. 1990년대 경기 활황기는 많은 기업들에게 지나친 부채(기업으로서의 미국은 대차대조표상 기록적인 수준의 부채를 보유한 채 새로운 세기로 들어섰다)와 재무적으로 인수를 실행할 능력의 제한(특히 특별히 돈이 많이 들어가는 적대적 인수)을 남겼다. 게다가 많은 회사들의 시장 가치는 1990년대의 주식 시장 거품 시기 동안 하부 기반 구조에 맞지 않을 정도로 높아졌다. 그리고 기술 부문과 같은 주식 시장의 특정 영역이 크게 하락한 후에도 현재 기업의 가치는 역사적인 기준과 비교할 때 여전히 높게 나타나서 적대적 인수를 어렵게 만들었고, 낮은 수익성을 기록한 회사도 비싸게 만들었다. 그러나 인수는 경기 순환적으로 발생하는 경향이 있고, 일단 이러한 초과 평가 부분들이 주식 시장에서 도태되고 기업 대차대조표 밖으로 사라지면, 인수억제 요인은 다시 중요해질 것으로 보인다. 인수억제가 지배구조 메커니즘들의 마지막 수단이고 다른 지배구조 메커니즘들이 실패했을 때만 발생한다는 것을 기억할 필요가 있다.

11.4e 회사 내부의 지배구조 메커니즘

지금까지 이번 장에서는 주주들과 경영진 사이에서 잠재적으로 존재하는 대리인 문제를 감소시키기 위해 설계된 지배구조 메커니즘들에 초점을 두고 논의해 왔다. 대리인 관계는 회사 내부에서도 존재하며, 대리인 문제는 경영진의 계층 간에도 발생할 수 있다. 이 절에서는 전략적 통제시스템과 인센티브 시스템이라는 두 가지 상

호 보완적인 지배구조 메커니즘을 사용하여 직원의 인센티브와 행동을 상위 경영진의 인센티브와 일치시킴으로써 회사 내에서 대리인 문제를 줄일 수 있는 방법을 살펴본다.

전략적 통제시스템 전략적 통제시스템은 경영진의 계층 간 대리인 문제의 범위를 감소시키기 위하여 회사 내에 설치하는 주요한 지배구조 메커니즘이다. 이런 시스템은 회사가 장기적인 수익성을 극대화하는 데 필요한 전략을 실행하고 있는지와 특히, 회사가 우월한 효율성, 품질, 혁신, 고객 반응성을 달성하고 있는지 등을 경영진이 평가하도록 해주는 공식적인 목표의 설정, 측정, 환류 시스템이다. 이에 대해서는 12장에서 자세히 설명한다.

전략적 통제시스템의 목적은 (1) 성과를 측정할 수 있는 기준과 목표를 설정하고, (2) 정기적으로 성과를 측정하고 모니터링하는 시스템을 만들고, (3) 설정된 목표와 실제 성과를 비교하고, (4) 결과를 평가하고 필요한 경우 시정 조치를 취하는 것이다. 지배구조 측면에서 보면, 이 제도의 목적은 하급 관리자가 최고경영자의 대리인으로서 법적 및 윤리적 제약을 받더라도 주주들의 부를 극대화해야 하는 최고경영자의 목표에 부합하는 방식으로 행동하도록 하는 것이다.

직원 인센티브 통제시스템만으로는 주주들, 최고경영진, 조직의 나머지 관계자들 간 인센티브를 일치시키는 데 충분하지 않을 수 있다. 이를 위해 직원들이 장기적인 수익성 극대화에 핵심이 되는 목표를 향해 일하도록 동기를 부여하기 위해 적극적인 인센티브 시스템을 도입하는 경우가 많다. 이미 언급한 바와 같이 종업원지주제도(ESOP)는 스톡옵션 부여와 마찬가지로 긍정적인 인센티브의 한 형태이다. 1990년대에는 종업원지주제도와 스톡옵션 보조금이 많은 조직에 깊이 도입되어 회사 내 다양한 직급의 직원들이 이 제도의 혜택을 받을 수 있었다. 이러한 제도의 논리는 간단하다: 주가와 자신의 재산이 회사의 수익성에 달려 있다는 것을 인식한 직원들은 수익성 극대화를 위해 노력할 것이다.

주식 기반 보상시스템 외에도 직원 보상은 우수한 효율성, 품질, 혁신 및 고객 대응력 달성과 연계된 목표와 연계될 수 있다. 예를 들어, 제조 직원의 보너스 지급은 품질 및 생산성 목표 달성에 따라 달라질 수 있으며, 목표가 달성되면 회사의 비용을 낮추고 고객 만족도를 높이며 수익성을 높일 수 있다. 마찬가지로 영업 직원의 보너스 지급은 판매 목표 초과 달성에 따라 달라질 수 있으며, 연구개발직(R&D) 직원의 보너스 지급은 개발 중인 신제품의 성공 여부에 따라 달라질 수 있다.

11.5 윤리적 이슈들과 행동

11.5 비윤리적인 행동의 일반적인 원인을 포함하여, 비즈니스에서 발생하는 주요 윤리적 문제를 요약한다.

윤리(ethics)라는 용어는 개인, 직업의 구성원 또는 조직의 행동을 지배하는 옳고 그름에 대한 인정된 원칙을 의미한다. **기업 윤리**(business ethics)는 사업가의 행동을 지배하는 옳고 그름에 대한 공인된 원칙이다. 윤리적 의사결정들은 이러한 원칙에 따르는 것인 반면, 비윤리적 결정은 이런 원칙을 위반하는 것이다. 윤리는 말처럼 간단하지 않다. 경영자는 다음과 같은 상황에서 **윤리적 딜레마**(ethical dilemmas)에 직면할 수 있다. 즉, 옳고 그른 것에 대한 수용된 원칙이 정확하게 합의된 것이 없거나 선택할 수 있는 대안들 모두가 윤리적으로 수용할 만하지 않을 수도 있다.

윤리
직업의 구성원인 개인의 행동, 혹은 조직의 활동을 지배하는 옳고 그른 것에 대하여 수용된 원칙

기업 윤리
사업가들의 행동을 지배하는 옳고 그른 것에 대하여 수용된 원칙

윤리적 딜레마
옳고 그른 것에 대한 수용된 원칙이 정확하게 합의된 것이 없거나 선택할 수 있는 대안들 모두 윤리적으로 수용될 만하지 않은 상황

우리 사회에서는 옳고 그름에 대한 많은 원칙이 보편적으로 인정될 뿐만 아니라 법으로 성문화되어 있다. 비즈니스 분야에서는 제조물 책임(불법 행위 법률), 계약 및 계약 위반(계약 법률), 지적 재산 보호(지적재산보호 법률), 경쟁 행위(독점금지 법률), 증권 판매(증권 법률) 등을 규율하는 법률이 존재한다. 이러한 법률을 위반하는 것은 비윤리적일 뿐만 아니라 불법이다.

안타깝게도 이 장에서 이미 살펴본 바와 같이 경영자는 법을 위반하기도 한다. 또한, 경영자는 법의 모호함과 회색 지대를 이용하여 법적으로 의심스럽거나 어떤 경우에도 명백하게 비윤리적인 행동을 취할 수 있다. 그러나 윤리적으로 행동하는 것은 법의 테두리 안에 머무는 것 이상의 의미를 지니고 있다는 사실을 인식하는 것이 중요하다.

많은 국가가 서로 다른 법률과 윤리 규범을 가지고 있기 때문에, 기업의 활동이 여러 국경을 넘나들 때 윤리 및 적법성 문제는 훨씬 더 복잡해진다. 서로카(Surroca), 트리보(Tribó), 자흐라(Zahra)가 110개 다국적기업을 대상으로 실시한 연구에 따르면, 다국적기업들은 사회적으로 무책임한 관행을 해외 자회사로 이전하는 방식으로 본국의 이해관계자 압력 및 법적 문제에 대처하는 경우가 많았다. 연구진은 특히 자회사가 다국적기업과 관련이 있다는 사실이 명백히 드러나지 않을 때 이런 일이 발생할 가능성이 높다는 사실을 발견했는데, 이는 경영자들이 해당 행위와 연관되기를 원하지 않으면서도 비윤리적인 행동이라는 것을 알면서 어쨌든 이런 비윤리적인 관행을 지속한다는 것을 시사한다.[48]

이 절에서는 전략을 개발할 때 경영자가 직면할 수 있는 윤리적 문제와 전략적 의사결정이 합법적일 뿐만 아니라 윤리적임을 보장하기 위해 취할 수 있는 조치에 대해 자세히 살펴본다.

11.5a 전략에서의 윤리적 이슈들

전략 경영자가 직면하는 윤리적 문제는 다양한 주제를 다루지만, 대부분 기업의 목

표 또는 개별 경영자의 목표와 주주, 고객, 직원, 공급업체, 경쟁사, 지역 사회, 일반 대중을 포함한 중요한 이해관계자의 기본권 간의 잠재적 충돌로 인해 발생한다. 이 해관계자에게는 반드시 존중되어야 하는 기본권이 있으며, 이러한 권리를 침해하는 것은 비윤리적이다.

주주들은 자신의 투자에 대한 정보를 적시에 정확하게 알 권리가 있으며(재무제표), 이러한 권리를 침해하는 것은 비윤리적이다. 고객들은 자신이 구매한 제품 및 서비스에 대해 충분히 알 권리가 있으며, 해당 제품이 자신에게 어떤 피해를 줄 수 있는지에 대한 정보에 대한 권리도 포함되며, 이러한 정보에 대한 접근을 제한하는 것은 비윤리적이다. 직원들은 안전한 근로조건, 업무 수행에 대한 공정한 보상, 경영자로부터 정당한 대우를 받을 권리가 있다. 공급업체는 계약이 존중될 것을 기대할 권리가 있으며, 회사는 공급업체와의 힘의 불균형을 이용하여 기회주의적으로 계약을 재작성해서는 안된다. 경쟁업체는 회사가 경쟁 규칙을 준수하고 독점금지법(우리나라의 공정거래법)의 기본 원칙을 위반하지 않을 것을 기대할 권리가 있다. 정부의 정치적인 대표를 포함한 지역 사회와 일반 대중은 기업이 독성 오염 물질을 환경에 버리거나 정부 계약에 따라 수행한 작업에 대해 과다 청구하는 등 사회가 기업에 부여하는 기본적인 기대치를 위반하지 않을 것으로 기대할 권리가 있다.

기업 윤리에 대해 이해관계자 관점을 취하는 사람들은 이해관계자의 기본권을 인정하고 존중하는 윤리적인 방식으로 행동하는 것이 경영자의 계몽된 자기 이익에 부합하며, 그렇게 함으로써 이해관계자의 지지를 확보하고 궁극적으로 기업과 경영자에게 이익이 되기 때문이라고 주장한다. 다른 사람들은 윤리에 대한 이러한 도구적 접근 방식을 넘어 많은 경우 윤리적으로 행동하는 것이 단순히 옳은 일이라고 주장한다. 이들은 기업이 *노블레스 오블리주*(noblesse oblige: 프랑스어로 고귀한 계층의 책임으로 여겨지는 명예롭고 자비로운 행동을 일컫는 말)를 인식하고 그들의 성공을 가능하게 만들어 준 사회에 무언가를 환원해야 한다고 주장한다. 비즈니스 환경에서는 이타적인 행동이 성공한 기업의 도덕적 책임으로 이해될 수 있다.

기업 환경에서 비윤리적 행동은 종종 경영자가 자신의 개인적 목표 또는 기업의 목표 달성을 하나 이상의 이해관계자 그룹의 기본 권리보다 우선시하기로 결정할 때 발생한다(즉, 비윤리적 행동은 대리인 문제로 인해 발생할 수 있다). 이러한 행위의 가장 일반적인 예로는 자기 거래(self-dealing), 정보 조작(information manipulation), 반경쟁적 행위(anticompetitive behavior), 기업이 포함된 가치사슬의 다른 플레이어(공급업체, 보완재 제공업체, 유통업체 포함)에 대한 부당 착취, 표준 이하의 근로조건 유지, 환경 파괴, 부패 등이 있다.

자기거래
예를 들어, 예년에 엔론에서 그랬던 것처럼 회사기금을 경영자가 개인적인 소비를 위해 사용하는 것

자기거래(self-dealing)는 이 장의 여러 사례(예: 홀링거의 콘래드 블랙)에서 이미

논의한 바와 같이 경영자가 기업 자금으로 자신의 둥지를 채울 방법을 찾을 때 발생한다. **정보 조작(information manipulation)**은 경영자가 자신의 재무 상황이나 기업의 경쟁력을 높이기 위해 기업 데이터에 대한 통제권을 사용하여 정보를 왜곡하거나 숨길 때 발생하며, 이 장의 앞부분에 설명된 사례에서 HP는 이를 고발했다. 앞서 살펴본 바와 같이 많은 회계 스캔들이 고의적인 재무 정보 조작과 관련이 있다. 정보 조작은 비재무 데이터에서도 발생할 수 있다. 한 예로 담배 회사의 관리자들이 흡연과 건강 문제를 연관 짓는 내부 연구를 억압하여 흡연의 위험성에 대하여 소비자가 정확한 정보를 얻을 권리를 침해한 사건이 있었다. 이러한 증거가 드러나자 변호사들은 담배 회사가 고의로 흡연자에게 피해를 입혔다고 주장하며 집단 소송을 제기했고, 담배 회사는 소비자에게 심각하게 해롭다는 것을 알면서도 제품을 홍보함으로써 불법행위를 저질렀다. 1999년에 담배 회사들은 담배 관련 질병과 관련된 의료 비용을 회수하기 위해 주 정부가 제기한 소송에 합의했으며, 주 정부에 지급한 총 배상금은 2,600억 달러에 달했다.

정보 조작
경영자들이 기업의 재무상황 또는 경쟁지위를 향상시키기 위하여 정보를 왜곡하거나 숨기는데 기업자료에 대한 자신들의 통제권을 이용하는 상황

반경쟁적 행위(anticompetitive behavior)는 대부분 독점적 지위를 이용하여 실제 또는 잠재적 경쟁자에게 해를 끼치고, 이를 통해 기업의 장기적 전망을 향상시키는 것을 목표로 하는 다양한 행위를 포함한다. 예를 들어, 1990년대에 법무부는 마이크로소프트가 운영 체제에 대한 독점적 지위를 이용하여 PC 제조업체들에게 마이크로소프트의 웹 브라우저인 Internet Explorer를 윈도우즈 운영 체제와 함께 번들로 제공하고 컴퓨터 바탕 화면에 Internet Explorer 로고를 눈에 잘 띄게 표시하도록 강요했다고 주장한 바 있다. 마이크로소프트는 PC 제조업체들에게 이렇게 하지 않으면 윈도우를 공급하지 않겠다고 말한 것으로 알려졌다. PC 제조업체는 컴퓨터를 판매하기 위해서는 운영체제인 윈도우즈가 필요했기 때문에 이는 강력한 위협이었다. 반독점법에 따라 불법으로 규정된 '연계 판매(tie-in sales)'를 예시하는 이 행위의 목적은 경쟁 브라우저 제조업체인 넷스케이프(Netscape)를 폐업시키기 위한 것이었다는 주장이 제기되었다. 법원은 이 사건에서 마이크로소프트가 실제로 독점력을 남용하고 있다고 판결했으며, 2001년 강제 명령에 따라 회사는 이러한 관행을 중단해야 했다.

반경쟁적 행동
일반적으로 독점적 지위를 활용하여 실제 경쟁자들 혹은 잠재적인 경쟁자들에게 해를 끼침으로써 결과적으로 기업의 장기적인 전망을 강화하려는 목적의 활동들

적법성 여부는 차치하고, 마이크로소프트 경영자들이 관여한 것으로 의심되는 행위는 최소한 3가지 측면에서 비윤리적이다. 첫째, 최종 사용자의 선택권을 부당하게 제한함으로써 최종 사용자의 권리를 침해하고, 둘째, 특정 제품을 설계에 포함하도록 강요함으로써 업계 가치사슬의 하위 참여자(이 경우 PC 제조업체)의 권리를 침해하고, 셋째, 경쟁업체의 자유롭고 공정한 경쟁 권리를 침해했다.

기업이 포함된 가치사슬에서 다른 플레이어를 **기회주의적으로 착취하는 것(opportunistic exploitation)**도 비윤리적 행동의 또 다른 예이다. 이러한 종류의 착

기회주의적으로 착취하는 것
자기 기업에 보다 유리한 방식으로 공급자들, 고객들, 또는 보완재 제공자들과의 계약 조건들을 일방적으로 재작성하려고 때때로 경영자들이 사용하는 비윤리적인 행동

취는 일반적으로 기업의 경영자가 공급업체, 구매자 또는 보완 제공업체와의 계약 조건을 일방적으로 기업에 더 유리한 방식으로 재작성하려고 할 때 발생하며, 종종 자신의 권력을 사용하여 계약 수정을 강요하는 경우가 많다. 예를 들어, 1990년대 후반에 보잉(Boeing)은 티타늄 금속 공사(Titanium Metals Corporation)와 10년간 매년 일정량의 티타늄을 구매하기로 하는 20억 달러 규모의 계약을 체결했다. 2000년 티타늄 금속이 계약을 이행하기 위해 생산 능력을 확장하는 데 이미 1억 달러를 지출한 후, 보잉은 계약 재협상을 요구하며 가격 인하와 최소 구매 계약 종료를 요구했다. 티타늄의 주요 구매자인 보잉의 경영자들은 자신들이 계약 개정을 추진할 힘이 있다고 생각했을 것이고, 티타늄의 투자로 인해 계약이 파기될 가능성은 거의 없다고 생각했을 것이다. 티타늄은 즉시 보잉을 계약 위반으로 고소했다. 분쟁은 법원 밖에서 협의를 통해서 해결되었고, 수정된 계약에 따라 보잉은 티타늄 금속에 금전적 손해배상금(6천만 달러 범위로 알려짐)을 지급하기로 합의하고 티타늄 구매를 위한 수정계약을 체결했다.[49] 이 조치는 합법성 문제와 관계없이 구매자가 공정하고 공개적인 방식으로 사업을 수행하는 공급자의 권리를 침해한 것으로 비윤리적이라고 주장할 수 있다.

표준 이하의 근로조건
경영자들이 생산비용을 감소시키기 위하여 근로조건에 과소 투자하거나 상장임금률 이하로 종업원들에게 임금을 지급할 때 발생함

표준 이하의 근로조건(substandard working conditions)은 관리자가 생산 비용을 절감하기 위해 근로조건에 과소 투자하거나 직원에게 시장보다 낮은 임금을 지급할 때 발생한다. 이러한 행동의 가장 극단적인 예는 기업이 선진국에서는 존재하는 일터 규제가 없는 국가에서 사업장을 설립할 때 발생한다. 예를 들어, 호주 전략 정책 연구소의 2020년 연구에 따르면 BMW, 화웨이(Huawei), 나이키, 애플, 마이크로소프트, 삼성 등 82개의 다국적기업이 중국 전역의 공장에서 위구르족의 강제 노동과 관련이 있는 것으로 나타났다. 중국 신장 지역에서 박해받는 소수민족인 위구르족은 수용 캠프에서 바로 공장으로 이송되었다. 그곳에서 위구르족은 분리된 기숙사에서 생활하며 집에 돌아갈 수 없고 근무 시간 외에는 중국어와 사상 교육을 받아야 했다. 위구르족 노동자를 공급하는 단체의 광고는 16~18세 사이의 위구르족 노동자 1,000명을 공급할 수 있다고 주장하며 "신장족 노동자의 장점은 준 군대식 관리, 고난을 견딜 수 있고 인명 손실이 없다는 것이다!"[50] 기업이 이러한 공급업체를 이용하는 것이 윤리적일까? 많은 사람들은 그렇지 않다고 말한다.

환경 파괴
회사의 활동들이 오염이나 환경적인 위해의 다른 형태들을 직·간접적으로 초래할 때 발생함

환경 파괴(environmental degradation)는 기업의 행동이 직간접적으로 오염이나 다른 형태의 환경 피해를 초래할 때 발생한다. 환경 파괴는 지역 사회와 일반 대중이 깨끗한 공기와 물, 독성 화학물질에 의한 오염이 없는 토지, 적절하게 관리되는 산림을 누릴 권리를 침해할 수 있다. 예를 들어, 이케아(IKEA)의 '신속한 가구(fast furniture)' 사업 모델(즉, 저렴하지만 오래 사용하리라 기대할 수 없는 가구를 생산하는 것)은 이 회사를 세계 최대의 목재 소비업체로 만들었다. 실제로 2020년에 이

케아는 전 세계 목재의 1%를 사용했다. 이를 해결하기 위해 IKEA는 2030년까지 100% 재활용 소재로 전환하기로 약속했다.[51)]

마지막으로, 비즈니스 맥락에서 **부패**(corruption)는 경영자가 수익성 있는 사업 계약을 따내기 위해 뇌물을 지불할 때 발생할 수 있다. 예를 들어, 할리버튼(Halliburton)은 나이지리아에서 천연가스 플랜트를 건설하는 유리한 계약을 따내기 위해 컨소시엄의 일원으로 약 1억8천만 달러의 뇌물을 지불한 혐의를 받았다.[52)] 마찬가지로 2006년부터 2009년 사이에 지멘스(Siemens)는 판매 계약을 확보하기 위해 수억 달러의 뇌물을 지불한 혐의로 유죄 판결을 받았으며, 결국 막대한 벌금을 지불해야 했고, 510만 달러의 뇌물을 받은 중국 임원 한 명이 중국 법원에서 사형 선고를 받았다.[53)] 부패는 계약 입찰 시 공정한 경쟁을 할 수 있는 경쟁자의 권리와, 공무원이 연루된 경우 공무원이 부패한 대가를 위해서가 아니라 지역 사회(또는 국가)의 최선의 이익을 위하여 행동할 것으로 기대하는 시민의 권리 등 많은 권리를 침해하기 때문에 명백히 비윤리적이다.

부패
기업환경에서 경영자들이 큰 이익이 되는 사업계약 기회를 얻기 위하여 뇌물을 지급할 때 발생함

11.5b 비윤리적 행동의 근원들

일부 경영자가 비윤리적으로 행동하는 이유는 무엇일까? 경영자가 옳고 그름에 대한 일반적인 원칙을 위반하거나, 하나 이상의 이해관계자 그룹의 권리를 짓밟거나, 단순히 법을 위반하는 행동을 하도록 이끄는 것은 무엇일까? 이 질문에 대한 간단한 답은 없지만 몇 가지 일반화할 수 있다.[54)]

첫째, 기업 윤리는 개인의 행동을 지배하는 일반적으로 인정되는 옳고 그름의 원칙인 **개인 윤리**(personal ethics)와 분리되어 있지 않다는 점을 인식하는 것이 중요하다. 개인으로서 우리는 거짓말과 속임수를 쓰는 것은 잘못이며, 정직하고 명예롭게 행동하고 진실이라고 믿는 것을 옹호하는 것이 옳다고 배운다. 행동을 이끄는 개인 윤리의 기준들은 부모, 학교, 종교, 방송매체를 포함한 다양한 원천들로부터 나타난다. 개인 윤리의 기준들은 개인들이 사업가로 행동하는 방식에 강력한 영향을 미칠 것이다. 개인적인 윤리에 큰 가치를 두는 개인은 사업 환경에서 비윤리적 방식으로 행동할 가능성이 적다. 특히 자기거래에 관여하는 것을 덜 할 것이고, 정직하고 청렴한 행동을 할 가능성이 높다.

개인 윤리
개인들의 행동을 지배하는 옳고 그른 것에 대한 일반적으로 수용된 원칙

둘째, 비즈니스 환경에서의 비윤리적 행동에 대한 많은 연구에 따르면 사업가가 때때로 자신이 비윤리적으로 행동하고 있다는 사실을 깨닫지 못하는데, 이는 주로 다음과 같은 질문을 하지 않기 때문이라는 결론에 도달했다: 이 결정이나 행동이 윤리적인가? 대신, 그들은 사업 의사결정이라고 인식하는 것에 단순한 비즈니스 계산을 적용하고 그 결정에 중요한 윤리적 차원이 있을 수 있다는 사실을 잊어버린다.[55)] 여기서 잘못은 비즈니스 의사결정에 윤리적 고려를 통합하지 않는 프로세스에 있

다. 나이키와 다른 섬유 회사에서 경영자들이 장시간 노동, 저임금, 열악한 근로환경으로 공장을 운영하는 '스웨트숍(sweatshops)'이라 불리는 하청업체와 하도급 계약을 체결했을 때 이런 경우가 발생했을 수 있다. 이러한 결정은 아마도 훌륭한 경제논리에 기반했을 것이다. 하청업체는 비용, 납기, 제품 품질과 같은 비즈니스 변수를 기준으로 선택되었을 것이고, 주요 경영자들은 "이 하청업체는 직원을 어떻게 대우하는가?"라는 질문을 던지지 않았을 것이다. 경영자가 이 질문을 조금이라도 고민했더라도, 아마도 회사의 문제가 아니라 하청업체의 문제라고 생각했을 것이다.

안타깝게도 일부 기업의 분위기는 사람들이 비즈니스 결정의 윤리적 결과를 충분히 고려하도록 장려하지 않는다. 이는 기업에서 비윤리적인 행동의 세 번째 원인인 비즈니스 윤리의 크기를 축소하고 모든 결정을 순전히 경제적 의사결정으로 간주하는 조직문화로 연결된다. 개인은 직장 내에서 내리는 의사결정이 개인 생활을 지배하는 것과 동일한 윤리적 원칙의 적용을 받지 않는다고 생각하거나, 회사 내에서 내리는 의사결정이 실제로 자신의 것이 아니라 단지 회사의 대리인으로서 행동하는 것에 불과하다고 생각할 수 있다. 비윤리적 행동의 네 번째 원인으로는 비현실적이고 비윤리적인 방식으로 행동해야만 달성할 수 있는 성과 목표를 달성하라는 최고경영진의 압박이 있다. 따라서 성과에 대한 압박은 개인이 다른 방법으로는 하지 않을 행동을 하도록 유도한다. 폭스바겐(Volkswagen)의 경우도 마찬가지였다: 엔지니어들은 미국에서의 판매량을 3배로 늘리겠다는 당시 CEO 윈터콘(Winterkorn)의 목표를 달성하기 위해 연료 효율이 높고 강력하며, 미국 배기가스 배출 기준을 충족하는 디젤 자동차를 생산해야 한다는 극심한 압박을 받고 있었다. 조직 내부 문서에 따르면 직원들이 경영진을 실망시킬까 봐 두려워서 법적, 윤리적 위반임을 분명히 알면서도 기꺼이 속임수를 쓰게 만드는 '공포의 문화(culture of fear)'가 있었다고 한다.

조직 문화는 특히 비용에 관계없이 단기적인 경제적 성과를 극대화하는 것과 같은 비현실적인 성과목표에 초점을 맞출 때 사회에서 비윤리적이라고 판단할 수 있는 행동을 '정당화(legitimize)'할 수 있다. 이러한 상황에서는 경영자가 자신의 개인윤리를 위반하고 비윤리적인 행동을 할 확률이 평균보다 더 높다. 마찬가지로 조직의 문화는 정반대로 윤리적 행동의 필요성을 강화할 수도 있다. 예를 들어, 레크리에이션 장비(Recreational Equipment Inc., REI)는 환경측면의 지속가능성, 개인에 대한 존중, 신뢰성을 중시하는 강력한 문화를 가지고 있다. 이 회사는 연례 환경관리 보고서 작성, 모든 직원(시간제 직원 포함)에게 의료 혜택 제공, 개인 기여금이 필요 없는 퇴직 계획, 직원들이 지역 사회에 기여하거나 개인적인 외부활동 도전을 위한 장비를 구입할 수 있는 보조금 지급 등의 정책으로 이러한 신념 체계를 뒷받침하고 있다. 이 회사는 1998년부터 2020년까지 *Fortune*의 '일하기 좋은 100대 기업' 명단에 이름을 올렸다.

이제 비윤리적 행동의 다섯 번째 근본 원인에 대해 알아보자: *비윤리적 리더십(unethical leadership).* 리더는 조직의 문화를 확립하는 데 도움을 주며, 다른 사람들이 따를 수 있는 모범을 제시한다. 다른 직원들은 종종 비즈니스 리더로부터 신호를 받는다. 리더가 윤리적으로 행동하지 않으면 직원도 윤리적으로 행동하지 않을 수 있다. 중요한 것은 리더의 말이 아니라 행동이다. 엘리자베스 홈즈(Elizabeth Holmes)가 좋은 예인데, 그녀는 창업한 테라노스(Theranos)를 기반으로 명성과 부를 얻었지만 거의 전적으로 소망과 거짓말에 기반한 것으로 밝혀졌다. 홈즈는 한 방울의 혈액으로 수십 가지 검사를 수행할 수 있는 기계를 발명하여 의료 검사에 혁명을 일으키고 싶었다. 안타깝게도 이 기술은 실현되지 못했다. 홈즈는 투자자로부터 자금을 모금하고 새웨이(Saeway), 월그린(Walgreens)과 같은 소매업체와 유통 계약을 체결하기 위해 기존 기계로 희석한 혈액 샘플을 몰래 테스트하는 방식으로 허위 결과를 보여줬다. 한때 테라노스의 기업 가치는 90억 달러에 달했다.[56] 그러나 2015년에 교수들이 이 기술의 정당성에 이의를 제기하는 기사를 쓰고 월스트리트 저널이 신랄한 폭로 기사를 게재하면서 진실이 드러나기 시작했다.[57] 이 기사에 따르면 투자자들이 사기를 당하고 환자들이 위험에 처해 있었다. 한 환자는 테라노스 검사 결과, 아기를 유산했다는 말을 들었다. 그녀는 전통적인 검사실에서 추가 검사를 받기로 결정하여 임신 유지 사실을 알게 될 때까지 심각한 정신적 고통을 겪었다.[58] 법정에서 홈즈는 사기성 검사에 대해 몰랐다고 주장했지만 여러 직원이 그녀가 모든 것을 알고 있었으며 상당한 통제권을 가지고 있었다고 증언했다. 2022년 1월 3일, 홈즈는 3건의 금융사기(wire fraud) 및 1건의 금융사기 공모 혐의로 유죄 판결을 받았다.[59]

11.6 윤리적 분위기 향상시키기

11.6 경영자가 조직의 윤리적 분위기를 향상시키기 위해 할 수 있는 것을 파악한다.

경영자가 윤리적 고려 사항을 심사숙고하도록 하는 가장 좋은 방법은 무엇일까? 많은 경우, 이 질문에 대한 쉬운 답은 없다. 가장 골치 아픈 윤리적 문제는 매우 현실적인 딜레마를 수반하며 명확한 올바른 행동 방침을 제시하지 않기 때문이다. 그럼에도 불구하고 경영자는 기본적인 윤리 원칙을 준수하고 비즈니스 의사결정 시 윤리적 문제를 일상적으로 고려하기 위해 최소 7가지 조치를 취할 수 있고 또 취해야 한다.

(1) 개인 윤리의식이 투철한 사람을 채용하고 승진시키는 것을 선호하고, (2) 윤리적 행동에 높은 가치를 두는 조직문화를 구축하고, (3) 비즈니스 내 리더가 윤리적 행동에 대한 수사(rhetoric)를 명확히 할 뿐만 아니라 그러한 수사에 부합하는 방식으로 행동하도록 하고, (4) 사람들이 비즈니스 의사 결정의 윤리적 차원을 고려

하도록 요구하는 의사결정 프로세스를 마련하고, (5) 윤리 담당관을 활용하고, (6) 강력한 지배구조를 마련하고, (7) 도덕적 용기를 가지고 행동하도록 할 수 있다.

고용 및 승진 기업은 개인 윤리의식이 강하고 비윤리적이거나 불법적인 행동을 하지 않는 사람을 채용하기 위해 노력해야 한다는 것은 분명해 보인다. 마찬가지로, 일반적으로 인정되는 윤리적 기준에 부합하지 않는 행동을 하는 사람을 승진시키지 않거나 해고하는 것이 당연한 일이라고 생각할 수 있다. 하지만 실제로 이를 실행하는 것은 매우 어렵다.

개인 윤리가 좋지 않은 사람을 고용하지 않기 위해 기업이 할 수 있는 일이 있을까? 특히 사람들이 자신의 윤리적 성향을 숨기려는 유인이 있다는 점을 고려할 때 (실제로 비윤리적인 사람들은 자신의 본성에 대해 거짓말을 할 수도 있다) 어떤 것을 할 수 있을까? 기업은 잠재적 직원에게 심리 테스트를 실시하여 윤리적 성향을 파악할 수 있으며, 추천서를 요청하거나 예비 직원과 함께 일한 적이 있는 사람들과 대화하는 등 이전 직원들의 평판을 확인할 수 있다. 후자의 접근 방식은 드물지 않으며 채용 프로세스에 영향을 미친다. 윤리적 행동을 중시하고 리더가 그에 따라 행동하는 조직에서는 윤리의식이 부족한 사람을 승진시키는 일이 있어서는 안 된다.

조직 문화와 리더십 윤리적 행동을 장려하기 위해 조직은 윤리적 행동에 높은 가치를 부여하는 문화를 구축해야 한다. 특히 세 가지 행동이 중요하다. 첫째, 기업은 윤리적 행동에 대한 강력한 강조점을 부여하는 가치를 명시적으로 표현해야 한다. 현대의 많은 회사들은 사업체가 고수하고 있는 윤리적 우선순위에 대한 공식적인 진술인 **윤리 강령(code of ethics)**을 작성하여 이러한 것을 진행하고 있다. 실제로 뉴욕증권거래소와 나스닥 상장 서비스 모두 상장 기업에게 윤리적 위험 영역을 식별하고, 윤리적 문제를 인식하고 처리하기 위한 지침을 제공하며, 비윤리적 행위를 보고하는 메커니즘을 제공하고, 위반에 대한 신속한 조치를 보장하는 절차를 명시하는 윤리 강령을 요구한다.[60] 기업들은 기업의 가치 또는 사명을 명시하는 문서에 윤리 강령을 포함시키기도 한다. 예를 들어, 식품 및 소비재 대기업인 유니레버(Unilever)의 윤리 강령에는 다음과 같은 내용이 포함되어 있다: "우리는 어떤 형태의 강제 노동, 강제 노동 또는 아동 노동도 사용하지 않는다.", "어떤 직원도 뇌물이거나 뇌물로 해석될 수 있는 선물이나 금품을 제공하거나 제공하거나 받을 수 없다. 뇌물에 대한 요구나 제안은 즉시 거절하고 경영진에게 다시 전달해야 한다."[61] 유니레버의 원칙은 조직 내 관리자와 직원에게 매우 명확한 메시지를 전달한다. 미국 비영리단체인 윤리 자원 센터(Ethics Resource Center)에서 관리하는 전국 기업윤리설문조사(National Business Ethics Survey)의 데이터에 따르면 강력하고 잘 실행된 윤리프로그램을 갖춘 기업은 윤리적 위법 행위가 현저히 적은 것으

윤리 강령
회사가 고수하는 윤리적 우선 순위에 대한 공식적인 진술

로 나타났다.

윤리 강령이나 기타 문서에 가치를 명시했다면, 비즈니스 리더가 그 중요성을 반복적으로 강조하고 그에 따라 행동함으로써 그 말에 생명과 의미를 부여하는 것이 중요하다. 즉, 모든 관련 기회를 활용하여 비즈니스 윤리의 중요성을 강조하고 주요 비즈니스 결정이 경제적으로 합리적일 뿐만 아니라 윤리적으로도 합당한지 확인해야 한다. 많은 기업은 한 걸음 더 나아가 독립적인 회사를 고용하여 감사를 받고 윤리 강령에 부합하는 방식으로 행동하고 있는지 확인한다. 예를 들어, 나이키는 최근 몇 년 동안 하청업체가 나이키의 행동 강령을 준수하고 있는지 확인하기 위해 독립적인 감사인을 고용했다.

마지막으로, 윤리적 행동에 높은 가치를 두는 조직 문화를 구축하려면 윤리적 행동을 하는 사람들에게는 보상을 제공하고 그렇지 않은 사람들에게는 제재를 가하는 승진 시스템을 포함한 인센티브 및 보상시스템이 필요하다.

의사결정 프로세스 사업가는 조직에 올바른 윤리적 규범을 확립하는 것 외에도 의사결정의 윤리적 영향을 체계적으로 생각할 수 있어야 한다. 이를 위해서는 도덕적 나침반과 개인의 권리와 정의를 결정하는 요소에 대한 신념이 필요하다. 일부 윤리 전문가들은 어떤 결정이 윤리적인지 여부를 판단하기 위한 간단한 실용적인 가이드, 즉 윤리적 알고리즘을 제안했다. 비즈니스 담당자가 이러한 각 질문에 "예"라고 대답할 수 있는 경우 윤리적 근거에 따라 결정을 내릴 수 있다:

1. 내 결정이 조직 환경에서 일반적으로 적용되는 가치 또는 기준(윤리 강령 또는 기타 기업 강령에 명시된 대로)에 부합하는가?
2. 예를 들어, 신문이나 텔레비전에 보도되는 방식 등으로 의사결정이 해당 결정에 영향을 받는 모든 이해관계자에게 기꺼이 전달되는 것을 원하는가?
3. 가족, 친구, 다른 회사의 경영자 등 나와 중요한 개인적 관계를 맺고 있는 사람들이 이 결정을 승인할까?

윤리 담당관 기업이 윤리적인 방식으로 행동하도록 하기 위해 현재 많은 기업에서 윤리 담당관을 두고 있다. 윤리 담당관은 모든 직원이 윤리의식을 갖도록 교육하고, 비즈니스 의사 결정 과정에 윤리적 고려사항을 반영하며, 직원들이 회사의 윤리 강령을 준수하도록 하는 책임을 맡고 있다.

윤리 담당관은 또한 의사결정이 윤리 강령에 부합하는지 확인하기 위해 감사를 담당할 수도 있다. 많은 기업에서 윤리 담당관은 직원의 기밀 문의를 처리하고, 직원 또는 타인의 불만을 조사하고, 조사 결과를 보고하고, 변화를 권고하는 내부 옴부즈맨의 역할을 한다.

전 세계적으로 약 600억 달러의 매출을 올리는 대형 항공우주 기업인 레이시온은 1990년부터 공식적인 윤리 강령을 제정했다. 또한 1986년에는 직원들이 윤리 문제에 대해 익명으로 문의할 수 있는 옴부즈맨 프로그램을 구축했다.[62]

강력한 기업 지배구조 경영자가 윤리적 규범을 준수하고, 특히 고위 경영자가 자기거래나 정보 조작에 관여하지 않도록 하기 위해서는 강력한 기업 지배구조 절차가 필요하다. 강력한 기업 지배구조 절차에는 경영진의 자기거래에 대한 책임을 묻고 경영진이 제공하는 정보를 검증할 수 있는 독립적인 이사회가 필요하다. 타이코, 월드컴, 엔론과 같은 기업에 강력한 이사회가 있었다면 회계 스캔들이 발생하거나 최고경영자가 기업의 자금을 개인 비자금처럼 사용할 수 없었을 것이다.

강력한 지배구조를 위한 다섯 가지 초석이 있다. 첫 번째는 회사에서 경영적으로 책임이 없고, 최고경영자에게 책임을 물을 의지와 능력이 있으며, 중요한 내부자와 사업상 관계가 없는 사외 이사가 과반수로 구성된 이사회이다. 사외 이사는 독립적으로 행동할 수 있는 능력을 바탕으로 평판이 높은 청렴한 사람이어야 한다. 두 번째 초석은 최고경영자와 이사회 의장직을 다른 구성원이 맡으며 의장은 사외이사가 맡는 이사회이다. 최고경영자가 이사회 의장을 겸직하면 의제를 통제할 수 있어 사적인 의제(자기거래 포함)를 관철하거나 현재 기업 정책에 대한 비판을 제한할 수 있다. 세 번째 초석은 전부 사외이사로 구성된 보상위원회이다. 보상위원회는 스톡옵션 부여및 추가 혜택을 포함하여 최고경영자의 급여 수준을 결정한다. 보상위원회는 경영진으로부터 독립성을 보장함으로써 자기거래의 여지를 줄인다. 넷째, 회사의 재무제표를 검토하는 이사회의 감사위원회도 외부인사로 구성하여 회사의 재무제표에 대한 적극적이고 독립적인 의문을 제기할 수 있도록 유도해야 한다. 마지막으로, 이사회는 진정으로 독립적이고 이해 상충이 없는 외부 감사인을 선임해야 한다. 최근의 많은 회계 스캔들에서는 외부 감사인이 기업의 컨설턴트이기도 했기 때문에 수익성 높은 컨설팅 계약이 위태로워질 것을 우려해 경영진에게 어려운 질문을 할 가능성이 적었다.

도덕적 용기 때때로 경영자와 다른 사람들은 상당한 도덕적 용기가 필요하다는 것을 인식하는 것이 중요하다. 도덕적 용기는 경영자가 수익성은 있지만 비윤리적인 결정을 철회할 수 있게 하고, 직원에게 비윤리적인 행동을 지시하는 상사에게 거절할 수 있는 힘을 주며, 직원에게 회사 내 지속적인 비윤리적 행동에 대해 언론에 연락하여 "내부 고발(blow the whistle)"할 수 있는 청렴성을 부여한다. 비윤리적인 기업 행태에 대한 내부 고발로 인해 직장을 잃은 유명한 사례들이 있을 정도로 도덕적 용기는 쉽게 나오지 않는다.

회사는 도덕적 용기를 발휘하거나, 상사에게 거절하거나, 비윤리적인 행동에 대해 불만을 제기하는 직원에 대하여 보복을 하지 않겠다는 약속을 함으로써 직원의 도덕적 용기를 강화할 수 있다. 예를 들어 유니레버의 윤리 강령에는 다음과 같은 내용이 포함되어 있다:

> 어떤 식이든 강령의 위반은 공동 간사(Joint Secretaries)가 지정한 절차에 따라 보고해야 한다. 유니레버 이사회는 이러한 원칙과 기타 의무 정책 및 지침을 준수하여 발생하는 사업 손실에 대해 경영진을 비판하지 않는다. 유니레버 이사회는 직원들이 이러한 원칙을 위반하거나 위반이 의심되는 경우 본인 또는 고위 경영진의 주의를 환기시킬 것을 기대한다. 직원들이 비밀리에 보고할 수 있도록 규정이 마련되어 있으며, 보고로 인해 어떤 직원도 불이익을 받지 않는다.

이런 진술은 직원들이 도덕적 용기를 발휘할 수 있는 '권한'을 부여한다. 또한 기업은 직원이 익명으로 기업 윤리 담당자에게 불만 사항을 등록할 수 있는 윤리 핫라인을 설정할 수도 있다.

결론 여기서 논의한 단계는 경영자가 비즈니스 의사결정을 내릴 때 윤리적 영향을 충분히 인지하고 기본적인 윤리적 규범을 위반하지 않도록 하는 데 도움이 될 수 있다. 동시에 모든 윤리적 딜레마에 깨끗하고 명백한 해결책이 있는 것은 아니며, 이것이 바로 딜레마가 존재하는 이유이다. 결국, 기업이 해서는 안 되는 일과 기업이 해야 하는 일이 있지만 경영자에게 진정한 곤경에 처하게 만드는 상황도 있다. 이러한 경우 경영자는 복잡하고 지저분한 상황을 이해하고 가능한 한 공정하고 균형 잡힌 결정을 내릴 수 있는 능력이 중요하다.

핵심용어

이해관계자(stakeholders) 418
내부 이해관계자(internal stakeholders) 418
외부 이해관계자(external stakeholders) 418
위험 자본(risk capital) 420
정보 비대칭성(information asymmetry) 427
현직 소비(on-the-job consumption) 429
사내 이사(insider directors) 433
사외 이사(outsider directors) 433
주식구입 선택권(stock options) 435
인수 억제요인(takeover constraint) 438
주식매점(greenmail) 439
윤리(ethics) 441
기업 윤리(business ethics) 441
윤리적 딜레마(ethical dilemmas) 441
자기거래(self-dealing) 442
정보 조작(information manipulation) 443
반경쟁적 행위(anticompetitive behavior) 443
기회주의적으로 착취하는 것 (opportunistic exploitation) 443
표준 이하의 근로조건(substandard working conditions) 444
환경 파괴(environmental degradation) 444
부패(corruption) 445
개인 윤리(personal ethics) 445
윤리 강령(code of ethics) 448

전략적 경영자를 위한 시사점

1. 이해관계자는 회사가 하는 일과 성과에 대해 이해관계나 요구사항이 있는 개인 또는 그룹이다.
2. 이해관계자는 회사와 교환 관계가 있다. 이해관계자는 조직에 중요한 자원(또는 기여)을 제공하고, 그 대가로 인센티브(보상)를 통해 자신의 이익이 충족되기를 기대한다.
3. 회사가 항상 모든 이해관계자의 요구를 만족시킬 수는 없다. 서로 다른 그룹의 목표가 상충할 수도 있다. 기업은 가장 중요한 이해관계자를 파악하고 그들의 요구를 충족시키는 전략을 최우선적으로 추구해야 한다.
4. 주주는 기업의 법적 소유주이자 기업이 비즈니스를 운영할 수 있는 주요 자원인 위험 자본의 제공자이다. 따라서 주주는 이해관계자 그룹 중에서도 고유한 역할을 담당한다.
5. 장기적인 수익성과 이익 성장을 극대화하는 것이 주주에 대한 수익을 극대화하는 길이며, 다른 여러 주요 이해관계자 그룹의 요구를 충족시키는 방안과도 일치한다.
6. 기업은 수익성을 극대화하는 전략을 추구할 때 법이 정한 한도 내에서 사회적 기대에 부합하는 방식으로 수행해야 할 의무가 있다.
7. 한 당사자가 다른 당사자에게 자원에 대한 의사결정권한이나 통제권을 위임할 때마다 대리인 관계가 존재한다.
8. 대리인 문제의 본질은 주인과 대리인의 이해관계가 항상 같지는 않으며, 일부 대리인은 정보 비대칭성을 이용하여 주인을 희생시키면서 자신의 이익을 극대화할 수 있다.
9. 수많은 지배구조 메커니즘이 주주와 경영자 사이의 대리인 문제를 제한하는 역할을 한다. 여기에는 이사회, 주식 기반 보상제도, 재무제표 및 감사인, 인수 위협 등이 포함된다.
10. 윤리라는 용어는 개인, 전문직 구성원 또는 조직의 행동을 지배하는 옳고 그름에 대해 받아들여지는 원칙을 말한다. 기업 윤리는 사업가의 행동에 적용되는 옳고 그름에 대한 통용되는 원칙이다. 윤리적 전략은 이러한 원칙에 위배되지 않는 전략이다.
11. 비윤리적 행동은 개인 윤리의식 부족, 윤리적 문제가 걸려 있다는 사실을 인식하지 못하는 것, 윤리적 문제를 전략적 및 운영상의 의사결정에 통합하지 못하는 것, 역기능적인 문화, 리더가 윤리적 방식으로 행동하지 못하는 것 등에 뿌리를 두고 있다.
12. 비즈니스 의사결정에 윤리적 문제가 고려되기 위해 경영자는 (a) 개인 윤리의식이 투철한 직원을 고용하고 승진시키는 것을 선호하고, (b) 윤리적 행동에 높은 가치를 두는 조직 문화를 구축하고, (c) 비즈니스 내 리더가 윤리적 행동의 수사를 명확히 할 뿐만 아니라 그러한 수사에 부합하는 방식으로 행동하도록 하고, (d) 사람들이 비즈니스 의사결정에서 윤리적 차원을 고려하도록 요구하는 의사결정 프로세스를 마련하고, (e) 윤리 담당관을 활용하며, (f) 강력한 기업 지배구조 절차를 갖추고, (g) 도덕적으로 용기를 갖고 다른 사람들도 그렇게 하도록 장려한다.

토론 과제

1. 지난 10년간 미국 기업에서 대리인 문제가 얼마나 만연했는가? 1990년대 후반에는 매출이나 수익이 전혀 없는 인터넷 스타트업에 높은 기업 가치가 부여되면서 인터넷 기업(닷컴 기업)의 기업공개가 붐을 이루었다. 이 붐은 2001년 나스닥 주식 시장이 폭락하면서 갑작스럽게 끝났고 거의 80%의 가치가 사라졌다. 이 호황의 혜택을 가장 많이 본 사람은 해당 기업의 투자자(주주), 경영자 또는 투자 은행가 중 누구라고 생각하는가?
2. 투하자본이익률(ROIC) 극대화가 주주의 수익률 극대화와 일치하는 이유는 무엇인가?
3. 경영진이 주주를 희생시키면서까지 자신의 사익을 추구할 가능성을 줄이기 위해 기업의 전략수립 프로세스를 어떻게 구성할 수 있을까?
4. 공기업에서 회사의 대표 이사가 이사회 의장을 겸직할 수 있는 경우(현행법상 허용되는 경우) 어떤 문제가 발생할 수 있는가?

5. 인건비가 훨씬 저렴한 개발도상국 기업에 생산을 외주하는 것이 본국의 장기근속 직원을 해고해야 하는 상황을 윤리적으로 방어할 수 있는 조건은 무엇인가?

6. 인력 부족에 직면한 기업이 그러한 요구를 충족시키기 위해 불법 이민자를 고용하는 것은 윤리적인가?

마무리 사례

폭스바겐: "국민차"에서 디젤게이트(Dieselgate)로 추락

"국민차"로 불리는 폭스바겐(Volkswagen)은 1937년 독일 가정이 소유할 수 있는 저렴한 자동차를 만들겠다는 아돌프 히틀러(Adolf Hitler)의 비전의 일환으로 설립되었다. 히틀러는 성인 2명과 어린이 3명을 태울 수 있고, 시속 60마일로 달릴 수 있어야 하며, 가격은 오토바이보다 저렴해야 한다고 선언했다. 딱정벌레 모양의 이 자동차의 디자인과 가격은 즉시 인기를 끌었고, 1938년까지 약 33만 6,000명이 월 저축 통장에 가입하여 이 자동차를 구입했다. 하지만 제2차 세계대전이 발발하면서 자동차는 거의 생산되지 않았고 인도되지도 않았다. 전쟁 중에는 군용 차량만 생산하다가 폭격으로 공장이 파괴되었다. 소련, 미국, 영국 간의 포츠담 협정에 따라 폭스바겐 공장에 남은 것은 해체될 예정이었다. 그러나 아이반 허스트(Ivan Hirst)라는 영국 장교는 영국 군용 자동차 생산을 위해 공장을 책임져야 한다고 지휘관들을 설득했다. 영국군은 1949년 독일 니더작센(Lower Saxony) 주에 회사를 다시 넘길 때까지 계속해서 회사를 운영하며 '비틀(beetles)'을 성공적으로 생산했다.

1950년대에 생산량이 급격히 증가하면서 폭스바겐은 "트랜스포터(Transporter)"(폭스바겐 버스의 전신)와 기아 쿠페(Ghia Coupe)를 출시하여 제품군을 확장하기 시작했다.[63] 1960년대에 폭스바겐은 아우디(Audi)의 소유권을 인수하고 첫 고급 자동차를 생산하기 시작했다. 이후 골프(Golf), 폴로(Polo), 파사트(Passat) 등 다양한 스포티한 자동차를 생산하여 더 넓은 시장에서 브랜드 인기를 높이는 데 기여했다. 시간이 지나면서 폭스바겐은 포르쉐(Porche), 람보르기니(Lamborghini), 부가티(Bugatti), 벤틀리(Bentley) 등 다른 럭셔리 브랜드도 인수했고, 2015년에는 세계 최대 자동차 제조업체로 발돋움할 준비를 마쳤다.

윈터콘의 계획

마틴 윈터콘(Martin Winterkorn)은 2007년 폭스바겐의 수장으로 취임하면서 회사를 위한 공격적인 계획을 세웠다. 그의 첫 주도 전략 중 하나는 폭스바겐의 자동차 설계 모듈성을 획기적으로 높여 여러 브랜드의 다양한 모델을 공통된 부품으로 생산함으로써 개발 및 제조 비용을 절감하고 신제품 설계 속도를 높이는 것이었다. 또한 2018년까지 전 세계에서 연간 1,000만 대의 자동차를 8% 이상의 순마진으로 판매하겠다는 목표를 세웠다(윈터콘이 CEO로 취임할 당시 폭스바겐은 연간 620만 대의 자동차를 6%의 순마진으로 판매하고 있었다).

이 야심찬 목표를 달성하기 위한 핵심은 부분적으로 '클린 디젤(clean diesel)' 기술을 도입하

dpa picture alliance/Alamy Stock Photo

여 미국 내 판매를 3배로 늘리겠다는 윈터콘의 계획이었다. 휘발유에 대한 무거운 세금으로 인해 유럽에서는 디젤 차량이 전체 차량 구매의 약 절반을 차지할 정도로 인기가 높았다. 그러나 역사적으로 디젤 자동차는 미국인들에게 인기가 없었으며 미국 내 자동차의 2.6%에 불과했다.[64)]

초기 디젤 자동차는 많은 미립자 배출과 악취가 나는 배기가스를 배출하여 미국에서 더럽고 냄새가 난다는 평판을 얻었다. 폭스바겐은 이를 바꾸고자 했다. 2009년, 폭스바겐은 미국의 배기가스 배출 기준을 충족하는 동시에 폭스바겐의 새로운 혁신 기술인 터보충전직접분사(TDI: Turborcharged Direct Injection)를 탑재하여 더 높은 출력과 효율성을 제공하는 "클린 디젤

Volkswagen의 주가(2015년 9월 15~30일)

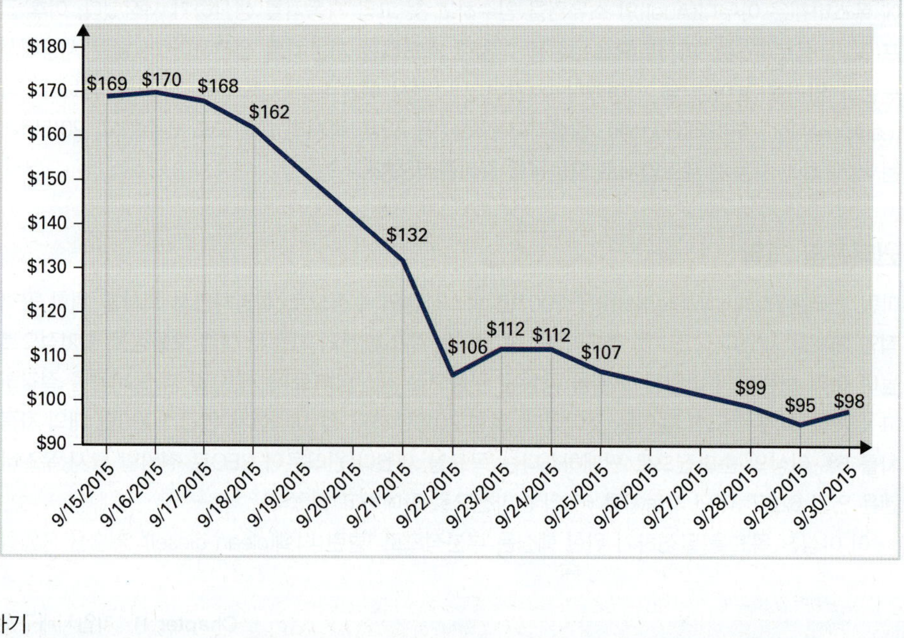

(clean diesel)" 자동차 라인업을 미국에 출시했다.[65] 이 엔진은 극찬을 받았으며, TDI 기반 자동차는 2009년(폭스바겐 제타 2.0L TDI 클린 디젤)과 2010년(아우디 A3 TDI 클린 디젤) 모두 그린카 저널에서 "올해의 그린카" 상을 수상했다.

그러나 이 엔진은 현실이 되기에는 너무 좋은 것으로 판명되었다. 2013년, 국제청정교통위원회(ICCT)는 웨스트 버지니아 대학교의 연구진을 고용하여 디젤 차량에 대한 표준 배기가스 테스트를 실시했다. 폭스바겐은 자사의 디젤 차량이 친환경적이고 연료 효율이 높다고 홍보해 왔기 때문에 자연스럽게 시작하게 되었다.

하지만 연구원들은 두 가지 폭스바겐 모델을 테스트한 결과 실험실 테스트와 실제 주행 조건에서 질소 산화물 및 이산화탄소(총칭하여 NOx) 배출량에 큰 차이가 있음을 발견했다. 그들은 미국 환경 보호국(EPA)과 캘리포니아 대기 자원 위원회(California Air Resources Board)에 연락하여 조사를 시작했다.[66]

폭스바겐은 2014년 12월 50만 대의 차량에 대한 자발적 리콜에 동의하면서 배출가스 문제가 소프트웨어 변경으로 해결할 수 있는 기술적 문제 때문이라고 주장했다. 하지만 2015년 7월에 실시한 후속 테스트에서 차량이 여전히 배기가스 배출 기준을 충족하지 못하는 것으로 나타났고, 폭스바겐의 어떤 주장도 이 차이를 설명할 수 없었다. 캘리포니아 대기자원 위원회의 대변인 스탠리 영(Stanley Young)은 "그들은 기본적으로 변명의 여지가 없었다. 그들은 테스트가 적절한 온도가 아니었다거나 다른 문제가 있다고 말하곤 했다. 우리는 그들을 여러 번 사무실로 불렀다."[67] 2015년 9월 3일, 회사는 마침내 배기가스 테스트 조작을 인정했다.

2015년 9월 18일, 미국 환경청은 폭스바겐이 배출가스 기준 테스트를 속이기 위해 TDI 디젤 엔진에 '디피팅 디바이스(defeating device)'라는 소프트웨어를 사용했다고 언론에 발표했다. 이 장치는 배기가스 테스트 주행 주기 동안 스티어링, 스로틀 및 기타 입력이 다시 요청되는 것을 감지하여 배기가스 테스트 조건을 감지할 수 있다. 테스트 중에는 이 장치가 질소 산화물 제어 기능을 활용하여 차량이 규정을 준수하도록 만들지만, 차량이 도로를 주행하면 이 장치는 제어 기능을 꺼버리고 더 높은 주행거리와 출력을 허용하는 대신 미국 법에서 허용하는 질소산화물(NOx)을 최대 40배까지 배출했다.[68] 이틀 후, 윈터콘은 "고객과 대중의 신뢰를 깨뜨린 데 대해 개인적으로 깊은 유감을 표한다"며 "투명하고 긴급하게 책임 있는 기관과 전적으로 협력하여 이 사건의 모든 사실을 명확하고 공개적으로 완전히 규명하겠다"고 비니오 사과문을 빌표했다."[69]

2015년 9월 22일, 폭스바겐은 폭스바겐, 아우디, 스코다(Skoda) 차량을 포함한 전 세계 디젤 차량 중 약 1,100만 대에 배출가스 조작 장치가 장착되어 있다고 밝혔다. 폭스바겐의 주가는 9월 15일부터 9월 22일까지 약 38% 하락하는 등 큰 폭으로 하락했다. 압박이 거세지자 윈터콘은 2015년 9월 23일 사임을 발표하며 "지난 며칠간의 사건"에 "충격을 받았다"며 "내 잘못을 전혀 인지하지 못했다"고 주장했다.[70]

뮬러, 운전대를 잡다

2015년 9월 25일, 포르쉐를 이끌었던 마티아스 뮬러(Matthias Muller)가 폭스바겐 그룹의 최고경영자로 취임했다. 그는 "모든 것을 투명하게 공개하고 현 상황에서 올바른 결론을 도출함으로써 폭스바겐 그룹의 신뢰를 되찾겠다"고 약속했다.[71] 폭스바겐은 즉시 내부 고발자 프로그램을 만들었다.

폭스바겐 직원들에게 테스트 조작 방법에 대한 정보를 제공하도록 요청하고, 2015년 11월 30일 이전에 정보를 제공하면 해고와 손해배상을 면제해 주겠다고 약속했지만, 연루 사실을 인정해도 기소를 막을 수 있다는 보장은 없었다.[72] 폭스바겐 그룹은 TDI 디젤 차량으로 수상했던 3개의 Cars.com 상을 반납했고, 한 달 전 자동차 제조업체 중 1위를 차지했던 다우존스 지속가능성 지수에서 폭스바겐 그룹은 제외되었다. 스캔들이 계속 확산되는 가운데 독일 신문들은 폭스바겐 그룹의 내부 메모를 공개했는데, 2007년과 2011년 두 차례에 걸쳐 배출가스 조작 소프트웨어에 대해 경영진에 경고했으나 폭스바겐은 이런 보고에 응답하지 않았다.

2015년 10월, 폭스바겐 그룹은 이 위기를 해결하기 위한 5단계 계획을 발표했다.[73]

1. 전 세계적으로 조사를 실시하여 문제가 어떻게 발생했는지 파악하고 책임 있는 당사자에게 책임을 물을 것이다.
2. 이런 조치는 대중에게 차량이 안전하게 운전할 수 있다는 확신을 심어줄 것이다.
3. 2.0l 디젤 엔진을 사용하는 모든 영향을 받는 차량에 대해 수정 사항을 개발할 것이다.
4. 폭스바겐의 규정 준수 프로세스와 표준을 검토하고 예방 조치를 채택할 것이다.
5. 지정된 핫라인, 웹사이트, 각 고객에게 보내는 서신 등 고객, 딜러, 직원, 대중과 정기적이고 개방적인 커뮤니케이션 시스템을 도입한다.

폭스바겐은 2016년 말까지 유럽에서 문제가 된 모든 차량을 수리하려고 했지만, 아직 미국 배기가스 배출 기준을 충족하는 기술이 없었기 때문에 미국 내 차량은 수리할 수 없었다. 그리고 11월, 상황은 더욱 악화되었다. 폭스바겐은 2014년형 폭스바겐 투아렉(Volkswagen Tuareg), 2015년형 포르쉐 카이엔 SUV(Porshe Cayenne SUV), 2016년형 아우디 A6 및 A8 세단, 아우디 A7 해치백, 아우디 QQ5 SUV 등 일부 3.0l 엔진에서도 결함이 발견되었다는 미국 환경청의 통지를 받았다. 또한 약 80만 대의 다른 폭스바겐 모델의 이산화탄소 배출량과 연비도 과소 보고되었다.

2015년 12월 미국 내셔널 퍼블릭 라디오(National Public Radio)와의 인터뷰에서 Muller는 위기 해결 방법에 대한 불확실성과 양면성을 드러냈다:

NPR: 당신은 기술적인 문제라고 말했지만 미국 국민들은 이것이 기술적인 문제가 아니라 회사 내부의 윤리적 문제라고 생각한다. 미국에서 이러한 인식을 어떻게 바꿀 수 있을까?

Muller: 솔직히 말해서 기술적인 문제였다. 우리는 기본형으로 만들었는데… 다만 미국 법률에 대한 올바른 해석을 하지 못했었다. 우리는 기술 엔지니어들에 대한 특정 목표를 세웠고, 엔지니어들은 이러한 문제를 해결하고 미국 법률과 맞지 않는 특정 소프트웨어를 해결하는 목표에 도달했다. 그게 다다. 그리고 당신이 언급한 다른 질문인데, 이것이 윤리적 문제인가? 나는 왜 그렇게 말하는지 이해할 수 없다.

NPR: 미국에서 폭스바겐은 문제가 드러나기 전에 EPA 규제 당국에 의도적으로 거짓말을 했기 때문이다.

Muller: 거짓말을 한 게 아니다. 처음에는 의구심을 잘 이해하지 못했다. 이후에는 2014년부터 이러한 문제를 해결하기 위해 노력했다. 그리고 우리는 함께 해냈고 그렇게 오랜 시간이 필요한 것은 폭스바겐의 기본 정책이다.

NPR: 폭스바겐에 대한 미국인들의 인식을 어떻게 바꿀 수 있을까?

Muller: 우리는 미국인의 생각을 바꾸고 싶지 않다. 우리가 마인드를 바꾸고 생각을 바꿔야 한다. 그리고 우리는 그렇게 할 것이다.

NPR: 폭스바겐이 바뀌었는지 어떻게 알 수 있을까? 폭스바겐이 달라졌는지 어떻게 알 수 있을까?

Muller: 어떻게라? 그래서…

NPR: 증거는 무엇인가?

Muller: 나는 3개월 만에 최고경영자가 되었고, 폭스바겐 내에서 변화 프로세스를 만들기 위해 밤낮으로 노력하고 있다. 이제 막 시작했고 시간이 좀 필요하다. 1년 정도… 1~3년 정도는 필요하다고 말하고 싶다. 예를 들어, 우리는 청렴성을 위해 새로운 이사회 구성원을 임명했고, 다임러에서 온 크리스틴 호만-덴하르트([Christine] Hohmann-Dennhardt)는 우리 회사 내에 다른 많은 해결책을 가지고 왔다.

NPR: 의회와 [오바마] 행정부에는 폭스바겐에 대해 매우 분노하는 사람들이 많이 있다. 현재 심층 조사를 진행 중이고, 개인적으로 회사가 거짓말을 했다고 느끼는 사람들에게 뭐라고 말하겠는가?

뮬러: 우선 폭스바겐을 대표하여 사과드린다. 둘째, 고객에게 적절한 해결책을 제공하겠다는 약속을 드리고 이를 실천할 것이다. 가능한 한 빨리.

NPR: 얼마나 빨리?

뮬러: 수요일에 EPA와 논의한 후 후속 일정이 괜찮은지 여부를 확인해야 한다.

향후 3년 동안 미국과 독일의 검찰은 최소 4개 도시에 흩어져 있는 40명 이상의 사람들을 대상으로 이 계획에 대한 책임을 추적할 것이다. 폭스바겐의 3개 브랜드에 대한 조사에 착수했다. 또한 공급업체 로버트 보쉬(Robert Bosch)도 연루되었다. 조사 과정에서 2015년 7월, 윈터콘이 엔지니어들로부터 배출가스 조작 장치에 대한 정보를 획득하고 은폐를 승인했다는 증거를 듣게 되었다.

2016년 10월 25일에 확정된 147억 달러에 대한 미국 지방법원의 선고를 포함하여 수많은 벌금이 부과되었으며, 이에 따라 폭스바겐은 해당 차량의 모든 소유자와 리스업체에 100억 달러 규모의 바이백 프로그램(buyback program)을 통지해야 했으며, TDI 소유자는 모델, 연식 및 트림 수준에 따라 12,500달러에서 44,000달러 사이의 가치로 차량을 폭스바겐에 다시 판매할 수 있었다(리스업체는 2,600달러에서 4,900달러를 받게 됨). 차량을 되팔지 않은 소유자는 재판매 가치 하락에 대한 보상으로 5,100달러에서 10,000달러를 받게 되며, 소유자는 배기가스 배출 장치를 무료로 수리할 수 있는 자격을 얻게 된다. 2017년 1월 11일, 미국 법무부는 폭스바겐에 43억 달러의 형사 및 민사 벌금을 추가로 부과했다(미국은 폭스바겐으로부터 총 약 250억 달러의 벌금을 징수할 예정이다). 캐나다와 한국도 폭스바겐에 벌금을 부과했고, 유럽 정부들은 재정 처벌에 덜 적극적이었지만 결국 독일은 폭스바겐에 약 12억 유로의 벌금을 부과했다. 더 중요한 것은 미국에서 총 8명의 폭스바겐 임원이 범죄 혐의로 기소되어 일부는 실형을 선고받았고, 독일은 수십 명의 임원을 더 조사하고 있어 폭스바겐의 조직도에서 처벌이 어디까지, 얼마나 높아질지 궁금해하는 사람들이 많다는 점이다.[74)]

사례 토의 문제

1. 폭스바겐의 배출가스 테스트 부정행위로 인해 발생한 잠재적 피해는 무엇인가?
2. 부정행위가 발견되었을 때 폭스바겐의 경영진이 스캔들을 처리하는 과정에서 어떤 실수를 했다고 생각하는가?
3. 폭스바겐이 소비자와 규제 당국으로부터 평판을 회복하기 위해 어떤 조치를 취해야 한다고 생각하는가?

참고문헌

[1]P. R. Keefe, "2017. The Family That Built an Empire of Pain," *New Yorker*, October 23, 2017.

[2]P. R. Keefe, "The Family That Built an Empire of Pain," *New Yorker*, October 23, 2017.

[3]A. Van Zee, "The Promotion and Marketing of Oxy-Contin: Commercial Triumph, Public Health Tragedy," *American Journal of Public Health*, 99:2 (2009): 221–227.

[4]A. Van Zee, "The Promotion and Marketing of Oxy-Contin: Commercial Triumph, Public Health Tragedy," *American Journal of Public Health*, 99:2 (2009): 221–227.

[5]Howard Koh, quoted in 2022 interview, "What Led to the Opioid Crisis—and How to Fix It," Harvard School of Public Health, February 9, 2022, https://www .hsph.harvard.edu/news/features/what-led-to-the-opioid-crisis-and-how-to-fix-it/

[6]Number of National Drug Overdose Deaths Involving Select Prescription and Illicit Drugs, National Institute of Health: National Institute on Drug Abuse, https://nida .nih.gov/research-topics/trends-statistics/overdose-death-rates. Retrieved August 12, 2022; https://www.cdc.gov/nchs/pressroom/nchs_press_releases/2021/20211117.htm

[7]https://www.cdc.gov/opioids/ basics/epidemic.html

[8]Z. Siegel, "What Did the Sacklers Know?" *New Republic*, April 23, 2021.

[9]J. Hoffman, "Sacklers Face Furious Questions in Rare Testimony on Opioid Epidemic," *New York Times*, December 17, 2020.

[10]United States Department of Justice, "Opioid Manufacturer Purdue Pharma Pleads Guilty to Fraud and Kickback Conspiracies," November 24, 2020.

[11]E. Freeman, *Strategic Management: A Stakeholder Approach* (Boston: Pitman Press, 1984).

[12]C. W. L. Hill and T. M. Jones, "Stakeholder-Agency Theory," *Journal of Management Studies* 29 (1992): 131–154; J. G. March and H. A. Simon, *Organizations* (New York: Wiley, 1958).

[13]W. Henisz, S. Dorobantu, and L. Nartey, "Spinning Gold: The Financial Returns to Stakeholder Engagement," *Strategic Management Journal*, 35 (2014): 1727–1748.

[14]Hill and Jones, "Stakeholder-Agency Theory; C. Eesley and M. J. Lenox, "Firm Responses to Secondary Stakeholder Action," *Strategic Management Journal* 27 (2006): 13–24.

[15]I. C. Macmillan and P. E. Jones, *Strategy Formulation: Power and Politics* (St. Paul: West, 1986).

[16]https://corporate.publix.com/careers/why-publix/benefits.

[17]T. Copeland, T. Koller, and J. Murrin, *Valuation: Measuring and Managing the Value of Companies* (New York: Wiley, 1996).

[18]R. S. Kaplan and D. P. Norton, *Strategy Maps* (Boston: Harvard Business School Press, 2004).

[19]J. S. Harrison, D. A. Bosse, and R. A. Phillips, "Managing for Stakeholders, Stakeholder Utility Functions, and Competitive Advantage," *Strategic Management Journal* 31 (2010): 58–74.

[20]R. Garcia-Castro, and R. Aguilera, "Increasing Value Creation and Appropriation in a World with Multiple Stakeholders," *Strategic Management Journal*, 36 (2015): 137–147.

[21]F, Berg J. F. Kolbel, and R. Rigobon, "Aggregate Confusion: The Divergence of ESG Ratings," forthcoming in the *Review of Finance*.

[22]A. Ramkumar, "Some GOP States Push Back Against ESG Investing Trend," *Wall Street Journal*, August 30, 2022. "The ESG Investing Backlash Arrives," *Wall Street Journal*, August 15, 2022.

[23]B. Atkins, "Demystifying ESG: Its History & Current Status," *Forbes*, June 8, 2020; T., Whelan, U. Atz, T. Van Holt, and C. Clark, "ESG and Financial Performance: Uncovering the Relationship by Aggregating Evidence from 1,000 Plus Studies Published between 2015–2020." NYU Stern School of Business, Center for Sustainable Business.

[24]M. C. Jensen and W. H. Meckling, "Theory of the Firm: Managerial Behavior, Agency Costs and Ownership Structure," *Journal of Financial Economics* 3 (1976): 305–360, and E. F. Fama, "Agency Problems and the Theory of the Firm," *Journal of Political Economy* 88 (1980): 375–390.

[25]Hill and Jones, "Stakeholder-Agency Theory."

[26]For example, see R. Marris, *The Economic Theory of Managerial Capitalism* (London: Macmillan, 1964), and J. K. Galbraith, The New Industrial State (Boston: Houghton Mifflin, 1970).

[27]Fama, "Agency Problems and the Theory of the Firm."

[28]A. Rappaport, "New Thinking on How to Link Executive Pay with Performance," *Harvard Business Review*—March–April 1999, pp. 91–105.

[29]D. Rushe, "Wage Gap between CEOs and US Workers Jumped to 670-to-1 Last Year, Study Finds," *The Guardian*, June 7, 2022.

[30]For academic studies that look at the determinants of CEO pay, see M. C. Jensen and K. J. Murphy, "Performance Pay and Top Management Incentives," *Journal of Political Economy* 98 (1990): 225–264; Charles W. L. Hill and Phillip Phan, "CEO Tenure as a Determinant of CEO Pay," *Academy of Management Journal* 34 (1991): 707–717; H. L. Tosi

and L. R. Gomez-Mejia, "CEO Compensation Monitoring and Firm Performance," *Academy of Management Journal* 37 (1994): 1002–1016; J. F. Porac, J. B. Wade, and T. G. Pollock, "Industry Categories and the Politics of the Comparable Firm in CEO Compensation," *Administrative Science Quarterly* 44 (1999): 112–144.

[31]J. Silver-Greenberg and A. Leondis, "CBS Overpaid Moonves $28 Million, Says Study of CEO Pay," *Bloomberg News*, May 6, 2010.

[32]"'Pay for Performance' No Longer a Punchline," *Wall Street Journal*, March 20, 2013.

[33]For research on this issue, see P. J. Lane, A. A. Cannella, and M. H. Lubatkin, "Agency Problems as Antecedents to Unrelated Mergers and Diversification: Amihud and Lev Reconsidered," *Strategic Management Journal* 19 (1998): 555–578.

[34]M. Saltmarsh and E. Pfanner, "French Court Convicts Executives in Vivendi Case," *New York Times*, January 21, 2011.

[35]E. T. Penrose, *The Theory of the Growth of the Firm* (London: Macmillan, 1958).

[36]G. Edmondson and L. Cohn, "How Parmalat Went Sour," *Bloomberg Businessweek*, January 12, 2004, pp. 46–50; and "Another Enron? Royal Dutch Shell," *Economist, March* 13, 2004, p. 71.

[37]O. E. Williamson, *The Economic Institutions of Capitalism* (New York: Free Press, 1985).

[38]Fama, "Agency Problems and the Theory of the Firm."

[39]S. Finkelstein and R. D'Aveni, "CEO Duality as a Double-Edged Sword," *Academy of Management Journal* 37 (1994): 1079–1108; and B. Ram Baliga and R. C. Moyer, "CEO Duality and Firm Performance," *Strategic Management Journal* 17 (1996): 41–53; M. L. Mace, Directors: *Myth and Reality* (Cambridge: Harvard University Press, 1971); and S. C. Vance, *Corporate Leadership: Boards of Directors and Strategy* (New York: McGraw-Hill, 1983).

[40]P. Temple-West, "Zombie Invasion Stalks US Boardrooms," *Financial Times*, November 1, 2020.

[41]A. Kidwai, "The Dual CEO-Chairman Role Is Losing Favor on Public Boards," *Fortune*, July 15, 2022.

[42]W. G. Lewellen, C. Eoderer, and A. Rosenfeld, "Merger Decisions and Executive Stock Ownership in Acquiring Firms," *Journal of Accounting and Economics* 7 (1985): 209–231.

[43]C. W. L. Hill and S. A. Snell, "External Control, Corporate Strategy, and Firm Performance," *Strategic Management Journal* 9 (1988): 577–590.

[44]The phenomenon of back dating stock options was uncovered by academic research, and then picked up by the SEC. See Erik Lie, "On the Timing of CEO Stock Option Awards," *Management Science* 51 (2005): 802–812.

[45]G. Colvin, "A Study in CEO Greed," *Fortune*, June 12, 2006, pp. 53–55.

[46]J. Rogerson, J. Rennie, and W. Corbett-Graham, "HP v Autonomy: The 'Fake It 'till We Make It' Start-up Culture on Trial." White & Case, May 2022.

[47]J. P. Walsh and R. D. Kosnik, "Corporate Raiders and Their Disciplinary Role in the Market for Corporate Control," *Academy of Management Journal* 36 (1993): 671–700.

[48]J. Surroca, J. A. Tribó, and S. A. Zahr, "Stakeholder Pressure on MNEs and the Transfer of Socially Irresponsible Practices to Subsidiaries," *Academy of Management Journal*, 56 (2015): 549–572.

[49]"Timet, Boeing Settle Lawsuit," *Metal Center News* 41 (June 2001): 38–39.

[50]S. Mistreanu, "Study Links Nike, Adidas and Apple to Forced Uighur Labor," *Forbes*, March 2, 2020; V. Xu, D. Cave, J. Leibold, K. Munro, and N. Ruser, "Uyghurs for Sale," Australian Strategic Policy Institute, March 1, 2020.

[51]J. Marsh, "7 Companies Facing Environmental Issues in 2020," www.environment.co April 13, 2020.

[52]N. King, "Halliburton Tells the Pentagon Workers Took Iraq Deal Kickbacks," *Wall Street Journal*, 2004, p. A1; "Whistleblowers Say Company Routinely Overcharged," *Reuters*, February 12, 2004; and R. Gold and J. R. Wilke, "Data Sought in Halliburton Inquiry," *Wall Street Journal*, 2004, p. A6.

[53]L. Jieqi and Z. Hejuan, "Siemens Bribery Scandal Ends in Death Sentence," *Caixin Online*, June 30, 2011.

[54]S. W. Gellerman, "Why Good Managers Make Bad Ethical Choices," *Ethics in Practice: Managing the Moral Corporation*, ed. K. R. Andrews (Harvard Business School Press, 1989).

[55]Ibid.

[56]"Wounded Unicorn: Sentiment Analysis Highlights How Badly Theranos Has Been Destroyed in the Press," CBInsights, October 16, 2015.

[57]J. Carreyrou, "Hot Startup Theranos Has Struggled with Its Blood-Test Technology," *Wall Street Journal*, April 6, 2015; L. F. Friedman and K. Loria, "A Scientist Just Raised 4 Serious Questions about a Blood Test That Made Elizabeth Holms a Billionaire," *Insider*, June 26, 2021.

[58]K. Briquelet, "Theranos Tests Told Her She'd Miscarried—But She Was Still Pregnant," *The Daily Beast*, September 21, 2021.

[59]B. Allyn, "Elizabeth Holmes Verdict: Former Theranos CEO Is Found Guilty on 4 Counts," NPR, All Things Considered, *January* 3, 2022.

[60]S. Hopkins, "How Effective Are Ethics Codes and Programs?," *Financial Executive*, March 2013.

[61]www.unilever.com/company/ourprinciples/.

[62]www.utc.com/governance/ethics.

[63]"History," www.volswagenag .com, accessed October 12, 2018.

[64]S. Glinton, "Automakers Give Disregarded Diesels a Second Look," National Public Radio, All Things Considered, January 30, 2012.

[65]M. Schuetz, "Dieselgate—Heavy Fumes Exhausting the Volkswagen Group," Asia Case Research Centre, case #HK1089, 2016.

[66]S. Glinton, "How a Little Lab in West Virginia Caught Volkswagen's Big Cheat," National Public Radio, Morning Edition, September 24, 2015.

[67]P. Whoriskey and J, Warrick, "Anatomy of Volkswagen's Deception: The Recall That Never Fixed Any Cars," *The Washington Post*, September 22, 2015.

[68]C. Atiyeh, "Everything You Need to Know About the VW Diesel-Emissions Scandal," *Car and Driver*, October 9, 2018.

[69]B. Visnic, "As CEO Apologizes for Emissions Cheating, VW Halts Sales of Some Diesels in U.S.," *Forbes*, September 20, 2015.

[70]R. Parloff "How VW Paid $25 Billion for 'Dieselgate'—And Got Off Easy," *Fortune*, February 6, 2014.

[71]K. Mays, "VW Diesel Crisis: Timeline of Events," Cars.com, September 23, 2015.

[72]A. Cremer "Volkswagen sets end-November deadline for scandal whistleblowers," Reuters, November 13, 2015.

[73]Schuetz, "Dieselgate—Heavy Fumes Exhausting the Volkswagen Group."

[74]R. Parloff,, "How VW Paid $25 Billion for 'Dieselgate'—And Got Off Easy," Fortune, *February* 6, 2018.

Chapter 12

산업에서 경쟁하는 기업들의 전략 실행

학습목표

12.1 조직 아키텍처의 개념을 설명한다.

12.2 집권화 및 분권화, 통합 메커니즘, 기업이 사용할 수 있는 다양한 구조 형태 등 기업의 조직구조의 다양한 차원에 대해 논의한다.

12.3 기업이 사용할 수 있는 다양한 통제 시스템 및 보상 메커니즘에 대해 논의한다.

12.4 조직문화의 개념을 검토하고 전략실행에 중요한 이유를 설명한다.

12.5 전략 실행을 위한 조직 프로세스의 중요성을 설명한다.

12.6 적절한 조직 설계를 통해 기업이 비즈니스 및 기업 수준 전략을 보다 효과적으로 실행에 옮기는 방법에 대해 논의한다.

첫머리 사례

아마존의 민첩한 팀 기반 구조

2017년 아마존(Amazon) 창업자이자 CEO였던 제프 베조스(Jeff Bezos)는 주주들에게 보낸 편지에서 "(기업의 생애에서) 데이 2(Day 2)는 어떤 모습인가?"라는 기본적인 질문을 던졌다. 베조스에 따르면 데이 2는 정지 상태(stasis)이고 그것은 끝의 시작이다. 그 다음에는 무관함, 쇠퇴, 그리고 죽음이 찾아온다. 그래서 베조스는 아마존은 항상 데이 1(Day 1)에 머물러야 한다고 말했다.

베조스는 아마존이 살아남기 위해서는 창업 당시의 '데이 1' 정신이 있는 문화와 조직을 항상 만들어야 한다고 지적했다. 그는 데이 2 기업이 되는 것을 피하기 위해서는 고객 집중, 빠른 의사결정, 끊임없는 혁신이 필요하다고 생각했다. 최근 연구에 따르면 2000년부터 2009년 사이에 Fortune 500대 기업에 선정된 기업의 생존 가능성은 63%에 불과하다. 기존 기업의 높은 실패율은 유연하지 않고 민첩하지 못한 비즈니스모델과 혁신 부족에서 비롯된 것으로 나타났다.

그렇다면 2021년 매출이 4,700억 달러이고 직원 수가 160만 명에 달하는 아마존과 같은 대기업 경우에는 고객 집중, 신속한 의사결정 및 혁신을 위해 조직을 어떻게 만들까? 이 회사는 혁신을 억제하는 공식적인 보고 구조를 가진 경직된 관료 체제가 되는 것을 어떻게 피할 수 있을까? 어떻게 데이 2 기업이 되는 것을 피할 수 있을까? 아마존이 민첩한 팀 구조와 고객을 대신하여 혁신하는 적응형 관행에 의존하는 것에서 답을 찾을 수 있다.

아마존에서는 직원이 아이디어가 떠올랐을 때 팀이 만들어진다. 아마존의 알렉사(Amazon's Alexa), 킨들 리더기(Kindle Reader), 파이어 태블릿(Fire Tablet), 파이어 TV(Fire TV), 아이폰용 프라임 애플리케이션(Pirme Application) 등과 같이 프로젝트가 클 수도 있고, 작은 규모의 프로젝트 중 하나일 수도 있다. 그 후, 직원은 기존 팀이나 부서 밖으로 나가 자신의 아이디어에 관심이 있는 다른 직원을 찾을 수 있으며, 프로젝트를 후원할 상사가 확정될 때까지 기존 아이디어를 변경하는 것도 가능하다. 만약 직속 상사가 후원을 거부하면, 해당 직원은 아마존 내 다른 상사에게 제안하는 것도 가능하다. 이처럼 다윈의 과정(Darwinian process)과 같이 파일럿 팀은 새로운 프로젝트를 위해 후원과 자원을 두고 경쟁한다.

팀을 구성할 때 지켜야 할 몇 가지 주요 원칙이 있다. 첫째, 팀을 작게 유지해야 한다. 이것은 아마존의 유명한 "투 피자(Two Pizza)" 규칙으로, 한 팀은 피자 두 판을 먹을 수 있는 사람, 즉 8~10명의 인원보다 많을 수가 없다. 문제가 너무 커져서 한 팀이 감당하기 어려워

©Mike Kane/Bloomberg/Getty Images

출처: Robin Gaster, "How Amazon Uses Agile Teams to Secure Its Rise to Power," *Business Insider*, April 14, 2021; Beth Galetti, John Golden, and Stephen Brozovich, "Insider Day 1: How Amazon Uses Agile Team Structures and Adaptive Practices to Innovate on Behalf of Customers," *SHRM Executive Network*, Spring 2019; Janson del Rey, "The Amazonification of the American Workforce," *Vox*, April 21, 2022.

지면 구성 요소로 나뉘고 다른 "투 피자" 팀이 만들어진다. 둘째, 각 팀에는 "싱글 쓰레드 오너(Single Thread Owner)", 즉 STO가 있어야 한다. 이 사람은 고위 관리자이며, 종종 그 팀을 책임지고, 경쟁 우선순위로부터 팀을 보호하고, 자원을 얻는 것을 돕는다(비록 중요한 프로젝트의 경우, STO는 해당 팀에만 초점을 맞출 수 있지만, STO는 여러 팀을 동시에 "소유"할 수 있다). 셋째, 각 팀은 아마존 내의 다른 팀이 전자적으로 데이터에 접근할 수 있다는 점에서 "개방적"이어야 한다. 이 개방적 접근은 팀이 서로 연결될 수 있도록 하는 중요한 메커니즘이며, 공식적인 계층 구조나 연락 역할 없이, 즉, 데이 2 관료 체제를 구축하지 않고 팀 간의 조정을 제공한다.

넷째, 각 팀은 제품개발에 있어 "역방향 작업(working backward)" 프로세스를 채택해야 한다. 이 개념은 모든 아이디어가 고객을 즐겁게 하는 방법에 대해 생각하는 것에서 시작하고, 팀은 제품을 만들기 위해 그것으로부터 역방향으로 작업해야 한다는 것이다. 아마존의 역방향 작업 프로세스의 일환으로, 각 팀은 제품개발 작업을 시작하기 전에 새로운 기능, 제품 또는 서비스, 그리고 고객을 위해 무엇을 하는지에 대해 자세히 설명하는 보도 자료를 작성해야 한다. 달리 말하면, 개발 작업이 시작되기 전에 끝점을 정의해야 한다. 보도 자료 외에도 질문과 대답을 다루는 문서가 있어야 한다. 이것은 또한 개발 작업이 시작되기 전에 작성된다. FAQ 문서는 새로운 제품이 어떻게 작동하고 아마존이 어떻게 실행할 것인지 구체화하기 위한 것이다.

아마존은 다음 연도의 목표, 투자 및 자원 요구 사항을 제시하는 팀을 위한 연간 전략 및 운영 계획 프로세스를 가지고 있다. STO는 이후 1년 내내 정기적으로, 때로는 매월 또는 매주 목표 대비 팀 성과를 감사하며 계획을 업데이트한다. 이 프로세스는 고위 임원에게 팀 진행 상황에 대한 가시성을 제공하고 필요에 따라 조정할 수 있도록 한다.

프로젝트가 개발되고 고객에게 제의가 보내지면 팀은 아마존 조직 내에서 완전히 독립적인 조직으로 변환하여 마케팅, 영업, 엔지니어링 및 재무 기능과 손익계산서를 각각 보유하며 자율성과 책임을 동시에 지니게 된다.

개요

우리는 전략이 기업의 조직적 배치와 기능적 차원의 조치를 통해 실행된다는 것에 주목하였다. 5장에서는 다양한 *사업수준전략(business-level strategy)*을 실행하는 데 필요한 기능적 조치에 대해 논의하였다. 이 장에서는 사업, 기업 및 글로벌 수준의 전략을 실행하기 위해 조직적 배치가 어떻게 구축되는지에 대해 살펴본다.

첫머리 사례에서 살펴본 것처럼, 아마존은 지속적인 혁신을 통해 세계에서 가장 큰 조직 중 하나로 성장하였다. 고객을 위한 새로운 상품과 서비스를 지속적으로 개발하여 운영의 효율성을 향상시켜 왔으며, 창업 정신을 유지해 온 대기업이다. 아마존에서는 고객 중심의 제품개발팀을 자율적으로 구성할 수 있도록 하는 방식을 활용하였다. 즉, 조직은 혁신을 장려하고 직원이 만든 팀에 권한을 부여하며 새로운 이니셔티브에 대한 추구를 저해할 수 있는 경직된 관료 체제의 형성을 억제하기 위해 설계되었다. 따라서 고객을 행복하게 유지하기 위한 지속적인 아마존의 혁신전략은 조직을 통해 실행된다.

12.1 조직 아키텍처의 개념을 설명한다.

12.1 조직 아키텍처

본 장에서는 **조직 아키텍처(organizational architecture)**를 활용하여 기업의 조직구조, 통제 시스템, 보상 시스템, 조직 프로세스 및 사람(또는 인적자본)을 포함한 조직 구성의 총체를 보여준다.[1] [그림 12.1]은 이 장에서 논의할 내용을 요약하고 있다.

조직구조(organizational structure)는 다음 세 가지를 의미한다. 첫째, 기업 내 의사결정 책임의 위치(중앙집중형 또는 분산형); 둘째, 조직을 기능, 제품 부문, 국가 운영 등의 하위 부서(subunit)로 공식적으로 나누는 것; 그리고 하위 부서의 활동을

조직 아키텍처
기업의 조직적 배치의 총체로서 기업의 공식 조직구조, 통제시스템, 보상시스템, 조직문화, 조직프로세스 및 인적자본을 포함하고 있음

조직구조
의사결정 책임의 위치, 조직을 공식적으로 하위 부서로 나누는 것, 그리고 하위 부서의 활동을 조정하기 위한 통합 메커니즘의 구축이 결합된 것

그림 12.1 조직 설계

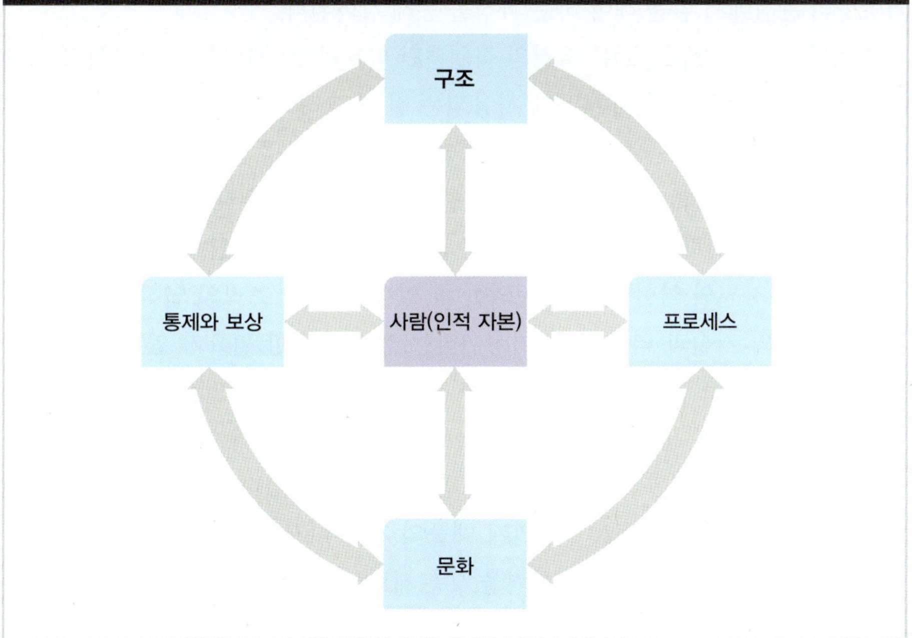

조정하기 위한 통합 메커니즘의 구축으로 나타낸다.

통제(controls)는 하위 부서의 성과를 측정하고 관리자가 해당 하위 부서를 얼마나 잘 운영하고 있는지 판단하는 데 사용되는 매트릭스이다. **인센티브(incentives)**는 직원의 헌신적인 행동을 장려하기 위해 사용되며, 성과 지표와 매우 밀접하게 연관되어 있다. 예를 들어, 3M의 사무용품 사업을 담당하는 매니저의 인센티브는 해당 사업부의 성과와 연결될 수 있다.

통제
하위 부서의 성과를 측정하고 관리자가 얼마나 잘 운영하고 있는지 판단하는 데 사용되는 매트릭스

인센티브
직원의 행동을 장려하기 위해 사용되는 것

조직 프로세스(organizational process)는 의사결정을 내리고 조직 내에서 업무를 수행하는 방식을 의미하며 전략 수립, 기업 내 자원 배분 방법 결정, 신제품 개발, 경영자 성과 평가 및 피드백 제공 등의 과정이 포함된다. 프로세스는 조직 내 의사결정 책임의 위치와 개념적으로 구별되지만, 둘 다 의사결정을 수반한다. 예를 들어, CEO가 기업의 전략을 결정하는 데 최종적인 책임이 있을 수 있지만(즉, 의사결정 책임이 중앙 집중화됨), 그들이 그 결정을 내리는 과정에서 하위 관리자와 직원들의 아이디어 권유와 비판이 포함될 수 있다.

조직 프로세스
조직 내에서 의사결정이 이루어지고 업무가 수행되는 방식

조직문화(organizational culture)는 조직의 직원들 사이에 공유되는 규범과 가치체계이다. 사회에 문화가 있듯이 조직도 마찬가지다. 조직은 집단적인 업무를 수행하기 위해 모인 개인들의 사회이며, 그들은 그들만의 독특한 문화와 하위문화의 패턴을 가지고 있다.[2] 조직문화는 기업의 성과에 지대한 영향을 미칠 수 있다. 예를 들어, 첫머리 사례에서 언급한 바와 같이 아마존은 고객 중심의 문화를 가지고 있다.

조직문화
조직의 직원들 사이에 공유되는 규범과 가치체계

이러한 문화는 팀원들이 신제품을 개발할 때 고객의 요구에 대한 평가를 우선하는 역방향의 관점에서 일을 해야 하는 과정을 통해 강화된다.

사람
조직의 직원들, 그리고 그러한 개인들을 모집하고 보상하고 동기를 부여하고 유지하는 데 사용되는 전략, 또한 직원들의 기술, 가치, 그리고 지향점을 의미

마지막으로, **사람(people)**은 조직의 직원뿐만 아니라, 그 사람들을 모집하고 보상하고 동기를 부여하고 유지하는 데 사용되는 전략, 그리고 그들의 기술, 가치, 그리고 지향점에 있어서 그 사람들의 유형을 모두 포함한다. 종합적으로 보면, 기업의 인적자본은 조직 내의 사람들, 즉 종업원들로 구성되는데, 우리는 이미 제3장과 제5장에서 기업의 전략을 실행하기 위해 종업원을 모집하고, 훈련하고, 개발하고, 보상하는 인적 자원의 역할에 대해 논의한 바 있다. 하지만 조직의 인적자본 가치는 직원 개개인의 기술과 역량의 합 이상이라는 점에 유의할 필요가 있다. 직원들이 독립적인 계약자로 일했다면 불가능했던 것들을 조직 내에서 달성할 수 있다는 점에서 그 가치의 대부분은 맥락에 따라 결정된다. 결국 조직의 아키텍처의 다른 요소들은 사람들이 특별한 일을 할 수 있는 환경을 만들 수 있다.

예를 들어, 1997년부터 2019년까지 애플의 제품 디자인 책임자였던 조니 아이브(Johnny Ive)는 확실히 뛰어난 실력을 갖춘 사람이다. 그러나 아이브는 애플 내에서 일하지 않았다면 아마도 그의 영향력을 발휘하기 어려웠을 것이다. 애플 내에서의 작업은 구조, 통제 시스템, 인센티브, 의사 결정 과정, 그리고 문화가 모두 아이브가 우아하게 디자인된 디지털 기기를 개발하는 데 도움이 되었을 것이다. 다시 말해, 아이브의 인적자본의 상당 부분은 그의 기술과 애플의 조직 아키텍처가 결합한 결과이다.

앞에 언급한 예시와 [그림 12.1]의 화살표로 설명한 것처럼, 조직 아키텍처의 다양한 구성 요소들은 서로 독립적이지 않다: 각 구성 요소는 아키텍처의 다른 부분을 형성하고 있으며, 예시로는 인적 자원에 관한 전략을 들 수 있다. 인적 자원은 내부 가치가 회사의 조직문화에서 강조하는 가치와 일치하는 개인을 적극적으로 고용할 수 있다. 조직 아키텍처의 인적 구성 요소는 조직의 지배적인 문화를 강화하는 데 사용될 수 있다. 경쟁 우위를 확보하고 성과를 극대화하려는 비즈니스 기업은 아키텍처의 다양한 구성 요소 간의 내부 일관성을 달성하는 데 세심한 주의를 기울여야 하며, 아키텍처는 기업의 전략과 기능적 활동을 지원해야 한다.

12.2 집권화 및 분권화, 통합 메커니즘, 기업이 사용할 수 있는 다양한 구조 형태 등 기업의 조직구조의 다양한 차원에 대해 논의한다.

12.2 조직구조

수직적 분화
집권화 또는 분권화를 의미하는 구조 내 의사결정 책임의 위치 및 조직구조가 수직적이거나 수평적인지를 의미하는 계층의 수

조직구조(organizational structure)는 세 가지 차원으로 생각할 수 있다. 첫째는 **수직적 분화(vertical differentiation)**로, 구조 내에서 의사결정 책임의 위치(집권화 또는 분권화)를 의미하며, 계층 구조 내 계층의 수(조직구조가 수직적 또는 수평적)를 의

미한다. 두 번째는 **수평적 분화(horizontal differentiation)**로, 조직을 형식적으로 하위 부서로 나누는 것을 말한다. 세 번째는 하위 부서를 조정하기 위한 **통합 메커니즘(integrating mechanisms)**의 구축이다. 각각의 개념에 대해 차례로 논의하도록 한다.

수평적 분화
조직을 하위 부서로 공식적으로 나눈 것

통합 메커니즘
조정 하위 부서에 사용되는 프로세스 및 절차

12.2a 집권화와 분권화

기업의 수직적 분화는 기업의 계층 내 의사결정 권한이 어디에 집중되어 있는지를 결정한다.[3)] 생산 및 마케팅 결정이 상위 관리자의 사무실에 집중되어 있는가? 아니면 하위 관리자에게 분산되어 있는가? R&D 결정에 대한 책임은 어디에 있는가? 중요한 전략적 및 재무적 결정이 운영 부서에 있는가? 아니면 최고경영진에게 집중되어 있는가? 집권화와 분권화 각각의 주장이 있다. **집권화(centralization)**는 회사의 상위 위계에 있는 경영자들에게 대부분 중요 의사결정 권한이 주어지는 것이다. 반면 **분권화(decentralization)**는 하위 관리자나 다른 직원들에게 의사결정 권한이 위양되는 것이다.

집권화
경영계층에서 의사결정 권한이 높은 수준으로 집중되는 구조

분권화
의사결정 권한이 하위 관리자 또는 기타 직원에게 분배되는 구조

집권화의 논거(arguments for centralization) 집권화를 주장하는 데에는 크게 네 가지가 있다. 첫째, 조정을 쉽게 할 수 있다. 예를 들어, 캘리포니아에 부품 제조 사업장을 두고 시애틀에 최종 조립 사업장을 두고 있는 회사를 생각해보자. 부품 사업장에서 조립 사업장으로 제품이 원활하게 흘러갈 수 있도록 이 두 사업장의 활동을 조정할 필요가 있다. 이는 회사의 본사에서 생산 일정을 집권화를 통해 달성할 수 있다.

둘째, 집권화는 의사결정이 조직의 목표와 일치하도록 보장하는 데 도움이 될 수 있다. 하위 관리자에게 의사결정이 분산되어 있을 때, 해당 관리자는 최고경영자의 목표와 다른 의사결정을 내릴 수 있다. 하지만 중요한 의사결정을 집권화하는 것은 이러한 일이 일어날 가능성을 최소화한다. 예를 들어, 주요 전략적 의사결정은 조직 전체가 같은 방향으로 움직이고 있는지 확인하기 위해 중앙에 집중될 수 있다. 이런 의미에서 집권화는 조직을 통제하는 방법이다.

셋째, 집권화는 조직 내 다양한 하위 부서에서 유사한 활동을 수행할 때 발생하는 활동의 중복을 방지할 수 있다. 예를 들어, 일부 기업은 R&D 업무가 중복되지 않도록 R&D 기능을 한 곳 또는 두 곳에 집중화하기도 한다. 마찬가지로 생산 활동을 핵심 장소에 집중화하여 중복을 없애고 규모의 경제를 실현하며 비용을 절감할 수 있다. 구매 결정에서도 마찬가지일 수 있다. 예를 들어, 월마트는 모든 구매 결정을 아칸소에 있는 벤튼빌 본사에 집중화했다. 본사의 구매 담당자들은 막대한 협상력을 발휘함으로써 월마트가 매장에서 판매하는 상품에 대해 지불하는 비용을 줄일 수 있었다. 그런 다음 이러한 절감액을 더 낮은 가격의 형태로 소비자에게 전

달하여 시장 점유율과 수익을 높일 수 있었다.

넷째, 권력과 권한을 한 개인이나 관리팀에 집중시킴으로써, 집권화는 최고 수준의 관리자들에게 필요한 주요 조직 변화를 가져올 수 있는 수단을 제공할 수 있다. 종종 조직을 혁신하고자 하는 기업은 핵심 개인(또는 그룹)에게 권력과 권한을 집중시키고, 이 개인은 기업의 새로운 전략적 방향을 설정하고 조직 아키텍처를 다시 그린다. 그러나 새로운 전략과 구조가 결정되면 의사결정의 더 큰 분산이 뒤따른다. 달리 말하면, 의사결정 권한의 *일시적인* 집권화는 종종 조직 변화에서 중요한 단계이다.

분권화의 논거(arguments for decentralization) 분권화의 주장은 크게 다섯 가지로 나뉜다. 첫째, 의사결정 권한이 중앙에 집중될 때 최고경영자는 과중한 업무 부담을 가질 수 있다. 집권화는 고위 관리자들이 처리해야 할 정보의 양을 증가시키고, 이는 정보 과부하와 의사결정의 부실을 초래할 수 있다.[4] 분권화는 하위 관리자들에게 더 일상적인 문제를 위임하고 최고 관리자들이 처리해야 할 정보의 양을 줄임으로써 최고경영자들이 중요한 문제에 집중할 수 있는 시간을 준다.

둘째, 동기부여 연구에서는 분권화를 선호한다. 행동과학자들은 오랫동안 사람들이 그들의 일에 대한 더 많은 자유와 통제를 가질 때 그들의 일에 더 많은 것을 기꺼이 줄 것이라고 주장해왔다. 직원 권한 부여의 이면에 있는 생각은 직원들에게 직무에 대한 책임을 더 많이 부여하면 직원들이 더 열심히 일해서 생산성을 높이고 비용을 절감할 수 있다는 것이다.

셋째, 분권화는 유연성을 높여 환경변화에 더 신속하게 대응할 수 있게 해준다. 집권화된 기업에서 승인을 위해 의사결정을 위계적으로 하는 것은 의사결정의 속도를 크게 방해하고 급격한 환경변화에 적응하는 기업의 능력을 저해할 수 있다.[5] 이로 인해 기업이 경쟁적으로 불리해질 수 있다. 관리자는 조직 내에서 낮은 수준으로 의사결정을 분산하여 이 문제에 대처해야 한다. 따라서 월마트에서는 기업이 구매에 있어 규모의 경제를 실현할 수 있도록 구매 결정이 집권화되어 있지만, 일상적인 가격 결정과 재고 결정은 가격에 대한 통제력을 어느 정도 가지고 지역 상황에 따라 재고 상품을 결정하는 개별 상점 관리자에게 분산되어 있다. 이를 통해 매장 관리자는 지역 경쟁사의 수요 감소나 조치와 같은 지역 환경변화에 신속하게 대응할 수 있다. 마찬가지로 첫머리 사례에서 설명한 바와 같이 아마존은 조직 내의 자율적인 팀들에게 새로운 제품 기회를 파악하고 개발할 책임을 분산시켰으며, 아마존은 이러한 자율적인 팀들이 제품개발에 대한 의사결정이 집권화된 기업들보다 민첩성을 높인다고 주장했다.

넷째, 분권화는 더 나은 결정을 낳을 수 있다. 분권화된 구조에서 의사결정은 관리자들보다 현장에 대한 더 나은 정보를 가진 (아마도) 개인들에 의해 내려진다. 프록터 앤드 갬블(Procter & Gamble)의 CEO가 독일에서 세제 사업에 대한 마케팅 결정을 내리는 것은 말이 안 될 수도 있다. 왜냐하면 그들은 관련된 전문 지식과 정보를 가지고 있지 않을 것이기 때문이다. 따라서 이러한 결정은 독일 시장을 잘 알고 있는 현지 마케팅 관리자가 맡게 된다.

다섯째, 분권화는 통제력을 증대시키고 조직 내에서 비교적 자율적이고 자주적인 하위 부서를 설정하는 데 사용될 수 있다. **자율관리팀**(autonomous subunit)은 일상적인 운영에 필요한 모든 자원과 의사 결정권을 가지고 있는 단위로, 자율적인 하위 단위의 관리자에게 하위 단위 성과에 대한 책임을 물을 수 있다. 하위 단위 관리자가 하위 단위 성과에 영향을 미치는 결정에 대해 더 많은 책임을 질수록 성과 저하에 대한 변명은 줄어들고 더 많은 책임을 질 수 있다. 그러므로 월마트의 최고경영자들은 지역 직원을 고용하고, 일부 가격을 책정하고, 상품화 결정을 내릴 수 있는 권한을 점포 관리자들에게 부여함으로써, 지역 점포 관리자들에게 그들의 점포 성과에 대한 책임을 물을 수 있게 된다. 따라서 분권화는 최고관리자의 조직 통제 능력을 증가시킨다. 집권화가 조직의 통제력을 유지하는 한 가지 방법이듯이, 분권화 또한 이러한 방법으로 볼 수 있다.

자율관리팀
일상적인 영업을 운영하는 데 필요한 모든 자원과 의사결정 권한을 갖춘 하위 부서

집권화와 분권화 사이의 선택 집권화와 분권화 사이의 선택이 절대적인 것은 아니다. 종종 의사결정 유형과 기업의 전략에 따라 일부 의사결정은 집권화하고 다른 의사결정은 분권화하는 것이 합리적이다. 월마트가 구매 의사결정을 집권화하고 가격 및 재고 결정을 분권화하는 방법에 대해서는 앞에서 이미 언급하였다. 마찬가지로 마이크로소프트도 Redmond 회사 캠퍼스에서 Windows 운영 체제의 주요 개발 활동을 집권화하고 있지만, 마케팅 및 판매에 대한 책임은 업무를 수행하는 각 국가 및 지역의 로컬 관리자에게 분산되어 있다. 집권화와 분권화 사이의 선택은 고려되는 상황에 따라 다르지만 몇 가지 중요한 일반화가 이루어질 수 있다.

첫째, 기업의 전반적인 전략, 주요 재정 지출, 재무 목표 및 법적 문제에 관한 결정은 대부분 조직에서 고위 관리 수준에서 결정된다. 기업의 전략과 환경에 따라 생산, 마케팅, 연구개발, 인적자원관리 등과 관련된 기능적 의사결정은 집권화될 수도 있고 그렇지 않을 수도 있다.

둘째, 규모의 경제 실현이 중요한 요소일 때 집권화에 더 크게 치중되는 경향이 있다. 중복 의사결정을 하지 않고 규모의 경제를 실현하기 위해 구매 및 제조 결정을 집권화하는 경우가 많다. 대조적으로, 규모의 경제는 여기서 고려 대상이 덜되므로 판매 결정은 더 분산되는 경향이 있다.

셋째, 지역적 적응(local adaptation)이 중요할 때 분권화를 선호하는 경우가 일

반적이다. 지역 시장에서 조건 간에 상당한 차이가 있을 때, 마케팅 및 판매 결정은 종종 지역 마케팅 및 판매 담당자에게 분산된다. 유니레버(Unilever)와 같은 다국적 소비재 기업은 제조 및 구매에 관한 결정을 규모의 경제를 실현하기 위해 집권화하지만, 경쟁 조건이 나라마다 다르며 현지 적응이 필요하기 때문에 서로 다른 국가의 지역 브랜드 매니저에게 마케팅 및 판매 결정을 분권화시킨다.[6)]

마지막으로, 높은 불확실성과 급격히 변화하는 환경에서는 분권화를 선호한다. 기업 시장의 경쟁 조건이 신기술과 예측하기 어려운 방식으로 새로운 경쟁자들이 빠르게 변하는 경우, 집권화는 의사결정 속도를 늦추기 때문에 기업을 경쟁적으로 불리하게 만들 수 있다. 이로 인해 많은 첨단 기술 기업들은 더 예측 가능한 환경에서 운영되는 기업보다 더 높은 수준의 분권화를 채택한다.[7)] 예를 들어, 아마존에서는 하위 직원에게 새로운 비즈니스 아이디어를 개발할 수 있는 권한과 해당 아이디어를 개발하기 위한 자금을 최고 관리자에게 로비할 수 있는 권한이 부여된다(첫머리 사례 참조). 이러한 전략 결정의 분권화는 자동차 산업과 같이 더 안정적인 환경에서 운영되는 기업에서는 찾아볼 수 없다. 집권화와 분권화 사이에서 잘못된 선택을 하는 데 드는 비용에 관한 사례는 연방재난관리청(FEMA)와 허리케인 카트리나(Hurricane Katrina)의 [전략 실행 사례 12.1]을 참조하면 되겠다.

12.2b 위계 조직 vs 수평 조직

위계 조직
많은 계층의 관리 기능을 갖춘 조직구조

수평 조직
관리 계층이 거의 없는 조직구조

수직적 차별화의 두 번째 측면은 조직 계층의 수로 나타난다. **위계 조직(tall hierarchies)**에는 관리 계층이 많지만, **수평 조직(flat hierarchies)**에는 관리 계층이 매우 적다([그림 12.2] 참조). 기업 대부분은 소규모로 시작하며, 계층 구조에서 하나 또는 많아야 두 개의 계층으로만 시작한다. 이들이 성장함에 따라 경영진은 일상적인 운영에 대해 처리할 수 있는 정보의 양과 통제력에 한계가 있음을 알게 된다. 따라서 관리 계층에 다른 계층을 추가하여 관리자를 더 많이 고용하고 의사결정 권한을 위임하는 경향이 있다. 즉, 조직이 커질수록 위계가 커지게 된다.

또한 성장하는 조직은 제품군을 확장 또는 다양화, 수직적 통합, 새로운 지역 또는 국가 시장으로 확장하는 등 더 많은 활동을 수행하는 경우가 많다. 이로 인해 조정 및 통제의 문제도 발생하며, 조직은 이에 대응하기 위해 종종 또 다른 관리 계층을 추가한다. 계층 구조에 단계를 추가하는 것은 관리자가 할 일이 너무 많을 때 발생한다. 추가되는 단계의 수는 부분적으로 관리자가 효과적으로 처리할 수 있는 통제의 범위에 따라 결정된다.

전략 실행 사례 12.1

연방재난관리청과 허리케인 카트리나

집권화와 분권화 사이에서 잘못된 선택의 비용이 생생히 드러난 사례는 2005년에 허리케인 카트리나(Hurricane Katrina)가 뉴올리언스에 미친 파괴적인 영향에 대한 연방재난관리청(Federal Emergency Management Agency: FEMA)의 대응 때 일어났다. 허리케인으로 도시의 많은 지역이 침수되고 의무적인 대피가 이뤄졌다. 그러나 재난 구호를 담당하는 연방 기관인 FEMA는 수십만 명의 재난피해 주민들의 구제에 매우 느리게 대응하여 많은 비판을 받았다. 며칠 동안 수천 명의 피해 주민들이 음식과 위생 시설이 부족한 뉴올리언스 슈퍼돔(New Orleans Superdome)에 모여있는 동안 FEMA는 어디에서도 볼 수 없었다.

FEMA가 늑장 대응한 이유 중 하나는 2001년 9월 11일 이후 한때 자치기관이었던 국토안보부가 직접 감독을 맡았기 때문으로 사후에 밝혀졌다. FEMA 관계자들은 현장에서 대처하기 전에 상부와 구호 활동에 대해 논의해야 한다고 느낀 것으로 파악됐다. 이로 인해 재난 초기에 기관은 중대한 시간을 소모했고 대응이 현저히 늦어졌는데, 이는 구호 활동이 예상했던 것보다 효과적이지 못했다는 것을 의미한다. 게다가, FEMA는 형편없이 관리되고 있었다. 그 기관의 수장인 정무관 마이크 브라운은 재난 구호에 대한 경험이 없었으며, 예산 삭감으로 인해 기관은 극도로 좌절된 상태였다.

FEMA에 대해 매우 비판적인 보고서에서, 카트리나에 대한 대응을 검토하는 책임을 맡은 미국 상원 위원회는 "민첩성의 실패"라고 언급했고, 모든 정부의 대응 계획은 유연성과 적응력이 부족하고, 이는 종종 대응을 지연시킨다고 결론 내렸다. 즉, 의사결정이 너무 집권화되어 있고, 관료적이며 융통성이 없다는 것이다. 이 경우에는 분권화가 큰 도움이 되었을 것이다.

출처: "A Failure to Innovate: Final Report of the Select Bipartisan Committee to Investigate the Preparation for and Response to Hurricane Katrina," United States Government Printing Office, February 17, 2006; *The Economist*, "When Government Fails—Katrina's Aftermath," September 2005, p. 25.

그림 12.2 위계 조직과 수평 조직

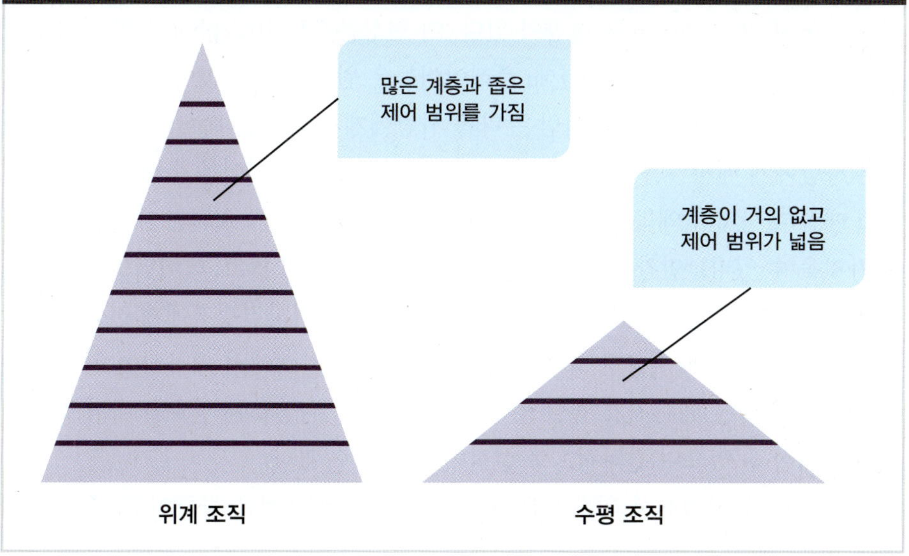

통제의 범위
관리자의 감독하는 수

통제의 범위 통제의 범위(span of control)란 경영자가 직접 보고받는 부하의 수를 말하는데, 한때는 6명의 부하 직원이 최적의 통제 범위라고 생각하였다.[8] 만약 관리자가 부하 직원 6명 이상을 책임질 경우, 그들은 곧 무슨 일이 일어나고 있는지 파악하지 못하고 통제력을 잃게 된다고 주장했다. 이제 그 관계가 이렇게 단순하지 않다는 것을 인식하게 되었다. 관리자가 다룰 수 있는 직접적인 보고의 수는 (1) 감독 대상 업무의 성격, (2) 부하 직원의 성과가 보이는 정도, 그리고/또는 (3) 조직 내의 분권화 정도에 따라 달라진다. 일반적으로 부하 직원들이 수행하는 업무가 일상적이고, 그들의 성과가 가시적이고 측정하기 쉬우며, 또는 그들이 많은 결정을 내릴 수 있는 권한이 있고 승인이나 협의를 위해 계층 구조를 참조할 필요가 없다면, 관리자는 광범위한 통제권을 가지고 운영할 수 있다. 논의의 대상이 얼마나 넓은지에 따라 다르겠지만, 상황이 허락한다면 경영자가 직접 보고를 20건 정도는 효과적으로 처리할 수 있을 것이다.

종합하면, 조직이 성장하고 더 많은 활동을 수행함에 따라 관리 계층이 높아지는 경향이 있지만, 그 위계는 실행 가능한 통제 범위에 따라 달라지며, 다시 수행되는 업무의 성격, 하위 성과의 가시성, 조직 내 분산 정도에 따라 달라진다. 관리자는 조직 설계를 통해 하위 부서 성과의 가시성과 분권화의 정도에 영향을 미칠 수 있으므로, 조직 규모와 다양성이 관리 계층의 규모에 미치는 영향을 제한할 수 있다는 점에 유의할 필요가 있다. 이는 조직에 계층을 추가하면 상위 관리자의 업무량을 줄일 수 있고 통제 손실을 줄일 수 있지만, 위계 조직에는 고유한 문제가 있기 때문에 중요하다.

위계 조직의 문제점들 위계 조직은 몇 가지 문제가 발생할 수 있으며, 이로 인해 조직의 효율성과 효과성이 저하될 수 있다. 첫째, 정보가 계층 구조의 계층을 지나면서 *의도치 않게 왜곡*되는 경향이 있다. 이 현상은 "전화(telephone)"라는 게임을 해본 사람이라면 누구나 친숙한데, 플레이어들은 원을 그리며 앉아 옆에 앉은 사람에게 메시지를 속삭이고, 그 사람은 다음 사람에게 메시지를 속삭이고, 그 방에서 다른 사람에게 메시지를 속삭이는 것이다. 종종 모든 플레이어를 통해 메시지가 전달될 때쯤 메시지가 왜곡되어 의미가 바뀌기도 한다(게임의 요점인 재미있는 결과를 가져올 수 있다). 인간은 정보를 전달하는 데 능숙하지 않고, 데이터를 꾸미거나 생략하는 경향이 있다. 관리 상황에서 중요한 정보가 의사결정자에게 전달되기 전에 위계 조직의 여러 계층을 통과해야 하는 경우, 그 과정에서 왜곡되어 원래 전송된 메시지와 다른 메시지가 전달될 수 있다. 따라서 부정확한 정보를 바탕으로 결정이 내려질 수 있으며 결과적으로 실적이 저하될 수 있다.

관리 계층을 거치면서 의도치 않게 정보가 왜곡되는 것은 물론이고, 중간 관리자들이 윗사람의 비위를 맞추거나 개인적인 안건을 추진하려는 *의도적인 왜곡*의 문제도 있다. 예를 들어, 부서의 관리자는 자신이 관리하는 부서의 성과를 상위 관리자에게 "눈속임(window dress)"하고 승인을 얻기 위해 긍정적인 정보를 과장하면서 부정적인 정보를 자제할 수 있다. 그렇게 함으로써, 그들은 더 많은 자원에 접근할 수 있고, 성과 보너스를 얻거나, 실적 부진에 대한 제재를 피할 수 있다. 모든 것이 같고 계층 구조에서 계층이 많을수록 사람들이 의도적으로 정보를 왜곡할 기회가 더 많이 존재한다. 정보가 왜곡되는 정도는 고위 관리자들이 부정확한 정보를 바탕으로 중요한 의사결정을 하게 되고, 이로 인해 성과가 낮아질 수 있음을 다시 한번 시사한다. 경제학자들은 조직 내에서 개인적 이익을 위해 의도적으로 정보를 왜곡함으로써 발생하는 효율성의 손실을 **영향 비용**(influence costs)이라고 하며, 이 비용이 조직 내에서 낮은 효율성의 주요 원인이 될 수 있다고 주장하였다.[9)]

영향 비용
조직 내 개인의 이익을 위해 의도적으로 정보를 왜곡함으로써 발생하는 효율성의 손실

계층 구조에서의 정보 왜곡에 관한 흥미로운 사례는 미국과 동맹국이 2003년 이라크 침공 전에 이라크의 대량살상무기에 대한 정보의 질에 관련된 것이다. 이라크 침공을 정당화하는 데 도움을 주기 위해 사용된 생물학적 무기에 대한 정보는 알코올 중독자였던 "커브볼(curveball)"이라는 코드명을 가진 이라크 망명자에게 들은 것으로, 그를 인터뷰했던 한 국방부 분석가가 보기에, "정보원으로서 전혀 쓸모가 없다"라고 판단하였다. 하지만 정보계의 고위급 인사들은 커브볼이 제공한 정보를 빼내 국방부 분석가가 표현한 내용을 제외하고 콜린 파월(Colin Powell) 미 국무장관에게 고급 정보로 넘겼고, 콜린 파월 국무장관은 전쟁을 정당화하기 위해 유엔에 한 연설에 이 정보를 포함했다. 당시 파월은 이 정보의 매우 의심스러운 부분을 전혀 몰랐었다. 그는 나중에 이 사실을 알았다면 연설에 포함하지 않았을 것이라고 말하였다. 파월과 미 국방부 분석관 사이에 있던 문지기들(gatekeepers)은 정보를 일부러 왜곡한 것으로 보이며, 아마도 자신들의 의도나 다른 당사자들의 호의를 얻기 위해 그랬을 것으로 생각된다.[10)]

위계 조직의 세 번째 문제는 비용이 많이 든다는 것이다. 중간 관리자의 여러 계층에 대한 급여와 혜택이 총비용에 더해져 기업의 비용 구조를 증가시킬 수 있다. 상응하는 혜택이 없는 경우, 위계 조직은 기업을 경쟁에서 불리하게 만들 수 있다.

마지막으로, 위계 구조와 관련된 본질적인 관성에 대한 문제가 있다. 조직은 본질적으로 관성이 있는데, 즉, 조직을 변화하기가 어렵다. 조직 내에서 관성의 한 원인은 자신들의 영역과 아마도 자신들의 직무를 보호하기 위해 매니저들이 현상 유지를 주장하기 때문이다. 위계 구조에서는 더 많은 영역이 있고, 권력과 영향력의 중심이 있으며, 그리고 변화에 반대하는 목소리도 더 높다. 따라서 위계 구조는 변화 속도가 느린 경향이 있다.

계층의 간소화
관리 계층의 수준 수를 줄이는 프로세스

계층의 간소화-계층 구조 크기 줄이기 많은 기업이 관리 계층의 크기를 제한하려고 시도한다. 관리 계층의 수를 줄이기 위한 계층의 간소화(delayering)는 기업 성과를 향상시키기 위한 많은 시도의 표준 구성 요소가 되었다.[11] 계층의 간소화는 좋은 시기에는 많은 기업이 효율적이지 않은 정도로 관리 계층을 확장하는 경향이 있다고 가정한다. 그러나 위계 구조와 관련된 관료적 비효율성은 경쟁 환경이 어려워지면 더 명확하게 드러난다. 이때 관리자들은 계층의 간소화를 추구하게 된다. 계층의 간소화와 동시에 통제 범위를 넓히는 것은 조직 내에서 분권화를 강화하고 관련 효율성을 향상시키는 방법으로 볼 수 있다.

계층의 간소화는 잭 웰치(Jack Welch)가 지낸 General Electric에서의 표준 기능이었다. 그 기간 그는 15만 명의 직원을 해고하고 계층 구조를 아홉 층에서 다섯 층으로 줄이면서 GE의 이익과 매출을 동시에 증가시켰다. 웰치는 GE가 후임들의 임기 동안 너무 많은 상위 계층으로 구성되었다고 믿었다. 그의 전략의 중요한 요소 중 하나는 GE를 더 가볍고 빠르게 움직이는 조직으로 변화시키는 것이었으며, 이를 위해 계층의 간소화가 필요하였다. 웰치 자신은 20명의 부하 직원이 직접 그에게 보고하는 광범위한 통제 범위를 가지고 있었고, 그중에는 GE의 15개 최상위 사업 부문의 책임자들도 포함되어 있었다. 마찬가지로 웰치 시절 GE 의료 시스템 사업부의 책임자였던 제프리 임멜트(Jeffery Immelt)는 21명의 직속 부하직원을 가지고 있었다(웰치의 후임 CEO로 임멜트는 임명되었다).[12]

12.2c 조직구조 형태

대부분 기업은 처음에는 공식적인 구조가 없고 단일 기업가나 소규모 팀에 의해 운영된다. 기업이 성장함에 따라 한 개인이나 소규모 팀이 감당하기에는 경영진의 요구가 너무 커지게 된다. 이 시점에서 조직은 기업의 가치사슬을 대표하는 다양한 기능으로 분할된다(제3장 참조).

기능구조
기업 내의 업무 분업에 기반을 둔 조직구조로, 서로 다른 기능이 서로 다른 업무에 중점을 둠

기능구조 기능구조(functional structure)에서, 조직의 구조는 서로 다른 업무에 초점을 맞춘 서로 다른 기능을 가진 기업 내의 명백한 분업 체계를 따른다. 생산기능, 연구개발기능, 마케팅기능, 판매기능 등이 있을 수 있다([그림 12.3] 참조). CEO와 같은 최고 관리자나 소규모 최고 관리팀이 이러한 기능을 총괄한다. 규모에 상관없이 대부분의 단일 기업은 기능적인 측면에서 조직화되어 있다.

기능구조는 단일 사업체에는 잘 작동할 수 있지만, 기업이 여러 사업으로 확장되면 문제가 발생할 수 있다. 구글은 검색 회사로 시작되었지만 운영 체제(Android 및 Chrome), 소프트웨어 응용 프로그램(Google Docs), 디지털 미디어 배포(Google Play) 및 소셜 제품(Google Plus, Blogspot)으로 확장되었다. 이러한 다양한 사업을

그림 12.3 전형적인 기능구조

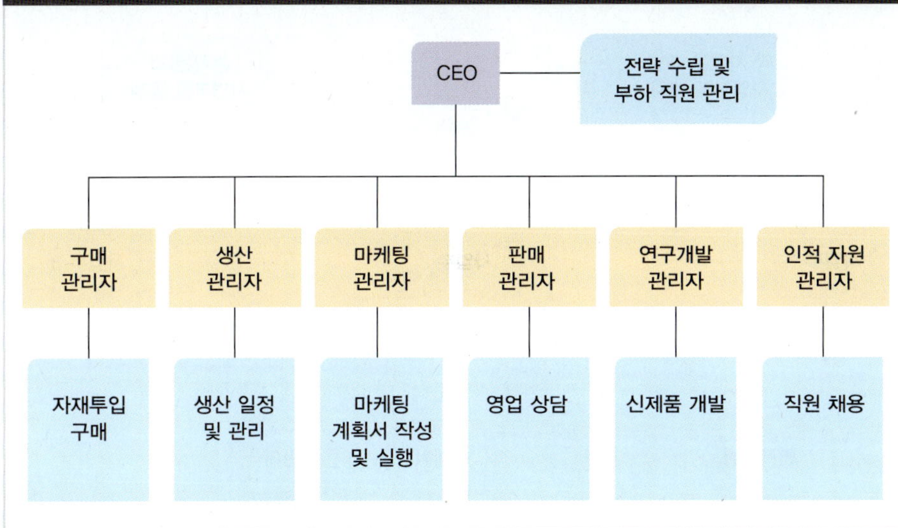

기능별 구조의 맥락에서 관리하려고 하면 책임, 조정 및 통제에 관한 문제가 발생하게 되어, 2015년에 구글은 알파벳(Alphabet Inc.)으로 전환하고 각각을 자체 제품 부문으로 배치하였다.[13]

통제 관점에서, 각 사업의 활동이 다양한 기능에 흩어져 있을 때 각각 구별된 비즈니스의 수익성을 식별하는 것이 어려워지고, 기업의 성과가 좋은지 나쁜지 판단하기 쉽지 않다. 또한 각 사업의 성과를 책임지는 개인이나 경영진이 없기 때문에, 조직 내에는 책임 부재가 있고, 이는 통제력 저하로 이어질 수 있다. 조정의 경우, 비즈니스를 효과적으로 운영하는 데 필요한 각 기능 간의 긴밀한 조정을 달성하기 어렵다. 특히, 생산과 마케팅 같은 서로 다른 기능들을 동시에 관리할 때는 더 힘들 수가 있다. 또한, 여러 비즈니스 영역의 가치 창출 활동을 주관하고 있는 경우 기능별 부서를 운영하는 것이 어려울 수 있다.

사업부 구조 우리가 방금 논의한 문제들은 미국 경영 사상의 선구자 중 한 명인 알프레드 슬로언(Alfred Sloan)에 의해 1920년대에 처음으로 인식되었다. 당시 그는 세계에서 가장 큰 기업이었던 GM의 CEO이었으며, 그의 지휘 아래 GM은 여러 사업으로 다각화하였다.[14] 여러 개의 다른 브랜드로 자동차를 생산하는 것 외에도 트럭, 비행기 엔진과 냉장고를 만들었다. 기능별 구조의 프레임워크 내에서 이러한 다양한 비즈니스를 운영하는 데 어려움을 겪은 후, 슬로언은 근본적으로 다른 구조가 필요하다는 것을 깨닫게 되었다. 그의 해결책은 지금까지도 다각화된 다중사업 기업을 조직하는 전형적인 방법인 사업부 구조를 도입하는 것이었다([그림 12.4] 참조).

그림 12.4 사업부 구조

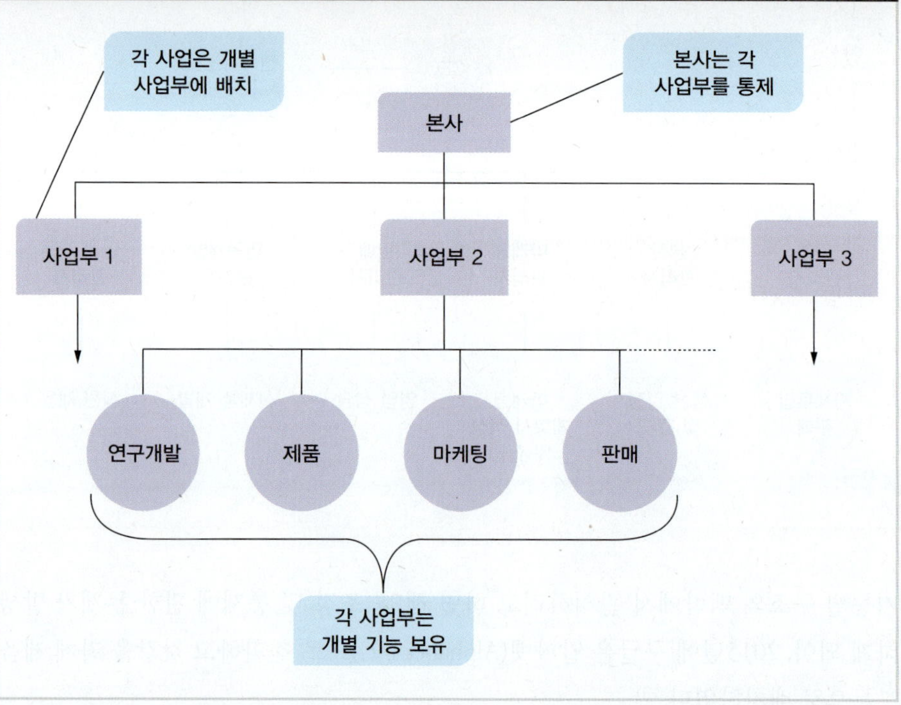

사업부 구조
기업이 서로 다른 사업 영역을 담당하는 부서로 분할된 조직구조

사업부 구조(multidivisional structure)에서 기업은 서로 다른 사업 영역을 담당하는 여러 부서로 나뉘게 된다. 사업부 구조는 다각화 기업을 관리하는 표준적인 구조 형태가 되었고, 대부분 다중사업 구조의 기업에서는 각 부문이 독자적인 기능을 갖춘 자율적인 독립체로 설정되어 있다. 기능적 의사결정과 비즈니스 수준 전략에 대한 책임은 일반적으로 각 사업부로 분산되며, 각 사업부는 해당 사업부의 성과에 대한 책임을 지게 된다. 본부는 기업의 전반적인 전략 개발(기업 수준 전략), 다양한 사업부의 통제, 사업부 간 자본 배분, 각 사업부를 운영하는 관리자의 감독 및 지도, 그리고 사업부 간 가치 있는 지식을 전달하는 역할을 담당한다.

성과 목표를 달성할 때 각 사업부는 일상적인 운영을 수행하기 위해 주로 본사와 사업부 경영진 간에 연간 단위로 협의가 이뤄진다. 그러나 본사는 종종 사업부 관리자들이 그들의 전략을 잘 생각할 수 있도록 도와준다. 따라서 3M의 CEO는 3M의 포트폴리오 내에서 다양한 사업부에 대한 전략을 수립하지 않지만(사업부 관리자에게 분산되어 있음), 사업부 관리자의 전략을 통해 그들이 충분히 고려했는지를 확인한다. 또한 관리자들이 여러 사업부에 걸쳐 모범 사례를 공유하고 여러 비즈니스에 걸친 전략을 수립하고 구현하는 데도 힘을 쏟고 있다.

사업부 구조에 관한 주장 중 하나는 이 구조가 사업부 관리자들이 효율성에 중점을 둘 수 있는 내부 환경을 조성한다는 것이다.[15] 각 사업부는 독립적인 독립체이기 때문에 그 성과가 매우 가시적이다. 책임감과 의무감이 높다는 것은 사업부 관리자들이 실적 부진에 대한 변명의 여지가 없지만, 이들은 효율성 향상에 집중할 수 있는 동기부여가 된다. 사업부 관리자들의 기본 급여, 보너스, 승진 기회는 해당 사업부의 성과와 직접적으로 관련 있다. 또한 자본도 최고경영진이 경쟁 사업부 간 효과적 투자 가능성을 바탕으로 배분된다. 사업부를 성장시키기 위해 더 많은 자본을 받으려 하고 급여 인상 및 보너스를 획득하려는 욕구는 사업부 관리자들이 그들이 관리하는 사업의 경쟁력을 향상시키는데 더 많은 동기부여를 가지게 만든다.

한편, 본사에서 사업부 관리자들에게 성과를 향상시키도록 하는 과도한 압박은 최악의 경영 관행을 초래할 수도 있다. 이러한 압박은 기업의 장기적인 경쟁력에 부정적인 영향을 줄 수 있음에도 불구하고 단기성과를 높이기 위해 필요한 공장, 장비 및 R&D 투자를 줄이는 것이 포함될 수 있다.[16] 따라서 이러한 문제를 방지하기 위해 최고경영자는 각 사업부를 잘 이해하고, 달성 가능한 성과 목표를 설정하고, 사업부의 회계 및 운영을 정기적으로 감사할 수 있는 인력을 확보하여 단기성과 중심이 아닌 장기적인 경쟁력을 만들어야 한다.

매트릭스 구조 급변하는 환경에 속한 첨단 기술 기업들은 기능, 특히 R&D, 생산, 마케팅 간 긴밀한 조율을 위해 **매트릭스 구조**(matrix structure)를 도입한다.[17] 연구개발은 제조 및 마케팅 간의 긴밀한 조정이 필요하다. 이는 (a) 효율적으로 생산될 수 있는 제품을 디자인하고, (b) 고객의 요구 사항을 고려하여 디자인되어 성공적인 제품 상용화의 가능성을 높이기 위함이다(제5장 참조). 연구개발, 제조, 마케팅 사이의 긴밀한 조정은 제품개발을 더 빠르게 하는 결과를 가져옴으로써 기업이 경쟁사보다 우위를 점할 수 있다.[18] [그림 12.5]에 제시된 바와 같이, 이러한 조직에서는 한 직원이 기업 내에서 두 하위 부문에 속할 수 있다. 예를 들어, 관리자는 제조 및 제품개발팀의 구성원일 수 있다.

매트릭스 구조
관리자들이 기능, 특히 연구개발, 생산, 마케팅 간의 긴밀한 조정을 위한 조직구조

매트릭스 구조는 서류상으로는 좋아 보이지만, 현실은 매우 다르다. 이 구조는 매우 신중하게 관리하지 않으면 잘 작동하지 않는다.[19] 실제로 매트릭스는 다소 어설프고 관료적이다. 너무 많은 회의가 필요해서 실질적인 작업을 하는 것이 어렵다. 특히 이중 계층 구조는 계층의 서로 다른 측면 사이에 갈등과 영구적인 권력 투쟁을 초래할 수 있다. 예를 들어, 한 첨단 기술 회사에서는 제조 관리자는 최고의 인력들이 기능적인 업무에 집중하지 못하게 하는 것을 걱정해 제품개발팀을 함께 구성하는 것을 꺼렸었다. 결과적으로 제품개발팀이 제대로 운영되지 못하는 상황이 발생했다.

매트릭스 구조의 또 다른 문제점은 누구의 책임인지 명확하게 구분하기 어렵다는 것이다. 모든 중요한 결정이 서로 다른 계층 간의 협상의 결과일 때, 만약 그 일

그림 12.5 매트릭스 구조

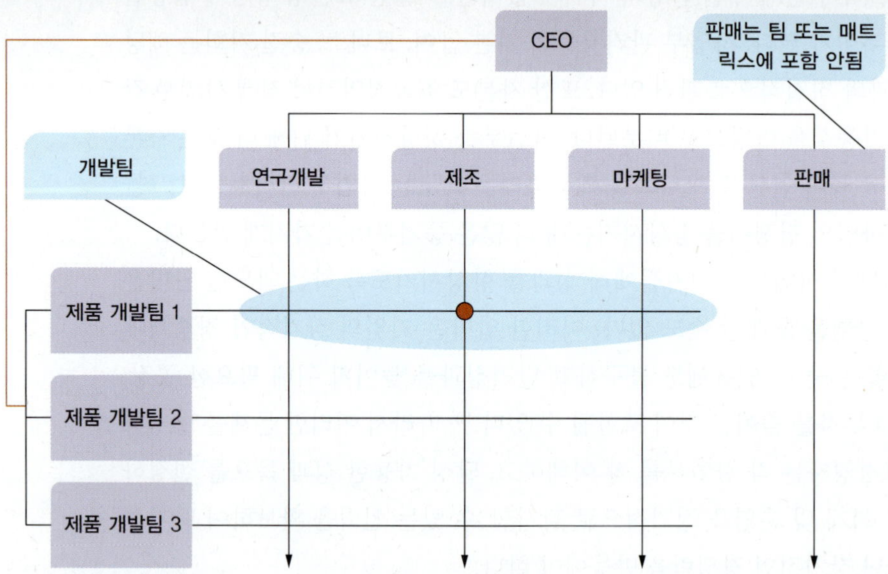

이 잘못된다면, 한쪽은 항상 다른 쪽을 탓할 수 있다. 한 첨단 매트릭스 구조의 관리자가 실패한 제품 출시에 대해 반성하면서 저자에게 말했다. "엔지니어링 그룹이 개발팀에게 제대로 자원을 제공했다면, 우리는 그 제품을 제때 출시했을 것이고, 성공적이었을 것이다." 반면에, 엔지니어링 그룹의 책임자는 "우리는 그들이 성공할 수 있도록 모든 조처를 했지만, 프로젝트는 잘 관리되지 않았다. 그들은 엔지니어링 기술에 대한 요청을 계속 변경했는데, 이 행동은 업무를 방해했다."라고 말했다. 이러한 책임 회피의 결과는 (서로 다른 계층 간의) 갈등이 심화되어 고위 경영진의 조직통제력을 상실시켰다.

이러한 문제에도 불구하고 매트릭스 구조가 작동할 수 있다는 증거가 있다.[20] 매트릭스 작업을 수행하려면 명확한 책임 범위가 필요하다. 일반적으로 매트릭스의 한쪽에는 기본 역할이 주어져야 하고 다른 쪽에는 지원 역할을 줘야 한다. 예를 들어, 첨단 기술 기업에서는 좋은 제품을 가능한 한 빨리 시장에 내놓는 것이 경쟁적 성공의 열쇠이기 때문에 제품개발팀에게 주요 역할이 주어질 수 있다. 이러한 단계를 거쳤음에도 불구하고, 매트릭스 구조 내에서 관리하는 것은 어렵다. 이러한 문제를 고려하여 관리자들은 때때로 경직되고 계층적인 배열보다는 전사적인 관리 지식 네트워크와 공유된 문화와 비전을 기반으로 "유연한" 매트릭스 구조를 구축하고자 한다. 이러한 기업 내에서는 공식적인 구조보다 비공식적인 구조가 더 큰 역할을 하게 된다.

12.2d 공식 통합 프로세스(Formal Integrating Processes)

조직 내에서 전략적 목표를 달성하기 위해 종종 서로 다른 기능과 부서의 활동을 조정해야 한다. 예를 들어, *사업 차원*에서 효과적인 신제품 개발을 위해서는 R&D, 생산, 마케팅 기능 간의 긴밀한 통합이 필요하다. 마찬가지로 *기업 차원*에서 관련 다각화 전략을 구현하려면 사업부 간 통합을 통해 범위의 경제를 실현하고 사업부 간 지식과 같은 희귀하고 가치 있는 자원을 이전하거나 활용해야 한다.

조직의 하위 부서를 조정하는 데 사용되는 공식적 통합 메커니즘은 단순하고 직접적인 접촉 및 연락 역할에서부터 팀, 매트릭스 구조에 이르기까지 복잡성이 다양하다(그림 12.6 참조). 일반적으로 하위 부서(기능 또는 부서) 간 조정의 필요성이 커질수록 공식적 통합 메커니즘은 더욱 복잡해진다.[21)]

하위 부서 관리자 간의 직접적인 연락은 가장 간단한 통합 메커니즘이다: 다수의 하위 부서 관리자는 공통적인 고민이 있을 때마다 서로 연락한다. 그러나 관리자들의 업무가 다르기 때문에 조정을 방해하는 지향점이 다를 경우에는 직접적인 접촉이 효과적이지 않을 수 있다. 예를 들어, 생산 관리자는 주로 생산량 활용, 비용 통제, 품질 통제와 같은 문제에 관심이 있을 것이고, 마케팅 관리자는 가격, 프

그림 12.6 통합 메커니즘

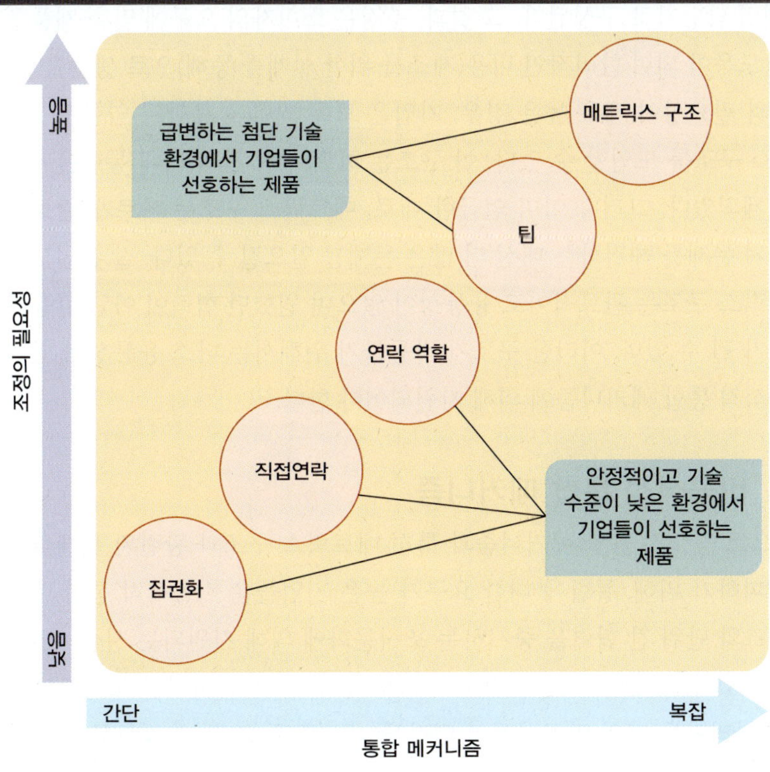

로모션, 유통, 시장 점유율과 같은 문제에 관심이 있을 것이다. 이러한 차이로 인해 관리자 간의 의사소통이 어려워질 수 있다. 서로 다른 기능부서의 관리자들은 종종 "같은 언어를 구사"하지 않는다. 또한 관리자는 자신의 "기능적인 고립"에 갇힐 수 있으며, 이는 하위 부서 간의 상호 존중 부족으로 이어질 수 있다(예: 마케팅 관리자가 생산 관리자를 "무시"하거나 그 반대의 경우도 있음). 이는 협력과 조정을 달성하는 데 필요한 의사소통을 더욱 방해한다. 이러한 이유로, 통합의 필요성이 높을 때, 하위 부서 간의 조율을 달성하기 위해 직접연락만으로는 대부분 충분하지 않다.

연락 역할의 경우 직접연락보다는 조금 더 복잡하다. 하위 부서 간의 조정에 대한 필요성이 증가함에 따라, 특정 기간마다 다른 하위 부서와 조정을 책임질 수 있는 담당자를 지정함으로써 통합을 향상시킬 수 있다. 이러한 역할을 통해 관련된 직원들은 지속적인 관계를 구축하며, 위에서 논의한 조정에 대한 장애 요소를 완화하는 데 도움이 된다.

조정의 필요성이 여전히 더 큰 경우, 기업들은 조정이 필요한 하위 부서의 개인들로 구성된 임시 또는 영구적인 팀을 자주 사용한다. 팀은 종종 제품개발 노력을 조정하는 데 사용되지만, 운영 또는 전략의 어떤 측면이든 두 개 이상의 하위 부서의 협력이 필요한 경우에 유용할 수 있다. 제품개발팀은 일반적으로 연구개발, 생산, 마케팅 담당자로 구성된다. 그 결과, 조정은 소비자의 요구에 맞춘 제품을 개발하는 데 도움이 되며 합리적인 비용(제조를 위한 설계를 통해)으로 생산할 수 있다.

통합의 필요성이 매우 높은 경우, 기업은 모든 역할을 통합된 역할로 간주하는 매트릭스 구조를 도입할 수 있다. 이 구조는 하위 부서 간의 최대 통합을 촉진하기 위해 설계되었다. 그러나 이미 언급한 대로, 매트릭스 구조는 빠르게 관료적인 난국에 빠져 문제를 해결하는 대신 더 많은 문제를 일으킬 수 있다. 잘 관리되지 않으면 매트릭스 구조는 관료적이고 융통성이 없으며 원했던 협력이 아닌 갈등이 특징인 구조가 될 수 있다. 이러한 구조가 작동하기 위해서는 다소 융통성이 있어야 하며 비공식적 통합 메커니즘에 의해 지원되어야 한다.[22)]

12.2e 비공식적 통합 메커니즘

일반적으로 공식적 통합 메커니즘과 특히 매트릭스 구조와 관련된 문제들을 완화하거나 피하기 위해, 통합에 대한 요구가 높은 기업들은 비공식적 통합 메커니즘, 즉 팀워크와 단위 간 협력을 중시하는 조직문화에 의해 지원되는 지식 네트워크를 실험하고 있다.[23)] **지식 네트워크**(knowledge network)는 공식적인 조직구조가 아닌 기업 내 관리자들 간의 비공식적인 연락에 기반을 둔 조직 내 정보를 전송하기 위한 시스템이다.[24)] 이러한 네트워크의 큰 장점은 기업 내 지식 흐름을 위한 비관료

지식 네트워크
공식적인 조직구조가 아닌 기업 내 관리자와 분산 정보 시스템 간의 비공식적인 접촉을 기반으로 하는 조직 내 정보 전송 네트워크

그림 12.7 지식 네트워크

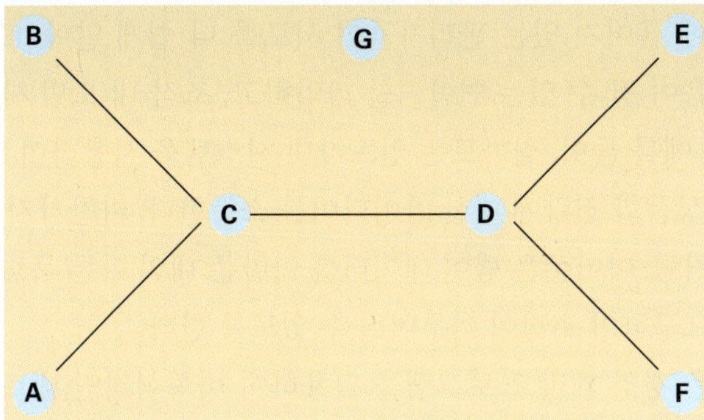

적인 통로로 사용될 수 있다는 것이다.[25] 네트워크가 존재하려면 조직 내의 다른 위치에 있는 관리자들이 적어도 간접적으로 서로 연결되어 있어야 한다. 예를 들어, [그림 12.7]은 다국적기업 내 7명의 관리자 간의 단순한 네트워크 관계를 보여준다. 관리자 A, B, C는 모두 서로를 개인적으로 알고 있으며, 관리자 D, E, F도 마찬가지다. 비록 관리자 B가 관리자 F를 개인적으로 알지는 못하지만, 공통된 지인(관리자 C와 D)을 통해 연결되어 있다. 따라서 관리자 A부터 F는 모두 이 네트워크의 일부이며, 관리자 G는 포함되지 않는다.

스페인의 마케팅 관리자인 B가 중요한 유럽 고객에게 더 나은 서비스를 제공하기 위해 기술적인 문제에 대한 해결책을 알아야 한다고 생각해보자. 미국의 연구개발 관리자인 F는 관리자 B의 문제에 대한 해결책을 가지고 있다. 관리자 B는 자신의 문제를 관리자 C를 포함한 모든 연락처에 알리고, 누군가 해결책을 제공할 수 있는 사람을 아는지 물어본다. 관리자 C는 관리자 D에게 물어보고, 관리자 D는 관리자 F에게 알려주고, 그런 다음 관리자 F가 관리자 B에게 해결책을 전화로 알려준다. 이러한 방식으로 팀이나 매트릭스 구조와 같은 공식적 통합 메커니즘이 아닌 네트워크를 통해 비공식적으로 조정을 달성하게 된다.

이러한 네트워크가 효과적으로 작동하려면 가능한 많은 관리자가 있어야 한다. 예를 들어, 만약 관리자 G가 B와 같은 문제를 가지고 있다면, 그는 비공식적인 네트워크를 활용하여 해결책을 찾을 수 없을 것이며, 더 공식적 메커니즘에 의존하게 될 것이다. 기업 전체에 걸친 지식 네트워크를 구축하는 것은 어렵다. 비록 네트워크 애호가들은 네트워크를 복잡한 조직을 하나로 묶는 "접착제"라고 표현하지만, 기업 전체 네트워크를 구축하는 데 성공한 기업들이 얼마나 많은지는 확실하게 알 수 없다. 지식 네트워크 구축에 활용된 기술로는 정보 시스템, 경영 개발 정책, 회의 등이 포함된다.

기업들은 비공식 지식 네트워크의 기반을 제공하기 위해 분산된 컴퓨터 및 통신 정보 시스템을 활용한다.[26] 이메일, 비디오 회의, 인트라넷, 그리고 웹 기반 검색 엔진은 세계 곳곳에 흩어져 있는 관리자들이 서로를 더 쉽게 알아가고 특정 문제를 해결하는 데 도움이 될 수 있는 연락처를 파악하고, 조직 내 모범 사례를 홍보하고 공유할 수 있다. 예를 들어, 월마트는 인트라넷 시스템을 사용하여 다른 국가에 위치한 상점 간의 상품화 전략에 대한 아이디어를 소통한다. 마찬가지로 첫머리 사례에서 설명한 것처럼, 아마존은 팀이 데이터를 아마존 내의 다른 독립체와 전자적으로 공유하도록 요구하여 조정이 이루어질 수 있도록 한다.

또한 기업들은 경영 개발 프로그램을 활용하여 비형식적인 네트워크를 구축하고 있다. 이를 위한 방법으로 관리자들을 정기적으로 다양한 하위 부서로 순환시켜 자신만의 비공식적 네트워크를 구축하고, 관리 교육 프로그램을 활용하여 하위 부서의 관리자들을 한곳에 모아 친분을 쌓도록 하는 것이다. 또한, 일부 과학 기반 기업들은 내부 회의를 이용하여 조직의 다른 부서에 있는 사람들 간의 접촉을 만들어 간다. 3M에서는 다양한 사업부의 과학자들이 정기적으로 모여 서로 이야기를 나눌 수 있는 여러 분야의 컨퍼런스를 개최하고 있다. 회의 안에서 직접적인 상호작용의 이점 외에도, 회의가 끝난 후 과학자들이 아이디어를 계속 공유할 수 있고, 이로써 조직 내에서 지식의 흐름이 증가할 것으로 기대한다. 3M은 이러한 지식의 흐름에서 나온 제품 아이디어의 많은 사례를 가지고 있으며, 그중에서는 어디서나 볼 수 있는 포스트잇 노트도 포함되어 있다. 이 제품의 발명가인 아트 프라이(Art Fry)는 몇 년 동안 접착제를 쇼핑했던 3M의 다른 부서에서 일하고 있던 동료 스펜서 실버(Spencer Silver)로부터 처음으로 제품에 사용할 접착제에 대해 듣게 되었다.[27]

만일 하위 부서 관리자들이 기업 전체 목표와 일치하지 않는 하위 목표를 계속 추구한다면, 지식 네트워크만으로는 조정을 달성하는데 충분하지 않을 수 있다. 지식 네트워크가 제대로 작동하고 공식적 매트릭스 구조가 올바르게 작동하기 위해서는 관리자들이 같은 목표에 대한 강한 의지를 공유해야 한다. 문제의 본질을 이해하기 위해서 관리자 B와 관리자 F의 경우를 다시 생각해보자. 이전과 마찬가지로 관리자 F는 네트워크를 통해 관리자 B의 문제에 대해 듣게 된다. 그러나 관리자 B의 문제를 해결하려면 관리자 F가 상당한 시간을 할애해야 한다. 이것은 관리자 F의 업무를 지체하게 되고 관리자 B의 목표와도 동떨어졌을 경우, 관리자 F는 하고 싶지 않을 수가 있다. 따라서 관리자 F는 관리자 B에게 전화하지 않을 수 있으며, 비공식 네트워크는 관리자 B의 문제에 대한 해결책을 제공하지 못할 것이다.

이러한 결함을 제거하기 위해 조직의 관리자는 서로 다른 하위 부서의 방향을 고려하지 않는 공통된 규범과 가치를 준수해야 한다.[28] 다시 말해, 기업은 팀워크와 협력을 촉진하는 강력한 조직문화를 가져야 한다. 이 경우, 관리자는 회사 전체에 이익이 될 때 자신의 하위 부서의 이익을 기꺼이 내려둘 수 있어야 한다. 만약 관리자 B와 관리자 F가 동일한 조직 규범과 가치체계를 지향하고, 이러한 조직 규범과 가치체계가 개별 하위 부서의 이익보다 기업 전체의 이익을 우선한다면, 관리자 F는 관리자 B와 함께 자신들의 하위 부서의 문제를 해결하는데 기꺼이 협력할 것이다.

12.3 조직 통제와 보상 인센티브

12.3 기업이 사용할 수 있는 다양한 통제 시스템 및 보상 메커니즘에 대해 논의한다.

중요한 관리 작업 중 하나는 조직의 활동을 통제하는 것이다. 통제는 기업의 조직 아키텍처에서 필수적인 구성 요소이다. 효과적으로 운영되고 의도된 전략과 일관된 방식으로 조직이 운영되는지를 확인하기 위해서는 통제가 필요하다. 적절한 통제가 이루어지지 않으면 *통제 손실*이 발생하고 조직의 성과가 저하된다.

12.3a 통제 시스템

통제(control)는 관리자가 개인 또는 부서의 활동을 *규제*하여 조직의 목표와 표준을 일관성 있도록 하는 과정으로 볼 수 있다.[29] **목표**(goal)는 조직이 실현하려고 하는 특정 미래 상태이고, **표준**(standard)은 조직이 지속적으로 달성해야 하는 성과의 요구 사항이다. 관리자는 개인과 부서의 활동이 기업의 목표와 표준에 부합하도록 여러 가지 다른 방식으로 규제할 수 있다. 이를 고려하기 전에, 우리는 일반적인 통제 시스템의 작동을 살펴보아야 한다. [그림 12.8]과 같이, 이 시스템에는 목표 및 표

통제
관리자가 개인과 부서의 활동을 조직의 목표와 기준에 부합하도록 규제하는 과정

목표
조직이 실현하고자 하는 희망 미래 상태

표준
조직이 지속적으로 달성해야 하는 성과의 요구 사항

그림 12.8 일반적인 통제 시스템

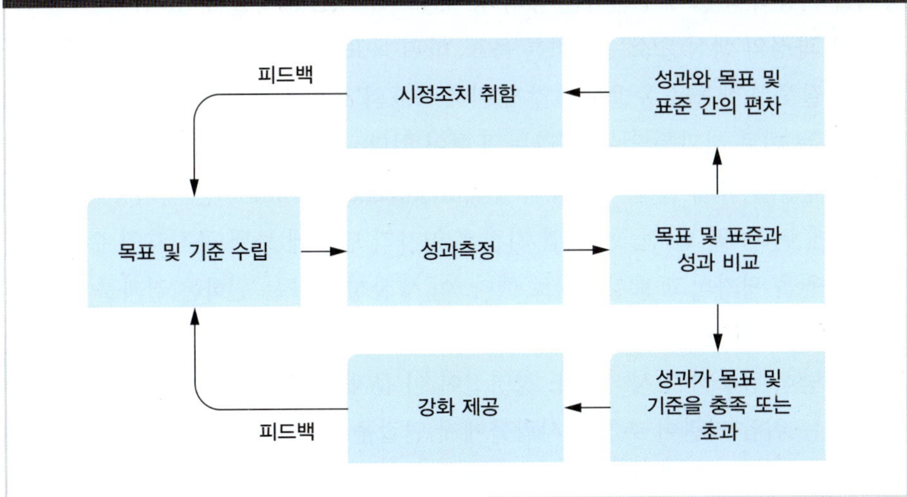

준 설정, 성과측정, 성과를 목표 및 표준과 비교, 수정 조치 취하기, 그리고 강화 제공이라는 다섯 가지 주요 요소가 있다.[30]

대부분 조직은 목표의 계층을 가지고 운영되는데, 사업체의 경우, 계층 상위에 있는 주요 목표는 수익성과 이익 증가율로 표현되는 것이 일반적이다. 이러한 주요 목표는 일반적으로 조직 내 개인 및 단위에 적용할 수 있는 하위 목표로 전환된다. **하위 목표(subgoals)**는 조직이 주요 목표를 달성하거나 초과하는 데 도움을 주는 것이다. 목표와 하위 목표는 정확해야 하고, 측정 가능해야 하며, 중요한 문제를 해결해야 하고, 도전적이지만 현실적이며, 기간을 지정해야 한다.

하위 목표
조직이 주요 목표를 달성하거나 초과 달성하는 데 도움이 되는 목표

목표 계층 구조의 개념을 설명하기 위해 소매업체 노드스트롬(Nordstrom)이 내년에 15%의 투하 자본 수익률(ROIC)을 목표로 한다고 가정해보자. 이것은 회사의 주요 수익성 목표이다. 이를 달성하는 한 가지 방법은 1달러 상당의 매출을 창출하는 데 필요한 자본의 양을 줄이는 것이고, 그렇게 하는 방법은 노드스트롬이 재고로 묶어둔 자본의 양을 줄이는 것이다. 회사는 어떻게 이 방법을 달성할까? 그것은 재고를 더 빠르게 회전시키면 된다. 따라서 노드스트롬은 향후 1년 이내에 재고를 5번 넘기는 것을 하위 목표로 하고 있다. 이 하위 목표를 달성하면(구체적이고, 측정할 수 있고, 도전적이며, 정해진 기간 내에 완수 시), ROIC로 측정되는 회사의 수익성은 증가할 것이다. 실제로 [전략 실행 사례 12.2]에서 설명한 대로, 노드스트롬은 이와 유사한 일을 이미 해 왔었다.

표준은 목표와 유사하지만 주로 조직이 달성하고자 노력하는 도전적인 목표가 아니라 일상적인 업무 일부로서 달성하는 것이다. 예를 들어, 회사는 공급업체에 송장 제출 후 30일 이내에 지급해야 한다거나, 24시간 이내에 고객 문의에 응답해야 한다거나, 모든 직원은 매년 한 번 정규 평가를 받고 서면 피드백을 받아야 한다거나, 6개월마다 생산 장비에 대한 안전 점검을 해야 한다거나, 직원은 출장 시 일등석을 이용하지 말아야 한다는 등의 명시한 기준으로 운영할 수 있다.

통제 과정의 핵심 요소는 올바른 목표, 하위 목표 및 표준을 설정하는 것이다. 관리자는 잘못된 행동을 유발하지 않기 위해 목표와 표준을 신중하게 선택해야 한다. "측정하는 대로 결과를 얻는다"라는 표현이 있다. 잘못된 목표와 표준을 선택하면 잘못된 행동을 하게 된다. 역기능적 통제(dysfunctional controls)는 역기능적 행동을 유발하게 된다. 몇 년 전, 한 취업 기관은 일자리 면접에 보낸 구직자의 수에 기반하여 직원을 평가하고 보상하기로 했다. 이 생산성 지표는 원하는 결과를 얻는 것처럼 보였다. 몇 달 동안 더 많은 구직자가 면접을 보았지만, 얼마 지나지 않아 숫자가 상당히 감소하기 시작했다. 경영진이 이 문제를 조사하자, 몇몇 예비 고용주들은 더는 취업 기관이 추천한 사람들에게 면접을 보지 않기로 했다고 전했다. 문제는 다음과 같았다. 숫자를 달성하기 위해 직원들이 자격이 부족한 사람들을 취업

전략 실행 사례 12.2

노드스트롬의 목표 설정과 통제

몇 년 전, 신망 있는 고급 백화점인 노드스트롬(Nordstrom)은 몇 가지 어려움에 직면해 있었다. 제곱 피트당 판매액에서 업계 선두를 달성했음에도 불구하고, 이 회사의 이익은 연속 3년 동안 기업의 목표를 달성하지 못하고 약 35% 감소하였다. 문제의 근본 원인은 노드스트롬이 수요가 적은 상품을 너무 많이 가지고 있거나 소비자가 원하는 상품이 부족한 것이었다. 초과 재고를 처리하기 위해 노드스트롬은 잦은 할인판매를 개최하여 상품 가격을 인하하고 낮은 이윤으로 판매하였다. 또한 인기 상품을 재고로 확보하지 못한 결과, 노드스트롬의 매출은 낮아졌다.

노드스트롬은 이 문제를 해결하기 위해 재고 관리 시스템을 개편했다. 또한 회사는 실시간으로 재고를 추적할 수 있도록 정보 기술에 많은 투자를 했고, 공급업체에 노드스트롬에서 현재 판매 중인 것과 재주문 패턴이 어떻게 되는지 볼 수 있는 전자 링크도 구축하여 공급자가 생산 일정을 조정할 수 있도록 하였다. 필요에 따라 매장에 재고를 전달함으로써 소비자들이 요구하는 것만 비축하는 것이 목표였다. 이 시스템의 성공을 측정하기 위해 노드스트롬은 두 가지 지표, 즉 재고 회전율과 판매 공간당 평균 재고에 중점을 두었다. 이 시스템을 구현하기 시작했을 때 회사는 매년 재고를 3.73회 회전시키고, 매년 평균적으로 매장의 판매 공간당 재고가 60달러였다. 3년 후 재고 관리 개선으로 재고 회전율이 연간 4.51회 되었고, 판매 공간당 재고가 52.46달러가 되었다. 결국 운영 효율성이 향상되어 순이익은 이 기간에 세 배 증가하였다.[31)]

출처: J. Batsell, "Cost Cutting, Inventory Control Help Boost Nordstrom's Quarterly Profit," *Knight Ridder Tribune News*, February 22, 2002, p. 1; Nordstrom's 2004 10K statement.

면접에 보내고 있었다. 그 결과 취업 기관의 평판을 훼손하고, 기업이 달성하려고 했던 목표와 반대로 기관의 사업은 감소했다. 이후 관리자들은 채용된 구직자의 수를 반영하도록 측정 항목을 변경하였다.

통제 과정의 다음 단계는 실제 성과를 목표 및 표준과 비교하는 것이다. 만약 성과가 목표나 표준과 일치한다면, 그것은 좋은 일이다. 그러나 앞서 언급한 것처럼 여전히 중요한 점이 있다. 경영진은 보고된 성과가 조직의 가치와 일치하는 방식으로 달성되고 있는지 확인해야 한다. 보고된 성과가 목표와 표준에 미치지 못할 경우, 경영진은 이 차이의 원인을 파악하기 위해 조사를 시작해야 한다. 이를 위해서는 일반적으로 더 많은 정보를 수집해야 하는데, 이러한 정보 대부분은 대면 회의와 자세한 조사를 통해 수집한 질적인 데이터일 수 있다. 만약 보고된 성과가 목표나 표준을 *초과*한다면, 마찬가지로 경영진은 그런 차이의 원인을 파악하기 위해 더 많은 정보를 수집해야 한다.

목표(또는 표준)에서의 차이는 관리자가 시정조치를 취해야 한다. 실제 성과가 목표를 쉽게 초과하는 경우, 시정조치에는 목표를 높이는 것이 포함될 수 있다. 반대로 실제 성과가 목표를 달성하지 못하는 경우, 추가 조사 결과에 따라 경영진은 전략, 운영 또는 인력을 변경시킬 수 있다. 조직이 주요 목표를 달성하지 못할 때 급격한 조정이 항상 적절한 대응은 아니다. 조사 결과 원래 목표가 너무 높았거나 경영진의 통제를 벗어난 시장 상황의 변화가 실적 부진의 원인일 수 있다. 이럴 때 성과 부진의 대응 방안은 목표를 하향 조정하는 것이다.

목표와 기준이 충족되거나 초과할 경우, 경영진은 담당자에게 즉각적이고 긍정적인 강화를 제공해야 한다. 이는 수고에 대한 축하에서부터 상장, 급여 인상, 보너스, 그리고 담당자들에게 향상된 경력 전망에 이르기까지 다양한 형태를 띠게 된다. 긍정적인 강화를 제공하는 것은 시정 조치를 취하는 것만큼이나 통제 시스템의 중요한 측면이다. 행동과학자들은 긍정적인 강화로 특정 행동을 보상받은 사람들은 미래에도 해당 행동을 계속할 확률을 높인다고 말했다.[32] 긍정적인 강화가 없으면 사람들은 의욕이 상실되고, 인정받지 못한다는 느낌을 받게 되며, 더 열심히 일할 의향이 줄어들 수 있으며, 그들이 더 인정받을 수 있는 다른 일자리를 찾을 수도 있다.

12.3b 통제 방법(methods of control)

조직 내 통제를 달성하는 데에는 대인통제, 관료통제, 산출통제, 인센티브 통제, 시장통제, 문화를 통한 통제 등 몇 가지 주요 방법이 있다.[33]

대인통제

부하 직원과의 개인적인 접촉 및 직접적인 감독에 의한 통제

대인통제 **대인통제(personal control)**는 부하들과의 개인적인 접촉과 직접적인 감독에 의한 통제이다. 대인통제는 개인 점검과 직접적인 감독을 통해 개인 및 부서가 조직의 목표와 일치하는 방식으로 행동하는지 확인한다. 관리자는 부하 직원의 행동을 관찰하고 해석함으로써 그들이 얼마나 잘 수행하고 있는지 평가한다. 따라서 대인통제는 매우 주관적이다.

대인통제는 조직 내 통제에 대한 가장 중요한 철학(philosophy)으로서, 주로 소수 사람의 활동을 직접 감독을 통해 통제할 수 있는 소규모 기업에서 발견된다. 그 특성상 대인통제는 종종 소규모 기업의 소유자인 핵심 관리자의 권력과 권한의 집권화와 관련 있다. 핵심 관리자가 부하들의 개인적인 충성을 명령할 수 있는 카리스마 있는 사람일 때 대인통제가 가장 잘 이루어진다.

대인통제는 몇 가지 심각한 한계점이 있다. 첫째, 과도한 통제는 동기부여를 저해한다. 직원들은 엄격한 통제를 받는 것에 불만을 가질 수 있으며, 개인의 자유가 더 주어진다면 더 나은 성과를 내기도 한다. 게다가 대인통제의 주관적인 특성은 성과 평가 프로세스에서 객관성과 절차적 공정성 결여로 이어질 수 있다. 부하 직원들은 성과 평가에서 실제 성과만큼이나 중요한 것은 편애, 개인의 호불호, 개인의 특이점이라고 했다. 관리자들이 부하 직원들에 대한 직접적인 감독은 상당한 시간과

주의를 기울여야 한다. 또한 대인통제는 비용이 많이 들고, 다른 중요한 문제에 대해 집중할 수가 없다. 그러나 실제로 대인통제의 본질적인 약점은 조직의 규모와 복잡성이 커질수록 주요 관리자는 계층 내의 다른 사람들에게 의사결정을 분산시켜야 한다는 것이다. 이를 효과적으로 수행하려면 다양한 통제 철학이 필요하다.

관료통제 **관료통제(bureaucratic control)**는 공식적인 체계의 문서화된 규칙과 절차를 통한 통제로 정의된다.[34] 통제 전략으로서 관료통제 방법은 개인과 단위가 할 수 있는 것과 할 수 없는 것을 규정하는 것, 즉 관료 기준을 확립하는 것이다. 예를 들어, 워싱턴 대학에서는 교수진이 일주일에 하루 이상 외부 업무를 수행할 수 없도록 명시한 관료적 기준이 있다. 다른 표준에서는 교직원 채용 또는 승진, 교직원용 컴퓨터 장비 구입 등에 관한 사항이 명시되어 있다.

관료통제
문서화된 규칙과 절차의 공식적인 시스템을 통해 통제

대부분 조직은 관료통제를 사용하고 있다. 익숙한 예로는 예산 통제와 자본 지출 통제가 있다. 예산은 기본적으로 조직의 재정 자원을 할당하기 위한 일련의 규칙이며, 하위 부서의 예산은 해당 부서가 지출할 수 있는 금액과 해당 지출이 여러 영역에 어떻게 할당되어야 하는지를 어느 정도 정확하게 지정한다. 조직의 고위 관리자는 예산을 사용하여 하위 부서의 행동을 통제한다. 예를 들어, R&D 예산은 연구개발 부서가 내년에 제품개발에 사용할 수 있는 현금의 양을 지정할 수 있다. R&D 관리자는 한 프로젝트에 너무 많은 돈을 지출하면 다른 프로젝트에 지출할 돈이 줄어든다는 것을 알고 예산 범위 내에서 수정한다. 예산 대부분은 본사 경영진과 하위 부서 경영진 간의 협상으로 책정된다. 본사 경영진은 예산을 조작하여 특정 하위 부서의 성장을 장려하고 다른 하위 부서의 성장을 제한할 수 있다.

"관료"라는 용어는 종종 부정적인 의미를 내포하지만, 관료통제는 조직에서 매우 유용할 수 있다. 이를 통해 관리자는 공식 규칙과 절차에 의해 지정된 제약 조건 내에서 의사결정을 분산할 수 있다. 그러나 관료적 규칙에 너무 많이 의존하면 문제가 발생한다. 과도한 공식적인 규칙과 절차는 개인과 조직이 특정 상황에 유연하게 대응하는 능력을 제한함으로써 숨 막힐 수 있다. 또한 개인의 자유와 진취성을 중시하는 사람들의 동기를 약화하고 성과를 악화시킨다. 따라서 광범위한 관료통제는 역동적이고 빠르게 변화하는 환경에 직면한 조직이나 자율성을 중시하는 숙련된 개인을 고용하는 조직에서는 적합하지 않다고 볼 수 있다. 관료적 규칙을 준수하는지 확인하기 위해 개인과 부서의 성과를 모니터링하는 비용 또한 상당할 수 있으며, 광범위한 규칙과 표준을 수립하는 데 따른 이점보다 더 클 수도 있다.

관료적 표준은 직원들이 불합리하다고 생각하는 규칙을 중심으로 방법을 찾으려 할 때 의도하지 않은 결과를 초래한다. 흥미롭고 논란이 많은 대표적인 사례가 미국의 강제 통학에 관한 규정이다. 1970년대에 미국 전역의 학군들은 아이들을 집 근처가 아닌 학교로 통학시키기 시작했다. 이 선의의 관료주의적 규칙은 심각한 인종 차별을 특징으로 하는 사회에서 인종 통합을 가속화하기 위해 고안되었다. 하지만 이 규칙은 의도하지 않은 결과를 가져왔다. 모든 인종의 부모들은 자녀들이 멀리 떨어진 학교로 버스를 타고 가는 것을 반대했다. 강제 버스 운행이 시행된 많은 대도시에서 자녀를 둔 백인 가족은 버스 운행이 시행되지 않는 교외로 이사를 하거나 자녀를 도시 내의 값비싼 사립학교에 보내는 방식으로 대응했다. 대표적인 예로 시애틀의 경우, 시내 학교의 백인 학생 비율이 강제 버스 운행이 시행된 20년 동안 60%에서 41%로 떨어졌다.[35] 결국 1990년대에 대부분의 학교는 강제 버스 운행을 하지 않게 되었다.

산출통제 산출통제는 관리자가 측정 가능한 산출물이 있거나 전반적인 달성 기준을 충족한다는 의미에서 완성된 작업을 식별할 수 있을 때 사용한다.[36] 예를 들어, 자동차 공장의 전반적인 성과는 자동차를 만드는 데 소요된 직원 시간(생산성 측정치)과 공장에서 생산된 자동차 100대당 발견된 결함 수(품질 측정치)로 측정한다. 노드스트롬(Nordstrom)은 연간 재고 회전율을 기준으로 재고 관리를 담당하는 부서의 전반적인 성과로 보며, 페덱스(FedEx)는 특급 배송 네트워크에 있는 각 현지 부서의 "생산량"을 오전 10시 30분 이전에 배송된 소포의 비율로 측정한다. 3M과 같은 다중사업기업의 고위 경영진은 제품 부문의 "결과물"을 해당 부문의 수익성, 이익 성장 및 시장 점유율 측면에서 측정한다.

산출통제
개인 또는 부서에 대한 목표를 설정하고 해당 목표에 대한 성과를 모니터링

완료된 작업을 식별할 수 있는 경우, **산출통제(output control)**는 부서 또는 개인을 위한 목표를 설정하고 그 목표에 대한 성과를 모니터링하는 것을 포함한다. 부서 관리자의 성과는 목표 달성 능력을 기준으로 판단된다.[37] 목표가 달성되거나 초과하면 부서 관리자는 보상(강화 행동)을 받게 되지만, 목표가 달성되지 않으면 일반적으로 고위 경영진이 개입하여 이유를 파악하고 시정 조치를 취하게 된다. 따라서 전통적인 통제 시스템과 마찬가지로 목표에 대한 실제 성과를 비교하여 강화를 제공하고 선택적으로 개입하여 시정 조치를 취함으로써 통제가 이루어진다.

부서에 할당된 목표는 해당 부서가 기업 내에서 수행하는 역할에 따라 다르다. 독립적인 제품 부문은 일반적으로 수익성 및 이익 성장을 위한 목표를 받고, 기능 부서는 주로 그들의 활동과 관련된 목표를 받게 된다. 따라서 연구개발은 제품개발 목표를 받을 것이고, 생산은 생산성 및 품질 목표를 받을 것이며, 마케팅은 시장 점유율 목표를 받을 것이다.

산출통제의 큰 장점은 분권화를 용이하게 하며, 부서 내 개별 관리자에게는 대인이나 관료통제보다 훨씬 더 큰 자율성을 부여한다. 이러한 자율성을 통해 한 부서 내 관리자는 위에서 부과된 작업 환경이 아니라 자신이 직면한 상황에 가장 부

합하는 방식으로 자신의 작업 환경을 구성할 수 있다. 따라서 산출통제는 부서가 서비스하는 시장의 변화에 신속하게 대응해야 할 때 유용하다. 또한 산출통제는 대인이나 관료통제보다 덜 광범위한 모니터링을 수반한다. 고위 관리자는 목표와 실제 성과를 비교하고 선택적으로 개입함으로써 통제력을 얻게 되며, 업무 부담을 줄이고 더 크고 다양한 조직을 상대적으로 쉽게 관리할 수 있게 해준다. 따라서 많은 다국적기업은 다양한 제품 부문과 외국 자회사를 관리하기 위해 산출통제에 크게 의존하고 있다.

산출통제에는 한계가 있다. 고위 관리자들은 부서 관리자들이 목표를 달성하는 것만이 아니라 조직의 가치와 일치하는 방식으로 목표를 달성하고 있는지 확인하기 위해 수치 그 이상을 봐야 한다. 또한, 관리자들은 산출량을 측정하기 위해 올바른 기준을 선택하는 것이 중요하며, 그러지 못하면 기능 장애가 발생할 수도 있다. 그뿐만 아니라, 부서 간에 광범위한 상호의존성이 존재하면 산출통제는 항상 효과적일 수는 없다.[38)]

부서의 성과가 다른 부서와의 협력에 기반을 둔 경우 그 성과는 모호할 수 있다. 예를 들어, 한 부서의 성과가 저하된다면, 그것은 해당 부서 내에서의 미흡한 관리 때문일 수도 있고, 협력 중인 다른 부서가 역할을 다하지 않아서일 수도 있다. 일반적으로 조직 내의 부서 간 상호의존성은 산출통제를 해석하기 어렵게 만드는 성과 모호성을 초래한다. 이러한 모호성을 해결하려면 관리자가 더 많은 정보를 수집해야 하므로 최고 경영진에게 더 많은 요구가 발생하고 산출통제와 관련된 모니터링 비용이 증가하게 된다. 또한, 관리자가 정보에 과부하가 걸려 결과적으로 잘못된 결정을 내릴 가능성이 커진다.

시장통제 **시장통제(market controls)**는 자본과 같은 가치 있는 자원에 대한 내부 시장을 설정함으로써 기업 내 개인과 부문의 행동을 규제하는 것이다.[39)] 시장통제는 일반적으로 제품 부문으로 조직된 다각화된 기업 내에서 발견되며, 본사가 내부 투자 은행 역할을 하여 미래의 가능성에 대한 평가를 기반으로 각 제품 부문 간의 경쟁적인 요구에 기초하여 자본 자금을 할당한다. 이 내부 시장에서 각 부문에서 생성하는 모든 현금은 본사 소유로 간주하고, 각 부서는 본사가 관리하는 자본 자원에 접근하기 위해 경쟁해야 한다. 자신의 사업부를 성장시키기 위해 그 자본이 필요한 경우, 이 내부 경쟁은 사업부 관리자들이 부서의 효율성을 향상시킬 수 있는 방법을 찾도록 유도할 것이라 가정한다. 내부 자본 시장을 처음 도입한 세계 최초의 기업 중 하나는 1930년대에 이 시스템을 도입한 일본의 전자 제조업체 마츠시타(Matsushita)이다.[40)]

시장통제
기업 내 개인 및 부서의 행동을 규제하기 위해 자본과 같은 가치 있는 자원에 대한 내부 시장을 설정

또한, 일부 기업 부문에서는 새로운 제품을 개발하고 판매할 수 있는 권리를 놓

고 경쟁을 벌이기도 한다. 다시 말해, 일본의 마츠시타는 서로 다른 부서에서 유사한 신제품을 개발하도록 하고, 제품 생산 및 판매에 대한 전반적인 책임을 상용화 과정에서 진전된 것처럼 보이는 부서에 할당하는 오랜 역사를 지니고 있다. 어떤 사람들은 이러한 제품개발 노력의 중복을 낭비라고 여길 수 있지만, 마츠시타의 전설적인 설립자인 마츠시타 고노스케(Konosuke Matsushita)는 기술 상용화 권리를 위한 내부 시장의 창출이 부서 내 제품 개발 노력의 효율성을 극대화하도록 부서 관리자들을 이끌었다고 믿었다. 마찬가지로 우리나라 기업인 삼성(Samsung)에서는 고위 경영진이 종종 메모리칩과 같은 새로운 제품을 개발하기 위해 서로 다른 부문 내에서 두 개의 다른 팀을 구성했다. 두 팀 간의 내부 경쟁의 목적은 제품개발 프로세스를 가속화시키기 위함이며, 새로운 제품을 개발한 팀은 상당한 포상과 보너스를 받는다.[41)]

시장통제의 주요 문제점은 자본과 신제품 개발 권리를 위한 부문 간 내부 경쟁을 촉진하는 것이 상호 이익을 위한 부문 간 협력 구축을 어렵게 할 수 있다는 것이다.[42)] 서로 다른 두 부서가 매우 유사한 신제품을 개발하기 위해 서로 경쟁하고 있으며, 한정된 자본 자원을 위해 서로 경쟁하고 있다면, 그들은 기술적인 노하우를 공유하고 싶어 하지 않을 수 있으며, 아마도 전체 기업에 손해를 끼칠 수도 있다. 이 문제를 해결하기 위해 삼성과 같은 기업들은 연락 역할과 같은 통합 메커니즘을 사용하고, 기술 노하우를 부문 간에 전달하는 책임을 중요한 개인에게 할당하고 있다.

인센티브 통제 인센티브(incentives)는 적절한 직원의 행동을 장려하고 보상하기 위해 사용되는 수단이다. 인센티브는 많은 직원이 연간 보너스 형태로 받으며, 일반적으로 산출통제에 사용되는 성과 지표와 밀접한 관련이 있다. 예를 들어, 수익성과 연결된 목표 설정은 제품 부문과 같은 하위 부서의 성과를 측정할 수 있다. 목표액을 넘어서면 직원들은 초과 이익 중 일부를 보너스 형태로 받을 수 있게 되어, 더 열심히 일할 수 있는 긍정적인 동기가 된다. 하위 부서에서 15% ROIC를 달성 목표로 설정하고 20% 수익을 얻었다면, 해당 부문의 직원들은 15% 목표를 초과하여 발생한 이익에 대한 몫을 성과급 형태로 받게 된다.

직원에게 생산적으로 일할 동기를 부여함으로써 다른 통제 메커니즘의 필요성을 줄인다는 것이다. 인센티브 통제는 자기 통제를 쉽게 하도록 설계되어 있으며, 직원들은 인센티브를 포함한 급여를 받을 가능성을 극대화하기 위해 조직의 목표와 일치하는 방식으로 자신의 행동을 통제한다. 보너스와 같은 지급은 조직에 비용이 들지만, 잘 설계된 인센티브는 그 비용 자체를 상환한다. 즉, 인센티브로 인한 성과 향상이 그에 따른 비용을 상쇄시키는 것보다 더 크다.

인센티브의 유형은 각 직원의 업무에 따라 다르게 준다. 공장 생산라인에서 일하는 직원의 인센티브는 고위 관리자가 받는 것과 매우 다를 것이다. 인센티브는 수행되는 작업 유형과 일치해야 한다. 제조 공장의 생산라인 직원들은 한 팀에 20~30명으로 구성되며, 그들의 보너스는 팀의 생산량과 제품 품질에 대한 목표를 달성하거나 초과할 때 받게 된다. 반면에, 공장의 고위 관리자들은 전체 운영과 관련된 지표에 따라 보상을 받는다. 기본 원칙은 인센티브 제도를 통해 개별 직원들을 어느 정도 통제하고 생산목표와 관련이 있도록 하는 것이다. 공장 생산라인의 개별 직원들은 전체 운영의 성과에 미비한 영향을 미치지만, 팀의 성과에는 많은 영향을 미칠 수 있다.

인센티브가 팀 성과에 연결된 경우, 팀 구성원 간의 협력을 장려하고 동료통제의 정도를 촉진하는 부가적인 이점을 가진다. **동료통제(peer control)**는 직원이 자신의 팀이나 작업 그룹 내의 다른 직원에게 조직의 기대치에 부응하거나 초과하도록 압박을 가할 때에 발생한다.[43] 따라서 20명으로 구성된 팀의 인센티브가 팀 성과에 연결된 경우, 구성원들은 팀 내에서 타인이 노력을 기울이지 않거나 다른 구성원들의 노력에 의존하려는 것으로 인식될 때 그들을 압박하여 속도를 내고 팀의 노력과 동등하게 기여하도록 촉구하게 된다. 조직 내에서 동료통제가 잘 작동하면 팀을 직접 감독할 필요가 줄어들고 더 평탄한 관리 계층으로 나아가려는 시도를 용이하게 할 수 있다.

동료통제
조직의 기대치를 초과하거나 초과하여 수행하기 위해 직원들이 팀 또는 작업 그룹 내의 다른 사람들에게 가하는 압력

요약하면, 인센티브는 산출통제를 강화하고 직원이 자기통제를 실천하도록 유도하며 동료통제를 높이고 다른 통제 메커니즘에 대한 필요성을 낮춘다. 여기서 논의된 다른 모든 통제 방법과 마찬가지로, 인센티브를 통한 통제에도 한계가 있다. 인센티브는 일반적으로 산출통제에 사용되는 지표와 관련이 있으므로 산출통제에 관한 내용도 여기에 적용된다. 특히 관리자는 인센티브가 의도하지 않은 결과나 역기능적인 행동을 초래하는 후행 지표와 연결되지 않도록 해야 한다.

12.4 조직문화의 개념을 검토하고 전략실행에 중요한 이유를 설명한다.

12.4 조직문화

조직문화는 조직의 직원들 사이에 공유되는 가치, 규범 그리고 가정을 의미한다. **가치(values)**란 우리는 한 집단이 좋고, 옳고, 바람직하다고 믿는 것에 대한 추상적인 생각이다. 다시 말해, 가치는 어떻게 되어야 하는지에 대한 공유된 가정이다. **규범(norms)**은 특정한 상황에서 적절한 행동을 규정하는 사회적 규칙과 지침을 의미한다.

가치
그룹이 좋고, 옳으며, 바람직하다고 믿는 것에 대한 아이디어 또는 공유된 가정

규범
특정 상황에서 적절한 행동을 규정하는 사회적 규칙 및 지침

문화는 사람들이 조직 내에서 행동하는 방식, 결정, 조직이 주목하는 것, 그리고 궁극적으로 기업의 전략과 성과에 영향을 미친다.

조직문화에는 여러 가지 원천이 있다. 창업자나 중요한 리더가 조직문화에 지대한 영향을 미칠 수 있다는 것에 대해서는 광범위하게 동의하고 있으며, 종종 그들 자신의 가치관을 조직문화에 녹여낸다. 또한 기업의 문화는 그 역사에서의 중요한 사건들에 의해 형성될 수 있다. 문화는 공식적이고 비공식적인 사회화 메커니즘을 통해 시간이 지남에 따라 유지되고 전달된다. 여기에는 고용 관행, 보상, 급여, 승진에 관한 절차, 그리고 직원이 조직 내에서 적응하고 성공하기를 원한다면 채택해야 할 비공식적인 행동 규칙 등이 포함된다.[44)]

예를 들어, 마이크로소프트는 회사의 설립자이자 오랜기간 CEO인 빌 게이츠(Bill Gates)의 영향을 받아 강력한 문화를 갖고 있다. 게이츠는 항상 기술적인 탁월함, 경쟁력, 그리고 장시간 노동에 대해 높이 평가하였다. 게이츠는 이러한 특성을 지닌 사람들을 고용하고 승진시키며 본인이 모범을 보이기도 하였고, 그는 기술적인 탁월함이 없는 사람들의 의견을 무시하는 경향이 있었다. 능력 있는 엔지니어들은 회사에서 높은 신용을 받았으며, 그들은 전략적인 결정에 상대적으로 큰 영향을 미쳤다. 게이츠의 신임을 얻은 직원들은 기술적으로 강하고 경쟁력 있으며 열심히 일하는 사람들을 고용하고 승진시켰다. 결국 회사의 문화는 조직 전반에 걸쳐 전파되고 시행되었다. 그 결과, 마이크로소프트는 기술적인 탁월함, 경쟁력, 그리고 장시간 근무가 회사의 중요한 요소가 되었고, 새로 입사한 직원들은 비슷한 사회성을 가졌던 동료들에 의해 이러한 규범으로 사회화되었다. 흥미로운 점은 2014년에 CEO가 된 사티아 나델라(Satya Nadella)가 마이크로소프트의 문화에 몇 가지 중요한 변화를 가져왔다는 점이다. 구체적으로 직원 간의 경쟁 강조는 협업과 협력에 중점을 둔 것으로 대체되었다.

마이크로소프트의 역사 또한 회사의 문화를 형성하였다. 특히 윈도우(Windows) 3.1의 출시와 함께 윈도우의 판매가 도약하기까지 세 가지 버전이 필요했고 6년이 걸렸다(윈도우 1.0과 2.0은 잘 되지 않았다). 마이크로소프트가 이로부터 얻은 교훈은 끈기가 성과를 낼 수 있다는 것이다. "우리는 버전 3까지 그것을 바로 잡을 것이다"는 마이크로소프트에서 여전히 사용되고 있는데, 이 문화적으로 내재된 가치는 마이크로소프트의 적자를 내는 빙(Bing) 검색 사업에 대한 전략적인 결정에도 영향을 미쳤다. 마이크로소프트의 문화를 반영하듯, 많은 직원은 회사가 충분한 기간 동안 빙을 고수한다면 결국 수익 창출이 될 것이라고 믿었다(실제로 그렇게 된 것으로 보인다).

통제 메커니즘으로서 문화 조직문화가 행동을 형성한다는 점에서 문화는 예상되는 행동을 규제하는 통제 메커니즘이다. 마이크로소프트의 직원들이 장시간 근무한 것은 관리규정이나 관리자들의 요구가 아니라 문화적 규범이었기 때문이다.

결국 문화는 행동을 형성하여 관리규정과 개인적인 통제의 필요성을 줄였다. 회사는 직원들에게 문화적 규범이 스며들어 있기 때문에 그들이 열심히 일하고 경쟁적인 방식으로 행동할 것이라고 믿었다.

비록 문화적 통제가 다른 통제의 필요성을 완화하고 이로써 모니터링 비용을 감소시킬 수 있지만, 이는 보편적으로 유용한 것은 아니다. 문화적 통제는 역기능적인 측면이 있다. 마이크로소프트의 강경하고 경쟁적인 문화는 1990년대에 이루어진 반독점 위반에 기여한 요인이다(미국에서 마이크로소프트에 반독점 사건을 제기한 미국 법무부는 회사 내부 이메일을 증거로 한 관리자가 "경쟁사의 공기를 끊을 것"이라고 말한 내용을 제시). 게다가 마이크로소프트의 장시간 근무 문화에는 분명 단점이 있었다. 많은 우수한 직원들이 과로로 인해 회사를 떠났고, 포스트 게이츠 시대가 되어 회사는 이에 순응하게 되었다. 직원들이 고령화되고 가족을 형성함에 따라 노동력은 더 융통성 있게 변화되었으며, 근무시간보다 생산된 결과가 더 중요하다는 것을 강조하게 되었다.

문화를 통한 전략 실행 문화는 사람들이 조직 내에서 행동하는 방식에 지대한 영향을 미칠 수 있기 때문에, 관리자들이 문화를 올바르게 이해하는 것은 중요하다. 올바른 문화는 기업의 전략 실행을 도울 수 있고, 잘못된 문화는 전략 실행을 방해할 수 있다.[45] 1980년대 IBM이 매우 우수한 성과를 거두던 시기에 여러 저자들이 IBM의 문화를 칭찬했는데, 그중에서도 합의 의사결정(consensus-based decision making)을 높이 평가했다.[46] 이 저자들은 IBM이 새로운 기술에 대한 상당한 재정 투자를 규칙적으로 하고 있어서 이러한 의사 결정 과정이 적절하다고 말했다. 그러나 이 과정은 1980년대 후반과 1990년대의 빠르게 변화하는 컴퓨터 산업에서 약점으로 드러났다. 합의에 기초한 의사결정은 느리고 관료적이며 기업의 위험부담에 특별히 도움이 되지 않았다. 1970년대에는 괜찮았지만, IBM은 1990년대에는 신속한 의사결정과 기업가적 위험부담을 감수해야 했지만, IBM의 문화는 그러한 행동을 단념시켰다. IBM은 마이크로소프트와 같은 당시의 중소기업들에 밀려 거의 파산지경에 이르렀고, 조직문화를 바꾸기 위해 대대적인 변화를 겪게 되었다.

한 연구에서는 장기간에 걸쳐 높은 성과를 보인 기업들은 강력하지만, 적응문화(adaptive culture)를 가진 경향이 있다고 밝혔다. 이 연구에 의하면 적응문화에서 대부분 경영자는 고객, 주주, 직원들에게 깊은 관심을 가지며, 그들은 기업에서 유용한 변화를 만들어내는 사람들과 과정들을 매우 중요하게 생각한다고 하였다.[47] 이 결과는 흥미롭지만, 이것은 문제를 고차원적인 수준으로 축소시킨다. 결국, 어떤 기업이 고객, 주주, 직원에 대해 깊이 신경 쓰지 않는다고 말할까? 다소 다른 관

전략 실행 사례 12.3

링컨 일렉트릭의 조직문화

링컨 일렉트릭(Lincoln Electric)은 아크 용접 장비의 세계 시장에서 선도적인 기업 중 하나이다. 링컨의 성공은 매우 높은 수준의 직원 생산성에 기반하고 있다. 이 기업은 강력한 조직문화와 삯일(piecework)에 기반한 인센티브 체계로 생산성을 도출한다. 링컨의 조직문화는 제임스 링컨(James Lincoln)으로 거슬러 올라간다. 링컨은 개인의 능력에 대해 강한 존경심을 가지고 있었고, 올바른 동기부여를 받으면 평범한 사람들도 비범한 성과를 낼 수 있다고 믿었다. 그는 링컨이 개인의 노력에 대한 보상을 받는 공정한 경쟁사회여야 한다고 강조했다. 매우 평등주의적인 성향을 지닌 링컨은 "근로자"와 "경영자" 사이의 의사소통 장벽을 없애고 개방 정책을 실천하였다. 그는 회사에서 일하는 모든 사람이 동등한 대우를 받도록 했다. 예를 들어, 모든 사람이 같은 식당에서 식사하고, "관리자"를 위한 주차장이 따로 없는 등의 조치를 취했다. 링컨은 또한 생산성 향상의 이익은 소비자에게 낮은 가격의 형태로, 직원에게는 높은 급여의 형태로, 그리고 주주에게는 높은 배당의 형태로 나눠져야 한다고 믿었다.

링컨의 신념에서 비롯된 조직문화는 회사의 인센티브 제도에 의해 강화되었다.

생산직 근로자는 기본급을 받지 않고 생산품 수에 따라 급여를 받는다. 회사의 건별 수당(piecework rate)은 정상적인 속도로 일하는 근로자가 공장이 위치한 지역의 제조업 근로자 평균 임금에 상응하는 소득이다. 근로자들은 생산품의 품질에 대한 책임이 있으며, 품질 검사원이 발견한 결함은 수리한 후에 건별 계산에 포함된다. 생산직 근로자들은 자격 평가를 기반으로 한 반기별 보너스를 받는다. 이러한 등급은 객관적인 기준(직원의 수준 및 생산물 품질)과 주관적 기준(협력에 대한 직원의 태도 및 신뢰성 등)으로 나눠진다. 이러한 시스템은 링컨의 직원들이 열심히 일하고 생산성을 향상시키는 혁신을 창출할 동기를 부여하는데, 그 이유는 그들의 급여 수준에 영향을 미치기 때문이다. 링컨의 공장 근로자들은 종종 해당 지역의 평균 제조업 임금을 50% 이상 초과하는 기본 급여를 받으며, 좋은 해에는 기본 급여를 두 배로 늘릴 수 있는 보너스도 받았다. 높은 직원 보수에도 불구하고 링컨의 직원들은 생산성이 매우 높아 경쟁사에 비해 낮은 비용 구조로 되어 있다.[48)]

출처: J. O'Connell, "Lincoln Electric: Venturing Abroad," Harvard Business School Case No. 9-398-095, April 1998; www.lincolnelectric.com.

점은 기업의 문화가 구조, 전략, 그리고 우수한 성과를 위한 경쟁 환경의 요구와 일치해야만 한다고 주장하는 것이다. 이 모든 요소는 서로 일관성을 유지해야 한다. 링컨 일렉트릭(Lincoln Electric)은 유용한 예를 제공하고 있다([전략 실행 사례 12.3] 참조). 링컨은 비용 최소화가 경쟁 우위의 핵심 원천인 매우 경쟁적인 사업 환경에서 경쟁한다. 링컨의 문화와 인센티브 제도는 직원들로 하여금 높은 수준의 생산성을 위해 노력하도록 장려하며, 이는 링컨의 성공에 필수적인 낮은 비용으로 이어진다. 따라서 링컨의 조직 아키텍처의 이러한 측면은 저원가 전략과 일치하는 것이다.

12.5 조직 프로세스

12.5 전략 실행을 위한 조직 프로세스의 중요성을 설명한다.

조직 내에서 의사결정이 이루어지고 업무가 수행되는 방식으로 정의되는 프로세스[49]는 조직 내 다양한 수준에서 찾을 수 있다. 전략 수립, 자원 배분, 신제품 아이디어 평가, 제품 품질 향상을 위한 고객 문의 및 불만 처리, 직원 성과 평가 등의 다양한 과정이 있다. 기업의 핵심 역량이나 귀중한 지식 기반 자원은 프로세스에 포함되는 경우가 많다(제3장 참조). 효율적이고 효과적인 프로세스는 가치 창출 비용을 낮추고 제품에 부가가치를 더할 수 있다. 예를 들어, 1980년대 많은 일본 제조기업의 글로벌 성공은 제품 품질과 운영 효율성 향상을 위한 프로세스, 특히 총 품질경영 및 적시공급생산(just-in-time) 재고 시스템을 초기 채택한 데 기반을 두고 있다. 오늘날 GE Healthcare의 의료 장비 사업이 성공한 데에는 회사 내에서 광범위하게 추진된 여러 프로세스가 있다. 여기에는 품질 향상을 위한 회사의 Six Sigma 프로세스, 비즈니스의 "디지털화"를 위한 프로세스(기업 인트라넷과 인터넷을 사용하여 활동을 자동화하고 운영비용을 절감하는 것), 회사 내에서 "워크아웃"이라고 불리는 아이디어 생성을 위한 프로세스가 포함된다. 이 프로세스는 관리자와 직원이 며칠에 걸쳐 생산성 향상을 위한 아이디어 확보를 위해 섹션에 참여한다.

조직의 프로세스는 작업 수행에 관련된 여러 단계와 의사결정 지점을 보여주는 순서도(flow chart)를 통해 요약된다. 프로세스의 본질과 프로세스 개선 및 재설계를 위한 전략에 대한 자세한 고찰은 이 책의 범위를 벗어난다. 그러나 국제 비즈니스 상황에서 프로세스 관리에 관해 두 가지 기본적인 점을 언급하는 것은 필요하다.[50]

첫째, 많은 프로세스는 기능이나 부문을 넘어서며, 서로 다른 하위 부서의 개인들 간 협력이 필요하다. 예를 들어, 제품개발 프로세스에서는 시장의 요구를 고려하여 새로운 제품을 개발하고 저렴한 비용으로 제조할 수 있도록 설계하기 위해 연구개발, 제조, 마케팅의 직원이 협력적인 방식으로 작업해야 한다. 이러한 프로세스는 조직의 경계를 허물기 때문에, 효과적으로 수행하기 위해서는 부서 간 협력을 위한 공식적인 통합 메커니즘과 인센티브의 수립이 필요한 경우가 많다.

둘째, 기업은 경쟁 우위를 가져올 수 있는 가치 있는 새로운 프로세스가 조직의 운영 네트워크 어디에서든 개발될 수 있다는 것을 특히 중요하게 인식해야 한다.[51] 팀, 기능, 제품 부문 또는 외국 자회사 내에서 가치 있고 희귀한 새로운 프로세스가 개발될 수 있다. 이러한 프로세스를 생성하는 능력도 중요하지만, 이 프로세스를 활용하는 것도 중요하다. 이를 위해서는 지식 네트워크와 같은 공식적이고 비공식적인 통합 메커니즘이 필요하다.

12.6 적절한 조직 설계를 통해 기업이 비즈니스 및 기업 수준 전략을 보다 효과적으로 실행에 옮기는 방법에 대해 논의한다.

12.6 조직 아키텍처를 통한 전략 실행

다양한 전략을 수행하는 데 필요한 조직 구조를 파악할 수 있게 되었다. 포괄적인 리스트를 작성하기보다는 일부 비즈니스 및 기업 수준의 전략에 초점을 맞춘다. 우선 단일 기업 내의 전략과 조직을 고려하고, 다각화 기업 내의 전략과 조직을 살펴본다.

12.6a 단일 기업의 전략과 조직

앞서 언급한 바와 같이, 단일 기업은 일반적으로 기능별로 구성된다([그림 12.3] 참조). 그러나 기능 간 통합의 필요성은 (1) 기업의 비즈니스 수준 전략 및 (2) 기업이 경쟁하는 환경의 특성에 따라 달라진다([그림 12.9] 참조).

전략, 환경 및 통합의 필요성 일반적으로 제품 개발과 혁신이 중요한 기업은 기능 간 통합의 필요성이 더 크다.[52] 이는 조직의 사업 수준 전략이 새로운 제품 및/또는 향상된 제품의 도입을 통한 차별화를 수반하는 경우이다. 예를 들어, 애플, 구글, 포드, 마이크로소프트, 테슬라, 그리고 토요타 모두 제품 개발과 혁신을 통해 차별화를 하고 있다. 이러한 조직에서는 (1) 새로운 제품이 적시에 개발되고, (2) 효율적으로 생산되고 전달될 수 있으며, (3) 소비자 요구를 만족할 수 있도록 조직의 연구개발, 생산 및 마케팅 기능을 조정해야 한다. 앞에서 우리는 매트릭스 구조가 이러한 조정을 달성하는 한 가지 방법임을 확인했다([그림 12.5] 참조). 또 다른 해결책은 임시 팀(temporary team)을 구성하여 신제품의 개발과 도입을 감독하는 것인데, 신제품이 도입되면 임시 팀은 해체되고 직원들은 다시 기존 팀으로 돌아가거나 다른 팀으로 이동하게 된다.

급변하는 시장에 대한 신속한 적응이 요구되는 불확실하고 매우 격동적인 경쟁

그림 12.9 전략, 환경, 조직

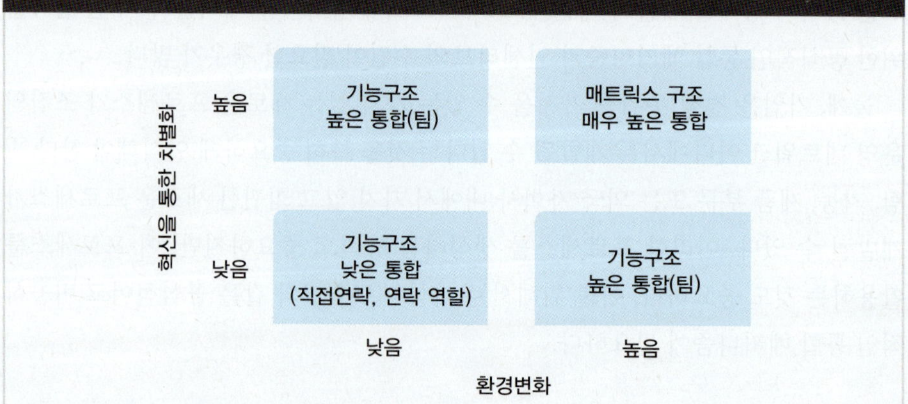

환경에 직면한 기업은 생존을 위해 조정이 필요하다.[53] 급진적인 환경변화 때문에 산업이 혼란에 빠질 때 제품, 프로세스, 사업 모델 및 전략의 변경이 필요하다. 이럴 때, 기업의 다양한 기능이 모두 같은 방향으로 움직이도록 하는 것이 중요하며, 변화하는 환경에 대한 기업의 대응이 일관성 있고 조직적으로 폭넓게 이루어질 수 있도록 하는 것이 중요하다. 이러한 조정을 달성하기 위해 종종 임시 팀을 사용한다.

예를 들어, 1990년대 중반, 월드 와이드 웹(World Wide Web)은 놀라운 속도와 거의 아무도 예상하지 못했던 방식으로 등장했다. 웹의 부상은 마이크로소프트와 같은 컴퓨터 소프트웨어 회사들에 커다란 변화를 가져왔고, 관리자들은 이 새로운 환경에서 경쟁할 수 있도록 제품 웹을 활성화하고 마케팅 및 판매 활동을 포지셔닝하도록 전략을 빠르게 전환했다. 이러한 변화는 Windows, Office 및 MSN용 소프트웨어 코드를 작업하는 여러 소프트웨어 엔지니어링 그룹 간의 매우 긴밀한 조정을 필요로 하여 모든 제품이 웹을 지원할 뿐만 아니라 서로 원활하게 작동할 수 있도록 하였다. 결국 마이크로소프트는 교차기능팀(cross-functional team)을 구성하여 이를 달성했다.

교차기능팀과 같은 공식적인 통합 메커니즘을 사용하는 것 외에도, 하위 부서 간의 조정이 중요한 기업(예를 들어, 변화가 큰 첨단 기술 환경에 속하는 기업 등)은 비공식적인 지식 네트워크를 개발하는 것이 좋다.

반면, 기업이 변화가 거의 없거나 안정적인 환경에 속하며 새로운 제품개발이 기업의 비즈니스 전략의 중심 요소가 아닌 경우, 기능 간 조정의 필요성은 적을 수 있다. 이러한 경우, 기업은 직접 연락이나 간단한 연락 역할과 같은 기본적인 통합 메커니즘을 사용하여 기능 간 조정을 달성할 수 있을 것이다. 이러한 메커니즘은 직원들에게 동일한 목표를 추구하고 조직 전체의 이익을 위해 서로 협력할 것을 장려하는 강력한 문화와 결합할 수 있으며, 이것만으로도 기능 간 조정을 달성하는 데 충분할 수 있다. 예를 들어, 월마트(Walmart)와 코스트코(Costco)는 연락 역할과 같은 기본적인 통합 메커니즘을 활용하고 있다.

통합 및 통제 시스템: 낮은 통합 전략을 시행하는 데 필요한 통합의 정도는 경영진이 사용할 수 있는 통제 시스템에 큰 영향을 미친다. 기능구조를 가진 기업을 생각해보자. 이 기업은 직접 연락과 역할 연락 외에 통합 메커니즘이 없으며, 기업이 속한 환경은 안정적이므로 통합의 필요성은 최소화되어 있다. 이러한 기업 내 예산 형태의 *관료통제*는 각 기능에 재원을 할당하고 기능별 지출을 통제하는 데 사용된다. 그런 다음 *산출통제*가 기능의 성과를 평가하는 데 사용되고, 각 기능은 특정 작업에 따라 다른 산출 목표가 할당된다. 조달기능은 매출액 대비 조달 비용을 기준으로 산출 목표를 부여한다. 예를 들어, 구매 기능은 매출 대비 구매 비용의 백분율을 기반으로 한 산출 목표를 할당받고, 생산 기능은 직원당 생산량 및 천 개 제품당 결함과 같은 생산성 및 제품 품질 목표로 설정되며, 물류 기능은 재고 회전율 목표를 받을 수 있다. 마케팅 및 판매 기능은 매출 성장 및 시장 점유율 목표를 받을 수 있으며, 서비스 기능의 성공 여부는 고객 문제 해결에 걸리는 시간으로 측정될 수 있다. 각 기능이 이러한 목표를 달성하면 기업의 전반적인 성과가 향상되고 수익성이 증가할 것이다.

산출통제는 또한 기능 내에서 더욱 세분화된다. 생산 프로세스는 각각 측정 가능한 생산량을 바탕으로 별도의 직무로 나눠진다. 팀이 구성되어 각각의 작업에 대한 책임을 맡을 수 있도록 권한이 부여되고, 각 팀에는 산출 목표가 할당된다. 기능을 팀으로 나누고 그 팀에 적용되는 생산품 통제를 할 수 있는 범위 내에서, (1) 조직 내 분권화를 촉진, (2) 더 넓은 통제 범위(관료적 규칙을 통해 행동을 규제하는 것과 달리, 생산품을 모니터링하여 팀을 통제하는 것이 상대적으로 쉽기 때문), (3) 더 수평적 조직구조로 만들게 된다.

그런 구조 안에서 CEO는 기능 관리자들을 감독한다. 그들은 차례로 기능 내의 부서나 팀들에 대한 통제권을 행사한다. CEO가 직접적으로 감독하여 기능 관리자들의 행동에 영향을 미치는 등 *대인통제*도 어느 정도 있을 수 있다. *인센티브*는 생산목표와 연결된다. 예를 들어, 생산 관리자의 인센티브는 생산 기능의 생산성 및 품질 목표 달성에 따라 달라진다. 물류 부서 관리자의 인센티브는 재고 회전율의 증가와 관련 있으며, 마케팅 및 판매 관리자의 급여는 시장 점유율의 증가와 연관 있다. 인센티브는 조직 내에서 더욱 세분화될 수 있으며, 기능 내에 있는 팀의 구성원들은 미리 정해진 목표를 달성하거나 초과할 수 있는 능력에 따라 보상을 받는다. 관리자와 아마도 모든 직원에 대한 인센티브의 일부는 조직 내 협력과 지식 공유를 장려하기 위해 기업의 전반적인 성과와 연결될 수 있다.

마지막으로, 그러한 기업은 강력한 문화통제를 갖는 것이 가능하다. 문화통제는 대인통제와 관료적 규칙의 필요성을 줄인다. 따라서 문화통제는 기업이 더 수평적 조직구조와 더 넓은 통제 범위로 운영하고, 산출통제와 인센티브의 효과를 증가시킬 수 있다.

통합 및 통제 시스템: 높은 통합 전략 및/또는 환경이 높은 수준의 통합을 요구하는 기능구조는 관리자에게 복잡한 통제 문제를 준다. 이러한 문제는 특히 기업이 매트릭스 구조를 채택하였을 때 더욱 심각해진다. 앞서 언급한 대로, 제품개발이 경쟁의 중심인 동적인 환경에 속하는 기업은 이러한 구조를 채택한다. 이러한 기업 내에서는 *관료통제*가 다시 재정 예산에 사용되며, 이전과 마찬가지로 각 기능에 대해 *산출통제*가 적용될 것이다. 교차기능 제품개발팀에게도 산출통제가 적용된다.

따라서 팀에는 개발 시간, 신제품 생산 비용, 제품이 포함해야 할 기능을 포함하는 생산 목표가 할당된다. 기능 관리자의 경우, 인센티브 통제가 해당 기능의 생산목표와 연결될 수 있지만, 제품개발팀 구성원의 경우, 인센티브는 팀 성과와 연결될 것이다.

이러한 체계의 문제점은 제품개발팀의 성과가 다양한 기능으로부터 받는 지원에 크게 의존한다는 점이다. 필요한 지원에는 생산, 마케팅, R&D의 인력과 정보가 포함되는데, 제품개발팀의 성과를 평가하기 위해 산출통제를 사용하는 과정에서 상당한 성과 모호성이 발생할 수 있다.

성과 모호성(performance ambiguity)은 특정 기능이나 팀과 같은 하위 부서의 성과가 높거나 낮은 이유를 정확하게 식별하기 어려울 때 발생한다. 이 맥락에서 교차기능 제품개발팀이 미리 결정된 결과 목표를 달성하지 못하는 경우, 이는 팀 구성원의 성과가 좋지 않아서가 아니라, 해당 기능이 팀에 적절한 수준의 지원을 제공하지 못했기 때문일 수 있다. 최고경영진은 단순히 팀 성과와 관련된 산출통제를 관찰하는 것만으로는 어떤 설명이 옳은지 결정할 수 없다. 성과 변동의 진정한 원인을 확인하려면 최고경영자가 정보를 수집해야 하는데, 여기서 대부분의 정보를 주관적으로 수집해야 하므로 관리 프로세스에 쏟아야 하는 시간과 에너지를 증가시키고, 다른 중요한 문제로부터 관심을 돌려 조직을 모니터링하고 통제하는 비용을 증가시킨다. 다른 모든 조건이 동일한 상태에서는 최고 경영진이 효과적으로 다룰 수 있는 통제 범위가 축소되어야 한다. 이는 앞에서 논의한 것처럼 더 높은 계층이 필요성을 시사하며, 이로 인해 다양한 추가적인 문제들이 발생할 수 있다.

성과 모호성
기능이나 팀과 같은 하위 부서의 성과가 높은(또는 낮은) 이유를 정확하게 파악하기 어려운 점

이러한 기업에서 성과 모호성 문제의 본질은 통제 문제에 대해 더 나은 해결책이 있는지에 대한 의문을 제기한다. 사실은 있다. 한 단계는 모든 주요 인력의 인센티브가 일치하는지 확인하면 된다. 즉, *인센티브 통제*를 차별적으로 사용하는 것이다. 이를 위한 전형적인 방법은 인센티브를 더 높은 조직성과에 연결하는 것이다. 따라서 기능 관리자들은 기능성과에 기반한 보상 외에도 기업의 전반적인 성과에 따라 보상을 받을 수 있다. 제품개발팀의 성공이 기업 성과를 높이는 한, 이는 기능 관리자에게 제품개발팀이 기능으로부터 충분한 지원을 받도록 하는 동기를 부여한다. 또한, 강력한 *문화통제*는 그들의 상호 이익을 위해 기능과 팀 간 협력의 중요성을 강조하는 전사적 규범과 가치관을 확립하는 데 큰 도움이 될 수 있다.

12.6b 다중비즈니스 (multibusiness) 기업의 전략과 조직

앞서 논의한 바와 같이, 다중비즈니스 기업은 일반적으로 사업부별 구조로 구성된다([그림 12.4] 참조). 각 사업부 내에는 기능적 조직이 있다. 사업부 내 기능 간 통합 정도는 사업부 차원의 전략과 환경의 특성에 따라 다를 수 있다. 그러나 사업부

간 통합의 필요성은 기업이 추구하는 구체적인 기업 전략에 달려 있다. 이는 사용되는 통합 메커니즘뿐만 아니라 사용되는 통제 및 인센티브 시스템의 유형에도 영향을 미친다.[54)]

회사가 관련다각화 전략을 추구하고 제품 사업부 간에 정보를 공유하여 범위 경제를 실현하려고 하거나, 사업부 간에 가치 있는 역량을 이전하거나 활용하여 수익성을 높이려고 한다면, 다양한 제품 사업부의 활동을 조정하기 위한 통합 메커니즘이 필요하다. 이러한 협력을 보장하기 위해 연락 역할, 임시 팀, 상설 팀을 모두 활용할 수 있다. 반면, 최고경영진이 우수한 내부 지배구조를 통한 수익성 향상에 중점을 두고 있고, 각 부문이 독립적으로 관리되며 역량을 활용하거나 범위의 경제를 실현하는 시도가 없는 경우(이와 같은 전략을 추구하는 기업들이 그러함), 기업은 부문 간에 최소한 또는 통합 메커니즘이 없이도 잘 운영될 수 있다.

통합이 낮은 다각화된 기업의 통제 비관련다각화 전략 중 하나인 우수한 내부 지배구조를 통해 성과를 높이는 데 주력하는 기업에서는 사업부 간 통합의 필요성이 낮다. 비관련다각화 전략을 추구하는 기업은 사업부 간에 자원을 공유하거나 핵심 역량을 활용하려고 하지 않기 때문에 다양한 사업부의 활동을 조정하기 위해 교차 사업부 팀과 같은 복잡한 통합 메커니즘이 필요하지 않다. 이러한 기업에서 본사는 일반적으로 크게 네 가지 방식으로 사업부를 관리한다.[55)]

첫째, 그들은 *관료통제*를 사용하여 부서의 재정 예산과 자본 지출을 규제한다. 일반적으로 각 부서는 다음 해에 본사의 승인을 받아야 하며, 일정 금액 이상의 자본 지출은 본사의 승인을 받아야 한다. 예를 들어, 5만 달러를 초과하는 부서의 지출 항목은 본사의 승인을 받아야 한다.

둘째, 본사는 *산출통제*를 사용하여 각 부서에 일반적으로 수익성, 이익 성장 및 현금 흐름과 같은 측정 가능한 재무 기준을 기반으로 각 사업부의 산출 목표를 할당한다. 보통 다음 해의 목표는 부서장과 본사의 최고경영진 간의 협상을 통해 설정된다. 부서가 목표를 달성한다면, 그들은 자체 운영을 진행하게 된다. 그러나 성과가 목표에 미치지 못하는 경우 최고경영진은 일반적으로 부서를 감사하여 이유를 발견하고, 필요한 경우 전략 및/또는 인원 변경을 통한 수정 조치를 취하게 된다.

셋째, 사업부 관리자에 대한 인센티브는 사업부의 재무성과와 연결되어 *인센티브 통제*가 사용된다. 급여 보너스를 받으려면 사업부 관리자가 본사와 사업부 간에 이전에 협상한 성과 목표를 달성하거나 초과해야 한다. 사업부 관리자가 연간 성과 목표를 낮추지 않게 하려고, 본사는 일반적으로 경쟁사의 제품 부문을 벤치마킹하고 업계 상황을 자세히 살펴보고 이 정보를 사용하여 달성 가능한 성과 목표를 설정한다.

넷째, 본사는 *시장통제*를 사용하여 다른 부서 간에 자본 자원을 할당한다.[56] 앞에서 언급한 바와 같이, 다중사업기업에서는 일반적으로 제품 부문에서 창출된 현금을 본사에 속하는 것으로 간주하며, 본사는 내부 자본 시장으로 기능하며, 미래 가능성 있는 성과에 대한 평가에 따라 서로 다른 부서의 경쟁적인 요구에 기반하여 현금 흐름을 재할당한다. 사업을 성장시키기 위해 필요한 자본 접근을 위한 사업부 간의 경쟁은 사업부 관리자가 가능한 한 효율적이고 효과적으로 사업을 운영할 수 있게 만드는 동기가 된다. 또한, 본사는 시장통제를 이용하여 사업부 간 신제품 개발 및 사업화 권한을 할당할 수 있다.

사업부 내에서 사용되는 통제 시스템은 단일 사업체에서 찾을 수 있는 것들과 유사하다. 또한 본사 관리자들은 부서장의 행동에 영향을 미치기 위해 몇 가지 *대인통제*를 활용할 수 있다. 특히 CEO는 사업부 관리자와 정기적으로 만나 그들의 운영에 대한 풍부한 피드백을 얻기 위해 조사함으로써 그를 통제할 수 있다.

통합이 높은 다각화된 기업의 통제 통제 문제는 우수한 내부 지배구조를 통해 성과를 개선하려고 할 뿐만 아니라, 제품 사업부 간의 핵심 역량을 적극적으로 활용하고 범위의 경제를 실현하려는 관련다각화 전략을 추구하는 기업에서는 더욱 복잡하다. 예를 들어, 다양한 제품 사업부를 보유한 3M은 핵심 기술을 부서 간에 활용하기 위해(내부 지식 네트워크를 구축함으로써) 많은 노력을 기울이고 있다. 또한, 3M은 마케팅 및 판매 부서에서 범위의 경제를 실현하려고 시도하며, 여러 부서의 제품을 판매한다. 다중사업기업이 경제적 효과를 실현하고 부서 간 핵심 역량을 활용하여 성과를 향상시키려고 노력할 때, 부서 간 통합의 필요성이 높아진다.

이러한 조직에서 최고경영진은 앞 절에서 논의한 표준 통제 메커니즘(관료, 산출, 인센티브 및 시장통제)을 사용한다. 그러나 부서 간 협력과 통합이 없는 비관련 다각화 전략을 추구하는 다중사업기업에서는 찾아볼 수 없는 두 가지 통제 문제를 해결해야 한다. 첫째, 부서 간 상호 이익을 위해 협력을 유도하는 통제 메커니즘을 찾아야 한다. 둘째, 부서 간 긴밀하게 결합되어 자원을 공유하고 한 부서의 성과가 다른 부서들과 얼마나 잘 협력하느냐에 따라 달라질 때 발생하는 성과 모호성에 대처할 방안을 모색해야 한다.

이 두 가지 문제에 대한 해결책은 본질적으로 기능 간 통합이 높은 단일 사업체가 채택하는 것과 별반 다르지 않다. 구체적으로, 기업은 더 높은 수준의 성과(이 경우 기업 전체의 성과)와 연결된 부서 관리자를 위한 인센티브 통제를 채택해야 한다. 전체 기업의 성과를 향상시키기 위해서는 부문 간의 협력이 필요하므로, 이러한 인센티브 통제는 협력을 촉진해야 한다. 또한, 강력한 문화통제는 부문 간 상호 이익을 위한 협력의 중요성을 강조하는 가치와 규범을 형성하는 데 도움이 된다. 3M에서는 제품은 각 사업부에 속하지만, 해당 제품의 기술은 전체 회사에 속한다는 오랜 문화적 규범이 있다. 따라서 수술용 테이프 사업은 사무용품 사업에서 자체 개발한 접착 기술을 활용하여 제품을 개선할 수 있다.

비록 이러한 통제 문제에 대한 해결책이 있지만, 사업부 간 긴밀하게 통합된 기업의 최고 경영진은 덜 복잡한 다중사업기업의 최고 경영진보다 성과 모호성에 대해 더 많이 다뤄야 한다는 것은 분명하다. 다양한 제품 사업부 간의 통합은 최고 관리자들이 객관적인 산출 기준의 모니터링만으로는 각 사업부의 성과를 판단하기 어렵다는 것을 의미한다. 성과를 정확하게 측정하고 적절한 통제를 달성하기 위해서는 운영 부서의 업무를 감시하고, 부서 관리자와 대화하며 객관적인 산출 수치를 "파악"하는 데 도움이 되는 것보다, 그 뒤에 숨은 성과에 대한 포괄적이고 질적인 그림을 얻기 위해 노력해야 한다. 모든 조건이 동일한 경우, 이는 관리자가 효과적으로 처리할 수 있는 통제 범위를 제한하고 따라서 기업의 범위를 제한할 수 있다.[57]

핵심용어

조직 아키텍처(organizational architecture) 464
조직구조(organizational structure) 464
통제(controls) 465
인센티브(incentives) 465
조직 프로세스(organizational processes) 465
조직 문화(organizational culture) 465
사람(people) 466
수직적 분화(vertical differentiation) 466
수평적 분화(horizontal differentiation) 467
통합 메커니즘(integrating mechanisms) 467
집권화(centralization) 467
분권화(decentralization) 467
자율관리팀(autonomous subunit) 469
위계 조직(tall hierarchies) 470
수평 조직(flat hierarchies) 470
통제의 범위(span of control) 472
영향 비용(influence costs) 473
계층의 간소화(delayering) 474
기능구조(functional structure) 474
사업부 구조(multidivisional structure) 476
매트릭스 구조(matrix structure) 477
지식 네트워크(knowledge network) 480
통제(control) 483
목표(goal) 483
표준(standard) 483
하위 목표(subgoal) 484
대인통제(personal control) 486
관료통제(bureaucratic control) 487
산출통제(output controls) 488
시장통제(market controls) 489
동료통제(peer control) 491
가치(values) 491
규범(norms) 491
성과 모호성(performance ambiguity) 499

전략적 경영자를 위한 시사점

1. 전략은 기업의 조직 아키텍처를 통해 구현된다.
2. 조직 아키텍처는 구조, 통제, 인센티브, 프로세스, 문화, 인적자본을 포괄하는 시스템으로 생각하는 것이 유용하다.
3. 일반적으로 각 하위 부서의 성과가 가시적이고, 모호하지 않으며, 객관적인 산출통제로 측정될 수 있는 경우, 수평적 조직구조가 바람직하다.
4. 전략을 실행하기 위해서는 기능과 제품 부서 간의 협력이 필요하다. 협력의 필요성은 통합된 메커니즘이 요구된다. 통합 메커니즘의 광범위한 사용은 성과 모호성으로 이어질 수 있으며, 더 복잡하고 다양한 통제 메커니즘이 필요하게 된다.
5. 사업 수준에서는 지속적인 제품개발 노력과 제품 혁신이 필요한 비즈니스 차원의 전략과 급변하는 시장 환경에 기반을 둔 기업에서 기능 활동을 조정하기 위한 통합 메커니즘의 필요성이 더 크다.
6. 기업 수준에서는 서로 다른 사업부의 활동을 조정하기 위한 통합 메커니즘을 관련다각화 전략을 추구하는 기업이 비관련다각화 전략을 추구하는 기업보다 더 필요로 한다.

토론 과제

1. 조직구조, 통제 시스템, 인센티브 및 문화 간의 관계는 무엇인가? 이러한 구성 요소 간의 불일치가 언제 그리고 어떤 조건에서 발생할 수 있는지 몇 가지 예를 들어 보시오.
2. 경영대학원과 대학이 운영되는 방식을 가장 잘 설명하는 구조는 무엇인가? 왜 그 구조가 적합한가? 만약 다른 구조가 있다면, 어떤 구조가 더 나은가?
3. 회사는 언제 매트릭스 구조를 선택할 것인가? 이러한 구조를 관리하는 것과 관련된 문제점은 무엇인가? 이러한 문제점은 어떻게 완화할 것인가?
4. 어떤 구조, 통제, 인센티브, 문화를 찾을 수 있을까? (a) 안정적인 환경에 기반을 둔 소규모 제조기업, (b) 급변하는 시장에 기반을 둔 첨단기술기업, (c) 대형 회계법인
5. 기업이 기능구조에서 사업부 구조로 변경하기로 하는 시기는 언제인가?
6. 당신은 대기업에서 기업가정신을 장려하기 위해 구조, 통제, 인센티브, 프로세스 및 문화를 어떻게 설계할 것인가? 기업가정신을 장려하려는 욕구가 당신의 고용 및 경영진 개발 전략에 어떤 영향을 미칠 것인가?

마무리 사례

마이크로소프트의 조직

많은 스타트업과 마찬가지로, 초기에는 마이크로소프트(Microsoft)의 조직이 유기적으로 발전했다. 처음 회사의 주요 제품이 MS-DOS 운영 체제(윈도우의 전신)였을 때, 회사는 기능구조로 되어 있었다. 두 가지 주요 기능은 소프트웨어 제품을 개발하는 엔지니어링이었고, 다른 하나는 이 제품들을 컴퓨터 제조업체, 비즈니스 사용자와 소비자에게 판매하는 마케팅 및 판매였다.

초기에 엔지니어링 기능은 창업자이자 CEO인 빌 게이츠(Bill Gates)가 책임지고 있었으며,

마케팅 및 판매 기능은 후에 CEO로서 게이츠를 대체할 스티브 발머(Steve Ballmer)가 이끌었다. 재무, 인적 자원 및 법률과 같은 지원 기능도 포함되어 있었다. 회사가 성장하면서 오피스, Windows 서버 소프트웨어, 개발 도구, Xbox 및 인터넷 검색과 같은 새로운 제품을 개발하면서 마이크로소프트는 사실상 매트릭스 조직으로 발전했다. 각 주요 제품 범주는 자체 사업부에 배치되고 엔지니어링 및 판매 기능은 축소되었다. 매트릭스 구조로 변경한 이유는 서로 다른 사업 간의 긴밀한 협력을 장려했기 때문이다. 이는 각 소프트웨어 제품이 서로 잘 작동해야 하는 마이크로소프트에서 중요한 요소로 여겨졌다. 예를 들어, 엔지니어링 측면에서 오피스는 Windows에서 잘 실행되도록 최적화되어야 했고, Xbox는 Windows 운영 체제의 사용자 정의 버전을 사용했기 때문에 개발이 조율되어야 했으며, 데스크톱 및 노트북 컴퓨터용 Windows 운영 체제는 서버에서 실행되는 Windows 서버 소프트웨어와 원활하게 통신해야 했다. 판매 및 마케팅 측면에서는 비즈니스 사용자가 마이크로소프트와 하나의 주요 접점을 갖도록 하는 조정이 중요했는데, 이는 서로 다른 부서의 여러 영업 직원이 마이크로소프트에 연락하는 것보다 훨씬 선호되었다.

매트릭스 조직은 부서 간의 조정을 쉽게 하고 기업의 주요 접점을 제시하는 주요 목표를 달성했지만, 이로 인해 조직에 몇 가지 문제가 발생했다. 마이크로소프트 내에서 책임 부재가 계속되었다. 이것이 사업부 내의 관리 문제 때문인지, 아니면 엔지니어링 기능에 의한 실행 부족 때문인지, 아니면 영업 및 마케팅에 의한 것인지 불분명하였다. 또한 엔지니어링을 조직 내 최고의 문화 기능으로 여기며 엔지니어링이 새로운 제품을 개발하는 데 선도적인 역할을 했다는 것이다. 이는 그 엔지니어들이 고객으로부터 단절되어 시장의 흐름을 이해하지 못했기 때문에 항상 회사에 도움이 되지 않았다. 시간이 지남에 따라 회사는 점점 더 관료화되어 애플이나 구글과 같은 경쟁사들의 혁신에 대한 대처가 늦어졌다.

2014년 1월에 사티아 나델라(Satya Nadella)가 마이크로소프트의 CEO가 되면서 그의 중요한 목표 중 하나는 조직 내에서의 책임성을 높이고 마이크로소프트를 민첩하게 만드는 것이었다. 또한 그는 2017년 중순까지 주요 비즈니스 부문을 세 개로 재구성했다; 생산성 및 비즈니스 프로세스(Office 365, Dynamics 및 LinkedIn을 포함), 인텔리전트 클라우드(공용, 사설, 혼합 서버 제품 및 클라우드 서비스) 및 더 많은 개인용 컴퓨팅(Windows, Xbox, Surface 및 검색 광고). 각 부문의 책임자는 나델라에게 직접 보고하고, 부문에 대한 주요 손익 책임을 졌다. 다양한 제품 제공도 이익 책임 단위이며, 해당 제품 부문의 책임자들은 각 부문의 책임자에게 보고하였다. 판매는 여전히 별도의 기능으로 운영되지만, 엔지니어링 및 마케팅 책임은 이제 각 부문 내의 제품 그룹에 속해있다. 따라서 마이크로소프트는 사실상 매트릭스 구조에서 크게 벗어났다. 이러한 변화의 명확한 목표는 전략과 구조를 일치시키고 책임을 강화하며 혁신의 걸림돌을 제거하는 것이다. 나델라가 마이크로소프트의 CEO가 된 이후 재무성과와 클라우드 제품의 급속한 성장을 고려하면, 지금까지 이 방법은 효과가 있다고 평가된다.

출처: 저자가 마이크로소프트 관계자들과 논의한 내용

사례 토의 문제

1. 마이크로소프트 매트릭스 조직의 장점은 무엇인가?
2. 마이크로소프트 매트릭스 조직의 단점은 무엇인가? 이러한 조직 형태가 회사에 어떤 부정적인 영향을 미쳤는가?

3. 사티아 나델라가 2014년 CEO가 된 후 마이크로소프트를 재건하면서 이루고자 했던 것은? 그는 얼마나 성공적이었는가?
4. 아직도 마이크로소프트의 사업 간에 조정이 필요한가? 어떻게 이를 달성했다고 생각하는가?

참고문헌

[1]D. Naidler, M. Gerstein, and R. Shaw, *Organization Architecture* (San Francisco: Jossey-Bass, 1992).

[2]G. Morgan, *Images of Organization* (Beverly Hills, CA: Sage Publications, 1986).

[3]The material in this section draws on J. Child, *Organizations* (London: Harper & Row, 1984). Recent work addressing the issue includes J. R. Baum and S. Wally, "Strategic Decision Speed and Firm Performance," *Strategic Management Journal* 24 (2003): 1107–1120; D. I. Jung and B. J. Avolio, "Effects of Leadership Style and Followers Cultural Orientation on Performance in Groups and Individual Task Conditions," *Academy of Management Journal* 42 (1999): 208–218.

[4]This is a key tenet of the information- processing view of organizations. See J. Galbraith. *Designing Complex Organizations* (Reading, MA: Addison-Wesley, 1972).

[5]J. Kim and R. M. Burton, "The Effects of Uncertainty and Decentralization on Project Team Performance," *Computational & Mathematical Organization Theory* 8 (2002): 365–384.

[6]J. Birkinshaw, N. Hood, and S. Jonsson, "Building Firm Specific Advantages in Multinational Corporations: The Role of Subsidiary Initiatives," *Strategic Management Journal* 19 (1998): 221–241.

[7]K. M. Eisenhardt, "Making Fast Strategic Decisions in High Velocity Environments," *Academy of Management Journal* 32 (1989): 543–575.

[8]G. P. Hattrup and B. H. Kleiner, "How to Establish a Proper Span of Control for Managers," *Industrial Management* 35 (1993): 28–30.

[9]The classic statement was made by P. Milgrom and J. Roberts, "Bargaining Costs, Influence Costs and the Organization of Economic Activity," in J. E. Alt and K. A. Shepsle (eds.), *Perspectives in Positive Political Economy* (Cambridge: Cambridge University Press, 1990). Also see R. Inderst, H. M. Muller, and K. Warneryd, "Influence Costs and Hierarchy," *Economics of Governance* 6 (2005): 177–198.

[10]D. Priest and D. Linzer, "Panel Condemns Iraq Prewar Intelligence," *The Washington Post*, July 10, 2004, page A1; D. Jehl, "Senators Assail CIA Judgments of Iraq's Arms as Deeply Flawed," *New York Times*, July 10, 2004, page A1; M. Isikoff, "The Dots Never Existed," *Newsweek*, July 19, 2004, pp. 36–40.

[11]C. R. Littler, R. Wiesner and R. Dunford, "The Dynamics of Delayering," *Journal of Management Studies* 40 (2003): 225–240.

[12]J. A. Byrne, "Jack: A Close-up Look at How America's #1 Manager Runs GE," *Business Week*, June 8, 1998, pp 90–100. Also see *Harvard Business School Press*, "GE's Two Decade Transformation."

[13]A. D. Chandler, *Strategy and Structure: Chapters in the History of the Industrial Enterprise* (Cambridge, MA: MIT Press, 1962). Also see O. E. Williamson, *Markets and Hierarchies: Analysis and Anti-Trust Implications* (New York: Free Press, 1975).

[14]A. P. Sloan, *My Years at General Motors* (New York: Bantum Books, 1996). Originally published in 1963.

[15]C. W. L. Hill, M. A. Hitt, and R. E. Hoskisson. "Cooperative versus Competitive Structures in Related and Unrelated Firms," *Organization Science* 45 (1992): 501–521; O. E. Williamson, *Markets and Hierarchies: Analysis and Anti-Trust Implications* (New York: Free Press, 1975).

[16]C. W. L. Hill, M. A. Hitt, and R. E. Hoskisson, "Declining U.S. Competitiveness: Reflections on a Crisis," *Academy of Management Executives* 2 (1988): 51–60.

[17]P. R. Lawrence and J. Lorsch, *Organization and Environment* (Boston, MA: Harvard University Press, 1967).

[18]K. B. Clark and S. C. Wheelwright, *Managing New Product and Process Development* (New York: Free Press, 1993); M. A. Schilling and C. W. L. Hill, "Managing the New Product Development Process," *Academy of Management Executive* 12:3 (August 1998): 67–68; S. L. Brown and K. M. Eisenhardt, "Product Development: Past Research, Present Findings, and Future Directions," *Academy of Management Review* 20 (1995): 343–378.

[19]L. R. Burns and D. R. Whorley, "Adoption and Abandonment of Matrix Management Programs: Effects of Organizational Characteristics and Interorganizational Networks," *Academy of Management Journal* (February 1993), pp. 106–138; C. A. Bartlett and S. Ghoshal, "Matrix Management: Not a Structure, a Frame of Mind," *Harvard Business Review* (July– August 1990): 138–145.

[20]S. Thomas and L. S. D'Annunizo, "Challenges and Strategies of Matrix Organizations," *HR Human Resource*

Planning 28 (2005): 39–49.

[21]See J. R. Galbraith, *Designing Complex Organizations* (Reading, MA: Addison-Wesley, 1977).

[22]M. Goold and A. Campbell, "Structured Networks: Towards the Well Designed Matrix," *Long Range Planning* (October 2003): 427–460.

[23]Bartlett and Ghoshal, *Managing across Borders*; F. V. Guterl, "Goodbye, Old Matrix," *Business Month* (February 1989): 32–38; I. Bjorkman, W. Barner-Rasussen, and L. Li, "Managing Knowledge Transfer in MNCs: The Impact of Headquarters Control Mechanisms," *Journal of International Business* 35 (2004): 443–460.

[24]M. S. Granovetter, "The Strength of Weak Ties," *American Journal of Sociology* 78 (1973): 1360–1380.

[25]A. K. Gupta and V. J. Govindarajan, "Knowledge Flows within Multinational Corporations," *Strategic Management Journal* 21 (4) (2000): 473–496; V. J. Govindarajan and A. K. Gupta, *The Quest for Global Dominance* (San Francisco: Jossey-Bass, 2001); U. Andersson, M. Forsgren, and U. Holm, "The Strategic Impact of External Networks: Subsidiary Performance and Competence Development in the Multinational Corporation," *Strategic Management Journal* 23 (2002): 979–996.

[26]For examples, see W. H. Davidow and M. S. Malone, *The Virtual Corporation* (New York: Harper Collins, 1992).

[27]3M. A Century of Innovation, the 3M Story. 3M, 2002. www.3m. com/about3m/century/index.jhtml.

[28]W. G. Ouchi, "Markets, Bureaucracies, and Clans," *Administrative Science Quarterly* 25 (1980): 129–144.

[29]J. Child, *Organization: A Guide to Problems and Practice* (Harper & Row: London, 1984).

[30]S. G. Green and M. A. Welsh. "Cybernetics and Dependence: Reframing the Control Concept," *Academy of Management Review* 13 (2) (1988): 287–301.

[31]J. Batsell, "Cost Cutting, Inventory Control Help Boost Nordstrom's Quarterly Profit," *Knight Ridder Tribune News* (February 22, 2002): 1; Nordstrom 2004 10K statement.

[32]For a recent summary, see D. M. Wiegand and E. S. Geller. "Connecting Positive Psychology and Organization Behavior Management," *Journal of Organization Behavior Management* 24 (12) (2004/2005): 3–20.

[33]J. Child, "Strategies of Control and Organization Behavior," *Administrative Science Quarterly* 18 (1973): 1–17; K. Eisenhardt, "Control: Organizational and Economic Approaches," *Management Science* 31 (1985): 134–149; S. A. Snell, "Control Theory in Human Resource Management," *Academy of Management Review* 35 (1992): 292–328; W. G. Ouchi, "The Transmission of Control Through Organizational Hierarchy," *Administrative Science Quarterly* 21 (1978): 173–192.

[34]J. Child, *Organization: A Guide to Problems and Practice* (Harper & Row: London, 1984).

[35]R. Teichroeb, "End to Forced Busing Creates New Problems for Seattle's Schools," *Seattle Post Intelligencer, June* 3, 1999, online edition. www.seattlepi.com

[36]J. Child, *Organization: A Guide to Problems and Practice* (Harper & Row: London, 1984).

[37]Hill, Hitt, and Hoskisson, "Cooperative versus Competitive Structures in Related and Unrelated Diversified Firms."

[38]J. D. Thompson, *Organizations in Action* (New York: McGraw Hill, 1967).

[39]O. E. Wiliamson. *The Economic Institutions of Capitalism* (New York: Free Press: 1985).

[40]C. Bartlett. "Philips versus Matsushita: A New Century, a New Round," *Harvard Business School Press* Case No. 9–302–049, 2005.

[41]L. Kim. "The Dynamics of Samsung's Technological Learning in Semiconductors," *California Management Review* 39:3 (1997): 86–101.

[42]Hill, Hitt, and Hoskisson, "Cooperative versus Competitive Structures in Related and Unrelated Diversified Firms."

[43]Peer control has long been argued to be a characteristic of many Japanese organizations. See M. Aoki, Information, *Incentives and Bargaining in the Japanese Economy* (Cambridge, UK: Cambridge University Press, 1988).

[44]E. H. Schein, *Organizational Culture and Leadership*, 2nd ed. (San Francisco: Jossey-Bass, 1992).

[45]J. P. Kotter and J. L. Heskett, *Corporate Culture and Performance* (New York: Free Press, 1992); M. L. Tushman and C. A. O'Reilly, Winning through Innovation (Boston, MA: Harvard Business School Press, 1997).

[46]The classic song of praise was produced by T. Peters and R. H. Waterman, *In Search of Excellence* (New York: Harper & Row, 1982). Ironically, IBM's decline began shortly after their book was published.

[47]Kotter and Heskett, *Corporate Culture and Performance*.

[48]M. Hammer and J. Champy, *Reengineering the Corporation* (New York: Harper Business, 1993).

[49]J. O'Connell, "Lincoln Electric: Venturing Abroad," Harvard Business School Press Case No. 9–398–095, April 1998, and www. lincolnelectric.com.

[50]T. Kostova, "Transnational Transfer of Strategic Organizational Practices: A Contextual Perspective," *Academy of Management Review* 24:2 (1999): 308–324.

[51]Andersson, Forsgren, and Holm, "The Strategic Impact of External Networks: Subsidiary Performance and Competence Development in the Multinational Corporation."

[52]Ulf Anderson, Mats Forsgren, and Ulf Holm, "The strategic impact of external networks: Subsidiary perfor-

mance and competence development in the multinational corporation," *Strategic Management Journal* 23:11 (2002): pp. 979–996.

[53]P. R Lawrence and J. Lorsch, *Organization and Environment*. (Boston, MA: Harvard University Press, 1967).

[54]Hill, Hitt, and Hoskisson, "Cooperative versus Competitive Structures in Related and Unrelated Firms."

[55]Ibid.

[56]C. W. L. Hill, "The Role of Corporate Headquarters in the Multidivisional Firm," in R. Rumelt, D. J. Teece, and D. Schendel (eds.), *Fundamental Issues in Strategy Research*. (Cambridge, MA: Harvard Business School Press, 1994), pp. 297–321.

[57]C. W. L. Hill and R. E. Hoskisson. "Strategy and Structure in the Multiproduct Firm," *Academy of Management Review* 12 (1988): 331–341.

Chatchai.b/Shutterstock.com

사례연구 분석

사례연구 분석하기 및 사례분석 보고서 작성하기

사례연구 분석이란 무엇인가?

사례연구 분석(case study analysis)은 전략경영 강좌의 필수적인 한 부분이다. 사례연구의 목적은 학생들에게 실제로 조직이 직면하는 전략경영 관련 문제들에 대한 경험을 제공하기 위한 것이다. 하나의 사례연구에서는 수많은 시기에 걸쳐서 사업체 혹은 산업에서 발생한 것들 중 한 가지 사건에 대한 서술을 제공한다. 사례연구는 경쟁환경의 변화 같은 경영진이 다루어야 했던 사건들을 연대순으로 기록하고, 일반적으로 사업수준전략 혹은 기업수준전략의 변화와 관련되는 경영진의 대응을 제시한다. 본 교과서에서 사례들은 경영진이 직면해야 했던 광범위한 이슈들과 문제들을 포함한다. 어떤 사례들은 변화하는 상황조건들 하에서 경쟁우위를 달성하기 위하여 올바른 사업수준전략을 발견하는 것에 대한 것이다. 어떤 사례들은 인수에 의한 성장을 택했지만 성장의 이면에 있는 근본적인 이유에 대해서는 간과한 회사들과, 이런 회사에서 인수에 의한 성장이 미래 수익성에 어떠한 영향을 미치는지에 대한 것이다. 각 사례는 각 사례에서 다루는 조직이 다르기 때문에 다양하다. 그러나 모든 사례들에서 하부에 존재하는 공통된 사항은 사업에서 직면하는 문제들을 해결하기 위해 전략경영 기법들을 활용한다는 것이다.

사례들은 여러 가지 이유들을 통하여 전략경영 강좌가 소중하다는 것을 입증한다. 첫째, 사례들은 학생들에게 아마도 직접적으로 경험할 기회가 없었을 조직 관련 문제들에 대한 경험을 제공한다. 상대적으로 짧은 시간 동안, 당신은 여러 다양한 회사들이 직면한 문제들을 인식하고 분석할 수 있는 기회와 어떻게 경영진들이 그러한 문제들에 대처하려고 노력하였는지를 이해할 수 있는 기회를 제공해 줄 것이다.

둘째, 사례들은 전략경영의 이론 및 내용을 예시한다. 전략경영의 이론 및 내용의 의미와 함의는 사례연구들에 적용될 때 좀 더 명확해진다. 이론 및 개념들은 연구된 회사들에서 무슨 일이 벌어지고 있는지를 규명하는 것을 돕고, 특정 회사들이 직면한 문제들을 해결하기 위하여 적용한 해결책들을 여러분들이 평가할 수 있도록 해준다. 결과적으로, 여러분들이 사례를 분석하면 마치 개념적인 도구들의 집합을 가진 탐정처럼 어떤 일이 발생했고, 무엇 또는 누가 책임이 있는지를 밝혀내며, 다음으로 해결책을 제공하는 증거들을 정리한다. 최고경영진들은 현실세계에서 문제해결능력들을 검증하는 스릴을 즐긴다. 올바른 답이 무엇인지를 아는 사람이 없다는 것을 기억하는 것은 중요하다. 경영진들이 할 수 있는 모든 것은 최선의 추측을 하는 것이다. 사실, 경영진들은 전략적 문제들을 해결함에 있어서 단지 절반의 시간만이라도 자신들의 추측이 맞았다면 행복하다고 반복적으로 말하곤 한다. 전략경영은 불확실한 게임이다. 그리고 이론이 어떻게 현실에 적용될 수 있는지를 살펴보기 위해 사례들을 활용하는 것은 진단조사(diagnostic investigation)에 있어서 여러분들의 기술을 향상시키는 한 가지 방법이다.

셋째, 사례연구들은 여러분들에게 수업에 참여할 기회와 다른 사람들에게 여러분들의 아이디어들을 제시하는 경험을 얻을 수 있는 기회를 제공한다. 교수는 때로 사례에서 어떤 일이 벌어지고 있는지를 파악하기 위해 학생들을 그룹으로 나누도록 요구할 수 있다. 그리고 수업에서의 토론을 통하여 학생들 스스로 사례문제의 이슈와 해결책들을 파악할 수 있다. 그러한 상황에서, 여러분들은 자신의 관점과 결론들을 정리해야 할 것이고 수업에 그러한 관점과 결론들을 발표할 수 있다. 여러분들의 수업 동료들은 여러분들과 다르게 이슈들을 분석했을지도 모른다. 그리고 여러분들의 결론들을 자신들이 받아들이기 전에 여러분들과 핵심적인 사안에 대하여 논쟁할 것이기 때문에, 토론을 준비해야 한다. 토론의 이런 형태는 의사결정의 변증법적 접근법의 예이다. 이것은 실제 사업세계에서 어떻게 의사결정이 이루어지는지를 나타낸다.

교수들은 또한 개인에게 혹은 보다 일반적으로는 그룹에게 수업 반 전체 앞에서 사례를 분석하도록 지목할지도 모른다. 개인 혹은 그룹은 아마도 수업에서 지정 사례에 대하여 30~40분 정도의 발표를 맡을 것이다. 이 발표는 제시된 이슈들, 회사가 직면한 문제들, 문제들을 해결하기 위한 권고사항들을 포함해야 한다. 다음으로 토론이 수업에서 공개적으로 진행될 것이고, 학생들은 자신의 아이디어들을 방어해야 할 것이다. 그러한 토론과 발표를 통하여, 학생들은 자신의 아이디어를 타인들에게 어떻게 효과적으로 전달할 수 있는지를 경험할 것이다. 경영자들의 많은 시간이 이런 종류의 상황에 소요된다는 것을 명심하라: 아이디어를 제시하고, 무슨 일이 벌어지고 있는지에 대한 자신만의 관점을 가진 다른 경영자들과 토론을 벌인다. 그리하여, 여러분들은 수업에서 실제적인 전략경영의 과정을 경험할 것이고, 이러한 경험은 여러분들의 미래 경력에 큰 도움이 될 것이다.

여러분들이 사례연구들을 그룹으로 분석한다면, 여러분들은 또한 팀으로써 작업하는 과정에 대하여 배울 것이다. 사람들이 그룹으로 작업할 때, 사례분석을 위한 시간을 짜고 책임을 할당하는 데 있어서 종종 어려움을 겪는다. 언제나 자신의 책임을 회피하는 구성원들과 자신의 아이디어를 지나치게 확신하여 그룹의 분석을 지배하려고 노력하는 구성원들이 언제나 존재한다. 그러나 전략경영의 대부분은 그룹들에서 발생하며, 이러한 문제들을 지금 배운다면 가장 좋은 것이다.

사례연구를 분석하기

사례연구의 목적은 여러분들이 특정 회사가 직면하고 있는 이슈들을 분석할 때, 전략경영의 개념들을 적용할 수 있게 하는 것이다. 따라서 사례연구를 분석하기 위하여, 여러분들은 회사가 직면하고 있는 이슈들을 면밀하게 검토해야 한다. 여러분들은 종종 사례를 여러 차례 읽게 될 것이다. 일단 회사에게 일어나고 있는 것의 전체적인 그림을 파악하기 위해서, 다음으로 특정 문제를 규명하고 파악하기 위해서 여러 차례 읽게 될 것이다.

일반적으로 사례연구의 상세한 분석은 여덟 개 영역들을 포함한다:

1. 시간의 경과에 따른 회사의 역사, 발전, 성장
2. 회사의 내부 강점들 및 약점들의 파악
3. 회사를 둘러싼 외부환경의 특성
4. SWOT 분석
5. 회사가 추구하고 있는 기업수준전략의 종류
6. 회사의 사업수준전략의 특성
7. 회사의 구조 및 통제시스템, 그리고 이들이 회사의 전략과 얼마나 적합한가
8. 권고사항들

사례를 분석하기 위하여, 여러분들은 이런 영역들 각각에 강좌에서 배운 개념들을 적용해야 한다. 여러분들이 사례분석을 더욱 잘하도록 돕기 위하여, 본서에서는 다음 여덟 가지 영역들 각각에 대해서 사례자료들을 분석하는 데 필요한 단계들의 요약을 제공한다.

1. *회사의 역사, 발전, 성장을 분석하기.* 회사의 과거 전략 및 구조가 어떻게 현재의 전략 및 구조에 영향을 미치는가를 조사하는 편리한 방법은 역사적으로 발생한 중요한 사건들—즉, 오늘날까지 회사의 발전에 가장 특별하거나 가장

중요한 사건들을 도시하는 것이다. 사건들 중 일부는 회사의 설립, 회사의 초기 제품들, 회사가 어떻게 새로운 제품시장에 대한 진입결정을 내렸는가, 회사가 어떻게 기능적 역량들을 개발하고 선택했는가와 관련된다.

2. *회사의 내부 강점 및 약점들을 파악하기.* 일단 회사의 역사적인 프로필이 완성되면, 여러분들은 SWOT분석을 시작할 수 있다. 역사적으로 나타났던 것에 따라 회사의 강점 및 약점에 대한 설명을 개발하기 위하여 도시했던 모든 사건들을 활용하라. 회사의 가치창출 기능들 각각을 검토하고, 회사가 현재 강점을 가진 기능들과 약점을 가진 기능들을 파악하라. 일부 회사들은 마케팅에서 약점이 있을지도 모른다; 어떤 회사들은 연구개발에서 강점이 있을지도 모른다. 이런 강점 및 약점들의 목록들을 만들어라. [표 1]에 제시된 SWOT 체크리스트는 이런 목록들을 만들 수 있는 예들을 제공한다.
3. *외부환경을 분석하기.* 환경기회 및 위협들을 파악하기 위하여, 회사가 직면한 환경을 분석하는데 산업 및 거시경제에 대한 모든 개념들을 적용하라. 산업수준에서 특히 중요한 것은 포터(Porter)의 산업분석모형(Five Forces Model)을 수정한 경쟁분석모형(Competitive Forces Model)과 수명주기모형(Life-cycle Model)의 단계이다. 거시경제에서 어떤 요인들이 특정회사에 두드러지게 영향을 미칠 것인가가 나타날 것이다. 교대로 각 요인들(예를 들어, 인구통계요인들)이 회사와 연관되는지 살펴보는 데 활용하라.
4. *SWOT 분석 평가하기.* 회사의 내부강점 및 약점들뿐만 아니라 외부기회와 위협들을 파악함으로써, 당신의 발견이 의미하는 것을 검토하라. 당신은 기회 및 위협들과 강점 및 약점들 간 균형을 유지할 필요가 있다. 회사는 전체적으로 강력한 경쟁적 시위에 있는가? 현재의 사업수준전략 및 기업수준전략을 수익성 있게 지속적으로 추구할 수 있는가? 회사가 약점을 강점으로, 위협을 기회로 바꾸기 위하여 무엇을 할 수 있는가? 이 변화를 달성하기 위하여 새로운 기능전략, 사업전략, 또는 기업전략들을 개발할 수 있는가? SWOT 분석을 단순하게 창출한 후 제쳐 놓지 말라. SWOT분석이 회사의 조건에 대한 충분한 요약 설명을 제공하기 때문에, 훌륭한 SWOT분석은 이후 모든 분석들에 있어서 중요하다.
5. *기업수준의 전략분석.* 기업수준의 전략을 분석하기 위해 여러분들은 먼저 기업의 미션과 목표를 확인해야 한다. 때때로 미션과 목표는 사례에 명시적으로 기술된다; 그렇지 않은 경우 여러분들은 이런 저런 정보를 바탕으로 미션과 목표를 추론해야 한다. 회사의 기업전략을 확인하기 위해 수집해야 할 정보에는 회사의 비즈니스 노선, 사업부와 인수의 특성 등이 있다. 기업의 사

표 1 SWOT 체크리스트

잠재적인 내부강점들	잠재적인 내부약점들
많은 제품라인들?	구식의 좁은 제품라인들?
광범위한 시장범위?	제조비용의 상승?
제조역량?	연구개발 혁신들의 감소?
훌륭한 마케팅 기술들?	부족한 마케팅 계획?
훌륭한 원재료 관리시스템?	부족한 원재료 관리시스템?
연구개발 기술들 및 리더십?	고객의 신용 감소?
정보시스템역량들?	부족한 인적자원들?
인적자원역량들?	부족한 정보시스템들?
상표명(brand name) 명성?	상표명자본(brand name capital)의 손실?
포트폴리오관리 기술들?	방향을 잃은 성장?
비용우위 또는 차별화우위?	나쁜 포트폴리오관리?
신사업 경영 전문지식?	기업방향성의 훼손?
적절한 경영스타일?	부문 간 내분?
적절한 조직구조?	기업통제의 손실?
적절한 통제시스템?	부적절한 조직구조 및 통제시스템?
전략변화를 관리하는 능력?	
잘 개발된 기업전략?	큰 갈등 및 정치활동들?
훌륭한 재무관리?	부족한 재무관리?
핵심사업(들)의 확장?	핵심사업(들)에 대한 공격
새로운 시장 세그먼트의 활용?	국내경쟁 심화?
제품범위 확장?	외국경쟁 심화?
비용우위 또는 차별화우위의 확대?	고객기호의 변화?
새로운 성장사업들로 다각화?	진입장벽의 붕괴?
외국시장들로 확장?	새롭거나 대체적인 제품들의 출현?
새로운 영역에 연구개발 기술들을 적용?	산업 내에 경쟁자의 증가?
새로운 관련 사업들로 진입?	산업경쟁의 새로운 형태들?
전방 수직적 통합?	인수에 대한 잠재적 위협?
후방 수직적 통합?	기업사냥꾼의 존재?
기업 포트폴리오의 확장?	지역적 경쟁의 증가?
진입장벽의 극복?	인구통계적 요인들의 변화들?
경쟁자들 간 경쟁 감소	경제적 요인들의 변화들?
새로운 인수들이 좀 더 수익성이 있는가?	경제침체
새로운 영역에서 상표명 자본의 적용?	인건비 증가?
빠른 시장성장의 모색?	좀 더 느린 시장성장?
기타?	기타?

업부들 사이의 관계를 분석하는 일이 매우 중요하다. 사업부들이 자원을 거래하는가, 아니면 교환하는가? 사업부들 사이의 시너지로부터 이익을 얻고 있는가? 기업이 단순히 투자 포트폴리오만 구성하고 있는가? 이런 분석은 기업이 추구하고 있는 전략(관련다각화, 비관련다각화, 아니면 이 둘의 결합)을 확인하는데 도움을 줄 뿐만 아니라, 기업이 하나의 핵심사업만 수행하고 있는지를 알게 해준다. 이제 SWOT 분석을 통해 이 전략의 장점들을 논의하라. 현재의 경영환경에서 기업이 선택한 전략은 적절한가? 기업전략의 변화가 기업에게 새로운 기회를 얻거나 약점을 강점으로 전환시키도록 하는가? 예를 들어, 기업이 현재의 핵심 사업영역에서 새로운 사업영역으로 다각화해야 하는가?

다른 이슈들 역시 고려되어야 한다. 회사의 기업전략이 시간이 흐르면서 어떻게, 그리고 왜 바뀌었는가? 어떤 변화가 있게 된 주된 이유는 무엇인가? 기업의 상황을 파악하기 위해 기업의 사업영역이나 제품들을 분석하고, 어떤 사업영역이나 제품이 기업의 경쟁우위에 기여하는지, 아니면 기여하지 못하는지를 확인하는 것이 매우 중요하다. 역사가 쌓이면서 기업이 포트폴리오를 어떻게 구축해 왔는지를 분석하는 일 역시 중요하다. 새로운 사업부를 인수했는가, 아니면 내부적 벤처를 통해 직접 설립했는가? 이 모든 요인들이 기업에 대한 단서들을 제공해주며, 기업의 미래성과 개선을 위한 방안들을 알게 해준다.

6. *사업수준의 전략분석.* 여러분들이 회사의 기업수준의 전략을 알고, SWOT 분석을 실시했다면, 그 다음 단계는 회사의 사업수준의 전략을 확인하는 것이다. 만약 기업이 단일사업 기업이라면, 이 기업의 사업수준 전략은 이 기업의 기업수준 전략과 동일하다. 만약 기업이 많은 사업영역에 진출해 있다면, 각 사업부들은 자체의 사업전략을 가지고 있다. 여러분들은 기업의 본원적 경쟁전략(저원가, 차별화 혹은 초점)을 확인할 필요가 있으며, 아울러 상대적 경쟁지위와 성장단계를 고려하여 투자전략을 파악해야 한다. 또한 기업은 각기 상이한 사업수준 전략을 활용하여 상이한 제품을 시장에 내놓을 수 있다. 예를 들어, 기업은 저원가 제품과 차별화 제품을 시장에 내놓을 수 있다. 기업의 사업수준 전략을 확실하게 이해하기 위해서는 기업이 어떻게 경쟁하고 있는지를 파악해야 한다.

   탁월한 효율성, 품질, 혁신 및 고객반응성을 통해 경쟁우위를 구축하고, 기업의 사업수준의 전략을 효과적으로 실행에 옮기기 위해 기업이 추구하고 있는 기능전략을 확인하는 것 역시 매우 중요하다. SWOT 분석은 여러분들에게 기업의 기능적 역량에 관한 정보를 제공해준다. 여러분들이 기업이 어떻게 운영되고 있는지를 상세히 알아보기 위해서는 기업의 생산, 마케팅, 혹은 연구개발 전략을 조사해야 한다. 예를 들어, 저원가 전략이나 차별화 전략을 성공적으로 구사하기 위해서는 각기 다른 능력이 필요하다. 기업이 해당 전략에 적합한 능력을 개발하였는가? 그렇다면, 이 능력을 그 이상으로 어떻게 활용할 것인가? 저원가전략과 차별화 전략을 동시에 추구할 수 있을까?

포터(Porter)의 모델에서 산업분석은 환경위협을 발견하게 해주므로 여기서 SWOT 분석은 매우 중요하다. 기업이 환경위협을 잘 다룰 수 있을까? 환경위협에 대처하기 위해 사업수준의 전략을 어떻게 변화시켜야 할까? 기업의 사업수준전략의 잠재력을 평가하기 위해 여러분들은 문제의 본질을 확인하게 해주는 완벽한 SWOT 분석을 먼저 실시해야 한다.

여러분들이 SWOT 분석을 마쳤다면, 기업의 운영전반을 잘 파악할 수 있을 뿐만 아니라, 기업이 추구하고 있는 전략의 잠재력도 확인할 수 있게 된다. 이제 여러분들은 기업의 미래 행동패턴에 대해 조언을 줄 수 있게 된다. 그러나 여러분들은 먼저 전략실행 문제를 고민하야 한다.

7. *구조와 통제시스템 분석.* 이 분석의 목적은 기업이 자신의 전략을 실행에 옮기기 위해 어떤 조직구조와 통제시스템을 활용하고 있는지를 확인하고, 이런 조직구조와 통제시스템이 이 기업에 적절한 것인지를 평가하기 위함이다. 기업전략이나 사업전략이 다르면 구조도 달라져야 한다. 여러분들은 기업의 전략과 구조 사이의 적합성을 평가해야 한다. 예를 들어, 기업이 적절한 수준의 수직적 분화(예: 적절한 수의 위계계층을 가지고 있는가? 아니면 분권화된 통제를 잘 실행하고 있는가?) 혹은 수평적 차별화(예: 제품구조를 사용해야 될 때 기능구조를 도입하고 있는가?)를 하고 있는가? 나아가 기업은 사업운영의 관리를 위해 적절한 통합 및 통제시스템을 구비하고 있는가? 경영자들이 적절하게 보상받고 있는가? 보상시스템이 사업부들 사이의 협력을 장려하도록 되어 있는가? 이 모든 것들이 고려되어야 할 이슈들이다.

   어떤 경우에는 이들 이슈에 관한 정보가 거의 없기도 하고, 또 어떤 경우에는 매우 많기도 하다. 각 사례를 분석함에 있어서 여러분들은 가장 두드러진 이슈들을 분석해야 한다. 예를 들어, 조직갈등, 권력 및 정치가 어떤 기업에 있어서는 중요한 이슈가 되기도 한다. 왜 이런 영역에서 문제들이 발생하였는지를 분석해야 한다. 전략수립을 잘못해서 이런 문제가 발생하였는지, 아니면 전략실행이 잘못되어 발생하였는지를 파악해야 한다.

   조직변화는 많은 사례에 있어서 중요한 이슈이다. 왜냐하면, 기업들이 전략적 문제를 해결하기 위해 자신들의 전략이나 구조를 바꾸려고 하기 때문이다. 따라서 분석의 한 부분으로써 여러분들은 기업이 자신의 목표를 달성하기 위해 사용할 수 있는 행동계획을 제안해야 한다. 예를 들어, 기업이 차별화 전략에서 초점전략으로 사업수준의 전략을 수정함에 있어서 반드시 따라야 할 논리적 단계나 순서를 제시해야 한다.

8. *의견 제시.* 여러분들이 제안하는 의견의 질은 여러분들이 준비한 완벽한 사례분석의 직접적 결과이다. 의견 제시는 기업이 직면하고 있는 전략적 문제를 해결하는 동시에 기업의 미래 수익성을 증가시키는 것과 관련되어야 한다. 여러분들의 의견 제시는 여러분들의 분석과 일맥상통해야 한다. 앞과 뒤 사이에 논리적 일관성이 있어야 한다. 예를 들어, 여러분들의 의견 제시는 사업성과 개선을 위해 기능, 사업 및 기업전략의 변화에 초점을 두거나, 조직구조와 통제시스템의 개선에 논의를 집중해야 한다. 의견 제시는 사례에 따라 다를 수 있으며, 따라서 구체적으로 여기서 논의하기에는 한계가 있다. 의견 제시에는 연구개발 투자 증가, 특정 사업영역의 퇴출, 비관련다각화에서 관련다각화로의 변화, 태스크포스나 팀을 활용하여 사업부들 사이의 통합의 수준 제고, 혹은 새로운 사업수준 전략실행을 위한 상이한 조직구조 선택 등이 포함될 수 있다. 여러분들의 의견 제시는 상호 일관되어야 하며, 구체적인 행동계획의 형태로 작성되어야 한다. 행동계획은 기업의 전략변화를 위한 행동단계별 일정계획을 포함할 뿐만 아니라, 기업수준에서의 변화가 어떻게 해서 사업수준에서의 변화와 기능수준에서의 변화로 연결되어야 하는지를 기술하는 것도 포함한다.

이와 같은 모든 과정을 따르게 되면 여러분들은 완전한 사례분석을 하게 되며, 그 결과 수업시간 토론과정에 참여할 수 있으며, 여기에서 여러분들의 의견을 개진할 수도 있다. 여러분들의 사례에서 논의된 특정의 이슈에 여러분들의 분석을 맞추어야 한다는 사실을 기억하라. 경우에 따라 여러분들이 고려하고 있는 상황과 관련이 없을 경우, 사례분석에서 단계 하나를 완전히 생략할 수도 있다. 여러분들은 해당 사례가 무엇을 다루고자 하는 것인지를 잘 파악해야 하며, 본서가 제시하는 사례분석 틀을 무작정 적용해서는 안된다. 여기서 제시하는 사례분석 틀은 하나의 지침에 불과하다.

사례분석 보고서의 작성

종종 여러분들이 수강하는 수업의 필요조건의 하나로써 사례분석 보고서를 작성해야 할 때가 있다. 이는 개인보고서가 될 수도 있고 그룹보고서가 될 수도 있다. 어떤 것이든 간에 사례분석 보고서를 작성하기 위해서는 따라야 할 지침이 있다. 우리가 이들 지침들을 논의하기에 앞서, 그리고 여러분들이 이런 지침들을 사용하기 전에 분명히 해야 할 것은, 이들 지침들이 여러분들의 교수가 여러분들에게 요구하는 사례보고서 작성방향과 다르지 않다는 것이다.

여러분들이 작성하는 사례보고서의 구조가 매우 중요하다. 여러분들이 바로 앞부분에서 논의한 사례분석 단계를 따른다면, 여러분들은 이미 좋은 사례보고서 작성구조를 가지고 있는 셈이다. 먼저, 모든 보고서는 사례기업의 소개에서부터 시작된다. 사례소개 부분에 기업이 어떤 일을 하고 있는지, 어떤 역사적 경로를 밟아 왔는지, 어떤 문제를 안고 있는지, 그리고 여러분들이 이 사례를 작성함에 있어서 이 기업의 이슈들에 어떻게 접근하려고 하는지 등을 간략히 기술해야 한다. 이를 작성할 때에는 다음의 예에서처럼 순서에 입각해서 작성해야 한다. "첫째, 우리는 이 기업의 환경에 대해 논의한다… 셋째, 우리는 X사의 사업수준 전략에 대해 논의한다… 마지막으로, 우리는 X사의 사업방향의 전환을 제안한다."

사례작성의 두 번째는 전략적 분석을 하는 부분으로써 SWOT 분석을 실시하고, 기업의 사업전략과 기업전략을 분석하고 논의하며, 나아가 기업의 조직구조와 통제시스템을 분석한다. 여기서 여러분들은 많은 표제와 부제를 사용해야 한다. 예를 들면, 여러분들이 사용하는 중요한 개념적 도구는 절을 나누어라. 그렇게 하면 여러분들은 경쟁력 모형을 환경분석에 관한 하나의 부제로 따로 만들 수 있을 것입니다. 또한 여러분들이 기업의 기업전략을 분석할 때에는 포트폴리오 기법을 또 다른 하나의 부제로 나눌 수도 있다. 사례에서 구체적 이슈의 중요성에 따라 표제와 부제로 나누어야 한다.

사례작성의 세 번째 부분에서는 여러분들의 해결책과 제안사항을 제시해야 한다. 종합적인 관점에서 작성되어야 하며, 해결책과 제안들은 앞에서 분석한 내용들과 일관되어야 하며, 특히 제안사항은 해결책과의 적합성뿐만 아니라, 논리적 연계성도 가지고 있어야 한다. 제안사항 부분은 강조하여 잘 제시하여야 하는데, 그 이유는 여러분들의 교수들이 제안사항의 질을 보고 여러분들이 얼마나 많은 노력을 했는지를 평가하기 때문이다.

이런 순서를 따르게 되면 아주 훌륭한 사례분석 보고서의 구조를 가지게 된다. 경우에 따라 사례가 전혀 문제점이 없는 우수기업에 관한 것일 수도 있다. 이런 경우 제안사항을 작성하는 것이 쉽지 않다. 이 때 여러분들은 여기서 논의한 사례분석 보고서의 구조를 통해 이 기업이 왜 잘 운영되고 있는지에 초점을 둘 수 있다. 아래에는 좋은 사례분석 보고서 작성을 위한 세부적인 지침들이 기술되고 있다.

1. 사례기업에 관한 사실적 정보들을 요약부분에서 반복하지 말아라. 교수는 사례를 이미 읽었으므로 기업의 사실적 정보를 이미 알고 있다. 대신 여러분들은 여러분들의 주장을 제시하고, 논쟁거리에 대해 여러분들의 주장을 강화하는 논리를 제시하거나 특징적인 부분을 강조하라. 기업에 대한 간략한 소개나 기술하는 수준을 뛰어넘어 분석적인 자세를 취해야 한다.
2. 여러분들의 토론에서 표제와 부제는 서로 논리적으로 연결되어야 한다. 즉, 사전에 분석한 내용이 논리적으로 귀결되어 최종 결론에 도달하도록 해야 한다. 이는 집단보고서의 경우 특히 중요한데, 그 이유는 집단보고서 작성에 참여하고 있는 집단구성원의 경우 보고서 작성을 나누어서 하자고 제안하면서 이런 주장을 종종 하기 때문이다. "나는 서론을 작성할테니, 자네는 중간부분을 작성하고, 나머지 한명은 결론을 작성하면 되잖아." 보고서가 이렇게 작성될 경우 앞뒤가 서로 맞지 않는 보고서가 되기 쉽다. 물 흐르듯 논리의 전개가 되지 않게 되며, 담당교수는 실질적인 집단작업을 통해 보고서가 작성되었다고 분명히 믿지 않는다.
3. 문법적 오류나 오탈자를 피하라. 이럴 경우 여러분들의 보고서가 깔끔하지 않게 된다.
4. 어떤 경우에는 유명한 기업을 다루는 사례가 1998년 혹은 1999년에 끝나기도 한다. 그 이유는 사례작성 이후의 어떤 정보도 얻지 못했기 때문이다. 가능하다면, 1999년 이후 이 기업에서 일어난 정보들을 탐색하라.

많은 도서관들이 광범위한 웹(Web) 기반 전자 데이터베이스 검색시설을 보유하고 있다. 이런 전자 데이터베이스 검색시설들은 다음과 같은 출처들을 제공해주고 있다: *ABI / Inform, The Wall Street Journal Index, the F&S Index,* 그리고 *Nexis-Lexis Database*. 이런 것들은 최근 몇 년 이내에 여러분들이 선택한 기업에 관한 비즈니스 언론 보도기사들을 확인할 수 있게 해준다. 많은 비전자자료 기반 역시 매우 유용하다. 예를 들어, *F&S Predicasts*는 국내 및 국제 비즈니스 언론에 보도된 주요 기업들에 관한 연간 기사 리스트를 발행한다. *S&P Industry Surveys*는 기본적인 산업데이터를 방대하게 제공해주고 있고, *Value Line Ratings and Reports*는 기업의 재무상태와 미래 전망에 관한 요약자료를 제공해주고 있다. 또한 여러분들은 기업에 관한 모든 재무정보를 수집하려고 할 수도 있다. 이 때는 *Edgar Database*

와 같은 웹(Web) 기반 전자 데이터베이스를 통해 재무정보에 대한 접근이 가능하다. *Edgar Database*는 공개 상장기업들이 증권거래위원회(Securities and Exchange Commission)에 제출해야 하는 모든 재무정보들을 보관하고 있다(SEC: 미국의 상장기업이 미국 증권거래위원회에 제출해야 하는 기업실적 레포트인 10-K는 SEC의 *Edgar Database*를 통해 접근할 수 있다. 상장기업에 대한 대부분의 SEC 보고서는 현재 야후(http://finance.yahoo.com/)와 같은 인터넷 기반 재무사이트를 통해 접근가능하다.

5. 때때로 교수들은 여러분들의 사례분석에 도움을 주기 위해 각 사례에 대한 질문을 하기도 한다. 이런 것들을 사례분석 보고서 작성을 위한 지침으로 활용하라. 교수들의 질문들은 토론에서 논의되어야 할 중요한 이슈들을 명확하게 해준다.

만약 여러분들이 여기에서 제시한 지침들을 잘 따르다면, 완전한 사례분석 보고서를 작성할 수 있을 뿐만 아니라, 좋은 평가도 받게 될 것이다.

사례분석 보고서에서 재무분석의 역할

사례를 분석하고 사례분석 보고서를 작성하는데 있어서 매우 중요한 부분 가운데 하나는 재무정보의 역할과 활용이다. 기업의 재무상태를 세밀하게 분석하게 되면 사례분석의 질을 크게 향상시킨다. 결국, 재무자료는 기업의 전략과 구조의 구체적인 결과를 나타내주는 것이다. 비록 재무제표를 분석하는 것이 매우 복잡하지만, 기업의 재무상태에 대한 전반적인 현황이 비율분석을 통해 확인될 수 있다. 재무성과 비율은 대차대조표와 손익계산서를 통해 계산될 수 있다. 재무성과 비율은 5개 하위비율로 나뉘어진다: 자본금 이익률(profit ratios), 유동성 비율(liquidity ratios), 활동성 비율(activity ratios), 레버리지 비율(leverage ratios), 그리고 주주 수익률(shareholder-return ratios). 이러한 비율들은 산업평균이나 기업의 이전연도의 성과와 비교되어야 한다. 그러나 분명히 해야 할 것은 평균으로부터의 일탈이 항상 나쁜 것이 아니라는 점이다. 이는 단지 더 깊이 있는 조사를 필요로 할 뿐이다. 예를 들어, 신생기업들은 성숙기업에 비해 다른 가격으로 자산을 구매하기도 하며, 자본구조도 성숙기업과는 다를 수 있다. 비율분석 이 외에 기업의 현금흐름(cash flow) 상태도 매우 중요하므로 반드시 평가해야 한다. 현금흐름은 기업이 얼마만큼의 현금을 실제적으로 보유하고 있는지를 보여준다.

자본금 이익률(Profit Ratios)

자본금 이익률은 기업의 자원활용의 효율성을 나타내준다. 기업이 효율적일수록, 기업의 수익성도 그만큼 증가하게 된다. 자본금 이익률은 기업이 경쟁기업에 비해 얼마나 효율적으로 운영되고 있는지를 확인하기 위해 산업내 경쟁기업들과 비교하는데 유용하다. 나아가 시간이 지남에 따라 자본금 이익률에 변화가 있다는 것은, 기업의 성과가 향상되고 있는지 아니면 하락하고 있는지를 말해주는 것이다.

많은 각기 상이한 자본금 이익률 지표들이 활용되고 있는데, 각 지표들은 기업의 각기 상이한 성과측면을 측정하고 있다. 가장 일반적으로 사용되고 있는 자본금 이익률 지표들은 다음과 같다.

투하자본 수익률(Return on Invested Capital: ROIC) 이 비율은 기업이 자본투자를 통해 벌어들인 이익을 나타내준다. 이는 다음과 같은 수식으로 계산된다.

$$\text{투하자본 이익률} = \frac{\text{순이익}}{\text{투하자본}}$$

순이익(net profit)은 기업의 총 수입에서 총 비용을 뺀 값이다. 총 비용은 제품판매비, 영업 및 관리비, 연구개발비, 그리고 기타 비용으로 구성된다. 순이익은 많은 재무분석에서 세전이익을 선호하고 있지만, 세전 및 세후 모두에 계산될 수 있다. 투하자본은 기업의 운영에 투하된 금액이다—토지, 공장, 설비, 재고 및 기타 자산 등으로 구성된다. 투하자본은 두 가지 출처로부터 나온다: 이자부 부채(interest-bearing debt) 및 주주들의 주식(shareholders' equity). 이자부 부채는 기업이 은행 및 기업의 채권을 구매한 사람들로부터 빌린 돈이다. 주주들의 주식은 주식을 공개적으로 판매하여 모은 돈에다, 기업이 이선 연도에 보유하여 현재 투자가능한 돈을 더한 금액이다. 투하자본 이익률은 투자 가능한 자본 사용의 효과성을 나타내준다. 따라서 기업이 창출하는 가치를 가장 잘 나타내주는 지표로 인식되고 있다.[1] 기업의 투하자본 이익률은 구성요소로 분해될 수 있음을 기억하라.

총자산 이익률(Return on Total Assets: ROA) 이 비율은 자산의 사용으로 벌어들인 이익으로 계산된다. 다음과 같이 측정된다.

$$\text{총자산 이익률} = \frac{\text{순이익}}{\text{총자산}}$$

주주자본 이익률(Return on Stockholers' Equity: ROE) 이 비율은 투자자들이 기업에 대해 투자하여 벌어들인 이익의 비율을 의미한다. 다음과 같이 측정된다.

$$\text{주주자본 이익률} = \frac{\text{순이익}}{\text{주주들의 주식}}$$

만약 기업이 어떤 부채도 가지고 있지 않다면, 이는 투하자본 이익률과 같게 된다.

유동성 비율(Liquidity Ratios)

기업의 유동성은 단기 채무에 대한 기업의 대응능력을 나타낸다. 현금으로 용이하게 전환될 수 있는 자산은 유동성이 있는 것으로 평가된다. 유동자산은 현금, 판매가능한 주식, 수취계정 등을 일컫는다. 일반적으로 두 개의 유동성 비율이 많이 사용되고 있다.

유동비율(Current Ratio) 유동비율은 단기 채권자들의 청구에 즉시 현금화 가능한 자산으로 대응할 수 있는 정도를 나타낸다. 대부분의 기업들은 적어도 1의 비율을 가지고 있는데, 그 이유는 기업이 이와 같은 채권자들의 청구에 대응하지 못할 경우 파산에 이르기 때문이다. 다음과 같이 측정된다.

$$\text{유동비율} = \frac{\text{유동자산}}{\text{유동부채}}$$

당좌비율(Quick Ratio) 당좌비율은 어떤 재고도 팔지 않고 기업이 단기 채무자들의 청구에 지불할 수 있는 능력을 나타낸다. 실제에 있어서 재고의 판매가 어렵기 때문에 이 비율은 매우 가치 있는 지표이다. 다음과 같이 측정된다.

$$\text{당좌비율} = \frac{\text{유동자산} - \text{재고}}{\text{유동부채}}$$

활동성 비율(Activity Ratios)

활동성 비율은 기업이 자사의 자산을 얼마나 효과적으로 관리하고 있는지를 나타낸다. 두 개의 비율이 유용하게 사용되고 있다.

재고자산회전율(Inventory Turnover) 이는 재고자산이 팔리는 시간을 측정해준다. 즉 생산한 상품이나 구입한 상품이 팔리는데 며칠이 걸리는가를 표시한다. 이 비율은 기업이 얼마만큼의 과잉재고를 가지고 있는지를 판단하는데 도움을 준다. 다음과 같이 측정된다.

$$\text{재고자산회전율} = \frac{\text{매출원가}}{\text{재고자산}}$$

매출원가는 재고 품목의 비용이므로 매출보다는 더 우월한 회전율 지표이다. 재고자산은 대차대조표에 나타난다. 기업에 따라 평균재고, 기초 재고액, 그리고 기말재고 등을 사용하기도 하나, 대체로 대차대조표 작성 당시의 재고자산을 사용한다.

매출회전일수(Days Sales Outstanding: DSO) 혹은 평균회수기간(Average Collection Period) 이 비율은 기업이 판매 후 현금을 받기 위해 기다려야 하는 평균시간을 의미한다. 이는 기업의 신용매출, 대금청구 및 회수절차가 얼마나 효과적인가를 나타내준다. 다음과 같이 계산된다.

$$\text{매출회전일수} = \frac{\text{미수 채권}}{\text{총매출}/360}$$

미수 채권은 일일 평균판매로 나누어진다. 360일을 사용하는 것은 대부분의 재무분석에서 표준적으로 사용하는 일수이다.

레버리지 비율(Leverage Ratios)

만약 기업이 재산보다 부채를 더 많이 사용하고 있다면, 매우 레버리지된 기업이라고 한다. 부채와 재산 간의 균형을 자본구조라고 한다. 적정의 자본구조는 개별 기업에 의해 결정된다. 부채는 채권자들이 적은 위험을 가지고 있기 때문에 비용이 적다. 채권자들은 자신들이 이자와 원금을 얻는다는 것을 알고 있다. 그러나 기업이 이자와 원금을 갚을 만큼 충분한 이익을 발생시키지 못할 경우 파산에 이를 수 있기 때문에, 이런 기업들에게 있어서는 부채가 위험할 수 있다. 일반적으로 세 가지의 레버리지 비율이 사용된다.

자산 대비 부채비율(Debt to Asset Ratio) 자산 대비 부채비율은 빌린 돈이 기업의 투자에 사용되고 있는 정도를 나타내는 가장 직접적인 지표이다. 다음과 같이 계산된다.

$$\text{자산 대비 부채비율} = \frac{\text{총부채}}{\text{총자산}}$$

총부채는 기업의 현재 부채와 장기 부채의 합이며, 총자산은 고정자산과 유동자산의 합이다.

채무 대비 자기자본비율(Debt to Equity Ratio) 이 비율은 기업의 자본구조에서 부채와 재산 사이의 균형을 나타낸다. 레버리지 지표로는 가장 광범위하게 사용되어오고 있다. 다음과 같이 계산된다.

$$채무\ 대비\ 자기자본비율 = \frac{총부채}{총\ 자기자본}$$

이자보상 비율(Times–Covered Ratio) 이 비율은 기업의 총 이익이 기업의 연간 이자 지불을 감당하는 정도를 나타낸다. 만약 이 비율이 1보다 낮으면, 기업은 이자비용을 지불할 수 없다는 것이며, 기술적으로는 파산하게 된다. 다음과 같이 계산된다.

$$이자보상\ 비율 = \frac{이자\ 및\ 세전\ 이익}{총\ 이자비용}$$

주주 이익률(Shareholder-return Ratios)

주주 이익률은 주주들이 기업의 주식을 소유함으로써 얻은 이익을 나타낸다. 주주 부의 극대화 목표를 가정하면, 주주들에게 충분한 이익률을 제공하는 것은 대부분 기업들의 일차적인 목적이다. 이익률에서처럼 이 비율은 기업의 주주 이익률을 유사한 기업과 비교하는데 용이하게 사용될 수 있으며, 기업이 이해관계자들의 요구를 얼마나 잘 충족시키고 있는지의 지표가 되기도 한다. 네 가지의 비율이 일반적으로 활용되고 있다.

총 주주 이익률(Total Shareholder Returns) 이는 주주들이 최초 투자 시점인 t 시점에 특정 기업에 투자를 하여 $t + 1$ 시점에 벌어들인 이익을 나타내준다. 총 주주이익은 배당금과 주가 상승 모두를 포함한다. 다음과 같이 계산된다.

$$총\ 주주\ 이익률 = \frac{주가(t+1) - 주가(t) + 연간\ 배당총액}{주가(t)}$$

만약 주주가 t 시점에 2달러를 투자하여 $t + 1$ 시점에 그 가치가 3달러라면, 그리고 연간 배당금(t 시점과 $t + 1$ 시점 기간 사이의 배당금)이 0.2달러라면, 총 주주이익은 0.6이 된다($(3 - 2 + 0.2)/2 = 0.6$). 이는 t 시점에 2달러를 투자하여 60%의 이익률을 얻었음을 의미한다.

주가 수익률(Price–Earning ratio) 이 비율은 현재 주가 대비 1주당 순이익 비율로써, 다음과 같이 계산된다.

$$주가\ 수익률 = \frac{주당\ 주가}{주당\ 수익}$$

시장 대 장부가치 비율(Market-to-Book Value) 이는 기업의 미래 기대 성장 전망을 나타내주며, 다음과 같이 계산된다.

$$\text{시장 대 장부가치 비율} = \frac{\text{주당 주가}}{\text{주당 수익}}$$

배당수익(Dividend Yield) 이는 주주들이 배당으로 받은 수익을 나타낸다. 다음과 같이 계산된다.

$$\text{배당수익} = \frac{\text{주당 배당액}}{\text{주당 주가}}$$

주당 주가는 해당 연도의 1월 1일을 기준으로 할 수도 있으며, 이럴 경우 배당수익은 그해의 투자수익률과 같은 의미를 지닌다. 따라서 그해의 평균주가를 사용하기도 한다. 기업은 벌어들인 수익에서 얼마만큼을 주주들에게 돌려줄 것인지, 그리고 미래를 위해 얼마만큼을 재투자해야 할지를 결정해야 한다. 엄청난 성장전망을 가진 기업은 성숙기업보다 낮은 배당을 해야 할 것이다. 그 이유는 기업이 성장하지 않을 경우 주주들이 다른 기업에 투자할 것이기 때문이다. 배당과 재투자 사이의 적절한 비율은 개별 기업에 따라 다르지만, 이 비율을 결정하는 것은 투자자들이 다른 곳에 투자하는 것보다 해당 기업이 더 큰 수익을 낼 수 있느냐이다.

현금흐름(Cash Flow)

현금흐름은 들어온 현금에서 나간 현금을 뺀 것이다. 순 현금흐름은 기업의 현금흐름 상태를 보고 확인할 수 있다. 현금흐름은 기업의 자금조달 요구를 반영하므로 중요하다. 매우 긍정적인 현금흐름은 기업으로 하여금 은행이나 투자자로부터 돈을 빌리지 않고도 미래 투자자금을 확보하게 해준다. 긍정적인 현금흐름을 가지게 되면 이자나 배당금 지불을 피할 수 있으므로 기업에게는 매우 바람직한 현상이다. 약하거나 부정적인 현금흐름은 기업이 미래 투자를 위해 외부로부터 돈을 빌려야 함을 의미한다. 일반적으로 크게 성장하고 있는 산업에 있는 기업은 약한 현금흐름 상태를 갖게 되며(왜냐하면 지속적인 투자가 동반되어야 하므로), 반면에 성숙산업에 있는 성공적인 기업들은 강력한 긍정적 현금흐름 상태를 가지게 된다.

기업이 내부적으로 발생시킨 현금흐름은 이자, 세금 및 배당금을 지불한 이후의 이익에서 감가상각을 더해서 계산된다. 만약 이 수치가 신규 투자금액에 미치지 못할 경우, 기업은 투자금액을 빌릴 수밖에 없다. 만약 이 수치가 신규투자 금액을 넘어서게 되면, 기업은 이 잉여금액을 가지고 자신의 유동성 강화에 활용할 수도 있고, 부채를 앞당겨 상환하는데 사용할 수도 있다.

결론

사례를 평가함에 있어서 체계성이 매우 중요하다. 기업의 운영 및 재무상의 강점과 약점, 그리고 환경기회와 위협을 확인하는 것에서부터 시작하여 사례를 논리적으로 분석하라. 여러분들은 사례기업에 대한 SWOT 분석을 완벽하게 한 후에야 사례기업의 전략의 가치를 평가해야 한다. 기업의 현재의 전략이 SWOT 분석 결과와 어울리는지를 자신에게 질문해 보라. 만약 어울리지 않는다면, 어떤 변화가 필요한가? 여러분들이 어떤 제안을 해야 할까? 무엇보다도, 어떤 전략적 제안이든지 여러분들이 수행한 SWOT 분석과 연결시켜라. 여러분들이 제안하는 전략이 기업이 환경기회를 활용하고, 약점을 보완하고, 환경위협에 대처하는데 어떤 장점을 가져다주는지를 분명하게 밝혀야 한다. 나아가, 여러분들이 제안한 것들이 실행에 옮겨지기 위해 어떤 조건이 갖추어져야 하는지에 대해서도 반드시 언급하라.

참고문헌

[1] Tom Çopeland, Tim Koller, and Jack Murrin, *Valuation: Measuring and amanaging the Value of Companies*(New York: Wiley, 1996).

용어설명

JIT재고시스템 제조공장에 도착하는 부품들을 생산공정에 적시에 투입할 수 있도록 일정계획을 수립하여 재고유지 비용을 절약하거나 또는 소매점에서 재고가 거의 소진되었을 때 상품을 보충함으로써 재고유지비를 줄일 수 있도록 설계된 시스템

SWOT 분석 강점과 약점, 기회와 위협을 비교한다.

VRIO 프레임워크 관리자가 회사의 자원 품질을 결정하는 데 사용하는 프레임워크로, V는 가치(Value), R은 희귀성(Rarity), I는 모방 불가능성(Inimitability), O는 조직(Organization)를 나타낸다.

가격선도 한 기업이 산업의 수익성을 극대화하는 가격 전략 결정의 책임을 떠맡는 것

가격신호 기업이 제품 가격의 인상이나 할인을 통해 자신의 의도를 다른 기업에게 전달함으로써 산업 내 제품 가격에 영향을 미치는 과정이며, 또 다른 기업들이 자신의 제품 가격을 설정해 가는 방식에도 일정한 영향을 미치는 과정

가상기업 부분 통합처럼 가치창출의 핵심 활동을 소싱함에 따라 외부업체와 함께 재화나 서비스를 공동으로 창출하는 기업으로서 기업 간 경계가 모호한 특성을 나타냄

가용성 오류 결과를 쉽게 상상할 수 있는 정도에 따라 그 결과의 확률을 추정하려는 경향의 오류

가치 기업의 미션을 달성하기 위해 종업원이 어떻게 행동하고 어떻게 사업을 수행해야 하는지 기술한 것

가치사슬 기업은 투입물을 고객 가치가 있는 산출물로 변환하기 위한 연쇄적인 활동

가치혁신 혁신을 통해 한 산업내 효율성곡선이 더 바깥 방향으로 이동됨으로써, 이전보다 더 낮은 원가와 더욱 탁월한 차별화를 통해 예전에 가능하리라 생각했던 것보다 더 큰 가치를 제공해 가는 것

개선도 테스트 전사 차원에서 사업부의 이해관계가 조율되고 통합되는 다중 비즈니스모델이 단일사업에 비해 가치 향상과 창출에 유리한가?

개인 윤리 개인들의 행동을 지배하는 옳고 그른 것에 대한 일반적으로 수용된 원칙

결합상품 특정한 제품들을 하나로 묶어 소비자가 저렴한 가격에 구입하도록 출시하는 한편, 판매자는 제품라인을 확장시키는 효과를 얻을 수 있는 일종의 묶음상품

경쟁우위 기업의 수익성이 산업 내 평균 수익성보다 클 때 경쟁자에 대해 가지게 되는 우위

경험곡선 비용구조를 체계적으로 낮추고 그 결과로 인해 제품수명주기에 걸쳐 나타나는 단위원가의 감소

계층의 간소화 관리 계층의 수준 수를 줄이는 프로세스

고객 대응시간 제품이 전달되는데 소요되는 시간 또는 서비스가 제공되는데 소요되는 시간

고객이탈률 매년 경쟁사로 이탈하는 고객의 비율

고급 생산 요소 프로세스 지식, 조직 구조 및 지적 재산과 같은 자원들은 회사의 경쟁 우위에 기여하는 자원

고정비 산출물의 수량에 관계없이 제품을 생산할 때 발생하는 비용

공공영역 정부나 산업 내 협회 등에 의해 주도된 표준이 존재하여, 어떤 기업이든 자사 제품에 자유롭게 반영하고 활용할 수 있는 표준화된 기술과 지식

공급사슬 관리 공급업체로부터 생산공정에 이르기까지 재고 유지를 최소화하고 재고회전율을 극대화하기 위해 투입요소와 부품의 흐름을 관리하는 기능

공정혁신 제품생산을 위해 새로운 생산공성을 개발하기나 제품을 고객에게 전달하는 새로운 프로세스의 개발

공통점 사업이 보다 효과적이고 효율적으로 수행하게 하고 고객에게 보다 많은 가치를 창출하는 어떤 종류의 기술이나 역량이 두 개 이상의 사업단위에 의해 공유되는 상황

관련 다각화 기업의 기존 사업부와 가치사슬 기능 간의 공통점 또는 연계성에 기반을 두고 새로운 산업에 사업부를 설립하는 것을 목표로 하는 기업수준 전략

관료적 비용 기업이 역량을 이전하고, 공유하고, 레버리징하면서 사업부들 간 사업부와 본사 간 발생하는 거래 어려움들을 해결하는 것과 관련된 비용

관료통제 문서화된 규칙과 절차의 공식적인 시스템을 통해 통제

교차판매 관련 제품이나 제품군을 추가 확장하여 판매함으로써 고객 관계를 강화하는 한편, 고객의 다양한 니즈를 충족시키는 일종의 "토탈 솔루션"을 제안하는 차별적 판매 방식

교체비용 기존 기업에서 공급받던 제품을 신규 진입 기업의 제품으로 교체할 경우 고객이 감수해야 하는 비용

구조조정 기업의 핵심 사업에 집중하고 고유한 역량들을 재구축하기 위하여 사업체를 재조직하고 철수하는 과정

규모의 경제 산출량의 규모가 증가할수록 단위원가가 감소하는 것

규모의 비경제 대규모의 산출량과 관련된 단위원가가 증가하는 것

규범 특정 상황에서 적절한 행동을 규정하는 사회적 규칙 및 지침

글로벌 전략적 제휴 국적이 다른 실제, 혹은 잠재적 경쟁사와 일시적으로 협력하는 기업 간 관계

글로벌 표준화 전략 글로벌 표준화를 통해 비용 우위 달성을 추구하는 국제화 전략

기능경영자 특정 기능을 관리하는, 즉 회계, 마케팅, 연구개발, 정보기술 혹은 물류 등과 같은 기능의 과업, 활동, 운영을 책임지는 경영자

기능구조 기업 내의 업무 분업에 기반을 둔 조직구조로, 서로 다른 기능이 서로 다른 업무에 중점을 둠

기능수준 전략 가치창출 활동의 효율성 및 효과성을 개선하기 위한 활동

기본적인 생산 요소 토지, 노동, 경영, 공장 및 장비와 같은 자원들

기술 패러다임 전환 산업구조나 경쟁구도의 변화, 혹은 생존 차원에서 혁신 전략의 출현을 부추기는 신기술 혁명의 도래

기술 표준 제품 또는 그 부품을 생산하고자 할 때 제품 생산자들이 반드시 적용하고 준수해야 하는 기술적 명세나 내용

기술적 업그레이드 잠재적 신규 진입자가 대응하기 어려운 고비용의 기술 업그레이드에 투자하여 진입을 저지하는 기존 기업의 전략 222

기업 윤리 사업가들의 행동을 지배하는 옳고 그른 것에 대하여 수용된 원칙

기업분할 모회사가 전략적 구매자 또는 기업 공개를 통해 일반 대중과 같은 외부 투자자에게 사업부의 일부를 매각하는 사업분할

기회 기업이 더 많은 이익을 얻기 위해 전략을 수립하고 이를 실행하는 데 이용할 수 있는 기업이 속한 산업환경의 요소와 여건

기회주의 사기나 속임수를 동원하여 자신만의 이해관계를 극대화하려는 행태

기회주의적으로 착취하는 것 자기 기업에 보다 유리한 방식으로 공급자들, 고객들, 또는 보완재 제공자들과의 계약 조건들을 일방적으로 재작성하려고 때때로 경영자들이 사용하는 비윤리적인 행동

내부 이해관계자 주주와 최고경영진, 기타 관리자, 이사회 구성원을 포함한 직원들

내부 자본 시장 기업의 본사들이 사업부들의 성과를 평가하고 사업부 간 자금을 배분하는 기업수준전략. 수익성이 있지만 사업 내에서 부족한 투자기회들을 가진 사업부들에서 창출된 현금은 현금이 필요하고 장기적인 수익성에 대한 강력한 전망을 지닌 다른 사업부에 활용됨

네트워크 효과 한 산업의 제품 수요를 결정하는 주요 요인으로서, 그 제품과 보완관계에 있는 제품들의 연결망

능력 "프로세스 지식"의 다른 용어

다각화 새로운 산업들의 고객들에게 새로운 제품을 팔기 위하여 기업의 핵심산업 또는 기존산업과 구분되는 새로운 산업에 진입하는 과정

다각화 기업 두 가지 이상의 다른, 혹은 별개의 산업들에서 제품을 만들고 판매하는 회사

다국적기업 둘 이상의 국가, 또는 시장에서 국제 비즈니스 활동을 전개하는 기업

담보물 설정 협력적 관계에서 각 파트너가 자신의 교섭력을 최대로 행사하기 위해 가치 있는 자원을 서로 공유하는 방식/방법

대량고객화 낮은 비용과 제품 고객화를 통한 차별화라는 양립할 수 없는 두 가지 목적을 일치시킬 수 있도록 유연생산기술을 이용

대량시장 상당히 많은 수의 고객들이 진입한 시장

대인통제 부하 직원과의 개인적인 접촉 및 직접적인 감독에 의한 통제

대표성 오류 소규모 표본으로, 심지어 하나의 사건을 가지고 일반화시키려는 경향에 의한 오류

독보적 역량 회사가 제품을 차별화하거나 상당히 낮은 비용으로 생산할 수 있게 하는 회사 고유의 강점으로 경쟁 우위를 확보하기 위한 것이다.

동료통제 조직의 기대치를 초과하거나 초과하여 수행하기 위해 직원들이 팀 또는 작업 그룹 내의 다른 사람들에게 가하는 압력

리더십 전략 기업이 쇠퇴산업에서 지배적 행위자가 되기 위해 개발하는 전략

마케팅전략 시장세분화, 가격결정, 판매촉진, 광고, 제품설계, 유통 등과 관련하여 기업이 취하고 있는 위치

매트릭스 구조 관리자들이 기능, 특히 연구개발, 생산, 마케팅 간의 긴밀한 조정을 위한 조직구조

면도기와 면도날 전략 제품의 수요 촉진을 위해 해당 제품의 가격은 낮게 책정하는 대신, 그 제품에 대한 보완재의 가격은 높게 책정하는 가격정책

모듈화 시스템상의 구성요소가 분리되고 재결합될 수 있는 수준이나 정도

모방의 장벽 다른 개인 또는 회사가 무언가를 복제하기 어렵게 만드는 요소나 특성

목표 조직이 실현하고자 하는 희망 미래 상태

몰입 상승 오류 이미 특정 프로젝트에 상당한 자원을 사용한 의사결정권자가 그 프로젝트가 실패라는 사실을 피드백 받았음에도 불구하고 자원 투입을 확대할 때 일어나는 인지적 오류

미션 기업의 목적, 혹은 기업이 무엇을 하려고 노력하는지 설명하는 것

믿을 만한 헌신 당사자 간 장기적 관계의 발전을 지원할 것을 다짐하는 굳건한 약속이나 서약

반경쟁적 행동 일반적으로 독점적 지위를 활용하여 실제 경쟁자들 혹은 잠재적인 경쟁자들에게 해를 끼침으로써 결과적으로 기업의 장기적인 전망을 강화하려는 목적의 활동들

반대 질의법 그럴듯하지만 절차상에서 서로 대립하는 계획(정)과 상반된 계획(반)을 만들 것

반전 전략 다각화된 회사의 경영자들이 다른 산업에서 제대로 운영되지 못하여 실적이 저조한 회사들을 파악하고 인수한 후 구조조정하여 성과를 개선함으로써 전체 기업의 수익을 제고하는 것

범위의 경제 다각화된 기업의 한 가지 이상의 사업부들이 숙련된 인력, 장비, 생산시설, 유통 채널, 광고캠페인 등과 같은 값비싼 자원 또는 능력을 보다 효과적으로 공유하고 활용할 수 있기 때문에 비용절감이나 차별화 시너지를 실현할 수 있을 때 발생함

벤치마킹 시간이 지남에 따라 회사가 다른 회사 또는 자기 회사와 비교하여 얼마나 잘 수행되고 있는지 측정

병렬 소싱정책 기회주의적 행태를 줄이고자 둘 이상의 공급업체에 동일 부품의 소싱을 장기적으로 맡기는 계약이자 정책

복수사업부 기업 여러 가지 사업에서 경쟁하기 때문에, 각각의 사업을 관리할 독자적인 사업부를 만들어서 운영하는 기업

본원적인 사업수준 전략 경쟁자와의 관계에서 평균 이상의 이윤을 창출할 수 있도록, 기업에게 특정 형태의 경쟁적 지위와 경쟁 우위를 가져다 주는 전략

부분 통합 부품이나 제품의 단가와 품질에 대한 이해도를 높이는 한편, 홀드업 문제를 줄이기 위해 외부 조달(시장거래)과 자체 생산(수직적 통합)을 병행하는 방식

부패 기업환경에서 경영자들이 큰 이익이 되는 사업계약 기회를 얻기 위하여 뇌물을 지급할 때 발생함

분권화 의사결정 권한이 하위 관리자 또는 기타 직원에게 분배되는 구조

분사 기업이 회사의 사업부 또는 자회사를 별도의 법인으로 만드는 것

브랜드 충성도 기존 기업의 제품에 대한 소비자의 선호도

비가격경쟁 잠재적 진입자를 억제하고 또 산업 내 경쟁관계를 관리하기 위해 제품차별화 전략을 활용하는 것

비관련 다각화 일반적 조직역량들을 활용하여 회사의 사업부 모두의 성과를 증대하기 위한 다중 비즈니스모델에 기반을 둔 기업수준 전략

비전 기업이 소망하는 성과와 바라는 미래 상태를 표현한 것

비즈니스모델 기업이 경쟁우위를 가질 수 있도록 여러 전략을 어떻게 하면 조화롭게 상호작용하도록 만들 것인가 하는 구상

사내 신규 벤처 새로운 종류의 제품들을 혁신하기 위해 신산업에서 신규 사업단위를 만들고 자원을 이전시키는 과정

사내 이사 최고경영자와 같은 회사의 책임 종업원들

사람 조직의 직원들, 그리고 그러한 개인들을 모집하고 보

상하고 동기를 부여하고 유지하는 데 사용되는 전략. 또한 직원들의 기술, 가치, 그리고 지향점을 의미

사업단위 특정 시장에 제품이나 서비스를 공급하는 독자적으로 운영되는 사업부

사업부 구조 기업이 서로 다른 사업 영역을 담당하는 부서로 분할된 조직구조

사업수준 전략 사업부가 추구하는 전반적인 경쟁 테마(혹은 주제)를 의미. 즉 기업이 특정 시장에서 경쟁우위를 획득하기 위해 자신을 포지셔닝(positioning) 시키는 방식은 물론, 상이한 여러 산업 세팅에서 활용될 수 있는 다양한 포지셔닝(positioning) 전략들을 의미

사외 이사 회사의 정규직 종업원이 아닌 이사들로, 절차들의 감시 및 평가에 객관성을 제공하기 위해 필요함

사회적으로 복잡 여러 개인 간의 상호 작용에 의해 특징지어지거나 발생한 것

산업 상호 대체할 수 있는 제품이나 서비스를 공급하는 기업집단

산출통제 개인 또는 부서에 대한 목표를 설정하고 해당 목표에 대한 성과를 모니터링

선발주자 열위 선발주자가 경쟁에서 밀리고 오히려 불리해지는 상황

선발주자 우위 특정 기능의 제품군을 가장 먼저 출시하여 시장을 개척하는 사업자

성과 모호성 기능이나 팀과 같은 하위 부서의 성과가 높은(또는 낮은) 이유를 정확하게 파악하기 어려운 점

세분화 전략 기업이 다수의 세분시장이나 혹은 시장 전체를 대상으로, 각 세분시장마다 상이한 제품을 생산하여 제공하기로 결정하는 것

수익성 기업에 투자된 자본으로 창출된 이익

수직적 분리 핵심 사업에 주력하거나 수익성 제고를 위해 기존의 상류나 하류 부문으로부터 철수를 단행하는 기업 전략

수직적 분화 집권화 또는 분권화를 의미하는 구조 내 의사결정 책임의 위치 및 조직구조가 수직적이거나 수평적인지를 의미하는 계층의 수

수직적 통합 원부자재처럼 산업의 상류 부문으로 진출하는 후방통합, 혹은 완제품의 유통과 판매를 담당하는 하류 부문으로 진출하는 전방통합을 추구하는 기업 전략

수평 조직 관리 계층이 거의 없는 조직구조

수평적 분화 조직을 하위 부서로 공식적으로 나눈 것

수평적 통합 규모 및 범위의 경제처럼 경쟁우위 달성을 위해 동종산업의 경쟁사를 인수하거나 합병하는 기업 전략

수확 전략 기업이 비용구조를 낮추고 투자로부터 최대의 이윤을 추출하기 위해 사업에 투입하는 자산을 감소시키는 전략

스플릿오프 분할 후 모회사의 주주에게 모회사 주식의 일부 또는 전부를 보유하는 대신 분할된 자회사의 주식을 보유할 수 있는 기회를 제공하는 것(즉, 모회사 주식의 일부 또는 전부를 주식의 가치에 따른 교환비율에 따라 자회사의 주식으로 교환할 수 있음)

스핀아웃 직원들이 회사를 떠나 자산들의 벤처기업을 만드는 것을 결정하는 것

시나리오 계획수립 미래에 대한 가정적 시나리오에 기초하여 계획을 수립하는 것

시장개발 기존 제품의 판매를 증진하기 위해 기업이 새로운 세분시장을 탐색하는 것

시장세분화 경쟁 우위를 확보하기 위해 회사가 고객 요구사항의 중요한 차이를 기반으로 고객을 그룹화하는 방식

시장통제 기업 내 개인 및 부서의 행동을 규제하기 위해 자본과 같은 가치 있는 자원에 대한 내부 시장을 설정

악마의 주장 의사결정그룹 구성원 중 한 명은 제안이 받아들여지지 못하도록 모든 이유를 들어 강조하면서 악마의 대변인처럼 행동하는 기법

암묵적 지식이나 기술의 특성으로, 이를 문서화하거나 규정화할 수 없지만 경험이나 직관을 통해 이해될 수 있는 특성을 나타냄

역량 이전 한 산업의 사업부에 의해서 개발된 고유한 역량을 다른 산업에서 운영하고 있는 사업부에 이식하는 과정

역량을 레버리지 한 산업의 사업부에서 개발된 고유한 역량을 다른 산업의 새로운 사업부를 창출하는 데 활용하는 과정

영향 비용 조직 내 개인의 이익을 위해 의도적으로 정보를 왜곡함으로써 발생하는 효율성의 손실

외부 이해관계자 회사에 어떤 요구사항을 지닌 모든 다른 개인 및 집단들

외부사례 검토 과거에 성공하거나 혹은 실패한 전략적 계획을 찾아서 현재의 프로젝트에 도움이 될 것인지 결정하는 것

위계 조직 많은 계층의 관리 기능을 갖춘 조직구조

위험자본 주주가 자신의 투자 원금을 돌려받거나 혹은 고수익을 결코 보장받을 수 없는 자기자본을 말함

위협 기업의 비스니스 모습과 수익성에 악영향을 미치거나 위험에 빠뜨리게 하는 외부환경의 요소

유연생산기술 복합 설비의 셋업타임을 줄이고, 개선된 일정계획으로 개별 기계들의 활용도를 높이고, 생산공정상의 모든 단계에서 품질관리를 향상시킬 수 있도록 설계된 일련의 기술들

유추에 의한 추리 오류 복잡한 문제상황을 이해하기 위해 문제상황을 단순하게 유추하는 것

윤리 직업의 구성원인 개인의 행동, 혹은 조직의 활동을 지배하는 옳고 그른 것에 대하여 수용된 원칙

윤리 강령 회사가 고수하는 윤리적 우선 순위에 대한 공식적인 진술

윤리적 딜레마 옳고 그른 것에 대한 수용된 원칙이 정확하게 합의된 것이 없거나 선택할 수 있는 대안들 모두 윤리적으로 수용될 만하지 않은 상황

이익증가율 특정 기간의 순이익 증가

이전가격 사업부(문) 간 거래 시 제공하는 재화나 서비스에 대한 대가로서 내부적으로 책정되는 가격

이해관계자 회사, 회사가 수행한 것, 회사가 수행한 성과에 있어서 이해관계, 요구사항, 지분을 지닌 개인 및 집단들

인과관계 모호성 하나의 것, A가 결과물 또는 "원인" B로 이어지는 방식이 분명히 이해되지 않을 때

인센티브 직원의 행동을 장려하기 위해 사용되는 것

인수 재무적 자원을 동원하여 다른 기업의 경영권을 확보하는 것

인수 억제요인 다른 회사에 의해서 인수당하는 위협

인지적 오류 인간이 의사결정을 할 때 정보를 처리하는 과정에서 야기되는 체계적 오류

일반적인 조직 역량 기업 최고경영자의 역량에서 비롯되며, 회사 내의 사업부들이 별도의 독립된 회사로 운영될 때보다 더 높은 수준의 성과를 낼 수 있도록 도와주는 역량들

입지 경제 최적의 입지에서 가치 창출 활동을 수행함으로써 얻어지는 경제적 이점

자기거래 예를 들어, 예년에 엔론에서 그랬던 것처럼 회사 기금을 경영자가 개인적인 소비를 위해 사용하는 것

자본 생산성 기업에 투자된 1달러의 자본으로 생산된 판매액

자원 회사의 자산

자율관리팀 구성원들이 자신의 활동을 조정하고, 자신의 고용, 훈련, 작업, 보상을 결정하는 팀

잠재 경쟁자 산업 내에서 현재는 경쟁하고 있지 않지만 그들의 선택 여하에 따라서 경쟁할 수 있는 역량을 가지고 있는 기업

전략 경영자가 기업의 성과를 올리기 위해 행하는 일련의 활동

전략수립 조직의 외부 환경과 내부 환경을 분석한 후 전략을 선정하는 것

전략실행 전략을 행동으로 옮기는 것

전략적 리더십 전략결정 과정을 효과적으로 관리함으로써 기업이 경쟁우위를 창출할 수 있도록 하는 것

전략적 몰입 기존 기업이 해당 시장에 장기적으로 몰입할 것을 시사하는 투자

전략적 아웃소싱 가치사슬상의 일부 활동을 외부 업체에 맡김으로써 핵심 활동에 집중하는 한편, 성과 향상을 도모하는 의사결정

전략적 제휴 공동의 목적 달성을 위해 둘 이상의 기업이 장기적으로 우호적 협력을 도모하는 기업 간 관계

전반적인 저원가 전략 기업이 저원가에 기반하여, 가격을 낮추고도 지속적인 이윤을 창출하는 것

전반적인 차별화 전략 기업이 상이한 여러 세분화된 시장을 인식하고, 각기 다른 세분화된 시장에 서로 다른 제품을 제공함으로써 자신의 제품을 차별화시키는 것

전사적 품질경영 제품의 신뢰성을 향상시켜서 제품이 설계된 대로 고장 없이 시종일관 제 기능을 수행하도록 만드는 것

절대원가우위 산업 내의 기존 기업이 누리고 있는 원가우위로서 신규 진입자는 대항하기 어려운 원가우위

정보 비대칭성 대리인이 주인보다 경영하고 있는 자원들에 대해서 더 많은 정보를 가지고 있는 상황

정보 조작 경영자들이 기업의 재무상황 또는 경쟁지위를 향상시키기 위하여 정보를 왜곡하거나 숨기는데 기업자료에 대한 자신들의 통제권을 이용하는 상황

제품개발 기존 제품을 대체하기 위해 신제품을 개발하거나

제품을 개선하는 것

제품증식 경쟁자들의 시장진입을 억제하기 위해 '틈새시장을 채우거나' 또는 모든 세분시장의 고객 니즈를 충족시키고자 하는 전략

제품혁신 새로운 제품을 개발하거나 기존 제품보다 탁월한 속성을 갖고 있는 제품개발

조직 설계 기술 직원들이 보다 더 높은 목표를 달성하도록 동기부여하고 조직화하는 구조, 문화, 통제시스템 등을 만드는 경영자의 능력

조직 아키텍처 기업의 조직적 배치의 총체로서 기업의 공식 조직구조, 통제시스템, 보상시스템, 조직문화, 조직프로세스 및 인적자본을 포함하고 있음

조직 프로세스 조직 내에서 의사결정이 이루어지고 업무가 수행되는 방식

조직구조 의사결정 책임의 위치, 조직을 공식적으로 하위 부서로 나누는 것, 그리고 하위 부서의 활동을 조정하기 위한 통합 메커니즘의 구축이 결합된 것

조직문화 조직의 직원들 사이에 공유되는 규범과 가치체계

종업원 생산성 종업원 1인당 생산된 산출량

주식구입 선택권 미래 어떤 시점, 일반적으로는 부여 시점으로부터 10년 내에 정해진 행사 가격에 회사의 주식을 구매할 수 있는 권리를 부여하는 것

주식매점 회사들이 기업전략을 주주들에게 혜택을 주도록 변경하거나, 또는 회사가 기업사냥꾼들의 주식을 되사기를 원할 때 할증금을 부과하도록 함으로써 부를 획득하는 방식

주주가치 주주가 기업의 주식을 구매함으로 인해 얻게 되는 대가

주활동 제품의 설계 · 발명 · 납품, 제품 마케팅, 고객지원과 애프터서비스 등을 포함

준통합 수직적 통합 대신 기존의 구매처나 공급처에 대한 투자를 지속함으로써 장기적 거래 관계를 구축하는 방식

지배적인 디자인 제품의 공통된 구성 혹은 디자인 특징들

지속적 경쟁우위 기업의 전략을 통해 여러 해에 걸쳐서 산업 내 평균 이상의 수익성을 유지하는 것

지식 네트워크 공식적인 조직구조가 아닌 기업 내 관리자와 분산 정보 시스템 간의 비공식적인 접촉을 기반으로 하는 조직 내 정보 전송 네트워크

지원활동 주활동이 이루어지도록 투입요소를 제공하는 것

지적 재산 개인 또는 조직이 소유하는 지식, 연구 및 정보

진입비용 테스트 신사업 진출 이후 진입비용을 상쇄하고도 남을 이득을 창출할 수 있는가?

진입장벽 산업에 신규 진입하려는 기업들에게 시장 진입 시 많은 비용을 지불하게 만드는 요인들

집권화 경영계층에서 의사결정 권한이 높은 수준으로 집중되는 구조

집중화 전략 기업이 한정된 소수의 세분시장이나 혹은 단 하나의 세분시장만을 대상으로 제품을 제공하기로 결정하는 것

집중화된 저원가 전략 기업이 특정한 한 세분시장이나 틈새시장을 목표로 하여, 그 틈새시장에서 저원가 주자가 되려고 노력하는 것

집중화된 차별화 전략 기업이 특정한 한 세분시장이나 틈새시장을 목표로 하여, 제품의 기능과 특성의 추가를 통해 그 특정 세분시장 고객들의 니즈에 맞춤화된 제품을 제공하는 것

철수 전략 기업들이 사업 자산을 다른 기업에게 매각함으로써 산업에서 철수하기로 결정하는 전략

체인화 정보기술을 통해 상호 연결된 구매 및 물류 네트워크를 구축하여, 마치 하나의 대기업처럼 기능하게 됨으로써 원가우위의 이점을 누릴 수 있도록 설계된 전략

초국적 전략 비용 절감과 함께 국가별 차별화된 제품 출시를 동시에 추구하는 한편, 범세계적 네트워크를 통해 지식의 이전과 확산을 도모하는 전략

총괄경영자 기업의 전반적인 성과에 대해 책임을 지거나 혹은 독자적으로 운영되는 중요한 사업부나 조직의 전반적인 성과를 책임지는 경영자

킬러 애플리케이션 소비자들에게 상당히 인기가 있어서, 이들로 하여금 새로운 포맷이나 기술을 적극 수용하도록 유인함으로써 결과적으로 경쟁 포맷에 대한 수요를 잠재우는 역할을 하는 응용프로그램 혹은 제품 및 기술의 응용 측면들

통제 관리자가 개인과 부서의 활동을 조직의 목표와 기준에 부합하도록 규제하는 과정

통제 하위 부서의 성과를 측정하고 관리자가 얼마나 잘 운영하고 있는지 판단하는 데 사용되는 매트릭스

통제력 환상 오류 사건을 통제하는 개인의 능력을 과대평가하는 경향의 오류

통제의 범위 관리자의 감독하는 수

통합 메커니즘 조정 하위 부서에 사용되는 프로세스 및 절차

퇴출장벽 퇴출장벽이란 기업이 산업을 떠날 수 없도록 만드는 경제적, 전략적, 감성적 요인을 말한다.

투하자본순이익률(ROIC) 순이익을 기업에 투자된 자본으로 나눈 값

틈새 전략 기업이 수익성을 유지하기 위해 산업 전체보다 쇠퇴가 느리게 진행되는 특정 수요처에 초점을 맞추는 전략

파편화된 산업 많은 수의 중소규모 기업들로 구성된 산업

포맷 전쟁 차별화의 원천을 통제하는 것은 물론, 그러한 차별화가 고객을 위해 창출하는 가치를 선점하고자 하는 싸움

포지셔닝전략 네 개의 주요 마케팅차원(가격, 유통, 판촉 및 광고, 제품 특징)에 기초하여 제품에 대해 기업이 채택하는 특유의 선택 영역

표준 조직이 지속적으로 달성해야 하는 성과의 요구 사항

표준 이하의 근로조건 경영자들이 생산비용을 감소시키기 위하여 근로조건에 과소 투자하거나 상장임금률 이하로 종업원들에게 임금을 지급할 때 발생함

표준화 전략 기업이 상이한 시장세분화를 고려하지 않고, 일반 고객들을 대상으로 표준화된 제품을 생산

표준화된 인터페이스 컴퓨터와 USB처럼 시스템 간, 혹은 시스템과 구성요소 간 신호나 정보의 전달을 용이하게 만들어 상호연결성을 제고하는 표준적인 접속방식

프랜차이즈화 프랜차이저(franchisor)가 프랜차이지(franchisee) 에게 해당 기업의 상호, 평판, 비즈니스모델을 사용할 권리를 부여하고 그에 대한 프랜차이즈 수수료 및 종종 수익의 일정 비율을 받는 전략

프로세스 지식 조직 내부의 규칙, 루틴 및 절차에 대한 지식으로 관리자가 조직의 목표를 달성하기 위해 활용할 수 있는 지식

프로세스 혁신 생산공정이 더욱 효율적으로 운영될 수 있도록 하는 새롭고 독특한 방식

플랫폼 생태계 "생태적"과 "시스템"이 합쳐진 용어로서 상호 의존적 구성요소로 이루어진 생태 시스템을 의미함. 특히 플랫폼은 다원적 의미로서 완제품, 부품, 보완재 및 고객을 아우르는 중심축이며 안정적 관계를 특징으로 함. 즉 "플랫폼 생태계"는 상호 의존적 구성요소들이 안정적으로 조율되고 통합되어지는 시스템을 의미함

하위 목표 조직이 주요 목표를 달성하거나 초과 달성하는데 도움이 되는 목표

학습효과 실행을 통한 학습으로부터 비롯되는 비용절감

한계가격 설정 잠재적 진입자의 비용구조보다 우위에 있는 기존 기업들이, 단기적으로 이윤을 극대화할 수 있는 수준보다는 낮지만, 잠재적 진입자의 원가구조보다 더 낮은 가격을 책정하여 이들로 하여금 시장에 진입하려는 유인을 갖지 못하도록 가격을 설정하는 것

합병 자원과 운영을 결합하거나 시장과 산업에서 효과적 경쟁을 위해 양사가 하나로 통합하는 것

현지화 전략 지역이나 국가별 상이한 기호와 취향을 반영한 제품과 서비스를 출시하여 수익성 증대를 도모하는 전략

현직 소비 최고경영자들이 회사의 기금을 주주들의 수익을 향상시키기 위하여 투자하는 대신, 자신의 지위를 강화하는 겉멋스러움(호화로운 사무실, 전용 제트기 등)을 획득하는데 사용하는 것을 묘사하기 위해 경제학자들이 활용한 개념

홀드업 특정 기업의 요구에 따라 전문화된 설비투자가 단행된 이후 나타나는 구매처나 공급처의 변경과 같은 기회주의적 행태

확증 오류 강한 사전적 신념을 가진 의사결정자는 비록 자신의 믿음이 틀렸다는 증거가 있어도 자신의 사전적 신념을 기초로 의사결정하는 경향이 있으며, 이때 발생하는 인지적 오류

환경 파괴 회사의 활동들이 오염이나 환경적인 위해의 다른 형태들을 직 · 간접적으로 초래할 때 발생함

찾아보기

ㅇ

ㅈ

ㅊ

ㅋ

ㅌ

ㅍ

ㅎ

기타